叫全国的文明从江阴发起

——孙中山

1912年10月19日

2018

江阴年鉴

Jiang Yin Almanac

江阴市人民政府　主办

江阴市史志办公室　编

方志出版社
Publishing House of Local Records

图书在版编目(CIP)数据

江阴年鉴. 2018 / 江阴市史志办公室编. -- 北京：方志出版社，2018. 7

ISBN 978-7-5144-3134-6

Ⅰ. ①江… Ⅱ. ①江… Ⅲ. ①江阴—2018—年鉴
Ⅳ. ①Z525.33

中国版本图书馆CIP数据核字(2018)第160715号

江阴年鉴(2018)

编　　者：江阴市史志办公室
责任编辑：高孟君
出 版 人：冀祥德
出 版 者：方志出版社
地址　北京市朝阳区潘家园东里9号(国家方志馆4层)
邮编　100021
网址　http://www.fzph.org
发　　行：方志出版社发行中心
电话(010)67110500
经　　销：各地新华书店
印　　刷：南京凯德印刷有限公司
开　　本：889×1194　1/16
印　　张：32
字　　数：1191千字
版　　次：2018年7月第1版　2018年7月第1次印刷
印　　数：0001~2500册

ISBN 978-7-5144-3134-6　　**定价**：180.00元

江阴市地方志编纂委员会

《江阴年鉴》编辑部

地址：江苏省江阴市澄江中路9号　电话：0510-86861613（传真）　邮编：214431

江阴 2017年 市获得的全国性 荣誉

【被评为全国文明城市】

【位列中国工业百强县第一名】

【位列全国县域经济与县域综合发展第一名】

【蝉联中国全面小康十大示范县市“十连冠”】

【被评为2013—2016年度全国群众体育先进单位】

【被评为全国象棋之乡】

【被评为2017中国最具幸福感城市】

撤县建市 1987—2017 30年30事

撤县建市

1987年4月23日，经国务院批准，撤销江阴县，设立江阴市（县级市）。是年8月1日，江阴市成立大会举行。以此为标志，江阴迈出了从农业县到工业市全面转型的重要一步

获全国性荣誉186项

撤县建市以来，全市累计获得全国卫生城市、首批国家生态市、最佳经济活力魅力城市、中国全面小康十大示范县（市）"九连冠"、中国平安建设先进县（市、区）、全国双拥模范城、中国城市公益慈善七星级奖等各类全国性荣誉186项

大办乡镇企业

撤县建市后，作为"苏南模式"发祥地之一的江阴，继续弘扬"四千四万"（说尽千言万语、走遍千山万水、经历千难万险、吃尽千辛万苦）精神，大力发展乡镇企业，当年全市工业产值跃居全国县级市第二。至1994年改制前，全市工业产值超亿元的乡镇企业达88个

培育重点骨干企业

1988年，江阴市对考评确认的85个重点企业颁发"工业重点企业信誉卡"（俗称"绿卡"），给予资金、电力、用汇、原料、劳动力等方面的优惠政策。此后，每年根据经营业绩动态调整入选企业，优化奖励扶持政策，鼓励和引导企业做大做强。至2016年年底，全市全年入库税金1000万元以上的工业重点企业达239个、800万元以上的服务业重点企业达96个，成为支撑全市经济发展的中流砥柱

农民收入列全省第一

1990年4月，全市启动实施每三年一轮的集体经济薄弱村脱困转化工作，至2017年连续实施9个轮次。1997年7月起，建立农村居民最低生活保障制度。1998年7月起，建立城镇居民最低生活保障制度。2001年，在全国率先建立农村新型合作医疗制度。2016年12月，长泾镇和平村成立全省首个村级医疗互助会。全市农民人均收入连续十七年蝉联全省第一

在全国首创科技节

1991年9月，江阴市十一届人大常委会第十次会议决定将中国第一颗原子弹爆炸纪念日（10月16日）设为市科技节。是年10月16日，首届科技节举行，并连年举办。2001年9月，科技部批准江阴建设“沿江国家新材料产业带”。2006年10月，江阴市在全省率先成立“中国江阴区域产学研战略联盟”。2008年9月，被科技部批准为首批国家可持续发展先进示范区。2009年10月，高层次人才引进“江阴千人计划”启动。至2017年9月，全市各类人才总量34.5万人，拥有国家“千人计划”人才27人，省“双创计划”人才54人，省创新团队8个

建成一类对外开放港口

1992年5月20日，经国务院批准，江阴港成为一类对外开放水运港口。是年5月31日，接纳第一艘外轮。2008年12月，江阴港口岸扩大开放，通过国家验收

举办徐霞客文化旅游节

1991年10月，在徐霞客逝世350周年之际，江阴举办首届徐霞客文化旅游节。此后，每两年举行一届。2006年，国家旅游局和江苏省政府在江阴举办首届中国徐霞客国际旅游节，至2017年举办12届

提炼发布“江阴精神”

1991年，在争创全国卫生城市竞赛活动中，“人心齐、民性刚、敢攀登、创一流”作为“江阴精神”正式公告全市，成为激励和凝聚全市人民的强大精神动力

实施“六路”“新六路”“两路一河”等工程

实施“六路”“新六路”“两路一河”等工程：1992年10月，时称“六路”工程的朝阳路、春申西路、澄江东路、东外环路、澄山路、澄杨路等6条城市主干道路启动建设；1997年1月，长江路、高巷路、延陵路、暨阳路、通江路新建拓宽改造和环城南路大修等“新六路”工程启动建设，江阴的城市骨架不断拉开。2012年7月，江阴大道、海港大道和锡澄运河三级航道整治“两路一河”工程开工建设。2014年10月，江阴大道、海港大道竣工通车。2015年12月，锡澄运河三级航道整治工程竣工

举办经贸洽谈会

1994年10月，江阴经贸合作洽谈会的前身——首届中国江阴出口商品交易暨投资洽谈会举行。此后每年举行，至2016年，持续举办23届

确定市树、市花

经广泛征求广大市民、社会各界的意见，1994年10月26日，江阴市十二届人大常委会第十二次会议决定，香樟树为市树，芙蓉花（包括水芙蓉和木芙蓉）为市花

志愿服务感动中国

1996年6月起，江阴青年赵新忠、赵忠惠自愿赴山西吕梁山区潘家坂小学扶贫支教3年，开全国“扶贫支教”先河，也带动江阴志愿活动蓬勃开展，江阴市被誉为“志愿者之乡”。2014年年底，化名“炎黄”助人为乐20余年的江阴老人张纪清被意外发现。2015年2月，张纪清入选“感动中国2014年度十大人物”。是年10月，张纪清获第五届“全国道德模范”提名奖

党和国家领导人视察江阴

1998年4月20日、21日，时任中共中央总书记、国家主席、中央军委主席江泽民到江阴市视察乡镇企业，先后走访双良集团、向阳村、华西村、阳光集团等。2012年12月27日，时任国家主席胡锦涛到华西新市村视察社会主义新农村建设。撤县建市以来，李鹏（2次）、江泽民（2次）、温家宝（2次）、贾庆林、胡锦涛、李克强等党和国家领导人先后视察江阴

江阴大桥通车

1999年9月28日，钢箱梁悬索桥主跨径位列中国第一、世界第四的江阴长江公路大桥建成通车。同日，连接大桥的锡澄高速公路建成通车

撤县建市 *1987—2017*

30年30事

创建全国文明城市

1999年9月，江阴市获评全国创建文明城市工作先进城市。2014年，入选“全国县级文明城市提名资格城市”。多年来，全国文明城市创建工作持续深入开展。不断加强书香城市建设，从1995年4月起，全市城乡启动“一二三”家庭读书工程。1997年起举办读书节，至2017年连续举办21届

生态建设全面启动

2000年起，实施禁采地下水。2002年起，全面禁止开山采石。2003年10月起，在省内率先启动实施清洁“家河”工程。2005年，对河道实行市、镇、村“河长”制管理，实施农村河道“小康断面”达标建设。2012年起，开展热电行业整合整治

建设美丽新农村

2000年9月28日，周庄镇在全省率先开通农村公交车。至2005年，全市建成农村公路181条，实现行政村村村通公交。2001年12月，全市20个镇全部接通长江自来水。2011年，全市全面开展村庄环境整治工作。至2016年，建成江苏省美丽乡村3个，省级三星级康居乡村41个，无锡市长效管理示范村庄140个

“江阴板块”闻名全国

2000年年初，《证券时报》《中国证券报》《人民日报》等新闻媒体和南京大学江苏发展研究院等科研机构，对江阴拥有占全国近百分之一的上市公司现象进行研究、报道，“江阴板块”提法不胫而走、闻名全国。至2017年9月，全市累计拥有上市公司46个、“新三板”挂牌企业51个

开展学华西活动

2001年，在中央组织部、中央宣传部等联合主办的建党80周年大型图片展上，华西村被誉为“天下第一村”。多年来，江阴持续开展“学习华西村”“学习吴仁宝”等主题活动，形成了江阴党建工作的特色品牌

深入开展援建工作

2002年7月起，江阴市与新疆霍城县实施对口援建，先后派出六轮50余名援疆干部。此外，1991年起，江阴还相继与滨海县、睢宁县和陕西省延长县、延川县等开展对口挂钩帮扶。2008年5月汶川特大地震后，江阴市对口援建绵竹市清平乡

入选“中国企业500强”

2002年9月，中国企业联合会、中国企业家协会首次推出“中国企业500强”榜单，江阴市有6个企业入围。此后，每年有近10个企业上榜。2017年，全市9个企业入围“中国企业500强”，16个企业位列“中国制造业企业500强”，12个企业进入“中国民营企业500强”，4个企业跻身“中国服务业企业500强”，被誉为“中国制造业第一县”

体育健儿摘金夺银

2004年9月，江阴籍残疾运动员龚彬与队友共同拼搏，获第十二届国际残疾人奥运会女子坐式排球团体冠军。又先后获得亚锦赛、世锦赛冠军和亚洲残运会冠军、第十五届残奥会银牌。2007年4月，江阴市第二中学女子足球队在智利夺得第二十届世界中学生足球锦标赛女子组冠军。至2017年市二中女足先后4次获得全国冠军。2008年8月，江阴籍运动员陆春龙在第二十九届北京奥运会上获得男子蹦床金牌，是江阴籍运动员获得的首枚奥运金牌。2012年8月，获伦敦奥运会蹦床铜牌

位居县域经济百强县第一

2003年11月，第三届全国县域经济与基本竞争力评价结果揭晓，江阴首次位居百强县（市）之首，至2016年，实现“十四连冠”

举办刘天华民族音乐节等文化活动

2007年10月28日，首届中国江阴刘天华民族音乐节开幕，此后每两年举办一届。2010年10月，第十九届中国金鸡百花电影节在江阴举行，江阴成为全国首个承办金鸡百花电影节的县级市。2011年5月，又成功承办第十一届中国国际儿童电影节

入选改革开放30年18个典型地区

2008年10月8日，江阴市被中央确定为改革开放30年全国18个典型地区之一。10月中下旬，《人民日报》等中央主流媒体以“科学发展的先行者”为题，集中宣传报道江阴改革开放30年来的发展经验

启动实施“1310工程”

2016年8月18日，江阴市全面启动城乡建设“1310工程”，实施滨江亲水、靓山亲山、江阴绿道、文化提升、交通畅通、城际轨道、环境整治、五网升级、城市管理、民生实事等十大重点工程，加快建设现代化有特色美丽宜居城市，掀起新一轮城乡建设热潮

成为全省首个集成改革试点县市

2010年，徐霞客镇被中央编办等六部委确定为全国25个经济发达镇行政管理体制改革试点镇之一，并成为全省20个强镇扩权试点镇之一。2017年7月，江苏省委办公厅、省政府办公厅联合下发《江阴市县级集成改革试点总体方案》，江阴成为江苏省首个集成改革试点县市

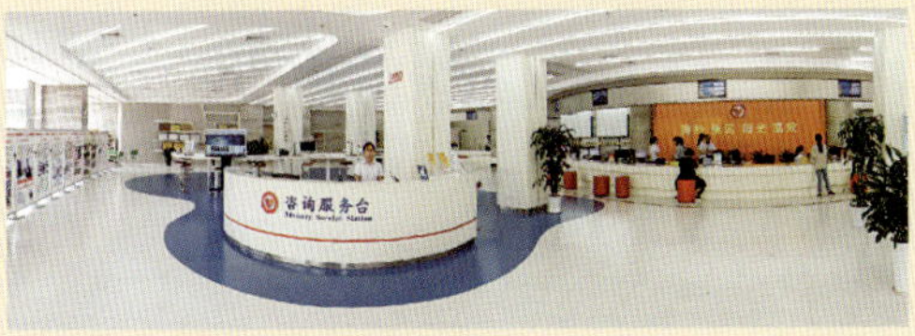

高新区跻身苏南国家自主创新示范区

1991年6月，江苏省政府批准设立江阴市滨江外商投资规划区，后更名为江阴市经济技术开发区。1993年，升级为省级开发区。2002年，被赋予国家级经济开发区行政级别和经济审批权。2011年，升级为国家高新技术产业开发区。2014年10月，跻身苏南国家自主创新示范区建设行列。2003年6月，江苏省政府批准成立江阴经济开发区靖江园区。2006年7月，升级为省级经济开发区，并更名为江苏江阴—靖江工业园区。2006年1月13日，临港新城党工委、管委会挂牌成立。是年9月，经江苏省政府批准，定名为江苏江阴临港经济开发区，并升级为省级经济开发区。2016年1月，国务院批准设立江阴综合保税区。是年4月，被评为江苏省先进开发区

双双荣获中国工业大奖

2016年12月，江苏法尔胜泓昇集团有限公司和江苏双良节能系统股份有限公司双双荣获国家工业领域最高奖项——“中国工业大奖”（第四届）。当年，全国共13个企业获此殊荣，江阴企业占据2席。江阴品牌培育名列全省前茅，质量强市成果斐然。至2017年9月，已拥有中国世界名牌1只、中国名牌13只，中国驰名商标53件、江苏省著名商标160件；101个企业成为339项国家和行业标准的第一起草人，主持起草12项国际标准

撤县建市 1987—2017

30年30事

（摘自《江阴日报》）

近年来，江阴市委、市政府始终站在建设“强富美高”新江阴的战略高度，坚持“创建为民、创建靠民、创建育民、创建惠民、创建利民”理念，突出问题导向、突出长效机制、突出全民参与，全市大力弘扬“江阴精神”，满怀豪情、万众一心，齐抓共创、接续奋斗，全力攻坚、决战决胜，不断健全落实创建网格责任，扎实推进“十大专项提升行动”，持续深化群众性精神文明创建，创新探索创建有效方法载体，城市功能不断完善，城乡面貌焕然一新，社会秩序得到规范，百姓福祉持续增进，市民素养全面提升，争先氛围日益浓厚，创建工作实现了历史性跨越、取得历史性突破。2017年11月，江阴市获第五届“全国文明城市”荣誉称号。

全国文明城市奖牌

2016年12月2日，市政协举行全国文明城市创建情况政情交流会

2017年2月24日，江阴市召开“大力弘扬江阴精神、创成全国文明城市”誓师大会

2017年4月20日，市人大常委会召开全国文明城市创建工作汇报会

市委、市政府始终坚持高位推动，定期召开推进会，常态落实“周通报、月汇报、季推进、年总结”，推动创建工作常态长效开展

2016年11月28日，无锡市委常委、江阴市委书记陈金虎（中）深入江锋社区指导工作

2017年6月7日，江阴市市长蔡叶明（中）深入环城东路社区指导工作

2017年8月24日，市人大常委会主任孙小虎（中）深入西大街社区指导工作

2017年3月9日，市政协主席徐冬青（前排左二）深入黄山社区指导工作

2017年12月18日，江阴市委、市政府召开江阴市创建全国文明城市工作总结表彰大会

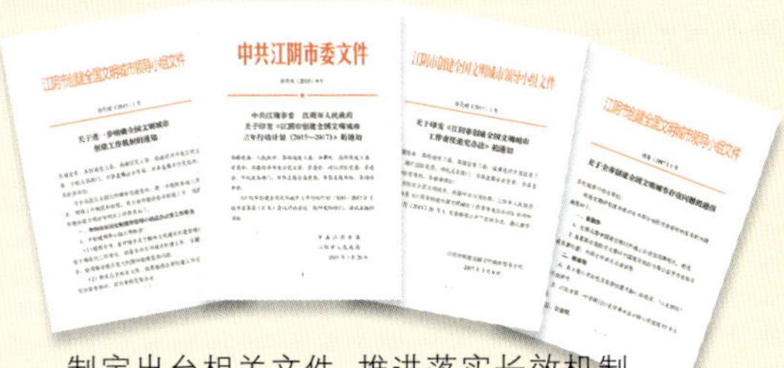

制定出台相关文件，推进落实长效机制，严格问题督查问责，确保创建工作有序开展

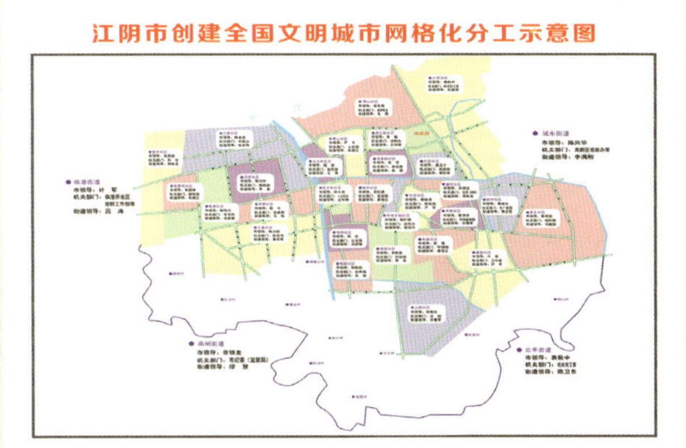

江阴市创建全国文明城市网格化分工示意图

（以上图片由市文明办提供）

2017年9月23日，来自海内外的700余位活跃在政商界、科技界、金融界等领域的江阴籍和在江阴学习、工作过的知名人士，以及为江阴经济发展作出贡献的友人和客商参加了江阴发展大会。图为江阴发展大会暨2017经贸洽谈会开幕式现场

2017年9月22日，“江阴好”专场文艺演出在大剧院举行

“江阴企业善做榜样”

亚洲基础设施投资银行
行长　金立群

“感动江阴的创新”

中信泰富有限公司
董事长、总裁　张极井

“江阴令我骄傲”

新东方教育科技集团
董事长　俞敏洪

“江阴一直在厚积薄发”

台湾华新丽华集团
董事长　焦佑伦

“企业家是江阴最宝贵的财富”

中电海康集团有限公司
董事长　陈宗年

“在江阴创业很快乐”

蛋白质分离纯化专家　杨森

“我在江阴点赞”

中国工程院院士、美国国家工程院外籍院士　曹湘洪

“我热爱我的故乡”

指挥家、国家一级指挥
曹　鹏

“江阴奇迹让我震撼”

香港江苏社团总会

会长　唐英年

“期待霞印天下”

香港新闻工作者联会

主席　张国良

“特别愿意为江阴作贡献”

书法家、原对外经济贸易大学

教授　陈复澄

“月是故乡明”

中国美院教授、中国版画协会

副主席　赵宗藻

“每次回乡都是鞭策”

上海交通大学

党委副书记、教授、博士生导师

朱　健

“我想用笔墨描绘家乡”

江苏省作家协会

副主席　叶兆言

“想为家乡做些事”

上海港湾集团董事长、

上海江阴商会会长

徐士龙

“愿搭江阴交流桥”

法国国际艺术交流协会常务副主席、

法国杜威美术学院教授

江可凌

“弘扬江阴精神为国争光”

奥运冠军、江苏省蹦床队领队

陆春龙

（摘自《江阴日报》）

2017年5月18日，第十二届徐霞客国际学术研讨会开幕

2017年5月18日，徐霞客诞辰430周年纪念大会在徐霞客旅游博览园举行

2017年5月18日，纪念徐霞客诞辰430周年公祭典礼

2017年5月19日，江阴徐霞客溯江纪源主题塑像揭幕

2017年4月出版的《徐霞客研究文集》《不忘初心30年》

2017年5月19日，首届徐霞客茶路论坛召开

（以上图片由市徐霞客研究会提供）

1997年2月28日，“兴澄股份” 在深圳证券交易所挂牌上市

2017年5月5日，江阴市恒润重工股份有限公司股票 “恒润股份” 在上海证券交易所上市

2017年9月7日，江阴电工合金股份有限公司股票 “电工合金” 在深圳证券交易所创业板上市

2017年3月21日，江阴市召开金融（上市）工作会议

2017年7月31日，江阴市召开江阴首只股票上市20年座谈会

2017年8月1日，江阴市举办“企业转型与资本市场”专题讲座

2017年8月4日，江阴市召开上半年银行行长联席会议

（以上图片由市金融办提供）

实事一

全年提供就业岗位5.6万个，促进本地劳动力就业2.3万人，培养高技能人才3000名，江阴籍高校毕业生就业率达92%以上；注重就业创业载体建设，建成江阴邮政跨境电子商务创业园1万平方米

实事二

建成市民服务中心；建设澄东南道路交通事故处理综合服务中心，打造一体化道路交通事故处理服务平台；建成契税网上申报系统，契税纳税全市通办

实事五

提高设防标准，增强防洪排涝能力，建成67项应急防汛工程

实事七

开工建设南沿江城际铁路；新建公共自行车租用网点150个，新投放3500辆自行车；建设公交电子站牌170个

实事八

新澄江中心小学建成投用；市医疗中心建成投运

实事三

居民养老保险基础养老金由每人每月280元提高至310元，被征地农民养老年龄段人员养老补助金标准由每人每月670元提高至760元；新农合基本保险筹资标准由每人每年800元提高至880元；城乡居民最低生活保障标准由每人每月760元提高至840元

实事四

建设江阴绿道工程25千米

实事六

对虹桥八村等14个老小区81万平方米进行改造；对350个以上村庄进行生活污水收集治理；建设和完善20个大气标准站、300个村级简易PM2.5监测点和50个河道断面水质自动监测点，建成城乡一体化的环境质量监测网；深化食品小作坊专项治理，分区域建成2个以熟食卤菜为主的食品小作坊集中加工区

实事九

举办第21届“书香江阴”读书节；搭建“市民大舞台”，开展文化惠民活动3000场以上；组织“市民大讲坛”，举办各类艺术展览60场、市民艺术培训课堂12期、名家讲坛15场

实事十

建设“智慧江阴”，实现免费WIFI覆盖全市公共区域；建成全市公共视频共享平台、安全监管智慧云平台和巡防通应用程序（APP）平台；完善镇（街）村治安视频监控网络，新建监控探头2000个；对全市7个镇街13个村（社区）共计5127户进行农村供水管网、户表改造；对城区重点区域的供电线路网架进行双环升级改造

（摘自《江阴日报》）

编辑说明

一、《江阴年鉴》是由中共江阴市委领导、江阴市人民政府主办、江阴市史志办公室负责逐年编辑的江阴地方年度资料性文献。

二、《江阴年鉴(2018)》是《江阴年鉴》于1993年创刊后的第26卷。该年鉴坚持以马克思列宁主义、毛泽东思想、邓小平理论、“三个代表”重要思想、科学发展观和习近平新时代中国特色社会主义思想为指导,紧扣时代特征,准确把握新时代的丰富内涵,全面系统、准确翔实地记载2017年度江阴市自然、政治、经济、文化、社会、生态文明建设等方面取得的新进展、新成就和新经验,以及在经济社会发展中所遇到的新问题、新矛盾,充分反映这一年度江阴各项建设中的大事、要事、新事、特事,为全市新一轮发展提供最全面、最及时、最可靠、最权威、信息量最大的地情资料。该部年鉴的编辑,旨在为各级领导决策提供参考依据,为江阴经济社会发展服务,为中外人士了解和研究江阴提供可靠信息,也为编史修志积累资料。

三、《江阴年鉴(2018)》按分类记事体例,设41个类目。类目下共设275个分目、1519个条目。总篇幅119.1万字,彩色插页64页,随文图片109幅,表格131张。为便于检索,除卷首设详细目录外,卷尾设主题分析索引。

四、为体现时代特色、年度特色、地方特色和与时俱进的要求,《江阴年鉴(2018)》与《江阴年鉴(2017)》相比,彩色插页新设《撤县建市30年30事》《全国文明城市创建》《江阴发展大会》《纪念徐霞客诞辰430周年》《企业上市20年》《全市创建全国文明城市工作先进集体》等专栏。其他类目基本框架不变。

五、《江阴年鉴(2018)》人物类目收录2017年度江苏省级以上劳模和先进个人简介及江阴市级以上先进个人名录,逝世人物收录原江阴市级领导、旅外江阴籍地市级以上领导干部和正高级以上知名人士。

六、《江阴年鉴(2018)》部分机构用简称,部分条目涉及缩略语(注有“*”号),其注释按首字笔画顺序排列。机构的全称与简称对照表及缩略语注释列于目录前。书名由中国书法家协会名誉主席、江阴籍著名书法家沈鹏题写。

七、《江阴年鉴(2018)》采用的稿件,由各单位提供,并由各单位领导审定。各类目编辑署名于该类目尾页,彩色插页编辑为吴海英。撰稿者署名条目之后(连续两个以上条目为同一撰稿者,不一一署名)。

八、《江阴年鉴(2018)》正文所用统计数据,因统计来源、口径、方式、方法和时间不同而有一定差异,使用时请以江阴市统计局提供的《经济社会发展统计资料》数据为准。

九、《江阴年鉴(2018)》有纸型版和光盘版两种版本。光盘版随纸型版年鉴同时发行。

十、因时间仓促、水平有限,《江阴年鉴(2018)》难免有疏漏不当之处,敬请读者批评指正。《江阴年鉴(2018)》的编辑出版得到各单位领导和撰稿者的关心和支持,在此谨表谢意。

各单位审稿领导名单

（以姓名首字笔画为序）

万小溪	万庆涛	马　军	马红兰	王　吉	王　敏	王云华	王文平
王立新	王光华	王利峰	王雨鸥	王建新	王海峰	王新达	韦庆才
仇　丰	方枫云	尹　平	孔晓燕	邓国平	包锡龙	冯明刚	吕　涛
朱孝兵	朱富强	任巧建	刘　锋	刘文红	刘文敏	刘建军	江　城
江兆成	汤龙生	许　晨	许忠新	孙亚丽	孙仲英	孙明江	孙建华
孙福康	严伟荣	严会东	严军明	李俊卫	吴芸芸	吴建良	吴晓东
吴海英	吴家湘	邱晓东	何忆芳	何尧军	沈宏伟	沈卿芸	张　伟
张　忠	张　莉	张再兴	张农高	张志浩	张英毅	张建明	张品娟
张晓东	张浩伟	张德根	陆海燕	陈　泓	陈　虹	陈　峰	陈　涛
陈　晨	陈卫东	陈兴初	陈国君	陈明波	陈建龙	陈俊虎	陈晓峰
陈雪源	陈跃中	陈福良	范晓君	郁李达	周　琛	周晓虹	居　琳
赵　骥	赵志军	赵国明	胡品洪	胡洪平	胡莹洁	查建标	柳惠波
俞　强	洪　伟	宦雪忠	袁秋中	袁雪梅	夏思奇	顾　平	顾　军
顾丰良	顾文瑜	顾志强	顾洪伟	顾高浪	顾培植	钱　彪	钱华光
倪继宏	徐金凤	郭　诚	唐晓峰	唐雪江	谈海平	陶建国	黄　葵
黄林法	黄奕辉	梅海荣	曹乐平	曹剑峰	龚国贤	龚振东	盛　霞
盛建锋	常呈黎	章见良	屠湘如	董　伟	蒋　青	蒋　敏	蒋万春
蒋和兴	喻伟力	程　政	程学仨	傅建荣	傅洪文	童金良	谢洪兴
蔡　欣	蔡　高	翟　菁	缪　慧	缪剑波	薛　健	薛建国	檀春节
魏　锋							

各单位分管领导名单

（以姓名首字笔画为序）

丁小红	刁　衍	门开阳	马忠洪	马建民	王　馥	王旭东	王苏雄
王宏斌	王建新	王冠元	王海峰	王鸿笙	毛　亚	卞丹娟	叶雪琴
冯　亮	邢　盈	朱　斌	朱学民	任巧建	任龙平	华　青	刘　倩
刘文红	刘文敏	刘明钧	刘忠明	刘敏芳	江　勇	汤建影	汤德胜
许　坚	许卫国	许金辉	许海英	那中兴	孙　伟	孙亚丽	孙琪琳
苏曦泓	李　宁	李　炯	李飞雨	李克雨	李茂林	李俊泉	杨　雷
杨国洪	杨种峰	时　平	时军文	吴　彪	吴自强	吴剑毅	吴群力
余益平	沈　平	沈小狮	沈桂祥	宋雪平	张　伟	张　虎	张　旻
张　荣	张　海	张志浩	陆明洪	陆建兴	陆海燕	陈　飞	陈　忠
陈　虹	陈　健	陈　斌	陈忠宇	陈晓峰	林　琪	郁李达	季　勇
季克军	金锡妹	周　东	周　青	周林海	庞祥芳	项　勇	赵　骥
赵国明	赵建新	赵勇兵	赵晓平	赵雁军	郝周光	胡光远	胡振芳
柳惠波	钟建伟	俞　军	俞　良	俞　强	施丽娟	洪　伟	洪云锋
洪向宇	姚永标	姚剑刚	秦光华	袁春霞	袁雪梅	耿东霞	桂卫萍
夏天华	夏晓刚	顾　凤	顾　敏	顾丰良	顾敏华	顾敏明	钱　彪
钱　晴	钱　锋	倪继宏	徐　卓	徐　榕	徐广怡	徐金凤	徐科新
徐前锋	徐智文	徐富康	徐慧南	殷　妮	奚　萍	高　立	高　恒
高勇军	席卫平	唐　微	唐卫娟	陶卫凯	陶廷森	龚定娟	盛　达
盛建锋	常呈黎	彭林芳	葛伟栋	蒋　敏	程卓强	楚海芹	颜　虎
薛　炯	檀春节						

江阴市史志办公室　江苏全方测绘地理信息有限公司　联合编制　审图号：苏B(2017)08号　编制日期：2018年3月

说明：图中境界不作实地划界依据

江阴市城区图

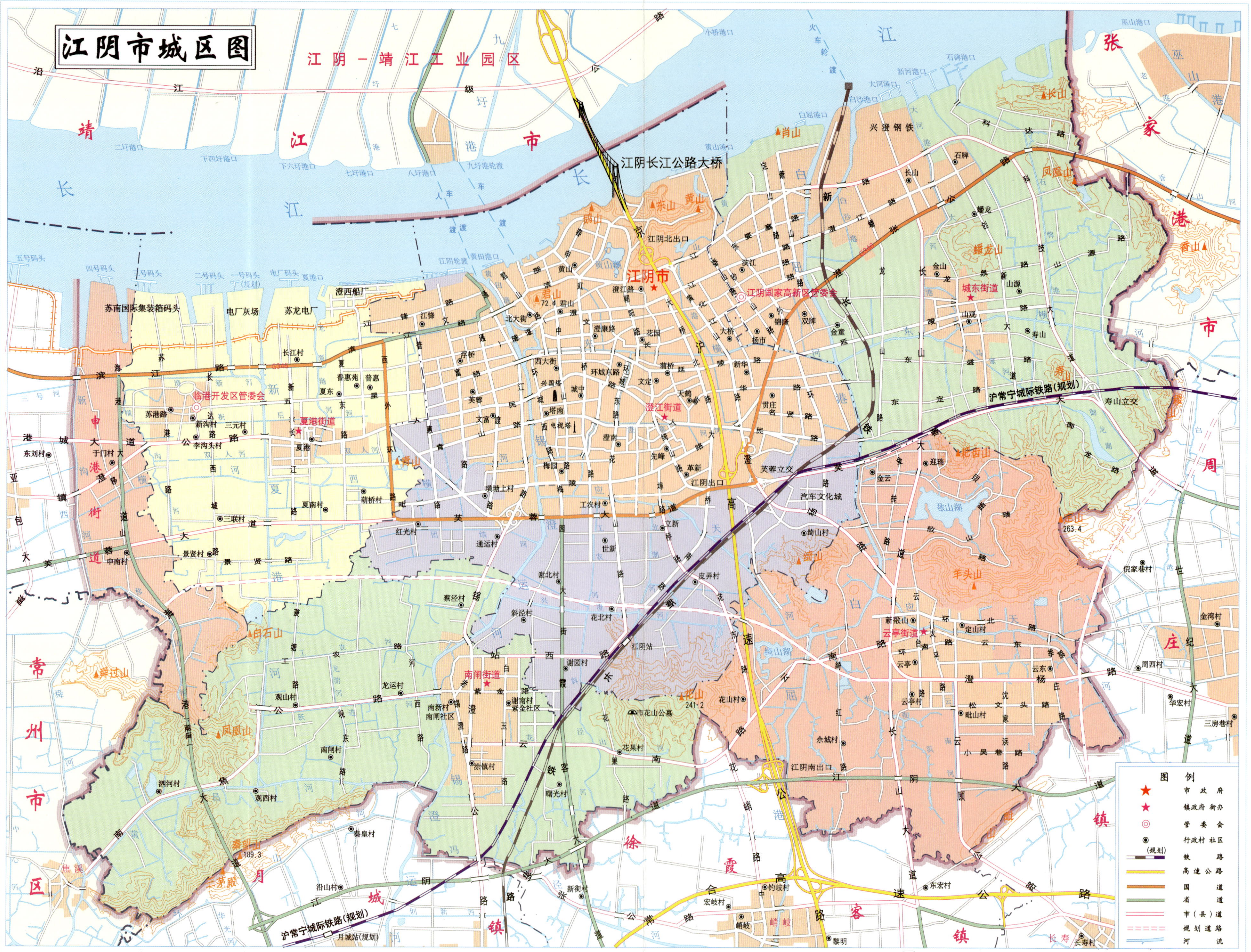

江阴市史志办公室 江苏全方测绘地理信息有限公司 联合编制 审图号：苏B(2017)08号 编制日期：2018年3月

说明：图中境界不作实地划界依据

江阴市部分机构全称、简称对照表

全　称	简　称	全　称	简　称
中共江阴市委员会	市委	江阴市口岸办公室 （江阴市港口管理局）	市口岸办 （市港口局）
江阴市人民代表大会常务委员会	市人大常委会		
江阴市人民政府	市政府	江阴市行政审批局	市行政审批局
政协江阴市委员会	市政协	江阴市园林旅游管理局	市园林旅游局
中共江阴市纪律检查委员会	市纪委	江阴市民防局 （江阴市人民防空办公室）	市民防局 （市人防办）
中共江阴市委办公室	市委办		
中共江阴市委农村工作办公室	市委农工办	江阴市公用事业管理局	市公用事业局
中共江阴市委统一战线工作部	市委统战部	江阴市民族宗族事务局	市民宗局
江阴市精神文明建设指导委员会办公室	市文明办	江阴市政府侨务办公室	市侨办
中共江阴市委台湾工作办公室	市委台办	江阴市机关事务管理局	市机关事务管理局
中共江阴市委政法委员会 （江阴市社会治安综合治理委员会办公室）	市委政法委 （市综治办）	江阴市供销合作总社	市供销社
		江阴市人民法院	市法院
中共江阴市委市级机关工作委员会	市级机关党工委	江阴市人民检察院	市检察院
中共江阴市委党校	市委党校	江阴市人民武装部	市人武部
江阴市人大常委会办公室	市人大办	江阴高新技术产业开发区管理委员会	高新区管委会
江阴市政府办公室 （江阴市政府外事办公室）	市政府办 （市外事办）		
江阴市发展和改革委员会	市发改委	江苏江阴临港济经开发区管理委员会	临港经济开发区管委会
江阴市经济和信息化委员会 （江阴市信息化办公室）	市经信委 （市信息化办）	江苏江阴－靖江工业园区管理委员会	靖江园区管委会
江阴市科学技术局	市科技局	共青团江阴市委员会	团市委
江阴市人力资源和社会保障局	市人社局	江阴市妇女联合会	市妇联
江阴市国土资源局	市国土局	江阴市科学技术协会	市科协
江阴市住房和城乡建设局	市住建局	江阴市归侨侨眷联合会	市侨联
江阴市交通运输局	市交通运输局	江阴市文学艺术界联合会	市文联
江阴市水利农机局	市水利农机局	江阴市工商业联合会	市工商联
江阴市文化广电新闻出版局	市文广新局	江阴市残疾人联合会	市残联
江阴市卫生和计划生育委员会	市卫计委	中国民主同盟江阴市委员会	民盟江阴市委
江阴市市场监督管理局	市市场监管局	中国民主建国会江阴市委员会	民建江阴市委
江阴市环境保护局	市环保局	中国民主促进会江阴市委员会	民进江阴市委
江阴市安全生产监督管理局	市安监局	中国农工民主党江阴市委员会	农工党江阴市委
江阴市政府法制办公室	市政府法制办	九三学社江阴市委员会	九三学社江阴市委
江阴市城市综合管理局 （江阴市综合行政执法局）	市城市综合管理局 （市综合行政执法局）	江阴市无党派知识分子联谊会	市知联会
		江阴市关心下一代工作委员会	市关工委

缩 略 语 注 释

“PPP 模式” 即 Public—Private—Partnership 的字母缩写，指政府与私人组织之间，为了合作建设城市基础设施项目，或为了提供某种公共物品和服务，以特许权协议为基础，彼此之间形成一种伙伴式的合作关系，并通过签署合同来明确双方的权利和义务，以确保合作的顺利完成，最终使合作各方达到比预期单独行动更为有利的结果。

“1310 工程” 指在贯穿“十三五”规划期间（2016—2020）的江阴城乡建设十大工程，即：滨江亲水、靓山亲山、江阴绿道、文化提升、交通畅通、城际轨道、环境整治、五网升级、城市管理和民生实事十个方面。

“1＋10”党员联户制度 指编织一个党员联系服务群众的“无缝隙、全覆盖”网络。将全村党员划分为若干个党小组，每个党小组联系 10 名（左右）党员，每名党员联系 10 户（左右）群众。

“2440”目标 指企业注册开业 2 个工作日内，不动产登记 4 个工作日内，工业建设项目施工许可 40 个工作日内完成。

“263”专项行动 即“两减六治三提升”专项行动，指由江苏省委、省政府于 2016 年年底部署启动，以弥补生态环境这个江苏发展中的突出短板。“两减”指减少煤炭消费总量和减少落后化工产能。“六治”指治理太湖及长江流域水环境、生活垃圾、黑臭水体、畜禽养殖污染、挥发性有机物和环境隐患。“三提升”指提升生态保护水平、环境经济政策调控水平和环境执法监管水平。

“333 高层次人才培养工程” 指江苏省委、省政府实施科教兴省、人才强省战略，加强高层次人才队伍建设的一项重要举措。通过工程的实施，重点培养出 3000 名省内各学科、各行业具有一定声望的学术、技术带头人；300 名国内学术、技术界具有重大影响的高级专家；30 名能进入世界科技前沿并在国际上具有较高知名度的杰出专家。

“3550”目标 指全面推行开办企业 3 个工作日内完成，不动产登记 5 个工作日内完成，工业建设项目施工许可 50 个工作日完成。

“515 战略” 指紧紧围绕“文明、有序、安全、便利、富民强国”5 大目标，推出旅游 10 大行动，开展 52 项举措，推进旅游业转型升级、提质增效，加快旅游业现代化、信息化、国际化进程。

“931”行动 即省政府部署全省各地在 2016 年至 2017 年，开展城市环境“九整治、三规范、一提升”专项行动。“九整治”指整治城郊接合部、城中村、棚户区、老旧小区、易淹易涝片区、背街小巷、城市河道环境、建设工地、集贸市场。“三规范”指规范占道经营、车辆停放、户外广告设置。“一提升”指提升城市长效管理水平。

“一长五员” 指网格长、网格员、督查员、信息员、联络员和巡查员。

“一带一路” 指丝绸之路经济带和 21 世纪海上丝绸之路。是依靠中国与有关国家既有的双多边机制，借助既有的、行之有效的区域合作平台，主动地发展与沿线国家的经济合作伙伴关系，共同打造政治互信、经济融合、文化包容的利益共同体、命运共同体和责任共同体。

“一案双查” 即严格执行问责机制，指在一起案件中既要追究当事人责任，又要倒查追究相关领导责任，包括党委和纪委的责任。

“一案四访”工作 指在查办违法违纪案件的同时，对违纪人员、违纪人员的身边人、发案单位、办案工作人员进行回访，通过有计划地开展跟踪走访、谈话教育、督查整改等工作，把查办案件的过程变成教育引导、整改规范、加强监督、促进发展的反腐倡廉建设过程，使各级党员领导干部引以为戒、警钟长鸣。

“三大平台” 指镇（街道）政务服务中心、镇（街道）综合执法局、镇（街道）管理服务指挥中心。

“三互”大通关 指货物通关时，海关和检验检疫部门采取的“信息互换、监管互认、执法互助”的通关模式。

“三公”消费 指政府部门人员在因公出国（境）经费、公务车购置及运行费、公务招待费（即“三公”经费）产生的消费。

“三去一降一补” 是习近平总书记根据供给侧结构性改革提出的。供给侧改革主要涉及产能过剩、楼市库存大、债务高企这三个方面，为解决好这一问题，就要推行“三去一降一补”的政策，即去产能、去库存、去杠杆、降成本、补短板五大任务。

“三务”公开 指定期对村级党务、村务、财务进行公开。

“三农” 指农业、农村和农民。

“三同时”项目 指新建项目的安全、环保等设施，必须与主体工程同时设计、同时施工、同时投产使用。

“三会一课” “三会”指定期召开支部党员大会、党支部委员会和党小组会。“一课”指按时上好党课。

“三创” 指科技创新、创业、创意。

“三严三实” 指严以修身、严以用权、严以律己，又谋事要实、创业要实、做人要实。

“三证合一、一照一码” “三证合一”指由原来的营业执照、组织机构代码证、税务登记证“三证”合为一张，统称为“三证合一”。“一照一码”指一张执照上一个代码，不需要原来的三个代码。

“三走进三服务” 指走进企业、走进社区、走进农村，服务发展、服务基层、服务群众。

“三局三中心” 指行政审批局、城市综合管理局、综合行政执法局、政务服务中心、综合管理服务指挥中心、大数据中心。

“三线一单” 指生态保护红线、环境质量底线、资源利用上线和环境准入负面清单。

“三品一标” 指无公害农产品、绿色食品、有机农产品和农产品地理标志。

“三资” 指农村集体经济中的资金、资产、资源。

“三资”投农 指利用工商资本、外商资本、社会资本投资开发现代农业。

“三高两低”企业 指高能耗、高污染、高危险、低产出、低效益企业。

“大走访” 指让广大党员干部直通群众、工作到家，访看群众最真实的状况，倾听群众最真实的声音，体悟群众最真实的感受，从而精准施策化解矛盾，对症下药解决问题。

“四个自信” 指中国特色社会主义道路自信、理论自信、制度自信、文化自信。

“四个全面” 指全面建成小康社会、全面深化改革、全面依法治国、全面从严治党。

“四个意识” 指政治意识、大局意识、核心意识、看齐意识。

“四风” 指形式主义、官僚主义、享乐主义和奢靡之风。

“四加强三整治二提升” 指加强城乡垃圾处理设施建设改造、加强生活污水处理设施建设、加强无害化卫生厕所建设、加强城乡饮水安全保障。整治农村环境卫生、整治城市薄弱部位环境卫生，整治重点场所和地段环境卫生。提升社会卫生综合治理水平，提升群众文明卫生素质。

“四讲四有” 指讲政治、有信念，讲规矩、有纪律，讲道德、有品行，讲奉献、有作为。

“四好农村路” 指建好、管好、护好、运营好农村公路。

“四种形态” 指党内关系要正常化，批评和自我批评要经常开展，让咬耳扯袖、红脸出汗成为常态；党纪轻处分和组织处理要成为大多数；对严重违纪的重处分、作出重大职务调整应当是少数；而严重违纪涉嫌违法立案审查的只能是极极少数。

“四清四严” 指江阴市对污水处理厂监管的相关要求，“四清”即水清、泥清、药清、钱清；“四严”即严标准、严记录、严监控、严监管。

“五大发展理念” 指创新、协调、绿色、开放、共享的发展理念。

“五网”升级工程 指“1310 工程”十大工程之一，包括安全供水、污水处理、供热供气、环卫保洁和路灯照明五个方面，涉及具体项目上百项。

“五先五好” 指思想建党走在先，信念坚定好；统筹发展走在先，勤政务实好；服务改革走在先，敢于担当好；改善民生走在先，为民服务好；改进作风走在先，清正廉洁好。

“五位一体” 指经济建设、政治建设、文化建设、社会建设、生态文明建设为一体的总体布局。

“五证合一、一照一码” 指在“三证合一、一照一码”的基础上，再度整合社会保险登记证和统计登记证，实现“五证合一、一照一码”。

“五查摆五强化” 指查摆信仰信念是否动摇，强化政治定力；查摆纪律规矩是否松弛，强化党的意识；查摆宗旨意识是否淡薄，强化群众观念；查摆精神状态是否懈怠，强化担当精神；查摆德行表现是否缺失，强化道德修养。

“六大发展战略” 指创新驱动发展核心战略、产业强市主导战略、全面开放战略、新型城镇化和城乡发展一体化战略、可持续发展战略、民生共建共享战略。

“六个一体化” 指城乡规划一体化、城乡产业发展一体化、城乡市场体制一体化、城乡基础设施一体化、城乡公共服务一体化、城乡管理体制一体化。

“六水共建” 指江阴市委、市政府的一项重大民生工程，包括水规划建设、水生态建设、水资源建设、水景观建设、水安全建设、水文化建设。

“七查摆七强化” 指查摆信仰信念是否动摇，强化政治定力；查摆纪律规矩是否松弛，强化党的意识；查摆宗旨意识是否淡薄，强化群众观念；查摆精神状态是否懈怠，强化担当精神；查摆德行表现是否缺失，强化道德修养；查摆新发展理念是否树立和落实，强化践行新发展理念的思想行动自觉；查摆落实管党治党责任是否不力不严，强化全面从严治党责任。

“八礼四仪” “八礼”指“仪表之礼”“仪式之礼”“言谈之礼”“待人之礼”“行走之礼”“观赏之礼”“游览之礼”“餐饮之礼”。“四仪”指入学仪式（7 岁）、成长仪式（10 岁）、青春仪式（14 岁）、成人仪式（18 岁）。

“八查八改” 指“一查改”企业环境应急管理机构与人员；“二查改”企业突发环境事件风险等级识别情况；“三查改”企业突发环境事件隐患排查治理情况；“四查改”企业监测预警机制建设情况；“五查改”企业环境风险防控措施；“六查改”企业环境应急预案备案工作；“七查改”企业环境应急演练工作；“八查改”企业环境应急保障体系建设情况。

中央“八项规定” 指中共中央政治局关于改进工作作风、密切联系群众的八项规定：一、要改进调查研究，切忌走过场、搞形式主义；要轻车简从、减少陪同、简化接待，不张贴悬挂标语横幅，不安排群众迎送，不铺设迎宾地毯，不摆放花草，不安排宴请；二、要精简会议活动，严格控制以中央名义召开的各类全国性会议和举行的重大活动，未经中央批准一律不出席各类剪彩、奠基活动和庆祝会、纪念会、表彰会、博览会、研讨会及各类论坛；提高会议实效，开短会、讲短话，力戒空话、套话；三、要精简文件简报，没有实质内容、可发可不发的文件、简报一律不发；四、要规范出访活动，出访活动严格控制出访随行人员，严格按照规定乘坐交通工具，一般不安排中资机构、华侨华人、留学生代表等到机场迎送；五、要改进警卫工作，减少交通管制，一般情况下不得封路、不清场闭馆。六、要改进新闻报道，中央政治局领导出席会议和活动应根据工作需要、新闻价值、社会效果决定是否报道，进一步压缩报道的数量、字数、时长；七、要严格文稿发表，除中央统一安排外，个人不公开出版著作、讲话单行本，不发贺信、贺电，不题词、题字；八、要厉行勤俭节约，严格遵守廉洁从政有关规定，严格执行住房、车辆配备等有关工作和生活待遇的规定。

中央纪委机关、中央组织部“九严禁”纪律规定 指一、严禁拉帮结派，对搞团团伙伙、结党营私的，一律给予纪律处分；二、严禁拉票贿选，对在民主推荐和选举中搞拉票、助选等非组织活动的，一律排除出人选名单或者取消候选人资格，并视情节给予纪律处分，贿选的依法处理；三、严禁买官卖官，对以谋取职务调整、晋升等为目的贿赂他人或者收受贿赂的，一律先停职或免职，并依纪依法处理；四、严禁跑官要官，对采取拉关系或者要挟等手段谋取职务或者职级待遇的，一律不得提拔使用；五、严禁造假骗官，对篡改、伪造干部档案材料的，一律对相关人员给予组织处理或者纪律处分；六、严禁说情打招呼，对搞封官许愿或者为他人提拔重用说情打招呼的，对私自干预下级干部选拔任用的，一律记录在案，情节严重的严肃追究责任；七、严禁违规用人，对突击提拔调整干部、超职数配备干部和违反规定程序选拔任用干部的，一律宣布无效，并视情节对相关人员给予纪律处分；八、严禁跑风漏气，对泄露、扩散涉及换届人员安排等保密内容的，一律追究相关人员责任；九、严禁干扰换届，对造谣、诬告他人或者妨害他人自由行使选举权的，一律严厉查处，涉嫌违法犯罪的移交司法机关处理。

“太湖人才计划” 指 2016 年 5 月，无锡市出台《关于实施“太湖人才计划”打造现代产业发展新高地的意见》，重点支持引进、培育产业升级创新领军人才、企业经营管理领军人才等 6 类产业发展人才。2017 年 6 月，出台《深化“太湖人才计划”若干意见（升级版）》，在人才政策、工作机制、服务保障等方面作了优化升级。

“双巡” 指巡访民情、巡讲民生。

“双述” 指单位负责人对自己履行工作职责情况和廉洁自律情况进行述职述廉报告。

“外专千人计划” 指国家“千人计划”中的高层次外国专家项目，面向非华裔外国专家，重点引进长期项目专家，即至少连续来华工作 3 年，每年不少于 9 个月。

“两个责任” 指党委负主体责任、纪委负监督责任。

“两化融合” 指信息化和工业化融合。

“两学一做” 指学党章党规、学系列讲话，做合格党员。

“两微一端” 指微博、微信及新闻客户端（移动客户端）。

“两新” 指新经济组织、新社会组织。

“两聚一高” 指聚力创新，聚焦富民，高水平全面建成小康社会。

“阳光扶贫” 指确保扶贫项目、资金在阳光下公开透明运行。

"幸福一点通" 指借助现代化网络通信及信息技术,依托社会服务资源,向社区老人家庭尤其是"空巢"、独居、病残老人家庭提供紧急呼叫救助和日常生活照顾的个性化、信息化的家庭养老服务体系。老人们可使用直接连接到家庭固定电话上的呼叫装置,足不出户享受到医疗卫生、心理咨询、家电维修、家政服务等十多项人性化服务。

国家"千人计划" 指中央人才工作协调小组关于实施(中央层面)"海外高层次人才引进计划",简称"千人计划",主要是围绕国家发展战略目标,从2008年开始,用5到10年,在国家重点创新项目、重点学科和重点实验室、中央企业和国有商业金融机构、以高新技术产业开发区为主的各类园区等,引进2000名左右人才并有重点地支持一批能够突破关键技术、发展高新产业、带动新兴学科的战略科学家和领军人才回国创新创业。

"放管服" 指简政放权、放管结合、优化服务。

"城市啄木鸟" 指一款以反映文明创建、市容环境问题为主的政民交互平台,依托数字化城市管理系统快速受理、及时处置各类诉求,广泛引导市民大众投身城市治理。江阴市"城市啄木鸟"公众交互平台由市文明办、市城市综合管理局联合开发。

挂职锻炼"952"计划 "9"指从党建工作、集成改革、经济发展、民生保障、生态环保、征地拆迁、信访调解、法制维稳和工程建设9个方面推行"项目化锻炼"。"5"指通过基层一线、发展一线、稳定一线、骨干企业、上级机关5类挂职途径。"2"指"墩苗"挂职锻炼为期2年。

省"三带"人才 指带领技艺传承、带强产业发展、带动群众致富。

省"六大人才高峰计划" 指从2001年起,江苏省实施关于加快构建教育、医药卫生、电子信息、机械汽车、建筑、农业六大人才高峰的意见,加快培养、引进一批行业发展急需的高层次人才,以构筑新世纪人才高地,推进江苏省重点行业的快速发展。

省"双创人才" 指江苏省高层次创新、创业人才。

省"双创计划" 指江苏省高层次创新、创业人才引进计划。

省"双创团队" 指江苏省创新、创业团队。

省市"十项规定" 指中共江苏省委关于改进工作作风、密切联系群众的十项规定:一、要切实改进调查研究,每年到基层调研时间不少于两个月;二、要着力解决民生难题,每年安排5~7天开展驻点调研;三、要大力精简会议活动,提倡开短会、讲短话,未经省委、省政府批准,不在省辖市任职的省领导一律不出席各地各部门主办的各类剪彩、奠基活动和庆祝会、纪念会、表彰会及各类论坛等;四、要大幅减少文件简报,没有实质内容、可发可不发的文件简报一律不发;五、要严格规范出访活动;六、要着力简化接待工作;七、要简化改进新闻报道,省领导出席会议和活动应根据工作需要、新闻价值、社会效果决定是否报道,进一步压缩报道的数量、字数、时长;八、要从严控制文稿发表,除省委统一安排外,省领导个人不公开出版著作,不发贺信、贺电,不题词、题字;九、要带头厉行节约,工作会议一律不摆放花草、不制作背景板,就餐不上高档菜肴,不安排宴请,住宿一律安排在定点接待宾馆;十、要始终坚持廉洁从政,从严要求配偶、子女、亲属和身边工作人员,自觉加强道德修养,培养健康的生活情趣。中共无锡市委依据省委上述规定也出台关于改进工作作风、密切联系群众的十项规定。

"雪亮工程" 指以县、乡、村三级综治中心为指挥平台、以综治信息化为支撑、以网格化管理为基础、以公共安全视频监控联网应用为重点的群众性治安防控工程。通过三级综治中心建设把治安防范措施延伸到群众身边,发动社会力量和广大群众共同监看视频监控,共同参与治安防范,从而真正实现治安防控"全覆盖、无死角"。因为"群众的眼睛是雪亮的",所以称之为"雪亮工程"。

"强富美高" 指经济强、百姓富、环境美、社会文明程度高。

"新三板" 指中关村科技园区非上市股份有限公司股份报价转让系统,因进入该系统的挂牌企业多为高科技企业而不同于原转让系统内的退市企业及原STAQ、NET系统挂牌公司(俗称"老三板"),故称为"新三板",是科技部、中国证监会、中国证券业协会、深圳证券交易所和中关村管委会落实中共中央、国务院科技创新战略,以金融创新促进科学技术创新、助力成长性高新企业,完善中国多层次资本市场的重大举措。

"暨阳英才计划" 指江阴市为深化人才发展体制机制改革、策应无锡市"太湖人才计划",推进江阴"人才强企"战略而打造的新一轮人才政策,从2017年开始,实施产业领军人才汇智工程、特色乡土人才育智工程、青年人才创智工程、高技能人才强智工程、海外人才引智工程、社会事业人才聚智工程,打造具有江阴特色的人才新高地。

类　目

目　录

媒体报道选辑

重要文献

大事记

江阴概况

中共江阴市委

江阴市人大常委会

江阴市人民政府

政协江阴市委员会

纪检·监察

民主党派·工商联·知联会

群众团体和组织

武装·法治

人力资源

经济总览

农村工作与农业

水利建设

工　业

开放型经济

开发区建设

企业上市

建筑业

商贸流通业

居民服务业·旅游业

金　融

港口口岸

城乡建设与管理

生态建设

信息化建设

交通·邮政·物流

经济事务管理

科学技术

教　育

文化建设

卫　生

体　育

社会工作

公共安全

街道·镇概况

组织机构和领导人员名录

人　　物

附 录

索 引

彩色插页

Content

Media Report Selections

Important Literature

Chronicle of Events

Brief Introduction of Jiangyin

Jiangyin Municipal Committee of the Communist Party of China

The Standing Committee of Jiangyin Municipal People's Congress

Jiangyin Municipal People's Government

Jiangyin Municipal Committee of the Chinese People's Political Consultative Conference

Discipline Inspection & Supervision

Democratic Parties & Association of Industry and Commerce & Intellectual Fraternity

Mass Group and Organization

Military Equipment & Legal Systems

Human Resource

Economic Overview

Rural Work & Agriculture

Water Conservancy Construction

Industry

Open-Oriented Economy

Construction of Development Zones

Enterprises Listing

Architecture

Business Circulation

Residents Service & Tourism

Finance

Port & Harbor

Urban & Rural Construction and Administration

Ecological construction

Informationization Construction

Traffic & Postal Services & Logistics

Economic Affairs Management

Science Technology

Education

Culture Construction

Sanitation

Sports

Social Work

Public Safety

Survey of Block & Towns

Name List of the Organizations and the Leaders

Personages

Appendix

Index

Colored Inserts

江阴市开展县级集成改革试点

编者按：2017年4月初，江苏省委提出要选择试点城市，把各方面改革工作集成到一个地方系统推进。4—5月，省委、省政府领导多次到江阴考察调研、听取汇报。5月15日，在省委举办的第五期县委书记工作讲坛上，省委书记李强首次明确提出，“省委考虑在江阴等县市进行集成改革试点，把点上的‘盆景’集合成面上的‘风景’。”7月13日，省委办公厅、省政府办公厅联合下发《江阴市县级集成改革试点总体方案》，标志着江阴正式成为全省唯一的县级集成改革试点县市。自此，江阴全市上下紧紧围绕集成改革试点总体方案的既定时间表、路线图、任务书，解放思想、大胆实践，咬定目标、合力攻坚，坚定不移把集成改革试点工作推向深入。至8月底，各镇（街道）“三大平台”（管理服务指挥中心、政务服务中心、综合执法局）建成并运行，全面完成复制推广徐霞客镇改革经验工作，基层行政管理体制改革取得阶段性成效；10月初，市级层面“三局三中心”*全部组建到位；同月，市社会救助中心成立，建立社会救助工作“一门受理、协同办理”服务新模式。至年末，基本实现“2440”*审批服务提速目标，初步构建起便捷高效的政务服务新体系、沉底到边的基层治理新体系、精准有力的社会救助新体系、温馨周到的生活服务新体系等县域治理“四大体系”，江阴集成改革试点的品牌效应初步显现。省内外各级党政代表团、对口单位到江阴学习考察集成改革试点情况，累计接待超300批次。江苏代表团媒体开放日、国内外媒体联合采访对江阴集成改革情况给予高度关注。11月23日，《人民日报》《光明日报》和中央电视台等近30个主流媒体到江阴，对集成改革试点进行集中采访和报道。

一窗式受理　全过程督办

江阴行政审批提了速

王伟健

取号、排队、交材料、工作人员受理，只跑一个窗口，用了不到5分钟，林民国就拿到申请办理饮食店营业执照的回执单。这是4月19日记者在江苏省江阴市徐霞客镇政务服务中心看到的一幕。

在徐霞客镇，有228项行政审批和公共服务事项实行“一窗式”受理、“一步法”审核、“一枚章”审批，大大提高了百姓的办事效率。镇党委书记叶韩清介绍，林民国申办营业执照的后续审批手续全由中心后台操作，两三天后，他在家里就可以收到营业执照。

徐霞客镇是全国经济发达镇行政管理体制改革试点镇，2012年成立政务服务中心，在江苏省率先实行“一窗式”政务服务改革。江阴市海江高分子材料有限公司董事长张国清对改革带来的便利非常满意，“公司投资1.6亿元进行迁建扩能，按照以往的审批流程，跑规划、建设、国土等部门，一般需要半年时间。但这次审批，我们把材料交给服务中心窗口之后,仅两个月就拿到了批文。"

一窗受理后,如何让后台办得更高效更规范?江阴市政府打破各职能部门行政壁垒,将原来33个行政事业机构整合归并,将分散在各部门、各条线的人员抽调到徐霞客镇政务服务中心,由中心统一管理,并将分散在各部门、各条线的事项集中到中心办理。同时,将原来26个专业窗口,整合成14个"一窗通办"的综合窗口,并只加盖一个公章"徐霞客镇人民政府行政审批专用章"。

徐霞客镇便民服务中心还建立在线监察系统,实行"督着办"。记者看到,从前台受理,后台初审、审核、办结,到群众取件,这个系统实行同步监控,贯穿行政审批事项的全过程,做到"看得见、管得住"。如果超出业务办理的承诺时限,系统会亮出黄色以及红色的双色警告,并实行相应的追责机制。

把办事窗口向互联网和手机终端延伸,徐霞客镇便民服务中心还可"网上办""手机办",甚至可以实现不见面办理。中心有187项网上办理事项,其中105项可实现不见面办理。

江阴市将在全市推广徐霞客镇便民服务中心"一窗办理"模式。"前台为群众一窗式服务,后台职能机构履行政策指导、政令传递、监督管理等功能。"江阴市委主要负责人说,各部门倾力协作配合,促进权限事项公开透明、规章制度依法建立,释放出改革发展活力。(原载2017年4月23日《人民日报》)

徐霞客镇集成改革创新基层治理

23岁的河南小伙尤美强,在他工作所在地江阴市徐霞客镇的官方APP"霞行天下"操作了10来分钟后,就收到了附着"就业登记证"的邮件。自2010年被列为全国行政管理体制改革试点镇以来,徐霞客镇承接了875项县级经济社会管理权限,组建了"两办六局一中心"9个职能机构,着力推进"一窗通办"、综合执法"一支队伍"、"镇村治理一张网"建设,构建了"集中高效审批、强化监管服务、综合行政执法"基层政府治理新模式。2017年3月,徐霞客镇改革作为基层治理先进样本被中国社科院发布的中国法治发展报告蓝皮书收录。记者从省编办获悉,下一步,江苏省将在全省逐步推广徐霞客镇行政管理体制"集成改革"创新做法。

一个窗口受理,不见面也能办事

咨询、填表、取号、受理、处置、办结……只在徐霞客镇政务服务中心一个窗口,花上10分钟,孔斌就拿到他申办的江阴亿昌高分子新材料有限公司证照办理回执单。4月25日,回乡创业的孔斌接受记者采访时说,"窗口受理8天后,就拿到企业营业执照。没想到,现在办事这么方便。"

徐霞客镇2012年成立便民服务中心,在江苏省率先实行"一窗式"政务服务改革,将原来26个专业窗口,整合成14个"全科式"的综合窗口,实行"一窗通办、一章审批、一站服务"。孔斌拿到的营业执照上,只有一枚"徐霞客镇政府行政审批专用章"。记者了解到,早在2013年4月,镇政府承接的149项行政审批和公共服务事项实现"一枚印章管到底"。目前,该镇"一窗通办"的行政审批和公共服务事项增加到228项。

一窗受理后,后台如何才能更高效、规范?"以前只要负责一个条口业务就可以了。现在对地税、社保、工商、公安等所有部门业务都懂,都能受理"。该中心工作人员马晓婷告诉记者。和她一样,中心其他工作人员都变成了"全能选手"。该镇相关负责人介绍,打破各职能部门行政壁垒,将原来33个行政事业机构整合归并,将分散在各部门、各条线的人员抽调到镇政务服务中心,由中心统一管理,并将分散在各部门、各条线的事项集中到中心办理。

居民如果没时间来窗口也没关系。记者获悉,"互联网+政务"在徐霞客镇升级为"不见面"版。目前徐霞客镇有187项事项可通过网上办事大厅办理,其中还有105项可通过快递送达、远程打印等方式实现"不见面"办理,实现了"民生事,手机办""窗口事,全科办"。

一支队伍管理,综合执法全程留痕

随着权限逐步扩大,承接事项不断增加,整合行政执法资源、提升执法效能的改革越来越迫切。徐霞客镇镇长王光华说,以前好多事是看得见的管不了,管得了的未必看得见,比如菜场门口发现了卖音像制品的人,但巡查队伍看见了,却管不了,得通知文化部门的人来管。

2015年,徐霞客镇成立了由88名执法队员组成的综合执法队伍,共承担了城管、环保、安监、文化等13个部门的647项行政权力事项,打破了以往按照业务职能设置中队的惯例,按网格区域综合设置3个全能型执法中队,"综合执法一支队伍,有效化解了基层治理普遍面临的'看得见管不了''多头管理、相互推诿'等难题。"

放权当然不是放任。为了有效执法,"一支队伍"被全过程监督。记者了解到,徐霞客镇推行"双随机一公开""一表式"执法检查模式,严格规范执法检查、受立案、调查、审查、决定等执法环节,运用"互联网+",对执法过程实现全程留痕、可追溯、可追责,破解"任性检查、执法扰民"等难题,确保执法监督不缺位、执法行为规范化。

一张大网运行,镇村治理走出新路径

"奇松路上有10多个工人在违

建50多米围墙，擅自搭建，拒绝停工。”4月初，巡查中的综合执法队员于晓敏，拍照、上传系统，镇里的指挥中心即时收到该讯息。在指挥中心网络上，该讯息被标为红色，中心工作人员告诉记者，“红色代表需要紧急处理信息，绿色是待处理信息，蓝色是已处理信息。”收到于晓敏信息后，指挥中心迅速调动执法人员前往处理，一个半小时后，违建被拆除。

在“一支队伍管执法”的基础上，徐霞客镇一方面建“一个网格全覆盖”，将综治、环保、安监、人社等各级各部门要求设立的21类网格整合设置为1个综合网格，涵盖了便民服务、社会管理和巡查执法三大类共38个部门的961项事务。在纵向结构布局上，将1个综合网格划分为21个一级网格和179个二级网格，每个网格配备“一长五员”，即网格长、网格员、督查员、信息员、联络员和巡查员，成立由楼道长、村民组长和物业机构负责人兼任的1025名网格信息员队伍，及时收集、上报本网格内发生的各类问题。

为了确保网格管理落地生根，该镇建立定人、定时、定岗、定责、定管理标准、定奖惩制度的“六定”管理机制，不仅对网格员进行周、季度、年度考核，还实行奖励政策，“如果即时汇报了重大隐患，有现金奖励。”也鼓励群众“随手拍”，将发现的问题上传该镇手机客户端。

为了编织好全镇“一张网”，该镇还开发建立了网格化综合管理服务系统，整合了社保、计生等7张专网，接入了环保、水利等各类信息化管理系统。各部门信息共享、职能互补，执法、管理、服务都在“一张网”上运行，网格任务派送、资源调度、流程监督等皆通过信息化手段实现，内部流程压缩30%以上，走出了基层治理新路径。（原载2017年5月8日《新华日报》）

中国向奇葩证明宣战

“互联网+”打通“最后一公里”

申冉　孙权

“我爸是我爸”之类的“奇葩证明”在中国各地给民众生活造成了不少困扰。自2015年起，一场雷厉风行的改革向“奇葩证明”之疾宣战，从上至下、在全国范围对“封闭而臃肿”的权力进行强制“减肥瘦身”。

江苏省江阴市徐霞客镇向“奇葩证明”告别的改革是以“互联网+”为杠杆的。

在徐霞客镇政务服务中心，一家企业人力资源部的工作人员章女士正在为三名企业员工办理退工手续。她告诉记者：“过去办这个手续，要跑退工、领取失业金和自主缴纳社保三个窗口。现在，从一个窗口递进材料，十分钟不到立等可取。”

徐霞客镇党委书记叶韩清说，现在的“一窗式”政务服务，民众把要办的事跟窗口一说，办事人员就把事“揽”过来，具体怎么办由政府部门的数据信息库来“跑”，民众不用“跑”。

据叶韩清介绍，整个镇21个行政村全部建成村便民服务中心，所有服务中心信息都连接到镇级网上办事大厅，从这里与江阴市级行权网对接，信息共享，服务连通。市民或企业需要审批的项目、文件经过中心内部程序流转及审核通过后直接加盖“徐霞客镇人民政府行政审批专用章”，凡下放的审批事项无须再去江阴市级部门“环游”，真正实现了“一枚公章管到底”。

随着APP“微政务”的上线，许多居民甚至不用出家门，在手机上就能办好过去要跑很多“衙门”的审批事项，连“最后一公里”都被省去。

原中国人民大学社会学教授周孝正认为，人为设置的“奇葩证明”，其产生的根本原因是中国从熟人社会向契约式社会转型时期各种问题爆发的一个表面“症候”，“过去在家族式社会中，可以通过熟人担保和人品信任进行证明的，现在要通过书面证明来背书”。

“也恰是因此，导致中国缺乏一个完善的、可溯源的基础信息库，比如一个人从出生起产生的所有信息，都可能在任何环节遗漏或散失，成为‘证无可证’而‘不得不证’。”周孝正指出，更糟糕的是，由于各部门之间的信息壁垒，造成了基础信息的高度集中，“甚至一个部门的上下级之间，信息都无法共享，那么来往于各个窗口的循环证明也就出现了”。

近年来，各地政府都在考虑打通各部门信息壁垒、整合分散保管的个人信息资料。例如徐霞客镇建起了基础信息库和各部门共享信息的网络，下放上级审批权限，当地居民不再需要去各处盖章开证明了。

在基层行政管理体制改革的25个国家级试点镇中，江苏占了4个。其改革关键词是“基层扩权”“一站式窗口服务”，实现这些改革目标的手段和条件就是“互联网+”。

2017年6月，江苏政务服务网正式开通上线。该信息平台贯通全省65个省级部门、13个市、96个县（市、区）。通过“一网、一端、一号”三个服务渠道，连接线下办事大厅，为3000万户江苏用户提供基于实名的线上线下实时在线服务。成为真正意义上的“零距离”服务、“不见面”审批。

据国家发改委互联网大数据分析中心的最新数据分析显示，网友对各级政府政务服务“放管服”的改革，满意度从2015年的84.85%升到2017年的89.90%。

“政府要努力当好服务创新的‘店小二’”，江苏省委书记李强上任后反复强调的一句话，也成为很多地方政府主政者的共同目标。而“互联网+”政府审批改革,正在冲破中国传统的人情社会纠缠,用信息共享大幅度压缩“奇葩证明”的生存空间。相信在不远的将来,在中国政务服务信息化改革的浪潮之下,“奇葩证明”会真正成为远离民众生活的历史陈迹。(摘自2017年7月10日中国新闻网)

集成改革,江阴“一枚公章管到底”

马 薇

推进改革攻坚聚焦行政审批制度改革“办事当天领营业执照,第二天拿到户外广告设置许可,第三天新店开业,生意一开始就这么顺利,真是好兆头!”江阴市徐霞客镇一家服装店的老板陈某,前不久到镇里的政务服务中心办理工商登记,过去要花5至7个工作日才能办成的事,这次一趟搞定。而且,她拿到的营业执照上,只盖了一枚“徐霞客镇人民政府行政审批专用章”。

228项行政审批和公共服务事项“一枚公章管到底”,徐霞客镇在全国率先探索的行政管理体制集成改革,本月起开始在江阴全市复制推广。按照改革“线路图”,2017年10月前,江阴全市域将全面实现“企业注册开业2日以内、不动产权证4日以内、施工许可40日以内”的高效审批目标。

江阴卓凡文化艺术有限公司项目办负责人王莹洁,最近亲身体验了一把这场正在提速的行政审批改革。6月初,她到江阴市政务服务中心办理企业登记,发现原本需要到窗口办理的企业名称申报可以在网上直接申请了,原本要跑两趟的公章备案和刻章合并成了一项。更令她感到轻松的是,从交材料到出执照,所有流程都在审批窗口里完成,她总共只跑了两趟就拿到了营业执照。

“将分散在各个窗口的审批事项集中到一个窗口,通过‘注册主官+初审官+注册助理’的新模式,让文件在审核小组内部‘旅游’,减少群众奔波之苦。”江阴市政务服务中心市场监管负责人沈纯雅介绍,在重新整合审批流程的基础上,江阴还正在探索为企业定制“万能表”。这张“万能表”以工商登记信息为基础,整合公安备案、刻章、CA认证、银行、国地税等部门信息,届时,企业只需填一张表,就能应对所有审批审核。

让群众少跑腿,就得让数据多跑路。这段日子,一个全面整合政务信息资源的政务大数据中心正在江阴加紧建设。江阴市政务办副主任周正洪介绍,大数据中心将整合全市现有的事项库、企业库、人员库、投资项目库、电子证照库等基础资源库,建立政务数据资源目录体系。到2017年年底,江阴将实现全市基础数据的互联互通,彻底打破政务“信息孤岛”“数据烟囱”。“在数据集成的基础上,我们将市场准入、建设投资和权证办理等需要集中的许可事项全部集中,实行网上办、集中批、联合审、区域评、代办制,以全面实现‘不见面’审批。”

大数据集成,让群众办事更方便,也让监管变得更“可视”。韩凤娟是江阴莱利休闲服饰有限公司的主办会计,这几天正忙着办理公司外资转内资的业务,每天都往政务服务中心打电话询问办事进程,每次都得到明确精准的回答。等到第五天,韩凤娟拿到了办结凭证:“一路我都盯着呢,工作人员没偷懒。”

其实,还有一双更锐利的“眼睛”在盯着工作人员的一举一动,这就是江阴自主研发的行政审批在线监察系统。办事的企业或群众在江阴市政务服务中心服务大厅取号后,立即进入监察系统跟踪范围。办理过程中,所有流程、时限、收费全程留痕,有据可查。一旦出现审批服务超时限、违规收费、违反审批程序、违反政务公开规定、对符合条件的申请人不予批准等违规行为,系统将自动发出预警,提示承办和审批人员及时纠正,多次出现差错的工作人员将受“黄牌”和“红牌”警告。

集中审批、集中办理、集中监管,行政审批制度的集成改革,是江阴行政管理体制改革的“先行军”。江阴市编办主任俞烈彪介绍,根据省委“开展集成改革试点在江阴市先行先试”的要求,江阴将以徐霞客镇为蓝本,全面推进“一枚公章管审批、一个网络管服务、一个平台管信用、一支队伍管执法、一个中心管协同、一个网格管治理”,在全市域构建“集中高效审批、强化监管服务、综合行政执法”的现代基层治理架构体系。(原载2017年7月20日《新华日报》)

大胆创新积极作为 探索改革发展新路

耿 联

2017年8月17日,江苏省委书记李强在江阴就集成改革试点进行调研。他强调,要充分认识开展集成改革试点的重要意义,发挥好县一级在改革中的重要作用,江阴要大胆创新、积极作为,以更高的站位、更宽的视野和更有力的举措推进集成改革试点，为全省乃至全国探索一条改革发展的新路。

李强在调研中认真听取了江阴市开展集成改革试点工作的设想、做法和打算，听取了江阴市政务办和周庄镇负责同志的情况介绍，并就有关问题与大家进行了交流讨论。他说，在江阴开展集成改革试点，是省委省政府贯彻中央精神、着眼大局、反复酝酿作出的重大决策部署，不仅直接关系江阴当前和未来的发展，也关系到全省改革发展的全局。只有以全局理念和系统思维抓改革，让各项改革集成配套、协同推进，才能真正形成“1+1>2”的叠加效应。县一级处于经济社会发展的一线，既是改革落实的“最后一公里”，也是改革探索的“最先一公里”，在改革中承担着落实改革任务、进行改革探索的双重作用。江阴经济基础好，干部群众干事创业劲头足，改革创新的氛围浓，希望在江阴实现全面突破，为全面深化改革撕开一道口子，为全省各地做出样子。

李强指出，江阴集成改革试点的总体方案已经出台，要扎实有效推进集成改革试点工作，让好的制度安排尽早产生好的效果。要强化问题导向，重点要围绕县域发展的突出问题、共性问题、前沿问题，攻坚突破、善作善成、创造经验。要整体协同，通过各项改革举措的相互关联配合，充分发挥行政审批制度改革的撬动作用，运用系统思维、整体思维，形成整体合力。要创新借鉴，把创新的理念贯穿于试点工作的全过程，在实践中探索经验、探求规律、探寻解决问题的途径和办法，同时吸收借鉴省内外的好经验好做法，引进消化再创新。

李强强调，推进集成改革，不仅是改革举措的集成，同样也是改革力量的集成，要推进改革的各方力量协调配合、协同发力，形成开展集成改革试点的强大合力。江阴要切实挑起担子，切实把改革路线图转变为发展的成绩单、群众的获得感，转变为可复制推广的好经验好做法。要依靠全市党员干部发挥主动性和创造性，主要负责人要敢于担当，大胆闯、勇于试、主动改，突破各种障碍，蹚出一条路子来。省和无锡市要当好“大后方”，加强对江阴试点的支持和指导，主动做好各项服务工作。对于江阴改革试点，省各有关部门更要多放手放权，尽量少设条条框框，不要人为地给改革设置障碍，积极主动地帮助协调、做好服务。

调研中，李强先后考察了新桥镇小城镇建设和江苏阳光集团有限公司、海澜集团有限公司。在新桥镇规划展示馆，李强详细了解该镇规划建设情况，强调要着眼长远做好城镇建设规划，突出产业发展优势，彰显地域特色风貌。他与正在市民广场休闲散步的居民聊天交谈，了解大家的收入和日常生活情况，询问对优化政务服务的意见建议。在阳光集团的展厅和智能化衬衣制造车间，李强对该企业在纺织服装领域的发展和“走出去”拓展空间给予肯定，希望他们发扬创业创新精神，努力走出传统产业转型升级的发展新路。李强考察了海澜之家智能化高位库、销售门店和特色文化旅游项目，勉励企业继续通过经营理念、商业模式的创新，进一步做强做大做优，争当引领行业发展的龙头企业。李小敏、樊金龙参加调研和座谈会。（原载2017年8月18日《新华日报》）

江阴市网格化管理优化升级

“一长五员”一张网

张浦励

宽敞明亮的大厅内，面对大屏幕上实时更新的影像和数据，后方调度人员和前方“网格员”们保持着即时联系，一座城市一目了然。这是记者在江阴市综合管理服务指挥中心内看到的一幕。

中心依托原政府公共服务热线受理中心、数字城管监督指挥中心等高位协同平台，建立江阴市综合管理服务指挥中心、镇（街道）管理服务指挥中心以及村（社区）管理服务工作站，构建起横向联结117个市级机关部门、群团协会、企事业单位，纵向贯通17个镇（街道）、269个村（社区）的联动管理网络，为实现全市“一张网络管治理”奠定组织基础。

据了解，参照先进地区的网格化管理经验，江阴市对原有的21类网格进行重建优化，整合成1个综合网格，涵盖32个部门766项事务，有效解决了基层网格设置多、资源浪费、职责不清、责任不明等问题，实现了全市域治理“一张网”；同时，依据户籍人口、流动人口和管辖面积，以人均管理300户或1000人为标准，把988平方千米市域面积划分为三级网格，将所有“人、地、物、事、组织”等要素全部纳入。全市共划分出17个一级网格、269个二级网格、1961个三级网格，实现了市域范围内的网格全覆盖，为实现市、镇、村三级联动奠定网格基础。

网格化管理实行“一长五员”制，“一长”即网格长（由市镇村三级主要领导担任），“五员”即网格员、督查员、联络员、巡查员以及信息员，全市域网格中的289名网格长和4000余名工作人员，配以手持移动终端，可以随时随地接收任务、上传信息，确保任务入格、责任到人，最大程度实现问题和矛盾的第一时间发现、第一时间处置、第一时间反馈。同时，通过明确网格内“一长五员”的工作职责以及相应责任效能追究办法，为开展网格化管理工作奠定责任基础。

目前，网格化管理平台已逐步

汇聚了22个重点部门的80余项数据信息,采集人口信息125万余条,楼栋信息26万余条,企业信息11万余条,党组织信息4204条。

江阴市城市综合管理局局长张德根告诉记者,管理平台可对全市公共交通、水利、水、电、气、照明等情况进行实时监测,并通过数据挖掘分析,为城市的运行和应急事件管理提供科学的决策辅助,为实现可视化指挥调度员奠定数据基础。(摘自2017年11月24日江苏网)

江阴:“四位一体”打造集成改革县域治理新体系

2017年11月23日,江苏春桥轨道交通科技有限公司和江阴长龄物贸有限公司负责人分别从江阴市市长蔡叶明手中接过许可证,这是江阴集成改革试点后江阴市行政审批局发出的第1000张市场准入许可证和第50张工程建设施工许可证,这2张许可证从递交材料到领证分别仅用了1天和19天创造了政务服务的江阴速度。

2017年7月13日,江阴正式成为全省唯一县级集成改革试点县市,围绕“当好县域发展排头兵”的目标定位,江阴在复制推广徐霞客镇改革经验的基础上,在全市范围内全力打造政务服务、综合执法、社会救助、便民服务为支撑的“四位一体”县域治理新体系。

江阴把行政审批制度改革作为这次集成改革的核心内容,对多部门执法权限进行调整归并,对市级部门的权责清单进行梳理,将涉及市场准入、建设投资和权证办理等需要集中的许可事项全部集中,实现全市域“一枚公章管审批”,并将与企业、群众息息相关的行政许可和综合服务等事项下放至镇街,形成市、镇、村三级政务服务体系,让群众办事不出村。采取“全程管控”“提前介入”“并联审批”等机制,在市场准入领域,突破商业银行开户核查、人民银行江阴市支行备案核准难题,创新提出信息提前获取、工作提前介入机制,下放审批权限使约60%的市场准入事项在2个工作日内完成;在不动产登记领域,全面实现全业务、全过程“一窗受理、集成服务”,基本实现4个工作日内完成;在投资建设领域,建立市、镇、村三级代办服务体系,50%左右建设项目的施工许可在40个工作日内完成,形成了“2440”*高效审批江阴经验。

网格化管理是江阴这次集成改革的特色和亮点,江阴把市域面积划分为三级网格,将所有“人、地、物、事、组织”等要素全部纳入,每个网格都配备“一长五员”*,及时收集、受理、监督、处理各自网格范围内的问题。目前,已建立17个1级网格、269个二级网格、1961个三级网格,汇聚22个重点部门80余项300余万条数据信息,初步形成用大数据指导和服务社会管理的工作格局。

普惠苑社区居民黄卫香因甲状腺疾病手术后在家休养,社区网格员巡查发现后,按相关政策及时为她办理了社会救助,黄卫香表示,这次手术在自己仅花了1000多元,由于慢性病以后还能获得每年3500元的药品补助。江阴在集成改革中发挥政府的兜底作用,财政每年落实3000万元用于深度救助,2017年10月初组建了市社会救助中心,健全了市、镇、村三级社会救助网络,将原先分散在10多个单位的救助职能、救助政策、救助资金统一整合归并为8个类别、43项救助项目,将全市7000多名社会救助对象的基本信息统一起来,既实现了部门救助全参与、内容全覆盖、信息全共享,也实现了群众“一个窗口受理、一个窗口办理、一个窗口领取”,确保了政府救助的准确、高效和便捷。

打通服务群众的“最后一米”,构筑功能齐全、资源共享的便民服务新体系,江阴将各类便民服务热线统一整合为“12345”公共服务呼叫中心热线,将各类便民服务手机软件整合为一个软件,实现“一条热线接入、一个软件访问、一个平台管理”,有效破解群众诉求不便、服务成效不明等问题。(摘自2017年11月25日新华网)

“第二医保”为农民撑起健康保护伞

——江苏省江阴市探索构建村级医疗互助制度纪实

因病致贫返贫是农村家庭贫困的主要原因之一,也是扶贫攻坚的硬骨头。中共十九大报告提出:“按照兜底线、织密网、建机制的要求,全面建成覆盖全民、城乡统筹、权责清晰、保障适度、可持续的多层次社会保障体系。”让老百姓享受充分的医疗资源,同时又不必担心负担过重,不仅关乎百姓民生,也是我国打赢脱贫攻坚战的重要保证。

自2016年12月以来,江苏省江阴市创新实践、先试先行,按照“政府引导、村委主办、社会共建、村民共享、平台服务”原则,通过引入第三方服务平台“福村宝”,构建起独具特色的新型村级医疗互助制度,不但满足了基层群众加快提升医疗保障水平的企盼,而且开创了基层社会共建共治共享的治理新局面，成为当地村民交口称赞的“第二医保”。

“新农合”之外的医疗保险补充

小湖村位于江阴市西大门，接壤常州市高新区，发展工业时间早，村民普遍在就近的工厂打工，人均年收入3.6万元，衣食无忧，是个典型的苏南富裕村。

“即使在这种富裕村，这几年也切实感受到生重病对普通农村家庭是个很大的负担。”村党支部书记周国伟说，村里老龄化现象日益显现，60岁以上村民占26%，罹患各种疾病的风险日益增加。

周国伟说，村委曾想建立一个慈善基金，用来帮助村里生病困难的村民。但不同病补偿多少是否能做到公平精准，他们并不能专业把握。于是，他们把目光投向第三方服务平台“福村宝”，让专业的人干专业的事，在建立村级医疗互助机制的同时，也实现了互利互惠。

根据村民意愿和村集体的经济实力，目前小湖村的村民按年人均100元进行筹资，这其中村民个人出30元，村集体和赞助企业负担70元，筹集资金由村里管理，专款专用。通过第三方专业服务平台，村委可轻松在线制定个性化补助方案。通过实行村级医疗互助，至11月，小湖村已有328人受益，获补资金36万元。

放眼整个江阴市，目前有196个村组建了村级医疗互助制度，覆盖82.2万人，年度补助资金8847万元。预计到年底在全市行政村全覆盖后，覆盖人群超百万人，年度补助资金超1.2亿元，将有10万人次享受到村级医疗互助的补助。

按病种补助让村民“只跑一次腿”

小湖村村民任忙大是村级医疗互助机制的受益人之一。2017年77岁的任忙大两个月前因为冠心病做了一场大手术，18万元的医疗费用经过报销后自付部分仍有10万元左右，让他没想到的是，只是在5月交了30元钱加入“福村宝”，“福村宝”便在他出院后补偿了他1.8万元。“我很满意，2018年要是提高缴费额，我还会参加。”任忙大说。

福村宝医疗科技有限公司负责人黄伟告诉记者，围绕“划算、实实在在保大病、公平、简单、收支可控”等原则，他们集合医保专家、病种专家、医疗数据处理和大数据等4个管理团队，提供在线设计个性化按病种补助方案、在线生成病种和补助信息等服务。

据悉，“福村宝”采用“按病种补助”的方法，即一样的病种一样补、小病小补、大病大补，实现公平补助，重点补助大病，破解了以往“按项目补助”存在的“补高不补低、诊疗不分级、消费不合理、收支不可控”等问题，实现“只补助合理费用、不补助高消费”的目标。

在补助金领取上，尽量缩短流程，简化程序。对于村民单次住院总费用达到3000元以上的，通过“福村宝”APP上传出院记录、住院费用清单、基本医保结算单3项资料，“福村宝”专业服务平台精准认定病种，对照村补助方案，自动生成补助金额，让村民领取补助“只跑一次腿”。

许多村民表示：“我们住院的花费，通过基本医保报销和村里医疗互助的补助，越是大病补助越多，小病也能补一点，感觉定心多了。”

“政府引导、社会参与”提升现代乡村治理水平

中共十九大报告提出：“保障和改善民生，要抓住人民最关心最直接最现实的利益问题，坚守底线、突出重点、完善制度、引导预期。”江阴将开展村级医疗互助作为全市农村工作的重点，鼓励引导市场机制、社会力量参与其中，构建起“小政府、大社会”的服务治理新格局。

“福村宝”就是民营资本参与解决农村医疗问题的有益探索。据黄伟介绍，其运营模式一是依照民主公开的原则，村干部将开展村级医疗互助的自主权留给村民，让广大村民在理解的基础上自愿参加，采取村民自愿出一点、村集体扶持一点、社会赞助一点的方式筹集资金，对资金使用情况实施民主监督；二是由村委以购买服务方式，采购第三方专业运营服务商福村宝公司提供专业服务，按照村民实际补助金额的2%交付服务费。

与“新农合”固定筹资水平不同，村级医疗互助采取共建共享、平台运作的方式，以村为单位开展，筹资水平由村民民主决定，筹资水平越高，补偿的比例也越高。可以说，江阴村级医疗互助是对“新农合”制度的有益补充。

村民医疗互助的实施，不仅激发了村民参与社会治理的活力，还提高了村民自治的水平。通过第三方审核和确定补助标准，让所有补助都摆得上桌面、经得起盘问，提高了村干部的公信力，也融洽了干群间的关系。不少村民说：“村民互助是为他人献爱心，为自己留放心。即使自己没有生病、没拿到补偿，但自己和村里出一点钱，关键时候能帮附近乡邻救急解难，心里也蛮开心的。”

“健康乡村”、互助病患乡亲的和谐氛围正蔚然成风。村级医疗互助的创新实践，开创了一条新形势下农村社会治理创新的新路子，探索了一个依托社会力量共建共享、精准帮扶的新模式。（摘自2017年12月25日人民健康网）

江阴全力打造县域治理新体系

家门口大事小事都有网格员来管

未来的县级城市是什么样？老百姓的大事小事都有人管、到政府办事越来越方便、社会救助越来越全面，这些江阴都已经在探索实践。11月23—24日，在江阴集成改革专题采访活动中，《现代快报》记者了解到,2017 年 7 月江阴被江苏省委确定为全省唯一的县级集成改革试点。几个月过去,江阴正在全力打造以政务服务、综合执法、社会救助、便民服务为支撑的“四位一体”县域治理新体系,全面提升基层治理体系和治理能力现代化建设水平。

政务服务　只花了 19 天就拿到施工许可证

11 月 23 日,江阴长龄物贸有限公司董事长夏继发拿到了申报项目的建筑工程施工许可证。从申请到拿证,只花了 19 天。而以前至少要 3 个月,时间长的话要 1 年。

江阴市行政审批局副局长周正洪介绍,为了实现行政审批“大提速”,江阴在全省“3550”* 目标的基础上,自我加压,提出了“2440”* 目标,目前江阴已经基本能实现这个目标。

社会救助　生大病住院,没花钱还拿回几百块

10 月 2 日,家住江阴市金湾村的赵和珍,因为心脏支架手术住院,各项手续费用共花了 7.7 万元,社保报销后,自己掏了 1.34 万元。“回到村里,申请‘福村宝’项目,村里又给补贴了 1.42 万元。算下来,生病住院我们没有花一分钱,反而村里还倒补贴了几百块钱。”她的儿媳赵君英介绍。

《现代快报》记者了解到,“福村宝”是村级医疗互助制度所依托的第三方平台。作为全国第一个先行先试单位——江阴市长泾镇和平村,从 2017 年 1 月 1 日正式实施以来,已补助了 288 个。该村党总支副书记、医疗救助会会长徐娜介绍,资金是通过“老百姓出一点、村集体赞助一点、社会资助一点”的模式筹集的。

综合执法、划分网格,每件小事都有网格员管

11 月 21 日 9 时 19 分,江阴市周庄镇金湾村的网格员周峰发现,薛家坝新村一户家庭的空调外机上被贴了小广告,属于乱贴广告的情况。他用手机拍了一张照片上传到管理指挥平台,随后把小广告处理掉,再将处理后的照片上传,耗时只花了 3 分钟。

《现代快报》记者在江阴市综合管理服务指挥中心大屏上看到,江阴全市被划分成了 17 个一级网格、269 个二级网格、1961 个三级网格。每个网格里的事情都有人管。

“主要是以行政村、自然村、住宅小区为基本单元,以人均管理 300 户或 1000 人为基本标准,来划分网格。”江阴市城管局局长张德根介绍,每个网格安排“一长五员”,“一长”即网格长,“五员”即网格员、督查员、联络员、巡查员以及信息员。每个人员工作时配备手持移动终端,可以随时随地接收任务、上传信息。他介绍,目前全网格有 289 名网格长和 4000 多名工作人员。除了执法人员,还有党员干部、志愿者等。

网格员每天都要到网格里去开展工作,发现问题后,及时解决并上报。如果处置不了,由村(社区)办理。村里办不好,就上报给镇(街道)办理。最后上报给市指挥中心,转派“12345”公共服务呼叫中心热线协调相关部门办理。

如果网格员和巡查员不作为,怎么考核?张德根表示,每个工作人员都有全球定位系统定位。“通过轨迹回放,可以看到他们走了多少路,进了多少门。”还可以视频连线,实时播放巡查员的执法现场。(原载 2017 年 11 月 27 日《现代快报》)

江阴组建行政审批局
一站式服务开启行政审批运行新模式

丁　波

2017 年 7 月 13 日,江阴市被江苏省委确定为全省唯一的县级集成改革试点。赋予先行先试政策,率先推进集成改革,作为全国县域发展排头兵的江阴再次迎来新机遇。近几个月来,江阴市把徐霞客镇经验模式迅速推广复制到全市各镇(街),市级层面行政审批和综合执法力量初步整合到位,集成改革向纵深推进迈出重要一步。同时大力构建“亲”“清”新型政商关系。企业和群众的获得感和满意度不断提升。

江阴市大力精简审批服务事项、压缩环节,组建江阴市行政审批局,实现市、镇(街、开发区)两级审批服务权限合理划分、高效联动。推行“不见面审批(服务)”改革,全面推行“网上办、集中批、联合审、区域评、代办制、不见面”,大项目一律采取代办制,一般项目网上办、不见面。目前,全市的月平均“不见面”办结事项(含“见一次面”)近万件,涵盖了劳动就业、社会保障、企业登记、公共卫生等与群众、企业关系密切的领域,“不见面”审批工作各项指标均已达省标。

江阴市行政审批局挂政务服务管理办公室和市政务服务中心两块牌,共入驻审批服务、公共资源交易、信息网络、国地税、不动产交易登记、出入境、医社保和公积金 8 个中心,面向企业和群众集中开展一站式服务并接受社会监督。通过推行综合受理、联办代办、多评合一和资源共享等举措,真正开启“一窗受理、一站服务、一章审批”的行政审批运行新模式。以往,企业办理施工许可证,要跑发改、经信、规划、住建、园林、民防等 10 多个部门。如今,这些业务只需在政务服务中心二楼的行政审批局的项目投资建设窗口就可“一窗式”受理。

同时，江阴市在全省率先实现“3550”*目标的基础上，努力实现“2440”*的目标，该项工作方案已初步完成，并正式开始试运作。一系列措施的落实，使得政务服务更加便民惠民亲民，行政效率大幅提高，行政投诉大幅减少。（原载2017年11月28日《扬子晚报》）

“四位一体”统筹推进

县域治理江阴模式呼之欲出

郡县治则天下安，治理县域为历来国之大政。随着党中央“四个全面”*战略的推行，县域治理如何不等不靠，敢闯敢试，在基层首先探索出成功经验，成为推进国家治理体系和治理能力现代化的重要课题。

2017年7月13日，江苏省委办公厅和省政府办公厅联合下发《江阴市县级集成改革试点总体方案》，标志着江阴正式成为江苏县级集成改革的排头兵。从声震华夏的华西村到苏南模式发源地，从资本市场的“江阴板块”到“全国百强县”之首，历史的重任这一次又落到了江阴头上。

短短几个月以来，江阴人充分展示“人心齐、民性刚、敢攀登、创一流”的江阴精神。一个以政务服务高效、综合执法规范、社会救助精准以及便民服务全面为标志的县域治理崭新体系已初具规模。

行政审批改革：权责更清晰、服务更高效

11月23日上午，阳光明媚，在江阴市政务服务中心大厅内，一个简短而不失隆重的仪式正在进行，江阴市行政审批局成立以来的第1000张市场准入许可证和第50张工程建设施工许可证现场颁发，江阴市市长蔡叶明亲自为两位企业主颁证。

从市长手中接过“施工许可证”，江阴长龄物贸有限公司董事长夏继发有点不敢相信，“过去办这样一个证少说也要几个月，等个大半年也不是稀奇事，没想到这次只花了19天。工程提前开工，多产生的效益难以估算”。

以“不见面”为标志的行政审批制度改革已成为江苏的标签，江阴在这方面做了大胆尝试，在市级层面成立行政审批局，将发改、住建、工商等多个部门涉及市场准入、建设投资两大领域的66项行政许可事项划入，对40余名涉审工作人员集中管理。通过流程再造、环节优化、材料精简，让群众办事真正能“一章审批、一窗办理”。

在此基础上，江阴展开了行政审批的大提速。根据江苏省行政审批“3550”改革的统一要求，企业3个工作日内注册开业，5个工作日内获得不动产证，50个工作日内获得工业生产建设项目施工许可证。江阴自我加压，分别缩短到2、4、40个工作日。

综合执法改革：减少层次、整合队伍、提高效率

在江阴市综合管理服务指挥中心的显示大屏上，一个连接117个市级部门、17个镇（街）的大网络一目了然。

江阴市城市综合管理局局长张德根介绍说，这张大网络把全市988平方千米划分为三级网格，每个网格都纳入“人、地、物、事、组织”等要素，并配备“一长五员”，即网格长、网格员、督察员、信息员、巡查员和联络员，及时收集、汇总、上报各自网格范围内的问题。

在执法层面，为了打破之前政出多门、权责不清的藩篱，江阴改革的核心是在“法律允许、上级能放”的前提下，扩大基层权限，实现权责一致。

张德根说，改革后，他们通过对市级部门权责体系的调整，一方面下放给镇（街道）行政处罚权，另一方面整合各部门间相同和相近的执法职能，归并市场监管、国土规划、安全生产、卫生监督等领域，组建7支队伍，实现跨部门、跨领域的综合执法，通过市镇村纵向联动、各部门横向联勤的机制，大大提高了执法效率。

2017年10月20日，有市民发现市区通江北路一段围墙倒塌，不仅影响市容还有安全隐患。由于此段围墙涉及到土地储备中心等多个市级部门，社区网格员第一时间采集到信息后，经社区、街道上报到市指挥中心，再反馈到“12345”公共服务呼叫中心热线协调办理，到最后围墙修复，前后只花了7天时间。

“下一步准备把功能进一步细化，将触角延伸到党建服务、突发事件处置、鹰眼实时监控等领域，真正把综合管理服务指挥中心打造成大综治、大安全、大市政、大环保、大城管的无所不能的平台”，张德根不无自豪地说。

社会救助改革：覆盖更全面、救助更精准

江阴虽属经济发达地区，但每年因各种主客观因素导致的贫困现象依然存在。据不完全统计，全市目前仍有9000多户家庭的2万多人基本生活面临困难。

为整合各方资源，编织一张困难群众的保护网，按照“综合型、一门式、便捷化”的原则，2017年10月初，江阴成立了社会救助中心。

江阴市民政局局长钱华光介绍说，他们将原先分散在教育、人社、民政、工会、团委等部门和组织的救助职能和政策整合起来，归并为8个类别、43项救助项目，让求助群众进一个门，办所有事。同时，通过数据共享、实时比对，解决了以前救助实践中要么重复、要么遗漏的问题。

53岁的普惠苑社区居民黄卫香，2016年患上了甲状腺恶性肿瘤，在无锡做手术花费1.6万余元。社区网格员巡查中发现这一情况后，按相关政策及时为她申请了各种救助。所有报销完成后,最终黄卫香自己仅掏了1000多元,之后每年还能得到3500元的慢性病药品补助。"没有政府的好政策,我这个病还真不知道有没有信心治下去",黄卫香对新型救助体系带来的好处显然感触很深。

便民服务改革:功能更齐全、保障更有力

成立于2009年的江阴市"12345"公共服务呼叫中心热线,是老百姓心目中的万事通和小帮手,有事打"12345"公共服务呼叫中心热线,已成为市民百姓的习惯。如何顺应"互联网+"的形势,更加完善服务内容,切实满足群众多层次、多元化的需求?

在江阴市综合管理服务指挥中心,一间透明的办公室内,二十多个话务员指键翻飞,不停地接听、记录市民来电。张德根说,这些二十来岁的小姑娘都是从电信公司整体划转来的,现在人手还不够用,正在面向社会招聘。

谈到"12345"公共服务呼叫中心热线下一步的改革和转型,张德根说,他们设想以现有大数据共享为依托,进一步整合市民卡、"掌上江阴"APP、江阴社区求助服务中心等各类生活服务资源,真正实现"一条热线接入、一个软件访问、一个平台管理",有效破解群众诉求不便、服务成效不明等问题。

在服务功能上,除了原有的行政服务和公共服务,"12345"公共服务呼叫中心热线未来还将不断拓展生活便民服务范围,新增诸如法律援助、演出购票、网上预约挂号等内容。同时加快市、镇、村三级便民服务网络建设,强化各类民生诉求的督办和反馈,不断提高服务民生的保障力度。

"江阴的改革突出先行先试、集成推进,一方面很多改革事项都是对现有体制机制和治理方式的根本性颠覆,具有突破性创新意义,另一方面四大系统的改革既有外在联系又有内部互动,可谓牵一发而动全身",江阴市改革办负责人如此评价当下的这场改革。

中共十九大召开期间,中共十九大代表、无锡市委常委、江阴市委书记陈金虎在回答媒体提问时表示,推进集成改革的最终目标是把江阴建成服务效率最高、发展环境最优、创新活力最强、群众获得感最多的改革发展示范区,为全省乃至全国的县域治理蹚出一条新路。(摘自2017年11月29日人民网)

江苏江阴集成改革行政审批

11月23日上午9点,江苏春桥轨道交通科技有限公司负责人卞磊,拿到了2017年10月9日江阴市行政审批局揭牌运行以来发出的第1000张营业执照。卞磊说,在行政审批中心实现"一窗式"受理,通过江苏政务服务网、专线咨询电话还可以足不出户了解相关登记事项,行政审批真正实现了让群众少跑腿,让信息多跑路。

江阴"网上办"的事项超过80%,其中,率先探索改革的徐霞客镇"网上办"已达100%,"不见面"超90%。江阴还聘用了300多名代办员,实行"专业的事有专人办"。通过公共代办事项,为所有需要代办的企业和群众提供免费代办服务。

无锡市委常委、江阴市委书记陈金虎说,江阴把"不见面"审批作为行政审批制度改革的"先手棋"和"当头炮",大胆探索、积极实践"网上办、集中批、联合审、区域评、代办制、快递送"六措并举。一方面,江阴精简审批环节,优化审批流程,打造了一条集约高效、科学实用的审批流水线,实行"一窗受理、一站服务、一章审批",全面提升政务服务的效能。另一方面,围绕"不见面"审批的要求,江阴全面推进"网上办"和"代办制",不断提升服务对象的满意度。

江阴市将全面深化改革作为契合顶层设计、创新转型推动长远发展的"原动力",以复制推广徐霞客镇全国经济发达镇行政管理体制改革经验为导引,在全市范围重点开展了行政管理体制改革试点的各项工作,全力打造政务服务、综合执法、社会救助、便民服务为支撑的"四位一体"县域治理新体系。

徐霞客镇被确定为全国经济发达镇行政管理体制改革试点镇以来,为加快打通基层治理"最后一公里",该镇积极探索、创新尝试,组建了"两办六局一中心"9个职能机构,形成了"政务服务一窗口""镇村治理一张网""综合执法一队伍"和"日常管理一中心"的基层现代治理新模式,成为江阴市县级集成改革试点的"小盆景"。

9月12日,江阴市政府办公室印发《关于推进政务服务"2440"改革的意见》,明确了"开办企业2个工作日内完成、不动产登记4个工作日内完成、工业建设项目施工许可40个工作日内完成"的目标。

如今,一张集成改革创新推进图已经展开:8月底,江阴市各镇(街)全面完成复制推广徐霞客镇经验工作;9月底,市级层面行政审批局组建到位,综合执法队伍初步整合到位;到2017年年底,加强江阴与省级机关部门对接,制订落实并开始实施各项改革内容的具体操作办法。到2020年,县域治理体系更加成熟、更加定型,把江阴建设成为全省同类城市服务效率最高、发展环境最优、创新活力最强、人民群众获得感最多的改革发展示范区,为江苏全省乃至全国县域治理体系和治理能力现代化建设提供更多可复制可推广的改革成果。(原载2017年11月30日《中国县域经济报》)

江阴“集成改革”探路县域治理现代化

连续15年蝉联全国县域经济发展“百强县市”榜首的江苏省江阴市，以推进集成改革试点为契机，全面深化政务服务、综合执法、社会救助、生活服务改革，创新绘制县域治理现代化蓝图。

体制重构，政务服务开启“江阴速度”

2017年12月5日，法尔胜泓昇集团重点工程管理办公室主任季澄，在江阴市政务服务中心拿到了新建项目施工许可证。“以前办证要跑发改、规划等10多个部门，少说也得3个月。如今‘一窗受理’，18天就能拿证。”季澄说。

江阴市委书记陈金虎认为，局部突进的改革已难以适应新时代要求。江阴以系统思维推进集成改革，推动体制重构。江阴组建市行政审批局，集中市场准入、建设投资领域69项行政许可事项。不动产登记、公积金等9个部门集中至市政务服务中心，实现“办一事进百门”向“办百事进一门”跨越。

政务资源深度整合，开启了政务服务“江阴速度”。江阴制定“2440”目标，实现企业注册两个工作日内办理完成，不动产登记和工业建设项目施工许可在4个和40个工作日内完成。

群众、企业办事不再“跑断腿磨破嘴”。专职人员提前介入、全程代办；大数据中心打通全市政务信息，让数据跑路代替群众跑腿；政务服务网全覆盖，市民足不出户就能办成事。

目前，江阴已公布“不见面”和“见一次面”审批（服务）事项清单1090项，80%以上的政务服务最多“见一次面”办结。

沉底到边，基层治理实现“第一时间响应”

基层治理长期存在“看得见的管不着、管得着的看不见”的体制痼疾。如今在江阴，家门口树倒了、建筑垃圾挡道、空调外机被贴了小广告……这些难管的小事都有人管了，江阴基层治理改革为群众带来实实在在获得感。

江阴市综合服务管理指挥中心大屏上，代表网格员巡查轨迹的红点不断游动。网格长、网格员、督察员、信息员、巡查员和联络员“一长五员”深入基层，第一时间发现、处置问题。智能化的网格管理让基层治理精准精细。

江阴构建起城市综合管理高位协同平台。该市综合管理服务指挥中心横向联结117个职能部门，纵向贯通17个镇（街道）、269个村（社区），变被动应付为主动快速处置。

执法上打破多头管理、权责不清的藩篱。市级在交通、城建等领域归并组建7支综合执法队伍，镇（街）“一支队伍管执法”，实现全域联动。

2017年11月16日，江阴下塘村网格员华万成发现北环路附近企业在绿化带倾倒垃圾，随即拍照上报至镇管理服务指挥中心，经镇综合执法局与企业沟通，次日即完成垃圾清运。

“未来我们将开发应急处置、数据研判等深层次功能，做到大综治、大安全、大市政、大环保、大城管。”江阴市城市综合管理局局长张德根说。

系统共治，社会救助破题“相对贫困”

尽管江阴城乡居民收入水平一直处于全国同类城市前列，但因病因灾等“相对贫困”问题仍然存在。2016年，江阴各类困难人群20873人，其中超过三成困难家庭因病致贫，七成困难家庭地处农村。

政府是社会救助的主体。2017年10月，江阴组建市社会救助中心，把原来分散在教育局、民政局、人社局等20多个单位的救助职能、救助政策和救助资金整合起来，以菜单式形式为群众展示和办理最低生活保障、特困人员供养、灾害人员救助、医疗救助、教育救助等40多项救助内容。通过数据共享、实时比对，解决了以往救助实践中或重复或遗漏的问题，确保了救助的精准、便捷。

江阴积极推动全国首创的村级医疗互助模式，由“福村宝”第三方平台管理，以村民捐助、村集体和社会赞助的方式募集资金。

至2017年10月底，江阴村级医疗互助覆盖196个村，筹资规模8846万元，6681名村民享受补助，单笔最高补助5万元。

智慧共享生活服务“24小时在线”

人们各类生活需求日益多元化，然而由于信息不对称，服务主体与服务对象往往无法有效对接。

江阴创新“政府主导管理、市场主体参与”模式，把行政服务、公共服务、便民服务、公益服务等四大类服务，诸如环境净化、法律援助、演出购票、网上预约挂号等70多个细项服务全部集成到江阴智慧共享平台，真正实现一个平台管理，一条热线接入、一个软件访问。

“人们可以随时通过APP、移动电脑端和‘12345’公共服务呼叫中心热线接入这个平台，享有‘24小时不下班’的生活服务，有效解决了群众诉求不便、服务成效不明等问题。”江阴市信息化办主任翁国琪说。（摘自2018年1月3日新华网）

■类目编辑　纪晓华

以中共十九大精神为指引
奋力开辟新时代高质量发展新境界

——2018年1月4日在市委十三届五次全体(扩大)会议上的报告

中共无锡市委常委、江阴市委书记　陈金虎

这次全会的主要任务是,高举习近平新时代中国特色社会主义思想伟大旗帜,深入贯彻中共十九大精神和中央经济工作会议精神,认真落实习近平总书记视察江苏时的重要讲话精神,按照省委十三届三次全会、无锡市委十三届五次全会部署,总结去年工作,安排今年任务,动员全市上下不忘初心、牢记使命,开拓创新、砥砺奋进,全力推进高水平全面建成小康社会和"强富美高"*新江阴建设,奋力开辟新时代高质量发展新境界。

一、咬定发展不放松,取得来之不易的成绩

刚刚过去的一年,在以习近平同志为核心的党中央坚强领导下,我们认真落实省委和无锡市委部署,突出重点、集中精力,抓了四件事关全局、事关长远、事关百姓福祉的大事要事:一是凝心聚力,深入学习宣传贯彻中共十九大精神。把学习宣传贯彻中共十九大精神作为首要政治任务,市委常委会带头,全市各级各部门迅速传达学习、组织培训、宣传宣讲、调研交流,在武装头脑、统一思想、指导实践上取得初步成效,为推动中共十九大精神在江阴落地生根奠定了坚实基础。二是勇担使命,全力推进县级集成改革。自被省委、省政府确定为全省首个县级集成改革试点县市以来,我们勇当探路者、先行军,七大领域改革全面推进,市级"三局三中心"*全面建成,镇街"三大平台"*全面构建,"2440"*审批服务提速目标初步实现,县域治理"四大体系"已具雏形,集成改革试点工作推进有力、影响广泛。三是众志成城,顺利创成全国文明城市。我们坚持全城发力、全民参与,深入实施"十大专项提升行动",全力攻坚,决战决胜,以优异成绩跨入全国文明城市行列,实现了全市人民十八年孜孜以求的美好夙愿,江阴城市建设发展跃上新平台。四是精心组织,成功举办系列重大活动。徐霞客诞辰430周年纪念活动、首个股票上市20周年座谈会、江阴发展大会、撤县建市30周年成就展等系列重大活动先后举行、成果丰硕,江阴实现全国县域经济发展"十五连冠"、中国全面小康十大示范县市"十连冠",位列中国工业百强县(市)之首,城市知名度、美誉度持续提升。与此同时,一年来,我们始终坚持新发展理念,紧紧围绕"两聚一高"*发展要求,协调推进稳增长、促转型、强改革、优生态、惠民生、防风险等各项工作,全市经济社会保持了稳健发展的良好态势。

经济发展稳中有进。积极应对复杂局势,坚定实施产业强市首要战略,逐月督查、逐季观摩,政企同心、合力应对,全市经济运行稳中有进、稳中向好,主要经济指标基本完成预期目标。预计全年实现地区生产总值3500亿元,同比增长7.2%;完成一般公共预算收入235.2亿元,增长2.3%;规模以上工业产值增长12%;固定资产投资在高位实现正增长,工业投资增长10%;完成到位注册外资9.5亿美元,超额完成无锡下达的年度目标任务;完成进出口总额1418.8亿元,增长7.5%。各类市场主体总量突破15万个。完成"三资"*投农10亿元。

创新驱动成效显著。突出企业主体、市场导向，深入推进以科技创新为核心的全面创新。智能制造加快发展，建成省示范智能车间18个。企业创新力度加大，新认定省高新技术企业93个、省民营科技企业133个，阳光集团顺利通过第三届中国质量奖评审，法尔胜泓昇集团荣获江苏省省长质量奖，兴澄特钢获中国质量奖提名。创新平台加快构建，新增诺奖得主研究院1个、院士工作站6个、省工程技术研究中心6个。“暨阳英才计划”*全面实施，引育“千人计划”*“双创计划”*“太湖人才计划”*人才46名，累计新增高层次人才500名、高技能人才3946名。企业上市强势推进，新增上市公司5个、“新三板”*挂牌企业8个，“江阴板块”集群优势更加凸显。

城乡建设有序推进。坚持高起点规划、高标准建设，“1310工程”稳步实施。运河公园、环城森林公园、南门风貌区、北门岛艺术区等重点规划继续深化。应天河公园三期、鲥鱼港公园二期、韭菜港公园开工建设。芙蓉大道快速化改造、江阴绿道一期全面推进。南沿江铁路江阴段前期工作基本完成，盐泰锡常宜铁路前期工作稳步推进。新沟河延伸拓浚工程和黄田港、韭菜港渡口搬迁前期工作基本完成。全市完成拆迁131万平方米，其中城区拆迁50.3万平方米；建成安置房64万平方米，完成14个老小区、10个改善型城中村改造。

生态环境持续改善。扎实推进“263”专项行动*，不断深化中央、省环保督查问题整改，年内减排任务基本完成，预计万元地区生产总值能耗下降4.3%。淘汰燃煤锅炉63台，关停“三高两低”企业*63个，其中化工企业47个，空气质量优良率达到66.9%，超额完成大气十条考核任务。全面启动“六水共建”*，全市1188条村级以上河道全部实行“河长制”管理，城区污水管网改造和423个村庄生活污水治理顺利推进，完成黑臭河道整治73条，整合污水处理厂6个，绮山应急备用水源地工程加快建设，长江窑港口水源地取水口迁建工程顺利通水运行。关闭畜禽养殖场1700余个，畜禽养殖污染综合治理两年行动计划顺利完成。全市新增绿化面积80万平方米，建成区绿化覆盖率达到43%。

全面改革不断深化。深入实施供给侧结构性改革，预计全年为企业降本减负40亿元。“放管服”*改革强力推进，事业单位改革稳步实施。国资国企改革不断深化，新组建国资公司3个。农村产权制度改革持续深化，农村产权交易市场建设全面推进，144个土地承包经营权应确权村100%完成本级验收发证工作。高新区全面实施区街一体化管理，苏南国家自主创新示范区核心区建设扎实推进。临港开发区持续深化区镇街园一体化管理体制改革，江阴综合保税区顺利通过省级预验收。江阴、靖江联动开发机制持续深化，靖江园区建设打开新局。

民生福祉稳步提升。坚持多措并举、多路富民，居民收入持续增长，全年新增就业岗位5.7万个，扶持创业2689人，预计城镇和农村居民人均可支配收入分别增长7.9%、8.2%。各项社会保障标准稳步提高，村级医疗互助深入推进。扶贫脱困精准实施，市社会救助中心建成投运，“阳光扶贫”*监管实现全覆盖。67项防汛应急工程按时投用，新一轮防汛应急工程全面启动。为民办十件实事顺利完成，教育、卫生、文化、养老、社区建设等社会事业协调发展，成功举办市第七届全民运动会。平安江阴、法治江阴建设扎实推进，圆满完成中共十九大、锡东垃圾焚烧发电厂复工等重要节点安保维稳任务，公众安全感调查满意率达到99%，法治建设满意度全省同类城市第一。

党的建设全面加强。扎实推进“两学一做”*学习教育常态化制度化，理论武装和舆论宣传持续加强。从严管好用好干部，年轻干部队伍建设初见成效。大力推进农村（社区）党建“雁阵计划”，实施上市公司党建联盟“强基提质增效”三年行动计划。制订落实中央八项规定实施细则的具体办法，持续深入纠正“四风”*。“连心富民、联企强市”大走访活动、“亲清政商共赢、两聚一高先行”大讨论活动成效明显。不断夯实“两个责任”*，市委巡察工作扎实开展，监察体制改革试点工作稳步推进，市纪委派驻监督实现全覆盖。始终保持反腐高压态势，严肃查处一批典型案件。坚持党的集中统一领导，全力支持人大、政府、政协开展工作，保障司法机关独立行使职权，扎实推进群团改革，统战、人武、双拥、老干部、对口支援等各项工作取得新进展。

成绩来之不易，奋斗充满艰辛。这些成绩是各级各部门辛勤付出的结果，是广大企业家奋力拼搏的结果，是160万江阴人民共同奋斗的结果。在此，我代表市委，向为江阴发展作出贡献的广大干部群众，向给予我们关心支持的社会各界人士，表示衷心的感谢和崇高的敬意！

当然，我们也要看到发展中存在的矛盾和困难：发展不平衡不充分的问题依然存在，经济增长的动能仍显不足，实体经济发展水平仍需提升，创新发展、转型升级的力度还需加大；城乡建设、富民增收、生态治理的短板依然存在；一些党员干部的大局意识、担当精神、本领能力还不适应新时代新要求，全面从严治党还需纵深推进，等等。对此，我们必须高度重视，采取过硬措施，切实加以解决。

二、全面贯彻中共十九大精神，在推动高质量发展中打响江阴特色品牌

学习贯彻中共十九大精神，是当前和今后一个时期的首要政治任务。全市各级党组织要按照走在前列的要求，不断把学习贯彻引向深入，切实把全市干部群众的思想和行动统一到中共十九大精神上来，聚焦到中共十九大确定的目标任务上来，汇聚到决胜高水平全面建成小康社会、建设“强富美高”新江阴、谱写新时代中国特色社会主义江阴实践新篇章上来。

中国特色社会主义进入了新时代，是中共十九大作出的一个重大政治判断,视野恢宏、境界高远,为我们深刻把握当代中国发展变革的新特征,提供了时代坐标和科学依据,也为我们县域发展指明了前进方向。新时代新起点,新起点新要求。中共十九大明确指出,"我国经济已由高速增长阶段转向高质量发展阶段"。去年年底召开的中央经济工作会议进一步强调,"推动高质量发展,是当前和今后一个时期确定发展思路、制定经济政策、实施宏观调控的根本要求"。前不久召开的省委十三届三次全会、无锡市委十三届五次全会,分别对全省、无锡市当前和今后一个时期推进高质量发展走在前列作出了系统部署。我们必须清醒认识到,加快推动高质量发展,是贯彻中央、省市委决策部署的根本要求,是巩固江阴县域领先地位的战略要求,是满足全市人民日益增长的美好生活需要的现实要求,始终坚持勇于担当、勇争一流、勇立潮头,始终坚持问题导向、目标导向、效果导向,全面增强发展的创新性、探索性、引领性,奋力开辟新时代高质量发展新境界。

开辟新时代高质量发展新境界,需要我们科学确定目标路径,紧紧围绕使创新成为第一动力、协调成为内生特点、绿色成为普遍形态、开放成为必由之路、共享成为根本目的,全力打赢决胜全面建成小康社会的防范化解重大风险、精准脱贫、污染防治三大攻坚战,加快实现"五个高质量":一是经济发展高质量。始终以习近平新时代中国特色社会主义经济思想为指导,坚持质量第一、效率优先,坚持增体量扩总量、增效益提质量两手齐抓,深入实施产业强市首要战略和创新驱动核心战略,持续深化供给侧结构性改革,加快产业更新模式、创新驱动模式、商业运营模式、公司治理模式、政府服务模式的转型升级,不断完善实体经济、科技创新、现代金融、人力资源协同发展的产业体系,加快构建现代化经济体系,使江阴真正成为具有国际竞争力的先进制造业基地和创新型经济发展高地。二是改革开放高质量。突出制度供给、制度创新,坚持整体推进和重点突破并举,以县级集成改革为抓手,科学谋划、推进落实一批力度更大、要求更高、举措更实的改革任务,以改革的"深刺激""强刺激"推动发展、释放活力、激发动能。突出内外联动、双向互济,坚持"引进来"和"走出去"并重,主动融入国家全面开放新格局,积极顺应区域一体化发展新趋势,实现开放合作的更宽领域、更多层次、更高境界,以改革开放的再出发再深化,为江阴新一轮发展注入更强动力、赢得更广空间。三是城乡建设高质量。坚持精美规划、精心建设、精细管理,主动融入扬子江城市群建设,积极推进以人为核心的新型城镇化,全力推进乡村振兴战略,全域推进城乡融合发展,全面推进城乡建设"1310 工程",使江阴的城市品质整体提升,城市功能更加完善,城市治理更加精细,城市服务更加精准,以更具国际气质、现代气息、江阴气派的崭新姿态,让一座现代化有特色的美丽宜居城市,展现在世人面前,屹立于扬子江畔。四是生态环境高质量。牢固树立"绿水青山就是金山银山"的理念,统筹山水林田湖草系统治理,全面优化产业结构、能源结构、生态治理结构,全面加强美丽城市、美丽乡村、美丽社区、美丽园区建设,加快构建政府主导、企业主体、社会组织和公众共同参与的环境治理体系,稳步降低开发强度,持续改善生态环境,使江阴的经济与生态协调发展、人与自然和谐共生、人文与环境交相辉映。五是人民生活高质量。坚持既尽力而为、又量力而行,着力解决结构性民生问题、实施普惠性民生工程、办好扶助性民生实事、满足多样性民生需求,全力推动幼有所育、学有所教、劳有所得、病有所医、老有所养、住有所居、弱有所扶不断取得新进展,推动平安江阴、法治江阴建设不断迈上新台阶,使富民惠民机制更加完善,市民文明素质不断提高,现代社会治理格局全面构建,让江阴成为百姓获得感、幸福感、安全感最高的县市之一。

品牌是高质量发展的生动标记。我们要把握时代需求、立足自身实际,打造一批富有时代气息和江阴印记的特色品牌,为推动高质量发展提供重要的战略支撑。重点要打响"五大品牌":一要打响"集成改革"品牌。作为改革开放 30 年全国十八个典型地区之一,江阴过去的成功得益于改革,今后的发展更寄望于改革。我们要以开展县级集成改革试点为契机,始终坚持用系统化的思维谋划改革,用集成化的方式推进改革,全力打造便捷高效的政务服务体系、沉底到边的基层治理体系、精准有力的社会救助体系、温馨周到的生活服务体系,加快构建系统完备、科学规范、运行有效的制度体系,全面提升县域治理体系现代化水平,使江阴成为全省同类城市中服务效率最高、发展环境最优、创新活力最强、人民群众获得感最多的改革发展示范区。二要打响"制造业第一县"品牌。习近平总书记在视察江苏时强调,"必须始终高度重视发展壮大实体经济,抓实体经济就一定要抓好制造业。"这对于我们这样一个以实体经济见长的制造业城市来说,既是巨大的鼓舞,更是强大的动力。我们要顺应大势、洞察趋势、把握态势,以 1.9 万个制造业企业为依托,充分放大各类500 强企业集群效应,以智能化绿色化服务化高端化品牌化为引领,深入实施质量、品牌、标准、专利战略,抢占产业制高点,掌控技术话语权,加快推动江阴从制造大市向制造强市、质量强市转型,让"中国制造业第一县"的牌子永远熠熠生辉。三要打响"江阴板块"品牌。不论是总数约占全国百分之一的上市公司集群,还是以"双百"(100 个规模效益强企业和 100 个高成长性企业)后备企业为代表的强大上市梯队,都是江阴深耕实体经济不动摇的重要体现、政企同心谋发展的重要成果、产融结合创大业的重要标志。我们要全力巩固提升这两年"井喷式"上市的大好形势,狠抓高质量上市后备梯队培育和最优秀上市公司群体打造,加快实现上市公司数量与质量同步提升、产业资本与金融资本比翼齐飞,让"华夏 A 股第一县"的地位更加稳固。四要打响

"人文宜居"品牌。江阴素有"衣冠文物之邦、东南人文渊薮"的美誉，更有山环水绕、山水交融的自然禀赋。我们要用足用好得天独厚的山水资源，深入挖掘军事文化、学政文化、中医文化、民乐文化等深厚文化积淀，大力传承"人心齐、民性刚、敢攀登、创一流"的江阴精神，统筹推进物质文明、政治文明、精神文明、社会文明、生态文明建设，把人文底蕴、文化基因体现在城市发展上，把精明增长、绿色发展贯穿于城乡建设中，把人文精神、文明素养渗透进市民生活里，把988平方千米的暨阳大地，建设成更精致、更文明、更宜居的生活乐园和精神家园。五要打响"民富村强"品牌。多年来，凭借着政府有形之手、市场无形之手、百姓勤劳之手的同向发力，江阴的社会事业加快发展，百姓的民生福祉显著提升。每年超过财政总支出70%的民生投入、去年村均近1300万元的村级收入、农村居民人均可支配收入全省同类城市"十七连冠"，为我们持续聚焦富民、加快惠民利民奠定了坚实基础。我们要深入实施就业创业致富、社会保障共富、公共服务添富、精准帮扶助富、基层组织带富、实事工程增富、生态建设护富等"七富联动"，让富裕始终成为全市广大村庄的生动写照，让富足始终成为百万江阴人民的日常生活。只要我们牢牢抓住这五个具有根本性、全局性的战略支撑，守正笃实，久久为功，就一定能构筑起不可动摇、无可替代的竞争优势，江阴高质量发展之路就一定能走得更加坚实、更加稳固、更可持续。

三、牢牢把握重点关键，奋力夺取全年各项工作新胜利

今年是全面贯彻中共十九大精神的开局之年，是改革开放40周年，是决胜高水平全面建成小康社会、实施"十三五"规划承上启下的关键一年。做好全年工作，意义重大、责任重大。全市上下要深入学习贯彻中共十九大精神，以习近平新时代中国特色社会主义思想为指导，按照习近平总书记视察江苏重要讲话要求和中央经济工作会议部署安排，坚持稳中求进工作总基调，自觉践行新发展理念，统筹推进"五位一体"*总体布局和协调推进"四个全面"*战略布局，以实现高质量发展为导向，以推进供给侧结构性改革为主线，以深化县级集成改革为动力，紧紧围绕"两聚一高"*，全面实施"六大战略"*，着力推动质量、效率、动力三大变革，全面做好稳增长、促改革、调结构、优生态、惠民生、防风险各项工作，确保经济平稳健康发展，确保人民生活持续改善，确保社会大局和谐稳定，推动高水平全面建成小康社会和"强富美高"新江阴建设取得更大成果，积极进行基本现代化建设新探索，继续当好全省全国县域发展排头兵。

今年的主要预期目标是：地区生产总值增长7.5%左右；一般公共预算收入增长5%左右；规模以上工业增加值增长7%左右；固定资产投资增长5%左右，其中工业投入增长8%左右；社会消费品零售总额增长10%左右；进出口总额增长5%左右，其中出口额增长5%左右；城乡居民收入与经济增长同步；节能减排和大气、水环境质量完成无锡下达的目标任务。

围绕以上目标要求，重点要做好以下六个方面工作：

（一）坚定推进产业强市，加快建设现代化经济体系。产业是经济发展的命脉。要聚焦产业、项目、园区、企业四大重点，全力推动实体经济稳健发展，持续增强全市经济质量优势。

加快产业升级。始终把加快产业转型升级作为增强经济创新力和竞争力的基础性工作。全力打造制造业升级版。深入实施中国制造2025江阴五年行动计划，着力在推动互联网、大数据、人工智能与实体经济深度融合上做足文章，在企业智能化改造、产业集群化发展、产品优质化制造上下足功夫，不断提高江阴制造的品牌影响力、标准话语权、质量信誉度，推动江阴制造业更快迈向产业链、价值链中高端，使"江阴质量""江阴智造"成为靓丽品牌。全力打造战略性新兴产业强引擎。针对新材料、新能源、集成电路、生物医药等特色优势产业，制定专项行动计划，出台专项政策措施，设立专项发展基金，加强对"未来产业"的前瞻性研究、战略性布局，努力在新技术、新产业、新模式、新业态上开疆拓土，加快打造一批国内有地位、世界有影响的战略性新兴产业集群。全力打造现代服务业新高地。充分利用江阴产业强、企业多、港口优的优势，主动引导、合理布局，加快发展区域性现代物流、研发设计、创业孵化、电子商务、出口加工、融资租赁、结算中心、检验检测认证等生产性服务业，加快发展现代金融、旅游休闲、文化创意、教育医疗、健康养老等高端生活性服务业，进一步推动全市服务业品质提升、业态提升、贡献提升。全力打造现代农业新亮点。坚持质量兴农、绿色兴农，积极构建现代农业产业体系、生产体系、经营体系，加快发展多种形式农业适度规模经营，推进省级循环农业试点县、省级华西现代农业产业示范区等重点项目建设，全年"三资"投农10亿元，新建高标准农田66.67公顷，持续促进农业增效、农民增收。

强攻项目建设。实现经济发展高质量，基础在重大项目，关键在重大项目。在项目招引上持续发力。抓住新上项目源，加强与世界500强、大型央企、实力民企、行业龙头企业的联系，加强与中介组织、行业协会、企业联盟的合作，精心组织好金秋经贸洽谈、央企对接合作等活动；抓住存量项目源，完善装备贴息政策，大力实施"千企技改"，催生一批优质技改项目；抓住本地项目源，鼓励本土上市公司将募投项目落在江阴，鼓励本地企业把新上项目放在江阴、把关联企业项目引到江阴。在项目质量上持续发力。全面加大招商选资力度，立足为经济发展提供强支撑，招引储备一批投资体量大、市场前景好、带动能力强的龙头型基地型旗舰型项目；立足壮大主导产业集群，招引储备一批建链、延链、补链、强链的产业链项目；立足发展新经济，招引储备一批根植性强、科技含量高、潜在价值大的成长型项目，进一步优化投资结构、提高投资效益。在项目推进上持续发力。继续实施领导干部挂钩重点重大项目责任制,围绕重大产业项目、政府性投资项目,继续开展一月一督查、一季一观摩,全力推动在谈项目抓签约、签约项目抓推进、在建项目抓进度、投运项目抓见效,确保全市重点重大项目招引建设取得突破性进展。

做强开放园区。园区是经济发展的主阵地、主战场,各开放园区要拉高标杆、攀高比强、争作贡献,构筑江阴高质量发展的最强势增长极。高新区要紧扣"高""新"属性,围绕苏南国家自主创新示范区核心区建设,加快高新项目落地、体制机制创新、园区环境提升,做优做强特色产业集群,全力打造高新产业集聚区、创新驱动示范区、美丽和谐幸福区;用足用好青阳园区交通便利、空间广阔的潜在优势,确保有一批重大项目实质性落地开工。临港开发区要充分释放行政管理体制改革新动能,加快项目招引建设,加快打造产业集群、要素集聚、政策集成、结构集约新优势,充分发挥江阴综保区与港口叠加优势,加快建设区域分拨配送中心、外贸商品展示交易集散中心、跨境电商中心、金融贸易创新中心,全力打造竞争力一流的国际化开放园区。靖江园区要持续优化两地联动开发机制,积极策应扬子江城市群建设,集中精力推进项目、发展产业、打造环境,加快建设千亿级临江产业集聚区。镇街工业集中区要按照集约化、特色化要求,优化规划布局,完善功能配套,加快转型升级,为推动镇街高质量发展勇挑重担、多作贡献。

壮大企业集群。生生不息的实体企业是江阴发展的最宝贵财富,要大力传承澄商基因、弘扬工匠精神,把振兴实体经济的根扎得更深更牢。切实强化政策引领。对产业强市系列政策再优化、再宣传、再落地,更多聚焦重点产业、重点行业和新经济发展,持续推动大企业大集团做强做大,扶持中小企业走"专精特新"道路,加快培育一批百亿级、千亿级国际化企业集团,催生更多国内外细分市场的"单打冠军""隐形冠军",形成既有高原又有高峰的企业发展格局。全面优化营商环境。积极构建亲清新型政商关系,既转职能更重效能,既简流程更转作风,以"放管服"*改革为企业松绑解绊,用"降成本"实招为企业减负增效,拿"大走访"*真功为企业排忧解难,以全天候无条件不打折的"店小二""急郎中"式服务,为广大企业健康成长保驾护航。激发保护企业家精神。健全完善各级领导干部联系企业家制度,主动听取企业家意见,切实保护企业家权利,加强对优秀企业、优秀企业家的评比表彰,大力营造全社会尊重创业者、尊重企业家的浓厚氛围。进一步加大中生代、新生代企业家培养力度,让江阴的企业家代代有新人、一代胜一代。

(二)深入实施创新驱动战略,持续提升县域经济核心竞争力。主动顺应新常态下发展动力转换的新趋势,围绕创建国家创新型县市的总目标,加快形成以创新为支撑的经济体系和发展方式,全力促进实体经济新动能成长、传统动能提升。

突出创新生态营造。坚持把增强企业创新能力作为创新工作的重中之重,针对企业初创、成长、壮大等不同阶段,全面落实激励创新的各项政策举措,鼓励和引导企业在载体建设、产学研合作、自主创新、科技成果转化等方面加大投入。围绕创新链加快完善载体链、资金链,进一步健全覆盖创新全链条的服务支撑体系。持续加强知识产权保护,大力弘扬鼓励创新、宽容失败的社会氛围,激励创新行为,激发创新潜能,使江阴的创新生态系统生命力更加旺盛、根植力更加强大。

突出创新平台建设。以苏南国家自主创新示范区核心区建设为引领,系统规划布局一批以"产业技术创新联盟—产业技术研究院—技术转移中心—众创空间"为主体的区域创新载体、协同创新平台,年内实施产学研合作项目60项,新建众创空间和星创天地5个。强化企业创新主体作用,大力推进全市重点企业研发机构能力建设,支持更多企业联合知名高校院所,打造重点实验室、工程技术研究中心、院士工作站、博士后工作站等载体平台,引导更多企业承担国家、国际标准化组织秘书处工作,全年新认定省高新技术企业100个以上、省民营科技企业100个以上。

突出创新人才集聚。深入实施"暨阳英才计划",完善柔性引才机制,创新设立海外人才工作联络站,不断提高各类人才特别是"高精尖缺"人才招引政策的含金量和吸引力,全年引育"千人计划""双创计划""太湖人才计划"人才30人以上。积极构建由企业、高校、科研院所共建共享的科创人才培养平台,加大青年科技人才、高技能人才培养力度。围绕人才最关注的资金、财税激励、居住、医疗、出入境、子女教育等诉求,开辟绿色通道,精准对接服务,进一步提高人才对江阴的认可度、归属感。

突出创新金融支撑。进一步强化金融政策与产业政策的深度融合,加强产业发展导向对信贷政策的指导,通过前瞻性信贷布局引导产业发展方向。加大要素资源倾斜力度,加强与实力券商战略合作,全年新增上市公司3~5个、"新三板"挂牌企业6个,进一步巩固"培育一批、股改一批、辅导一批、上市一批"滚动发展的良好格局。全市各金融机构要牢固确立共同体意识,全力降低企业融资成本,力争全年信贷增量高于2016年、信贷服务优于周边。主动防控金融风险和政府性债务风险,严厉打击非法集资和各种金融诈骗行为,坚决打好防范化解重大风险攻坚战,全力维护健康有序的经济金融生态。

(三)全面推进改革开放,不断增强发展活力动力。充分依托业已形成的良好改革势头、开放发展优势,深入实施江阴全面深化改革"施工图",加快构建江阴全方位开放"新版图",以丰硕成果迎接改革开放40周年。

纵深推进集成改革。今年是开展县级集成改革试点的关键一年。我们要在去年首战告捷、开局良好的基础上,紧紧围绕集成改革试点的总体进度安排,将改革的重心从行政管理体制改革的单兵突进转向七大领域改革的协同并进，从部门整合转向流程优化、功能整合、效能提升，着力推进重点领域、关键环节的改革方案落地生根，增强集成改革的系统性、整体性、协同性和耦合度，打造江阴集成改革的亮丽“风景线”。矢志增强改革定力。近期召开的省委全会、无锡市委全会明确指出，要扎实推进、积极推进江阴县级集成改革试点。我们要认真落实省委、无锡市委部署，紧紧抓住改革试点窗口期，用足用活特殊试点政策，积极谋求更多改革资源，最大程度地释放新动能、集聚新优势、拓展新空间，形成江阴改革发展新的体制机制优势。要在继续抓好行政管理体制改革再深化、再完善、再提升的同时，重点推动经济体制、生态文明体制、开发开放体制、城乡发展体制、社会事业体制、基层党建制度等六大领域改革的早定案、早发力、早破题、早见效，确保今年底基本完成集成改革试点任务。着力完善推进机制。要在业已形成的组织协调、工作例会、信息通报、定期督查、考核激励的基础上，创新方法手段，采取项目领衔制、任务销号制、设立项目库、第三方评估、公开征题、民主评议、容错免责、问责追责等有效举措，科学把握节奏，全速全力推进，确保各领域改革符合进度要求、体现集成效应。层层压实主体责任。习近平总书记多次强调，各级主要负责同志要自觉从全局高度谋划推进改革，做到敢于担当、亲力亲为、抓实工作。当前，集成改革已转入攻坚突破期，必须强化主体责任，以责促行、以责问效。各专项小组组长、副组长要加强统筹协调，关键改革和紧要项目往前排，规定动作和自选动作一起抓，认真抓好项目论证、任务安排、进度检查和难题协调。各部门主要领导要善于当好“突击队长”，既挂帅又出征，认真抓好改革方案制定、目标责任分解和具体矛盾化解，做到进度和质效并重。各板块主要领导要守土有责，以钉钉子精神不折不扣抓好改革任务落实。

深度拓展开发开放。积极抢抓开放机遇期，坚持对内开放、对外开放互促并进，不断提高开放合作水平。全力增创开放型经济新优势。不断优化出口企业主体结构和产品结构，以高质量商品、集成化服务赢得市场，加快推动外贸向优质优价、优进优出转变。大力创新外资引进方式，不断提高外资利用质量，力争全年到位注册外资9.5亿美元。加快提升全球要素利用能力。主动对接“一带一路”*建设，坚持并购技术成果与集聚高端要素相结合、建工厂与建市场相结合、产能输出与模式输出相结合，鼓励和支持更多企业在把总部经济和核心价值留下来的同时，通过绿地投资、跨国并购、联合投资等方式，打造标志性示范项目，加快“走出去”步伐。主动融入区域一体化进程。积极对接锡澄一体化、扬子江城市群建设，积极抢抓长江经济带建设、长三角一体化发展重大机遇，在融入区域中获得更多溢出效应和合作红利，为江阴新一轮发展拓展更大空间。

（四）全力推进城乡协调发展，加快建设现代化有特色美丽宜居城市。通过两年来的科学规划和启动实施，新一轮城乡建设已经全面展开，我们要趁热打铁、乘势奋进，全面加快“1310工程”建设，推动现代化有特色美丽宜居城市早出形象。

加快重点片区建设。滨江亲水工程上，完成黄田港、韭菜港渡口搬迁，建成开放韭菜港公园、应天河公园东段，加快推进黄田港公园、锡澄运河公园五星桥段建设。靓山亲山工程上，率先启动绮山森林公园建设，加快实施山体复绿、林相改造，全面开展森林公园环境综合整治。江阴绿道工程上，高品质规划建设沿江、沿河、沿路、环山的生态绿道、健身步道、景观廊道，全面完成江阴绿道一期大桥公园步道建设，完善已建成公园的绿道标识标牌。文化提升工程上，统筹做好南门风貌区项目概念性设计，完成北门岛艺术区项目立项、前期策划设计等工作，做好北大街历史文化街区、祁头山遗址公园建设前期研究工作，加强现有历史文化资源的保护性开发利用。“五网”*升级工程上，建成投运光大电厂三期扩能项目、绮山应急备用水源地，完成农村供水管网及户表改造5800户，新建天然气管网130公里。始终把加快拆迁安置作为城乡建设的头道工序，紧盯已开拆地块、“一江两河”区域、交通基础设施建设用地、安置房建设地块等四大重点，把握节奏，扎实工作，确保“块块清、路路通”，全年完成拆迁131.8万平方米，其中城区51.8万平方米；新开工建设安置房31万平方米，竣工24万平方米。

构建快速交通体系。城际轨道工程上，推动南沿江铁路江阴段正式开工建设，做好盐泰锡常宜铁路项目前期工作和过江通道规划研究，加快推进轨道交通枢纽站和市域轨道建设前期工作，加紧对接确定锡澄城际轨道S1线规划方案，并积极做好相关前期工作。交通畅通工程上，加快打通毗陵路西延伸段等城区断头路，加快推进临江路西延伸段、皮弄路、春申路等建设，力争芙蓉大道快速化改造年内主线完工，实施长山大道快速化改造，启动跨锡澄运河七座桥梁建设，扎实推进“四好农村路”*建设，有序改造提升市域路网。

落实乡村振兴战略。坚持农业农村优先发展，按照产业兴旺、生态宜居、乡风文明、治理有效、生活富裕的总要求，加快推进农业农村现代化，加快推进资金、技术、人才等各类要素向乡村流动，开创江阴“新乡土时代”。坚持以工补农、以城带乡，建立健全城乡融合发展体制机制和政策体系，以特色小镇和特色田园乡村建设为抓手，重塑城乡关系，创新乡村治理体系，传承发展提升农耕文明，巩固完善农村基本经营制度，有序推进农村房屋翻建改造工作，大力推进城乡居民基本权益平等化、公共服务均等化、收入均衡化、要素配置合理化、产业发展融合化，让全市农村成为安居乐业的美丽家园。

优化城市治理服务。以市镇两级综合执法局成立为契机，充分发挥“大城管”体制作用，全面推进网格化管理、标准化治理。围绕群众反映最强烈、改善城市形象最急需的问题,常态长效推进城乡环境综合整治,持续加强市容管理、交通管理、市场管理、小区管理,让城乡居民更加安居宜居、乐居优居。全面实现“12345”“城市啄木鸟”*等公共平台与市综合管理服务指挥平台的整合融合,加快构建横向到边、纵向到底,全民参与、全民受益的城市治理与服务工作新机制。

(五)深入实施“263”专项行动,切实提高全市生态环境质量。环境就是民生,绿水就是美丽,蓝天也是幸福。要坚持全民共治、源头防治,精准施策、铁腕治污,加快建设生产、生活、生态和谐共生的美丽江阴。

深入推动绿色发展。突出调存量、控增量、减总量,继续实施最严格的环境准入制度,严把新上项目环保关,加大化工园区、重点污染企业综合整治力度,确保年内关停“三高两低”企业*40个、其中化工企业34个,确保完成上级下达的减煤任务。坚决落实主体功能区规划,切实增强“寸土寸金”意识,加快盘活存量土地资源,向土地存量要发展增量。坚持“以亩产论英雄”,积极开展工业企业资源利用绩效管理,鼓励引导全市企业走低能耗、低用地、低排放、高效益的集约发展之路。

加快生态治理修复。围绕建设江阴长江生态安全带目标,全面推进中央、省环保督查问题整改,着力打好大气、水、土壤三大污染防治攻坚战。治气上,大力实施大气污染防治计划,扎实推进工业废气、施工扬尘、机动车尾气、挥发性有机物等防治工作,加强空气质量监测预警,坚决打赢蓝天保卫战。治水上,大力实施“六水共建”,持续深化“河长制”管理,全面完成58项防汛应急工程,完成肖山水源地达标建设,大力推进350个以上自然村村庄生活污水治理,完成小散畜禽养殖场关停整治扫尾工作,完成全市域50%的黑臭河道整治任务,确保国家和省级考核断面全面达标。治土上,有序推进土壤污染防治,建立污染地块环境管理联动机制,摸清污染底数、建立负面清单、有序开展修复。全面推进垃圾分类工作,加强危废、工业固废、生活垃圾等收集转运处置,建成危废焚烧处置项目一期工程,确保环境风险得到有效防范。

完善生态监管体系。落实排污者主体责任,积极推动“零直排区”建设。完善与污染物排放总量减排挂钩的财政政策。大力健全以生态补偿、生态环境损害赔偿、信息强制性披露、绿色发展评估、环保费改税改革为重点的制度体系,以环保信用评价、差别化环境价格、绿色金融为重点的政策体系,以排污证改革、属地化管理、信息化建设和网格化监管村(社区)全覆盖为重点的监管体系,以司法联动、严惩重罚为重点的执法体系,推动全市生态文明建设和环境保护工作精准发力、常态长效。

(六)持续保障和改善民生,着力巩固和谐安定的发展局面。始终坚持以人民为中心的发展思想,以造福人民为最大政绩,办好民生实事,补齐民生短板,促进社会公平正义,让广大群众的生活一天更比一天好。

推进就业创业。始终把就业作为最大的民生,坚持就业优先战略和积极就业政策,完善企业用工监测系统,加大江阴籍高校毕业生、被征地农民、困难家庭等重点群体就业精准帮扶力度,让有意愿的劳动者充分就业,加快消灭“零就业”家庭,确保全年新增就业岗位5.8万个,促进本地劳动力就业2.4万人。突出创业引领,优化政策支持,高效运营大学生创业园,加快推进新型现代化人力资源市场、中国国际人才市场江阴市场和人力资源服务产业园建设,全年扶持自主创业2200人以上。

完善社会保障。围绕构建覆盖全民、城乡统筹、权责清晰、保障适度、可持续的多层次社会保障体系,深入推进全民参保登记常态化管理、精准化扩面,新增城保参保3万人。居民基础养老金提高到每人每月320元,被征地农民养老年龄段人员养老补助金提高到每人每月820元,居民医保筹资标准提高到每人每年1000元。改进和优化住房保障方式,健全多主体供给、多渠道保障、租购并举的住房供应体系,让百姓住有所居、住有安居。

精准救助扶贫。突出解决急难型、支出型贫困问题,强化社会救助中心建设运行,健全市镇村三级社会救助服务网络,推广村级医疗互助、职工医疗互助制度,提升一站式集中救助、定向式精准救助、互助式邻里救助水平,激发低收入人群内生动力,加快实现脱真贫、真脱贫。创新经济薄弱村结对帮扶方式,切实壮大村级集体经济,构建长效增收机制,力争全市50个经济薄弱村村均稳定收入达到250万元以上。用好“阳光扶贫”监管系统,进一步提高脱困帮扶的精准度、透明度和群众满意度。

优化公共服务。教育上,以提高教育质量为核心,深入实施素质教育,继续优化学校布局,大力加强教师队伍建设,推动各类教育均衡发展。医疗卫生上,不断深化医药卫生体制改革,完善分级诊疗制度,做实做强紧密型医联体,加快推进家庭医生签约服务工作和智慧医疗体系建设,加快推进市中医院、市妇幼保健院规划建设。文化上,深入推进市镇村三级公共文化服务设施资源融合、互联互通,广泛开展系列文化下乡活动,大力传承地方特色传统文化,推动文化事业和文化产业繁荣发展。体育上,健全完善城乡公共体育设施,持续推进“10分钟体育健身圈”提档升级,不断打响“全澄欢乐跑”等特色品牌,加快发展体育产业。养老上,完善养老、孝老、敬老政策体系和社会环境,注重公共服务设施“适老化”改造,加快推进养老机构公办民营、医养结合,不断完善多层次养老服务体系。

深化文明创建。启动实施全面推进文明城市建设长效化三年行动计划,稳步实施“十大工程”,巩固提升创建成果,推动新一轮创建工作全面深入开展。进一步推进公益宣传常态化、志愿服务社会化、诚信建设制度化,推进村(社区)创建长效化、城乡创建一体化、单位创建规范化,全员动手、全民参与,把全国文明城市这块牌子擦得更亮。

创新社会治理。健全完善信访工作机制和矛盾纠纷排查化解机制，畅通群众诉求表达渠道，严密防范、靠前化解、有效管控各类不稳定因素。扎实推进“雪亮工程”*，持续织密技防网、巡防网、数据网，严厉打击各类刑事犯罪，不断完善立体化现代化社会治安防控体系。严格落实安全生产责任制，持续开展隐患排查和专项治理，坚决遏制重特大事故发生。全面加强法治政府建设，持续深化司法体制改革，扎实开展“七五”普法，加快构建覆盖城乡的公共法律服务体系。大力推进全市综治法治平台融合共享，全力打造共建共享共治的社会治理格局，全面提高社会治理的社会化、法治化、智能化、专业化水平。

四、深入落实全面从严治党新要求，为新时代各项事业发展提供坚强保证

拥抱新时代、开辟新境界，关键在党，核心在人。全市各级党组织要坚决扛起党要管党、全面从严治党的政治责任，坚持问题导向，保持战略定力，着力提高党的建设质量，推动全面从严治党向纵深发展。

坚持把政治建设摆在首位。要推动广大党员干部切实增强“四个意识”*，坚定执行党的政治路线，严格遵守政治纪律和政治规矩，坚决贯彻中央政治局关于加强和维护党中央集中统一领导的若干规定精神，坚决维护习近平总书记党的领袖和核心地位，在政治立场、政治方向、政治原则、政治道路上同以习近平同志为核心的党中央保持高度一致。加强和规范党内政治生活，提高民主生活会和组织生活会质量，增强党内政治生活的政治性、时代性、原则性、战斗性。严格执行民主集中制，落实和完善党委（党组）集体议事规则、决策程序和责任追究制度。

坚持以思想建设凝心铸魂。要把坚定理想信念作为思想建设的首要任务，深入学习习近平新时代中国特色社会主义思想，学习弘扬“红船精神”“延安精神”等党的优良传统，推动广大党员干部牢固树立政治理想，正确把握政治方向，坚定站稳政治立场。扎实开展“不忘初心、牢记使命”主题教育，深入开展学习吴仁宝、李良宝、吴协恩专题活动，持续推进“两学一做”*学习教育常态化制度化。牢牢掌握意识形态工作领导权，加强“一报两台”（《江阴日报》，江阴广播电台、江阴电视台）“两微一端”*等宣传阵地建设，唱响主旋律，弘扬正能量，为改革发展稳定营造浓厚氛围。

坚持用正确导向选用干部。要坚持党管干部原则，突出好干部标准，坚持知事识人、依事择人，注重在发展实践中甄选干部、在工作一线中考察干部、在群众口碑中检验干部，着力建设高素质专业化干部队伍。认真贯彻省委青年干部培养计划，持续深化年轻干部墩苗挂职锻炼“952”计划*，统筹做好培养选拔女干部和党外干部工作。健全干部教育培训机制，全面增强广大干部八个方面本领。加强干部日常监督管理，严格有关事项填报，完善绩效考核评价，围绕健全完善鼓励激励、容错纠错和能上能下“三项机制”，建立科学的指标体系、考评体系，进一步激发党员干部干事创业的内在动力。

坚持靠坚强堡垒筑牢根基。要以提升组织力为重点，突出政治功能，树牢“党的一切工作到支部”的鲜明导向，严格落实“三会一课”*、基层党组织统一活动日、“1+10”党员联户等制度*，全面提升基层支部直接教育党员、管理党员、监督党员和组织群众、宣传群众、凝聚群众、服务群众的能力。以星级“暨阳红色先锋”党建示范点、堡垒党支部评定为抓手，实施“党建品牌550培育计划”，引领和促进全市基层党组织标准化建设，持续扩大党建品牌影响力。健全党委（党组）书记“四位一体”（述职、考核、督导、追究）责任体系，深化“三级联述联评联考”，完善基层党建工作责任清单制度，推行基层党建工作项目化管理，切实加强党建工作执行力。

坚持抓常态长效正风肃纪。要优化“两个责任”*管理考核系统，推进全程纪实，加强“一案双查”*，强化问责追责，层层压实“两个责任”。毫不松懈抓好中央八项规定和实施细则精神的落实，严格执行省市委《具体办法》，认真查找“四风”突出问题特别是形式主义、官僚主义的新表现，紧盯关键节点，采取过硬措施，坚决做到纠正“四风”不止步。用好监督执纪“四种形态”*，让广大党员干部知敬畏、存戒惧、守底线。扎实推进监察体制改革试点工作，实现对所有行使公权力的公职人员监察全覆盖。进一步深化政治巡察，强化巡察结果运用。积极推动派驻监督与党委（党组）全面监督、巡察监督互补互促、无缝对接。坚持无禁区、全覆盖、零容忍，坚持重遏制、强高压、长震慑，努力夺取反腐败斗争的压倒性胜利，全力营造政治上的绿水青山。

坚持统领全局协调各方。坚持和完善人民代表大会制度，支持人大及其常委会依法履职；充分发挥人民政协作为协商民主重要渠道和专门机构作用，着力增进共识、促进团结；不断巩固和壮大最广泛的爱国统一战线，充分发挥各民主党派、工商联和无党派人士的参政议政作用；深化工会、共青团、妇联等群团组织改革，增强政治性、先进性、群众性，更好发挥桥梁纽带作用；全力深化双拥共建，推动军民融合深度发展，为全年目标任务的完成汇聚起最强大合力。

同志们，初心铭刻在心，使命砥砺前行。让我们更加紧密地团结在以习近平同志为核心的党中央周围，以习近平新时代中国特色社会主义思想为指导，在省委、省政府和无锡市委、市政府的坚强领导下，坚定信心、咬定发展，励精图治、埋头实干，为决胜高水平全面建成小康社会、加快建设“强富美高”新江阴、奋力开辟新时代高质量发展新境界而不懈奋斗！

政府工作报告

——2018 年 1 月 18 日在江阴市第十七届人民代表大会第二次会议上

江阴市市长　蔡叶明

2017 年工作回顾

2017 年是中共十九大胜利召开之年,也是全面落实省、市党代会决策部署的开局之年和本届政府依法履职的第一年。面对复杂多变的宏观经济形势,在中共江阴市委的坚强领导下,在市人大、市政协的监督和支持下,市政府认真学习贯彻中共十九大精神,以习近平新时代中国特色社会主义思想为指导,牢牢把握稳中求进工作总基调,坚定不移贯彻新发展理念,紧紧围绕“两聚一高”发展要求,深入实施六大发展战略,全力推进“强富美高”新江阴建设,较好地完成了市十七届人大一次会议确定的各项任务。

一、综合实力稳步提升。江阴实现全国县域经济发展“十五连冠”,预计全年地区生产总值增长 7.2%,完成一般公共预算收入 235.2 亿元、增长 2.3%。工业经济稳中向好。江阴位列中国工业百强县(市)第一位,全年规模以上工业产值增长 15.1%。9 个企业入围中国企业 500 强,12 个企业入围中国民营企业 500 强,16 个企业入围中国制造业企业 500 强,海澜集团成为无锡首个营业收入超千亿元企业。实施企业智能化改造,新增省示范智能车间 6 个、优秀示范车间 1 个、省级以上“两化融合”* 示范试点企业 8 个。着力提升新材料、新能源、电子信息等新兴产业龙头企业带动效应,新兴产业产值增速提高 10 个百分点。“江阴板块”持续扩容,新增上市企业 5 个、累计达 47 个,上市企业总量位居全国同类县市第一。现代服务业质量提升。预计服务业增加值占地区生产总值比重提升 0.7 个百分点,4 个企业入围中国服务业企业 500 强。江阴港货物吞吐量增长 22.3%,长江港口综合物流园区成为千亿级园区。组织购车节、建材家装节等活动,预计全年社会消费品零售总额增长 11%。举办纪念徐霞客诞辰 430 周年暨第十二届中国徐霞客国际旅游节系列活动,海澜马文化景区入选全国体育旅游十佳精品景区,预计全市旅游总收入超 260 亿元。高效农业规模壮大。预计完成农业总产值 80.8 亿元,农业适度规模经营比例达 87%。新增高标准农田 66.67 公顷、高效设施农业 366.67 公顷,建成 15 个农业推广应用示范基地。完成“三资投农”10 亿元,华西稻米产业基地、1733.33 公顷省级“菜篮子”工程等重点项目稳步推进。新增农民专业合作社 30 个、省级农业龙头企业 2 个。

二、转型升级步伐加快。有效投入不断加大。完成全社会固定资产投资 1153.03 亿元,其中工业投资 562.9 亿元、增长 14%。着力优化投入结构,高新技术产业投资增速比工业投资增速高 6.2 个百分点。深入实施“千企技改”行动,技改投资占工业投资比重达 75.9%。扎实开展招商引资,预计新批外资项目 47 项,完成到位注册外资 9.5 亿美元。全市 75 项重点产业项目完成投资 159.1 亿元,兴澄特钢深加工及研发一期、中芯长电 3D 集成芯片一期等重点项目相继建成投产,梦东方、海基新能源等项目推进顺利。创新能力不断增强。全社会研发投入占地区生产总值比重达 3%。实施重点产学研合作项目 60 项,新认定省高新技术企业 93 个、省民营科技企业 133 个、省高新技术产品 238 种,新增院士工作站 6 个、省工程技术研究中心 6 个。高新区跻身苏南国家自主创新示范区核心区、获批国家集成电路封测高新技术产业化基地,临港经济开发区通过国家“火炬”智慧能源特色产业基地复审。万人有效发明专利拥有量达 19.45 件。新增省名牌 6 只、中国驰名商标 1 件,阳光集团成为全省首家荣获中国质量奖企业,法尔胜集团获评江苏省省长质量奖,兴澄特钢获得中国质量奖提名奖。引进高层次人才 500 人、诺贝尔奖得主 1 人,新增国家“千人计划”人才 3 人、省“双创”* 人才 4 人。开发开放不断深入。多措并举稳定外贸增长,预计完成进出口 208.7 亿美元、增长 4.4%,其中出口 122.2 亿美元、增长 2%。着力提升外贸发展质效,获批省重点培养和发展的国际知名品牌 31 个、省国际知名品牌领军企业 7 个。电子口岸二期工程全面建成,进、出口货物通关时间分别比 2016 年减少 48% 和 74%。江阴综合保税区通过省级预验收。预计新批境外投资项目 35 项,完成中方协议投资额 7.2 亿美元,继续在全省同类县市中保持领先。

三、各项改革全力推进。行政管理体制改革实现重大突破。按照省委省政府集成改革试点工作要求,在全市复制推广徐霞客镇改革试点经验,编制市县同权需求清单,赋予镇街县级经济社会管理权限 859 项、开发区直接审批事项 163 项,调整市级行政权力 686 项,市级和镇街、园区新型权责体系基本形成。重组成立市城市综合管理局,组建市级综合管理服务指挥中心和大数据中心,整合建立市级七支专业执法队伍。组建市行政审批局,建成投运新政务服务中心,初步实现审批服务“2440”目标。创新镇街、园区组织架构和治理模式,建成综合管理服务指挥、政务服务、综合执法三大平台,规范整合各类管理网格,实现全市域、全要素网格化治理。“江阴市全面推行镇域行政管理体制综合改革”入选省依法行政示范项目。重点领域体制改革积极稳妥推进。实施政事分开、事企分开、管办分离,组建调整城市建设、公用事业、交通运输、循环产业等国资公司,基本完成国有企业公司制改革。积极开展工业企业资源利用绩效评价,引导企业加快转型升级。推进区域环评“三线一单”* 改革,探索实施与污染物排放总量挂钩财政政策，绿色发展水平得到提升。健全信用信息体系，完善严重失信行为联动惩戒机制。加快推动土地确权登记，规范完善农村产权交易制度，稳步开展农村集体产权制度改革试点。供销合作社综合改革有序推开。供给侧结构性改革取得明显成效。实施化解钢铁等过剩产能专项整治，关停“三高两低”企业63个。积极推进拆迁安置货币化，实施住房公积金异地个人住房贷款，商品住宅库存去化周期缩短至13个月。加强政府性债务管控，建立健全债务风险预警机制。扩大信贷风险补偿资金池保证金规模，积极发挥市镇两级互助资金平台作用，着力缓解中小企业融资困难。大力开展金融专项整治，银行业不良贷款率下降0.54个百分点，全年未发生区域性金融风险。认真落实减税降费各项优惠政策，兑现产业强市发展资金9.2亿元，为企业降本减负逾40亿元。

四、城乡建设全面进步。规划设计持续优化。完成海绵城市专项规划、北大街等历史文化街区保护规划、环城森林公园总体规划。开展运河公园、南门风貌区、北门岛艺术区等设计，优化滨江公园、应天河公园设计。启动轨道交通枢纽站规划设计，全市域轨道交通线网专项规划顺利推进。实施长山大道、东外环路、暨南大道等快速化规划研究，数字江阴地理空间框架暨天地图建成投用。城市建设有序推进。南沿江铁路江阴段前期准备工作基本完成，盐泰锡常宜铁路前期准备工作稳步推进。芙蓉大道快速化改造、紫金路一期等工程加快建设，环城西路、塘前路二期改造等工程顺利完工，锡澄运河滨江路桥、镇澄路桥建成通车。推进应天河公园三期建设，鲥鱼港公园二期基本建成。启动绿道一期大桥公园步道建设，永安绿苑段完成景观改造。黄田港、韭菜港渡口搬迁前期工作和新沟河延伸拓浚工程基本完成。西横河防洪排涝、西门雨污水泵站改造等67个防汛应急工程按时投用。建成公交外滩首末站、新华站停车场，新建公交电子站牌170个、公共自行车租用网点150个。新增天然气管网180千米、天然气用户3.1万户。完成拆迁131万平方米，建成安置房64万平方米。城市管理加速升级。扎实开展小区管理、背街小巷、市政设施等“十大专项提升行动”，顺利创成全国文明城市。海澜集团、海事局获评全国文明单位，璜土镇璜土村获评全国文明村、全国改善农村人居环境示范村。停车、广告等社会化管理日趋规范，沿街门店、建筑工地等市容秩序明显好转，省城市环境综合整治“931”行动*基本完成。实施拆违专项整治，14个老小区、10个改善型城中村完成改造。长泾镇、月城镇等农村住房翻建试点有序推进。新桥镇获评全国特色小镇，顾山镇红豆村获评中国美丽休闲乡村。

五、生态环境不断优化。资源利用效率提升。实施煤炭总量控制，减少煤炭消耗总量40余万吨，全年万元地区生产总值能耗预计下降4.3%。关停化工企业47个，淘汰燃煤锅炉63台，改造燃煤工业窑炉7座，热网整合工程青月支线建成投运。实施重点节能改造项目34项，创建省、市级节水型载体14个。推进生活垃圾分类减量，有机垃圾处理实现全覆盖。盘活存量土地445公顷，完成低效用地再开发178.07公顷。综合治理扎实开展。严格落实中央环保督察问题整改，查处各类环境违法行为965次。完成5个热电企业10台锅炉超低排放改造，实施169个挥发性有机物治理工程，城区空气质量优良率达66.9%。扎实推进“六水共建”，全面深化“河长制”，启动中小河流治理重点县综合整治及水系连通三期工程，开展100条河道综合整治。全力推进印染等行业专项整治，整合污水处理厂6个、提标改造10个。关闭畜禽养殖场1700余个，农业废弃物综合利用率达98%以上。生态建设得到加强。扎实推进光大电厂三期扩能、秦望山工业废弃物综合利用项目一期工程建设，完成花山生活垃圾填埋场大修工程。加快建设绮山应急备用水源地，小湾水厂30万吨/日深度处理改造项目正式投用，长江窑港口水源地取水口迁建工程建成通水。完成城区73个片区污水主次管网改造，实施423个村庄生活污水治理，新建排水达标区30个，建成污水主管网20千米。新增绿化面积333.33余公顷，全市建成区绿化覆盖率达43%，人均公园绿地面积达15.96平方米。

六、民生福祉持续改善。社会保障日益完善。全力推动就业创业，提供就业岗位5.7万个，解决本地劳动力就业4.7万人。深入实施全民参保计划，“城保扩面”新增4.3万人，企业退休人员养老金、居民养老保险基础养老金、被征地农民养老年龄段人员养老补助金、城乡低保、城乡居民基本医疗保险人均筹资标准持续提升。村级医疗互助资金补助近8万人次。新增住房公积金缴存职工4.57万人。完善多元化养老机制，每千名老人拥有养老床位42.5张。启动实施“阳光扶贫”，实现市镇村三级社会救助“综合型、一门式、便捷化”。实施农村集体“三资”专项治理，落实经济薄弱村专项补助资金3000万元。预计全年城镇和农村居民人均可支配收入分别增长7.9%和8.2%。江阴实现中国全面小康十大示范县市“十连冠”。社会事业加快发展。扎实推进省教育现代化示范区建设，南京理工大学江阴校区项目成功签约，新澄江中心小学、新第一初中建成投用，敔山湾幼儿园新建、江阴二中改扩建等项目有序推进。开展紧密型医联体试点，启动医保支付方式改革。市医疗中心建成投运，市中医院完成异地选址规划。组织开展各类文化惠民活动3000场，获评省“书香城市”建设示范市。加快建设全民健身综合馆，成功举办江阴市第七届全民运动会，获评“全国象棋之乡”。社会治理成效明显。认真组织“七五”普法教育，建立健全社会调解机制，加强维稳保障，各类矛盾纠纷有效调处化解。扎实开展交通秩序等专项整治，建成投运城区交通事故处理综合服务中心。加强社会治安综合治理，坚决有效打击犯罪，公众安全感调查满意度和法治建设满意度在全省名列前茅。开展食品药品等专项执法检查，获评首批江苏省食品安全示范市。深入排查整治安全隐患，扎实推进沿江危化品应急救援基地建设，全市安全生产形势保持平稳。

一年来，我们扎实推进“两学一做”学习教育常态化制度化，积极开展“连心富民、联企强市”大走访等活动，充分利用“12345”民生热线、市长信箱等平台，切实解决了一批民生热点问题。主动接受人大及其常委会法律监督、工作监督和政协民主监督，办理人大代表建议218件、政协委员提案319件，一次办理满意和基本满意率分别达97.2%和99.3%。严格规范性文件合法性审查，规范重大行政决策程序，全面实施法律顾问制度，江阴获评省政府法制创新奖。认真贯彻落实中央“八项规定”*和省市委十项规定*,着力解决发生在群众身边的不正之风和腐败问题,严肃查处一批违法违纪案件。地方志、档案、接待、外事、审计、统计、物价、人武、民防、民族、宗教、机关事务等工作取得新进展,对台、侨务、妇女、儿童、青少年、红十字、残联、双拥、对口支援等各项事业实现新进步。

各位代表,这些成绩的取得,是在中共江阴市委的正确领导下,全市人民凝心聚力、顽强拼搏、团结奋斗的结果。在此,我代表市人民政府向全市人民,向人大代表、政协委员,向各民主党派、工商联、各人民团体和各界人士,向离退休老同志,向驻澄人民解放军、武警官兵和公安干警,向驻澄单位,向所有参与、关心和支持江阴建设发展的各界朋友,表示衷心的感谢和崇高的敬意!

在总结成绩的同时,我们也清醒地看到发展中面临着一些问题和挑战:经济下行压力依然较大,部分企业生产经营比较困难,科技创新能力还不够强,提升经济发展质量和效益任重道远。集成改革推进还不平衡,改革的动力活力尚未得到充分释放,改革的成效与上级要求和群众期待还有差距。资源节约与环境保护任务艰巨,大气、水体、固废、土壤等方面存在的突出环境问题需要下大力气解决。基础设施建设、城市综合管理等领域还存在不少短板,富民增收、社会事业等方面还有不少薄弱环节。政府部门的服务意识、效能意识、责任意识还需要进一步增强。对此,我们一定高度重视,采取有效措施,认真加以解决。

2018 年主要工作

今年是贯彻中共十九大精神的开局之年,是改革开放40周年,是决胜高水平全面建成小康社会、实施“十三五”规划承上启下的关键一年,做好全年各项工作意义重大。今年政府工作的总体要求是:深入学习贯彻中共十九大精神,以习近平新时代中国特色社会主义思想为指导,按照总书记视察江苏重要讲话要求和中央经济工作会议部署安排,认真贯彻市委十三届五次全会精神,坚持稳中求进工作总基调,自觉践行新发展理念,统筹推进“五位一体”总体布局和协调推进“四个全面”战略布局,以高质量发展为导向,以推进供给侧结构性改革为主线,以深化县级集成改革为动力,紧紧围绕“两聚一高”,全面实施“六大战略”,着力推动质量、效率、动力三大变革,全面做好稳增长、促改革、调结构、优生态、惠民生、防风险各项工作,确保经济平稳健康发展,确保人民生活持续改善,确保社会大局和谐稳定,推动高水平全面建成小康社会和“强富美高”新江阴建设取得更大成果,积极进行基本现代化建设新探索,继续当好全省全国县域发展排头兵。

今年全市经济社会发展的主要预期目标是:地区生产总值增长7.5%左右;一般公共预算收入增长5%左右;规模以上工业增加值增长7%左右;固定资产投资增长5%左右,其中工业投入增长8%左右;社会消费品零售总额增长10%左右;进出口增长5%左右,其中出口增长5%左右;城乡居民收入与经济增长同步;节能减排和大气、水环境质量完成无锡下达的目标任务。

做好全年各项工作,必须深入学习、认真领会、准确把握中共十九大提出的重要思想、重要论断、重大战略部署、重大政策举措,紧密联系江阴发展实际,切实把“高质量发展”贯穿政府工作全过程,以永不满足、永不懈怠的精神,以务实奋进、接续奋斗的作风,全面增强发展的创新性、探索性、引领性,奋力开辟新时代高质量发展新境界。要坚定不移推进经济发展高质量,加快建设现代化经济体系。始终以习近平新时代中国特色社会主义经济思想为指导,坚持质量第一、效益优先,坚持增体量扩总量、增效益提质量两手齐抓,深入实施产业强市首要战略和创新驱动核心战略,持续深化供给侧结构性改革,大力发展战略性新兴产业,加快改造提升传统产业,全力打造具有国际竞争力的先进制造业基地和创新型经济发展高地。要坚定不移推进改革开放高质量,不断激发区域发展优势和后劲。紧紧抓住集成改革试点契机,扎实推进行政管理、经济体制、生态文明等具有标志性、引领性、支柱性的重点改革,真正以改革的“深刺激”“强刺激”释放活力、激发动能,探索创新更加有效的社会治理方式。主动融入“一带一路”、长江经济带等重大战略,着力构建更高水平开放平台,努力形成更宽领域更多层次更高境界的开放新格局。要坚定不移推进城乡建设高质量,努力打造现代化有特色的美丽宜居城市。坚持精美规划、精心建设、精细管理,主动融入扬子江城市群建设,积极推动以人为核心的新型城镇化,全面推进城乡建设“1310 工程”,全力推进乡村振兴战略,全域推进城乡融合发展,让江阴早日展现现代化有特色美丽宜居城市的现实模样。要坚定不移推进生态环境高质量,着力提升生态宜居品质。牢固树立绿水青山就是金山银山的发展理念,全面优化产业结构、能源结构、生态治理结构,全面加强美丽城市、美丽乡村、美丽社区、美丽园区建设,深入实施“263”专项行动,扎实开展大气、水体、固废、土壤等治理工作,让广大人民群众享受更多的生态红利、绿色福利。要坚定不移推进人民生活高质量,更好满足人民日益增长的美好生活需要。牢固确立以人民为中心的发展思想,坚持全民共享、全面共享、共建共享,统筹推进富民、教育、文化、医疗、养老、住房等公共服务体系建设,推动社会治理社会化、法治化、智能化、专业化,使人民群众的获得感、幸福感、安全感更加充实、更有保障、更可持续。

围绕上述目标和任务,今年重点做好七个方面的工作:

一、坚持以新发展理念为指导推进产业强市建设

突出产业升级。加快构建以战略性新兴产业为先导、先进制造业为主体、现代服务业为支撑、现代农业为基础的现代产业体系,实现规模以上工业产值增长8%以上,确保服务业增加值占比提高0.5个百分点,完成“三资”投农10亿元。扎实推进冶金、纺织、机械制造等传统制造业向智能化绿色化服务化高端化品牌化发展,切实提升产业竞争力。着力推动航空航天、装备制造、纺织服装等产业军民融合发展,加快建设省级军民融合产业示范区。培育壮大新材料、新能源、集成电路、生物医药等新兴产业集群,确保新兴产业产值占规模以上工业产值比重提升0.5个百分点。扎实推进专业市场、重点物流园区建设,确保阿尔法、联合物流、丽天石化码头3个万吨级泊位对外开放。加快阳光生态旅游区、海澜飞马水城等重点旅游项目建设，推进省级徐霞客休闲旅游度假区建设，力争全年旅游总收入达270亿元。大力发展研发设计、检验检测等生产性服务业，培育文化、旅游、医疗健康等新型消费，新兴服务业占服务业比重提升1个百分点。积极构建现代农业产业体系、生产体系、经营体系，加快发展多种形式农业适度规模经营，推进省级循环农业试点县、华西现代农业产业示范区等重点项目建设，新建高标准农田1000亩。

培育优势企业。突出实体经济这一着力点，集聚政策、要素资源，支持企业做大做强，力争中信特钢集团跨入千亿级企业行列。鼓励本土企业开展协作配套，推动企业通过兼并重组、控股参股等加快发展。大力运用互联网、物联网、大数据、人工智能等新技术，引导企业加快工业化和信息化深度融合，年内打造"两化融合"重点示范试点项目20项，新增无锡市级以上智能车间7个。扶持发展"专精特新"中小企业，培育壮大一批拥有自主知识产权、自主品牌的科技成长型企业，积极打造行业"隐形冠军"和"科技小巨人"。加强上市挂牌后备企业培育，年内新增境内外上市企业3~5个，新增新三板挂牌企业6个，实现上市挂牌企业再融资150亿元。鼓励和引导制造业企业创新生产组织形式、运营管理方式和商业运作模式，促进企业向"制造+服务""产品+服务"转变，努力培育一批服务型制造示范企业。大力扶持海澜之家、大众医药等本土连锁企业做大做强，年内规上服务业营业收入增长10%。

扩大有效投入。坚持把项目建设作为稳定经济增长、推动经济转型的重要抓手，力争引进一批超亿美元或超10亿元项目，努力在超50亿元、超100亿元重特大项目上取得新突破，确保完成到位注册外资9.5亿美元以上。发挥金属新材料、电子信息等领域产业优势，大力推进以企引企、产业链招商。深入实施"千企技改"工程，年内实施重点技改项目100项，其中亿元以上项目50项。打破制约民间投资的各类瓶颈，推动上市募投项目建设，民间投资增长8%。着力培育新的经济增长点，推动大明国际金属材料、神宇通信同轴电缆、新浩阳风电轴承等一批超10亿元项目开工，加快中芯长电3D集成芯片二期、中向旭曜土壤调理剂、梦东方文化创意产业园等重点项目建设。

强化服务保障。加强煤电油气运等要素资源的组织协调，组织中小企业参加各类展销会、合作洽谈及协作配套会，帮助企业化解生产经营困难。加大金融服务实体经济力度，年内新增各类信贷投放300亿元，其中信贷资金池投放30亿元。全面开展第四次全国经济普查工作。探索实施存量土地高效利用奖励政策，推动企业发展方式由重"量"向重"质"转变。组建由政府引导、社会资本参与的中小企业转贷资金平台，坚决打击恶意逃废债务行为，牢牢守住不发生区域性金融风险底线。着力营造良好的法治环境、市场环境、社会环境，充分保护和激发企业家精神，加快培育一批新生代企业家，夯实产业强市建设的坚实基础。

二、坚持以科技创新为核心培育发展新动能

加强企业自主创新。坚持企业创新主体地位，支持企业加快技术创新、模式创新、管理创新、产品创新，按新口径统计高新技术产业产值占规模以上工业产值比重达36%。大力培育各类创新主体，积极打造一批占据主导地位、具备先发优势的创新型领军企业，新认定省高新技术企业、省民营科技企业各100个以上。推动规模以上高新技术企业专利、研发机构、产学研合作"三个全覆盖"，新增省级以上企业技术中心5个、无锡市级企业技术中心15个。积极创建全国质量强市示范城市，新增中国驰名商标1件、省名牌5个，参与制订国际国内标准8项。

推动产业技术创新。加快建设苏南国家自主创新示范区核心区，积极构建产业技术创新体系，新建产业技术研究院2个、产业技术创新联盟2个、省级以上研发机构15个，全社会研发投入占地区生产总值比重保持在3%以上。加快集成电路、生物医药、石墨烯等领域前瞻性产业技术创新突破，全年完成产学研合作项目60项，通过省级新技术新产品鉴定20种以上。优化产业技术研究院等创新平台体制机制，不断提高项目研发组织程度和技术创新效率。推动科技人才、知识产权等创新要素向产业集群集聚，努力打造创新型产业高地。

加快高端人才引育。深入实施"暨阳英才"计划，年内引进培育国家"千人计划"人才、省"双创"人才、无锡"太湖人才计划"人才30人，力争全市人才总量达到36.5万人，其中高层次人才1.31万人。推进科技人才平台建设，新增"外国专家(海外工程师)工作室"5个、江阴市级院士工作站5个、博士后工作站5个。完善政策激励机制，搭建全方位人才服务体系。弘扬劳模精神、工匠精神，推进产教融合，加快培养一支适应江阴产业转型升级需求的技能人才队伍，年内培养高技能人才3000人。

优化创新发展环境。认真落实省科技创新"40条"和市科技创新"20条"等政策，鼓励企业加大研发投入。加快打造创业孵化服务体系，不断提升科技成果产业化成功率，年内新建众创空间和星创天地5个。建立健全技术转移和产业服务体系，建设市技术转移转化服务平台。扩大科技贷款风险补偿资金池覆盖面和受益面，力争科技风险补偿贷款突破5亿元。推进上市公司知识产权保护联盟建设，强化知识产权创造、保护和运用，力争万人有效发明专利拥有量超20件。

三、坚持以改革开放为突破激发内生发展活力

深化各项综合改革。稳步推进全面深化改革各项工作，加快构建系统完备、科学规范、运行有效的制度体系。深化行政管理体制改革，承接好部分设区市经济社会管理权限，适时整合相同相近、交叉重叠的部门职能。深化经济发达镇改革试点，完善镇街、园区运行体制机制。推进"互联网+政务服务"，深化"不见面"审批改革，继续推动行政许可权向市行政审批局、开发区行政审批局和镇街政务服务中心集中，持续提升审批服务"2440"改革成效。深化"智慧城市"综合管理服务平台和治理"一张网"建设，加强市镇村三级网格化管理。健全综合执法体制机制，加强执法队伍建设，切实提高执法效能。全面加强事中事后监管，推进监管制度体系建设。推进财政体制改革，全面实施财政资金分配、使用和评价绩效管理。继续优化国资布局，构建国有资本投资运营平台，确保国有资产保值增值。实施工业企业资源利用绩效评价机制，推动资源要素向优质企业倾斜。深化电子口岸管理体制改革，打造江阴智慧口岸综合管理平台。实施外贸综合生态环境改革，扶持发展跨境电商、服务贸易等外贸新型业态。深化徐霞客镇镇级集成改革,加快周庄镇国家新型城镇化试点镇建设。探索实施区域重点水污染物排放总量减量替代,全面落实与污染物排放总量挂钩财政政策,着力推进排污证许可改革和区域环评改革。完善社会救助部门联动机制,打造精准有力的社会救助体系。加快养老机构公建民营改革,促进医养融合发展。深化紧密型医联体试点,推进医疗服务价格和医保支付方式改革。进一步完善农村产权交易市场体系,基本完成村级集体经济股份制改革。健全社会诚信评价体系,进一步完善信用承诺、失信惩戒制度。深化供给侧结构性改革,综合运用法治、金融、价格杠杆等多种手段,扎实做好"三去一降一补"*各项工作,着力提升供给体系质量。鼓励和引导优势企业参与推动"僵尸企业"处置,不断优化资源配置、提升发展质量。进一步清理规范行政事业性收费,降低生产要素成本,减轻企业负担。

提升对外开放水平。主动融入国家对外开放和区域发展战略,全面对接锡澄一体化、扬子江城市群建设,积极抢抓长江经济带建设、长三角一体化发展重大机遇,充分利用国际国内两个市场、两种资源,拓宽发展新空间。着力优化外贸稳增长政策措施,重点扶持纺织、化纤、光伏、造船等重点出口行业和企业,积极开拓"一带一路"等新兴市场。大力培育外贸新业态新模式,力争年内培育省级跨境电商产业示范园和外贸综合服务平台各1个、公共海外仓试点企业1~2个,积极创建全国出口商品质量安全示范城市。鼓励企业通过跨国并购、联合投资等方式"走出去",完成中方协议投资额7.2亿美元。加快江阴电子口岸二期项目推广应用,确保江阴综合保税区封关运作。

增强园区发展能级。加快资源承接、产业集聚、机制创新和功能提升,着力增加开放园区贡献份额。充分发挥高新区产业、科技、政策等优势,深入推进苏南国家自主创新示范区核心区建设,加快打造特钢及金属新材料、微电子集成电路、现代中药与生物医药、机械智能制造等产业集群,着力建设全市高质量发展引领区、高新产业集聚区、创新驱动示范区;发挥青阳园区产业发展拓展区的联动效应,加快推进智慧物流产业园、轨道机车零部件等产业项目,不断提升高端智能装备产业发展质效。加快释放临港开发区行政体制改革活力,以千亿级产业集群和特色园区为引领,发挥综合保税区与港口叠加优势,加快引进和建设一批龙头型、基地型项目,全力建设区域分拨配送中心、外贸商品展示交易集散中心、跨境电商中心、金融贸易创新中心,加快打造竞争力一流的国际化开放园区。完善靖江园区联动开发协调机制,大力培育船舶及配件、高精钢构等特色产业集群,加快建设千亿级临江产业集聚区。推动镇街工业集中区加强功能配套、加速产业集聚、加快转型升级,促进镇街经济高质量发展。

四、坚持以城乡一体为引领加快建设美丽宜居城市

优化城乡空间布局。加强重点区域城市设计,控制城市轮廓、视线廊道和景观节点,着力构建依山、沿河、临江等富有地域文化魅力的城市风貌和格局。加强轨道交通枢纽站、锡澄运河两侧等重点区域规划研究,优化环城森林公园总体规划。统筹设计南门风貌区、北大街历史文化街区等街区风貌、建筑形态,打造一批精品工程。优化全市域轨道交通线网专项规划,深化江阴过江通道、新澄杨路、滨江路等快速化规划研究,提升快速路网体系完整性、通畅性。整合规划地理信息数据,推广地理空间信息数据应用,推动城市智慧化发展。

加强基础设施建设。加快建设"1310工程"重点项目,推动南沿江铁路江阴段正式开工,积极争取盐泰锡常宜铁路尽早启动建设,推进轨道交通枢纽站和市域轨道规划建设前期工作,做好锡澄城际轨道S1线规划方案对接及相关前期工作。开工建设省道S229江阴段等重点道路,实施长山大道快速化改造、新华路、范钱路等路网工程,确保芙蓉大道快速化改造主线完工。加快跨锡澄运河桥梁建设,推进紫金路、皮弄路、春申路、云顾路大中修等工程建设,改造君巫路、司马街等街巷老路,打通临江路、毗陵路西延伸段等"断头路"。完成黄田港、韭菜港渡口搬迁。启动锡澄运河公园五星桥段、绮山森林公园、黄田港公园、蟠龙山公园建设,建成开放韭菜港公园、应天河公园东段。完成江阴绿道一期大桥公园步道建设。全面启动锡澄运河扩大北排工程,完成58项防汛应急工程建设。新建公交候车亭30个、公交电子站牌80个、公共自行车租用网点100个,投放公共自行车2500辆。加大腾地拆迁力度,年内完成拆迁131.8万平方米,开工新建安置房31万平方米,安置房分房21万平方米。

提高城市管理水平。巩固提升全国文明城市建设成果,持续开展小区环境、沿街门店、城郊结合部等重点区域专项整治,实现市容环境秩序管理的常态长效。推进智能化交通组织和停车管理,主城区新增停车泊位900个,实现滨江路城区段过境货车禁行,有效缓解交通拥堵和停车难等问题。推进城区城中村、老小区改造,支持既有多层住宅加装电梯,改善群众居住环境。深入推进"厕所革命",新建和改扩建公厕240个。年内铺设天然气管网130千米,新增天然气居民用户3万户。强化物业属地责任机制,提升物业管理服务水平。持续开展违法建设整治,确保"新违建零增长,老违建负增长"。

提升镇村宜居质量。大力促进乡村振兴发展,积极开展镇村布局规划修编,加强农村道路等基础设施建设,继续实施农村供水管网和一户一表改造工程,切实改善生产生活条件。不断健全城乡融合发展体制机制,加快新桥产业集聚、徐霞客生态旅游、长泾古镇保护等示范镇建设,积极培育发展璜土葡萄、月城中医、青阳观音文旅、祝塘石墨烯等特色小镇。突出补短补软,落实村庄环境长效管理机制,加快建设红豆、山泉、阳庄等一批特色田园乡村、康居村庄、美丽村庄。积极稳妥推进农村住房翻建,改造提升规划发展保留村庄。

五、坚持以绿色发展为导向持续改善生态环境

强化节能减排。坚持控增量与减存量并举,着力从源头上为生态环境减负。推动第二轮热电企业整合,加快华能江阴燃机热电联产工程项目和江阴热电煤改气项目建设,大力淘汰35蒸吨以下燃煤锅炉,完成无锡下达的减煤任务。加强用能总量管理,实施30项重点节能改造项目,全年节能7万吨标煤。加大落后产能淘汰力度,关停化工生产企业34个。大力推进土地存量盘活利用,实施低效产业用地再开发,严肃查处违法违规用地行为,不断提升节地水平和产出效益。加强水功能区管理,创建国家节水型社会建设达标县,提高水资源利用效率。

推进综合治理。围绕中央、省环保督查反馈意见,举一反三抓好问题整改，着力解决一批群众反映强烈的突出环境问题。扎实推进大气污染防治，加强工业、建筑、交通等领域PM2.5（细粒颗物）和臭氧污染综合治理，开展煤堆场扬尘污染整治，推进化工等重点行业有机废气治理，全市空气质量优良率完成无锡下达任务。加快实施“六水共建”，进一步深化“河长制”管理，重点推进国考、省考断面达标整治，实施城区黑臭水体综合整治一期工程，推进无锡下达的15条河道整治达标工作，完成全市域50%的黑臭河道整治任务，持续提高地表水Ⅲ类以上水质比例。建成中小河流治理重点县综合整治及水系连通三期工程。加强长江大保护，开展沿江工业污染防治，打造江阴长江生态安全带。建成投运绮山应急备用水源地，完成肖山水源地达标建设。持续推进畜禽养殖整治，规模养殖治理率达到80%。

加强生态保护。建成投运光大电厂三期扩能工程、秦望山工业废弃物综合利用一期项目，加快生活垃圾分类试点扩面，不断提高垃圾综合利用和规范化处置水平。新建集镇区污水主管网20千米、排水达标区20个，全面完成城镇污水处理厂提标改造。实施城区生活污水截流系统改造提升，对350个以上村庄进行生活污水治理。加强森林资源保护，新增绿化造林66.67公顷，确保建成区绿化覆盖率达到43.19%。推进土壤污染治理与修复试点，做好地质灾害防治和矿山宕口整治。扎实开展第二次全国污染源普查，调整和完善生态补偿政策，构建新型环境治理体系。严格落实环境保护“党政同责、一岗双责”，依法严厉查处和打击环境违法犯罪行为。

六、坚持以人民幸福为根本着力保障和改善民生

完善民生保障。坚持就业优先战略，推进创业就业平台建设，全年提供就业岗位5.8万个，扶持自主创业2200人。深入实施全民参保计划，新增城保参保人员3万人。居民养老保险基础养老金、被征地农民养老年龄段人员养老补助金标准分别提高到每人每月320元、820元，城乡居民基本医疗保险筹资标准提高到人均1000元。完善廉租房、公租房保障机制，加快第四期经济适用房分配。新增住房公积金缴存职工3.5万人。扎实开展“阳光扶贫”工作，稳步推广村级、职工医疗互助制度，有效保障困难群众基本生活。深化薄弱村结对帮扶，力争全市50个薄弱村村均稳定收入达脱贫标准。

提升公共服务。大力发展教育事业，推进南京理工大学江阴校区规划设计，加快江阴外国语学校、立新中学、毗陵路小学、职业技术学院等新建和改扩建工程，确保春申幼儿园、敔山湾幼儿园主体完工。推动优质教育资源均衡配置，支持和规范民办教育发展。深化“健康江阴”建设，加快市中医院、市妇幼保健院建设前期工作，完善分级诊疗制度，推进家庭医生签约服务，实施“智慧卫生”健康管理，不断提升医疗卫生服务能力。着力推动文化供需有效对接，全年开展各类文化惠民活动3000场以上。挖掘和保护本土历史文化资源，开展纪念刘氏兄弟系列活动，推进黄山炮台旧址修缮等工程建设。积极备战江苏省第十九届运动会，深入推进全民健身特色品牌活动，全民健身综合馆建成投用。加强“残疾人之家”建设，完善应急救援体系。健全多层次养老服务体系，确保每千名老人拥有养老床位43张。

创新社会治理。推动综治法治平台融合共享，落实社会稳定风险评估全覆盖机制，加强社会矛盾常态化排查，妥善解决各类社会矛盾。加快完善社会治安防控体系，加大对电信网络诈骗、非法民间金融活动等新型犯罪、经济犯罪打击力度，努力建设更高水平的平安江阴。做好“七五”普法中期检查验收，提高全社会法治素养。进一步加强农村“三资”管理，有序推进党务、村务、财务户户通试点，不断健全村级事务公开制度。强化食品药品安全管理，坚决保障人民群众饮食用药安全。严格落实安全生产责任制，强化安全隐患排查整治，加大安全生产执法力度，坚决遏制重特大安全事故。

七、坚持以人民满意为目标打造服务型政府

推进依法行政。准确把握新时代法治政府建设要求，增强依法用权、依法履职意识，把政府各项工作纳入法治化轨道。健全政府法律顾问工作制度，开展重大行政决策规范化管理试点，完善重大行政决策体系和合法性审查机制，提高依法决策、民主决策、科学决策能力。试行行政执法公示、执法全过程记录和重大执法决定法制审核等制度，严格规范执法行为。畅通民意诉求渠道，加强行政复议应诉能力建设，提高政府信息和政务公开水平，保障群众的知情权、参与权、监督权。依法接受市人大及其常委会的法律监督、工作监督，积极支持市政协履行政治协商、民主监督和参政议政职能，认真办理人大代表建议和政协委员提案，着力提高政府工作水平。

坚持从严治政。把提高执行力、落实力作为政府工作的重中之重，坚持说实话、谋实事、出实招、求实效，以“钉钉子”“马上办”“办到底”的工作作风，打造干事创业、争先创优的良好形象。大力整治“不作为”“慢作为”“乱作为”等现象，提高政府行政效能。严格落实政府性债务限额管理制度，优化债务结构，努力将负债率控制在合理水平。加强财政预决算执行刚性约束，全面实施绩效管理，压减一般性支出，切实把有限的财政资金更多用于保民生、补短板、增后劲上。建立健全鼓励激励、容错纠错、能上能下机制，让敢于担当、奋发作为成为江阴干部的鲜明特质。

强化廉洁从政。认真落实全面从严治党主体责任，切实履行“一岗双责”，做到把党风廉政建设与经济社会发展工作同部署、同落实、同检查、同考核。认真贯彻落实中央八项规定和实施细则精神，严格执行省、市委具体办法，坚决防止“四风”问题反弹回潮。加大对重点部门、重点岗位、重点项目的行政监察和审计监督，始终保持惩治腐败的高压态势。坚持靠前服务，坚守原则底线，积极构建“亲”“清”新型政商关系。认真听取群众意见，积极回应群众诉求、社会关切、舆论关注，坚决纠正损害群众利益的行为。坚持用制度管权、管事、管人，强化政府内部权力制约，努力营造风清、气正、劲足的干事氛围。

各位代表，新时代呼唤新作为，新使命引领新未来。让我们更加紧密地团结在以习近平同志为核心的党中央周围，以习近平新时代中国特色社会主义思想为指导，在中共江阴市委的坚强领导下，坚定信心、埋头实干、锐意进取，为决胜高水平全面建成小康社会、加快建设“强富美高”新江阴、奋力开辟新时代高质量发展新境界而不懈奋斗！

■类目编辑　陈学超

大事记

1月

1日 江阴市居民养老保险基础养老金标准由原先的月人均280元提高至310元;被征地农民养老年龄段人员养老补助金标准由月人均670元提高至760元。

7日 由新华网主办的首届中国县域经济发展论坛在北京举行,会上发布中国县域科学发展竞争力指数,江阴市入选竞争力五星县榜单。

7—10日 政协江阴市第十五届委员会第一次会议召开,353名政协委员出席会议,选举徐冬青为政协江阴市第十五届委员会主席,韩民、张英毅、喻伟力、陈兴初、张晓东为副主席,黄林法为秘书长,选举产生王凯等66名常务委员。

8—11日 江阴市第十七届人民代表大会第一次会议召开,388名人大代表出席会议,大会听取审议市长蔡叶明关于政府工作的报告,通过无记名投票方式,选举孙小虎为江阴市第十七届人大常委会主任,选举唐仲贤、龚振东、朱敏、黄耀清为副主任;选举产生36名市人大常委会委员;选举蔡叶明为江阴市市长,费平、虞卫才、赵强、郁秋皓、张国兴、张韶峰、许晨为副市长;选举王立新为市人民法院院长、胡洪平为市人民检察院检察长。

26日 工信部公布第一批制造业单项冠军示范企业名单,江苏法尔胜泓昇集团有限公司入选。

是月 工信部公布2016年全国120个重点跟踪培育服装家纺自主品牌企业名单,江阴市海澜之家股份有限公司、江苏云蝠服饰股份有限公司、江苏阳光集团有限公司3个企业入选。

△ 由江苏百通塑业发展有限公司注册的“百伦”和“SWOTO”2件商标被认定为中国驰名商标。

△ 由江阴国家高新技术产业开发区申报的国家集成电路封测高新技术产业化基地通过科技部认定。

△ 江苏省卫计委会发布《省卫生计生委关于确认2016年三级医院复核评价和评审结果的通知》,江阴市人民医院被确认为三级甲等综合医院,成为江苏省首批由三级乙等综合医院晋级为三级甲等综合医院的县(市)级医院。

△ 江阴市业余体校被江苏省体育局命名为2016—2017年度省级高水平体育后备人才足球训练基地。

2月

1日 团中央学校部、全国学联秘书处、中国青年报社联合公布2016年度全国“最美中学生”“最美中职生”寻访活动结果,江阴市敔山湾实验学校的李奕纯和江苏省南菁高级中学的杨家骝入选。

△ 江苏省经信委公布2016年省“两化融合”网络信息安全示范、试点企业名单,江阴市兴澄特种钢铁有限公司被认定为2016年江苏省“两化融合”网络信息安全示范企业,远景能源(江苏)有限公司、江阴中达软塑新材料有限公司、江阴利港发电股份有限公司3个企业被认定为2016年江苏省“两化融合”网络信息安全试点企业。

27日 江苏省政府公布2016年度江苏省科学技术奖名单,江苏长电科技股份有限公司的“重布线/嵌入式圆片级封装技术及高密度凸点技术研发及产业化”和江苏广信感光新材料股份有限公司的“高分辨率电子电路光刻胶制备关键技术与应用”获省科学技术奖二等奖;江阴长仪集团有限公司的“基于无线专网全寿命周期的智能配用电测控保护计量集成系统关键技术与应用”、江阴新仁科技有限公司的“太阳集能少反射铝箔”、江阴南工锻造有限公司的“用于风力发电领域关键性高强度、耐腐蚀发电机主轴大型模锻成型技术研发及运用”获省科学技术奖三等奖。

是月 江苏省旅游局、工商局、质监局、物价局、放心消费创建活动办公室、社会信用体系建设领导小组办公室联合公布2016年度江苏省诚信旅游示范单位评选结果,江阴市华西旅行社入选。

△ 江苏省经信委公布全省依法管理诚信经营先进企业和履行社会责任优秀企业家名单,江苏法尔胜泓昇集团有限公司、江苏阳光集团有限公司2个企业获评省依法管理诚信经营先进企业,江苏华西集团有限公司董事长吴协恩获评省履

行社会责任优秀企业家。

△ 中国与全球化智库、中国留学人员回国服务联盟联合发布2016年度中国留学人员创新创业50人榜单,远景能源科技有限公司首席执行官张雷入选。

3月

7—8日 《求是》杂志社调研组到江阴调研经济社会发展情况,了解江阴市在产业转型升级、人力资源培育体系建设等方面的现状与面临的挑战。

14日 国家质检总局公布第四批国家级出口工业产品质量安全示范名单,江阴出口高性能特钢及制品质量安全示范区入选。

16日 江阴市市长蔡叶明在市机关大楼会见南非驻上海领事馆总领事陶博闻一行,双方就进一步加强友好往来,促进合作共赢进行友好交流。

29日 德国门兴格拉德巴赫市市长汉斯·威廉·莱内斯一行到江阴进行访问,江阴市市长蔡叶明在市机关大楼会见莱内斯一行,双方就经贸、文化等领域进行友好交流。

是月 江苏省文化厅公布江苏省戏剧文学剧本评选结果,由江阴市作者胡永忠创作的大型锡剧《徐霞客》获二等奖。

△ 中国物流与采购联合会公布第23批A级物流企业名单,江阴兴澄储运有限公司被确认为AAAA物流企业,江阴中远物流有限公司被确认为AAA级物流企业,中国江阴外轮代理有限公司被确认为AA级物流企业。

△ 江苏省质监局公布2016年度省级诚信计量示范单位名单,江苏天水雅居薇庭花园餐饮有限公司、江阴市青阳医院等10个单位入选。

△ 共青团中央、农业部联合公布第十届全国农村青年致富带头人评选结果,江阴市璜土镇青年许文波入选。

△ 中国侨联公布第六届中国侨界贡献奖名单,无锡佰翱得生物科学有限公司、江阴贝瑞森生化技术有限公司分获创新企业奖、创新人才奖。

△ 中国社会科学院法治研究所出版的《中国法治发展报告(法治蓝皮书2017)》,江阴市法治工作《现代治理背景下经济发达乡镇的综合执法:以徐霞客镇为样本》一文入选该书。

△ 江苏省科技厅通报江苏农村科技服务超市2016年度考评结果,江阴市申港三鲜养殖有限公司承担建设的江苏省农村科技服务超市"江阴淡水水产产业分店",璜土镇葡萄专业合作联社承担建设的江苏省农村科技服务超市"璜土经济林果产业便利店"被评为2016年度省优秀农村科技服务超市。

△ 江苏省依法治省领导小组办公室公布省第二批法治优秀实践案例评选结果,江阴检察院申报的《江阴市检察院积极构建未成年人检察社会支持体系》获优秀案例提名奖。

△ 江苏省物价局公布2015—2016年度江苏省价格诚信单位评选结果,中国移动通信集团江苏有限公司江阴分公司、江阴市澄安服务中心有限公司、江阴市南华汽车维修有限公司等10个单位入选。

4月

5日 瑞典阿法拉伐集团执行副总裁米克尔到江阴,就投资拓展项目进行考察。

△ 江苏省经信委、省财政厅发布2017年第一批江苏省示范智能车间名单,江阴市南泰家纺家用纺织品智能缝制车间、科利达电子新型电子元器件智能生产车间、庆昌科技汽车底盘智能组装车间等7个车间入选。

8—9日 由国家体育总局游泳运动管理中心、中国游泳协会主办,江阴市体育局承办的"四方杯"2017年全国游泳俱乐部锦标赛在江阴体育中心游泳馆举行,来自全国各地56个游泳俱乐部的1400余名游泳运动员参加比赛,江阴四方游泳队以2158分的成绩夺得团队第二名。

10日 江阴江化微电子材料股份有限公司股票"江化微"在上海证券交易所上市。

20日 由中国科学院主办,江阴市政府和国家纳米科学中心承办的第十三届海峡两岸纳米科学与技术研讨会在江阴市举行,近百名专家学者参会。

26日 中国作家协会会员王荣方散文集《满江红》首发式暨研讨会在江阴召开,江苏省作协主席范小青,全国著名学者、散文研究专家范培松,中国报告文学学会副会长、省当代文学研究会副会长丁晓原,市作家协会成员参加研讨会。

28—30日 由河南省武术运动管理中心、河南省武术协会、中共温县县委、县政府主办的2017年首届中国陈家沟太极拳家乡赛在河南开赛,来自北京、四川、河南、上海、福建、山东、江苏等全国17个省市132支代表队2000名太极拳运动员参加,江阴虎啸太极队夺得一金二银四铜。

是月 网易、新浪、腾讯、搜狐、环球、中评等各大网站媒体,纷纷转载香港《超讯》杂志的报道《江阴后苏南模式:守住实体经济,立足本土转型、升级、国际化》,聚焦江阴"后苏南模式"。

△ 新华社《瞭望》新闻周刊以《"中国制造业第一县"的实体定力》为标题,聚焦以制造业为根基的江阴实体经济,全面报道江阴市在供给侧结构性改革大背景下经济转型新经验、新做法。

5月

4月29日—5月1日 由中国音乐家协会管乐学会主办的中国第十一届"中华杯"管乐展演比赛在上海举行,来自全国各地的180余支交响管乐团队同台比拼竞技,江阴市中特集团兴澄特钢管乐团夺得社会组亚军。

5日 江阴市恒润重工股份有限公司股票"恒润股份"在上海证券交易所上市。

△ 由江苏省跆拳道协会、江阴市体育局主办,江阴市跆拳道协会承办的"澄江开泰"2017年江苏省大众跆拳道精英赛在江阴市体育

馆举行,来自全省的23支队伍参加比赛,江阴正道馆的选手夺得团体总分第一。

11日 纪念徐霞客诞辰430周年暨纪录片《徐霞客》开播座谈会在北京举行,来自中国科学院、中国工程院、中国徐霞客研究会、中国地质科学院、天洋地产集团等部门和单位的专家学者、相关负责人,《人民日报》、新华社、人民网、央视网、《光明日报》等媒体代表,以及纪录片《徐霞客》主创人员等人参加。

12—14日 由中国马术协会主办,江苏海澜国际马术俱乐部有限公司承办,江苏省体育局、无锡市体育局、江阴市体育局协办的"海澜之家杯"2017全国马术三项赛锦标赛暨第十三届全国运动会马术三项赛预选赛(第一站)在江阴市海澜国际马术俱乐部举行,来自广东队、四川队、西藏队、山西队、上海队、江苏队、内蒙古队7支队伍35名骑手参赛,西藏队在三项赛团体赛中夺得冠军,广东队与江苏队分获亚军与季军;在三项赛个人赛中,广东队梁锐基获得冠军,西藏队边巴仁次与江苏队包英凤分获亚、季军。

15日 中央电视台财经频道《财经评论》栏目,在《"一带一路":共建繁荣之路》的报道中,播出江阴市华西村参与"一带一路"建设的新思路、新理念与新成效。

18日 江阴市举行徐霞客诞辰430周年纪念大会暨第十二届徐霞客国际旅游节开幕式。

△ 全国公安系统英雄模范立功集体表彰大会在北京人民大会堂举行,江阴市公安局被评为全国优秀公安局。

22日 江苏省公安系统英雄模范表彰活动在南京举行,江阴市公安局城中派出所被评为全省优秀公安基层单位,民警徐澄、朱敏华等被评为全省优秀人民警察。

24—27日 由公安部警用航空管理办公室主办的全国警用无人驾驶航空器战法演练在南京举行,江阴市公安局自主研制的"无线网络空中探针"创新项目在比赛中夺得创新科目一等奖。

24—28日 由中国足球协会主办,江苏省足球协会、江阴市体育局承办,江阴暨阳体育产业发展有限公司协办的2017年中国足协"雪豹日化杯"江阴国际青年足球锦标赛在江阴体育中心举行,中国、朝鲜、马其顿、吉尔吉斯斯坦的4支男足U—16国家男子足球队参赛,中国U—16国少队夺得亚军。

28—30日 由中国国际象棋协会、蚌埠市体育局主办,蚌埠市第六中学、蚌埠市金宏棋类桥牌俱乐部协办,蚌埠棋院承办的2017年全国国际象棋棋协大师赛在蚌埠市举行,江阴新桥中心小学国际象棋队队员黄玺琳以9轮积6分的优异成绩获女子一级棋士组个人第三名,晋升中国国际象棋协会候补棋协大师。

是月 江苏省发改委公布首批25个省级特色小镇创建名单,江阴市新桥时裳小镇入选。

△ 国家公路网规划调整,原江阴境内的308省道调整为346国道,这也是江阴境内首条国道。

△ 江苏省爱卫会公布2016年江苏省健康镇评选结果,江阴市璜土镇入选。

△ 江苏省人社厅发布首批"江苏省外国专家工作室"名单评选结果,远景能源(江苏)有限公司、江阴市本特塞缪森生命科学研究院有限公司、江苏长电科技股份有限公司、江阴兴澄特种钢铁有限公司、江南模塑科技股份有限公司5个企业入选。

△ 江苏省委宣传部、省依法治省领导小组办公室、省司法厅等单位公布"省级法治文化建设示范点"创建活动评选结果,江阴市青少年法治教育实践基地获省"第四批省级法治文化建设示范点"称号。

△ 江苏省人社厅公布2017年全省高技能人才重点建设项目评审结果,江阴兴澄特种钢铁有限公司的许君锋技能大师工作室和中船澄西高级技工学校的吴海军技能大师工作室获"江苏省技能大师工作室"称号。

6月

1日 国务院总理李克强访问德国期间,中德经济顾问委员会第四次会议暨CEO圆桌会在德国柏林举行,江阴企业家——江南模塑科技股份有限公司董事长兼总经理曹克波受邀参加会议并作发言。

8日 全国人大华侨委员会一行到江阴市调研,先后走访华士社区、海澜集团有限公司、绿园社区和江苏阳光集团有限公司,调研组充分肯定江阴经济社会发展取得的成绩,同时对江阴侨务工作在引资引智、社区侨务、海外联谊等方面的新经验、新方法给予高度评价。

19日 江阴市市长蔡叶明在市

2017年5月,中国足协"雪豹日化杯"江阴国际青年足球锦标赛在江阴体育中心举行 (市体育局提供)

机关大楼会见瑞典两院院士、皇家工程院副院长玛丽亚，双方就玛丽亚的吸附材料项目落地江阴产业化事宜进行友好交流。

22日 由工信部电子信息司、江苏省经信委指导，中国半导体行业协会主办，中国半导体行业协会封装分会、江阴高新技术产业开发区、江苏长电科技股份有限公司联合承办的2017年度第十五届中国半导体封装测试技术与市场年会在江阴市召开，全球各地近400个单位的900余名业界代表出席。

21—23日 新华社《瞭望》东方周刊、中国经济信息社、中国新闻社、澎湃新闻、江苏人民广播电台、中国江苏网和《新华日报》《扬子晚报》《现代快报》等多个中央、省级主流媒体记者齐聚江阴市，聚焦江阴城市软实力，对江阴市文明城市创建经验和做法展开集中采访报道。

28日 江阴市第十七届人大常委会第三次会议通过，徐成任江阴市政府副市长(挂职)，吴虹娟任江阴市政府副市长(挂职)。

是月 2016年度中国县市区域报纸优秀作品评选结果揭晓，江阴日报社有18篇作品获奖，其中由单旭采写的消息《每年1.1亿元，华西产业扶贫精准发力》等6篇作品获一等奖；周龙采写的消息《南闸农民种田用上了“无人机”》等6篇作品获二等奖。

△ 江苏省省级机关工作委员会和省全民阅读活动领导小组办公室联合发出通报，命名表彰省“书香机关”建设示范点，江阴市检察院获表彰并成为江阴市首个省级“书香机关”建设示范点。

△ 2016年度江苏省县市报新闻奖评选结果公布，江阴日报社9篇作品获奖，其中由朱贻军采写的消息《江阴“智造”闪耀中国国际工博会、碳谷科技推出全球首款专业治水石墨烯光催化网》获一等奖，何洁琼采写的消息《56岁江阴阿姨成为2016里约奥运会志愿者》，夏新炯采写的通讯《唐吉科德追梦魔幻童话》，张东平撰写的言论《生死围观1:9》获二等奖。

△ 江苏省经信委公布2016年度江苏省营业收入超百亿元工业企业(集团)名单，海澜集团有限公司、江阴澄星实业集团有限公司、江苏华西集团公司、江阴兴澄特种钢铁有限公司、江苏阳光集团有限公司、江苏三房巷集团有限公司、江苏法尔胜泓昇集团有限公司、江苏扬子江船业集团有限公司、江苏新长江实业集团有限公司、江苏新华发集团有限公司、江苏双良集团有限公司、江苏华宏实业集团有限公司、江苏利电能源集团、中石油江苏燃料沥青有限责任公司14个公司入选。

△ 江阴市文广新局创作室夏坚勇的长篇散文《庆历四年秋》通过专家论证和中国作家协会书记处审核，入选2017年中国作家协会重点作品扶持选题。

7月

3日 省经信委、省工商联通报按营业收入指标排定的2016年江苏省百强民营企业名单，江阴有10个民营企业入围，数量占全省十分之一，其中8个位列前50名。入围企业分别是海澜集团有限公司、江阴澄星实业集团有限公司、江苏阳光集团有限公司、江苏三房巷集团有限公司、江苏法尔胜泓昇集团有限公司、江苏扬子江船业集团公司、江苏新长江实业集团有限公司、江苏新华发集团有限公司、江苏双良集团有限公司和江苏华宏实业集团有限公司。

8日 以“走进江阴、合作共赢，打造战略性新兴产业高地”为主题，由中国企业联合会、中国企业家协会指导，《中国企业报》集团、中国企业十大新闻评选委员会和江阴市政府共同主办的第十四届中国企业发展论坛(江阴峰会)暨2017央企战略性新兴产业研讨会在江阴市举行。全国政协常委、全国政协经济委员会副主任、工业和信息化部原部长李毅中出席并作主旨演讲。无锡市委常委、江阴市委书记陈金虎致辞。江阴市市长蔡叶明主持活动。市领导计军、陈兴华、赵强、张韶峰、赵巧新出席会议。来自全国近百个央企、国企、民企的100余位代表出席论坛，7项项目进行现场签约。

12日 长江村“好人公园”开园暨李良宝教育基金成立仪式举行。

13日 省委办公厅、省政府办公厅联合下发《江阴市县级集成改革试点总体方案》，标志江阴正式成为全省唯一的县级集成改革试点县市。

13—14日 全省工商和市场监管工作座谈会在江阴市举行。省工商局党组书记、局长王元慧，无锡市委常委、江阴市委书记陈金虎出席会议。

15日 海澜之家马来西亚首店在吉隆坡商业中心MyTOWN开业，这也标志着海澜之家的全球化新征程全面开启。

27日 中共江阴市委召开十三届三次全体(扩大)会议。无锡市委常委、江阴市委书记陈金虎代表市委常委会作题为《高扬改革发展旗帜，咬定富民惠民目标，以优异成绩迎接中共十九大胜利召开》的工作报告。会议审议通过《中国共产党江阴市第十三届委员会第三次全体会议决议》。

31日 江阴市召开江阴首只股票上市20年座谈会。

是月 2016年度江苏省国土资源节约集约利用综合评价结果“出炉”，江阴市荣获“江苏省国土资源节约集约利用模范市”荣誉称号。这是江阴市自2014年江苏省开展节约集约利用综合评价考核以来，连续三年获此荣誉。

△ 江苏省新联办(新技术新产品推广应用工作联席会议办公室)下发省重点推广应用的新技术新产品目录(第十三批)及公告目录内有效新技术新产品名单，江阴市有江苏中宏环保科技有限公司的环保型智能化废橡胶再生成套设备、江阴市天邦涂料股份有限公司的晶硅电池正面银浆、江阴华新钢缆有限公司的桥梁用热镀锌铝合金钢丝和桥梁用热镀锌铝合金钢丝、江阴市宏泽氯碱设备制造有限公司的JHM-I型膜极距离子膜电解槽、江苏旌凯中科超导高技术有限公司的JF—4—600非金属矿用超导磁选机

6种新技术新产品入围。

△ 省消协公布荣获2015—2016年度省级“诚信单位”的企业名单,江苏江南水务股份有限公司、国网江苏省电力公司江阴市供电公司、中国移动通信集团江苏有限公司江阴分公司、中国电信集团公司江阴分公司、上海浦东发展银行股份有限公司江阴支行、江阴天力燃气有限公司、江阴市东星石材工艺厂获此殊荣。

△ 江苏省食品安全委员会完成对首批省级食品安全示范县(市、区)创建考核评价工作,江阴市成功获得“江苏省食品安全示范市”授牌,为全省16个授牌县(市、区)之一。

△ 省商务厅发布的2017—2019年度江苏省重点培育和发展的国际知名品牌的名单中,江阴市有31种出口品牌位列其中,占全省的8.6%,占无锡市的39%,获品牌数继续列全省县级市第一。其中7个出口品牌企业获批2017—2019年度江苏省重点培育和发展的国际知名品牌领军企业,占全省的18%,占无锡市的78%,同样位列全省县级市第一。

△ 司法部下发《关于表彰全国模范人民调解委员会模范人民调解员的决定》,江阴市交通事故人民调解委员会调解员刘强获“全国模范人民调解员”荣誉称号。

△ 江阴市上调最低工资标准,由原来的每月1770元调至为1890元。

8月

10日 2017年度中国分布式能源优秀奖项颁奖典礼在北京举行。双良集团有限公司凭着武汉国际博览中心分布式能源站的项目,获得年度优秀项目特等奖,这也是双良集团有限公司继2014年中石油数据中心、2015年上海迪士尼乐园能源站、2016年中国国家会展中心能源站之后第四次获此殊荣。

17日 省委书记李强到江阴市就集成改革试点进行调研。

24日 2017年中国民营企业500强榜单正式发布,海澜集团有限公司、江阴澄星实业集团有限公司、江苏三房巷集团有限公司、江苏阳光集团有限公司、江苏新长江实业集团有限公司、法尔胜泓昇集团有限公司、双良集团有限公司、江苏扬子江船业集团公司、江苏新华发集团有限公司、江苏新潮科技集团有限公司、江苏华宏实业集团有限公司和江苏爱康实业集团有限公司12个江阴企业成功入围,其中海澜集团有限公司、江阴澄星实业集团有限公司、江苏三房巷集团有限公司进入前100强行列。

28—29日 江阴市举行“智汇江阴”2017海外高层次人才创新创业对接洽谈会系列活动。

29—30日 江阴碳谷科技有限公司石墨烯新品参加第七届中国国际纳米科学技术会议。

是月 中国象棋协会授予江阴市“全国象棋之乡”称号。

△ 江阴市小选手王剑获“言子杯”第15届全国少年儿童故事大王选拔展示活动少儿组最高奖项“全国级最佳故事大王”称号。

9月

2日 江阴市与陕西省延川县结对开展协作帮扶,双方在产业园区建设、能源合作、文化旅游、农业、干部人才培训交流等领域谋划推进合作项目。

3—4日 双良集团股份有限公司受邀参加在福建厦门举行的2017年金砖国家工商论坛。

5日 第九批无锡江阴市对口支援霍城县重点项目在霍城县集中开工。

7日 股票“电工合金”在深圳证券交易所创业板成功上市,成为“江阴板块”第45位成员。

10日 在江西省南昌市举行的2017中国500强企业高峰论坛上,中国企业联合会、中国企业家协会发布“中国企业500强”“中国制造业企业500强”和“中国服务业企业500强”最新榜单。江阴市有海澜集团有限公司、江阴澄星实业集团有限公司、江苏三房巷集团有限公司、江苏华西集团有限公司、江苏阳光集团有限公司、江苏新长江实业集团有限公司、法尔胜泓昇集团有限公司、江苏华宏实业集团有限公司、双良集团有限公司9个企业入围“中国企业500强”。其中,海澜集团以933亿元的营业收入,位列“中国企业500强”第166位,排名较2016年上升36位,创历史最好成绩;16个企业跻身“中国制造业企业500强”,除入围“中国企业500强”的9个,还包括江苏扬子江船业集团有限公司、江苏新华发集团有限公司、江苏新潮科技集团有限公司、江苏西城三联控股集团有限公司、江苏海达科技集团有限公司、江苏倪家巷集团有限公司、江阴模塑集团有限公司。其中,海澜集团位列第69位,排名较2016年上升26位,稳居无锡地区入围企业之首;4个企业位列“中国服务业企业500强”,分别是江苏大经集团有限公司、江阴长三角钢铁集团有限公司、江阴市金桥化工有限公司、江苏江阴农村商业银行股份有限公司。

13日 首届江顺铝挤压新技术(国际)研讨会在江阴市周庄镇举行,围绕铝挤压工艺发展、技术创新等方面进行交流研讨,探索行业转型升级发展的新方向。中国有色金属工业协会副会长、中国有色金属加工工业协会理事长文献军,无锡市委常委、江阴市委书记陈金虎,江阴市副市长赵强出席研讨会。

14日 中国船舶燃料技术研发基地落户靖江园区。

17日 中国质量发展圆桌会议——江阴峰会在江阴市举行。国家质量监督检验检疫总局副局长陈钢,原国务院参事、中国标准化专家委员会副主任张纲,无锡市市长汪泉,国家质量监督检验检疫总局质量管理司司长黄国梁,江苏省质量技术监督局局长刘大旺,江苏出入境检验检疫局党组副书记、副局长陈建东,市领导陈金虎、蔡叶明、计军、陈兴华、程政、赵强、赵亮亮、赵巧新等出席峰会开幕式。

18日 “美德之光”——第六届江苏省道德模范颁奖仪式在南京举行,江阴市华西新市村党委书记吴协恩当选“江苏省敬业奉献道德模范”。

19日 2017中国(江阴)互联网电子商务助力实体经济新发展论坛暨江阴市第四届电子商务大会在江阴市举行。商务部中国国际电子商务中心副主任傅诚,市领导陈金虎、张韶峰、吴虹娟出席大会。

20日 由临港经济开发区、江苏利电能源集团和凤凰传媒股份有限公司三方合作开发建设的凤凰大数据中心产业园举行签约仪式。该项目将突出成本优势明显、能源综合利用、绿色节能环保等特点,着力打造全国一流的超大型数据中心运营示范基地。凤凰出版传媒集团副总经理、凤凰传媒股份有限公司总经理孙真福,市领导陈金虎、计军出席签约仪式。

22日 江阴市委、市政府在江阴撤县建市30周年之际,召开江阴发展大会暨2017经贸洽谈会。来自海内外的700余位在教育界、科技界、文化界、政商界等领域的江阴籍和在江阴学习、工作过的知名人士,以及为江阴经济社会发展作出突出贡献的友人和客商应邀出席大会。市四套班子领导和曾在江阴市担任过主要领导等人出席大会。会上,揭牌成立江阴发展咨询委员会。举行信邦智能装备产业园、生物科技及医美康养基地产业园、大明二期综合项目、乾龙电商物流信息产业园等22项投资额超10亿元的重点重大项目签约仪式,项目涉及汽车零部件、新能源、环保、生物医药、电商物流等领域,项目投资总额631.4亿元。

23日 见证全市发展轨迹的江阴撤县建市30周年成就展在市展览馆展出。

25日 首届中国服务型制造大会在广州召开,工信部在会上正式公布国家首批服务型制造示范企业(项目、平台)名单。双良集团有限公司旗下双良节能以“全生命周期管理”示范模式荣登榜单,成为全国30个获企业大奖的单位之一,也是江苏唯一一个全国示范企业。

26日 新华社、人民网、中央电视台和《人民日报》《光明日报》《农民日报》《新华日报》等数十个中央及省市媒体的记者,围绕党的建设、转型经验和未来发展等重点,集中采访华西新经验。

是月 在“感动江苏教育人物——2017最美职教教师”表彰仪式上,江阴市南华中专教师吴长海荣获江苏最美教师提名奖。

△ 新桥镇、长泾镇分别被中国纺织工业联合会授予“中国纺织服装名镇”和“中国粗纺呢绒名镇”称号。

△ 璜土镇璜土村获评全国环境整治示范村,成为全国首批三大类295个示范村之一,全省有13个村入围,无锡市仅2个。

10月

9日 市行政审批局、城市综合管理局、综合行政执法局,新政务服务中心、综合管理服务指挥中心举行揭牌仪式。“三局两中心”的投运将为江阴市推进行政审批“五个一”制度集成、升级“互联网+政务服务”、完善创新行政执法体制机制夯实基础。无锡市委常委、江阴市委书记陈金虎,省编办副主任张学才,市领导蔡叶明、孙小虎、徐冬青、崔荣国、袁秋中、计军、吴芳、陈兴华、费平、余银龙、程政等出席揭牌仪式并参观“三局两中心”。当天还举行市社会救助中心揭牌投运仪式。

11日 报告文学集《最美江苏人》在华西新市村举行首发式。省委常委、宣传部部长王燕文,省委宣传部副部长徐宁,省委宣传部副部长、省文明办主任杨志纯,省作协党组书记韩松林,凤凰出版传媒集团总经理周斌,无锡市委常委、江阴市委书记陈金虎,无锡市委常委、宣传部部长袁飞出席仪式并向学校、图书馆、华西村民代表赠书。道德模范、时代楷模代表华西新市村党委书记吴协恩,作家代表、省作协主席范小青,文学评论家代表丁晓原等在首发式上进行发言。江阴市委常委、宣传部部长程政参加活动。

13日 召开中国少年先锋队江阴市第二次代表大会。

19日 江阴市大学生创业园被省人社厅认定为“江苏省大学生创业示范园”。江阴三牛众创空间、江苏众网创业孵化基地同时被认定为“江苏省创业孵化示范基地”。

28日 由中译出版社有限公司、英国欧若拉出版社、华西新市村联合主办的《中国农民伟人吴仁宝》英文版全球首发式在华西新市村举行。

31日 江阴市举行深化临港经济开发区行政管理体制改革大会。无锡市委常委、江阴市委书记陈金虎出席会议并讲话。市长蔡叶明宣读有关部分街道行政区划调整的文件并就深化改革方案作简要说明。市委副书记、组织部部长崔荣国宣读干部任免名单。市委副书记袁秋中主持会议。市领导孙小虎、徐冬青、计军、张韶峰出席会议。

是月 江阴市总工会被评为全国推动厂务公开民主管理工作先进单位。

△ 江阴市出台《关于调整一至四级残疾军人护理费标准的通知》《关于调整部分优抚对象抚恤补助优待标准的通知》和《关于调整江阴市特困人员供养标准的通知》,江阴市残疾军人、优抚对象、特困人员三类群体的民生标准得到提高。城镇特困人员供养标准统一调整为每人每月1340元,农村特困人员供养标准统一调整为每人每月1150元。对于残疾军人,因战、因公致一级和二级残疾的每人每月由原来的3038元调整为3151元;因战、因公致三级和四级残疾的每人每月由原来的2431元调整为2521元;因病致一级至四级残疾的每人每月由原来的1823元调整为1891元。部分优抚对象抚恤补助及优待标准也进行调高。

△ 江阴市政府摘得品牌江苏建设“金凤奖”,海澜之家服饰有限公司荣获品牌江苏建设“金帆奖”。至2017年6月,江阴市注册商标突破3万件,中国驰名商标53件,江苏省著名商标160件,无锡知名商标306件,驰名商标数量位居全省第二位,企业国内国际竞争力和影响力不断提升。

△ 2017年江苏省“最美家庭”揭晓,江阴市胡士勇家庭获评江苏省“最美家庭”荣誉称号。同时,在全省20条最美家规家训评比中,江阴市

吴协恩家庭——“家财黄金数吨，饮食亦只三餐；华屋独占鳌头，休憩也只一铺”，吴产良家庭——“爱国守法，书香齐家；诚信礼让，至德传家；忠孝节义，勤俭持家；淡泊明志，立业兴家”两条家规家训获评“江苏最美家规家训”。

△ 有着“超级水上叉车”之称的世界顶级重大件半潜运输船“鱼鹰轮”，在江阴港成功装载中船澄西生产的举力浮船坞，创下全国内河水域半潜装载船坞作业规模之最。该船坞长135米、宽43米、高13.7米，自重约4300吨，承担此次装载运输任务的挪威OHT公司是世界级专业重大件运输企业，承运船舶“鱼鹰轮”全长226.27米、船宽44.5米，将把该船坞运至美国夏威夷群岛。

11月

3日 江阴市召开科技创新大会。无锡市委常委、江阴市委书记陈金虎出席会议并讲话。中科院院士陈洪渊，国际导航和运动控制院院士科尔图诺夫，中国空间技术研究院原院长、卫星工程总设计师徐福祥，以及科技部、省科技厅、无锡市科技局领导出席会议。市长蔡叶明主持会议。孙小虎、徐冬青、崔荣国、计军、吴芳、程政等市领导参加会议。

△ “新时代、新农村、新教育”全国初中校长论坛在华西实验学校开幕。该次论坛由教育部中学校长培训中心、江阴市教育局联合主办。来自全国各地的400余名初中校长代表一同观摩学生阳光体育展示、“书香一刻”、学生俱乐部等活动，体验华西实验学校“课本剧”“英语口语交际”“数学思维训练”等一系列课堂教学，并进行互动交流。

6日 江苏振江新能源装备股份有限公司股票“振江股份”正式登陆上海证券交易所，是江阴2017年上市的第4个企业、“江阴板块”第46位成员。

8日 江阴市第七届全民运动会在江阴体育中心开幕。无锡市委常委、江阴市委书记陈金虎宣布市七运会开幕，市长蔡叶明致开幕辞，市四套班子领导和部分老领导出席开幕式，和近3万名市民一起欣赏全民健身展示。

△ 江阴举行“产业+资本”融合发展高峰论坛暨江阴—毅达产业基金签约仪式。江阴市政府与江苏高科技投资集团签订战略合作协议，江阴市政府、江阴高新区、江苏高科技投资集团、毅达资本及系列基金出资人签订共同发起设立江阴系列基金框架协议。江苏高科技投资集团党委书记、董事长张伟，无锡市和江阴市领导汪泉、陈金虎、蔡叶明、陈兴华、赵强出席活动。

12日 2017年中餐国际化发展(华西)大会在华西龙希大酒店开幕，来自26个国家和地区的中餐行业组织参加该大会。

14日 《人民日报》、中国文明网、新华网等通过网站、微信公众号公布第五届全国文明城市名单。江阴市成功获评第五届全国文明城市。17日，全国精神文明建设表彰大会在京举行，江阴作为第五届全国文明城市之一，在会上受到表彰，无锡市委常委、江阴市委书记陈金虎代表江阴接受奖牌。

15日 江苏怡达化学股份有限公司股票“怡达股份”登陆深圳证券交易所，成为江阴市2017年以来上市的第5个企业。“江阴板块”成员扩容至47个。

16日 由中国船舶工业集团公司联合人社部中国就业培训技术指导中心共同举办的2017年中国技能大赛——中国船舶工业集团公司第七届职业技能竞赛(数控车工项目)，在中船澄西揭开战幕。该次大赛作为国家二类竞赛，奖励措施较以往有较大拓展，既有大赛本身的获奖荣誉，也有“全国技术能手”“中央企业技术能手”“中船集团技术能手”等荣誉“直通车”。

19日 江苏阳光集团博士后科研工作站获批江苏省第二批示范博士后科研工作站，是江阴市继2016年法尔胜泓昇集团博士后科研工作站获批后的第二个省级示范站。江苏阳光集团博士后科研工作站自2000年建站以来，累计进站9名博士后。有2名在站博士后，分别获得中国博士后科学基金项目1项、省博士后科研资助计划3项，双创博士计划1项，为公司创造较高的理论和技术创新价值。

△ 江阴市10个企业通过无锡市信用办组织的信用管理贯标企业的验收，获评2017年度无锡市信用管理贯标企业。10个企业分别是江阴市风景园林工程有限公司、江苏宝得换热设备有限公司、江阴市新昶虹电力科技股份有限公司、江

2017年11月8日，江阴市第七届全民运动会在江阴体育中心开幕

(市体育局提供)

阴华诚汽车内饰件有限公司、江阴热电有限公司、江阴龙阳纺织有限公司、江苏和美家居有限公司、无锡利邦厨具有限公司、江阴双马服饰有限公司、江阴贝瑞森生化技术有限公司。

20日 江阴首个市管领导干部学习贯彻中共十九大精神轮训班开班。

21日 江阴市首个"智慧书城"上线。"智慧书城"是颠覆新华书店传统服务阅读的一项创新举措,包含全品种图书线上线下同步查询、全品种图书在线购买、卖场图书手机扫码购买、卖场图书一体机自助购买等四大功能,成为线上线下融合的阅读购书新方式。

22日 在2017年度江苏省公共图书馆业务竞赛中,江阴市图书馆获团体一等奖。

23—24日 中央及省主流媒体到江阴,通过现场采访、座谈交流等形式,集中采访江阴市在集成改革、"亲""清"新型政商关系方面的新做法、新经验。新华社、人民网、中央电视台和《光明日报》《农民日报》《新华日报》《无锡日报》等数十个中央及省市主流媒体的记者,参观市行政审批局,周庄镇政务服务中心、综合执法局,市社会救助中心,市城市综合管理局,与相关部门负责人、现场办理业务的市民等进行深入交流,全面了解江阴市集成改革的情况。

27日 江苏省书香城市建设推进会在江阴市举行。会议总结交流书香城市建设先进经验,广泛征求书香城市建设指标体系(试行)意见,深入探索全民阅读公共服务体系建设规律,推动"书香江苏"建设迈上新台阶。省全民阅读办主任、省新闻出版广电局局长焦建俊,市领导陈金虎、程政出席会议。

是月 新长江集团成功入选"2017年中国循环经济年度最佳实践",长江村"废船拆解资源化利用"也作为全国产业"绿色发展"的典型,在"砥砺奋进的五年"大型成就展上向全国展示。

△ 江阴首个食品"同线同标同质""三同"企业出炉,江阴新申奥生物科技有限公司上线国家认监委公共服务平台,是江苏检验检疫局2017年对江阴出口备案企业开展"逐一帮扶"行动以来取得的首个成果。

12月

2日 由光明日报社、江苏省社会科学院联合主办的第三届君子文化论坛在华西龙希国际大酒店小剧院开幕。来自全国各大高等院校和研究单位的200余名专家学者出席该次论坛,并围绕"君子文化·当代实践"这一主题进行多维度的讨论研究。

6—7日 无锡市委常委、江阴市委书记陈金虎率江阴市党政代表团赴陕西省延川县学习考察,深化江阴与延川两地合作,推动两地共赢发展。延川县委书记张永祥等延川县领导,赴延川县挂职的江阴市副市长,延川县委常委、副县长张国兴及江阴市领导郁秋皓、张韶峰、陈兴初参加考察活动。

7日 江阴市举行2017年中国江阴经方国际论坛暨著名经方家曹颖甫遇难80周年纪念活动。该次论坛是2017年度国家级中医药继续教育项目,由中国农工民主党江苏省委员会"中医同行计划"工作组、南京中医药大学国际经方学院、江苏省中医药学会、江阴市中医药学会主办,江阴市中医院和江阴天江药业有限公司共同承办。来自德国、日本、澳大利亚、马来西亚等国家,以及中国台湾、香港地区的300余名专家、学者参加活动。

14日 《中国工业百强县(市)、百强区发展报告》在中国信息通信研究院2018年ICT深度观察大型报告会暨白皮书发布会上发布。江阴凭借强大的制造业实力,位列中国工业百强县(市)第一位,前十强其他城市依次是:昆山市、张家港市、常熟市、慈溪市、晋江市、太仓市、宜兴市、龙口市和宁乡市。

16日 全国县域经济与县域发展专业研究机构、社会智库中郡研究所在北京发布《2017年县域经济与县域发展监测评价报告》,第十七届全国县域经济与县域综合发展前100名和全国县域经济基本竞争力前100名县市名单揭晓。在全国县域经济与县域综合发展榜单中,江阴位列榜首。

△ 第十二届中国全面小康论坛颁奖盛典在北京举行,江阴荣膺"2017年度中国全面小康十大示范县市"第一名,蝉联"十连冠"。以"新时代与全面小康"为主题的2017年第十二届中国全面小康论坛,由中国扶贫开发协会、《小康》杂志社联合主办。

21日 江苏省戏曲进校园工作推进会在江阴市举行。省委宣传部副部长徐宁,省教育厅副厅长朱卫国,省文化厅副厅长方标军出席会议。

是月 工业和信息化部、财政部联合公布2017年新认定的70个国家技术创新示范企业名单。江苏阳光集团有限公司位列其中,成为无锡唯一一个获此殊荣的企业。

△ 江阴港口货物吞吐量首次突破2亿吨大关,达2.13亿吨,比2016年增长47.4%。

△ 江阴市滨江酿酒有限公司出品的杜圆坊黑杜酒、江阴市和丰食品厂出品的谢禾丰马蹄酥、江阴市邵氏食品有限公司出品的邵府肉品、江阴市苏之酥食品有限公司出品的江阴马蹄酥,在2017年中国(江苏)老字号博览会暨老字号创新发展高峰论坛上,被授予"江苏老字号"称号。

■类目编辑 党 辉

江阴概况

市情简介

【建置沿革】 江阴古称暨阳，位于长江三角洲，有7000年人类生息史、5000年文明史、2500年文字记载史。西晋太康二年(281年)置暨阳县，属毗陵郡，治所在今江阴市东南。南梁绍泰元年(555年)废县置郡，建治君山之麓，因地处长江之南，遂称江阴郡，下辖江阴、利城、梁丰3县，为“江阴”名称之开始。此后江阴分别为郡、国、军、路、州治，建置几经变化。元至正二十七年(1367年)，恢复县建置。1949年4月23日江阴解放后，属苏南行署常州专区。1953年，改属苏州地区。1983年3月，实行市管县体制，改属无锡市。1987年4月，经国务院批准撤县建市。

【地理位置】 江阴市位于北纬31°40′34″至31°57′36″、东经119°59′至120°34′30″。北枕长江，南近太湖，东接常熟、张家港，西连常州，地处苏锡常“金三角”几何中心，交通便捷，历来为大江南北的重要交通枢纽和江海联运、江河换装的天然良港。

【区域面积】 江阴市总面积986.97平方千米，陆地面积829.66平方千米，水域面积157.31平方千米，其中长江水面56.7平方千米。沿江深水岸线长35千米。城市建成区面积125平方千米。

【行政区划】 2017年，全市有镇10个、街道7个，村民委员会197个，社区居民委员会57个，村居合一社区46个。市政府设在澄江中路9号。

【人口】 2017年，全市常住人口165万人，户籍人口125.5万人；人口出生率9.76‰，死亡率7.23‰，自然增长率2.53‰。全市人均预期寿命81.5岁。 (史　志)

【气候】 江阴属北亚热带季风性湿润气候，四季分明，光照充足，雨量丰沛。2017年，江阴市气候总特点：气温偏高，降水偏多，日照正常。降水时空分布不均，2月、3月和11月偏少，7月和12月明显偏少，1月和10月偏多，4月和6月明显偏多，8月和9月异常偏多，其中8月降水量419毫米，是常年同期的2.8倍；9月降水量326.5毫米，是常年同期的3.9倍。全年梅雨期22天(6月19日至7月10日)，梅雨量99.6毫米；入梅出梅时间均正常，梅雨期长度与常年持平，梅雨量明显偏少。全年出现35℃以上的高温日数33天，雨日153天，雾日13天，霾日70天，雪日2天，无霜期248天，霜初终间日数112天，雪初终间日数79天。全年出现寒潮、暴雨、台风、大风、高温等灾害性天气。全年寒潮2次；大暴雨3次、暴雨4次，其中3次大暴雨过程均给全市造成较严重的灾害影响；出现台风影响过程1次。年最大风速9.6米/秒，风向西风，出现在3月1日；年极大风速20.2米/秒，风向西风，出现在3月1日。

2017年江阴市气象资料一览表

表1

项目			1月	2月	3月	4月	5月	6月	7月	8月	9月	10月	11月	12月	全年
平均气温(℃)	2017年		5.6	6.3	10.3	17.8	22.5	24.8	31.7	29.2	23.9	18.1	12.7	6.1	17.4
	1957—2016年	平均值	3.0	4.6	8.9	14.8	20.1	24.2	28.1	27.7	23.3	17.8	11.8	5.5	15.8
		最高值	6.1	9.0	12.5	17.9	23.2	27.2	32.0	31.5	25.6	21.1	15.7	7.9	17.6
		年份	2002	2007	2002	2005	2007	2005	2013	2013	1999	2006	2011	1968/1994	2007
		最低值	-0.2	0.7	5.5	12.1	17.7	22.1	25.4	24.3	20.6	15.1	7.7	0.5	14.5
		年份	1977	1964	1970	1965	1977	1983	1976	1980	1957	1981	1976	1967	1957/1980

续表1

项目			1月	2月	3月	4月	5月	6月	7月	8月	9月	10月	11月	12月	全年
最高气温（℃）	2017年		15.2	19.9	22.8	30.7	34.2	35.1	40.6	38.3	32.6	31.2	23.7	17.1	40.6
	日期		28	19	28	15	28/31	1	23	7	10	10	2	23	7月23日
	1957—2016年	最高值	20.8	26.8	30.4	34.3	36.3	38.2	39.7	41.3	37.8	33.3	28.8	23.2	41.3
		日期	31	12	9	21/28	20	21	24	6	7	4	1/2	10	8月6日
		年份	2014	2009	2013	2004/2005	2011	2006	2016	2013	1995	2002	1979/2003	2008	2013
最低气温（℃）	2017年		-5.2	-3.2	0.8	4.9	13.8	17.5	23.3	21.6	16.0	6.7	1.4	-4.5	-5.2
	日期		21	12	3	1	10	5/17	1	31	29	31	24	18	1月21日
	1957—2016年	最低值	-14.2	-11.4	-7.5	-1.0	3.8	11.7	15.5	17.1	9.3	1.3	-4.6	-10.0	-14.2
		日期	31	6	3	4	5	6	5	30	29	30	30	29	1月31日
		年份	1977	1969	1958	1962	1961	1969	1976	1968	1972	1986	1971	1991	1977
降水量（毫米）	2017年		75.1	37.3	43.3	121.4	80.2	266.1	80.3	419.0	326.5	71.5	35.9	12.4	1569.0
	1957—2016年	平均值	42.7	52.9	73.7	85.1	99.1	176.1	188.9	150.8	99.7	62.7	53.1	32.4	1117.1
		最多值	136.8	147.6	206.7	180.9	249.5	868.4	481.7	552.0	358.6	372.8	162.3	110.0	2217.5
		年份	2006	2014	1991	1958	2002	2015	1991	2011	2016	2016	1967	1959	2016
		最少值	—	5.2	13.3	21.0	22.6	19.2	8.8	9.5	1.4	0.4	0.0	—	581.8
		年份	1963	1968	1962	2011	2003	2010	1971	1978	1997	1979	1995	1973/1987	1978
日照时数（小时）	2017年		133.7	148.8	177.1	214.0	235.1	158.0	245.5	195.3	128.7	136.1	144.9	168.0	2085.2
	1957—2016年平均值		139.6	130.0	151.7	168.7	185.7	162.2	210.4	221.5	171.4	178.1	152.8	154.3	2026.6

（顾春霞　马恒俊）

经济发展

【综合实力】　2017年，全市实现地区生产总值3488.3亿元，按可比价格计算，比2016年增长7.2%。按常住人口计算，人均地区生产总值21.2万元。全年实现一般公共预算收入235.2亿元，增长2.3%，其中税收收入195.9亿元，增长2.4%；政府性基金预算收入33.7亿元，增长98.6%。实现一般公共预算支出227.3亿元，增长0.5%，其中政府性基金预算支出44.2亿元，增长59.2%；国有资本经营预算支出1.3亿元。

【企业上市】　2017年，江阴市有47个上市公司，包括境外上市15个，境内上市32个，其中主板19个，中小板7个，创业板6个。“新三板”*挂牌企业52个。江阴A股上市及“新三板”挂牌企业直接融资募集资金81.7亿元，其中39.97亿元投入地为江阴，比例为49%。

【农林牧渔业】　2017年，江阴市完成农业总产值80.8亿元。全年粮食总产量12.6万吨，其中谷物总产量12.2万吨；油料总产量2242吨。全年粮食种植面积2.03万公顷，油料种植面积0.11万公顷，蔬菜种植面积1.27万公顷，水果种植面积0.31万公顷。主要畜产品中，肉类总产量3.2万吨，其中猪牛羊肉2.6万吨。奶牛存栏0.3万头。全年水产品产量2.7万吨。

【工业】　2017年，江阴市规模以上工业企业实现产值5822.7亿元。规模以上工业中，轻工业实现产值1805.3亿元，重工业实现产值4017.4亿元。全年工业用电量228.2亿千瓦时。全市规模以上工业实现主营业务收入5846.7亿元，产品销售率98.6%，利润总额359.5亿元。规模以上工业企业亏损面14.5%，亏损额28.2亿元。海澜集团有限公司开票销售超1000亿元，成为全市首个开票销售超千亿元的企业集团，中信泰富特钢集团（兴澄特钢）、江阴澄星实业集团有限公司、江苏三房巷集团有限公司3个企业集团开票销售超500亿元，江苏华西集团有限公司开票销售超300亿元，全市工业百强企业全年实现产品销售收入3921亿元，实现利润278.9亿元。

【建筑业】　2017年，江阴市实现建筑业总产值83.5亿元。全年获无锡市“太湖杯”优质工程奖14个，无锡市政优质工程4个，无锡市优质结构工程16个，无锡市优秀物业管理项目4项。

【水利建设】　2017年，江阴市完成水利工程建设投资约11.5亿元，完成各类土石方355万立方米。疏浚整治河道134条，长106.52千米；新建及加固护岸68.05千米、圩堤122.41千米；新建及改建灌排泵站108座；建设整治沟渠、河道53.02

千米,小型配套建筑物273座。

【房地产业】 2017年,江阴市实现房地产开发投资179.9亿元。商品房施工面积1418.8万平方米。商品房销售面积337.8万平方米。商品房销售成交总额267亿元。

【金融业】 2017年,江阴年末金融机构各项本外币存款余额3663亿元,其中住户存款本外币余额1168.7亿元。各项本外币贷款余额2965.6亿元。住户贷款中人民币中长期贷款318亿元。年末证券交易开户总数30万户,证券机构交易金额6593.3亿元。全年实现保费收入71.6亿元,其中,财产险收入22.3亿元,人寿险收入49.3亿元。

【国内贸易业】 2017年,江阴市全年实现社会消费品零售总额863.4亿元;批发和零售业零售额814亿元;住宿和餐饮业零售额49.4亿元。在限额以上批发和零售业零售额中,家用电器和音像器材类比2016年增长31.7%,化妆品类增长26.6%,家具类增长20.5%,粮油及食品类增长16.6%。

【邮电通信业】 2017年,江阴市邮电业务总量41亿元。城乡固定电话用户32.6万户,比2016年减少3.5万户。移动电话用户203.6万户。

【交通运输业】 2017年,江阴市完成客运量6727.8万人次,实现货运量4520.9万吨。港口货物吞吐量15970.5万吨。年末全社会拥有车辆50.1万辆,其中汽车45.2万辆。私人汽车快速发展,年末有39.3万辆。

【固定资产投资】 2017年,江阴市实现固定资产投资1153亿元。分产业投向:第一产业投资6.7亿元,第二产业投资562.9亿元,第三产业投资583.4亿元。分投资主体看:国有投资306.2亿元,民间投资749.6亿元,外商及中国港澳台地区投资97.2亿元。

【外向型经济】 2017年,江阴市实现进出口总额211.03亿美元,其中出口122.18亿美元,进口88.85亿美元。全市实现到位注册外资9.5亿美元,到位外资数继续位居全省县级市第一。全市新批外资项目43项,增资项目20项,协议外资超3000万美元项目14项,总投资超亿美元项目5项。全年服务外包业务合同额21.1亿美元,执行额18亿美元。离岸业务合同额9.9亿美元,执行额8.3亿美元。全市新批境外投资项目34项,中方协议投资额7.27亿美元;中方协议投资额继续位居全省县级市第一。对“一带一路”*国家投资项目11项,中方协议投资额1.32亿美元。

【旅游业】 2017年,全年接待国内旅游人数1686.3万人次,入境过夜旅游人数2.3万人次。旅游总收入290.8亿元。江阴市拥有国家A级景区8个,星级饭店11个,旅行社43个。拥有省级以上工农业旅游示范点16个,省级旅游度假区1个,无锡市美丽乡村休闲旅游示范村3个。

社会事业

【科技】 2017年,江阴市帮助企业承担实施无锡市级以上各类科技计划项目332项,争取科技扶持资金13011.95万元。全年获批省工程技术研究中心6个、省研究生工作站3个、无锡市工程技术研究中心12个,企业新建院士工作站6个、江阴市工程技术研究中心102个。全市高新技术产业产值(新口径)2088.8亿元,占规上工业产值比重的35.9%;全社会研发投入占地区生产总值的比重3%。新认定省高新技术企业93个、省民营科技企业133个,获批省高新技术产品238种。全年获评国家级科学技术奖2项、省级科技进步奖5项、省级国际科学技术合作奖1项。全市专利申请量7644件,其中发明专利申请3019件,专利授权4221件,发明专利授权量676件,万人有效发明专利拥有量达到19.57件。获评中国专利优秀奖企业2个。

【教育】 2017年,江阴市年末各类学校教职员工数16893人,各类学校在校学生168378人。幼儿园在园幼儿44357人,小学和初中普及率均为100%,初中毕业生升学率98.3%。全市有公办特殊教育学校1所,资源教室6个,在校学生241人,其中送教上门学生64人,专任教师62人。江阴市被江苏省政府评为促进义务教育均衡发展先进集体,教育现代化监测综合指标总得分91.32分,位居全省前列。

【文化】 2017年,江阴市建成133个村(社区)综合文化服务中心,公益性文化设施达标率100%。全面开放全民阅读公益点100个,“三味书咖”城市阅读联盟点增至9个。高城墩遗址等6处文保单位列入第八批省级文物保护单位申报名单。

【卫生】 2017年,江阴市拥有各类医疗卫生机构580个,其中医院、卫生院48家,社区卫生服务中心8个,开放床位8199张,年末有卫生技术人员9945人。

【体育】 2017年,江阴市人均公共体育设施场地面积2.74平方米。累计承办省级以上体育竞赛8项15次,举办各级各类群体赛事活动530余项。拥有社会体育指导员5486人。体彩销量实现7.1亿元,创全国县级市销量排名第一。

城市建设

【基础设施建设】 2017年,江阴市滨江西路桥、镇澄路桥建成通车,新桥镇西环路及南环路改建工程竣工,308省道中修工程完工,锡澄运河水上服务区建成运行。新建公交电子站牌170个,公共自行车租用网点150个,新投放公共自行车3500辆。调整公交线路26条,城市公交更新公交车190辆,城镇公交新购纯电动公交车50辆,实现省公交一卡通、省内公交互联互通、苏锡常三市公交互通互惠,清洁能源公交车辆占比69%。开行公交线路84条,拥有公交车1013辆,日均发车3770班次,日均行驶里程13万千米,日均运送乘客22.5万人次,年累计运送乘客超8212万人次。完成公交新华站停车场扩建工程及外滩首末站主体建设。

【公用事业】 2017年,江阴市补装各类路灯137个,光源318个,亮灯率和设施完好率分别为99%和98%。全社会用电量、供电量和售电量分别为261.55亿千瓦时、238.71

亿千瓦时和233.91亿千瓦时。全年供水量27398.2万立方米,日均供水量75.06万立方米,水质水压达标率100%。新建天然气管网205.04千米,新增天然气居民用户3.7万户,全年供应天然气6.57亿立方米,液化石油气2.7万吨。全市21个城镇综合污水处理厂平稳运行,处理污水1.38亿吨。全年累计无害化处理生活垃圾47.2万吨,日均处理1294吨,总发电量17578万千瓦时;生活垃圾无害化处理率和全量焚烧率均达到100%。

【环境保护与治理】 2017年,江阴市启动"两减六治三提升(263)"专项行动*。全市PM2.5(细颗粒物)年均浓度比2016年下降6.6%。环境空气质量优良天数比例为66.9%,集中式饮用水源地水质达标率100%,全市功能区昼间和夜间噪声达标率均为100%。全市化学需氧量、氨氮、总氮、总磷、二氧化硫、氮氧化物减排超额完成年度任务,分别比2016年下降3.39%、3.37%、3.61%、4.14%、5.55%、5.55%。

【造林绿化】 2017年,江阴市城市建成区绿化覆盖面积5380公顷,绿地面积4968.75公顷,公园绿地面积554.97公顷。建成区绿化覆盖率43.04%,人均公园绿地面积14.6平方米。

人民生活

【就业创业】 2017年,江阴市提供就业岗位5.7万个,本地劳动力实现就业4.7万人,城镇新增就业2.5万人,城镇困难人员再就业1850人,城镇登记失业率为2.26%。扶持自主创业2788人,带动就业1.45万人,发放各类创业补贴455.9万元,发放创业担保贷款7400万元。

【社会保障】 2017年,江阴市实现企业职工基本养老保险扩面新增6.4万人,净增2.6万人;养老、医疗、工伤、失业、生育保险缴费人数分别为56.1万人、58.4万人、47.5万人、46.9万人、47.3万人,居民养老保险和居民医疗保险参保人数分别为4万人和54万人。居民养老保险基础养老金、被征地农民第四年龄段人员保养金标准分别提高至310元/月、760元/月;全市企业退休职工人均待遇为2024元/月。全市各类福利机构拥有床位13315张。城乡居民最低生活保障对象7373人,其中市区1981人;发放低保金4944.7万元,其中城镇低保1476.1万元。实施城乡医疗救助19659人次,支付救助金2307.3万元;实施临时救助5255户次,发放救助金981.9万元。重点优抚对象5675人。慈善组织累计募集善款(含冠名基金)3853万元。

(谭鹏成)

人文风情

【民族宗教】 江阴市居民绝大部分是汉族。20世纪80年代中期起,四川、云南、广西、贵州、湖南等地农村少数民族女子婚嫁到域内农村,成为常住少数民族人口主要来源。1990年,第四次全国人口普查全市有24个少数民族1415人。90年代后期起,新疆、宁夏、甘肃、青海、内蒙古等地少数民族群众到江阴经商务工,暂住少数民族人口增加。2000年,第五次全国人口普查全市有34个少数民族5253人。2017年,江阴市常住人口有35个少数民族5172人。

江阴民间信奉的宗教主要有佛教、道教、天主教、基督教。佛教在三国时传入江阴,隋唐达鼎盛,至近代渐衰。中华人民共和国成立后,寺庵改为学校和粮仓较多。"文化大革命"期间佛教活动停止,1979年后恢复,佛教信徒日增。江阴著名高僧有唐代道松、清代通琇、当代巨赞等。道教传入江阴、兴盛的年代与佛教一致,明中叶后走向衰落。1949年后,道士、道姑改行,道观充公。1978年后,少数非职业道士恢复活动,以做法事为营利。2001年起,政府把散居道士逐步纳入管理。天主教在清康熙初年传入,民国2年(1913年)建造的青阳圣母主教堂是江南教区规模最大的1座教堂。1949年后,天主教徒参加爱国运动,施教活动一直正常开展。"文化大革命"期间停止,1978年后恢复活动。基督教在清光绪时传入,后逐步发展。中华人民共和国成立后,实行自治、自养、自传的革新运动。"文化大革命"期间停止活动,部分教徒在家过宗教生活,1981年恢复。2017年年末,全市有合法宗教活动场所102个。

【民风方言】 江阴地处江尾海头,沃野平畴,气候宜人,远古就有先民在这大江大海融合之地繁衍生息,在不断抗争中,勤劳而充满智慧。创造悠久的人类文明史。自古以来,江阴人民滨江而居,依江而生,在奔腾不息、永不回头的长江哺育下,铸就宽广博大、直爽豪放勇往直前的秉性。江阴有着得天独厚的自然环境,城北黄山插入江心,与江对岸仅距1.25千米,形成山锁大江之势,因此自古被称为"锁航要塞",历来是兵家必争之地,早在春秋时期就建烽火台,明清时期建炮台,解放战争等重要战争中都有著名战斗。战火洗礼、忧患纷扰,赋予江阴人民坚韧不拔、顽强拼搏的精神和民性刚毅、负有担当的气质。有文字记载以来,江阴即有"延陵古邑""春申旧封"之称,春秋战国时期先后为吴国公子季札、楚国春申君黄歇封地,既是吴文化的发源地之一,又受楚文化的熏陶。杏花烟雨、吴韵楚风成就江阴人灵秀儒雅、讲究礼仪的品性。明清时期江苏学政驻节江阴近300年,按试八府三州秀才,素有"风教总持"之地美称,尚文重教之风根植于民间。中华人民共和国成立以来,特别是改革开放以来,勤劳智慧的江阴人民勇立潮头,敢为人先,创造了辉煌业绩,获得100余项全国性荣誉。成为经济活力魅力城市,同时也总结出"人心齐、民性刚、敢攀登、创一流"的江阴精神,不断昭示每个江阴人不断开拓创新,与时俱进、争取新的辉煌。

江阴在隋朝起长期隶属常州府,主要方言归属吴语太湖片毗陵小片,俗称江阴话。非吴语地区有利港下乡片及零星渔民集居村落,属江淮方言,俗称滩里话。方言按地域差异大致分为澄西片、澄中片、澄东片、澄南片和江淮片。江阴方言在发展中有内部变异情况,也有受周边张家港、常熟、无锡等地语言影响变化的，并因年龄不同而有差异。近30年来，江阴话发生比较大的变化，一些显著特征在逐渐消失和消退，声调调类减少，一些特色词消失，固有词变得更趋近普通话。江阴话在家庭中使用比例最高，工作中次之；普通话在其他环境使用比例最高，工作中次之。

【名胜古迹】 江阴是吴文化发祥地之一，域内考古发掘证明，这里新石器时代就有先民活动。见证江阴历史悠久的遗存有祁头山、高城墩、佘城(国家文物保护单位)等古遗址20余处；有兴国塔、徐霞客故居、适园、黄山炮台旧址、刘氏兄弟故居、国民党江阴要塞司令部旧址(以上6处均为国家文物保护单位)、文庙、梁武堰遗址、江苏学政衙署遗址等古代和近现代建筑；有舜过井、虎跑泉、广济泉(四眼井)、万安桥、犀带桥、五云桥等古井古桥；有王羲之换鹅碑、心经碑、晴山堂石刻、倪云林山水石刻等古碑刻150余块，有吴季札墓、吴王八子墓、楚春申君黄歇墓、酒圣杜康墓、三国大将凌统墓、梁敬帝墓、徐霞客墓、杨名时墓等古墓葬40余座；有中共江阴"一大"会址、渡江战役纪念馆、陈毅演讲处、新四军六师驻地旧址等革命遗址遗迹30余处。千古奇人徐霞客、狂草巨碑心经碑、梁代昭明太子萧统手植之红豆树被誉为"江阴三奇"，享誉海内外。

江阴旅游资源丰富，主要有滨江要塞旅游区(国家AAAA级景区)、江苏学政文化旅游区(国家AAAA级景区)、长泾古镇文化旅游区(国家AAA级景区)、双泾生态园(国家AAA级景区)、国家工农业旅游示范区(华西新市村、海澜工业园)、徐霞客故里文化旅游区等旅游板块。

【历史名人】 江阴钟灵毓秀，历代人才辈出。唐代有诗人魏璞；宋代有葛氏一族出进士33名，其中有词人、国子监祭酒葛胜仲，诗论家、词人、吏部侍郎葛立方，左丞相葛邲等；明代有杰出的地理学家、旅行家、探险家徐霞客；清代有理学家，兵部、吏部、礼部尚书杨名时，词人蒋春霖，诗人金武祥，小说家夏敬渠和屠绅，画家缪炳泰，创办京师、江南两图书馆(后为北京图书馆和南京图书馆)的中国近代图书馆之父、目录学家、方志学家缪荃孙等。宋代至清代，域内共出进士415人、武进士14人。近现代则涌现众多政治家、军事家、科学家、教育家、文学家、艺术家、实业家和一大批其他精英人物。其中，中国科学院和工程院院士12人、国际宇航科学院和美国纽约科学院院士3人、高等院校校长100余人、共和国将军20余人。杰出代表有：著名现代文学家、语言学家刘半农，民族音乐家、国乐一代宗师刘天华，爱国高僧、佛学家巨赞，社会学家、人类学家、民族学家吴文藻，化学家赵承嘏，中医学家、针灸学家承淡安，化学家张大煜、钱保功，地理学家章申，建筑材料与土木工程专家吴中伟，"中国现代机器人之父"蒋新松，电影表演艺术家上官云珠，教育家吴研因，油画家吕斯百，中国妇女运动领导人罗琼等。

(史　志)

2017年江阴市全国性荣誉

【概况】 1978—2016年，江阴市先后获得全国性荣誉186项。2017年，江阴市全面落实中共十九大精神、十八届历次全会精神，坚持以习近平新时代中国特色社会主义思想为指导，围绕高水平全面建成小康社会、建设"强富美高"新江阴的总目标，聚力创新、聚焦富民，全市经济稳中有进、稳中向好，完成主要经济指标预期目标。是年，江阴市被评为全国文明城市，列中国工业百强县第一，蝉联中国全面小康十大示范县市"十连冠"，被评为2013—2016年度全国群众体育先进单位、全国象棋之乡、2017中国最具幸福感城市等，总计获全国性荣誉7项。至年末，累计获全国性荣誉193项。

【被评为全国文明城市】 1999年，江阴市提出创建全国文明城市目标。2014年年底，江阴市获得全国文明城市提名资格。2015年，启动新一轮全国文明城市创建工作以来，江阴市委、市政府始终站在建设"强富美高"新江阴的战略高度，紧紧围绕建设"崇德向善、文化厚重、和谐宜居"文明城市的目标，坚持"创建为民、创建靠民、创建育民、创建惠民、创建利民"的理念，以创成全国文明城市目标为牵引，突出问题导向、长效机制、全民参与，精准发力、综合施策、倒排时间，全力开展小区管理、背街小巷、城郊接合部、城乡河道、建筑工地、公共场所、社会秩序、市政设施、美丽乡村、文明素养十大专项提升行动。打响"志愿者之乡"品牌，广泛开展志愿者服务活动，设置志愿服务站(岗)488个，网上注册志愿者近35万名。策划邀请一批全国、省级重要媒体到江阴采访，从"城市啄木鸟"、书香

2017年8月拍摄的长江村码头现场　　(庞志健 摄)

城市、慈善之乡、志愿者团队等多个角度，开展主题鲜明、声势浩大的宣传报道，提升江阴城市的知名度和美誉度。充分运用各类媒体，依托网站、微信、“啄木鸟”APP、“12345”热线等载体，大造“大力弘扬江阴精神、创成全国文明城市”创建声势，拓宽群众参与创建渠道，激发汇聚齐抓共管的强大创建合力。2017 年 11 月，江阴市获第五届“全国文明城市”称号。（余益平　林豆豆）

【位列中国工业百强县第一名】 江阴市坚持产业强市、实业兴市的发展战略，激发各板块发展活力，形成良性竞争下的发展合力。2017 年，江阴市完成规模以上工业总产值 5823 亿元，比 2016 年增长 15.1%。至是年末，全市累计有上市公司 47 个，包括境内上市 32 个，其中主板 19 个、中小板 7 个、创业板 6 个，境外上市 15 个；“新三板”挂牌企业 52 个；9 个企业位列中国 500 强，12 个企业入围中国民营企业 500 强，16 个企业入围中国制造业 500 强。12 月 14 日，由工业和信息化部直属科研机构中国信息通信研究院发布《中国工业百强县（市）、百强区发展报告》，江阴被评为中国工业百强县第一名，为县域工业发展基础、运行绩效和发展活力作出良好示范。（万　伟）

【位列全国县域经济与县域综合发展第一名】 2017 年，江阴市全年实现一般公共预算收入 235.2 亿元，比 2016 年增长 2.3%；实现固定资产投资 1153.0 亿元，比 2016 年增长 1.8%。全市规模以上工业企业实现产值 5822.7 亿元，比 2016 年增长 15.1%。规模以上工业中，轻工业实现产值 1805.3 亿元，比 2016 年增长 10.5%；重工业实现产值 4017.4 亿元，比 2016 年增长 17.3%。是年，江阴符合“全国县域经济与县域综合发展前 100 名”评价标准和条件：县域经济基本竞争力、县域经济发展动态正增长、县域相对民富指数 A 级以上（其中东部 A + 级）和县域相对天蓝指数非 B 级。12 月 16 日，全国县域经济专业研究机构中郡经济发展研究所在北京发布《2017 县域经济与县域发展监测评价报告》，在全国县域经济与县域综合发展榜单中，江阴位列榜首。

【蝉联中国全面小康十大示范县市“十连冠”】 2017 年，江阴市以县级集成改革试点为契机，紧紧围绕“当好全省全国县域发展排头兵”的目标定位，紧盯当前县域治理中普遍存在的群众企业办事难、基层一线治理难、扶贫脱困攻坚难、生活服务便利难四大现实问题，主动探索、大胆实践，通过构建便捷高效的政务服务体系、沉底到边的基层治理体系、精准有力的社会救助体系和温馨周到的生活服务体系，让广大群众的获得感、幸福感、安全感更加充实、更有保障、更可持续，初步探索一条县域治理体系现代化的新路。12 月 16 日，在北京举行的第十二届中国全面小康论坛颁奖典礼上，江阴蝉联“2017 年度中国全面小康十大示范县市”第一名，实现“十连冠”。（史　志）

【被评为 2013—2016 年度全国群众体育先进单位】 2013—2016 年，江阴市委、市政府以“为城市发展添光彩，为百姓健康谋福利”为指导思想，始终抓住“体育服务民生”，支持体育发展，利用群众体育优势，发挥体育健身引导力，培育社会正能量。2013 年，圆满举办江阴市第六届运动会，成功创建苏南（县域）国家体育产业基地。2014 年，江阴市被评为全国游泳之乡、全国首个“足球·啦啦操”进校园实验区。2015 年，成功创建首批江苏省公共体育服务体系示范区和全国青少年校园足球试点县（市）。2016 年，江阴市体育中心被江苏省评为江苏省十佳人气场馆。此外，全市每年举办各级各类比赛活动 500 余项次，举办、承办月城中华龙舟大赛、四国男篮巅峰争霸赛、全国游泳俱乐部锦标赛、中国足协 U23 男子足球锦标赛，全国象棋业余棋王赛等国家级以上比赛 40 余项，以高水平品牌赛事引领江阴特色体育项目的普及与提高。至 2016 年年末，全市有 89 所中小学校体育设施向社会开放，占比 96.74%；人均公共体育设施面积 2.74 平方米，体育人口占比 52% 以上；社会体育指导员 5486 人，实现每万人拥有社会体育指导员 32 名；市级单项体育协会 42 个，市级体育俱乐部 67 个。2017 年 8 月 14 日，江阴市被国家体育总局评为 2013—2016 年度全国群众体育先进单位。

【被评为全国象棋之乡】 1986 年起，江阴县（市）体育局专门设立乡镇象棋比赛，坚持每年一届，成为悠久的地方品牌赛事。近年来，江阴市委、市政府高度重视象棋项目的推广普及，不断强化对项目普及推广工作的组织领导，收到显著的成效。全市有国家级象棋特色学校 4 个，国家级象棋特色幼儿园 1 个。全市先后承办全国象甲联赛会制比赛、连续 3 届“金顾山杯”全国象棋大师混双赛、全国象棋儿童赛等比赛，先后有近百名学生在全国象棋儿童赛和江苏省少年儿童象棋锦标赛上获奖，月城镇黄芳被授予“中国象棋国家大师”称号。2017 年，江苏海特棋牌俱乐部与江苏省棋牌运动管理中心、江阴市体育局、江阴市云亭街道办事处、江阴初级中学成功签约，实现五方试点联办江苏省男子象棋队，在全国率先推动象棋职业化改革。7 月 31 日，中国象棋协会授予江阴市“全国象棋之乡”称号。（周　玲）

【被评为 2017 中国最具幸福感城市】 “中国最具幸福感城市”调查推选活动由新华社《瞭望东方周刊》、瞭望智库共同主办，连续举办 11 年，累计 9.86 亿人次参与公众调查和抽样调查，是中国极具影响力和公信力的城市调查推选活动。2017 年度调查推选活动以“砥砺奋进·城市中国”为主题，突出展示党的十八大以来，中国城市在综合实力、公共服务能力、社会事业发展、居民生活质量等领域取得的突出成就。自 6 月活动启动以来，累计 1395 多万人次参加公众调查、抽样调查和大数据采集。12 月 8 日，“2017 中国最具幸福感城市”榜单发布，江阴市入选“2017 中国最具幸福感城市（县级）”。

（史　志）

■类目编辑　李银花

市委常委分工

2017 年 2 月 17 日部分市委常委分工调整

崔荣国　主持市委组织部工作。分管党建、组织、人才、干部培训、老干部、工会、共青团、妇联、科协、残联工作。协助陈金虎分管干部工作。

袁秋中　负责党建、精神文明建设、机关作风建设工作。分管生态文明建设。分管社区建设、市委办公室、市委政策研究室、机要保密、市级机关党工委、信息化、机关管理、接待工作。协助陈金虎分管改革工作、党校工作。

陈兴华　主持市委统战部工作。分管对外开放工作。分管民族宗教、涉台工作、工商联、侨联工作。

重要会议

【市委十三届三次全体(扩大)会议】　2017 年 7 月 27 日,江阴市委常委会主持召开十三届三次全体(扩大)会议。全会深入贯彻中共十八大和十八届三中、四中、五中、六中全会精神,认真落实习近平总书记系列重要讲话精神和治国理政新理念新思想新战略,按照省委、无锡市委部署要求,总结上半年工作,安排下半年任务,专题部署集成改革、富民工作,深入推进产业强市。

全会由市委常委会主持。全会听取和讨论陈金虎代表市委常委会所作的题为《高扬改革发展旗帜,咬定富民惠民目标,以优异成绩迎接中共十九大胜利召开》的报告和蔡叶明关于上半年工作总结以及下半年工作部署的讲话。全会一致认为,报告和讲话总结工作客观全面,分析形势准确透彻,部署任务具体明确,对于扎实做好下半年工作,稳步实施集成改革,切实加快富民步伐,深入推进产业强市,具有重要指导意义,全市上下要认真抓好落实。

全会充分肯定上半年工作。全会认为,2017 年以来,全市上下积极践行新发展理念,紧紧围绕"两聚一高"*发展要求,全面实施"六大发展战略"*,统筹做好稳增长、调结构、促改革、惠民生、优生态、防风险等各项工作。全会指出,再过几个月,中共十九大将要召开。全市上下要全面增强政治意识、大局意识、核心意识、看齐意识,切实把思想和行动统一到中央和省市委的决策部署上来,扎扎实实做好下半年各项工作,不折不扣完成全年目标任务,乘势而上推进"1310 工程"*,更大力度实施"263"专项行动*,决战决胜争创全国文明城市,全力以赴确保社会安全稳定。全会认为,江阴市成为全省县级集成改革试点,是省委、省政府立足全局做出的一项战略决策,是江阴改革发展的一个重大机遇,是对全市党员干部能力素质的一次全面检阅。全会指出,百姓富,是"强富美高"*新江阴的重要内涵,是高水平全面小康的最根本标准、全市百姓的最深切期盼、加快发展的最强大动力。全会强调,要全力巩固提升当前良好的发展势头,扎扎实实把产业强市战略不断推向深入。

【市委十三届四次全会】　2017 年 8 月 4 日,市委召开十三届四次全会,讨论江阴临港经济开发区机构改革工作。全体市委委员、候补委员列席会议。全体纪委委员列席会议。

【生态文明建设暨"263"专项行动动员大会】　2017 年 1 月 25 日,市委、市政府召开全市生态文明建设暨"263"专项行动*动员大会,正式启动"263"专项行动。无锡市委常委、江阴市委书记陈金虎向全市发出动员令:全面贯彻落实全省和无锡市专项行动动员大会精神,全面部署当前和今后一个时期全市生态文明建设工作,正式启动"263"专项行动,全力打赢生态保护和环境治理攻坚战。陈金虎提出,各级各部门要认清形势、统一思想,以义无反顾的坚强决心全力推进生态文明建设和专项活动,确保"263"专项行动*各项目标任务按时完成、全面达成。市委副书记、市长蔡叶明作工作部署。市领导计军、冯爱东、费平、唐仲贤、赵强、郁秋皓、张国兴、张韶峰、许晨、喻伟力参加会议。

【"大走访"活动动员大会】　2017 年 3 月 3 日,市委、市政府召开"连心富民、联企强市"大走访活动动员大会。无锡市委常委、江阴市委书记陈金虎要求,全市各级各部门要自觉把思想和行动统一到省、无锡市的部署要求上来,切实开展好"连心富民、联企强市”大走访活动，进一步凝聚创新富民之力、弘扬求真务实之风、强化担当作为之责，努力取得转变作风见行动、群众工作上水平、解决问题有实效、基层群众真满意的效果，为高水平全面建成小康社会和“强富美高”*新江阴建设奠定更加坚实的基础，以优异成绩迎接中共十九大胜利召开。市委副书记、市长蔡叶明主持会议。孙小虎、徐冬青、崔荣国、袁秋中、冯爱东、吴芳、费平、余银龙、尹平等全体市领导参加会议。

【人才强企大会】 2017年4月1日，市委、市政府召开全市弘扬江阴精神、做强实体经济暨人才强企大会。无锡市委常委、江阴市委书记陈金虎在会上要求，要把坚韧不拔大力弘扬江阴精神、坚定不移做强做大实体经济作为江阴人义不容辞的责任和使命，全面掀起实体经济发展“新热潮”，奏响人才强企“新乐章”，为高水平全面建成小康社会、加快建设“强富美高”*新江阴进一步夯实基础、提供保障。市委副书记、市长蔡叶明主持大会。孙小虎、徐冬青、崔荣国、袁秋中、计军、冯爱东、吴芳、陈兴华、费平、余银龙、程政、尹平等全体市领导参加会议。会议下发“暨阳英才计划23条”“重塑‘江阴板块’新优势29条”和《关于优化完善产业强市有关政策的意见》等政策文件，对2016年度工业经济发展先进单位和先进个人进行表彰，并颁发“产业强市”扶持资金和人才资助资金。

【开放型经济工作会议】 2017年4月1日，市委、市政府举行全市开放型经济工作会议，回顾总结2016年全市开放型经济工作，分析当前面临形势，安排部署2017年各项目标任务。无锡市委常委、江阴市委书记陈金虎出席会议并讲话，市委副书记、市长蔡叶明主持会议。副市长张国兴作工作报告。市领导计军、冯爱东、陈兴华、赵巧新参加会议。会上还下发《关于支持外贸稳定增长实施意见》《关于进一步加强招商引资工作实施意见》等文件。

【徐霞客诞辰430周年纪念大会】 2017年5月18日，市委、市政府举行徐霞客诞辰430周年纪念大会暨第十二届徐霞客国际旅游节开幕式。会上，播放纪录片《徐霞客》片段集锦，通报徐霞客研究工作先进集体，宣读《弘扬徐霞客精神、发展徐霞客事业江阴宣言》，首发《徐霞客游记》意大利文版，发布2017无锡夏季旅游产品暨“5·19中国旅游日”无锡旅游惠民周活动，发放首批“行游江阴”旅游护照。第十届全国政协副主席张怀西，国家旅游局副局长魏洪涛，省委常委、无锡市委书记李小敏，副省长陈震宁，国土资源部原党组成员、地质调查局原局长孟宪来，中国工程院院士卢耀如，中国地质调查局副局长王研，江苏省旅游局局长秦景安，中国徐霞客研究会会长王宝才，天洋控股集团董事局主席兼总裁周政，江阴市领导孙小虎、徐冬青、程政、张韶峰、张英毅出席纪念大会暨开幕式。无锡市委常委、江阴市委书记陈金虎致辞，市委副书记、市长蔡叶明主持纪念大会暨开幕式。

【“亲”“清”新型政商关系大讨论动员会议】 2017年7月10日，江阴市专题召开全市“亲清政商共赢、‘两聚一高’先行”、构建“亲”“清”新型政商关系大讨论活动动员会议。市委书记陈金虎指出，构建“亲”“清”新型政商关系，政府要优服务、重担当，理直气壮亲商安商。全市广大干部要以“亲”为罗盘仪，以“清”为压舱石，守住底线、精准发力，满腔热情地与企业家交流接触，理直气壮地支持企业发展，真正建立起更简单更纯粹、更阳光更健康的“亲”“清”新型政商关系。市委副书记、市长蔡叶明主持会议。市领导孙小虎、徐冬青、崔荣国、计军、吴芳、费平、程政、尹平等参加会议。

【推进生态文明建设动员大会】 2017年8月14日，市委、市政府召开全市推进生态文明建设暨“六水共建”*动员大会，深入贯彻落实省委、省政府和无锡市委、市政府关于治水工作的各项决策，部署下阶段生态文明建设各项工作，全面打响“六水共建”攻坚战。市委书记陈金虎就进一步推进生态文明建设指出，要严格按照中央、省市委关于生态文明建设的决策部署，瞄准环境质量明显改善、主要污染物排放明显下降、群众获得感明显增强“三个明显”的目标，自觉践行绿色发展理念，科学施策、精准发力、铁腕治污，以民生环保为工作导向、以问题整改为重要抓手、以节能减排为根本手段、以改革创新为强大动力、以严格执法为坚强保障，努力走出一条符合时代特征、具有江阴特色的生态文明建设道路。市委副书记、市长蔡叶明作工作报告，市委副书记、组织部部长崔荣国主持会议。徐冬青、计军、吴芳、陈兴华、尹平等市领导出席会议。会议对2016年度生态文明建设暨环境保护先进集体和先进个人进行表彰。

【传达中共十九大精神大会】 2017年10月27日，市委召开传达中共十九大精神大会。会上，中共十九大代表、无锡市委常委、江阴市委书记陈金虎传达中共十九大精神，陈金虎强调，全市上下要始终不渝在思想上、政治上、行动上与党中央保持高度一致。广大党员干部要切实强化“四个意识”*特别是核心意识和看齐意识，以高度的自觉，更加紧密地团结在以习近平为核心的新一届中央领导集体周围，更加坚定地维护以习近平为核心的党中央权威和集中统一领导。中共十九大代表、华西村党委书记吴协恩作交流发言。蔡叶明、孙小虎、徐冬青、崔荣国、计军、吴芳、陈兴华、费平、余银龙、程政、尹平等全体市领导参加会议。

【江阴发展大会暨2017经贸洽谈会】 2017年9月22日，市委、市政府在江阴撤县建市30周年之际，召开江阴发展大会暨2017经贸洽谈会。亚洲基础设施投资银行行长金立群，中信泰富有限公司董事长、总裁张极井，中国工程院院士、美国国家工程院外籍院士曹湘洪，南方科技大学工学院院长、加拿大工程院院士徐政和，香港新闻工作者联会主席张国良，新东方教育科技集团董事长俞敏洪，台湾华新丽华集团董事长焦佑伦，中电海康集团有限公司董事长陈宗年，国际著名蛋白质分离纯化专家、中国国际科学技术合作奖和中国政府友谊奖获得者、江阴贝瑞森生化技术有限公司创始股东杨森等来自海内外的700余位在教育界、科技界、文化界、政商界等领域的江阴籍和在江阴学习、工作过的知名人士，以及为江阴经济社会发展作出突出贡献的友人和客商应邀出席大会。陈金虎、蔡叶明、孙小虎、徐冬青等市四套班子领导和曾在江阴市担任过主要领导的成强、许祖元、翟怀新、贡培兴、袁静波、朱民阳、周铁根等出席大会。无锡市委常委、江阴市委书记陈金虎在开幕式上致欢迎词。市委副书记、市长蔡叶明主持大会。第十届全国政协副主席张怀西，国家发改委原副主任、国家能源局原局长吴新雄为大会发来贺信。会上，揭牌成立江阴发展咨询委员会，并为高级顾问、顾问颁发聘书；举行信邦智能装备产业园、生物科技及医美康养基地产业园、大明二期综合项目、乾龙电商物流信息产业园等22项投资额超10亿元的重点重大项目签约仪式，项目涉及汽车零部件、新能源、环保、生物医药、电商物流等领域，项目投资总额共计631.4亿元。与会嘉宾观看宣传片《这就是江阴》和“江阴好”专题文艺演出。

【科技创新大会】 2017年11月3日，市委、市政府召开科技创新大会。无锡市委常委、江阴市委书记陈金虎出席会议并讲话，中科院院士陈洪渊，国际导航和运动控制院院士科尔图诺夫，中国空间技术研究院原院长、卫星工程总设计师徐福祥，以及科技部、省科技厅、无锡市科技局领导出席会议。市长蔡叶明主持会议。孙小虎、徐冬青、崔荣国、计军、吴芳、程政等市领导参加会议。

【旅游发展大会】 2017年11月29日，市委、市政府召开全市旅游发展大会。无锡市委常委、江阴市委书记陈金虎强调，要根据省市要求，结合江阴实际，自觉贯彻新发展理念，大力推动全域旅游发展，把江阴建设成为长三角知名的休闲旅游度假目的地。要实现旅游全域化，提高旅游产业贡献度，增强旅游富民带动力，做精自然山水游，做深历史文化游，做新主题公园游，做强工业体验游，做特休闲度假游，做实美丽乡村游。以“1310工程”*实施提升主城区旅游集聚力，以特色小镇建设打造镇街旅游新引擎，以特色田园乡村创建催生乡村旅游新热点，以景点连点成面串出旅游“风景链”，以“旅游+工业、旅游+农业、旅游+文化、旅游+军事、旅游+体育、旅游+健康养生”为重点，不断拓展“+”的对象、内容和形式，以产业化路径做强江阴旅游，全面构建实体经济、科技创新、现代金融、人力资源协同发展的旅游产业体系，以多元化平台推介江阴旅游，以品质化服务提升江阴旅游。市委副书记、市长蔡叶明作工作部署，市领导孙小虎、徐冬青、崔荣国、袁秋中、陈兴华、费平、佘银龙、程政出席会议。副市长张韶峰主持会议。

【市委工作务虚会】 2017年12月20日，市委召开工作务虚会，全面总结2017年工作，科学研判当前形势，系统谋划2018年思路。无锡市委常委、江阴市委书记陈金虎要求，全市各级领导干部要深入贯彻中共十九大精神，以高质量发展为引领，打造江阴特色品牌，继续当好新时代县城发展的排头兵。2017年，全市上下在全力推动县级集成改革试点、顺利创成全国文明城市、成功举办江阴发展大会等系列活动的同时，全力以赴稳增长、促转型、强改革、惠民生、优生态、防风险，全市经济发展迈上新台阶、城乡面貌实现新提升、生态环境实现新改变、改革开放取得新进展、民生民计实现新改善、党的建设取得新成绩，呈现出稳健发展的良好态势。2018年，全市要在新的时代坐标中坚定勇立潮头的发展定位，全力保持江阴市的领先地位。要在落实新发展理念中坚持高质量发展的战略方向，全力建设全国质量工作的示范城市、标杆城市。要在推动高质量发展中打响特色鲜明的江阴品牌。要在深化改革开放中拓展江阴新一轮发展的空间，牢固树立改革意识、大力传承改革精神。会上，围绕2018年经济社会主要指标、民生实事项目、城建重点项目等，与会领导干部积极发言、献计献策。蔡叶明、孙小虎、徐冬青等全体市领导参加会议。

重要活动

【“大走访”活动】 2017年2月12日，市委书记陈金虎主持召开市委常委会会议，讨论研究《关于开展“三走进三服务”*大走访活动的实施方案》议题。根据江苏省、无锡市的部署安排，市委决定2017年在全市组织开展“三走进三服务”大走访活动。28日，省委举办第四期县委书记工作讲坛，围绕大走访主题开展工作交流，市委书记陈金虎在江阴分会场作题为《走到群众心坎里、访出发展新天地》的交流发言。

3月1日，无锡市举行“连心富民、联企强市”大走访活动动员大会电视电话会议。江阴市委书记陈金虎代表江阴在主会场作交流发言。3日，市委召开“连心富民、联企强市”大走访活动动员大会，市委书记陈金虎出席会议并作动员讲话。13—14日，根据全市“连心富民、联企强市”大走访活动的统一部署，市委书记陈金虎带头深入基层一线，走村入户、走企业进社区，倾听群众心声，围绕创新富民和产业强市的目标定位，全面开展“连心富民、联企强市”大走访活动。

4月7日，召开“连心富民、联企强市”大走访活动督查工作会，全面部署大走访下一步行动。纪委、组织部、宣传部、统战部、政法委、机关党工委等部门抽调人员组成6个督查小组，分片督查全市各地各部门的大走访活动。市委副书记袁秋中参加会议。

5月16日，市委书记陈金虎主持召开市委常委（扩大）会议，听取市委大走访活动进展情况汇报。

7月12日，长江村“好人公园”开园暨李良宝教育基金成立仪式举行。市领导陈金虎、蔡叶明、孙小虎、崔荣国、计军、程政、郁秋皓、张韶峰、陈兴初出席活动。

8月1日，江阴市委办公室印发《关于进一步深入开展“连心富民、联企强市”大走访活动的通知》。

是年，通过全市开展“三解三促”“三走进三服务”*“连心富民、联企强市”大走访等活动，走访

44.16万人次，其中，走访城乡居民家庭36.9万户，走访企业1.4万个，查找问题2.2万个，解决问题1.9万个。市大走访办公室编发专题信息简报56期。（焦 晔）

【全国文明城市创建工作】 2017年2月20日，市委书记陈金虎主持召开市委常委会议，讨论研究创建全国文明城市工作。24日，市委、市政府召开“大力弘扬江阴精神、创成全国文明城市”誓师大会。

4月21日，市委书记陈金虎主持召开市委常委会议，传达学习全国创建文明城市工作经验交流会议精神。市委常委、宣传部部长程政传达全国创建文明城市工作经验交流会议精神。

6月13日，举行全国文明城市创建工作推进会，检查创建成效，督导交办问题，部署下阶段创建工作。市委书记陈金虎出席会议并讲话，市委副书记、市长蔡叶明提出要求。与会人员先后实地检查市实验小学、浮桥菜场、苏龙苑小区、长沟河、世新公交总站、希望广场和杨市社区的创建工作。徐冬青、袁秋中、计军、陈兴华、余银龙、程政、尹平等市领导出席推进会。同日，市委书记陈金虎到文明城市创建挂钩网格联系点澄江街道江锋社区，现场督查全国文明城市创建工作。

8月8日，市委书记陈金虎主持召开深化全国文明城市创建工作推进会。市委副书记、统战部部长袁秋中部署下阶段全国文明城市创建工作举措，市委常委、宣传部部长程政通报前期创建工作存在的问题。孙小虎、徐冬青、吴芳、费平、余银龙等市领导参加会议。

8月24日，召开全市创建全国文明城市迎检工作会议，全面部署创建冲刺阶段各项迎检工作。市委书记陈金虎出席会议并讲话，市委副书记、市长蔡叶明就贯彻落实会议精神提出要求，市委副书记、统战部部长袁秋中全面部署创建迎检工作，市委常委、宣传部部长程政通报省测评问题反馈。会前，市领导陈金虎、袁秋中、程政、王庆春和相关部门、街道负责人现场检查花园菜场、花园四村、人民路步行街、城中菜场、环南菜场等地的创建工作情况。市委副书记、市长蔡叶明主持会议，孙小虎、徐冬青、计军、吴芳、陈兴华、费平、尹平等市领导出席会议。

11月17日，全国精神文明建设表彰大会在京举行。江阴市作为第五届全国文明城市之一，在会上受到表彰，无锡市委常委、江阴市委书记陈金虎代表江阴市接受奖牌。

12月1日，市委书记陈金虎主持召开市委常委会议，讨论研究全国文明城市创建工作表彰及常态化长效化事宜。

12月18日，市委、市政府召开创建全国文明城市工作总结表彰大会。市委书记陈金虎出席会议并讲话，市委副书记，市长蔡叶明宣读表彰决定，市委副书记、统战部部长袁秋中主持大会。

【领导干部学习活动】 2017年1月13日，市委书记陈金虎主持召开市委常委会议，传达学习《中国共产党第十八届中央纪律检查委员会第七次全体会议公报》和习近平总书记在中纪委七次全会上的重要讲话精神。20日，市委书记陈金虎主持召开市委常委会议，传达学习十三届省纪委二次全会精神。同日，市委书记陈金虎主持召开市委常委会议，传达学习无锡市“两会”精神和省委常委、无锡市委书记李小敏在参加江阴市代表团讨论时的讲话精神。24日，市委常委会召开“两学一做”*专题民主生活会。27日，市委书记陈金虎主持召开市委常委会议，传达学习全省组织部部长会议精神和全国全省统战部部长会议精神。

3月17日，市委书记陈金虎主持召开市委常委会议，传达学习全国“两会”精神。

4月20日，江阴大学堂邀请国务院参事室特约研究员姚景源，为全市领导干部作题为《新常态与供给侧结构性改革——中国宏观经济解析》的专题讲座。

5月15日，省委举办第五期县委书记工作讲坛，以“推动改革落实，释放发展活力”为主题交流推广各地抓改革的经验和做法。市委书记陈金虎在江阴分会场作题为《“一窗通办”“优服务”“两网融合”强治理》的交流发言。16日，市委书记陈金虎主持召开市委常委会议，传达学习全省和无锡市推进“两学一做”*学习教育常态化制度化工作座谈会精神。同日，市委书记陈金虎主持召开市委中心组专题学习会，学习习近平总书记系列重要讲话之文化自信专题。

6月9日，市委书记陈金虎主持召开市委常委会议，传达学习省委书记李强在江阴召开“两学一做”*调研座谈会上的讲话精神。22日，江阴大学堂邀请省编办、省审改办主任俞军，围绕“深化简政放权放管结合优化服务改革”主题，为全市领导干部作专题讲座。29日，市委书记陈金虎在江阴市庆祝中国共产党成立96周年大会上，以“旗帜鲜明讲政治”为主题，为与会党员干部上专题党课。同日，按照中央和省市委部署要求及市委常委会开展“两学一做”学习教育年度工作安排，市委书记陈金虎主持召开市委常委会议，围绕“旗帜鲜明讲政治”主题进行专题交流。交流会上，崔荣国、吴芳、陈兴华发言。

8月7日，市委书记陈金虎主持召开市委中心组专题学习会，集中学习习近平总书记7月26日在省部级主要领导干部专题研讨班上的重要讲话精神。

10月31日，市委书记陈金虎主持召开市委常委会议，专题交流学习中共十九大精神的认识和体会。会上，各常委联系思想和工作实际，分别作交流发言。

11月20日，江苏省委和无锡市委宣讲团成员、江阴市委宣讲团团长、市委书记陈金虎在江阴市首期市管领导干部学习贯彻中共十九大精神轮训班上，作宣讲报告。

12月9日，市委书记陈金虎为280余名企业家专场专题宣讲中共十九大精神。26日，市委书记陈金虎主持召开市委常委会专题学习会，传达学习习近平总书记视察江苏重要讲话精神和关于进一步纠正“四风”*、加强作风建设重要批示精神。

【重要工作推进活动】 2017年1月3日，市委书记陈金虎带领市党风廉政建设责任制第一检查组赴高新区检查2016年度党风廉政建设责任制落实情况和《党风廉政建设责任书》执行情况。6日,市委书记陈金虎带队乘船现场检查张家港河、白屈港河,详细了解水环境整治情况并召开推进会。市领导吴芳、赵强、张韶峰出席会议。11日,市委召开各民主党派、工商联、无党派知识分子联谊会工作座谈会。市领导陈金虎、袁秋中、陈兴华出席座谈会。13日,市委、市政府组织召开全市安全生产工作会议。会后,市领导陈金虎、计军、张国兴、张韶峰带领相关部门负责人先后现场检查黄田港渡口、江阴长达钢铁有限公司。17日,市委书记陈金虎主持召开全市党(工)委书记抓基层党建和落实全面从严治党主体责任述职评议会,会上,6名党(工)委书记作现场述职,14名镇街园区党(工)委书记作书面述职。18日,市委、市政府召开2016年度重点骨干企业座谈会,市委书记陈金虎出席会议并讲话,市委副书记、市长蔡叶明主持座谈会。全体市领导及335名全市重点骨干企业负责人出席会议。

3月3日,市委、市政府召开全市征收拆迁动员大会。市委书记陈金虎出席会议并讲话,市委副书记、市长蔡叶明主持会议。市委常委、常务副市长费平部署下阶段征收拆迁工作,全体市领导出席会议。15日,市委召开党建工作会议,市委书记陈金虎出席会议并讲话,市委副书记袁秋中主持会议。会上,市委副书记、组织部部长崔荣国,市委常委、宣传部部长程政,市委常委、统战部部长陈兴华分别对组织、宣传、统战三个条线的工作进行全面总结和部署。20日,市委书记陈金虎率相关部门负责人,先后督查顾山镇赤岸村邓东圩区防洪排涝工程、长泾镇新建叶桥圩区工程、华士镇新建陆桥联圩工程及祝塘镇富贝河防洪排涝工程。市领导吴芳、郁秋皓陪同督查。

4月17日,市委书记陈金虎率全市各相关部门、镇街负责人,走进各镇街园区发展一线,对全市近30项产业项目进行现场观摩。18日,召开全市经济运行分析会,分析总结前阶段项目建设情况和一季度经济运行走势,部署下阶段工作措施。市委书记陈金虎出席会议并讲话,市委副书记、市长蔡叶明部署下阶段经济工作。同日,由中共江阴市委主办,市政协、市委宣传部、广电集团联合摄制的献礼江阴撤县建市30周年文史纪录片《江阴骄子》在华西新市村开机拍摄。市领导陈金虎、徐冬青、程政、张晓东出席开机仪式。20日,第十三届海峡两岸纳米科学与技术研讨会在江阴市举行,近百名纳米材料研究领域专家学者共同探讨产业发展趋势、分享最新研究成果、推进技术交流合作。市领导陈金虎、崔荣国、赵强出席研讨会开幕式。

5月4日,市委书记陈金虎现场检查部分防汛应急工程建设,先后检查云亭街道菜花浜防洪排水通道改造工程,花山薛家村排涝站、临港街道中东片防洪排涝工程南街排涝站和西新河排涝站、璜土镇返修河排涝站、西门雨污水泵站改造工程、文化路道路及排水工程。市领导吴芳、余银龙、唐仲贤、郁秋皓、孙志红分别参加检查活动。9日,江阴市金融投资协会正式成立。市委书记陈金虎出席会议并讲话,市委副书记、市长蔡叶明为协会揭牌,副市长赵强主持成立仪式。17日,市委召开推进“两学一做”学习教育常态化制度化工作座谈会。总结全市“两学一做”学习教育开展情况,对下阶段工作进行全面部署。市委书记陈金虎出席会议并讲话,市委副书记、组织部部长崔荣国传达无锡市推进“两学一做”学习教育常态化制度化工作座谈会精神。市委副书记袁秋中主持会议,市领导余银龙、程政出席会议。

6月15日,举行全市安全文化建设动员大会暨2017年“安全生产月”启动仪式,全面部署下阶段安全生产各项工作。市委书记陈金虎出席会议并讲话,市委副书记、市长蔡叶明主持会议。副市长赵强部署工作,省安监局局长陈正邦,市领导程政出席会议。19日,市委书记陈金虎主持召开全市经济发展“双过半”工作推进会,分析总结前阶段经济运行情况,研判下阶段经济发展走势。陈金虎讲话,市领导计军、陈兴华、费平、赵强、张韶峰、吴虹娟、赵巧新出席会议。22日,专题召开上市公司党建联盟“结对共建”暨“强基提质增效”工程推进会。66个上市公司党建联盟成员单位与66个市级机关部门组成结对共建单位,着力把党的政治优势、组织优势、群众工作优势转化为企业的管理优势、竞争优势和发展优势,进一步引导和促进企业持续健康发展。市领导陈金虎、崔荣国、袁秋中、程政出席会议。推进会上,对11个企业党组织进行集中授牌,举行结对共建代表签约仪式,向党建指导员代表颁发聘书。

7月5日,市委书记陈金虎现场检查白屈港抽水站、防汛防旱服务中心、新沟河延伸拓浚工程。查看汛情水情,了解防汛队伍、物资、措施到位情况。市领导计军、吴芳、郁秋皓陪同检查。8日,以“走进江阴、合作共赢,打造战略性新兴产业高地”为主题的第十四届中国企业发展论坛(江阴峰会)暨2017央企战略性新兴产业研讨会在江阴举行。全国政协常委、全国政协经济委员会副主任、国家工业和信息化部原部长李毅中出席并作主旨演讲。无锡市委常委、江阴市委书记陈金虎致辞,市委副书记、市长蔡叶明主持活动。市领导计军、陈兴华、赵强、张韶峰、赵巧新出席会议,来自全国近百个央企、国企、民企的100余位代表出席论坛。26日,市委书记陈金虎带领全市各相关部门、镇街园区负责人,现场观摩全市28项产业项目,实地了解项目推进情况。31日,召开江阴首个股票上市20年座谈会,以纪念“江阴板块”20年为契机,科学分析当前企业上市工作面临的新形势、新机遇,共同探讨加强企业上市工作的新思路、新举措,推动江阴企业上市工作继续走在全省全国同类城市最前列。无锡市委常委、常务副市长黄钦,上交所发行上市中心副总监宫万炎,江阴市领导陈金虎、蔡叶明、孙小虎、徐冬青、计军、陈兴华、程政、赵强、张韶峰、赵巧新出席座谈会。会上,举行《江阴板块》一书首发式。

8月2日,市委书记陈金虎现场巡查“河长制”落实情况,先后到白屈港河金潼桥断面、松桥断面和湖庄桥断面，查看河道水质情况，研究白屈港整治过程中遇到的问题，指导、协调、督查白屈港河治水工作，并主持召开“河长制”工作座谈会。副市长郁秋皓参加巡查活动。9日，市委书记陈金虎实地检查云亭街道、周庄镇、华士镇、新桥镇的“三大平台”（综合管理服务指挥中心、政务服务中心和综合执法局）建设推进情况，协调解决相关问题。市领导费平、张韶峰出席会议。21日，举行“亲清政商共赢、‘两聚一高’先行”专题论坛，邀请相关开放园区、经济服务职能部门和部分重点骨干企业主要负责人进行交流座谈，畅谈“亲”“清”新型政商关系。市领导陈金虎、蔡叶明、孙小虎、徐冬青、崔荣国、陈兴华、余银龙、赵强、赵巧新出席论坛。22日，召开全市集成改革试点工作推进会。学习贯彻省委书记李强8月17日调研江阴集成改革试点时的讲话精神和省委常委、无锡市委书记李小敏8月21日在无锡市委常委会上的讲话要求，回顾总结近阶段集成改革工作，安排部署下阶段集成改革任务。市委书记陈金虎出席会议并讲话。市领导蔡叶明、孙小虎、徐冬青、崔荣国、袁秋中、吴芳、陈兴华、费平、余银龙、程政等参加推进会。23日，举行全市社会矛盾和安全隐患大排查大整治行动推进会。市委书记陈金虎出席会议并讲话。市领导袁秋中、计军、吴芳、陈兴华、费平、程政、尹平等参加推进会。会前，陈金虎带领分管市领导和相关部门负责人实地检查江阴汽车客运总站，澄江街道杨家村出租房屋、韵达快运公司的安全情况。同日，市委书记陈金虎现场检查中央环保督察问题整改工作并举行中央环保督察问题整改现场协调会。市领导计军、郁秋皓、张韶峰参加现场检查活动。25日，举行市委巡察暨市纪委综合派驻改革工作会议，深入贯彻落实中央、省委和无锡市委有关会议精神，对江阴开展市委巡察和市纪委综合派驻改革工作进行部署安排。市委书记陈金虎出席会议并讲话，市委副书记、组织部部长崔荣国传达市委巡察和派驻机构改革的有关文件精神，市委常委、市纪委书记余银龙主持会议。31日，中共中央对外联络部在北京举行“中国共产党的故事：江苏省委的实践——创新驱动、转型发展”专题宣介会。在“经济全球化与转型发展”研讨会上，市委书记陈金虎向与会嘉宾介绍江阴市创新驱动转型提升经验。

9月14日，举行“亲清政商共赢、‘两聚一高’先行”第二期专题论坛，部分镇、综合执法部门和重点骨干企业负责人现场交流，畅谈“亲”“清”新型政商关系。市领导陈金虎、吴芳、余银龙、程政、朱敏、张韶峰、张英毅参加论坛。17日，中国质量发展圆桌会议——江阴峰会在江阴市举行。与会专家学者围绕“质量时代与区域经济发展”主题进行高峰对话。市委书记陈金虎致辞。开幕式上，举行江阴市争创全国质量强市示范城市启动仪式和中国质量研究与教育（江阴）基地揭牌仪式，市委副书记、市长蔡叶明宣读“江阴市争创质量强市示范城市宣言”，阳光集团负责人宣读质量倡议。峰会期间，与会专家学者进行深入对话，为品牌质量工作提升、实体经济转型出谋划策。国家质量监督检验检疫总局副局长陈钢，原国务院参事、中国标准化专家委员会副主任张纲，无锡市市长汪泉，国家质量监督检验检疫总局质量管理司司长黄国梁，江苏省质检局局长刘大旺，江苏省出入境检验检疫局党组副书记、副局长陈建东，市领导陈金虎、蔡叶明、计军、陈兴华、程政、赵强、赵亮亮、赵巧新等出席峰会开幕式。23日，陈金虎、蔡叶明、孙小虎、徐冬青、崔荣国、袁秋中、陈兴华、费平、程政、尹平等市领导和参加江阴市发展大会暨2017经贸洽谈会的嘉宾们共同参观江阴撤县建市30周年成就展。

10月10日，市委书记陈金虎到市公安局，慰问立功受奖的公安干警代表，并现场调研中共十九大召开期间安保维稳工作。市委常委、政法委书记吴芳陪同调研，市政府党组成员、市公安局局长王庆春作工作汇报。11日、12日上午，市委书记陈金虎带领全市各相关部门、镇街园负责人，现场观摩全市28项产业项目，实地了解项目推进情况。12日，召开全市经济工作分析会。市委书记陈金虎出席会议并讲话。市委副书记、市长蔡叶明主持会议并对下阶段工作进行部署。市四套班子全体领导出席会议。31日，举行深化临港经济开发区行政管理体制改革大会。市委书记陈金虎出席会议并讲话，市委副书记、市长蔡叶明宣读有关部分街道行政区划调整的文件并就深化改革方案作简要说明。市委副书记、组织部部长崔荣国宣读干部任免名单。市委副书记袁秋中主持会议。

11月8日，市第七届全民运动会在江阴体育中心开幕，市委书记陈金虎宣布开幕，市委副书记、市长蔡叶明致开幕辞，崔荣国、袁秋中、吴芳、陈兴华、费平、程政、尹平等市领导和部分老领导出席开幕式。23日，江阴与靖江两地市委、市政府在江阴召开联动开发协调会。就加快江阴—靖江工业园区开发建设及有关问题进行沟通协调。无锡市委常委、江阴市委书记陈金虎，靖江市委书记赵叶出席会议并讲话。江阴市委副书记、市长蔡叶明主持会议。江阴市领导费平、张韶峰、赵巧新参加会议。

12月1日，市委书记陈金虎主持召开市委集成改革领导小组会议。深入学习贯彻中央、省市委全面深化改革的指示精神，回顾总结前阶段集成改革工作，研究部署下阶段集成改革任务。蔡叶明、孙小虎、徐冬青、崔荣国、袁秋中、费平、余银龙、仲剑等市领导出席会议。市委集成改革领导小组全体成员、各镇街园区及相关部门单位负责人参加会议。4日，举行“12·4”国家宪法日向宪法宣誓仪式。市委书记陈金虎致辞并领誓，市领导蔡叶明、孙小虎、徐冬青、吴芳以及相关部门单位负责人、工作人员等500余名公职人员参加仪式。11日，作为白屈港河的市级“河长”，市委书记陈金虎再次到白屈港河部分国考、省考断面，现场巡查“河长制”落实和水环境整治情况。市领导陈兴华、郁秋皓参加巡查活动。19日、20日，市委、市政府组织开展第四季度产业项目现场观摩活动。市委书记陈金虎率全市各级相关部门和镇街园区负责人，利用两个半天的时间对全市30项产业项目进行现场观摩，实地了解项目进展情况，推进项目建设进程。蔡叶明、孙小虎、徐冬青、崔荣国、袁秋中、计军、吴芳、陈兴华、费平、余银龙、程政、仲剑等市领导参加观摩活动。

【走访调研活动】 2017年1月12日，市委书记陈金虎走访慰问6户残疾人和困难家庭，走访长泾镇澄东护理院，挂钩薄弱村南闸街道蔡泾村、龙运村和长泾镇和平村。走访慰问全国道德模范提名奖获得者张纪清、"中国好人"陈根清，全国劳动模范马建芬和结对专家刘礼华。市领导吴芳、程政、虞卫才、张韶峰分别陪同走访慰问。18日，市领导陈金虎、蔡叶明、孙小虎、徐冬青、袁秋中、余银龙、朱敏、虞卫才、张韶峰、张英毅分组走访慰问市老领导及老领导遗属。19日，市领导分组走访慰问驻江阴部队。陈金虎、孙小虎、虞卫才、张韶峰一行先后走访驻江阴63680部队、江阴边防检查站、武警江阴市中队；徐冬青、费平、尹平、陈兴初一行先后走访市人武部、预备役高炮营、武警江阴市消防大队、驻江阴73055部队。24日，市委书记陈金虎，市委副书记、市长蔡叶明分别带头走访部分保供单位、加班部门和新闻单位。26日，市领导陈金虎、袁秋中、程政、张韶峰到市人民医院，看望慰问因帮助邻居灭火而受伤住院的夏建忠。

2月3日，开展"走访企业、服务发展"活动，市领导分5组深入企业一线检查节后复工复产情况，进一步优化服务，促进企业早复工、快发展。

5月8日至9月21日，市委书记陈金虎连续10余次密集走访上市后备企业达100个。了解企业转型发展和上市准备工作，现场协调解决相关问题。市领导崔荣国、袁秋中、许华为、计军、陈兴华、费平、余银龙、虞卫才、赵强、郁秋皓、张韶峰、赵亮亮分别陪同走访调研。

6月1日，市领导开展"六一"儿童节走访慰问活动。陈金虎、孙小虎、崔荣国、程政、陈兴初一行走访市特殊教育中心校；蔡叶明、虞卫才、郁秋皓、陈兴初一行走访市儿童福利院、实验小学。28日，市委书记陈金虎赴基层联系点徐霞客镇，就推进"两学一做"* 学习教育常态化制度化进行调研指导并主持召开座谈会。听取基层党组织关于学习教育常态化制度化的情况汇报。是日，陈金虎还走访慰问徐霞客镇生活困难党员。市领导崔荣国、张韶峰陪同调研。

7月25日，市领导陈金虎、蔡叶明、徐冬青、费平、赵强、张韶峰、王庆春走访慰问奋战高温的一线劳动者。28日，市领导分组走访慰问驻江阴部队官兵。陈金虎、孙小虎、尹平、张韶峰、陈兴初一行先后走访慰问人武部、预备役高炮营、武警江阴市消防大队和驻江阴73676部队官兵；蔡叶明、徐冬青、虞卫才一行先后走访慰问驻江阴63680部队、江阴边防检查站和武警江阴市中队官兵。

9月8日，市领导陈金虎、徐冬青、程政、唐仲贤、赵强、郁秋皓、陈兴初分组走访市部分学校，看望慰问奋战在教学一线的教师代表。

10月30日，市领导陈金虎、蔡叶明、孙小虎、徐冬青、虞卫才、张韶峰分组走访部分养老机构，看望慰问老年人。

【学习考察活动】 2017年3月2日，市委书记陈金虎，市委副书记、市长蔡叶明带领市党政代表团赴镇江丹阳市学习考察产业发展、城市建设和历史文化保护等方面的情况。孙小虎、徐冬青等部分市领导和相关部门负责人参加考察活动。

4月26日，市委书记陈金虎，市委副书记、市长蔡叶明带领市党政代表团赴泰州靖江市考察学习。两地还举行联动开发协调会，共商新一轮联动开发融合发展大计。孙小虎、徐冬青、崔荣国、计军、吴芳、陈兴华、费平、余银龙、程政等市领导和有关部门负责人参加考察学习活动或联动开发协调会议。

9月5日，省委常委、无锡市委书记李小敏率无锡党政代表团赴新疆霍城县考察对口支援工作，并召开无锡江阴市对口支援霍城县工作汇报会。无锡市委常委、组织部部长周英，无锡市委常委、江阴市委书记陈金虎，江阴市副市长张韶峰等参加相关活动。25—28日，市委书记陈金虎率江阴市经贸代表团赴意大利开展经贸洽谈和招商活动。围绕国家"一带一路"倡议*，依托江阴市产业优势，通过拜访洽谈、参加恳谈会等形式，宣传推介江阴投资环境，积极推动江阴与意大利企业在智能制造、纯电动车、品牌服装等方面的合作，经贸招商活动取得积极成效。副市长张韶峰参加活动。

12月6日、7日，市委书记陈金虎率党政代表团赴陕西省延川县学习考察，深化江阴与延川两地合作，推动两地共赢发展。市领导郁秋皓、张韶峰、陈兴初参加考察活动。

【表彰活动】 2017年1月13日，市委、市政府组织召开全市安全生产会议，会议表彰2016年度安全生产先进单位、先进集体和先进个人。18日，市委、市政府举行2016年度重点骨干企业座谈会，市领导及335名全市重点骨干企业负责人出席会议。市委书记陈金虎为海澜集团有限公司、江苏华西集团有限公司、远景能源(江苏)有限公司、江阴市九润管业有限公司等4个2016年度入库税金净增超亿元企业颁发金牌，向2016年度入库税金首次超10亿元企业江阴海澜之家供应链管理有限公司颁发金牌。

2月4日，市委、市政府召开2016年度全市先进表彰大会，全市77个经济社会发展考核先进单位、284个先进集体和613名先进个人受到表彰。24日，市委、市政府召开"大力弘扬江阴精神、创成全国文明城市"誓师大会，会议宣读关于2013—2015年度江苏省、无锡市、江阴市群众性精神文明建设先进单位的通报。

3月21日，市委、市政府召开全市农村工作会议，表彰2016年度全市农村工作先进集体和先进个人。

4月1日，市委、市政府召开全市弘扬江阴精神、做强实体经济暨人才强企大会，表彰2016年度工业经济发展先进单位和先进个人。27日，举行全市庆"五一"先进表彰大会暨"弘扬江阴精神、助推产业强市"劳动竞赛启动仪式，会议表彰获得全国、省、无锡市五一劳动奖章

(状)和省、无锡市"工人先锋号""江阴市十佳工人先锋号""江阴市十佳文明职工"荣誉称号以及江阴市职工科技创新成果、合理化建议奖的先进集体和先进个人。

5月4日,在"青春建功跟党走、三十而立更奋进"江阴建团95周年主题活动上,表彰一批先进代表。

6月1日,举行庆祝"六一"儿童节暨"美德少年"颁奖大会,10名"美德少年标兵"受到表彰。14日,举行江苏省道德模范与身边好人(无锡·江阴)现场交流活动暨第四届"十佳江阴好人"颁奖典礼,对获奖好人和团队进行表彰。28日,市委、市政府发文表彰2016年度禁毒工作先进集体和先进个人。29日,市委举行庆祝中国共产党成立96周年大会,表彰2016—2017年度江阴市先进基层党组织、优秀党务工作者和优秀共产党员。

8月14日,市委、市政府召开推进生态文化建设暨"六水共建"*动员大会,表彰2016年度生态文明建设暨环境保护先进集体和先进个人。

9月1日,市委、市政府发文表彰2017年度江阴市教书育人标兵。19日,举行2017中国(江阴)互联网电子商务助力实体经济新发展论坛暨江阴市第四届电子商务大会,表彰2017年度江阴市互联网电子商务十佳企业。

10月13日,中国少年先锋队江阴市第二次代表大会召开,大会为市十佳少先队员、市十佳少先队集体、市十佳辅导员、市十佳志愿辅导员和"星星火炬"奖章获得者代表颁奖。

11月3日,市委、市政府召开科技创新大会,表彰全市科技创新创业先进集体和先进个人。17日,全国精神文明建设表彰大会在京举行,江阴市作为第五届全国文明城市之一受到表彰。无锡市委常委、江阴市委书记陈金虎代表江阴接受奖牌。23日,举行江阴市第七届全民运动会闭幕式暨群众体育先进表彰大会,表彰群众体育先进集体和先进个人。

12月18日,市委、市政府召开创建全国文明城市工作总结表彰大会,会议表彰创建全国文明城市工作先进集体和先进个人。

【项目签约、奠基、竣工活动】 2017年,江阴市党政主要领导参加的全市项目签约、奠基、竣工仪式主要有:2月12日,江苏省委、省政府举行首批重大项目集中开工现场推进会,现场推进会以视频会议形式召开,采取省市县三级联动推进。在江阴分会场,共有中芯长电3D芯片集成加工等40项重大项目集中开工,总投资220亿元,涉及产业发展、城市建设、社会民生等多个领域;22日,临港经济开发区宝湾物流等总投资超60亿元的11项重大项目集中开工;3月17日,临港经济开发区和中信泰富有限公司就江阴中信医院项目签署合作框架协议;28日,江阴创业大学暨江南大学(江阴)创业园开园;5月18日,总投资300亿元的梦东方·徐霞客国际旅游度假区项目开工;5月23日,安姆科申达国际软包装中心项目签约;6月6日,"1310工程"*一期项目现场推进会暨芙蓉大道快速化改造工程开工;21日,临港经济开发区、恒天文投集团就恒天文化创意小镇合作签约;7月8日,在第十四届中国企业发展论坛(江阴峰会)暨2017年央企战略性新兴产业研讨会上,7个项目现场签约;8月28日、29日,在"智汇江阴"2017年海外高层次人才创新创业对接洽谈会系列活动上,美国智潮中心、美加人才智力交流中心等10个中国(江阴)海外引才引智工作站授牌,江苏远望神州软件有限公司和乌克兰工程科学院科尔图诺夫院士团队签订外国院士工作站框架合作协议,市人社局与和伍智造营(上海)科技发展有限公司签署"和伍智造营·江阴科技创新服务中心"联合共建合作协议,24项海外高层次人才创业项目现场签约;9月19日,在2017年中国(江阴)互联网电子商务助力实体经济新发展论坛暨江阴市第四届电子商务大会上,江阴市邮政跨境电商产业园揭牌启动,为年度江苏省电子商务示范企业、示范基地授牌;20日,由临港经济开发区、江苏利电能源集团和凤凰传媒股份有限公司三方合作开发建设的凤凰大数据中心产业园签约;22日,在江阴发展大会暨2017经贸洽谈会上,信邦智能装备产业园、生物科技及医美康养基地产业园、大明二期综合项目、乾龙电商物流信息产业园等22项投资额超10亿元的重点重大项目签约,项目涉及汽车零部件、新能源、环保、生物医药、电商物流等领域,项目投资总额631.4亿元;23日,全市总投资399亿元的117项重大项目集中开竣工,其中开工项目71项,总投资额约287亿元,竣工项目46项,总投资额约112亿元,涉及先进制造业、现代服务业、新兴产业、民生事业项目。主会场设在临港经济开发区江阴中向旭曜科技有限公司建设年产300万吨木本泥炭土壤改良剂项目开工现场,各镇街、园区各设一个分会场。25日,江阴经贸代表团在意大利举行中国无锡(罗马)经贸合作恳谈会,江阴企业分别与意大利圣马力诺圣意公司、欧洲咨询联盟安博思公司、萨维奥纺织机械公司、奥博拉普峰公司、阿斯科公司、欧马士公司签订6项合资合作协议,总投资超3.5亿欧元。项目涉及新能源汽车研发设计、关键零部件及整车制造、纺织服装、纺织机械和平台战略合作等领域;11月8日,举行"产业+资本"融合发展高峰论坛暨江阴—毅达产业基金签约。江阴市政府、江阴高新区、江苏高科技投资集团、毅达资本及系列基金出资人签订《共同发起江阴系列基金框架协议》。 (徐建平)

组织工作

【概况】 2017年,江阴市组织工作认真贯彻落实中共十九大精神和中央、省、无锡市组织部部长会议精神,统筹推进干部、基层党建、人才各项工作,为高水平全面建成小康社会、建设"强富美高"*新江阴提供坚强的组织保障。2017年,全市共调整市管领导干部13批次、595人次,提拔任用207人,其中,提拔正科职37人、副科职130人、国资公司领导11人,明确正科级及提任主任科员29人。新提拔市管副科干部中,35周岁以下的年轻干部22人,占16.7%;女干部35人,占26.5%;党外干部4人,占3%;具有镇(街道)基层一线工作经历的67人,占50.8%。跨部门交流轮岗的157人,其中,镇(街道)、园区与机关上下交流的58人、镇(街道)与园区横向交流的53人、机关之间交流的46人。安置团职军转干部26人,其中正团3人,副团23人。选派赴陕西省延川县挂职干部2人。组织实施“暨阳英才计划”,坚持党管人才,全面落实人才工作党委、政府“一把手”工程,充分发挥企业主体作用,加快各类高层次人才招引,全市新引育国家“千人计划”*人才3人,累计达30人、省“双创计划”*人才4人,累计达58人、“双创计划”*博士3人,累计达47人、省“双创计划”团队1个累计达9个,入选省乡土人才“三带”行动计划(指江苏省实施的一项人才计划,目标为加强对“土专家”“田秀才”的关注、培养和使用,造就一批带领技艺传承、带强产业发展、带动群众致富的民间技艺技能人才)培养对象42人,江阴区域人才综合竞争力持续排名全省第二名。发放高层次人才安家补贴103万元、优秀大学生租房补贴220万元,新入住高层次人才公寓655人。开展江阴市第三届精英徒步赛,有500余名中外高层次人才参加活动。统筹推进各领域基层党组织建设,全面夯实基层党建工作基础,评选表彰100个江阴市先进基层党组织、100名江阴市优秀党务工作者和100名江阴市优秀共产党员。持续推进村、社区、企业“雁阵计划”(发挥先进典型以点带面、示范引领的“领头雁”作用,从2017年到2020年,用3年时间,培育一批站得住、叫得响、推得开的先进典型群体,更好地发挥“雁阵”在农村基层党建中的领飞引航作用),组织党员干部到红旗渠干部学院开展专题培训,10名村书记获评江苏省农村基层党建工作突出贡献奖,华西新市村第九党支部书记工作室、璜土村第一党支部书记工作室和华西新市村党员教育实境课堂通过省级党支部书记工作室和党员教育实境课堂验收。开展“十百千”强基培训工程(计划每年分别组织几十名上市公司党建联盟党务书记和社区书记学习;组织百名村(社区)“两委”优秀中青年干部集中培训;组织千名入党积极分子分批次开展集中培训)。5月,组织55名社区书记赴南京市委党校学习。9月,组织50名上市公司党建联盟党务书记赴浙江绍兴培训;组织100名村(社区)“两委”优秀中青年干部分2期到华西新市村、浙江桐庐县委党校、南京市委党校集中培训;组织1200名入党积极分子分批次开展集中培训。

【开展中共十九大精神学习轮训】 2017年10月,中共十九大召开后,江阴市第一时间征订发放中共十九大精神系列书籍到全市4100余个基层党组织,成立由52名干部组成的学习贯彻中共十九大精神宣讲团,分4期对全市906名市管干部进行十九大精神学习轮训,对4100余名基层党组织书记,分板块、条线实行分批培训,实现中共十九大精神宣讲师资、培训对象、学习教材全覆盖。

【推动“两学一做”学习教育常态化制度化】 2017年,江阴市按照中央和省市委要求,把推进“两学一做”*学习教育常态化制度化作为全面从严治党的基础性工程,切实抓常抓细抓实。制定出台专题实施方案、建立7大项26条百分考核细则。市委常委、党员副市长带头到联系点讲党课18堂,全市各级党组织书记累计上党课5300余场。组织为期3个月的“亲清政商共赢、‘两聚一高’先行”活动,开展各类学习讨论11000余场次,举办电视专题论坛3期,汇编《江阴市政商关系行为守则》等3项制度成果。针对基层党建7项重点任务,制定出台“暨阳红色先锋”党建示范点、堡垒党支部、模范党员3大系列13个制度性文件,学习成果不断巩固。

【干部人事制度改革】 2017年,江阴市始终围绕全市改革工作大局,突出干部人事制度改革,选优配强各级领导班子和干部队伍,为各项改革任务顺利开展提供坚强的组织保障。围绕集成改革选配干部,按照行政管理体制改革试点的总体安排,做好市行政审批局、城市综合管理局人员配备工作,涉及人员15人。做好江阴高新区、城东街道区街一体化管理,临港经济开发区行政区划职能调整,以及镇(街道)集成改革的干部配备工作,江阴高新区涉及调整人员38人、临港经济开发区涉及71人、镇(街道)涉及76人。围绕纪检监察改革调配干部,按照中央、省、无锡市纪检监察体制改革要求,选优配强市监察委、市委巡察工作办公室及4个市委巡察组、10个派驻纪检监察组的领导力量,涉及调整47人。围绕国企改革遴选干部,制定出台《市属国有企业领导人员选拔任用实施办法》,引入人才能力素质模型“TAS”(管理人员能力素质模型测评系统)测评系统,创新市属国有企业领导人员遴选方法。是年,面向全市遴选国资一级公司副职6人。

【年轻干部选拔培养】 2017年,江阴市按照江苏省委、无锡市委年轻干部培养计划要求,结合江阴市实际,制定《关于进一步加强优秀年轻干部选拔培养工作的实施意见》,建立优秀年轻干部专项库,配套出台全市股级年轻干部选配专项预审制度,适当缩短提任中层副职、中层正职的任职年限要求,形成“1+4”制度体系(“1”是制定一份总领全局意见,出台江阴市《关于进一步加强优秀年轻干部选拔培养工作的实施意见》。“4”是创新四项具体制度措施,一是建立年轻干部选配专项预审制度。二是建立优秀年轻干部专项库。三是完善年轻干部“墩苗”挂职锻炼长效机制。四是创新中层股级干部选拔任用条件制度),加快优秀年轻干部成长成才。实施年轻干部墩苗挂职锻炼“952”计划(“9”指从党建工作、集成改革、经济发展、民生保障、生态环保、征地拆迁、信访调解、法制维稳和工程建设9个方面推行“项目化锻炼”。“5”指通过基层一线、发展一线、稳定一线、骨干企业、上级机关等5类挂职途径。“2”指“墩苗”挂职锻炼为期2年),选派46名优秀年轻干部到基层一线、发展一线、稳定一线、骨干企业、上级机关进行为期2年的“墩苗”挂职。面向全市范围统筹选配6名1985年后出生的副科领导干部,其中2名为1990年后出生。统筹开展年轻干部培训,分7期对142名

1980后出生的正股级干部和154名1987后出生的年轻干部进行专题轮训。

【开展个人有关事项报告及提醒函询诫勉】 2017年，江阴市严格落实中央关于领导干部个人有关事项报告"两项法规"(《领导干部报告个人有关事项规定》《领导干部个人有关事项报告查核结果处理办法》)，组织全市市管干部和机关中层正职干部、内设机构主要负责人、下属单位正职、村(社区)党政主要负责人3150人填报《领导干部个人有关事项报告表》。实行个人有关事项报告凡提必核，在市管干部选拔任用工作中对251名拟提拔任用人选进行查核比对，对存在未报告情况且情节较重的6人依照处理办法给予诫勉，并中止选拔任用程序或取消任职资格。制定下发《关于加强对干部进行提醒、函询和诫勉工作的通知》，通过个人事项查核、干部考察考核、信访、党内集中教育活动、平时走访了解、巡察和五方联审等6个途径，畅通获取干部问题的通道。设计"提醒函询诫勉工作实施流程图""对干部进行提醒、函询和诫勉承办单""关爱提醒单""函询情况反馈表""诫勉书"等"一图四表"，规范提醒函询诫勉实施步骤、实施方法、实施形式。是年，实施提醒56人，函询48人，诫勉6人，有效发挥提醒函询诫勉工作关心爱护、"治病救人"的重要作用。

【实施"暨阳英才计划"】 2017年，江阴市修订出台《江阴市科技和人才工作领导小组人才工作职责》，加强市委人才办建设，进一步完善市委统一领导、组织部门牵头抓总、职能部门分工明确、各方力量广泛参与的人才工作体制机制。出台"暨阳英才计划"人才新政，实现产业领军型人才、高技能人才、青年人才、乡土人才、海外人才、社会事业人才奖励的全覆盖，确立3亿元人才发展支持资金池。举办"暨阳英才计划"政策宣讲会13场，服务对接企业438个，开通政策咨询热线并受理人才政策咨询400余次，印发"暨阳英才计划"政策宣传册5000册。开展"暨阳英才计划"各类人才项目评审活动，评选出产业升级创新领军人才、新兴产业创业领军人才等各类人才37人。组织"智汇江阴"海外高层次人才创新创业对接洽谈会，邀请的24项海外高层次人才项目全部达成合作意向。成功打响"上市公司高校行"校园招聘活动品牌，全年组织117上市企业及上市后备企业开展校园招聘活动22场，提供岗位6312个，达成大学生求职意向3900余人，其中硕士、博士研究生1042人。开展"优秀学子家乡行"活动，邀请525名江阴籍"985"(创建世界一流大学和高水平大学，简称"985工程"，也称"世界一流大学"工程。名称源自1998年5月4日，江泽民在北京大学百年校庆上建设世界一流大学的讲话)"211"(21世纪国家重点建设的100所大学)大学的学生回故乡参观交流。

【上市公司党建联盟实体化运作】 2017年，江阴市推动上市公司党建联盟实体化运作，全面提升上市公司党建联盟品牌。制定"强基提质增效"3年行动纲要，召开"结对共建"暨"强基提质增效"工程推进会，组织66个成员单位与66个机关部门结对，选派66名党建指导员，全年深入企业开展调研245次，帮助企业解决问题183个。"七一"期间，组织联盟单位赴江苏法尔胜泓昇集团有限公司观摩"七一"党建活动，联盟成员单位中1个企业升格为党总支，9个企业成立党支部，周庄镇、云亭街道分别成立上市公司党建区域联盟。10个党委企业党建品牌效应逐步显现，打造江阴兴澄特种钢铁有限公司等一批企业党建示范点，总结推广江苏法尔胜泓昇集团有限公司"五融入五引领"(制度融入，引领科学管理，建设好民主之家；权责融入，引领人才培养，建设好创新之家；价值融入，引领企业文化，建设好文明之家；组织融入，引领和谐发展，建设好和谐之家；服务融入，引领员工幸福，建设好温暖之家)、江顺模具科技有限公司"6S"(即Select选拔培养、Surrounding优化环境、Suggest民主参与、Study教育培训、Service公益服务、Standard标准考核)工作法、江苏宝利国际投资股份有限公司"一建、二创、三评"(一建：给党员搭建一个创业平台；二创：争创"星级党员"和争创"骨干型人才"；三评：党员自评、党员互评、支部书记评)党建工程等企业党建品牌，助推"江阴板块"党建工作做精做优。

2017年江阴市党的基层组织设置情况一览表

表2 单位：个

党(工)委						党总支部					党支部					党组
总数	其中					总数	其中				总数	其中				
	党工委	企业	事业单位	机关	其他		机关	事业	企业	其他		机关	事业	企业	其他	
139	10	27	20	38	44	340	43	22	55	220	3659	320	376	2862	101	35

说明：行政村(社区)党委38个

2017 年江阴市党员队伍结构情况一览表

表 3

单位:人

总数	性别		年龄					学历					
	男	女	35岁及以下	36岁至45岁	46岁至54岁	55岁至59岁	60岁及以上	研究生	大学本科	大学专科	中专	高中	初中及以下
86895	62760	24135	21173	16193	15627	5240	28662	2688	24136	17353	3316	13353	26049

2017 年江阴市发展新党员情况一览表

表 4

单位:人

总数	性别		年龄			学历					
	男	女	35岁及以下	36岁至59岁	60岁及以上	研究生	大学本科	大学专科	中专	高中	初中及以下
922	579	343	535	386	1	19	468	245	57	91	42

(周　怡)

宣传工作

【概况】 2017 年,江阴市宣传思想文化工作坚持以中共十九大精神为指引,牢牢把握正确的政治方向、舆论导向、价值取向和工作指向,紧紧围绕“强富美高”新江阴建设,各项工作呈现出持续深化加强、不断向上向好的态势。始终把学习宣传贯彻习近平新时代中国特色社会主义思想和中共十九大精神作为首要政治任务,深入开展“百千万”理论武装工程和“百姓名嘴”宣讲活动,全市组织开展中共十九大精神宣讲活动 1300 余场。组织开展市管领导干部专题学习调研活动,结集出版《“我谈亲清新型政商关系”征文集》《崇德向善的力量》《携手共创“强富美高”新江阴》等文集。发布“江阴党员微学堂”微信公众号 50 余期,向全市党员发放《党员之友》近百万册,依托基层党校、道德讲堂等载体,推动党的创新理论在基层落地生根、开花结果。江阴市被评为 2016 年度全省基层党员冬训工作示范市,璜土镇、澄江街道被评为全省基层党员冬训工作示范镇(街道)。紧紧围绕中共十九大主线,集中开展“砥砺奋进的五年”新闻宣传活动,开设学习贯彻中共十九大精神专栏。做好市委全会、“两会”等重要会议活动的宣传报道。聚焦徐霞客诞辰 430 周年、“江阴板块”首只股票上市 20 周年、江阴发展大会等重要活动,全媒体、立体式壮大主流舆论。总结江阴模式和发展路径,基层治理创新和集成改革经验做法在《内参选编》《瞭望》《超讯》等刊物报道。江阴市被《人民日报》《瞭望》等主流媒体誉为“中国制造业第一县”。拍摄宣传片《这就是江阴》,制作播出纪录片《徐霞客》,推出《中国国家地理》江阴专刊,进一步提升江阴知名度和美誉度。“最江阴”“江阴发布”粉丝数分别达 54 万人和 16 万人。发挥“微信联盟”作用,舆论引导积极有序。加强重点舆情搜集和研判处置,全年采集编写网络舆情简讯 700 余期,处理敏感舆情近百件,确保网络舆论氛围积极向上。全力推动全国文明城市创建,坚持“一把手”领导抓创建、负总责不动摇,突出问题导向,协调解决创建重难点问题,发现整改问题 4.1 万余个,编发通报 64 期、督办单位 34 个,扎实推进小区管理、背街小巷、城郊接合部、城乡河道、建筑工地、公共场所、社会秩序、市政设施、美丽乡村、文明素养十大专项提升行动,创成全国文明城市创建,璜土镇璜土村被评为全国文明村,海澜集团有限公司、市海事局被评为全国文明单位,周庄镇山泉村被评为第四届“江苏最美乡村”。评选表彰“十佳江阴好人”“最美人物”等先进典型,吴协恩获江苏省道德模范称号,张雷获评全省“最美人物”,4 人入选“江苏好人”,沈福才获评“中国好人”。深化“志愿者之乡”品牌塑造,完善志愿服务站(岗)建设,全年新增志愿者服务站 65 个,服务岗 127 个,布设志愿者之家 1 个。完善惠民利民服务体系,全市新建村(社区)综合文化服务中心 73 个,建成“三味书咖”城市阅读联盟 9 个,全民阅读公益点突破 100 个,“书香江阴”建设成功做法在全省推广。围绕徐霞客诞辰 430 周年举办江山揽胜——沈鹏书法精品展等系列活动 30 余场次。组织“芙蓉花”奖评选、“重走霞客路”采风创作、“美丽中国·画说江阴”全国名家画名城写生等活动。对接第 19 届中国上海国际艺术节,成功引进国内外著名演出团体到江阴市演出。开展“文化走基层·服务进万家”惠民活动 3000 余场次,锡剧《徐霞客》在全市巡演。组织开展“我的名字叫江阴”文艺作品征集活动,面向全国举办“教我如何不想她”歌曲征集大赛,创作优秀文艺作品 3500 余件。

歌曲《山水霞客》、散文《绍兴十二年》等作品获省级奖项。文化产业稳步推进，海澜飞马水城等文化产业项目建设不断加快。制定《意识形态工作责任清单制度实施细则》，调整市意识形态领域情况分析研判联席会议成员，明确具体任务，进一步提高党员干部的政治意识、纪律意识、规矩意识。按照谁主管谁负责和属地管理原则，加强各类宣传思想文化阵地管理。深入开展“扫黄打非”，着力加强讲堂论坛等阵地管控，全市意识形态领域平稳有序。

【学习宣传贯彻中共十九大精神】 2017年10月27日，市委召开传达中共十九大精神大会，无锡市委常委、江阴市委书记陈金虎传达学习中共十九大精神，中共十九大代表、华西新市村党委书记吴协恩作交流发言。10月31日下午，市委常委会举行第33次会议，专题交流学习中共十九大精神的认识和体会。11月9日，市委下发《关于认真学习贯彻中共十九大精神的通知》，对全市学习宣传贯彻中共十九大精神作出部署。市委成立由中共十九大代表、市委常委、各镇街园区党组织书记、理论工作者组成的学习贯彻中共十九大精神市委宣讲团，从11月下旬至年底，开展集中宣讲活动73场，做到党员干部和重点人群全覆盖。中共十九大代表、市委书记、宣讲团团长陈金虎率先垂范，为全市市管干部和企业家宣讲。中共十九大代表、华西新市村党委书记吴协恩宣讲70余场。各级党组织结合党员冬训活动，组织开展理论学习、专题讲座、支部党课等活动，全市累计1300余场次。

【意识形态工作成效显著】 2017年，江阴市首次将意识形态工作纳入各级各部门党建工作责任制，纳入领导班子、领导干部目标管理，制定下发《全市党委(党工委、党组)意识形态工作责任制度实施意见》《意识形态工作责任清单制度实施细则》。建立意识形态领域情况分析研判联席会议制度，每半年召开一次分析研判会议，每半年向上级党委专题汇报一次意识形态工作。建立健全考核机制和责任追究机制，完善意识形态工作责任制巡查制度，成立巡查工作组，不定期对各级各部门意识形态工作开展专项巡查。加强对各类学术讲座、讲坛、报告会的审批备案，严格出版机构、培训机构、思想文化类学会协会和民间调查机构的管理。突出抓好网络意识形态工作，深入开展网络专项治理，切实维护网络意识形态安全。

【获评全省基层党员冬训工作示范市】 2016年12月至2017年3月，江阴市委宣传部坚持抓顶层设计高位推进、抓关键少数示范带动、抓载体搭建广泛施训，扎实开展党员冬训活动，让党的创新理论深入千家万户，根植基层。以“百场讲座送基层、千名书记讲党课、万名党员争先锋”活动为抓手，以“江阴大学堂”及镇街学习讲堂为主阵地，以《党员之友》、“江阴党员微学堂”为载体，开设“理论、实境、文化、好人、网络”五大课堂，组织专题理论辅导和“百姓名嘴”理论宣讲300余场次，受众8万余人次。编撰印发全市党员冬训辅导资料，组织发放《不忘初心——中国共产党为什么能永葆朝气》《崇德向善的力量》等学习读本13000余册。是年，江阴市获评全省基层党员冬训工作示范市；璜土镇、澄江街道获评全省基层党员冬训工作示范镇(街道)。

【举办江阴撤县建市30周年系列活动】 2017年，江阴市举办江阴发展大会暨撤县建市30周年系列活动，通过发展成果展示、经贸洽谈合作、项目集中开竣工、文体惠民活动、媒体宣传报道等多种形式，扩大城市影响力，增强江阴发展活力。推出“天南海北江阴人”系列报道，采访在外地的杰出江阴籍人士。组织撤县建市30年30事评选活动，全面展示30年重大事件。2017年9月，建成江阴撤县建市30周年成就展示馆，展出面积2000平方米，以“迈向强富美高”为主题，设有“序篇”“经济强”“百姓富”“环境美”“社会文明程度高”“坚强保障”和“走向未来”7个版块，用大量的历史照片、简洁的文字资料、先进的电子技术，全面展示江阴市撤县建市30年来，江阴人民解放思想、改革开放、创新创优取得经济社会各项事业发展的辉煌成就。全市各界干部群众先后分批参观展览。制作推出江阴撤县建市30周年成就展图片集，在各镇街道举行江阴撤县建市30周年成就展巡展。

【策划主题新闻宣传】 2017年，江阴市委宣传部围绕迎接中共十九大、喜庆中共十九大、学习贯彻中共十九大精神，紧扣市委、市政府中心工作开展宣传工作。市各新闻单位集中开展“砥砺奋进的五年”主题新闻宣传活动，精心组织主题采访，推出一批有分量、有影响的综合性报道，并同步推出新媒体报道，大力宣传五年来江阴市经济社会发展的成就。及时组织市各新闻单位宣传好江阴收听收看十九大现场直播的报道。开设“学习贯彻十九大精神，谱写江阴实践崭新篇章”专栏，全面反映各级各部门的动态和举措，掀起学习贯彻中共十九大精神的热潮。围绕市委中心工作，做好市委全会、“两会”、重点骨干企业座谈会、全市先进表彰大会、全市弘扬江阴精神做强实体经济暨人才强企大会等一系列重要会议活动的宣传报道，牢牢把握正确的舆论导向，部署开设新闻专栏，形成浓厚的舆论氛围。全年以“弘扬江阴精神、做强实体经济”为专栏，统筹推出重点报道、系列评论和侧记，以及重要文件精神解读，全面报道江阴市经济转型升级的做法，深入挖掘先进企业创新驱动发展的具体实践，在全市营造“产业强市”的浓郁氛围，打响制造业强县的品牌。

【创成全国文明城市】 2017年11月，江阴创成全国文明城市。全市文明城市创建工作坚持“创建为民、创建靠民、创建育民、创建惠民、创建利民”理念，以创成全国文明城市目标为牵引，突出问题导向、突出长效机制、突出全民参与、突出民生诉求，精准发力、综合施策，倒排时间，全力开展十大专项提升行动。广泛开展志愿者服务活动，打响“志愿者之乡”品牌。践行社会主义核心价值观，建设崇德向善、文化厚重、和谐宜居的文明城市。依托网站、微信、“啄木鸟”APP、“12345热线”等载体，营造“大力弘扬江阴精神、创成全国文明城市”创建声势，推动全

市精神文明建设取得新成效。(参见《江阴概况》相关条目)

【对外宣传成果丰硕】 2017年,市委宣传部向无锡以上主流媒体发稿2000余篇,向省级以上主流媒体发稿600余篇(条),其中中央电视台29条,《新闻联播》9条,《人民日报》8篇,中央人民广播电台8条,继续保持全省县级市对外发稿数量领先地位。拍摄宣传片《这就是江阴》,制作6集纪录片《徐霞客》并在央视播出,推出《中国国家地理》江阴专刊。精心组织一批聚焦实体经济的主题外宣,邀请《人民日报》、新华社、新华网、中国经济信息社、《新华日报》等中央及海外主流媒体调研江阴实体经济发展成果,总结以"江阴精神+实体经济"为代表的江阴模式和发展路径,极力打造"中国制造业第一县"的对外宣传新形象。《内参选编》《瞭望》等国家级刊物发表《县级市的江阴何以抢占了工业竞争的制高点?》《"中国制造业第一县"的实体定力》等一批篇幅长、分量足、影响大的重点外宣稿件;香港时政杂志《超讯》报道《江阴后苏南模式》一文被《人民日报》海外版、环球网、中评网等媒体转载;《新华日报》连续三天在头版头题等重要位置推出"关注江阴制造业"系列报道,引起轰动影响;《人民日报》在头版刊文《江阴实业焕新百业更兴》。聚焦集成改革宣传造势,策划邀请大报大台赴江阴采访调研。《人民日报》刊发《江阴行政审批提了速》的报道,《瞭望》新闻周刊发文《"霞客新政务"化解"九龙治水"老大难》,《新华日报》接连刊发《徐霞客镇集成改革创新基层治理》《集成改革,江阴"一枚公章管到底"》《江阴:县域治理"盆景"变"风景"》。

(余益平)

统战工作

【概况】 2017年,江阴市委统战部坚持以习近平新时代中国特色社会主义思想为指导,深入学习习近平统一战线重要思想,紧紧围绕"强富美高"新江阴发展大局,广泛凝聚共识,积极汇聚力量,各领域统战工作取得显著成效。多党合作事业和民主党派工作更加巩固。利用新一届民主党派工作开局之机,认真抓好各项工作,共同思想政治基础进一步夯实,政党协商作用进一步发挥。完善下发联系交友和对口交流2个制度,协助召开民主协商、政情交流、民主议政和新春座谈等活动8次。支持市各民主党派、工商联和无党派知识分子联谊会开展年度重点课题调研和参政议政工作,形成高质量调研成果7篇,提交提案226件,社情民意150余条。深入推进民主党派基层支部规范化建设,协助民建和九三学社完成基层支部集中换届,民盟"盟员之家"、民进"虚拟机关"等工作走在全省和全国前列。党外知识分子和新的社会阶层人士统战工作全面展开。深入贯彻落实全国和省市委新的社会阶层人士统战工作会议精神,进一步扩大统一战线团结面。组织党外人士立足6个"同心"实践基地,定期开展助学、送教、帮困、义诊等活动。支持党外人士、党派成员企业赴睢宁县、毕节金海湖新区、延安延川等地开展援建扶贫活动。帮助党外人士创办的香山书屋、益家人公益坊、红尘有爱等社会公益组织进一步发挥作用,扩大影响力。在江苏法尔胜泓昇集团有限公司、江苏华宏集团股份有限公司等5个企业开展民营企业管理技术人员统战工作试点,培育新的社会阶层人士创新实践示范基地2个,其中1个被推荐为省级重点项目。与市委党校联合开展"新形势下中介组织和社会组织从业人员统战工作"专题调研,形成1.5万字的调研报告,并荣获无锡市委统战部优秀调研成果一等奖。12月召开全市新的社会阶层人士工作会议,出台专门文件4个,建立全市新的社会阶层人士统战工作联席会议制度,推动形成新的社会阶层人士大统战工作格局。首批入库市级新的社会阶层人士人物库85人,省级人物库20人。依托侨务重点社区、华文教育基地和市华侨中心等平台,不断推动海外统战和侨务工作深入人心。举办"亲情中华·汉语桥"、2017年海外红烛故乡行等交流活动,接待到江阴的海外人士210余人次,新结交海外社团5个。协助侨企赴贵州毕节、云南临沧等地区开展产业扶贫行动,促成2项项目成功落地。深入园区进行侨情调研,扎实做好年度侨情普查工作。青阳镇旌秀社区被国侨办表彰为全国"为侨服务示范单位"。举办侨界人士迎春茶话会、中秋座谈会等联谊活动,组织"侨界关爱与希望同行"活动,走访慰问侨界人士174户。

【系列教育活动】 2017年8月21—23日,市委统战部组织70余名民主党派骨干到无锡社会主义学院进行培训。支持党派创新建立思想教育和党派工作实践基地。民建江阴市委在香山书屋成立"会员实践基地"和"民建志愿者协会"。推进同心实践,民建江阴市委推进南闸街道泗河村丁果湖生态湿地公园建设,"同心亭"落成揭牌,"同心共建共享"开启新模式;民进江阴市委坚持微公益理念,依托新农村实践基地、"书香彩虹"公益活动、益家人公益坊、青爱工程等载体,广泛开展防艾宣传、阳光夏令营等活动;农工党江阴市委组织医疗专家到周庄镇山泉村义诊12次,并推行"预约制",亮化农工励志奖学金品牌;九三学社江阴市委为顾山镇红豆村开展村级发展咨询,为农产品规模化网货销售献计出力;无党派知联会在城中社区走访慰问贫困户20户,开展健康讲座、心理咨询、"红尘有爱"大型扶助贫困学生活动。带领党派成员企业赴贵州毕节金海湖新区进行精准扶贫,通过捐资100万元建设希望小学,成立贵州蜂吃生物科技有限公司助力农产品销售,江阴职业技术学院为毕节培训社会主义新农村建设领军人才。是年,市委统战部完成市委重点调研课题7项,党派自主课题7项。

【新的社会阶层人士统战工作】 2017年12月21日,市委统战部组织召开江阴市新的社会阶层人士统战工作会议,市委办转发《关于加强新的社会阶层人士统战工作的实施意见》。成立江阴市新的社会阶层人士统战工作联席会议,制订联席会议组成单位工作职责和联席会议工作规则。同时在社会组织和中介组织中开展调研,设计发放调查问卷300份，完成调研报告《新形势下社会组织和中介组织从业人员统战工作的路径分析》，并获得无锡统战理论创新一等奖。江阴市新的社会阶层工作经验在无锡市新的社会阶层统战工作会议上交流发言。初步建立江阴市新的社会阶层代表人士人物库，筹备建立市新的社会阶层联谊会。启动“香山书屋”新的社会阶层实践基地建设，并在无锡市新的社会阶层工作培训班上实地展示。

【举办“统战大学堂”活动】 2017年，市委统战部举办5期“统战大学堂”。5月26日，无党派知识分子联谊会承办《关于提高建言献策能力的体会与思考》主题讲座；7月20日，民盟江阴市委承办《提高社情民意、提案水平》主题讲座；10月12日，九三学社江阴市委承办《深海开发的战略意义及深海装备的发展动态》主题讲座；11月6日，农工党江阴市委承办《为什么中医药学是打开中华文明的钥匙》主题讲座；12月6日，民建江阴市委承办《当前宏观经济形势分析》主题讲座。（程 晔）

涉台工作

【概况】 2017年，江阴市委台办紧紧围绕中央涉台工作大局、服务“强富美高”*新江阴建设这一中心，全面贯彻落实中共十九大精神和市委十三届五次全体（扩大）会议精神，以产业强市和城市建设“1310工程”*为引领，全面深化涉台经贸合作，积极扩大涉台交流交往，扎实做好涉台宣传，取得显著成绩。江阴市连续十五年被台湾电机电子工业同业公会评为“台商投资祖国大陆极力推荐城市”。全年新批台资企业8个，投资总额4.3亿美元，合同利用台资3.1亿美元，到账5040万美元。台湾见龙机构总投资2.3亿美元的江苏和庆兴投资有限公司项目、总投资超1.5亿美元的常鸿新半导体设备项目，台湾润泰集团总投资1亿美元的固废处置中心项目等一批重大台资项目落地。全年共办理公务赴台24批118人次，为企业办理赴台开展商务考察、交流和技术培训等商务赴台34批55人次。市政府及有关单位在党际、经贸、文化、教育等多个领域分别组团赴台开展交流，新桥镇和徐霞客镇组团赴台开展特色小镇建设考察工作。接待台湾台东县大学生交流体验营、新北市大丰小学师生参访团、新北市村里长参访团等6个团组近240人次。组织市幼儿园园长、小学校长30余人赴新北市开展教育交流和江阴第三实验小学参加“希望杯”苏台青少年棒球交流赛等近10项重大交流活动。开展“澄台同心一家亲、台企转型增后劲”台商台胞台属大走访活动，走访台资企业105个次，协调解决在江阴台资企业问题和困难103个。全年在各级各类新闻媒体上发表文章及信息21篇，其中江苏省台办网站、无锡市台办《涉台工作通讯》等录用11篇。参加江苏省台办组织的“两岸一家亲”主题征文及史料征集活动以及“生根之路”——两岸交流合作微视频大赛；组织江苏祥狮艺术制品有限公司、江阴宝珍香食品有限公司等企业参加国台办在南京举办的大陆台商台企30年发展成就展；《江阴日报》编辑出版“奏响澄台经贸合作连心曲·绘好涉台交流交往同心圆”涉台宣传专版。是年，在第二届“江苏台资企业500强”排名中，江阴市有11个台资企业上榜，上榜企业营业收入355亿元。

【江阴台资企业获评全市百强明星企业】 2017年2月4日，在江阴市2016年度全市先进表彰大会上，瀚宇博德科技有限公司、新树工程塑料有限公司、见龙国际贸易集团、信邦电子集团等多个台资企业被评为江阴市百强明星企业，其中前3个义获评纳税超亿元企业。廖振铎、许丽芳、刘叶、余宗勋、严群波等一批台资企业董事长、总经理被评为江阴市优秀企业家、优秀总经理。

【举办第十三届海峡两岸纳米科学与技术研讨会】 2017年4月20日，由中国科学院主办、国家纳米科学中心和江阴市政府共同承办的第十三届海峡两岸纳米科学与技术研讨会在江阴举办，中科院院士解思深、国家纳米科学中心主任刘鸣华等70余位纳米材料和石墨烯领域的专家学者和无锡市委常委、江阴市委书记陈金虎，江阴市委副书记崔荣国等领导出席研讨会，共同探讨产业发展趋势、分享最新研究成果、推进技术交流合作。此次在江阴举办的海峡两岸纳米科学与技术研讨会，为江阴企业和台湾科技界在石墨烯领域打造一个全新的技术研发和产业合作平台，对两岸高科技产业的融合发展将起到积极的推动作用。

【开展台商台胞台属“大走访”活动】 2017年，为全面贯彻落实省委、无锡市委和江阴市委“连心富民、联企强市”大走访活动要求，市台办结合自身业务工作特点，在全市开展“澄台同心一家亲、台企转型增后劲”台商台胞台属“大走访”活动，深入在江阴台企生产经营一线和台胞、台属家庭，摸实情、办实事、求实效。通过大走访，了解台商台胞台属在江阴的生活、居住、就医、入学等情况，心贴心为他们解忧、零距离为他们服务。“大走访”期间，共计走访台资企业105个次，协调解决在江阴台资企业问题和困难103个，洽谈并推进各类项目32项。

【举办海峡两岸纪念徐霞客诞辰430周年公祭典礼】 2017年5月18日，海峡两岸纪念徐霞客诞辰430周年公祭典礼在徐霞客故居仰圣园举行。来自海峡两岸的徐学同仁、各界人士聚集在一起，共同纪念“千古奇人”徐霞客，同时，江阴徐霞客故居被授予“无锡市涉台交流基地”称号并挂牌。公祭典礼上，台湾徐霞客研究会副会长陶翼煌宣读祭文，江阴青年书画家徐力专门创作“两岸一家亲、海峡万平安”瓷瓶相赠。台湾徐霞客研究会的人员还参加徐霞客学术交流会，与江阴职业技术学院师生进行交流互动，两岸徐霞客研究会的人员表示将积极为两岸徐学交流研讨搭建平台，进一步传承弘扬徐霞客精神。

【台湾新北市村里长参访团到江阴参访】 2017年11月1日，应邀参加“江苏·新北智慧社区论坛”的75名台湾新北市村里长由新北市里长联谊总会总会长郑富浓领队，在无锡市台办副主任张曙峰等陪同下参访徐霞客故居和鹅鼻嘴公园等自然人文景观，深刻了解江阴深厚悠久的历史文化底蕴，近距离感受长江美景。在夏港街道普惠苑社区交流社区建设，在长江村参观李良宝纪念馆，走访长江村的品牌企业。

（刘晗波）

机构编制工作

【概况】 2017年，江阴市机构编制部门始终坚持新发展理念，紧紧围绕“两聚一高”*发展要求，以中共十九大精神为统领，紧紧抓住江阴为全省唯一县级集成改革试点的契机，全面推进机构改革和创新管理，行政管理体制改革作为集成改革的“先手棋”实现重大突破。持续深化“放管服”改革（简政放权、放管结合、优化服务），推进“不见面审批（服务）”改革，落实“2440”*改革目标。全市17个镇（街道）和2个开发区复制推广徐霞客镇行政管理体制改革试点经验工作取得初步成效。组建成立市行政审批局，重组成立市城市综合管理局。推进综合执法体制改革，在7大领域推进综合执法。编制江阴市“不见面审批（服务）”事项清单、镇（街道）相对集中行政许可权事项清单、开发区行政审批赋权清单等10类清单。扎实推进权力清单标准化和公共服务标准化工作。完成纪检派驻机构、市委巡察机构改革。推进全市承担行政职能事业单位改革试点。开展控编减编，规范完善编外用工管理，规范镇（街道）园区编外用工管理。开展2017年度市级机关绩效考核工作。

【行政管理体制改革】 2017年，江阴市机构编制部门继续加强行政管理体制改革。构建新型政府权责体系。编制市县同权需求清单1311项，经两轮与无锡对接，形成除省级和垂管部门委托设区市行使职权外的《江阴市县级集成改革试点赋权清单》，确认需无锡赋权事项317项，需省委托赋权事项58项。编制《江阴市赋予镇（街道）行政审批公共服务类管理权限清单》75项，《镇、街道相对集中行政处罚权事项清单》788项（含有关强制措施27项），高新区、临港经济开发区行政审批赋权清单163项。编制《江阴市相关领域相对集中行政处罚权事项清单》790项（含行政强制措施），其他职权事项调整33项。明确市级和镇街的职责边界，制定《商事登记行政权力下放镇（街道）工作实施方案》。明确市行政审批局和监管部门的职责边界，研究制定行政审批现场踏勘工作实施方案。理顺综合执法改革中各主体权责关系。市级和镇街、开发区新型权责体系基本构建完成，正按新的权责体系运行。构建新型政府组织体系。印发《江阴市行政管理体制改革方案》《镇（街）行政管理体制改革方案》《镇（街）行政管理体制改革机构编制人员管理操作口径》，全面形成资源配置优化、管理扁平高效、人员编制精干的基层党政架构。市级和镇街、开发区新型权责体系基本完成构建，高新区实行“区街合一”，临港开发区形成1个开发区加4个镇街的行政管理架构。17个镇街职能机构均由30余个精简为7～10个，2个开发区职能机构精简为10个。编制《江阴市镇街“三大平台”建设标准规范》（网格化管理指挥平台、行政服务监管平台、综合执法协调平台），统筹推进镇街管理服务指挥中心、综合执法局和政务服务中心建设。全市17个镇（街道）全部实行许可权相对集中和处罚权相对集中，以镇（街道）名义实施赋予的部分经济社会管理权限。8月底，各镇街、开发区均按“三定”（定部门职责、定内设机构、定人员编制）方案调整机构职能并实际运作，行政和事业人员进行统筹使用并完成任职。组建集网格化管理指挥平台、行政服务监管平台、综合执法协调平台和应急管理联动平台于一体的市级综合管理服务指挥中心，重组成立市城市综合管理局。推进基层治理“一张网”建设，完成市、镇（街道）、村社三级网格划分，市级和17个镇（街道）、300余个村（社）“治理一张网”全部完成，设定一级网格17个，二级网格269个，三级网格1958个。构建新型综合执法体系。制定《江阴市综合执法体制改革方案》和《江阴市综合执法队伍整合方案》。市级重点在市场监管、交通运输、规划国土、农林水利、安全生产、建设管理、卫生监督等7大领域推进综合执法，实现“一个领域一支队伍”。年末，7支综合执法队伍基本完成相关队伍整合和人员划转，初步完成“三定”方案的制定。明确市城市综合管理局挂市综合行政执法局牌子，承担全市行政执法的统筹协调和集中指挥等职责。统筹调整市级以上驻镇（街道）执法机构，各镇（街道）全部组建综合执法局，按网格进行综合行政执法，实现“一个镇街一支队伍”。法律规定确需保留的，探索双重管理以镇（街道）为主管理体制。理顺市镇层级执法职责关系，除跨镇（街道）、大案要案、需要技术力量支撑的执法事项由市级层面负责外，其余的都交由镇（街道）属地负责。

【行政审批制度改革】 2017年，江阴市机构编制部门积极推进相对集中行政许可改革试点工作。10月9日，江阴市行政审批局正式挂牌，实现机构调整设置到位、编制人员整合到位、行政许可事项划转到位。在划转事项上，突出对市场准入、建设投资两大领域的全链集中审批，将发改、住建、市场监管等16个部门涉及这两大领域的69项行政权力事项划入行政审批局集中审批，40余名涉审工作人员调入统一管理。通过推行综合受理、联办代办、多评合一、资源共享等举措，开启“一窗受理、一站服务、一章审批”的行政审批运行新模式。“2440”*改革目标初步实现。出台《关于推行政务服务“2440”改革的意见》，明确目标任务和流程举措。推进一窗受理、并联审批、模拟审批、代办审批、多图联审、多评合一、区域评估、网上审图、电子踏勘、联合测绘、联合验收等改革举措。在企业注册开业领域，推行“注册主官＋初审官＋注册助理”工作模式，从汇总材料到出执照都在审核工作组内部完成。启用部门间通联办理模式，突破商业银行开户核查、人民银行江阴市支行备案核准难题，创新提出信息提前获取、工作提前介入机制，不间断并行办理银行开户、涉税事项，合并印章备案与刻章环节。在不动产权证办理领域，全面实现不动产登记全业务、全过程“一窗受理、集成服务”（一个窗口受理，所有领域的审批都能办理），开设“实体经济绿色通道”专窗。在工业建设项目施工许可领域，大力推行技术审查与行政审批并联运作模式，实施联合审图，多评合一优化评估流程。出台《关于推行行政审批（服务）代办制的实施意见》，对符合产业导向的市场准入类、固定资产投资类项目和权证办理类项目全面实行无偿代办、全程服务。建立市、镇（街）、村（社区）三级代办服务体系，组建覆盖全市的专职代办队伍，进一步提升审批（服务）效率。全面开展“减证便民”专项行动，清理涉及企业和群众办事创业的各类证明材料。24个部门上报398项事项，需提供证明和盖章材料1265件，取消112件。推行“不见面审批”。出台《关于深化行政审批制度改革加快简政放权激发市场活力的实施意见》《加快推进“不见面审批（服务）”改革的实施方案》，在全市范围推行审批服务“网上办、集中批、联合审、区域评、代办制、不见面”。公布“不见面审批（服务）”事项1045项，80%的审批服务事项实现“不见面”或“见一次面”。采用承诺制办法解决银行贷款环节问题，缩短办理时间。开发电子审图系统，取消环评审批意见前置环节，减少土地挂牌等待时间，将监理合同备案、抗震设防要求许可改为即办，各类设计审核时限平均压缩25%，各类施工图审查时限平均压缩30%，初步实现“2440”目标。进一步深化事中事后监管。积极推广“双随机一公开”抽查机制。制定《关于建立双随机抽查机制加强事中事后监管的实施意见》，22个部门出台“双随机一公开”监管工作实施方案，制定《江阴市随机抽查事项清单》313项。22个部门和各镇（街道）建立检查对象库、执法人员库。全年，完成检查8922批次。推进信用信息监管平台建设，企业信用数据库归集35个涉信部门、285个信息类别、涉及7大领域约4万余个法人企业的近101万条信用信息。启动建设重点职业人群专题信用数据库，归集6类重点人群近10万条信用信息。“诚信江阴”网站率先在省内为社会公众提供企业失信行为信息查询服务，新增行政许可和行政处罚信用信息“双公示”端口。网上公开信用信息近5万条，其中行政许可3万余条，行政处罚1.5万余条。

【事业单位改革】 2017年，江阴市作为先行开展承担行政职能事业单位改革的试点地区，市机构编制部门按照中央编办的统一部署，专题调研走访、全面梳理职能职责、认真测算人员编制，制定《江阴市承担行政职能事业单位改革试点方案》，稳步推进机构编制调整和人员安置工作。拟订全市生产经营类事业单位改革方案，将纳入改革的生产经营类事业单位进行分类，按照类别分别拟订改革具体办法，区分情况分步推进。选择个别直接向社会提供公益服务、社会关注度较高、利益关联方较多的事业单位进行法人治理结构改革试点，确定江阴市人民医院为法人治理试点单位。加强事业单位信用体系建设，建立和完善事业单位守信激励、失信惩戒机制，促进事业单位诚实守信地开展业务活动、高效地提供公益服务，确定江阴市中医院为全市事业单位信用等级评价试点单位。

【完善机关绩效考核机制】 完善机关绩效考核机制，制定《2017年度市级机关工作目标绩效考核实施方案》，健全指标体系，突出对市委、市政府明确的重点工作落实情况的考核，强化结果运用。 （梅湖冰）

机关党工委工作

【概况】 2017年，市级机关党工委深入学习宣传贯彻中共十九大精神，认真落实江阴市委全会精神，以“永远在路上”的执着全面贯彻从严治党新要求，紧紧围绕“服务中心，建设队伍”总目标，认真落实“两个责任”*，以“双强双优”（强组织、强队伍、优服务、优作风）“三亮三进”（亮旗帜、亮身份、亮行动；进基层、进社区、进一线）主题教育活动为抓手，大力践行“连心富民、联企强市”大走访活动，积极引领机关干部务实稳健推进实施“六大发展战略”*，在强组织、优服务，强队伍、优作风上下功夫，不断提高机关党建工作科学化水平。年内，扎实推进“两学一做”*学习教育常态化制度化建设，组织基层党组织“三会一课”*规范培训，督促指导基层党组织规范党内政治生活制度，落实基层党组织“统一活动日”主题活动，组织开展“微型党课大家讲”“我在走访第一线”等评比活动，有效提高教育效果。坚持以民意为导向，继续组织“民主评议机关”活动，举办机关作风建设现场观摩推进会4场，选树典型、推广经验，推动机关作风持续好转。深入推进支部书记“双述”制

2017年11月，市级机关“合金杯”足球赛 （市级机关党工委提供）

度,举办2期123人“两学一做”学习教育党务干部培训班,完成98个党组织换届选举,调整各级党务干部221人,接转党员组织关系884人,发展党员30人,转正党员27人,处置自行脱党2人。积极开展“5·10思廉日”、廉政文化进机关等活动,推动谈心谈话常态化制度化,查处违纪党员6人,进一步促进机关风清气正。持续深化“文体展活力·聚力攀新高”系列活动,丰富机关干部的文化生活,调动机关干部干事创业的积极性。

【学习型党组织建设】 2017年,市级机关党工委坚持推进“两学一做”*学习教育常态化制度化,把争创“学习型”党组织示范点作为机关党员干部加强党性锻炼和党性修养、提高能力素质的基础工程。加强干部业务培训,组织63名机关党务干部赴山东省临沂市党性教育基地,参观孟良崮战役纪念馆、大青山胜利突围纪念馆、红嫂革命纪念馆、沂蒙革命纪念馆等党性教育基地接受革命传统教育,专题学习《从沂蒙根据地看中国革命》,增强党务干部对“军民水乳交融、同生共死”的“沂蒙精神”理解;举办市级机关基层党支部书记学习中共十九大精神轮训班,58名支部书记参加轮训,通过中共十九大精神专题辅导、“微型党课大家讲”,到永联村、蒋巷村基层一线学习基层党支部书记先进事迹,进一步强化支部书记“带头人”的责任。浓郁机关学习氛围,推进“书香伴我行、建设新江阴”读书荐书活动,向机关党员干部推荐赠送第九届茅盾文学奖获奖作品、中共十九大精神报告辅导丛书等15000余册精选书籍。提升优化机关大楼“图书阅读角”,为机关干部提供阅读书目和阅读交流空间。倡导“日读一小时、周上一堂课、月读一本书、季有一交流”的学习机制。组织14个机关党组织,积极创建廉政文化进机关示范点,丰富学习型党组织的内涵,营造机关良好的学习氛围。

【创先争优活动】 2017年,市级机关党工委以喜迎中共十九大胜利召开,江阴撤县建市30周年为主线,持续深化以“组织强、队伍强,作风优、服务优”为目标的“双强双优”活动,扎实开展“三亮三进”*主题活动,市级机关广大党员干部在服务发展中学习吴仁宝、吴协恩、李良宝、张纪清、徐大师、邹碧华等先进典型,勇于亮旗帜、亮身份、亮行动,在为民实践中进基层、进社区、进一线,在活动中践行社会主义核心价值观。10月,组织市级机关各党组织党建成果展,74个单位制作144块展板,展示机关党员干部服务为民、勤政为民的形象。市级机关涌现一批先进集体与先进个人。安监局李春雷被表彰为无锡市优秀共产党员,市人民法院机关党委、地方税务局机关党委、市发展和改革委员会党总支部、市委办党支部、团市委党支部等5个单位被表彰为江阴市先进基层党组织,王建新、陆欣、薛建国、陈雪源、周雯虹等5人被表彰为江阴市优秀党务干部,戴俊杰、常春、姜红等3人被表彰为江阴市优秀共产党员。市级机关还对检察院机关党委等15个先进基层党组织和吴敏等15名优秀党务干部进行表彰。市级机关工会获2016年江阴市工会工作先进单位;江阴市政府公共服务热线受理中心获“无锡市工人先锋号”;无锡市江阴地方税务局获“无锡市五一劳动奖状”;地税局沈懿获“江阴市十佳文明职工”,口岸办孙博、安监局李春雷获“无锡市五一劳动奖章”。市级机关团工委获“无锡市五四红旗团委”;江阴市人民法院劳动争议审判庭获无锡市五一巾帼岗;有5个单位获江阴市巾帼文明岗;党校邵燕被评为江阴市巾帼建功标兵;机关干部家庭有2个被评为江阴市“最美家庭”,2个家庭被评为江阴市“五好文明家庭”。

【“三走进三服务”工作】 2017年,市级机关坚持把群众对美好生活向往作为第一信号,把群众满意作为第一标准,不断深化“三走进三服务”*活动。深入开展“连心富民、联企强市”大走访活动,机关党工委积极推进市级机关各党组织深入结对村、社区、农户搞研究调研,坚持“边走访、边调研、边梳理、边解决”的工作方法,对能够现场解决的问题及时解决,对一时不能解决、需协调解决的问题,及时上报市一级平台协调解决。同时,成立大走访活动领导小组,分2个小组,对结对大桥社区、北郭庄村开展大走访活动。全委在职9人,发放“连心富民、联企强市”大走访活动问卷200份,先后走访大桥社区、居户43人次;走访北郭庄村、农户60人次,走访企业13人次,共116人次,发放大走访活动联系卡31张,开展“阳光扶贫”,实施精准帮扶,委内党员结对困难户8户,每季度走访结对户一次,重要节日还为结对户送上生活物资,帮助困难户处理应急困难。组织召开四场机关作风建设观摩交流会,下沉到基层(江锋社区,市公安局、江阴市地税局为民服务窗口,徐霞客镇便民服务中心、综合执法大厅),按照党群部门、政府部门包括“两院”、垂直管理部门、镇街(园区),分类召开全市机关作风推进会,总结推广“人民满意单位”、“服务地方先进单位”、综合考核先进镇(街)和绩效考核优胜单位在作风效能建设方面的好经验、好做法,进一步推动全市机关作风效能建设。修订完善2017年度“民主评议机关”活动实施办法,科学设置评价等次和权重系数。组织督查2016年民主评议活动中征集到的1168条意见建议及20件具体转办件,督促各部门认真对待、分析查找原因,扎实整改,并及时公示各参评单位2017年“三服务”活动措施及年底工作实绩,主动接受群众监督。

【“民主评议机关”活动】 2017年,民主评议机关活动在保持传统做法基础上,作部分调整,参评单位继续分为党群部门、政府部门、条线单位、金融单位、镇(街)园区五大类,共133个部门(单位),机构改革后的国资办、行政审批局、城市综合管理局纳入政府部门测评;新增广发银行江阴支行纳入金融单位测评;夏港街道、申港街道、利港街道纳入镇(街)园区独立测评,实现民主评议全覆盖;围绕“依法行政、服务基层、勤政廉政、工作实绩”四个方面公示实绩,分为“好、较好、一般、较差、不了解”五种选项,评议内容更加全面;采取集中测评、邮寄测评和社调队抽样测评三种方式相结合,评议表设置识别码,高速扫描自动阅读统计,评议方式更为科学。评议活动自12月初全面启动,历时近2个月,分宣传发动、公示实绩、组织测评、统计分析、汇总意见建议等五个阶段。活动设21个集中测评点,组织34场集中测评。活动中,发放评议表16318份,回收评议表12485份,总回收率76.51%(在16318份总发放表中,集中测评发放评议表7663份、邮寄测评表7055份、社调队抽样测评用表1600份。在12485份总回收评议表中,企业代表2792份,回收率100%;各类代表2630份,回收率94.27%;市领导37份,回收率92.5%;市管领导干部和离退休老干部652份,回收率76.71%;基层干部2246份,回收率100%;社会公众代表2528份,回收率42.13%;社调队测评1600份,回收率100%)。收到基层群众意见建议1032条,其中表扬252条、批评和建议780条、具体事项转办件9份。参评的133个部门(单位),评议名次与2016年相比,除新调整或新增加的5个外,排名上升的有41个,排名持平的有39个,排名下降的有48个。市级机关作风效能建设总体满意率持续保持在99%以上。2017年,还对"民主评议机关"组织工作26个先进集体和38位先进个人进行表彰通报。

【结对共建拓展】 2017年,市级机关党工委围绕市委、市政府重点工作,积极落实全国文明城市创建推进会精神,号召机关干部积极行动起来,推进"文明创建、机关先行"的责任担当。深化80个党组织与28个社区结对工作,发挥社会党建指导员作用,组织机关党员干部到居住地社区和结对共建社区报到,认领志愿服务岗位,组织开展多样化、专业化的便民利民志愿活动。机关党工委被表彰为江阴市创建全国文明城市工作先进单位,有6个机关志愿者团队受到表彰,近200名机关干部被分别表彰为创建标兵、先进个人、先进志愿者。出入境检验检疫局复审通过为全国文明单位。12月,机关工委党支部与云亭街道佘城村党总支部建立结对共建关系,作为机关工委了解农村基层的联系点、文明共建的示范点。

(罗晓春)

保密工作

【概况】 2017年,江阴市保密工作充分发挥"保安全,保发展"的保障作用,锐意创新,主动作为,围绕服务保障中共十九大的总体目标,以"规范化建设为统领、督查检查为手段、考核考评为抓手",持续加强涉密人员保密管理,全面推进保密自查自评督查工作,开展互联网门户网站等保密检查,加大互联网出口保密检查等日常巡查力度,堵塞漏洞,消除隐患,确保党和国家秘密的安全。

【保密工作规范化建设】 2017年,市委机要保密局组织制定六大类20项保密工作规范化建设标准,下发实施细则,组织开展"推进保密工作规范化、迎接中共十九大"活动,结合保密自查自评督查工作,督促各单位健全保密工作制度,规范保密工作管理。首次将保密工作纳入全市年度绩效考核体系,作为市级机关工作目标绩效考核和镇(街道)百分制绩效考核的重要内容。组织年度自查自评和考核工作,首次对14个镇(街道)进行实地考评,结合各单位自评结果,开展年度考核,以科学考核促进规范化建设。

【保密自查自评督查全覆盖】 2017年,市委机要保密局全面推进保密工作自查自评,分期分批选择各类典型部门和重点单位开展现场督查和"回头看",累计督查52个,完成全覆盖的工作目标。重点单位着重查"保密要害部门部位防护设施落实、涉密计算机配备以及涉密人员管理措施",一般部门重点关注"组织机构及干部配备、涉密文件收发登记及涉密载体回收销毁、信息公开保密审查制度执行"等。通过督查,促进保密自查自评工作长效化、常态化。

【加强保密检查】 2017年5月,市委机要保密局组织机关、单位互联网站等保密管理专项检查,对政府网站以及政务微博、微信公众号等新媒体开展拉网式清查整顿。9月,配合有关部门对政府网站是否存在违规或涉密电子地图进行清查。11月,完成互联网接入口保密监测平台部署并开展日常监测。坚持每月对百余个党政机关互联网网站、新媒体等发布的信息进行技术巡查,利用政务外网违规文档监控系统监控文档信息近百万条,发现并处置敏感信息6条。 (李朝阳)

老干部工作

【概况】 2017年,江阴市以深入学习贯彻中共十九大精神和习近平新时代中国特色社会主义思想为主线,认真落实全国老干部工作表彰大会精神。统筹推进离退休干部党建工作,成立市离退休干部党工委和老干部协会各分会党支部,扩大社区离退休干部党建试点。学习中共十九大精神,举行全市情况通报会、形势报告会各2次。为老干部订阅党报党刊,编印《学习通讯》4期、《七彩人生》6期。全面开展"畅谈十八大以来变化、展望十九大胜利召开"主题活动。大力开展"面对面,心连心"离退休干部"大走访"活动。走访慰问老干部及遗属596人次,组织体检1417人次,探视住院老干部124人次。为69名老干部祝寿。协助处理43名老干部的后事。丰富文化生活。举办金秋艺术周、"相约虹园"等系列活动6次。活动中心全年开放近300天,参加活动人次50000余人。至年末,老干部局管理服务离退休干部1435人,其中离休干部168人,市管退休干部1267人。2007年12月,市委老干部局被江苏省委组织部、老干部局,江苏省人力资源和社会保障厅评为全省老干部工作先进集体。

【出台老干部工作考核办法】 2017年,江阴市老干部工作认真贯彻落实《关于进一步加强和改进离退休干部工作的意见》精神,结合实际,出台《关于进一步加强和改进离退休干部工作的实施方案》,实施方案有5个方面18项重点工作,进一步明确分工、完善措施、落实责任,是江阴市贯彻落实3号文件精神,推动老干部工作转型发展的重要文件和具体举措。健全和完善离退休干部工作考核机制,制定出台《江阴市老干部工作考核实施办法》,将老干部考核工作纳入镇街园区年度绩效考核工作,促进老干部工作责任落深落细。健全完善离退休干部工作经费保障机制,联合市委组织部,市财政局、市人社局发文,将离退休干部党组织工作经费、党员教育管理经费、支部书记补贴等列入单位部门预算,给予有力保障。

【老干部“两项建设”】 2017年,江阴市老干部工作进一步加强“两项建设”(党支部建设和思想政治建设)。全年召开2次情况通报会、2次形势报告会;组织离退休干部党支部书记集中学习活动4次、召开碰头会2次。为全市老干部订阅包括《江阴日报》《共产党员》等在内的党报党刊7123份。编印《七彩人生》6期,每期发行2000份;结合重要时事,编印《学习通讯》4期,每期发行180份。充分应用现代信息技术,维护更新老干部网站,推出“江阴老干部”微信公众号,及时宣传中共十九大精神和老干部工作。推进党建工作体制、机制创新,成立江阴市离退休干部党工委,进一步加强离退休干部党建工作的组织领导;在市老干部协会9个分会中全部建立党支部(非建制性),实现协会离退休干部党组织全覆盖;积极推进离退休干部社区党建试点工作,新增文定社区、北大街社区2个试点社区。

【老干部发挥作用】 2017年,江阴市老干部部门充分发挥老干部独特优势与作用,在全市离退休干部中全面开展“畅谈十八大以来变化、展望十九大胜利召开”主题活动,召开“点赞新江阴·喜迎十九大”座谈会,开展“弘扬江阴精神·传递奋进力量”征文活动,共收到征文79篇,“建言十九大”专题调研报告17篇。与团市委联合举办“百企百画助百学”公益助学活动,与市关工委、市教育局联合举办“老少同乐·放歌梦想”老干部志愿者进校园活动。各离退休干部党支部也充分利用“访谈座谈、主题征文、走访调研、活动展示、网络发声、辅导宣讲”等形式开展主题教育活动。全市离退休干部在创建全国文明城市、村(社区)建设、社情民意调研、社区矫正、法律援助、科普教育、科技咨询、精准扶农、民企青工教育等方面发挥着重要作用。

【老干部服务工作】 2017年,江阴市老干部部门不断提升服务保障水平,确保离退休干部政治生活待遇落实到位。春节前夕,上门走访慰问困难离退休干部等402人次,寄发慰问信1430封。继续开展离休干部“大走访”活动,局工作人员分3组对全市180名离休干部和7名易地安置在外的及7名居住外地的离休干部进行上门走访慰问,通过走访及时妥善处理、答复有关事项5件。坚持每周1次上医院看望慰问住院病人,全年看望慰问124人。组织全市1417名离退休干部体检,开展2次健康咨询。为离休干部发放求助服务卡200本。敬老月期间为全市34名80岁以上离退休干部举行集体祝寿会,为35名90岁离退休干部上门祝寿。主动做好老干部后事服务协调工作,协助处理43位老干部后事。组织澄江街道12个社区开展座谈,共同研讨新形势下做好老干部服务工作问题。

【老干部文体活动】 2017年,江阴市老干部部门围绕喜迎中共十九大、纪念江阴撤县建市30周年等重大事件和敬老节、元宵节等重要节日,开展一系列丰富多彩的主题活动、纪念活动。重点举办“喜庆十九大·欢歌敬老节”老干部金秋艺术周活动,组织开展“相约虹园”系列老干部文化娱乐活动、老干部闹元宵、镇区老干部棋牌交流等大型活动6次。积极参与无锡市“畅谈新变化、畅想新生活、喜迎十九大”老干部诗词画影创作和诗歌吟唱活动。市老干部活动中心阵地全年开放近300天,活动总人数50000余人次。市老干部协会加强与同行的交流协作,与友好单位、地区的交往互动,积极开展各类联谊、联欢、联演、联展等活动。在黄山湖画廊举办撤县建市30周年成果摄影展,在中山公园“妙高阁”举办书画作品展。老干部多幅书画、篆刻、摄影、集邮等作品在全国、省市比赛、展览中获奖、入展,2篇文章在《人民摄影报》上发表。 (贺东海)

信访工作

【概况】 2017年,全市信访工作以习近平总书记系列重要讲话精神为指导,紧紧围绕江阴市经济发展、改革大局,突出重点,狠抓落实,坚持“问题导向”,扎实推进信访制度改革,着力提升信访工作信息化、规范化、法制化水平。深化“阳光信访”系统深度应用,推动“网上信访”、“视频接访”、涉访部门联合接访和领导干部接访约访工作,全年共受理群众来信来访共4907件次,比2016年下降19.44%,其中办理人民来信1416件,比2016年上升8.59%;以人民为中心,对群众初次投诉事项100%交办、督办、跟踪、回访,组织召开协调会商会60余次、督促指导50余次,形成工作建议和专报70余件,接待来访群众776批3491人次,批次和人次分别比2016年下降7.1%和27.1%,接待并协调处理来市集访129批2332人次,批次和人次分别比2016年下降25.9%和34.5%。进一步完善督促指导、情况通报、诉访分离、权益保障卡和依法分类处理信访诉求等工作机制,压实工作责任,开展“群众满意窗口”活动,打造“阳光信访”,主动接受群众监督。积极做好重大活动期间信访保障工作,确保全市信访形势平稳可控。

【畅通信访渠道】 2017年,江阴市大力推行网上信访。充分依托阳光信访信息系统,发挥网上信访快速办、提醒办、简易办、规范办、公开办等特点和优势,实现“数据多跑路、群众少跑腿”,切实维护群众合法权益。加强涉访部门联合接访工作。及时完善联合接访、联合会办、访调对接、诉访分离等工作机制,提高接处访工作质量。深化领导干部接访下访工作。结合全市“大走访”活动,组织推动领导干部通过定期接访、重点约访、带案下访等方式,坚持部门陪访、访前会商、社会力量参与接访等做法,有针对性地推动解决重大疑难复杂信访问题。据统计,全年市领导接待来访群众408批1746人次。深入推行群众依法逐级走访权益保障卡制度。在镇(街道)权益保障卡发放工作取得成效的基础上,全面做好职能单位权益保障卡发放扩面工作,加大对涉访重点单位的督促与指导,针对权益保障卡发卡、录卡、办卡、用卡过程中存在的不规范问题进行定期通报,有效推动工作落实到位。全年,市、镇(街道)两级发放权益保障卡692张,发卡率100%。

【解决信访问题】 2017年,江阴市加大矛盾纠纷排查力度,进一步落实矛盾纠纷排查工作机制,通过定期排查与滚动排查、重点排查与动态跟踪等多种方式,及时掌握不稳定因素、突出信访问题、重点人员动态等信息。年初在全市范围内开展"影响社会稳定矛盾问题和信访积案"大排查大化解活动,共排查出信访积案113件及重点领域的层面性、涉众型矛盾问题78件,市信访工作联席办对排查出的信访积案与矛盾问题进行集中交办,明确化解责任目标并限期办理。高度重视初次信访事项办理。对初次有效信访事项落实首接首办责任制,做到交办、督办、回访三个100%,确保群众初次反映的有效信访事项依法按程序得到妥善处理。开展初次信访事项群众满意度评价工作,印发《关于做好群众满意度评价工作的通知》,积极引导信访人员参与阳光系统满意度评价,落实专人跟踪督办参评信访事项,全市参评件共487件,参评率81.11%,满意率91.63%。全力攻坚化解信访积案。开展信访积案常态化化解、集中排查影响社会稳定的矛盾问题暨信访积案、"百县千案""百日攻坚"等专项行动,坚持"三到位一处理"(诉求合理的解决问题到位、诉求无理的思想教育到位、生活困难的帮扶救助到位、行为违法的依法处理)原则,采取领导包案、协调会办、接访约访、第三方参与、专项救助、公开听证、依法处置等多种措施和手段,有效推动各地各单位成功化解一批重点信访积案。全市排查出重点信访案件206件,彻底化解67件,化解率32.5%,信访终结47件,终结率23%,全年积案化解终结率在无锡地区名列前茅。推动层面问题批量解决。充分发挥信访"大数据"优势,对群众反映的普遍性、倾向性问题,特别是因政策问题、层面性管理等引发的群体性问题,进行综合分析,提出完善政策、改进工作的建议,为决策部门通过完善政策和工作机制来源头预防或解决问题提供参考。建立第三方参与信访化解调解机制。构建党委领导、政府主导、社会力量等第三方参与的矛盾纠纷大调解平台,组建由"两代表一委员"(党代会代表、人大代表、政协委员)、律师、心理咨询师、院校教师等第三方力量组成的处理疑难复杂信访问题专家库,发挥专家库成员推动矛盾化解、参与复查督导、开展调查研究等积极作用。至年底,专家库成员近90人。

【信访规范化建设】 2017年,江阴市信访部门加强阳光信访信息系统业务培训,组织全市各级信访干部开展阳光系统操作使用培训,加大对各地各单位"四率"(及时受理率、按期办结率、群众满意率、参评率)情况的督促与指导,全年通过阳光系统流转办理信访件1576件次,比2016年下降12.6%,全市信访事项及时受理率、按期办结率均为100%。规范市领导接访现场秩序。启动市领导接访场所"软硬件"改造建设,根据实际需要重新划分功能区域,全方位安装录像录音设备。完善市领导接访流程,健全各项工作制度,加强对现场秩序的维护,自改建后,市领导接访场所秩序明显好转,信访人合法权益得到有效维护。完善机制建设。强化问题导向,立足补齐短板,建立健全考核通报、群众满意度评价等一系列机制制度,不断优化信访事项各环节办理流程,有效提升信访工作水平。深入推进诉访分离工作。严格落实诉访分离制度,进一步加强普通信访事项和涉法涉诉信访事项的梳理和甄别,加强与政法机关的有效沟通与对接,积极引导信访人依照规定程序向有关机关提出,确保涉法涉诉类诉求通过法定途径得到妥善解决。大力推进法定途径分类处理信访诉求工作。按照《依法分类处理信访诉求规则》,进一步厘清各职能部门(单位)法定职责,规范工作流程,做好信访事项甄别、转送工作,推动相关部门(单位)对照各自职责,认真做好分流、受理、办理工作。

【信访队伍建设】 2017年,江阴市信访部门加强业务能力提升。组织开展"大比武大练兵"业务培训和知识竞赛,有效提升信访干部实战技能,着力培养信访岗位"多面手"。加大对全市基层信访干部培训,组织全市信访干部分别赴武汉、苏州培训,进一步拓展信访干部视野、提高信访干部做好社会矛盾化解工作的能力。开展"群众满意接访窗口"创建活动。加强基础设施建设,建立健全工作制度,打造规范化、制度化文明接访窗口,为来访群众提供良好的服务质量和水平,市信访局及人民来访接待中心被江苏省信访局评为2017年度全省信访系统"群众满意窗口"。加强作风建设。结合"两学一做"学习教育制度化常态化要求,不断增强信访干部政治意识、大局意识、核心意识、看齐意识,坚持用党章党规规范信访干部行为,履职尽责,做好信访本职工作。进一步提高廉洁自律意识,改进思想作风、工作作风,努力打造为民务实清廉的信访干部新形象。

(李宏斌)

史志工作

【概况】 2017年,江阴市史志办继续以编史修志工作为重点,各项工作取得新成绩。编纂出版《江阴年鉴(2017)》,继续采取免费赠阅形式向机关和基层发放;开展新时期江阴党史研究编撰工作,完成9个试点单位14篇党史专题并汇编成册作为示范文稿,同时调研专题篇目,拟制相关文件,召开全市征编工作会议,全面启动新时期江阴党史专题资料征编工作;启动《雨花台烈士传丛书》朱杏南传记编撰工作,完成15章10万余字初稿;与江阴市徐霞客研究会等单位合作编辑出版《徐霞客研究文集》和《徐霞客纪念画册》,纪念徐霞客诞辰430周年;与市委政策研究室、宣传部等联合编辑出版《迈向强富美高——江阴撤县建市30年的探索与实践》,整理江阴撤县建市30周年大事记,以展现江阴30年经济社会事业飞速发展。继续挖掘学政文化,累计征集80余名江苏学政数十万字文字资料及图片资料,成立江苏学政编撰组,至年末,完成65位学政人物传记编写;为新闻媒体采访江阴党史事件、录制相关节目提供相应资料,扩大江阴知名度;为社区、广电等单位300余名干部群众进行授课,向机关和基层赠送各类史志书籍4000余册;继续为市委宣传部主办的《党员之友》供稿;编发《中共江阴市委大事记》12期。开展江阴史志宣传活动,制作21块江阴历史地情展板在中山公园展出;组织开展"江阴历史知多少"群众有奖竞答,扩大史志工作社会影响力。加强党史遗址保护利用工作,命名5处党史遗址和纪念设施为第二批江阴市党史教育基地。做优做精"江阴纪事"微信公众号,提升可读性,全年阅读量超20万人次。全年开展业务培训300余人次,指导和审阅5部镇村志350余万字,提出修改意见4000余条。是年,市史志办被省委党史工办评为全省党史系统先进集体,获江苏省党史宣传工作先进集体一等奖。

【开展新时期江阴党史研究编撰工作】 2017年,江阴市史志办继续推进新时期江阴党史专题资料征编试点工作,在9个试点单位全面完成14篇党史专题初稿写作的基础上,根据责任分工认真编辑初稿,经过编辑审稿,副主编、主编审阅形成审定稿,反馈单位修改完善并最终形成定稿。6月,13篇专题在完成审定、校对等工作后汇编成册,作为新时期江阴党史专题试点单位示范文稿。同时调研专题篇目,最终确定102个党史专题篇目。8月,市委下发《关于组织开展新时期江阴党史研究和编撰工作的实施意见》,在全市组织开展改革开放和社会主义现代化建设新时期江阴党史研究和编撰工作;市委办印发《新时期江阴党史专题资料征编工作方案》,全面启动新时期江阴党史专题资料征编工作。9月,市委召开新时期江阴党史专题资料征编工作会议,全面部署征编工作,明确70余个承编单位的任务要求。年内,各承编单位迅速建立工作机构,落实写作人员,做好组织保障,在史志办的指导督促下参加业务培训,整理单位大事记,制订篇目提纲,开展资料搜集工作。市史志办分两次举办业务培训会议,对各承编单位专题写作主笔开展业务培训,并下发相关学习参考资料和书籍。

【朱杏南烈士传记初稿撰写完成】 2017年,江阴市史志办继续配合省委党史工办完成《雨花台烈士丛书》编纂。年内,根据无锡市史志办终审意见修改完善蒋云烈士传记文稿,形成送审稿上交省委党史工办,并根据省委党史工办审读意见完成修改工作后再次提交。启动朱杏南烈士传记的撰写工作,成立编纂组,制订编纂方案和写作推进表。4月,根据掌握材料编写《朱杏南传》写作提纲。5月,采取边讨论边写作的方法撰写初稿。其间,适时组织采访知情人,全面深入开展搜集材料工作,邀请知情人举行座谈。7月起,在完成《朱杏南传》上篇的基础上,先后赴上海、北京继续挖掘补充烈士革命斗争的细节资料。至10月,完成《朱杏南传》全篇的统稿工作,共15章10万余字。11月,组织听取部分老领导和党史专家、党史爱好者对该书初稿的审读意见,对文稿进行修改完善。

2017年12月17日,江阴市史志办在中山公园开展"江阴历史知多少"竞答活动　(市史志办提供)

【《江阴年鉴(2017)》出版】 2017年9月,江阴市地方综合系列年鉴第25卷《江阴年鉴(2017)》(纸质版和光盘版)由方志出版社出版。该年鉴全面系统、准确翔实地记载2016年度江阴市自然、政治、经济、文化和社会、生态文明建设等方面的基本情况,反映全市各行各业贯彻中共十八届三中、四中、五中、六中全会精神,在推进现代产业体系发展、提高美丽宜居城市品质、生态优美环境建设、提升民生福祉等方面的新思想、新举措、新亮点。该年鉴按分类记事体例,设42个类目。类目下共设284个分目、1683个条目。总篇幅120.1万字,彩色插页58页,随文图片118幅,表格123张。为便于检索,除卷首设详细目录外,卷尾还设主题分析索引。为体现时代特色、年度特色、地方特色和与时俱进的要求,《江阴年鉴(2017)》与《江阴年鉴(2016)》相比,彩色插页新设《全国获奖荣誉》《十件实事》《农业新景》《文明新风》《体育新事》《城市新貌》《海澜之夜》《2016年度上缴税金超亿元企业》等专栏。

【基层修志指导】 2017年,江阴市史志办加强与基层沟通,对基层史志书籍编撰、业务工作开展进行有效指导,进一步加强协调机关、镇(街道)各部门史志业务工作。继续做好基层志书的指导审阅工作,相继指导《青阳镇志》《南闸街道志》《三房巷村志》《城东街道消失自然村图志》等镇(村)志编修,审阅修改《三房巷村志》《南闸街道志》《青阳镇志》《桐岐分志》等志稿350余万字,提出修改意见4000余条。《顾山镇志》由方志出版社出版,总计22章166万字,6月举行首发式。《城东街道消失自然村图志》由广陵书社出版发行,总计10.5万字。市史志办全年开展业务培训300余人次,接待上门业务咨询40余人次,解答电话咨询80余次。 (市史志办)

档案工作

【概况】 2017年,江阴市档案局各项工作取得新的进步。全年共接收档案38168卷245件,征集到一批原乡镇企业档案资料、家谱、照片、实物等。利用馆藏档案资源,完成《民国江阴小学教育档案选编》和《异军突起》2本编研成果的编纂任务。举办2期档案业务培训,参训325人次。完成209个单位的档案星级测评、复查验收工作。接待社会各界查档近2万余人次,调阅案卷6800多卷,提供证明材料4万余份。数字档案馆建设得到进一步加强,加快推进299个村、社区档案信息平台的应用服务。9月23日,国家档案局副局长胡旺林一行到江阴市调研考察新农村建设档案工作。

【209个单位档案管理通过省星级测评(含复查)】 2017年,江阴市档案局继续在市、镇(街道)、机关和企事业单位中开展档案管理星级测评工作,促进档案管理规范化。全年测评、复查单位209个。在测评过程中,全面贯彻执行《江苏省机关团体企业事业单位档案工作规范》,针对不同星级测评、复查单位的具体情况,本着服务单位发展、兼顾全面的原则,突出材料收集、目录和全文数据库建设、全宗指南、大事记、机构沿革编写等重点工作,做好星级测评复查的各项指导工作。

【基层档案工作指导】 2017年,江阴市档案局继续做好基层档案工作指导,提高全市立卷归档、软件运行、数字化建设等档案管理整体水平。继续开展档案星级测评工作(含复查)有序,有209个单位顺利通过验收。重点项目档案建设得到进一步加强,长电科技股份有限公司"通信用高密度球栅陈列封装FBGA技改扩能项目"等4项通过重点项目档案专项验收。切实加强宗教活动场所和土地确权档案的指导,年内10个寺庙档案管理通过三星级测评,13个乡镇的119个村的土地确权档案达到进馆要求。以"档案我们共同的记忆"为主题,以"6·9"国际档案日为契机,积极开展档案法规宣传周活动。对55个单位进机关档案工作进行年度评估。

【档案业务工作培训】 2017年,江阴市档案局继续做好档案业务工作培训,分别为机关事业单位、村(社区)及企业新上岗档案人员集中举办培训班2期,参训人数261人;组织64名基层档案员参加省重大建设项目档案管理培训班和无锡市档案继续教育培训班,全年参训325人次。

【档案保管利用】 2017年,市档案局接待查档20210人次,调阅案卷6822卷,提供证明材料4万余张。接收各类档案38168卷、245件,政府公开信息515件。整理公证档案23270卷、退伍军人档案622卷,道路工程档案382卷,民国档案45卷、家谱183卷。进一步加强馆内基础工作,及时更新馆藏数量统计、全宗名册、利用登记、库房管理登记、档案检查登记、库房温湿度统计分析等各类台账的登记,新增档案检索工具42册,认真做好到期档案鉴定划控工作,完成10515卷、3197件划控任务。接收和处理"12345"公共服务呼叫中心热线平台相关诉求,全年办理群众诉求14件,回访满意率100%。完成90个单位2016年度全市档案事业统计综合年报工作。

【档案信息化建设】 2017年,江阴市档案局数字档案馆建设得到进一步加强,新增原文数据90万余页,馆内累计原文数据2810余万页,馆内目录数据新增20余万条。加强数据备份和数字档案馆应用平台的日常维护及安全防护工作,对灾备设备进行软、硬件升级,并更新灾备策略,保证系统数据能够及时备份、速度更快、更安全。完成浙江柯桥、乐清档案数据异地备份。智慧档案馆一期项目建设正式启动。进一步完善民生一站式服务平台系统功能,加强档案馆、档案室、新农村档案管理等系统的日常维护,及时进行数据互导,合计处理数据近10万条,原文10万余件,近272GB(十亿字节)。加强档案信息网站的维护,及时更新相关信息。完成市公安局和江阴海事局创建AAAAA级数字档案室计划。

【档案征集编研】 2017年,江阴市档案局新增家谱16部、江阴籍书籍著作20余册、民国前后证书7份、荣誉物品5件。积极开展乡镇企业档案音视频资料的征集,按照省市局要求,确定江阴8个企业作为征集目标,江苏新长江实业集团有限公司、江阴澄星实业集团有限公司等7个单位的部分音视频资料已经征集进馆。利用馆藏档案资源,完成《民国江阴小学教育档案选编》,充分发挥镇街档案编研积极性,完成《异军突起》编研成果的编纂任务。

(陈　忠)

党校工作

【概况】 2017年,江阴市委党校秉承"立校为党,执教为民"的责任使命,遵循"干部培训、理论武装、思想引领、决策咨询"的职能定位,围绕建设"在长三角有较大影响,在全国有一定知名度"的示范性县级党校目标,打造"党员干部的大学堂、市委政府的思想库、学习型组织的示范点"。完成市管领导干部学习贯彻十九大精神、市管领导干部"六大发展战略"轮训、年轻干部党性修养提升、一把手"六大发展战略"培训、年轻干部能力素质提升等轮训班,培训总量创历史新高。利用市委中共十九大精神宣讲团优势,深入基层宣讲中共十九大精神、习近平总书记系列重要讲话精神、江阴撤县建市30年辉煌成就,在全市兴起学习、宣传、贯彻中共十九大精神的高潮。继续面向全国举办外联班,培训面继续扩大,影响力继续提升。着力推进科研咨政工作,与市委办合作出版重大书稿2部,结项各级各类课题15项,公开发表论文20余篇,立项省市级课题15项,出刊《市情研究》2期。完成党支部、党总支部换届选举工作,配合做好市委巡察组对党校的巡察工作;多方组织教师培训教育,教师素质不断提高,新进年轻教师2人;"阳光扶贫"工作规范推进,"两学一做"学习教育制度化、常态化工作不断深入。

【主体办班】 2017年,江阴市委党校始终坚持党校姓党,坚持以理论教育和党性教育为主导,遵循需求导向和问题导向,着力优课程设计、强课程开发、严组织管理、优化课堂效果、提高培训质量、做强培训品牌,积极探索培训内容和形式的创新,切实增强主体班培训实效。年内,相继完成市管领导干部"六大发展战略"*轮训班、年轻干部党性修养提升班、一把手"六大发展战略"培训班、年轻干部能力素质提升专题培训班、市管领导干部学习贯彻中共十九大精神轮训班等主体班20期2178人次,委托办班78期5255人次,计98期7433人次。党校"党员干部大学堂"的地位不断巩固。

【理论宣讲】 2017年,江阴市委党校按照"服务中心、服务发展、服务基层"要求,主动发挥党校基层宣讲载体功效,利用市委宣讲团品牌效应,紧紧围绕基本理论、基本路线、基本方略,抓住党的群众路线主题教育活动、"两学一做"*学习教育制度化常态化、江阴撤县建市30周年、全国文明城市创建等有利时机,及时提供习近平总书记系列讲话精神、"四个全面"*总体布局、法治思维与依法行政、中共十九大精神等专题宣讲菜单,送理论到各镇(街道)、村(社区)、机关、企业、学校和部队,送教上门超300场,受众30000余人次,在全市兴起学习、宣传、贯彻中共十九大精神的热潮。

【开放办学】 2017年,江阴市委党校进一步加大对江阴市情的研读,整合培训资源,开发培训专题,致力满足委托办班、合作办班需求。及时修订完成第十二版合作办班培训教材,充实完善6大系列培训专题菜单,新增《江阴撤县建市30年辉煌成就》《做好机关党务工作的必备知识》《政协委员如何履行职责》等专题;新开发江阴综合执法局、城管局城中中队、徐霞客镇综合执法局、月城友利特公司等市内外新现场教学点10余个,逐步实现现场教学规模化、集群化和品牌化。年内,举办外联班169期,培训逾7361人次,对外培训规模继续走在全国同级党校前列。

【科研咨政】 2017年,江阴市委党校抓住江阴首只股票上市20周年与江阴撤县建市30周年有利时机,组织全校科研力量,集中攻关,与市委办合作完成重大书稿两部:《江阴板块——纪念江阴首只股票上市20年》,45万字,7月,由上海人民出版社出版;《迈向强富美高——江阴撤县建市30年的探索与实践》,40.5万字,9月,由江苏人民出版社出版。是年,完成2016年度省委党校课题1项,《社会矛盾源头预防之策——基于江阴的实证研究》获优秀结项;2016年度无锡党校系统课题11项,其中5项课题获得优秀结项;成功申报2017年度课题12项、环太湖发展研究中心2017年度课题立项2项;与市委统战部合作完成无锡市委统战部课题——新形势下中介组织和社会组织从业人员统战工作的路径分析、申报2017年度法治建设实事工程项目——提升基层政府法治化应对社会矛盾的能力。完成镇街委托课题2项,新桥镇《特色党建激活"红细胞"红色引擎引领"初心号"》、顾山镇《党建引领点"豆"成金——"老少边特"村的"强富美高"之路》。

【智库建设】 2017年,江阴市委党校继续编印《市情研究》,先后刊发《让江阴精神焕发时代光芒》《江阴村级医疗互助制度的创新实践》等文章。教师发表论文也创历史纪录,共20余篇,发刊论文数量、质量与层次都同步提高。2017无锡市党校系统学习贯彻中共十九大精神暨党校论坛年会共表彰优秀论文30篇,江阴市委党校有8篇获奖,其中3篇论文进入前5名。江阴市委党校不仅是获奖最多的学校,而且是文章质量最高的学校。

【教师培训】 2017年,江阴市委党校注重在选拔、培养、稳定人才上下功夫,促进教师队伍优化。选拔培养优秀人才。严格按照选人用人程序,全程纪实,公开招录应届硕士研究生教师2人,提拔任用中层正职1人,评审高级讲师3人;抓好教师素质提升。按照"哲学素养提升年"计划安排,开展系列读书活动厚植马克思主义哲学素养的根基。面向全国基层党校成功举办基层党校教师马克思主义哲学素养提升培训班;联合中央党校浦东干部学院开展师资网络专题培训,实现教师在线理论学习的常态化;组织10余名教师参加北京、江苏省及无锡市举办的中共十八届六中全会精神、中共十九大精神师资专题培训,教师理论

2017年4月,在市委党校举办的江阴市市管领导干部"六大发展战略"专题轮训第四期培训班 (市委党校提供)

水平和教学科研能力不断提升。

【党校建设】 2017年，江阴市委党校加强党对意识形态工作的领导，健全组织、强化教育，教师队伍“四个意识”*不断强化；加强党的组织建设，顺利完成支部、党组及工会换届工作；加强党风廉政建设，确保各项制度落地落实，通过市委巡察组、派驻组的指导，完成市委对党校的巡察工作；加强“阳光扶贫”工作及云南芒市党校结对扶贫工作，教职员工用真情、办实事，合计捐助善款2.91万元，帮助解决多位困难学生的上学问题；加强财务与后勤管理，健全规范采购竞价、查验制度、保管等流程制度，扁平化、精细化管理水平不断提高，学校效益显著提高。（申静文）

接待工作

【概况】 2017年，江阴市接待各类宾客423批17017人次，其中党和国家原领导2人次（全国政协原副主席张怀西、黄孟复），部、省级领导83人次，军队少将及以上军衔将领3人次。到江阴百人以上的团队有11批，团队人数最多的是全国体育产业发展大会，与会代表303人。各级领导视察指导和外地宾客参观活动的内容继续向多领域、深层次拓展，涉及江阴经济社会发展各个方面。

【到江阴的江苏省级领导】 2017年，到江阴考察指导工作的江苏省委、省政府领导有李强、石泰峰、吴政隆、黄莉新、李小敏、樊金龙、王燕文、蒋卓庆、郭文奇、张敬华、杨岳、马秋林、陈震宁、蓝绍敏等；江苏省人大常委会领导有史和平、许仲梓、赵鹏等；江苏省政协领导有徐鸣、许津荣等。到江阴考察指导工作的江苏省原领导有曹鸿鸣、郑斯林、高德正、林祥国、弘强等。

【到江阴的国家各部委及外省的省级领导】 2017年，据不完全统计，到江阴考察指导工作的国家各部委及各省省级领导和原领导有36人。其中在职领导20人，先后为全国政协经济委员会副主任、中央第二环境保护督察组组长吴新雄，海关总署党组书记、署长于广洲，中国日报社社长、总编辑朱灵，工业和信息化部纪检组组长金书波，第十二届全国政协副秘书长、民进中央副主席朱永新，第十二届全国人大法律委员会主任委员乔晓阳，黑龙江省政协副主席于莎燕，中央统战部副部长、全国工商业联合会党组书记、常务副主席全哲洙，中央机构编制委员会办公室副主任何建中，全国总工会书记处书记田辉，国家旅游局副局长魏洪涛，中央机构编制委员会办公室主任张纪南，全国人大常委会华侨委员会副主任委员罗保铭，国家统计局党组成员、总经济师盛来运，中国科学技术协会副主席、中国科学院院士、中国科学院微系统所所长王曦，国家体育总局副局长赵勇，全国政协常委、经济委员会副主任李毅中，国家质量监督检验检疫总局副局长陈钢，复旦大学党委副书记刘承功，国家质量监督检验检疫总局党组成员、国家标准委员会主任田世宏等。老领导16人，先后为中国科学院院士、复旦大学原校长杨玉良，住房和城乡建设部原副部长齐骥，辽宁省原副省长张荣茂，四川省原副省长甘宇平，广西壮族自治区原副主席袁凤兰，广东省政协原副主席石安海，国务院派驻国家电网公司监事会原主席张英惠，湖北省委原副书记邓道坤，国土资源部原党组成员、国家地质调查局原局长孟宪来，农业部原常务副部长尹成杰，第十一届全国人大财经委副主任委员贺铿，科学技术部原副部长吴忠泽，国家质量监督检验检疫总局原总工程师刘兆彬，交通部原副部长徐远祖，国务院原参事张纲，南京大学原党委书记、教授洪银兴等。

【到江阴的军队少将及以上军衔首长】 2017年，据不完全统计，到江阴参观考察的军队少将及以上军衔首长有3人，先后为南京军区政治部原副主任少将嵇绍莹，中国航天远洋测量船基地原副司令员、总工程师少将刘仁生，原39军副军长、辽宁省军区原副司令员少将尚全孝等。

【到江阴的其他重要人士】 2017年，据不完全统计，到江阴的其他重要人士有36人，先后为中国世界和平基金会主席李若弘，新东方教育集团董事长俞敏洪，中国市长协会城市咨询委员会顾问陶斯亮，中国市长协会城市咨询委员会咨询委副主任李述，中国科学院院士李玉良、解思深、李述汤，国务院参事室特约研究员、著名经济学家姚景源，中国进出口银行原党委书记、董事长、原行长李若谷，中国工程院院士卢耀如，中国徐霞客研究会会长王宝才，北京民营经济发展促进会常务会长郑永革，中央电视台农业频道节目主持人滕文天，北京民营经济发展促进会会长贾海禄，阿里巴巴集团董事局主席马云，亚洲基础设施投资银行行长金立群，中信泰富有限公司董事长、总裁张极井，中国工程院院士、美国国家工程院外籍院士曹湘洪，南方科技大学工学院院长、加拿大工程院院士徐政和，香港新闻工作者联会主席张国良，台湾华新丽华集团董事长焦佑伦，中电海康集团有限公司董事长陈宗年，国际著名蛋白质分离纯化专家、中国国际科学技术合作奖和中国政府友谊奖获得者、江阴贝瑞森生化技术有限公司创始股东杨森，香港江苏社团总会会长唐英年，国奥队教练里皮，诺贝尔生理医学奖获得者、教授厄温·内尔，诺贝尔化学奖获得者哈特穆特·米歇尔，中国科学院院士陈洪渊，国际导航和运动控制院院士尔图诺夫科，宇航科学院通讯院士、中国空间技术研究院原院长、卫星工程总设计师徐福祥，中国工程院院士程泰宁，中国佛教协会副秘书长、江苏省佛教协会副会长、苏州木渎灵岩山寺方丈宏度，中国佛教协会副秘书长、浙江省佛教协会副会长、杭州灵隐寺方丈光泉，中国佛教协会副会长、江苏省佛教协会会长、镇江金焦二山（金山、焦山）方丈心澄，中国佛教协会驻会副会长、中国佛学院常务副院长、成都方殊院方丈宗性，诺贝尔奖得主、教授蒂姆·亨特等。

（陈 悦）

■类目编辑 党 辉

江阴市人大常委会

重要会议

【概况】 2017年，江阴市人大常委会举行第十七届人民代表大会第一次会议，召开市人大常委会会议7次、主任会议15次，听取和审议“一府两院”（市政府、法院、检察院）工作报告和专项报告26项，开展执法检查和专项工作评议各1次，组织视察活动7次。市人大及其常委会依法作出决议、决定21项。

【市十七届人大一次会议】 2017年1月8—11日，江阴市第十七届人民代表大会第一次会议在江阴大剧院举行。出席会议的代表应到396名，实到395名。会议列席和邀请人员有：市委、市人大、市政府、市政协有关领导；市委、市政府各部门，群众团体及有关单位主要负责人；驻江阴有关单位主要负责人；在江阴的全国人大代表、省人大代表和无锡市人大代表小组组长；省级以上经济开发区党工委、管委会有关领导；有关镇党委书记、镇长，有关街道办事处主任，有关镇人大专职副主席，有关街道人大工委专职副主任；市人大常委会各办事机构有关人员；往届市人大常委会领导和市政协主席；出席市政协会议的政协委员和列席人员；省级以上经济开发区机关各部门主要负责人；市民代表、政法系统中层以上干部分别列席第一次与第二次全体大会。会议期间，代表听取和审议《政府工作报告》，审查并批准《关于江阴市2016年国民经济和社会发展计划执行情况及2017年国民经济和社会发展计划草案的报告》《关于江阴市2016年财政预算执行情况和2017年财政预算草案的报告》《关于2016年列入市人大资金监督的政府投资重点项目资金计划执行情况和2017年重点项目资金计划安排情况的报告》，审议市政府《关于市十六届人大五次会议代表所提建议办理情况的报告》《2017年市委、市政府为民办实事》，听取并审议《江阴市人大常委会工作报告》《江阴市人民法院工作报告》《江阴市人民检察院工作报告》。审议通过《江阴市人民代表大会内务司法委员会2016年工作报告》《江阴市人民代表大会财政经济委员会2016年工作报告》，表决通过有关决议。大会表决通过市十七届人民代表大会法制委员会和财政经济委员会组成人员名单。表决通过《江阴市十七届人大一次会议选举办法》。选举产生江阴市第十七届人大常委会主任、副主任、委员，江阴市市长、副市长，江阴市法院院长、江阴市检察院检察长，江阴市出席无锡市第十六届人民代表大会代表，组织当选的国家机关工作人员（除江阴市检察院检察长）宪法宣誓。会议期间，收到市政府提出的议案1件，收到代表建议、批评和意见217件。

【市人大常委会会议】 市十六届人大常委会第三十八次会议于2016年12月30日召开，会议听取并审议市政府《关于财政预算2016年执行情况和2017年预算（草案）》《2016年政府投资重点项目资金计划执行情况和2017年政府专项资金初步安排方案》，审议相关开发区、街道关于2016年财政预算执行情况和2017年预算草案的报告。会议听取并审议表决市人大常委会、市政府有关人事任免事项，审议并表决通过《市十六届人大常委会2016年工作报告》《市十六届人大内务司法委员会2016年工作报告》《市十六届人大财政经济委员会2016年工作报告》，审议市政府《关于市十六届人大常委会第三十五次会议审议意见办理情况的报告（书面）》。传达学习市委十三届二次全体（扩大）会议精神。（补记2016年内容）

市十七届人大常委会第一次会议于2017年2月28日召开。会议审议并表决通过《江阴市人大常委会2017年工作要点》，听取并审议表决市政府、市法院有关人事任免事项，表决通过《江阴市第十七届人民代表大会常务委员会代表资格审查委员会和有关工作委员会组成人员名单》，新任命人员集体向宪法宣誓。举行市人大常委会财政预决算审查专家聘任仪式，28名受聘专家领取聘书。

市十七届人大常委会第二次会议于2017年4月26日召开。会议听取并审议市政府《关于2016年度江阴市环境状况和环境保护目标完成情况的报告》；听取并审议市政府《关于江阴市畜禽养殖污染综合治理工作情况的报告》；审议市政府

《关于2016年依法行政工作情况的报告》;表决通过有关市政府人事任免事项;审议并表决通过市政府《关于2017年一般公共预算支出和国有资本经营收支预算调整方案》以及有关人大工作制度。

市十七届人大常委会第三次会议于6月27—28日召开。会议听取并审议市政府《关于2016年度财政决算情况的报告》和财政同级审情况,以及市人大财政经济委员会相关审查报告,表决通过《关于批准江阴市2016年度财政决算的决议》;听取并审议市政府《关于高新技术企业发展情况的报告》;听取并审议市政府《关于农贸市场改造工作情况的报告》,并进行民主测评,测评结果为满意;听取并审议市法院《关于破产案件审判工作情况的报告》以及市人大内务司法工委相关调查报告;审议市政府《关于市十七届人大常委会第二次会议审议意见办理情况的报告》,表决通过"一府两院"有关人事任免事项和人大有关工作制度。

市十七届人大常委会第四次会议于2017年7月28日召开。会议专题学习市委十三届三次全体(扩大)会议精神。会议听取并审议市政府《关于提请审议江阴市部分街道行政区划调整方案的议案》,表决通过有关决议。

市十七届人大常委会第五次会议于2017年8月31日召开。会议听取并审议市政府《关于2017年政府投资重点项目计划调整情况的报告》,表决通过《2017年政府投资重点项目计划调整方案》;听取并审议市政府《关于2017年上半年国民经济和社会发展计划执行情况的报告》《关于2017年上半年财政预算执行情况的报告》《关于2017年政府投资重点项目资金管理和项目建设进展情况的报告》。会议表决通过市政府、市检察院有关人事任免事项;听取部分无锡市人大代表履职情况报告,并进行民主测评;审议市政府、市法院《关于市十七届人大常委会第三次会议审议意见办理情况的报告》。

市十七届人大常委会第六次会议于2017年10月26日召开。会议听取并审议市政府《关于推进城乡建设"1310工程"议案决议执行情况的报告》《关于江阴市2016年度财政同级审查出问题整改情况的报告》《关于市十七届人大一次会议代表建议办理情况的报告》;听取并审议市人大常委会执法检查组《关于〈中华人民共和国食品安全法〉执法检查情况的报告》;听取并审议表决有关人事代表工作和有关人事任免事项;审议表决《关于召开市十七届人大二次会议的有关决定》;审议市政府《关于市第十七届人大常委会第五次会议审议意见办理情况的报告》。

市十七届人大常委会第七次会议于2017年12月29日召开。会议听取并审议通过市政府《关于2017年国民经济和社会发展计划部分指标调整方案》《关于2017年财政预算调整方案》;听取并审议市政府《关于2017年财政预算执行情况和2018年预算草案》《关于2017年政府投资重点项目资金计划执行情况和2018年政府投资重点项目资金安排情况的报告》;会议表决通过市政府有关人事任命事项;审议并通过《关于江阴市第十七届人民代表大会代表变动情况以及补选代表资格审查情况的报告》;听取市经济和信息委员会、市农林局主要负责人履职情况报告,并进行民主测评;表决通过《江阴市第十七届人民代表大会第二次会议有关文件及名单(草案)》《市十七届人大常委会工作报告》《市十七届人大法制委员会工作报告》《市十七届人大财政经济委员会工作报告》和有关人大工作制度;审议市政府《关于市十七届人大常委会第六次会议审议意见办理情况的报告》。

【市人大常委会主任会议】 2017年,召开江阴市第十七届人大常委会主任会议15次。主要议题有:讨论《江阴市人大常委会2017年工作要点》,讨论确定《关于市十七届人大常委会领导分工的通知》《江阴市十七届人大常委会各工作机构与政府部门、"两院"及有关单位、基层人大对口联系安排》,讨论《关于2017年基层人大工作的指导意见》《关于2017年市人大代表小组活动的意见》《关于深化"人大代表在行动"主题实践活动的实施意见》,讨论确定重点督办的市十七届人大一次会议代表建议,讨论《新一届市人大代表履职能力培训实施方案》以及人大有关工作制度,讨论通过《2017年论文征集工作方案》《关于开展"两联系"活动的实施意见》《关于评议市政府农贸市场改造工作的实施意见》《"代表建议督办月"工作方案》《关于进一步做好镇民生实事项目人大代表票决制的指导意见》《关于开展评选"代表活动先进小组、代表活动积极分子和优秀联络员"活动意见》《〈中华人民共和国食品安全法〉执法检查实施意见》《关于组织开展2017年度"市人大代表履职活动周"专题活动的实施意见》《2017年市人大常委会履职实事回顾方案》,听取"代表履职活动周"活动情况汇报,讨论市人大常委会有关议事规则和工作制度,讨论通过市人大常委会各工作机构专题调研报告。听取并审议市政府《"1310"工程规划建设情况》《"五网"升级工程进展情况》《关于江阴市旅游业发展规划和建设情况的报告》《关于2017年重点督办代表建议办理情况的报告》《智慧医疗建设情况》《体育产业发展情况的报告》《关于粮食收购储备工作的情况》。听取并审议市检察院《关于刑事执行检查工作情况的报告》。集中学习中共十九大精神,江苏省委、无锡市委、江阴市委全会精神,全国、省、市人代会精神,全省市县人大常委会负责人学习会会议精神,中共中央《关于健全人大讨论决定重大事项制度、各级政府重大决策出台前向本级人大报告的实施意见》有关文件,"两学一做"专题辅导学习。

【市人大常委会与"一府两院"联席会议】 2017年2月22日,召开市人大常委会与"一府两院"联席会议,听取市政府、市法院和市检察院对《江阴市人大常委会2017年工作要点》的意见建议,促进市委决策部署和市十七届人大一次会议决议决定的贯彻落实。

监督工作

【概况】 2017年,江阴市人大常委会创新监督工作机制,综合运用监督方式,全力服务支持和监督推动全市改革发展。听取和审议"一府两院"专项工作报告26项,开展执法检查和专项工作评议各1次,组织视察活动7次。

【跟踪监督"1310工程"议案决议执行】 2017年,市人大常委会监督推进《实施城乡建设"1310工程"议案》决议的执行,综合运用听取工作报告、视察检查、工作调研、听证座谈等多种方式加强督查,组织人员实地视察芙蓉大道快速化改造、江阴绿道一期工程、人防主题公园等工程建设管理,调研城市综合管理服务平台、城区拆迁工作、环城森林公园和轨道交通规划等,积极建言和跟踪问效"1310工程"各个项目的规划论证和建设管理情况。督促政府强化议案决议执行的使命责任,坚持规划引领,加强过程管控,落实要素保障,提升建管品质,加快建成一批出效益、惠民生的工程项目。

【持续深化全口径预决算审查监督】 2017年,市人大常委会认真落实预算法,督促细化预算编制,严格街道、开放园区预算编制工作,实现对市本级财政全口径预算编制监督的全覆盖。建立完善预算联网监督系统,调研、听取和审议财政预算执行情况,依法审查批准预算和预算调整,实现对预算执行的实时监督。加强审计查出问题整改情况的跟踪监督,通过落实整改清单销号制、直接听取部门整改汇报、开展整改情况"回头看"等方式,督促政府进一步健全整改工作长效机制,强化整改责任落实,着力从机制上解决预算执行中存在的突出问题。加强对政府投资重点项目年度资金安排及管理情况的监督,通过定期听取汇报、实地调研检查等途径,持续跟踪项目建设进展,促进提升资金使用绩效。规范闭会期间市人大财经委职责,完善财政预决算专家审查机制,举办预算审查专题培训,不断提升市镇两级人大审查监督能力和水平。

【促进经济结构转型升级】 2017年,市人大常委会加强新常态下经济运行动态调研,听取审议国民经济和社会发展计划执行情况,配合省人大常委会开展供给侧结构性改革工作检查,推动政府加快实施产业强市首要战略和创新驱动核心战略,努力实现经济发展的提质增效。关注实体经济发展,跟踪市产业政策落实,听取审议高新技术企业培育发展情况,视察工业重点重大项目建设,掌握企业运行发展现状,要求政府进一步优化营商发展环境,推进重大产业项目招引落地,积极构建经济金融良好生态,持续激发全市创新发展的动力和活力。着眼于打造现代服务业新高地,听取审议旅游业规划与建设情况,调研检查综合保税区发展、电信大数据平台建设等工作,要求政府进一步优化提升服务业发展的功能定位,重视旅游业在产城融合发展中的积极作用,加快服务业领域重大产业项目实施,持续推动产业转型提升。

【推进生态文明建设】 2017年,市人大常委会认真落实环保法要求,专题审议环境状况和环境保护年度目标完成情况,要求政府深入推进绿色发展战略实施,提速产业结构调整,提质环保基础设施,提效执法监督管理,推动生态环境质量的持续改善。围绕打好大气、水、土壤污染防治"三大战役",市镇两级人大联动,就"263"专项行动*推进、"五网"*升级工程建设、固体废物污染防治、畜禽养殖污染综合治理、农村生活污水集中处理等议题加强监督,督促政府进一步加大污染防治专项治理力度,不断巩固提升阶段治理工作成效。视察和评议法院环境资源案件庭审活动,支持和推动生态环境治理司法介入。

【促进民生福祉改善】 2017年,市人大常委会积极回应社会关切,努力化解民生热点难点问题。关注市民"餐桌子",全面检查《中华人民共和国食品安全法》执行情况,督促政府重视监管能力建设,保持强有力的监管高压,加快构建新时代食品安全监管治理体系,努力保障市民"舌尖上的安全"。紧盯市民"菜篮子",专项评议农贸市场改造工作,要求政府进一步提升建设管理水平,落实监管治理责任。守好市民"米袋子",专题审议粮食收购储备工作,督促政府加强设施建设、完善收储机制、强化质量监管,全力保障粮食安全。聚焦市民"钱袋子",专题调研农村集体资产管理工作和农民增收情况,督促政府优化政策体系,完善扶贫救助机制,拓展增收渠道。着眼均衡普惠,就"智慧医疗"、高等教育、体育产业、公安巡防等事项进行审议、视察和调研,有序监督政府十件实事推进落实,要求政府着力解决民生领域发展不平衡不充分问题,补软补短,共建共享,不断增进市民的获得感。着眼诉访分离,把解决信访问题作为解决市民实际问题的重要抓手,全年办理群众来信来访58件(次),为维护市民合法权益、促进社会和谐稳定发挥了积极作用。

【推进法治江阴建设】 2017年,市人大常委会认真贯彻国务院《法治政府建设实施纲要》要求,首次听取和审议市政府年度依法行政工作报告,支持政府全面落实依法行政职责,加快建设法治政府。主动策应江阴开展县级集成改革试点,组织人员视察调研徐霞客镇集成改革工作和市民服务中心建设,支持政府深化机构改革和"放管服"改革,切实优化行政服务、提升效率效能。定期听取"两院"工作汇报,视察法院庭审活动,审议法院破产案件审判工作和检察院刑事执行检察工作,支持"两院"深化司法体制改革,全面落实司法责任,提高司法公信力,切实维护公平正义。认真开展规范性文件备案审查工作,对市重大行政决策程序规定等5个文件进行集中审查,有效维护法制统一。

【开展《中华人民共和国食品安全法》执法检查】 2017年8—10月,市人大常委会对江阴市贯彻实施《中华人民共和国食品安全法》有关情况进行执法检查。市人大常委会专门制定执法检查工作方案,成立执法检查组,并邀请国家行政学院教授进行专题辅导。执法检查组采取听取汇报、调研座谈、实地检查、随机抽查、问卷调查、外出学习、专题审议相结合的方式，重点对市食品安全责任落实和监管体制机制建设、重点领域和薄弱环节监管执法、生产经营者主体责任落实、社会共治等情况进行检查。针对检查中发现的食品安全监管体制机制需要健全完善、重点难点问题有待逐步破解、监管能力水平需要加快提升、社会共治体系需要持续深化等问题，建议市政府重视监管能力建设，保持监管高压，加快构建新时代食品安全监管治理体系，努力保障市民"舌尖上的安全"。此次执法检查推动市政府出台《关于进一步加强食品安全基层责任网络建设的意见》等文件，推动首批29所学校试点投保校园餐饮食品安全责任险，全市食品安全治理体系逐步完善，食品安全保障水平得到新提升。

【评议农贸市场改造专项工作】 2017年4—6月，市人大常委会成立专项评议工作组，对市政府农贸市场改造专项工作进行评议。按照《关于评议农贸市场改造情况的实施意见》要求，评议工作组分别组织部分镇(街道)、园区和市商务局、市场监管局分管负责人、部分农贸市场管理方、经营方座谈，听取对农贸市场工作的意见建议，并引入第三方机构进行社会民意调查。同时，通过网络、报刊等新闻媒体公示评议工作组联系电话和电子信箱，征求社会各界对农贸市场改造工作情况的意见和建议。6月28日，市十七届人大常委会第三次会议听取和审议市政府《关于农贸市场改造工作情况的报告》，并进行民主测评，投票结果为满意票30票，基本满意票4票，综合评定为满意。

【组织开展履职工作述职和民主测评】 2017年，根据《江阴市人民代表大会常务委员会述职评议办法》有关规定，市人大常委会主任会议讨论通过评议名单，确定对市经济和信息化委员会、市农林局的主要负责人履职的情况进行评议，并成立述职评议工作领导小组具体开展工作。评议组通过召开征求意见座谈会、问卷调查等方式对述职对象的德、能、勤、绩、廉等方面的情况进行前期调研并形成报告。12月29日，市十七届人大常委会第七次会议听取市经济和信息化委员会主任王利峰、市农林局局长胡品洪的述职报告，从政策理论水平、民主意识、全局观念、人大意识、思想作风和廉洁自律、决策能力和工作质效等方面，以无记名投票方式对述职人员进行民主测评，2名述职对象测评结果均为优秀。

【组织无锡市人大代表向常委会述职】 2017年，市人大常委会根据无锡市人大常委会《关于市人大代表向原选举单位报告履职情况的意见》工作要求，组织部分无锡市人大代表以口头或书面形式向江阴市人大常委会作履职报告。8月31日，十六届无锡市人大代表王新潮、胡洪平、马建忠、蒋云燕、孙秉忠在市十七届人大常委会第五次会议上汇报履职情况。与会常委会组成人员对5名无锡市人大代表的履职情况进行民主测评，测评结果均为满意。

人事任免

【概况】 2017年，江阴市人大常委会依法规范做好人事任免工作，认真审议各项人事任免议案。全年任免国家机关工作人员118人次。

2017年江阴市人大常委会任免国家机关工作人员一览表

表5

时间	会议名称	任免名单
2月28日	市十七届人大常委会第一次会议	决定任命张忠为市政府办公室主任、包锡龙为市发展和改革委员会主任、王利峰为市经济和信息化委员会主任、陈兴初为市教育局局长、赵志军为市科学技术局局长、季相云为市人力资源和社会保障局局长、张少波为市财政局局长、王庆春为市公安局局长、郁李达为市监察局局长、钱华光为市民政局局长、章见良为市司法局局长、童金良为市住房和城乡建设局局长、顾文浩为市交通运输局局长、卢建法为市水利农机局局长、胡品洪为市农林局局长、查建标为市商务局局长、蒋青为市文化广电新闻出版局局长、严军明为市卫生和计划生育委员会主任、陈俊虎为市市场监督管理局局长、汤龙生为市审计局局长、陈福良为市环境保护局局长、仇丰为市规划局局长、陈泓为市统计局局长、严建定为市安全生产监督管理局局长、陈峰为市粮食局局长、顾洪伟为市体育局局长、张建明为市物价局局长、万小溪为市政府法制办公室主任、张德根为市城市管理局局长、顾金辉为市园林旅游管理局局长、施迪庆为市民防局局长、陈国君为市公用事业管理局局长、陈雪源为市民族宗教事务局局长

续表 5

时间	会议名称	任免名单
2 月 28 日	市十七届人大常委会第一次会议	任命张震星为市法院审判委员会委员、刑事审判庭庭长;任命宋祥为市法院执行裁判庭庭长;任命沈洪兴为市法院滨江法庭副庭长,免去其民事审判第二庭副庭长职务;任命蒋正光为市法院刑事审判庭副庭长,免去其立案庭副庭长职务;任命杨奕为市法院青阳法庭副庭长,免去其民事审判第二庭副庭长职务;任命徐芝若为市法院青阳法庭副庭长,免去其知识产权庭副庭长职务;任命李柯为市法院临港经济开发区法庭副庭长,免去其刑事审判庭副庭长职务;任命潘亚伟为市法院长泾法庭副庭长,免去其民事审判第一庭副庭长职务;任命成志昀为市法院刑事审判庭副庭长、王杰兵为市法院民事审判第二庭副庭长、李峰为市法院民事审判第一庭副庭长、刘丹为市法院执行裁判庭副庭长、张峥莉为市法院劳动争议审判庭副庭长、戈栋为市法院审判监督庭副庭长;免去沈少栋市法院审判委员会委员职务;免去陈丽英市法院审判委员会委员职务;免去夏建华市法院审判员职务;免去王建忠市法院审判员职务
4 月 26 日	市十七届人大常委会第二次会议	决定任命陈文斌为江阴市副市长(赴新疆工作)
6 月 27 日、28 日	市十七届人大常委会第三次会议	决定任命徐成为江阴市副市长(挂职)、吴虹娟为江阴市副市长(挂职) 任命张铮为市法院审判委员会委员,免去其民事审判第二庭庭长职务;任命张勇为市法院审判委员会委员、民事审判第二庭庭长,免去其滨江法庭庭长职务;任命蔡林为市法院滨江法庭庭长,免去其华士法庭庭长职务;任命陈教智为市法院华士法庭庭长;任命王芳为市法院知识产权审判庭庭长,免去其青阳法庭庭长职务;任命刘尧宇为市法院青阳法庭庭长,免去其知识产权审判庭庭长职务;免去徐伟光市法院审判员职务;免去张国芳市法院审判员职务;免去金星市法院审判员职务;免去宋健市法院审判员职务;免去邹学群市法院审判员职务。任命陈亚萍、余红、张旭东、杨群雄、益文娟、罗卫国、高文展、章杏青、蒋红月、潘建国为市法院人民陪审员;免去宋亚娟、潘朵朵市法院人民陪审员职务 免去吴海平市检察院副检察长职务;免去顾奕市检察院检察员职务
8 月 31 日	市十七届人大常委会第五次会议	决定任命赵亮亮为江阴市副市长(挂职) 决定任命周琛为市科学技术局局长、王光华为市人力资源和社会保障局局长、陈泓为市财政局局长,免去其市统计局局长职务;任命缪慧为市交通运输局局长、谢洪兴为市水利农机局局长、王文平为市统计局局长、朱孝兵为市安全生产监督管理局局长;免去赵志军市科学技术局局长职务;免去季相云市人力资源和社会保障局局长职务;免去张少波市财政局局长职务;免去顾文浩市交通运输局局长职务;免去卢建法市水利农机局局长职务;免去严建定市安全生产监督管理局局长职务 任命诸梦莺为市检察院副检察长
10 月 26 日	市十七届人大常委会第六次会议	决定任命杨云为江阴市副市长(挂职) 决定任命张德根为市城市综合管理局局长,免去其市城市管理局局长职务;任命魏锋为市行政审批局局长、曹乐平为市民防局局长;免去施迪庆市民防局局长职务 任命吴国平为市人大常委会夏港街道工作委员会副主任、吴建兵为市人大常委会申港街道工作委员会副主任、王顺元为市人大常委会利港街道工作委员会副主任;免去缪建伟市人大常委会临港街道工作委员会主任职务 任命曹海英为市法院华士法庭副庭长、李峰为市法院立案庭副庭长、孙妍为市法院知识产权审判庭副庭长、王杰兵为市法院审判员、戈栋为市法院审判员、刘丹为市法院审判员、刘啸云为市法院审判员、许敏为市法院审判员、陈艳红为市法院审判员、施君晟为市法院审判员、高勇为市法院审判员、高山为市法院审判员。免去康晓光市法院徐霞客法庭副庭长职务;免去卢朝霞市法院审判员职务
12 月 29 日	市十七届人大常委会第七次会议	决定任命仲剑为江阴市副市长(挂职)

代表工作

【概况】 2017年,江阴市人大常委会继续以"人大代表在行动"主题实践活动为抓手,坚持主题活动引领,深化平台建设,强化代表活动组织,扩大代表履职参与,促进代表履职常态化切实提升代表工作和活动的针对性和实效性。开展"学习调研年"活动,形成45篇调研报告;开展"建议督办月"活动,对217件代表建议进行集中督办;开展"履职活动周"活动,组织人大代表考察城乡60项整治项目。是年,市人大代表接待选民群众8415人次,收集意见建议253条。市人大常委会在10个镇全面推行镇民生实事项目人大代表票决制工作。

【"人大代表在行动"主题实践活动】 2017年,市人大常委会继续以"人大代表在行动"主题实践活动为抓手,统筹开展"学习调研年、建议督办月、履职活动周、联系接待日"等集中履职活动,通过市镇两级人大联动,统筹安排代表活动,丰富代表履职内涵,引导广大代表在加强学习、依法履职、推动发展、服务群众和奉献社会中展示新作为、创造新业绩、树立新形象。在"学习调研年"活动中,常委会组织5次集中辅导培训和15次常委会及其机关专题学习、各基层人大组织近20场代表业务培训,形成45篇调研报告。6月,开展"建议督办月"活动,市、镇两级人大通过座谈调研、现场检查、满意率双向调查等方式,对217件代表建议进行集中督办。在以"两减六治三提升"(简称"263"专项行动)为主题的"市人大代表履职活动周"活动中,333名代表市人大代表深入考察全市城乡60项整治项目,通过听专题汇报,看进展成效,议工作措施,提问题建议等方式推动政府工作,活动中检查出问题49个,提出建议72件。12月,开展代表"接待联系日"活动,组织市人大代表走进选区,收集选民的意见建议,为参加市镇两级人代会审议各项报告和提出议案、批评和意见作积极准备。

【代表"两联系活动"】 2017年,市人大常委会坚持和落实常委会组成人员联系代表、代表联系选民"两联系"制度,组织全市人大代表每年开展"两联系"活动,每名常委会组成人员至少与3名基层代表、每位人大代表至少与5名选民保持经常性联系。结合"连心富民、联企强市"大走访活动,组织代表围绕市委提出的"产业强市、创新驱动、改革开放、城乡统筹、绿色发展、民生优先"六大战略,依托"代表之家"、代表联络站等平台,深入选区企业、社区、村和选民家庭,通过召开座谈会、上门拜访交流、发放征求意见表等方式,密切与群众联系互动。是年,接待选民群众8415人次,收集意见建议253条。

【人大代表建议意见督办】 2017年,市人大常委会通过集中交办、"建议督办月"、督办重点建议、审议办理情况报告和组织"回头看"等活动和方式,进一步严肃办理程序,加大督办力度。把代表反映比较集中的建议纳入常委会年度履职议题,结合审议统筹推进办理;对8件重点督办建议,坚持常委会领导领衔,实施跟踪督办,推动办理取得实效。"一府两院"高度重视建议办理工作,市十七届人大一次会议期间和闭会期间代表提出的218件建议,一次办理满意和基本满意率达97.2%。加快防汛应急工程建设、加强农村自建房管控、拓宽祝陆公路等建议得到有序推进或落实。

【民生实事代表票决制工作】 2017年10月,市人大常委会积极推进基层民主决策、民主治理、民生监督,制定出台《关于做好镇民生实事项目人大代表票决制的指导意见》。10月20日,市人大常委会在新桥镇召开票决制工作推进会。会后,全市10个镇全面推行镇民生实事项目人大代表票决制工作,建立健全党委直接领导、人大主导推动、政府主体实施和群众广泛参与的民主决策机制,促进党委、政府决策与群众实际需求的精准对接、无缝融合。是年末,全市10个镇票决出民生实事项目91项。

【人大工作制度编制】 2017年,市人大常委会加强制度化、规范化建设,完成常委会议事规则、工作规则等一系列工作制度的修编工作,形成履职工作制度体系。常委会第二次、三次、七次会议,先后表决通过《江阴市人民代表大会议事规则》《江阴市人大常委会工作规则》《江阴市人大常委会会议议事规则》等20项工作制度,常委会第四次、七次、十四次主任会议先后审议通过《代表联系选区选民》《公民旁听人代会暂行办法》等7项工作制度。修编后的常委会工作制度分议事规则、监督工作、人事代表、自身建设和文件规定五大类40项(不包括机关内部管理制度),其中新制定14项、修订14项。 (何思施)

■类目编辑 韩 莉

市政府领导成员分工

蔡叶明　主持市政府全面工作，兼管监察、财政、审计、机构编制、城乡规划等方面工作。分管监察局、财政局、审计局、编办。联系国税局、地税局。

费　平　负责市政府常务工作，分管发展、计划、改革、政府政策研究、国有资产管理、住房和城乡建设、交通运输、规划、统计、城市管理、民防、公用事业管理、园林绿化、建设工程项目招投标、邮电通信工作，协助分管财政、机构编制工作。分管政府办、政府研究室、发改委、住建局、交通运输局、规划局、统计局、城管局、民防局、公用事业管理局、国资办、土地储备中心，协助分管财政局。联系住房公积金中心、国家统计局江阴调查队、中国电信江阴分公司、中国移动江阴分公司、中国联通江阴分公司、邮政局，协助联系国税局、地税局。

虞卫才　负责人力资源、社会保障、民政、司法、政府法制、民族宗教、人民武装、双拥、老龄、退管以及与人大、政协联络方面工作，协助分管监察、审计工作。分管人社局、民政局、司法局、政府法制办、民宗局，协助分管监察局、审计局。联系法院、检察院、总工会、团市委、妇联、残联、慈善总会、驻江阴部队。

赵　强　负责工业、科技、技术改造、信息化、资本经营、银行保险、应急管理工作。分管经信委、科技局、信息化办、政府金融办、政府应急办。联系科协、工商联、供电公司、人民银行江阴市支行、银监办、各银行保险机构。

郁秋皓　负责农村、农林、水利农机、国土、生态建设、环境保护、粮食、对口支援工作。分管国土资源局、水利农机局、农林局、环保局、粮食局、供销合作总社。联系气象局。

张国兴　负责开放型经济、商贸服务、安全生产、沿江开发、港口建设、开放园区、外事、侨务工作。分管商务局、招商局、安监局、口岸办（港口局）、外事办、服务业办、侨办。联系台办、侨联、海关、海事局、边检站、出入境检验检疫局、长江引航中心、船级社江阴办事处。

张韶峰　负责教育、市场监督、物价、行政服务、旅游、机关后勤、政府接待工作。分管教育局、市场监管局、物价局、政务办、园林旅游局、机关事务管理局、接待办。联系烟草专卖局、盐务管理局。

许　晨　负责文化、卫生、体育、人口和计划生育、广播电视、地方志、档案工作。分管文广新局、卫计委、体育局、史志办、档案局。联系文联、红十字会。

赵巧新　主持江苏江阴—靖江工业园区工作。

王庆春　负责稳定、公安、消防、信访工作。主持公安局工作，分管综治办、信访局、维稳办、消防大队。

余新泉　协助赵强分管科技工作。

2017 年 5 月 4 日起

蔡叶明　主持市政府全面工作，兼管监察、财政、审计、机构编制、城乡规划等方面工作。分管监察局、财政局、审计局、编办。联系国税局、地税局。

费　平　负责市政府常务工作，分管发展、计划、改革、政府政策研究、国有资产管理、住房和城乡建设、交通运输、规划、统计、城市管理、民防、公用事业管理、园林绿化、建设工程项目招投标、邮电通信工作，协助分管财政、机构编制工作。分管政府办、政府研究室、发改委、住建局、交通运输局、规划局、统计局、城管局、民防局、公用事业管理局、国资办、土地储备中心，协助分管财政局。联系住房公积金中心、国家统计局江阴调查队、中国电信江阴分公司、中国移动江阴分公司、中国联通江阴分公司、邮政局，协助联系国税局、地税局。

虞卫才　负责人力资源、社会保障、民政、司法、政府法制、民族宗教、机关后勤、政府接待、人民武装、双拥、老龄、退管以及与人大、政协联络方面工作，协助分管监察、审计工作。分管人社局、民政局、司法局、政府法制办、民宗局、机关事务管理局、接待办，协助分管监察局、审计局。联系法院、检察院、总工会、团市委、妇联、残联、慈善总会、驻江阴部队。

赵　强　负责工业、科技、技术改造、信息化、资本经营、银行保险、市场监督、安全生产、应急管理工作。分管经信委、科技局、市场监管局、安监局、政府金融办、政府应急办、信息化办。联系科协、工商联、供电公司、烟草专卖局、盐务管理局、人民银行江阴市支行、银监办、各银行保险机构。

郁秋皓　负责教育、农村、农林、水利农机、国土、生态建设、环境保护、粮食、物价、对口支援工作。分管教育局、国土资源局、水利农机局、农林局、环保局、粮食局、物价局、供销合作总社。联系气象局。

张国兴　赴陕西省延安市延川县挂职工作。

张韶峰　负责开放型经济、商贸服务、沿江开发、港口建设、开放园区、行政服务、旅游、外事、侨务工作。分管商务局、招商局、口岸办(港口局)、政务办、园林旅游局、外事办、服务业办、侨办。联系台办、侨联、海关、海事局、边检站、出入境检验检疫局、长江引航中心、船级社江阴办事处。

许　晨　负责文化、卫生、体育、人口和计划生育、广播电视、地方志、档案工作。分管文广新局、卫计委、体育局、史志办、档案局。联系文联、红十字会。

陈文斌　赴新疆伊犁州霍城县挂职工作。

余新泉　协助赵强分管科技工作。

赵巧新　主持江苏江阴—靖江工业园区工作。

王庆春　负责稳定、公安、消防、信访工作。主持公安局工作,分管综治办、信访局、维稳办、消防大队。

2017 年 6 月 30 日起

蔡叶明　主持市政府全面工作,兼管监察、财政、审计、机构编制、城乡规划等方面工作。分管监察局、财政局、审计局、编办。联系国税局、地税局。

费　平　负责市政府常务工作,分管发展、计划、改革、政府政策研究、国有资产管理、住房和城乡建设、交通运输、规划、统计、城市管理、民防、公用事业管理、园林绿化、建设工程项目招投标、邮电通信工作,协助分管财政、机构编制工作。分管政府办、政府研究室、发改委、住建局、交通运输局、规划局、统计局、城管局、民防局、公用事业管理局、国资办、土地储备中心,协助分管财政局。联系住房公积金中心、国家统计局江阴调查队、中国电信江阴分公司、中国移动江阴分公司、中国联通江阴分公司、邮政局,协助联系国税局、地税局。

虞卫才　负责人力资源、社会保障、民政、司法、政府法制、民族宗教、机关后勤、政府接待、人民武装、双拥、老龄、退管以及与人大、政协联络方面工作,协助分管监察、审计工作。分管人社局、民政局、司法局、政府法制办、民宗局、机关事务管理局、接待办,协助分管监察局、审计局。联系法院、检察院、总工会、团市委、妇联、残联、慈善总会、驻江阴部队。

赵　强　负责工业、科技、技术改造、信息化、资本经营、银行保险、市场监督、安全生产、应急管理工作。分管经信委、科技局、市场监管局、安监局、政府金融办、政府应急办、信息化办。联系科协、工商联、供电公司、烟草专卖局、盐务管理局、人民银行江阴市支行、银监办、各银行保险机构。

郁秋皓　负责教育、农村、农林、水利农机、国土、生态建设、环境保护、粮食、物价、对口支援工作。分管教育局、国土资源局、水利农机局、农林局、环保局、粮食局、物价局、供销合作总社。联系气象局。

张国兴　赴陕西省延安市延川县挂职工作。

张韶峰　负责开放型经济、商贸服务、沿江开发、港口建设、开放园区、行政服务、旅游、外事、侨务工作。分管商务局、招商局、口岸办(港口局)、政务办、园林旅游局、外事办、服务业办、侨办。联系台办、侨联、海关、海事局、边检站、出入境检验检疫局、长江引航中心、船级社江阴办事处。

许　晨　负责文化、卫生、体育、人口和计划生育、广播电视、地方志、档案工作。分管文广新局、卫计委、体育局、史志办、档案局。联系文联、红十字会。

陈文斌　赴新疆伊犁州霍城县挂职工作。

余新泉　协助赵强分管科技工作。

赵巧新　主持江苏江阴—靖江工业园区工作。

王庆春　负责稳定、公安、消防、信访工作。主持公安局工作,分管综治办、信访局、维稳办、消防大队。

徐　成　协助赵强分管工业、资本经营、银行保险工作。

吴虹娟　协助费平分管发展、计划、改革、统计工作,协助张韶峰分管开放型经济工作,分管商贸服务、物价工作。分管物价局、服务业办。

2017 年 9 月 4 日起

蔡叶明　主持市政府全面工作,兼管监察、财政、审计、机构编制、城乡规划等方面工作。分管监察局、财政局、审计局、编办。联系国税局、地税局。

费　平　负责市政府常务工作,分管发展、计划、改革、政府政策研究、国有资产管理、住房和城乡建设、交通运输、规划、统计、城市管理、民防、公用事业管理、园林绿化、建设工程项目招投标、邮电通信工作,协助分管财政、机构编制工作。分管政府办、政府研究室、发改委、住建局、交通运输局、规划局、统计局、城管局、民防局、公用事业管理局、国资办、土地储备中心,协助分管财政局。联系住房公积金中心、国家统计局江阴调查队、中国电信江阴分公司、中国移动江阴分公司、中国联通江阴分公司、邮政局,协助联系国税局、地税局。

虞卫才　负责人力资源、社会保障、民政、司法、政府法制、民族宗教、机关后勤、政府接待、人民武装、双拥、老龄、退管以及与人大、政协联络方面工作,协助分管监察、审计工作。分管人社局、民政局、司法局、政府法制办、民宗局、机关事务管理局、接待办,协助分管监察局、审计局。联系法院、检察院、总工会、团市委、妇联、残联、慈善总会、驻江阴部队。

赵　强　负责工业、科技、技术改造、信息化、资本经营、银行保险、市场监督、安全生产、应急管理工作。分管经信委、科技局、市场监管局、安监局、政府金融办、政府应急办、信息化办。联系科协、工商联、供电公司、烟草专卖局、盐务管理局、人民银行江阴市支行、银监办、各银行保险机构。

郁秋皓　负责教育、农村、农林、水利农机、国土、生态建设、环境保护、粮食、物价、对口支援工作。分管教育局、国土资源局、水利农机局、农林局、环保局、粮食局、物价局、供销合作总社。联系气象局。

张国兴　赴陕西省延安市延川县挂职工作。

张韶峰　负责开放型经济、商贸服务、沿江开发、港口建设、开放园区、行政服务、旅游、外事、侨务工作。分管商务局、招商局、口岸办(港口局)、政务办、园林旅游局、外事办、服务业办、侨办。联系台办、侨联、海关、海事局、边检站、出入境检验检疫局、长江引航中心、船级社江阴办事处。

许　晨　负责文化、卫生、体育、人口和计划生育、广播电视、地方志、档案工作。分管文广新局、卫计委、体育局、史志办、档案局。联系文联、红十字会。

陈文斌　赴新疆伊犁州霍城县挂职工作。

余新泉　协助赵强分管科技工作。

赵巧新　主持江苏江阴—靖江工业园区工作。

王庆春　负责稳定、公安、消防、信访工作。主持公安局工作,分管综治办、信访局、维稳办、消防大队。

徐　成　协助赵强分管工业、资本经营、银行保险工作。

吴虹娟　协助费平分管发展、计划、改革、统计工作,协助张韶峰分管开放型经济工作,分管商贸服务、物价工作。分管物价局、服务业办。

赵亮亮　协助虞卫才分管人力资源、社会保障工作,协助赵强分管工业、科技、市场监管工作。

2017 年 11 月 1 日起

蔡叶明　主持市政府全面工作,兼管监察、财政、审计、机构编制、城乡规划等方面工作。分管监察局、财政局、审计局、编办。联系国税局、地税局。

费　平　负责市政府常务工作,分管发展、计划、改革、政府政策研究、国有资产管理、住房和城乡建设、交通运输、规划、统计、城市管理、民防、公用事业管理、园林绿化、建设工程项目招投标、邮电通信工作,协助分管财政、机构编制工作。分管政府办、政府研究室、发改委、住建局、交通运输局、规划局、统计局、城管局、民防局、公用事业管理局、国资办、土地储备中心,协助分管财政局。联系住房公积金中心、国家统计局江阴调查队、中国电信江阴分公司、中国移动江阴分公司、中国联通江阴分公司、邮政局,协助联系国税局、地税局。

虞卫才　负责人力资源、社会保障、民政、司法、政府法制、民族宗教、机关后勤、政府接待、人民武装、双拥、老龄、退管以及与人大、政协联络方面工作,协助分管监察、审计工作。分管人社局、民政局、司法局、政府法制办、民宗局、机关事务管理局、接待办,协助分管监察局、审计局。联系法院、检察院、总工会、团市委、妇联、残联、慈善总会、驻江阴部队。

赵　强　负责工业、科技、技术改造、信息化、资本经营、银行保险、市场监督、安全生产、应急管理工作。分管经信委、科技局、市场监管局、安监局、政府金融办、政府应急办、信息化办。联系科协、工商联、供电公司、烟草专卖局、盐务管理局、人民银行江阴市支行、银监办、各银行保险机构。

郁秋皓　负责教育、农村、农林、水利农机、国土、生态建设、环境保护、粮食、物价、对口支援工作。分管教育局、国土资源局、水利农机局、农林局、环保局、粮食局、物价局、供销合作总社。联系气象局。

张国兴　赴陕西省延安市延川县挂职工作。

张韶峰　负责开放型经济、商贸服务、沿江开发、港口建设、开放园区、行政服务、旅游、外事、侨务工作。分管商务局、招商局、口岸办(港口局)、政务办、园林旅游局、外事办、服务业办、侨办。联系台办、侨联、海关、海事局、边检站、出入境检验检疫局、长江引航中心、船级社江阴办事处。

许　晨　负责文化、卫生、体育、人口和计划生育、广播电视、地方志、档案工作。分管文广新局、卫计委、体育局、史志办、档案局。联系文联、红十字会。

陈文斌　赴新疆伊犁州霍城县挂职工作。

余新泉　协助赵强分管科技工作。

赵巧新　主持江苏江阴—靖江工业园区工作。

王庆春　负责稳定、公安、消防、信访工作。主持公安局工作,分管综治办、信访局、维稳办、消防大队。

徐　成　协助赵强分管工业、资本经营、银行保险工作。

吴虹娟　协助费平分管发展、计划、改革、统计工作,协助张韶峰分管开放型经济工作,分管商贸服务、物价工作。分管物价局、服务业办。

赵亮亮　协助虞卫才分管人力资源、社会保障工作,协助赵强分管工业、科技、市场监管工作。

杨　云　协助赵强分管科技、军民融合工作。

年度重点工作

一、坚持以新发展理念为指导推进产业强市建设。突出产业升级,培育优势企业,扩大有效投入,强化服务保障。

二、坚持以科技创新为核心培育发展新动能。加强企业自主创新,推动产业技术创新,加快高端人才引育,优化创新发展环境。

三、坚持以改革开放为突破激发内生发展活力。深化各项综合改革,提升对外开放水平,增强园区发展能级。

四、坚持以城乡一体为引领加快建设美丽宜居城市。优化城乡空间布局,加强基础设施建设,提高城市管理水平,提升镇、村宜居质量。

五、坚持以绿色发展为导向持续改善生态环境。强化节能减排,推进综合治理,加强生态保护。

六、坚持以人民幸福为根本着力保障和改善民生。完善民生保障,提升公共服务,创新社会治理。

七、坚持以人民满意为目标打造服务型政府。推进依法行政，坚持从严治政，强化廉洁从政。

政府重要会议

【政府常务会议】 2017年1月17日，江阴市政府召开十七届政府第一次常务会议。会议对市政府领导分工进行明确，讨论并原则通过《江阴市人民政府工作规则(修订稿)(讨论稿)》《市政府常务会议工作规程(试行)(讨论稿)》《市长办公会议工作规程(试行)(讨论稿)》。

2017年2月24日，江阴市政府召开十七届政府第二次常务会议。会议讨论并原则通过《"十三五"加快推进企业上市挂牌工作，全力重塑"江阴板块"新优势发展规划意见(讨论稿)》《关于全力重塑"江阴板块"新优势的若干政策意见(讨论稿)》《关于进一步做好行政复议和行政应诉工作的意见(讨论稿)》《关于整合城乡居民基本医疗保险制度的意见(讨论稿)》《江阴市社会保险基金管理中心和江阴市新型农村合作医疗管理委员会办公室机构整合方案(讨论稿)》《关于取消和承接一批行政审批等权力事项的通知(讨论稿)》《江阴市市区征收土地涉及房屋及其他建筑物构筑物补偿安置办法(讨论稿)》《关于对江阴市城区房屋征收(拆迁)安置工作指挥部成员单位及相关部门征收工作年度考核的实施意见(讨论稿)》《关于进一步调整城区房屋征收相关工作经费的意见(讨论稿)》《关于深化国有企业改革的实施方案(讨论稿)》《关于积极稳妥推进出租汽车行业改革的实施意见(讨论稿)》《江阴市网络预约出租汽车经营服务管理实施细则(试行)(讨论稿)》《江阴市财政收入考核管理办法(讨论稿)》《2016年度江阴市财政收入增长先进单位、征收先进部门和非税收入征收先进部门名单(讨论稿)》《2017年度工业"双百企业"名单》。会议还讨论通过有关人事任免事宜。

2017年3月28日，江阴市政府召开十七届政府第三次常务会议。会议讨论并原则通过《江阴市2017年国民经济和社会发展重点工作目标责任分解(讨论稿)》《江阴市2017年度重点重大项目安排计划(讨论稿)》《2017年度全市重大产业项目建设市领导挂钩联系安排计划(讨论稿)》《关于优化完善产业强市政策的意见(讨论稿)》《关于规范镇街工业集中区外工业企业技术改造投资的意见(讨论稿)》《江阴市化工企业"四个一批"专项行动实施方案(讨论稿)》《江阴市2017年节能工作实施意见(讨论稿)》《江阴市2017年工业经济发展目标分解表(讨论稿)》《江阴市2016年度工业经济发展先进单位名单(讨论稿)》《千企大会方案(讨论稿)》《2017年江阴市有序用电方案和电力供应应急预案(讨论稿)》《江阴市城乡建设"1310工程"(一期)PPP项目实施方案(讨论稿)》《2017年江阴市支持外贸稳定增长实施意见(讨论稿)》《关于进一步加强招商引资工作的意见》《江阴市招商引资工作考核办法(讨论稿)》《江阴市相对集中行政许可权改革试点方案(讨论稿)》《江阴市新市民子女入学工作实施办法(讨论稿)》《江阴市无证托幼机构规范整治工作实施方案(讨论稿)》《关于调整我市教育系统合同民办教职工基本工资及津补贴标准的方案(讨论稿)》《江阴市第七届全民运动会总体方案(讨论稿)》《纪念徐霞客诞辰430周年系列活动方案(讨论稿)》《关于表彰2016年度依法行政工作先进集体的情况汇报(讨论稿)》《江阴市重污染天气应急预案(讨论稿)》。会议还书面传达学习全国人大、政协两会精神，讨论通过有关人事任免事宜。

2017年4月28日，江阴市政府召开十七届政府第四次常务会议。会议讨论并原则通过《"十三五"智慧江阴建设发展规划(讨论稿)》《智慧城市信息整合共享协同工程行动纲要(讨论稿)》《关于成立江阴市智慧江阴建设工作领导小组的方案(讨论稿)》《关于加强环城森林公园建设管控的实施意见(讨论稿)》《〈江阴市"十三五"城镇燃气规划(2016—2020)〉的情况汇报(讨论稿)》《江阴市妇女和儿童发展规划(2016—2020)(讨论稿)》《关于加强特种设备安全监管工作的实施意见(讨论稿)》《江阴市食品小作坊登记证申领办法(讨论稿)》《江阴市辐射事故应急预案(讨论稿)》《江阴市"十三五"医疗机构设置规划(2016—2020)(讨论稿)》《关于江阴市中医院异地新建规划选址用地方案(讨论稿)》《江阴市长江水域船舶污染事故应急预案(讨论稿)》《关于调整敔山湾幼儿园及辅延幼儿园投资规模的情况汇报(讨论稿)》。

2017年6月8日，江阴市政府召开十七届政府第五次常务会议。会议讨论并原则通过《江阴市2017年钢铁行业化解过剩产能工作方案(讨论稿)》《关于深化行政审批制度改革加快简政放权激发市场活力的实施意见(讨论稿)》《关于加快推进"不见面审批(服务)"改革的实施方案(讨论稿)》《关于加强专职消防队伍建设的方案(讨论稿)》《江阴市进一步深化河长制实施方案(讨论稿)》《江阴市农村住房建设管理试点方案(讨论稿)》《江阴市交通干线沿线环境综合整治五项行动方案(讨论稿)》《江阴市现代农业发展奖励政策意见(讨论稿)》《江阴市"十三五"教育发展规划(讨论稿)》《江阴市教师队伍建设支持计划实施细则(讨论稿)》《江阴市市属国有企业负责人履职待遇、业务支出管理实施办法(讨论稿)》《关于调整秦望山产业园投资发展有限公司管理体制的方案》《关于完善困难残疾人生活补贴和重度残疾人护理补贴制度的实施意见(讨论稿)》。

2017年7月7日，江阴市政府召开十七届政府第六次常务会议。会议讨论并原则通过《江阴市行政管理体制改革方案》和《江阴市镇(街)行政管理体制改革方案(讨论稿)》《江阴市"六水共建"三年行动计划(2017—2020)及2017年度项目细化安排(讨论稿)》《关于加快全市政务服务网建设的实施方案(讨论稿)》《关于江阴市环保违法违规建设项目清理结果递交审核的报告(讨论稿)》《关于2016年度公务员考核奖励工作的方案(讨论稿)》《关于2017年度社会保险缴费基数调整有关情况的建议方案(讨论稿)》《江阴市重大行政决策程序规定》《关于进一步促进房地产市场健康稳定发展的意见(讨论稿)》《关于修改〈江阴市国有土地上房屋征收与补偿实施办法〉的决定》和《关于江阴市国有土地上住宅房屋征收补偿最低标准的实施意见(讨论稿)》《江阴市既有多层住宅加装电梯暂行办法(讨论稿)》《江阴市全民自救互救工程实施意见(讨论稿)》。会议还讨论通过有关人事处分和人事任免事宜。

2017年8月7日,江阴市政府召开十七届政府第七次常务会议。会议讨论并原则通过《深化临港开发区行政管理体制改革情况汇报》。

2017年8月11日,江阴市政府召开十七届政府第八次常务会议。会议讨论并原则通过《关于深入推进供给侧结构性改革的实施意见(讨论稿)》《江阴市赋予镇、街道经济社会管理权限清单(讨论稿)》《江阴市统筹推进城乡义务教育一体化促进优质均衡发展实施意见(讨论稿)》《江阴市2017年生态文明建设实施方案(讨论稿)》《江阴市危险化学品安全综合治理实施方案(讨论稿)》《2017年江阴市安全生产目标管理考核办法(讨论稿)》《江阴市"十三五"残疾人事业发展规划(2016—2020)(讨论稿)》。会议还讨论通过有关人事任免事宜。

2017年8月31日,江阴市政府召开十七届政府第九次常务会议。会议讨论并原则通过《江阴市综合行政执法体制改革方案(讨论稿)》《关于推行行政审批"2440"改革的意见(讨论稿)》《江阴市各有关部门和单位安全生产工作职责规定(讨论稿)》《全市安全生产大检查工作领导小组成员名单(讨论稿)》《关于江阴市贯彻落实中央第三环境保护督察组督察反馈意见整改方案(讨论稿)》《江阴市土壤污染防治工作方案(讨论稿)》《无锡(江阴)港港口、船舶污染物接收、转运和处置设施建设方案(讨论稿)》《关于调整2017年度住房保障标准的情况汇报(讨论稿)》《关于进一步加强集中式饮用水源地长效管理工作的意见(讨论稿)》《关于江阴法院诉讼服务中心用房及地下停车场项目增加概算的情况汇报(讨论稿)》《关于成立江阴华西现代农业产业示范园管理委员会的情况汇报(讨论稿)》。会议讨论有关省环保督察工作事宜。会议还对集成改革工作、主要经济指标、江阴市上市公司股权托管减持等重点工作进行研究部署。

2017年9月29日,江阴市政府召开十七届政府第十次常务会议。会议讨论并原则通过《关于聚焦富民持续提高城乡居民收入水平的实施意见(讨论稿)》《关于成立富民增收工作领导小组的方案(讨论稿)》《关于成立江阴华西农村产业融合发展示范园领导小组的方案(讨论稿)》《相对集中行政许可权事项清单(讨论稿)》《相对集中行政执法事项清单(讨论稿)》《市行政审批局主要职责内设机构和人员编制规定(讨论稿)》《市城市综合管理局主要职责内设机构和人员编制规定(讨论稿)》《江阴市地方政府性债务风险应急处置预案(讨论稿)》《关于推进"四好农村路"建设的实施意见(讨论稿)》《关于进一步做好全民参保登记长效管理工作的实施方案(讨论稿)》《关于进一步加强食品安全基层责任网络建设的意见(讨论稿)》《拟废止的规范性文件目录(讨论稿)》《江阴市全民健身实施计划(2016—2020)(讨论稿)》《关于调整江阴市人民政府安全生产委员会成员的方案(讨论稿)》。会议还对经济指标、财政收支、安全生产等当前几项重点工作进行部署,并讨论通过有关人事任免事宜。

2017年10月24日,江阴市政府召开十七届政府第十一次常务会议。会议讨论并原则通过《江阴市"十三五"旅游业发展规划》《江阴市旅游业发展三年行动计划(2018—2020)》《江阴市旅游业发展奖励补助办法(讨论稿)》《江阴市赋权高新区、临港经济开发区直接审批事项清单(讨论稿)》《关于表彰2017年江阴市第五届专利奖的决定》《关于表彰2017年江阴市科学技术进步奖的决定》《关于表彰全市科技创新创业先进集体和先进个人的决定》《江阴市第二十七届科技节系列活动方案(讨论稿)》《江阴市政府性债务风险评估及预警管理暂行办法(讨论稿)》《江阴市镇(街道)实施相对集中行政处罚权工作方案》《江阴市在相关领域开展相对集中行政处罚权工作方案(讨论稿)》《江阴市安全生产行政执法重点监管企业名单(讨论稿)》。会议还讨论通过有关人事任免事宜。

2017年11月17日,江阴市政府召开十七届政府第十二次常务会议。会议讨论并原则通过《关于推进特色小镇培育建设工作的实施意见(讨论稿)》《关于开展江阴市工业企业资源利用绩效评价工作的实施意见》《江阴市工业企业资源利用绩效管理工作领导小组成员名单(讨论稿)》《江阴市地方债务化解方案(讨论稿)》《关于调整政府性债务管理领导小组成员名单(讨论稿)》《关于加强市级财政预算安排与执行管理的意见(讨论稿)》《关于创建全国出口商品质量安全示范城市的实施意见(讨论稿)》《关于知识产权强市建设的若干政策措施(讨论稿)》《江阴市重大行政决策目录管理办法(讨论稿)》《江阴市重大行政决策档案管理工作指导意见(讨论稿)》《江阴市国家机关"谁执法谁普法"普法责任制实施办法(讨论稿)》《江阴绿道工程(一期)投资计划调整(讨论稿)》《江阴市城区积水点改造工程汇总表(讨论稿)》《2018年防汛应急项目汇总表(讨论稿)》《关于南京理工大学江阴校区的情况汇报(讨论稿)》。

2017年12月6日,江阴市政府召开十七届政府第十三次常务会议。会议讨论并原则通过《关于进一步加强耕地保护工作的实施意见(讨论稿)》《江阴市建设占用耕地耕作层剥离和再利用工作实施意见(试行)(讨论稿)》《关于调整补充耕地项目复垦补偿标准及建立补充耕地指标奖励机制相关事宜(讨论稿)》《关于调整我市机关事业单位老职工提租补贴和新职工逐月住房补贴比例的实施方案(讨论稿)》《关于启动江阴市机关事业单位老职工一次性住房货币补贴调查摸底的建议(讨论稿)》《关于进一步加强瓶装液化石油气安全管理的实施意见(讨论稿)》《江阴市城市生活垃圾处理费收缴实施办法(讨论稿)》《2018年城乡居民基本医疗保险制度实施意见(讨论稿)》《2018年城乡居民基本医疗保险(原新农合)及大病救助筹资方案(讨论稿)》《关于开展紧密型医联体试点建设的实施意见(讨论稿)》《关于深化供销合作社综合改革的实施意见(讨论稿)》《关于调整创建国家农产品质量安全市领导小组成员的相关事宜(讨论稿)》《关于成立江阴市信息进村入户整市推进工作领导小组的建议名单(讨论稿)》《关于推进江阴市公证处体制改革机制创新工作的实施意见(讨论稿)》《江阴市优质投资项目评审操作办法(2017年修订)(讨论稿)》。

2017年12月15日,江阴市政府召开十七届政府第十四次常务会议。会议讨论并原则通过《2018年年度政府投资项目计划安排情况(讨论稿)》《关于江阴市2017年国民经济和社会发展计划执行情况及2018年国民经济和社会发展计划草案的报告(讨论稿)》《2017年财政预算预计执行情况及2018年预算安排(讨论稿)》《关于2018年度市级支出预算编制情况(讨论稿)》《关于2018年政府专项资金安排情况表(讨论稿)》《关于2017年财政预算预计执行情况和2018年财政预算草案的报告(讨论稿)》《关于国有划拨拆迁安置房办理不动产登记和上市交易管理相关事宜(讨论稿)》《江阴市畜禽养殖禁养区和限养区界定规划(讨论稿)》。会议还讨论“263”专项行动*有关事宜。

2017年12月27日,江阴市政府召开十七届政府第十五次常务会议。会议讨论并原则通过《市政府工作报告(讨论稿)》《关于市十七届人民代表大会第一次会议代表所提建议办理情况的报告(书面)(讨论稿)》《关于政协江阴市十五届一次会议提案办理情况的通报(书面)(讨论稿)》《江阴市2018年为民办实事方案(讨论稿)》《江阴城乡建设“1310工程”执行情况报告(讨论稿)》《关于实施与污染物排放总量挂钩财政政策相关事宜(讨论稿)》《江阴市安全生产行政执法工作实施意见(讨论稿)》《关于调整市食品安全委员会成员相关事宜(讨论稿)》《关于推行行政审批(服务)代办制的实施意见(讨论稿)》。

【市长办公会议】 2017年1月6日,市政府召开十六届政府第四十次市长办公会议。会议讨论并原则通过《江阴市食品小作坊登记证管理办法(讨论稿)》。会议还讨论关于处理江阴市限售股减持奖励遗留问题事宜。

2017年1月22日,市政府召开十七届政府第一次市长办公会议。会议讨论并原则同意增加停车及人防配套设施项目概算方案,讨论并原则通过《关于成立市机关事业单位养老保险制度改革工作领导小组的通知(讨论稿)》《江阴市“两减六治三提升”专项行动实施方案》。会议还讨论通过有关人事任免事宜。

2017年2月24日,市政府召开十七届政府第二次市长办公会议。会议讨论并原则通过《关于成立江阴市互联网金融风险专项整治工作领导小组的方案(讨论稿)》《2017年江阴市银行业服务实体经济发展考核实施方案(讨论稿)》。

2017年3月29日,市政府召开十七届政府第三次市长办公会议。会议讨论并原则通过《关于支持贝瑞森中瑞海外孵化器建设的方案(讨论稿)》《关于成立新沟河船闸运营机构的情况说明(讨论稿)》《关于建立江阴市市场价格调控联席会议制度的建议(讨论稿)》。

2017年4月28日,市政府召开十七届政府第四次市长办公会议。会议讨论并原则通过《关于第四期经济适用住房销售价格的情况汇报(讨论稿)》《关于窑港口水源地取水口迁建工作的情况汇报(讨论稿)》《关于成立深化国有企业负责人薪酬制度改革领导工作小组的方案》《关于成立江阴市医患纠纷调解工作领导小组的方案》。

2017年5月4日,市政府召开十七届政府第五次市长办公会议。会议讨论并原则通过《市政府领导分工调整安排(讨论稿)》《国资公司改革及人员资产处置方案(讨论稿)》。会议还讨论通过有关人事任免事宜。

2017年5月17日,市政府召开十七届政府第六次市长办公会议。会议讨论并原则通过《关于支持企业稳增长促进财政稳收入的补充意见(讨论稿)》。

2017年5月31日,市政府召开十七届政府第七次市长办公会议。会议讨论并原则通过《关于企业在我市市域范围内流动涉及财税结算的处理意见(讨论稿)》《关于新桥镇民主联圩排涝工程项目变更的报告(讨论稿)》。

2017年6月28日,市政府召开十七届政府第八次市长办公会议。会议讨论并原则通过《江阴市农村住房建设管理试点方案(讨论稿)》《江阴市热电联产规划(2017—2020)(讨论稿)》《关于应天河南侧规划道路调整总投资的情况汇报(讨论稿)》《江阴市城南社区卫生服务中心建设运行方案(讨论稿)》《关于成立江阴市行政管理体制改革领导小组的情况汇报(讨论稿)》。会议还讨论通过有关人事任免事宜。

2017年6月30日,市政府召开十七届政府第九次市长办公会议。会议讨论并原则通过《江阴市“两减六治三提升”专项行动工作方案》《江阴市“两减六治三提升”专项行动2017年工作计划(讨论稿)》。

2017年7月20日,市政府召开十七届政府第十次市长办公会议。会议讨论关于绮山应急备用水源地工程项目设计变更和石方开挖方式变更事宜,讨论并原则通过《关于开展江阴增量配电业务改革试点工作的情况汇报(讨论稿)》《关于芙蓉大道快速化改造树木移植方案的情况汇报(讨论稿)》《蔡叶明在市委十三届三次全会上的讲话(讨论稿)》。

2017年7月28日,市政府召开十七届政府第十一次市长办公会议。会议讨论并原则通过《关于设立股权投资基金的情况汇报(讨论稿)》《关于建设市人力资源服务中心的建议方案(讨论稿)》《关于沿江危化品应急救援基地增加投资的情况汇报(讨论稿)》。

2017年8月31日，市政府召开十七届政府第十二次市长办公会议。会议讨论并原则通过关于徐霞客旅游博览园等资产经营使用有关事宜。会议还对有关市政府领导分工进行明确，讨论通过有关人事任免事宜。

2017年9月29日，市政府召开十七届政府第十三次市长办公会议。会议讨论并原则通过关于有关企业非法吸收公众存款一案提前清退涉案资金问题的情况报告。

2017年10月24日，市政府召开十七届政府第十四次市长办公会议。会议讨论并原则通过《关于调整交通运输业扶持政策的方案(讨论稿)》。

2017年11月30日，市政府召开十七届政府第十五次市长办公会议。会议讨论并原则通过《关于进一步推进全市减煤工作方案》《江阴市2017年减煤应急预案(讨论稿)》《关于追加2013年老小区改造工程项目资金事宜(讨论稿)》《新河湾北、新河南侧滨河景观绿化工程的相关事宜(讨论稿)》《关于建立全市综合行政执法协调联席会议制度的意见(讨论稿)》。

2017年12月6日，市政府召开十七届政府第十六次市长办公会议。会议讨论并原则通过清洁能源技改项目进度计划。

2017年12月27日，市政府召开十七届政府第十七次市长办公会议。会议讨论并原则通过有关企业搬迁补偿事宜和环保审批事宜。

(陈勇进)

行政审批

【概况】 2017年，江阴市纵深推进集成改革，全面整合市级行政审批和综合执法力量，不断提升政务服务、行政审批群众满意度。是年，成立市行政审批局，开展"依法、规范、高效、便民、廉洁"的行政审批服务；重组投资建设和市场准入审批流程，开启"一窗受理、一站服务、一章审批"行政审批运行新模式；对照"2440"高效审批服务目标*，实施全流程管控、并联审批、代办服务；指导16个镇(街道)完成政务服务中心标准化建设；建成全省首个县级政府采购电商平台，国有产权交易首次推行"不见面"电子竞价模式。

【市行政审批局成立】 2017年9月，江阴市根据江苏省委办公厅、省政府办公厅《关于〈江阴市县级集成改革试点总体方案〉的复函》精神，设立江阴市行政审批局，为市政府工作部门，正科级建制，挂"江阴市政务服务管理办公室""江阴市政务服务中心"牌子。主要职责为参与拟定、贯彻实施全市行政审批制度改革方面的政策、制度和规划；负责全市政务服务工作；负责市级部门划转的市场准入和建设投资等领域相关行政审批许可及关联事项的行政审批；负责全市公共资源交易活动的管理和协调；负责全市政务服务体系的信息化建设等。市行政审批局设办公室、组织人事科、政策法规科、督查管理科、业务协调科、公共资源交易管理科、审批一科、审批二科、审批三科9个内设机构，下设审批服务中心(挂"联合审查评估中心"牌子)、公共资源交易中心(挂"江阴市政府采购中心""江阴市农村产权交易中心""江阴市建设工程交易中心"牌子)、信息网络中心3个事业单位。

【行政审批服务】 2017年，江阴市加大划转行政审批事项力度，将发改、住建、市场监管等部门涉及市场准入、建设投资两大领域的69项行政许可权事项和其他职权事项，划入行政审批局集中审批，40余名涉审工作人员调入统一管理。全力对照"2440"高效审批服务目标，在市场准入领域，采用全程管控、提前介入、并联审批等机制，创新实施信息提前获取、工作提前介入制度，解决商业银行开户核查、人民银行备案核准难题；500万元以下项目审批工作下放到镇(街道)政务服务中心办理，约60%的市场准入事项在2个工作日以内完成审批服务。在不动产登记领域，开设各类涉不动产登记窗口，增设"实体经济绿色通道"专窗，全面实现不动产登记全业务、全过程"一窗受理、集成服务"，基本实现4个工作日内完成审批服务。在投资建设领域，建立市、镇、村三级代办服务体系，组建覆盖全市的代办员队伍，50%左右的工业建设项目施工许可在40个工作日内完成审批服务。是年，通过推行综合受理、联办代办和资源共享等举措，开启"一窗受理、一站服务、一章审批"行政审批运行新模式，实现从政务办单一政务服务到审批局行政事项审批的跨越。

【政务服务网建设】 2017年，江阴市树立"互联网+政务服务"理念，进一步加强政务服务网建设。年内，全面推广江苏省政务服务网APP应用普及，"一张网"APP下载量和用户注册量列无锡市第一，实名认证量列无锡第二；开设江阴政务服务"旗舰店"，开通个性化网上申报服务，与省平台统一身份认证系统，做到"单点登录、一次认证、全网通行"；行权网与省政务服务网、省EMS系统实时对接，政务服务线上线下、前端后端深度融合，实现"网上批、快递送、不见面"事项审批(服务)。

【镇街政务服务标准化建设】 2017年，江阴市积极推进镇(街道)政务服务标准化建设，实现"一站式"服务向"一窗式"服务的转型。年内，放大"镇街复制霞客经验，政务服务标准化建设"的优势，市行政审批局制定《江阴市镇(街)行政服务中心建设标准规范》，确立镇(街道)政务服务中心建设标准实施统一规范、场地改造启动快速通道、软硬件设备迅捷精准对接、人员培训全员全程覆盖的政务服务建设标准。至8月末，全市各镇(街道)行政服务中心标准化建设全部复制到位。是年，16个镇(街道)政务服务中心在同一个政务服务市级平台上运行。

【建设项目招投标试点】 2017年，江阴市主动把握省招投标试点契机，实现传统交易向电子交易的转型。年内，以江苏省招投标在江阴的试点项目为依托，通过"探索试行批量招标、合理确定入围评标的投标人数量""评标办法中基准值计算应用""EPC工程总承包模式(是指公司受业主委托，按照合同约定对工程建设项目的设计、采购、施工、试运行等实行全过程或若干阶段的承包）招标方式”“评定分离”等新方法新措施的应用，相关项目招投标工作取得良好效益；以落实“互联网＋政府采购”改革措施为着力点，全省首个县级政府采购电商平台在江阴市正式上线运行；全力保障“1310工程”，完成全市城乡54个污水处理网工程、35项水利项目的招投标工作；国有产权交易首次推行“不见面”电子竞价模式，降低场地要求且可多个标的同时竞价，极大提高交易效率，受到交易双方好评。是年，持续推进诚信分在“合理价随机确定中标人”评标办法中的运用，完成房屋建筑工程、市政公用工程诚信分项目227项，项目诚信分运用率达100%。

【行政服务“网格化”管理】 2017年，江阴市创新市镇村“网格化”管理模式，全力推进行政管理服务联勤联动高效化。年内，组建市综合管理服务指挥中心，按照再造管理流程、新建管理系统、统一网格标准原则，整合各部门各类的资源、数据，搭建网格化管理平台，确立“从上到下全过程协同办理”和“从下到上全方位处置反馈”的双轨运行模式，进一步减少职能交叉，打破数据壁垒。是年，市综合管理服务指挥中心通过数据挖掘分析，为城市管理者提供决策支撑；通过可视化指挥调度，实现与综合执法、民生诉求、应急管理、政务服务的高效联勤联动。（夏 一）

政府法制

【概况】 2017年，江阴市依法行政工作围绕全面推进依法行政、加快建设法治政府主线，倾力服务改革发展大局，各项工作扎实推进，取得显著成效。年内，制定2017年度行政执法监督工作计划，印发依法行政考核细则评分标准；严格落实《党政主要负责人履行推进法治建设第一责任人职责规定》，政府常务会议、部门办公会议学法实现制度化、常态化；通过领导干部任前法律知识考试、公务员网上学法考法等多种形式，增强行政机关工作人员特别是领导干部运用法治思维和法治方式推动工作能力；修订《江阴市重大行政决策程序规定》《江阴市人民政府工作规则》，制定《市长办公会议工作规程》，重大行政决策程序更加规范。是年，市政府法制办审核市政府合同10件，出具各类法律意见书108份，承办市领导交办涉法事项12件，依法处理各类涉法事项22件，备案审查部门规范性文件13件，审核生产安全事故调查报告40件；组织起草、审核完成各类文件288件；组织全市58个相关部门和有关单位对“放管服”（即简政放权、放管结合、优化服务）改革所涉规范性文件进行清理，废止232件不符合要求的规范性文件和涉及行政管理文件；指导各镇（街道）成立综合执法局，相对集中行政处罚权实现全覆盖。市政府法制办申报的课题项目“发挥镇域法制改革集成效应，创新基层治理模式”获江苏省政府法制创新奖，被列为江苏省依法行政示范项目。江阴市政府被列为江苏省公众参与行政程序建设示范单位。

【规范性文件管理】 2017年，江阴市政府法制办进一步加强规范性文件管理工作，全面推进依法行政。年内，编制2017年市政府规范性文件立项计划，强化有关经济结构调整、民生保障、环境保护等重点领域的文件审查制定，审核完成《深化国有企业改革的实施方案》《关于整合城乡居民基本医疗保险制度的意见》《江阴市新市民子女入学实施办法》《江阴市“两减六治三提升”专项行动实施方案》等文件；严格执行规范性文件合法性审查规定，材料报送日趋规范，质量稳步提升。是年，组织起草、审核完成各类文件288件，其中市委、市政府文件250件，省级和无锡市级征求意见文件33件，其他文件5件；落实公众参与行政程序建设机制，通过网上征求意见、实地调研、召开座谈会和专家论证会等多种方式向公众征求意见；组织全市58个相关部门和有关单位对“放管服”改革所涉规范性文件进行清理，并会同市编办、环保局联合审查，废止232件不符合要求的规范性文件和涉及行政管理文件，从制度上保障改革工作顺利推进。

【行政执法监督】 2017年，江阴市继续加强行政执法监督工作，严格规范行政执法行为。年内，在全省率先实现人大常委会专题审议依法行政工作；办理人大代表建议218件，政协提案319件；实行人大代表、政协委员列席市政府常务会议制度；按照规定向人大常委会报送备案市政府规范性文件6件；切实加强政务公开制度建设，出台江阴市政府《关于进一步加强和完善政务公开工作的意见》；完善《江阴市信息公开指南》《江阴市政府信息公开保密审核制度》等一系列规章制度；积极拓宽信息公开渠道，利用报刊、电视、广播、网络等传统媒体和政务微博、江阴发布微信公众号等新媒体公开信息，增强政务工作透明度，接受社会各界监督；全力做好“12345”民生热线工作；严格行政执法资格管理，组织开展各类行政执法业务培训；认真实施行政执法案卷评查制度，建立行政执法案卷评查专家库，促进行政执法机关规范、公正、文明执法。是年，“12345”民生热线深入民心，受理社会各界和市民群众有效诉求17.99万件，诉求件公众满意率达97.78%；培训新申领行政执法证件人员181人；各镇（街道）综合执法局行政执法人员业务知识更新培训参训276人；综合执法平台和移动执法APP操作培训参训600余人；组织专家对29个行政执法部门报送的88卷行政处罚案卷、118卷行政许可案卷进行集中评查。

【服务改革发展】 2017年，江阴市依法行政工作充分发挥法治对改革的引领和保障作用，积极服务改革发展大局。年内，“放管服”改革深入推进，行政管理体制改革实现重大突破；全面复制推广徐霞客镇行政管理体制“集成改革”经验，以行政管理体制改革为主要内容的集成改革试点在全省首开先河；依法编制权责清单，明晰职责边界，切实做到“一张清单管权责”“清单之外无权力”；成立市行政审批局，实现“一枚公章一个窗口管审批”；整合政府部门间相同相近的执法职能和资源，调整相应执法体制和执法主体，市级重点在市场监管、交通运输、规划国土、农林水利、安全生产、建设管理、卫生监督等7大领域推进综合执法;各镇(街道)成立综合执法局,相对集中行政处罚权实现全覆盖;加强综合行政执法规范化建设,统一硬件标识、统一服装装备、统一执法标准;建立执法协调工作机制,强化权力运行过程监督工作;组织开发综合行政执法网络管理系统,行政执法全过程在网上运行。

【行政复议应诉】 2017年,江阴市政府法制办切实加强行政复议应诉规范化建设,保障公民、法人和其他组织的合法权益。年内,制定《关于进一步做好行政复议和行政应诉工作的意见》《行政复议决定书写规范》《江阴市行政诉讼档案管理办法》等文件,指导、规范行政机关的行政复议和行政应诉行为;探索行政复议说理式文书,制定《关于在互联网公布行政复议决定书的规定》,实行行政复议网上公开,增强工作的透明度和公信力;健全行政复议案件审理机制,综合运用书面审理、实地调查、听证、和解、调解等方式办理复议案件;突出法律专家咨询委员、政府法律顾问的案件审议功能,充分发挥行政复议化解行政争议的主渠道作用;严格落实行政首长出庭应诉制度。是年,收到行政复议申请93件,受理76件;审理办结案件82件,其中维持38件,终止18件,驳回6件,撤销1件,确认违法1件,责令履行1件,不予受理17件;承办以市政府为被告的行政应诉案件24件;做好信访复查审核工作,完成信访复查审核93件。

【履行法律顾问职责】 2017年,江阴市政府法制办认真履行职责,充分发挥市政府参谋、助手和法律顾问智库作用。年内,公开选聘38名公职、非公职市政府法律顾问,组建法律顾问专业团队;健全法律顾问工作机制,明确"三统一"(统一指派、统一答复、统一归档)工作流程,建立考核制度,出台《江阴市政府非公职法律顾问考核办法(试行)》。是年,法律顾问参与承办市政府重大涉法事项21件,涉及拆迁补偿、国资债权债务处理、政府重点工程建设、重大合同审查等方面;参与行政处罚法律适用研究、规范性文件后评估、行政复议案件专题研讨等活动。 (钱晨语)

外 事

【概况】 2017年,江阴市外事工作以服务中央总体外交战略部署、服务地方经济社会发展为宗旨,围绕市委、市政府中心工作,加强统筹协调、深化国际合作、规范外事管理、强化内部建设,完成全年工作目标任务。是年,江阴市外事办公室接待来自20余个国家和地区的客人34批335人次;办理因公出国(境)团组90批224人次,出访国家和地区达38个;保障和推进APEC(亚太经合组织)商务旅行卡申报工作,新受理67人,办结颁卡69张,重新制卡14张。

【外宾接待】 2017年,江阴市外事办公室接待来自20余个国家和地区的客人34批335人次。

3月16日,南非共和国驻上海总领事馆总领事陶博闻一行3人访问江阴,江阴市市长蔡叶明会见客人。

3月29日,德国门兴格拉德巴赫市市长汉斯一行7人访问江阴,参观华西新市村、海澜集团有限公司,了解江阴市经济及投资环境。市长蔡叶明、副市长张国兴会见客人。

5月14日,德国宝马中国服务公司总裁菲利普一行3人访问江阴,考察临港经济开发区,参观江阴兴澄特种钢铁有限公司、法尔胜泓昇集团有限公司。市长蔡叶明、临港经济开发区管委会主任计军、副市长张韶峰会见客人。

6月19日,瑞典皇家工程院副院长玛利亚一行6人访问江阴,就其研究的吸附材料项目落地江阴产业化事宜与有关部门进行友好交流。市长蔡叶明会见客人。

8月6—10日,日本南城市教育部部长当真隆夫一行18人访问江阴,参观鹅鼻嘴公园、华西新市村、海澜马文化博物馆,并与江阴华西实验学校的师生们进行为期三天的友好交流活动。

9月10日,缅甸仰光议长吴丁貌吞一行5人访问江阴,考察新农村建设,参观华西新市村等地。副市长赵强会见客人。

9月24—27日,美国阿拉米达市市长斯宾塞一行16人访问江阴,参观徐霞客故居、华西新市村。市长蔡叶明会见客人。

10月14日,德国马库斯博格公司总裁马库斯一行18人访问江阴,考察江南模塑集团有限公司。市委

2017年10月23日,新西兰怀卡托市市长代表团一行访问江阴

(市外事办提供)

书记陈金虎会见客人，并与客人共同出席中德创新中心（江阴）签约与揭牌仪式。

11月16日，上合组织成员国媒体代表团一行18人访问江阴，参观华西新市村。副市长吴虹娟会见客人。

12月6日，德国联邦经济发展与对外贸易协会副主席舒曼一行3人访问江阴，参观江阴名鸿车顶系统有限公司、江阴兴澄特种钢铁有限公司，并出席中德生态绿色产业发展合作交流会。副市长杨云会见客人。

【国际友好城市交流】 2017年，江阴国际友城美国阿拉米达市政府代表团和日本南城市政府代表团先后访问江阴。江阴市也派遣代表团赴日本藤冈市、南城市以及韩国群山市等友城进行友好访问。江阴市友城拓展工作取得新进展，年内江阴市代表团随无锡市领导访问埃塞俄比亚阿达玛市，新西兰怀卡托市市长代表团一行到访江阴。两市均和江阴市初步探讨建立友好城市意向。

【因公出国（境）】 2017年，江阴市因公出国（境）团组总计90批224人次，其中党政机关团组66批198人次，学校医院团组20批20人次，企业团组4批6人次。党政机关人员出访团组中经贸招商类团组53批175人次，友城交流团组2批12人次，学习交流类团组11批11人次。

（邱佳珩）

侨务和港澳同胞事务

【概况】 2017年，江阴市侨务和港澳同胞事务工作以国内侨务工作为基础，以国外侨务工作为主导，发挥侨务工作独特优势，主动谋划、主动参与、主动接触、主动服务，取得新业绩。年内，市侨办助力江阴贝贝集团有限公司赴云贵地区开展产业扶贫行动，在贵州毕节和云南临沧各投资1000万元注册创办企业，惠及70户贫困家庭；协助美国南卡罗来纳州华人经济发展会邀请美国格林威尔市市长一行到江阴举办中国（江阴）企业在美投资咨询会；协助旅居巴西江阴籍华侨支纬中出资聘请巴西A级教练到江阴辅导校园足球；做好江阴发展大会的相关工作，邀请海外嘉宾10人，为市招商局提供项目信息90余条；派员赴中国香港出席“苏浙沪”香港社团庆祝香港回归20周年庆典活动，拜访江阴在港社团组织；接待加拿大华人妇女联合会代表团、美国南卡罗来纳州华人经济发展会代表团、中东海湾5国侨领代表团等6个海外华人社团到江阴参观考察；组织开展“亲情中华·汉语桥”和中美友谊桥夏令营等对外文化经济交流活动，来自美国、加拿大、澳大利亚等6个国家的华裔青少年营员和教师70余人参加活动；接待中国华文教育基金会“2017海外红烛故乡行”15名海外华文教师到江阴参观；安排1名教师赴美国参加“2017中华文化大乐园——美国匹兹堡营”；与中国—法国艺术网合作签约，设专版宣传江阴；组织10余名江阴籍海外侨胞、香港同胞及侨企代表到云南地区考察；接待南京大学留学归国学者联谊会一行10余人参访江阴。是年，接待海外人士210余人次，新结交海外华人社团5个；走访慰问困难归侨侨眷和重点侨界人士174人次，发放慰问品、慰问金价值6.8万元。青阳镇旌秀社区被评为全国为侨服务示范单位。

【全国人大华侨委员会副主任委员罗保铭到江阴调研】 2017年6月8日，全国人大华侨委员会副主任委员罗保铭率专题调研组来江阴调研社区侨务工作，先后赴“全国社区侨务工作示范单位”华士镇华士社区和“全国社区侨务工作明星社区”新桥镇绿园社区调研考察。江苏省人大常委会常务副主任、党组副书记史和平，无锡市人大常委会主任徐一平，无锡市委常委、江阴市委书记陈金虎，江阴市人大常委会主任孙小虎等陪同调研考察。调研组对两个社区为侨服务的良好软硬件建设印象深刻，非常满意。华士社区依托社区一站式服务大厅，为150余名归侨侨眷建立为侨服务站，方便侨眷侨属生活。绿园社区开展“聚侨、安侨、暖侨、用侨、乐侨”五侨工作法，与归侨侨眷紧密联系。调研组对江阴侨务工作在引资引智、社区侨务、海外联谊等方面的新经验、新方法给予高度评价，认为有很多创新做法可为全国侨务工作提供宝贵经验。江阴市在推进社区侨务工作过程中，创新建立“侨创联盟”新机制，圆满完成4年创建全国“为侨服务示范单位”目标，获侨务工作4项全国、4项全省创建荣誉。

【中国（江阴）企业在美投资咨询会】 2017年8月25日，江阴市与美国南卡罗来纳州格林维尔市联合在江阴举办中国（江阴）企业在美投资咨询会，三房巷集团有限公司、模塑科技股份有限公司、红柳床单有限公司等14个企业负责人参加会议。咨询会上，副市长张韶峰致辞欢迎美国客人到访江阴。美国南卡罗来纳州格林维尔市市长诺克斯·怀特专题推介该市投资环境。南卡罗来纳州华人经济发展会创始人漆容介绍南卡州经济发展情况和华人经发会概况，并就在美投资办厂的土地、用工、用电、用水、缴税等有关问题作专门陈述。南卡罗来纳州HSB律师事务所律师戴维斯就有关赴美投资法律注意问题进行说明。与会江阴企业负责人与美方代表团在咨询会上进行深入互动交流。是日，市长蔡叶明在市政大厦会见诺克斯·怀特一行，双方就经贸、文化交流等进行友好洽谈。8月26日，诺克斯·怀特一行走访江阴三房巷集团有限公司、华宏实业集团有限公司、江阴名鸿车顶系统有限公司等企业，并就对美投资事项与之进行专题研讨。

【发展咨询委海外委员等赴云南临沧开展“一带一路”考察】 2017年11月10日，由江阴市委副书记、统战部部长袁秋中带队，江阴发展咨询委员会部分海外委员及侨界人士一行15人赴云南省临沧市开展“一带一路”考察。考察团先后到访双江拉祜族佤族布朗族傣族自治县、耿马傣族佤族自治县、沧源佤族自治县，调研考察农村、园区、企业、种植园等相关情况。江阴市侨办与双江县侨办签署合作备忘录，旨在抢抓“一带一路”发展机遇，加强各领域合作交流，共图资源共享、优势互补。通过考察，海外侨胞加深了解“一带一路”倡议和“精准扶贫”方略，增强参与感。（徐贵斌）

对口支援与帮扶

【概况】 2017年,江阴市深入贯彻中共十九大和第六次全国对口支援新疆工作会议精神,全面落实江苏省委、省政府关于对口支援与帮扶工作决策部署,积极推进对口支援与帮扶工作科学、有序、高效地开展,各项工作取得重大成效。年内,第九批江阴对口支援新疆维吾尔自治区伊犁哈萨克自治州霍城县前方工作组23名干部人才进疆开展工作。江阴市与陕西省延安市延川县结成对口扶贫协作关系。全力推进与江苏省徐州市睢宁县在人才、资金、项目及劳动力等方面的南北合作共建工作。是年,市政府安排财政资金援建霍城县9654万元,援建延川县1683万元,援建睢宁县500万元。

【对口支援机构更名与职能调整】 2017年3月,江阴市委办、市政府办下发《关于调整部分领导小组(协调小组、联席会议)的通知》,市对口援疆工作领导小组更名为市对口支援工作领导小组,市委书记陈金虎和市长蔡叶明任领导小组组长,市委、市政府有关分管领导任领导小组副组长,市各相关部门主要负责人为领导小组成员。领导小组下设办公室,办公室设在市发改委。市对口支援工作领导小组统筹协调对口支援、扶贫协作和南北合作工作。同月,市委办、政府办下发《关于撤销部分领导小组(协调小组、联席会议)的通知》,撤销市南北挂钩东西合作对口支援领导小组,职能归并到市对口支援工作领导小组。

【对口援疆】 2017年,江阴市围绕援疆工作"体现江阴特色,走在全国前列"目标,坚持输血与造血并重、硬件与软件并重、当前和长远并重,积极开创江阴对口支援新疆霍城工作新局面。全年安排财政资金9654万元对口支援霍城。年初,第九批江阴对口支援新疆霍城县前方工作组23名干部人才正式进疆工作。前方工作组研究制订《江苏省江阴市对口支援新疆霍城县工作专项规划(2017—2019)》,排定对口支援霍城县项目31项,总投资108863万元,其中援疆资金44771万元。项目涉及促进就业、教育、改善群众基本生活条件、推进产业发展、干部人才培养培训、基层阵地和反恐维稳建设、促进交流交融项目七大类。重点加快建设霍城江苏医院综合楼、江阴小学、江苏中学、平安霍城基础设施、干部人才培养培训等16项项目。年内,霍城江苏医院地下工程部分施工结束,江苏中学食堂竣工,江阴小学和江苏中学图书馆教师周转房、报告厅科技楼基础工程施工结束。援建的5个村级双语幼儿园交付使用。兰干乡食品产业园标准厂房及综合服务楼项目主体封顶。前方工作组积极促进就业,以霍尔果斯经济开发区清水河配套园区、服装服饰产业园等园区建设为重点,突出抓纺织服装、手套、地毯等劳动密集型企业发展,利用配套园区内的230个企业解决就业1000人;为服装服饰产业园伊犁英腾针织品有限公司申请配套产业引导基金30万元,增强其吸纳就业能力;新建食品产业园,在少数民族聚居村(社区)新建、改建41个总面积1.5万平方米的就业工场。积极开展招商引资,赴北京、杭州、乌鲁木齐、无锡等地举办招商推介会10次,洽谈各类项目50余项,实现签约项目16项,到位资金28亿元。积极开展干部人才援疆,正式启动新一轮智力援疆"百千万"工程,制定《江阴市第九批对口支援霍城县智力援疆"百千万"行动计划》,在江阴市华西干部学院举行智力援疆"百千万"行动计划启动仪式,计划每年投入700万元援疆资金用于干部人才培养,实施"百名党政管理干部能力提升、千名专业技术人才知识更新、万名基层干部素质提升"行动计划,全年实施干部人才援疆培训项目43项,培训各类人才1万人次。积极开展教育卫生援疆,定期组织教师团队开展送教下乡活动,组织开展3期霍城县教育管理干部和业务骨干95人赴江阴培训学习,组织开展江阴专家讲师团赴霍城开展讲学,757名霍城教师接受培训。江阴市有6名医疗专家长期在霍城江苏医院和中医院任职,年内又先后引进15位短期医疗专家到霍城服务。援疆医疗专家成功开展江苏医院首例PFNA(一种新型股骨近端内固定系统)手术、首例晚期乙状结肠腺癌手术等,填补霍城空白。定期组织医疗人才免费下乡义诊活动,为芦草沟镇牧业村等10个偏远农村近1000名农牧民送医送药。积极开展两地交流,先后举办"民族团结一家亲,江阴霍城手牵手"及江阴·霍城红领巾民族团结夏令营等交流活动,有34个无锡、江阴部门和单位到霍城开展结对帮扶活动,全年两地交流交往人数突破3200人次。

【扶贫协作】 2017年起,按照江苏省委、省政府和无锡市委、市政府统一部署,江阴市与延安市延川县结成对口扶贫协作关系。年内,江阴市认真贯彻执行中共中央、国务院《关于打赢脱贫攻坚战的决定》和中共中央办公厅、国务院办公厅《关于进一步加强东西部扶贫协作工作的指导意见》等文件精神,深入推进与延川县的扶贫协作工作。市政府安排财政资金1683万元援建延川县;做好援建干部选配工作,副市长张国兴、青阳镇党委书记杭成4月赴延川挂职,具体组织和实施开展东西部对口扶贫协作工作;围绕对口扶贫协作工作目标,结合延川脱贫攻坚工作安排,编制《江阴市"十三五"对口帮扶延川县扶贫协作规划(2016—2020)》。9月2日,延川县委书记张永祥率党政代表团一行到江阴考察,无锡市委常委、江阴市委书记陈金虎陪同考察和交流座谈,两地就产业合作、就业帮扶、教育卫生、旅游对接及镇(街道)结对等签署《江阴市与延川县全面深化合作协议》。12月6—8日,无锡市委常委、江阴市委书记陈金虎率江阴市党政代表团赴延川开展对口协作工作座谈,并捐赠援建资金,签订援建梁家河干部培训中心、援建永坪会师纪念馆、镇(街道)结对、教育卫计旅游部门结对、华西村与梁家河村结对等10份协议。是年,江阴援建的延川聂家坪村生态养猪基地建设项目、太相寺商品牛养殖场建设项目、张家屯肉牛养殖场建设项目建成投运,世礼散养鸡养殖基地建设项目、打则坪设施大棚建设项目按计划推进。援建工作组组织江阴社会各界人士59批417人次考察延川,其

2017 年,建设中的陕西延川市打则坪设施大棚项目 （市发改委提供）

中,组织江阴企业家 40 批 221 人次考察延川,召开各类座谈会、洽谈会 21 次;协助延川方面组织 6 批 41 人次赴无锡、江阴等地考察交流,组织延川招商小分队到江阴开展有针对性的上门招商、精准招商;协助延川引进产业项目 2 项,注册资本分别为 4000 万美元和 500 万元人民币;协助延川签订超亿元中药材采购项目 1 项;帮助销售延川特色农产品 100 万余元。

【南北合作】 2017 年,江阴市认真贯彻落实江苏省委、省政府和无锡市委、市政府工作部署,紧扣产业合作、共建园区、项目帮扶等重点,全力推进与徐州市睢宁县在人才、资金、项目及劳动力等方面的南北合作共建工作,取得积极成效。年内,市政府安排财政资金援建睢宁县 500 万元。江阴市帮扶投资的睢宁县梁集镇刘祠村标准厂房项目和村级综合服务中心项目、高作镇姚绳村投资标准厂房项目建成,可增加村级经济收入 70 万元;充分发挥南北共建优势,不断加大招商力度,积极推进共建园区建设;组织江阴澄星实业集团有限公司、法尔胜泓昇集团有限公司、长江实业集团有限公司和其他地区单位企业多次前往睢宁考察、签约。是年,新签约项目 19 项,其中亿元以上项目 12 项。

（李开章）

机关事务管理

【概况】 2017 年,江阴市机关事务管理局发扬新时期机关后勤精神,全力建设法治后勤、节约后勤、品牌后勤、智慧后勤和阳光后勤,在文明创建、后勤保障、队伍建设等方面取得重要进展。年内,组织学习贯彻上级有关机关事务管理政策规定;印发《江阴市 2017 年机关事务管理工作考核办法》,实现考核范围和工作目标全覆盖;执行 25 个独立核算部门预算额度 6.44 亿元;做好全市集成改革公车保障工作;公务用车购置更新审批 61 台次 1356 万元;完成公车标识化工作;抽检公车使用情况 7 批 120 台次;深入开展节能示范单位创建,全市 9 个公共机构被评为省级、无锡市级节能示范单位;对市公安局、高新区等 6 个重点能耗单位实施能源审计;在机关大楼、政务服务中心、检察院建成能耗监管平台;建立物业服务管理数据库,对 65 个行政事业单位开展物业检查 742 次;全市新增开展机关物业集中采购的单位 20 个,审核节约物业经费 182 万元;巩固党政机关办公用房清理成果,调配保障相关部门办公用房 54 间;完成 23 项项目自行采购招标;完成维修改造项目资金 1305 万元;接管政务服务中心、人社局大楼物业;完成设备维修 5231 次;保障全市性会议 1308 场次;保障部门应急公务用车 36 万千米;保障离退休老干部活动 5277 人次;组织机关专家门诊服务 134 人次;强化重点部位巡查,组织 7 次安全综合大检查,签订安全责任书 156 份。是年,机关大楼在全市公共机构中率先实现生活垃圾分类处理。"12345"服务热线办结率和满意率 100%。机关后勤中心被评为江苏省巾帼文明岗。

【机关后勤保障信息平台全面运行】 2017 年,江阴市机关事务管理局积极实施"智慧后勤"建设,推动机关后勤服务保障水平不断提升。年内,机关后勤综合保障信息平台建成上线,办公用房管理、公车管理、资产管理、能耗监测以及各类后勤服务保障全面实现网络化、数据化。综合保障信息平台引入网站、APP、大数据等信息技术,涵盖订车、订会、订餐、报修等后勤服务项目,建立一站式、菜单式、互动式、引导式后勤服务模式,打造动态化、可视化、智能化后勤管理系统,大幅度提高后勤管理服务效率。是年,累计处理来自手机、电脑、电话的申请信息 1.2 万余条,发送服务短信 9000 余条,处理网上投诉建议 22 条,发布每周菜谱、专家门诊信息 100 余次,服务保障更加精准及时。

【"节俭用餐我光荣,光盘行动我先行"主题活动】 2017 年 7 月 20 日,江阴市机关事务管理局与市文明办、机关党工委在机关大楼联合开展"节俭用餐我光荣,光盘行动我先行"主题活动,旨在深化文明创建工作,大力倡导节约光荣、反对浪费理念,在全社会引领文明节俭的餐饮消费新风尚。是日,向全市机关干部职工发放倡议书 1500 份,首批"光盘行动"督查员持证上岗,组织机关干部职工在志愿墙上签名,并领取"光盘行动"主题书签。通过主题活动,后勤部门在餐饮管理上更加注重节约,机关干部勤俭节约文明理念内化于心、外化于形,为江阴文明创建工作再增亮点。（何兰荪）

■类目编辑 邢 盈

政协江阴市委员会

重要会议

【市政协十五届一次会议】 2017年1月7—10日举行。372名江阴市政协委员出席会议。在江阴的全国、江苏省、无锡市政协委员，政协机关、市委统战部和台办副科长以上干部，开放园区分管政协工作领导、党群工作部部长和各镇（街道）党（工）委统战委员，不担任政协委员的市各民主党派、工商联、知联会领导和秘书长，驻江阴市的有关单位代表等列席会议。市委、市人大、市政府有关领导，担任过市政协领导和市委统战部主要领导职务的老领导应邀出席开幕会和闭幕会。各镇（街道）的20名市民代表列席开幕会。市各民主党派、工商联、知联会的125名代表列席开幕会和闭幕会。会议由大会主席团主持。

根据会议议程，委员们听取市委书记陈金虎讲话；审议并通过市政协主席徐冬青代表政协江阴市第十四届委员会常务委员会所作的工作报告和副主席张英毅所作的提案工作报告；列席市十七届人大一次会议，听取和讨论代市长蔡叶明所作的《政府工作报告》和其他报告；选举徐冬青为政协江阴市第十五届委员会主席，韩民、张英毅、喻伟力、陈兴初、张晓东为副主席，黄林法为秘书长，王凯等66人为常务委员；听取市政协十五届一次会议期间提案审查情况报告；通过大会决议；徐冬青在会议闭幕时讲话。

会议期间，召开专题座谈会；收到提案318件，其中集体提案72件。

【市政协十五届常委会一次至四次会议】 江阴市政协十五届一次常委会议于2017年2月23日召开。会上学习江苏省、无锡市人大、政协“两会”精神；协商通过《政协江阴市第十五届委员会常务委员会议事规则》《政协江阴市第十五届委员会专门委员会工作规则》《关于政协委员参加政协会议和活动请假的规定》《政协江阴市第十五届委员会专门委员会和镇（街道）、开放园区工作委员会组成人员》《政协江阴市委员会2017年工作要点》和《2017年政协委员学习意见》。市政协主席徐冬青就做好常委会工作作讲话。

第二次常委会议于5月5日召开。会议学习全国创建文明城市工作经验交流会议精神；协商通过《关于委派市政协委员担任民主监督员的决定》，以及镇（街道）和高新区、临港开发区政协工作委员会主任、副主任名单。市政协主席徐冬青就推进文明创建、民主监督工作和发挥基层政协组织作用提出要求。

第三次常委会议于7月28日召开。会议学习贯彻市委十三届三次全体（扩大）会议精神；听取市委组织部副部长张志浩关于市委有关人事安排的提名和说明，同意周建峰任市政协城东街道工作委员会主任（兼）、黄环宇任市政协城东街道工作委员会副主任（兼）、吴艳阳任市政协高新技术产业开发区工作委员会副主任（兼）、沈宏伟任周庄镇政协工作委员会主任（兼）、陈健任市政协办公室副主任，免去吴艳阳市政协城东街道工作委员会副主任、陈健祝塘镇政协工作委员会副主任、张丽君市政协城东街道工作委员会主任、殷良忠周庄镇政协工作委员会副主任、柳蔚市政协高新技术产业开发区工作委员会副主任职务；听取市委统战部副部长潘少峰关于市十五届政协委员届中调整情况说明，同意撤销吴玉兰委员资格，柳蔚等7人辞去委员职务，增补孙仲英等8人为委员；听取市长蔡叶明关于江阴2017年上半年经济社会发展情况通报；民主评议市检察院工作，听取市检察院检察长胡洪平关于检察工作情况汇报，市政协社会法制与海外联络委员会主任刘国兴作调研情况中心发言，常委会组成人员进行现场评议投票；协商讨论并同意市政府关于调整江阴部分街道行政区划的意见。市政协主席徐冬青对下半年政协工作作部署。

第四次常委会议于9月29日召开。会议听取市委组织部副部长张志浩关于市委有关人事安排的提名和说明，同意薛德网任市政协经济科技委员会主任、包煜任市政协云亭街道工作委员会主任（兼）、薛暄任祝塘镇政协工作委员会副主任（兼）、倪玉莲任周庄镇政协工作委员会副主任（兼），免去钱丽英周庄镇政协工作委员会主任职务；听取副市长虞卫才关于2017年政协提案办理情况通报；民主评议市市场监督管理局工作，听取市市场监督管理局局长陈俊虎关于市场监督管理工作情况汇报，市政协教文卫体委员会主任张建平作调研情况中心发言，常委会组成人员进行现场评议投票。副市长赵强到会听取意见和建议。市政协主席徐冬青就开展好第四季度政协工作作讲话。

【"委员学习日"专题讲座】 2017年3月14日，江阴市政协举办"委员学习日暨如何当好政协委员"专题讲座。市政协主席徐冬青，副主席韩民、张英毅、喻伟力、陈兴初、张晓东，党组成员符跃进、孙志红和全体市政协委员听取讲座。张晓东主持讲座。天津市政协原研究室主任李占强围绕"人民政协做什么、政协委员怎么做"进行辅导。

11月27日，市政协举办"委员学习日暨学习贯彻中共十九大精神"专题讲座。市政协主席徐冬青，副主席韩民、张英毅、陈兴初、张晓东，党组成员孙志红和全体市政协委员听取讲座。徐冬青主持讲座。中共十九大代表、华西村党委书记吴协恩作十九大精神专题报告。与会人员还参观江阴撤县建市30周年成就展。

【委员论坛】 2017年6月2日，江阴市政协举办"推进特色镇村建设"委员论坛。市政协主席徐冬青，副主席韩民、张英毅、喻伟力、张晓东，党组成员符跃进、孙志红出席论坛。市委农工办、市发改委、住建局等单位分管负责人受邀到会听取意见和建议。论坛由喻伟力主持。8名政协委员代表围绕城乡一体化、新桥特色小镇建设、人文底蕴补充、实施品牌战略、科学规划特色镇村、打造徐霞客生态旅游特色小镇、发挥长泾古镇优势、发挥红豆乡村游特色等作交流发言。徐冬青希望在全域规划、统筹推进、完善机制、市场运作、政策激励等方面加大力度，把江阴特色镇村建设好。

8月24日，市政协举办"强化城警联动 提升城管效能"委员论坛。市政协主席徐冬青，副主席韩民、张英毅、陈兴初、张晓东，党组成员符跃进、孙志红，各参加单位分管负责人出席论坛。邀请市委宣传部、市公安局、城管局等单位分管负责人到会听取意见和建议。论坛由韩民主持。严会东、刘丹、林华等8名政协委员围绕集成改革、聚合执法管理新效能、违建查处、破解城区"停车难"、加强公共绿地社会管理、整治"城市牛皮癣"、提升市民素质等作交流发言。徐冬青希望抓住江阴成为全省集成改革试点契机，在城市管理体制上突破到位；践行维护社会安全稳定工作宗旨，在城警联动长效制度上坚持到位；加强综合网格构建，在群防群治力量上整合到位，助推全国文明城市创则必成。

【民主监督员工作会议】 2017年9月19日，市政府、市政协联合召开全市民主监督员工作会议，向90名政协委员颁发聘书，聘请他们担任18个与全市改革发展大局和人民群众生活密切相关的市政府部门和单位的民主监督员。是年，民主监督员提交民主监督建议书12份。

【民主议政会】 2017年10月26日，江阴市政协举行创新驱动战略民主议政会。市政协主席徐冬青，副主席韩民、张英毅、喻伟力、陈兴初、张晓东，党组成员符跃进、孙志红参加会议。邀请副市长赵强和市委组织部、市金融办、经信委等部门负责人到会听取意见和建议。会议由符跃进主持。会议听取全市推进创新驱动战略情况，市政协经济科技委员会主任薛德网和民主党派、工商联、知联会代表，以及企业代表进行议政建言。徐冬青希望坚定不移以创新驱动引领江阴发展全局，积极开展具有江阴特色的创新驱动实践，走一条以科技创新为核心、以企业为主体、以产学研融合为支撑、以人才为根本的创新发展之路。

协商议政

【概况】 2017年，江阴市政协围绕奋力当好县域发展排头兵目标和人民群众关注的热点问题，开展多种形式的政治协商和参政议政活动。全年举行全体会议1次，常委会议4次，主席会议12次。市政协领导就生活垃圾分类处置、战略性新兴产业发展等开展视察活动6次。市政协举行快速交通体系构建、健康江阴建设等政情交流会4次。

【专题调研】 2017年，市政协组织各参加单位和专门委员会、镇（街道）工作委员会就产业强市政策评估、小区物业管理与社会稳定、助推学前教育发展等课题开展调查研究，全年形成调研报告32篇，评选优秀调研报告20篇。

【重要视察】 2017年3月31日，市政协领导视察新桥镇圩里二村垃圾分类试点小区、新桥文明驿站，城区锦江花园小区垃圾分类试点情况，听取市公用事业局局长陈国君关于全市生活垃圾分类处置工作汇报。市政协领导建议市政府和有关部门要加大投入，多措并举，加快建设符合江阴实际的生活垃圾分类处置收运体系，努力实现垃圾处置无害化、减量化、资源化。

5月25日，市政协领导视察江阴碳谷科技有限公司、神创电子材料有限公司和天江药业有限公司，听取副市长赵强关于全市战略性新兴产业发展情况汇报。市政协领导建议市政府和有关部门要策应产业强市战略，增强发展战略性新兴产业的紧迫感，明确产业基地布局、产业发展方向和进度，发挥传统产业优势、培育支柱产业，营造有利于战略性新兴产业发展的良好环境。

7月25日，市政协领导视察南闸街道蔡泾村泾西公寓、龙运村龙运食用菌产业园、云亭街道佘城村靠谱农场，听取市委农工办主任许忠新和市民政局副局长蒋玉军关于精准帮扶富民工作汇报。市政协领导建议市政府和有关部门围绕"精准、项目、机制、责任"四个关键词开展工作，形成帮扶富民的强大合力。

9月14日，市政协领导视察光大生活垃圾焚烧发电项目、秦望山工业废弃物综合利用项目、秦望山产业园现场指挥部，听取市公用事业管理局局长陈国君关于光大电厂三期工程推进情况汇报、秦望山产业园投资发展有限公司总经理沙建新关于秦望山产业园建设情况汇报。市政协领导建议市政府和有关部门要落实推进秦望山产业园建设的决策和部署，推进园区各项工程建设，把秦望山产业园打造成国内乃至国际一流的标杆和典范。

11月30日，市政协领导视察江阴综合保税区，听取江阴综保区管理局局长徐健峰关于综保区建设情况汇报、江阴海关关长马红兰关于综保区预验收准备情况汇报。市政协领导建议市政府和有关部门要充分认识综保区对推动江阴经济发展的重大战略意义，在硬环境、软环境上继续下大力气，确保综保区通过国家验收；要立足江阴区域特点和产业实力，加强宣传、突出特色、注重创新，完善管理体制，释放政策红利，抓好项目运行，推进服务创新，不断增强综保区综合竞争实力。

12月25日，市政协领导视察黑臭水体整治情况和市医疗中心、绿道工程、夕阳红爱心护理院项目，听取副市长虞卫才关于2017年提案办理工作情况汇报。市政协领导建议市政府和有关部门要进一步落实《政协江阴市委员会提案办理协商办法》，提升"提、立、办、督"四方面工作，将提案办理与视察、政情交流、民主议政、民主评议、民主监督等政协履职形式结合起来，发挥出积极的社会效应。

【政情交流】 2017年2月27日，市政协举行快速交通体系构建政情交流会。出席会议的市政协领导和部分政协常委、委员听取市规划局局长仇丰关于江阴市快速路体系研究专题汇报，市交通运输局局长顾文浩、住建局副局长陈君平关于快速路建设推进情况汇报，市公安局交巡警大队副大队长张建林关于交通保障情况汇报，并就快速路网建设中滨江路快速交通改造情况、慢行交通体系环境提升、城区道路优化和各级路网衔接、"断头路"梳理打通，在城区内环公交枢纽周边建大型停车场、建设内环快速公交线等提出建议。市政协主席徐冬青指出，要进一步领会和理解建设快速路体系的重要性；进一步强化规划引领、强化职责分工，提升快速路网比例。政协要充分发挥优势，深入开展调查研究，协助党政部门解决交通建设管理的热点、难点问题，形成共同推进江阴发展的强大合力。

4月19日，市政协举行"健康江阴"建设政情交流会，出席会议的市政协领导和部分政协常委、委员听取市卫计委主任严军明、体育局局长顾洪伟所作的"健康江阴"建设工作情况汇报，并就防范突发性公共卫生事件、提高基层医疗卫生单位做好公共卫生服务积极性、推进优质医疗资源下沉、实行分级诊疗制度、减轻医务人员负担、举办大型体育赛事、发挥体育协会作用、心理健康服务、健康养生打假和游泳场馆水质保障等提出建议。市政协主席徐冬青指出，要围绕"治未病、抓医改、强锻炼、补短板、广宣传"抓好"健康江阴"建设；推进传统中医药发展，营造健康宜居的良好环境，落实"未病先防"；加快分级诊疗、医联体建设、医保支付模式、家庭医生签约服务等医改步伐；将精品赛事与群众性体育活动相结合，倡导文明健康的生活方式；补齐基础设施、财政支撑、健康产业社会化发展的短板，提升全市健康服务水平。

6月15日，市政协举行产业强市政策落实情况政情交流会，出席会议的市政协领导和常委、委员听取市经信委主任王利峰、科技局局长赵志军、商务局局长查建标和金融办主任顾平所作的产业强市政策落实情况汇报，并就加强产业强市政策宣传和辅导、加大对中小微企业扶持力度、对中小微企业科技创新扶持资金安排、拟上市企业如何获得政策支持、引导企业抓住"一带一路"契机"走出去"、落实人才政策和跨境电商扶持等提出建议。市政协主席徐冬青指出，要进一步提高政策制订的科学性，提高政策集成和协同效应；进一步扩大政策宣传的广泛性，强化政策宣传解读的责任主体，力求政策宣传解读具有针对性；进一步优化政策落实的精准性，强机制、多走访、细服务，为江阴经济社会发展增添强劲动力。

10月25日，市政协举行"1310工程"政情交流会，出席会议的市政协领导和部分政协常委、委员听取市"1310工程"指挥部办公室、住建局、交通运输局负责人所作的"1310工程"建设情况汇报，并就"1310工程"中重大工程项目资金投入和保障、拆迁队伍的力量配备和业务培训、黄田港和韭菜港渡口搬迁、滨江路快速化改造、雨污分流等提出建议。市政协主席徐冬青指出，要规划引领、优化布局，确保城市发展始终沿着既定目标稳步前行；要交通先行、高铁为要，促成南沿江城际铁路、盐泰锡常宜城际铁路建设的早日开工，启动市域轨道交通规划建设；要加快速度、提升品质，推动江阴城乡建设取得新突破；要通力合作，共建家园，共同推进"1310工程"建设。

民主监督

【概况】 2017年，江阴市政协通过提交提案和民主监督建议书、反映社情民意、开展民主评议等民主监督活动，助推江阴高质量发展。全年收到委员提案347件，审查立案319件，确定重点提案12件。所有提案在规定日期前全部答复完毕，提案委员和单位对提案办理表示满意的307件，占96.2%；表示基本满意的10件，占3.1%；2件不满意提案经二次复办达成谅解。是年，向市委、市政府报送《社情民意》7期，上报信息32条。市委、市政府主要领导高度重视，批示要求相关部门认真研究、积极办理。

【重点提案】 2017年3月1日，市十五届政协第二次主席会议协商确定12件提案为2017年重点提案，分别是：《关于加强我市小区建设的几点建议》《实施创新驱动战略　助推产业强市建设》《关于江阴市环境污染源防控防治工作的建议》《关于进一步促进我市房地产健康稳定发展的思考和建议》《关于全民参与我市生活垃圾分类的建议》《关于加快推进我市养老事业医养融合发展的几点建议》《关于进一步完善学校、医院和养老院等场所消防安全手续和推进消防安全标准化管理的建议》《关于把握城市发展规律，促进城市品质提升的建议》《关于重点突破，彰显特色，加快一江两河区域建设的建议》《关于对我市困难群体实施精准深度救助的建议》《关于推进江阴中医事业发展的几点建议》《关于大力推进我市节能环保产业发展的建议》。12件重点提案由市政府主办，相关部门协办，市政府、市政协联合督办；至7月11日全部办复。

【民主评议】 2017年4月，市政协成立民主评议市检察院工作调研小组，确定《关于民主评议市检察院工作的方案》，组织召开7次座谈会。

7月28日,召开市政协十五届三次常委会议,对市检察院工作进行评议。会议建议市检察院要聚焦中心,全力服务经济社会发展;严格执法,有效促进社会公平正义;创新工作,不断增进检察院工作活力;牢记宗旨,不断加强自身建设。

7月,市政协成立民主评议市市场监督管理局工作调研小组,确定《关于民主评议市市场监督管理局工作的方案》,先后召开8次座谈会,发放550份民主测评表。9月29日,召开市政协十五届四次常委会议,对市市场监督管理局工作进行评议。会议建议市市场监督管理局要按照集成改革要求,进一步深化商事制度改革,激发市场活力;进一步加强依法行政,强化执法监督,坚守执法底线,创新执法机制,推进智慧监管;注重群策群力,探索社会共治,发挥部门牵头作用,加强宣传教育,形成全社会共同参与市场监管的良好氛围。 (任陈芳 张 蓝)

附:政协江阴市第十五届委员会2017年度优秀提案

1.《关于加强物业管理社会培训服务的建议》 (沙梅芳)

2.《关于切实保障人行横道"生命线"作用的建议》 (华 晔)

3.《关于推进城市垃圾分类举措的建议》 (王京冉)

4.《关于防范老年人遭遇保健品骗局的对策建议》 (陆逸君)

5.《关于加强我市小区建设的几点建议》 (王小立)

6.《关于我市加快引进智慧物流项目的建议》 (刘国兴)

7.《关于进一步推进我市分级诊疗工作的建议》 (殷美华)

8.《关于坚持创新驱动,加快推进我市产业强市步伐的建议》 (楚健健)

9.《实施创新驱动战略 助推产业强市建设》 (民建江阴市委)

10.《关于加快提升城市文明品位的建议》 (何伟忠)

11.《关于搭建金融投资平台,服务企业创新发展的建议》 (叶卫春)

12.《关于政府帮助企业降低银行融资成本的建议》 (宋雪平)

13.《关于江阴市环境污染源防控防治工作的建议》 (市知联会)

14.《关于整合资源,创新机制,在提升发展中打造江阴旅游升级版的建议》 (市政协城建环保委)

15.《关于加强教师队伍建设的建议》 (单红霞)

16.《关于进一步促进我市房地产健康稳定发展的思考和建议》 (市工商联)

17.《关于"筑工匠精神,赢出彩人生"切实发展我市职业教育的建议》 (刘梦晓)

18.《关于加快发展现代高效农业集约化的建议》 (蔡震国)

19.《关于加强外来人口管理,完善居住证等管理机制建设的建议》 (市政协云亭街道工作委员会)

20.《关于进一步完善我市网格化管理的建议》 (舒建华)

21.《关于全民参与我市生活垃圾分类的建议》 (吴群力)

22.《关于完善我市农村建房政策的建议》 (邬闽澄)

23.《关于更好促进"江阴市科技小巨人"企业发展的一些建议》 (戚建峰)

24.《关于加快推进我市养老事业医养融合发展的几点建议》 (沈 敏)

25.《关于进一步完善学校、医院和养老院等场所消防安全手续和推进消防安全标准化管理的建议》 (曹炳才)

26.《关于推动制造业企业创新发展的建议》 (柏 军)

27.《关于把握城市发展规律,促进城市品质提升的建议》 (民盟江阴市委)

28.《关于拓展市民卡公共服务资源的建议》 (安世者)

29.《关于加快创新资源集聚,营造创新良好环境的建议》 (梅士强)

30.《关于大力实施垃圾分类的建议》 (宋 超)

31.《关于进一步统筹城乡建设,推进新型特色镇街及打造美丽乡村的建议》 (市政协城东街道工作委员会)

32.《关于支持公益创业项目的建议》 (杨 婧)

33.《关于江阴市垃圾焚烧发电项目配套设施建设及周边环境改善的建议》 (月城镇政协工作委员会)

34.《关于重点突破,彰显特色,加快一江两河区域建设的建议》 (九三学社江阴市委)

35.《关于对我市困难群体实施精准深度救助的建议》 (民进江阴市委)

36.《关于推进江阴中医事业发展的几点建议》 (农工党江阴市委)

37.《关于保护农业产业品牌,深挖旅游资源优势,美丽乡村建设需与特色产业有机融合的建议》 (俞煜峰)

38.《关于开展全民环保活动,建设清洁社区从垃圾分类开始的建议》 (陈 华)

39.《关于大力推进我市节能环保产业发展的建议》 (金丹菁)

40.《关于加快推进徐霞客旅游区建设的建议》 (徐霞客镇政协工作委员会)

41.《关于加强地方特色产业区域品牌建设,建立特色产业聚集区的建议》 (徐卫忠)

42.《关于对我市医联体深化改革,配套政策措施的建议》 (市政协教文卫体委员会)

43.《关于加强医院护工队伍建设的建议》 (林 军)

44.《关于进一步形成关心与扶持非国有博物馆建设常态化局面的建议》 (林 良)

45.《关于提升我市农村中学教师队伍的建议》 (徐 婷)

46.《关于进一步提升我市公益志愿服务工作水平的建议》 (陈 江)

47.《关于深入培育中青年企业家,提升青年企业家综合能力水平的建议》 (赵文碧)

48.《关于加快特色小镇建设步伐的建议》 (陶 英)

49.《关于促进社区建设创新发展的建议》 (梅玉珍)

50.《关于在全市开展全民文明礼仪教育,建设礼仪之邦的建议》 (王长缨)

■类目编辑 邢 盈

党风廉政建设

【概况】 2017年，江阴市纪委深入学习贯彻习近平新时代中国特色社会主义思想，以迎接中共十九大召开和学习贯彻中共十九大精神为工作主线，围绕上级纪委全会精神和重点工作要求，明责定责、全程记实、强化问责，督促各级党组织落实党风廉政建设"两个责任"*，推进全面从严治党向基层延伸。坚持问题导向，结合部门特点和领域风险，为89个单位制定并逐级签订"个性化"党风廉政建设责任书。优化"两个责任"管理考核系统，推进各项填报指标细化、务实，督促各单位及时填报日常工作情况，实现落实情况全程记实机制。建立廉政档案管理制度，组织全市1400余名科级干部和股级干部填报廉政档案，对核查发现涉嫌瞒报漏报个人信息的责任人进行函询谈话。

【风清气正政治生态巩固发展】 2017年，市纪委以《关于新形势下党内政治生活的若干准则》为遵循，把党内政治生活开展情况纳入"两个责任"管理考核系统，强化日常考评管理；把严肃和规范党内政治生活贯穿于监督执纪问责、办信巡察检查全过程，共向30个单位提出改进党内政治生活建议，着力增强党内政治生活政治性、时代性、原则性、战斗性。加强对集成改革、"1310工程"*、"263"专项行动*、文明城市创建等重大决策部署的纪律监督，保障政令畅通、令行禁止。协助市委制定《关于构建"亲""清"新型政商关系的意见》《政商关系行为守则》，着力构建新型政商关系。制定《关于建立容错纠错机制激励干部改革创新担当作为的实施办法(试行)》，为锡东生活垃圾焚烧发电厂复工等4个关系发展稳定大局的重大事项进行风险备案，激发担当精神、激励干事创业。严把党风廉政意见回复关，为231名党员领导干部出具廉政意见。

【"两个责任"落到实处】 2017年，市纪委协助市委量身定制《江阴市2017年度党风廉政建设责任分解表》，结合各单位行业特点和工作实际，确定个性化责任内容。强化责任检查，市委成立10个检查组，重点检查20个单位党风廉政建设责任制落实情况，发现问题63个。召开全市党(工)委书记抓基层党建、落实党风廉政建设和意识形态工作责任制情况述职评议会。全面实行廉情分析报告制度，市纪委定期向市委常委和副市长报告分管部门、包片镇(街道)的案件、信访以及作风建设情况，并提出工作建议。严格责任追究，各级纪检监察组织切实履行监督责任，全年实施党内问责14件，其中问责党员领导干部6人，问责党组织8个。

正风肃纪

【概况】 2017年，市纪委把落实中央"八项规定"*精神作为严肃的政治任务，持之以恒纠正"四风"*。紧盯重要时间节点、倾向性问题和"四风"问题新动向，组织专项督查45批次，发现整改问题152个。查处违反中央"八项规定"精神问题29个，党纪处分31人；加大通报曝光力度，通报曝光违反中央"八项规定"精神典型问题11个，涉及党员干部16人；组织"空中热线"电台直播节目48期，106个单位"一把手"在线回复群众诉求，为民办实事101件；整治不作为、乱作为、慢作为问题，协调电视台制作播出《作风面对面》电视栏目24期，曝光问题81个，督促解决问题74个。年内，全市各级党政组织作风建设得到高度重视，民主评议机关群众满意度99%。

【作风建设】 2017年，市纪委根据"在坚持中深化、在深化中坚持"的作风建设工作要求，深化基层作风建设大督查机制，紧扣年节假期，强化监督检查和问责追究，坚决查处公款吃请、公车私用、公款购卡等"四风"问题，并公开通报曝光。强化作风建设"两个责任"，围绕重要时间节点实行交叉检查和单位自查。18个镇(街道、园区)、市委农工办、市接待办、财政局、机关事务局等20个职能部门结合自身职责，开展"三资"*监管、"三公"*管理、"四风"问题等方面自查监督，落实条块结合监管主体责任，重点抽查直属事业单位内部食堂、办公用房和公车管理等情况，提升监督成效。开展专项检查，组织核查无锡市纪委交办的2批次购买白酒线索，移送违纪问题线索1条，立案查处1人，组织处理2人。组织开展违规设立私人会所问题排查“回头看”，要求全市89个单位按照“谁主管、谁负责”原则，对辖区、下属单位管理的历史建筑、公园等公共资源中是否存在违规设立私人会所问题，进行拉网式排查“回头看”。组织中共十九大召开期间作风建设专项检查，确保大会期间不发生违规问题。强化倒查问责力度，健全完善“四风”问题倒查工作机制，开展倒查式抽查监督，并实现城乡全覆盖。

【农村党风廉政建设】 2017年，市纪委按照全面清理、有效规范、强化监督工作理念，扎实推进农村党风廉政建设。组织开展全市农村集体“三资”管理领域自查自纠专项行动，对管理中存在的突出问题进行大排查、大起底，处置重点问题147个。牵头制定《关于进一步推进农村(社区)“小微权力”规范公开透明运行的工作意见》《江阴市农村(社区)干部履职行为规范手册》《江阴市农村基层重点权力事项监督手册》等文件，明确“小微权力”权责界限、决策程序、行为规范。在璜土镇璜土村试点“三务”*公开“户户通”工程，将“三资”管理过程、细节推送到家家户户，得到无锡市领导高度肯定。严查群众身边的不正之风和腐败问题，进行问责追究村干部83人，其中党纪处分53人，诫勉谈话30人。

执纪审查

【概况】 2017年，市纪委认真履行党章赋予的职责，严肃查处违反党的政治纪律、组织纪律、廉洁纪律、群众纪律、工作纪律和生活纪律的行为，继续实践完善运用“四种形态”操作办法，综合运用函询、约谈、诫勉谈话、组织处理、纪律处分等多种方式，发现苗头就提醒，触犯纪律就处理，发挥纪律正面引导和惩戒警示两方面作用。认真开展监察体制改革试点工作，深入研究纪法衔接重大问题，探索纪律处分、组织处理、移送司法等多措并举途径。健全追逃追赃工作协调机制，加大追逃追赃力度，抓好重点个案突破。年内，市纪委被评为全省纪检监察系统先进集体。

2017年6月16日，市纪委组织拟提拔任用副科职党员领导干部进行党章党规党纪考试 （朱菊萍 摄）

【问题线索处置】 2017年，市纪委畅通来访、来信、来电、网络等信访举报渠道，规范问题线索处置，进一步强化分析预警和协同配合，调高标尺、高点定位，推动信访举报工作优化升级。全年收到信访举报743件，比2016年增长6.6%，其中来信举报583件，来访举报21件，电话举报18件，网络及其他方式举报121件；处置问题线索733件，比2016年增长169%，其中55.38%运用第一种处置形态“红红脸、出出汗”，27.91%运用第二种处置形态“党纪轻处分、组织调整”，6.54%运用第三种处置形态“党纪重处分、重大职务调整”，10.17%运用第四种处置形态“严重违纪涉嫌违法立案审查”，形成严惩极少数与严管大多数有机统一的治理格局。

【纪律审查】 2017年，市纪委始终保持惩治腐败高压态势，坚持无禁区、全覆盖、零容忍，坚持重遏制、强高压、长震慑，坚持受贿行贿一起查，深化标本兼治，着力构建不敢腐、不能腐、不想腐的体制机制。全年立案466件，比2016年增长10.2%，采取“两规”(规定时间、地点就案件所涉及的问题作出说明)措施13件，给予党纪政纪处分304人，其中乡科级干部15人，移送司法机关13人，挽回经济损失1755万元。追逃追赃工作取得重大突破，在两个月内连续劝返2名“百名红通人员”(2015年4月，中央反腐败协调小组公布的外逃腐败分子100人名单)，得到中央纪委领导和中央追逃办肯定。

廉政教育

【概况】 2017年，市纪委坚持挺纪在前，强化标本兼治，切实强化党章党规党纪和廉洁从政教育。依托“两个责任”管理考核系统，健全党员领导干部每月接受廉政提醒、参加党纪测试制度。建立拟提拔任用副科职党员领导干部党章党规党纪考试制度，全年4批次63人参加考试，合格率100%。加强“江上清风”微信公众号维护更新，推送微信110期，其中推送《大巍说纪》18集，被省纪委办公厅评为精品课件。编印党员干部底线手册等“口袋书”万余册。召开全市领导干部警示教育大会，播放警示教育片《失控的权力》，警示教育各级领导真管严管，管到底、管到边。深化廉政文化“六进”(进机关、进农村、进社区、进家庭、进学校、进企业)活动，加强廉政文化示范点建设，以点带面发挥示范点辐射作用。发挥宣教工作联席会议成员单位作用，逐步构建各尽所能、各尽其责的社会化大宣教格局。

【主题教育活动】 2017年,市纪委印发《关于在全市组织开展"5·10"思廉主题教育活动的通知》,围绕"学、警、查、谈、考、树、进"开展形式多样的宣传教育活动,引导干部群众学廉、思廉、践廉。全面整合报纸、电台、电视台等媒体资源,突出重要节点,围绕特定主题开展立体式、全方位宣传。发挥传统阵地作用,组织协调3000余名党员干部赴市看守所教育基地、市预防职务犯罪教育基地接受现场警示教育。联合市委组织部、宣传部等单位开展新型政商关系大讨论活动,研究出台构建"亲""清"政商关系实施意见、行为规范等制度规定。

【廉政文化示范点建设】 2017年,市纪委印发《关于开展全市廉政文化建设示范点和廉政教育示范基地创建工作的通知》,有区别、有层次开展廉政文化示范点创建活动,重点推进廉政文化进农村、进机关、进企业、进学校,借力相关部门和单位,深入挖掘地方具有廉政教育意义的故居、博物馆等资源,打造具有地方特色的主题廉政教育基地。收集整理廉政故事、廉政碑刻、廉政档案等历史资料,通过多种形式进行展示,让干部群众在学习传统历史文化的过程中接受廉政教育。同时,建立完善示范点长效管理机制,严格实施淘汰退出机制和抄告制度,确保示范称号权威性和示范性。是年,华西新市村通过省级廉政文化示范基地"回头看"审核,云亭中学被评为省级廉政文化示范点。

【纪检干部教育】 2017年,市纪委认真学习贯彻中共十九大精神,树立"四个意识"*、坚定"四个自信"*,坚决用习近平新时代中国特色社会主义思想武装头脑、指导实践、推动工作。开展"打铁还需自身硬"专项行动,为全市192名纪检监察干部建立个人事项信息库,实现全员建档、精准画像、动态监管,先后完善工作流程11个,排查风险点70个,制定相应风险防控措施46个。出台《关于开展纪检监察干部家访谈心活动的实施方案》,开展家访谈心47人次。开展监督执纪工作规则专题学习月活动,举办"学思践悟、勇于担当"主题演讲比赛。全年举办"清风学堂"4期、"纪检讲坛"3期,选派7名优秀青年干部赴中央、省、无锡市纪委上挂培训,练就担当本领。

纪检监察体制改革

【概况】 2017年,市纪委根据上级纪委和市委统一部署,深化纪律检查和监察体制改革,先后完成市纪委向市一级单位派驻纪检机构、组建市委巡察机构以及国家监察体制改革试点工作,努力建设让党放心、人民信赖的纪检监察干部队伍,不断净化党内政治生态,强化监督执纪问责,进一步巩固反腐败斗争压倒性态势。

【派驻机构改革】 2017年6月,市纪委按照省、无锡市决策部署,结合江阴实际,出台市纪委派驻机构改革方案,组建派驻纪检监察组10个,实现市纪委派驻监督全覆盖。加强派驻机构管理,起草出台《中共江阴市纪委派驻纪检监察组工作规定(试行)》,建立派驻机构履责考核机制,明确派驻工作流程。制作并发放各派驻纪检组印章,收回被撤销的29个纪委(纪检组)、监察室印章,在64个单位建立起联络员制度。

【巡察机构改革】 2017年,市委认真贯彻落实中央、省和无锡市巡察工作部署,围绕全覆盖目标任务,提高政治站位,坚持问题导向,扎实推进巡察工作。召开市委巡察工作动员部署会,成立巡察办1个、巡察组4个,把握政治巡察定位,制订2017年度全市巡察工作方案,对华士镇、市委台办、市教育局、科技局、工商联、供销社等22个单位开展巡察,至年末,发现问题404个,移送问题线索116条。针对巡察中发现的党的领导弱化、党的建设缺失、全面从严治党不力、违反"六项纪律"(政治纪律、组织纪律、廉洁纪律、群众纪律、工作纪律、生活纪律)等问题,认真做好问题反馈和分类处理,做好向市委五人小组(市委书记、市长、市委副书记、组织部部长、纪委书记)专题汇报,实施销号管理,强化成果运用,督促整改落实。

【监察体制改革试点工作】 2017年,市纪委根据上级纪委和市委统一部署,按期完成机构设置、编制划转、人员转隶、留置场所置换等工作。按照改革方案,市纪委在原有9个科室基础上,增设第三至第五纪检监察室。第一至第四纪检监察室负责执纪审查,第五纪检监察室负责技术保障。同时,按省纪委要求,在不增加人员编制总数和内设机构领导职数前提下,在原有的农村工作一室、二室基础上组建执纪监督工作一室、二室。2018年1月20日,江阴市第十七届人民代表大会第二次会议选举余银龙任市监察委员会主任。1月22日,市监察委员会挂牌成立,监察体制改革试点工作迈出实质性步伐。 (缪广学)

■类目编辑 谢 诚

中国民主同盟江阴市委员会

【概况】 2017年，民盟江阴市委紧紧围绕中共江阴市委中心工作，认真履行参政党职能，切实加强“五大能力”（政治把握能力、参政议政能力、组织领导能力、合作共事能力、解决自身问题能力）建设，积极投身“强富美高”新江阴建设，盟内各项工作取得新进展。年内，发展新盟员15人，去世2人，盟员总数333人，平均年龄53.4岁。盟员分布：教育界199人，文化界27人，科技界32人，教科文界别占77.5%，其他界别75人，占22.5%。学历情况：博士研究生4人，硕士研究生53人，本科以上学历256人，占76.9%。职称情况：高级职称183人，占54.9%，中级职称90人，占27.6%，中高级职称共273人，占81.9%。有省政协委员1人，无锡市人大代表3人，无锡市政协委员2人，江阴市人大代表6人，江阴市政协委员32人（常委6人）。任副科职以上干部13名，有17名盟员分别担任政府各部门的特约员、民主监督员。是年，15名盟员参加江阴市2017年度党外骨干培训班，9名盟员参加无锡市民主党派新成员培训班，3名盟员参加无锡民盟基层领导干部培训班，1名盟员参加民盟江苏省委第一期新盟员培训班，1名支部主委参加民盟江苏省委盟务骨干培训班。6月2—3日，主委龚振东、常委常征出席中国民主同盟江苏省第十二次代表大会。是年，民盟江阴市委被民盟中央评为民盟中央群言杂志社发行工作优秀单位，被民盟江苏省委授予2017—2018年度宣传工作先进集体一等奖、2017—2018年度社会服务特别贡献奖，被民盟无锡市委评为2017年度参政议政工作先进集体、2017年度宣传工作先进集体、2017年度社会服务工作先进集体。江阴民盟成立六十周年纪念会被民盟无锡市委评为2017年度“十佳活动”。

【参政议政】 2017年1月，民盟江阴市委在政协十五届一次会议上作《建一流教师队伍，办人民满意教育——关于进一步加强江阴市教师队伍建设的有关建议》专题发言，提交集体提案14篇，其中《关于把握城市发展规律，促进城市品质提升的建议》被市政协列为2017年度重点提案，得到市委、市政府高度关注。盟员人大代表、政协委员在市人大、政协“两会”期间提交建议、提案31条（件）。10月，在“1310工程”*工作政情交流会上，民盟江阴市委作相关发言。年内，民盟江阴市委完成《优化创新生态　打造创新“风景”——关于江阴加快实施创新驱动发展战略的调研与思考》重点调研报告，被评为市政协2017年优秀调研报告三等奖；组织各支部完成调研报告22篇，社情民意142条。集体提案《关于把握城市发展规律，促进城市品质提升的建议》和陆逸君个人提案《关于防范老年人遭遇保健品骗局的对策建议》、单红霞个人提案《关于加强教师队伍建设的建议》被市政协评为2017年度优秀提案，卢青撰写的信息《关于完善企业上市中国资扶持功能的建议》、金荣蕾撰写的信息《关于诚信体系建设中的几点建议》、赵薇娜撰写的信息《关于加强对新兴楼盘物管企业规范管理的建议》、李惠兴撰写的信息《关于进一步加强我市非机动车道管理的建议》被市政协评为2017年度优秀社情民意信息，刘艳、周忠良、单红霞、耿峥嵘、薛迅被市政协评为2017年度优秀政协委员，陆逸君、金荣蕾、高永铭、龚学东被评为优秀民主监督员。是年，民盟江阴市委首创跨省市（县）联合调研，联合浙江慈溪、嘉善和江苏常熟两省县级盟组织创新性地开展跨地区联合调研，围绕“村级医疗互助”这个课题，以江阴实施的“政府引导、村委主办、社会共建、村民共享、平台服务”为模式的村级医疗互助制度为切入点，联合调研江阴、常熟、慈溪、嘉善四市县城乡居民医疗保障情况。江阴民盟起草调研报告，其他三市县民盟提出修改建议，最终形成调研报告《创新建立村级医疗互助制度，健康扶贫助力全面实现小康》，提交给民盟中央参政议政部，转化为民盟中央集体提案提交全国政协十三届一次会议，并被立案。

【江阴民盟成立60周年庆祝活动】 2017年，民盟江阴市委以“不忘合作初心，继续携手前进”为主题，有序开展江阴民盟成立60周年系列纪念活动。年内，编印《江阴民盟

2017 年 10 月 13 日,江阴民盟举办成立 60 周年纪念会

（民盟江阴市委提供）

六十年》画册,从领导关怀、参政议政、社会服务、自身建设等版块,采用图文并茂的形式,展现江阴民盟成立 60 年的风采;举办纪念黄亚蒙逝世 20 周年座谈会,民盟江阴市委主委龚振东充分肯定黄亚蒙不忘合作初心,始终坚持中国共产党的领导,与党同心同德、与党同心同向、与党同心同行的政治品格;开展"不忘合作初心,继续携手前进"——纪念江阴民盟成立 60 周年书画、征文大赛,收到书画作品 47 幅,征文稿 25 篇,书画比赛评出特别奖 5 名,优秀奖 9 名,征文比赛评出一等奖 3 名,二等奖 5 名,三等奖 8 名;举行"不忘合作初心,继续携手前进"——江阴民盟成立 60 周年书画展,对盟员创作的江阴民盟发展篇章、赞美家乡建设成就等内容的书画进行展出等活动。10 月,召开江阴民盟成立 60 周年纪念会。民盟江苏省委主委胡刚、无锡市委常委、江阴市委书记陈金虎应邀出席并作重要讲话,对江阴民盟的工作给予充分肯定,民盟无锡市委主委高亚光、民盟江苏省委副主委刘灿铭、江阴市委副书记袁秋中到会勉励,江阴兄弟民主党派、周边县市民盟的领导也应邀参加。会上表演了由盟员自编自演的精彩节目,受到一致好评。

【社会服务】 2017 年,民盟江阴市委发挥教育界别优势,巩固江阴市天华艺校同心实践基地,推荐盟内优秀骨干教师 3 名到天华艺校上示范课,继续对天华艺校的 5 名品学兼优的孤儿进行对口资助,每人每年 5000 元。年内,有 1 名受资助的学生高中毕业,考入徐州幼儿师范专科学校。是年,民盟江阴市委承办 2017 年毕节、敦煌中小学校长江阴培训班,贵州省毕节、甘肃省敦煌市 27 位中小学校长在江阴市教师发展中心进行为期一周的教育教学培训,得到学员与民盟中央、民盟江苏省委的充分肯定。民盟江阴市委分管领导带队参加民盟江苏省委统一安排的贵州毕节七星关区"农村教育烛光行动",2 位盟员进行授课交流,得到当地领导和学校好评。盟市委妇工委继续开展江阴市特殊教育中心校关爱帮扶活动,老盟办组织老盟员重阳节活动。全年盟员各类爱心捐款 51 万元。

【盟员成果和荣誉】 2017 年,盟员薛花娟、张恩隆、周明宝的发明专利"内置光线光栅传感器的桥梁用智能缆索系统"获中国知识产权局中国专利优秀奖;龚学东参与完成的江阴市经济地理信息系统获 2017 中国地理信息产业优秀工程铜奖;许达被中国书法家协会评为"深入生活,扎根人民"——文质兼美优秀基层书法家。蔡晓英创作的小品《父亲的老白干》获省宣传部、省教育厅金奖;李惠兴撰写的论文《"四五六"中职生职业信仰教育的探索与实践》获 2017 年度江苏省教学成果奖二等奖。姚毓青著作《徐学一粟》由团结出版社出版;周东芬著作《祖国行长歌》由二十一世纪出版社出版。 （黄宇昕）

中国民主建国会江阴市委员会

【概况】 2017 年,民建江阴市委深入学习贯彻中共十九大以及中共江阴市委(扩大)会议精神,服务大局,助推发展,各项工作取得良好的成绩。是年,按照上级组织和中共江阴市委统战部的要求,认真开展"不忘合作初心、继续携手前进"主题教育活动,组织会员参加中共江阴市委统战部开展的"不忘合作初心,继续携手前进"主题征文及演讲比赛,选送征文 6 篇,其中 2 篇获二等奖、3 篇获三等奖;赵雪芬、蔡健两位会员的演讲均获三等奖。年内,改版《江阴民讯》,编辑刊出 4 期;开通"民建江阴"微信公众号,增强信息推送时效性;在《无锡日报》《江阴日报》《华人时刊》及各级统战部、民建委员会网站、杂志上刊登稿件 100 余篇次;进一步完善规章制度,制订《民建江阴市委制度汇编》《民建江阴市委会员手册》。组织市委委员、支部主任赴常熟东南支部学习,组织骨干会员参加中共江阴市委统战部组织的党外骨干成员培训班学习,组织企业家会员赴宜兴与宜兴民建企业家会员交流,推荐优秀企业家会员参加民建中央企业家培训。年内,增设澄东支部和临港支部,累计有支部 10 个,完成支部换届工作;发展会员 17 人,平均年龄 37 岁;其中:本科学历 13 人,研究生学历 2 人;企业家 5 人,金融机构从业者 6 人,企业管理层 2 人;至年末,会员总数 219 人。6 月 27—30 日,主委张晓东、副主委缪志强、秘书长孙敏霞出席民建江苏省委第九次代表大会。12 月 16—20 日,主委张晓东赴北京出席中国民主建国会第十一次全国代表大会。是年,民建江阴市委关心退休会员,建设"退休会员之家"。

【参政议政】 2017年1月,民建江阴市委在政协江阴市十五届一次会议上作《实施创新驱动战略助推产业强市建设》专题发言,该报告被市政协评为优秀调研报告一等奖;提交集体提案9件、个人提案22件。江阴市十七届人大一次会议上,提交个人建议3件。集体提案《实施创新驱动战略助推产业强市建设》《关于加强江阴市小区建设的几点建议》被市政协列为2017年度重点提案,集体提案《关于提升江阴市社工服务水平的建议》及个人提案《关于做强做专现代金融服务业的建议》《关于加强专业教师队伍建设的建议》《关于应用大数据来提升江阴市政府管理效率的建议》被评为年度优秀提案。吴自强、张建兴、陆正洪、胡鹏飞、陈亚蕾、季国华6位会员被评为年度优秀政协委员;承皓、孙敏霞、吴自强、金锡妹4位会员被评为优秀民主监督员;堵希、朱杰、梅玉珍3位会员被评为提案积极分子;梅玉珍被评为社情民意积极分子。是年,民建江阴市委完成调研报告《撬动产业政策红利做大做强实体经济——关于江阴"产业强市"政策评估的调研报告》《真抓实干建设紧密型医联体,切实保障百姓分享医改红利》;编辑刊出第27期《参政议政调研材料专辑》,收录调研报告19篇。

【社会服务】 2017年,民建江阴市委承办中共江阴市委统战部第五期"统战大讲堂",主题为"当前宏观经济形势分析",统战系统近百名成员参加学习。继续开展"同心"实践基地活动,2013年以来,每年出资5万元,共计25万元,支持"同心"实践基地南闸街道泗河村的丁果湖生态湿地公园建设,占地9公顷的一期工程建成投运,一座寓意着"同心共建共享"的"同心亭"建成投入使用。慰问泗河村贫困村民20户,发放慰问金1万元。年内,"中国民主建国会江阴市委员会会员实践基地"在香山书屋挂牌,江阴市民建志愿者协会成立,会员们积极投身"书香民建"新书捐赠活动,捐书2000余册;积极参与香山书屋举办的各类公益讲座,读书沙龙,推动阅读文化,加强"书香民建"学习阵地建设。会员查永恩主导的查之家帮扶基金会及朱蒋巷帮扶基金会分别在助学、助困、助医、敬老等方面出资64万元和65.9万元;罗莹及其江阴市慈善义工艺术团组织一对一助学,连续四年资助180名孩子上学,总金额45万元;陆正洪为长山中心幼儿园捐助文体活动器材费2万元,连续5年捐资长山中心小学贫困优秀学子;王小立采用"慈善捐赠+项目投资+产业带动+基金帮扶"的综合手段开展扶贫工作,对所选学校一次性捐赠书包1300只;李平除向贫困学生捐资助学外,还为江阴20岁的白血病患者小陈捐款1万元;张建兴助力"江阴张氏宗亲奖助学活动",向江阴张氏优秀的寒门学子捐赠爱心款和图书、文具等;李杰设立南国之风慈善基金和奖学金。

【会员成果及荣誉】 2017年,会员胡鹏飞获"苏商富民强省新领军者"称号,经营的全顺汽车有限公司入库税金超千万元;会员高欣获省科技创新奖。11月,江阴市科技创新大会上,会员企业江苏方程电力科技有限公司、江阴南工锻造有限公司分别获"十佳民营科技企业"和"十佳高新技术企业"称号。会上,市领导为叶卫春创办的"暨阳金创空间"、童亮一创办的"跨境电商创业孵化园"科技项目揭牌。童亮一的博棠电子商务有限公司被江苏省经济和信息化委员会授予首批"江苏省互联网产业人才培训基地"称号,他的澄壹电子商务产业发展有限公司被江苏省经信委评为江苏省中小企业公共服务二星级平台,打造的"青创苗圃"贫困大学生创业扶持项目被共青团江苏省委授予"江苏省青年公益项目大赛优秀奖"。会员梅玉珍被江苏省作家协会吸收为会员。 (孙敏霞)

中国民主促进会江阴市委员会

【概况】 2017年,民进江阴市委认真学习贯彻中共十九大和中央民进十二大精神,坚持"有思有行、集智聚力、顺势而为、开拓创新"的工作方针,以组织建设、参政议政、社会服务为工作主题,集智聚力,认真履职,各项工作取得优异成绩。年内,优化新会员入会培训机制,落实"培训前置"和"五个一"(一个调研报告、一个模拟提案、一个社情民意、一个信息、一个支部发展建议)要求,强化市委"培训前置、履职担责、爱会爱国"的会员发展理念,改善新会员的人才质量和人才结构,举行新会员入会前学习活动2期,考察入会积极分子10名,批准入会8名,会员总人数166人。加强学习培训,参加民进江苏省委、民进无锡市委、中共市委统战部培训13次88人次。重视宣传报道,在人民政协网、中央民进网、《团结报》、江苏民进网、《无锡统战》等媒体报道40余篇,《江阴民进》出刊第13期、14期。6月26—27日,张英毅、唐青、徐锦梅参加民进江苏省第十次代表大会。11月28—30日,张英毅、金丹菁参加2017年民进全省骨干会员培训班,张英毅代表民进江阴市委作大会发言,介绍"虚拟机关"建设相关情况。是年,民进江阴市委和民进江阴市暨阳中学支部被省民进评为民进全省坚持和发展中国特色社会主义学习实践活动先进集体。

【参政议政】 2017年,民进江阴市委积极建言,为社会服务发挥界别优势和会员特长。年内,立案提案65件,其中提案《关于对江阴市困难群体实施精准深度救助的建议》《关于大力推进江阴市节能环保产业发展的建议》被市政协列为年度重点提案。会员刘梦晓、汤东燕、陈佳、解舟等被评为优秀政协委员;吴江被评为优秀民主监督员。教联支部、科文支部、机关支部、暨阳中学支部转化的4篇提案被评为优秀提案;另有3条社情民意被评为优秀社情民意。1月,中共江阴市委民主协商会议上,江阴民进就发展实体经济、加强文化建设等方面积极发言。4月,市政协政情交流会,会员林军作有关健康江阴的主题发言。10月,市创新驱动战略民主议政会,会员刘灏作《浅谈职教创新模式,助推职业能力创新突破》主题发言。12月,政协十五届二次会议座谈会,会员梅士强、陈佳作《关于江阴市产业转型升级过程中人才引育的思考与建议》《以集成改革为抓手,以信息化为引领,全力打造新型智慧城市》专题发言。是年,开展会员“三个一”(一会员一社情民意,一会员一模拟提案,一支部一调研报告)征稿活动,收到模拟提案60件、社情民意99条、调研报告22篇。

【“虚拟机关”建设】 民进江阴市委只设有一个专职干部,为解决工作繁重、人手不足的困难,2012年创新设立“虚拟机关”,像正常机关一样设立各部门,鼓励会员参与党派工作,发挥机关的作用,但没有固定的工作场所和相对应的待遇。首届“虚拟机关”设立8个部门,包括“三委”,即会员工作委员会、参政议政工作委员会、社会服务工作委员会。2017年4月21日,民进江阴市委以“虚拟机关”工作为抓手召开骨干会员座谈会。6月30日,第三届“虚拟机关”换届顺利进行,市委副书记、统战部部长袁秋中到会讲话,民进江苏省委副主委朱毅民、无锡市委主委金元兴到会指导,任命9个部门56名干部,以“虚拟机关”换届为契机,选拔一批能力强、素质高的会员担任各处室职务。11月28—29日,民进省委召开专题会议,总结江阴“虚拟机关”建设经验,并在全省试点推广,将“虚拟机关”建设正式列入地方组织建设考核内容。12月22日,苏州市吴江区委统战部、民进省委组织处到江阴调研江阴民进“虚拟机关”工作。“虚拟机关”建设从解决会务实际工作,逐步发展为侧重制度创建、立足文化建设,在机制创新、人才培养、党派履职、会员建功等方面都取得“立体化”效果,也为江苏民进人才培养锻炼机制建设提供了新思路、新方法。

【基地建设】 2017年7月,民进江阴市委重新申报吴文藻冰心纪念馆、吴研因纪念馆2个民进中央会史教育基地。吴文藻、冰心故居位于夏港街道。为纪念和研究吴文藻、冰心,当地政府对吴文藻、冰心故居拨专款进行保护性修缮布馆,设立吴文藻、冰心纪念馆,并分8个部分展示吴文藻、冰心的一生,以表彰先贤,启示后人。吴研因纪念馆位于贯庄小学内,贯庄小学是吴研因出生和接受启蒙的地方,1934年由吴研因出资携校友兴建。2002年,吴研因纪念馆在贯庄小学内建成。是年,民进江阴市委组织力量调研吴研因纪念馆,撰写《关于保留贯庄小学名称和吴研因纪念馆》的集体提案。8月,两个会史教育基地申请由民进中央审核通过。这两个教育基地成为中共江阴市委统战部统一战线工作的窗口和民进各级组织活动的平台,也是民进会员学习会史、展示自我价值的舞台。

【社会服务】 2017年,民进江阴市委将社会服务作为年度工作主题,着力提高履职能力和水平。1月12日,无锡民进书画家送春联下乡活动在周庄镇周西村举行。会员高保君负责的益家人公益坊,在大凉山援建小学一所。新会员陈明江、黄龙彪依托“青爱工程”(中国青少年艾滋病防治教育工程)平台,在全国范围内参加防艾宣传、捐资助学等活动。12月,市委组织开展“书香彩虹”捐书活动,募捐2000余册。各支部积极参与各类社会服务,小教支部开展“同心基地”活动,为新市民学校贯庄小学送教助学;教育联合支部连续3年在周庄陶城村开展“阳光教育公益夏令营”活动。是年,民进江阴市委会员参与公益活动300余次,捐助物资近22万元。

【会员成果及荣誉】 2017年,会员李尧亮被民进中央评为民进全国机关工作先进个人;李惠荣被民进江苏省委评为民进全省坚持和发展中国特色社会主义学习实践活动先进个人;吴长海、黄立中撰写的论文在民进江苏省委组织的语文教师的语言修养研讨会上分获优秀论文二等奖、三等奖。9月13日,组织会员参加市委统战部“不忘合作初心,继续携手前进”主题征文与演讲活动,获6个奖次。是年,吴长海被评为无锡最美职教教师;陆秀梅被聘为江苏省体育教材编写人员;承敏钢被评为江阴市新兴产业创业领军人才;许君锋被评为江苏省企业首席技师,并成立江苏省许君锋技能大师工作室。 (何 炬)

农工民主党江阴市委员会

【概况】 2017年,农工党江阴市委深入学习中共十九大报告及习近平总书记新时代中国特色社会主义思想、农工党十六大精神,团结和带领全体党员,认真履行参政党职能,稳步推进各项工作。年内,贯彻落实“连心富民、联企强市”大走访活动精神,从8月到11月,在党内深入开展形式多样的走访活动。创新工作机制,试行“10+X”支部考核办法,将支部活动、政治学习、调研考察、党员发展、宣传报道等10项项目以量化指标进行考核,“X”为支部开展的特色活动加分项,充分发挥各支部特色优势。重视组织发展工作,认真做好新党员发展计划,完善组织发展程序,主动在主界别和经济、金融、教育和新阶层等重点领域物色和发展优秀人才,使党员的界别分布更趋合理。组织党员参加无锡农工“不忘初心缅英烈”系列活动;在全体党员中开展“不忘初心”征文活动,收到征文11篇,6篇文章在中共江阴市委统战部的征文比赛中获奖,党员王蔚征文《杏林春满桃李天下》获得一等奖,徐金菊、冒小鸥分别获二等奖、三等奖;在中共江阴市委统战部组织的“不忘合作初心,继续携手前进”演讲比赛中,奚海明、林琳获二等奖;积极参与“喜迎中共十九大、农工党十六大”农工党无锡市委书画摄影艺术展,陶耀平等参加书画摄影展开幕式,入选摄影作品10余件;组织市委委员赴河北石家庄市西柏坡等地进行学习考察;各支部也结合主题活动和支部调研课题,分赴南通、上海、吴江、常熟、南京等地党史教育基地进行学习参观。先后组织100余人次参与中共江阴市委统战部“统战大学堂”活动,并承办第四期“统战大学堂”。通过网站、微信等手段抓好阵地建设,全年网站上发布稿件50余篇,农工党江苏省委网站用稿8篇、微信3篇;无锡统战、农工党无锡市委网站用稿51篇次,无锡统战微信专题2篇,取得较好的社会宣传成效。年内,发展新党员8名,党员总数156人,党员平均年龄51.4岁,党员分布情况:医药卫生界118人,占总数的75.64%,其他界别38人,占24.36%;学历情况:博士后1人、博士2人、硕士研究生27人、大学本科113人、大专15人、中专9人;职称情况:高级职称91人,占58.33%;中级职称55人,占35.26%;政治安排:无锡市人大代表2人,无锡市政协委员3人,江阴市人大代表6人(含常委2人),江阴市政协委员14人(含常委2人)。是年,综合一支部获“农工中央宣传思想工作先进集体”称号;农工党江阴市委被农工党江苏省第十二次代表大会授予“思想建设先进集体”称号。

【参政议政】 2017年,农工党江阴市委继续开展“一支部一课题,一党员一建议”建言献策活动,紧扣政协履职、专题调研及社情民意(信息)3项主要工作,努力使参政议政工作再上新台阶。1月,农工党江阴市委在政协江阴市十五届一次会议上作《完善城乡建设蓝图,助推江阴发展新腾飞》专题发言,该专题报告被市政协评为优秀调研报告三等奖。向市人大、政协“两会”提交建议5条、集体提案8条、个人提案16条,内容涉及城乡规划建设、推进农村自建房建设、海外高层次人才引进、用大数据提升政府治理能力、中小学普及心肺复苏术、设立生态日等方面。其中,党员徐志伟提交的《关于以改善城区河道水质为重点 全面消除全市黑臭水体的建议》被评为市人大年度重点建议和优秀建议,奚蕾撰写的集体提案《关于推进江阴中医事业发展的几点建议》被市政协列为年度重点提案,周美华撰写的《关于建立江阴市电梯应急救援指挥中心的建议》得到落实执行;蒋立新撰写的建议《在全市中学生中普及心肺复苏技术》被农工党江苏省委采用。农工党江阴市委提交的《关于环境卫生长效管理 深度打造江阴美丽乡村》《关于江阴人口与社会发展的宏观思考的建议》2篇集体提案和舒建华、朱国龙、周美华、蒋立新的个人提案被评为优秀提案;朱国龙、高恒、姚勤红、黄文龙4人被评为优秀政协委员,沈敏敏被评为优秀民主监督员,黄文龙还被评为反映社情民意积极分子。年内,组织党员参加市政协政情交流会4次,有4人在“健康江阴建设”政情交流会做发言交流;许振芳参与政协“创新驱动”座谈会,并做《加快金融创新,服务实体经济发展》的专题发言;舒建华参加“提升城管效能”委员论坛;黄国强参加无锡市政府工作报告征求意见座谈会并发言等。3条社情民意被市政协采用,其中黄国强撰写的调研报告《关于做强江阴银行搞活江阴经济的建议》受到市委主要领导重视。根据年初市政协、市委统战部的安排,农工党江阴市委确定《关于规划建设江阴市特色小镇》《关于破解江阴中小企业融资困境的思考》2个年度重点调研课题,成立课题调研小组,明确撰稿人,高质量完成任务。是年,各支部按“一支部一课题”的要求,开展调研考察,完成调研报告,内容涉及健康、教育、产业园建设、中医产业化及民生热点等方面。

【社会服务】 2017年,农工党江阴市委继续发挥党派特色和资源优势,广泛动员全市各级组织和党员积极参与社会服务,进一步扩大社会影响。年内,与市红十字会合作,成立“农工江阴励志公益基金”,专项用于农工江阴市委员会公益事业及社会服务工作。4月,社会服务工委组织召开同心实践基地推进会,探索周庄镇山泉村社会服务新形式,继续开展每月一次义诊活动,服务村民200余人次,年内为村里更新血压仪和体重仪;开辟村民就医“绿色通道”服务,通过“村服务站、社区服务中心、医院专家”预约方式,减少村民来回往返的就医麻烦。在继续资助江阴特殊教育学校学生的基础上,10月初,市委组织党员前往徐州市睢宁县岚山镇中心小学,与学校签订助学协议,资助10位品学兼优的贫困学生每人每年1000元,帮助他们顺利完成学业。同时根据学校的特色,援建“励志书法室”,弘扬传统文化。党员许振芳积极参加江阴的东西部产业互助合作,响应“厕所革命”推动“三位一体”立体化扶贫(专项扶贫、行业扶贫、社会扶贫)。在江阴精准扶贫目标县陕西省延川县,首批试点的环保新型公厕建在文安驿镇张家屯,预计2018年将完成2000套新型公厕的建设。赵茹、吴疆等8位党员参加市政协的“五送一助”(送医、送教、送文化、送健康、送器械、助残)活动,在临港街道为广大居民提供义诊服务;人民医院一支部项斌带队赴陕西省潼关县,进行为期3个月的对口援建;中医院第一、第二支部在市内兴国公园和顾山镇红豆村举行义诊;人民医院总支在主委李浩的带领下,组织20位党员赴南闸街道泗河村举行大型义诊活动;老年工委组织老党员座谈,并为“书香漂流”捐书。党员盛龙才专注扶持地方传统文化的推广培育,全年捐助30万元支持市政府锡剧进校园项目,并资助12万元用于开展“锡剧下乡”活动,全年送戏下乡演出40场。是年,为适应社会发展,农工党江阴市委逐步指导前进诊所正式关停,并依法依规完成相关善后工作。

【党员成果及荣誉】 2017年,党员朱晓华在第四届“江阴好人”评选中,荣获十佳“江阴好人”称号;袁保获第四届“江苏省优秀青年中医之星”提名。姚勤红的论文《综合性医院全程信息化管理慢性病的探索与实践》获江苏省医院协会三等奖;薛艳芳的《江阴新闻》获江苏省广播新闻播音一等奖;黄文龙参与的科研项目“炎症致胰岛B细胞功能障碍的新机制－异常折叠胰岛素原积聚”获无锡市科技局三等奖;徐志伟撰写的调研报告《浅议加强对人大所任命干部的监督》获无锡市人大调研工作三等奖;卢明霞获江阴市科技进步二等奖;袁保的科研成果“改良PPH治疗重度混合痔的临床研究”获无锡市卫计委青年项目基金;奚蕾的科研项目“TLR4/NF-κB通路在红景天干预蒽环类药物心脏损伤中的分子机制研究”被江阴市科技局立项;缪剑辉等负责的3个课题由省市专家验收结题。是年,刘青等16位党员在各类专业刊物发表论文25篇。 (薛艳芳)

九三学社江阴市委员会

【概况】 2017年,九三学社江阴市委深入学习宣传贯彻中共十九大精神、九三学社十一大精神，切实加强自身建设，认真履行参政党职能，各项工作取得新成绩。以“爱九三，爱江阴”主题活动为抓手，举办社员座谈会、开展书法联展、诗歌朗诵、演讲比赛等活动；承办“统战大学堂”，邀请社内专家颜开到江阴作题为《深海开发的战略意义和深海装备的发展动态》的讲座；组织“不忘合作初心，继续携手前进”主题征文活动，收到质量较高的文章14篇；组织社市委中层以上及骨干社员赴华西村听取十九大报告专题讲座。开展支社结对活动，电子电力支社和学院支社赴安徽开展联合调研，学院支社和经贸支社联合开展组织生活；持续开展跨党派结对活动，电子电力支社与民进临港支部开展联合活动，考察南闸街道曙光村新农村建设，与农工党环保支部开展联谊活动。加强对外联系，提升科学履职水平，九三学社江阴市委与九三学社滨湖基层委员会联合调研江阴文化建设；农业技监支社走进华士镇向阳村参观学习，城建支社赴杭州调研余杭梦想小镇建设布局，综合支社赴中石化江阴分公司座谈交流。积极利用新媒体作为宣传平台，强化宣传力度，在《江苏九三》《无锡九三》《无锡统战》《江阴日报》等报刊发表文章11篇，在江苏九三、无锡九三、无锡统战、暨阳同舟等网站和微信公众号发表文章、报道34篇。完成农业技监、经贸、电子电力、城建支社的换届以及综合支社的届中调整，实现新老交接，更多年轻社员进入支社委员会。年内，发展新社员6名，其中博士研究生1名，硕士研究生1名，大学本科生4名。至年末，社员总数为120名，中高级职称占社员总数的85%。是年，九三学社江阴市委被评为九三学社江苏省委第七届社会服务优秀单位，电子电力支社被评为九三学社江苏省委2017年度宣传工作先进集体，综合支社被评为九三学社无锡市委2017年度先进集体。社员曹霞莉、张成奇分别被评为九三学社江苏省委2017年度社会服务、宣传工作先进个人；社员顾建平、郁昉、强静霞、范恩卓、郭英才、冯军等6人被评为九三学社无锡市委2017年度先进个人。农业技监支社、经贸支社被九三学社江阴市委评为2017年度先进集体，社员张小兰等12人被九三学社江阴市委评为2017年度先进个人。

【参政议政】 2017年，九三学社江阴市委关注民生实事，切实把参政议政、民主监督有机结合。年内，成立“两化融合”专题调研课题组，针对如何加快江阴市信息技术和制造业深度融合，打造智造强市课题，多次召集课题组成员对课题进行分析、论证；组织课题组成员到政府相关部门和企业深入调研，广泛听取基层意见、建议；主要领导亲自带队赴广东佛山、深圳等地调研，研究先进地区的成功经验，向市政协提交重点课题调研报告《加快信息化与工业化深度融合，抢占新一轮产业发展制高点》，该报告被评为优秀调研报告三等奖；九三学社江阴市委副主委时平在政协全会第二次会议上作题为《注重品质重点突破，加快提升江阴城市形象》的专题发言。积极配合社中央2017年中央地方合作重点课题，组织社员深入全市中小学进行调研，形成调研报告《强化监督，优化管理，促进江阴市中小学餐食管理精品化发展》，为社省委课题提供有力参考。1月，在政协江阴市十五届一次会议上提交集体提案7篇，其中提案《关于重点突破，彰显特色，加快一江两河区域建设的建议》被列为重点提案，提交委员个人提案16篇，其中社员王京冉的《关于推进城市垃圾分类举措的建议》被评为优秀提案，部分建议被吸纳到相关部门决策中。收集社情民意30余篇，其中社员范恩卓撰写的《关于食品城周边交通状况改造的建议》被评为优秀社情民意，社员周舟撰写的《关于优化江阴市境外投资便利化管理的建议》、强静霞撰写的《关于整治非法加油车的建议》等被相关部门采纳。7月，社员吉丽青参加主题为“科技创新与推进农业供给侧结构性改革”的第十届“江苏九三论坛”，并提交论文《江阴市现代农业园区发展中存在的问题及对策》。10月，围绕“1310工程”，向政协提交调研报告《注重品质，彰显特色——加快“1310工程”建设的思考和建议》；在“1310工程”工作政情交流会上，社员李倩代表九三学社江阴市委提出建议。11月，在市政协创新驱动战略民主议政会上，社员范恩卓作题为《优化科技创新平台，激发创新创造活力》的发言。全年参加市政协政情交流会4次，社内有3名社员担任无锡市人大代表，2名社员担任江阴市人大代表，1名社员担任无锡市政协委员，15名社员担任江阴市政协委员，6名社员担任政协民主监督员。社员顾建平担任市检察院特约检察员，社员薛东升担任市纪委特邀监察员。是年，吴艳宇、范恩卓被市政协评为2017年度优秀政协委员；郁昉、李倩被市政协评为2017年度优秀民主监督员。

【社会服务】 2017年，九三学社江阴市委加强社内资源整合，积极探

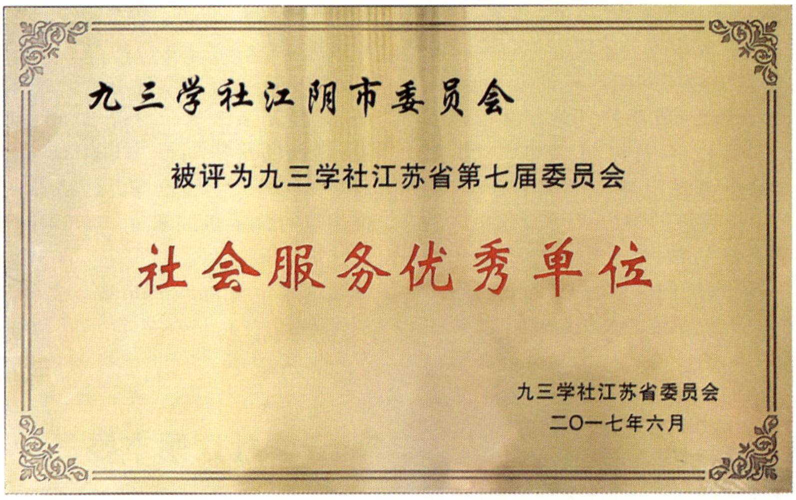

2017年6月，九三学社江阴市委被评为九三学社江苏省第七届委员会社会服务优秀单位（九三学社江阴市委提供）

索新的社会服务模式和领域，发挥社员主体作用，号召全体社员集聚智慧，奉献爱心，参与社会服务，增强社会责任感。年内，继续强化同心基地建设，主要领导多次带队走访同心实践基地，进行座谈交流，摸清实情；针对顾山镇红豆村提出的农产品电子商务销售、乡村旅游营销策划、农产品包装改进等需求，组织社内专家进行指导培训。8月，学院支社为市电子商务创业孵化基地筹备电子商务专业专家指导委员会，为市电子商务协会举办社群电商讲座。10月，社员冯军组织江阴市电子商务协会成员赴红豆村进行电商项目交流，推动同心基地农产品形成规模化网络销售。年内，经贸支社组织社员对要塞小学进行普法宣传，赠送《法治教育》图书80册；社员张洪建为江阴职业技术学院学生交通事故案提供免费法律援助，获赔70万元；社员郭英才成功申请成立兴澄法律公益之家，为江苏兴澄集团有限公司员工及周边社区居民提供无偿法律援助；社员吴琳强为江阴市慈善总会提供免费审计服务，对江西省瑞金市武阳镇龙江村小学进行爱心捐赠。

【社员成果及荣誉】 2017年，社员荣朝晖被住建部评为全国住房城乡建设系统劳动模范；陆卫宇的摄影作品《炼铁工人》获九三学社中央"天下苍生——九三人镜头中的美丽中国"首届摄影大赛一等奖，摄影作品《最美钢花献给你》获江阴市职工摄影大赛一等奖；邵淑艳被市总工会评为江阴市十大职工科技创新标兵，获江阴市职工科技创新成果奖，研发的产品被中国钢铁工业协会评为冶金产品实物质量金杯奖；社员王新社成功开发用于东风日产乘用车公司、现代汽车公司的涨断连杆用钢获中国科协第二届全国企业创新方法大赛江苏省二等奖；社员梁丹指导学生参加中国大学生广告创意设计大赛获银奖，个人获"杰出指导教师"称号；社员曹亚明油画作品获省文化厅颁发的江苏省第三届文华奖，个展"山水志"在中国人民大学展出，并收获好评。

（郁　昉）

江阴市工商业联合会

【概况】 2017年，江阴市工商联以中共十九大精神为指导，始终围绕以促进非公有制经济健康发展和非公有制经济人士健康成长为主题，坚持传递正能量和服务会员主线，贴近企业和企业家，全方位发挥工商联职能作用，各项工作取得新的成绩。认真开展全国工商联上规模民营企业调研，海澜集团有限公司、江阴澄星实业集团有限公司、江苏三房巷集团有限公司、江苏阳光集团有限公司等12个民营企业入围2017年中国民营企业500强。加强组织建设，4月，成立上海市江阴商会，上海港湾基础建设（集团）有限公司董事长徐士龙担任会长，这是江阴在异地成立的第6个商会；年内，新建江阴市盐城商会、长泾镇粗纺呢绒行业协会、江阴市葡萄酒协会和顾山镇新龚村商会；澄江商会、江阴市装饰装修行业协会、江阴市汽车维修行业协会等8个基层商会完成换届工作。深入开展2017年度"守法诚信示范企业"争创活动，12月，经企业申报、各基层商会推荐、市职能部门审核评价、媒体公示和社会监督反馈，命名表彰江苏华西集团有限公司等131个企业为2017年度江阴市工商联"守法诚信示范企业"。年内，发展新会员255人。至年末，有各类会员5112人，其中：企业会员4294人，个人会员818人；全市建有镇（街道）商会12个，市级行业商（协）会12个、江阴异地商会5个，异地江阴商会6个。是年，江阴市工商联被评为全国"五好"（领导班子好、会员发展好、商会建设好、作用发挥好、工作保障好）县级工商联。

【参政议政】 2017年1月，江阴市工商联在市政协十五届一次全会上作《关于进一步促进江阴市房地产健康稳定发展的思考和建议》专题发言，向大会提交《强攻项目　聚焦服务　进一步做强江阴实体经济》等集体提案2篇，其中《关于进一步促进江阴市房地产健康稳定发展的思考和建议》被评为年度优秀提案。在市政情交流会上，工商联界别的3名政协委员分别围绕产业强市、创新驱动等方面提出意见和建议。年内，市工商联通过参观考察如皋、太仓、常熟、武进等周边地区在招商引资方面的先进经验，以及调研高新区、临港开发区和部分镇（街）在招商引资方面的工作实际，撰写形成调研报告《打造招商引资新引擎·谱写江阴发展新篇章》。

【精准扶贫】 2017年，江阴市工商联积极响应省工商联"百企帮百村"精准扶贫号召，与徐州市睢宁县5个贫困村进行结对，先后组织企业家赴睢宁深入了解贫困村实际情况，召开江阴·睢宁精准扶贫工作会议。7月，江阴市工商联启动"百企帮千户"精准扶贫行动，江阴市工商联（总商会）主席会长企业率先与江阴市25个经济薄弱村结对，在捐资助学、困难慰问、解决就业、产业对接等方面发挥示范引领作用。8月，持续开展"江阴市爱心光彩基金"助学帮困活动，为35名困难职工及家庭子女提供帮助。据不完全统计，各基层商会和会员参与扶贫帮困、捐资助学、社会公益总额达1000万元以上。

【会员培训】 2017年，江阴市工商联持续强化对企业家尤其是青年企业家的培训，采取理论学习与参观实践相结合、专题讲座与座谈交流相结合的方式开展培训，进一步提升会员综合素质。9月，举办"亲清政商共赢、'两聚一高'先行"暨新形势下如何构建"亲""清"新型政商关系专题研讨会，邀请上海市委党校、江南大学马克思主义学院和江阴市委党校的专家学者从不同的角度，分别阐述"亲""清"新型政商关系提出的背景、本质、重要性以及如何构建"亲""清"新型政商关系；骨干企业家代表和市镇机关党政领导结合实际工作中遇到的问题和困惑，与专家学者进行研讨互动。利用"澄商学堂"培训平台，每季度邀请知名专家学者举办专题讲座，讲授《新时期的互联网+品牌战略》《产业强市若干政策》《暨阳英才计划》和《中共十九大精神解读》课程。采取与高校联合办学的模式，组织60余名企业家赴上海交通大学、北

2017年7月,江阴市工商联"百企帮千户"精准扶贫行动启动。图为企业和结对村互换协议书　　（市工商联提供）

京人民大学参加培训。组织开展2次常执委"拓优化提升新理念　谋实体经济新发展"的学习交流活动。组织企业家参加无锡市委统战部"宝界工商讲坛"、无锡市工商联"基业长青"等各类培训,全年累计培训会员企业家1000余人次。

【会员服务】　2017年,江阴市工商联进一步发挥桥梁纽带作用,积极构建交流合作平台,整合各方资源力量,发挥基层商会作用,助力会员企业新发展。为解决中小企业转贷难问题,利用"总商会+银行"服务企业平台,先后组织4次政银企对接活动,并与宁波银行合作,对江阴市外贸生产型企业提供"免担保、免抵押"的出口信用贷款服务。组织开展税务知识培训,86名重点骨干企业财务负责人参加培训;依托"纳税人之家"平台,组织华士镇商会23个外贸企业开展专题辅导,提升企业业务水平;组织召开"纳税人之家"税企座谈会,将现场企业家反映的6个方面23个涉税问题形成材料报送市领导;对拟上市后备企业上门服务,现场解决涉税难题。

【经贸交流】　2017年,江阴市工商联组织30余名企业家赴柬埔寨等国开展经贸考察活动,为企业"走出去"发展提供帮助与机遇;组织20多名企业家赴新疆、上海市等地参观考察,学习先进经验。4月,组织召开异地江阴商会"情系家乡·共谋发展"恳谈会,探索合作共赢的路子,为家乡发展出力。5月,广东省江苏江阴商会在广东省深圳市举办"粤澄携手·窗口共建"招商推介会暨"南粤澄商学院"活动,共同打造"南粤澄商"品牌,助力故乡江阴的经济发展;组织20位企业家与澳大利亚维多利亚州的12位企业家开展交流,寻求合作发展商机。9月,组织30多名企业家参加第三届全球锡商大会,会上江苏阳光集团有限公司董事长陈丽芬在工商峰会上作题为"传承锡商精神、勇当产业强市排头兵"的发言。

【行业商(协)会工作】　2017年6月,江阴市工商联组织100多个企业参加"才聚江阴"第二届高校创业精英赛暨2017高校人才项目对接会,江阴方艾机器人有限公司与南京理工大学的"流体式空气压缩机"项目实现对接。6月,组织行业商会(协会)参加江阴市第三届"技能技工节"暨第九届职业技能大赛,70名选手参加比赛,通过比赛最终有3名选手获得"江阴市第九届技术能手"荣誉称号;同时,市美容美发业商会、市餐饮业商会受到组委会高度评价。年内,积极推进江阴中专和纺织服装企业的合作,成立服装职业教育集团;深入军民融合发展,组织6个企业参加省工商联组织的军民融合深度发展培训班,2个企业参加第二届中国军民两用技术创新应用大赛。

【镇(街道)商会工作】　2017年,江阴市工商联积极探索镇(街道)商会工作的新途径、新方法,着力提升镇(街道)商会工作建设水平。月城商会组织50余位企业家赴深圳大族激光科技有限公司、华为技术有限公司、比亚迪股份有限公司和香江国际集团有限公司等国内优秀企业考察学习,切身感受先进地区先进企业的发展理念;徐霞客总商会组织近30名企业家赴上海考察学习,先后参观上海瑞章科技有限公司、川沙民宿文化有限公司、上海通用汽车有限公司和上海透景生命科技股份有限公司,寻找促进企业可持续发展的良好商机;青阳商会组织20余位会员参加第十四届世界华商大会,为拓展商机提供重要机会。　（李盛凉）

江阴市无党派知识分子联谊会

【概况】　2017年,江阴市知联会深入贯彻落实中共十九大精神,开展"不忘合作初心　继续携手前进"专题教育活动,扎实做好思想引领,踏实抓好自身建设,积极履行各项职能,推动知联会各项工作取得新进展。1月,开展新春联欢晚会,会上表彰2016年度先进集体和优秀会员,新发展会员集体亮相,会员们进行才艺表演。"三八"妇女节,组织女会员开展徒步、摄影活动,并举办书法培训班。7月,在市委统战部组织的"不忘合作初心,继续携手前进"的主题征文比赛中,选送征文14篇,其中1名会员获得一等奖、2名会员获得三等奖;在优秀作品演讲比赛中,2名会员分别获得三等奖;组织9名会员参加市委统战部举办的党外骨干培训班。9月,组织会员赴土地山革命烈士墓开展"烈士纪念日"公祭活动,以小组为单位参观革命教育基地。10月,组织全体会员开展警示教育活动,与连云港市无党派人士开展学习交流活动。11月,与宿迁市泗洪县知联会开展交流活动;提升完善城乡建设组示范小组,与民盟澄江支部开展跨党派结对活动。12月,会内开展"学习十九大报告心得体会"征文活动,收到会员征文46篇。全年编发《江阴知联》4期，召开生日座谈会5次。年内，发展新会员11名，1人申请加入民主党派，至年末，会员总数100人，平均年龄45岁。会员中拥有高级职称22人，大学以上学历68人。是年，2名会员被选举为无锡市第十六届人大代表，2名会员担任政协无锡市十四届委员，1名会员被选举为江阴市第十七届人大代表，16名会员担任十五届江阴市政协委员，其中6名会员担任市政协常委。

【参政议政】 2017年，在政协江阴市第十五届第一次会议上，江阴市知联会向大会提交集体提案7篇和个人提案24件。集体提案《关于江阴市环境污染源防控防治工作的建议》被评为优秀提案，其中《关于大力实施垃圾分类的建议》《关于支持公益创业项目的建议》《关于拓展市民卡公共服务资源的建议》被评为市政协优秀提案，《关于完善政府购买法律服务的建议》被评为优秀社情民意信息。年内，江阴市知联会课题组成员申报完成市委关于《充分发挥"江阴板块"优势，推进实体经济与金融资本的高度融合》的调研报告，该课题由徐贞庆执笔、钱国双在市政协第十五届第二次会议上作交流发言。自选课题《关于建立完善生活垃圾工作机制的建议》获市政协评选的优秀调研报告三等奖。在市政协民主议政会上，承接《加快集聚创新创业领军人才》的调研课题，副会长刘建军通过调研，撰写高质量的调研材料并作交流发言。5月，知联会举办参政议政培训班，全体会员与各民主党派成员120余人参加培训。年末，各工作小组分别完成《关于在全市大中型企业推广新型职工医疗互助保障的建议》《关于预防未成人利用网络实施犯罪的建议》《关于政府应加强对江阴市废旧回收行业管理的建议》《关于建立法官专业化、职业化机制的建议》等4个自选调研课题，收到会员提交的社情民意信息42条。担任各部门民主监督员的10名会员认真履行职责，提出有价值的意见和建议，较好地发挥民主监督的作用。是年，武传刚、陈凌云和安世者被评为市政协优秀民主监督员，刘丹、杨婧、安世者3名会员被评为2017年度市优秀政协委员。

2017年7月，江阴市知联会会员与结对的散居孤儿、困境儿童在青阳嘉茂花鸟园开展活动 （江阴市知联会提供）

【社会服务】 2017年，江阴市知联会以"同心"基地澄江街道城中社区为平台，大力开展各项服务活动，切实服务基层群众，充分发挥会员资源优势，为社区居民开展法律咨询、心理健康咨询、医疗服务等活动，扎实践行"同心"思想，确保共建双方互惠共赢。春节前夕，知联会分管领导走访慰问社区内20户贫困户、残疾人家庭，送上慰问金和生活用品等。7月，会员李振中、殷风华带领"红尘有爱"爱心团队为山西永济地区的郭平店小学等学校捐资100余万元，建立爱心图书馆、捐助黑板等文体用品，开展对贫困受助学生家访等爱心活动，并通过感恩助学活动为贫困学生筹集善款；会员与结对的散居孤儿、困境儿童在青阳嘉茂花鸟园开展活动。8月，城建组会员捐款16500元，开展结对环卫金秋助学活动，资助澄江环卫所困难职工及大学新生子女2名。

【会员成果和荣誉】 2017年，会员宋超被评为中国注册会计师协会资深会员(执业)；刘建军被评为江苏省对口支援伊犁州第八批优秀援疆干部、霍城县第八批优秀援疆干部，并被江阴市人民政府记三等功一次；夏坚勇的散文作品《文章西汉两司马》获第二届《雨花》文学奖；长篇散文《绍兴十二年》获江苏省第六届紫金山文学奖；长篇散文《庆历四年秋》入选2017年中国作家协会重点扶持选题名单；赵志坚获第四届海内外江南丝竹比赛一等奖。

（沈海燕）

■类目编辑 李银花

群众团体和组织

江阴市总工会

【概况】 2017年，江阴市各级工会学习贯彻中共十九大精神，紧紧围绕市委和上级工会工作大局，在团结动员职工、深化改革创新、夯实基层基础、强化维权服务、加强党的建设等方面加大力度，各项工作取得新成效。年内，引领职工创新创业，组织开展“弘扬江阴精神、助推产业强市”立功劳动竞赛活动；完善帮扶服务体系，建立健全服务职工载体平台，持续推进“3N·身边的关爱工程”（“3”指维权、帮扶、服务，“N”为不确定的若干项关爱工程项目），分类施策精准帮扶特困职工；构建和谐劳动关系，深入推进“百人千企”法律监督服务行动，全面深化企事业单位民主管理工作，多措并举化解劳动争议纠纷。全市新建各类工会组织732个，其中独立工会95个；发展会员3.8万人，其中农民工会员2.66万人；工会组建率97.9%，职工入会率97.5%。是年，市总工会获得全国推动厂务公开民主管理工作先进单位、全省工会职工服务平台建设省级示范单位等荣誉。

【模范先进评选表彰】 2017年，江阴市总工会组织开展全国、江苏省和无锡市五一劳动奖状、奖章评选工作以及江阴市文明职工评选表彰活动。评选表彰全国五一劳动奖状单位1个、五一劳动奖章获得者1名，江苏省五一劳动奖状单位5个、五一劳动奖章获得者6名，无锡市五一劳动奖状单位9个、五一劳动奖章获得者37名，江阴市十佳文明职工10名。4月28日，市委、市政府召开江阴市庆“五一”先进表彰大会，表彰各级劳动模范和先进人物。是年，市总工会为全市各级劳模发放“四金”（春节慰问金、荣誉津贴、低收入困难补助金和特殊困难帮扶金）共计207万元，组织118名劳模进行短期疗（休）养活动，组织434名劳模参加免费体检。

【立功竞赛活动】 2017年，江阴市总工会组织开展“弘扬江阴精神、助推产业强市”立功劳动竞赛活动，全市各行各业20余万名职工积极参加106个专项立功劳动竞赛和202个工种技能比赛。芙蓉大道快速化改造项目入选无锡市重点工程劳动竞赛项目，威茨曼金属制品（江阴）有限公司、江苏华宏实业集团有限公司入选无锡市重点制造业劳动竞赛企业。组织实施2017年度全市职工科技创新成果、合理化建议评选表彰活动，征集创新成果661项、合理化建议672条，发放奖金30万元。精心做好“无锡市第三届职工创新创优成果展示周”江阴展馆的设计和布展工作，充分展示江阴职工立足岗位、勇于创新的生动实践。

【职工帮扶服务】 2017年，江阴市总工会深入推进“3N·身边的关爱工程”。全市各级工会元旦、春节两节送温暖活动筹集资金1295万元，慰问困难职工6139户。“金秋助学”活动结对助学2711人，资助金额472万元。全市职工医疗互助保障在保职工达18.43万人，全年发放职工医疗互助保障金、大病救助金、临时困难救助金960万元。发放工会服务卡40万张，累计发卡115万张，持卡职工会员可以享受周末课堂免费刷卡培训、职业介绍共享信息、“职工之家”刷卡参与活动等普惠服务或专项服务。

【职工服务平台建设】 2017年，江阴市总工会按照江苏省总工会《全省工会加强职工服务平台建设三年规划（2016—2018）》要求，把加强职工服务平台建设作为全会重点工作深入推进，按照“阵地规范、功能完备、管理科学、作用发挥”标准，在澄江街道、云亭街道、祝塘镇等12个镇（街道）、园区，建成或完善镇级职工综合服务平台。是年，市总工会继续推进村（社区）、企业实体“职工之家”建设，新建实体“职工之家”42个；指导基层工会建成环卫职工“安康·爱心驿站”3个、女职工“爱心母婴休息室”5个。

【构建和谐劳动关系】 2017年，江阴市总工会深入开展“百人千企”法律监督服务志愿行动，市镇两级181名法律监督服务志愿者累计监督服务企业1028个，发放意见书92份，提出整改意见161条，化解劳资纠纷234件。“百人千企”法律监督志愿服务行动获评2017年度全省工会基层法律工作十佳示范项目、无锡市和江阴市2017年法治“实事工程”。全面推进职代会制度规范化建设，切实落实职工民主权利，在全市百人以上企（事）业单位继续开展“星级职代会”创建活动。6月27日，江苏省总工会苏南片职代会现场观摩会在江苏华宏实业集团有限公司召开,江阴市总工会“四重四防”(注重目标引领,防止“一盘沙”;注重示范引领,防止“一锅煮”;注重分类指导,防止“一刀切”;注重制度推进,防止“一阵风”)推进职代会规范化建设被省厂务公开协调小组办公室评定为推进厂务公开民主管理创新创优实践成果。持续推进企业工资集体协商提质增效,全市签订工资专项集体合同企业7802个,建制率达99.6%,强化劳动争议调解和法律援助机制,全市各级工会共接待职工来信、来访、来电1067件(次),涉及人数1538人次。

【职工素质提升】 2017年,江阴市总工会深入实施“123”职工素质提升工程(2016—2018年三年时间,全市各级工会帮助1万名职工提升学历水平或技术等级,完成2万名企业班组长培训,完成30万名普通职工的培训),年内全市各级工会累计培训职工83547人。市总工会面向社会推出“送教进企业”和“职工周末课堂”活动,走进企业举办“优秀班组长管理能力培训系列”“职业化素养培训系列”“6S现场管理”“员工敬业精神”等实用管理课程93场,惠及企业职工8661人;“职工周末课堂”开设电脑知识、书画、日常美容与职业妆容、家庭烘焙、古筝、茶道及育婴师、PS(图像处理)、CAD(计算机辅助设计)等课程37期183场次,培训11556人次。实施职工学历与能力提升“求学圆梦行动”,帮助284名职工如愿获得大学录取通知书。

【职工文体活动】 2017年,江阴市总工会承办江苏省文明办、省总工会、省文化厅、省新闻出版广电局、省科协联合主办的省第八届“江苏职工读书月”活动启动仪式;承办江阴市第七届运动会成人部职工组的象棋、羽毛球、乒乓球、足球、田径、游泳、拔河7项比赛;组队参加无锡市十二届运动会乒乓球、羽毛球、篮球、田径、游泳等9项比赛,获无锡市金牌数和总分双第一。组织举办“流金岁月,劳动最美”职工主题摄影征集评比、“为你悦读,走进企业”职工读书活动和专场文艺演出进企业活动,推动职工文化蓬勃发展。

(夏伟刚)

共青团江阴市委

【概况】 2017年,江阴市各级团组织紧紧围绕市委、市政府决胜高水平全面建成小康社会、加快建设“强富美高”新江阴、奋力开辟新时代高质量发展新境界的总目标,改革攻坚、集聚创新,服务发展大局,带领全市广大团员青年发挥生力军作用,各项工作取得新进展。年内,团市委深入开展各类青少年思想引领活动,选树“最美青工(农)”“追梦好少年”等各级先进典型1200余人。落实改革举措。发布《共青团江阴市委改革实施方案》,指导全市各基层团委统一换届,选举产生市第二届少工委。贯彻落实“1+100”(每1名专、挂职团干部经常性直接联系不少于100名不同领域的团员青年,每1名兼职团干部联系不少于10名团员青年)团干部直接联系青年制度,开展“走支部连百心”活动,全市370名团干部常态化联系41417名青年。深化“基业长青”工程、“蓝海计划”,举办企业家培训班、青创沙龙,成立创业发展服务平台、上市企业团建联盟。深化项目推动。实施“保护母亲河”主题活动,拓展绿地2公顷。成立海外学子青年志愿者联盟,组织“青澄有I”交友联谊、青年公益组织培训、“童心同行”等各类活动项目。开展“圆梦行动”“阳光行动”等公益帮扶活动,援助资金40.5万元,提供就业见习岗位703个。团市委被团省委列为“磐石工程”首批试点,江阴市被团江苏省委评为“双述双评”(团支部书记围绕带头学习习近平总书记讲话精神进行述学,对工作情况进行述职;上级团组织指派团建指导员对述学述职工作进行点评,青年对其进行评议。)组织工作重点县市。

【青少年思想引领】 2017年,共青团江阴市委大力弘扬社会主义核心价值观,着力打造导向鲜明、影响广泛的青少年思想引导体系,深入开展各类青少年思想引领活动。年内,结合红领巾寻访、中学“青春五月”、大学生“青马工程”(青年马克思主义者培养工程)等品牌,广泛开展“不忘初心跟党走”系列主题团日活动,启动“践行新思想拥抱新时代”理论宣讲,开展中共十九大精神宣讲会20余场,覆盖超4000人。全面活跃“青年之声”平台,发布“江阴青年汇”微信公众号微刊498篇,其中刊载《青澄之恋》音乐短片的微信作品阅读量超过8万次,《千千来了》系列作品被团中央微信公众号录用,新媒体文化产品量质齐升。推荐许文波获评“全国农村青年致富带头人”,朱澄获评江苏省“青年双创英才”,张英杰获评2017年度长三角十大杰出青商。推荐评选“我身边的好青年”“追梦好少年”“最美青工(农)”1200余人、全国各类优秀青年6人。设置《江阴日报》“青年之声”专栏,成立“共青团影厅”,启动“公益电影放映月”,线下宣传阵地建设加强。

【基层组织建设】 2017年,共青团江阴市委进一步加强基层党组织建设,打造覆盖全面、反应迅速的组织能动体系。年内,落实改革举措。发布《共青团江阴市委改革实施方案》,指导全市各基层团委统一换届。实施新任职团干部“持证上岗”,下跨一级培训村社区团干部270人,加强团干部教育管理。完善“1+100”团干部直接联系青年制度,开展“走支部连百心”活动200余场次,全市370名团干部常态化联系41417名青年,锤炼团干部优良作风。实施“十步骤三公示六必须”团员发展程序,举办多场建队入队、离队入团、十岁成长仪式等全市性观摩活动,开展“团员先锋岗队创建”活动,增强团员先进性。成立上市企业团建联盟,探索“职业+地域+交往”三维团建格局,团中央组织部副部长吕伟实地调研江阴非公企业团建工作并高度评价。

【服务青年创新创业】 2017年,共青团江阴市委聚焦团青品牌建设创新工作方式,助力青年创新创业,全面服务青年成长成才。市镇(街道)两级16个青少年之家上线云平台,累计发布450场活动,于门村青少年之家获评省级示范青少年综合服务平台。深化“基业长青”工程、“蓝海计划”,举办企业家培训班、青创沙龙,成立创业发展服务平台、上市企业团建联盟。举办青年企业家创新学习提升班,完成市青年创业者联合会换届,开展"亲清政商共赢、'两聚一高'"先行"大讨论,成立青年创业发展服务平台,提供创业贷款360万元,创业富民注入新动能。举行第12届大学生暑期勤工助学"阳光行动",提供就业见习岗位703个,人岗对接成功337例。与江阴市委组织部合办首届江阴籍优秀学子家乡行活动,推荐海澜集团有限公司凤凰商学院获评"团中央就业创业见习基地"。

【青少年公益维权服务】 2017年,共青团江阴市委进一步强化青少年维权工作,为青少年健康成长保驾护航。制作"全澄护苗益起来"主题广播6期,发布青少年权益保护漫画6篇,组织"青年之声"江阴市中职学校法律辩论赛,举办全市青年社会组织培训班,实施"向上吧,少年""青春不毒行"等项目,青少年成长护航上新阶。继续巩固希望来吧阵地建设,组织开展"3·5"学雷锋广场义卖、"百企百画助百学"公益拍卖,持续深化"我要上大学"圆梦行动和暖冬行动,资助困难大学生53名,发放助学金40.5万元,240名弱势青少年获得定制礼物。开展"文明江阴青年先行"百日集中行动,开办30余场"文明城市课堂"。深化"保护母亲河"行动,培养青少年环保社团及环保项目,共建"团银企纪念林"2公顷。

【少先队工作】 2017年,共青团江阴市委紧紧围绕落实立德树人、培养担当民族复兴大任时代新人的根本任务,坚持以少先队员为中心,着力抓好思想引领、组织教育、实践成长、权益服务。开展"我向习爷爷说句心里话""红领巾寻访"主题队日活动。深化"一十百千"工程("一"是指为霍城县第一小学援建一支鼓号器材;"十"是指为霍城县清水河镇二道河学校、兰干乡海里亚中心校等十个学校的百名学生捐赠百个爱心包裹;"千"是指组织江阴少先队员与霍城千余名少先队员结成互助对子),举办第2期江阴霍城少年儿童手拉手夏令营,两地青少年交融交往共成长。实施少先队辅导员"333"培训工程(2017—2019年三年时间,培训3000名辅导员,掌握基础队务、技能才艺、综合素质三项技能),承办无锡市青少年科学院现场推进会,举办辅导员风采展示大赛,推送选手参加全国大赛获一等奖,提升辅导员战斗力。严格按照改革要求开好江阴市第二次少代会,选举产生市第二届少工委。完善"一心双环"团学组织格局,继续探索"积分入团",团队一体化建设加快。 (陈启迪)

江阴市妇女联合会

【概况】 2017年,江阴市妇联全面贯彻中共十九大和群团工作会议精神,聚焦党政中心、聚力工作转型、聚合社会力量,全市妇女工作取得新发展。年内,编制完成"十三五"妇儿发展规划及家庭教育规划。制定《江阴市妇联改革实施方案》,全面推动妇联改革。召开江阴市妇女第十三次代表大会,选举产生新一届妇联领导班子。开展"助力文明创建　提升服务品质"巾帼建功主题活动,举办各类女性技能培训和专场招聘会,打造"Lady(女士)创智汇"活动品牌。开展妇女儿童家庭公益项目大赛,实施助困助老助残等公益项目29项,筹资70万元帮扶困境儿童、单身贫困母亲、"两癌"(乳腺癌、宫颈癌)特困妇女。全市妇联系统组织开展各类巾帼志愿活动306场次,举办"爱在江阴"2017敔山湾集体婚礼、"珍爱30年——晒老爸老妈结婚照"征集活动。市妇联被省妇联评为杂志宣传工作先进单位,被江阴市委、市政府表彰为创建全国文明城市工作先进单位,并获江阴市"人民满意机关"称号。

【基层妇女组织建设】 2017年,江阴市妇联以群团改革和市妇联换届为契机,推动妇联组织和团队建设。制定《江阴市妇联改革实施方案》,按改革要求全面完成开发区、市属单位、村(社区)妇代会改建妇联工作。扩充镇(街道)、村(社区)妇联执委队伍,全市17个镇(街道)妇联配备专兼职副主席61名、执委352名;269个村(社区)妇联配备专兼职副主席554名,执委2750名。加快在新领域新群体中组建妇联,年内成立江阴澄之尘义工社妇联、月城镇沿山村特色团队妇联、徐霞客镇红娘协会妇联等30余个新型妇联组织。召开江阴市妇女第十三次代表大会,审议通过《实干谋发展　改革促转型　团结引领全市妇女共建共享"强富美高"新江阴》工作报告,选举产生市妇联第十三届执行委员会。各行各业劳动妇女和知识女性在市妇代会代表中的比例达75%、在市妇联执委会和常委会委员中的比例分别达59%和41%。从严加强妇联干部队伍建设,扎实推进妇联党组政治建设、作风建设、能力建设,通过举办基层妇联干部培训班、召开现场会、创新工作评议等方式,不断提升妇联干部的党性修养、业务水平和工作作风。

【妇女就业创业服务】 2017年,江阴市妇联围绕发展大局,找准工作着力点,精准助推广大妇女创业创新、就业增收。开展"助力文明创建　提升服务品质"巾帼建功主题活动,9月1日,召开江阴市"巾帼建功"活动推进暨先进表彰会议,评选表彰47个江阴市巾帼文明岗和35名巾帼建功标兵。是年,培育省级巾帼文明岗7个,省巾帼建功标兵1名,省巾帼示范专业合作组织、农家乐示范基地、巾帼电商服务基地、巾帼创业创新孵化基地等6个,海澜国际马术女子表演队荣获"全国巾帼文明岗"称号。市镇两级妇联举办SYB(创办你的企业)创业、巾帼电商等各类培训34期受益妇女2860人,完成农村妇女劳动力转移培训300人次。举办各类女性招聘会15场,推荐就业3835人。与市人社局联合落实妇女小额贴息贷款政策,发放妇女创业小额贷款2650万元。开展"婆媳巧厨娘"大赛,为热爱厨艺的女性提供交流学习、施展能力的舞台。推荐嘉特汇手工编织APP项目获得市全民创业大赛优胜奖。发挥江阴市女企业家协会的引领作用,组织会员参加"新时期互联网+品牌战略投资""公司治理的新趋势"等专题讲座,打造"Lady(女士)创智汇"活动品牌,举办政策解读、财税讲座、职场礼仪等沙龙活动25场。指导市女企业家协会召开第四次会员大会，选优配强新一届领导班子。举办“巾帼心向党、建功新时代”学习贯彻中共十九大精神女企业家专场讲座。

【依法维权】 2017年，江阴市妇联以促进妇女儿童共享发展成果为目标，认真履行市妇女儿童工作委员会办公室职能，编制《江阴市妇女和儿童发展规划（2016—2020）》，推动妇女儿童发展环境持续优化。推进“建设法治江阴，巾帼在行动”“平安家庭”创建等工作，编印发放《维权知识早知道》《向家暴说NO》《守护童年》宣传手册4万份。市妇联接待来访224次、来电300余次，信访调处率达98%。市婚姻家庭指导中心全年接待调解1645对拟离婚的夫妻，劝返516对，跟踪回访124对。

【扶贫帮困】 2017年，江阴市妇联实施“小桔灯”困境儿童帮扶项目，为164名重点关爱对象筹集发放助学金及慰问品总计21万元，并组织上门走访慰问、暑期参观实践等活动。联合市慈善总会救助100名单亲贫困母亲20万元。“两癌”救助基金为19名特困妇女发放每人1万元救助金及药品保健品。开展“母亲邮包”捐助活动，“睢宁助学”活动，周庄“爱心妈妈”团队远赴云南省腾冲帮扶留守儿童。引入第三方督导机构“同仁”义工社，举办女性社会组织负责人培训班，开展江阴市妇女儿童家庭公益项目征集，签约并重点扶持“心光同行　粉红家园”乳腺癌康复、“缘来是你”首届红娘联谊公益活动等12项公益项目，全年开展各类公益活动392次，惠及2万余人。另有15项公益项目成功申报无锡市妇联扶持项目。申港街道“心心点灯”困境儿童关爱项目、徐霞客镇“霞农·领英”困境妇女就业援助项目入围省级妇女儿童公益社工服务项目，获扶持款8万元。

【家庭教育】 2017年，江阴市妇联编制《江阴市家庭教育工作“十三五”规划（2016—2020）》。创建无锡市示范家长学校3所、优秀家长学校6所，年内实现村、社区家长学校全覆盖。与市教育局联合打造“母亲课堂”科学家教指导项目，全年举办公益讲座45期。开展“文明礼仪进家庭”主题活动，组织“大澄欢歌，童梦启航”美德少年颁奖典礼。开展“传承好家训，弘扬好家风”主题活动，联合教育局在全市20万学生及家长中开展“亲子共读经典家风家训”活动，举办“好家训好家风”书法作品展，制作发放家风家训宣传品21万份。是年，市妇联表彰江阴市“最美家庭”100户、“五好文明家庭”100户，推报无锡“最美家庭”13户，江苏“最美家庭”1户，吴协恩家庭获评“全国最美家庭”。表彰江阴市“十佳书香家庭”，推报无锡市“十佳书香家庭”3户。　（黄丽娟）

江阴市科学技术协会

【概况】 2017年，江阴市科协全面贯彻中共十九大和中央党的群团工作会议精神，按照“四服务一加强”（为科技工作者服务、为创新驱动发展服务、为提高全民科学素质服务、为党和政府科学决策服务，不断加强科协自身建设）的职能定位，进一步密切联系广大科技工作者，凝心聚力、锐意进取，全年各项任务圆满完成，科协系统深化改革工作取得实质性进展，全面建设进一步加强。年内，服务科技人才成长，开展企业创新工程师、院校科技辅导员培训，评选表彰科技“三创”（创新、创业、创优）人才。助力创新驱动发展，举办“院士专家江阴行”活动，推动中船澄西船舶修造有限公司成立院士工作站。实施科技服务项目100余项。提升全民科学素质。承办中科院科技创新年度巡展，举办江阴籍科学家科普报告会。加强科技智库建设，形成软科学课题研究成果10余项。是年，市科协获评2017年省科协实施“县级科协创新发展能力提升计划”优秀单位，获评江苏省首届公民科学素养大赛优秀组织单位、江苏省2017年全国科普日活动优秀组织单位、江苏省科技工作者状况调查优秀站点；中船澄西船舶修造有限公司荣获中国科协第二届全国企业创新方法大赛一等奖，中船澄西船舶修造有限公司站点被评为全国科技工作者状况调查A级优秀站点。至年末，全市有镇（街道）科协16个，开发区科协2个，市级学会（协会、研究会）36个，企业科协113个。

【服务科技人才成长】 2017年，江阴市科协积极构建创新创业服务平台、学习交流活动平台、评选表彰宣传平台三大载体，促进科技人才成长。年内，举办以萃智（TRIZ）创新方法为主题的一线创新工程师培训班，培训企业创新工程师、院校科技辅导员103名。组织创新团队参加中国科协第二届全国企业创新方法大赛江苏分赛，中船澄西船舶修造有限公司、江阴兴澄特种钢铁有限公司2个参赛团队均荣获二等奖，中船澄西船舶修造有限公司代表江苏省参加全国大赛，荣获中国科协第二届全国企业创新方法大赛一等奖。组织青年科技工作者参加省、无锡市创新创业大赛，累计征集推荐创新创业项目34项，其中1项项目获评省优秀项目、6项项目入围省决赛，2项项目获无锡三等奖，1项项目获无锡“最佳创意奖”，1项项目获无锡“最具商业价值奖”。发挥江阴科普网、“江阴科协”公众微信平台作用，组建科技工作者学习交流微信群、QQ群，推动网上科协建设。5月30日是首个“全国科技工作者日”，市科协联合市委组织部、市人社局、科技局、体育局举办庆祝首个“全国科技工作者日”江阴微马健身跑活动，全市各条战线的662名科技工作者踊跃参与。同时，开展“全国科技工作者日”系列活动，举办学术研讨、专题讲座、参观考察、文体健身、走访慰问、科技工作者代表座谈会、科技“三创”人才免费体检等。11月下旬，举办江阴市科技工作者“强身健体，创新争先”文体比赛，1000余名科技工作者参加活动。此次活动是近年来科技工作者参与规模最大、项目内容最多的一次文体活动。建成“江阴市科技工作者之家”香山书屋站点，为广大科技工作者提供优质精准服务的学习家园、沙龙驿站。坚持深入基层一线走访调研，宣传

“暨阳英才计划”等一系列产业强市与科技人才工作相关政策，为广大科技工作者和群众提供政策咨询解读。是年，评选出科技“三创”人才53名，在《江苏科技报》宣传中船澄西船舶修造有限公司、法尔胜泓昇集团有限公司、江阴兴澄特种钢铁有限公司、江苏阳光集团有限公司、双良集团有限公司、江阴职业技术学院科协6个企业科协及院校科协的工作经验；在江阴电视台《暨阳风采》栏目宣传江阴市第一届“十大科技之星”先进事迹。

【助力创新驱动发展】 2017年，江阴市科协举行“院士专家江阴行”活动，邀请院士专家到江阴交流考察，为企业发展把脉问诊，促进30余项科研成果在江阴落地转化。经市科协牵线，中国工程院院士、中国船舶重工集团公司702研究所名誉所长吴有生与中船澄西船舶修造有限公司合作，推动中船澄西船舶修造有限公司成立企业院士工作站。促进所属学(协)会、企业科协在推动产业创新发展中构建平台、提供服务、发挥作用，市生态绿色建筑科技创新协会牵头成立江阴市生态绿色建筑产业发展联盟，为江阴绿色建筑产业转型升级服务；中船澄西船舶修造有限公司科协牵头成立江阴市高技术船舶产业技术创新战略联盟；市物联网应用协会推动组建江阴市物联网产业联盟，促进物联网产业技术项目的对接与合作。采用线上技术指导、线下进企业现场讲解等方式，开展科技信息推广应用“一站式”服务，全年新增海外专利科技信息应用企业343个，总数达569个；新增应用成果案例49项，累计达94项。江苏安科瑞电器制造有限公司、圣华盾防护科技股份有限公司2个科技信息应用企业参加省科协科技成果展示活动。开展“海智”(海外智力)工作，以新能源及电池制造技术为主题，联合江阴中德国际技术转移中心举办中德高新技术交流座谈海智专题活动，促成江阴中德国际技术转移中心与7个江阴企业交流合作。市科协被省科协评为江苏省海智计划工作先进单位。联合市邮政局、农林局等部门举办江阴农特微电商探索暨新零售模式启动会活动，促进江阴农特产品创业者与国内电商大咖交流合作。组织各基层科协、学(协)会实施金桥工程、企会协作等科技服务项目50余项，获评无锡市企会协作优秀项目3项、金桥工程优秀项目7项。组织各企业科协开展“讲理想、比贡献”活动，获评无锡市优秀项目8项。实施科技兴农富民工程和科普惠农兴村计划，培育江阴市级科普惠农服务站3个、兴农富民工程示范基地9个、示范项目11项、农村科普带头人5名。年内，月城镇贝斯特农业专业合作社、南闸街道卓远农庄获评“江苏省科普惠农服务站”，长泾镇南国花木专业合作社获评江苏省“基层科普行动计划”农村科普示范基地，南闸街道卓远农庄、利港街道四小村猕猴桃种植基地获评无锡市“百名科技专家兴农富民工程”农业科技(科普)示范基地。

【科普基地建设】 2017年，江阴市科协以打造主题科普活动品牌为抓手，持续加强科普阵地设施建设。实施社区科普益民计划，开展科普示范街道(镇)、社区(村)创建活动，云亭街道新敔山社区、月城镇水韵社区、长泾镇河塘社区等8个社区被评为无锡市科普示范社区(村)，澄江街道君山社区被评为江苏省“社区科普益民计划”科普示范社区；鼓励社会力量参与科普建设，江阴市芙蓉湖节水教育基地、江阴华航户外运动服务有限公司、江阴中等专业学校被命名为“无锡市科普教育基地”，周庄中学、顾山实验小学被评为无锡市青少年科技创新教育示范学校；打造学校、社区专题科普馆，南闸街道紫金社区、徐霞客镇阳庄村、云亭街道实验小学、文林小学等专题科普馆建设进一步推进；提升科普信息化程度，年内新增科普大屏18台，新推“江阴科协”微信公众号科普专栏，持续为公众学习科普知识开辟新渠道。

【提升全民科学素质】 2017年，江阴市科协以落实《全民科学素质行动计划纲要》为总揽，重点提升未成年人、农民、城镇劳动者、领导干部和公务员、社区居民五大人群科学素质，广泛开展科普进学校、进农村、进社区、进企业、进机关、进军营活动，全力提升全民科学素质；举办青少年科技创新大赛、乐高机器人创意比赛、金钥匙科技竞赛，组织中国科学院老科学家科普讲师团校园巡讲等特色品牌活动，为青少年搭建科学活动平台；开展“科普示范家庭”评选活动，举办“科协大讲堂”讲座，积极发挥基层科普志愿者、科普讲师团的作用，倡导科学、文明、健康生活方式；组织全市4万余人参加江苏省首届公民科学素养大赛活动，规模名列全省县级市前茅，江阴市科协被省全民科学素质工作领导小组办公室评为优秀组织单位；5月，联合全市24个机关部门和相关学(协)会、基层科协，举办以“科技强国，创新圆梦”为主题的江阴市第29届科普宣传周活动，其间，举行江阴市流动科技馆开馆仪式，开展中国科学院科技创新年度巡展、中小学校园科技节等重点活动38项；9月，围绕“全国科普日”科普宣传要求，倾力打造“创新驱动发展，科学破除愚昧”主题科普活动，在全市开展“科学畅想·魅力江阴”青少年科幻画比赛、江阴籍科学家科普报告会、《科学人生百年》院士风采展、科普志愿者联合行动等科普活动200余项、科普讲座80余场(次)，发放科普资料10万余份，直接参与群众逾20万人次。

【加强科技智库建设】 2017年，江阴市科协继续加强科技智库建设，着力在服务党和政府科学决策上实现新突破。5月27日，举办全市科技工作者代表座谈会暨江苏省人才创新创业促进会江阴代表处成立仪式，市委副书记、组织部部长崔荣国与江苏省人才创新创业促进会秘书长陶雨生为江阴代表处揭牌，副市长赵强主持会议。成员由市高层次人才专家咨询委员会成员、首届“十大科技之星”获奖者和各镇(街道)、园区科协秘书长57人组成。加强市科技人才专家咨询委员会建设，新增10名市科技人才专家咨询委员会专家委员；举办科技沙龙活动，加强各专家成员的沟通联系，促进为经济社会转型升级与优化发展服务。6月，承办江苏省科技工作者状况调查站点会议。11月中旬，组织市科技人才专家咨询委员会部分专家委员、优秀科技工作者代表学习考察安徽省合肥市科大讯飞研发总部、安徽省科普中心、合肥工业大学及合肥科技馆。做好软科学课题研究与建言献策工作，引导学（协）会、基层科协围绕江阴实体经济、科技创新以及民生关切的热点、难点问题，开展专题调查研究，形成调研报告与科技工作者建议10余项，4项项目被无锡市科协列为软科学课题重点资助项目，《关于进一步优化江阴创新创业生态系统的思考与建议》获市政协调研报告优秀奖。全年发布各类信息280余条，向省、无锡科协网站上报信息190条，名列无锡市科协系统前茅，在市委改革简报出专刊一期。

【深化改革和组织建设】 2017年，江阴市科协系统深化改革工作取得实质性进展，基层组织建设进一步加强。按照中央和上级群团工作部署要求，市科协多次召集党组成员及机关部门人员进行专题研究，专程走访科协常委、科协老领导和科技工作者，广泛听取意见建议；分别召开镇（街道）、园区科协、企业科协和学（协）会负责人座谈会，全面准确摸清各级科协组织的建设情况和工作状况；就改革中涉及的队伍建设、经费保障等重点难点问题，多次向市委分管领导作专题汇报，与市委组织部、市编办、市财政局等部门深入沟通，经市科协九届六次常委会审议，形成四大类18项83条具体措施。11月9日，江阴市委常委会听取市科协汇报，原则同意《江阴市科协系统深化改革实施方案（讨论稿）》；11月15日，市委、市政府办公室印发《江阴市科协系统深化改革实施方案》。进一步推进基层科协组织建设，成立夏港、申港和利港街道科协；指导月城、周庄、顾山等镇科协按期换届；加强企业科协组织建设，新增企业科协12个，总数达113个，推动16个企业科协建成"优秀企业科技工作者之家"；开展星级学会考评工作，评选出五星级学会12个、四星级学会2个。

（樊广勤　邱克玉）

江阴市归侨侨眷联合会

【概况】 2017年，江阴市侨联深入全面落实中央、江苏省委、无锡市委关于加强和改进新形势下侨联工作的意见，坚持老侨工作和新侨工作并重，不断拓展海外工作和新侨工作，各方面工作取得新进展。年内，积极开展结对帮扶和引资引智，临港开发区被评为江苏省侨联新侨创新创业基地。11月，江苏省政协港澳台侨（外事）委员会和省侨联组织省政协侨界委员调研新侨创新创业和华侨国际文化交流基地，到江阴考察远景能源（江苏）有限公司生产装备车间和全球能源数字管理中心。举办侨界迎春联谊会，组织开展"侨看新江阴"系列主题活动和节日走访慰问侨胞侨眷活动。市天华艺术学校连续承办4届"亲情中华"江苏夏令营，被评为江阴市2016年度十佳社会组织。至年末，全市有镇（街道）侨联分会14个、侨商商会1个。是年，胡士昌、章文照等11人荣获中国侨联颁发的从事侨联工作超过20年荣誉证书；新桥镇侨联分会主席谈海燕获评无锡市首批"侨胞挚友"。

【参政议政】 2017年，江阴市侨联认真履行职责，积极发挥参政议政作用。是年，组织发动侨界政协委员紧紧围绕市委、市政府的中心工作和人民群众关心的热点、难点问题，开展调查研究，撰写议案、提案，反映社情民意，反馈侨界心声，为江阴经济社会发展建言献策。市人大、政协"两会"期间，全市各级侨界人大代表、政协委员认真撰写建议、提案和社情民意，9件提案被列入交办。其中，沙梅芳提交的《关于加强物业管理社会培训服务的建议》、徐卫忠提交的《关于加强地方特色产业区域品牌建设，建立特色产业聚集区的建议》、赵文碧提交的《关于深入培育中青年企业家，提升青年企业家综合能力水平的建议》被市政协评为2017年度优秀提案。

【为侨服务】 2017年，江阴市侨联以亲情、乡亲、友情为纽带，全力做好为侨服务工作。市侨联广泛走访侨资企业，了解企业的发展现状、未来计划和当前的障碍困难，为企业发展出谋划策；指导各镇（街道）、园区整合侨界优势资源，积极搭建服务、合作和交流平台，进一步吸引海外高层次人才到江阴创新创业。充分发挥华侨中心阵地优势，常态化开展英语、唱歌、手工等兴趣小组活动，组织摄影、书法、绘画、手工等比赛，举办侨界群众学习贯彻中共十九大精神专场宣讲会、涉侨法律讲座、中医养生健康知识讲座，举办各类活动讲座96次，惠及侨胞侨眷800余人次。1月15日，举办2017年侨界迎春联谊会，全市70余名侨界代表欢聚一堂共迎新春。新年前夕，市侨联通过网络向海外侨胞传达祝福，发送电子邮件500余条，向海外侨胞家庭寄发新年贺信400余封。4月14日，组织侨胞侨眷和留学生亲属代表开展"侨看新江阴"主题活动，参观临港街道现代农业种植基地、暨阳牡丹园、狮子湖生态园。11月2日，组织侨胞侨眷和留学生亲属代表参加"侨看科技无锡"主题活动，赴无锡参观太湖之光神威超级计算机中心和无锡博物馆。是年，结合春节、端午节、中秋节等传统节日，开展侨界走访慰问活动，走访慰问侨胞侨眷260余人次。

【海外联谊】 2017年，江阴市侨联加强与海内外侨界联络联谊，积极搭建友好交流平台。1月16日至23日，市侨联主席刘锋随无锡市侨联代表团赴荷兰、英国，分别拜访荷兰中国和平统一促进会、全英华人华侨中国统一促进会等海外侨界社团，参加在英国无锡籍留学人员座谈会。2月22日至25日，市侨联主席刘锋、副主席苏曦泓会同市侨办赴上海、南通、宁波等地参观学习侨界社团、社区"侨之家"建设，实地学习其经验和做法。4月19日，市海归创业代表、江阴市云溪汀科技有限公司总经理陈科带领江苏省首届青年农场主代表团赴法国进行农业交流。6月14日，陈科应邀参加在天津举办的2017华侨华人创业发展洽谈会。年内，市侨联接待美国北加州无锡江阴宜兴同乡会会长李翠英、巴西侨领支纬中以及留美学者吴亚君、蔡档等侨胞。12月，会同市教育局组织城区部分学校中小学生参加第十九届世界华人学生作文大赛,征集报送作文 68 篇。在第十八届世界华人学生作文大赛中,江阴市 17 名中小学生获奖,其中一等奖 3 名,二等奖 5 名,三等奖 9 名。

【2017“亲情中华”夏令营江苏无锡营在江阴举行】 2017 年 7 月 13 日至 26 日,2017“亲情中华”夏令营江苏无锡营在市天华艺术学校成功举行,来自美国、加拿大等国家的 50 名青少年参加夏令营活动。为期两周的夏令营期间,营员们认真听取国学讲座,学习书法、国画、武术、民间手工、汉服鉴赏、剪纸等中国传统文化课程,还学习葫芦丝、二胡、古筝、中国鼓等中国民族乐器。夏令营组织营员们与市供电公司夏令营的营员们一起联欢,参观江阴鹅鼻嘴公园、黄山军事文化风景区、江苏阳光集团有限公司和海澜集团有限公司,无锡东林书院、薛福成故居、无锡博物馆和惠山老街,苏州拙政园、山塘古街、蚕桑博物馆等。夏令营每天制作活动微信,及时上传每天的活动影像,让家长第一时间了解营员们学习生活的情况,赢得省市侨联领导肯定,得到海外营员和家长的广泛赞誉。中国侨联网站、省侨联网站、无锡和江阴各新闻媒体都对夏令营进行实时宣传报道。

(张永振)

江阴市文学艺术界联合会

【概况】 2017 年,江阴市文联围绕中心,服务大局,认真履行“联络、协调、服务、管理”职能,抓好文艺创作,搞好文艺活动,搭建文艺平台,开展文艺交流,拓宽服务渠道、培育文艺人才,扎实推进各项工作。年内,举办当代国际水彩名家邀请展、山林·园林梁元中国画作品江阴邀请展、苏风墨韵·江苏省书法名家作品邀请展、2017 江阴市新春油画作品展、“澄怀闳美”江阴市中小学教师美术书法作品展、江阴昆山书法联展、“美丽中国·画说江阴”全国名家画名城写生作品展等展览活动;开展文化惠民系列活动,组织三位江阴籍作家王荣方、陈炜、张一斌,在市图书馆一楼大厅举行签名赠书活动;组织文艺家协会开展“喜迎十九大 共创文明城”文艺志愿者惠民演出 25 场次;累计赠书捐书 1000 余册;向村(社区)、企事业、部队送春联,累计送出春联 16000 余幅,将优秀的书画作品在市 7 所学校巡展;为部分镇(街道)、企事业单位举办摄影讲座 20 余场次;成功引进 4 场高质量舞台剧。是年,各协会会员创作优秀文艺作品 3500 余幅(件),60 余幅(件)作品入选(展)省级以上展演活动或获奖。夏坚勇长篇散文《庆历四年秋》入选 2017 年中国作家协会重点作品扶持选题名单;陶青散文《黄桥往事》荣获第二届丰子恺散文奖优秀奖;原创锡剧《徐霞客》成功申报 2017 年度的江苏省艺术基金资助项目。是年,市作家协会被表彰为全省作协基层文学工作先进集体;美术家协会获江苏省美术家协会评选的全省美术工作优秀组织工作奖;摄影家协会被江苏省摄影家协会表彰为先进基层摄协。至年末,全市有镇(街道)文联 12 个、开发区文联 2 个、企业文联 2 个、村级文联 1 个;文联直属协会 8 个,会员 1300 多人,其中省级会员 189 人,国家级会员 91 人。

【“我的名字叫江阴”文艺作品征集活动】 2017 年 2 月至 8 月,江阴市文联组织开展“我的名字叫江阴”文艺作品征集活动,征集文学类、民间文艺类、戏剧曲艺类、音乐类、美术类、书法类、摄影类、影视类等文艺门类优秀作品。征集活动得到广大爱好者的积极响应,散文类、诗歌类、故事类、戏剧类、美术类、书法类、影视类评选出一等奖 7 名、二等奖 13 名、三等奖 19 名,优秀奖 81 名。二十四节气摄影作品征稿收到 792 张,经过初选入围 84 张,从中评出 24 张节气美景作品年度收藏。“教我如何不想她”江阴歌曲征集大赛,征集歌词 386 首、歌曲 382 首,16 首歌曲获奖。

【2017“益祥杯”第十三届长三角国际标准舞全国城市公开赛】 2017 年 4 月 8 日,由市文学艺术界联合会主办,市国际标准舞协会承办的“益祥杯”第十三届长三角国际标准舞全国城市公开赛在市体育馆举行。来自全国各地的 70 支国标舞代表队近 4000 名选手汇聚江阴,同台竞技。该大赛特邀世界舞蹈高级评审胡春田、杨鲜婷、薛子成、王书鸿、高毅强、陈昭、李利、杨超、王信余等 15 人组成评审团队。经过激烈角逐,江阴市推荐参赛的选手过赢、周淑英获最高组别摩登舞(标准舞)职业精英组冠军,孙建华、陆敏获摩登舞(标准舞)业余 A 组冠军。少儿拉丁舞分 100 余项项目,江阴市推荐参赛的小选手获得 40 枚金牌、50 枚银牌,并获得团体舞金奖。

【“重走霞客路”江阴艺术家采风创作活动】 2017 年 4 月 6 日,由江阴市委宣传部、市文联主办的纪念徐霞客诞辰 430 周年——“重走霞客路”艺术家采风创作活动启动仪式在市文明广场举行。“重走霞客路”写生采风团由市 21 位画家、作家和摄影家组成,以霞客精神为主题开展文艺创作。采风团历时 22 天,沿徐霞客旅行探险路线,经过安徽、湖南、广西、贵州、云南等 6 省 16 个写生点,累计行程 2 万余千米,累积创作写生作品近 400 幅。5 月 19 日,“重走霞客路”江阴艺术家写生采风作品展在市展览馆开展,该次展览展出作品近 80 幅,涵盖国画、油画、水彩等门类,展现画家们直面自然现场对象的审美感受、艺术旨求和创作技巧。

【“江南墨缘”2017 苏南六市(区)书画院作品联展】 2017 年 7 月 3 日,由江阴市委宣传部、江阴市文联、张家港市文联、昆山市文联、太仓市文联、吴江日报社、常州市金坛区文化广播电视体育局联合主办的“江南墨缘”2017 苏南六市(区)书画院作品联展江阴站在市展览馆开幕。开幕式结束后,在江阴文艺家适园艺风讲堂举办六市(区)书画院艺术交流会。展览时间为 7 月 3 日至 19 日,展出来自张家港、昆山、太仓、吴江、金坛及市书画院作品 111 幅,涵盖国画、书法、水彩、油画等,充分展示各地书画家贴近时代、感悟生活、关注民生、热爱自然、追求真善美的艺术风采。市 39 位书画家作品参展。此次活动开展,以翰墨为缘,进一步加强六市(区)文化交流,展示各地书画家艺术风采，推动周边兄弟书画院画师们相互交流、相互促进，共同提高专业学术水平。此次展览是联展的第二站，首站在张家港举行，此后陆续在吴江、昆山、金坛、太仓等地巡展。

【江阴首个村级“文联”在华西村成立】 2017年9月15日，江阴市华西村文学艺术界联合会召开第一次会员代表大会。120余名代表出席大会，根据相关法定选举要求，选举产生第一届委员会，1位主席、6位副主席、1位秘书长、1位副秘书长、31位委员，以及5个专业文艺协会的正副主席和正副秘书长。9月16日，华西文学院暨华西新市村文联成立大会在华西村举行，华西村文学艺术界联合会是全国首个村级文联。华西村文联下设文学协会、书画协会、戏剧曲艺协会、音乐舞蹈协会、摄影协会5个专业文艺协会，有会员160名，均为村企各岗位文艺骨干及文艺爱好者。

【“江上风骨”徐剑鹏、徐昌安、刘鸿兴、陶建荣油画作品展】 2017年9月30日，由江阴市文联主办的“江上风骨”徐剑鹏、徐昌安、刘鸿兴、陶建荣油画作品展在市展览馆开幕。江阴市副市长许晨、文联主席王敏、民政局局长钱华光、文联副主席周林海以及无锡市美术家协会主席梁元、无锡市书画院院长王洋、无锡市美术家协会名誉主席张崇政等领导及专家出席开幕仪式。开幕式上，市书画院院长陈亮主持开幕式，副市长许晨宣布展览开幕。展览时间为9月30日至10月12日。该次展览展出四位艺术家130余幅油画作品。作品题材丰富，技艺精湛，风格多样，从不同角度反映江阴改革开放、撤县建市30年来取得的辉煌成就。

【首届江阴市水彩·粉画作品展】 2017年10月27日至11月10日，由江阴市文联主办，市书画院、市美术家协会承办的首届江阴市水彩·粉画作品展在江阴立澄艺术馆开幕。江阴市委常委、宣传部部长程政，市文联主席王敏等领导出席开幕式。开幕式上，中国美术家协会会员、江苏美术家协会水彩画艺术委员会委员、江苏油画学会理事魏鲁安为市水彩·粉画爱好者举办“悬浮的记忆”——魏鲁安绘画赏析讲座。展览时间为10月27日至11月10日，该次展览展出市艺术爱好者65幅作品，作品题材丰富、内容多样、灵动鲜活、技法多样、风格多元，紧紧抓住地域、人文特征，体现出鲜明的江南特色，具有较高的艺术水准。

【首届“吕斯百”江阴美术大展】 2017年11月11日至28日，由江阴市委宣传部、江阴市文学艺术界联合会主办，江阴市美术家协会、江阴市书画院承办的首届“吕斯百”江阴美术大展在市展览馆展出，吕斯百为江阴籍已故著名油画家。该次展览收到投稿作品150余件，涵盖中国画、油画、水彩（粉）画、漫画等多个画种。经评审，入选作品89件，作品风格多样，个性鲜明，形式丰富，异彩纷呈，展现江阴画家的艺术技巧、艺术修养，印证江阴美术创作的繁荣景象。12月5日至15日，首届“吕斯百”江阴美术大展优秀作品巡展在扬州美术馆展出。

【举办文艺家读书班】 2017年11月22日至24日，江阴市文联在江苏省委党校举办2017年度江阴文艺家读书班。8个直属文艺家协会、14个镇（街道）、园区文联和华西村文联的文艺家代表63人参加培训。该期读书班旨在传达学习中共十九大精神，深入学习贯彻习近平总书记文艺工作重要讲话精神，提高文艺骨干思想政治素质和艺术素养，推进德艺双馨文艺人才队伍建设，进一步推动江阴文艺事业繁荣发展。读书班上，省委党校科社教研部副主任王金水主讲《习近平新时代中国特色社会主义思想》，省委党校经济学教研部副主任李宗尧主讲《扬子江城市群建设研究》，省委党校哲学教研部米寿江主讲《大棋局：一带一路与文化融通》，省委党校公共管理教研部副主任华涛主讲《优秀团队建设》。培训期间，学员们还考察参观南京苏家文创小镇、黄龙岘茶文化村等地。

（陈　佳）

江阴市红十字会

【概况】 2017年，江阴市红十字会认真履行法定职责，着力打造工作载体和平台，不断拓展人道服务领域，进一步推动全市红十字事业持续健康发展。年内，积极动员社会资源，募集人道万人捐善款183万元，募集冠名基金和定向资金261万余元；加强红十字社会宣传，各级各类媒体报道市红十字会活动105次；推进全省公益性应急救护百万培训项目，完成初级救护员培训1376人，普及性培训9252人；开展“博爱家园”项目建设，提升社区（村）综合能力和社会服务水平。全市完成养老照护知识普及达到665人，养老照护志愿服务受益居家养老家庭达到115户，服务人数147人。君山社区和于门村被评为无锡市红十字“博爱家园”先行单位。君山社区红十字“爱心敲门”行动获评2017年度无锡市最佳志愿服务项目。积极推进造血干细胞和遗体器官捐献工作。是年，完成造血干细胞血样采集入库64例，完成捐献1例；新增遗体捐献志愿者报名登记23人，实现器官捐献1例。

【红十字宣传】 2017年，江阴市红十字会坚持传统媒体和新媒体并重，重点宣传和平时宣传相结合，整合资源，形成合力推进宣传工作。联合市委宣传部出台《关于进一步加强红十字宣传工作的意见》，促进全市红十字事业健康持续发展。联合市新闻工作者协会开展“博爱杯”红十字好新闻竞赛，江阴日报社、江阴电视台、江阴电台围绕“人道、博爱、奉献”的红十字精神，采编、刊播以江阴市红十字工作为题材的原创新闻作品14篇（次），“江阴发布”“最江阴”“秀江阴”等微信公众号同步推送。联合市卫计委、澄江街道办事处开展卫生应急自救互救暨“12320”（卫生计生服务热线）主题宣传活动，发放红十字应急救护彩页、避险逃生手册、疾病预防宣传资料，提高群众防灾减灾意识和自救互救能力。全市各级红十字组织利用重大节日，积极开展红十字宣传活动。世界红十字日，依托《江阴日报》进行专版宣传，让群众深入了解新修订的《中华人民共和国红十字会法》和红十字会的职能职责。世界急救日，各镇、街道红十字会围绕“急救与家庭意外伤害”主题，开展宣传活动,进一步扩大应急救护知识知晓率,营造“人人学急救”的良好氛围。是年,各级各类媒体报道江阴市红十字会工作105次,取得良好宣传效果。

【“博爱家园”项目建设】 2017年,江阴市红十字会开展“博爱家园”项目建设,提升社区(村)综合能力和社会服务水平。以澄江街道君山社区和申港街道于门村为试点,实施“博爱家园”建设活动。澄江街道君山社区建设红十字宣传教育阵地,组织志愿者开展心理咨询、爱心敲门、节日主题沙龙等活动,省红十字会高度肯定并予以经费支持。申港街道于门村组织开展秋季老年人养生、预防老年性痴呆症知识讲座等志愿服务活动,深受该村老年人欢迎。率先在“博爱家园”开展全市红十字养老照护试点工作,选拔推荐2名医护人员参加省红会养老照护师资培训;为社区(村)捐赠一批保健护理器材,招募一批社区(村)志愿者组建红十字养老照护志愿者服务队伍,开展系列养老照护知识普及和志愿服务工作。是年,全市完成养老照护知识普及达到665人,养老照护志愿服务受益居家养老家庭达到115户,服务人数147人。君山社区和于门村被评为无锡市红十字“博爱家园”先行单位。君山社区红十字“爱心敲门”行动获评2017年度无锡市最佳志愿服务项目。

【博爱系列救助活动】 2017年,江阴市红十字会主动融入全市统一救助平台,积极推进“阳光扶贫”工程,深入开展博爱系列救助活动。全年募集人道万人捐善款183万余元,募集冠名基金和定向资金261万余元,发放各类救助金217万余元,其中发放“红十字博爱送万家”新春救助金60万元,救助全市困难家庭600户;发放“红十字光明康复基金”救助金100万元,救助白内障患者615人。

【造血干细胞和遗体器官捐献】 2017年,江阴市红十字会积极开展造血干细胞和遗体器官捐献工作,让爱传递,让生命延续。年内,市红十字会积极参与中国造血干细胞捐献者资料库管理中心“捐献造血干细胞——讲出你的故事”活动,联合无锡市红十字会制作造血干细胞宣传视频。全年开展3次造血干细胞采样活动,完成血样采集入库64人,成功捐献造血干细胞1例;新增遗体捐献志愿者报名登记23人,实现器官捐献1例。志愿者俞汝梅成为江阴市第10例,也是江阴市最年轻的造血干细胞成功捐献者。

【救护培训】 2017年,江阴市红十字会积极开展红十字救护培训“进社区、进农村、进学校、进企业、进机关”活动,充分发挥红十字会在公众参与应急救护培训中的主体作用。全年完成初级救护员培训1376人,普及性培训9252人,培训救护师资7人。积极配合市教育局开展“生命教育服务体系”项目,为江阴职业技术学院、南华中等专业学校等7所职业学院的460多名教职员和学生志愿者开展应急救护培训,提高院校师生自救互救能力。以红十字服务中心建设为突破口,积极开展省红十字会救护培训基地建设申报工作,并被确定为省红十字会2017年度救护培训基地建设项目支持单位。坚持社会化运作,整合社会资源,在周庄镇万事兴医疗器械股份有限公司成立首个江阴市红十字会应急救护培训示范基地。

【志愿服务】 2017年,江阴市红十字会组织围绕创建“全国文明城市”工作,广泛开展具有红十字特色的志愿服务活动,全力打造红十字志愿服务品牌。各镇、街道红十字会组织开展学雷锋志愿服务日、红十字博爱周、校园急救培训、健康义诊等活动。年内,江阴市红十字无偿献血志愿者服务队累计参加服务2198小时,559人次参加“清明缅怀革命先烈祭扫烈士墓骑行”“无偿献血宣传进乡镇,应急救护普及入万户”等宣传活动,宣传无偿献血、救护培训等知识,传播志愿服务理念。5月下旬,斯里兰卡遭遇罕见的洪水泥石流灾害,江阴红十字蓝天救援队队长宋功文前往斯里兰卡参与国际救援。是年,江阴红十字蓝天救援队年内开展65次应急救护知识普及培训活动,协助政府部门参与18次救援活动和6次重大活动保障。（韩　斌）

江阴市残疾人联合会

【概况】 2017年,江阴市残联学习贯彻中共十九大精神,紧紧围绕江阴发展大局,围绕全面实现残疾人小康奋斗目标,加强残疾人社会保障体系和服务体系建设,突出“共享、普惠”,各项工作取得新佳绩。年内,出台《江阴市“十三五”残疾人事业发展规划》《江阴市残疾人精准康复服务行动实施方案》;完成基层残联换届工作;组织开展“三下乡”(文化、科技、卫生)“五送一助”(送医、送教、送文化、送健康、送器械、助残)“全国助残日”和“8·25”残疾预防日、青少年脊柱侧凸筛查、无锡市残运会等助残活动。启动精准康复服务、送教上门服务,落实持证残疾人免费乘坐公交和意外伤害险政策,为残疾人提供康复、教育、生活保障等各类补助4000余万元。培育“生命的力量”残疾人宣讲团,21次走进校园向1万余名学生传播正能量。建成市残疾人文体展能中心、10个“残疾人之家”试运行。围绕创建“全国文明城市”工作,新增盲道7.4万米;完成全国残疾人基本服务状况和需求专项调查数据库更新工作;做好残疾人信访维稳工作,接待处理各类来电、来信、来访108件(次);发表各类残疾人信息报道384篇。

【组织建设】 2017年,江阴市残联进一步加强全市残疾人组织建设,提升为残疾人服务能力。是年,完成17个镇(街道)残联换届选举工作,配备在编专职理事长;召开全市残疾人事业大会,总结回顾“十二五”规划时期全市残疾人事业发展情况,部署“十三五”规划时期残疾人工作思路,表彰“十二五”规划时期全市扶残助残先进集体和个人以及残疾人自强模范;开展市残联干部轮岗工作,开展康复管理人员、盲人指导师、残疾人工作者等业务培训,队伍素质及服务水平逐步提升。徐霞客镇残联专职委员杜金龙获得江苏省残疾人就业服务机构工作人员职业指导竞赛第三名。

【残疾人精准康复服务】 2017年,江阴市残联全面启动残疾人精准康复复服务工作，认真做好各类精准康复服务和残疾预防工作。是年，联合市公安、卫计委、安监等部门举办“8·25”全国首个残疾预防日宣传活动，宣传交通事故致残、劳动生产致残、慢性病、精神病、新生儿出生缺陷早期干预筛查等预防知识，发放《残疾预防和残疾人康复条例》等宣传资料1000余份，制作宣传展板35块；在精准康复服务上实施新举措，从市残疾人康复中心选派2名康复专业治疗师，每周末下基层为5户残疾人家庭提供服务。是年，实施白内障复明手术4000例，指导盲人定向行走训练76人；完成精神残疾人医疗救助273人、服药救助952人；完成0～6岁、7～14岁残疾儿童抢救性康复救助344名；完成聋儿免费植入人工耳蜗手术3例；完成全市残疾人辅具适配799例；康复救助就业年龄段中风偏瘫患者58人；完成儿童青少年脊柱侧凸筛查近7万人；评定发放残疾人证934张。

【残疾人生活保障】 2017年，江阴市残联全面落实生活保障救助政策，全面完成“两项补贴”（困难残疾人生活补贴、重度残疾人护理补贴）职能移交民政工作，落实社会保险补贴制度，加强特殊困难残疾人家庭生活救助，确保残疾人应助尽助。是年，市残联为残疾人提供康复、教育、生活保障等各类补助4000余万元；继续为全市持证残疾人购买团体人身意外伤害险，按照规定程序与新中标单位紧密合作，调整保费支付方式，提高理赔额度，年内，保险公司支付保险金210万元。

【残疾人就业帮扶】 2017年，江阴市残联建立健全以保护性就业、竞争新就业、辅助性就业为主要内容的残疾人就业服务体系，新增实名制就业90人。是年，认真落实保护性就业政策，对达比例超比例安置残疾人就业的企业进行奖励，对创业残疾人进行扶持奖励，对残疾人社保进行补贴，发放用人单位补贴和奖励经费190余万元，残疾人社保补贴167万元；紧抓竞争性就业优势，组织春季残疾人专区招聘会，组建用人单位QQ群，搭建企业和残疾人就业平台，零就业家庭残疾人和残疾大中学生基本实现就业全覆盖；探索辅助性就业模式，以“残疾人之家”建设为龙头，开发辅助性就业产品，年内试运行“残疾人之家”10个。

【残疾人教育培训】 2017年，江阴市残联认真落实各类助学政策，积极融合多种教育模式，按需推进各类职业培训，残疾人文化素质逐步提升。是年，对学龄段残疾人继续实施随班就读、特殊教育、送教上门的教育模式，有学龄段残疾人350人在各中小学随班就读，158人在市特教中心校接受特殊教育，70人接受送教上门服务，发放教育补助经费19.9万元；对就业年龄段残疾人加大职业技能培训，年内投入培训经费50万元为90名残疾人开展培训，涉及美甲、纹眉、IYB（改善你的企业）创业、计算机操作、中式糕点制作5项项目；组队参加无锡市职业技能竞赛，5人获奖。

【残疾人文体活动】 2017年，江阴市残联围绕创建“全国文明城市”工作，丰富残疾人精神文化生活。年内，建成江阴市残疾人文体展能中心，“计和德工作室”挂牌，举办江阴市残疾人书画展，开展“多读书、读好书”读书交流活动及“成风化人、书香圆梦”读书征文活动；围绕“全国助残日”“国际助残日”等开展系列文体活动，推进康复体育进家庭计划。组织下基层文艺演出5场，培育“生命的力量”残疾人励志宣讲团，组织宣讲21次，参与学生1万余名；组队参加无锡市第十二届残疾人运动会，获28枚金牌、15枚银牌、10枚铜牌，其中，李幸丰、朱燕代表无锡市残联参加江苏省第七届特殊奥林匹克运动会暨残疾人田径锦标赛，谢程入选省队集训备战全国残疾人赛事。是年，涌现出一批残疾人自强典型，龚彬荣获2017年全国坐式排球锦标赛亚军，刘文清被评为江阴“十佳创业之星”。

（陈 芬）

江阴市关心下一代工作委员会

【概况】 2017年，江阴市关工委深入学习宣传贯彻中共十九大精神和习近平新时代中国特色社会主义思想，紧紧围绕党政工作大局，围绕建设“强富美高”新江阴，坚持服务青少年正确方向，扎实有序地推进各项工作持续深入开展。年内，健全完善“党建带动关工委建设”工作机制，基层关工委组织建设和队伍建设进一步加强；深入开展“学史立志、崇德向善”主题教育活动，青少年思想道德建设进一步落到实处；坚持“创特色、树品牌”工作导向，校外教育辅导站、预防和减少青少年违法犯罪和民企关工委3项重点工作进一步创新发展。是年，市关工委被省关工委、省文明办评为校外教育辅导站工作先进集体。省关工委在全省民营企业关工委工作会议上提出要广泛开展“单位学江阴、个人学姜滢”活动。周庄镇校外教育辅导总站被评为省级示范校外教育辅导站。华士镇文化中心、新桥绿园社区、顾山赤岸村校外教育辅导站被评为全省优秀校外教育辅导站，陆永法等4人被评为全省校外教育辅导站工作先进个人。

【社会主义核心价值观教育】 2017年，江阴市关工委深化对广大青少年的社会主义核心价值观教育，贯彻、弘扬和践行其基本精神和内在要求。年内，市关工委充分发挥“五老”（老干部、老教师、老战士、老专家、老模范）宣讲优势，结合重要时间节点，在青少年中深入开展“学史立志、崇德向善”主题教育活动。全市有295名“五老”进行专题，编写宣讲材料328篇，听讲青少年达21.5万人次。5月26日，市关工委联合市老干部关爱艺术团和新桥中学师生一起举行“老少同乐 放歌梦想”文艺演出，弘扬中华优秀传统文化和爱党爱国爱社会主义正能量。各镇（街道）关工委联合相关部门，结合抗日战争全面爆发80周年、建军90周年等时间节点，利用校外教育辅导站、社区道德讲堂等平台，积极开展党史国史、传统文化、家规家训等多种教育活动。市关工委联合市文明办、教育局等部门继续开展“三走进”（走进华西村、走进名企、走进红色教育基地）活动，并组织开展中小学生优秀社会实践调研报告评选活动，其中48篇获奖。市关工委联合市教育局、妇联等部门,开展各类读书征文活动,并参与省教育关工委组织的“红星闪闪照我心”主题读书征文活动,全市评选出200篇获奖征文。

【校外教育辅导站建设】 2017年,江阴市关工委进一步加强校外教育辅导总站标准化、规范化建设,以总站促站点,促进全市各类辅导站点逐步实现常态化、特色化,全面提升校外教育辅导站的有效覆盖面和活动质量水平。年内,各镇、街道关工委通过办好总站促站点,提升暑期班、拓展常年班、培育特色班、发展家庭辅导站和企业“彩虹课堂”,逐步扩大校外教育辅导站有效覆盖面,提升辅导站的常态化建设水平。全市村(社区)校外辅导站覆盖率达85%以上,实现常态化的村(社区)校外辅导站达30%以上,“五老”志愿者和在职教师义工广泛参与辅导站活动。继续推广“校企共建”模式,江阴福汇纺织有限公司、江苏云蝠服饰股份有限公司、圣华盾防护科技股份有限公司、江苏天华纱业集团、江阴鹏程农业科技发展有限公司、江苏红柳床单有限公司、江阴兴澄特种钢铁有限公司等企业与学校共建的企业校外教育辅导站——“彩虹课堂”,为寒暑假期间到江阴与父母团聚的外来职工子女搭建活动平台,创造良好的假期活动环境。11月,市关工委召开全市家庭辅导站工作交流会,表彰14个优秀家庭辅导站,有力助推江阴市家庭辅导站的提升发展。市关工委联合市文明办、教育局等部门,进一步推进校站共建模式,实现校外教育辅导站和学校“无缝对接”,村(社区)校外辅导站均与学校结对共建,校外教育辅导站进一步形成合力。至年末,全市参加校外教育辅导的“五老”2734人,在职教师义工8000余人,大学生村干部305人,其他志愿者1600余人。市关工委注重提升辅导站的内涵建设和特色化建设,积极组织参与省校外教育辅导站优秀活动推广项目和特色活动品牌征集、评选活动。徐霞客镇璜塘滩上“同乐园”校外教育辅导站制作上报的“拥军花开同乐园——‘八一’主题教育活动”视频获省一等奖。2017年暑期,市关工委开展“2017年特色夏令营”优秀活动方案评选活动,评选出60个“特色夏令营”优秀活动方案,其中一等奖11个、二等奖22个、优秀奖27个。市关工委贯彻落实省关工委关于“积极培育一批常年组织开展特色活动的电子阅览室示范典型”的有关精神,开展校外教育辅导站示范电子阅览室创建活动,促使各辅导站建好、用好电子阅览室,真正发挥其育人功能。

【预防和减少青少年违法犯罪工作】 2017年,江阴市关工委贯彻落实省关工委苏南片预防和减少青少年违法犯罪工作座谈会精神,以未成年人“零犯罪”社区(村)创建活动为抓手,以“三困”(德困生、学困生、贫困生)、“四失”(失足、失学、失管、失亲)未成年人为工作重点,扎实稳步推进预防和减少青少年违法犯罪工作。年内,市关工委以“关爱明天、普法先行”青少年普法教育活动为抓手,联合市司法、教育等部门,开展普法、禁毒戒毒、法治安全教育,全市102个法治报告团(组)宣讲291场次,听讲人数达21.9万人次。采取“一帮一”“多帮一”等方式开展结对帮教和未成年人社区矫正工作。是年,全市有319个共建帮教小组,745名“五老”参与帮教活动,帮教转化179名对象,转化率达91.8%。真情关爱青少年中的特殊群体和弱势群体,广泛发动社会各方力量,积极开展捐资助学、扶贫济困、扶孤助残、心理疏导等关爱活动,全市各级关工委配合市有关部门筹集扶贫帮困资金481.6万元,为家境困难的青少年送关爱。市关工委联合多方力量,进一步加强网吧和电子游戏厅义务监督工作,不断净化校园周边文化环境,为未成年人健康成长营造良好社会环境。

【民营企业关工委工作】 2017年,江阴市民营企业关工委在充分依托市场监管局条线作用的同时,更注重发挥镇(街道)关工委的作用,逐步形成“以块为主、条块结合”的领导体制和工作机制。在实现民营企业关工委组织大企业全覆盖的基础上,进一步扩大中小企业覆盖面,继续在中小型企业中成立联合关工委。至年末,全市在274个中小企业组建24个联合关工委。年内,市关工委开展创建“五好”(组织领导好、队伍建设好、育人环境好、活动开展好、工作成效好)窗口示范企业关工委活动,各镇(街道)关工委推荐,拟建窗口示范企业关工委50余个。开展“岗位学雷锋,争当好员工”主题教育活动,组织市青工教育讲师团到全市民企示范企业和重点企业关工委进行巡讲,是年,共讲课41场,得到广大企业和青工的普遍赞许。联合市文明办、总工会、团市委,在全市青年职工中开展“岗位学雷锋,争当好员工”百个优秀故事推荐活动,评选出的29名优秀青工的先进事迹在《江阴日报》专栏刊登。举办“岗位学雷锋、争当好员工”电视演讲活动,7位优秀青年员工代表进行个人事迹演讲。联合市教育局、总工会等部门,继续办好企业“彩虹课堂”,完善校企联合共建机制,丰富“彩虹课堂”活动,为企业外来职工子女在寒暑假到江阴探亲期间提供良好的学习活动场所。联合市文明办、教育局,开展青少年社会实践教育优秀案例征集活动,发挥全市20个企业青少年社会实践教育基地育人作用,全市中小学生的参与率、基地教育的质量和水平都得到提升。

【基层组织建设】 2017年,江阴市关工委继续加强基层关工委组织建设,全面提升基层关工委工作水平。市委办印发《关于健全完善“党建带动关工委建设”工作机制 进一步加强基层关工委建设的若干意见》,全市关工组织根据文件精神调整充实领导班子,增配兼职年轻干部,为关工委班子增添力量。无锡市关工委对意见作全文转发。6月26日,市关工委召开江阴市关心下一代“五老”志愿者协会第二届代表大会,做好市关心下一代“五老”志愿者协会换届工作,换届后有会员2400余人,新会员占比50%,每个村(社区)“五老”骨干在5人以上,形成一支较强的骨干队伍。市关工委认真贯彻落实江苏省、无锡市关工委关于进一步开展“五有五好”(有组织,领导班子建设好;有队伍,“五老”作用发挥好;有制度,制度健全执行好;有活动,活动经常效果好;

有效果,探索创新效果好)基层关工委创建的要求,下发《关于深入推进“五有五好”基层关工委创建活动的意见》,在全市关工委系统深入开展“五有五好”先进村(社区)关工委,“五有五好”示范企业关工委,“五有五好”先进学校关工委及在广大“五老”中开展“服务下一代,争当好五员”创建活动。(周 红)

江阴市慈善总会

【概况】 2017 年,江阴市各级慈善组织共募集慈善资金 3940 万元,支出救助资金 3331 万元,救助困难对象 10440 人次,新增慈善义工 447 名,注册义工总数达 20766 名。是年,江阴市慈善总会将“助学千人”阳光夏令营慈善项目拓展到镇(街道),在华士镇、周庄镇举办四期活动,开设乐高机器人、爱心英语、应急救援等课程,免费为困难家庭学生授课。

【慈善救助】 2017 年,江阴市慈善总会开展“慈善暖冬大行动”,发放救助金 124.8 万元;开展“爱心成就梦想”慈善助学系列活动,发放救助金 121 万元;开展“华西村 · 我有一个梦”援助活动,发放救助金 16.5 万元;开展慈善临时救助工作,发放救助金 44 万元;与市妇联合作开展单身贫困母亲救助活动,发放救助金 20 万元;联合无锡明心心脏病救助基金会启动“明心助力”心脏病慈善救助项目,救助贫困心脏病患者 4 人,援助医疗费用 10 万余元。

【慈善资金募集】 2017 年,江阴市慈善总会积极应对经济形势的不利影响,认真做好慈善一日捐及企业冠名基金的收缴、统计和汇总工作。深化项目化募集方式,将爱心企业和市民的捐款落实到具体项目上,进一步整合慈善资源,明确资金流向。是年,募集“慈善一日捐”捐款 1019.95 万元,企业冠名基金 2083 万元,定向捐赠 624 万元。

社区自治组织

【概况】 2017 年,江阴市认真贯彻落实省委、省政府《关于加强新形势下城乡社区建设的意见》精神,以争创“和谐社区建设示范单位”为目标,持续深化社区自治内涵和“三社联动”机制(社区、社会组织和社工的联合),社区治理和服务建设成效明显。至年末,全市有城乡社区(行政村) 300 个;创建成功江苏省和谐社区建设示范镇(街道)2 个,江苏省和谐社区建设示范社区(村)14 个。

【社区治理创新】 2017 年,江阴市成立社区服务管理中心,致力于政府购买服务、社会组织孵化培育、社工人才培养、社会工作项目研发的开发实施,既搭建政社合作沟通的桥梁,也为社会组织和社区服务提供资金、人员、活动场所和能力提升保障。引进支持性社会组织“恩派”并签约,通过“孵化培育、政府购买服务、公益创投”等方式,建立居民提出需求、孵化中心开发设计、社会组织竞相承接、社工团队执行实施的联动机制,推动江阴市社区治理和服务工作创新发展。

【社区基础建设】 2017 年,江阴市财政拨付社区建设专项资金 500 万元,用于社区办公服务用房的回购、城乡社区扁平化基础设施改造,为“三社联动”打好平台基础。制定下发《江阴市村务公开目录》,在璜土村试点运行“三务公开户户通”平台,着力提升村级治理水平。规范商品房、安置房小区的属地接收,实现社区治理全覆盖。分类培训村书记、主任、社区工作人员 466 人次,村(社区)履职能力进一步增强。周庄镇山泉村通过“全国农村社区建设示范单位”验收。

社会组织

【概况】 2017 年,江阴市新增登记社会组织 56 个,其中直接登记社会组织 19 个;新增注册登记社工 117 人,全市累计总人数 882 人,每万人拥有持证专业社工人才数 7.3 人。至年末,全市社会组织总数 1111 个,其中社会团体 376 个,民办非企业单位 730 个,基金会 5 个,每万人拥有社会组织数 9 个,全市备案的社会组织约 1666 个。

【社会组织管理】 2017 年,江阴市继续推进行业协会商会类、科技类、公益慈善类和城乡社区服务类四类社会组织直接登记制度,并采取定期汇报、不定期检查、重大问题报告、年检等举措,加强直接登记社会组织的管理。是年,新增社会组织 56 个,其中直接登记社会组织 19 个。持续做好社会组织信用代码登记证书换发工作,至年末,累计换发登记证书 971 个。做好社会组织年检和等级评估,首次实现社会组织年检资料网上填报。

【公益创投活动】 2017 年 10 月 25 日,江阴市第一届社会创业大赛暨 2017 年公益创投活动启动仪式于市老年文化活动中心举办。首次邀请恩派公益组织发展中心作为第三方,把其研发的社会组织孵化培育功能融入公益创投。经过项目征集、初选、评审等环节,经项目评审委员会确认,空巢老人认知症早期干预项目、“相信未来”新困境儿童助力成长项目等 17 项公益创投项目成功入围,将正式落地社区开展服务。是年,包括为老、助残、青少年、帮困、流动人口、支持服务等 7 个领域的 2016 年度的 17 项公益创投项目落地后迅速实施到各镇(街道)的村(社区),累计组织活动 525 次,服务 17087 人次。(张宝云)

■类目编辑 韩 莉

人民武装

【概况】 2017年,市人武部坚持以习近平强军思想为指导,着眼新的职能和使命,着眼调整与改革,紧抓战备训练,守住安全稳定底线,全面建设呈现良好发展势头。年末,市人武部被江苏省军区评为军事训练先进单位。

政治教育　深入学习中共十九大精神,利用网络传媒、电子板报、橱窗展板开展宣传,党委中心组通过理论学习、授课辅导、个人自学等方式,不断加深理解和把握习近平总书记系列重要讲话丰富内涵和精神实质。开展党员履诺践诺教育活动,要求党员进行"回头看",规范组织生活,着力提高每一个党员素质。年内,开展改革强军实践活动,针对军队改革期间干部职工出现的思想波动情况,加强政治学习,统一思想,调整心态,振奋精神,积极投入到改革实际工作中。继续推进"两学一做"学习教育常态化,按照江苏省军区、无锡军分区部署要求,把真学实做贯穿始终。12月,参加无锡市军分区组织的中共十九大精神知识竞赛,获团体总分第2名。

战备工作　加强战备建设,落实作战值班,抓好训练与演练,守住安全底线。组织开展"百日安全""暑期安全竞赛"等活动,针对形势与任务、季节特征、岗位要求等,围绕车辆交通、训练受伤、火灾、触电、地质灾害等突发情况,采用集中教学、专家授课、实战化演练等方式,组织紧急避险、报警求援、疏散转移、自救互救等专业教学训练和防暴恐、消防等演练10余次,全年迎接安全工作专项检查5次,其中江苏省军区3次、无锡军分区2次,均获好评。加强战备正规化建设,通过规范职能和职责,健全工作制度与机制,规范战备、训练、工作和生活秩序,严明作风纪律。开展战备执勤行动,元旦和清明节期间,组织召开森林防火部署会议,研究辖区内实际情况,明确任务,开展防火值勤,共出动民兵1600人次,确保防火形势安全稳定。7月至8月,出动民兵800人次,加强防汛值守,做好城市防内涝工作。

民兵整组　重点整合应急、支援、储备"三类"民兵队伍,2月起,全市各级抓好民兵潜力调查,核查退伍军人、地专对口人员、适编人员、企事业单位等数据。适当加大海军、空军对口专业分队的编组规模,完成全市基干民兵整组任务,组建队伍中退伍兵占68%,党团员占96%,专业保障分队人员专业对口率超90%。4月20日,全市775名基干民兵接受无锡军分区司令员叶少军、江阴市副市长虞卫才整组点验,各项要素良好。

征兵工作　围绕"实现强军目标,输送高素质兵员"核心目标,摸清适龄青年、高学历青年、应征青年思想、优抚安置四个底数,抓住登记预征、体检政审、走访调查、审批定兵和部队退兵五个环节,扎实开展各项工作,10月,圆满完成夏秋季新兵征集任务,新兵中大学学历占58%,党团员占100%,无一例责任退兵。

国防教育　加强国防教育实践基地建设,2月,经过申报、检查验收和评审,市澄西中学、长泾镇蒲市里村新四军六师纪念馆、"江抗"祝塘纪念馆、华士镇天华博物馆和霞客岛拓展基地5个单位被命名为无锡市全民国防教育实践基地。9月16日,为全民国防教育日,市委宣传部、市人武部在市展览馆联合举办"远足——中国十部兵书"书法作品展。展出书法作品60余幅,展期12天,有干部群众、部队官兵、青少年学生和书法爱好者等1000余人参观。

双拥共建　唱响双拥主旋律,营造"军爱民、民拥军"浓厚氛围。市人武工作得到各镇(街道)党委在人力、财力、物力等方面的支持,利用"八一"建军节、春节慰问及日常工作会议等时机,共同协商筹划工作新思路。市人武部参加拥政爱民活动,利用战备执勤参加辖区内维稳处突、森林防火;在全国文明城市创建期间,市、镇两级出动民兵50余次、2000余人次,参加文明交通值勤、社区环境清理整治、台账资料整理上报等;参加全市"连心富民、联企强市""大走访"活动,深入社区、企业和困难群众家庭,了解情况,协调解决相关问题23个;与市司法局联合设立军人法律援助办公室,开通法律服务,为退役军人和现役军人家属办实事、办好事,尽全力解决疑难问题,受到地方群众好评。

【军事训练获评省军区先进】 2017年,市人武部按照“健全组织、满员训练、突出精兵、成建制形成支援保障能力”思路,抓好干部队伍、专武干部、民兵骨干和抗洪抢险、森林防火、维稳处突等分队人员训练。年内,组织各类集训9期,其中,1月9日至14日,组织8个单位参加森林防火集训,内容有森林防火理论知识、实践操作、实地演练、实战考核等;3月21日至4月24日,分5批集训各镇(街道)民兵应急排人员,内容有森林防火、应急处突、防汛抗洪等相关知识;5月9日至13日,集训市民兵应急连人员,内容有森林防火、应急处突、防汛抗洪、体能训练、队列训练、理论考核等。6月12日至23日,分2批集训专武干部和民兵营长,内容主要有人武工作有关法规和政策、征兵工作具体实施方法、整组工作具体实施方法、正规化建设实施方法、参观见学等。市人武部机关参加无锡军分区组织的业务技能培训考核2次,成绩分别为第二名和第一名。年末,市人武部被省军区评为军事训练先进单位。 (符银芬)

人民防空

【概况】 2017年,市民防局贯彻各级人民防空会议精神,加强管理,规范行为,以创建全国文明城市为契机,加强民防队伍、人防工程建设,提高人防工程质量,进一步巩固完善社区民防建设。是年,超额完成人防工程建设任务,防空警报试鸣成功率100%,向社会提供停车位2.6万个,人防工程使用率98%。市民防局被省民防局评为先进集体,被评为市创建全国文明城市先进单位。

【人防应急指挥能力建设】 2017年,市民防局按照“一中心、三部门”(指挥控制中心,情报信息、政治工作、综合保障部门)要求,及时调整成员单位指挥机构人员,组织修订人口接收安置预案,建立人防专业队伍。结合“5·12”防灾减灾日等活动,组织各社区开展人员疏散演练。年内,完成年度防空警报试鸣任务,固定警报器、移动警报器鸣响成功率100%。镇(街道)指挥通信设备完好率100%。市民防志愿者协会获省第六届“民防杯”应急通信比武团体二等奖。

【民防指挥所建设】 2017年,市民防局维护巡检全市人防指挥系统不间断电源(UPS),更新青阳镇、暨阳大厦2个点位,确保指挥所始终处于良好战备状态。升级改造指挥控制室、地面通信标准化机房,有效提高指挥所运行可靠性。完成各级各类联调保障、通信保障任务。建设和训练人防无人机,发挥无人机人防指挥通信保障作用。维护基层民防高清指挥所7个,整修青阳镇指挥所会议系统、长泾镇指挥所供电系统和月城镇指挥所数据线路故障。

【人防警报通信建设】 2017年,市民防局为有效提高防空警报器抗干扰能力和可靠性,改造数字化警报点位20个。移位月城镇水韵社区警报点、长山油库2个警报点,更新顾山镇政府警报点设备。依托5G无线组网技术建设防空警报控制备用系统的技术研究,组织论证建设技术方案。利用5G无线组网技术,完成车载中心站建设,有效提高指挥车作为通信节点的信息采集和通信保障能力。年内,筹建升降式防空警报站,通过调研并与厂家进行技术对接,制订建设方案,办理采购手续。圆满完成无锡市民防局组织的“宜兴应急支援演练”任务。至年末,指挥通信形成了以人防地下指挥所、顾山镇民防疏散基地地面指挥所、大桥前沿指挥所、7个镇高清指挥所、暨阳大厦无线收信台、望江楼无线中继台、机动指挥车为一体,以市基本指挥所为核心的地下、地面、机动“三位一体”的集语音、图像、数据等多种通信功能的高清指挥通信网络体系。

【人防工程建设与管理】 2017年,市民防局加强人防工程建设,稳步推进八字桥人防主题公园项目,初步论证景观园林及地下人防工程设计。优化人防地理信息平台系统,完善系统数据库,编制市人防工程专项规划大纲。审核人防工程质量监督审报资料、平战转换预案。核查相关单位资质证书72份和操作人员资质证、上岗证、操作证137份,梳理人防设备单位资料75份。全市新立项、开工、竣工面积及人防易地建设费均超额完成省、无锡市年度目标任务。

【数据容灾备份中心建设】 2017年,市民防局继续加强数据灾备中心监控维护,升级改造灾备系统和软件、接入用户客户端。年内,组织备份数据梳理、有效性验证、灾难恢复预案等专项活动。是年,市数据容灾备份中心接受省公安厅2017年度国家关键信息基础设施网络安全执法检查,被无锡市评为信息安全等级保护先进单位。

【民防宣传教育】 2017年,市民防局广泛宣传民防法律、法规、规章和有关政策,利用电台、电视台、电子屏等载体,普及民防知识,在市人民广播电台开设《民防空间》栏目,播报《融合——江阴人民防空工程建设与管理的改革发展之路》专题空中热线节目。在“5·12”防灾减灾日,印发《人防法律法规政策选编》7000册、《民防知识宣传手册》5000册。

【人防依法行政】 2017年,市民防局规范优化人防行政服务审批流程,审批服务项目全部纳入市行政服务中心人防窗口集中统一办理,且在网上公开透明运行。规范审批内部监管机制,落实人防行政审批双人双岗,初审、复核、签批审批管理机制。10月,人防行政审批事项划入行政审批局。建立窗口审批复查制度,成立由局主要领导任组长,办公室、工程科、法规宣传科等科室为组员的复查组,定期复查办件及收费项目,确保审批零差错。回复“12345”公共服务呼叫中心热线受理投诉事项50件,满意率100%。

(朱 兴)

武 警

【概况】 2017年,武警江阴市消防大队(亦称“江阴市公安消防大队”,以下简称“市消防大队”)进一步完善工作机制,夯实社会消防基础,提升灭火救援能力,继续保持火灾形势总体平稳。年内,全市消防队共接警出动4550次,出动人员42678人次,出动消防车辆7772辆次,扑救火灾450次,抢险救援860次,社会救助733次,抢救被困人员244人,抢救财产价值1.21亿元。武警江阴市中队全年看守犯罪嫌疑人10136人,担负押解任务75次,押解犯人697人,出动兵力220人次,行程4万千米。

【消防安全教育】 2017年,市消防大队深化消防安全宣传"七进"(进机关、进学校、进社区、进企业、进农村、进家庭、进网吧)工作,开展集中宣传20次、志愿服务宣传50余次,消防夏令营活动15期,发放资料18.5万份,消防教育馆接待人员8000余人次。每日通过公众微信等媒体推送发布消防常识和资讯,在市内22条公交线路、44辆公交车车身上喷涂消防公益广告,在2168部电梯、250台候梯视频机开辟消防宣传阵地。组织单位开展消防培训156次,指导单位消防演练86次。与市教育局等部门联合开展暑期和秋季开学消防宣传教育行动,为全市初高中学校统一配发《中小学消防安全教育读本》5.4万本,在全市幼儿园开展儿童消防"萌哥会"作品征集和评比活动。

【消防监管】 2017年,市消防大队严抓消防审批执法工作。年内,办理消防设计审核项目52项,竣工验收项目33项;设计备案项目51项,验收备案项目33项;出具安全检查意见书176份。结合重点工作和专项整治行动,推广安装独立式感烟火灾探测报警器2096台、简易喷淋68套,保护面积5.64万平方米;建成设有充电设施的电动车集中停放点103个,面积1.53万平方米;安装电气火灾监控系统52套;督促行政许可项目接入消防设施联网监测系统107个,设有消防控制室的单位接入123个。指导68个村(社区)消防安全达标,建设微型消防站922个、区域联防协作组织3个。扎实推进冬春火灾防控、夏季消防检查和高层建筑、电气火灾、出租房等专项行动和综合治理,检查单位4895个,督促整改火灾隐患7280个,下发整改通知书2586份,执法处罚307件,责令57个单位"三停"(停产停业、停止施工、停止使用),临时查封单位58个,拘留11人。督促8个重大隐患单位、1个区域性隐患单位整改销案,其中1个重大隐患单位报请无锡市列入安全生产黑名单。

(朱　斌　胡　娟)

社会治安综合治理

【概况】 2017年,市政法综治工作根据各级政法工作会议和市委、市政府决策部署,纵深推进平安江阴、法治江阴和过硬队伍建设,为中共十九大胜利召开和"强富美高"新江阴建设营造良好社会环境。年内,经江苏省社情民意调查中心调查,全市群众安全感满意度99%、政法队伍满意率94.5%、法治建设满意度98%,位居全省前列;江阴市被命名为2016年度全省平安铁路县(市)、2016年度全省平安县(市);市综治办获无锡市2013—2016年度社会治安综合治理集体二等功。

服务改革发展 开展防范和处置非法集资"扫街扫楼"、排查整治恶意逃废债等专项行动,深化防范处置"两欠一逃"(拖欠职工工资、拖欠工程款,企业主逃跑)专项工作,开展文明城市创建社会环境专项整治。以中共十九大安保维稳工作为主线,开展影响社会稳定矛盾问题和信访积案大排查大化解专项行动,圆满完成各级"两会"和"一带一路"国际合作高峰论坛、江苏发展大会、撤县建市30周年、中共十九大等系列重大安保任务,妥善做好锡东电厂复工等重大涉稳问题。年内,全市进京访登记187批195人次,分别比2016年下降1.1%和18.4%,群众进京非访实现"零通报"。加强国家安全人民防线建设,围绕海外利益保护、涉军、涉恐等领域,开展敌社情基础调研、反奸防谍、国家安全宣传等工作。

平安江阴建设 依法严厉打击严重暴力、抢劫、毒品、非法吸收公众存款、食品药品安全等犯罪,重点惩治以电话、短信、网络等方式实施的电信网络诈骗犯罪。开展社会矛盾和安全隐患大排查大整治、出租房屋安全隐患集中整治和深化治安重点区域排查整治等行动。推进"雪亮工程"建设,汇聚行业视频监控1.4万路,建成全市公共视频共享平台。实施技防"补盲补缺"工程,建设治安监控点2500个。全面推广巡防通APP平台,开展"平安江苏"手机客户端应用试点工作。开展村(社区)干部进法庭和律师进村(社区)活动,建立专业性审判团队、专业性行政调解队伍和专业性人民调解组织对接机制,实行律师参与矛盾纠纷化解及律师代理涉诉信访案件工作机制,排查管控生活失意、心理失衡、行为失常人员116人,开展非法入境、非法居留、非法就业外国人集中清理整治工作,实施严重精神障碍患者监护责任以奖代补政策,全年有1481名监护人享受以奖代补。

法治江阴建设 继续开展全市领导干部学法述法考法。健全完善法律顾问制度。推进"七五"普法宣传,开展"法律大讲堂"巡回宣讲、"法治微电影(微视频)"征集、以案释法优秀案例评选活动,举办法治文化巡礼暨"法治故事大家讲""法治实事工程"颁奖典礼。成立市法治文化研究会、公益律师团,组建首批法律援助律师专家库,建立律师、法律工作者公益服务站,建成全市公共法律服务平台,为全市所有村(社区)配备一名公益律师。举行"12·4"国家宪法日向宪法宣誓仪式,实施十项法治惠民工程。深化司法体制改革,完成员额法官、检察官选拔等工作。推进执法司法突出问题、法律服务市场专项整治。《现代治理背景下经济发达乡镇的综合执法——以江阴市徐霞客镇为样本》一文入选《中国法治发展报告》,《探索社区矫正的中国模式——以江阴实践为例》一文入选《中国地方法治发展报告》。

基层基础建设 按照国家标准,提档升级市、镇(街道)、村(社区)三级综治平台。推广以徐霞客镇为代表的网格化管理工作经验,实现基层治理全要素网格化管理。深化综治信息系统与政府公共服务平台对接实战应用,健全网格员收

集问题和责任单位解决问题的监督考核机制。深入推进平安志愿者组织实体化建设,开展平安志愿服务活动,成立14个行业系统和17个镇(街道)平安志愿者协会分会,注册平安志愿者8万余人。升级改造外来人员观护教育基地,开发建设社区矫正远程执法监控系统和预警分析系统。建成城区交通事故处理综合服务中心。不断深化政法队伍建设,组织开展“政法干警永远忠于党”主题系列活动等。

【中共十九大安保维稳部署】 2017年3月,江阴市集中开展影响社会稳定矛盾问题和信访积案排查化解专项行动,全面排查和掌握非法集资、房地产、涉军人员、村级资产等领域涉众型、层面性矛盾问题78件,逐一落实处置责任。4月27日,市委、市政府主要领导专门召开会议予以推进。6月23日,市委常委会专题研究信访稳定工作,研究部署中共十九大安保维稳工作。7月21日,市委、市政府分管领导召开专题会议,部署社会矛盾和安全隐患大排查大整治工作。8月23日,市委、市政府主要领导召开社会矛盾和安全隐患大排查大整治工作推进会,并率队实地抽查出租房、企业生产、中小学校等场所。9月上旬,成立中共十九大安保维稳工作领导小组,市委、市政府主要领导任组长,下设指挥部,市委、市政府分管领导任总指挥,同时,设立矛盾排查化解、社会面稳控、社会治安及公共安全、安全生产、信访应急处置、舆情导控、督促检查7个专项工作组,建立健全信访维稳分析研判、情报收集研判共享、定期督查、每日通报、应急处置、值班备勤等机制。指挥部每周定期召开工作例会,分析研判重大涉稳事项,形成化解思路,明确各自职责,推动合力处置。9月29日,市委、市政府分管领导召开全市中共十九大安保维稳决战动员部署大会,对安保维稳工作进行再动员、再部署、再落实。10月19日、20日,市委、市政府分管领导连续召开当前信访稳定工作会议,进一步落实责任,要求坚决打赢中共十九大安保维稳决胜之仗。至24日,中共十九大胜利闭幕,全市圆满完成安保维稳各项任务,守住“两个绝不能”(市内人员绝不能进京滋事肇祸,各种危险因素绝不能从市内流入北京)和“三个不发生”(确保全市不发生暴恐案事件、不发生规模性群体事件、不发生重大公共安全事件)底线。

【出租房屋安全隐患集中整治】 2017年8月,市综治办牵头组织开展全市出租房屋安全隐患集中整治工作,整治5种类型出租房屋,分别为人均租住面积低于无锡市政府规定的最低标准12平方米或者居住人数10人以上(含10人),存在治安、消防等安全隐患的出租房屋;属于违法建筑或者违反规定改变房屋使用性质的出租房屋;没有依法依规履行登记备案手续或未签订治安责任书的出租房屋;不符合安全、防灾等工程建设强制性标准的出租房屋;住宿与生产、经营、储存混合使用,不符合安全要求的“三合一”等租赁场所。至年末,排查出租房屋18.7万户,整改出租房屋5.7万户。

【非法集资“扫楼扫街”专项防范处置】 2017年,市成立防范和处置非法集资专项整治工作领导小组,由市委、市政府分管领导任组长,下设办公室、宣传教育组、排查认定组、案件查办组、资产处置组和信访维稳组等工作小组。5月,召开专门会议,部署防范和处置非法集资专项行动。专项行动通过“扫楼”“扫街”等措施,对列入重点监测名单、群众举报或发现有其他可疑苗头的投资理财类机构和从事金融活动的其他企业或个人,进行现场检查,逐一采集信息,全面摸清全市投资咨询、理财、P2P等机构开展金融活动的风险底数。对存在非法金融活动的相关机构依法采取行政处罚措施或移送司法机关追究刑事责任。年内,现场检查理财投资类企业112个,对其中明显超范围经营和明显违规的12个企业发出整改通知,责令其停止经营涉嫌违法违规业务。

【“三专”对接融合】 2017年,市委政法委为进一步建立健全多元化解矛盾纠纷机制,让专业人做专业事,使矛盾纠纷处置更具针对性和实效性,与市法院、司法局、法制办联合调查研究,出台专业性审判团队、专业性行政调解队伍和专业性人民调解组织“三专”对接融合工作相关意见。在交通事故、劳动争议和医患、物业、消费者权益、环境保护等纠纷领域建设专业性审判团队、专业性行政调解队伍和专业性人民调解组织,建立健全“三专”联席会议制度和信息交换、专题会商、协同调解、分析研判、学习交流等机制。是年,基本实现相关领域矛盾纠纷调处率100%、调处成功率96%以上,未发生有影响的群体性事件和个人极端事件,未发生恶性“民转刑”案件。

【公益律师团组成】 2017年4月,市委政法委会同市司法局选聘市内30位优秀律师组成公益律师团。该公益律师团成员通过接听热线电话、每日定点接待来访群众等方式,免费为群众提供法律咨询。同时,参与重大矛盾纠纷、信访积案化解、法律援助等工作。是年,开展“公益律师镇村行”活动,举办现场法律咨询活动13次;接受群众来电、来访法律咨询875人次,免费上门跟踪服务、调解矛盾纠纷30余件,纠纷涉及老人赡养、房产、保险追偿、工伤、交通事故、银行卡盗刷等。

【宪法宣誓仪式举行】 2017年12月4日下午,在市机关综合楼第二会议室,举行“12·4”国家宪法日向宪法宣誓仪式。无锡市委常委、江阴市委书记陈金虎致辞并领誓,市领导蔡叶明、孙小虎、徐冬青、吴芳以及相关单位负责人、工作人员等500余名公职人员参加仪式。宣誓人员排成整齐队列,面向国旗,举起右拳,共同宣誓坚决捍卫宪法和法律权威,表达对党、对祖国、对人民的无限忠诚和庄严承诺。同时,宣誓人员参加“崇尚宪法·践行法治”签名活动。

(刘永刚)

公　安

【概况】 2017年,市公安局以中共十九大安保维稳工作为主线,主动服务于“强富美高”*新江阴建设大局,围绕“勇当创新强警领跑者、抢占现代警务制高点”总目标,坚持“实干+标杆、绩效+质效”主基调,把握“创新、民意、规范、核心、内生”

五大驱动,找准定位,真抓实干,警务运行质态良好,社会治安局面平安稳定。是年,市公安局第四次被评为全国优秀公安局;综合绩效考核成绩第九次获无锡市第一名;在江阴市民主评议机关活动中第三次居同类第一名。有98个集体、793名个人获各级各类表彰,其中43个次集体、99人次受到无锡市公安局以上表彰和奖励。

维护社会稳定　2017年是维稳大年,重大活动数量多,且持续时间长,维稳保障工作压力较大。市公安机关充分发挥能动作用,提前谋划,科学组织,以中共十九大安保维稳为工作主线,创新建立重点人员分类协同管控机制,对涉众型投资受损群体,同步进行案件侦办和稳控工作,实施"五个第一时间"(第一时间公布民警联系方式,第一时间推选群众代表,第一时间物建信息员,第一时间内控资产外控出境,第一时间通报案件进展)工作法。建立重大警情处置"三同步"(处置、舆论引导、社会面管控)机制。中共十九大召开期间未发生市内人员去京滋事和个人极端案事件。完成大型活动安保任务32次,其中,对2017年中国足协中国之队国际足球赛、2017年第四届敔山湾帐篷音乐节等5000人以上活动,制作现场图,强化风险评估,进行现场监管。强化反恐处突,全面打造集维稳处突、巡逻盘查、接警处警、服务群众等功能于一体的综合战斗服务平台,在中心商务区警务工作站基础上,新建城区文明广场、食品城2个警务工作站。是年,统筹抓好锡东电厂复工点火保障事宜,圆满完成各级"两会"、在北京召开的"一带一路"* 国际合作高峰论坛、江苏发展大会、江阴撤县建市30周年系列活动、中共十九大召开期间等重大安保维稳工作。

维护治安安定　优化点线面巡防网格布警,以派出所警务社区为基础,将全市巡区网格调整划分为129个,分别由警务工作站处突机动队在城区重点部位"守点",巡特警大队在城区和镇中心区域核心道路"巡线",派出所在辖区重点路段和重点区域"控面",治安卡口及移动智能卡口在市际出入口"固边",交警日常执勤力量、机关重点时段参巡警力和群防群治等其他联勤联动力量负责"补网",全年通过巡逻抓获犯罪嫌疑人1775人,破获案件1410件,扒窃、盗窃电动车、盗窃车内财物、通信网络诈骗、入室盗窃五类侵财警情比2016年下降11.74%。是年,建立新型犯罪探索式打击机制,提升整体破案成效率,全年破获现行刑事案件3670件,破案率30%,其中9件命案全部破获,移送公诉3723人,抓获各类逃犯612人,保持发案下降、破案上升的良好态势。针对公交车、医院、大型超市、商场、菜场等不同场所的人员流动特点,合理加强反扒力量,全年抓获扒窃违法犯罪嫌疑人49人,破获扒窃案件23件,破案率10.5%,发案数比2016年下降34.6%。以棋牌室赌博、游戏机赌博、场所涉黄涉娼为重点,组织开展"打击娼赌百日"专项行动,全年查获黄赌娼治安案件531件,治安拘留1138人,处罚违法违规经营单位23个。结合"263"专项行动*,严厉打击食品、药品、环境资源领域犯罪活动,年内侦破此类案件102件,其中食品类案件15件、药品类案件21件、环境资源类案件66件。推行"全局联动、警种抓质、全警抓量"缉毒打击模式,全年破获毒品刑事案件264件,攻克公安部毒品目标案件2件,抓获涉毒人员1341人次,缴获各类毒品5.1千克。与阿里巴巴、腾讯等网络公司建立战略协作关系,提升网上违法犯罪打处能力,年内侦破涉黑客类、侵犯公民信息类案件40件,抓获犯罪嫌疑人154人;与腾讯公司合作侦办全国首件制作出售《王者荣耀》游戏外挂软件案件,抓获嫌疑人4人。破获经济犯罪案件181件,抓获各类经济犯罪嫌疑人247人,挽回及避免经济损失4.12亿元。境外追逃工作取得重大突破,成功劝返任某、徐某、郑某3名"红通"(中国红色通缉令)人员,其中任某、徐某为中纪委"百名红通"对象。

公安行政管理　出入境管理。配合全市集成改革,出入境管理大队搬入市政务服务中心。出入境服务中心及各受理点实行"全方位"智能化服务模式,统一配备自助填表机、港澳自助签注机,节省人力,提高效率,港澳签注可随到随签,全年受理审核公民因私出境申请104687人次,其中,因私出境45421人次,批准赴港澳51262人次、赴台湾8004人次;受理境外人员申办各类签证、证件1994份,其中,境外人员过境停留签证1013份,签证延期及换发88份,居留许可846份,补换发台胞证47份。境外人员登记临时住宿31378人次,常住市内境外人员1194人。境外人员散居社会面租、购、建房644处1108人。

户籍管理。深化户籍制度改革,再次放宽市外户口准入标准,新增凭合法稳定类住所并社保缴纳满5年的落户条件。将未成年人更名、投靠类户口的审批下放至各派出所办理,材料齐全、事实清楚的婚迁类等户口由派出所户籍窗口当场办理。全面实施身份证异地办理,跨省异地办理点由6个增扩至14个。推出微警务升级版,提供办证预约、微信缴费等130项便民服务事项。

交通管理。启动交通秩序整治年行动,集中整治酒驾、毒驾、闯红灯、违法停车、不礼让斑马线等交通违法行为,全年查处各类交通违法行为202.5万余件。推进"智慧交通"建设,自主研发大数据交通管控平台,通过视频巡查、流量分析,针对性地开展交通诱导和警力派遣,安装汽车电子标识近1万枚、相关读写设备150套,城区新增抓拍设备违停37套、人行横道15套、行人闯红灯6套。建成重点车辆在线监管平台,实时掌控公路客运车414辆、旅游客运车54辆、危险品运输车936辆、工程运输车825辆、校车172辆运行状态。采用"政府牵头、企业投资、社会参与"的APP模式,建成启用城区和澄东南2个交通事故处理综合服务中心,交警、汽修、保险、法庭、鉴定、银行、社会救助、法律援助等部门集中入驻,为群众提供定责定损、司法鉴定、赔偿调解、保险赔付等一站式服务。年内,共受理交通事故94592次,致亡254人、伤481人,分别比2016年下降6.43%、5.22%、37.61%。是年,全市新增汽车50199辆、汽车驾驶员36139人。

消防监督管理。组织开展高层建筑、电气火灾、燃气安全和出租房屋综合治理,重点加强对人员密集、易燃易爆危险品、高层建筑等场所的消防安全检查,共检查单位4895个,督促整改火灾隐患7280处,责令57个单位“三停”(停产停业、停止施工、停止使用),临时查封58个,完成8个重大隐患和1个区域性隐患督办整改工作。

治安行业场所服务管理。深化落实等级化管理制度,推出网上实时受(办)理从业人员IC卡、保安员考试等便民措施,年内处罚易制爆危险化学品从业单位231个,移交安监部门处罚86个,移送邮政管理部门处罚违规寄递网点157个,特种行业行政处罚184次。

【获评全国优秀公安局】 2009年以来,市公安局党委坚持“建一流班子、带一流队伍、创一流业绩”理念,把“无锡第一、全省领先、全国一流”作为长期追求目标,确保公安工作与江阴经济社会发展地位相匹配。团结带领1800余名民警、5000余名辅警,把群众的需求、企盼、冷暖作为着力点和落脚点,大力加强执法规范化建设,连续5次被评为全国执法示范单位,执法质量连续18年保持全省优秀。不断推出便民利民举措,信访、出入境工作被评为全国示范窗口,车辆管理所4次蝉联全国优秀县级车辆管理所,群众对社会治安的满意率位居全省前列,2015年、2016年在江阴市民主评议机关活动中居同类第一名。2017年5月19日,全国公安系统英雄模范立功集体表彰大会在北京举行,市公安局作为无锡市唯一、全省4个获奖单位之一,被公安部评为全国优秀公安局,第四次蝉联该荣誉。

【完成中共十九大安保任务】 2017年,全市公安机关把中共十九大安保维稳作为主线贯穿于全年工作,紧紧围绕“两个绝不能”“三个不发生”要求,落实各项安保工作措施。年内,成立中共十九大安保维稳工作领导小组,下设综合、宣传、督导、奖惩、考评、问责6个工作组,制定工作总方案和子方案,先后召开全警会议4次,动员和部署“大走访”“五项管控”“大排查大整治”等工作。同时,多次召开全局中层干部会议,传达上级部署要求,对面上安保维稳工作进行再强调再部署。刑事发案率比2016年下降18.5%。准确把握公共安全监管新形势,对各类安全隐患开展系列排查和整治,排摸全市寄递企业网点、群租房等,落实安防措施;对全市化工集中区、相关重点单位以及1000余幢高层建筑逐一过堂检查,加强消防隐患排查整改。优化社会巡防,保持严管态势,每天投入巡逻力量2700余人、应急备勤力量1000余人、巡逻警车95辆,3个警务工作站、3支处突机动队、10辆武装巡逻车常态巡逻全天候运作。全力做好重点人员、重点群体稳控工作,未发生江阴人去京滋事和个人极端案事件。至中共十九大胜利闭幕,圆满完成各项安保任务。

【全警参与全国文明城市创建】 2017年2月24日,市委、市政府召开“大力弘扬江阴精神、创成全国文明城市”誓师大会后,市公安局迅速召开全警会议,全面动员部署,贯彻要求,落实任务。成立以局长、政委为双组长,其他局领导为副组长的公安文明创建工作领导小组,设立专项办公室。立足创建主战场,围绕“省考”和“国考”,始终坚持全警参战、全力以赴。启动交通安全隐患歼灭战,排查整改各类隐患3324处,其中整改重大安全隐患244处,更新交通标线16万平方米、护栏1.42万平方米、标志标牌1644块。加强停车管理,新增停车泊位2700个,与城管部门建立联合执法机制,安装违停抓拍设备37套,查处违停27.6万件,严管路段违停率下降近40%。依托科技手段保畅通,加强汽车电子标识推广应用,在城区安装行人闯红灯、机动车不礼让行人自动抓拍设备21套。每天抽调交警、机关、特勤、派出所等警力,全天候值守30个重点路口、38条主干道、292个无灯控斑马线和背街小巷,实时查纠各类违法不文明行为,全市交通秩序大幅提升,全民文明意识显著加强。国庆长假首日,全市交通流量井喷式增长,过境车辆超10万辆,8个高速口、3个汽渡口沿线积压车辆5万辆,市局第一时间启动应急预案,出动警力1200余人,不间断疏导,未发生重大交通事故。消防部门协调沟通主管部门、社区、物业等各行各业,最大限度地落实灭火器配备、消防通道疏通等工作。严格网吧日常管理,抓紧抓好网吧实名制登记和禁烟工作,处罚网吧115个次,责令停业整改67个,联合文化、市场监管等部门取缔“黑网吧”32个。对违规遛狗、流浪乞讨人员、小区小广告等问题,会同相关主管部门开展联合整治,成功处置五星桥流浪狗窝点、中小旅馆卡片招嫖等问题,并建立长效管理机制。12月18日,市委、市政府召开创建全国文明城市工作总结表彰大会,市公安局被评为突出贡献单位。

【公安大数据指挥服务中心启用】 2017年,市公安局指挥服务中心以社会治安防控体系创新升级为有利契机,突出警情分析、联合指挥、智能指挥三大功能,着力建设具有江阴特色的智能化、实战型、一体化的大数据指挥服务体系,提升警务实战能力水平。运用智能指挥调度平台,实现可视化、扁平化、点对点指挥,并推出“重大警情菜单式指挥”“智能指挥桌面化应用”两大特色。按需启动联合指挥机制,接警指挥—警情研判—合成作战“三位一体”,建立“135”(接到重大报警后1分钟反应、3分钟出击、5分钟解决战斗)快速反应体系。10月23日,接常州警方协助请求,布控一名乘坐出租车逃逸的在押嫌疑犯,通过智能指挥平台指令周边警力合围,8分钟后就将人车截获。

【公安大数据合成作战中心成立】 2017年,市公安局确定大数据合成作战中心成立为年度十大重点工作之一,同时也为“勇当创新强警领跑者、抢占现代警务制高点”品牌工程,10月8日上午,举行大数据合成作战中心成立揭牌仪式。大数据合成作战中心常驻指挥服务中心、刑侦、网安、禁毒等相关警种民警17人、辅警4人,设置“四区一室”(基础防控区、合成打处区、数据汇聚区、综合管理区,涉密研判室),按照职能分工各司其职,相互协作,统筹开展合成作战工作。是年,中心成功反诈骗止付资金386万元,冻结资金1912万元;通过研判服务支撑破案100余件,配合抓获犯罪嫌疑人147人,其中逃犯26人。

【优化巡防机制】 2017年,市公安局优化点线面巡防网格,将全市巡区网格重新划分为129个,设置必巡线105条和必巡点677个,3个警务工作站处突机动队负责守点,巡特警大队10辆武装巡逻车24小时运作巡线,各派出所负责控面,车巡、步巡、监巡立体覆盖,并有8个治安卡口及2个移动智能卡口负责固边。全市25个派出所均使用智能巡防APP,市局指挥服务中心和各派出所勤务指挥室实时警务督导,掌握警力分布情况,一旦接报重特大警情,第一时间发布指令,指挥与处置双向互动。同时,整合群防群治力量,在线推送防范知识,及时掌握群众在线举报案情,破解"发动难、管理难、指挥难、维持难"问题。在重点区域巡防、群体性事件处置、火灾事故救援、重大活动安保等使用警用无人机,用无人机航拍制作三维实景地图。

【打造过硬职业警队】 2017年,市公安局树立一切以民警为中心的管理理念,立足正规化、专业化、职业化发展方向,营造活力、人文、和谐、幸福的警营生态。年内,建成作风效能研判中心,整合110、"12345"、网上督察等各类投诉,进行户籍、出入境、车管所等各类满意度访评,实现群众诉求、民意回访、网上督察集中。开发专门办公平台,覆盖内部基层所队,对接外部党政"12345"等平台,建立分析研判、联动会商、考评问责等工作机制,全方位全覆盖全过程监测公安执法服务,全年主动查处违法违纪案件5件5人。深入开展执法规范化建设,建立案(事)件评析制度,梳理筛选已办结的经典案件、疑难案件和有争议案件(警情),从市局、警种、基层三个层面展开点评分析、总结经验、吸取教训、开阔思路,有效规范民警执法行为,提高民警执法办案能力。加强从优待警工作,与爱康国宾合作,建成民警健康维护小屋,常驻专职医护人员,开展健康管理、日常咨询和应急医疗等服务。常态开展警员职务晋升和公务员职务职级并行工作,及时为108名民警落实政治、经济待遇。出台慰问工作制度,建立战时表彰机制,丰富警营文化,激发民警工作激情。

【创新纠纷调解机制】 2017年,市公安局开展第三方参与矛盾纠纷调解、法律咨询、援助工作,按标准建成派出所驻所人民调解工作室24个,聘用律师、法律工作者31人,与15个镇(街道)人民调解委员会或综治办均建立矛盾纠纷联调工作机制,会同市司法局对全市67名驻所专职人民调解员开展集中培训,提高驻所专职调解员调解业务技能。年内,共调解各类矛盾纠纷49561件,驻所人民调解工作室调解各类矛盾纠纷9748件,其中简易纠纷6844件、一般纠纷2586件、重大纠纷318件,与相关职能部门调解组织开展联调矛盾纠纷376件,纠纷调解机制工作经验在无锡市范围介绍推广。 (朱斌 胡娟)

检 察

【概况】 2017年,市检察院贯彻落实中共中央和上级机关决策部署,深入学习中共十九大精神和习近平新时代中国特色社会主义思想,忠实履行宪法法律赋予职责,强化法律监督,规范司法行为,深化司法改革,加强队伍建设,依法全面履行法律监督职能,主动服务全市中心工作,参与平安建设,促进社会安定有序,有效保障人民安居乐业,各项检察工作均取得新进展、新成效。是年,市检察院被最高人民检察院、检察日报社评为2017年度全国检察宣传先进单位,在省、无锡市级以上各类评比、竞赛中获荣誉54项,研究生工作站被评为省优秀研究工作站。

刑事检察　严厉打击影响人民群众安全感的严重刑事犯罪,起诉故意杀人、强奸、放火等严重暴力犯罪126人,参与打黑除恶专项斗争,批捕以潘某为首的黑社会性质组织犯罪9人,对省公安厅与省检察院共同挂牌督办的唐某等10人黑社会性质组织案提起公诉。起诉"黄赌毒"犯罪659人。惩治利用网络敲诈勒索、传播虚假信息等犯罪,批捕公安部督办的陈某等4人侵犯公民个人信息犯罪,维护网络社会安全。切实保护群众人身、财产安全,起诉"两抢一盗"等多发性侵财犯罪1462人。参与食品药品安全专项整治,从重惩处制售"肉毒素美白针"、假冒进口婴幼儿药品等严重危害群众生命健康刑事案件,起诉生产、销售有毒有害食品和假药犯罪44人。参与打击治理电信网络新型违法犯罪专项行动,重点惩治以电话、短信、网络等方式实施的诈骗犯罪,批捕284人,起诉417人。依法办理公安部督办的以朱某为首214人特大交友型电信诈骗集团案,提前介入省公安厅挂牌督办的上海合才、广东名浩等投资平台式电信网络诈骗集团案。打击恶意欠薪,起诉拒不支付劳动报酬犯罪52人,协助农民工讨回工资1000余万元。对涉嫌犯罪但无社会危险性的不批捕254人,对犯罪情节轻微、依法不需要判处刑罚的不起诉25人。是年,批捕各类刑事犯罪嫌疑人1360人,经审查向法院提起公诉3633人。

职务犯罪惩防　坚决拥护和配合国家监察体制改革,做好线索清理、职能划转、人员转隶等工作,继续保持查办职务犯罪高压态势。加强"1310工程"*建设项目专项预防,制定出台《江阴市检察机关服务保障城乡建设"1310工程"的意见》,促进施工安全、质量安全、资金安全和廉政安全。与市卫计委联合开展"远离回扣、廉洁从医"主题专项活动,有效提高医疗卫生人员职务犯罪"免疫力"。全年立案侦查贪污贿赂、挪用公款类职务犯罪23件25人,涉案金额7500余万元,其中百万元以上大案6件8人、科级以上干部13人。以专项打击活动为抓手,重点查处科技创新、征地拆迁、海事管理等领域,且群众反响大、社会影响坏的"蝇贪",立案查办临港经济开发区经发局优化发展科原副科长左某涉嫌受贿100余万元、地方海事处原副处长陈某等受贿窝案。针对群众反映强烈的为官不为、为官乱为问题，立案查办渎职侵权犯罪6件6人，均为重特大案件，依法查处徐霞客镇经济发展和改革局副局长赵某等人涉嫌贪污、受贿、滥用职权、造成损失1600余万元等影响大、震动大的渎职案件。深化实景式警示教育、访谈式案例剖析、网络式预防宣传"三式联动"预防宣教模式，深入开展预防宣讲"进企业、进机关、进农村、进学校"活动，组织83个单位100批4648人次参加预防警示教育活动。上线运行3D版网上职务犯罪预防警示教育馆，系统内容分为：序厅、高瞻远瞩、廉政楷模、惩腐肃贪、析案究根、莲动澄江、鉴史问廉、环球纵横、暨阳清风、阳光检察10个版块。加强分析重点行业、重点领域职务犯罪特点和发案趋势，落实惩治与预防职务犯罪年度报告制度。

诉讼监督　向公安派出所派驻检察官，全面开展对公安派出所刑事侦查活动监督，重点监督纠正刑讯逼供、滥用强制措施等问题，督促公安机关立案4件、追捕1人、追诉5人，监督纠正侦查活动中违法情形13件次。加强对刑事审判活动合法性和判决裁定公正性监督，发出书面纠正意见1件、刑事再审检察建议2件，提出刑事抗诉2件，提请上级院抗诉1件。

刑事执行检察监督　加强对看守所日常监管活动监督，监督纠正刑罚执行和监管活动中的违法情形19件。开展集中清理判处实刑罪犯未执行刑罚专项活动，监督审前未羁押、被判实刑的40名罪犯交付执行，怀某案被评为全省刑罚交付执行法律监督精品案件。持续监督清理久押不决案件，受理羁押必要性审查申请138件，对不需要继续羁押的69名犯罪嫌疑人变更强制措施。加强财产刑执行检察监督，开展强制医疗执行监督。对指定居所监视居住案件开展现场执行检察19次。年内，启动运行市刑事执行检察智能监管平台。

民事行政检察监督　构建多元化民事行政检察监督体系，重点监督虚假诉讼、违法调解和其他显失公正，严重损害公共利益和当事人、案外人合法权益的生效裁判和调解书。着力开展民事虚假诉讼常态化监督，对民间借贷领域24件虚假诉讼案提出监督意见。加强对民事、行政诉讼以及执行活动的监督，向法院发出检察建议11件，提请抗诉1件，对不服法院正确裁判的申诉案件，做好当事人服判息诉工作，共同维护司法权威。规范行政机关依法行政、严格执法，督促行政机关及有关单位履行职责4件。年内，成立生态环保检察室，并启用环保司法展示厅。

【被表彰为省级"书香机关"建设示范点】　2013年以来，市检察院着重发挥检察文化的引领和激励作用，成立"书香机关"建设领导小组，制定《关于文化育检的实施方案》《书香润泽心灵　阅读提升修养》等文件，在院内营造"人人爱读书、处处飘书香"学习氛围。建好《暨阳清风》编辑部、书画摄影工作室、图书阅览室、文化学习活动室等设施，在机关网站设置"读书"专栏，并链接书香江苏在线、江苏大讲堂、江苏省干部在线学习中心、江苏机关党建网等网上阅读平台。整合原有社团组织，组建读书法学社、书画、文艺、篮球、游泳等7个兴趣小组，开展机关文化培训和检察文化进社区、文化下乡等活动。自编、自导、自演情景剧《落马记》《清风检察歌》等节目，并在全市职工文艺演出中获优秀奖。与中船澄西船舶修造有限公司合作，拍摄微电影《一念间》《错爱的代价》，获无锡市检察机关规范司法微电影评比一等奖。开展读书荐书、读书征文、读书成果展评和读书心得交流等，举办"建书香检察院·做博学检察官""放飞青春、激扬检察"等青年干警辩论对抗赛，开展干警成长论坛、"江尾海头·汇流澄鉴"公诉工作精细化研讨会等活动。2017年4月，被评为江阴市"十佳书香机关"，年内，被省级机关工作委员会和省全民阅读活动领导小组办公室联合表彰为省级"书香机关"建设示范点。

【刑事诉讼制度改革】　2017年，市检察院深化以审判为中心的刑事诉讼制度改革，充分发挥检察机关审前主导和过滤作用，落实重大疑难案件公安机关听取检察机关意见和建议制度，介入案件38件，对不应当立案而立案的，监督撤案2件。全面贯彻证据裁判规则，严格排除非法证据，保障无罪的人不受刑事追究，对不构成犯罪或证据不足的，不批准逮捕58人，不起诉1人。适应庭审实质化要求，探索实行公诉庭审多媒体示证模式，推动证人、鉴定人、侦查人员出庭作证，重视利用庭前会议有效解决程序性争议，着力提高庭审效率和当庭指控犯罪能力。年内，会同市公安局、法院完善轻微刑事案件速裁程序，适当简化程序，提高办案效率。保障律师执业权利，认真听取辩护律师提出的无罪或罪轻等意见，依法审查核实处理。

【依法维护经济市场】　2017年，市检察院重拳打击利用互联网平台进行集资诈骗、非法吸收公众存款、组织领导传销等犯罪，依法妥善办理群众反映强烈的"善心汇""统资联"等重大涉众型经济犯罪案件。打击合同诈骗、非法经营、强迫交易等扰乱市场秩序犯罪，起诉188人。维护税收征管秩序，保障营改增税制改革顺利推开，起诉虚开、伪造、非法买卖增值税专用发票等涉税犯罪84人。主动服务金融安全，为人民银行江阴市支行、农业发展银行江阴市支行等8个主要金融分支机构提供廉政风险源点防控咨询。年内，优化行贿犯罪档案查询工作，为工程招投标单位、建设主管部门等提供查询近4900次，助力社会诚信体系建设。

【检察参与社会综合治理】　2017年，市检察院运用法律手段弘扬社会主义核心价值观，起诉"黄赌毒"犯罪659人。突出惩治利用网络敲诈勒索、传播虚假信息等犯罪，批捕公安部督办的陈某等4人侵犯公民个人信息犯罪，维护网络社会安全。深入推行律师参与涉法涉诉信访工作，受理群众信访141件，季某申诉案被评为全省检察机关刑事申诉十大精品案件。年内，选派35名检察官担任全市学校兼职法治副校长，防治中小学生欺凌和校园暴力犯罪，从重惩处校外人员教唆、诱骗在校学生犯罪，切实维护校园安全。深化涉罪外来人员观护教育工作，改造升级江阴通利光电科技有限公司、江阴新浩再循环纸业有限公司2个观护帮教工作站,全年接纳涉罪外来人员64人,无一人脱管漏管。

【公益诉讼】 2017年7月1日,最高人民检察院部署全国检察机关提起公益诉讼制度。是年,市检察院在生态环境资源、食品药品安全、国有土地使用权出让、国有资产保护领域推进公益诉讼工作,努力维护国家和社会公共利益。年内,拓展线索来源,加强调查核实力度,严格履行提起公益诉讼的诉前程序,立案22件,向行政机关发出诉前检察建议18件,向法院提起行政公益诉讼1件。与市国土局、环保局、国税局等单位分别制定行政执法与检察监督联动的实施意见,建立合力维护公共利益的长效机制,至年末,追回国有资产1200余万元,收回基本农田4.4公顷。

【生态环保检察室成立】 2017年,市检察院进一步整合优化检察机关内部资源,加快构建以专业化法律监督为基础、以社会化综合治理为核心、以恢复性司法实践为补充的生态环境司法保护工作体系,12月29日,举行生态环保检察室成立仪式,该检察室与华士镇检察室合署办公,全面负责生态环境类案件的审查逮捕、审查起诉、立案监督,以及对生态环境行政执法行为的法律监督。同时,启用生态环境司法保护展示厅,该厅为普通民众、生产企业和执法人员生态环境保护教育场馆,通过图文与音视频结合形式,展示检察机关办理生态环境领域典型案件,实现从个案预防向一般预防转化。是年,全院对破坏生态环境犯罪,提起公诉68人,比2016年增长94.3%;依法办理公安部督办孙某等3人重大污染环境案;深入开展专项立案监督,提前介入生态环境类案件10件;参与开展禁渔期专项打击活动,保护长江渔业资源,起诉非法捕捞水产品犯罪22人。

【检察监督信息化】 2017年,市检察院加强信息化建设,通过数据采集、数据整合、数据应用,提升检察监督水平。年内,成立检察监督信息化建设工作领导小组,与市法院专线实时联网,实时监督庭审活动。建立起诉意见书、起诉书、判决书"三书"信息库,通过"三书"比对公安机关移送起诉内容、移送法院起诉内容、法院判决内容,辅助审判监督。与公安专线连接,采集刑事立案及公安强制措施信息,便于发现立案监督线索。启用刑事执行检察智能监管平台、视讯综合平台和检察效能管理平台。

【刑事执行检察智能监管平台】 2017年,市检察院着力打造立体化刑事执行检察智能监管平台,年初,该平台拥有驻所检察智能监督平台、社区矫正网络平台和执行检察智能辅助平台。年内,驻所检察智能监督平台建设视频传输及存储显示、标准机房、远程提讯等系统,在无锡市首次实现对看守所监管执法活动同步跟踪和24小时无缝监督,确保与监管场所监控联网、信息联网和检察局域网联网。社区矫正网络平台衔接省司法行政一体化智能平台,实现社区矫正工作动态数据共享,全市社区矫正对象无一脱管漏管,完成羁押必要性审查案件140件,成功变更72件,办案数和成功变更数分别是2016年的2.8倍和2.3倍。是年,接入省检察院执行检察智能辅助平台,统一整合公诉、批捕等案件信息,该平台均使用智能审查模式。由此,"一体四翼"立体化的刑事执行检察智能监管平台建成。 (承林峰 李 雯)

审 判

【概况】 2017年,市法院紧紧围绕"努力让人民群众在每一个司法案件中感受到公平正义"的目标,忠实履行宪法和法律赋予的职责,深入推进司法体制改革,全面加强法院自身建设,努力为促进全市经济社会平稳健康发展提供强有力的司法保障和服务。全年受理各类案件37633件,审执结31963件,分别比2016年增长0.48%和5.04%,涉案标的213.2亿元。是年,市法院被最高人民法院确定为案件繁简分流机制改革示范法院,被江苏省高院记全省法院推进司法改革试点工作集体二等功、确定为全省法院案件繁简分流机制改革示范法院,家事少年审判庭、临港经济开发区法庭分别被江苏省高院评为全省法院系统先进集体和全省优秀人民法庭,刑事庭、长泾法庭分别被无锡市中级人民法院记集体三等功;有18名个人受到无锡市级以上表彰。

刑事审判 依法严惩故意杀人、故意伤害、抢劫、强奸等严重暴力犯罪以及盗窃等多发性侵财犯罪,审结此类案件728件,判处罪犯890人。依法严惩危害食品、药品安全犯罪,审结生产销售有毒有害食品、不符合安全标准的食品以及销售假药案件21件,判处罪犯41人。加大对非法吸收公众存款等涉众型经济犯罪的打击力度,审结此类案件12件,判处罪犯23人,涉案金额2.27亿元。加大对网络犯罪的打击力度,审结新型传销式电信网络诈骗犯罪案件251件,判处罪犯373人,为被害人挽回经济损失527万元;审结非法控制计算机信息系统、侵犯公民个人信息以及破坏计算机信息系统犯罪案件13件,判处罪犯21人。是年,受理刑事案件2756件,审结2541件,判处罪犯3640人。

民商事审判 加大民生司法保障力度,坚持法、理、情相结合,妥善审理事关人民群众切身利益的纠纷案件,加大对妇女、儿童、老人等群体的司法保护力度,完善家事少年审判机制建设,成立家事少年审判庭,实现涉少案件和家事案件集中审理,全年审结婚姻家庭、赡养抚养、继承纠纷案件1646件。注重平衡劳动者权益保护与企业生产发展之间的关系,依法审结追索劳动报酬、确认劳动关系、工伤保险待遇等劳动争议纠纷案件1292件。制订物业服务合同纠纷裁判指引及要素式审理规范文本,通过示范诉讼方式规范小区物业管理,推动构建和谐人居环境,审结此类案件341件。依法服务供给侧结构性改革,妥善审理经济结构不断优化过程中产生的各类矛盾纠纷,全年受理各类商事案件5883件,审结5028件,涉案标的64.69亿元。倡导诚实守信原则,营造公平竞争市场氛围,审结买卖、承揽等合同类纠纷案件3505件。规范企业治理结构、平等保护各类投资主体权益，审结股权转让、股东出资、股东资格确认等公司类纠纷案件96件。以服务实体经济为落脚点，规范金融交易秩序、维护金融安全稳定，审结金融借款、票据、保险类纠纷案件1192件，涉案标的36.95亿元。充分发挥破产审判推进产业结构转型的功能，依法运用破产清算方式淘汰劣质企业和落后产能，平等保护债权人合法权益，审结江阴凹凸彩印有限公司等3个关联企业破产清算案，通过合并破产清算、剥离担保债务，最大限度提高普通债权整体清偿率，保障债权公平有序受偿，全年审结企业破产、清算案件13件，力促10个“僵尸企业”平稳有序退出市场，涉案标的9.81亿元。是年，受理民商事案件14088件，审结12498件，涉案标的24.19亿元。

知识产权审判　依法制裁假冒注册商标和“搭便车”“傍名牌”等商标侵权行为，引导企业规范使用自主商标、培育创建知名品牌，审结侵害商标权、不正当竞争纠纷案件190件。加大对著作权的司法保护力度，推进和保障文化创新，审结侵害著作权纠纷案件157件。拓展知识产权司法保护联系点覆盖面，在高新技术企业、上市公司设立联系点28个，结合企业提高自主创新能力的内在需求，提供个性化、全方位的知识产权司法服务。编发年度典型案例、类案分析、司法动态、知识产权年报等，发送相关企业、机关单位，帮助提升法律风险防范意识，助力大众创业、万众创新。是年，受理知识产权案件437件，审结354件。

行政审判　严格行政行为司法审查标准，全年依法判决行政机关败诉案件11件，行政机关败诉率10.89%，比2016年增长1.3%。受理无锡市首件由检察机关提起的行政公益诉讼，全面规范行政诉讼协调工作，行政案件协调撤诉率29.7%，实现行政争议实质性化解。落实行政案件异地交叉管辖，受理以宜兴市行政机关为被告的行政诉讼案件6件。非诉行政案件引入听证审查制度，组织案件听证30次，通过法律释明、协调和解，促使18件案件的被申请人在听证后自动履行义务。加强行政审判与行政执法、行政复议的良性互动，参加行政执法实务研讨5次，为执法人员提供法律咨询80余人次，促进行政机关依法行政。是年，受理行政诉讼案件148件，审结124件。

执行工作　优化立审执衔接配合工作机制，院部实行专业化执行，人民法庭实行立审执一体化，形成法院内部解决执行难问题的工作合力。提升执行指挥中心实体化运作水平，并与市公安局、国土局、国税局、地税局等单位建立执行联动机制，实现“查、扣、冻”一体化。在院官方微信平台设立被执行人曝光台，实行加大强制执行力度、集中专项执行等举措，切实解决执行难。全年通过网站、微信平台向全社会公布失信被执行人6274人；司法拘留379人，限制出境172人，移送公安机关追究刑事责任5人；开展晨间执行大会战5次，并全程网络直播，累计观看人次35万人。是年，执结案件11596件，执结标的115.31亿元，其中当事人自动履行判决、调解案件2576件，涉案金额11.13亿元。

【案件繁简分流机制改革】 2017年，市法院为进一步破解“案多人少”矛盾，在汲取和借鉴前期审判权运行机制改革实践经验基础上，探索推进案件繁简分流机制改革，通过诉前调解分流、简易案件速裁、审判庭内部两次繁简分流等多层次路径，建立案件过滤、甄别、引导和分流机制；通过强化专业化审理、实行示范诉讼方式、简化审理程序、推行要素式审理及格式化裁判文书等多样化举措，实现“简案快审、繁案精审”；辅以网上办案平台、电子送达机制以及智能审判系统等信息化手段，为案件繁简分流工作提档加速，审判效率全面提升。6月，市法院被最高法院确定为案件繁简分流机制改革示范法院。成立速裁组9个，审结民商事速裁案件6316件；一审简易程序适用率82.04%，员额法官人均结案数345.71件。

【庭审实质化改革】 2017年，市法院充分发挥庭审在刑事诉讼中的决定性作用，实现庭审由形式化向实质化转变。完善证人、鉴定人、有专门知识的人以及侦查人员出庭作证机制，提高出庭作证率，全年刑事案件证人、鉴定人、侦查人员等出庭作证61人次。严格实行非法证据排除规则，加大对讯问过程录音录像的审查力度，落实人权司法保障，全年对4件案件启动非法证据排除程序。强化控辩平衡，联合市司法局共同商定《关于推进刑事法律援助工作全覆盖的合作备忘录》，对符合相关情形的被告人，经审查通知法律援助机构指派律师为其提供辩护，保障控辩双方诉讼权利平等，全年为102名被告人指定辩护人。

【法院参与社会综合治理】 2017年，市法院充分运用司法大数据，梳理研究案件背后折射出的经济发展、社会治理中存在的问题和隐患，及时作出分析预判，全年报送《法院专报》12期，为市委、市政府科学决策提供参考。配合支持市集成改革试点工作，立足审判职能服务改革推进，制定《关于依法保障江阴市开展综合行政执法体制改革的实施意见》。深化“大走访”活动，院领导带案走访各镇（街道），深度了解当事人诉求，全年排摸化解涉诉纠纷78件，最大限度防控矛盾激化和社会不稳定因素发生。强化人权司法保障，对142名被告人适用非监禁刑，参与社区矫正，敦促其改过自新，早日回归社会。开展“连心富民、联企强市、法官说法”巡回宣讲活动，选派优秀法官进社区、进企业、进学校，以开设法制讲座、巡回审判、模拟法庭进校园等多种形式，开展巡回宣讲活动27次，有基层群众、企业员工及学校师生6800余人接受法制宣传教育。是年，市法院被最高法院评为2017年度在司法宣传工作中做出突出成绩的人民法院。

【依法保障城市建设和绿色经济发展】 2017年，市法院制定《关于依法服务和保障“两减六治三提升”*专项行动的实施意见》，在救济环境权益、推进生态文明建设等方面发挥环保审判作用。依法保障“1310工程”*顺利推进，采用先予执行方法铲除城区人民东路、滨江路北侧高架桥下违章建设；与澄江街道及有关村和市住建局、园林旅游局等部门协调，采用司法强制手段打通虹桥南路;用破产清算方式完成通江南路土地清场工作;支持市国土部门清理违法用地,依法拆除非法占用耕地违法建筑96处,全力服务于江阴文明城市创建。健全"三审合一"环境审判工作机制,贯彻恢复性司法理念,加大对破坏环境资源违法犯罪行为的整治和制裁力度,全年审结破坏环境资源犯罪案件33件,判处罪犯51人,分别比2016年增长57.14%和54.55%。依法支持和监督行政机关履行环保职责,全年审查涉环境资源类非诉行政案件79件,强制28个企业停止污染项目生产,倒逼企业创新环保科技,打造绿色生产方式。

【村干部进法庭】 2016年10月,市法院为在第一时间将矛盾纠纷隐患化解在萌芽状态,以长泾法庭为试点,探索开展村干部进法庭工作。2017年3月,市内7个法庭全面推进村干部进法庭,以"村干部进法庭脱产培训,提升矛盾纠纷调处能力"为主线,搭建"法庭—村干部—村委"常态化互动平台,建立法庭与属地镇村涉诉纠纷"双向反馈、风险预判、联合化解"机制。其间,法庭法官主动入村进行司法宣讲,力求在源头上减少矛盾纠纷;主动对接"大走访",搭建庭村良性互动平台,对基层群众法律咨询,及时答疑释惑;建立考核评价机制,进一步调动村干部和法官的工作积极性。8月、9月,该项工作得到江苏省高级人民法院、无锡市委政法委批示肯定,要求在全省、无锡市法院予以推广。9月27日,市法院应邀在无锡市法治工作会议上就村干部进法庭工作作经验交流。同时,《江苏法制报》等新闻媒体均对该项工作头版报道,为后续村干部进法庭纵深开展营造良好社会舆论氛围。全年有270余名村干部参加法庭培训,参与调解工作490余次,协助法官开展法律文书送达工作480余次。

【完善司法为民机制】 2017年,市法院全面实行诉讼服务中心"一站式"服务机制,落实立案首问负责制,建立院、庭长轮流导诉值班制,推行网上立案、预约立案,为群众提供贴心、便捷、高效司法服务,全年提供各类诉讼服务12500余次。加强审判流程公开、裁判文书公开、执行信息公开以及庭审公开四个平台建设,年内网络庭审直播案件3854件,公布裁判文书16265份,召开新闻发布会3次,通过微博、微信等自媒体平台发布各类信息865条次,满足社会公众对司法的知情权、参与权和监督权。加大司法救助力度,向82名特困刑事被害人、申请执行人发放救助156.61万元;完善社会民间资金参与司法救助工作机制,向11名申请执行人发放暨阳司法救助17万元。 (高 悦)

司法行政

【概况】 2017年,市司法局紧扣维护社会稳定,继续深化矛盾纠纷排查调处、公共法律服务、特殊人群服务管理、法治宣传教育"四个全覆盖"建设,为促进全市社会和谐稳定和经济发展履职尽责。是年,市司法局被中华全国人民调解员协会评为人民调解宣传工作先进集体,被省司法厅评为全省司法行政系统绩效评价优秀单位、中共十九大安保维稳工作先进集体,《江阴社区矫正经验》一文入选2017年度《中国地方法治蓝皮书》。

法治宣传　落实"七五"普法规划,下发《江阴市机关部门"七五"普法责任清单》《江阴市法治宣传教育第七个五年规划实施情况考核验收办法》《江阴市国家机关"谁执法谁普法"普法责任制实施办法》等系列指导性文件。成立"七五"普法讲师团、企业法治工作协会,筹建新的法治宣传教育中心。出台《江阴市青少年法治教育实施意见》,把法治教育列入教学大纲,协助组建法治课程组,编写青少年法治教案,指导各校开展法治实践活动,发放青少年学法教材1万余册,组织参加全国第四届"为了明天——关爱青少年彩虹行动"微电影大赛并获三等奖。开展"4·8"司法日和"法治惠民·'12348'在行动""美好生活·德法相伴"等主题活动,组织法治讲座40余场、法治文艺巡演15场,发放普法资料4万余份。组织"12·4"宪法宣传日及法治宣传月活动,由市委书记陈金虎带领各界代表500余人向宪法宣誓。创作江阴古代十大法治人物故事,举办"暨阳法影"法治微文、微视频、漫画、法治歌谣征集展播活动。加强基层民主法治建设,全市有全国民主法治示范村2个、省级民主法治示范村(社区)118个。

人民调解　健全社会矛盾纠纷网格化排查制度,完善重要节点时期专项排查和平常时期(市每月、镇每半月、村每周)矛盾纠纷排查机制,实现矛盾纠纷排查全覆盖。开展人民调解登记、备案、等级评定、教育培训工作,征集、上报和宣传人民调解优秀案例。组织调解员教育培训400余人次,开展市人民调解员协会"流动课堂进基层"活动18次。建立环境保护、金融商贸行业调解委员会,协商人民调解协议司法确认工作,试行专家会诊、视频调解、网上调解等多元化调解方法,探索多元化解金融经济纠纷新模式,获省司法厅领导批示。成立"12348"指挥协调中心,建立分析研判制度和实战勤务模式,重点突出突发重大矛盾纠纷及群体性矛盾化解和特殊人群重点对象管理的快速反应功能,建立健全统一高效指挥协调体系。是年,全市各级各类人民调解组织共开展矛盾纠纷排查17503次,调处纠纷事件32891件,成功劝阻群体性上访282批1232人次。

法律服务　完善刑事法律援助工作体系,推进刑事辩护法律援助全覆盖工作,推行名优律师办案机制,全年办理法律援助案件1660件。开发江阴市公共法律服务平台,组建"12348"法律服务队,成立"法律诊所"10个。组织律师走访企业1400个,担任667个企业法律顾问,向企业发送"联系卡"880份,建立企业法律服务中心或法律服务工作站3个,办理涉及企业转型升级法律事务50件。依托律师公益法律服务站,通过咨询、上门服务、开设法治课等形式,为村(社区)群众提供各类法律服务,接待来访群众2500余人次,上法治课52次。23名律师成为兼职人民调解员,10名律师担任市劳动人事争议仲裁员,

50名律师担任市、镇两级政府部门法律顾问。全市村(社区)律师公益服务全覆盖被确定为市法治建设实事工程之一。是年,全市19个律师事务所275名律师,办理各类案件6727件,涉及财产标的35.1亿元,索回赔欠款16.5亿元;全市31个法律服务所168名法律服务工作者,办理各类案件5376件,避免和挽回经济损失6800余万元;公证处办理各类公证8618件,义务解答群众各类公证法律咨询7.5万余次;司法鉴定所收案1043件。

特殊人群管理　强化社区矫正日常监督管理,严格衔接入矫和期满解除,规范审前调查评估、诉前调查评估、拟假释环境评估,推进监所与地方司法行政机关互帮互建。开展社区矫正人员出入境证件专项清查行动,规范暂予监外执行罪犯病情诊断、妊娠检查或者生活不能自理等鉴别工作,重点加强中共十九大召开期间安全稳定工作。推进特殊人群志愿者服务工作,成立市社区矫正和安置帮教工作协会,设立首个社区矫正、安置帮教志愿服务工作站。探索社区服刑人员教育、劳动新模式,与市香山书屋联合成立社区服刑人员志愿者队伍,以社会公益服务取代传统的集中劳动。购买社会组织服务,为全市社区服刑人员开展心理讲座16场,个别心理咨询5人次。应用科技设备助力执法,首次使用电子腕带成功抓获脱逃服刑人员,启用社区矫正指挥中心远程执法监控记录系统,社区矫正预警分析系统被省社区矫正管理局列为2017年社区矫正创新项目。市社区矫正中心被省司法厅评为省级示范社区矫正中心。

【刑事辩护法律援助全覆盖】　2017年9月,市司法局为提高刑事案件辩护率,保障犯罪嫌疑人、被告人的合法权益,按照司法部统一部署,扩大刑事辩护法律援助范围,全面推进刑事辩护法律援助全覆盖工作。会同市法院赴深圳、上海专题调研,并联合签署《关于推进刑事法律援助全覆盖工作的合作备忘录》,扩大指定辩护范围,建立全覆盖、分层次的刑事法律援助体系。联合市检察院、法院、律师协会在全市275名律师中,公开选聘从业三年以上、有刑事辩护经验、具有较强职业道德和社会责任感的律师40人,组建专业刑事辩护援助律师团队,从人才队伍上提高刑事案件律师辩护质量。分别在市看守所、法院设立法律援助工作站,每周一至周五派驻法律援助值班律师,提供刑事辩护法律援助服务。市法律援助中心组织专人对值班律师职责、服务内容、执业纪律、刑事诉讼法律知识方面进行业务培训和指导监督。与市法院建立刑事案件律师辩护定期会商协作制度,保障律师依法调查取证、会见、阅卷、辩护等权利,分析研究刑事辩护工作中的问题及对策,切实保障刑事案件律师辩护全覆盖的工作质量。是年,办理刑事辩护法律援助案件130件。

【村(社区)律师公益服务全覆盖】2017年,市司法局"全市村(社区)律师公益服务全覆盖"工作被确定为江阴市年度法治建设实事工程之一。该局成立专门工作小组,制定具体实施方案、台账样表和部署推进时间表,与各镇(街道)沟通协调,先后召开分管领导部署会、全体律师事务所主任部署会、各镇(街道)部署会。在律师事务所与村(社区)双向选择的基础上,为全市15个镇(街道)272个村(社区)配备一名专职法律顾问,提供一对一公益法律服务。年内,律师作为村(社区)法律顾问共审查村规民约合法性272份,审查率100%;举办基层治理法治化讲座培训,有15个镇(街道)253名村委参加,培训率90%;提供公益法律服务1600余次,审查村(社区)组织章程、规章制度300余份,提供法律援助315次,调解矛盾纠纷事件573件,为6153人次解答法律咨询,举办法治讲座286课时,听课群众3万余人次;走进900余个企业,提供规避防范法律风险、合同审查等公益法律服务。　(包丹凤)

2017年4月8日,江阴市司法局开展普法惠民活动　(市司法局提供)

■类目编辑　成甦萍

人力资源

综　述

【概况】 2017年，市人社局坚持民生为本、人才优先工作主线，各项工作推进有力、成效显著。年内，新增就业岗位5.7万个，实现本地劳动力就业4.7万人；组织招录各类人员1100余人（含编外用工人员）；接待劳动监察举报投诉案件4268件，受理工伤申请4919份，立案受理劳动争议案件2283件。是年，市人社局获无锡市社会治安综合治理工作集体嘉奖、无锡市信息安全等级保护工作先进单位等荣誉，下属市人力资源管理服务中心被中国就业促进会评为就业宣传先进单位。

【"智汇江阴"2017海外高层次人才创新创业对接洽谈会召开】 2017年8月29日，"智汇江阴"2017海外高层次人才创新创业对接洽谈会正式召开。中国国际人才交流中心主任、国家"千人计划"*外专项目办公室主任夏兵，无锡市委常委、江阴市委书记陈金虎等领导以及65名来自美国、加拿大、英国等国家和地区的海外人才、海外引才机构负责人和国内外知名创投嘉宾出席会议。会上，江苏远望神州软件有限公司与乌克兰工程科学院科尔图诺夫院士团队签订外国院士工作站框架合作协议，市人社局与和伍智造营（上海）科技发展有限公司签署和伍智造营·江阴科技创新服务中心联合共建合作协议，24项海外高层次人才创新创业项目签约，10个中国（江阴）海外引才引智工作站授牌。

【第二届"创响江阴·创赢未来"全民创业大赛举办】 2017年9月，由市政府主办，市人社局承办，市委农工办、宣传部、团市委等15个职能单位协办，第二届"创响江阴·创赢未来"全民创业大赛暨第四届"创业之星"评选活动启动。活动历时3个月，得到社会各界高度关注。市人社局在活动期间组织召开工作推进会、专家评审会等各类座谈会8场，举办"才聚江阴"第二届高校创业精英赛、全民创业大赛半决赛、创业之星决赛等比赛5场，并举办创业特训营、创业分享会等多场配套活动。活动征集创业项目168项，涉及光学材料、网络直播、"互联网+"等新业态；征集创业之星候选人60余人，涵盖大学生、残疾人、退伍军人等各类群体。经评委最终评定：光学级PET离型材料获一等奖，生物传感芯片、优燃科技获二等奖，Ripple智能立体种植机、全澄超市采购网、高精溅射靶材的研发生产与销售获三等奖。

人才开发

【概况】 2017年，市人社局围绕促进转型发展，加强高层次、高技能"两高"人才队伍建设，出台"暨阳英才计划"*，持续加大"外引内育"和人才奖励补贴力度，打造引才育才新优势，不断激发人才创新创造活力。在高层次人才建设方面，全年引进高层次人才520人，执行引智项目34项，引进海外留学人才121人，引进长期外国专家62人。新建20个海外引才引智工作站，推荐180余项符合江阴先进制造业和新兴产业发展需求的海外人才创新创业项目；新建省级博士后创新实践基地2个、江阴市级博士工作站6个。在高技能人才建设方面，新增高技能人才4217人，2人被评为江苏省企业首席技师。年内，为369名优秀大学生发放租房补贴216.07万元，复核入住人才公寓755人，认定公租房申请221人。首次获评"江苏工匠"2人，获评首批江苏省乡土人才"三带"（带领技艺传承、带强产业发展、带动群众致富）名人3人、能手6人、新秀33人。是年，江阴市继续实施"食尚江阴"万人培训工程，举办"食尚江阴·我是厨神"系列活动6次，建立"食尚江阴"定点培训机构6个，培训餐饮业技能人才3120人。

【人才招引】 2017年，远景能源科技有限公司的"外专千人计划"*入选专家卢瓦克在第十五届中国国际人才交流大会上获国家特聘专家证书，是继彼得·格雷博后江阴第二位获此项荣誉的外国专家。江阴市组织江南模塑科技股份有限公司、远景能源科技有限公司、江苏阳光集团、江苏长电科技股份有限公司、江阴沃尔得国际英语培训中心等优秀企业及培训机构相关负责人参加深圳、上海、成都、北京、广州外籍人才招聘会，与400余名外籍人才进行洽谈，收到个人简历200份并与

35名应聘者初步达成人才引进意向。开展"才聚江阴"校园招聘系列活动，组织117个企业携带6312个岗位赴南京、镇江、武汉、西安等省内外高校集聚地进行招才引智，与2000余名大学生达成就职意向，同时把江阴"华夏A股第一县""中国制造业第一县"两张名片注入校园招聘中，组织20个上市公司赴上海、北京等院校广纳贤才。

【引才育才平台建设】 2017年，江阴市独立组团赴美国、加拿大开展国际化高技能人才合作洽谈。参加中国无锡(波士顿)高层次人才创新创业恳谈会，举办中国江阴(多伦多)海外高层次人才创新创业座谈会。全年新增海外引才工作站20个，新建省级博士后创新实践基地2个、江阴市级博士工作站6个，新入选江苏省示范博士后科研工作站1个。首次获评省级技能大师工作室2个，获评首批江苏省外国专家工作室5个。

【首届"暨阳英才"特色乡土人才评选】 2017年，江阴市开展首届"暨阳英才"特色乡土人才评选表彰活动，评选活动突出"三带"作用发挥，选择创业型实用人才、能手型实用人才、技术型实用人才3大类人才作为评选对象，进行评价指标细化量化，建立科学可行的指标体系和评分规则。在具体评审中，采用微信投票、实地考察、初审入围、提名奖励等多种方式，评出10名特色乡土人才，并有10名入围人才获提名奖。

人事管理

【概况】 2017年，江阴市不断优化人事管理机制，强化制度刚性约束，推进人事工资制度改革。全年完成530个单位人员岗位聘用变更审批、107个事业单位岗位设置方案变更审批、12个事业单位首次岗位设置和首次人员聘用审批。组织731人次机关中层干部参加"江阴大学堂"培训、283人参加省公务员大讲堂"送教下基层"活动。招聘事业单位性质人员6批次445人，组织事业单位高端紧缺型人才招聘2次，聘用5人。公开招录编外用工15批次500余人。按要求组织"三支一扶"(大学生在毕业后到农村基层从事支农、支教、支医和扶贫工作)计划招录考试，聘用19人。首次实现机关事业和企业两类退休养老金同步并轨调整，自1月起，全市160个机关(参公)单位2424人、703个事业单位12481人调整养老金，机关和事业人员人均月增养老金分别为299元、262元。

【人事管理制度完善】 2017年，江阴市出台《关于规范我市机关事业单位住房公积金、提租补贴和新职工住房补贴缴存基数范围的通知》，明确公积金缴存基数统一口径。根据省人社厅、财政厅《关于2017年调整退休人员基本养老金的通知》等文件精神，首次实现机关事业和企业两类退休养老金同步并轨调整。机关事业单位养老保险实行新系统征缴支付，上线管理单位达90%。落实市法院、检察院员额制工资改革，核定两院绩效考核奖金总量。

【人事考试考务管理系统和网上报名平台上线运行】 2017年，江阴市为规范事业人员公开招聘工作，降低考试成本、方便考生报名，要求公开招聘报名一律采用网络报名方式，人事考试考务管理系统和网上报名平台于5月投入试运行。至年末，该平台在公开招聘中实际运用7次，使招聘单位及人事主管部门对考生报名情况掌控更精准、考务数据更全面、统计更高效。

【军转干部安置管理】 2017年，江阴市计划安置军队转业干部67人，其中团职干部26人，营职及以下(含专业技术)干部41人。全面落实企业军转干部各项补贴待遇，为7名企业军转干部办理退休补助审批手续，为844名企业军转干部发放体检卡，为827名企业军转干部发放报刊费。春节期间和"八一"建军节前后，全市各级累计慰问企业军转干部1049人次、慰问10名离世企业军转干部亲属，共发放节日慰问费352.25万元。组织实施企业军转干部医疗救助工作，全市880名企业军转干部符合享受医疗救助政策条件。根据社会化管理要求，对特困企业军转干部31人次实施特困救助，发放救助费6.2万元；对因病住院企业军转干部，由镇(街道)或社区工作人员上门进行大病探视慰问11人次。

【工资福利管理】 2017年，市人社局完成1678人次机关(参公)在职人员级别档次正常晋升审批，完成7110人次事业在职人员正常晋升薪级工资审批。审批办理1052名机关、事业单位工作人员因职务(岗位)变动、450名公务员及参公人员职务与职级并行工资调整事务。完成新招录公务员工资审核108人、新招录事业单位工资审核65人。审核办理机关118人、事业单位475人退休业务。审核办理118人丧葬抚恤费及30人次遗属补助。

【专技人员职称申报与审核】 2017年，市人社局深化职称制度改革，取消职称计算机和外语考试考核。积极做好职称申报、审核等工作，并优化各项专技服务流程，不断提升专技工作质量，印发《2017年江阴市职称工作意见》《职称申报指南》等文件和资料。开展高校教师、卫生、广电、新闻、农林专技等职称审核，其中审核获评正高级36人、副高级512人、中级1426人、初级2007人；做好高校、中专院校、中小学、幼儿园279名教师以及1023名其他专业专技人员职称初定工作。组织专技人员继续教育培训考试4667人次，其中第六轮公修课培训3053人。

职工队伍建设

【概况】 2017年，江阴市城镇非私营企业职工总数19.88万人，其中从事制造业职工人数最多，达15.78万人；其次是建筑业，职工人数为0.98万人；批发和零售业、金融业、交通运输、仓储和邮政业等行业职工人数均超5000人。年内，市人社局举办各类培训班，提高职工人员素质和就业技能，共组织企业职工各类岗位技能提升培训41166人，组织各类职业技能鉴定2.09万人。

【职业能力培训】 2017年，市人社局坚持"量质并重"，积极开展职业能力培训工作，全面提升劳动者素质。充分利用公共实训基地现有先进设施设备及技术师资力量,面向社会、学生、部队、企业等人员,开展维修电工、智能楼宇管理师、电子设备装接工,电焊工、数控车工、数控铣工等各类培训106期2806人次;开展西门子S7-1200小型自动化认证98人。是年,全市组织企业职工各类岗位技能提升培训41166人,其中城乡新成长劳动力技能培训3033人,城镇再就业技能培训2980人,创业培训2369人,网络创业培训500人,本地农村劳动力培训8242人,外来农村劳动力技能培训7635人,其他技能培训16407人。严把鉴定质量关,共组织企业人力资源管理师、秘书、营销师等9个职业统一鉴定341场,其中学校鉴定107场,社会鉴定67场,社会化鉴定督考到场率100%。全年组织各类职业技能鉴定2.09万人,组织全国全省统一鉴定771人,核发国家职业资格证书1.91万张。

公务员队伍建设

【概况】 2017年,江阴市不断加强公务员队伍规范化管理,持续提升公务员管理水平。对3048名报考江阴市公务员职位的考生进行网上资格审核,对196名考生进行现场资格复审,对65名拟录用公务员进行政审考察。认真抓好公务员考核奖惩,全市5512名公务员(含参公)参加年度考核,其中评定优秀1033人,评定称职4383人,评定不称职3人,另有93人参加考核不定等次。年内,有19人辞去公职,有21人因违反党纪政纪受到处分,其中行政开除5人。是年,积极推进职务与职级并行制度,对符合职务职级并行条件的537名机关工作人员(含参公252人)进行初审、复核及终审工作,并对所有职级晋升人员进行全程纪实。

【公务员招录任用】 2017年,江阴市共招录公务员105人,其中政府口51人、党群口14人、选调生5人、公安队伍35人。组织对85名2016年度招录公务员进行试用期满考核和转正定级,并进行公务员登记。严肃规范公务员队伍职务任免,先后任免中层干部426人。本着优化干部队伍结构,提高干部队伍整体素质为宗旨,以合理配置为原则,为91名干部办理调动手续,其中市外调进16人,调出江阴市5人,市内调动70人。

【公务员教育培训】 2017年,市人社局继续将公务员队伍初任培训、能力提升、法治理念教育培训作为重点内容,不断提高培训效果和质量。组织“江阴大学堂”授课培训2期,培训机关中层干部731人次。开展省公务员大讲堂“送教下基层”活动,邀请南京市委党校教授、市情研究中心主任郝继明到江阴开展《危机管理与媒体沟通》专题辅导,全市各镇、街道、机关283名中层干部参加培训学习。推进岗前初任培训,对2017年度新招录公务员进行历时19天的初任培训。

(梁　霄　沈　涛)

教师队伍建设

【概况】 2017年,江阴市教育系统公办学校在职人员17175人,其中公办教职工13240人,在岗合同民办教师269人,市统招幼教教学岗位编外用工1034人,临时聘用人员2632人。公办学校专任教师15714人,其中幼儿教师2498人、小学教师5785人、初中教师3770人、普通高中教师2069人、职业高中教师1006人、成教教师110人、大学教师414人、特殊教育教师62人。全市幼儿教师大专以上学历占99.77%,小学、初中、普通高中、中等职业学校教师本科以上学历分别占84.38%、96.96%、99.44%和99.71%。是年,招录公办教师232人、幼儿园编外用工100人;新增江苏人民教育家培养工程培养对象1人,无锡市教育名家培养工程培养对象4人,江阴市名校长2人,名教师30人。至年末,全市有无锡市名师工作室18个、江阴市名师工作室20个,江苏人民教育家培养工程培养对象1人、无锡市中小学教育名家培养工程培养对象9人、江苏省特级教师21人、无锡市名校长5人、无锡市名教师10人,无锡市级骨干教师1119人、江阴市级骨干教师2644人。

【中共江阴市委教育工作委员会成立】 2017年7月,为全面贯彻落实党的教育方针,经中共江阴市委研究决定,建立中国共产党江阴市委员会教育工作委员会,与市教育局一套班子两块牌子,作为市委派出机构,在原有党组织工作职责和管理权限基础上,负责指导全市各级各类学校党建工作,全面指导全市各级各类学校党组织加强基层党建工作,探索全市150所学校132个党组织积极开展党建与教育教学结合活动,抓好新时期党建促教育、思想强队伍、纪律强作风的融合发展模式,实现中小学党组织和党的工作全覆盖。

【教师招聘】 2017年,江阴市教师招聘工作由市人社局牵头,市教育局配合,并在纪检监察部门全程监督下进行,整个教师招聘经过发布公告、报名审核、专家命题、组织笔试、阅卷登分、公布成绩、组织面试、体检政审、组织选岗等程序,实现公开公平公正。是年,江阴市招聘公办教师232人,其中部分学校(高中、特殊教育中心校)提前招聘教师15人;招聘幼儿园编外教师100人;经面试落实男幼师岗位5人;创新招聘方式,启动紧缺型人才招聘工作,招录象棋特色人才1人。

【乡村教师定向培养】 2017年,江阴市根据省教育厅等五部门联合下发的《关于开展全省乡村教师定向培养工作的通知》精神,计划定向培养扎根农村、甘于奉献、一专多能、素质全面的本土化乡村教师师范生30人,其中文科20人,理科10人。通过宣传动员,有304名高三应届毕业生填报志愿,最终文、理科录取分数线分别为344分、357分,均远超本一分数线,其中文科录取最高分为372分,理科录取最高分为375分,进一步优化乡村学校师源储备。

【教师轮岗交流】 2017年,市教育局加强对教师轮岗交流进行管理,按照学科余缺互剂、质量优势互补、项目特色互学等原则,在应交流对象中选派教师进行交流。是年,全市25所义务教育学校的67名教师参加城乡结对交流活动，同时所有义务教育学校的638名教师参加轮岗交流活动，占全市应交流教师的17.47%（其中骨干教师占比23.6%）。通过交流，促进江阴校际之间骨干教师数量、学科结构、教师业务素质以及管理力量等方面的相对均衡，江阴城乡之间、校际之间教学质量得到均衡发展。

【名师培养】 2017年，江苏省南菁高级中学校长杨培明入选第四批江苏人民教育家培养工程培养对象，江阴中等专业学校潘永惠、青阳中学江山、城中实验小学翟利岳、长泾中学陆敏刚入选第二批无锡市中小学教育名家培养工程培养对象。长泾实验小学校长濮亚娟等2人获评第二批江阴市名校长，江苏省南菁高级中学薛海燕等30人获评第二批江阴市名教师。江苏省南菁高级中学胡洁等150人获评无锡市第七批教学新秀，临港实验学校张小波等154人获评江阴市中小学学科带头人。江阴市第一高级中学陈友宝等9人主持的名师工作室入选无锡市第二批名师工作室。

【非在编教师薪酬待遇调整】 2017年，江阴市幼教编外用工待遇根据《关于江阴市编外用工薪酬待遇改革的实施意见》相关要求，自2017年起由原先4.5万元/年提高至6万元/年。4月，江阴市出台《关于调整我市教育系统合同民办教职工基本工资及津补贴标准的通知》，明确自2014年7月起，参照在职同类公办教师工资调整时间，逐次调整在岗合同民办教职工基本工资及津补贴标准。

【"暨阳英才计划"实施】 2017年，江阴市委印发《〈关于聚力创新实施"暨阳英才计划"的意见〉的通知》，明确"暨阳英才"社会事业（教育）人才聚智工程实施办法，首次从市级层面将教育等社会事业纳入引才育才范围，进一步提升江阴教师队伍整体水平，给江阴教育改革与发展注入强大动力。江苏省江阴高级中学引进省特级教师1人，江苏省南菁高级中学引进设区市市级名教师、学科带头人2人。

【学校绩效奖设立】 2017年，市教育局制定《关于做好2016年江阴市教育系统学校绩效奖分配工作的指导意见》，落实学校绩效奖发放。通过对学校绩效考核适当拉开校际差距，通过设定学段系数向承担责任重的学段倾斜，通过核算"师生比"对用人少、工作量大、效率高的学校适当倾斜，通过明确管理奖标准向班主任等一线管理岗位倾斜，更好地体现按劳分配、绩优酬优分配原则，部分弥补绩效工资政策实施过程中的不足。 （汤永锋）

卫生队伍建设

【概况】 2017年，市卫计委按照市委、市政府坚持"人才强市战略"要求，抓住人才引进、培养、使用和激励4个环节，以高层次人才和基层人才队伍建设为重点，健全卫生人才补充机制，结合医院发展定位和群众就医需求，多渠道引进、整合医学人才，增大卫生人才总量，提升卫生人才质量，满足群众日益增长的健康需求。是年，全系统有工作人员8060人，其中卫生专业技术人员7025人，占总人数的87.2%，其中具有卫生类高级专业技术职称915人、中级专业技术职称2641人，占卫生专业技术人员的50.6%；具有博士研究生学历工作人员27人、硕士研究生学历工作人员504人、大学本科学历工作人员3311人，占卫生专业技术人员的54.7%。

【卫生人才招录】 2017年，市卫计委本着"提高层次、优化结构、完善梯队、宁缺毋滥"的原则，根据全市基层卫生医疗单位岗位情况，结合工作需要，科学合理制订人员补充计划，建立完善符合实际需求的人员补充机制，特别注重引进高层次专业技术人员，不断充实卫生系统人才力量，提高医疗卫生机构服务能力。创新高层次人才招录方式方法，依托南京人才交流中心和东北部分高等院校为平台，以大型人才交流会为契机，抢抓机遇、抢占先机，采取现场报名、现场审核、现场面试的程序，招录一批专业素质高、综合能力强的研究生学历卫生人才，全年招录硕士研究生56人。同时，加大基层卫生人才招录力度，充实基层医疗卫生服务队伍。年内，招录大专及以上学历事业编制工作人员86人、大专及以上合同制工作人员163人。

【卫生人才引进培养】 2017年，江阴市继续推进"人才强卫"战略，通过建立专项经费，积极支持医务人员参加各种在职培训学习、外出进修活动，全年有143人次外出进修学习。举办各类学习班、培训班等学术活动93期，其中国家级继续教育项目2项、省级10项、无锡市级13项；选派78名乡村医生参加江苏省合理用药知识培训和初级急救知识培训，97名临床岗位医生参加住院医师规范化培训。加强对科研工作的指导和管理力度，注重江阴医疗软实力提升，全年获国家自然科学基金项目1项、省自然科学基金项目1项、省卫计委科研项目4项、无锡市科技局科研立项4项、无锡市卫计委卫生科技项目22项，获江苏省医学新技术引进二等奖4项、无锡市科技进步奖三等奖2项、江阴市科技进步奖15项。 （沈宇芳）

■类目编辑 谢 诚

经济总览

经济发展动态

【经济总量】 2017年，江阴市国民经济保持稳中有进的良好态势。全市实现地区生产总值3488.3亿元，按可比价计算，增长7.2%。全年粮食总产量12.6万吨，下降13.1%。全市规模以上工业企业实现产值5822.7亿元，增长15.1%。其中工业百强企业全年实现产品销售收入3921亿元，实现利润278.9亿元，分别占全市规模以上工业企业的67.1%和77.6%。全年实现固定资产投资1153亿元，增长1.8%。全年工业用电量228.2亿千瓦时，增长6.4%。全年实现社会消费品零售总额863.4亿元，增长11.3%。全年实现进出口211亿美元，增长5.5%；其中出口122.2亿美元，增长2%；进口88.9亿美元，增长10.8%。全市实现到位注册外资9.5亿美元，下降9.9%。服务外包发展良好。全年服务外包业务合同额21.1亿美元，增长5.3%，执行额18亿美元，增长10.5%；离岸业务合同额9.9亿美元，下降0.8%，执行额8.3亿美元，增长30.4%。全市新批境外投资项目34项，中方协议投资额7.27亿美元；对"一带一路"国家投资项目11项，中方协议投资额1.32亿美元。年末全社会拥有车辆50.1万辆，其中汽车45.2万辆，增长10.5%。私人汽车快速发展，年末达39.3万辆，增长10.4%。全年实现客运量6727.8万人次，下降2.8%；实现货运量4520.9万吨，增长9.8%。港口货物吞吐量15970.5万吨，增长21%。全年邮电业务总收入29.3亿元，增长0.3%。城乡本地固定电话用户32.6万户，比2016年减少3.5万户。在网手机用户总量达到241.1万户。全年旅游总收入达290.8亿元，增长12%。财政收支稳定，全年实现一般公共预算收入235.2亿元，增长2.3%；实现一般公共预算支出227.3亿元，增长0.5%。年末金融机构各项本外币存款余额达3663亿元，比年初增加38.4亿元；各项本外币贷款余额达2965.6亿元，比年初增加214.2亿元。年末证券交易开户总数30万户，增长8.5%；证券机构交易金额6593.3亿元，下降20.6%。年末拥有47个上市公司，包括境外上市15个，境内上市32个。全年实现保费收入71.57亿元，增长17.3%。

【发展比较】 2017年，江阴市主要经济指标在江苏省同类的41个县（市）比较中，排名第一的有：固定资产投资1153.03亿元，工业投入562.9亿元，到位注册外资9.51亿美元，居民人均可支配收入50379元，农村常住居民人均可支配收入30532元；排名第二的有：地区生产总值3488.27亿元，第二产业增加值1897.84亿元，第三产业增加值1548.79亿元，人均地区生产总值211943亿元，一般公共预算收入235.16亿元，规模以上工业增加值1186.94亿元，全社会用电量261.55亿千瓦时，工业用电量228.16亿千瓦时，社会消费品零售总额863.37亿元；排名第三的项目：城镇常住居民人均可支配收入59165元。其余比较项目中，第一产业增加值、油料产量、粮食产量排名均在第30名以后。

2017年江阴市与省内部分市（县、区）经济主要指标比较一览表

表6

	江阴市	常熟市	张家港市	昆山市	吴江区	太仓市	宜兴市	锡山区	武进区	江宁区	通州区	靖江市	启东市	海门市	惠山区
地区生产总值（亿元）	3488.27	2279.55	2606.10	3520.35	1788.98	1240.96	1558.25	809.27	2260.27	1935.92	1169.41	923.35	989.50	1135.90	830.53
第一产业（亿元）	41.64	42.07	31.20	30.75	43.83	36.04	49.14	17.78	41.68	63.15	58.25	23.69	69.13	56.01	17.03
第二产业（亿元）	1897.84	1165.76	1365.60	1916.89	915.06	627.88	807.83	417.92	1234.85	1031.52	574.46	448.44	475.10	563.06	489.59
第三产业（亿元）	1548.79	1071.72	1209.20	1572.71	830.09	577.04	701.28	373.57	983.74	841.26	536.70	451.22	445.28	516.83	323.91

续表6

	江阴市	常熟市	张家港市	昆山市	吴江区	太仓市	宜兴市	锡山区	武进区	江宁区	通州区	靖江市	启东市	海门市	惠山区
#交通运输业(亿元)	74.99	75.29	142.02	—	84.05	114.20	22.62	9.86	145.60	71.70	47.23	45.32	20.71	25.95	5.49
#批发零售业(亿元)	542.18	400.30	377.61	—	235.25	158.85	181.40	130.42	162.93	110.62	131.49	67.52	115.09	131.55	136.37
#房地产业(亿元)	184.79	110.51	113.39	—	114.04	41.59	95.43	48.88	84.56	116.06	77.28	71.30	70.53	69.75	41.80
#金融保险业(亿元)	175.42	115.56	124.23	—	109.66	71.22	84.93	42.37	94.71	168.65	67.40	44.61	56.63	59.94	37.89
全社会固定资产投资(亿元)	1153.03	550.25	727.20	758.34	681.50	466.93	563.91	722.50	1112.82	1101.22	680.80	539.82	634.60	633.65	669.31
一般公共预算收入(亿元)	235.16	191.81	210.00	352.51	183.52	140.86	111.15	78.79	163.75	226.45	72.75	60.09	71.13	72.54	85.49
金融机构各项存款余额(亿元)	3662.97	3119.21	2688.50	4379.36	2475.88	1519.89	1982.37	1014.14	2629.44	2540.23	1516.87	1004.31	1332.96	1433.70	—
金融机构各项贷款余额(亿元)	2965.58	2375.50	2250.60	3142.97	2413.92	1375.79	1526.42	836.19	2019.48	1641.58	863.92	805.57	826.89	969.62	—
农民人均可支配收入(元)	30532	30288	30188	30489	29754	30026	25654	28570	27566	23760	21794	21361	21691	22515	28624
城镇居民人均可支配收入(元)	59165	59015	59200	59191	58830	58458	49826	50137	52320	52923	44366	43152	40759	44138	51121

2017 年江阴市与省外部分市(县、区)经济主要指标比较一览表

表7

	江阴市	柯桥区	萧山区	鄞州区	诸暨市	慈溪市	余杭区	义乌市	嘉定区	青浦区	南海区	顺德区	三水区	高明区	莱州市	荣成市	滕州市	晋江市
地区生产总值(亿元)	3488.27	1351.22	2157.49	1513.91	1180.02	1487.75	1695.13	1158.00	2151.70	1009.20	2692.13	3059.30	1197.22	850.45	769.25	1160.26	1150.37	1981.50
第一产业(亿元)	41.64	35.61	66.77	24.96	51.30	53.24	50.45	21.80	3.80	7.90	48.10	44.40	34.07	19.16	73.38	91.22	75.45	21.29
第二产业(亿元)	1897.84	686.69	947.72	594.67	608.67	911.58	551.41	373.70	1465.00	467.60	1533.24	1729.65	883.82	652.32	383.28	515.25	578.56	1196.11
第三产业(亿元)	1548.79	628.92	1143.00	894.29	520.05	522.93	1093.27	762.50	682.90	533.70	1110.79	1285.25	279.32	178.96	312.58	553.79	496.36	764.10
#交通运输业(亿元)	74.99	44.37	90.74	42.62	45.65	40.10	14.10	37.05	32.00	77.70	82.41	98.00	24.16	16.12	16.81	57.17	30.25	120.24
#批发零售业(亿元)	542.18	313.03	170.61	176.26	184.67	193.77	44.71	394.91	171.40	147.40	184.83	203.93	40.49	18.01	95.93	95.45	188.87	195.75
#房地产业(亿元)	184.79	66.83	168.32	144.41	54.03	58.09	94.78	63.90	90.50	66.00	317.64	295.90	76.27	59.87	19.31	43.40	44.63	76.68
#金融保险业(亿元)	175.42	50.53	140.07	161.69	39.27	34.88	50.84	61.91	74.00	51.70	135.51	132.08	22.58	11.37	22.31	29.89	33.15	72.89
全社会固定资产投资(亿元)	1153.03	819.52	1104.26	815.04	825.47	839.53	1123.30	633.10	405.80	515.70	1315.62	971.76	796.64	475.30	515.57	890.40	667.00	1028.86
一般公共预算收入(亿元)	235.16	114.06	227.48	241.65	77.01	157.31	280.01	85.00	252.30	188.00	224.87	222.99	54.38	36.37	58.00	71.93	70.36	126.77
金融机构各项存款余额(亿元)	3662.97	1808.86	3820.06	6014.02	1369.77	2090.72	2715.50	2725.70	2736.20	1694.20	4723.86	4512.20	792.58	359.25	695.48	764.69	669.19	1545.93
金融机构各项贷款余额(亿元)	2965.58	1349.88	3321.65	6661.46	1285.92	1872.91	1826.20	2272.80	1377.50	956.50	3043.20	2893.04	526.29	285.39	284.38	521.36	438.47	1398.48
农民人均可支配收入(元)	30532	34316	34588	32743	33073	32088	34358	33393	—	28695	30783	31918	24669	22105	19557	20731	15229	21870
城镇居民人均可支配收入(元)	59165	58762	60336	59482	57844	54894	57738	66081	48944	48165	47390	49881	33847	32642	42027	41313	33116	45883

经济结构

【所有制结构】 2017 年末,江阴市拥有各类市场主体总数 155164 户,增长 17.3%。企业总数 54470 户,增长 15.1%,其中,国有及集体控股企业 3172 户,外商投资企业 1143 户,私营企业 50155 户,年内新增各类企业 9339 户。个体工商户总数 100694 户,增长 18.5%,年内新增 21381 户。

【产业结构】 2017 年,江阴市实现地区生产总值 3488.3 亿元,按可比价格计算,增长 7.2%。其中,第一产业增加值 41.6 亿元,下降 7%;第二产业增加值 1897.8 亿元,增长 6.7%;第三产业增加值 1548.8 亿元,增长 8.2%。三次产业比例调整为 1.2:54.4:44.4,三产增加值占 GDP 比重比 2016 年提高 0.7 个百分点。

【固定资产投资结构】 2017 年,江阴市实现固定资产投资 1153 亿元,增长 1.8%。分产业投向看:第一产业投资 6.7 亿元,增长 78.5%,第二产业投资 562.9 亿元,增长 13.6%,第三产业投资 583.4 亿元,下降 7.7%。分投资主体看:国有投资 306.2 亿元,增长 33.2%;民间投资 749.6 亿元,下降 0.5%;外商及港澳台投资 97.2 亿元,下降 35.1%。全年固定资产投资建成投产项目 1251

项,建设项目投产率为85.33%;新增固定资产801.7亿元,固定资产交付使用率为82.39%。

【从业人员结构】 2017年,江阴市全社会从业人数(不含个体从业人数,下同)99.33万人,其中,第一产业从业人数4.68万人,第二产业从业人数60.89万人,第三产业从业人数33.76万人。

产业发展

【农林牧渔业】 2017年,江阴市"三农"工作以农业供给侧结构性改革为主线,以促进农民增收为中心任务,聚力创新、聚焦富民,不断优化农业产业结构,深入推进绿色生产方式,持续深化农村综合改革,致力打造美丽宜居乡村,农业现代化和城乡一体化水平继续走在全省前列。全年农林牧渔业总产值80.8亿元,下降8%。其中农业产值39.7亿元,下降3.4%;林业产值9.3亿元,增长14.1%;畜牧业产值11.3亿元,下降32%;渔业产值9.2亿元,下降5.4%;农林牧渔服务业产值11.3亿元,下降7.6%。

(何 敏)

【工业】 2017年,工业生产稳步向好,全市完成规模以上工业产值5822.7亿元,比2016年增长15.1%。规模以上工业实现主营业务收入5846.7亿元,增长13.1%。骨干企业支撑作用明显,江阴市"百强"工业企业完成工业总产值3916.4亿元,比2016年增长17.1%,占全市规模工业的67.3%;完成产品销售收入3921亿元,比2016年增长13.9%,实现利税397.9亿元,比2016年增长4.5%,分别占全市规模工业的67.1%和76.6%。全市有18个企业开票销售收入超百亿元,其中1个企业开票销售超1000亿元,3个企业集团开票销售超500亿元,1个企业集团开票销售超300亿元。入库税金超亿元的工业企业有36个,其中税金超10亿元企业有2个。民营工业发展后劲持续,全市民营企业51298个,占全市企业总数的94.18%。规模以上民营中小企业工业产值4936.88亿元,增长13.9%。年内,全市有9个企业入选中国企业500强,16个企业入选中国制造业企业500强,12个企业入选中国民营企业500强,分别占全省的19%、34%和15%。创新型百佳民营中小企业工业产值342.35亿元,开票销售收入404.75亿元,比2016年增长15%,入库税金14.84亿元,比2016年增长20%,实现利润19.6亿元,比2016年增长12%。工业经济转型升级工作成效显著,江阴市新能源、新材料、车船及机械装备、生物医药、电子信息等新兴产业完成规模产值2518.9亿元,比2016年增长13%。年内,依据发展潜力大、成长性突出、产品科技含量高等特点,对百佳企业阵容进行调整,10个企业晋升百强企业;9个企业退出、8个企业调入百佳企业。

2017年江阴市创新型百佳中小企业一览表

表8 单位:万元

企业名称	开票销售	入库税金	利润
江苏鼎力重工集团有限公司	16946	898	-1515
江苏斯菲尔电气股份有限公司	24101	3091	6006
江阴齿轮箱制造有限公司	28545	1861	519
江阴大地装备股份有限公司	17030	1621	275
江苏江阴华明电气设备有限公司	11806	645	625
江阴市船舶设备制造有限公司	10494	1239	795
江阴市第三铸造机械有限公司	17450	1902	218
江阴市恒丰钢绳制品有限公司	14250	675	46
江阴市立信智能设备有限公司	5804	632	203
神宇通信科技股份公司	39861	1785	4380
江阴爱科森博顿聚合体有限公司	59480	2982	6408
江阴邦特科技有限公司	41058	1747	2230
江阴市东杰纺机专件有限公司	7294	913	1071
江阴市海华橡塑有限公司	8410	841	688
江阴市宏泽氯碱设备制造有限公司	18595	1497	2187
江阴市虹桥机械制造有限公司	5163	588	169
江阴市鸿萌橡塑制品有限公司	18863	1315	1248

续表8

企业名称	开票销售	入库税金	利润
江苏欧瑞宝机械科技有限公司	6773	690	607
江阴市润信电器配件有限公司	17987	231	173
江阴市三杰实业有限公司	17234	1440	-441
江阴市液压油管有限公司	35855	2562	3615
中船澄西船舶修造有限公司	550392	7161	4537
大明重工有限公司	32465	619	-4918
江苏格尔顿传动有限公司	18414	1298	287
江苏中泰桥梁钢构股份有限公司	76605	668	14767
江苏常隆客车有限公司	23135	597	-2750
江苏方程电力科技有限公司	10770	305	331
江苏界达特异新材料股份有限公司	73503	753	1799
江苏雪豹日化有限公司	29205	2268	1180
江阴市恒富机件制造有限公司	37899	1081	120
江阴塞特精密工具有限公司	12323	839	3483
江阴市镍网厂有限公司	21365	287	-327
江阴市盛龙冶金机械制造有限公司	13705	1061	483
江阴众和电力仪表有限公司	12396	1119	692
江苏安科瑞电器制造有限公司	21986	693	573
江苏锦明工业机器人自动化有限公司	16598	3344	4647
江苏南农高科技股份有限公司	22222	1516	2676
江阴南工锻造有限公司	56149	1889	630
江阴市惠尔信机械有限公司	18272	1191	2662
江阴市赛英电子股份有限公司	8133	1308	1842
江阴市三鑫精密钢管有限公司	49688	2864	463
江阴圆方机械有限公司	8984	507	-378
江苏海特服饰股份有限公司	17813	738	1542
江苏科强新材料股份有限公司	18663	2735	5299
江阴康瑞不锈钢制品有限公司	58386	1272	4919
江阴市科安传动机械有限公司	4644	449	313
江苏云峰科技股份有限公司	7624	763	409
江阴市长龄机械制造有限公司	35355	4563	7586
江苏秋林特能装备股份有限公司	63754	2289	3692
江苏必得科技股份有限公司	22817	3855	5445
江阴市北海救生设备有限公司	14389	1510	778
江阴泰富沥青有限公司	45579	1057	2473
迪锐克斯座椅(江阴)有限公司	38089	2994	4501
江特科技股份有限公司	56127	686	1638
江苏裕华汽车零部件有限公司	15066	974	-532

续表8

企业名称	开票销售	入库税金	利润
江阴市洪腾机械有限公司	18871	1094	852
江阴市辉龙电热电器有限公司	9027	605	1064
江阴市汽车改装厂	12598	935	1707
江阴市友邦家居用品有限公司	13998	754	217
江苏国瓷泓源光电科技有限公司	14798	1094	-145
江苏新达科技有限公司	22153	885	134
江阴市艾格赛伦精密机械制造有限公司	37912	1504	847
江阴市海江高分子材料有限公司	24887	719	803
江阴市勤力橡塑机械有限公司	13731	1065	643
江苏康妮投资有限公司	90354	4022	5762
江苏龙华集团有限公司	22468	555.2	1217
江苏胜达科技有限公司	47643	3483	1375
江阴博尔汽配工业有限公司	17795	799	671
江阴金凤特种纺织品有限公司	10826	858	858
江阴振宏重型锻造有限公司	50103	1298	2156
无锡翔龙环球科技股份有限公司	21095	1754	2123
江苏奥派交通装备股份有限公司	8698	224	571
江阴龙鼎装饰材料有限公司	119643.8	596	3554
江阴方圆环锻法兰有限公司	69075	3646	2463
江阴六环合金线有限公司	7826	357	283
江阴龙盛塑胶有限公司	27608	1593	1395
江阴润玛电子材料股份有限公司	21592	1387	2100
江阴市江顺模具有限公司	34470	2603	2339
江阴万事兴汽车部件股份有限公司	35283	1591	1354
江阴延利汽车饰件股份有限公司	6014	496	451
江阴市凯华机械制造有限公司	5936	427	59
江阴市强力化纤有限公司	195934	2735	4349
江阴比图特种纸板有限公司	21548	1401	634
江阴市恒大纱业有限公司	7887	245	935
江阴市明康电子科技有限公司	62275	807	2512
江阴通利光电科技有限公司	175961	2479	12575
江阴兴吴呢绒科技有限公司	53472	1437	6070
江苏润达光伏股份有限公司	58196	1546	1667
江苏通达家居用品有限公司	37972	1254	574
江苏亿金环保科技有限公司	42412	2162	2744
江阴华新电器科技股份有限公司	35310	2279	4101
江阴市汇通印刷包装机械有限公司	20510	1001	617
江阴旺达电子有限公司	17758	2009	3680

续表8

企业名称	开票销售	入库税金	利润
圣华盾防护科技股份有限公司	16562	1273	1012
无锡鸿昌精密机械有限公司	11893	616	57
江苏亿欣新材料科技股份有限公司	20100	432	142
江阴嘉澜服饰有限公司	35494	1834	582
江阴市百舸有色金属材料有限公司	426849	2309	-1811
江阴市友佳珠光云母有限公司	77748	1957	19709
无锡嘉纺纺织服装有限公司	29715	1880	746

（陆红叶）

【服务业】 2017年，江阴市服务业围绕市委、市政府的决策部署，牢固树立"创新、协调、绿色、开放、共享"的发展理念，加快发展现代服务业，积极推动生产性服务业向专业化和高端化拓展，推动生活性服务业向精细化和高品质提升，全力促进现代服务业提质增效，各项主要经济指标在全省同类城市中继续保持领先地位。全年完成服务业增加值1548.79亿元，比2016年增长8.2%（可比价），占地区生产总值比重达44.4%，比2016年提升0.7个百分点；服务业总投入583.43亿元，下降7.7%；完成规模以上服务业营业收入148.02亿元，增长14.4%；实现社会消费品零售总额863.37亿元，增长11.3%。

2017年江阴市服务业重点重大项目投资完成情况一览表

表9 单位：万元

项目类别	项目名称	计划总投资额	2017年完成投资	累计完成投资
现代物流	江阴宝湾物流	105000	28000	28000
现代物流	长强钢管物流	210000	800	800
现代物流	华联一家食品加工物流中心	20000	17000	17000
现代物流	（宜泰航大）有色金属电子交易平台	20000	5000	5000
现代物流	中粮江阴粮食物流仓储（扩能）	100000	7150	11963
现代物流	兴澄仓储设施建设	100000	7000	19098
现代物流	中国石化长山油库滨江库区扩建工程	45000	—	29600
现代物流	中能LNG储备中心	200000	32800	37000
现代物流	海澜之家智能化物流仓库	130700	42630	130480
现代商贸	江阴九方城	295000	40000	264000
现代商贸	澄星广场综合体	432000	19000	438000
现代商贸	南门印象商业广场	90000	15000	86000
现代商贸	吉麦隆连锁超市	67000	38000	68000
现代商贸	中翔广场	50000	26000	49500
文化产业	东方造物馆	21000	20000	20000
社会服务	江南黄冈实验学校	20000	1000	1000
社会服务	江阴市顾山养护院	12000	1600	1600
社会服务	江阴德美嘉妇儿医院	15000	15000	15000
社会服务	江阴元林康复医院	35000	13500	13500
工业地产	中节能工业地产	33000	10000	28000

续表 9

项目类别	项目名称	计划总投资额	2017 年完成投资	累计完成投资
金融科技	万舜云商互联网平台	10000	1090	3090
科技服务	环宇汽车检修检测项目	11000	6500	6500
科技服务	兴澄特钢科研大楼	42000	14476	30825
科技服务	高铁用齿轮钢 18CrNiMo7－6 关键核心技术研发及应用项目	23847	2893	3352
科技服务	江阴澄新新能源	20000	10000	20000
休闲旅游	梦东方·徐霞客国际旅游度假区	3000000	—	—
休闲旅游	神龙农业科技产业化	10000	6000	10000
休闲旅游	马儿岛艺术文化主题度假酒店	300000	144000	300000
休闲旅游	威尼斯大楼	116000	65000	116000
休闲旅游	阳光生态旅游度假区	150000	51700	70250
合计		5683547	641139	1823558

（单文春　陆晓晓）

居民收入与消费

【概况】 2017 年，国家统计局江阴调查队城乡一体化住户抽样调查资料显示，全市人民收入持续增长，生活水平继续提升。全体居民人均可支配收入 50379 元，比 2016 年增长 8.7%。其中城镇居民人均年可支配收入 59165 元，增长 8.3%；农民人均年可支配收入 30532 元，增长 8.3%。城乡居民消费水平继续提高，消费结构日趋优化，消费领域不断延伸。城镇居民人均年生活消费支出 30148 元，农民人均年生活消费支出 20372 元，分别增长 4.8% 和 8.4%。

【食品消费】 2017 年，江阴市城镇居民人均年食品消费支出 8756 元，农民人均年食品消费支出 6070 元，分别比 2016 年增长 4.2% 和 7.5%。居民家庭食品消费支出占家庭生活消费支出的比重（即“恩格尔系数”），城镇与农村分别为 29% 和 29.8%，城镇恩格尔系数比 2016 年下降 0.2 个百分点，农村恩格尔系数比 2016 年下降 0.3 个百分点。

【衣着消费】 2017 年，江阴市城镇居民人均年衣着消费支出 2725 元，农民人均年衣着消费支出 1528 元，分别比 2016 年增长 3.3% 和 5.8%。城乡居民衣着消费以购买为主，服饰购置向品牌化、当季化和高端化发展。

【生活用品及服务消费】 2017 年，江阴市城镇居民人均年生活用品和服务消费支出 1390 元，农民人均年生活用品和服务消费支出 1149 元，分别比 2016 年增长 2.9% 和 8.1%。家庭设备档次提升，日趋现代化。每百户城镇居民家庭主要耐用物品年末拥有量：电冰箱 114 台、洗衣机 111 台、彩色电视机 208 台、空调机 264 台；每百户农村居民家庭主要耐用物品年末拥有量：电冰箱 91 台、

2017 年 10 月，国家统计局江阴调查队到云亭街道佘城村走访住户调查记账户

（江阴调查队提供）

洗衣机86台、彩色电视机163台、空调机187台。

【居住消费】 2017年，江阴市城镇居民人均年居住消费支出4112元，农民人均年居住消费支出2934元，分别比2016年增长4.2%和6.6%。居住条件进一步改善，城镇居民人均住房面积为55平方米，农民人均住房面积为49平方米。

【交通和通信消费】 2017年，江阴市城镇居民人均年交通和通信消费支出4986元，农民人均年交通和通讯消费支出3125元，分别比2016年增长6%和10.3%。私家车的不断增加和移动电话功能的多样化带动城乡居民交通和通讯消费支出的增长。调查资料显示，至年末，每百户城镇居民家庭拥有私家车88辆、移动电话274部、计算机108台，每百户农民家庭拥有私家车46辆、移动电话217部、计算机91台。

【医疗保健消费】 2017年，江阴市城镇居民人均年医疗保健消费支出1215元，农民人均年医疗保健消费支出864元，分别比2016年增长3.6%和14%。社会医疗保障体系不断完善，居民保健意识加强。

【文教娱乐消费】 2017年，江阴市城镇居民人均年文教娱乐消费支出5680元，农民人均年文教娱乐消费支出3757元，分别比2016年增长6.3%和9%，占全年生活消费支出比重分别为18.8%和18.4%。城乡居民生活消费正由物质消费为主向精神领域消费为主转变，教育消费是文教娱乐消费的重点，旅游消费、假日休闲消费在家庭也比较普遍，持续成为促进文教娱乐消费的新热点。

（夏 蒙）

2017年城镇非私营单位从业人员工资一览表

表10

行业分类	单位数(个)	年平均工资(元)
农、林、牧、渔业	1	97444
制造业	291	65687
电力、燃气及水的生产和供应业	11	130244
建筑业	30	46416
批发和零售业	106	70217
交通运输、仓储及邮政业	42	71054
住宿和餐饮业	16	45900
信息传输、计算机服务和软件业	8	104421
金融业	34	157743
房地产业	82	87035
租赁和商务服务业	43	77199
科学研究、技术服务业	50	105726
水利、环境和公共设施管理业	35	76027
居民服务和其他服务业	11	33396
教育	161	98722
卫生和社会工作	50	102835
文化、体育和娱乐业	25	89838
公共管理和社会组织	216	144321
总 计	1212	75620

■类目编辑 王萍芳

农村工作与农业

综　述

【概况】 2017年,江阴市坚持稳中求进的工作总基调,紧紧围绕率先实现农业现代化目标任务,深入贯彻新发展理念,顺应农业供给侧结构性改革,农业经济呈现良好发展态势。全年完成农业总产值80.8亿元,“三资”(工商资本、民间资本、外商资本)投农10亿元。农业适度规模经营比例87%,高标准农田比重60.02%,高效农业比重63.5%,农业信息化覆盖率75%,建成农业推广应用示范基地15个。城乡发展协调推进,以新一轮城市总体规划为统领,紧扣城乡建设“1310工程”*,持续推进多规融合,开展“美丽村庄”建设规划;启动新桥产业集聚型、徐霞客生态旅游型、长泾古镇保护型3个城乡发展一体化示范镇建设。民生福祉持续改善,推动就业、创业,提供就业岗位5.7万个,解决本地劳动力就业4.7万人;实施全民参保计划,新增“城保扩面”4.3万人,持续提升企业退休人员养老金、居民养老保险基础养老金、被征地农民养老年龄段人员养老补助金、城乡低保、城乡居民基本医疗保险人均筹资标准;村级医疗互助资金补助近8万人次,启动实施“阳光扶贫”,实现市镇村三级社会救助“综合型、一门式、便捷化”。城乡公共服务均衡发展,扎实推进省教育现代化示范区建设;开展紧密型医联体试点,启动医保支付方式改革,按照人社部“互联网+”2020行动计划要求,加快推进医保脱卡支付工作;组织开展各类文化惠民活动3000场,加快建设全民健身综合馆。农村综合改革不断深化,加快推动土地确权登记,规范完善农村产权交易,稳步开展农村集体产权制度改革试点。年内,全市累计组建各类农民合作经济组织1091个,其中,村级集体经济股份合作社194个、土地股份合作社115个、富民合作社34个、农民专业合作社748个,参加各类农民合作经济组织的农户总数23.79万户,各类合作社分红3.67亿元。是年,江阴市被评为江苏省发展现代高效农业成效显著县、江苏省兽医工作先进县(市、区);市委农工办被评为江苏省扶贫系统先进集体;市农林局被评为江苏省现代渔业建设先进集体;江阴市动物疫病预防控制中心被评为全国基层畜牧(草原)技术推广示范站、江苏省农技推广服务先进集体;江阴市植保技术指导站被评为江苏省“新农药、新技术”推广先进集体;江阴市渔政监督大队被评为江苏省长江、淮河干流渔政执法先进单位。

(陈　光　吴　双　程静雯)

【农民人均可支配收入蝉联江苏省十八连冠】 2017年,江阴市按照“聚力创新、聚焦富民,高水平全面建成小康社会”的战略目标,积极拓宽农民收入增加渠道,有效促进农民持续增收。年内,实现农民人均可支配收入30532元,比2016年增长8.3%,连续十八年名列江苏省县(市)级第一,全市城乡居民收入比为1.94:1。其中,实现农民人均工资性收入18716元,比2016年增长7.7%;实现农民人均家庭经营净收入3267元,比2016年增长6.4%;实现农民人均财产净收入为5404元,比2016年增长11.3%;实现农民人均转移净收入为3145元,比2016年增长9.5%。

【农村生态文明建设】 2017年,江阴市以创建全国文明城市为契机,加大生态保护力度,深入实施“263”专项行动*,不断优化农村生态宜居环境。新增绿化面积333.33公顷,全市建成区绿化覆盖率达43%,人均公园绿地面积达15.96平方米。深入推进农业清洁生产,加大农业面源污染治理力度,关闭畜禽养殖场1700余个,农业废弃物综合利用率98%以上。持续改善村庄环境,健全长效管理机制,创建江苏省美丽乡村1个,无锡市美丽乡村示范村6个。加快实施城乡黑臭河道整治,开展河流综合整治100条。实施村庄生活污水治理423个,新建排水达标区30个,建成污水主管网20千米。深入开展生态补偿专项整治行动,抽查全市15个镇(街道)的30个行政村和300余户农户,事后对抽查中发现的问题整改情况进行复查复核,确保所有问题全部整改到位。同时,做好生态补偿工作,是年,核发生态补偿资金9700余万元。

【城乡发展一体化示范镇建设】 2017年,江阴市根据无锡“培育产业特色鲜明、文化特质彰显、生态环境优美、空间形态合理、具有较高城镇综合承载能力和可持续发展能力示范镇”的要求,着力推进城乡一体化示范镇建设。9月,全市确定新桥产业集聚型、徐霞客生态旅游型、长泾古镇保护型3个示范镇建设方案。其中,新桥镇主要以打造特色小镇为抓手,遵循五大发展理念,统筹推进经济、城镇、文化、社会、生态文明建设;徐霞客镇进一步加强资源配置融合及综合利用,推进城乡统筹协调发展,切实增强整体实力;长泾镇围绕打造生态品质之城的发展定位,加快推进“六个一体化”*进程。12月,各镇建设方案(规划)通过无锡审核,新桥镇年度申报项目被评定为第一档次,奖补资金900万元,徐霞客镇、长泾镇申报项目被评定为第二档次,奖补资金750万元。通过示范镇建设,有效起到示范引领作用,带动全市城乡发展一体化向纵深推进。

【无锡市美丽乡村建设】 2017年,按照无锡市要求,江阴市努力建成一批布局合理、规模适度、设施完善、环境优美,既富现代气息又有江南水乡特色的宜居村庄,打造农村更美的亮点。3月,各村开始申报工作。6月下旬,华士镇华西村、夏港街道长江村和周庄镇山泉村通过无锡市专家考核组考核验收,成为首批无锡市美丽乡村示范村。11月,顾山镇红豆村、月城镇双泾村和璜土镇璜土村通过无锡市专家考核组考核验收,成为第二批无锡市美丽乡村示范村。

农村管理

【概况】 2017年,江阴市全面排查农村“三资”*管理工作中容易引发违法违纪违规问题的风险隐患,积极部署农村集体“三资”专项治理,逐步建立完善农村“三资”监管长效机制,切实维护农民群众切身利益,促进农村社会和谐稳定。是年,基本完成农村土地承包经营权确权登记颁证工作,开展农村住房翻建和农村建设管理试点;持续优化村级规范化管理,“阳光扶贫”监管系统成功上线;继续规范省级村级公益性事业“一事一议”财政奖补工作,全年完成“一事一议”奖补项目61项,发放奖补资金1515万元;培训村会计及镇(街道)财务代理人员320名。

【农村土地承包经营权确权登记颁证基本完成】 2017年,江阴市紧紧围绕《关于开展农村土地承包经营权确权登记颁证工作的工作方案》要求,按照1年试点、2年推开、3年完成的循序渐进策略,稳妥推进农村土地承包经营权确权登记颁证工作。是年,全市144个应确权村根据中央、江苏省下发的验收标准完成江阴市本级验收并发证,占应确权村总数的100%,确权村民小组3681个,农户117310户、承包地1.97万公顷,基本完成土地确权任务。

【探索农村住房建设管理试点】 2017年7月,江阴市出台《江阴市农村住房建设管理试点方案》,选择长泾镇浦市村、刁礼村、河塘村和月城镇双泾村、蔡庄村、沿山村6个行政村试点农村住房建设管理工作。按照“规划统领、农户自主、保护耕地、注重特色”的原则,重点围绕编制村庄规划、规范农房建设管理、优化土地利用、完善配套设施、设立专项资金等方面,推进农村住房建设管理工作。9月,市住建局根据试点方案配套出台《江阴市农村住房建设管理细则(试行)》,规范农房的建设程序,加强农房的批后管理。是年,按照试点方案要求,长泾镇3个试点村完成村庄规划修编、农房设计、土地调整等工作,月城镇3个试点村完成入户调查工作。

【农村集体“三资”专项治理】 2017年,江阴市部署农村集体“三资”专项治理,完善农村“三资”监管长效机制。是年,江阴市委农工办常规检查12个镇(街道)36个村(社区),并配合无锡市审计局审计14个村,联合市审计局,委托第三方审计20个村,发现汇总各类问题265个。对发现的问题实行销号制度,各村逐一进行整改,各镇(街道)组织纪检、农经、财政等有关部门进行面上排查,对类似的问题,及时查漏补缺,限时整改到位。年内整改完成问题246个,其余问题落实整改措施。深入推进“三资”监管“阳光行动”,率先在璜土镇璜土村开展三务公开“户户通”试点,通过有线电视公开村级三务,使村民足不出户即可查看村级重大事项和财务运行状况;同时在璜土村等6个村开展村务卡结算试点,实现所有试点村财务结算非现金化。

【“阳光扶贫”系统成功上线】 2017年11月,江阴市严格按照江苏省、无锡市要求,成立“阳光扶贫”监管系统建设领导小组,集中力量建设“阳光扶贫”监管系统。该系统设置扶贫项目、经济薄弱村、建档立卡户3个界面,从帮扶力量、帮扶对象、帮扶资金、结对帮扶情况等方面,对各条线部门的帮扶资金使用和帮扶措施落实等内容进行全程监督,实现“阳光扶贫”和“精准扶贫”的目标。依托该系统,加大运行公开透明,曝光资金闲置,倒逼业务主管部门提

2017年4月拍摄的顾山镇红豆村水乡风光 (赵月萍 摄)

升资金使用效率,并为每一位低收入户建立脱贫档案,以时间轴的形式展示脱贫归集。同时,结合“阳光扶贫”监管系统手机APP,实现定位考勤、帮扶工作纪实等功能,加强对帮扶责任人的监管考核。年内,市委农工办摸排无锡经济薄弱村帮扶项目36项,收集整理政策制度57项,并根据市民政局、机关党工委核定结对帮扶对象5107户信息,将项目、政策、结对情况等信息全面录入监管系统。12月15日,“阳光扶贫”系统正式上线运行,实现全口径、全覆盖监管。

村级集体经济

【概况】 2017年,江阴市不断深化农村综合改革,激发农村经济发展活力。通过科学考核导向、精准扶持薄弱村、规范集体资产管理、财政专项补助向薄弱村倾斜等多种途径有效促进村级增收,夯实城乡一体发展基础。年内,积极申报全国农村集体产权制度改革试点县(市、区),推进村级集体经济股份制改革;科学规划农村产权交易市场建设,推进农村集体经营性资产进入农村产权交易平台。是年,全市村级收入31.76亿元,村均1260万元,其中,村级收入超千万元的村46个;村级净资产总额238.77亿元,村均9475万元。

【持续加强薄弱村帮扶】 2017年,江阴市依据《关于继续实施帮扶经济薄弱村工作的意见》,按照一定三年、持续帮扶的原则,继续对50个江阴市第九轮经济薄弱村开展重点帮扶。通过强化领导责任,落实市领导包村、部门结对、镇领导担责,同时严控村级管理,提高结对效益。年内,落实薄弱村专项补助资金3000万元,其中基本补贴1400万元,考核奖励1100万元,市领导慰问500万元,有效保障村级稳定运行。是年,全市50个经济薄弱村资产总额10.07亿元,村均2012.55万元,比2016年增长9.5%;村均稳定性收入232万元,其中14个村稳定性收入250万元,提前实现脱贫目标。

【全国农村集体产权制度改革试点县】 2017年4月,江阴市根据江苏省农业委员会推荐,结合自身优势和农村工作重点,积极申报全国农村集体产权制度改革试点县(市、区)。6月,通过农业部和中央农村工作领导小组办公室审核成功入选,市委农工办以此为契机,全力推进村级集体经济股份制改革。全年完成月城镇卧龙村、璜土镇北湖西村等18个村(社区)股份制改革,累计组建村级集体经济股份合作社194个,拥有农民股东63.95万人,年内分红2.35亿元,累计分红17.13亿元,真正做到让更多农民群众早享、多享、共享农村改革发展红利。

【推进集体资产公开竞价】 2017年,江阴市按照“应进必进、公平公开、全程监督”的要求,从平台建设、交易权限、交易方式、交易流程等环节入手,科学规划农村产权交易市场建设,推进农村集体经营性资产进入农村产权交易平台。平台依托江苏省农村产权交易服务平台,构建全市农村产权交易管理信息库,实现信息发布、业务受理、资格审核、网络交易等核心功能,对农村土地承包经营权、林权、农村集体经营性资产等交易内容进行全面规范管理。是年,全市1个市级交易平台、14个镇(街道)交易平台,成功交易4908宗,成交总金额8.26亿元,溢价406万元,排全省县级前列。其中,徐霞客镇交易项目总数1210项,多次被评为乡镇级农村产权交易“月度之星”;澄江街道成交金额位列第一,累计达到2.75亿元。

(陈光 吴双)

农业产业化

【概况】 2017年,江阴市坚持以农业园区建设为平台,以项目建设带动引领农业发展。持续跟进服务以色列都市农业、华西稻米产业基地等重点项目建设,华西都市农业园成功创建省级现代农业产业示范园,全市园区面积1.65万公顷,园区化率49%。全年完成“三资投农”10亿元,农业总产值80.8亿元,农业适度规模经营比例87%,高标准农田比重60.02%,农业信息化覆盖率75%。强化市场主体培育,培育新型职业农民1590人,全市新型职业农民培育程度50%,提前3年完成培育目标任务;经登记注册家庭农场205个,全市农民专业合作社790个,入社农户15万户,占全市农户总数的91%;26个无锡市级以上龙头企业销售总收入154亿元,比2016年增长8%。全市有“三品一标”*优质农产品376种,其中,无公害产品367种,绿色食品8种,有机食品1种;三品基地面积2.17万公顷,占耕地面积的72%;种植业三品产量38.9万吨,占种植业食用农产品总产量的55%,比2016年度提高15个百分点,提前3年完成江苏省现代农业指标的任务。强化产业转型发展,突出“农旅结合”理念,加快推动全市“特色小镇”“创意农园”规划发展;用“互联网+”改变农业生产经营方式,加大“农技耘”APP推广应用力度,扩大农业科技云平台服务对象。加快农产品电子商务发展,建设苏宁易购江阴特色馆、“淘江阴”电子商务平台、璜土葡萄电商村等地产优质电商平台。璜土故乡情果业专业合作社与顺丰速运集团合作,全年实现线上销售超千万元,户均增收近1.8万元,其“故乡情”牌葡萄入选2017年度江苏省十家电商农民合作社十个网络畅销产品品牌。是年,江阴市在江苏省农业现代化指标监测中继续名列前茅。

(刘惠中 许栋)

【农业政务大数据平台建设】 2017年,江阴市农林局加快推进农业政务服务管理信息化,开发完善农业政务服务相关信息管理平台,加快大数据、云平台在农业生产管理上的应用,推动农业服务能力提升。年内,全面推进信息进村入户工作,新建益农信息社125个,实现全市230个行政村(涉农社区)全覆盖,大力推广应用信息进村入户平台。加快实施互联网生态循环农业项目建设,建设江阴生态循环农业智能监管平台,探索建立病死猪无害化处理系统、农业废弃物综合利用系统、农业生态循环生产监控系统,加快推进省级生态循环农业试点项目建设。初步打造农业政务大数据,逐步整合物联网园区管理平台、农业保险服务平台、信息进村入户平台、循环农业智慧管理平台数据库，打造农业政务大数据平台，推动农业政务管理迈上新台阶。

【休闲创意农业】 2017 年，江阴市农林局继续大力推进休闲观光创意农业，带动农村融合发展，集聚新技术、新要素，推动农业发展“接二连三”（指一产种植、二产加工、三产销售和旅游观光服务业融合发展），培育新兴业态。年内，市农林局开展休闲观光系列活动，在华士镇华西村承办“走在乡间的小路上——无锡市 2017‘回味乡愁乡村行’农业休闲旅游系列活动启动仪式”，组织 50 余个无锡各县市（区）农业企业为江阴市民带来优质地产农产品。同时，与江阴广电集团合作，开展休闲农业与农村电商全媒体宣传推介活动，整合全市乡村、农庄、田园等主要农业休闲和农事节庆等活动资源，通过电视台“食尚江阴”《江阴新闻》栏目、“最江阴”微信平台、江阴报社等媒体，联合推广华西村樱桃采摘节、红豆村桃花节、叶飞园艺国际灯光节等特色活动。开展休闲农业示范创建，组织申报“全国美丽休闲乡村”“全国休闲农业与乡村旅游星级企业”“江苏省休闲观光农业示范村”“无锡市休闲农业示范点（园区、企业）”。是年，顾山镇红豆村被评为中国美丽休闲乡村，南闸街道狮子山生态园被评为无锡市休闲农业示范点。引导发展创意农业，突出“农旅结合”理念，加快推动全市“特色小镇”“创意农园”规划发展，组织邀请参加南闸狮山湖禅文化园建设论证咨询会、璜土葡萄风情小镇规划设计咨询会，重点支持“璜土葡萄风情小镇”创建江苏省级“农业特色小镇”。全年组织开展创意休闲农业专题培训班 2 期，培训创意休闲农业经营主体负责人 80 人次；江阴市长泾叶飞园艺场被评为江苏省级主题创意农园。（许　栋）

种植业

【概况】 2017 年，江阴市加快农业结构调整，实现综合产能新跨越。全市实现种植业（农业和林业）总产值 49 亿元（其中农业产值 39.7 亿元、林业产值 9.3 亿元），占农林牧渔业总产值比重的 60.6%。全市水稻种植面积 0.99 万公顷，小麦种植面积 0.91 万公顷；粮食总产量 12.62 万吨，其中夏粮 3.63 万吨，秋粮 8.99 万吨；小麦每公顷平均产量 3916.8 公斤，水稻每公顷平均产量 8723.1 公斤；稻、麦每公顷平均总效益 11232.6 元。经济作物种植成效明显，全市油料作物种植面积 1050 公顷，总产量 0.22 万吨。全市蔬菜保护地设施栽培总面积 1572 公顷，其中温室（连栋大棚）35 公顷，钢架大棚 1116 公顷，普通大棚 139 公顷，小拱棚及地膜覆盖面积 282 公顷；年末蔬菜地总面积 5737.4 公顷，其中常年菜地 4333 公顷，季节性菜地 1404.4 公顷，全年蔬菜总产量 34.88 万吨；茶园面积 18.3 公顷，茶叶总产量 3.9 吨；食用菌总产量 2872.9 吨；果园面积 3087 公顷，水果总产量 7.9 万吨。年内，继续实施华士华西、顾山东岐、徐霞客北渚、青阳小桥、南闸谢南、祝塘联业、长泾永业、周庄长南等 8 个水稻绿色高产高效千亩示范片建设；加快推进 1733.33 公顷省级“菜篮子”工程蔬菜生产基地建设，顺利完成 1353.33 公顷无锡市属蔬菜基地划定；继续推进 2016 年度申报成功的海陆种养殖专业合作社、双泾兴农葡萄专业合作社等 5 个省级园艺作物标准园建设。是年，全市粮油主要病虫草发生面积 16.23 万公顷次，防治面积 20.8 万公顷次，通过防治，挽回损失 26667 吨，尚有损失 927.1 吨。全市完成造林绿化面积 333.7 公顷，林木覆盖率 24.54%，长泾镇长跃湖湿地保护小区顺利通过验收，其中人工新造林 186.91 公顷，人工更新造林 146.79 公顷。新增森林覆盖率 0.22 个百分点。加快改善村庄环境面貌和农村生产生活生态条件，全面开展省级村庄绿化建设，年内创建省级绿化示范村 3 个，“三化”（珍贵化、彩色化、效益化）示范村 5 个，累计种植绿化大苗 6500 余株，种植面积约 11.13 公顷，项目累计投入资金 870 万元。开展长泾镇长跃湖湿地保护小区和南闸街道丁果湖湿地保护小区创建工作，完成锡澄运河、青祝河绿化工程、河道绿化补植工程初验工作，并进入养护阶段；初步完成锡东生态园施工方案设计工作，完成林相改造工程规划论证，完成施工单位设计招标工作。全年发生森林火灾 2 次，未发生重、特大森林火灾和人员伤亡事故，完成森林火灾受害率控制在 0.3‰以下，控制率在 1.2 公顷/次以下的年度目标任务。

（缪　炎　刘晓宇　邵益栋）

【农业面源污染治理】 2017 年，江阴市农林局深入推进农业“263”专

2017 年 5 月拍摄的江阴市华西优质稻米生产基地育秧现场

（市农林局提供）

项行动”,关停河道断面禁养区养殖户15个、关闭小散养殖场1700余个,完成规模养殖场整改、提升455个,规模养殖场治理率72.45%。循序推进耕地质量建设,新定耕地质量监测点27个,完成50个产地重金属污染防治省控监测点核定、采样及检测。建立水肥一体化示范区1个,推广应用测土配方施肥面积2.01万公顷次,推广稻麦配方肥、商品有机肥及有机无机复混肥1.2万余吨,化肥施用总量比2016年削减2%,主要农作物测土配方施肥率100%,秸秆综合利用率96%;大力推进绿色防控,新建水稻、蔬菜病虫害绿色防控示范区各1个,稻麦病虫害大面积专业化统防统治覆盖率62%以上,高效低毒低残留农药使用占比88%以上,化学农药施用量比2016年减少50吨。 (徐险峰)

【“菜篮子”工程蔬菜生产基地建设】 2017年,江阴市根据“菜篮子”工程蔬菜生产基地发展情况,对江苏省级基地进行调整。城郊蔬菜基地增加南闸街道观山村和观西村;澄南蔬菜基地增加青阳塘头桥村、小桥村、赵宕村,减少月城黄桥村;徐霞客蔬菜基地增加徐霞客镇红星村、湖塘村、上东村。加上之前规划所在村,合计面积1748.6公顷。同时,对市级蔬菜基地进行划定,划定南闸、临港、青阳、徐霞客、华士、祝塘6个镇(街道)的12块1353.33公顷市级蔬菜基地,超额完成1266.67公顷的任务。

【农村湿地保护小区创建工作】 2017年,为加强全市湿地保护工作,提升自然湿地保护率,充分发挥河湖自然湿地的防洪排涝和生态环境等功能,江阴市积极做好长泾镇长跃湖、南闸街道丁果湖省级湿地保护小区的各项申报工作。长跃湖湿地保护小区总面积18.1公顷,其中湿地面积为10.17公顷,占保护小区总面积的56.17%,湿地类型为永久性淡水湖。该湿地保护小区的水源由长江补给,水质达到国家的Ⅱ类或Ⅲ类;湿地植被划分为针叶林湿地植被型组、阔叶林湿地植被型组、草丛湿地植被型组和浅水植物湿地植被型组4个,群系25个,内有湿地维管束植物100余种,湿地脊椎动物40余种,省级保护野生动物11种,具有较高的保护价值。丁果湖湿地保护小区属于人工湿地类中的库塘湿地,总面积11.66公顷,其中湿地面积为8.96公顷,占保护小区总面积的76.84%,满足江苏省湿地保护小区建立必备的面积条件。该湿地保护小区的水源由白洋河、黄家河和黄昌河补给,水质达到国家的Ⅱ类或Ⅲ类;湿地小区有维管植物42科76属84种,鸟类18科23属25种、两栖爬行动物8科15种、鱼类8科19种。是年8月、12月,无锡市农林局邀请江苏省湿地保护管理库专家,组成专家评估组,分别对江阴市长跃湖、丁果湖湿地保护小区建设方案进行评估,均符合申报要求,被列为无锡市县市级湿地小区。

【水稻绿色高产高效千亩示范片建设】 2017年,江阴市水稻绿色高产高效创建项目按照“交通便利、生态条件好、技术水平高基础良好”的原则,选择徐霞客、南闸、青阳、顾山、华士、长泾、祝塘、周庄等8个镇(街道)作为项目实施区,每个镇(街道)建设1个千亩以上示范片,涉及16个村,17个农业合作社(种植大户),总面积635公顷。江阴市积极推进专业化服务,项目单位对项目区实行统一供种,项目区良种的覆盖率100%。由合作社对项目区实行统一播种、统一育(插)秧,统一机耕,提高栽插质量;大田期实行统一病虫防治、统一肥水管理、统一收割等专业化服务,促进技术措施到位。项目区专业化服务率100%,比非项目区的68%高32个百分点。另外江阴还示范推广一批稻田综合种养新模式,如青阳镇小桥村林度农机服务合作社示范稻蟹共作技术6公顷。周庄镇长南村雪峰农业合作社示范稻鸭共作技术5.33公顷。是年,江阴市6个以高产为主的示范片平均单产664.9公斤,比全市平均单产580公斤增产84.9公斤。

【省级村庄绿化建设】 2017年,为提高村庄绿化建设质量,推进全市生态文明建设水平,江阴市继续推进村庄绿化建设,做到村庄绿化和苗圃经济结合,绿化树种多样,在增加绿量基础上,合理配置经济、乡土和景观树种;在统一规划基础上,以农村集中居住区为重点,由各村“统一栽植、统一管护”;突出“生态优先、兼顾经济”原则,在绿化树种基础上,广泛使用桃、梨、葡萄等经济林果,部分村庄打造果树成片林和公共绿地,并通过成立管护专业队、确定管护责任人等方式,在苗木进入正常生长状态前定期开展涂白、浇水、扶正等管护工作,提高苗木成活率和保存率。积极开展绿化宣传、管护责任上墙、建立村规民约等活动,增强村民的爱绿护绿意识,保护好已有的绿化成果。是年,经过江苏省林业局检查验收,完成省级村庄绿化示范村3个、“三化”示范村5个的创建任务。 (程静雯)

养殖业

【概况】 2017年,江阴市紧紧围绕生态养殖、绿色发展、创业富民的战略要求,坚持生态化养殖、标准化生产、资源化利用的总方针,科学指导养殖生产,严格动物疫病防控,强化质量安全监管,全面提升综合生产能力,促进养殖业经济平稳运行。全市实现养殖业(畜牧业和渔业)总产值20.5亿元(其中畜牧业产值11.3亿元、渔业产值9.2亿元),占农林牧渔业总产值比重的25.4%。畜禽养殖集约高效,生猪出栏30.3万头,年末存栏5.6万头,母猪存栏0.22万头;羊出栏0.34万只,年末存栏0.13万只;家禽出栅302.6万羽,其中主要品种肉鸡107.23万羽,草鸡33.7万羽,肉鸭121.64万羽,鹅3.1万羽,年末存栏22.52万羽,其中主要品种蛋鸡9.83万羽,肉鸡4.3万羽,草鸡4.3万羽,肉鸭1.6万羽;奶牛年末存栏3135头,牛奶产量1.19万吨;肉类总产量2.67万吨,禽蛋总产量0.19万吨;生猪大中型规模养殖场比重为72.82%,肉禽规模养殖比重为74.91%,奶牛规模养殖比重为99.68%。新增生猪部级标准化示范场1个,完成无锡市美丽牧场创建验收2个;大力推进畜禽科技入户工作,示范带动全市畜禽养殖示范户100户;积极争取省市各项扶持项目,使用上级扶持资金400余万元。年末，水产养殖面积3866.67公顷，其中特种水产养殖面积占46%，高效设施渔业占比32%，水产品总产量2.7万吨。新增高效设施渔业面积200公顷，新增池塘工业化养殖工程建设面积600平方米，新增稻田综合种养工程建设面积10公顷，送检水产品数量374个，合格率100%。全市有渔业户1531户，渔业人口3162人。是年，江阴市被评为江苏省兽医工作先进县（市、区）；江阴市动物疫病预防控制中心被评为全国基层畜牧（草原）技术推广示范站、江苏省农技推广服务先进集体；江阴市渔政监督大队被评为江苏省长江、淮河干流渔政执法先进单位。

（陆春兵 朱雷阳 丁建英）

【重大动物疫病防控】 2017年，重大动物疫病防控工作以防控高致病性禽流感（H5N1、H7N9）、口蹄疫、猪瘟、高致病性猪蓝耳病和小反刍兽疫为重点，突出抓好强制免疫、疫情监测和人畜共患病防治工作，先后组织开展春季动物防疫、夏季高温消毒灭源、秋冬季动物防疫3大动物防疫集中行动。是年，全市使用猪瘟疫苗79.4万头份，防疫猪38.05万头次；使用猪口蹄疫疫苗82.36万毫升，防疫猪43.26万头次；使用牛羊三价口蹄疫苗3.74万毫升，防疫羊0.47万头次，防疫牛1.11万头次；使用高致病性猪蓝耳病弱毒苗36.65万头份，防疫猪20.19万头次；使用小反刍兽疫疫苗0.66万头份，防疫羊0.37万头次；使用禽流感H5N1（Re－6＋Re－8）疫苗142.68万毫升、H5N1（Re－6＋Re－7＋Re－8）疫苗159.04万毫升、H5＋H7二价苗2.8万毫升，防疫鸡198.84万羽、鸭150.08万羽、鹅7.83万羽、鹌鹑118.6万羽、鸽子33.94万羽；使用新城疫苗140.25万羽份，防疫鸡84.39万羽；其他疫苗的使用也得到积极的推广；防疫密度、消毒密度均达到100%。全年监测各类动物疫病血清学样品9581份，病原学样品990份，其中禽血清2620份，猪血清940份，奶牛5916份，羊血清105份，各项检测抗体合格率均达到国家及江苏省要求的抗体水平，病原学检测均未检测出阳性样品。全市全年未发生重大动物疫病疫情。

（陆春兵）

【动物卫生监督管理】 2017年，江阴市农林局与84个官方兽医、全市各规模养殖企业、重点经营户、重点经营场所签订江阴市动物及其产品质量安全责任状3000余份，全市产地检疫生猪155325头，产地检疫禽220万羽，禽产品1590万公斤，出具动物A证612张，动物B证9592张，产品B证225637张，产品A证7626张；养殖环节无害化处理死猪7785头；定点屠宰检疫生猪579796头，处理病害猪及产品2693头，完成动物诊疗许可证的年度审核28张，登报注销动物防疫条件合格证38张。审核办理动物诊疗许可证7张；“瘦肉精”检测总数43904份，其中猪39204份（养殖环节7886份，屠宰环节31318份），牛3500份，羊1200份，结果均为阴性；抽样送检猪肝60份，猪肉29份，牛肉20份，禽蛋42份，禽肉36份，牛奶86份，结果均为阴性。是年，市农林局深化动物卫生监督工作，积极打击违法行为，查处案件12件，结案12件，罚没款2.2万元。

（殷 琴）

【河道养殖取缔工作】 河道养鱼发展于缺鱼少粮的二十世纪七八十年代，曾为解决广大市民的“买鱼难”发挥不可或缺的历史作用，也为渔业增效、渔民增收作出重要贡献。然而，随着生态文明建设的开展及渔业转型升级步伐加快，河道养殖中饲料和药物的投放污染环境，使河道水质恶化，直接影响河道航运、泄洪等功能，传统的河道养殖与当前的绿色发展需求发生矛盾。2017年，江阴市渔业生产配合全市深入贯彻落实“263”专项行动，开始取缔传统的河道围网养殖及网箱养殖模式，禁止河道围网、网箱养殖。是年，江阴市徐霞客镇拆除河道围网养殖面积14.2公顷，并计划在2018年完成对全市所有河道养殖网箱、围网拆除工作。河道养殖退出历史舞台，以渔稻共作、池塘工业化养殖及种草养蟹养殖虾等新型生态养殖模式加速发展，现代渔业加速发展。

【杂交黄颡鱼引种与规模化育种生产取得成功】 黄颡鱼（俗称昂公鱼）有肉质细嫩、无肌间刺等优点，是江阴特种水产养殖中的重要品种之一，也是流水槽养殖中比较适合的品种。以往江阴放养的黄颡鱼鱼种主要是普通黄颡鱼及全雄黄颡鱼两种，生长优势与新品种杂交黄颡鱼相比还有一定的差距，且鱼种全部从外地采购。由于鱼种经长途运输使成活率降低，养殖成本增加，成为进一步发展推广的瓶颈。2017年6月12日，由江阴水产指导站主导，并与徐霞客水产研究所、锦湖水产养殖有限公司合作，从四川眉山引进杂交黄颡鱼鱼苗，在徐霞客镇南苑村老住基的4口池塘计1.37公顷水面中进行鱼种培育试验，投放杂交黄颡鱼水花300万尾。经过56天的培育，捕出规格从每公斤172尾到128尾的优质黄颡鱼种837624尾，平均成活率27.9%，其中最高塘口成活率42.95%，总产值超10万元。培育出的鱼种分运到全市16条流水槽及数十亩池塘中进行成鱼养殖，养殖成效明显。新品种杂交黄颡鱼引种与规模化育种生产的成功，为全市池塘与流水槽的优质黄颡鱼养殖提供良种保障。（朱雷阳）

农业机械化

【概况】 2017年，江阴市农机化工作紧紧围绕省粮食生产全程机械化整体推进示范县建设目标，认真组织实施，加大政策扶持，着力主推技术，实现稻、麦两大粮食作物生产全程机械化。全市农机装备总投入2089.29万元，其中，中央和省级财政补贴493.45万元、江阴市级财政更新补贴443.93万元、农民个人投入1151.91万元。年内，全市新增和报废更新各类农业机械445台（套）。其中，大中型拖拉机30台，联合收割机12台，水稻插秧机63台，小麦播种机105台，粮食烘干机72台。夏秋两季投入大中型拖拉机配套秸秆还田机1200余台次；全市夏季秸秆机械化还田面积8592公顷，还田率94%；秋季秸秆机械化还田面积4623公顷，还田率47%，稻麦秸秆综合机械化还田率69%。是年底，全市农业机械原值2.77亿元、农业机械净值1.92亿元。全年农业机械作业总面积87623公顷，农业生产综合机械化水平94.75%。

【粮食生产全程机械化整体推进示范县建设】 自2016年8月，江阴市被江苏省农业机械管理局确定为全省首批粮食生产全程机械化整体推进示范县以来，江阴市委、市政府高度重视粮食生产机械化工作，专门成立全市粮食生产全程机械化领导小组。2017年4月5日，江阴市政府办公室出台《加快推进粮食生产全程机械化的意见》，明确指导思想、总目标任务、工作重点和保障措施。同时，下发《2017年江阴市各镇街粮食生产全程机械化重点指标目标任务分解表》，分解落实各镇街的目标任务。为加大示范效应，加强创建氛围，全市先后挂牌设立粮食规模生产全程机械化示范点10个，建成并验收通过育插秧中心11个和烘干中心20个。12月底，全市11个创建粮食生产全程机械化示范镇通过无锡市政府的考核验收。经测算，至年底，江阴市在粮食生产6个生产环节中，耕整地机械化水平100%、小麦种植机械化水平92%（其中小麦机械条播水平47%）、水稻种植机械化水平92%（其中机插率85%）、植保机械化水平100%（其中高效植保机械化水平100%）、稻麦收获机械化水平100%、粮食烘干机械化能力100%（其中产地机械化烘干能力100%）、秸秆机械化综合利用率96.5%（其中秸秆机械化还田率91%），各项水平达到建设目标。全市稻、麦两大作物实现粮食生产全程机械化。

【农机财政补贴政策落实】 根据江苏省农机局、江苏省财政厅《关于调整2017年江苏省农机补贴机具品目范围及补贴额的通知》和江苏省农机局《关于做好2017年江苏省农机购置补贴政策实施工作的通知》文件精神，结合江阴市农机化发展的实际情况，围绕粮食生产全程机械化整体推进，江阴市水利农机局与市财政局联合制订《2017年度江阴市农机化发展补贴政策》，并通过组织参观省农机展、江阴电台“空中热线”节目、农机现场展示会、市镇两级农机人员走访等方式向全社会广泛宣传。同时，继续加强对惠农资金的监管，7月起，采取自查自纠、重点督查和延伸绩效管理考评等方式，开展农机购置补贴和秸秆机械化还田作业补助政策落实专项监督检查工作；立专项检查小组，实地检查上半年度新增机具和近两年享受财政补贴购置的农机具，检查结果总体良好。是年，举办育秧现场会、水稻穴播机作业、秸秆机械化还田现场会、机插秧比赛等农机现场会7场，以丰富的形式充分展示各种类机具的性能，极大调动全市农机户购机积极性。

【秸秆机械化还田工作】 2017年，按照省《2017年江苏省秸秆机械化还田实施办法》的要求，江阴市水利农机局会同农林、环保、财政部门，按照省补150元/公顷，市补150元/公顷的标准，制订《江阴市秸秆机械化还田作业实施方案和实施办法》。年内，为让农机户进一步了解补助政策和作业技术要求，在长泾镇和周庄镇分别举办秸秆机械化还田培训班和现场会，就麦秸秆机械化还田集成技术进行作业技术辅导，现场示范收割粉碎、秸秆机械化还田作业，并发放政策告知书和公开信等材料。是年，经第三方机构核查，全市夏秋两季投入大中型拖拉机配套秸秆还田机1200余台次；夏季秸秆机械化还田面积8592公顷，还田率94%；秋季秸秆机械化还田面积4623公顷，还田率47%，稻麦秸秆综合机械化还田率69%。

【农机安全生产监管】 2017年，江阴市农机监理所会同中国人寿保险公司、中国平安保险公司、中国石油化工集团公司等单位送检下乡35天次，出动285人次，在每个镇（街道）农机站或规模较大的农机合作社内，设立现场办公点，一次完成机具检审、拖拉机联合收割机及驾驶人许可信息“三个一致”清查治理、机具和人员参保、农机通入网、“双优”卡（中石化加油卡有优惠、优先的权利）和跨区作业证发放等工作。是年底，免费实地检验小型拖拉机908台、大中型拖拉机663台、自走式联合收割机285台；查验核对拖拉机1538台、联合收割机273台、驾驶员1850人，重新制作拖拉机行驶证219本，联合收割机行驶证24本，驾驶证8本；注册登记拖拉机85台和自走式联合收割机21台；免费核发跨区作业证合计192张、农机驾驶证64张；核（换）发农机维修技术合格证7张，实地检查农机维修网点2个；全市政策性投保率100%。是年，全市农机上牌率、年检率、驾驶员持证率分别为98.5%、95.1%、98.5%。全年出动检查人员231人次，检查农机252台次，纠正各类违反农机安全操作规程行为58次。联合公安交警部门，出动检查人员517人次，在重点区域、重点时段对上道路拖拉机进行整治，检查拖拉机669台次，查处违章129

2017年5月拍摄的长泾南国农机合作社烘干中心　（市水利农机局提供）

次。全市农田作业未发生农机作业责任事故。

【农机后勤服务保障】 2017年,江阴市以农机合作社负责人和乡镇农机管理人员为主体培育对象,积极组织参加江苏省、无锡市、江阴市农机主管部门开展的技术培训班,提高技术和管理水平。6月,为加快粮食生产全程机械化的创建步伐,江阴市组织专家组成员赴省内高邮市、淮安市洪泽区、泗阳县学习创建的先进经验。8月,举办2017年江阴市粮食生产全程机械化创建工作培训班,组织人员赴张家港市、金坛市、溧阳市,现场观摩8个合作社,了解合作社先进运作与管理模式,学习创建工作的先进举措。全年举办各类技术培训班37期,培训1966人次。其中,粮食生产机械化技术培训班11期667人次;获证奖补培训鉴定6期,鉴定100人(初级工35人、中级工60人、高级工5人);拖拉机和收割机驾驶员11期97人;农机安全培训班9期,培训驾驶员547人次。是年,通过农机科技入户工程、省农机"三新"(新机具、新技术、新模式)工程项目,积极推广水稻种植机械化及集成技术、小麦机条播种植技术,秸秆机械化还田及集成技术、粮食作物机械化烘干及初加工技术和农村生态环境机械化技术,并向科技入户项目的300个示范户发放物化补贴,对40个优秀技术指导员、农机示范户、创新模式合作社、典型的农业机械化新技术示范户表彰宣扬;组织农机志愿者服务人员进村入户,开展"真情办实事,满意在农机"优质服务月活动。全年农机志愿者服务人员排除各类农机机械故障380余台次,大修机器50余台次,现场技术指导和技术培训600余人次。

2017年江阴市农机动力及主要机具保有量一览表

表11

农机动力、主要机具名称	计量单位	数量	农机动力、主要机具名称	计量单位	数量
一、农机动力			五、其他机械		
柴油机	万千瓦	11.2	高速插秧机	台	334
汽油机	万千瓦	1.92	机械育秧设备	套	100
电动机	万千瓦	13	机动植保机械	台	3574
二、农用拖拉机			其中,高效植保机	台	2058
大中型	台	696	农用水泵	台	2819
小型	台	1196	六、大中型农具		
三、联合收割机			旋耕机	台	897
半喂入式	台	129	开沟机	台	458
全喂入式	台	186	其中,复式开沟机	台	396
四、粮食烘干机	台	286	秸秆还田机	台	751

2017年江阴市主要农业机械项目作业面积一览表

表12 单位:万公顷

项目	机耕面积	机种面积		机收面积		机械植保面积	机械秸秆还田面积
		小麦	水稻	小麦	水稻		
数值	3	0.85	0.91	0.93	0.99	2.02	1.32

(陆 恺)

类目编辑 李银花

综　述

【概况】　2017年，江阴市水利工作紧紧围绕水利基础设施网络建设和水生态环境综合治理，统筹推进水利工程建设、防汛防旱、水生态环境治理等工作。全年开展全市防汛应急工程、2016年镇村河道轮浚及家河整治工程、白屈港灌区结余资金增补项目等13项重大水利工程建设(含续建)，完成投资11.5亿元(含征地拆迁)。加强农田水利建设，完成2017年度农业水价综合改革项目，成功创建水美村庄3个。加强防汛防旱部署安排，汛期沿江水利枢纽引排水总计11.9亿立方米，各镇(街道)均未出现严重受淹情况，受灾情况比2016年大幅减少。积极参与县级集成改革试点，完成水政监察大队和农机监理所两个单位人员及职能划转；推进事业单位改革，将江阴市江港堤闸管理处和白屈港水利枢纽工程管理处单位性质由自收自支调整为差额拨款；优化机关科室职能，新设立河长制管理科，调整业务科室人员与职能，提升工作效率。加大依法管理保护河湖力度，有效处理各类水行政违法行为，开展汛期清障、水葫芦清理、水泥沉船打捞及渔网渔簖清理整治、河道清淤疏浚等专项行动，全年打捞水葫芦3.2平方千米、水泥沉船30余条，清理渔网渔簖140余处，完成河道、家塘清淤疏浚140余千米，维修、维护河道护栏3000余米。落实河道长效管护，基本完成水利部河湖管护体制机制创新试点，确保河长制管理提标升级，实现全市1188条引排河道河长制管理的全覆盖，全市79个河长制考核断面水质达标率60.7%，比2016年上升21个百分点。加强水源地达标建设与保护，全面保障饮用水安全，长江窑港口、西石桥、肖山及小湾4个集中式饮用水源地和利港地下水应急备用水源地全年水质达标率100%，全市重点水功能区水质达标率100%。全年完成非税收入10061万元。

【河长制管理】　2017年4月30日，江阴市委、市政府出台《江阴市进一步深化河长制实施方案》，明确水资源管理、河道资源保护、水污染防治、水环境综合治理、水生态修复、河道长效管护、河道执法监督、河道综合功能提升等8项任务。年内，专门成立河长制工作领导小组，由市水利农机局、环保局、公用管理局、住建局、交通运输局、农林局、城管局等组成成员部门，常设河长制工作办公室，市水利农机局牵头河长制日常管理工作，并增设河长制管理科承担河长制办公室具体行政职责。建立市镇村三级河道河长制全覆盖的管理体系，由市委、市政府主要领导担任全市总河长、分管领导担任副总河长，市级总河长2名、副总河长2名，镇级总河长25名、副总河长83名；由32名市四套班子领导担任全市38条骨干河道的市级河长，并设镇级河长172名，村级河长497名；聘请河道志愿者112名，参与河道管理、保护和监督工作。出台河长制工作联席会议、水质通报、信息报送、信息共享、检查巡查、工作督查、验收、考核等八项配套制度和《河长履职办法》，修订《河长制工作考核细则》，更新完善市级河道河长公示牌276块，镇村级河道河长公示牌1360块。完成全市38条骨干河道“一河一策”编制，在原有30条考核河道、68个考核断面的基础上增加8条考核河道和11个考核断面，并将锡澄运河、张家港河等7条河道的水质目标由Ⅳ类提升至Ⅲ类；断面水质每月一测，水质监测和考核结果每月一通报，并在《江阴日报》进行公示，向各级河长和相关部门发布河长制工作信息简报。是年，全市市级河长累计巡河150余人次，镇级河长巡河260余人次，村级河长巡河4700余人次，通过沿河巡查、走访发现问题，组织协调相关部门制定整改方案，实现河长制管理提标升级。　(徐志扬　潘张宇)

水利工程

【概况】　2017年，江阴市水利建设紧紧围绕年度目标任务，严格执行基本建设程序，以建设现代水利和民生水利为重点，统筹兼顾，努力提高防洪排涝能力，强化水环境综合治理，加强农田水利工程建设管理，深入探索农业水价综合改革，推进高效节水灌溉工作，各项水利工程建设取得显著成效。年内，江阴市委、市政府提出加快防汛工程建设，

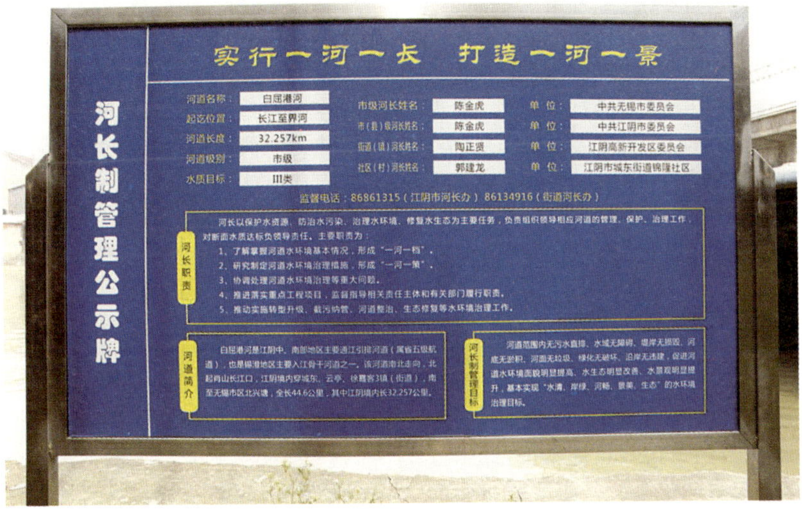

河长制管理公示牌 （市水利农机局提供）

提高防洪排涝能力的决策部署，实施全市防汛应急工程建设60项，进行2016年镇村河道轮浚及家河整治工程，完成白屈港灌区结余资金增补项目。是年，全市完成水利工程建设投资11.5亿元，完成各类土石方355万立方米。疏浚整治河道134条，长106.52千米；新建及加固护岸68.05千米、圩堤122.41千米；新建及改建灌排泵站108座；建设整治沟渠、河道53.02千米，小型配套建筑物273座。

【全市60项防汛应急工程建设】 2015年及2016年两年汛期，江阴市遭遇强降雨天气，内河最高水位连创新高，全市各镇（街道）均出现严重的受淹情况，大量民房及企业进水，损失较为严重。为切实降低洪涝灾害损失，江阴市委、市政府提出加快防汛工程建设，全力提高防洪排涝能力的决策部署。汛后，市水利农机局组织各镇（街道）申报防汛应急项目，组织相关专家反复研讨论证，确定实施全市防汛应急工程60项（不含城区7项），其中2015年确定项目43项、2016年确定项目17项，合计子项目140项。工程总投资10.4亿元，主要工程量：新建排涝泵站106座，改造59座，新改建涵闸85座，加固加高圩堤122.41千米，疏拓浚排水沟河48.64米。项目于2017年主汛期前基本建成投运并发挥效益，有力保障全市人民群众生命财产安全。

【2016年镇村河道轮浚及家河整治工程】 2016年10月开始，江阴市按照“水安全、水生态、水景观、水文化”的治理标准，对申报的14个镇（街道）的镇村级河道及其护坡护岸打包立项进行整治建设。项目由各镇（街道）组织实施，其中镇级河道由所在镇（街道）负责建设，村级河道由所在村民委员会负责建设，至2017年12月全部完工。工程总投资3827.88万元，主要工程量：疏浚整治河道134条106.52千米，新建护坡护岸2.8千米，完成土方172.56万立方米。通过清淤疏浚、岸坡整治等措施，全面净化水体，提升河道水质等级，提高河道的蓄水与行洪能力，增强区域内的防洪能力。

【白屈港灌区结余资金增补项目】 白屈港灌区结余资金增补项目分为农田水利建设项目、灌区农业灌溉用水有效利用系数测算分析和2017年度农业水价综合改革灌区计量设施配套工程3个部分。白屈港灌区结余资金增补项目于2017年10月5日开工建设，12月底完工，由江阴市华士水利建设工程有限公司负责施工、无锡市泓利水利监理有限公司负责监理。概算总投资539.37万元，其中，中央投资180.15万元，江苏省级投资119.74万元，江阴市配套239.48万元。其中，农田水利项目投资348.04万元，主要建设内容为新建灌溉泵站1座，排涝泵站1座；新建地下灌溉渠道3.48千米、排水沟0.91千米，配套渠系建筑物273座。灌区农业灌溉用水有效利用系数测算分析项目投资86.96万元，主要建设内容为选择6个典型灌区作为样点灌区，搜集整理样点灌区有关资料，并开展必要的田间观测，通过综合分析，得出样点灌区灌溉用水有效利用系数；以此为基础，得到江阴市灌溉用水有效利用系数平均值。2017年度农业水价综合改革灌区计量设施配套工程项目投资104.37万元，主要建设内容为月城镇双泾村在21座灌溉站安装计时器38套，在24个放水口安装电磁流量计24台（套），新建流量计配套井24座；华士镇华西九村高效农业示范区在4座泵站安装超声波流量计4台（套），在田间安装超声波流量计50台（套），新建配套井50座；徐霞客镇新须毛村农业示范区安装超声波流量计3台套，对灌溉站建新一站内外墙面粉刷600平方米、绿化100平方米；白屈港灌区在9座泵站安装计时器各1套。上述工程建成后，改善灌溉面积66.67公顷，年新增粮食生产能力4万公斤，年增产、节水效益8.15万元，农民年人均增收75元。 （周金祺）

水政监察

【概况】 2017年，为深入贯彻落实“河长制”工作，江阴市水政监察队伍紧紧围绕水利中心工作，为实现江阴经济社会可持续发展提供有力的水法制保障。9月底，江阴市水政监察大队整体从江阴市水利农机局转隶至江阴市农林局，与农业、林业、渔政、农机、动物卫生等相关执法队伍合并，组建江阴市农林水利执法大队，推进综合执法。年内，以第二十五届“世界水日”、第三十届“中国水周”为契机，围绕“落实绿色发展理念，全面推行河长制”主题，广泛开展水法宣传活动。深入贯彻落实“河长制”工作，加大依法管理保护河湖的力度，开展违法网簖专项清理行动，打击长江非法采砂，及时有效处理各类水行政违法行为，维护全市正常的水事秩序。是年，坚持开展日常巡查2800余次，出动巡查执法人员7632

人次,处理各类水行政违章、违法行为53件,对性质恶劣、群众反映强烈的水行政违法行为案件立案查处5件,处罚款41.5万元。

【综合执法队伍建设】 1995年12月,经市编办批准,江阴市水政监察大队成立。2017年9月底,江阴市水政监察大队为积极贯彻落实中央“对职能相近的党政机关探索合并设立或合署办公”的指示精神,整体从江阴市水利农机局转隶至江阴市农林局,与农业、林业、渔政、农机、动物卫生等相关执法队伍合并,组建江阴市农林水利执法大队。新组建的农林水利执法大队的职能从原来各支执法队伍单独承担水利、农机、农业、林业、渔业或动物卫生某一领域的违法行为,调整为合并查处上述领域内的所有违法行为。12月14—28日,市农林局在市委党校举办农林水利执法人员培训班,围绕水利、农机、农业、林业、渔业及动物卫生管理执法领域内的法律法规、执法实务、文书制作规范以及中共十九大精神解读、党风廉政建设等内容开展专业培训,培训执法人员47名,为提高农林水利执法人员的法制意识、整体素质和执法能力,培养造就一支高素质农业综合执法队伍奠定基础。 (赵 江)

【水法宣传】 2017年,市水利农机局积极开展各类水法宣传活动,普及水法知识。3月21日,在江苏经济报刊登《绘就水清岸绿景美的新画卷——江阴市水利农机局以“河长制促河长治”》一文,通过邮政发放“2017年世界水日、中国水周有奖问答题”卡片4500份,向群众和企业推广“江阴市水资源”和“江阴市河道保护志愿服务”两个微信公众号。22日,市水利农机局在步行街举办第二十五届“世界水日”大型宣传活动,在步行街大屏幕播放《时光不倒退》《保护河湖,从你我做起》水资源公益宣传片以及2017年“世界水日”“中国水周”宣传口号,现场展示有关河长制、水政执法、防汛应急工程、水源地达标建设、节水教育基地、超采地下水危害等内容的展板17块;向群众发放法律汇编、节水漫画、水政案例等资料万余份,发放环保袋1500个,通过现场解答、咨询服务等形式向广大群众宣传水法律法规。3月22—28日第三十届“中国水周”期间,在全市各镇(街道)通过设立宣传点、进村入企等方式以点带面开展宣传活动。年内,加大对地下水开发、利用与保护的宣传,制作专门的宣传单,向社会公布举报电话;开展全市水行政执法大检查活动,对检查中发现的违法行为进行严肃查处。全市水法宣传工作取得良好成效。(季 春 赵 江)

【开展违法网簖专项清理行动】 2017年,为深入贯彻落实“河长制”工作,加大依法管理保护河湖的力度,提升河道长效管理水平,江阴市水政监察队伍结合国家文明城市创建、城乡环境综合整治工作,遵照“263”专项行动*以及“生态河湖保护工作”的要求,制定切实可行的工作方案。经过调查摸底、宣传发动、限期整改等阶段性工作,于4月25日、26日及9月1日,先后组织开展城区鱼扳网及相关辅助设施集中清理行动和白屈港河、界河徐霞客镇段违法渔网、渔具及相关设施集中清理行动。2次行动出动执法船艇18艘,工作船13艘,大型施工作业挖泥船4艘、拖轮1艘,水政、农林、交通、公安、城管等执法人员234人及工作人员105人,对白屈港河、锡澄运河、应天河、东横河、西横河、运粮河等城区河道两侧鱼扳网及相关辅助设施以及白屈港河、界河徐霞客镇段河道内的渔网、渔具及相关设施进行全面清理。该专项行动取得显著成效,清理鱼扳网以及网架平台、临时简易房等辅助设施109处,各类渔网11万余米、网簖龙捎231个及毛竹万余根,清除河道管理范围内违章设施46处,极大改善全市主要行洪河道面貌。

【打击长江非法采砂】 2017年,江阴市水政监察队伍继续以长江为主战场,继续认真贯彻落实采砂船只集中停泊不间断监控制度,开展全省长江河道采砂管理“护江—2017”等专项行动。通过陆治水打、综合治理,遏制长江江阴段非法采砂活动。全年出动执法艇29艘次,执法车辆187辆次,执法人员780人次,实现对长江江阴段全覆盖、不间断的有效监控。是年,联合海事、公安部门开展大规模拉网式集中打击行动10次,驱离江阴水域内非法停泊的外地籍采砂船30余艘,立案查处外地采砂船擅自停泊在江阴长江水域内的违法行为1件,处罚款1万元。

(赵 江)

水资源管理

【概况】 2017年,江阴市水资源管理工作深入贯彻落实最严格水资源管理制度,加快推进江苏省级水生态文明城市试点建设与水资源管理现

2018年3月拍摄的长江违规渔具清理整治 (市农林局提供)

代化试点创建，积极做好省级验收准备工作；开展节水载体创建，推进高水平节水型社会建设。加快水源地达标建设与保护、水功能区达标整治，保障饮用水安全；严格依法规范取水许可、入河排污口审批，建立地下水开采已封井档案管理制度，加强水资源管理信息化系统建设，整合国家、江苏省、无锡市3级数据平台，将6类水资源信息系统进行资源对接，形成集电子地图、一户一档、取水量实时采集、水位查询、排污口管理、水源地保护、统计报表等全方位管理需求为一体的高效水资源管理决策新系统，将全市规模以下的所有取用水户逐步纳入江阴市水资源数据集成系统，逐步实现全市水资源管理数字化，强化全市水资源监控能力。是年，长江窑港口、西石桥、肖山及小湾4个集中式饮用水源地和利港地下水应急备用水源地全年水质达标率为100%；全市重点水功能区水质达标率100%。全年征收水资源费5751.6万元。

2017年12月，江阴市长江窑港口水源地取水口迁建工程通水运行

（市水利农机局提供）

【水生态文明城市试点建设】 2017年，江阴市根据《江阴市水生态文明城市试点建设实施方案》，推进省级水生态文明城市试点建设，在完成中期自评估基础上，突出水生态文明示范工程支撑。年内，重点实施长江饮用水源地达标建设与保护工程，完成新夏港河调水试验研究、突发性水污染事件水利系统应急预案、利港地下水应急备用水源地安全保障达标评估等工作，编制地下水监测点网规划，新建月城芙蓉湖江苏省级节水教育基地和应天河公园江阴市级节水教育基地，打造周庄小白蛇港景观工程，全面提升江阴市水生态综合示范水平。8月，经江苏省水利厅组织召开的水生态文明城市试点建设中期技术评估会评估，江阴市水生态文明城市试点建设中期得分为90.92分，试点任务完成情况优于时序进度要求。

【节水型社会建设】 2017年，江阴市推进节水技术改造，继续深化工业、农业、公共事业等各类节水型载体建设，充分发挥载体示范引领，扩大各类节水载体覆盖面。年内，突出宣传引导、典型示范、项目带动，强化科技推广、资金扶持，完成涵盖用水审计、节水教育基地、节水型企业等节水型社会载体建设任务14个，其中江苏省、无锡市级节水载体12个，江阴市级节水载体2个。编制《江阴市“十三五”节水型社会建设规划》，建立并实施“水平衡测试”“用水审计”“重点用水大户监管”等节水管理制度。是年，江阴市万元地区生产总值用水量为40.47立方米/万元，万元工业增加值用水量11.03立方米/万元，农田灌溉水有效利用系数0.66。

【水源地达标建设】 2017年，江阴市按照江苏省政府、无锡市政府统一部署，实施集中式饮用水源地达标整治工作，推进长江窑港口、肖山集中式饮用水源地达标建设工作。年内，落实中央环保督察要求，开展窑港口水源地取水口迁建工作，项目于8月18日进场施工，主体工程建设于12月12日完工并通水，确保窑港口水源地符合达标整治要求。加快推进肖山水源地达标建设，开展多次调查研究，形成肖山水源地迁建比选方案10套。加强饮用水源地水量、水质监测工作，定期发布《江阴市集中式饮用水水源地水文情报》。是年，长江窑港口、西石桥、肖山及小湾4个集中式饮用水源地和利港地下水应急备用水源地全年水质达标率100%。

【水功能区达标整治】 2017年，江阴市水利农机局对江苏省水利厅下达的不达标水功能区以及其他列入河长制管理的全市40条河道、42个水功能区，按“一河一策”的原则提出具体的整改措施，形成《江阴市省级水功能区达标整治方案》和《江阴市河长制一河一策行动计划》。坚持根源治理，与入河排污口监管衔接，开展入河入江排污口专项检查，形成《江阴市污水处理企业入河口、厂排口信息位置图》及相关报告。开展利港电厂温排水水质水量监测，对38个污水处理厂入河排污口开展季度例检并形成检测报告。强化监测和确界立牌工作，按期发布《江阴市水功能区水质通报》，按要求设立入河排污口及水功能区标志牌。是年，全市重点水功能区水质达标率100%。 （黄敏求）

■类目编辑 李银花

综　述

【概况】 2017年，面对国内外经济下行压力，江阴市工业条线紧紧围绕市委、市政府中心工作，全力推进“产业强市”主导战略，推动全市工业经济取得新成效、迈上新台阶。全市工业经济整体发展稳健向好，完成规模以上工业产值5822.7亿元，比2016年增长15.1%；完成工业开票销售7329.7亿元，增长18.5%；完成工业固定资产投资562.9亿元，增长14%；实现工业用电228.2亿千瓦时，增长6.4%。是年，海澜集团有限公司成为无锡首个营业收入超千亿元企业；江苏阳光集团有限公司荣获质量领域最高荣誉“中国质量奖”，同时获评国家技术创新示范企业。江阴兴澄特种钢铁有限公司获得“中国质量奖提名奖”，江苏向阳科技有限公司、江苏焱鑫科技集团有限公司分别荣获国家技术发明奖二等奖和国家科学技术进步二等奖，法尔胜泓昇集团有限公司获得“江苏省省长质量奖”。全市有9个企业入选2017中国企业500强，16个企业入选中国制造业企业500强，12个企业入选中国民营企业500强，分别占到无锡入选企业的75%、67%和75%，占到全省入选企业的19%、34%和15%。　　（周霞男）

【企业技术中心建设】 2017年，江阴市加快创新主体培育，强化创新载体建设。积极推进国家、省和市三级企业技术中心的创建工作，以创建企业技术中心为抓手，促转型升级。是年，全市新增省级企业技术中心6个，新增无锡市级企业技术中心18个。至年末，全市累计拥有国家级企业技术中心6个，省级企业技术中心72个，无锡市级企业技术中心122个。全年省级以上技术中心企业产品销售收入总额2051.74亿元，其中新产品销售收入792.17亿元；企业研究与试验发展经费支出额58.5亿元；从事研发人员11641人，其中高级专家333人，博士217人；完成科研项目1367项，申请专利1167件，其中发明专利477件。

【新技术新产品推广应用】 2017年，江阴市有64种新技术新产品研发项目列入省重点技术创新计划，110种新技术新产品研发项目列入无锡市重点技术创新计划。是年，全市有35种新产品新技术通过省级新产品新技术鉴定，总计投入研发费用2.4亿元，获授权专利115件，其中发明专利68件，年新增销售额16.79亿元，年新增利润2.52亿元。年内，全市有12种新技术新产品列入江苏省重点新技术新产品推广应用目录，有力地推动了工业经济的高质量发展。　　（陈　松）

【节能改造】 2017年，江阴市实施53项重点节能改造与循环经济项目，其中节能改造项目41项、节能新产品推广项目2项、合同能源管理项目10项；累计投入9.98亿元，年节能量14.38万吨标煤。利电集团6#机组升级改造项目等6个节能改造项目及霞客环保配电变压器更新项目列入省产业转型升级项目，获得补助资金664万元，节能规模在全省县级市中名列前茅。江阴市康源印染有限公司等9个企业通过能源管理体系认证或评价。全社会综合能耗约1928万吨标准煤（等价法），其中全社会电力消费量261.55亿千瓦时。全市规模以上工业增加值能耗（当量法）为1.26吨标准煤/万元。

【清洁生产审核】 2017年，江阴市组织32个企业开展自愿性清洁生产审核，制订各类清洁生产改造方案及措施332项。实施后，每年可减少原煤消耗5147吨、节电1744万千瓦时、节天然气262万标准立方米、节蒸汽1.13万吨、节水17.65万吨等，减排二氧化碳9345吨、减排二氧化硫355吨、减排氮氧化物283吨、减少固废及污泥排放9.15万吨。　　（施柏林）

【“三高两低”企业专项整治及化工企业“四个一批”专项行动】 2017年，江阴市继续深入开展“三高两低”*企业专项整治工作，按照省、市工作部署要求，重点加大化工行业整治力度，大力开展化工企业“四个一批”（关停一批、转移一批、升级一批、重组一批）专项暨“263”专项行动*，为持续改善生态环境，降低安全隐患，促进全市产业结构的优化提升发挥了积极作用。全年淘汰关停“三高两低”企业65个，其中“四个一批”范围化工企业47个，圆满完成上级下达的目标任务。

（吴勇翔　陶　伟）

2017 年 6 月,江阴市经信委开展节能宣传进社区活动　（市经信委提供）

工业性投资

【概况】 2017 年,江阴市在建及竣工项目 865 项,项目总投资 789.1 亿元,年内完成投资 562.9 亿元,比 2016 年增长 14%,其中技改投资 427.3 亿元,增长 44.9%,占全年完成投资的 75.9%。按行业结构分:机械行业 143.4 亿元,占完成投资总量的 25.5%;电子信息行业 92.5 亿元,占完成投资总量的 16.4%;轻工行业 56.2 亿元,占完成投资总量的 10%;纺织行业 67.17 亿元,占完成投资总量的 11.9%;新材料、新能源行业 70 亿元,占完成投资总量的 12.4%;冶金行业 44.2 亿元,占完成投资总量的 7.85%;金属制品行业 64 亿元,占完成投资总量的 11.38%;化工医药行业 11.16 亿元,占完成投资总量的 2%。

【重点项目】 2017 年,江阴市有工业重点项目 45 项,总投资 426.26 亿元,年计划投资 100 亿元。年内完成投资 95.03 亿元,投资完成率 95.03%;其中新开工 23 项项目,年内完成投资 31.05 亿元;22 项 2016 年结转项目,完成投资 63.98 亿元。全市 45 项重点项目中,星科金朋半导体(江阴)有限公司电子集成电路封装测试项目、中芯长电半导体(江阴)有限公司年产 12 英寸 3D(三维)集成芯片及配套测试 300 万片能力项目一期、江阴兴澄特种钢铁有限公司年产 10 万吨特殊钢线材深加工项目一期、年加工 15 万吨钢板剪切配送项目一期、江阴博汇机械成套设备有限公司船用环保设备、大型造纸机械配套设备加工制造项目一期、江苏振江新能源装备股份有限公司 4 兆瓦及以上大型海上风力发电核心零部件项目一期、威茨曼金属制品(江阴)有限公司高档金属波纹管等金属柔性元件扩能项目、江苏东方能源有限公司年产 15 万吨润滑油项目、江阴德耐特重工科技有限公司年产 250 台(套)锅炉部件等整体搬迁扩能改造项目、江阴协圣精密科技有限公司年产 360 万套 3C 电器零部件扩能项目、江阴长电先进封装有限公司通讯与物联网集成电路中道封装产业化一期、江阴华新特殊合金材料有限公司合金材料扩能项目一期等 12 项项目基本竣工或投产,全年完成投资 41.9 亿元。中芯长电半导体(江阴)有限公司 12 英寸高密度凸块封装及晶圆片良率测试实施方案列入工信部 2017 年工业转型升级强基工程,获中央专项扶持资金 4890 万元。　（吕英钱鹏）

新兴产业

【概况】 2017 年,江阴市新能源、新材料、车船及机械装备、生物医药、电子信息等新兴产业完成规模产值 2518.9 亿元,比 2016 年增长 13%,增速低于传统产业规模产值增速 3.7 个百分点,占全市规模以上工业产值的 43.3%。是年,全市新兴产业完成投资 313.7 亿元,占全市工业投资总量的 55.7%。

【新能源产业】 2017 年,新能源行业完成规模产值 541 亿元,比 2016 年增长 11.6%,占全市规模工业的比重达 9.3%。全市新能源产业以光伏产业和风电装备制造业为发展重点。光伏产业涵盖硅料生产、单晶硅拉棒(多晶硅铸锭)、硅片切割、电池片生产、组件封装和专用生产设备制造等多个环节,并积极介入分布式电站领域,在终端应用市场占据一定市场,形成较为完整的产业链条。全市风电产业基本形成包括风电特钢、轮毂、塔座、主轴、塔筒、法兰、齿轴、轴承座、机舱罩、特种涂料等关键零部件相互配套发展的格局,其中,风电主机年产能达到 2250 兆瓦。至年底,全市新能源产业拥有超百亿级企业 1 个,超十亿级企业 7 个,上市公司 5 个,继续保持强劲增长势头。中国风能协会公布的 2017 年度国内风电整机商排名中,远景能源(江苏)有限公司继续位列第二位,稳居行业前列;江苏爱康太阳能科技有限公司等一大批光伏骨干企业态势良好,深耕电站领域。

【石化新材料产业】 2017 年,江阴市石化新材料产业完成规模产值 931.9 亿元,比 2016 年增长 12.5%,占全市规模工业的比重为 16%。江阴市石化新材料产业主要产品包括:精对苯二甲酸(PTA)、苯乙烯、可发性聚苯乙烯(EPS)、聚酯切片(PET)、聚酰胺(PA)、乙酸丁酯、沥青、不饱和聚酯树脂及聚苯乙烯上游原料苯乙烯、特种涂料上游偏酐,下游特种薄膜、工程塑料等,产品种类较为齐全。全市具有年产 PTA460 万吨、磷酸 42 万吨、苯乙烯

42万吨、沥青220万吨等的生产能力。

【车船及机械装备产业】 2017年，江阴市车船及机械装备产业全年完成规模产值728.5亿元，比2016年增长12.6%，占全市规模工业比重为12.5%。江阴市车船及机械装备产业拥有骨干船厂2个，整车制造企业1个，各类车船、机械类配套规模以上企业近400个；拥有450万载重吨的大中型民用钢制船舶、3000辆整车的年生产能力；配套产品中，汽车保险杠、气门芯等一批“小”产品占据各自细分领域的龙头地位，做出了“大”市场。是年，受钢铁价格走高、人民币汇率波动影响，江苏扬子江船业集团公司和中船澄西船舶修造有限公司两大龙头企业生产成本上升，在订单较为饱满的情况下，经营效益不断下降。业内龙头企业积极转型，双良节能系统股份有限公司积极介入制造业服务化领域，由产品销售向系统集成、后期维护转型，并取得较好成效。

【电子信息产业】 2017年，江阴市电子信息产业完成规模产值254.7亿元，比2016年增长18.7%，占全市规模工业的比重为4.4%。江阴市电子信息产业依托江苏新潮科技集团有限公司、瀚宇博德科技(江阴)有限公司两大龙头企业，形成包含集成电路芯片设计及生产、新型电子元器件、光通讯、数码视听、计算机及网络、射频识别(RFID)和特种光缆等在内的产业、产品结构，并借助与中芯国际集成电路制造有限公司的合作，致力于打造国内乃至国际领先的集成电路先进产业基地。至年底，全市电子信息产业规模以上企业40余个，由江苏长电科技股份有限公司与中芯国际集成电路制造有限公司联手共建、总投资80亿元的年产12英寸3D集成芯片及配套测试300万片能力项目进展顺利，一期项目全面投产；二期项目土地摘牌，场地平整完成，环评通过，处于厂房在建状态；总投资35亿元的星科金朋电子技术、半导体、集成电路封装测试项目一期和二期均竣工生产。

【生物医药产业】 2017年，江阴市生物医药产业完成规模产值62.8亿元，比2016年增长16.5%，占全市规模工业的比重为1.1%。江阴市生物医药产业企业超50个，拥有江阴天江药业有限公司、江苏华兰药用新材料股份有限公司、江苏苏利精细化工股份有限公司、南农高科江阴生物药厂等一批销售超亿元骨干企业，并借助生物医药产业园培育出江阴贝瑞森生化技术有限公司、江苏力博医药生物技术股份有限公司等潜力股企业，涉及中、西医药，医药设备，生物疫苗等多种产品的生产，并在中药配方颗粒、畜牧兽用疫苗领域取得一定市场地位。 (周霞男)

规模经济

【概况】 2017年，江阴市有规模以上工业企业1356个。规模企业完成现价总产值5822.7亿元，比2016年增长15.1%；完成工业增加值1186.9亿元，增长7.2%(可比价)；实现利税总额519.7亿元，增长10.1%，其中利润总额359.5亿元，增加8.9%。全市规模工业资产总计6566.5亿元，增长12.8%；所有者权益合计2956.3亿元，增长15.5%。全市规模工业产品销售率为98.55%，增加0.1个百分点；成本费用利润率6.48%，工业增加值率20.38%。年内，全市有9个企业入围2017中国企业500强，16个企业入围中国制造业企业500强。至年末，全市有开票销售收入超百亿元企业18个，有纳税超亿元企业36个。

【“百强”工业企业】 2017年，江阴市“百强”工业企业完成工业总产值3916.4亿元，比2016年增长17.1%，占全市规模工业的67.3%；完成产品销售收入3921亿元，增长13.9%，占全市规模工业的67.1%；实现利税397.9亿元，增长4.5%，占全市规模工业的76.6%，其中利润278.9亿元，增长1.9%，占全市规模工业的77.6%。

2017年江阴市“百强”工业企业一览表

表13 单位：万元

企业名称	产值	开票销售	入库税金	利润总额
江苏华西集团有限公司	1972575	4575937	86488	103180
海澜集团有限公司	3390586	11216055	302155	500006
中信泰富特钢集团(兴澄特钢)	3031880	7093720	157595	187573
江苏扬子江船业集团公司	542398	2098723	94737	165667
江苏利电能源集团	673550	1636560	73233	100019
法尔胜泓昇集团有限公司	1898566	2009029	76705	56227
远景能源(江苏)有限公司	1844903	1781438	74324	169805
江苏新长江实业集团有限公司	1029472	2921546	81049	169314
江苏阳光集团有限公司	2851305	2992346	52825	172204
双良集团有限公司	630456	2066067	74987	38524

续表 13

企业名称	产值	开票销售	入库税金	利润总额
江阴苏龙热电有限公司	257502	702698	28599	56312
瀚宇博德科技(江阴)有限公司	408699	407365	28867	32646
江阴天江药业有限公司	239305	225632	31042	63208
江苏新潮科技集团有限公司	1100027	1258404	21886	99485
江苏海达科技集团有限公司	965010	1457775	18882	36184
江阴江东集团公司	913337	990132	25009	61279
江苏利安达集团有限公司	209071	256149	30806	41600
申达集团有限公司	98953	27885	19807	2674
江苏三房巷集团有限公司	3429014	5262692	28932	59909
江阴澄星实业集团有限公司	1900474	6102583	16712	141479
海润光伏科技股份有限公司	986318	901254	5382	-124819
江阴新树工程塑料有限公司	314942	1656462	22190	3830
江阴模塑集团有限公司	615915	466916	13687	48418
阿法拉伐(江阴)设备制造有限公司	111698	114846	15745	34297
帝斯曼工程塑料(江苏)有限公司	302607	315912	11560	5580
江苏华宏实业集团有限公司	1242412	2052709	18673	68812
江苏吉鑫风能科技股份有限公司	81176	154342	10659	763
江苏富仁集团有限公司	253771	282155	8212	8231
江阴热电有限公司	89206	159628	17265	20015
江苏红柳床单有限公司	166435	350556	11884	8890
江苏中印印务集团有限公司	73196	65273	7018	16104
建滔电子材料(江阴)有限公司	307899	329842	28528	42577
中石油江苏燃料沥青有限责任公司	176140	613873	8014	-352
江阴宝柏包装有限公司	102989	130961	8361	8378
江阴福汇纺织有限公司	232205	230172	3642	4050
江苏倪家巷集团有限公司	606321	1071640	14351	13897
江苏振江新能源装备股份有限公司	114239	168156	6243	16365
阿尔法(江阴)沥青有限公司	511655	662975	2272	5346
江阴海达橡塑股份有限公司	145473	139678	13653	17387
江苏云蝠服饰股份有限公司	92278	196456	10759	8633
江阴信邦电子有限公司	114783	129562	8765	8313
江苏爱康科技股份有限公司	171704	166178	14802	9843
中建材浚鑫科技股份有限公司	418382	253160	7438	-1628
威茨曼金属制品(江阴)有限公司	42392	46072	6271	9757
江苏焱鑫科技集团有限公司	159127	165828	6934	8570
江苏申利实业股份有限公司	77788	178697	6995	4794
江阴市恒润环锻有限公司	58066	75818	7148	8335
江阴市创新气门嘴有限公司	108705	91755	3714	6242
江苏天华纱业集团	171300	163034	6163	7798

续表13

企业名称	产值	开票销售	入库税金	利润总额
江苏向阳集团有限公司	260822	278751	5728	12311
江阴南泰家纺用品有限公司	184914	143452	5717	3410
江苏苏利精细化工股份有限公司	82414	79118	9481	53844
江苏恒泽复合材料科技有限公司	97933	129009	10325	10367
江苏东鋆光伏科技有限公司	128751	174591	5003	4269
江苏中基复合材料股份有限公司	192062	170226	6016	10387
江阴鑫联金属制品有限公司	37429	37530	4604	9001
江苏宝利国际投资股份有限公司	117203	104348	4509	821
江阴电工合金股份有限公司	124290	174775	4630	11205
江阴中南重工集团有限公司	56963	385069	7470	-552
江苏标榜装饰新材料股份有限公司	90453	96994	5209	6735
江苏省振新实业有限公司	80250	98232	2590	2276
江阴江化微电子材料股份有限公司	33892	40149	3533	5803
江苏嘉盛新材料有限公司	278958	459169	4803	7555
江苏新华发集团有限公司	53916	2234256	4665	5064
江苏海陆科技股份有限公司	20947	35513	1936	1346
江苏精亚集团有限公司	38323	62537	4275	3094
江苏苏青水处理工程集团有限公司	70193	66188	3937	4292
江苏华兰药用新材料股份有限公司	36746	40046	4899	3632
江阴长江投资集团有限公司	87112	247187	5220	6562
江苏和时利新材料股份有限公司	79197	103454	4117	7839
江苏海豹集团	136289	212846	11913	5231
江阴市华方新技术科研有限公司	60832	48169	4761	11400
江苏澄阳投资有限公司	93429	110526	3495	3658
江阴凯澄起重机械有限公司	29256	33241	4514	3909
中建钢构江苏有限公司	113694	89935	4728	1519
江苏升辉投资集团有限公司	69594	69269	3965	5331
江阴杜奥尔科技有限公司	9207	28504	2125	692
江苏蝙蝠塑料集团有限公司	372760	407066	3338	5518
无锡早川电子有限公司	32055	31581	3622	5751
江阴黄山船舶配件有限公司	10825	12265	1198	944
江阴德玛斯特钻具有限公司	5045	37032	2377	-8151
江苏佼燕船舶设备有限公司	14700	17197	2525	2316

续表 13

企业名称	产值	开票销售	入库税金	利润总额
江苏广信感光新材料股份有限公司	25360	24084	2835	2331
艾尔姆风能叶片制品(江苏)有限公司	38835	37781	5913	5915
江阴美纶纱业有限公司	94125	79353	2551	2632
江苏贝德服装集团有限公司	69421	81455	4521	2987
无锡共成交通器材有限公司	21400	26450	3357	2995
东国制钢(中国)有限公司	126937	145152	1666	-2732
江阴协统汽车附件有限公司	76753	53871	3790	8608
江阴市茂达棉纺厂有限公司	23500	24354	2753	1033
无锡鹰贝精密轴承有限公司	31371	31105	4147	7079
江苏宝力重工科技有限公司	25471	27944	1620	2349
江阴机械制造有限公司	32372	32849	3415	1647
江阴联通实业有限公司	19746	22290	3118	3208
无锡圣马科技有限公司	38422	45275	2743	1075
江阴挪赛夫玻璃钢有限公司	17426	17439	1770	454
中粮麦芽(江阴)有限公司	84022	91384	4901	11829
江阴尔福莱容器制造有限公司	17755	21542	1650	1489
中铁建电气化局集团康远新材料有限公司	46618	51754	1588	304
江阴长仪集团有限公司	37644	36038	2195	2708

【9个企业入围中国企业500强】 “2017中国500强企业高峰论坛”于9月9—10日在江西南昌举行。会上,2017中国企业500强名单揭晓。江阴市有9个企业上榜,数量与2016年相同。分别是:海澜集团有限公司,完成营业收入933.05亿元,列166位;江阴澄星实业集团有限公司,完成营业收入581.45亿元,列262位;江苏三房巷集团有限公司,完成营业收入488.72亿元,列307位;江苏华西集团公司,完成营业收入462.11亿元,列324位;江苏阳光集团有限公司,完成营业收入365.06亿元,列391位;江苏新长江实业集团有限公司,完成营业收入327.22亿元,列434位;法尔胜泓昇集团有限公司,完成营业收入312.73亿元,列459位;江苏华宏实业集团有限公司,完成营业收入312.66亿元,列461位;双良集团有限公司,完成营业收入303.42亿元,列477位。会上,2017中国制造业企业500强名单同步揭晓,江阴市有16个企业上榜,除上述9个企业外,还有江苏扬子江船业集团公司、江苏新华发集团有限公司、江苏新潮科技集团有限公司、江苏西城三联控股集团有限公司、江苏海达科技集团有限公司、江苏倪家巷集团有限公司、江阴模塑集团有限公司等7个企业入围。

【开票销售收入超百亿元企业】 2017年,江阴市有18个企业开票销售收入超百亿元。分别是海澜集团有限公司、中信泰富特钢集团(兴澄特钢)、江阴澄星实业集团有限公司、江苏三房巷集团有限公司、江苏华西集团有限公司、江苏阳光集团有限公司、江苏新长江实业集团有限公司、新华发集团有限公司、江苏扬子江船业集团、双良集团有限公司、江苏华宏实业集团有限公司、法尔胜泓昇集团有限公司、远景能源(江苏)有限公司、江阴新树工程塑料有限公司、江苏利电能源集团、江苏海达科技集团有限公司、江苏新潮科技集团有限公司和江苏倪家巷集团有限公司。

【纳税超亿元企业】 2017年,江阴市工业企业入库税金超亿元的有36个,其中税金超10亿元企业有2个,分别是:海澜集团有限公司,实现入库税金30.22亿元;中信泰富特钢集团(兴澄特钢),实现入库税金15亿元。税金5亿元~10亿元的企业有8个,分别是:江苏扬子江船业集团,实现入库税金9.47亿元;江苏华西集团有限公司,实现入库税金8.65亿元;江苏新长江实业集团有限公司,实现入库税金8.10亿元;法尔胜泓昇集团有限公司,实现入库税金7.67亿元;双良集团有限公司司,实现入库税金 7.5 亿元;远景能源(江苏)有限公司,实现入库税金 7.43 亿元;江苏利电能源集团,实现入库税金 7.32 亿元;江苏阳光集团有限公司,实现入库税金 5.28 亿元。税金 1 亿元 ~5 亿元的企业有 26 个。 (周霞男)

纺织工业

【概况】 2017 年,江阴市纺织工业完成工业总产值 1551.02 亿元,占全市工业总产值的 26.64%;自营出口完成 30.13 亿美元,占全市出口总额的 24.82%,比 2016 年下降 1.57%;其中服装出口 10.75 亿美元,占全市出口的 8.86%,下降 9.74%。据不完全统计,销售收入在 2000 万元以上的规模企业有 417 个,完成工业总产值 1428.99 亿元。全市开票销售收入前 50 名工业企业中纺织行业有 14 个,分别是:海澜集团有限公司、江苏三房巷集团有限公司、江苏华西集团公司、江苏阳光集团有限公司、江苏华宏实业集团有限公司、江苏倪家巷集团有限公司、江苏红柳床单有限公司、江阴市天达针纺织有限公司、江苏向阳集团有限公司、江苏利安达集团有限公司、江阴福汇纺织有限公司、江苏云蝠服饰股份有限公司、江阴市强力化纤有限公司、江苏申利实业股份有限公司。全市入库税金总额前 50 名工业企业中纺织行业有 10 个,分别是海澜集团有限公司、江苏华西集团公司、江苏阳光集团有限公司、江苏利安达集团有限公司、江苏三房巷集团有限公司、江苏华宏实业集团有限公司、江苏倪家巷集团有限公司、江苏红柳床单有限公司、江苏云蝠服饰股份有限公司、江苏申利实业股份有限公司。全年纺织行业主要产品产量为:化纤 371.68 万吨,其中涤纶纤维 355.02 万吨,锦纶 119977.96 吨,氨纶 20566 吨;棉纺织行业生产纱 46 万吨,其中棉纱 11.65 万吨,棉混纺纱 19.52 万吨,纯化纤纱 15.01 万吨;布 44684.05 万米,其中棉布 6016.88 万米,棉混纺布 34561.77 万米,纯化纤布 4105.4 万米,色织布 10593.7 万米;印染布 50534.95 万米;呢绒 10664.95 万米;绒线 19724.81 吨;非织造布 33350 吨;服装 41647.61 万件,其中梭织服装 13043.39 万件(含羽绒服装 315.56 万件,西服及西服套装 4453.46 万件,衬衫 4932.72 万件),针织服装 28604.22 万件。纺织行业中主要行业的占比情况如下:化纤行业占 29.62%、服装行业占 30.82%、毛纺织行业占 23.97%、棉纺织印染行业占 13.19%、纺织制成品业及其他占 2.4%。江苏阳光集团有限公司是中国纺织行业唯一获得“世界名牌”和“出口服装免检”荣誉的企业,2017 年荣获“中国质量奖”,被评为国家技术创新示范企业、江苏制造突出贡献奖优秀企业、江苏省依法管理诚信经营先进企业。江苏阳光集团有限公司、海澜集团有限公司被评为江阴“十佳知识产权示范”企业。是年,海澜集团有限公司开票收入首次超千亿,达 1121 亿元。在江苏省政府新闻办、省经信委、省工商局、省质监局联合公布的“2017 年度江苏省自主工业品牌五十强”企业榜单上,江苏阳光集团有限公司、海澜之家股份有限公司、江阴芗菲服饰有限公司榜上有名。“纺织之光”2017 年度中国纺织工业联合会科技教育奖励大会上,江阴优彩环保资源科技股份有限公司的“废旧聚酯纤维高效高值化再生及产业化”项目、江阴市红柳被单厂有限公司的“高导热化纤长丝及其新型凉感织物生产关键技术”,分别荣获 2017 年度中国纺织工业联合会科学技术进步奖一等奖和二等奖。江苏贝德服饰有限公司被江苏省针织行业协会评为 2016—2017 江苏针织标杆企业,祝塘镇被该协会评为 2016—2017 江苏针织竞争力优势产业集群。在中国企业联合会、中国企业家协会发布的“中国企业 500 强”榜单中,江阴的海澜集团有限公司、江苏三房巷集团有限公司、江苏华西集团有限公司、江苏阳光集团有限公司、江苏华宏实业集团有限公司 5 个纺织企业入围。在“中国制造业企业 500 强”榜单中,江阴除了入围“中国企业 500 强”的 5 个纺织企业外,还包括江苏倪家巷集团有限公司,其中,海澜集团有限公司位列第 69 位,排名较 2016 年上升 26 位,稳居无锡地区入围企业之首。2017 年江阴嘉美针织制衣有限公司被省经信委评为 2017 年江苏省两化融合管理体系贯标试点企业。由所在企业推荐,棉纺行业内专家审核,江阴市茂达棉纺厂有限公司的白秀莲、江苏康妮投资有限公司的崇惊春被评为中国棉纺织行业“传承大工匠”。

【技术改造】 2017 年,江阴市纺织工业完成工业投资项目 156 项,完成工业投入 67.17 亿元,比 2016 年增长 4.94%,占全市工业投入的 11.93%。其中设备投资 44.33 亿元,土建投资 22.84 亿元。列入全市工业重点重大项目的有 2 项,分别是:江阴市康赛纺织科技有限公司“引进关键设备新建十万环锭纺纱锭年产 20000 吨特种色纺纱线”,总投资 3.3 亿元;江苏海晨智慧服饰有限公司“年产 2000 万条西裤、牛仔裤新建项目”,总投资 9 亿元。

【技术创新】 2017 年,江阴市纺织行业通过省级鉴定的新产品有江苏阳光集团有限公司、江阴市茂达棉纺厂有限公司、江阴芗菲服饰有限公司、江苏倪家巷集团精毛纺织有限公司、优彩环保资源科技股份有限公司等 5 个企业的 16 种产品。

【自营出口】 2017 年,江阴市纺织企业完成自营出口 30.13 亿美元,比 2016 年下降 1.57%,占全市自营出口的 24.82%。服装出口 10.75 亿美元,下降 9.74%。全市自营出口前 30 名企业中纺织行业有 10 个,分别是:江苏三房巷集团有限公司,85437 万美元;江阴福汇纺织有限公司,25313 万美元;江苏红柳床单有限公司,24712 万美元;江苏华西集团公司,16331 万美元;江苏阳光集团有限公司,14518 万美元;江苏云蝠服饰股份有限公司,14093 万美元;江苏华宏实业集团有限公司,12544 万美元;江阴南泰家纺用品有限公司,9216 万美元;江阴市申澄集团有限公司,7961 万美元;江苏利安达集团有限公司,7822 万美元。

(俞 青)

机电冶金工业

【概况】 2017年,江阴市机电冶金工业完成总产值3164.26亿元,比2016年下降6.53%,占全市的54.34%。其中,冶金工业完成1664.87亿元,占全市的28.59%;机械工业完成1158.69亿元,占全市的19.9%;电子工业完成340.7亿元,占全市的5.85%。是年,有机电冶金工业在建重点项目29项,占全市重点项目数的76.32%,完成投资70.63亿元,占全市工业投资的74.04%。有25个机电冶金企业进入全市开票销售收入前50名,完成开票销售收入3600.61亿元;有24个机电冶金企业进入全市入库税金前50名,完成税金总额88.64亿元;有19个机电冶金企业进入全市企业出口前30名,完成出口47.87亿美元。江苏双良节能系统股份有限公司入选国家首批服务型制造示范企业。江苏法尔胜泓昇集团有限公司荣获"江苏省质量奖"。远景能源(江苏)有限公司、江苏神宇通信科技股份公司分别荣获江苏省、无锡市"信用管理示范企业"称号。江阴机电冶金企业入围2017年中国民营企业500强有7个,分别是江苏新长江实业集团有限公司、江苏法尔胜泓昇集团有限公司、江苏双良集团有限公司、江苏扬子江船业集团公司、江苏新华发集团有限公司、江苏新潮科技集团有限公司、江苏华宏实业集团有限公司。

2017年江阴机电冶金工业重大项目一览表

表14　　　　单位:万元

序号	企业名称	项目内容	所属区域	计划总投资	2017年完成投资
1	江阴长电先进封装有限公司	通讯与物联网集成电路中道封装产业化项目	高新区	300000	50000
2	江苏长电科技股份有限公司	高密度混合集成电路封装测试项目	高新区	100000	40000
3	江阴兴澄特种钢铁有限公司	年加工15万吨钢板剪切配送项目	高新区	70000	15000
4	中芯长电半导体(江阴)有限公司	年产12英寸3D集成芯片及配套测试300万片能力项目	高新区	800000	100000
5	星科金朋半导体(江阴)有限公司	电子技术、半导体,集成电路封装测试项目	高新区	350000	100000
6	江阴兴澄特种钢铁有限公司	年产10万吨特殊钢线材深加工项目	高新区	100000	50000
7	江阴新顺微电子有限公司	年产180万片半导体芯片	高新区	50000	20000
8	江阴博汇机械成套设备有限公司	船用环保设备、大型造纸机械配套设备加工制造项目	高新区	35000	15000
9	江阴华新特殊合金材料有限公司	合金材料扩能项目	临港经济开发区	35000	22000
10	远景能源(江苏)有限公司	海上风电研发、测试中心项目	临港经济开发区	34000	6000
11	江苏振江新能源装备股份有限公司	4兆瓦及以上大型海上风力发电核心零部件项目	临港经济开发区	50000	25000
12	江阴市万沅电子科技有限公司	年产3万台自动售货机项目	临港经济开发区	35000	6500
13	威茨曼金属制品(江阴)有限公司	高档金属波纹管等金属柔性元件扩能项目	临港经济开发区	20000	7000
14	江苏中力叉车有限公司	年产2万台叉车项目	靖江园区	17000	8000
15	无锡皇富金属科技有限公司	电加热器及钢丝拉丝生产	青阳镇	10787	6000
16	江阴市汽东改装厂	神探特种改装车辆的研发生产	青阳园区	22500	15000
17	江阴冉溪环保设备有限公司	大型环保设备研发和制造	青阳园区	23000	13000
18	江阴市福鼎通讯器材有限公司	年产1亿件陶瓷传感器扩能项目	月城镇	12000	4000
19	江阴市勤力橡塑机械有限公司	年产8台全钢三角胶贴合机、10台VMR成型机技改扩能项目	徐霞客镇	20000	16000
20	江阴市惠尔信机械有限公司	年产12000台(套)关键精密零部件移建扩能项目	南闸街道	45000	21000
21	江阴德耐特重工科技有限公司	年产250台(套)锅炉部件等整体搬迁扩能改造项目	南闸街道	17500	13500
22	江苏安科瑞电器制造有限公司	用户端智能控制配电柜研发及产业化项目	南闸街道	11585	5800

续表 14

序号	企业名称	项目内容	所属区域	计划总投资	2017 年完成投资
23	江苏海基新能源股份有限公司	年产 6 亿 Ah(安时)锂电池及电池组件技改项目	云亭街道	110000	45000
24	江阴科玛金属制品有限公司	液态食品包装材料高速智能化装备技术升级改造项目	华士镇	58000	19000
25	江阴市江化微电子材料股份有限公司	年产 8 万吨超高纯湿电子化学品项目(二期 3.5 万吨)	周庄镇	40200	30000
26	江阴协圣精密科技有限公司	年产 360 万套 3C 电器零部件扩能项目	周庄镇	14270	12000
27	江阴鑫联金属制品有限公司	年产 1000 万套精密合金件项目	新桥镇	21000	17000
28	无锡共成金属有限公司	年产 5000 万件精密铝合金零部件项目	长泾镇	33800	15000
29	无锡鹰贝精密轴承有限公司	汽车零部件技改扩能项目	祝塘镇	14000	9500
合计				2449642	706300

【18 种产品通过省经信委新产品(新技术)鉴定】 2017 年,江阴市机电冶金行业有 8 个企业 18 种产品通过省经信委新产品(新技术)鉴定。分别为:江苏法尔胜缆索有限公司的"桥梁缆索用 Φ7 毫米 - 2000 兆帕超高强度热镀钢丝";江阴众和利核仪控技术有限公司的"1E 级 K3 类 TC - 50N 调速控制器和 ZH2251N 核级转速测量信号处理单元";中船澄西船舶修造有限公司的"39500 载重吨节能环保散货船优化升级技术研究和客滚船居住舱室邮轮化改造技术研究";中建钢构江苏有限公司的"超高层巨型斜柱 + 立面斜交网格结构施工技术和大跨度屋盖拱形结构安装施工工艺及精度控制技术";江阴华新钢缆有限公司的"Φ7 毫米 2000 兆帕桥梁用热镀锌铝合金钢丝";江苏法尔胜光电科技有限公司的"80/135 微米熊猫型保偏光纤";江苏焱鑫科技股份有限公司的"YESG 型增强型低 NOx 气体燃烧器和 YXM - JNZH 节能型人孔门";江阴兴澄特种钢铁有限公司的"低碳当量大厚度齿条钢板、具有优良折弯性能耐磨钢 XCHD400 的研发、高韧性大型低温球罐用高强钢、20MnCr5 - 2 高档齿轮钢、风电齿轮用 18CrNiMo7 - 6 连铸圆坯、高强韧风电紧固件用调质银亮钢和 1960 兆帕级大桥缆索用 SWRS87Mn 热轧盘条"。 (张浩君)

化工、医药工业

【概况】 2017 年,江阴市规模以上化工、医药企业完成工业总产值 1261.59 亿元,占全市规模以上企业工业总产值的 21.67%。有 6 个化工、医药企业进入全市开票销售收入前 50 名,完成开票销售收入 972.07 亿元;有 6 个化工、医药企业进入全市入库税金前 50 名,完成税金总额 10.11 亿元;有 1 个化工、医药企业进入全市自营出口前 30 名,完成实绩 15725 万美元;有 4 个化工、医药企业税金超亿元。年内,全市化工、医药工业完成投资 39.67 亿元,其中,设备投资 26.19 亿元,土建投入 13.48 亿元。江苏兴业聚化有限公司、江阴市江化微电子材料股份有限公司、江苏普莱医药生物技术有限公司、江苏东方能源有限公司、江阴新树工程塑料有限公司、无锡泰科纳米新材料有限公司等化工、医药企业的 6 项项目列入市重点技改项目,完成投资 16.1 亿元。江阴澄星实业集团有限公司位列全国工商联发布的 2017 年"中国民营企业 500 强"第 72 名,并名列中国企业联合会、中国企业家协会发布的 2017 年"中国企业 500 强"第 262 位,连续第十六次跻身 500 强;位列"中国石化民营企业百强"第 3 位;被中国石油和化学工业联合会、中国化工环保协会授予"石油和化工行业绿色工厂"奖牌;集团董事局主席、总裁李兴获得"2017 年度中国石油和化工行业影响力人物"荣誉称号。 (马　骏)

2017 年江阴市化工工业主要产品产量一览表

表 15　　单位:吨

产品名称	年产量	比 2016 年增减(%)
原油加工量	1536570	-3.7
化学农药原药	14945	-26.7
涂料(油漆)	41216	6.6
石油沥青	905574	-13.8

续表 15

产品名称	年产量	比 2016 年增减(%)
初级形态的塑料	1063995	7.5
化学药品原药	1396	231.6
合成纤维聚合物	1772300	-22.8
化学试剂	56913	13.4
合成橡胶	14360	-0.6
合成洗涤剂	10097	-3.2

轻工工业

【概况】 2017 年,江阴市规模以上轻工企业完成工业总产值 105.1 亿元,占全市规模以上企业工业总产值的 1.81%。有 3 个轻工企业进入全市开票销售收入前 50 名,完成开票销售收入 118.99 亿元;有 6 个轻工企业进入全市入库税金前 50 名,完成税金总额 6.83 亿元;有 2 个轻工企业进入全市自营出口前 30 名,完成实绩 25088 万美元;有 3 个轻工企业税金超亿元。全市轻工工业完成投资 56.19 亿元,其中,设备投资 37.08 亿元,土建投资 19.11 亿元。安姆科集团、江苏广豫感光科技股份有限公司、江苏海基新能源股份有限公司的 3 项项目列入市重点技改项目,年内完成投资 8.7 亿元。　(马　骏)

2017 年江阴市轻工工业主要产品产量一览表

表 16

产品名称	单位	年产量	比 2016 年增减(%)
家具	件	296127	-22.6
皮革服装	万件	8.86	50.7
机制纸及纸板	吨	124400	-2
纸制品	吨	131300	214.6
塑料制品	吨	875368	-13.9
多色印刷品	对开色令	2005461	4.7

电力工业

【概况】 2017 年,江阴市有电力生产企业 18 个,其中公用热电厂 11 个,自备热电厂 7 个,装机总容量 590.2 万千瓦,年发电量 305.8 亿千瓦时,比 2016 年增长 3.32%;年供汽量 2291.59 万吨,增长 10.51%。全年全市供用电总体基本平衡。全社会用电量 261.55 亿千瓦时,增长 6.79%。工业用电量 228.16 亿千瓦时,增长 6.42%。

【电力用户安全管理】 2017 年,江阴市在 35 千伏及以上电力用户中创新开展电力用户安全性评价工作。通过自我检查、专家辅导、弥补薄弱环节和专家评审,有 10 个电力用户被评为“2017 年度江阴市电力用户安全性评价示范企业”,发挥示范效应。积极推进电力用户供用电安全隐患从整改治理向防范和控制转变,提升安全管理水平。

【电力平衡管理】 2017 年,根据江苏省、无锡市经信委统一部署,江阴市按 38.6 万千瓦电力缺口编制有序用电错避峰方案(其中有序用电方案安排限电负荷 26.8 万千瓦,电力供应应急预案增加安排限电 11.8 万千瓦)。方案按照省、无锡市确定的分级预警原则和各地区网供最高负荷、用电量占比情况,分解到各地区,维护正常的供用电秩序,确保电网安全稳定运行。

(薛　甜)

■类目编辑　陈宏兵

综　述

【概况】 2017年，江阴市主动融入全面扩大开放新格局，积极参与“一带一路”*、长江经济带建设，不断提升利用外资质量效益，着力打造出口品牌，合理发展对外投资，外资外经继续领先，外贸外包持续增长，开放型经济平稳发展。全年完成工商登记协议注册外资7.6亿美元，到位注册外资9.51亿美元，到位注册外资数列全省县级市第一；完成进出口总额211.03亿美元，比2016年增长5.54%，其中出口122.18亿美元、增长2.03%，进口88.85亿美元、增长10.78%。新批境外投资项目34项，中方协议投资额7.27亿美元，中方协议投资额居全省县级市第一。完成服务外包业务合同额21.12亿美元、增长5.31%，服务外包业务执行额17.98亿美元、增长10.45%；离岸业务合同额9.9亿美元、下降0.79%，离岸业务执行额8.35亿美元、增长30.42%。是年，电子商务发展迅速，海澜之家服饰股份有限公司等4个企业获评江苏省电子商务示范企业，天安电商产业园获评江苏省电子商务示范基地，临港经济开发区“澄e工场”获评首批江苏省乡镇电子商务特色产业园。联合中国电子商务中心成功举办2017年(江阴)互联网助推实体经济论坛暨第四届电子商务大会。

【江阴经贸合作洽谈会】 2017年9月22日，江阴经贸合作洽谈会在江阴大剧院举行，来自国内外700余名客商出席洽谈会，签约项目58项，总投资765.2亿元，其中内资项目50项，总投资695.7亿元；外资项目8项，总投资10.7亿美元。签约项目按类别分：制造业项目34项，涉及汽车零部件、新能源、环保、精密机械等领域；服务业项目24项，涉及生物医药、电商物流、文化观光等领域。洽谈会期间，举行全市117项重大项目集中开竣工仪式，总投资399亿元，其中开工项目71项，总投资287亿元；竣工项目46项，总投资112亿元。项目涉及新型业态的先进制造业及现代服务业、成长性好的新兴产业、与百姓生活息息相关的民生事业等领域。

【江阴十佳外商投资企业】 2017年，江阴市外商投资企业主动融入全面扩大开放新格局，积极参与长江经济带建设，在落实江阴稳外贸、促增长和支持外贸转型提升、培育出口平台等做出积极贡献。是年，排名前十位的外商投资企业完成自营出口7.99亿美元，实现开票销售收入878.45亿元，上缴税金38.47亿元，被江阴市委、市政府授予“江阴十佳外商投资企业”称号。

2017年江阴市十佳外商投资企业一览表

表17

名　　称	开票销售收入(万元)	上缴税金(万元)	自营出口(万美元)
江阴兴澄特种钢铁有限公司	3120848	88150	43517
远景能源(江苏)有限公司	1199149	68397	4912
江阴贝卡尔特合金材料有限公司	503379	27959	18851
江苏新扬子造船有限公司	567631	73181	—
江阴利港发电股份有限公司	682518	44633	—
见龙投资有限公司	1614589	17086	2161
江阴苏龙热电有限公司	270263	20690	—

续表 17

名　　称	开票销售收入(万元)	上缴税金(万元)	自营出口(万美元)
瀚宇博德科技(江阴)有限公司	407365	8311	9529
江阴天江药业有限公司	225141	19822	—
建滔电子材料(江阴)有限公司	193665	16506	895

对外贸易

【概况】 2017 年,江阴市落实江苏省、无锡市促外贸、稳增长政策,支持企业稳存量、拓增量,加强出口品牌建设,积极应对国际贸易摩擦,努力培育外贸新业态,不断提升开放型经济发展水平,外贸进出口形势回稳向好。全市完成进出口 211.03 亿美元,比 2016 年增长 5.54%,其中出口 122.18 亿美元、增长 2.03%,进口 88.85 亿美元、增长 10.78%。按人民币计:完成进出口 1431.1 亿元,比 2016 年增长 8.5%,其中出口 829 亿元、增长 4.9%,进口 602.1 亿元、增长 13.7%。一般贸易进出口 131.17 亿美元,比 2016 年下降 3.18%,占比 62.54%,比 2016 年下降 5.65 个百分点,其中一般贸易出口 75.6 亿美元、进口 55.57 亿美元,分别下降 2.52% 和 4.07%;加工贸易进出口 68.93 亿美元,增长 19.56%,占比 32.86%,比 2016 年提升 3.85 个百分点,其中加工贸易出口 45.07 亿美元、进口 23.85 亿美元,分别增长 8.79% 和 47.04%。是年,国际贸易摩擦增多,全市涉及反倾销、反补贴案件 3 件,反倾销案件 8 件,保障措施调查案件 1 件,涉及化纤、钢铁、光伏等行业企业 47 个(次),其中钢铁、光伏行业出口总额比 2016 年减少 2.77 亿美元,风能和光伏出口分别下降 15.9% 和 53.3%。市商务局积极应对国际贸易摩擦,加快推进外贸通关一体化、“三互”(口岸监管信息互换、监管互认、执法互助)大通关、单一窗口等模式,加速培育对外贸易综合服务平台、跨境电子商务综合载体平台,组织开展企业外贸实务、贸易政策培训等系列活动,利用江阴市中小微外贸企业信贷风险补偿资金池、无锡市中小微外贸企业信用贷和各类信用担保平台,为 163 个中小微外贸企业提供贷款 5.24 亿元,为 443 个中小出口企业提供信用担保服务,覆盖面达 52%。

2017 年江阴市出口超亿美元镇(街道)一览表

表 18　　单位:万美元

名称	出口额	比 2016 年增减(%)
周庄镇	156920	7.79
华士镇	94019	8.29
澄江街道	66862	-4.65
祝塘镇	51718	12.56
顾山镇	40164	-8.80
云亭街道	39698	-2.79
徐霞客镇	36079	-46.58
新桥镇	28664	-3.64
青阳镇	19941	7.52
长泾镇	18863	17.28
月城镇	12976	23.85

【外贸出口结构】 2017 年,江阴市贯彻落实国务院《关于促进加工贸易创新发展的若干意见》,加快推进国际产能合作,抢抓国际产业分工深度调整和实施“中国制造 2025”机遇,不断提升企业国际化水平,促进加工贸易转型升级、提质增效。全年机电产品出口 52.14 亿美元,比 2016 年增长 3.87%,占全市出口总额 42.93%,比 2016 年上升 0.86 个百分点;高新技术产品出口 18.03 亿美元,增长 11.08%,占全市出口总额的 14.85%,比 2016 年上升 1.24 个百分点。全市纺织服装、钢铁、船舶、电子信息、化工、光伏、风能七大类出口商品完成出口 82.37 亿美元,占全市出口总额的 67.83%,比 2016 年下降 0.66%,其中纺织服装产品出口 30.13 亿美元,下降 1.6%;钢铁产品出口 18.19 亿美元,下降 7.29%;船舶产品出口 13.94 亿美元,增长 1.14%;电子信息产品出口 10.69 亿美元,增长 30.33%;化工产品出口 5.42 亿美

元，增长14.68%；光伏产品出口1.82亿美元，下降49.99%；风能产品出口2.18亿美元，下降4.48%。是年，实施品牌兴贸、以质取胜战略，江苏长电科技股份有限公司"JCET及图形"、双良节能系统股份有限公司"双良"牌机器机械设备及零件等31种出口品牌被列为"2017—2019年度江苏省重点培育和发展的国际知名品牌"，占全省总数的8.6%，占无锡市总数的39%，其中江苏长电科技股份有限公司、双良节能系统股份有限公司、江苏吉鑫风能科技股份有限公司、法尔胜泓昇集团有限公司、江阴兴澄特种钢铁有限公司、江苏云蝠服饰股份有限公司、江苏阳光集团有限公司7个企业获"2017—2019年度江苏省重点培育和发展的国际知名品牌领军企业"称号，占全省总数的18%，占无锡市总数的78%。

2017年11月22—26日，江阴市外贸产品直销节在江阴体育馆举行，江阴31个进出口企业参加外贸产品直销活动　（市商务局提供）

【外贸经营主体】 2017年，江阴市积极引导企业开拓国际市场，培育具有国际知名度的自主出口品牌，全市外贸经营主体快速增加，进出口队伍不断发展壮大。全年新增外贸经营资格备案企业604个，累计达6204个。有进出口实绩企业2348个，比2016年增加168个；有进出口超千万美元企业234个，其中出口超千万美元企业183个。年内，全市外商投资企业完成进出口91.95亿美元，增长18.22%，其中出口51.97亿美元，增长5.97%，分别占全市进出口的43.84%和出口的42.8%；内资企业完成进出口117.78亿美元，下降2.6%，其中出口69.46亿美元，下降1.04%，分别占全市进出口的56.16%和出口的57.2%。民营企业进出口98.62亿美元、出口56.23亿美元，分别占全市进出口的47.02%和出口的46.31%。是年，江阴市出口30强企业完成进出口124.7亿美元，增长15.79%，其中出口70.86亿美元，增长7.39%。全市有进出口超亿美元企业集团30个，出口超亿美元企业集团20个。江苏三房巷集团有限公司以进出口23.46亿美元、出口8.54亿美元业绩分列全市进出口和出口企业第一位，江苏省华贸进出口有限公司、江苏三房巷集团有限公司、江苏长电科技股份有限公司、江苏天晨船舶进出口有限公司、江苏海伦石化有限公司跻身"2016年中国进出口500强企业"，其中江苏省华贸进出口有限公司、江苏三房巷集团有限公司分列第199位和第209位。在"2016年中国民营进出口500强企业"排名中，江阴有6个企业入选，其中江苏省华贸进出口有限公司、江苏长电科技股份有限公司分列第24位和第42位。

2017年江阴市十大外贸出口企业一览表

表19　　单位：万美元

名　称	出口实绩	比2016年增减(%)
江苏三房巷集团有限公司	85437	7.98
江苏扬子江船业集团有限公司	82506	-1.48
江苏新潮科技集团有限公司	69849	-4.11
中船澄西船舶修造有限公司	64602	-1.58
江阴兴澄特种钢铁有限公司	48110	0.90
法尔胜泓昇集团有限公司	35500	16.97
星科金朋半导体(江阴)有限公司	27513	48168.42
江阴福汇纺织有限公司	25313	14.93
江苏红柳床单有限公司	24712	-4.97
江苏海达科技集团有限公司	18879	13.48

2017 年江阴市十大民营出口企业一览表

表 20　　单位:万美元

名　　称	出口实绩	比 2016 年增减(%)
江苏天晨船舶进出口有限公司	82481	23.88
江苏长电科技股份有限公司	50414	-13.73
江阴澄星国际贸易有限公司	15007	-12.04
江阴市华宏化纤有限公司	11837	0.74
江苏吉鑫风能科技股份有限公司	9263	-15.56
江苏润达光伏科技股份有限公司	7568	13.47
江苏嘉盛新材料有限公司	6006	115.70
江阴市恒润环锻有限公司	5716	2.18
江阴海虹新能源科技有限公司	5345	35.84
江阴苏景国际贸易有限公司	5047	13.43

【国际市场开拓】 2017 年,江阴市抢抓自贸区发展战略机遇,扩大外贸增长空间,鼓励企业在"一带一路"*沿线国家进行布局和集聚发展。全年相继组织企业参加广交会、华交会等国内展会和日本大阪展等国外展会,落实展位 282 个,全市进出口市场达 195 个国家和地区,其中出口超千万美元市场 82 个,出口超亿美元市场 28 个,有出口增长市场 95 个。是年,江阴市对东盟市场出口 21.04 亿美元,比 2016 年增长 1.83%;对美国市场出口 18.8 亿美元,增长 0.45%;对欧盟市场出口 17.52 亿美元,增长 1.39%;对韩国市场出口 7.1 亿美元,增长 0.68%。

2017 年江阴市十大机电出口企业一览表

表 21　　单位:万美元

名　　称	出口实绩	比 2016 年增减(%)
江苏天晨船舶进出口有限公司	82481	23.88
中船澄西船舶修造有限公司	64602	-1.58
江苏长电科技股份有限公司	50414	-13.73
星科金朋半导体(江阴)有限公司	27513	48168.42
江阴长电先进封装有限公司	19014	38
江苏爱康科技股份有限公司	17119	5.01
瀚宇博德科技(江阴)有限公司	10435	1.97
江苏吉鑫风能科技股份有限公司	9263	-15.56
江阴信邦电子有限公司	8870	29.60
阿法拉伐(江阴)设备制造有限公司	7591	0.13

利用外资和对外经济合作

【概况】 2017年,江阴市抓住国家全面扩大开放的重大机遇,强化企业创新主体地位和主导作用,加强技术创新、产品创新、管理创新、商业模式创新,加快集聚高端要素、发展高端产业,转变外贸发展方式,拓展对内对外开放空间,提高利用外资质量和效益,构建更深层次、更高水平的双向开放格局。全年新批外资项目43项,其中超1000万美元项目13项,超3000万美元项目14项(含增资),工商登记协议注册外资7.6亿美元,到位注册外资9.51亿美元。新增服务外包企业8个,入库企业数达252个。全年完成服务外包业务合同额21.12亿美元,服务外包业务执行额17.98亿美元。贝卡尔特(中国)技术研发有限公司、江阴迈康升华医药科技有限公司获商务部服务外包扶持资金157.98万元,贝卡尔特(中国)技术研发有限公司获江苏省服务外包扶持资金60万元,江苏长电科技股份有限公司、江苏紫米电子技术有限公司获江阴市服务外包扶持资金130万元。瀚宇博德江阴(科技)有限公司获江苏省跨国公司地区总部扶持资金194.11万元。

2017年江阴市十大新批服务业利用外资项目一览表

表22 单位:万美元

名 称	投资总额	注册资本	协议注册外资
江苏长联国际物流项目	23000	9998	9998
江阴光大水处理项目	20000	10000	10000
江阴润泰新环保科技项目	10000	3500	3500
中以都市农业发展项目	10000	3333.33	3333.33
壬庚国际贸易项目	7500	3000	3000
福之华养老服务项目	3000	2000	1700
江苏海仑国际贸易项目	3000	1280	1024
江苏唯福文化产业发展项目	3000	2000	1700
江阴利星汽车维修服务项目	1018.19	509.09	509.09
江阴纳德隆进出口项目	724.71	724.71	724.71

【引资结构优化】 2017年,江阴市主动融入国家重大战略,发挥有效投入对稳增长、促转型的支撑作用,加快战略性新兴产业、先进制造业和现代服务业产业链招商、功能性招商和新业态招商,推动引资结构由粗放式增长向提升质量转变,增创对内对外开放新优势。年内,相继举办江阴(东京)投资说明会、意大利经贸洽谈活动、江阴发展大会暨经贸合作洽谈会,推动润泰环保、中向科技等高质量、大体量的外资项目签约审批;开展外资企业"大走访"活动,确保在江阴外资企业转型提升、增资扩股。是年,鼓励江阴企业利用并购、融资等方式吸引外资回流。江阴天江药业有限公司通过外资并购,实现利用外资6.95亿美元;江阴瑞加合成云母科技有限公司在国际资本市场融资回流,实现利用外资2665万美元。全年新批服务业利用外资项目30项,协议注册外资3.75亿美元,服务业利用外资占全市到位注册外资的15.04%。

2017年江阴市十大新批外商投资项目一览表

表23 单位:万美元

名 称	协议注册外资
江阴光大水处理项目	10000
江苏长联国际物流项目	9998
江阴润泰新环保科技项目	3500

续表23

名　　称	协议注册外资
中以都市农业发展项目	3333.33
壬庚国际贸易项目	3000
江阴中向旭曜科技项目	3000
江阴苏达汇诚复合材料项目	1958.75
福之华养老服务项目	1700
江苏唯福文化产业发展项目	1700
江苏海仑国际贸易项目	1024

2017年，江南模塑科技股份有限公司在美国设立名华美国股份有限公司。图为坐落在美国南卡罗来纳州格林维尔市的生产厂房　　（市商务局提供）

【境外投资与经济合作】 2017年，江阴市认真落实国家发改委、商务部、人民银行、外交部《关于进一步引导和规范境外投资方向的指导意见》，加强对境外投资企业备案项目的真实性审核，服装、电力、制造、能源等领域投资项目增多。全年新批境外投资项目34项，中方协议投资额7.27亿美元，占无锡市协议投资总额的60.37%，其中对"一带一路"沿线国家和地区投资项目11项，中方协议投资额1.32亿美元。是年，江阴企业境外投资呈项目体量增大、成熟度提升和企业并购、增资及再投资增长等特点。江苏华西集团公司相继在新加坡、马来西亚、莫桑比克进行投资合作，其中莫桑比克矿区项目实现规模化生产，每月用于出口的高品质石材达300立方米；江南模塑科技股份有限公司与美国宝马汽车公司合作，分别在墨西哥和美国投产汽车保险杠项目；江阴远景能源科技有限公司并购法国Colde Ferrière Holdings SAS 10个风电场项目进入建设阶段，并购额超9000万美元；双良集团有限公司实施国际化战略，生产的溴化锂机组遍布印尼、越南、巴基斯坦、土耳其、俄罗斯等20余个国家，工业余热利用、清洁能源城市集中供热、工业节水、雾霾及污水治理、智慧能源管理及深耕节能、节水等环保绿色产业涉及全球50余个国家和地区。江苏阳光集团有限公司在埃塞俄比亚投资生产毛纺织染项目；海澜集团有限公司旗下"海澜之家"男装品牌直营店入驻马来西亚吉隆坡，成为中国首个在海外直营的男装品牌店。至年末，全市有境外投资增资项目7项，增资额3.78亿美元，占总投资额的51.96%；再投资项目4项，再投资额5256万美元，占总投资额的7.23%。　　（何志敏）

■类目编辑　延克俭

开发区建设

综　述

【概况】　2017年，江阴市加快优化资源配置，推动开发园区产业、载体、功能升级，不断提升开发园区发展质量和对江阴的贡献份额。江阴高新技术产业开发区（简称“江阴高新区”）加快推进滨江科技新城建设，加速提高产业项目承载能力和要素集聚能力，努力建设创新引领、产城一体的核心区；江阴临港经济开发区不断扩大岸线、港口、空间和腹地等优势，加大招引智能装备、新材料等领域优质项目，做大做强特色产业集群，积极创建国家级开发区；江苏江阴—靖江工业园区加快建设千亿级临江产业集聚区，不断壮大园区经济总量，努力提升联动融合水平；各镇（街道）工业集中区加快集约化、特色化发展水平，提高产业关联度和土地利用率，促进镇（街道）级经济提升发展。至年末，江阴高新区、临港经济开发区和靖江工业园区完成地区生产总值1399.52亿元，其中服务业增加值534.75亿元；一般公共预算收入88.33亿元，进出口总额136.15亿美元，其中出口65.05亿美元。完成规模以上工业产值2126.55亿元，限额以上批零业销售收入1513.48亿元，批零住宿业销售额39.37亿元。完成固定资产投入577.26亿元，其中工业投入348亿元、服务业投入229.25亿元，总投资中政府性投资及安置房建设134.52亿元。

（朱亚丽　孙仙娇　毛　璧）

【江阴高新区实施行政管理体制改革】　2017年12月，江阴高新区根据《江阴市县级集成改革试点总体方案》要求，按照“问题导向、集成改革，区街合一、统一领导，整合职能、精简高效”原则，与城东街道办事处实行“区街合一”管理体制（统一规划建设、统一经济发展、统一财政管理、统一组织人事管理、统一社会管理、统一行政审批、统一综合执法、统一考核管理、统一纪检监察），城东街道办事处机构编制予以保留，其职能与高新区内设机构整合归并，江阴高新区内设机构增至10个。是年，江阴高新区调整创业园管理模式，撤销新传感网、生物医药、服务外包、文化创意4个产业发展办公室，由创业园实行一体化管理。实施“互联网+政务服务”举措，江阴市政府赋予高新区的经济社会管理权限、江苏省政府赋予国家级开发区的220项全链审批权限、各条线赋予的经济审批权限和苏南国家自主创新示范区江阴高新区促进服务中心的服务事项实行集中审批，青阳工业园区所涉市场准入、投资建设等审批事项逐步纳入高新区行政审批局服务范畴；推行“互联网+综合网格”措施，整合执法资源，组建3个执法中队，12个社区为基本单元，依法行使行政执法和日常监管工作，形成高新区、社区两级执法网格管理体系。（朱亚丽）

【临港经济开发区行政区划调整】2017年10月31日，江阴市委、市政府召开深化临港经济开发区行政管理体制改革大会，依照“问题导向、精准定位、集成改革、网格管理、区域一体、聚力发展、简政放权、便企惠民、确保稳定、平稳推进”原则，对临港经济开发区实施行政区划调整：撤销临港街道，分设夏港街道、申港街道、利港街道，行政区划以2013年撤销的原夏港街道、申港街道、利港镇行政区域为准，其中将原夏港街道管辖、划入澄江街道的普惠、夏东、葫桥、普惠苑4个村（社区）重新划归夏港街道，璜土镇不变。区划调整后，夏港街道东至澄江街道、西至申港街道，区域面积37平方千米，户籍人口4.4万人，辖普惠苑、苏港路2个社区居委会，长江、三元、新沟、李沟头、三联、景贤、夏南、葫桥8个村委会，普惠、夏东、夏港3个村（居）委会合一；申港街道东至夏港街道、西至利港街道，区域面积39平方千米，户籍人口4.6万人，辖申港、江南、锦湖苑3个社区居委会，于门、滨江、创新、横塘、东刘、申西、申南、申港8个村委会，申浦、申兴2个村（居）委会合一；利港街道东接申港街道、西邻璜土镇，区域面积59.42平方千米，户籍人口59万人，辖兴利、西安、兴港、龙港、仁和、后梅、东支、西石桥8个社区居委会，苍山、巨轮、黄丹、西奚墅、维常、北郭庄6个村委会，陈墅、利港、球庄（江市）3个村（居）委会合一。临港经济开发区石化新材料、金属新材料、新能源、机械装备产业园按行政范围分别与各镇（街道）实行“一套班子、两块牌子”管理体制。是年，临港经济开发区管委会对内设机构进行归并、调整，设立行政审批局、综合执法局、社会事业局、综保区管理局，撤销便民服务中心、国际商务中心、保税物流中心，内设机构压缩25%以上；实施区、镇(街道)、园一体化管理，实行规划建设、财政管理、干部人事管理、行政审批、综合执法、招商平台、社会事业发展、绩效考核一体化，镇(街道)、园日常事务由联席会议制度统筹协调。管委会内设机构侧重招商引资、项目推进、经济管理、财政管理、规划管理及各项事务的统筹协调、监督考核，各镇(街道)、园主要负责项目跟踪服务、企业日常服务和管理工作。各镇(街道)承担辖区安全、环保监管、便民服务、社会治理、村(社区)管理，负责党的建设和精神文明建设、社会事务管理、政法综治、信访稳定、拆迁安置、城市管理、行政执法、"三农"*服务等职能。

(孙仙娇)

【江阴高新区获批苏南国家自主创新示范区核心区】 2017年，江阴高新区根据江苏省政府《关于加快推进产业科技创新中心和创新型省份建设的若干政策措施》和江阴市委、市政府《关于实施创新驱动战略、加快建设特色产业强市和创新型城市的若干意见》，制定出台《关于加快推进苏南国家自主创新示范区核心区建设的若干政策措施》，重点在提升自主创新能力、培育特色创新产业集群、加快建设科技创新载体平台、促进科技金融合作、鼓励知识产权创造、营造创新生态等方面对企业科技创新给予政策扶持及资金支持。是年，启动苏南国家自主创新示范区"一站式"服务中心建设，建立科技型企业数据库，开通科技服务微信公众号和客服在线答疑，实现互联互通、线上线下、统筹集成服务；组织开展苏南国家自主创新示范区政策培训，完成2016年度创新型产业集群发展专项资金政策兑现，惠及企业193个。7月，在江苏省开发区改革创新大会上，江阴高新区获批成为苏南国家自主创新示范区核心区，获江苏省财政厅、科技厅苏南国家自主创新示范建设奖励补助专项资金2340万元。11月，在江苏省苏南国家自主创新示范区创新载体评估中，江阴高新区获评优秀园区2个、"瞪羚企业"(成长性好、跳跃式发展企业)6个、优秀众创空间1个。

【江阴高新区建成国家级出口高性能特钢及制品质量安全示范区】 2013年，江阴高新区启动出口高性能特钢及制品质量安全示范区创建工作，先后制定《江阴出口金属制品国家级质量安全示范区建设实施意见》，编制完成《江阴国家高新技术产业开发区产业发展规划》《江阴高新区金属新材料产业园发展规划》和《江阴高新区出口高性能特钢及制品质量安全示范区三年发展规划(2016—2018)》，组建江阴出口高性能特钢及制品质量技术促进委员会和技术服务、"三创"*载体、产学研合作、科技服务中介、金融服务和检验检测等公共服务平台，建成国家金属线材制品工程技术研究中心和国家特钢工程技术研究中心、兴澄特钢研究院，促进高性能特钢及制品行业的科技创新、人才引进及培养、质量标准品牌等向纵深推进。2017年2月，江阴高新区被国家质检总局列入第四批国家级出口高性能特钢及制品质量安全示范区。是年，示范区拥有中国名牌产品2种、江苏省名牌产品20种、江苏省重点名牌2种、无锡市名牌17种，中国驰名商标2个、江苏省著名商标8个、无锡市知名商标5个；拥有国际标准化组织钢丝绳技术委员会秘书处1个、全国标准化专业技术委员会分会秘书处2个、全国钢标准化技术委员会海洋环境腐蚀性能试验方法标准工作组1个，主持制订和修订国家标准、行业标准64种。有特钢及制品企业65个，其中质量信用A级企业21个、AA级企业2个、AAA级企业2个，获评全国质量管理先进企业1个、江苏省"卓越绩效孵化基地"1个，无锡市"市长质量奖"企业2个、江苏省"卓越质量管理奖"企业1个。兴澄特种钢铁有限公司获"全球卓越绩效奖""中国质量提名奖""江苏省质量奖"；法尔胜泓昇集团有限公司获"中国工业大奖"、中国出口免验品牌和"省长质量奖"。

【江阴高新区获批国家集成电路封测高新技术产业化基地】 2017年1月，江阴高新区被科技部批准为国家集成电路封测高新技术产业基地。规划范围：东起龙定路、西至蟠龙山路、南至芙蓉大道、北至东横河，占地面积1.49平方千米，主要依托江苏长电科技有限公司、中芯长电半导体(江阴)有限公司，建设以芯片制造为核心、封装测试技术为延伸的集成电路产业链，配套建设便捷的服务设施和景观休闲空间，形成高品质专业特色产业园区。是年，国家集成电路封测高新技术产业基地拥有重点骨干企业9个、各类科技型中小企业50余个，建有高密度集成电路封装技术国家工程实验室1个、国家企业技术中心1个，江苏电力电子高端器件用封装工程技术研究中心、江苏新型集成电路封装测试工程技术研究中心等省级工程研究中心5个，在新加坡、韩国等国家设立海外研发中心等机构5个，集聚高端人才1600人、高层次人才300人，承担国家级大规模集成电路制造技术及成套工艺的重大科技"02专项"项目40余项、江苏省重大科技成果转化项目5项，获各类集成电路封测技术、设备等国内专利近2000项，其中发明专利423项，实现集成电路封测产业产值280亿元。11月，与台湾常鸿新科技公司签订集成电路检测设备生产基地项目，总投资1亿美元，初步形成电子化学品—集成电路引线框架—集成电路封测产业链。

【青阳工业园区建设】 2017年，江阴高新区青阳工业园区全力推进拆迁清障、基础设施建设及项目招引、资金融通等工作，加快11.8平方千米(一期)启动区建设。总投资1500万元的光明路水电气管道完成铺设，总投资3000万元的振阳路西延段、第二过江通道(横一路至光明路)段进入扫尾阶段，总投资2900万元的豆腐浜闸站和桥梁工程有序推进。全年引进和签约项目11项，其中在建项目2项，冉溪环保装备、特种改装车项目列入2018年竣工项目；在批项目1项，南阳彩纤项目总投资6亿元，列入2018年重点开工建设项目；在签重大项目3项，总投资18亿元的万纬智慧物流产业园项目、总投资8亿元的苏达汇诚锂电池用铝塑模项目和总投资7.5亿元的必得科技轨道机车零部件项目进入土地报批阶段。9月,引进欧洲新能源汽车及其配套企业,在园区设立江阴中欧汽车产业园,重点发展新能源汽配产业。至年末,园区基础设施建设累计完成投入3.8亿元,建成园区道路12千米,铺设管线35千米,完成绿化5.5万平方米,拆迁农户2300户,签约拆迁企业94个,清除树木、河池、猪舍等附着物404.47公顷。

(朱亚丽)

江阴高新技术产业开发区

【概况】 2017年,江阴高新技术产业开发区围绕建设"高新产业集聚区、创新驱动示范区、美丽和谐幸福区"目标定位,坚持"稳增长、抓创新,调结构、促转型,强招商、攻项目,优环境、惠民生"工作目标,深入推进苏南国家自主创新示范区核心区建设,完成地区生产总值578.37亿元,比2016年增长10.2%,其中服务业增加值199.5亿元,增长14.5%;规模以上工业产值864.2亿元,增长22.5%;一般公共预算收入35.89亿元,增长5.4%;全社会固定资产投资230亿元,增长12.2%(其中工业投入135.6亿元、增长16.8%)。限额以上批零业实现销售额192亿元,增长52.9%。完成进出口总额65.04亿美元,增长21.3%;到位注册外资6.03亿美元。是年,江阴高新区被科技部批准为国家级出口高性能特钢及制品质量安全示范区、国家集成电路封测高新技术产业化基地,在2016年度国家高新区考核排名中位列第55位。

【招商引项】 2017年,江阴高新区优化项目招引模式,实施择商选资战略,先后赴北京、上海和中国台湾、香港等地区开展专题招商活动,与安永会计师事务所、美国世邦魏理仕、比利时国家基金、意大利家具五金(FGV)生产商、美国(上海)商会等达成招商合作意向,重点引育产业链补链、强链、扩链项目和龙头型、旗舰型、基地型项目,形成"四个一批"项目(一批在建项目、一批待批待建项目、一批在谈项目、一批意向跟踪项目)115项,其中兴澄特种钢铁深加工、星科金朋半导体封测、普莱医药产业基地等在建项目18项;江阴外国语学校、天江药业(二期)、神宇通信电子材料产业基地等待批待建项目10项;台湾矽格半导体科技、台湾信邦智能装备、台湾新杰科技、新能源汽车、中德柏林亚太智造园、深绿能源等在谈项目24项;新能源材料、航空航天3D(三维)打印工厂、新松机器人等意向跟踪项目63项。全年引进壬庚国际贸易、中信泰富兴澄特殊钢、天江药业(二期)等重大外资项目4项,签约毅达产业基金、阳光医卫新材料、中国贸促会中华老字号、宜华高端养老、御匾纳豆激酶、常鸿新集成电路检测设备等项目25项,其中英迈新能源、普莱医药产业基地、和庆兴投资、独角兽工业智能科技、新兴致远科技、未来大脑教育产业基金、SF芯片设计、斯坦姆精准医疗健康平台等15项项目完成注册登记,到位注册外资6.03亿美元。是年,贝卡尔特异形钢丝扩能、博汇机械船用设备等项目竣工,中信泰富特钢集团总部大楼启用,普莱医药抗菌制剂扩能项目进入厂房主体结构施工阶段,创新药抗菌肽PL-5上市销售。星科金朋半导体(江阴)有限公司正式投产,实现开票销售收入10亿元;天津御匾国健纳豆激酶制品项目实现部分产出,瀚宇博德科技(江阴)有限公司被江苏省商务厅认定为省级跨国公司地区总部和功能性机构。

【主导产业发展】 2017年,江阴高新区优化产业发展规划,盘活低效能用地和闲置工业用地,加快建设千亿级特钢及金属制品产业和500亿级微电子集成电路产业、500亿级生物医药产业、500亿级机械智能制造(高端装备制造)产业发展集群,完成工业投入135.6亿元,比2016年增长16.8%,其中电子信息、智能装备、生物医药、新材料等高新产业技改投入占73%以上。新批工业企业技改项目59项,总投资115亿元,其中长电先进通讯与物联网集成电路中道封装产业化项目25亿元,长电科技通信用高密度集成电路及模块封装项目18亿元,兴澄特殊钢线材深加工项目10亿元;实施技改项目投入78.5亿元,占工业投入的57.9%,其中新顺微电子半导体芯片项目、新树工程电动助力转向系统(EPS)项目、兴澄高品质特殊钢品种升级及延伸加工项目进展顺利,总投资25亿元的通讯与物联网集成电路中道封装技术产业化(一期)项目和总投资10亿元的特殊钢线材深加工项目等43项技改项目竣工投产。是年,特钢及金属制品产业逐步形成以兴澄特种钢铁制品为龙头,以法尔胜高端线材制品和贝卡尔特钢帘线制品为核心,以中南重工特钢管件制品等为配套产品的特色产业集群,开票销售收入占工业开票销售总额的57.6%,被江苏省科技厅命名为省级特钢及金属制品新型工业化产业示范基地;微电子集成电路产业加快实施《国家集成电路产业发展推进纲要》《江苏省关于加快全省集成电路产业发展的意见》,总投资12亿美元的中芯长电项目、总投资30亿元的长电先进项目等重点重大项目进展顺利,初步形成集成电路设计—芯片制造—封装及测试产业链;生物医药产业依托百桥生物产业园和生物医药加速器等平台,相继建立诺贝尔奖得主研究院6个,吸引海归高层次创业创新人才260余人,设立国内和海外院士工作站9个,培育一批生物医药研发生产企业,其中高新技术企业22个;机械智能制造产业采用改造和招引并举,鼓励企业加大智能化改造力度,兴澄特种钢铁、新树工程、中芯长电等11项智能项目顺利实施,天江药业有限公司通过省级示范智能车间验收。至年末,江阴高新区完成服务业增加值199.5亿元,增长14.5%;服务业投入94.4亿元,增长6.2%;限额以上批零业销售额192亿元,增长52.9%;限额以上零售额8.09亿元,增长31%;规模以上服务业营业收入23.28亿元,增长19.1%。天安电商产业园引进海贝思总部电商、悦享购平台电商、互联家平台电商、银昊平行进口汽车、海得汇金二期、阿里合伙人项目和健康食品平台等电商项目10项,累计企业达40余个,被评为江苏省电子商务示范基地；恒天东方广场新增注册企业36个，累计拥有企业324个，实现开票销售收入100余亿元，上缴税金3000余万元；海澜财富中心等金融投资产业相继完成江阴新鼎鑫达投资管理企业（有限合伙）、江阴融瑞植广投资管理企业（有限合伙）等企业注册和变更，上缴税金8亿元。

【科技创新创业】 2017年，江阴高新区实施“人才引领、创新驱动”战略，加快推进招商引资、招才引智“双招双引”工作机制，完成高新技术产业产值742亿元，占规模以上工业产值的48.6%；完成研发经费投入36亿元，新增企业研发机构19个，其中省级工程技术研究中心1个、无锡市工程技术研究中心1个、江阴市院士工作站3个、江阴市工程技术研究中心14个。引进诺贝尔奖得主2人，累计建立诺贝尔奖得主研究院6个；新增各类人才1485人，其中国家“千人计划”*专家人才2人，江苏省“双创人才”*2人、省“三带”人才*4人、省“双创团队”*1个；引进海外智力项目14项，其中省级以上项目3项。新增江苏省高新技术企业22个、省民营科技企业13个，新认定省级高新技术产品43种。年内，积极推进国家知识产权试点园区和省级知识产权示范园区建设，聘请发展咨询高级顾问26人，开展知识产权培训6次，组织企业申报省、市各级科技进步奖和专利奖20余项，新增专利授权数1091件，有效发明专利拥有量1010件，专利合作协定（PCT）申请量19件；组织申报国家、省级各类科技计划项目50余项，其中江苏普莱医药生物技术有限公司获国家重大科技新药创制专利项目2项，江阴力博医药生物技术有限公司、神宇通信科技股份公司获江苏省重大科技成果转化项目立项，江苏长电科技股份有限公司、法尔胜泓昇集团有限公司、江苏华西村海洋工程服务有限公司、鼎天科技有限公司获江苏省重点研发计划项目；建立中瑞、中美国际科技创新平台，支持江阴贝瑞森生化技术有限公司在瑞典设立海外创新孵化器，引进优质海外孵化项目进行成果转化。全年争取科技经费1.05亿元，江阴高新区科技服务区域试点项目获中央引导地方科技发展专项资金立项支持。加强金融联合与服务，与江苏高科技投资企业集团、毅达资本联合设立毅达产业发展基金，与无锡金融投资有限公司联合设立天使种子基金，与中昂股权投资基金有限公司联合设立中江股权投资基金，与中普金融联合设立江阴市中小企业转贷基金，辖区内有11个企业获科技贷款3600万元，17个企业获风险补偿贷款3000万元。是年，江阴高新技术创业园实现开票销售收入164.5亿元，比2016年增长36.8%，入库税金3.5亿元，培育超亿元企业11个、超5000万元企业10个、超1000万元企业30个，引进项目82项和各类高层次人才162人，获各类扶持资金1340万元和科技贷款、风投资金9750万元，被评为江苏省“巾帼”创业创新孵化示范基地。服务外包产业园获批成为省级科技产业园，现代中药及生物医药科技产业园获“苏南国家自主创新示范区优秀科技园区”称号。

2017年10月24日，诺贝尔奖得主与中济万泰生物医药有限公司合作共建诺奖研究院在江阴高新区举行签约仪式 （高新区党政办提供）

【生态环境建设】 2017年，江阴高新区坚持绿色发展理念，深入推进国家生态工业示范园区建设，严格实施环保准入标准，对不符合园区规划、产业规划和环保要求项目实行一票否决制，实现园区经济发展与环境保护、生态文明同步推进。全年拆迁面积6.9万平方米，其中拆除农户144户、企业及小作坊22个，有11个列为征收拆迁对象的畜禽养殖场完成签约，7个企业挥发性有机化合物（VOC）治理工程全面完成，石化行业泄漏检测与修复管理系统建成并试运行，蟠龙山环境整治工程和稷山、香山等山体生态修复工程进展顺利。年内，先后投入2亿元，完成楼道刷白亮化150万平方米，修补小区道路9100平方米，改造社区围墙1480米；拆除违法建筑73处4280平方米，清理“三乱”（乱张贴、乱涂写、乱牵挂）1.12万处，处理流动摊点512个，整治废品回收站46个，整治背街小巷28条，硬化集镇区场5500平方米，绿化道路39500平方米。是年，与浙江规划院、长城企业战略研究所、安永咨询公司开展战略合作，完成高新区总体规划评估，调整优化产业发展规划和城市建设规划。全面实施制造业绿色化改造，鼓励企业加大资源循环可利用投入，加快生产过程从“资源—产品—废弃物”单向直线过程转变为“资源—产品—再生资源”反馈式流程，加速形成企业资源消耗少、环境污染少、投入产出高的生产方式。加快推进水环境综合整治三年行动计划，先后投入2940万元，对辖区内2个污水处理厂进行一级A排放提标改造；清理白屈港河和东横河两侧捕鱼板网77处，建成投运总长4.4千米的5条污水主管网。全年关停“三高两低”*企业2个，减煤5.75万吨，削减化学需氧量(COD)258.26吨、氨氮33.39吨，12月顺利通过环保部、商务部、科技部对国家生态工业示范园区的复查验收。

【社会事业】 2017年，江阴高新区坚持“民生为重、富民优先”理念，加快推进民生事业发展，带钢路新建工程和芙蓉路、银河路、香山路南段、长山大道北段道路改造工程竣工，延陵路延伸段、东盛东路新建工程加快推进，萧山路、秦望山路改造工程开工建设。完成渡江河、江虹河和大寨河清淤治理，白沙河西段(胜利河)启动开挖清淤，顺利推进寿山截洪沟二期工程。新修洪流、香山、山源等村地下暗渠2千米，整修电灌站2座。完成芙蓉路、银河路、香山路南段、东定路长电科技停车场改造工程和双牌、锦隆等11个社区的老旧小区停车位修建、道路修补、活动场地翻新改造，滨江三村老小区改造和长山贸易街改造工程启动建设。山观二中一期改扩建工程竣工投用，长山中心幼儿园新建教学楼交付使用。全年提供就业岗位5159个，解决本地劳动力就业1635人，扶持自主创业160人，普通高校毕业生就业率92%以上，困难家庭就业率达100%。年内，完成朝阳、洪流、寿山、香山4个行政村1297人即征即保工作，新增城保扩面4766人，审查企业劳动保障450项，发放拆迁户保养金1510万元、被征地农民保障金6910万元，办理就业困难人员认定424人、社保补贴494人；强化对新市民子女入学权益保护，接受新市民子女入学980人，占辖区入学总量的38%，关停无证托儿所9所，山观二中被评为全国青少年校园足球特色学校和江苏省科技教育先进学校。辖区杨市、山源、蟠龙3所居家养老服务中心实现公建民营，为266户低保家庭发放补助金197万元，发放助困、助学、助残、助老补助金700万元，新农合医疗保险参合率达100%。 (朱亚丽)

江阴临港经济开发区

【概况】 2017年，江阴临港经济开发区围绕“建设竞争力一流的国际化开放园区”总目标，深化改革，高质量发展，深入推进“二次创业”，辖区经济社会保持良好发展态势。全年完成地区生产总值721.66亿元，比2016年增长8%；全社会固定资产投资330.49亿元，增长12.2%，其中工业投入202.8亿元、服务业投入127.7亿元，分别增长16.5%和6%；一般公共预算收入43.97亿元，增长8.3%；规模工业产值1080.8亿元，增长19.3%；限额以上批零业销售额1144.8亿元，增长18.5%；工商登记协议注册外资4.62亿美元，到位注册外资1.29亿美元，经济总量在江苏省级开发区实现“六连冠”。是年，完善产业强区政策，深化“暖企大服务，惠民大行动，作风大转变”活动，突出精准服务，依托银团重组、联合授信、资本运作，促进辖区产业加速集聚、融合发展，被江苏省经济和信息化委员会评为江苏省“两化融合”(信息化和工业化融合)示范试验区。江阴综合保税区通过省级预验收，长江港口综合物流园区建成全市首个千亿级园区，新能源产业园获批国家“火炬”无锡江阴智慧能源特色产业基地，临港国际物流园被评为江苏省重点物流基地。

【港口发展】 2017年，江阴临港经济开发区实施“产业强区、创新驱动、开发开放、富民共享”战略，发挥港口码头集群优势，大力发展集港口经济、航运金融、口岸通关、代理结算等功能于一体的综合服务体系，加快培育仓储运输、加工配送、垂直电商等特色港口物流经济。全年江阴港完成货物吞吐量15970.52万吨，比2016年增长21.01%，吞吐量排名全国内河港口第6位，其中临港经济开发区辖区港口完成货物吞吐量14372.6万吨，占江阴港货物吞吐总量的90%，增长23.96%。江阴港完成集装箱吞吐量54万标箱，增长13.48%；江阴重箱吞吐量38万标箱，增长13.11%。年内，引进重庆太平洋集装箱船务有限公司和中远海运集装箱运输有限公司，新增江阴至重庆集装箱加密航线2条；开通江阴至广州直航集装箱班轮航线1条。国际知名船公司边航(BEN LINE)轮船有限公司与苏南码头签订箱管协议，正式入驻江阴港。辖区港口拥有集装箱、件杂货等各类公共班轮航线62条，每周航班114班。是年，江阴临港国际物流园引进江苏咯吱供应链和北京九杯酒进口红酒项目、无锡百润商贸和南通和齐进口食品项目、北京艾迪玛仕和上海申诺伟意大利高端进口家具等物流项目，推动江阴港成为进口大宗物资和高端消费品集散中心。全年引进贸易、航运、货运代理等企业60余个，实现税收超3000万元，被江苏省经信委评为省级重点物流示范基地。

【城乡建设】 2017年，江阴临港经济开发区按照“芙蓉大道以南生态区、过江通道以西生产区、河豚路以东生活区”规划，突出规划、拆迁、建设、文化、绿化等工作重点，拓展城乡一体发展新路径。全年完成24个企业、614户农户共22.2万平方米拆迁任务，建成交付安置房2344套，分配安置房2294套，开工在建安置房1342套。龙港路北段等7条道路建成通车，西横河、北塘河、璜塘圩等44项水利工程竣工，完成石庄花港西路、盘龙工业园、启港苑一期控源截污和小湖安置区雨污分流等8项工程，治理小湖港、新夏港河等8条河道，关停“五小企业”(小煤矿、小炼油、小水泥、小玻璃、小火电企业)6个、畜禽养殖场480个。夏港实验小学改扩建工程建成投用，南京理工大学江阴校区签约落户，15万平方米海岸城商业综合体建成开业，悦丰睦邻中心、迪卡侬、恒大地产等一批功能型项目正在加快建设。

【国家(江阴)综合保税区建设】 2017年，江阴临港经济开发区依托江阴产业优势和港口区位特点，积极对接上海自贸区，加快国家综合保税区配套功能建设及招商引项，重点发展保税物流、保税加工、服务贸易、国际贸易、口岸功能性业务。全年完成监管货值19.3亿美元，报关单量20786票,货运量154.62万吨,比2016年增长11%。是年,引进大昌行长三角食品加工物流项目,占地面积53.332公顷,总投资3亿美元,主要建设大昌行长三角食品加工物流园;引进曾氏企业集团跨境电商产业项目,占地面积6.67公顷,总投资4.2亿元,重点建设跨境电商分拨中心。全年完成开票销售收入209.93亿元,比2016年增长57.8%;上缴税金1.3亿元,增长222.4%。12月6日,国家(江阴)综合保税区顺利通过江苏省相关部门联合预验收。

【招商引项】 2017年,江阴临港经济开发区以"培育大企业、发展大产业、构建大集群"为重点,推行以商引商、股权招商和以市场换项目、技术引项目、人才带项目,先后组团赴美国、瑞典、挪威等国家和中国香港、台湾地区开展招商活动,共签约项目65项,总投资1000亿元。2月18日,与哈尔滨工业大学机器人集团、江苏友利投资控股股份有限公司签署创建智能制造科技创业园项目合作框架协议,重点进行产业链整合,建设集机器人与智能制造技术研发、技术转化、产业投资等于一体的产业集群。3月17日,中信医院项目签约落户,总投资2亿美元,主要整合辖区现有医疗资源,引进海内外知名医疗团队及医疗专家,以"小综合、大专科"为发展方向,建设一流的区域性医疗中心。5月23日,安姆科申达国际软包装中心项目签约,总投资12亿元,占地面积16.67公顷,主要生产食品包装、医药包装及其他包装材料。6月19日,与恒大文化产业投资集团有限公司举行江阴恒天文化创意小镇合作签约仪式,主要建设汇聚工业设计、时尚创意、特色文化创意等资源的文化创意小镇。9月20日,与江苏利电能源集团、凤凰传媒股份有限公司合作开发建设的凤凰大数据中心产业园项目签约,总投资50亿元,主要建设能源综合利用、绿色节能环保型超大数据运营中心示范基地。是年,推进招商体制改革,通过《招商服务公司运营管理办法(试行)》《招商服务公司个人积分制考核办法》《金牌招商能手评选办法》等建立奖惩激励机制;举办2017年度江阴临港经济开发区经贸洽谈会,签约项目33项,总投资315亿元。至年末,全区有意向在谈项目119项,在批拟建项目67项,开工在建项目27项。

【主导产业发展】 2017年,江阴临港经济开发区突出科技引领、人才支撑、资本结合、高位嫁接,加快推进远景智慧能源产业集群、双良节能及光催化产业集群、中信产业集群、城市功能产业集群集聚发展,推动江苏新长江集团、江阴远景能源科技有限公司实施兼并重组、合资合作、高端技术嫁接、战略项目储备,支持江苏振江新能源装备股份有限公司、江阴华兰药业有限公司等增加研发投入、加快技术改造和装备升级,促进传统产业在多层次资本市场裂变发展。年内,发挥港口码头产业集群优势,加快电子口岸和"数字岛"建设,加速发展特色港口物流产业。引进工业机器人、大数据产业园、新能源汽车等技术含量高、附加值高、资源能源消耗低、环境污染排放少的科技型成长性项目,促进新型产业融合发展。全年新增江苏省高新技术企业19个,申报高新技术产品43种、江苏省民营科技企业25个、江苏省企业中心2个,获批江苏省"两化融合"(信息化和工业化融合)试点企业5个、江苏省重点成果转化项目1项,完成专利申请1169件,授权权利934件,申请国际专利11件,有4个企业列入江苏省名牌产品培育计划。是年,修订完善《关于加快产业强区建设若干政策》,引导企业制订、修订行业标准,新增立项行业标准2项、国家标准3项,兑现产业扶持奖励资金2605万元;推动企业发展现代物流、节能环保、设计研发、文化创意等高端生产性服务产业,完成服务业投入127.72亿元,辖区初步形成以远景千亿级产业园(总投资25亿元)、风电轴承项目(总投资20亿元)为龙头的绿色低碳产业,以双良节能项目为龙头的环保产业和以观光农业、高效农业为核心的新型生态"绿色产业"。

【重点重大项目建设】 2017年,江阴临港经济开发区依托辖区12大产业集群,实施先进制造业与现代服务业"双轮驱动",先后引进一批带动性好、附加值高和产业链延链、强链、拓链、补链项目,加快推进项目快审批、快落地、快建设,不断提升经济发展质量和效益。2月22日,举行重点重大项目集中开工仪式,总投资1.5亿美元的宝湾物流、总投资20亿元的中能液化天然气(LNG)集散基地、总投资10.6亿元的申达安姆科包装基地、总投资5亿元的西城年产100万吨废钢资源回收再利用和总投资5000万美元的华新丽华不锈钢冷晶棒、总投资4310万美元的普洛斯二期、总投资3000万美元的蒙特亚太基地高端外资项目等11项重大项目开工建设,项目涵盖新能源、新材料、先进装备制造业等领域,总投资60亿元。其中宝湾物流项目集聚高端物流资源,主要建设具有示范功能的绿色城市配送、高端供应链服务、电商运营及结算、物流金融服务型综合物流中心;万沅自动售货机、新力能源压缩空气等科技增长型项目和无锡恒电工铜制品加工、澄利水利农机等装备制造项目加速集聚融合,主要建设智能智慧、高端高新的产业集群。全年实施重点重大项目建设23项,总投资129.82亿元;竣工重点重大产业项目25项(含2016年结转项目),总投资38.55亿元;开工建设重点重大项目27项。

【社会事业】 2017年,江阴临港经济开发区实施民生改善、惠民富民政策,推动公共服务均等化,推进优质教育高位均衡发展。夏港实验小学综合改造工程竣工投运,中央商务区学校启动建设;整合提升社区卫生服务站一体化管理水平,优化公交线路布局和营运体制,加快形成"10分钟公共交通出行圈"。创新就业调节、机能培训和劳资调处机制,通过举办大型招聘会、技能培训班、职业技能竞赛,重点解决毕业大学生、被征地农民、下岗失业人员、零就业家庭等群体再就业渠道,辖区就业率达96%以上。是年,实施经济薄弱村脱困致富工程、"阳光扶贫"行动,按照"制度整合、扩面提速、待遇提升、监管加强"原则,扩大社会保障覆盖范围,新农合参保率、被征地农民基本生活保障覆盖率均达100%。全年完成辖区背街小巷、农贸市场、老旧小区等改造工程23个，新增绿化面积8.67公顷；整治河道40余条、畜禽养殖户97个，拆除违章建筑7108.6平方米。璜土村创建成为全国文明村。

（孙仙娇）

江苏江阴—靖江工业园区

【概况】 2017年，江苏江阴—靖江工业园区实施产业强区主导战略和创新驱动核心战略，不断完善联动开发协调体制机制，深度融入扬子江城市群建设，加快建设千亿级临江产业集聚区，园区经济社会保持健康稳定发展态势。全年完成规模以上工业产值181.50亿元，比2016年增长24.5%；地区生产总值99.48亿元，增长10.7%；一般公共预算收入8.45亿元，增长31%。完成固定资产投资16.75亿元，增长10.9%，其中工业投入9.6亿元，增长15.2%；限额以上零售额4.64亿元，增长13.8%；到位注册外资5002万美元，增长451.8%；港口货物吞吐量1764.5万吨，增长12%。

【招商引项】 2017年，江阴—靖江工业园区密切跟踪产业发展趋势和企业投资意向，积极招引与园区产业发展契合度高、带动性强、经济效益好的龙头项目及产业链高端环节项目，逐步形成船舶及配件、高精钢构、冶金新材料、汽车零部件、机械装备和现代服务业产业集群。9月22日，江苏江阴—靖江工业园区在靖江市举办产业发展恳谈会，签约大明（二期）综合项目和汽车零部件产业园、进口食品交易中心、养老中心、变压器油生产、金属材料深加工（二期）和六圩港、东方能源立体库建设9项项目，总投资63亿元，其中大明（二期）综合项目主要建设集大型工程罐体板块、特型封头、精密锻造和新能源柔性板块、船舶海工构件为一体的生产基地，总投资达30亿元。全年累计引进“三个一批”（在建一批、拟建一批、重点意向一批）项目27项，总投资167.4亿元，其中在建项目4项，总投资15.7亿元；拟建项目13项，总投资110.7亿元；重点意向项目10项，总投资41亿元。

【主导产业发展】 2017年，江阴—靖江工业园区实施产业强区战略和创新企业培育工程，建立产业育研合作平台，利用存量资源，完善创新激励机制，有序推进中建钢构新型建筑钢结构、中建钢构国家级检测中心、绿色建筑产业园和光汉科技、大明港务及压力容器、中燃油品仓储等产业项目建设，推动企业前端清洁生产、后端废弃物资源化，实现能源梯级利用和物质循环利用，加快形成特色产业集群，建设临江先进制造业基地和区域现代物流基地。是年，宏观钢铁指数攀升，船舶及钢钩等制造业利好。江苏扬子江船业集团有限公司加大技术改造与投入，新接订单、手持订单、完工船3项指标增幅均超过20%；江苏长强钢铁有限公司完成技术改造后，产销两旺，主要经济指标实现翻番增长；中建钢构江苏有限公司承揽深圳国际会展中心（一期）钢结构建设项目进展顺利；大明重工有限公司拓展碳钢、不锈钢深加工业务，获批设立江阴市船用不锈钢结构制造工程技术研究中心，并跻身“江苏省民营企业百强”第60位；江苏海鹏特种车辆有限公司抓住国家轿车整改机遇，拓宽研发领域，获国家中置轴改装应用资质，集装箱运输车、罐式运输车和专用厢式车销量占市场份额的10%以上。

【重点重大项目建设】 2017年，江阴—靖江工业园区坚持“效率最高、服务最优、审批最快”工作要求，进一步简化手续，优化办事流程，做好项目建设服务工作，全力推动在谈项目抓签约、签约项目抓推进、在建项目抓进度、投运项目抓成效，促进各类项目早落地、早建成、早投产、早收益。全年推进重点重大项目建设17项，其中在建项目4项：分别为总投资2500万美元的中力机械项目、总投资2亿元的电子交易平台项目、总投资9900万美元的光汉科技项目和总投资55亿元的双江能源综合项目；拟建项目13项：分别为总投资50亿元的高端金属材料精密加工项目、总投资4.8亿元的下六圩港项目、总投资3000万美元的进口食品交易中心项目、总投资8.3亿元的球墨铸管搬迁项目、总投资3.68亿元的PC构件项目、总投资2亿元的电磁阀项目、总投资3300万美元的润滑油仓储配套项目、总投资5亿元的中建钢构新型建筑钢结构项目、总投资1.5亿元的中建钢构国家级检测中心项目、总投资5000万美元的高精管件深加工项目、总投资10亿元的大明港务项目、总投资10亿元的压力容器项目和总投资8.1亿元的桥梁民用钢结构项目；重点意向项目10项，总投资达41亿元。是年，大明金属科技车间完成主体工程建设和设备调试并投入生产；东方能源润滑油仓储完成主体工程建设，进入设备安装调试和试生产。光汉科技项目、双江能源综合项目和中力机械项目开工建设，其中光汉科技项目形成年产40万个基站天线生产能力，双江能源项目形成年产变压器油10万吨的生产能力。

【社会事业】 2017年，江阴—靖江工业园区坚持精美规划、精心建设、精细管理，完善园区及周边配套设施、居住生活等功能设计，构建清晰的生产、生活、生态空间格局，加快建设八圩特色小镇。修编完成《靖江工业园区控制性详细规划》、《靖江工业园区港口控制性详细规划》通过江苏省专家组评审。年内，加快推进城乡融合发展，不断完善园区基础设施，提升园区功能配套能力，统筹推进园区教育、体育、卫生、文化、民政等社会事业发展，落实创业就业、社保补贴、岗位补贴等优惠政策，完成联心路道路改造和溢馨苑（四期）安置房建设、莲沁苑雨污分流等公共基础设施建设，拆迁四圩村、六圩村新安置区、永益绿色产业园等286户，溢馨苑安置小区安置186户191套。是年，拓展拆迁安置渠道，推出《关于集体土地住宅房屋拆迁市场化安置“房票”办法实施意见》新政策，鼓励被拆迁户凭“房票”置换进入商品房小区安置。全年开具“房票”277套，签订商品房买卖合同273套。（毛 璧）

■类目编辑 延克俭

阵容变化

【概况】 2017年，江阴市企业上市工作领导小组积极贯彻落实市委、市政府全力重塑“江阴板块”新优势的要求，抢抓国内资本市场上市“窗口期”，攻坚克难，主动作为，实现上市挂牌工作重大突破。年内，江阴江化微电子材料股份有限公司、江阴市恒润重工股份有限公司、江阴市电工合金股份有限公司、江苏振江新能源装备股份有限公司、江苏怡达化学股份有限公司5个企业成功上市。优彩环保资源科技股份有限公司、江阴标榜汽车部件股份有限公司、江苏华兰药用新材料股份有限公司3个企业上报江苏证监局辅导备案。江阴天力重科安装股份有限公司、江阴硅普搪瓷股份有限公司、江阴宝能精密新材料股份有限公司、江苏风和医疗器械股份有限公司、江阴华新电器科技股份有限公司、江苏科强新材料股份有限公司、无锡市宏晟节能科技股份有限公司、江阴华瑞电工科技股份有限公司8个企业在全国中小企业股份转让系统成功挂牌。江苏宝得换热设备股份有限公司、江阴四方游泳康复产业股份有限公司的挂牌申报材料被全国中小企业股份转让系统正式受理。至年末，全市累计有47个上市公司，境内上市32个，其中主板19个、中小板7个、创业板6个，境外上市15个。“新三板”挂牌企业52个。

【“天力重科”】 2017年2月15日，江阴天力重科安装股份有限公司在全国中小企业股份转让系统正式挂牌，股票代码为870919。公司主营业务为起重设备的安装、租赁。

【“硅普搪瓷”】 2017年3月29日，江阴硅普搪瓷股份有限公司在全国中小企业股份转让系统正式挂牌，股票代码为871274。公司主营业务为搪瓷、瓷釉、搪玻璃设备、搪瓷制品的生产、销售。

【“江化微”】 2017年4月10日，江阴江化微电子材料股份有限公司在上海证券交易所成功上市，股票代码为603078。公司主营业务为专用化学产品的生产制造。

【“恒润股份”】 2017年5月5日，江阴市恒润重工股份有限公司于上海证券交易所成功上市，股票代码为603985。公司主营业务为锻件的生产加工；不锈钢法兰盘、碳钢法兰盘等的研究开发。

【“宝能股份”】 2017年5月5日，江阴宝能精密新材料股份有限公司在全国中小企业股份转让系统正式挂牌，股票代码为871443。公司主营业务为精密新材料的研发、制造、销售。

【“风和医疗”】 2017年5月18日，江苏风和医疗器材股份有限公司在全国中小企业股份转让系统正式挂牌，股票代码为871517。公司主营业务为一类、二类医疗器材的研究、开发、销售。

【“华新科技”】 2017年6月7日，江阴华新电器科技股份有限公司在全国中小企业股份转让系统正式挂牌，股票代码为871300。公司主营业务为新型片式电子元器件的生产；电器技术的研发。

【“科强股份”】 2017年8月10日，江苏科强新材料股份有限公司在全国中小企业股份转让系统正式挂牌，股票代码为872059。公司主营业务为新材料的研发；橡胶制品、工业交代的制造加工。

【“电工合金”】 2017年9月7日，江阴电工合金股份有限公司于深圳证券交易所创业板成功上市，股票代码为300697。公司主营业务为铜和铜合金承力索、电工合金、铜接触板、铜合金接触线等制品的制造加工。

【“宏晟节能”】 2017年9月8日，无锡市宏晟节能科技股份有限公司在全国中小企业股份转让系统正式挂牌，股票代码为872182。公司主营业务为节能技术研发、技术咨询、技术服务；液压和气压动力机械及元件、成套水处理设备、锅炉辅机的制造、加工、销售、安装。

【“振江股份”】 2017年11月6日，江苏振江新能源装备股份有限公司于上海证券交易所成功上市，股票代码为603507。公司主营业务为钢结构件、通用设备的制造加工。

【“怡达股份”】 2017年11月15日，江苏怡达化学股份有限公司于深圳证券交易所创业板成功上市，股票代码为300721。公司主营业务为醇醚、醇醚醋酸酯系列产品的生产。

【“华瑞电工”】 2017年12月28日，江阴华瑞电工科技股份有限公司收到全国中小企业股份转让系统同意挂牌函,股票代码为 872591。公司主营业务为电工机械专业设备的研发、制造。

国内上市公司动态

【概况】 2017 年,江阴市企业抓住 IPO(首次公开发行股票)审核速度加快的利好机遇,全年 5 个企业 A 股上市,江阴国内上市企业数量扩容至 32 个。32 个国内上市公司严格按照中国证券监督管理委员会(以下简称"中国证监会")、江苏证监局等监管部门的相关文件要求,规范发展企业,提高公司市值,树立企业良好形象。全年江阴上市企业通过首次公开发行股份募集资金 23.64 亿元,上市挂牌公司通过增发股票、发行债券等多种方式从资本市场再融资 58.05 亿元,借力资本市场,实现企业跨越式发展。

【"澄星股份"】 2016 年 12 月 30 日,江苏澄星磷化工股份有限公司发布关于终止重大资产重组的公告:公司于 2015 年第四次临时股东大会审议通过以 33641 万元自有资金收购云南省弥勒雷打滩水电有限责任公司 55% 股权的议案,因中国证监会立案调查尚无定论且 2015 年第四次临时股东大会相关决议有效期届满,公司决定终止该收购事项。2017 年 4 月 17 日,公司召开 2016 年度股东大会,审议通过《2016 年度董事会工作报告》《2016 年度监事会工作报告》《2016 年度财务决算报告》。审议通过《2016 年度利润分配预案》:以 2016 年 12 月 31 日公司总股本为基数,每 10 股派发 0.3 元现金红利(含税),剩余的未分配利润滚存到以后年度。2016 年度不送股,资本公积金不转增股本。

【"江苏阳光"】 2017 年 5 月 10 日,江苏阳光股份有限公司召开 2016 年度股东大会,审议通过《公司 2016 年度董事会工作报告》《公司 2016 年度财务决算报告》《公司独立董事 2016 年度述职报告》。审议通过《公司 2016 年度利润分配及资本公积金转增股本的预案》:根据立信会计师事务所(特殊普通合伙)审计,2016 年度公司共实现归属于上市公司股东的净利润 152880318.17 元,母公司共实现净利润 138570500.53 元,加上以前年度未分配利润 -190443111.29 元,2016 年年末,江苏阳光股份有限公司实际可供股东分配的利润为 -51872610.76 元,鉴于 2016 年度母公司当年可供股东分配的利润为负数,公司 2016 年度不分配不转增。

【"海澜之家"】 2017 年 4 月 5 日,海澜之家股份有限公司召开 2016 年度股东大会,审议通过《公司 2016 年度报告及其摘要》《公司 2016 年度董事会工作报告》《公司 2016 年度监事会工作报告》《公司 2016 年度财务决算报告》。审议通过《公司 2016 年度利润分配及资本公积金转增股本的预案》:以 2016 年 12 月 31 日总股本 4492757924 股为基数,向全体股东每 10 股派发现金红利 4.9 元(含税),共计 2201451382.76 元,剩余未分配利润结转至下一年度。2016 年度不进行资本公积金转增股本。9 月 2 日,海澜之家股份有限公司发布《关于与阿里巴巴(中国)有限公司签署战略合作协议的公告》:公司于 2017 年 9 月 1 日与阿里巴巴(中国)有限公司签署战略合作协议,双方达成高度战略合作共识,拟在品牌建设、渠道管理、产品创新等领域开展深入的战略合作。11 月 9 日,公司发布《第七届第六次董事会(现场结合通讯)决议公告》:会议审议通过《关于公司公开发行可转换公司债券方案的议案》,公司拟发行可转换公司债券,面值为 100 元,拟募集资金不超过 30 亿元,募集资金主要用于投资产业链信息化升级项目、物流园区建设项目、爱居兔研发办公大楼建设项目。12 月 7 日,公司发布《关于公开发行可转换公司债券申请获得中国证监会受理的公告》:公司拟发行可转换公司债券,募集资金不超过 30 亿元事项获得中国证监会受理。

【"三房巷"】 2017 年 5 月 10 日,江苏三房巷实业股份有限公司召开 2016 年度股东大会,审议通过《2016 年度董事会工作报告》《2016 年度监事会工作报告》《2016 年度财务决算报告》。审议通过《2016 年度利润分配方案》:此次利润分配以方案实施前的公司总股本 797244230 股为基数,每股派发现金红利 0.02 元(含税),共计派发现金红利 15944884.6 元。

【"双良节能"】 2017 年 5 月 16 日,江苏双良节能系统股份有限公司召开 2016 年度股东大会,审议通过《2016 年度董事会工作报告的议案》《2016 年度监事会工作报告的议案》《2016 年度财务决算报告的议案》。审议通过《2016 年度利润分配预案的议案》:以截至 2016 年 12 月 31 日的总股本 1620495808 为基数,向全体股东每 10 股派发现金红利 0.8 元(含税),共计分配利润 129639664.64 元。公司 2016 年度不送红股,不进行资本公积转增股本。

【"长电科技"】 2017 年 1 月 5 日,江苏长电科技股份有限公司收到《中国证监会行政许可项目审查二次意见通知书》:公司发行股份收购"长电新科""长电新朋"股权事项进入二次反馈阶段。1 月 13 日,公司发布公告:对公司发行股份购买资产并募集配套资金暨关联交易报告书反馈意见中涉及会计师的问题作回复说明。3 月 1 日,公司发布公告:公司收到中国证券监督管理委员会通知,经中国证监会上市公司并购重组委于 2017 年 3 月 1 日召开的 2017 年第 9 次并购重组委工作会议审核,公司发行股份购买资产并募集配套资金暨关联交易事项获得有条件通过。5 月 11 日,公司发布《发行股份购买资产并募集配套资金暨关联交易报告书》:公司发行股份募集配套资金 265500 万元,购买"长电新科""长电新朋"股权事项完成,此次交易完成后,公司持有"长电新科"100% 的股权及"长电新朋"100% 的股权,从而间接持有"星科金朋"100% 股权。5 月 15 日,公司召开 2016 年度股东大会,审议通过《2016 年度董事会工作报告》《2016 年度报告及摘要》《2016 年度财务决算报告》。审议通过《关于公司 2016 年度利润分配的预案》:以 2016 年度末总股本 1035914811 股为基数,每 10 股派发现金红利 0.15 元(含税),共计分配 15538722.17 元,剩余未分配利润结余转入下一年度。2016 年度,公司不进行资本公积金转增股本，不送红股。7月3日，公司召开第六届董事会第六次临时会议，审议通过《关于全资子公司长电国际投资芯鑫融资租赁有限责任公司暨关联交易的议案》：公司全资子公司长电国际（香港）贸易投资有限公司拟投资3.5亿元（等值美元现金出资），与其他投资方共同对芯鑫融资租赁有限责任公司以现金进行增资。此次增资完成后，芯鑫融资租赁有限责任公司注册资本将由56.8亿元增加至约106.5亿元；同时，总公司将向芯鑫融资租赁有限责任公司委派一名董事。10月30日，公司发布《关于非公开发行A股股票申请获得中国证监会受理的公告》：公司拟非公开发行股份不超过271968800股，拟募集资金总额不超过45.5亿元，募集资金主要用于项目投产以及偿还银行贷款。11月14日，公司发布《持股5%以上股东减持股份计划公告》：江苏新潮科技集团有限公司持有公司190272222股，占公司总股本的13.99%，自2017年11月14日起15个交易日后的90日内，江苏新潮科技集团有限公司计划以集中竞价交易方式减持不超过1350万股，占公司总股本的0.99%。此次减持股份是江苏长电科技股份有限公司首次公开发行股票并上市前持有的股份及资本公积金转增股本、送红股、配股等形成的股份。11月24日，公司发布《关于收到〈中国证监会行政许可项目审查一次反馈意见通知书〉的公告》：公司拟非公开发行股份募集资金45.5亿元事项进入一次反馈阶段。

【“海润光伏”】 2017年1月6日，海润光伏科技股份有限公司召开第六届董事会第三十六次临时会议，审议通过《关于调整公司非公开发行A股股票方案的议案》：公司非公开发行对象为“华君电力”，发行股份不超过550692259股，发行价格为2.7元/股，拟募集资金总额不超过148687万元，募集资金主要用于并网光伏电站项目。3月4日，公司发布关于终止非公开发行A股股票的公告：公司综合考虑内外部各种因素，终止非公开发行A股股票的预案。非公开发行股票预案概述：发行股票数量为不超过550692259股（含550692259股）A股股票，发行价格为2.7元/股，募集的资金总额预计为不超过148687万元，扣除发行费用后的募集资金净额将用于220兆瓦光伏电站建设项目。7月13日，公司召开第六届董事会第五十次（临时）会议，审议通过《关于解除孟广宝公司总裁职务的议案》《关于解除孟广宝公司董事长职务的议案》《关于解除孟广宝公司董事职务的议案》《关于聘任邱新为公司总裁的议案》《关于选举李延人为公司董事长的议案》《关于提名邱新为公司第六届董事会董事候选人的议案》。

【“江南水务”】 2017年5月17日，江苏江南水务股份有限公司召开2016年度股东大会，审议通过《2016年度董事会工作报告》《2016年度监事会工作报告》《2016年度财务决算和2017年度财务预算报告》。审议通过《关于公司2016年度利润分配的预案》：以2016年12月31日总股本935206157股为基数，向全体股东每股派发现金红利0.11元（含税），预计金额为102872677.27元，尚余未分配利润转入下一年度，公司2016年度不进行资本公积金转增及送股。

【“四环生物”】 2017年5月23日，江苏四环生物股份有限公司发布《关于诉讼的进展公告》：2016年10月，江阴市华明绿化工程有限公司、江苏澄丰生态园有限公司、涟水宏茂生态农林开发有限公司、江苏春辉生态农林股份有限公司、江西绿阳林业有限公司就买卖合同纠纷向江阴市法院提起民事诉讼。同时，上述五个公司向江阴市法院提出财产保全申请，江阴市法院对公司持有的江苏四环生物制药有限公司的100%股权、持有的新疆爱迪新能源科技有限公司44.12%股权予以冻结；法院依法对被执行人江苏四环生物股份有限公司持有的江苏四环生物制药有限公司100%股权进行评估，评估价为280697000元；2017年5月11日至12日，法院以2.67亿元为保留价在淘宝网司法拍卖网络平台进行公开拍卖，最终由受让人周卓和以2.67亿元竞得。

【“友利控股”】 2017年1月20日，江苏友利投资控股股份有限公司发布公告：“双良科技”与受让方无锡哲方哈工智能机器人投资有限公司、无锡联创人工智能投资有限公司协议转让“友利控股”股份183383977股事宜于是日在中国证券登记结算有限责任公司深圳分公司全部过户完毕；此次变动后“双良科技”占公司总股本的3.22%，“无锡哲方”占公司总股本的18.6%，“无锡联创”占公司总股本的11.3%。5月18日，公司发布《重大资产购买实施情况报告书》：公司以现金9亿元购买李合营、李昊、龙英、岳怀宇、天津福臻资产管理中心、天津奥特博格资产管理中心持有的“天津福臻”100%的股权事项完成；交易完成后，“友利控股”持有“天津福臻”100%的股权，“天津福臻”成为公司的全资子公司。8月24日，公司发布《关于完成工商变更登记及变更公司名称、证券简称的公告》：公司名称由江苏友利投资控股股份有限公司变更为江苏哈工智能机器人股份有限公司，公司证券简称由“友利控股”变更为“哈工智能”，并对公司经营范围做出相应修改，公司经营范围为：机器人系统、智能生产线及人工智能的研发、技术咨询、技术服务，工业机器人、工业自动控制系统装置研发、技术咨询、技术服务、技术转让、制造、销售与维修，信息系统集成服务，软件的开发、技术咨询、技术服务、技术转让、销售及维护，利用自有资金对宾馆、旅游、餐饮、娱乐行业进行投资，自有房屋租赁等。

【“模塑科技”】 2017年3月29日，江南模塑科技股份有限公司发布《关于公司公开发行可转换公司债券事项获得中国证监会核准批文的公告》：公司收到中国证监会出具的《关于核准江南模塑科技股份有限公司公开发行可转换公司债券的批复》，公司向社会公开发行面值总额81366万元的可转换公司债券事项获中国证监会核准通过。此次发行可转债事项募集资金将全部用于在墨西哥、美国塑化汽车饰件建设的项目。5月12日，公司召开2016年度股东大会，审议通过《2016年度董事会工作报告》《2016年度监事会工作报告》《2016年度报告正文及摘要》《2016年度财务决算报告》。审议通过《2016年度利润分配预案》:以公司2016年12月31日的总股本717207902股为基数,向全体股东每10股派发现金红利1.1元(含税),不以资本公积金转增股本,共计派发78892869.22元,利润分配后,剩余未分配利润转入下一年度。5月31日,公司发布《公开发行A股可转换公司债券募集说明书》:公司发行A股可转债事项完成,此次发行A股可转债募集资金不超过81366万元(含81366万元),扣除发行费用后将全部用于在墨西哥、美国塑化汽车饰件建设的项目。8月4日,公司召开第九届董事会第二十五次会议,审议通过《关于公司发行股份及支付现金购买资产暨关联交易方案的议案》:公司拟以发行股份及支付现金的方式购买江阴模塑集团有限公司、江阴精力机械有限公司持有的江阴道达汽车饰件有限公司100%的股权,此次交易完成后,公司将直接持有"道达饰件"100%的股权,"道达饰件"成为公司全资子公司;公司分别向"模塑集团"和"精力机械"发行股份54985337股、54985337股,合计109970674股,每股价格为6.82元,拟募集资金7.49亿元。9月21日,公司召开2017年第三次临时股东大会决议,审议通过《关于公司发行股份及支付现金购买资产暨关联交易方案的议案》:公司分别向"模塑集团"和"精力机械"发行股份54985337股、54985337股,合计109970674股,每股价格为6.82元,同时,以支付现金的方式购买其持有的江阴道达汽车饰件有限公司100%的股权。10月26日,公司发布《关于收到中国证监会行政许可项目审查一次反馈意见通知书的公告》:公司拟以向"模塑集团"和"精力机械"发行股份54985337股、54985337股,合计109970674股,每股价格为6.82元,同时,以支付现金的方式购买其持有的江阴道达汽车饰件有限公司100%的股权事项进入一次反馈阶段。11月23日,公司发布《关于发行股份及支付现金购买资产暨关联交易事项获得中国证监会并购重组委员会审核通过暨公司股票复牌的公告》:公司拟非公开发行股份募集资金约74900万元事项获得中国证监会审核通过。

【"华西股份"】 2017年1月3日,江苏华西村股份有限公司召开第六届董事会第二十六次会议,审议通过《关于共同出资设立产业基金暨关联交易的议案》:公司拟发起设立昆山芯村投资中心(有限合伙),基金规模为1.7亿元,其中"华西集团"拟认缴出资7500万元、"一村资本"拟认缴出资7500万元、其他非关联方拟认缴出资2000万元。3月14日,公司发布《关于终止2016年度非公开发行A股股票并撤回申请文件的公告》:公司2016年度拟向不超过10名特定对象非公开发行不超过142796460股A股股票,募集资金总额(含发行费用)不超过129088万元。募集资金拟通过全资子公司江阴华西村资本有限公司(以下简称"华西资本")认购浙江稠州商业银行股份有限公司(以下简称"稠州银行")增发的32600万股股份。鉴于该非公开发行事项公告至3月14日,再融资政策法规、资本市场环境、融资时机等因素发生诸多变化。公司管理层与稠州银行双方基于该次非公开发行进度的不确定性,以及双方业务合作的迫切性,该事项被终止。4月6日,公司召开2016年度股东大会,审议通过《2016年度董事会工作报告》《2016年度监事会工作报告》《2016年度财务决算报告》《2016年度利润分配预案》。7月12日,公司发布《关于收到上海证券交易所〈关于江苏华西村股份有限公司非公开发行可交换公司债券挂牌转让无异议的函〉的公告》:公司面向合格投资者非公开发行可交换公司债券12亿元符合上交所的挂牌转让条件,上交所对其挂牌转让无异议。8月10日,公司发布《关于非公开发行2017年可交换公司债券发行结果的公告》:公司面向合格投资者非公开发行总额不超过12亿元的可交换公司债券事项完成,最终实际发行规模为11.39亿元,募集资金扣除发行费用后将用于偿还发行人借款和补充流动资金。

【"霞客环保"】 2017年6月7日,江苏霞客环保色纺股份有限公司发布《关于终止发行股份购买资产并募集配套资金暨关联交易事项并撤回申请文件的公告》:公司拟通过向"上海其辰"非公开发行A股股份的方式,购买"上海其辰"持有的协鑫智慧能源(苏州)有限公司100%的股权(下称"标的资产"),同时向7名特定投资者非公开发行股份募集配套资金。鉴于此次交易标的资产涉及海外上市公司资产回归A股,有关该事宜的监管政策尚未明确,造成此次交易耗时较长且审核结果具有较大不确定性,决定终止发行股份购买资产并募集配套资金暨关联交易事项,并撤回申请文件。

【"中南文化"】 2017年3月4日,中南红文化集团股份有限公司发布《关于控股股东拟发行可交换公司债券的公告》:根据中南集团通知,此次可交换债券拟分为两个品种分期发行,品种一、品种二均不超过3年(含3年),拟募集资金总规模不超过10亿元(含10亿元),拟发行方式为非公开发行。中南集团此次发行可交换债券尚需经深圳证券交易所同意后方可挂牌转让。4月12日,公司发布《发行股份及支付现金购买资产并募集配套资金实施情况暨新增股份上市报告书》:上市公司通过发行股份及支付现金相结合的方式,购买代志立、李经伟、符志斌、"樟树浩基"和"西藏泰富"持有的极光网络90%股权事项完成。该事项发行21579653股,发行股份的价格为18.58元/股,募集配套资金总额为40095万元。5月18日,公司召开2016年度股东大会,审议通过《公司2016年度报告全文及其摘要》《关于公司2016年度董事会工作报告的议案》《关于公司2016年度财务决算报告的议案》。审议通过《关于公司2016年度利润分配预案的议案》:以2016年12月31日的母公司可供分配利润为基础,以公司最新总股本832531286股为基数,向全体股东每10股派发现金红利0.35元(含税),预计派发现金红利29138595.01元(含税),剩余未分配利润结转下年度。除上述现金分红外,此次分配公司不送红股,不以资本公积金转增股本。12月21日,公司发布《公开发行可转换公司债券预案》:公司拟发行可转换公司债券,募集资金总额不超过68857.14万元,募集资金主要用于投资影视剧投资建设项目、运营建设项目及补充流动资金。

【"百川股份"】 2017年1月10日,无锡百川化工股份有限公司发布公告:公司于2016年12月28日收到中国证监会出具的《中国证监会行政许可项目审查反馈意见通知书(163279号)》,2017年1月10日公司就反馈意见所列问题作出回复并进行公开披露,公司非公开发行股票事项进入一次反馈阶段。2月28日,公司发布《第四届董事会第十四次会议决议公告》:审议通过《关于公司非公开发行股票方案(第二次修订稿)的议案》,调整后,公司非公开发行股票的数量合计不超过5697.21万股(含5697.21万股),拟募集资金总额不超过42900万元,主要用于固定资产投资。4月13日,公司发布《关于非公开发行股票获得中国证监会发审委审核通过的公告》:公司拟非公开发行股份5697.21万股,拟募集资金不超过42900万元,募集资金用于固定资产投资,该事项获中国证监会审核通过。4月26日,公司召开2016年度股东大会,审议通过《2016年度报告及摘要》《2016年度董事会工作报告》《2016年度监事会工作报告》《2016年度财务决算报告》。审议通过《关于公司2016年度利润分配方案》:以公司2016年12月31日总股本474120000股为基数,向全体股东每10股派发现金股利1元(含税)。

【"爱康科技"】 2017年1月6日,江苏爱康科技股份有限公司发布公告:公司控股股东"爱康国际"于2017年1月4日通过深圳证券交易所大宗交易系统减持公司无限售条件的流通股份220028800股,占公司总股本的4.9%,此次减持后公司实际控制人邹承慧及其一致行动人"爱康国际""爱康实业""爱康投资"合计持有公司股份1107828400股,占公司股本总额的24.67%,仍为公司控股股东。3月21日,公司发布《公司发行债券预案的公告》:公司拟公开发行公司债券票面总额合计不超过12亿元(含12亿元),债券票面金额100元,按面值平价发行,募集资金拟用于偿还公司债务和补充流动资金。该预案已经公司股东大会审议通过。8月1日,公司发布《关于终止发行股份购买资产事项的公告》:公司因筹划发行股份购买资产事项,向深圳证券交易所申请,公司股票于2017年5月12日开市起停牌。同日,公司发布《关于面向合格投资者非公开发行公司债券的公告》:拟非公开发行不超过3亿元(含3亿元)的公司债券,此次债券票面金额100元,按面值平价发行。该事项由公司董事会及股东大会审议通过。

【"宝利国际"】 2017年5月23日,江苏宝利国际投资股份有限公司召开2016年度股东大会,审议通过《2016年度报告全文》《2016年度董事会工作报告》《2016年度监事会工作报告》《2016年度财务决算报告》。审议通过《2016年度利润分配预案》:以公司现有总股本921600000股为基数,向全体股东每10股派0.2元现金。

【"中泰桥梁"】 2017年1月24日,江苏中泰桥梁钢构股份有限公司发布公告:公司拟将所拥有的与桥梁钢结构业务相关的资产、债权债务、经营资质及人员逐步下沉至全资子公司江苏新中泰桥梁钢构工程有限公司,同时将江苏中泰桥梁钢构股份有限公司的建筑业企业资质证书调整转移至江苏新中泰桥梁钢构工程有限公司,优化调整后,公司全资子公司江苏新中泰桥梁钢构工程有限公司将作为母公司桥梁钢结构业务运营与发展主体。3月15日,公司发布《关于收到〈中国证监会行政许可项目审查一次反馈意见通知书〉的公告》:公司发行股份购买控股股东"八大处控股"持有的北京文凯兴教育投资有限公司20.22%股权事项进入一次反馈阶段。5月19日,公司发布《关于收到〈中国证监会行政许可项目审查二次反馈意见通知书〉的公告》:公司发行股份购买控股股东"八大处控股"持有的北京文凯兴教育投资有限公司20.22%股权事项进入二次反馈阶段。6月27日,公司发布《关于终止发行股份购买资产并募集配套资金暨关联交易事项并撤回申请文件的公告》:公司发行股份购买控股股东"八大处控股"持有的北京文凯兴教育投资有限公司20.22%股权事项被终止,公司后续计划以现金方式收购"八大处控股"持有的"文凯兴"剩余20.22%股权。8月10日,公司发布《关于以公开挂牌方式出售新中泰100%股权的提示性公告》:公司桥梁钢结构业务盈利受政策及市场多重因素作用下,下滑明显,2016年及2017年,持续亏损,为剥离利润水平有限的桥梁钢结构业务,同时向高端教育产业转型,集中资源发展国际教育业务,决定出售江苏新中泰桥梁钢构工程有限公司100%股权。12月28日,公司发布《关于拟变更公司名称、证券简称、经营范围及住所的公告》:公司拟将公司名称变更为北京凯文德信教育科技股份有限公司;证券简称变更为"凯文教育";经营范围变更为教育信息咨询、技术开发、技术推广、技术转让、技术咨询、技术服务。该事项由公司股东大会审议通过。

【"海达股份"】 2017年3月15日,江阴海达橡塑股份有限公司发布《关于筹划重大事项停牌的公告》:该重大事项涉及资产购买,拟购买的资产属于汽车轻量化材料行业,预计交易方式为部分发股加部分现金收购股权,预计交易金额在3亿元~4亿元。4月20日,公司召开2016年度股东大会,审议通过《关于公司2016年度董事会工作报告的议案》《关于公司2016度监事会工作报告的议案》《关于公司2016年度财务决算报告的议案》《关于公司2016年度报告及摘要的议案》《关于补选胡蕴新为公司第三届董事会非独立董事的议案》。审议通过《关于2016年度利润分配方案的议案》:以公司现有总股本293348000股为基数,向全体股东每10股派0.61元现金。6月16日,公司发布《第三届董事会第十九次会议决议公告》:审议通过《关于公司发行股份及支付现金购买资产并募集配套资金方案的议案》:公司拟向邱建平等37名交易对方发行股份及支付现金购买其合计持有的“科诺铝业”95.32%的股权。同时,公司拟向不超过5名符合条件的特定投资者非公开发行股份募集配套资金,用于支付此次交易的现金对价、“科诺铝业”在建年产3万吨汽车轻量化铝合金新材料项目以及此次交易的相关费用,募集配套资金总额不超过22200万元。8月19日,公司发布《关于收到〈中国证监会行政许可申请受理通知书〉的公告》:中国证监会决定对公司非公开发行股份募集配套资金不超过22200万元申请事项予以受理。11月30日,公司发布《关于发行股份及支付现金购买资产并募集配套资金事项获得中国证监会并购重组委员会审核通过暨公司股票复牌的公告》:公司拟非公开发行股份募集资金22200万元事项获得中国证监会审核通过。12月28日,公司发布《关于〈发行股份购买资产并募集配套资金事项获得中国证监会核准批复〉的公告》:中国证监会核准公司非公开发行股份募集配套资金不超过22200万元购买事项。

【“广信材料”】 2017年4月21日,江苏广信感光新材料股份有限公司召开2016年度股东大会,审议通过《公司2016年度报告及摘要》《2016年度董事会工作报告》《2016年度监事会工作报告》《2016年度财务决算报告》。审议通过《2016年度利润分配及资本公积金转增股本预案》:以公司总股本1亿股为基数,向全体股东每10股派1.5元现金,同时以资本公积金向全体股东每10股转增6股。4月22日,公司发布《关于公司重大资产重组事项获中国证监会并购重组委审核通过暨公司股票复牌的公告》:公司发行股份及支付现金购买资产并募集配套资金事项获得无条件通过。7月14日,公司发布《发行股份及支付现金购买资产并募集配套资金实施情况暨新增股份上市公告书》:公司向陈朝岚、刘晓明、吴玉民、许仁贤、卢礼灿、陈文、肖建和“无锡宏诚”发行股份及支付现金购买其持有的“江苏宏泰”100%股权;同时,公司向不超过5名特定投资者非公开发行股份募集配套资金,募集配套资金总额不超过31400万元事项完成。

【“江阴银行”】 2017年1月10日,江苏江阴农村商业银行股份有限公司发布《关于公开发行可转换公司债券申请获中国证监会核准的公告》:中国证监会核准公司向社会公开发行面值总额20亿元可转换公司债券。1月26日,公司发布公告:公司收到中国银行业监督管理委员会江苏监管局《中国银监会江苏监管局关于筹建江苏江阴农村商业银行股份有限公司无锡分行的批复》,获准筹建无锡分行。4月7日,公司召开2016年度股东大会,审议通过《第五届董事会2016年度工作报告》《第五届监事会2016年度工作报告》《2016年度财务决算和2017年度预算方案》。审议通过《2016年度利润分配方案》:以2016年底1767354347股为基数,每10股派发现金红利1.5元(含税)。6月10日,公司发布《关于公开发行A股可转换公司债券获中国银监会江苏监管局核准的公告》:公司收到中国银监会江苏监管局下发的《关于江苏江阴农村商业银行公开发行A股可转换公司债券相关事宜的批复》,同意江苏江阴农村商业银行公开发行不超过20亿元的A股可转换公司债券事项。

“新三板”挂牌企业动态

【“阳生生物”】 2017年6月28日,江苏阳生生物股份有限公司召开2016年度股东大会,审议通过《2016年度董事会工作报告》《2016年度监事会工作报告》《2016年度审计报告》《2016年度财务决算报告》。审议通过《2016年度利润分配预案》:公司处于发展初期,各方面投入较大,无法产生有效利润,因此2016年度暂不进行利润分配。

【“天邦涂料”】 2017年4月26日,江阴市天邦涂料股份有限公司召开2016年度股东大会,审议通过《2016年度董事会工作报告》《2016年度监事会工作报告》《2016年度审计报告》《2016年度财务决算报告》。审议通过《2016年度利润分配预案》:2016年度暂不进行利润分配。

【“孚尔姆”】 2017年5月18日,江苏孚尔姆焊业股份有限公司召开2016年度股东大会,审议通过《2016年度董事会工作报告》《2016年度监事会工作报告》《2016年度审计报告》《2016年度财务决算报告》。审议通过《2016年度利润分配预案》:以公司总股本2150万股为基数,向全体股东每10股送红股5股,同时,以资本公积金向全体股东每10股转增5股;该半年度权益分派方案已于2016年9月23日实施完毕。鉴于公司未来长期发展的需要,确保公司各项经营业务的平稳、顺利进行,拟决定2016年下半年不分配利润,也不进行公积金转增股本。

【“浩博新材”】 2017年5月18日,江苏浩博新材股份有限公司召开2016年度股东大会,审议通过《2016年度报告及摘要》《2016年度董事会工作报告》《2016年度监事会工作报告》《2016年度财务决算报告》《2017年度财务预算报告》。审议通过《公司2016年度利润不分配方案的议案》:2016年度不进行利润分配,也不进行资本公积金转增股本。

【“怡达化学”】 2017年1月12日,江苏怡达化学股份有限公司发布公告:公司于2016年12月23日向证监会提交首次公开发行股票并在创业板上市申请材料,并于近日取得中国证监会行政许可申请受理通知书。

【“苏达汇诚”】 2017年4月10日,江阴苏达汇诚复合材料股份有限公司发布《关于公司股票暂停转让进展公告》。4月14日,财通证券股份有限公司发布《关于江阴苏达汇诚复合材料股份有限公司无法按时披露2016年度报告的风险提示提示性公告》:因江阴苏达汇诚复合材料股份有限公司正在着手办理摘牌事宜,且于2016年12月29日向全国中小企业股份转让系统提交终止挂牌申请材料,经公司慎重考虑,决定不披露2016年度报告。6月29日,公司发布《关于股票延期恢复转让暨暂停转让进展公告》。

【"鼎阳电力"】 2017年1月10日,江苏鼎阳绿能电力股份有限公司召开第一届董事会第十四次会议,审议通过《关于申请公司股票在全国中小企业股份转让系统终止挂牌的议案》。

【"同发股份"】 2017年1月11日,江苏同发新能源股份有限公司发布《关于签署重大合同的公告》:江苏同发新能源股份有限公司与浙江天虹物资贸易有限公司于近期签订《固定式光伏支架合同》,合同金额为51604089元。9月13日,公司发布《2017年第一次股票发行方案》:公司拟发行不超过791万股(含791万股)普通股,预计募集资金不超过1582万元,募集资金主要用于补充流动资金。5月18日,公司召开2016年度股东大会,审议通过《2016年度报告及摘要》《2016年度董事会工作报告》《2016年度监事会工作报告》《2016年度财务决算报告》《2017年度财务预算报告》。审议通过《公司2016年度利润不分配方案的议案》:2016年度不进行利润分配,也不进行资本公积金转增股本。11月17日,公司发布《股票发行情况报告书》:公司发行普通股791万股,募集资金1582万元事项完成,募集资金主要用于补充公司流动资金。

【"新光镭射"】 2017年5月19日,江阴新光镭射包装材料股份有限公司召开2016年度股东大会,审议通过《2016年度报告及摘要》《2016年度董事会工作报告》《2016年度监事会工作报告》《2016年度财务决算报告》《2017年度财务预算报告》。审议通过《公司2016年度利润不分配方案的议案》:2016年度不进行利润分配。

【"赛英电子"】 2017年5月17日,江阴市赛英电子股份有限公司召开2016年度股东大会,审议通过《2016年度报告及摘要》《2016年度董事会工作报告》《2016年度监事会工作报告》《2016年度财务决算报告》《2017年度财务预算报告》。审议通过《公司2016年度利润不分配方案的议案》:向全体股东每10股派发现金股利6.5元(含税),共派发现金1300万元,剩余未分配利润结转下一年度。

【"博阳智电"】 2017年5月10日,江苏博阳智慧电气股份有限公司召开2016年度股东大会,审议通过《2016年度报告及摘要》《2016年度董事会工作报告》《2016年度监事会工作报告》《2016年度财务决算报告》《2017年度财务预算报告》。审议通过《公司2016年度利润不分配方案的议案》:2016年度不进行利润分配,也不进行资本公积金转增股本。

【"舜阳科技"】 2017年5月11日,无锡舜阳新能源科技股份有限公司召开2016年度股东大会,审议通过《2016年度报告及摘要》《2016年度董事会工作报告》《2016年度监事会工作报告》《2016年度财务决算报告》《2017年度财务预算报告》。审议通过《公司2016年度利润不分配方案的议案》:2016年度不进行利润分配。

【"江特科技"】 2017年5月11日,江阴江特科技股份有限公司召开2016年度股东大会,审议通过《2016年度报告及摘要》《2016年度董事会工作报告》《2016年度监事会工作报告》《2016年度财务决算报告》《2017年度财务预算报告》。审议通过《公司2016年度利润不分配方案的议案》:2016年度不进行利润分配。

【"慧居科技"】 2017年1月23日,慧居科技股份有限公司召开第一届董事会第十次会议,审议通过《关于对全资子公司慧居科技江苏能源系统投资有限公司增资的议案》:公司拟对子公司慧居科技江苏能源系统投资有限公司增资1.4亿元。5月19日,公司召开2016年度股东大会,审议通过《2016年度报告及摘要》《2016年度董事会工作报告》《2016年度监事会工作报告》《2016年度财务决算报告》《2017年度财务预算报告》。审议通过《2016年度利润分配方案》:鉴于报告期末母公司未分配利润为负,故此次利润分配方案为:不进行利润分配,也不进行资本公积金转增股本。

【"无锡协力"】 2017年1月13日,无锡市协力新能源股份有限公司发布2017年第一次股票发行方案:公司拟非公开发行股票3000万股,发行价格区间为每股2.9元~3.3元,预计募集资金总额不超过9900万元,此次募集资金主要用于增加新兴互联网娱乐服务业务,投资设立全资子公司北京新鹰智能游戏科技有限公司、天津新鹰华兴信息科技有限公司。5月8日,公司召开2016年度股东大会,审议通过《2016年度报告及摘要》《2016年度董事会工作报告》《2016年度监事会工作报告》《2016年度财务决算报告》《2017年度财务预算报告》。审议通过《2016年度利润分配方案》:不进行利润分配,也不进行资本公积金转增股本。8月31日,公司发布《关于终止股票发行方案的公告》:公司于2017年1月13日发布2017年第一次股票发行方案:公司拟非公开发行股票3000万股,预计募集资金总额不超过9900万元,主要用于增加新兴互联网娱乐服务业务,投资设立全资子公司北京新鹰智能游戏科技有限公司、天津新鹰华兴信息科技有限公司。根据公司战略规划需要,公司拟终止该股票发行方案。

【"金牡丹"】 2017年1月23日,江苏金牡丹装饰工程股份有限公司发布《关于终止股票发行方案的公告》:公司拟终止2016年12月16日发布的非公开发行512万股股份,募集706.56万元资金的股票发行方案。5月11日,公司召开2016年度股东大会,审议通过《2016年度报告及摘要》《2016年度董事会工作报告》《2016年度监事会工作报告》《2016年度财务决算报告》《2017年度财务预算报告》。审议通过《公司2016年度利润不分配方案的议案》:2016年度不进行利润分配。

【"江凌股份"】 2017年5月17日,江苏江凌测控科技股份有限公司召开2016年度股东大会,审议通过《2016年度报告及摘要》《2016年度董事会工作报告》《2016年度监事会工作报告》《2016年度财务决算报告》《2017年度财务预算报告》,审议通过《公司2016年度利润不分配方案的议案》:2016年度不进行利润分配,也不进行资本公积金转增股本,留存未分配利润将用于公司未来发展。

【"云峰科技"】 2017年5月17日,江苏云峰科技股份有限公司召开2016年度股东大会,审议通过《2016年度报告及摘要》《2016年度董事会工作报告》《2016年度监事会工作报告》《2016年度财务决算报告》《2017年度财务预算报告》。审议通过《公司2016年度利润不分配方案的议案》:2016年度不进行利润分配,也不进行资本公积金转增股本,留存未分配利润将用于公司未来发展。

【"美好世界"】 2017年2月6日,华福证券有限责任公司发布《关于无锡美好世界科技股份有限公司收到北京仲裁委员会裁决的风险提示公告》:2月6日,北京仲裁委作出裁决书,裁决要求"美好世界"继续履行《发行股票购买资产协议》,向北京汉氏联合生物技术股份有限公司,发行289万股股票以支付收购"汉氏广安"26%股权的对价。"华福证券"提示若"美好世界"执行该裁决将导致公司股本资金增加至1289万元,"汉氏联合"将成为"美好世界"的股东,持有22.42%的股份。

【"江苏中基"】 2017年3月15日,江苏中基复合材料股份有限公司发布收购资产的公告:公司拟以22750万元购买安徽美信铝业有限公司100%的股权。4月20日,公司发布《关于完成收购资产的公告》:公司以22750万元购买安徽美信铝业有限公司100%股权事项完成。6月19日,公司召开2017年第二次临时股东大会,审议通过《关于公司控股股东拟通过发行股份的方式收购少数股东权益暨公司组织形式变更的议案》:公司控股股东汕头万顺包装材料股份有限公司(股票简称:万顺股份;股票代码:300057)拟以发行股份的方式购买GEMGUARD TECHNOLOGIES PTE. LTD. 持有公司23%的股份并募集配套资金,此次交易完成后,"万顺股份"将持有公司92%的股份。会议根据并购整合方案的需要,待此次交易获得中国证券监督管理委员会的核准,公司组织形式将发生变更,由"股份有限公司(中外合资,未上市)"整体变更为"有限责任公司"。会议同时审议通过《关于公司申请拟在全国中小企业股份转让系统终止挂牌的议案》:公司控股股东汕头万顺包装材料股份有限公司发行股份购买江苏中基复合材料股份有限公司股权事项获中国证券监督管理委员会的核准后,公司拟向全国中小企业股份转让系统有限责任公司申请终止挂牌;如此次并购未获中国证监会审议通过,公司仍将为全国中小企业股份转让系统的挂牌企业。10月17日,公司召开2017年第三次临时股东大会,审议通过《关于公司申请在全国中小企业股份转让系统终止挂牌的议案》:公司为调整战略发展规划,拟向全国中小企业股份转让系统申请终止挂牌。

【"华溢物流"】 2017年4月10日,江苏华溢物流股份有限公司发布《关于终止股票发行方案的公告》:公司2015年5月18日发布股票发行方案,拟发行股份不超过500万股,募集资金总额不超过2250万元,募集资金用于构建公司的电子商务平台和拓展客户资源。根据公司长期经营的考虑,结合最新的战略发展规划,该事项被终止。7月10日,公司发布《关于拟申请公司股票在全国中小企业股份转让系统终止挂牌的提示性公告》:因公司经营发展战略需要,公司拟向全国中小企业股份转让系统申请公司股票终止挂牌。该事项经第一届董事会第十五次会议审议通过。8月30日,公司发布《关于公司股票在全国中小企业股份转让系统终止挂牌的公告》:公司股票自2017年8月31日起终止在全国中小企业股份转让系统挂牌。

【"联通纪元"】 2017年4月5日,江苏联通纪元印务股份有限公司发布收购报告书:江阴颖鸿投资企业拟以现金方式受让江阴联通实业有限公司持有的"联通纪元"46%股份,合计4600万股,收购价格为1.65元/股,此次收购完成后,江阴颖鸿投资企业占股46%,成为"联通纪元"第一大股东。

【"标榜新材"】 2017年5月11日,江苏标榜装饰新材料股份有限公司发布《股票发行情况报告书》:公司计划发行股票数量不超过500万股,实际认购数量为300万股,实际募集资金总额1050万元,募集资金用于补充流动资金。5月19日,公司召开2016年度股东大会,审议通过《2016年度报告及摘要》《2016年度董事会工作报告》《2016年度监事会工作报告》《2016年度财务决算报告》《2017年度财务预算报告》。审议通过《公司2016年度利润不分配方案的议案》:2016年度不进行利润分配。

【"翔龙科技"】 2017年5月11日,无锡翔龙环球科技股份有限公司发布《股票发行情况报告书》:公司计划发行股票数量不超过500万股,实际认购数量为300万股,实际募集资金总额1050万元,募集资金用于补充流动资金。5月19日,公司召开2016年度股东大会,审议通过《2016年度报告及摘要》《2016年度董事会工作报告》《2016年度监事会工作报告》《2016年度财务决算报告》《2017年度财务预算报告》。审议通过《公司2016年度利润分配方案的议案》:以公司2016年末总股本5200万股为基数,向全体股东每10股派发2元现金红利(含税)。

【"鼎阳电力"】 2017年4月25日,江苏鼎阳绿能电力股份有限公司发布《关于股票终止挂牌的公告》:根据全国中小企业股份转让系统有限责任公司出具的《关于同意江苏鼎阳绿能电力股份有限公司终止股票在全国中小企业股份转让系统挂牌的函》,公司股票自2017年4月26日起终止在全国中小企业股份转让系统挂牌。

【"风和医疗"】 2017年5月17日,江苏风和医疗器材股份有限公司发布公告:公司股票将于5月18日起在全国中小企业股份转让系统挂牌公开转让,转让方式为协议转让,股票代码为871517。

【"宝能股份"】 2017年5月4日,江阴宝能精密新材料股份有限公司发布公告:公司股票将于5月5日起在全国中小企业股份转让系统挂牌公开转让,转让方式为协议转让,股票代码为871443。6月5日,公司召开2016年度股东大会,审议通过《2016年度董事会工作报告》《2016年度监事会工作报告》《2016年度财务决算报告》《2017年度财务预算报告》。审议通过《2016年度利润分配方案》：对2016年利润不进行分配。6月7日，公司召开第一届董事会第六次会议，审议通过《关于变更公司经营范围的议案》：公司原经营范围为精密新材料的研发；特种切割钢线、钢绳的制造、加工、销售；金属新材料的研究、开发、销售；自营和代理各类商品及技术的进出口业务，但国家限定企业经营或禁止进出口的商品和技术除外。拟将公司经营范围变更为太阳能光伏发电；精密新材料的研发；特种切割钢线、钢绳的制造、加工、销售；金属新材料的研究、开发、销售；自营和代理各类商品及技术的进出口业务，但国家限定企业经营或禁止进出口的商品和技术除外。在经营范围中增加"太阳能光伏发电"内容。

【"新昶虹"】 2017年5月25日，江阴市新昶虹电力科技股份有限公司召开2016年度股东大会，审议通过《2016年度董事会工作报告》《2016年度监事会工作报告》《2016年度财务决算报告》。审议通过《2016年度利润分配预案》：以公司总股本11054万股为基数，向全体股东每10股派1元现金，不足部分8434997.28元由公司实际控制人无条件补足。

【"中达软塑"】 2017年6月19日，江阴中达软塑新材料股份有限公司发布《关于申请公司股票在全国中小企业股份转让系统终止挂牌的公告》：公司因战略规划需要，拟申请在全国中小企业股份转让系统终止挂牌，该事项经第一届董事会第十二次会议审议通过。8月4日，公司发布《关于公司股票在全国中小企业股份转让系统终止挂牌的公告》：公司股票自2017年8月7日起终止在全国中小企业股份转让系统挂牌。

【"华新科技"】 2017年6月6日，江阴华新电器科技股份有限公司发布公告：公司股票将于6月7日其在全国中小企业股份转让系统挂牌公开转让，转让方式为协议转让，股票代码为871300。6月16日，公司召开2016年度股东大会，审议通过《2016年度报告及摘要》《2016年度董事会工作报告》《2016年度监事会工作报告》《2016年度财务决算报告》《2017年度财务预算报告》。审议通过《公司2016年度利润分配方案的议案》：以公司现有总股本4680万股为基数，向全体股东每10股派发现金红利0.7元（含税），共计分配利润327.6万元，剩余未分配利润22935726.23元，结转至以后年度分配。2016年度不转增、不送股。

【"精亚洁净"】 2017年5月18日，江苏精亚洁净工程股份有限公司召开2016年度股东大会，审议通过《2016年度报告及摘要》《2016年度董事会工作报告》《2016年度监事会工作报告》《2016年度财务决算报告》《2017年度财务预算报告》。审议通过《公司2016年度利润不分配方案的议案》：2016年度不进行利润分配。6月13日，公司发布《关于申请公司股票在全国中小企业股份转让系统终止挂牌的公告》：因公司经营发展战略调整，拟重新筹划经营方向，公司拟申请在全国中小企业股份转让系统终止挂牌。8月1日，公司发布《关于公司股票在全国中小企业股份转让系统终止挂牌的公告》：公司股票自2017年8月2日起终止在全国中小企业股份转让系统挂牌。

【"钟舟电气"】 2017年8月16日，江阴钟舟电气股份有限公司发布收购报告书：收购人哈尔滨中捷投资有限公司按照1.4元每股的价格以1102.5万元通过全国中小企业股份转让系统受让"福建翼动"持有的"钟舟电气"787.5万股股票，上述股票转让后，哈尔滨中捷投资有限公司持有"钟舟电气"75%的股份，成为"钟舟电气"的控股股东。

【"必得科技"】 2017年8月16日，江苏必得科技股份有限公司发布《关于收到全国中小企业股份转让系统有限责任公司终止挂牌申请受理通知书的公告》：公司于2017年8月15日向全国中小企业股份转让系统有限责任公司报送终止挂牌的申请材料。经初步审查，全国中小企业股份转让系统有限责任公司申请材料符合《全国中小企业转让系统业务规则（试行）》的相关要求，予以受理。8月30日，公司发布《关于公司股票在全国中小企业股份转让系统终止挂牌的公告》：公司股票自2017年8月31日起终止在全国中小企业股份转让系统挂牌。5月11日，公司召开2016年度股东大会，审议通过《2016年度报告及摘要》《2016年度董事会工作报告》《2016年度监事会工作报告》《2016年度财务决算报告》《2017年度财务预算报告》。审议通过《公司2016年度利润分配方案的议案》：以总股本3000万股为基数，向全体股东以每10股派发现金红利10元（含税），共计派发现金红利3000万元（含税）；同时，拟以总股本3000万股为基数，以资本公积金转增股本，每10股转增15股，合计转增股本4500万股（每股面值1元）。

【"百意中医"】 2017年4月18日，江阴百意中医医院股份有限公司召开2016年度股东大会，审议通过《2016年度报告及摘要》《2016年度董事会工作报告》《2016年度监事会工作报告》《2016年度财务决算报告》《2017年度财务预算报告》。审议通过《公司2016年度利润不分配方案的议案》：2016年度不进行利润分配。8月7日，公司发布《关于收到全国中小企业股份转让系统有限责任公司终止挂牌申请受理通知书的公告》：公司于2017年8月8日向全国中小企业股份转让系统有限责任公司报送终止挂牌的申请材料。经核对，全国中小企业股份转让系统有限责任公司认为公司申请符合《全国中小企业股份转让系统业务规则（试行）》的相关要求，予以受理。同日，公司发布《收购报告书》：在"百意中医"向全国中小企业股份转让系统有限责任公司申请终止挂牌并变更为有限责任公司后，达孜赛勒康医疗投资管理有限公司以现金购买百意中医51%的股权。此次收购完成后，"达孜赛勒康"将取得公司控制权。9月8日，公司发布《关于公司股票在全国中小企业股份转让系统终止挂牌的公告》：公司股票自2017年9月12日起终止在全国中小企业股份转让系统挂牌。

【“科强股份”】 2017年8月9日，江苏科强新材料股份有限公司发布《关于股票挂牌的提示性公告》：公司股票公开转让申请已经全国中小企业股份转让系统同意，并将于2017年8月10日在全国中小企业股份转让系统公开挂牌转让。股票简称为：科强股份，股票代码为872059，转让方式为协议转让。12月14日，公司发布《关于拟申请公司股票在全国中小企业股份转让系统终止挂牌的提示性公告》：公司拟申请公司股票在全国中小企业股份转让系统终止挂牌，该事项尚需提交公司2018年第一次临时股东大会审议。

【“宏晟节能”】 2017年9月7日，无锡市宏晟节能科技股份有限公司发布《关于股票挂牌的提示性公告》：公司股票将于2017年9月8日在全国股转系统挂牌公开转让，证券代码为872182，转让方式为协议转让。

【“华宏医药”】 2017年5月11日，江苏华宏医药股份有限公司召开2016年度股东大会，审议通过《2016年度报告及摘要》《2016年度董事会工作报告》《2016年度监事会工作报告》《2016年度财务决算报告》《2017年度财务预算报告》。审议通过《公司2016年度利润不分配方案的议案》：2016年度不进行利润分配。9月13日，公司发布《第二届董事会第二次会议公告》：经会议审议通过，公司决定将股票转让方式由做市转让变更为协议转让。10月25日，公司发布《关于股票转让方式变更为协议转让的提示性公告》：公司变更股票转让方式的申请经股转系统同意，公司将于2017年10月27日起以协议转让方式进行转让。

【“万事兴”】 2017年5月7日，江阴万事兴医疗器械股份有限公司召开2016年度股东大会，审议通过《2016年度报告及摘要》《2016年度董事会工作报告》《2016年度监事会工作报告》《2016年度财务决算报告》《2017年度财务预算报告》。审议通过《公司2016年度利润不分配方案的议案》：2016年度不进行利润分配，也不进行资本公积金转增股本。

【“万兴股份”】 2017年5月1日，江阴万事兴汽车部件股份有限公司召开2016年度股东大会，审议通过《2016年度报告及摘要》《2016年度董事会工作报告》《2016年度监事会工作报告》《2016年度财务决算报告》《2017年度财务预算报告》。审议通过《公司2016年度利润不分配方案的议案》：2016年度不进行利润分配，也不进行资本公积金转增股本。

【“奥派装备”】 2017年5月8日，江苏奥派交通装备股份有限公司召开2016年度股东大会，审议通过《2016年度报告及摘要》《2016年度董事会工作报告》《2016年度监事会工作报告》《2016年度财务决算报告》《2017年度财务预算报告》。审议通过《公司2016年度利润不分配方案的议案》：2016年度不进行利润分配。

【“康爱特”】 2017年5月27日，江阴康爱特包装股份有限公司召开2016年度股东大会，审议通过《2016年度报告及摘要》《2016年度董事会工作报告》《2016年度监事会工作报告》《2016年度财务决算报告》《2017年度财务预算报告》，审议通过《公司2016年度利润分配方案的议案》：此次利润分配金额为每10股份配现金0.66元，合计分配金额198万元。

【“力博医药”】 2017年10月27日，江苏力博医药生物技术股份有限公司发布《股票发行方案》：公司拟向公司部分董事、高级管理人员及技术、业务、职能相关的骨干人员非公开发行股份180万股，每股价格3元，预计募集资金不超过540万元，募集资金主要用于采购原材料。

【“安凯特”】 2017年9月29日，江苏安凯特科技股份有限公司发布《股票发行方案》：公司拟非公开发行股份195万股，每股价格8.2元，预计募集资金不超过1599万元，募集资金主要用于补充流动资金和偿还银行借款。该方案已经公司股东大会通过。5月4日，公司召开2016年度股东大会，审议通过《2016年度报告及摘要》《2016年度董事会工作报告》《2016年度监事会工作报告》《2016年度财务决算报告》《2017年度财务预算报告》。审议通过《公司2016年度利润分配方案的议案》：以总股本2112万股为基数，向全体股东每10股派发现金股利3元(含税)，合计派发现金红利633.6万元。审议通过《关于公司资本公积金转增股本的议案》：以总股本2112万股为基础，以528万元资本公积金向全体股东每10股转增2.5股，其中，以公司股东溢价增资所形成的资本公积金向全体股东每10股转增1.41股，以其他资本公积金向全体股东每10股转增1.09股，合计转增528万股。此次资本公积金转增股本后，公司总股本增至2640万股。

【“华钢网络”】 2017年5月5日，江苏华钢网络科技股份有限公司召开2016年度股东大会，审议通过《2016年度报告及摘要》《2016年度董事会工作报告》《2016年度监事会工作报告》《2016年度财务决算报告》《2017年度财务预算报告》。审议通过《公司2016年度利润不分配方案的议案》：2016年度不进行利润分配。11月9日，公司召开第一届董事会第十次会议，审议通过《关于董事会董事长王旌辞职的议案》：王旌因个人原因无法继续担任公司董事会董事长一职，于2017年11月7日向董事会递交辞职报告。审议通过《关于聘任丁珊珊为江苏华钢网络科技股份有限公司董事长的议案》。

【“延利股份”】 2017年4月25日，江阴市延利汽车饰件股份有限公司召开2016年度股东大会，审议通过《2016年度报告及摘要》《2016年度董事会工作报告》《2016年度监事会工作报告》《2016年度财务决算报告》《2017年度财务预算报告》。审议通过《公司2016年度利润不分配方案的议案》：2016年度不进行利润分配，也不进行资本公积金转增股本。11月27日，发布《2017年第一次股票发行方案》：公司拟非公开发行股份440万股，募集资金2002万元，募集资金用于补充流动资金，该事项已经股东大会审议通过。12月29日，公司发布《关于股票发行延期公告》：公司于2017年12月12日在全国中小企业股份转让系统指定信息披露平台披露《股票发行认购公告》，其中规定股权认购截止日期为2017年12月31日。由于认购对象无法在规定的缴款截止日期将全部认购资金存入指定账户，经公司综合考虑并与投资者沟通，公司将《股票发行认购公告》中截止日期进行延期，延期后的股权认购日期推迟至2018年1月16日（含当日）。

【"秋林特能"】 2017年4月27日，江苏秋林特能装备股份有限公司召开2016年度股东大会，审议通过《2016年度报告及摘要》《2016年度董事会工作报告》《2016年度监事会工作报告》《2016年度财务决算报告》《2017年度财务预算报告》。审议通过《公司2016年度利润不分配方案的议案》：2016年度不进行利润分配。12月28日，公司发布《关于公司股票在全国中小企业股份转让系统终止挂牌的公告》：根据全国中小企业股份转让系统有限责任公司出具的《关于同意江苏秋林特能装备股份有限公司股票终止在全国中小企业股份转让系统挂牌的函》，公司股票自2017年12月29日起在全国中小企业股份转让系统终止挂牌。

【"润达光伏"】 2017年5月8日，江苏润达光伏股份有限公司召开2016年度股东大会，审议通过《2016年度报告及摘要》《2016年度董事会工作报告》《2016年度监事会工作报告》《2016年度财务决算报告》《2017年度财务预算报告》。审议通过《公司2016年度利润分配方案的议案》：以公司总股本6100万股为基数，向全体股东每10股派发1元现金。

募集资金使用

【概况】 2017年，江阴A股上市及"新三板"挂牌企业直接融资募集资金81.7亿元，其中39.97亿元投入地为江阴，比例约为49%，募集资金使用状况有待改善。

【"江化微"】 2017年3月23日，江阴江化微电子材料股份有限公司于上海证券交易所首发上市，首发募集资金约36270万元，用于年产8万吨超高纯湿法电子化学品——超净高纯试剂、光刻胶及其配套试剂项目（二期3.5万吨产能建设）及偿还银行贷款。

【"恒润股份"】 2017年5月5日，江阴市恒润重工股份有限公司于上海证券交易所首发上市，首发募集资金53940万元，用于年产2.5万吨精加工大型环锻扩产项目、年产1.2万吨精加工自由锻件建设项目、研发中心建设项目、补充与主营业务相关的营运资金。

【"电工合金"】 2017年9月7日，江阴电工合金股份有限公司于深圳证券交易所创业板首发上市，首发募集资金30520万元，用于高速铁路用高强高导铜合金接触网材料生产建设项目、新型铜母线及零部件技改扩产项目、偿还银行贷款项目。

【"振江股份"】 2017年11月6日，江苏振江新能源装备股份有限公司于上海证券交易所首发上市，首发募集资金82245万元，用于3兆瓦和6兆瓦风电转子房生产建设项目、3兆瓦和6兆瓦风电定子段生产建设项目、风塔生产建设项目、补充流动资金。

【"怡达股份"】 2017年11月15日，江苏怡达化学股份有限公司于深圳证券交易所创业板首发上市，首发募集资金33503万元，用于扩能建设年产2万吨乙二醇丁醚系列及1万吨丙二醇甲醚系列产品项目、3万立方米液体化工品仓储项目、年产200吨钛硅分子筛（TS－1）催化剂项目、补充与主营业务相关的流动资金。

【"中南文化"】 2017年4月12日，中南红文化集团股份有限公司发布《发行股份及支付现金购买资产并募集配套资金实施情况暨新增股份上市报告书》：公司发行股份募集配套资金40095万元，用于收购极光网络90%股权。

【"长电科技"】 2017年5月11日，江苏长电科技股份有限公司发布《发行股份购买资产并募集配套资金暨关联交易报告书》：公司发行股份募集配套资金26.55亿元，用于收购产业基金持有的"长电新科"29.41%股权、"长电新朋"22.73%股权以及"芯电半导体"持有的"长电新科"19.61%股权。

【"模塑科技"】 2017年6月23日，江南模塑科技股份有限公司发布《公开发行可转换公司债券上市公告书》：公司发行可转换公司债募集资金81366万元，用于墨西哥塑化汽车饰件建设项目、美国塑化汽车饰件建设项目。

【"华西股份"】 2017年8月10日，江苏华西村股份有限公司发布《关于非公开发行2017年可交换公司债券发行结果的公告》：公司发行可转换公司债募集资金11.39亿元，用于偿还发行人借款和补充流动资金。

【"标榜新材"】 2017年4月6日，江苏标榜装饰新材料股份有限公司发布《股票发行情况报告书》：公司非公开发行股票500万股，募集资金1050万元，用于补充流动资金。

【"海特股份"】 2017年2月22日，江苏海特服饰股份有限公司发布《股票发行情况报告书》：公司非公开发行股份181万股，募集资金2715万元，用于提高公司资金实力，优化公司财务结构。

【"广信材料"】 2017年9月6日，江苏广信感光新材料股份有限公司发布《发行股份及支付现金购买资产并募集配套资金之非公开发行股票发行情况报告书》：公司发行股份募集资金3.14亿元，用于收购"江苏宏泰"100%股权，投入"江苏宏泰"全资子公司湖南宏泰高端涂料新建项目中的研发及检测设备购置、支付中介机构费用及相关交易税费。

【"同发股份"】 2017年11月17日，江苏同发新能源股份有限公司发布《股票发行情况报告书》：公司发行股份募集资金1582万元，用于补充流动资金，增加公司业务收入。

【"安凯特"】 2017年11月2日，江苏安凯特科技股份有限公司发布《股票发行认购公告》：公司发行股份募集资金1599万元，用于补充公司流动资金、偿还银行贷款。

【“百川股份”】 2017年10月30日，无锡百川化工股份有限公司发布《非公开发行股票发行情况报告暨上市公告书》：公司非公开发行股份募集资金4.29亿元，用于乙酸甲酯技改项目、双三羟甲基丙烷及丙烯酸酯扩产项目、绝缘树脂及副产甲醇项目、偏三、偏酐、三辛酯扩产项目、补充流动资金。

经营业绩

【概况】 2017年，江阴市上报证监会首次公开发行股票(IPO)审核企业5个，完成股改企业6个，新增“新三板”挂牌企业8个。年报业绩统计数据显示：全年全市国内上市公司总资产达2873.44亿元，比2016年增加93.91亿元；总股本324.55亿股；实现营业收入903.56亿元；年终市值2289.19亿元。IPO申请报证监会待审企业3个。至年末，累计有“新三板”正式挂牌企业52个。11个公司每股收益高于2016年，14个公司净利润高于2016年，海润光伏科技股份有限公司亏损。

2017年江阴国内控股上市公司经营业绩一览表

表24

代码	公司名称	每股收益(元)	每股净资产(元)	净资产收益率(%)	每股现金净流量(元)	营业收入(万元)	净利润(万元)	总资产(万元)	净资产(万元)	负债率(%)	总股本(万股)	流通股(万股)	所缴税费总值(万元)	市值(亿元)
000518	四环生物	0.0071	0.6106	1.17	-0.0105	34605.46	728.84	93162.84	62863.72	32.52	102956	102954	2126	70.45
000584	友利控股	0.1468	2.5697	5.80	0.6487	157164.37	9004.78	367546.03	159263.28	56.67	61332	61132	5358	90.29
000700	模塑科技	0.1630	3.0870	4.12	0.0921	434014.98	13446.49	753248.59	268894.75	64.30	82718	69738	23970	46.89
000890	法尔胜	0.3800	2.4902	17.92	-2.1542	200429.58	14313.67	968805.45	94538.40	90.24	37964	37962	8998	25.23
000936	华西股份	0.2200	5.1016	4.17	0.0107	284238.73	19539.96	1113006.97	452008.98	57.85	88601	74784	22590	59.81
002015	霞客环保	0.0190	0.7420	2.63	0.0512	40989.90	747.97	33598.98	29731.59	11.51	40070	40070	273	33.72
002445	中南文化	0.3600	5.2368	7.12	0.2060	152530.28	29285.95	770194.63	434540.21	43.58	82978	67729	10800	107.32
002455	百川股份	0.2200	2.5626	10.70	0.4237	246450.78	10457.46	261100.23	132480.73	49.26	51670	31589	4018	49.58
300135	宝利国际	0.0400	1.2996	3.15	0.3957	179977.94	3751.77	306581.66	119775.50	60.93	92160	92160	4908	34.21
600078	澄星股份	0.0900	2.8334	3.17	0.6832	298601.94	5883.01	795411.87	187732.61	76.40	66257	66257	16400	35.01
600220	江苏阳光	0.0678	1.1616	6.01	0.2215	215084.12	12099.39	472175.33	207148.32	56.13	178334	178334	7850	54.47
600370	三房巷	0.0553	1.5935	3.51	0.0598	106588.34	4408.89	174998.85	127037.48	27.41	79724	79724	5442	25.03
600398	海澜之家	0.7400	2.4879	32.51	0.6409	1820009.14	332887.42	2509830.27	1117734.02	55.47	449276	449276	248600	435.53
600401	海润光伏	-0.5200	0.2524	-1.00	-0.0151	325640.26	-243640.53	1340630.47	119249.36	91.10	472494	472494	13140	54.28
600481	双良节能	0.0592	1.2742	4.56	0.2650	171835.60	9595.30	385363.14	206483.04	46.42	162050	162050	10650	64.96
600584	长电科技	0.2800	6.9457	4.89	2.6895	2385551.24	34334.68	3069870.47	944507.47	69.23	135984	98457	24200	290.09
601199	江南水务	0.2600	2.7888	9.33	0.4015	110095.81	24502.27	488620.71	270244.27	44.69	93521	93521	12940	52.73
601218	吉鑫科技	0.0061	2.5736	0.24	0.0675	134892.50	607.40	411924.24	255239.22	38.04	99176	99176	6724	35.32
002610	爱康科技	0.0250	1.2726	2.01	0.1940	485649.32	11345.53	1708278.64	571506.66	66.54	472493	472493	20240	106.41
002645	华宏科技	0.5920	7.9933	7.67	1.0141	129994.30	12389.79	223555.16	167415.09	25.11	20945	14863	5880	38.48
002659	中泰桥梁	0.0500	4.4199	1.03	-0.3611	62021.23	2325.91	314503.36	220362.65	29.93	49857	31048	877	62.82
300320	海达股份	0.2657	1.7239	15.91	-0.0075	129165.29	14028.01	163950.68	91025.50	44.48	55359	45296	10140	71.47
300537	广信材料	0.3522	6.3700	7.64	0.1280	44900.67	6133.41	156566.28	122959.51	21.46	19303	6920	4210	30.05
002807	江阴银行	0.4574	5.1765	9.10	1.1508	250680.90	80845.00	10940278.70	914877.90	91.64	176735	71829	26010	146.56
300563	神宇股份	0.5000	5.5976	9.18	0.0424	32440.24	3976.02	64285.14	44780.64	30.34	8000	3208	1704	25.10
603585	苏利股份	1.5000	10.1107	15.71	1.8970	145661.50	22458.03	203972.98	151660.40	25.65	15000	4500	8018	47.04

续表 24

代码	公司名称	每股收益（元）	每股净资产（元）	净资产收益率（%）	每股现金净流量（元）	营业收入（万元）	净利润（万元）	总资产（万元）	净资产（万元）	负债率（%）	总股本（万股）	流通股（万股）	所缴税费总值（万元）	市值（亿元）
603078	江化微	0.9540	12.4644	9.09	0.6057	35428.23	5367.79	88245.27	74786.43	15.25	6000	3420	3236	44.80
603985	恒润股份	1.2655	12.5581	11.93	0.6101	74067.09	9069.61	124224.30	100464.94	19.13	8000	2000	2039	29.67
300697	电工合金	0.4590	4.4443	12.06	−0.2257	131356.41	6123.45	110499.28	71108.01	35.65	16000	4000	3648	40.56
603507	振江股份	1.1670	10.9380	16.49	0.6591	94265.75	11603.97	192917.14	137416.07	28.77	12563	3141	4909	50.65
300721	怡达股份	1.0456	10.6394	11.83	0.0259	121272.00	6458.48	127007.19	85274.68	32.86	8015	2005	5859	30.66
合计						9035603.90	474079.72	28734354.85	7943111.43		3245536	2942128	525757	2289.19
平均		0.1461	2.4474	5.97	0.3724	291471.09	15292.89	926914.67	256229.40	72.36	104695	94907	16960	73.84

上市(挂牌)后备企业动态

【概况】 2017年，江阴市对全市上市挂牌后备企业继续进行滚动调整，严格筛选审核后备企业名录，挖掘培育发展潜力大，效益高，后劲足的优质企业，积极优化后备企业资源库，不断做优做强后备企业集群。年内，优彩环保资源科技股份有限公司、江阴标榜汽车部件股份有限公司、江苏华兰药用新材料股份有限公司3个企业申报辅导，江阴长发耐指纹钢板有限公司、江苏爱多能源科技股份有限公司、江苏必得科技股份有限公司、江苏秋林特能装备股份有限公司、江苏安凯特科技股份有限公司、江阴中达软塑新材料股份有限公司、江阴泰迪服饰有限公司、江阴市惠尔信机械有限公司、江阴长仪集团有限公司、江苏大经钢铁有限公司、江阴市长龄机械制造有限公司、江阴科利达电子有限公司、江阴振宏重型锻造有限公司、江阴康瑞成型技术科技有限公司、江阴方圆环锻法兰有限公司、江阴采纳科技股份有限公司、江阴德耐特重工科技有限公司、江苏海陆科技股份有限公司等18个企业已(拟)启动首发上市工作。江苏宝得换热设备股份有限公司、江阴市四方游泳康复产业股份有限公司有关挂牌申请材料报全国中小企业股份转让系统审核。

【“优彩环保”报辅导】 2017年9月30日，优彩环保资源科技股份有限公司向江苏省证监局提交《兴业证券股份有限公司关于优彩环保资源科技股份有限公司首次公开发行股票并上市的辅导备案申请报告》，同日，优彩环保资源科技股份有限公司辅导备案被江苏省证监局确认。

【“标榜汽车部件”报辅导】 2017年11月24日，江阴标榜汽车部件股份有限公司向江苏省证监局提交《关于江阴标榜汽车部件股份有限公司辅导备案的请示》，同日，江阴标榜汽车部件股份有限公司辅导备案被江苏省证监局确认。

【“华兰药用”报辅导】 2017年12月25日，江苏华兰药用新材料股份有限公司向江苏省证监局提交《关于江苏华兰药用新材料股份有限公司首次公开发行股票并上市辅导备案的申请报告》，同日，江苏华兰药用新材料股份有限公司辅导备案被江苏省证监局确认。

政府服务

【概况】 2017年，江阴市高度重视企业上市挂牌工作，从各方面为企业上市提供一站式服务。年初，组织召开全市金融和上市工作会议，全面部署是年度企业上市挂牌工作。多次组织重点上市挂牌后备企业问题专题协调会，为企业排忧解难；切实做好企业上市挂牌奖励政策兑现工作，调动企业上市挂牌积极性。市委、市政府主要领导及相关部门领导多次走访调研全市100个上市挂牌后备企业，实地了解企业情况，与企业负责人面对面沟通交流，详细了解上市后备企业的生产经营情况，以及在上市进程中存在的困难和问题，为企业的发展出谋划策，为上市挂牌鼓劲增压。进一步加大推进企业上市挂牌力度，继续发挥政策激励作用，鼓励企业走资本经营之路，抢抓当前资本市场改革发展机遇，在充分调查研究并征求各方意见的基础上，起草制定《关于全力重塑“江阴板块”新优势的若干政策意见》《“十三五”加快推进企业上市挂牌工作，全力重塑“江阴板块”新优势发展规划意见》两份政策文件，于3月经市政府常务会议及市委常委会议审议通过。研究制定《江阴市上市挂牌后备企业问题协调解决工作流程》《江阴市企业上市挂牌工作考核办法(试行)》及各板块2017年上市挂牌工作目标任务书。组织开展“江阴板块”二十年系列活动，召开证券公司座谈会，规范约束证券公司。举办企业赴境外上市推介会，帮助企业了解境外上市知识。全年新增上市公司5个，新增“新三板”挂牌企业8个。通过上市首发融资、上市挂牌公司定向增发、发行公司债及可转债等方式从资本市场直接融资81.7亿元。

【全市金融和上市工作会议】 2017年3月21日，江阴市召开全市金融和上市工作会议。会议肯定2016年度全市金融上市工作取得的成绩，并分析经济金融存在的问题，部署2017年金融工作。会上下发相关文件,第一类为政策意见,包括《关于全力重塑“江阴板块”新优势的若干政策意见》《“十三五”加快推进企业上市挂牌工作,全力重塑“江阴板块”新优势发展规划意见》《江阴市上市挂牌后备企业问题协调解决工作流程》;第二类为目标任务书,包括《2017年企业上市挂牌工作目标任务书》和《2017年银行业金融工作目标任务书》;第三类为考核办法,包括《江阴市企业上市挂牌工作考核办法(试行)》《全市防控经济金融风险考核细则》《2017年江阴市银行业服务实体经济发展考核实施方案》《2017年江阴市非银行业金融机构支持地方经济发展考核办法》,同时下发江阴市2017年度上市挂牌后备企业名单。会议要求全市金融机构要扬长补短、加快改革,把握江阴发展的空间和潜力,分享转型升级带来的发展红利。各企业家要抢抓机遇、主动作为、周密安排,充分利用资本市场做大、做优、做强企业。

【上市挂牌和金融稳定工作推进会】 2017年2月10日,为贯彻落实市委“产业强市”战略,有效发挥金融对实体经济发展的支撑作用,加快推进企业上市挂牌,重塑“江阴板块”新优势,全力防范处置金融风险,营造经济发展新环境,江阴市召开上市挂牌和金融稳定工作推进会。会议肯定2016年度全市上市(挂牌)工作及风险防范处置工作的成效,并提出正确认识经济发展新形势、全面构筑“江阴板块”新优势、努力完成风险防控新任务的三点工作意见。各板块相关负责人就本区域2017年上市(挂牌)工作计划、目标任务和推进后备企业上市挂牌工作中遇到的需协调的相关问题,工业企业存量风险的处置方案,工业企业新增风险的化解意见和处置方案等情况作交流发言。

【上市后备企业问题协调会】 2017年,为帮助企业扫清上市障碍,全力助力企业登陆资本市场,针对企业上市挂牌过程中遇到的各类问题,市有关领导会同市政府各相关部门就上市后备企业问题,先后组织召开7次专题协调会,对全市拟(已)上市挂牌的企业在上市挂牌重组过程中遇到的困难进行协调,研究制定解决方案,帮助企业加速上市进程。年内,为江阴市电工合金股份有限公司、江阴市惠尔信精密装备股份有限公司、江阴巨光化工科技有限公司、江阴华新电器科技股份有限公司、江阴科利达电子有限公司、江阴标榜汽车部件有限公司、江阴采纳科技股份有限公司、江苏怡达化学股份有限公司等20个企业进行协调。

【奖励政策兑现】 2017年,江阴市进一步调动企业首发上市及“新三板”挂牌的积极性,按照2012年出台的《关于创新资本经营推动企业上市的实施意见》和2013年出台的《关于鼓励和支持企业“新三板”挂牌的若干意见》文件精神,并依据所在镇、街道、经济园区的审核申报,积极落实兑现企业上市(挂牌)各项优惠补助政策。年内,市政府组织兑现全市2016年度上市公司9个、拟上市公司6个、“新三板”挂牌公司32个、区域股权市场挂牌公司45个的各项奖励补助资金8955.9万元。通过兑现政策,大幅度降低企业上市挂牌的成本,进一步调动企业登陆资本市场的积极性。

【“江阴板块”20年系列活动】 2017年,江阴市委、市政府组织开展纪念“江阴板块”20周年系列活动。7月30日,江阴市政府组织召开江阴首只股票上市20年座谈会,无锡市有关领导,上交所发行上市中心相关负责人,江阴市主要领导出席座谈会,江阴上市公司、挂牌企业、上市挂牌后备企业及中介机构的有关负责人参加座谈会。座谈会科学分析当前企业上市工作面临的新形势、新机遇,共同研讨加强企业上市工作的新思路、新举措。7月30日,江阴市政府与上海证券交易所签订资本市场服务工作《战略合作备忘录》,就共同推进资本市场服务工作达成合作。8月1日,举办“企业转型与资本市场”专题讲座,邀请华泰联合证券有限公司3名专家,针对企业如何在转型升级中进军资本市场,为全市近200个上市后备企业负责人作演讲培训。由江苏华西村股份有限公司、海澜之家股份有限公司、江苏法尔胜股份有限公司、扬子江船业控股有限公司、双良节能系统股份有限公司5个上市公司作为发起人,成立上市公司协会。市金融办作为业务主管单位负责对协会进行业务指导。为纪念“江阴板块”20周年,同时通过对20年发展历程的解读,总结经验与启示,江阴市委政研室、市委党校、市金融办牵头编纂完成《江阴板块》,对“江阴板块”20年进行全景式的总结梳理。

【证券公司座谈会】 2017年8月,为规范全市上市(挂牌)企业原始股托管减持行为,市政府组织召开全市证券公司座谈会。市金融办、江阴市各证券公司营业部负责人参加会议。会议指出江阴经济发展是各项工作的基础,各证券公司要充分认识江阴经济转型发展的前景,应全力配合江阴市政府工作开展,共同促进江阴经济发展,维护社会稳定,共同遵守行业行为规范。

【企业赴境外上市推介会】 2017年12月20日,江阴市举办企业赴境外上市推介会。会议邀请华泰金融控股(香港)有限公司和招商银行国际金融有限公司的资深专家授课,介绍香港证券市场和香港联交所基本情况,讲解企业赴境外上市相关注意事项及成功案例。在交流互动环节中,企业发言热烈,面对政策问题和实际操作问题,专家们逐个给予耐心解答,得到企业好评。此次会议的召开,为精准推动境外后备企业赴海外上市,完成2018年上市挂牌工作目标任务打下坚实基础。

(张盈盈)

■类目编辑 陈学超

建筑业

综 述

【概况】 2017年,江阴市住房和城乡建设部门健全完善诚信体系,出台建筑业、市政、监理、勘察设计4类企业信用综合评价细则,实行“绿、蓝、黄、红、黑”五种信用标识差异化管理,信用评价情况被列为工程评标依据。加强监管力量配置和管理执法能力提升,落实工程质量终身责任和住宅工程标准样板房等制度,施行住宅工程质量样板引路制度,强化原材料管理,深入开展工程质量治理行动和安全专项整治,突出综合执法检查,严格勘察设计和施工图审查,狠抓绿色建筑和建筑节能闭合管理,成立生态绿色建筑产业发展联盟。全年在监项目241项,建筑面积863.8万平方米,取得绿色建筑设计标识二星级以上项目18项,总建筑面积181.91万平方米。新增保温节能建筑面积224.5万平方米。江阴市建设工程施工图审查中心被评为“十二五”省施工图审查创新单位。

2017年江阴市建筑创优工程一览表

表25

奖项	工程名称	施工单位	参建、监理单位
中国建设工程鲁班奖	杭州国际博览中心装饰工程、室内装饰工程、室外装饰工程	江苏滨联建设集团有限公司	—
江苏省“扬子杯”优质工程	海澜员工培训综合大楼	江阴一建建设有限公司	江苏建协工程咨询有限公司
	海澜财富中心商业办公大楼	江苏省苏中建设集团股份有限公司	江苏启安建设集团有限公司、浙江江南工程管理股份有限公司
无锡市“太湖杯”优质工程	扬子华都B区一标段1号楼及地下室工程	江阴市华西建筑安装工程有限公司	—
	阳光假日花园B地块C区8号楼	江苏省华建建设股份有限公司	江苏阳光置业发展有限公司(建设)/江苏恒泰建设工程咨询有限公司(监理)
	阳光假日花园B地块C区12号楼	江苏省华建建设股份有限公司	江苏阳光置业发展有限公司(建设)/江苏恒泰建设工程咨询有限公司(监理)
	阳光假日花园B地块C区14号楼	江苏省华建建设股份有限公司	江苏阳光置业发展有限公司(建设)/江苏恒泰建设工程咨询有限公司(监理)
	阳光假日花园B地块C区15号楼	江苏省华建建设股份有限公司	江苏阳光置业发展有限公司(建设)/江苏恒泰建设工程咨询有限公司(监理)
	扬子华都B地块工程四标段9号楼	江阴一建建设有限公司	江苏中源工程管理股份有限公司
	扬子华都B地块工程四标段6号楼	江阴一建建设有限公司	江苏中源工程管理股份有限公司
	海澜员工培训综合大楼	江阴一建建设有限公司	江苏建协工程咨询有限公司
	芦花沟商品房(北地块)2号楼	江阴一建建设有限公司	—
	芦花沟商品房(北地块)3号楼	江阴一建建设有限公司	—
	江阴金宸国际花园六期15号楼工程	南通鑫金建设集团有限公司	江苏四方建设项目管理有限公司
	江阴金宸国际花园六期16号楼工程	南通鑫金建设集团有限公司	江苏四方建设项目管理有限公司
	江阴金宸国际花园六期17号楼工程	南通鑫金建设集团有限公司	江苏四方建设项目管理有限公司
	江阴金宸国际花园六期19号楼工程	南通鑫金建设集团有限公司	江苏四方建设项目管理有限公司

2017年,由江苏滨联建设集团有限公司负责施工的杭州国际博览中心装饰工程、室内装饰工程、室外装饰工程获中国建设工程鲁班奖 (市住建局提供)

建筑工程勘察设计

【概况】 2017年,江阴市勘察设计单位完成工程勘察设计项目备案535项(含专项设计资质项目),工程设计总产值2.5亿元,与2016年相比略有增加。建设行政主管部门完成大型项目初步设计审查22项,深基坑支护设计方案27项,绿色建筑设计审查147项,取得绿色建筑设计标识二星级以上项目18项,总建筑面积181.91万平方米。

【全面推行施工图设计审查大审图机制】 2017年,江阴市建设工程施工图审查中心围绕政务服务工业项目"2440"*改革要求,全面推行施工图设计审查大审图机制,即审图中心参与前期规划方案审查;规划施工图并入建设施工图审查,将建设工程的规划、建设、人防、消防、气象的施工图审查由一个部门统一报审,统一出具综合审查意见,一次告知,统一修改,变原有的多部门审查为一体化审查模式,有效精简了审批流程。全年接审项目276项,面积479万平方米,审查完成项目253项,完成审查面积456万平方米,出具审查意见书255份,颁发审查合格证书216份,合格面积334万平方米,工程项目变更56项。参与方案绿建审查85项,抗震审查21项,初步设计论证项目24项,基坑论证项目15项,规划方案审查99项次。

建筑施工

【概况】 2017年,江阴市有建筑业企业272个,其中总承包企业97个,专业承包企业175个,平均从业人数3.93万人,全员劳动生产率人均24.94万元。全年施工面积606.97万平方米,比2016年下降22.53%,其中新开工面积245.22万平方米,比2016年下降8.98%;竣工面积290.69万平方米,比2016年下降22.11%。

【建筑工程质量监管】 2017年,江阴市建设工程质量安全监督站继续落实工程质量终身责任制度,继续实施工程建设五方责任主体项目负责人质量终身责任书面承诺、信息档案制度和永久性标牌制度,全年签署项目负责人质量终身责任书面承诺106份,设立永久性标牌346块;全年对重点工程项目(房屋建筑工程、市政工程)实施抽巡查196次,实体抽测6次,开具整改通知书32份,局部停工整改通知书10份,实施信用扣分13份,并对发现的严重违法违规行为及时移交实施处罚并监督整改;依据《江阴市建筑原材料登记管理办法》和《江阴市原材料登记程序》,累计实施备案登记墙体材料、预制桩、预拌砂浆148种次;加强重点材料抽检,抽测混凝土试块57组,砂22组,粉煤灰18组,矿粉1组,实时掌握预拌混凝土企业总体质量情况;组织开展建设领域电线电缆专项整治活动,抽查在建工程12项,抽测电线电缆19组。经检测,全部合格。制定《江阴市住宅工程质量样板引路实施细则》,自是年5月1日起,在总建筑面积达到及超过3万平方米的住宅工程中,针对涉及结构安全及重要使用功能的、易发生工程质量通病的分部分项工程强制设立施工工艺样板,推动全市住宅工程施工质量的标准化和规范化管理。同时,继续实施商品住宅工程交楼标准样板房制度,全年办理备案52项。制定《江阴市成品住房室内装饰装修工程质量管理办法》,将新建住宅室内装饰装修工程纳入监管范围,从设计、报批、施工、合同签订、验收、交付等各个环节,明确相关要求,最大限度维护广大购房者的权益。制定《关于加强装饰装修活动中擅自变动建筑主体和承重结构行为的管理规定》,严厉打击危害房屋安全和公众利益的行为。

【建筑工程安全监督】 2017年,江阴市建设工程质量安全监督站新增监督项目134项(单位工程691项),建筑面积383.1万平方米,比2016年下降1.67%;提前介入项目25项,建筑面积46.6万平方米;在监项目241项,建筑面积863.8万平方米;竣工验收95项(单位工程396项),建筑面积350.1万平方米,比2016年下降37.7%;新增保温节能建筑面积224.5万平方米;组织检测鉴定项目20项,建筑面积19.3万平方米;获无锡市级优质结构工程16项;获省级安全文明施工标准化示范工地7个,申报省、市安全文明施工标准化示范工地22个;组织建筑施工企业主要负责人、项目负责人、专职安全生产管理"三类"人员培训2331人,特种作业人员培训1052人,见证取样人员培训和继续教育598人;办理产权登记的塔式起重机36台、施工升降机99台;办理安装告知的塔式起重机212台、施工升降机184台,注销塔式起重机和施工升降机340件;实施房屋安全鉴定42份;接受并处理工程质量、安全、文明施工及擅自拆改承重结构投诉611件;到工地检查安全质量711个次,实施巡查抽查1194次,实体抽测141次,开具质量监督抽查整改通知书125份,开具安全隐患整改通知书166份,局部停工整改通知书88份,发现并整改安全隐患2147条,整改率100%;排查超过一定规模危险性较大的分部分项工程项目43项(其中深基坑17项,模板工程20项,脚手架1项,幕墙5项);实施信用扣分141份,移交违法违规案件34件,其中结案19件,到账罚款金额43.5万元;2016年12月1日至2017年11月30日,发生建筑安全生产事故2起,死亡2人,事故期数比2016年下降60%,死亡人数下降66.7%。

【建设工程质量检测】 2017年,江阴市建设工程质量检测中心认真贯彻落实江苏省《建设工程质量检测管理办法》,不断改进完善实验室管理体系,确保质量方针和目标的实现。以"完善基础设施、优化城市功能、提升城市品位、方便市民生活"为重点,深化服务与管理,以提高工程质量为己任,为社会提供满意的建设工程质量检测服务。全年完成3.65万批次的检测,发放检测报告4.3万份,实现检测费收入总计1252万元。

【建设工程安全生产】 2017年,江阴市建设工程质量安全监督站落实企业安全生产主体责任专项行动,推进企业安全生产主体责任落实"一必须五到位",即必须依法生产经营,安全责任到位,安全投入到位,安全培训到位,安全管理到位,应急救援到位。与局各科室、机构签订安全生产工作责任状,与258个单位签订安全生产告知承诺书;制定下发《关于开展2017年江阴市建设工程安全生产、文明施工和扬尘管控专项整治工作的通知》和《建设工程安全专项整治工作方案》,明确年度专项整治的范围、方式和要求,确定全年专项整治的重点和内容。结合专项整治,抓好各重点时段安全专项检查,下发《关于做好春节前后建设工程和施工现场安全生产、文明施工工作的通知》《江阴市建设工程拉网式夏季安全隐患排查行动的工作方案》和《关于切实做好十九大安保工作决战决胜阶段全市建设工程安全生产大检查工作的通知》,针对春节前后、"五一"期间、夏季高温汛期、中共十九大期间等时段全面开展事故隐患排查和治理,突出重要环节,特别是针对起重机械安装拆卸作业、起重机械使用、基坑工程、脚手架、模板支架等五项危险性较大的分部分项工程,重点开展专项整治;召开起重机械管理例会,积极推动成立无锡建筑机械协会江阴分会,促进行业规范和自律。制定《江阴市建筑起重机械租赁、安装(拆卸)企业备案考核办法》,加强建筑起重机械安全管理。组织开展起重机械专项检查和比对检测,严把检测关,严防安全生产事故发生。约谈2个检测机构8名相关人员,1个安装企业限期被限制承接业务,1个租赁企业清出江阴市场;成立由局主要领导任组长的建筑施工安全生产大检查领导小组,下发《关于开展夏季建筑施工安全生产百日执法行动的通知》。在企业自查自纠的基础上,于7月下旬开始全面开展执法检查,重点检查企业主体责任、危大工程安全管理、消防安全等,严格执行"四个一律"(即对非法建设施工和经停工整改仍未达到要求的,一律不得复产;对非法建设施工的有关企业和责任人,一律按规定上限予以处罚;对存在非法建设施工的企业,一律严格落实监管措施;对导致安全生产事故发生的有关责任企业和人员,一律依法严格追究个人责任),狠抓各类事故隐患的整改工作,加大对非法违规行为的查处力度。累计到工地安全检查228个次,发现并整改安全隐患424条,开具安全隐患整改通知书93份,局部停工整改通知书48份;制定《关于开展2017年全市"安全生产月"和"安全生产暨阳行"活动的通知》,参加市安委会在学院场组织的安全生产咨询活动,下发法律法规、光盘、文明施工图集共500余份,营造安全生产月活动氛围。6月23日上午,在九方城组织开展应急救援观摩会,市住建局及部分施工单位代表等100余人参演和观摩该次演练。

建筑市场管理

【概况】 2017年,江阴市住房和城乡建设部门以创建文明城市为目标,以城乡环境综合整治为抓手,建立企业建筑工地施工扬尘治理管理体系,完善主管部门施工扬尘防治监管体系,有效遏制建筑工地施工扬尘对大气污染的影响。强化建筑市场质量安全监管,健全建筑企业信用管理体系,努力规范建筑市场行为。加强建筑业企业资质管理,全年完成建筑业企业的资质申报56个,其中监理5个,新办22个,增项13个,升级3个,套改13个。

【建筑施工工地整治】 2017年,江阴市住房和城乡建设部门把文明城市创建工作放在全局重中之重的位置。加强公益宣传。继续在工地、窗口、企业、办公区域、住宅小区等宣传文明创建,按标准设置城区工地围挡公益广告2.6万平方米,加强文明工地整治。制定《江阴市施工扬尘治理工作方案》,通过综合检查、专项检查、暗查暗访以及季度考评等方式,使建筑工地施工扬尘治理各项责任措施有效落实,全年增加出入口冲洗平台43处,整治扬尘及随意抛洒152次,清除乱涂写、乱张贴、乱堆放365处。制定下发《关于实施建筑工程施工现场开工条件核查制度的通知》,明确全市澄江街道、敔山湾地区所有建筑工程以及其他区域建筑面积8000平方米及以上的民用建筑工程在领取施工许可证后，正式开工建设前，需从现场围挡、封闭管理、冲洗设施等几个方面严格审查工地现场文明施工措施落实情况以及现场办公、临时设施等工程开工安全条件，不具备开工条件的，不得开工建设，全年获评省安全文明施工标准化示范工地7个。

【市政道路设施整治】 2017年，江阴市住房和城乡建设部门共完成盲道建设长度约7.4万米，盲道面积约3.4万平方米，缘石坡453个。完成郑泾路环境整治工程、黄龙路道路整治工程、城中社区进贤街盲道改造、澄江路社区澄康路盲道改造等工程。

【工程建设监管执法】 2017年，江阴市住房和城乡建设部门坚持依法行政、文明执法的原则，不断加大行政执法力度，先后扎实开展专项整治、“打非治患”(严打非法违规行为，治理隐患)、综合执法大检查等行动，并与市国土、规划、城管执法等部门实现部门联动，对检查中发现的违法违规行为，按情节轻重分别处以相应的行政处罚，对全市房地产开发、物业管理、工程建设等相关领域中的违法、违规行为依法进行查处，共开具停工(核查)通知书339份，作出处罚决定53件，收缴罚款462万元，抄送建设前期用地、规划手续未完备的违建工程项目12批301项违法违规项目，使建筑工程违章违规率得到有效压降。是年，重新整合城中、澄东、澄南、澄东南、临港等5个稽查中队，改为7个执法中队，并对执法工作流程重新进行梳理，明确履职标准和工作制度，推行规范化执法。通过精心制作培训宣传用的课件、标语、横幅、宣传栏、图册、手册等，深入开展“法制宣传月”和“送法进乡村、进社区、进企业、进工地”等活动，全面提升从业人员法制意识、法律素质。

【建筑企业信用管理】 2017年，江阴市住房和城乡建设部门大力推进建设领域诚信体系建设，规范建筑市场秩序。完善政策体系，出台《江阴市建筑业企业信用综合评价实施细则(试行)》和《江阴市监理企业信用综合评价实施细则(试行)》，实行“绿、蓝、黄、红、黑”信用标识分级的差异化管理；开展信用考评，公布2016年全年建筑业企业信用考评中，有109个企业纳入考评体系，其中绿色信用标识34个，蓝色信用标识68个，黄色信用标识4个，黑色信用标识3个；加大惩戒力度，重点加大对恶意拖欠民工工资等严重失信行为打击力度，对11个失信企业进行惩处，其中3个企业被清出江阴建筑市场，4个企业被暂停建设活动进行整顿，4个企业被通报批评，一年内不得从事新的房地产开发经营业务；推行实名制管理，全面实施《江阴市建设工程施工现场从业人员实名制管理办法》，有110项新开工项目安装“人脸识别”实名制考勤系统，对施工、监理、劳务企业等现场管理和作业人员的身份信息、从业经历、考勤、工资支付、信用评价等进行动态监管，派专人检查项目管理人员到岗情况，对缺位者予以信用扣分；加强与招投标管理部门联动，将企业信用情况纳入市公共资源交易中心招投标系统，作为工程评标依据。全年办理本地建筑业企业年度信用手册210份，外地建筑业单项信用手册108份，录入工程建设不良行为扣分单225份。

【工程建设造价管理】 2017年，江阴市住房和城乡建设部门巩固和完善工程造价体系，加强计价管理，对造价咨询企业进行信用评价，江阴市获9个江苏省造价咨询企业信用单位，其中，AAAAA级企业2个，AAAA级企业1个，AAA级企业5个，AA级企业1个。是年，完成2个工程造价咨询企业的乙级资质申报、4个甲级企业和3个乙级企业的资质延续申报，全市有造价咨询企业10个，有招标代理机构12个。办理工程招标控制价备案185份，核定现场安全文明施工措施费23项；完成造价师注册及续期注册26人次，造价员变更79人次。同时，及时测算发布人工工资指导价、建设工程材料信息指导价和园林苗木指导价。

【城建档案管理】 2017年，江阴市住房和城乡建设档案管理部门认真贯彻落实上级的各项决策部署，紧紧围绕年初制定的目标任务和重点工作，践行“五线工作法则”(即走出“地平线”，展现正能量，增强工作主动性和责任心，勇于负责，敢于担当。身处“第一线”，围绕群众最关切、企业最关注、基层最关心的关键领域和重要环节，实施零距离服务。冲在“最前线”，坚持哪里有工地，哪里就有住建人的身影，在服务窗口、工程一线、管理前线展开工作。坚守“底线”，绝不跨越红线，切实筑牢防线，能干事，干成事，不出事。展示“天际线”，各尽所能，各展所长，各显风采，提升城市功能和形象，不断展现江阴的城市天际线)。加大档案宣传力度，研究档案发展新形势，不断加强档案管理。加强村镇档案工作指导，云亭街道、华士镇村镇档案室顺利通过江苏省村镇建设档案室目标管理评估验收，被评定为省一级村镇建设档案室。四幅1947年江阴城区地籍原图在市博物馆“芙蓉遗珍”暨江阴市第一次可移动文物普查成果展中展出。同时，借助市住建局“众智澄城”微信平台，及时公开信息动态及业务预约工作，全年推送档案信息5篇。全年接收项目129项，单体工程484项，面积410万平方米；签订报送责任书147份；专项验收意见书137份；出具接收证明书129份；入库项目103项，排架入库11612卷。至年末，馆藏档案160524卷，卷内目录626560条；开展档案业务指导服务123人次；全年接待查档561人次，调阅案卷约2177卷；全年扫描档案7077卷，馆藏数字化档案83417卷。

(邱　敏)

■类目编辑　党　辉

商贸流通业

综 述

【概况】 2017年，江阴市委、市政府贯彻中央经济工作会议和国务院《关于推进国内贸易现代化建设法制化营商环境的意见》精神，将扶持老字号企业拓展市场、发展电子商务、推进城区农贸市场标准化改造、提升发展商贸服务业列为强富美高新江阴建设的战略重点之一，举办江阴发展大会暨2017年经贸洽谈会和2017年中国(江阴)互联网电子商务助力实体经济新发展论坛暨第四届电商大会；简化工商行政审批，降低市场准入门槛，规范市场经营秩序。市人大常委会评议并肯定市政府对农贸市场的标准化改造工作。市商务局贯彻商务部等16个部门制定的《关于促进老字号改革创新发展的指导意见》，开展加快内贸流通创新推动供给侧结构性改革扩大消费专项行动，宣传商业单用途预付卡和汽车销售管理新政，加强成品油市场监管和再生资源回收经营者备案登记管理，营造以“优商品、通商路、减商负、立商信”为主要内容的营商环境；组织赴日本、赴中国香港开展招商活动，定期召开服务业工作例会和经济分析会，跟踪服务重点重大服务业项目建设；推动天鹤菜场等7个农贸市场开展公益性改革试点工作；联合相关行业协会(商会)举办江阴第17届和第18届汽车节、建材家装节和外贸直销等展会活动。年内，江阴国家高新区、临港经济开发区和各镇(街道)围绕创建全国文明城市三年行动计划、2017年度经济发展和社会建设目标，提升改造农贸市场和集镇商业街区，实施特色小镇创建和新型城镇化试点。江苏吉麦隆超市管理有限公司月城配送中心、江阴海岸城和敔山美嘉城等一批商贸重点项目竣工投运，中粮仓储、澄星八佰伴商业综合体和江阴华联罗森供应链基地等项目有序推进。是年，海澜之家服饰有限公司等4个企业被评为江苏省电子商务示范企业，天安电商产业园被评为江苏省电子商务示范基地，临港经济开发区“澄e工场”被评为首批江苏省乡镇电子商务特色产业园。全市纯三产投资113.14亿元，比2016年下降31.5%；社会消费品零售总额863.37亿元，比2016年增长11.3%；服务业增加值1548.79亿元，比2016年增长8.2%，占江阴市地区生产总值比重的44.4%，比2016年提高0.7个百分点。

【江阴敔山美嘉城开业】 2017年7月31日，敔山美嘉城综合体项目在敔山湾新城落成开业，这是江阴市长兴置业有限公司投资2.3亿元建设的敔山湾新城商业配套项目。该项目位于银桂路29号，占地面积2.67公顷、总建筑面积8.8万平方米，地下停车场有468个停车位，地上有五层，一层是以橙街为主题的室内商业街，有药店、蔬果饮品店、美容美发店、专卖店等。二层是大统华超市。三层是高端品牌亲子中心，有美阁屋儿童理发店和番茄苗可可艺树绘画陶艺、小鱼儿创意美术、江阴人琴行等少儿教育培训机构。四层设有影院和奶茶店、餐厅等。五层为葡吉商务酒店，形成集购物、休闲、娱乐、餐饮、商务等功能于一体的城市综合体。至年末，美嘉城实现社会消费品零售额1.68亿元。

【江阴海岸城开业】 2017年11月18日，由江阴市海岸投资有限公司

2017年7月31日，敔山美嘉城综合体项目落成开业

(市长欣置业有限公司提供)

投资6亿元建造的江阴海岸城项目在江阴临港经济开发区中央商务区落成开业,海岸城有商业建筑面积7.5万平方米,是一个集购物、餐饮、影视、娱乐、亲子、休闲、健身等多功能休闲服务于一体的城市综合体,有48个零售商铺、53个餐饮店、1个美容美发店和1800个停车位,呈现时尚生活购物商场模式。海岸城包含圆柱形海洋馆、玻璃廊桥、电影城、健身馆等,并设有3万平方米游乐园,包含摩天轮等30项游乐项目,突出文化、体验、自然与亲情等元素,其中"九宫澄市"系江阴首个文化创意主题室内商业街区。年内,海岸城不断吸引游客,日客流量突破1万人次。 (沈敏能)

批零贸易业

【概况】 2017年,江阴市商务局根据商务部等5个部门制定的《商贸物流发展"十三五"规划》要求,以商务部办公厅、财政局办公厅《关于开展供应链体系建设工作的通知》和江苏省政府办公厅《关于推动实体零售创新转型的实施意见》为指导,制定出台《江阴市现代服务业提质增效三年(2017—2019)行动计划实施方案》,引导企业开展网络营销、连锁经营、物流标准化试点和绿色商场创建工作,江阴九澄网购电子商务有限公司开设的"淘江阴"生鲜农产品社区直投站成为江苏省生鲜农产品直供社区示范工程;海澜之家股份有限公司、江苏大众医药连锁有限公司、江阴市乐茵儿童用品有限公司和江苏吉麦隆超市管理有限公司等商贸企业连锁分销网络不断拓展市场,江阴华联商厦有限公司在市内新开直营门店7个(连锁门店达23个),江阴市苏之酥食品有限公司在高速公路服务区新开直营门店5个(连锁门店达13个),全市连锁经营额首次突破250亿元;江阴万达广场通过江苏省绿色商场创建验收,大统华超市入驻敔山美嘉城,永辉连锁超市入驻万达广场。完善成品油分销体系,新增加油站4座、迁址移建2座,油库扩容3万立方米,全市157个加油站点和13个批发仓储经营企业完成在线年检;有序推进澄星八佰伴招商工作,农工商大卖场、可的便利店退出江阴市场。是年,全市批零贸易业完成投资7.47亿元,比2016年增长198.8%;完成商品销售总额6033.93亿元,比2016年增长15.3%(其中:限额以上批零贸易企业完成销售额3078.91亿元,比2016年增长21.7%;限额以上批零贸易企业完成社会消费品零售额216.79亿元,比2016年增长13.1%)。江阴市蝉联长三角县域商业十强。

2017年江阴市各镇(街道)、开发区商品贸易情况一览表

表26 单位:万元

各项指标 单位	限额以上批零企业		限额以上批零企业	
	销售额	比2016年增减(%)	零售额	比2016年增减(%)
高新区	1920157	16.10	81065	34.19
临港开发区	11447675	23.83	266240	29.64
靖江园区	1767010	101.14	46440	11.01
澄江街道	4534305	5.69	1359818	-9.55
南闸街道	300418	63.25	37849	4.63
云亭街道	683998	83.17	79471	71.21
月城镇	596157	79.23	20753	-4.52
青阳镇	291731	10.20	21954	-7.34
徐霞客镇	678870	6.5	36498	9.01
华士镇	1194168	-1.54	123215	17.61
周庄镇	1843801	6.31	147920	19.58
新桥镇	4793518	23.48	37628	-9.99
长泾镇	166170	36.06	45822	-0.13
顾山镇	507066	-19.57	18910	19.55
祝塘镇	402710	27.79	36555	21.65

2017年江阴市主要零售商店销售业绩一览表

表27　　单位:万元

单位名称	销售额	比2016年增减(%)
江阴华地百货有限公司	111149	-3.65
江阴华联商厦有限公司	19806	-9.81
江阴市国际购物中心有限公司	24644	2.93
江阴市银泰百货有限公司	8808	1.54
大润发超市江阴店	27593	-21.58
大统华超市江阴门店	65018	-14.50
麦德龙江阴商场	34765	3.04
五星电器江阴门店	13718	1.09
苏宁电器江阴门店	29175	52.43

2017年江阴市限上批零业商品分类销售额一览表

表28　　单位:万元

商品分类	销售额	比2016年增减(%)	零售额	比2016年增减(%)
粮油食品类	529343	-1.50	322182	5.82
饮料类	21356	8.05	19809	22.66
烟酒类	309063	9.11	46343	15.49
服装鞋帽针纺织类	6788396	47.23	247056	5.91
化妆品类	26453	25.78	25026	36.52
金银珠宝类	693494	16.81	75814	8.44
日用品类	62919	-43.25	49232	-11.49
五金、电科类	89291	-50.71	8496	16.05
体育、娱乐用品类	4999	-36.47	3433	-12.31
书报杂志类	14399	7.60	11795	2.29
电子和音像制品类	1215	-45.61	682	-11.43
家电和音像器材类	92386	8.56	87577	25.54
中西药品类	186525	-2.55	67835	-12.14
文化办公用品类	83505	46.95	25033	-21.43
家具类	13807	22.23	13144	25.53
通讯器材类	29559	72.75	14813	13.85
煤炭及制品类	2074486	65.22	—	—
石油及制品类	2139038	76.08	339670	11.01
化工材料及制品类	6871588	2.24	—	—
金属材料类	9363511	5.60	—	—
建筑及装潢材料类	28984	34.46	23628	-1.60
机电产品及设备类	260018	-56.46	5	—
汽车类	792579	-12.70	779618	-7.48
棉麻类	137909	-7.12	4	—
其他类	174298	-48.78	9666	-33.35
合计	30789121	19.54	2170861	1.71

【江阴市汽车流通协会成功举办春秋季车展】 2017年,江阴市汽车流通协会以商务部《汽车销售管理办法》为指导,围绕供给侧结构性改革大局,以办好车展作为协会建设和服务会员的工作重点。车展由轮值会长单位牵头,沿用2016年国庆节车展组织体系,从宣传、执行、招商和后勤等4个方面制订计划方案,运用互联网、电子屏、广告牌、车身贴、灯杆旗等营造车展氛围,引入全篷房车展模式、小童模比赛等提升车展水平。4月21日至25日,在江阴天华文化中心举办春季车展,全体会员单位的56个汽车品牌全部参与,会展面积8300平方米,成交订单车辆1300辆。9月8日至11日,在江阴新体育中心举办秋季车展,参展品牌单店63个(其中7个为非会员单位品牌单店),成交订单车辆1600辆,创江阴历届车展新高。上述两场车展实现开票销售额4亿元,彰显协会自办车展省钱、高效优势。

【"淘江阴"通过省鲜活农产品直供社区示范工程验收】 2017年,江阴九澄网购电子商务有限公司按照江苏省鲜活农产品直供社区示范工程建设要求,追加559.82万元投资(累计投资1500万元)推进"淘江阴"生鲜农产品直供项目,升级O2O(将线下的商务机会与互联网结合,让互联网成为线下交易的前台)同城电子商务平台,装备3个保鲜冷库,购置和改装完成箱式配送货车20辆(其中15辆达到冷链物流要求),新增江阴职业技术学院、国际创意园和南闸街道等直供站点18个,直供站点累计达100个,形成线上订单销售、线下冷链配送,实现互联网与社区直投站点对接的直供社区服务体系。6月14日,江阴市商务局、市财政局经授权组成联合验收组对该项目进行验收,验收组经实地核对直供站点、配送车辆、冷库和"淘江阴"线上订单,核查项目营运业绩和审计状况,认为该项目达到《江苏省鲜活农产品直供社区示范工程建设规范及验收标准(修订)》要求,通过江苏省鲜活农产品直供社区示范工程验收。6月30日,江阴市商务局、市财政局按照《江苏省商务发展专项资金管理办法》规定程序,兑付该项目省级商务发展专项补助230万元,其中:直供点补助18万元,电商平台补助183.9万元,冷藏车辆补助28.1万元。(沈敏能)

供销合作经济

【概况】 2017年,江阴市供销合作总社根据中央和省、市委加快供销合作社综合改革发展要求,引领各项工作开展,推进组织创新、经营创新、服务创新。推进农民专业合作社建设,领办、合办澳华农业、建荣农业、富盛养蜂、裕澄农业、澄东南灵芝、福旺养殖、富桦种养殖等7个专业合作组织。组织专业合作社产品参展全国供销合作总社2017年海峡两岸(江苏)名优农产品展销会和全国农资科技博览会暨全国品牌农产品交易会。开展农产品经纪人中级职称培训,培训116人次,6人首次获"全国经济合作管理师"称号,市供销合作总社被评为全国总社职业技能鉴定指导中心行业职业能力建设工作先进单位。建成青阳建义村澳华农业综合服务中心和南闸建荣现代农业综合服务中心,推进农业社会化服务,其中澳华农业综合服务中心设有农资超市、庄稼医院、网上双代店、农产品展销厅、农民讲堂,开设冷链物流配送,服务建义村及周边种植基地46.7公顷;建荣现代农业综合服务中心主要开展农业综合服务、农资配供、农技咨询和网上业务等,流转土地133.3公顷。至年末,累计建成专业合作社151个,入社成员12444户,带动农户22194户,全年实现销售3亿元,助农增收5.8亿元。

【推进综合改革】 2017年,江阴市供销合作总社根据江阴市委、市政府《关于深化供销合作社综合改革的实施意见》,统筹布局综合改革,努力把供销社打造成为与农民联结紧密、为农服务功能完备、市场化运行高效的合作经济组织体系,成为服务农民生产生活的综合平台。开展社有资产管理创新,规范建立社有资产管理委员会工作列入省总社综合改革专项试点,建立主要领导亲自抓、分管领导具体抓的工作机制,精心设计、周密部署、有序推进;制订社有资产投资决策流程,明确分工职责;社有资产对外投资实行"提出议题—确定议题—调查研究—专题论证—党委决定—决策执行—跟踪问效"流程,厘清各分管领导、各职能部门以及各基层单位职能边界,为投资顺利实施提供决策保证。推进"三会"(社员代表大会、理事会、监事会)制度建设,制订完善社员代表大会、理事会、监事会工作方案;完善基层人员的工资报酬体系,多方听取意见建议,制订基层供销社人员工资报酬的实施意见,强化绩效考核。推动农药零差率统一配供,通过调研形成农药集中配送体系建设的实施意见,积极建立农药统一配送、统一标识、统一价格、统一服务的全市农药集中配送体系。(陆锡良)

粮油购销

【概况】 2017年,江阴市粮食局以粮食供给侧结构性改革为主线,以提升粮食流通现代化水平为目标,加快粮食行业转型升级,增强粮食安全保障能力,全市粮食储备体系不断完善,粮食供求平衡,市场价格稳定。年内,落实国家粮食购销政策,收购市内小麦1.2万吨、外地小麦1.7万吨,收购市内稻谷2.6万吨、外地稻谷2.4万吨,完成粮食收购任务。全市纳入统计的53个粮油企业销售粮食189万吨,销售食用植物油2万吨,粮食经济平稳发展。推进粮食基础设施建设,陆桥粮油管理所立筒仓项目竣工验收,地方粮食储备库项目(一期)竣工,粮食仓储能力得到增强。完善粮食应急预案和预警机制,做好粮油应急供应店建设,开展优质服务,严格落实经营管理制度,健全质量管理制度,全市17个粮油应急供应店经营规模进一步扩大,建成粮食安全信用企业10个。加快发展粮食流通产业,大力推动产业转型升级,增加绿色优质粮食产品供给,扶持做强一批骨干企业,发展壮大全市粮食经济。中央直属企业中粮贸易江苏有限公司发展多种经营，做好稻谷、小麦、玉米三大品种经营，销售粮食171万吨。中央直属企业中粮麦芽（江阴）有限公司发展粮食物流，转化用粮35万吨。中谷江阴粮食储备库完成粮食入库5.724万吨，出库7.015万吨。江苏江阴金汇油脂有限公司销售食用油11120吨，销售收入6558万元。江阴市军粮供应站坚持“优质、及时、卫生、安全、按需”的原则，做好驻江阴部队的军粮供应工作，实现军粮供应满意率100%。10月，市粮食局下属的江阴市粮油行政执法监察大队调整到市市场监督管理局，理顺行政执法权责关系，建立更加科学、运行完善、监管有力的粮油行政执法体系。

2017年江阴市主要粮油零售价格一览表

表29　　单位：元/公斤

月份＼名称	二级粳米	特二级面粉	四级菜油	一级大豆油
1月	4.31	3.80	9.95	8.35
2月	4.29	3.80	9.99	8.45
3月	4.33	3.80	9.70	8.49
4月	4.38	3.80	9.70	8.49
5月	4.36	3.80	9.70	8.37
6月	4.51	3.80	9.70	7.89
7月	4.50	3.80	9.70	7.89
8月	4.48	3.80	9.70	7.89
9月	4.53	3.82	9.70	8.04
10月	4.56	3.83	9.70	8.29
11月	3.82	3.83	9.70	8.49
12月	3.79	3.83	9.70	8.42

说明：价格为当月每周价格平均数

【粮食收购】 2017年，国家调整粳稻最低收购价为3元/公斤，比2016年下降0.1元/公斤，这是自2004年启动最低收购价政策后首次价格调低。江阴市粮食局落实国家粮食收购政策，积极应对市场形势变化，收购市内小麦1.2万吨，均价2.36元/公斤；收购市内稻谷2.6万吨，均价3.04元/公斤，维护种粮农民利益。秋粮收购时，受市场价格影响，各镇（街道）民营粮食购销有限公司市场化收购积极性不高，江阴市白屈港粮食储备库与镇（街道）民营粮食购销有限公司签订粮食购销协议，解决民营企业销售顾虑，鼓励民营企业应收尽收农民余粮。各粮食收购企业采取预约收购、下乡收购等灵活的收购方式，延长收购时间，随到随收，不拒收，不退粮，方便农民售粮。市粮食局加强收购指导和监督，督促收购企业严格按照优质优价、按质论价的原则检验作价，在收购现场列样展示、明码标价，全市粮食收购市场秩序良好，没有发生农民售粮投诉事件。

【地方储备粮管理】 2017年，江阴市粮食局出台《江阴市地方储备粮管理若干规定》，地方储备粮实行“政府委托、部门监管、企业运作”的管理方式，由江阴市白屈港粮食储备库接受江阴市政府委托，具体负责地方储备粮的运作，市粮食局加强地方储备粮管理，规范操作流程，完成储备粮轮换任务。年内，市粮食局加大地方储备粮网上交易力度，招标采购地储粮3.5万吨，招标销售地储粮1.36万吨，地储粮常储常新、数量真实、质量良好。落实3000吨大米、600吨食用油、200吨面粉的成品粮油储备，保持全市粮油市场供求平衡。开展库存粮食检查、粮油储藏技术规范执行情况检查、粮食收购资格核查、粮食流通统计制度执行情况检查和成品粮油储备安全检查，全面完成政策性粮油储备供应任务。

【国有粮食企业改革】 2017年，江阴市粮油实业集团公司进行职能调整，负责管理各镇（街道）粮油管理所的资产，处理“老人、老粮、老账”等问题，注销江阴市华贸米业有限公司，全市形成以市粮油实业集团公司、市华贸粮油配送有限公司、市军粮供应站和市白屈港粮食储备库为主的国有粮食企业管理架构，优化配置人、财、物资源，推动粮食企业发展。年内，市粮食局按照现代企业管理的要求，针对过去企业管理中存在的问题、漏洞和薄弱环节，建立健全企业管理、考核等相关制度，新建和完善《江阴市国有粮食企业财务管理暂行规定》《江阴市国有粮食企业重大事项请示报告管理暂行办法》等12项制度，做到以制度管人管事管权；按照政企分开、简政放权的工作思路，明确各方权、责、利，规范企业运行，激发企业发展活力;加强对职工的目标考核,严格落实多劳多得的分配方式,推动国有粮食企业发展。是年,江阴市华贸粮油配送有限公司完成粮食经营量1.31万吨,销售量0.47万吨,销售收入1611万元;江阴市白屈港粮食储备库完成粮食经营量22.6万吨,销售量7.9万吨,销售收入21282万元。

【粮食仓储设施建设】 2017年,江阴市粮食局加强仓储设施建设,大力提升基础设施、粮食物流、粮食科技、粮食经营和粮食管理水平。10月,江阴市陆桥粮油管理所2万吨立筒仓项目竣工验收,建成8个立筒仓,完成投资3600万元,内部安装有输送、称重、清理、吸尘、分流等各项设备,具有较高的机械化、自动化水平。11月,在青阳镇建设的地方粮食储备库项目(一期)竣工,建成3个大型平房仓,总仓容3.5万吨,完成投资3100万元,配套智能化、信息化管理系统,实现远程监控。至年末,全市中心库粮食仓储能力达11万吨,机械通风、环流熏蒸、粮情检测、低温储粮等绿色储粮技术得到广泛运用,达到仓储现代化、机械化、自动化、智能化的要求,现代储粮设施和储粮技术水平不断提高。 (何晓峰)

2017年10月,陆桥粮油管理所2万吨立筒仓项目竣工验收

(市粮食局提供)

烟草专卖

【概况】 2017年,江阴市烟草专卖局(无锡市烟草公司江阴分公司)以"三个推进"(战略举措突破性推进、战略绩效持续性推进、战略体系整体性推进)为抓手,贯彻地方政府集成化改革工作,推行烟草专卖零售许可证办理网上申请审批"一站式"服务,开辟服务绿色通道,对弱势群体提供电话预约、上门服务,受理许可证件1722件,其中新办601件、变更96件、延期284件;正常供货6929户,注销736户。全年销售卷烟6.41万箱,比2016年下降0.31%;实现销售收入25.18亿元,比2016年增长4.19%。上缴地方税金9839万元,比2016年增长3.57%。是年,江阴市烟草专卖局被评为全省卷烟打假工作成绩突出集体、江苏省安全文化建设示范企业,专卖管理科被评为江苏省质量信得过班组,无锡市烟草公司江阴分公司被评为江苏省用户满意服务企业,分公司客户服务科被评为全国用户满意服务明星班组,城中基层服务站被评为江苏省现场管理星级评价五星级现场,提高案卷制作合规率项目获江苏省优秀QC(质量管理)小组成果一等奖。

【卷烟营销】 2017年,无锡市烟草公司江阴分公司立足"三个面向"(面向消费、面向市场、面向品牌),围绕"十个视角"(消费、状态、价类、价位、品规、客户、区域、进度、流通、政策),积极开展市场监测,运用"消费研究、货源投放、新品培育、市场状态"四个营销报告,有节奏、有重点进行卷烟投放,完成重点品牌卷烟销售5.98万箱,低焦油品牌卷烟销售5710箱,分别占销售总量的93.42%和8.92%;细支卷烟销售3002箱,比2016年增长56.28%。加快消费环境改善项目建设,设立2个室外吸烟点,倡导消费者文明吸烟;开展驻店营销活动,倡导零售客户规范经营;举办4期零售客户经验交流讲堂,利用大数据提供经营指导,帮助零售户减少库存,提升盈利。

【市场监管】 2017年,江阴市烟草专卖局履行市场监管主体责任,保护市场资源,保持规范经营,先后组织开展冬季会战、"闪电21号"、依法严管违法违规大户专项行动;探索"互联网+"市场监管模式,联合公安部门开展互联网、物流、快递等领域非法涉烟信息的分析排查,加大对物流寄递环节涉烟违法行为的监管与追踪;结合全国文明城市创建,加强学校周边地区卷烟零售户常态化监管,核查学校周围100米内持证零售户76户。全年查处涉烟案件842件,查获2件销售假烟网络案件,查获非法卷烟1597.76件,其中假烟534.78件,上缴罚没款93.11万元,物流快递违法运输、邮寄卷烟行为得到有效遏制,进一步控制外来卷烟,辖区市场净化率超过97.5%,获江苏省烟草专卖局通令嘉奖5次。 (张 炜)

盐业管理

【概况】 2017年,江阴市盐务管理局(江苏省苏盐连锁有限公司江阴分公司)围绕集团公司"两聚两提"(聚力创新提高市场核心竞争力,聚焦转型提高产业可持续发展能力)工作主线加快市场开拓,推进产业转型、市场化改革、创新驱动和强基提升,强化政策落实、项目投资、生产管控、智慧苏盐、现代物流、资本运营、风险管控和干部人才队伍建设,有效应对盐业改革后激烈的市场竞争挑战,圆满完成经营目标任务,实现各项工作平稳发展。是年,公司实现营业收入5754.8万元,比2016年下降8.58%,完成利润441.35万元,完成责任指标的110.34%,为公司转型发展打下坚实基础。

【盐政稽查管理】 2017年,江阴市盐务管理局以依法行政、保障食盐安全为目标开展盐政稽查工作,有效维护全市盐业市场稳定。年内,注重市场稽查,打击制售假冒食盐违法行为,开展专项执法行动,加强对化工再生盐监管,成功破获某公司在加工饲料过程中非法使用工业盐加工饲料案,防止化工副产品盐等有毒、有害盐流入食盐市场。全年出动盐政执法人员645人次,查处违法案件110件,查处盐产品182.1吨,未发生行政复议和诉讼案件。注重盐政宣传与服务,按照服务性盐政要求,把盐业行政职能由专一粗放的市场执法检查转向提供高效快捷、便民服务上来,坚持基础工作与创新工作两手抓,执法工作与服务管理相结合的工作模式,全面加强食盐安全工作,强化食盐销售渠道建设,规范市场秩序。深入宣传贯彻《中华人民共和国食品安全法》《食品安全法实施条例》等法律法规,进一步普及食品药品安全知识。深入开展食盐安全知识宣传,向群众传授真假碘盐识别方法,增强公众的食盐安全防范意识和依法维权意识,引导公众自觉购买合格食盐。通过设摊宣传、下乡宣传、联合宣传,将宣传与服务融入到食盐抽检检测工作中,及时了解百姓家中的购盐用盐情况,针对市民群众提出的相关问题进行现场解释,切实做到服务于消费者。注重队伍建设,组织执法人员学习盐业有关法律法规和规章,参加江苏省盐务局举办的盐政执法培训班,提高盐政人员熟练掌握法律的能力,为更好地发挥盐政职能提供人力保障。

【品种结构调整】 2017年,江阴市盐务管理局面对严峻而复杂的市场形势,克服诸多不利因素,采取一系列措施,充分调整产品的销售结构,不断提高低钠盐的销售比重。年内,公司小包装品种食盐销售8110吨,完成计划的104.78%,其中品种盐销售4971吨,占小包装食盐销售的61.3%。

【非盐商品营销】 2017年,江苏省苏盐连锁有限公司江阴分公司利用健康厨房平台进行非盐销售,抓住契机迅速培育市场,取得良好业绩。年内,阜丰小包装味精销售105万元,菱花小包装味精销售25万元,大包装味精销售721.96万元,食用油销售130.95万元,酒水类销售29.80万元,盐化商品销售1214.14万元。非盐集采商品总计销售2227.16万元,完成年度计划2000万元的111.35%。 (张 慰)

重点市场

【概况】 2017年,江阴市拥有各类商品交易市场103个,其中生产要素市场1个,生产资料市场32个,消费品市场70个。年内,全市增设金童农贸市场、陶城农贸市场、虞阳农贸市场,关闭华士红苗农贸市场。根据国家文明城市创建要求,强化商品交易市场建设与管理,继续对市场主办单位实施农改商采取以奖代补措施,新建和改造双牌、长山两个农贸市场,对先锋、北大街、健康等农贸市场进行局部改造,提升市场经营消费环境。规范市场日常管理,培育新华、浮桥两个农贸市场规范管理样板点,对城中菜场区域物业管理采取承包式管理并公开招标方法,制作文明公益宣传牌150块、诚信经营户公示牌3800余块发放至各市场;组织全市农贸市场经营户争创"文明诚信经营户"活动,评出"十佳文明诚信经营户"10户、"五星级文明诚信经营户"45户、"四星级文明诚信经营户"215户、"三星级文明诚信经营户"3500余户,有效提升市场经营者文明度。按照无锡市政府要求,全面抽检59个农贸市场的农产品,新建改造检测室44个,更换、新增快速检测仪36台,提升市场食品安全度。查处商品交易市场内违法违规案件77件、网络市场违法案件61件,维护市场经营秩序。是年,全市各类专业市场发展取得较好成绩,江阴长江港口物流园区交易中心、江苏华东石化物资交易市场、江阴沿江石化市场有限公司、江阴市贯庄金属材料市场有限公司、江阴综保区交易中心、江苏长阳金属材料市场有限公司等6个专业市场成交额突破百亿元,其中江阴综保区交易中心首次步入百亿市场行列,6个百亿市场完成市场成交额2777.98亿元,比2016年增长45.65%,实现开票销售2382.45亿元,增长45.68%,上缴税收11.05亿元,增长17.37%。

2017年江阴市百亿市场主要经济指标一览表

表30 单位:万元

名称 \ 指标	成交额		开票销售		上缴税金	
	总额	比2016年增减(%)	总额	比2016年增减(%)	总额	比2016年增减(%)
江阴长江港口物流园区交易中心	8619446	69.37	7430557	69.37	49045	39.90
江苏华东石化物资交易市场	6034756	21.19	5157911	21.19	11828	-0.29
江阴沿江石化市场有限公司	4914023	36.31	4200020	36.31	17571	-33.74
江阴市贯庄金属材料市场有限公司	3775838	20.38	3227212	20.38	9112	39.87
江阴综保区交易中心	2381559	144.33	2053068	142.23	13000	114.30
江苏长阳金属材料市场有限公司	2054171	59.48	1755702	59.48	9946	40.88
合计	27779793	45.65	23824470	45.68	110502	17.37

【江阴长江港口物流园区交易中心】 该中心位于滨江西路2号，入驻客商3500余个，拥有各类商务、交易服务配套用房8万平方米，是一个融物流、商贸为一体的大型综合交易市场。2017年，交易中心紧跟宏观经济形势，通过有效招商，加大对重点企业的跟踪服务力度，新引进各类商贸物流企业355个。中心搭建"物流汇"平台，为中小微物流企业提供一站式服务，进一步提升物流信息化管理水平；入驻企业抓住钢材、煤炭等大宗商品价格大幅回升的有利时机，努力开拓市场，提升经营能力，取得良好业绩。全年完成开票销售743.06亿元，上缴税金4.9亿元。

【江苏华东石化物资交易市场】 该市场位于滨江西路2号，入驻客商700余个，是一个以石油化工产品为主的大型专业交易市场。通过多年努力，市场集聚一批立足长三角、辐射海内外的石油化工类大宗商品供应链管理商，部分客商成为苯乙烯等大宗商品江浙区域主要分销商。2017年，市场新引进石化贸易企业48个，完成开票销售515.79亿元，上缴税金1.18亿元。

【江阴市贯庄金属材料市场】 该市场位于江阴市果园路9号，总投资3亿元，占地面积15.87公顷，入驻客户400余个，年吞吐钢材量800万吨，年钢铁销售量400万吨，是华东地区规模较大、现代化设施齐全的钢铁专业市场之一。市场先后被评为全国十大金属材料交易市场、中国诚信企业示范单位、江苏省文明市场，并连续五年蝉联全国金属材料市场"十强"。同时，市场积极开拓钢铁现货电子交易平台，华钢网覆盖无锡、常州、苏州、杭州、南京等地区，拥有专业钢铁生产、贸易、终端等会员客户5000余个。2017年，完成开票销售322.72亿元，上缴税金9112万元。

【江阴沿江石化市场有限公司】 该市场位于璜土镇新材料产业园，成立于2006年，2017年入驻企业800余个。近年来，市场依托优越的地理环境和绝佳的码头优势，大力推进石油化工产品的交易，逐步形成"高层次、辐射远、规模化"的市场格局。2017年，完成开票销售420亿元，上缴税金1.76亿元。

【江阴综保区交易中心】 该中心坐落于临港经济开发区内，位于海港路18号，规划总面积3.6平方千米，其中一期1.2平方千米于2016年12月6日通过省级预验收。市场拥有免税、保税、退税、实际状态征税、退还增值税等综保区政策优势，主要从事保税物流、保税加工、服务贸易、国际贸易、口岸功能等业务。建成的10万平方米保税仓库全面启动并开展相关业务，入驻企业625个。2017年，市场形成"六中心一平台"，即SMS(德国西马克公司)全国集货中心、百威啤酒华东分拨中心、华东地区卫浴组装出口中心、科勒卫浴长三角分拨配送中心、进口葡萄酒区域分拨中心、太阳能组件集散中心和为企业提供快捷通关服务平台，后续将引入香港大昌行集团、湖南曾氏集团、江阴星科金朋集团等重点项目。2017年，市场完成开票销售205.31亿元，上缴税金1.3亿元。

【江苏长阳金属材料市场有限公司】 该市场位于江阴—靖江工业园区沿江高等级公路21#号，是一个融仓储、金属加工、物流配送、贸易经营于一体的综合性大型物流配送交易市场。市场总投资3亿元，占地面积25公顷，拥有室内仓库5.3万平方米、室外仓库4.8万平方米，入驻客户近300个，年吞吐钢材量800万吨、销售钢材300万吨。2017年，市场投资3000万元引进两条全国最先进的自动化开平生产线，投资5000万元建设商务中心及电商平台。全年完成开票销售175.57亿元，上缴税金9946万元。

【红星美凯龙江阴商场】 该商场位于五星路539号，占地面积3.7公顷，建筑面积10万平方米，是中国第一家居品牌红星美凯龙打造的第七代家居商场。商场汇聚来自全球300余个一线家居品牌，是集家具、建材、家饰于一体的一站式家居购物广场，也是江阴地区档次较高、规模较大、品类齐全、配套设施齐备的首个超五星级家居商场。2017年，江阴新生活国际家居广场加盟红星美凯龙，在江阴建设成立红星美凯龙——江阴澄东商场，该商场位于江阴市果园路28号，占地面积3.3公顷，建筑面积6.3万平方米，12月30日开业。是年，商场完成开票销售2.8亿元，上缴税金110万元。

【江南农副产品批发市场】 该市场位于锡澄路88号，是一个集副食、粮油、蔬菜、水果、水产、冷冻制品等为一体的大型综合性农副产品批发市场。市场注册资本8500万元，占地面积21.8公顷，建筑面积16万平方米，总投资3.6亿元，入驻各类经营户近1000户，主要分为副食区、水果区、蔬菜区、水产区、粮油区、家禽区、猪肉批发区、冷冻区、半成品区、自产自销区、零售区、干货区及商贸城等十三大区域。市场农产品批发量占江阴市消费量的80%以上，批发范围辐射至张家港、靖江、常州和无锡等周边地区。近年来，通过市场的不懈努力，在全国同行业和苏南地区享有很高的知名度和优良口碑，曾获批"农业部定点市场"，跻身"全国农产品综合市场——十大市场"和"全国农产品综合批发——五十强市场"。2017年，市场为配合江阴创建全国文明城市，投入300余万元进行升级改造，全年完成成交额近50亿元，上缴税金121万元。 (陆 曦 陆晓晓)

■类目编辑 承 鸿

居民服务业·旅游业

餐饮住宿业

【概况】 2017年，江阴市商务局围绕创建全国文明城市工作，深入贯彻商务部、中央文明办《关于推动餐饮行业深入开展“厉行勤俭节约，反对餐饮浪费”工作的通知》，江苏省《关于切实加强餐饮行业燃气安全管理工作的通知》，商务部、国家标准委《快餐企业经营规范》《餐饮企业连锁经营规范》《餐饮企业经营者与消费者订立合同的规范要求》和《餐饮分餐服务与操作规范》，会同市市场监督管理局和餐饮业商会开展2017年度江阴市“十佳诚信餐饮企业”评选，深化诚信餐饮企业创建活动；引导星级酒店和餐饮名店策应供给侧结构性改革，调整菜肴结构、营销定位和竞争策略，适应餐饮消费市场新常态；支持江阴市烹饪协会承办2017年中餐国际化发展（华西）大会活动；会同市餐饮业商会开展餐饮行业燃气安全大检查。市人社局出台《“食尚江阴”万人培训2017年度实施方案》，举办“食尚江阴”江阴本邦菜专业组和农家乐乡宴组大赛，会同市妇联、市烹饪协会和广电集团举办“食尚江阴·我是厨神”之寻味春节民间厨艺比赛、婆媳巧厨娘比赛、江阴好味道评选和2017年江阴厨王争霸赛等系列活动。市市场监管局推广“江阴市农村聚餐管理系统”APP，注册登记民间厨师242人，备案集体聚餐203次共3203桌；对高风险的3个集体用餐配送单位、3个中央厨房、22个特大型餐饮单位严格把关，新发、变更、注销“食品经营（餐饮服务类）”事项4676项，清理注销原“餐饮服务许可证”874张，新增A级餐饮单位57个（总数118个），新增“明厨亮灶”餐饮商家213个（总数683个）；会同市物价局、消费者委员会等部门开展“平价惠民餐饮店”创建活动。市卫生监督所加强住宿业分级管理，评出A级宾馆14个。徐霞客等镇开展酒店、宾馆和旅馆安全生产专项督查；澄江街道、月城镇、新桥镇和顾山镇举行餐饮服务厨师技能大赛。3月，市烹饪协会在华西营养培训中心举办养殖（控毒）河豚鱼烹调技能培训班；组织5个会员单位6位选手参加在无锡市举办的第三届江苏厨师节暨当家菜大赛，其中传统洋菜碗、清炒虾仁、三白豆腐、松茸鮰鱼狮子头、泉水河豚5道菜获评“江苏当家菜”。4月，江阴团餐企业“水亲木”品牌在第十二届中国国际团餐产业大会上被评为2016年度中国医疗、养老团餐六大品牌之一；在2017年中华小吃品牌发展大会上，江阴永丰源大酒店总经理仰晟龙获2016年度小吃技艺传承奖。5月，在北京举行的中国烹饪协会30周年庆典活动上，江阴市烹饪协会获中国餐饮30年“卓越社团奖”，江苏天水雅居餐饮管理有限公司获中国餐饮30年“卓越企业奖”，吴协平被授予中国餐饮30年“功勋人物奖”称号、吴雯玉被授予中国餐饮30年“杰出人物奖”称号。10月，在重庆举行的第27届中国厨师节表彰大会上，江阴国际大酒店行政总厨黄亭、江阴泓昇苑酒店总经理助理兼行政总厨梅建文、江苏天水雅居餐饮管理有限公司出品总监李万洪和冷菜总厨许宝军4人获中国厨师界最高荣誉“中华金厨奖”。2017年，江阴永丰源大酒店举办江阴市第十二届蟹黄汤包节，以江阴塘前村百年饮食历史文化打造的江苏老塘前餐饮连锁机构先后在江阴市澄南路61号、青果路64号、东外环路299号、锡澄路695－7号和通惠路长江世纪广场17号、18号开设5个老塘前酒楼；中华老字号“王兴记”“老北京炸酱面”连锁门店进入江阴市；葡吉酒店、如意菜饭馆进驻敔山美嘉城；台湾鱼池拾捌、香港米芝莲、新疆阿拉提羊肉串、淮南牛肉汤等餐饮店在江阴海岸城开业，青果路美食街新增哈尔滨饺子馆、老塘前酒楼、蔡鲜生打边炉、渔越、一炉领鲜和格格屋农庄等9个餐饮服务门店；民宿导入江阴乡村旅游，云隐行旅酒店等一批新旅店开业，全市有证住宿企业380个。2017年，全市住宿和餐饮业完成固定资产投资21.73亿元，比2016年下降11.2%；营业收入82.94亿元，比2016年增长15.6%，其中限额以上企业实现营业收入22.86亿元，比2016年增长9.4%，限额以上企业完成社会消费品零售额19.39亿元，比2016年增长8.3%。

【名厨大讲堂开课】 2017年5月23日，江阴市烹饪协会名厨专业委员会（以下简称“江阴烹协名厨委”）在江苏天水雅居海鲜大食代举办首场“名厨大讲堂”，邀请江阴烹协名厨委副主任、江苏天水雅居餐饮管理有限公司出品总监李万洪作“当选菜品”厨艺讲解，有78个会员单位113名厨师报名听讲。此后，江阴烹协名厨委又分别邀请江阴烹协名厨委副主任、江阴泓昇苑酒店总经理助理兼行政总厨梅建文，江阴烹协名厨委常务副主任、江阴国际大酒店行政总厨黄亭，江阴烹协名厨委副主任、江阴桃园山庄大酒店行政总厨高永新和三房巷金陵酒店行政总厨、第九届江阴市技术能手王卫星等4人作后4期的“名厨大讲堂”菜品烹饪技艺讲解与交流，听课人数次次满员。是年，江阴烹协名厨委于3月在江阴华西新市村举办第248期中国厨艺高级技能研修班，特邀中国国宴厨师、上海市烹饪协会理事周华，中国烹饪协会会员、福建石狮荣誉酒店集团行政总厨胡满荣2名大厨授课，讲解旺店热销菜肴制作技艺；组团参加在重庆举行的第27届中国厨师节；针对春节和春夏季的特色食材，分别在江苏天水雅居餐饮管理有限公司和江阴国际大酒店举办“2017年寻味春节菜品交流”和“春夏季菜品交流”活动；组织36个会员企业赴浙江绍兴、福建晋江等地进行经验交流、食材考察，在交流中取长补短，促进江阴餐饮供给侧结构性调整优化。

【顾山镇建成“食尚小街”】 2017年5月8日，由江阴市三安有限公司投资280万元建设与管理的“食尚小街”在顾山镇人民路与香山北路交叉口东北角开工建设，并于8月28日正式竣工开业。该“食尚小街”是顾山镇政府2017年为民办实事工程之一，由杭州市一泓设计院设计，凸显江南水乡建筑风格，占地面积2335平方米。整条街道整洁美观，汇聚陕西肉夹馍、长沙臭豆腐、贵州烙锅、扬州风鹅等35个特色小吃餐馆。该街区消费群体以外来务工的年轻人为主，逐渐成为顾山镇餐饮夜宵消费亮点。

【2017年中餐国际化发展(华西)大会举行】 2017年11月12—14日，由中国烹饪协会主办，江阴市烹饪协会承办的2017中餐国际化发展(华西)大会在江阴华西新市村举行。中国烹饪协会会长姜俊贤、江阴市副市长吴虹娟等出席此次大会。来自美国、法国、奥地利、荷兰、比利时、日本、澳大利亚、新加坡等国和中国香港、澳门以及台湾地区的30名中餐组织负责人、专家学者，中餐国际化发展先行企业和相关产业代表200余名来宾出席大会，共同探讨中餐“走出去”的“国际化”之路。会上，中国烹饪协会会长姜俊贤作《坚定民族自信，促进中餐国际化发展》主题报告，对政府主管部门与餐饮行业组织联手推动中餐国际化发展提出六点指导性意见；中国烹饪协会特邀副会长杨铭铎教授发布《中国美食海外认知度现状调查研究报告》，对中国美食在海外消费者心目中的现状及在推动中餐“走出去”过程中所应注意的问题进行解说；巴黎中国文化中心原主任苏旭就中餐申报世界非物质文化遗产及中国美食文化国际推广给出专业建议；四川省成都市商务局等单位就推进中餐国际化发展的工作经验进行大会交流。大会期间，中国烹饪协会还举办第二届海外中餐名厨研修班，28位海外厨师参加培训，并获结业证书；会长姜俊贤为江苏省委原副书记、江苏省烹饪协会名誉会长顾浩，江苏省政协原副主席、江苏省烹饪协会名誉会长陆军授“中餐国际化发展(华西)大会终身荣誉主席”称号，向30名为中国美食文化国际推广作出特殊贡献的各国中餐组织负责人，颁发首批“中国美食文化国际特使”荣誉奖牌；江阴永丰源大酒店与俄罗斯中国总商会签订合作意向书，在江阴餐饮企业中率先实施“中国烹饪协会中外餐饮企业帮扶计划”；江阴国际大酒店等12个企业获“中餐国际推广优秀品牌企业”证书。

【2017年全国蒸菜(八大碗)烹饪技能大赛举办】 2017年11月13—14日，由中国烹饪协会名厨专业委员会和江苏省烹饪协会主办，江阴市烹饪协会和江阴市新东方酒店承办的2017年全国蒸菜(八大碗)烹饪技能大赛在顾山镇北涸老锡张路89号江阴市新东方酒店举办。来自全国21个省市的100余名选手参加技能比赛；参加2017年中餐国际化发展(华西)大会的中国烹饪协会领导和来自30个国家和地区的中餐组织负责人莅临现场观摩。比赛设个人奖和宴席奖两大奖项，代表江阴参赛的新东方酒店八大碗宴席获全国蒸菜特色宴席奖。该次赛事活动被中国烹饪协会列入年度活动内容，成为全国交流蒸菜烹饪技艺和弘扬蒸菜文化的平台，也使顾山“中华美食名镇”影响力有新的提升。(参见《街道·镇概况》类目中《顾山镇》分目相关条目)

(沈敏能)

2017年11月14日，中餐国际化发展(华西)大会闭幕式暨全国蒸菜(八大碗)烹饪技能大赛颁奖典礼 (顾山镇党委宣传科提供)

旅游业

【概况】 2017年，江阴市旅游业进一步提升旅游公共基础设施配套和旅游公共服务水平，加快旅游资源的特色化开发进程，加大江阴旅游品牌建设和形象推广，加强全市旅游市场秩序整治。11月29日，江阴市委、市政府专题召开“江阴市旅游发展大会”，开启江阴旅游全域化发展。全年接待游园人数2435.16万人次，比2016年增长2.59%；旅游总收入290.79亿元，比2016年增长12%；全市旅行社地接人数118.29万人次，比2016年增长12.25%。

2017年11月29日，江阴市旅游发展大会召开 （市园林旅游局提供）

【第十二届中国徐霞客国际旅游节活动】 2017年是徐霞客诞辰430周年，经江阴市委、市政府研究决定，由市园林旅游局牵头，会同相关部门联合举办纪念徐霞客诞辰430周年暨第十二届中国徐霞客国际旅游节系列活动，并成立由市政府主要领导为组长，市政府分管领导为常务副组长，市政府办分管负责人、市园林旅游局主要负责人为副组长，各承办、协办和保障部门主要负责人为成员的纪念徐霞客诞辰430周年活动组委会。5月18日，纪念徐霞客诞辰430周年暨第十二届中国徐霞客国际旅游节系列活动在徐霞客旅游博览园举行。活动期间，还举行“梦东方”项目开工仪式、第十二届中国·江阴徐霞客国际学术研讨会、海峡两岸纪念徐霞客诞辰430周年公祭典礼、央视纪录片《徐霞客》首播式暨研讨会、大型原创锡剧《徐霞客》首演、溯江纪源广场徐霞客铜像落成典礼、徐霞客之路——中国民族交响音乐会、首届徐霞客（江阴）户外大会、第四届敔山湾帐篷音乐节、“霞行天下”环江阴接力跑暨首届“全澄欢乐跑”活动、沈鹏师生书法作品展、第二届江阴朝阳花谷自驾露营节暨首届江阴定山越野嘉年华、“重走霞客路”江阴文艺家采风创作及展示活动和“行游江阴”旅游护照发放及门票惠民等20余项精彩活动。通过纪念徐霞客诞辰430周年暨第十二届中国徐霞客国际旅游节系列活动的举办，传承和弘扬了徐霞客精神，打响了徐霞客品牌，展现了江阴的城市风采，成功实现了以节促旅、以节聚客，有效提升江阴的知名度、美誉度和影响力。

2017年5月18日，首批“行游江阴”旅游护照发放 （市园林旅游局提供）

【旅游发展大会】 2017年11月29日，江阴市委、市政府召开全市旅游发展大会，开启江阴旅游全域化发展。无锡市委常委、江阴市委书记陈金虎作重要讲话，市长蔡叶明作工作部署，市领导孙小虎、徐冬青、崔荣国、袁秋中、陈兴华、费平、余银龙、程政出席会议，副市长张韶峰主持会议。会议制定下发《江阴市“十三五”旅游业发展规划》《江阴市旅游业发展三年行动计划》《江阴市旅游业发展奖励补助办法》3个重要文件。会议明确“做精自然山水游，做深历史文化游，做新主题公园游，做强工业体验游，做特休闲度假游，做实美丽乡村游”等未来江阴旅游的六大发展路径。在工作重点上，要求以全域化视野整合江阴旅游资源，把大力推进全域旅游与加快建设现代化、有特色、美丽宜居城市紧密结合起来，以“1310工程”*实施提升主城区旅游集聚力，以特色小镇建设打造镇街旅游新引擎，以特色田园乡村创建催生乡村旅游新热点，以景点连点成面串出旅游风景链，实现江阴旅游产业的全景化、全覆盖；要以融合化思维拓展江阴旅游，以旅游+工业、旅游+农业、旅游+文化、旅游+军事、旅游+体育、旅游+健康养生为重点,不断拓展"+"的对象、内容和形式,促进江阴旅游从量的增长向效的提升、质的飞跃转变。全市各镇街、市机关各部门,全市相关村、旅游景区、乡村旅游示范点、工业企业、农业生态园区主要负责人,各旅行社及三星级以上酒店主要负责人约430人参加会议。

【旅游行业管理】 2017年,江阴市园林旅游局完成年度旅游星级饭店、A级景区、乡村旅游点升级、新评、评定性复核的普查和申报工作;开展乡村旅游点、A级景区配套厕所、游客中心,停车场新建、扩建相关摸底工作。指导8个A级景区创建平安景区,完成43个旅行社质量保证金缴纳、增存、降低、梳理工作和旅行社责任险保险投保跟踪。对11个星级酒店、42个旅行社、130余个旅行社分支机构开展文明旅游创建工作宣传、布置、落实、整改工作。开展诚信旅行社创建工作,9个旅行社被评为2017年度江阴市诚信示范旅行社。积极开展旅游从业人员培训,9月,组织星级酒店参加南京旅游职业学院举办的岗位培训,12月,举办江阴市全域旅游研修班、江阴市旅行社管理人员培训班,切实增强旅游从业人员和管理人员的业务能力。年内,江阴黄嘉喜来登酒店、江阴市华西新市村被评为2017年度江苏旅游百佳单位,江阴国际大酒店行政总厨黄亭被评为2017年度江苏旅游百佳人才。江阴市中国旅行社导游郑君、江阴城市集散旅行社导游柳晶晶被评为无锡市十佳好口碑导游,江阴市中国旅行社陈婷被评为无锡市导游服务优秀工作者,江阴国际大酒店行政总厨黄亭被评为无锡十佳青年名厨。

【旅游形象推广】 2017年,江阴市园林旅游局积极参加重点旅游展会,大力开展惠民活动。组织全市相关旅游企业参加2017年南京国际度假休闲及房车展览会和无锡国际休闲旅游博览会等活动。组织江阴主要景点开展广场旅游咨询活动,发放"行游江阴"旅游护照和十大旅游景点门票优惠券。持续与《中国旅游报》等合作,通过专版、专栏宣传旅游产品;与同程旅游网合作建立江阴目的地旗舰展示馆,塑造良好的旅游品牌网络形象;与上海电视台《旅游风尚》、江苏省广播电视总台《跟着大脚走》栏目合作,量身打造"乐游江阴"强势品牌。

【旅游质量监督】 2017年,江阴市园林旅游局建立旅行社、分社、服务网点负责人约谈机制,约谈负责人12人,签订"依法经营、规范经营、优质服务承诺书"12份。贯彻落实国家旅游局整治"不合理低价游"专项行动要求,进一步加强市场监管,查处不合理低价游6件;针对江苏春城旅行社因涉嫌组织"不合理低价游",责令其改正并处以5万元罚款。发挥联动执法优势,开展综合执法检查,与市物价局联合开展节日价格检查,检查旅行社、景区、饭店共12个;联合市市场监督管理局查处江阴市澄南众康旅游咨询服务部涉嫌未经许可经营旅行社业务。年内,及时处理和有效化解旅游投诉与纠纷,受理旅游投诉57件,维护旅游市场秩序。 (高振华)

社区服务业

【概况】 2017年,江阴市商贸管理办公室以商务部《居民生活服务业发展"十三五"规划》为指导,会同市家庭服务行业协会制定《江阴市家庭服务业"十三五"发展规划纲要》,贯彻落实国家发改委等17个部委《关于印发〈家政服务提质扩容行动方案(2017)〉的通知》和电视电话会议精神;会同市消费者委员会指导相关行业协会落实美容美发业、洗染业、沐浴业、家装业和家电维修服务业等行业经营规范与服务标准;组队参加无锡市生活服务业职业技能大赛和江阴市第三届"技能·技工节"之美容化妆、育婴师等项目职业技能大赛。市公安部门会同各镇政府(街道办事处)结合创建全国文明城市,依法加强对开锁业名录管理,对寄卖业、旧货交易业、金银首饰加工业、置换业、印刷业、汽车租赁业和机动车维修业备案管理,对浴室、娱乐、美容美发等服务行业社会治安分级管理。各镇(街道)对再生资源回收场所进行环境整治;对迪厅、网吧、美容院和浴室等人员密集场所进行安全生产专项督查。市民政局将社区养老服务纳入公益项目,以"政府购买服务"方式进行招标、扶持与管理。市商务局把发展居民生活服务业纳入市服务业发展"十三五"规划,争取省级商务发展资金用于支持员工制家政企业和居家养老服务网点建设。市人社局、总工会、妇联等机关部门从各自职能出发,支持相关行业职业技能培训、行业工会和女工工作,全市居民生活服务业与社区服务事业快速发展。江阴夕阳红老年康乐中心联合颐乐居股份投资有限公司与宏图三胞集团有限公司达成合作,在江阴城东和江苏泰州、金湖,浙江宁波等地实行医养结合养老模式;市社区服务求助中心与广西柳州和江苏宜兴、昆山等地合作,建立求助中心。江阴乐茵儿童用品有限公司参加第五届中国孕妇节、第六届完美孕妇"C女王大赛"活动。在2017年无锡市生活服务业职业技能大赛上,江阴市家庭服务行业工会、江阴夕阳红老年康乐中心获大赛优秀组织奖,远望医院育婴师选手刘帅名列第一,获"金牌服务能手""无锡市技术能手""无锡市五一创新能手""无锡市青年岗位能手"和"无锡市巾帼建功标兵"称号。江阴市美容美发业商会成功承办全国工商联美容化妆品联盟换届会议。江阴市伟邦职业技能培训学校培训养老护理员和育婴员250人。全市家政、美容、理发、浴室、洗染、摄影、维修、擦鞋、洗车、婚庆等居民服务业在以设施更新和服务创新吸引消费的同时,加快服务网点布局,提高行业规范化、便利化、现代化水平。佐宜造型、美阁屋儿童理发店、泰舒服足道馆、黄马褂健康家政服务、昊柏月子中心、敔山美嘉城福奈特洗衣店、兄弟汽贸汽车服务会所等一批新店开张;震轩美容美发在敔山美嘉城和海岸城开设连锁门店;夕阳红老年康乐中心接管城东养老中心;佐恩精品衣物洗涤护理有限公司规范特许经营行为,新增连锁服务网点14个,在营门店43个,服务范围拓展到15个镇(街道);澄乐居养老服务中心开设

30余个社区居家养老服务站，上万名居家老人接受日间照料服务。至年末，全市有家政服务企业91个、美容美发店1715个、浴室238个、足道店216个、洗染店197个、摄影店180个、各类维修网点2033个、擦鞋店17个、洗车店81个、婚庆服务单位223个和清洁服务企业136个。

【市美容美发业商会推进人才培育工程】 2017年，市美容美发业商会以市政府举办第三届“技能·技工节”暨第九届职业技能大赛为契机，多层面推进江阴市美容美发业人才培育工程。其间，组织18名会员单位经营者赴广州学习同行服务新理念和管理新思维；举办皮肤生物细胞学讲座，对19名美容技师开展医疗美容超声刀和小气泡美容技术与操作规范专业培训；协助澄江街道总工会组织开展首届发型职业技能比赛；指导20个会员单位开展岗位练兵，选拔职业技能大赛参赛选手；按照江阴市第九届职业技能大赛新娘化妆和晚宴化妆两项比赛规则，对29名美容化妆选手进行赛前培训；为比赛成绩前六名的选手举行颁奖大会，号召会员单位干部职工向他们学习，争当岗位技术能手。年内，江阴市美容美发业商会被江阴市第三届“技能·技工节”组委会授予“组织奖”。

【家庭服务行业志愿者走进天鹤社区】 2017年3月15日，江阴市澄江街道总工会、市家庭服务行业工会联合会、澄江街道天鹤社区工会联合会、市消费者委员会要塞分会等单位，联合开展江阴市家庭服务行业志愿者走进天鹤社区公益活动。此次活动设法规宣传、家政服务、生活服务咨询3大版块近20项项目。市消费者委员会要塞分会围绕纪念“3·15”消费者权益保护行动30周年，贯彻落实《消费者权益保护法实施条例》，广泛宣传2017年“网络诚信、消费无忧”消费维权主题，向天鹤社区居民宣传法律法规和维权知识，指导识别假冒伪劣商品。市社区服务求助中心、江阴乐茵儿童用品有限公司、江阴澄乐居养老服务中心、勤善堂江阴分公司、友爱家政、金豆坊儿童理发等一批诚信家政企业，组织60名岗位能手参加志愿者公益活动，免费为社区居民提供老人保健、理发、家电维修、母婴护理等服务165人次，得到社区居民的广泛欢迎。

【澄江街道举办首届家庭服务行业技能比赛】 2017年5月10日，江阴市澄江街道家庭服务行业技能比赛在市福澄颐养院举行。此次比赛由澄江街道总工会、澄江街道人力资源和社会保障所联合主办，市家庭服务行业协会承办，9个家政企业选拔35名选手报名参加育婴师、养老护理员和家庭保洁员等3项项目的技能比赛。江阴市优亲宝贝母婴用品店王娟获育婴师比赛第一名、市夕阳红爱心护理院吴秋琴获养老护理员第一名、市利民劳务综合服务有限公司李梅获家庭保洁员第一名，3人同时获江阴市家庭服务行业2017年“金牌服务技术能手”称号。市社区服务求助中心有限公司等9个单位获澄江街道家庭服务行业技能比赛优秀组织奖。此次育婴师技能比赛产生的前两名选手王娟和苏志霞在江阴市第三届“技能·技工节”暨第九届职业技能大赛上以“专业、规范、熟练、过硬”的职业技能，分别夺得冠亚军，王娟获“江阴市技术能手”称号，江阴市家庭服务行业协会获优秀组织奖。

【家装行业自律规范】 2017年，江阴市装饰装修行业协会家装委员会按照协会第四届理事会的工作部署，完善家装行业公约，发布2017版《江阴市住宅装饰装修工程人工费指导意见》，统一“室内装饰设计协议”示范文本；开办法律讲座和装修课堂，组织会员单位150名企业法人和项目经理进行两轮专题学习；会同市消费者委员会于3月15日和重阳节举行两次广场家装咨询活动，深化“环保装修”主题宣传；联合台湾Open Design传媒于10月24日在江阴金三角家居村兴辉瓷砖展厅举办江阴首届海峡两岸家装设计沙龙，为江阴市80名家装设计人员提供向台湾家装设计师学习交流的机会；开展“文明施工”自查和“霞客杯”家装评优活动，配合市市场监督管理局、市消费者委员会和江阴电视台《帮女郎》《老娘舅》《第一现场》栏目组处理家装投诉和纠纷29件，配合市住建局对家装工程中随意敲、改问题进行专项整治；促进会员单位缴纳工人团体保险和职工集体体检，全年参加团体保险和集体体检的工人超1500人。是年，江阴市装饰装修行业协会获评江苏省装饰行业优秀协会，并被授予“江阴市十佳社会组织”称号。

【市家庭服务行业职工代表大会召开】 2017年5月18日，江阴市家庭服务行业协会在江阴乐茵儿童用品有限公司，召开2017年江阴市家庭服务行业职工代表大会，来自全市20个企业60名职工代表出席该届大会。大会审议并通过《江阴市家庭服务行业工资专项集体合同》和《江阴市家庭服务行业消费争议处理办法》。向全市家政企业发出遵守职业道德的倡议书，作出“不培训，不上岗；不体检，不进门；不签合同，不派工”的行业规范。大会期间，代表们还观看《前进中的江阴家协》行业宣传片和协会活动新闻媒体报道图片，增强作为江阴家政人的职业自豪感。会后，江阴市家庭服务行业协会组织12名理事单位负责人和职工代表，开展企业互访活动，相互取长补短，实现共同进步。在江苏省家庭服务业协会10周年庆典上，江阴市社区服务求助中心获“江苏省家庭服务业十大品牌示范形象”称号、江苏省家庭服务业协会10周年庆典活动杰出贡献奖，被评为省家庭服务业职业教育培训示范基地；江阴市家庭服务行业协会获江苏省家庭服务业协会工作特殊贡献奖。江阴市家庭服务行业协会会长沈健入选江苏省家庭服务业协会荣誉会员。江阴市夕阳红爱心护理院、江阴中青家政有限公司、无锡鼎灏企业管理服务有限公司、江阴市友爱家政有限公司等单位被评为江苏省家庭服务业协会先进单位；江阴市二三四五六家政有限公司获江苏省家庭服务业协会优秀会员奖。是年，徐州、宜兴、镇江、常熟、张家港等地家庭服务业行业协会到江阴学习交流。

（沈敏能）

■类目编辑 徐文辉

综述

【概况】 2017年，江阴市金融机构紧紧围绕高水平全面建成小康社会、建设"强富美高"*新江阴的总目标，认真落实全国、江苏省金融工作会议精神，切实发挥金融支撑作用，不断增强服务实体经济能力，全力推进全市经济金融平稳健康发展。3月，江阴市政府召开全市金融工作会议，向各银行下发年度目标责任书，出台《2017年江阴市银行业服务实体经济发展考核实施方案》，引导各银行加大对实体经济支持力度，鼓励对制造业和中小微企业加大信贷投放。至年末，全市银行业金融机构各项存款余额3662.97亿元，比2016年增长1.06%；各项贷款余额2965.58亿元，比2016年增长7.79%。人民币贷款余额2916.96亿元，与周边同类地区相比继续保持前列，其中投向中小企业的人民币贷款余额1755.69亿元，占比60.19%；投向制造业的人民币贷款余额1355.96亿元，占比48.9%（不含贴现的人民币贷款口径）。全市企业通过银行间市场发行债券100亿元，存续余额194亿元。全市产、寿险保费收入71.57亿元，比2016年增长17.2%；其中产险保费收入22.31亿元，比2016年增长5.92%；寿险保费收入49.27亿元，比2016年增长23.30%。证券交易开户总数30.04万户，年度交易额6593.3亿元。期货年度交易额3279.88亿元。担保公司担保余额24.95亿元，平均放大倍数3.56。小额贷款公司全年放贷28.61亿元，贷款余额27.2亿元。典当公司当户数1476户，贷款余额1.39亿元。

【信贷风险有效化解】 2017年，江阴市金融办启动推进江阴市西城钢铁有限公司与江阴华润制钢有限公司债务置换，消除2大企业集团间担保互保风险。协调江苏三房巷集团有限公司成功组建20亿元增量银团，推动江阴澄星实业集团有限公司组建14亿元项目银团，维护参贷银行信贷稳定。有效化解江阴康瑞不锈钢制品有限公司、江阴百舸铝业有限公司、江阴市长乐新科技电子有限公司、江苏新桥建工有限公司等中小企业信贷风险。根据国务院、江苏省、无锡市的统一部署，制订《江阴市互联网金融专项整治方案》，对27个重点机构开展现场检查，会商并上报处置意见。召开动员部署大会，开展打击非法集资专项行动，按照"准备部署、摸底排查、集中警示教育、清理整顿、整章建制"五个阶段，分区域对重点楼宇、街道逐片检查，同时做好案例警示宣传教育，印发宣传资料4万份。定期召开打击逃废债工作联席会议，建立涉嫌逃废债务企业黑名单，曝光失信"老赖"名单，打击恶意逃废债行为，营造诚信守法良好氛围。建立部门会商制度，否决29个拟新设投资理财类企业，严把准入关。按照国务院、江苏省清理整顿交易场所的工作要求，监督交易场所平稳下线相关交易品种，妥善做好善后工作。加强小额贷款行业监管，配合江苏省、无锡市金融办做好第二批小额贷款公司清理整顿。至年末，江阴市银行业不良贷款余额29.45亿元，比2016年减少12.61亿元；不良率0.99%，比2016年下降0.54个百分点，实现不良贷款余额和不良贷款率"双降"。

【加强政银企对接】 2017年，江阴市金融办联合人民银行江阴市支行分别在月城镇、云亭街道、祝塘镇、顾山镇召开政银企交流座谈会，为银企"牵线搭桥"，帮助一批质地优良的中小企业成功获得银行信贷支持。年内，中小企业信贷风险补偿资金池追加保证金至2亿元，通过合作银行对各类中小企业发放贷款18.99亿元。全年市镇两级转贷资金平台为中小企业转贷27.26亿元，逐步化解中小企业互保联保问题。新成立首期规模1亿元的全市中小企业转贷基金，发挥国有资本在金融投资领域的"引导、示范和放大"作用，由社会资本参与，为中小企业稳定信贷存量提供转贷服务。

（陈涛涛）

银行

【概况】 2017年，江阴市银行业认真贯彻执行稳中求进的宏观经济政策，围绕供给侧结构性改革和江阴市产业发展战略目标，加强信贷政策与产业政策的协调配合，保持贷款持续平稳增长，银行业资产质量持续改善，为江阴经济社会持续平稳发展提供有效金融支持。年末，全市各项存款余额3662.97亿元,比2016年增长1.06%,其中,外币存款余额20.67亿美元,比2016年增加4.08亿美元,实现正增长。各项贷款余额2965.58亿元,比2016年增长7.79%,其中非金融企业及机关团体贷款余额2552.41亿元,比2016年增加149.47亿元;个人住房贷款余额272.55亿元,比2016年增加42.35亿元,存贷款维持平稳增长态势。直接债务融资业务稳步推进,年内江阴企业通过银行间市场发行债券100亿元,年末存续余额194亿元,发行金额占无锡地区总量的21.25%。全市不良贷款余额29.45亿元,比2016年减少12.61亿元;不良贷款率0.99%,比2016年下降0.54个百分点;全市银行通过常规清收、依法诉讼等渠道合计处置不良贷款额36.19亿元,银行资产质量明显提升。

2017年江阴市银行机构存款情况一览表

表31

单位＼类别	人民币存款		外币存款	
	年末余额(亿元)	比2016年增减(%)	年末余额(亿美元)	比2016年增减(%)
人民银行江阴市支行	—	—	—	—
农发银行江阴市支行	13.17	13.44	—	—
工商银行江阴支行	158.36	0.99	0.55	-77.55
农业银行江阴分行	482.42	0.63	2.57	11.74
中国银行江阴支行	234.86	1.82	3.52	-11.56
建设银行江阴支行	232.13	-0.78	3.66	66.36
交通银行江阴支行	205.83	2.66	1.23	39.77
浦发银行江阴支行	411.69	1.72	1.29	40.22
招商银行江阴支行	74.57	9.20	0.40	53.85
中信银行江阴支行	66.53	-18.77	0.34	25.93
华夏银行江阴支行	71.54	-5.19	0.17	325
兴业银行江阴支行	56.87	-17	0.48	500
南京银行江阴支行	110.63	23.98	0.07	-36.36
光大银行江阴支行	60.99	-10.35	0.81	1057.14
民生银行江阴支行	88.06	-35.47	2.79	228.24
恒丰银行江阴支行	59.35	5.85	—	—
浙商银行江阴支行	24.6	18.44	—	—
广发银行江阴支行	18.07	-32.25	—	—
平安银行江阴支行	35.52	-4.70	0.01	—
南洋银行江阴支行	9.71	16.57	0.13	—
宁波银行江阴支行	56.99	7.61	0.61	56.41
江苏银行江阴支行	122.25	11.10	0.68	134.48
江阴农村商业银行	720.24	5.91	1.29	-3.01
无锡农商银行江阴支行	35.94	37.49	—	—
江阴浦发村镇银行	16.19	14.50	—	—
汇丰银行江阴市支行	5.27	42.43	0.06	50
邮储银行江阴市支行	104.99	14.91	—	—

2017 年江阴市银行机构贷款情况一览表

表 32

单位 \ 类别	人民币贷款		外币贷款	
	年末余额(亿元)	比 2016 年增减(%)	年末余额(亿美元)	比 2016 年增减(%)
人民银行江阴市支行	—	—	—	—
农发银行江阴市支行	33.70	21.27	—	—
工商银行江阴支行	306.21	-1.16	0.15	-92.50
农业银行江阴分行	316.78	0.56	0.88	125.64
中国银行江阴支行	209.11	3.76	0.48	-57.52
建设银行江阴支行	329.31	20.15	2.22	-22.38
交通银行江阴支行	199.16	-0.01	0.31	72.22
浦发银行江阴支行	184.34	-1.05	0.70	11.11
招商银行江阴支行	65.89	21.68	0.04	33.33
中信银行江阴支行	76.65	36.90	—	—
华夏银行江阴支行	67.43	42.47	0.04	-73.33
兴业银行江阴支行	44.79	25.08	0.32	700
南京银行江阴支行	47.67	7.17	—	—
光大银行江阴支行	73.10	0.41	0.10	-52.38
民生银行江阴支行	65.45	27.41	—	—
恒丰银行江阴支行	54.36	50.79	—	—
浙商银行江阴支行	6.64	-61.66	—	—
广发银行江阴支行	27.16	13.26	—	—
平安银行江阴支行	35.81	23.48	—	—
南洋银行江阴支行	8.24	3.78	0.32	966.67
宁波银行江阴支行	36.51	31.33	0.07	600
江苏银行江阴支行	94.55	14.66	1.02	85.45
江阴农村商业银行	481.90	3.81	0.63	36.96
无锡农商银行江阴支行	80.82	35.65	—	—
江阴浦发村镇银行	16.16	15.02	—	—
汇丰银行江阴市支行	1.21	-61.46	0.16	-11.11
邮储银行江阴市支行	25.77	30.55	—	—

【中国人民银行江阴市支行】 2017 年,支行有职工 49 人。内设办公室、纪检监察室、金融服务一部、金融服务二部、金融管理部、外汇管理部 6 个部室。全年继续执行稳健的货币政策,结合江阴地方实际,加大支持实体经济力度;持续开展"两学一做"*学习教育,提升金融服务和管理水平,维护金融稳定,促进江阴经济金融良性互动、健康发展。

增强金融支持力度。加强银政企联系,发挥窗口指导作用,定期组织召开全市银行行长联席会议,及时宣传和解读金融领域重大政策,分析经济金融形势。深入调查研究,开展"点对点融资对接服务"工作,切实为制造业企业转型升级提供点对点的金融支持,全年对接中小企业 43 个,办理银行授信 3 亿元。深化普惠金融体系建设,加大"三农"*及中小微企业金融支持,争取 2.8 亿元支农支小再贷款,支持辖区富民惠农金融工程;引导江阴农村商业银行简化流程,为全市近 7000 户小微企业和个人发放 17.4 亿元贷款。推动绿色金融产品和服务模式创新,指导江阴农村商业银行发放 7 笔金额 7650 万元的"绿能贷";指导江阴浦发村镇银行推出"光伏贷"绿色信贷产品,为 6 个企业和 600 余户农户各提供超 3000 万元的信贷支持。优化直接债务融资结构,推进应收账款质押业务,全年办理应收账款质押业务 98 笔,金额 57.25 亿元。

改善金融生态环境。加强金融

风险监测和报告，开展江阴市大企业集团风险调查，做好重大事项报告工作，上报风险类重大事项24件。实施互联网金融专项整治，会同江阴市政府和有关部门联合开展互联网金融专项整治和非法吸收公众存款专项检查10余次。持续推进信用体系建设，加强征信业务的日常管理和服务，全年办理个人征信查询49334人次，比2016年增长39.1%。强化金融机构综合评价工作，开展江阴市银行业金融机构2016年度执行人民银行政策情况的综合评价，评出A类银行6个，B类银行17个，C类银行2个，并对被评为C类的银行主要负责人进行诫勉谈话，督促落实整改。

提升金融服务质效。创新金融消费教育载体，利用微信平台开展金融知识宣传教育，丰富金融知识传播的有效途径；开展普惠金融及金融素养问卷调查，推进普惠金融指标体系建设；畅通投诉接收处理渠道，通过"12345"公共服务中心呼叫热线平台，牵头处理辖区金融系统内各类有效投诉480件，办结率、满意率均为100%。对接江阴市政府企业注册开业2个工作日内，不动产登记4个工作日内，工业建设项目施工许可40个工作日内完成的"2440"*计划，在江苏省内率先实施账户开设等行政许可项目入驻市政务服务中心，有效提高行政审批效率，全年受理办结核准类账户行政许可及变更28730件。加快国库现代化和信息化建设，全年入库地方公共预算收入235.16亿元，比2016年增长2.28%。持续优化农村支付环境，建立健全农村金融综合服务站准入及退出机制。深化人民币流通满意工程，推进人民币冠字号码信息流与实物流同步试点工作，利用冠字号码存储查询系统协助公安机关破获跨地区大额现金盗窃案件2件，涉案金额10余万元。组织举办第三届"技能·技工节"暨银行业第九届职业技能大赛，搭建金融行业竞技大舞台，弘扬"工匠精神"，夯实服务技能，提升服务质量。

深化外汇管理服务。组织"外汇服务产业强市""大走访"活动，深入20个重点外贸企业，宣传外汇管理最新政策，帮助企业解决实际困难。开展打击"逃骗汇、非法套汇"外汇违法违规行为专项行动，对相关企业和银行外汇违法违规行为进行立案查处。积极推进贸易投资便利化，对拟境外上市企业开展前期辅导，协调指导企业对外投资行为。推进外汇政策先行先试工作，年内新争取2个企业开办跨境人民币双向资金池业务，全年开办跨国公司外币资金池企业6个，开办跨境人民币双向资金池业务企业7个，有效拓宽企业融资渠道，节约企业财务成本。　（赵曙英）

【中国银行业监督管理委员会无锡监管分局江阴办事处】 2017年，无锡银监分局江阴办事处有员工3人。年内，江阴办事处积极学习宣传贯彻中共十九大精神，开展"做表率守党规严党纪"专题教育，制定廉政制度6项，持续推进"四风"*问题专项整治。指导全市银行业全面部署推进供给侧结构性改革，提升服务实体经济质效，提高金融风险管控水平，推进金融改革发展，各项工作取得成效。

服务实体经济。紧紧围绕市委、市政府工作要求，修订完善《江阴市银行业服务实体经济发展考核办法》，把完成小微企业贷款增速不低于各项贷款平均增速，小微企业贷款户不低于2016年同期户数，小微企业申贷获得率不低于2016年同期水平"三个不低于"、制造业贷款占比及不良贷款率等指标纳入考核体系，更加客观地反映银行业服务实体经济质效。2017年，全市银行业服务实体经济监管评价得分持续提升。

金融宣传服务。江阴办事处组织全市银行机构积极开展"金融知识进万家"宣传服务月活动。开展各类现场活动20余次，覆盖受众超2万人。联合江阴银行机构走进各镇（街道）、江阴技术学院等单位，开展"正确使用金融服务、依法维护自身权益"主题宣传活动。

专项治理与市场乱象整治。组织开展银行业违反金融法律、违反监管规则、违反内部规章"三违反"，监管套利、空转套利、关联套利"三套利"，不当创新、不当交易、不当激励、不当收费"四不当"专项治理和市场乱象整治工作，以及"员工行为整治提升年"系列活动。召开全市银行业专项治理整治工作总结部署会，开展"促监管政策进基层行"宣讲活动，推动完善银行业依法合规经营长效机制。

加强金融监管。江阴办事处认真做好辖区银行机构基础数据统计汇总工作，密切关注2017年以来辖区各个机构不良贷款的增加情况，开展对不良贷款率较高的建设银行江阴支行和交通银行江阴支行的非现场走访，召开江阴地区大型银行机构座谈会，了解风险化解情况。开展"江阴市华士担保圈风险状况调研"，摸清该镇的担保圈风险底数，并开展风险蔓延情况的调研工作。精心准备每季度行长联席会议材料，及时传达无锡银监分局最新监管精神和监管要求。

维护地方金融生态环境。江阴办事处配合市政府做好互联网金融专项整治及打击非法集资的调查工作，派员参加政府多部门的联合检查活动。做好来电来访投诉客户的接待工作，认真开展信访件的核查取证工作，及时回复投诉人。特别是对主动上门的老年客户，做到热诚接待、耐心交流，对缠访的客户，江阴办事处站在客观的角度开展信访调查，做好客户与银行间的沟通，争取把事情处理在萌芽阶段。涉及存单变保单的情况，本着为民监管的宗旨，银行有能力解决的要求银行快速解决，银行不能独立解决的，与保险公司协商解决，尽量让客户感到满意。对缠访的企业，江阴办事处站在客观的角度开展信访调查，做好企业与银行间的沟通。全年成功处理金融消费者投诉事件8件，切实保护金融消费者的合法权利。

维护辖内经济金融稳定。江阴办事处密切配合无锡银监分局和江阴市政府，组织协调江阴辖内银行业金融机构重大事项，发挥左右沟通、上下联动的桥梁作用，多次参加市金融办组织的维护地方金融稳定、打击企业逃废债等专题会议，要求银行机构维护地方金融稳定，积极支持地方经济发展，同时对企业逃废银行债务行为予以有力打击。

优化法人机构治理。江阴办事处推动法人银行、非银行机构修订公司章程,将党的领导融入公司治理,以加强党建促进依法合规经营。指导辖内上市江阴农商银行持续拓宽外源性资本补充渠道,江阴农商银行A股可转债顺利获批。年内。加大法人银行异地机构筹建工作指导力度,江阴农商银行常州分行、无锡分行顺利开业,江阴农商银行苏州分行获批筹建。

探索物联网金融融合发展。江阴办事处牵头推动江苏银行江阴支行、无锡农商银行江阴支行和江阴农商银行3个法人机构,联合无锡物联网产业研究院,组建无锡银行业物联网金融创新工作组,与无锡感知集团签订银行业物联网金融创新合作协议。

银行业安全保卫工作。年初,江阴办事处按照银监会与公安部要求精神,会同江阴市公安局对辖内银行业金融机构进行安全大检查,对存在的问题督促其整改,确保银行机构运行安全无事故。下半年,根据公安部、银监会印发的《银行业金融机构安全评估办法》相关要求,会同江阴市公安局、人民银行江阴市支行等部门对全市26个银行业金融机构,78个营业网点,98个自助银行,进行第五次安全评估,发现安全隐患38处,落实整改措施38处,从评估结果看,全市各金融单位均达优秀档次。

银行业开展防范电信诈骗活动。年内,江阴办事处及时转发上级文件,主动督促,扎实推动银行业防范和打击电信诈骗活动的开展,收到良好的成效。联合江阴市公安局、江阴市见义勇为基金会对全市26个银行业金融机构进行2次表彰活动,表彰见义勇为先进个人38人次,发放见义勇为奖金8.3万元。

2017年年末,全市银行业金融机构网点数279个,比2016年减少1个,从业人员5018人,比2016年增加103人,其中在编人员4809人,比2016年增加153人;存款总额3662.97亿元,比2016年增加38.43亿元,增长1.06%;贷款总额2965.58亿元,比2016年增加214.21亿元,增长7.79%;不良贷款余额29.45亿元,比2016年减少12.61亿元,不良贷款率0.99%,比2016年下降0.54个百分点;全年实现账面利润60.33亿元。(金仁明)

【中国农业发展银行江阴市支行】2017年,支行在编员工17人。内设办公室、信贷业务部、会计结算部3个部室。支行坚持“稳中求进、争先进位”的工作目标,多措并举勤开拓,克难奋进求实效。至年末,支行发放县级储备粮贷款31680万元,其中调入稻谷6827万公斤,小麦2900万公斤。

支持中长期项目贷款。全年投放项目贷款6亿元,其中投放应天河水环境综合治理项目贷款3亿元,投放城镇化建设项目贷款3亿元。这些项目的实施,使水环境得到进一步的改善,对进一步消除城乡差别,提升农民生活环境质量,促进地方经济转型升级加速,提高城镇化率起到积极推动作用。

精准扶贫贷款实现突破。通过近一年时间与多个企业商谈,精准扶贫贷款最终实现突破,企业帮扶10户贫困家庭,使25户家庭脱贫,支行投放精准扶贫贷款2000万元,实现企业、贫困户和支行3方共赢的良好效果,农发银行江阴市支行成为江阴地区第一个实现投放精准扶贫贷款的金融机构。

2017年年末,支行各项贷款余额33.7亿元,比2016年年初增加5.91亿元,增长21.27%;存款日均余额14.94亿元,增长30.73%;完成国际结算业务量1.21亿美元,增长31.63%;实现利润6337万元,增长30.74%;业务经营保持健康稳定持续发展。(郁聪慧)

【中国工商银行股份有限公司江阴支行】 2017年,支行有在编员工393人。内设综合管理部、个人金融业务部、公司金融业务部、机构与结算业务部、国际业务部、信贷管理部,下辖1个营业部和22个二级支行、1个储蓄所。是年,支行面对新的经济金融形势,全体员工坚定信心、抢抓机遇,紧密围绕“市场、客户、质量、队伍”四条主线来开展工作,全力推进业务经营和内控管理协调并进,各项工作取得平稳发展。

党建引领全行工作。支行坚持从严治行,以党建引领全行各项工作的开展,推进“两学一做”*学习教育常态化制度化。建立以解决实际问题为导向的党委中心组学习制度,认真贯彻执行中央及上级部门工作会议精神。行领导每月一对一约谈基层员工,及时掌握员工思想动态,对违规行为做到早发现早预防。层层落实党廉案防工作责任,并向员工寄发廉洁家书、开展职务犯罪警示教育等。在行内开展新时期合规文化核心理念教育,全体员工牢牢树立合规为本、风险可控的意识,确保零重大案件、零重大风险事件的内控目标。

支持实体经济。支行坚持投贷联动的思路,紧跟市政府金融工作导向,以支持地方经济发展为己任,围绕招商引资、企业上市、转型升级等重点方面,加强银政企三方沟通,大力支撑江阴企业转型发展的需要。积极联动内外部资源,针对上市及拟上市企业召开两次大型业务推介会;对大型骨干企业牵头发放银团贷款,助力企业扩大规模、提升转型;积极介入重点项目营销,着力为更多先进制造业、科技创新型项目提供信贷支撑和业务咨询;走访百个上市后备企业,密切关注企业发展动态和需求,注重提供综合化金融服务。全年总融资余额364.7亿元。

践行普惠金融。支行在普惠金融服务方面始终遵循国家战略,积极探索完善普惠金融服务之路。全年为200余户小企业提供金融服务,发放小企业贷款24.55亿元,新增授信近5亿元。大力推广“小微创业贷”,积极为小微企业减费让利,确保低水平的融资利率,实行专门流程审批、专项规模投放,缩短提款时效,适应小微企业融资特点,在解决小企业融资难、融资贵问题上取得实效,在支持小微企业发展上惠及更多市场群体。

提供优质服务。支行始终以客户为中心,致力于提升服务体验,打造“服务最佳银行”和“客户首选银行”。年内,无锡分行第一个新标准的智能化网点江阴人民路支行对外营业,同时支行对部分网点进行装修改造，投入一批新型自助智能机、回单机等，进一步营造舒适、便捷的服务环境。强化员工标准化服务培训，重视客户反馈意见，促进服务工作贴近百姓、与时俱进，以专业、优质的服务回报广大客户。协助配合市金融办和文明办做好文明城市创建工作，展示良好的形象风采，并以此为契机提升服务管理水平，得到社会广泛好评。

发展互联网金融。支行发挥电子银行的技术优势，推进互联网金融便利化、智能化。积极争取上级行活动资源，开展惠民便民活动，普及"工银 e 生活"客户端；创新推出"AI 投"智能投顾，优化投资收益，使客户以较低的门槛获得专业化的投资顾问服务；推广"工银智能卫士"的安装使用，全方位提升用卡安全，保护客户资产免遭潜在风险的威胁。同时，支行继续通过线上线下的方式拓展手机银行、融 e 联等移动端应用，持续以丰富优化的产品服务提升用户体验，使广大客户享受普惠金融及科技创新的成果。

积极处置不良贷款。支行采取有效措施，展开对表内外不良贷款的客户资产排查，努力争取各路资源和信息，通过谈判、受托处置、资产证券化、拍卖转让等途径多渠道加快处置不良贷款，提高资产处置成功率。年内贷款不良率降至1.09%，实现不良贷款和不良率"双降"，清收处置工作取得重大进展，资产质量进一步向好。

2017 年年末，支行本外币各项存款余额 162.6 亿元；本外币各项贷款余额 307.18 亿元；拨备前利润 7.63 亿元，比 2016 年增长 14.35%。

（郁利花）

【中国农业银行股份有限公司江阴分行】 2017 年，分行有在岗职工 685 人。内设公司业务部（"三农"对公业务部）、国际金融部、个人金融部（农户金融部）、信用卡与电子银行部、财会运营部、风险与信贷管理部、综合管理部、人力资源部、网点管理部 9 个部门，下辖营业部、要塞、周庄、华士、新桥等 36 个营业网点，在行式自助银行 36 个、离行式自助银行 35 个，自助设备 390 台。是年，分行努力把握经济金融新常态，深入贯彻落实上级行决策部署，主动作为，攻坚克难，真抓实干，各项工作取得新成效，业务经营迈上新台阶。年内，分行被评为总行级运营基础管理先进单位、江苏省分行 2017 年度创利先进单位、江苏省分行党建"三化三严"优秀单位等，长泾支行、人民路支行被评为江苏省分行先进集体。

全力服务实体经济。分行认真贯彻落实市委、市政府"产业强市"战略，积极创新金融产品，着力解决中小微企业"融资难、融资贵"等问题。创新研发并推出"锡微贷"产品，2017 年 3 月，率先发放农业银行无锡分行首笔"锡微贷"，全年发放 73 户计 2.6 亿元。积极探索"信贷工厂"服务模式，以标准化、批量化、专业化的方式为小微企业客户提供更加高质高效的金融服务。年内，完成江阴临港机械装备产业园"信贷工厂"批复并投放 13 户，金额 3600 万元。

持续深化"三农"* 金融服务。分行扎实推进服务"三农"高级顾问队伍建设，持续加大对"金农贷"等成熟产品的推广力度，大力支持家庭农场、种养大户、农业合作社等农业新型经营主体。2017 年 3 月，率先发放全省农行系统首笔"苏担通"贷款，用于支持农业专业合作社扩大生产经营。至年末，分行农户贷款客户数 206 户，比 2016 年增加 55 户，农户贷款余额 1.19 亿元，增加 4507 万元，其中向璜土葡萄种植大户发放 100 万元"金农贷"，助其搭建电商平台，推广线上销售模式。除此之外，遍布全市各个行政村的 223 个"金穗惠农通取款服务点"，全年实现金融交易 6.88 万笔 5013 万元，助农取款 2.7 万笔 702 万元，让村民能够便捷享受金融服务。

加快布局网络金融业务。分行加快线下业务往线上迁徙步伐，把各类产品与服务融入到互联网平台场景中，致力于为广大客户提供更加高效便捷的金融服务。以掌上银行支付为主题，搭建"扫码优惠、线上支付优惠"的场景体验。利用"江阴农行"微信公众号、"汉购卡线上服务"平台，将江阴农行传统的线下刷卡优惠活动转为扫码或移到线上，吸引客户自助注册掌上银行、使用掌上银行，不断扩大掌上银行客户群体。针对娱乐消费类、美容养生类、连锁专卖门店类、超市、副食店类、物业服务类、专业市场类等高频交易类商户重点推介"E 收款"扫码支付服务；针对大型商场、饭店、宾馆和商业综合体类商户重点推介智能销售终端机；为企业上线"农银 E 管家"平台，把渠道和产品嫁接到客户数字化建设进程中去，不断提升客户资金管理水平。

做好金融消费保障。分行采用营业网点大堂宣传资料散发，在营业网点门口摆摊设点、在各网点辖区内设置户外宣传点等多种方式，向广大客户群众宣传理财双录、反假知识、互联网金融等普及金融知识。常态化组织开展金融知识宣传进校园、进社区、进企业、进商超等活动，宣传防范校园"毒贷款"、防电信诈骗，警惕非法集资等金融知识，多渠道帮助消费者提高金融素养及金融风险防范意识。与此同时，坚持用心服务，筑牢柜面防线，竭力保护客户资金安全。全年堵截各类诈骗案件 19 件，涉案金额逾 195 万元，多名员工获江阴市公安局见义勇为基金表彰奖励。

2017 年年末，分行本外币各项存款余额 499.4 亿元，比 2016 年增加 3.9 亿元；本外币各项贷款余额 322.5 亿元，比 2016 年增加 4.8 亿元；完成国际结算业务量 79.2 亿美元，比 2016 年增加 4.2 亿美元；实现中间业务收入 3.2 亿元，与 2016 年基本持平；全年实现营业净收入 14.2 亿元。

（吴芝琼）

【中国银行股份有限公司江阴支行】 2017 年，支行有职工 506 人。内设综合管理部、业务管理部、风险管理部、公司金融部、个人金融部、监察部、营业部 7 个部门，下辖 16 个乡镇网点、8 个城区网点。是年，支行始终坚持"发展"这一基本定调，以"担当社会责任，做最好的银行"为宗旨，以"系统有担当、同业有口碑"为发展目标，积极服务实体经济、服务民生发展，确保平安与发展。年内，被评为江苏省文明单位、江阴市 2017 年度重点骨干企业，在江阴市 2017 年度"民主评议机关"金融序列中排第二名、国有银行序列中排第一名。

公司负债业务稳增。支行抓住资本市场、直融市场的良好态势,重点争揽各类募集资金账户,2017年6月,成功争揽江苏长电科技股份有限公司募集资金13.28亿元、江阴模塑集团有限公司可转换债募集资金2.66亿元,有效推进支行负债业务发展。至年末,实现行政事业存款余额比2016年增加7.08亿元,完成全年指标的114.22%;日均较年初新增8.78亿元,完成率168.85%,辖内排名第一。加大对江阴城市建设投资有限公司、江阴公有资产管理办公室、临港经济开发区为主的平台类授信的支持力度,争揽存款4亿元。

抢抓先机实现资产投放。支行通过不断储备以及抓住已批未用的额度,实现海澜马儿岛酒店3亿元的项目贷款、江苏兴业聚化有限公司4亿元的中期贷款、江阴兴澄特种钢铁有限公司4亿元的短期流贷、江阴利港发电股份有限公司2亿元的短期流贷、江苏双良节能股份有限公司2亿元的短期流贷等顺利投放。年末实现大公司人民币纯公司贷款比2016年增加19.14亿元,新增金额再创新高。全年大公司贷款新投放48.6亿元,指标完成率121%,分行排名第一。大公司贷款日均新增9.55亿元,指标完成率119.36%,分行排名第三。

贸金条线实现恢复性发展。支行全年实现人民币贸易融资投放75亿元,其中"福费廷"产品投放51亿元,拉动中间业务收入2186万元;大力推进同业合作,利用灵活转卖优势,转卖"福费廷"32亿元,拉动中间业务收入1052万元;紧盯大户,全力以赴争揽即期结售汇,中间业务收入1791万元,比2016年增长42%。支行完成跨境人民币业务量39.8亿元,比2016年增长41%。支行保函业务量比2016年增长110.23%。

销售服务流程导入。年内,支行个金板块与公司板块开展销售服务流程导入创新实践。个金板块为固化销售服务流程导入培训成果,同时对接转型发展要求,从2017年上半年起在全辖推广厅堂微沙龙,对个金业务的发展起到提升作用。9月,分行组织产品经理技能擂台赛,支行产品经理依托销售服务流程导入的课件知识组队参赛,获第一名。12月,分行组织手机银行开通业务竞赛,支行以106%的完成率排名第一。支行公司板块销售服务流程导入作为无锡辖内的试点,在支行辖内选取滨江支行、华士支行、夏港支行、支行营业部、周庄支行、马镇支行6个网点开展,旨在搭建包括大堂经理、对公柜员、账户经理在内的"厅堂铁三角"厅堂销售服务模型,年末,6个试点网点的相关指标超出全辖平均水平,取得一定成效。

优化渠道布局。支行大力推进职能柜台上线,提升厅堂对外服务能力,年初为辖内19个网点配备智能柜台,5个网点实现原有设备升级复用为智能柜台,在减轻网点柜面压力的同时,提升客户服务效率。对接人民银行江阴市支行要求,筹建普惠金融网点。从10月起,着手周庄东大街支行的设点工作,大力发展普惠金融,为小微企业、农民等客户提供契合需求的金融服务。完成江阴市申利纺织有限公司自助银行的改造。下半年,对所有网点厅堂设备初步摸排,对不适用的网银体验机撤机。撤销长山自助银行点,业务分流至就近网点暨阳支行,以节约财务成本、提升网点及设备的服务效率。

用文化建设提升内外部客户满意度。以党、团、工会组织为抓手,举办支行30周年行庆活动、元宵猜灯谜、三八国际妇女节服装秀、五四青年节活动、六一儿童节亲子活动等活动,2017年新创"职工小家"6个,以家园文化凝心聚力;创立"爱心+"公益品牌,举办第三届暖冬圆梦公益活动、参加"3·5"学雷锋日、"3·15"消费者权益保护日、义务献血活动等,主动作为,担当社会责任。

2017年年末,支行人民币存款余额比2016年增加4.2亿元,在江阴四大银行当年新增额排名第一;人民币贷款余额为209.11亿元,比2016年增加7.57亿元,在江阴四大银行当年新增排名第一;实现中间业务收入21274万元,分行辖内机构排名保持第一;实现营业收入7.88亿元,净利润4.14亿元,利税总额5270万元。 (钱 敏)

【中国建设银行股份有限公司江阴支行】 2017年,支行有职工399人。内设综合办公室、财务会计部、公司业务部、个人金融部、风险管理部、国际业务部、住房部7个部门,下辖1个综合型支行,28个二级支行。是年,支行党委珍惜机遇、把握市场,带领近400名干部员工奋发图强、创优争先,全力履行打造强县强行的光荣使命,各项工作有序推进,综合实力持续增强,上级行、客户、员工的满意度逐步提升。

抓党建促业务。支行党委始终坚持"党建强则业务兴"的理念,通过狠抓党建工作,全面推进从严管党治行,打造坚强的战斗堡垒。支行有党员173人(含退休党员33人),有23个党支部,紧紧把党建的发展与业务的发展捆绑到一起,形成党建活动促业务发展的长效作用,取得双赢。在七一建党节期间,个金党支部与江阴日报社党支部的结对活动,带动支行信用卡分期的宣传营销,分期业务在同业占比一直保持首位的位置;夏港支行党支部结对集团客户江苏新长江集团党委,并成功营销该集团跨境产品3.2亿元,实现国际收支及人民币跨境交易3.2亿元,实现中间业务收入245万元,做到抓党建促业务发展。

突出重点业务。支行关注地区经济形势,加大重大招商引资项目攻关力度,成功拓展注册资金6亿元的华能江阴燃机热电、注册资金3亿元的江阴城建集团等一批重点企业基本账户。成功办理省分行首笔"乾元"票据理财业务,并在此基础上,支行连续办理3笔同类业务,累计业务金额3.9亿元。成功为江苏华西集团公司投放"投资通"理财产品3.24亿元,为江苏省分行系统内该业务首单,为支行获取1497万元的理财中间收入,成为支行中间业务收入增长新的发力点。实现教育系统金融生态圈的建设,取得全市130所学校,10.5万名学生家长线上缴费的业务资格,交易量14.5万笔,交易资金8200万元。

科学经营管理模式。年内，支行根据江苏省分行实施"最后一公里考核""旗舰店＋卫星点"等经营管理模式，在人力资源和财务资源配置上给予倾斜，全行业务管理费总量收缩，宣传、招待类费用大幅下降，全力支持一线业务营销，进一步加强财务管理，优化费用结构，齐心协力压缩水电费、房租费、物业管理、绿化、办公用品、耗材等非营销类开支，勤俭办行，腾挪更多的财务资源用于客户增值服务和积分兑换活动。强调存款、贷款、中间收入和经济增加值的中心地位，以效益和质量为导向，引导全行全面扭转过去"重规模、轻效益"的片面认识。通过加强对客户信用评级、授信产品配置、债项注销、保函清理、客评重检等管理，支行有效降低无效经济资本占用，工作成果在省分行县域机构标杆行EVA考核排名中有很好的体现。支行多次召开专题会议和开展培训工作，并依据"最后一公里"考核框架精神，制订对所辖网点的绩效考核方案，各网点分别制订绩效二次分配方案。

2017年年末，支行一般性日均存款余额248.35亿元，比2016年增加10.1亿元，新增份额同业第一；各类贷款日均余额311.1亿元，贷款总量比2016年增加49.8亿元，日均增加24.2亿元，各项贷款余额增长3.4%，新增同业第一；全行贷款不良率1.44%，比2016年下降0.65个百分点，实现不良贷款余额、不良贷款率"双降"；实现国际结算业务量16.6亿美元，结售汇3.75亿美元；实现中间业务收入2.73亿元，占四行份额的26.27%。（林　俊）

【交通银行股份有限公司江阴支行】 2017年，支行有员工208人。2月，无锡分行对支行内设架构进行调整。增设大客户（江阴板块）四部，下设一、二、三3个分部；原办公室、信贷部、个金部、公司部、国际部、风险部、会计部调整为综合管理部、风险管理部、个人金融部、公司（国际）部、营运管理部。支行下辖营业部、华西支行、周庄支行、要塞支行、城中支行、临港支行、高新区支行、城南支行、紫金支行9个经营网点。年内，支行紧扣年初提出的"控风险、稳规模、调结构、促转型"12字工作方针，以实现"综合实力更强、科学管理更精、品牌影响更广、创新发展更实、党政建设更优、员工幸福更浓"为目标，干部员工进一步贴近市场，精耕细作，开拓创新，真抓实干，经营管理取得新的成效。年末，支行获评无锡分行2017年度先进集体、江阴市重点骨干企业和百强明星企业。

夯实客户。至12月末，全行实现对公有效户净增加108户，占分行净增数的35%，列分行第一。支行零售财管客户数比2016年净增加1204户，代发有效客户比2016年增加839户，绝对数均列分行第一。

抓结构优化。至12月末，支行银承未付120.38亿元，比2016年减少12.52亿元，下降9.42%；储蓄存款结构中，活期存款占比从2016年的23.37%提升至29.14%，授信质押存单占比从2016年的25.75%降至17.63%。支行授信客户中，PD评级1～7级客户占比由2016年的49.53%提升至53.56%，上升4.04个百分点，客户风险总体进一步降低，结构更趋优化。

2017年年末，支行本外币存款余额214.96亿元，比2016年增加7.19亿元，增长3.46%，市场占比5.92%，比2016年增长0.08%，总量同业排名第六名。不良贷款余额6.44亿元，比2016年减少1.8亿元，下降21.84%，不良贷款率3.02%，比2016年下降1.12个百分点，实现不良贷款"双降"目标。

（薛德兴）

【上海浦东发展银行股份有限公司江阴支行】 2017年，支行有职工262人。内设办公室、法律合规部、资金财务部、授信管理部、风险管理部、公司业务管理部、交易银行部、零售业务管理部、运营管理部、消费及小微金融部10个管理部室，设有票据业务中心、金融市场部、零售市场部、财富中心、公司金融一部、公司金融二部6个营销团队。下辖营业部、朝阳路、虹桥路、人民路、澄东、澄西、开发区、周庄小微、云亭小微支行9个营业网点。是年，支行以中共十九大精神为指导，加强组织建设，强化内部管理，抢抓业务机遇，推进转型创新，严格风险防控，弘扬企业文化，经营管理取得较好成效，巩固在系统内和江阴同业中的领先地位。

组织建设。深入开展宣传学习中共十九大精神活动，扎实推进"两学一做"*学习教育常态化制度化，扎实推进党风廉政建设，增强党组织的凝聚力、号召力和战斗力，秉承庄严使命，担当企业社会责任，打造靠浦帮扶、靠浦农场、靠浦家教、靠浦就业、靠浦捐赠的"五靠浦"公益平台，为各项业务发展提供坚强的政治保障，主要经营指标屡创新高。年内，支行获评上海市全国巾帼文明岗、上海市国资系统红旗党组织、江苏省诚信单位、浦发银行先进基层党组织、浦发银行南京分行先进集体、江阴市重点骨干企业、江阴市百强明星企业等荣誉。

转型创新。支行探索银保企零售外延营销模式，借助"他山之石"，提高零售营销力量。积极推进网点转型，制定"网点转型实施细则"，加强对转型员工的培训指导，提升网点效能，三星级网点100%，营业部被评为五星级网点。在南京分行系统内，率先用浦发银行创新产品"云账单"收缴党费，助力党建工作信息化建设。

内控管理。支行落实监管部门和总分行工作要求，从同业、理财、表外等领域入手，深入推进专项检查行动，加强结果汇总分析，落实整改监督，消除影响全行稳健发展的风险隐患。开展"员工行为整治提升年"活动，组织党廉合规宣讲，开展党廉合规知识考试，提升员工遵纪合规的意识。

2017年年末，一般性存款余额274亿元，比2016年增加13亿元；主要表内外资产余额315亿元，比2016年增加10亿元；多项经营指标创下历史新高，稳居南京分行之首。

（王银行）

【江苏银行股份有限公司江阴支行】 2017年，支行有职工100人。内设营业部、公司业务部、零售业务部、小微业务部、业务管理部、办公室、安全保卫部7个科室，下设朝阳路、科技园、周庄、临港4个经营性支行。是年,支行坚持稳中求进总基调,以转型创新为主线,抢抓机遇、主动作为,聚焦价值创造,稳增长,调结构,控风险,塑特色,扎实开展各项工作。年内,支行党支部被总行评为先进党支部,支行营业部被中国银行业协会评为文明规范服务四星级营业网点;支行被评为江阴市服务地方先进单位、市重点骨干企业、市创建全国文明城市工作先进集体、市银行业金融机构执行人民银行政策 A 类银行、市金融统计考核评比先进单位、市人民币流通满意工程先进单位、市银行业金融机构职业技能大赛团体三等奖。

信贷投放稳速。支行根据市委、市政府加快产业强市的总体目标,加大对制造业企业的信贷支持力度,助力江阴经济转型升级。通过个性化的产品创新、便捷的业务流程、专业的金融服务,满足各类企业经营发展融资需求。2017 年年中,江苏银行 E 融系列网贷业务再增电 E 贷新品种,网贷规模持续扩大,支行实现小微企业贷款增速不低于各项贷款平均增速,小微企业贷款户不低于 2016 年同期户数,小微企业申贷获得率不低于 2016 年同期水平"三个不低于"目标,有力支持中小微企业健康稳定发展。年内,支行发放各类贷款 94.78 亿元,办理银票贴现 100.26 亿元。

风险防控加强。支行针对经济下行期风险防控形势,持续优化风险管理体系和机制流程,全面落实风险防控责任,强化各类风险防控措施。以开展"员工行为整治提升年"活动为契机,强化员工行为规范管理。在平安金融创建活动中,构筑人防、物防、技防相结合的安防堡垒。全年未发生重点安全事故,资产质量保持较好水平。

服务品质提升。支行秉承"以客户为中心"的服务宗旨,持续改进服务措施,创新服务手段,完善服务细节,不断提升客户满意度。是年,支行本部搬迁至江阴市虹桥北路 143 号,原科技园支行搬迁至人民中路 15 号,同时更名为人民路支行,支行营业环境、服务水平得到有效提升。年内,支行在分行 114 个营业网点服务质量考评中,辖内 5 个营业网点均名列前茅,在 19 个管辖行考评中名列第一。

党建工作强化。支行坚持以"全面从严治党"为主线,通过推进"两学一做"学习教育常态化制度化,深入贯彻落实中共十九大会议精神,积极推进党风廉政建设工作。各营业网点深化"党员进社区"活动,与 25 个社区开展结对、宣传活动 239 次,提升公众金融知识水平和风险识别能力。

2017 年年末,支行各项存款余额 126.64 亿元,比 2016 年增加 14.6 亿元,增长 13.03%;各项贷款余额 101.2 亿元,比 2016 年增加 11.19 亿元,增长 14.89%;全年完成国际结算业务量 17.75 亿美元,比 2016 年增加 1.93 亿美元,增长 12.2%。

(*石　蕾*)

【招商银行股份有限公司江阴支行】 2017 年,支行有员工 93 人。内设综合办公室、公司业务一部、公司业务二部、小企业部、风险管理部、个贷业务部、零售业务部、财富中心,下辖营业部、虹桥南路支行、周庄支行 3 个网点。是年,支行围绕打造"轻型银行"的战略方针,突出轻型银行业务,全力以赴创品牌、稳增长、控风险,开展各项工作。是年,支行投行同业业务快速发展,积极拓展股权直投业务、股权融资业务、大型企业资产证券化业务、产业基金业务,与企业建立起良性互动。成立江阴私钻中心,致力于为高净值客户提供专业、全面、私密的综合服务。开展以"权利、责任、风险"为主题的系列金融知识宣传活动,借助热点事件入学校、入社区、入企业,向社会公众普及金融知识,成功堵截一件"电信诈骗"案件。年内,周庄支行被评为江苏省普惠金融乡镇网点文明规范服务四星级网点;江阴支行被评为无锡分行内控合规先进行部、江阴市重点骨干企业、江阴市银行业金融统计考核评比先进单位。

2017 年年末,支行全折自营存款余额 77 亿元,人民币自营贷款余额 65.89 亿元。

(*任　雁*)

【江苏江阴农村商业银行股份有限公司】 2017 年,江阴农商银行有正式职工 1551 人。内设办公室、人力资源部、公司业务部、小微业务部、风险管理部、信贷管理部、财务部、稽核审计部等 23 个部室。江阴本部下辖营业部、璜土等 27 个支行、49 个分理处,江阴辖外设立常州、无锡 2 个分行,以及盱眙等 7 个支行、5 个分理处,四川宣汉诚民等 5 个村镇银行、5 个支行、2 个分理处。是年,该行持续推进普惠转型发展,以"固本拓外、提质增效、优化结构、风险管控、铸造文化"为目标稳健经营全行业务,取得良好成绩。同时,积极履行社会责任。冠名支持江阴市第三届元旦公益徒步大会和新年音乐会,响应江阴市"慈善一日捐"、江阴团市委"爱有温度"暖冬圆梦行动、无偿献血等活动,热心参与捐资助学、扶贫帮困等慈善活动。年末,入选中国服务业企业 500 强,被江阴市政府评为服务地方先进单位,在 2017 年度"民主评议机关"活动中获金融序列第一名。

扩面增效服务实体。该行坚持支农支小,专注实体经济,做大消费信贷,丰富产品储备,拓宽融资渠道,加强本外币一体化营销,加快推进"资金池""小银团""江银 e 贷"等业务,创新推出"订单贷""绿能贷""物联网动产贷"等业务,促使信贷投放有力有效、有量有质。至年末,全行各项贷款余额 558.5 亿元,其中小微企业贷款余额 309 亿元,比 2016 年增加 19.6 亿元,较好地完成"三个不低于"指标;个贷余额 42.5 亿元,比 2016 年增加 8.3 亿元;"银贷通""抵贷通""金贷通""三通"客户卡 6602 户,用信余额 21.5 亿元。推进"阳光信贷",年内完成建档户 8556 户。

创新金融普惠民生。该行促进金融与住、行、消费、健康管理和保障服务等领域的融合,"智能支付"创新出成果,"增值宝"业务实现企业网上购电、个人网上购天然气,成功对接双良集团有限公司"慧居科技"平台,实现供暖供气线上收单。先后推出物流通贷款卡、单位公务卡、单位村务卡、星光慧通联名卡和贵宾白金卡等 5 款特色信用卡类产品。签约"健康江阴银医通"合作项目,打造"智慧医疗"新平台。开发"校园缴费通",对接"江阴教育"APP,积极服务江阴辖区内学校与学生线上缴费。为江阴辖内608个机关事业单位代理养老保险金业务。

董事会、监事会换届选举。2017年6月13日，江阴农商银行临时股东大会票决产生第六届董事会、监事会。第六届董、监事会第一次会议票决选举孙伟任董事长，高进生任监事长。第六届董事会聘任任素惠为行长，聘任陆建生为董事会秘书；行长任素惠提名聘任卜新锋、金武、王峰、杨树桐、过晟宇5人任副行长，提名聘任钱雪为首席信息官。

2017年年末，该行资产总额1094.03亿元，比2016年增长5.11%。各项存款余额793.08亿元，比2016年增长7.69%；各项贷款余额558.53亿元，比2016年增长6.33%；江阴辖区内存贷款市场份额分别占江阴全市28个金融机构的20.23%和16.43%，继续保持领先。该行全年营业收入25.07亿元，营业支出16.24亿元；实现利润总额7.72亿元。（卢皎娜）

【中信银行股份有限公司江阴支行】 2017年，支行有员工42人。内设公司业务部、零售业务部、营业室3个部门。是年，支行深入贯彻总行提出的发展要求，秉承“诚信、创新、协作、卓越”的核心价值观，紧紧围绕“合规、智慧、团队、高效”的经营管理理念开展工作，努力搭建协同、同业、海外“三大平台”，用专业提供传统商行、综合融资、资源整合“三种服务”。以“不止于银行、不止于金融”的工作思路，致力于统筹运用各类资源，始终以效益为中心，争创服务一流、团队一流、业绩一流“三个一流”。调整客户结构，服务产业类优质客户，夯实合作基础，取得一定成果。提高营销层级，加大与大型客户的合作力度，推进银企合作关系，紧抓江阴地区5个上市企业首次公开募股的机遇，经营服务优质民营中小型企业。全年支行获4个募集账户5.5亿元的募集资金。

打造合规经营。支行遵照“合规经营、高效执行”的工作理念，始终坚持风险文化建设的“一月一学”，坚持按分行规定开展飞行检查，坚持落实员工家访和强制休假制度，坚持支行大会小会进行合规案防教育。另外，支行还不断建章建制，在内部考核、财务支出、请休假制度、飞行检查、上缴收受的礼金等方面出台一系列实施细则，不断打造合规经营文化。

2017年年末，支行各项存款余额68.72亿元，比2016年下降17.98%；各项贷款余额76.65亿元，比2016年增长36.90%；完成国际结算业务量3.5亿美元；实现中间业务收入4484万元，经济利润9416万元。（黄　蓓）

【中国邮政储蓄银行股份有限公司江阴市支行】 2017年，支行有员工121人。内设综合管理部、综合业务部、拓展一部、拓展二部4个部门，下辖6个二级支行、28个代理营业所。是年，全行上下以提高经济效益和发展质量为根本立足点，走出一条规模快速扩大、效益稳步增长、结构不断优化、质量持续提升的科学发展之路。年内，支行获评全国模范“职工小家”，江苏金融学习型组织标兵单位、先进基层党组织。

支持地方经济。支行积极响应“产业强市”号召，加大对地方实体经济尤其是制造业、民生行业的支持力度。向全市重点大企业发放公司贷款13笔、金额19.5亿元。积极走访专业市场、工业园区、商会，巩固和扩大优质中、小企业客户基础群体，积极推广新产品。始终坚守大型零售商业银行的战略定位，坚持根植农村，服务“三农”*，全年发放涉农贷款42笔，金额3514万元。新业务有序推进，年内办理金融市场业务11.6亿元、贸易融资22亿元。至年末，支行发放消费类贷款8.41亿元，小微企业贷款6.46亿元。

加强风险内控管理。支行加强制度建设，有效开展风险合规工作，持续开展对重点业务、重点环节及重点人员的风险排查，积极开展典型案例剖析教育等方式实现合规教育常态化。深入开展安全保卫能力提升活动，为全行经营发展创造一个良好的治安环境。加强对贷款的监控和管理，把风险防范前移，资产质量管控取得明显成效。全年清收存量不良贷款422.65万元，有效压降新增不良贷款110.34万元。

提升服务品质。支行在提高服务效能上下工夫。做到业务解答“一口清”，业务受理“一次结”。全面启动网点转型工程，积极推进网点管理与服务方式转型，网点硬件环境有效改善，服务流程进一步规范，客户满意度大幅提升。此外，支行主动走出去，深入企业、社区，普及金融知识，提高居民风险防范意识。

2017年年末，支行各项存款余额104.99亿元，比2016年增加13.58亿元，增长14.91%，其中居民存款余额92.64亿元，比2016年增加8.43亿元；各项贷款余额25.77亿元，比2016年增加12.4亿元，增长30.55%。

（瞿佳红）

【华夏银行股份有限公司江阴支行】 2017年，支行有员工72人，其中在编54人，劳务派遣工18人。内设营业部、公司客户部、个人客户部、国际业务部、综合管理部、风险管理部6个部室，下设周庄、新桥、临港3个支行。是年，支行以“两学一做”*为抓手，深入学习实践科学发展观，以中共十九大精神为指引，促进业务发展、强化内控管理、提高全员能力、加强基层组织建设，以产品为龙头，以形象为中心，注重合规文化建设，坚持资产质量第一，整体经营发展呈现稳定良好的局面。年内，支行多次组织公益活动回馈社会：慰问福利院儿童，开展社区金融宣讲，帮扶贫困村等。年末被总行评为青年文明号。

助力地方经济建设。支行积极寻求与地方政府的合作，发放项目贷款和短期融资总金额21亿元，在报和已批项目贷款60亿元。持续打造“中小企业金融服务商”，勇于担当社会责任，积极扶持中小企业发展，向中型企业投放贷款11.88亿元，占贷款总额的17.55%；向小微企业投放贷款36.86亿元，占贷款总额的54.45%，缓解中小企业融资难的困境。

持续保持国际业务特色。支行结合江阴经济特点，根据客户的实际情况，合理配比贸易融资授信，真正做到以产品打市场，以外币业务推动本币业务，成功营销两笔信开预付款保函业务，金额7404.8万美元，该业务是华夏银行系统内首笔信开保函业务,提升产品对客户营销服务的支撑作用。

2017年年末,支行本外币各项存款余额80.8亿元,比2016年增长6.68%;本外币贷款余额67.69亿元,比2016年增长39.12%;完成国际结算业务量12.02亿美元,比2016年增长164.13%。资产质量保持精良,不良率为零。 (吴 艺)

【南京银行股份有限公司江阴支行】 2017年,支行有职工48人。内设办公室、公司金融一部、公司金融二部、公司金融三部、公司金融四部、小企业业务部、零售部、业务管理部、营业部9个部室,下辖江阴城东支行一个二级支行。是年,支行围绕总行"坚持稳中求进的总基调,以战略转型为主线,以全面提质增效为中心,保持规模适度增长,加快推进结构调整,持续优化体制机制,加强风险合规管控,扎实提升基础管理"的工作思路,坚持以发展带动转型、以转型促进发展,在把握大趋势中捕捉新机遇,注重负债推动,紧盯市场份额。全年实现安全无事故。

向实体经济战略转型。支行为切实提升实体业务的比重,围绕总行"鑫火计划""鑫伙伴成长计划"和"淘金计划",开展与客户全面合作的"核鑫工程"、紧密合作的"忠鑫工程"和参与型合作的"向鑫工程"。持续推进科技金融和文化金融模式的落地,以"苏科贷""快捷贷""鑫联税""鑫采购"等为突破口,全力推进小微业务的发展。年末,支行小微企业授信客户91户,小微企业贷款余额11.92亿元。

提高内控合规水平。支行围绕分行"零案件"发生、全年无重大安全事故的内控案防目标,与9个管理部门及经营单位签订案件防控目标责任书,与全行员工签订案件防控与廉洁从业承诺书。加大检查监督,保持高压态势,开展常规检查、专项排查及各项整治活动,全年检查计划完成率100%;按季实施员工账户大额资金进出排查,通过大数据搜索,排查员工投资参股办企业、涉及诉讼等违规、异常行为,防范案件风险。

加大金融消费教育力度。支行改善服务环境,加强员工技能和服务技巧培训,对进入支行大厅的每位客户发放金融消费者权益保护相关宣传单。同时,支行不断向社会延伸金融消费教育阵地,深入社区、学校、企业、农贸市场等,向社会公众普及反假币、反洗钱、防电信诈骗、防非法集资等金融知识和维权手段,帮助金融消费者提升自我保护意识。

2017年年末,支行一般性存款余额111.07亿元,比2016年增加21.09亿元;其中对公存款余额99.11亿元,比2016年增加19.88亿元;储蓄存款余额11.96亿元,比2016年增加1.21亿元。支行贷款余额47.67亿元,比2016年增加7.17亿元。 (毛可俞)

【兴业银行股份有限公司江阴支行】 2017年,支行有员工50人。内设综合部、零售业务拓展部、企业金融业务部(下设四个部门)和小企业部。是年,支行面对复杂严峻的宏观经济形势,合理统筹"客户、质量、效益、规模"各项目标,以聚智创新、聚焦客户、聚力内控、办一个好企业的"三聚一好"为指引,持续夯实客户基础,持续深化创新转型,持续推进合规风险管控,各项业务实现稳健持续发展。

推进转型创新。支行坚持轻资本、轻资产的业务发展方向,积极推动各条线业务的转型创新。企业金融方面,以外汇类代客FICC(为具有对冲外汇汇率、汇率风险敞口的真实需求背景的客户提供包含利率、汇率在内各项产品交易服务)业务及债券承销业务为重点,提升综合收益。金融市场方面,以代销理财及资管业务为重点,深挖客户需求,落实专业对接,拓展金融市场。零售金融方面,以财富业务及储蓄存款为重点,拓展零售非资本占用收入来源,提升零售板块盈利能力。

强化合规管理。多措并举,做好资产质量管控。通过诉讼清收、核销、转让、化解等多种方式,全力抓好账面不良贷款清收化解工作。整体资产质量在同类股份制银行中处于较好水平。聚力内控,持之以恒做好内控合规工作。通过落实系统内外的"三违反(违反金融法律、违反监管规则、违反内部规章),三套利(监管套利、空转套利、关联套利),四不当(不当创新、不当交易、不当激励、不当收费)"等专项治理、总分行"兴航程"主题活动和银监"员工行为整治提升年"等专项检查,从体系建设、制度梳理、流程控制、人员管理等多个维度进行自查和整改,提升合规经营水平。

延伸金融服务范围。支行通过改善服务环境,加强员工技能和服务技巧培训,大力提升服务水平。同时,支行不断延伸金融服务范围,深入社区、学校、企业等地区,通过"进企业、进社区、进学校"等形式,向社会公众普及反假货币、反洗钱、防范电信诈骗等金融知识和维权手段,帮助金融消费者提升自我保护意识和维权能力。

2017年年末,支行各项存款余额60亿元;各项贷款余额46.9亿元;银票、信用证、保函等表外融资余额99.1亿元;完成国际结算业务量1.4亿美元;上缴各项税费680万元。 (张 怡)

【江阴浦发村镇银行】 2017年,该行有正式职员42人。内设综合管理部、资金财务部、风险管理部、授信审查部、业务管理部、微贷中心、营业部7个部门,下辖周庄支行1个网点。是年,该行坚持"控风险、保效益、促发展"的工作思路,加强组织建设,力促转型发展,提升服务质量,各项工作取得较好成效。积极贯彻落实中央、省、市有关精准扶贫工作部署和要求,开发产品"村银通",支持经济薄弱村发展,该产品获评江苏省特色金融产品。

加强党建促发展。该行推进"两学一做"*学习教育常态化、制度化,将党建文化工作与经营管理工作深度融合,强化责任意识,激发担当精神,推动业务发展。发挥榜样力量,组织开展业务比赛,选拔业务能手,夺得浦发村镇银行系统业务技能比赛团体第一名,个人单项一等奖、三等奖的好成绩。

强化措施控风险。该行面对严峻复杂的经济金融形势,持续加强风险排查和风险客户分级管理,对一般潜在风险客户,加大贷后检查力度,关注预警信号;对重点风险客户形成针对性风险预案,做到一户一策，甚至一户多策；对不良客户，前后台联动，落实专人，制订序时工作进度，保障清收处置效果。

2017年年末，该行各项存款余额16.19亿元，比2016年增长14.5%；各项贷款余额16.16亿元，比2016年增长15.02%；实现账面利润4051.7万元。（周明霞）

【中国光大银行股份有限公司江阴支行】 2017年，支行有员工41人。内设公司部（下设经营部门）、零售部（下设经营部门）、营业部、国际结算部4个部门。是年，支行领导班子坚持合规管理，经历东部审计中心审计，江阴银监办事处要求的自查，全年经营平稳，无安全事故，守住合规底线。年内，强化队伍建设，管理更趋精细化，国际结算业务具备业务拓展、业务管理和业务操作能力，为进一步全面服务客户打下基础。支行获总行批复的30亿元项目贷款，其中20亿元江阴城市建设投资有限公司业务，10亿元非保本额度。与各镇（街道）授信合作全面启动，企业客户方面，与海澜集团有限公司合作金额30亿元。

2017年年末，支行本外币存款余额66.24亿元；对公授信客户135户，比2016年增加34户；本外币公司贷款余额73.72亿元；结算外汇账户40户，国际结算业务量6.72亿美元，国际结算中间业务收入830万元。经营数据上，支行国际结算业务量占分行的57%，中间业务收入占分行的46%。（史　超）

【中国民生银行股份有限公司江阴支行】 2017年，支行有职工40人。下设综合管理部、公司业务部、零售业务部、财富管理部、营业部等7个部门。是年，支行始终坚持服务地方经济，服务社会大众，不断推出创新产品满足不同客户需求，推进服务转型履行社会责任，努力提高服务质量和同业竞争力。加大对地方优质企业、小微企业的支持力度，同时积极推出创新产品，不断提高审批和放款效率。持续推进厅堂一体化服务，释放传统厅堂柜台的运营产能，通过团队、流程、管理一体化，为客户办理业务时提高效率和服务质量。整合各项资源，成立财富金融服务联盟，定期开展系列主题活动，提升支行金融服务品牌。结合案防形势新特点，全面组织开展多项风险排查，强化问责机制做到违规必究，坚持开展案防教育筑牢合规思想防线，落实操作风险督导检查规划，全面开展操作风险排查，营造平稳运营环境。

2017年年末，支行各项存款余额106.29亿元；各项贷款余额65.45亿元；表内外业务余额228.22亿元，总体规模在同类股份制商业银行中领先。（袁　锋）

【恒丰银行股份有限公司江阴支行】 2017年，支行有员工27人。内设行长室、综合管理部、业务管理部、直属公司业务一部、直属公司业务二部、营业部6个部室。是年，支行面对复杂严峻的经营形势，坚定信念，夯实团队建设基础，强化责任担当，扎实工作，稳步营销，各项业务有序推进，发展步伐坚实有力。年内，被中国银行业协会评为四星级网点。

支持地方经济发展。支行牢记国家支持实体经济的方针，加强企业债务融资工具的宣传推广，积极调整信贷投放结构，主动与市政府沟通联系，促进贷款投向江阴绿色环保制造领域。年内，支行与江阴6个中国500强企业、9个中国制造业500强企业、14个上市企业建立合作。为璜土农业特色小镇的农业企业提供授信1.35亿元，全力满足特色小镇建设合理有效的信贷需求，优先支持特色小镇的优质企业，为特色小镇科技型中、小、微企业提供多元化金融支持4.54亿元。积极配置信贷资金，加大对江阴产业的资金投入，成为江阴市政府、金融、企业、农户多方合作共赢局面的资本源泉之一，连续两年获评江阴市重点骨干企业。

合规建设推进。支行以推进"两学一做"*学习教育制度化常态化为抓手，大力弘扬"全员合规"理念，全行上下严守依法合规底线，对违规问题零容忍，厚植不能违规、不敢违规、不愿违规的"三不文化"。组织开展"三违反（违反金融法律、违反监管规则、违反内部规章），三套利（监管套利、空转套利、关联套利），四不当（不当创新、不当交易、不当激励、不当收费）"等专项自查，开展大额资金核查，有效防范风险隐患。

普惠金融。支行扶贫助困，热心公益活动，组织爱心捐款，走访慰问贫困村居民，送去温暖和关爱。2017年开展金融知识万里行、金融知识进万家、人民币宣传服务"月月行"、反洗钱宣传、防范非法集资宣传、不宜流通人民币宣传等各类主题活动20多场次，走进企业、社区、学校，贴近各类客户人群，全方位、高质量、多角度地宣传金融知识，树立品牌形象，并赢得良好口碑。

2017年年末，支行各项存款余额59.35亿元，比2016年增加5.34亿元，增长5.85%，各项贷款余额54.36亿元，比2016年增加21.64亿元，增长50.79%；贷款份额（包括贸易融资）占无锡分行总额的45%，贷款余额增幅名列江阴地区12个国有股份制商业银行首位。（谷　成）

保　险

【概况】 2017年，江阴市保险行业以习近平总书记关于金融工作的重要讲话和中国保监会系列文件精神为指引，认真贯彻江苏保监局关于在全行业开展"从严要求落实年"活动、开展"学保险用保险，落实以客户为中心服务年"活动要求，扎实推进各项工作，主动参与社会管理，服务好会员单位，做政府的好帮手，在促进行业健康有序发展中继续发挥积极作用，使全行业取得良好的社会效益和经济效益。年内，江阴市保险协会根据江苏保监局《关于开展非法集资风险专项排查活动的通知》及江阴市政府《关于集中开展防范和打击非法集资专项整治行动方案》文件精神，配合市金融办、人民银行江阴市支行开展针对非法集资专项排查。江阴各保险机构通过从制度机制、人员管理、销售行为、经营管理四个方面深入开展排查，提高对非法集资风险的认识，建立起长效工作机制，坚守住不发生区域性系统性风险的底线。市保险协会继续和市交警大队合作，加大对交通事故反欺诈工作力度，全年破获反欺诈案件118件，金额616.73万元,有效地打击江阴保险市场的违法犯罪活动,净化江阴的保险市场环境。通过每季度与市交通调解委员会一次的对接联席会议,协商解决难题,化解矛盾,努力地解决好广大保户的理赔难、理赔慢的问题。协会本着维护保险消费者的合法权益,促进行业发展,为会员单位提供服务的宗旨,继续做好保险消费者投诉的处理工作,各单位加强风险管控,行业规范自律,没有出现大范围的保险投诉和重大案件投诉,一般案件投诉也有所下降,全年协会收到有效投诉案件12件,其中寿险7件,产险5件,协会都根据投诉的具体问题,积极与被投诉公司沟通,认真做好解释工作,投诉调解成功率100%,及时化解保险纠纷,为群众解决诉求,促进社会和谐。年末,协会被江阴市消费者协会评为2017年度维权先进单位。

2017年年末,江阴市全年实现保费收入71.57亿元,比2016年增长17.2%,其中产险保费收入22.31亿元,比2016年增长5.92%;寿险保费收入49.27亿元,比2016年增长23.30%。财产险保费占比31.17%,寿险保费占比68.83%。人身险首年期缴业务14.33亿元。全年产寿险赔(给)付21.12亿元,其中产险赔付12.13亿元,综合赔付率54.38%,人身险赔付8.99亿元。企财险赔付0.5亿元,赔付率35.59%。车险赔付10.33亿元,赔付率55.81%,退保金3.71亿元,比2016年增加0.83万元。人身险满期给付和年金给付7.01亿元。全市保险密度5726元,比2016年增加762元,增长15.35%,高于全省水平。保险深度2.05%,比2016年上升0.07个百分点,低于全省平均水平。至2017年年末,全市保险机构49个,其中产险机构23个、寿险机构18个;有专业代理机构8个。

2017年驻江阴市各主要财产保险公司业务情况一览表

表33

公司名称	保费收入(万元)	比2016年增减(%)	赔款(万元)	比2016年增减(%)	赔付率(%)
人保产险江阴支公司	74777	12.70	39703	-2.28	53.09
太保产险江阴中心支公司	57401	3.76	30332	-8.98	52.87
平安产险江阴中心支公司	46081	7.72	24920	6.65	54.10
天安产险江阴支公司	1307	8.60	568	-22.83	43.45
中华联合江阴支公司	1520	-46.04	1428	-34.91	93.97
华安产险江阴支公司	1901	-13.93	1303	17.28	68.57
大地产险江阴支公司	1623	5.90	845	154.52	52.04
安邦产险江阴支公司	1655	214.63	424	28.10	25.63
阳光产险江阴支公司	3814	32.51	1173	7.71	30.75
太平产险江阴支公司	5470	-3.88	2849	-12.90	52.08
都邦产险江阴支公司	1899	65.91	1599	78.46	84.18
永诚产险江阴支公司	978	48.53	805	50.19	82.36
国寿产险江阴市支公司	15729	-9.42	10060	4.57	63.96
亚太产险江阴支公司	2.40	-98.64	109	-68.68	4533
安诚产险江阴支公司	1078	-17.82	393	5.08	36.48
紫金产险江阴支公司	2907	10.02	1762	9.17	60.62
泰山产险江阴支公司	1262	-21.13	695	-31.12	55.09
安盛天平江阴支公司	3247	-18.11	1845	41.03	56.83
信达产险江阴支公司	409	30.25	476	—	116.31

2017年驻江阴市各主要寿险保险机构业务情况一览表

表34

公司名称	保费收入（万元）	比2016年增减(%)	赔(给)付					
			赔款（万元）	比2016年增减(%)	满期给付（万元）	比2016年增减(%)	年金给付（万元）	比2016年增减(%)
中国人寿江阴支公司	189260	17.58	8345	35.49	36759	114.40	11860	65.71
太保人寿江阴支公司	108549	31.02	6419	46.49	5026	424.09	6664	40.38
平安人寿江阴支公司	86876	38.93	4170	30.84	1212	-37.59	219	-43.85
泰康人寿江阴支公司	1570	1.23	34	-56.96	6	25.00	—	—
同方全球人寿江阴支公司	2173	59.20	172	647.83	—	—	99.49	131.37
太平人寿江阴支公司	32514	25.89	—	—	—	—	—	—
友邦人寿江阴支公司	7440	61.32	247	40.34	—	—	111.71	228.56
新华人寿江阴支公司	3312	41.00	85	269.57	458.53	-71.51	165.07	-28.85
中意人寿江阴支公司	38234	83.20	56	5.66	—	—	—	—
人民人寿江阴支公司	8372	-60.10	40	8.11	12089.60	—	64.37	—
国联人寿江阴支公司	14371	-7.80	239	241.43	—	—	—	—

（赵国明　顾　颖）

【中国人民财产保险股份有限公司江阴支公司】 2017年，江阴支公司紧紧围绕“聚力驱动创新、聚焦超越发展，强化责任担当”的工作思路，进一步强化超越意识，深入践行常态化可持续发展理念，发挥优势，补齐短板，在攻坚克难中逆势推进业务发展。全年承担社会风险责任7685亿元，风险总额接近江阴市地区生产总值的2.2倍总量，是江阴地区唯一一个年度保费超7亿元的财险公司。年内，连续第五年获评江阴市服务地方先进单位。

推进党建促业务。支公司认真学习贯彻中共十九大精神，扎实开展“两学一做”*学习教育常态化制度化工作，坚持以党组织和党员队伍为重点，严格抓好理论学习、党课教育、思想汇报、党员评议等环节，开展重温入党誓词、参观南京大屠杀纪念馆、组织党员进党校培训等活动。基层党组织战斗力明显增强，切实把中共十九大精神转化为推动江阴人保财险转型升级、超越发展的强大动力，确保支公司在各项改革发展中干在实处、走在前列。

探索保险服务创新。支公司秉承“诚信为本、服务社会”的工作理念，主动对接地方经济发展和社会事业需要，持续开展保险技术创新、服务创新和产品创新，服务江阴经济社会发展。年内，在农险理赔上成功试点推行农险移动查勘（农险小助手），江阴地区养殖业出险案件全部使用农险微信平台，理赔周期大大缩短，实现在理赔手续齐全的情况下，养殖户当天就可以收到理赔款；无人机高科技广泛应用到承保验标和理赔查勘工作中，服务效率大幅提升；新材料保险、水稻增额保险、小麦增额保险、“合家安康”保险、家庭成员责任保险等一批新保险产品成功开办。

涉农保障提升。支公司是全市政策性农险保险的独家承保单位，全年以高效设施保险为主要抓手，进一步扩大保障范围、提高保障力度，降低江阴地区农业生产风险，有力提高涉农保险保障水平。全年承保小麦8343.85公顷、水稻9840.68公顷、油菜65.47公顷、林木1787.87公顷、农业设施2894.12公顷、桃树218.66公顷、梨树201.38公顷、葡萄862.7公顷、食用菌141万袋；承保奶牛809头、能繁母猪1302头、育肥猪23400头。全市小麦、水稻等主要种植业承保覆盖面实现100%；同时配合市政府的畜禽整治工作，对能繁母猪、生猪、奶牛主要养殖业实现“应保尽保”，高效设施农业实现农户“愿保尽保”。全年为全市7.08万农户承担农业风险保障4.18亿元，处理支付赔款817.24万元，赔款惠及农户3959户，从环节上消除种养殖农户的后顾之忧，落实政府扶农惠农政策。在开展农业保险经营的同时，响应中央“脱贫攻坚”号召，开展支农融资业务，农业保险服务领域从农业生产环节向产业链上下游延伸。年内，累计签单7笔“农业保险贷”业务，为有资金需求的农业经营主体提供128.85万元融资资金，逐步推广建立适应新型农业主体的保障模式。

平稳推进人才梯队建设。支公司为更好地促进各类经营管理人才和专业技术人才的“选用育留”，以内部公开竞聘的形式，经过聘用资格审查、部门员工座谈、分管领导评价、办公自动化文件公示，选聘一批年轻的管理岗人员，营造有利于年轻员工充分施展才能的软环境，促进干部队伍合理流动，优化配置，逐渐形成“能者上、平者让、庸者下”的良性循环，确保干部队伍的活力。

幸福工程成效显著。支公司推

行以人为本的企业文化,坚持心系基层、关爱员工,认真研究制定和落实每年的“员工承诺践诺项目”,组织团队经理、新员工集中培训和岗位轮训,完善员工补充类商业保险,定期组织员工体检,大大提高员工综合保障水平。此外,进一步完善员工活动机制,先后开展新年徒步、春游踏青、诗朗诵、员工书市、志愿服务等丰富多彩的团体活动,从形式和内容上不断升级公司员工文体活动内涵,有效提升员工的幸福感,极大地提高公司员工的凝聚力和向心力。

2017年年末,支公司完成保费收入74777万元,比2016年增长12.70%,净增保费收入8403万元。其中车险完成保费收入57555万元,非车险完成保费收入16355万元,农险完成保费收入867万元。

(卞　莉)

【中国人寿保险股份有限公司江阴支公司】 2017年,江阴支公司继续深入贯彻总公司追求个险队伍和期交业务“双领先”发展战略,以江苏省分公司“平台支撑优、创新能力优、服务体验优,系统化协作强、市场化竞争强、专业化技能强、模式化创新运作强”“三优四强”现代企业建设目标为引领,紧紧围绕支公司核心工作,大力弘扬“江阴精神一刻不忘,再造江阴一着不让,创新发展一马当先,领跑全国一如既往”“新四个一”精神,并使之成为统领一切工作的精神核心。以机构扩张促进队伍突破,以自主经营激发职场活力,以系统高效促进转型升级,以项目运作推动能力提升,努力推进创新文化、标准文化的建设,全力打造江苏第十四个分公司,全年业务取得新突破。个险在册人力超过4300人,保持对主要竞争对手2000人的领先优势,为迎接更为激烈的市场竞争奠定基础。

“新四个一”精神深入人心。支公司“新四个一”精神,是最宝贵的精神财富,是江阴支公司始终能够在激烈的市场竞争中永立潮头的最核心的竞争力。是年,支公司结合“人心齐、民性刚、敢攀登、创一流”的江阴精神,围绕“新四个一”,开展如何将“新四个一”精神落实到具体工作中的大讨论,同时将“新四个一”的海报张贴到各个部门、各个职场中。并推出一批爱岗敬业、取得优异成绩践行“新四个一”精神的标杆团队与个人,取得较好的效果,极大地推进公司各项工作的开展。

E商项目创新。2017年第四季度,江阴支公司在合作商户项目成功实施后,个险渠道对原有方案进行全面升级和打造,借助当下最领先的国寿E店技术,推出国寿E商项目。该项目配套更加完善的商户合作政策,通过在册业务伙伴与30余万户客户,为商户打造一个可以拓宽人脉的平台,赚第二桶金。成功推出合作洗车项目与爱尚摄影项目,带动一大批商户合作。制订严格的商户星级晋升机制,定期召开商户周例会,最大程度地与商户产生合作共赢。改制式化培训方式为商户游学培训方式,四季度三期E商游学项目新增近300户商户,成为新一批的中坚力量。

女性安康保险。2017年,支公司根据女性各疾病发病率的研讨,设计女性安康保险计划。年内,江阴支公司为15200名江阴女性市民送上关爱,赔款107万元。

2017年年末,江阴支公司实现总保费收入18.93亿元,比2016年增长17.58%;首年新单期交保费收入6.46亿元,比2016年增长10.44%;10年期以上新单期交保费收入2.41亿元,比2016年增长24.19%。

(刘　燕)

【中国平安财产保险股份有限公司江阴中心支公司】 2017年,江阴中心支公司遵循总公司以“专业创造价值”为核心的文化理念,业务规模逐年攀升,业务发展稳健。在车险、企财险、工程险、货运险、责任险、家财险、意外及健康险等传统业务基础上,根据客户需求,推出机动车损失保险(全面型)、机动车钥匙丢失或损坏费用补偿险等符合市场需求的新产品。是年,江阴中心支公司坚持“诚信为本、科技引领、勇于创新、锐意变革”,连续9年升级“快易免”服务承诺,通过大数据挖掘客户需求,致力于解决车主保险理赔中的难点,尤其注重科技提升服务体验和效率,全面开启“AI+车险理赔”应用场景的探索与尝试,为车主用户带来更便捷温暖的理赔服务。年内,推出“510城市急速查勘、一键包办理赔修车、线上陪伴式理赔”等3大服务,报案后查勘员5~10分钟到现场,让客户出险现场不用等,修车理赔不用管,一键包办省心省力省时,并首度集中开放理赔事故处理流程。根据市物价局要求,通过抓组织保障、宣传发动、长效机制、完善反馈流程等一系列工作,成为全市唯一一个获评2017年度江阴市价格诚信单位的保险公司。

2017年年末,江阴中心支公司实现保费收入4.61亿元,比2016年增长7.72%,上升3.5个百分点,占市场份额的21.4%,比2016年增长0.7%,结案24362件,结案率99.8%。全年赔款24920万元,为地方经济建设和社会和谐提供保障。

(胡烽海)

【中国人寿财产保险股份有限公司江阴市支公司】 2017年,支公司积极贯彻落实总公司“强党建、促发展、优结构、增效益、夯基础、控风险”的发展方针,面对新形势和挑战,积极作为,大胆突破,围绕“效益经营、合规经营”的总体要求开展工作。结合自身特点,坚持业务发展不走捷径,确立全年的工作重点是继续建立良好的社会关系,提高员工的业务素质,抓好公司的内部管理。把巩固车险业务,拓展非车市场作为业务工作的重中之重,在竞争中求生存,在竞争中促发展,树信心主动适应市场。全年业务总量保持系统内县级支公司领先地位,为地方经济建设和社会和谐稳定提供有力保障。年末,支公司获评江阴市重点骨干企业。

多措并举发展业务。支公司全力推动车辆保险业务发展,咬定目标不动摇,全力推动车险,确保规模指标。从强化续保管理入手,做稳做实存量业务。狠抓重点渠道不放松,做大互动业务,稳定车行业务。始终坚持服务品质,树立公司品牌形象。通过落实总、省公司“365+”客户服务承诺,以“用心服务、以客为尊”的服务理念,强化大案跟踪指导,加大反保险欺诈打击力度,加强人受伤害过程化管理,深化绿色理赔服务站调解功能，落实监管单证简化要求，切实提升案件处理效率，办实事、求实效，把理赔精细化管理的要求落实到理赔各环节。继续强化非车险经营意识，提高非车险占比，适当加大优质非车险业务的费用投入，创新重点渠道发展，重点中心乡镇职场，切实降低工业、农业生产风险，为江阴地区经济发展提供有力保障。积极推广农业补充保险等新险种，实实在在为种粮大户、果农解决后顾之忧。2017 年承保非车险业务 2412.76 万元，占全险种的 16.25%，比 2016 年上升 0.76 个百分点。

强化队伍建设。支公司不断完善人力资源管理制度，畅通上下沟通渠道，定期开展谈心活动，通过与员工的沟通交流，了解员工的思想动态和工作情况，听取合理建议。在考核政策的制订上，坚持“业绩定岗、岗位取酬”的原则，将编制、薪酬等资源向一线销售人员倾斜，为员工提供公开、公平、公正的上升通道。加大对职能部门和经营团队主管的培训与帮扶，充分发挥经营团队负责人的主观能动性，培养主管独立自主的经营能力，提升综合管理能力。

提升公司软实力。支公司业务发展的同时始终不忘提升公司软实力。支公司党支部在重大问题决策、重要干部任免、重大项目投资决策、大额资金使用上严格执行相关规定，对“四风”* 问题常抓不懈，积极推进“两学一做”* 学习教育常态化制度化，进一步强化认识、把握重点，充分发挥领导班子践行党员示范表率作用，引导公司管理职能部门人员自觉担当。全面开展合规检查，落实保监会合规自查整改工作，深入开展非法集资风险防范和处置工作。遏制违规、违法经营，提升公司经营水平的提升。强化镇（街道）五级机构基础建设，就近解决镇（街道）客户的需求，提升公司品牌形象。强化工会、共青团等群团工作，完善健全员工关爱制度。积极参与社会公益事业，组织志愿者进行无偿献血等公益活动，得到良好的社会效应。

2017 年年末，支公司完成保费收入 1.57 亿元，其中车险保费收入 1.14 亿元，占比 83.75%。业务总量位居全系统县级支公司首位。承担风险保额 627.73 亿元，实付赔款 1.01 亿元。　（吴永燕）

证　券

【概况】 2017 年，江阴市有 21 个证券公司，全年开户数 30.04 万户，托管市值 950.2 亿元，年度交易额 6593.3 亿元，营业收入 2.01 亿元，上缴税金 542.24 万元。

2017 年驻江阴市主要证券营业部经营情况一览表

表 35

单位 \ 指标	开户数（户）	托管市值（亿元）	交易额（亿元）	营业收入（万元）	上缴税金（万元）
华泰证券江阴分公司	150457	634.08	3020.33	8888.06	72.80
国联证券江阴分公司	30203	47.25	779.00	2788.36	15.48
东北证券江阴营业部	42223	55.49	1005.45	3045.69	146.90
南京证券江阴营业部	21023	64.27	436.97	1708.97	173.87
光大证券江阴营业部	3650	20.69	85.96	582.56	2.28
东吴证券江阴营业部	1810	2.96	129.62	409.74	2.72
海通证券江阴营业部	11951	19.60	52.34	393.82	23.58
中信证券江阴营业部	3893	8.68	133.33	167.90	1.64
中泰证券江阴营业部	4904	4.50	84.84	297.05	19.10
银泰证券江阴营业部	469	0.44	23.68	77.30	4.09
西部证券江阴营业部	2522	26.30	344.39	373.14	4.70
东海证券江阴营业部	1668	1.61	48.16	123.40	0.45
银河证券江阴营业部	11737	35.46	159.85	667.43	3.23
国元证券江阴营业部	1764	18.00	78.49	141.36	40.77
国信证券江阴营业部	2185	3.58	40.90	73.39	4.75
长城证券江阴营业部	2249	2.33	89.71	114.63	6.90
招商证券江阴营业部	2405	3.30	22.26	78.40	0.34
长江证券江阴营业部	3630	1.13	27.08	79.02	11.00

续表 35

单位 \ 指标	开户数(户)	托管市值(亿元)	交易额(亿元)	营业收入(万元)	上缴税金(万元)
中天证券江阴营业部	170	0.16	10.34	45.57	7.14
东方证券江阴营业部	823	0.35	19.33	39.52	0.26
中信建设证券江阴营业部	660	0.03	1.27	5.66	0.25

(陈涛涛)

【华泰证券股份有限公司江阴分公司】 2017年,江阴分公司针对金融风险点多面广、结构失衡问题突出、各类风险隐患较多的情况,积极“去杠杆、防风险”,针对券商对经纪客源的争夺更加激烈,获客成本大幅提高;随着互联网金融和金融科技的快速发展,市场竞争日益加剧等情况,江阴分公司积极打造为客户创造价值的专业服务能力,打造差异化的竞争优势,在巩固既有优势业务的基础上,挖掘新业务优势,积极主动向财富管理转型。年内,江阴分公司加强合规与风险管理,加快打造“以客户为中心”的全新业务体系,全年完成股票基金交易量3020.33亿元。 (刘 怡)

【国联证券股份有限公司江阴分公司】 2017年初,国联证券江阴青阳府前路营业部开业,形成城区以江阴大桥北路证券营业部为中心,向申港街道、华士镇、周庄镇、青阳镇营业部辐射的经营体系。9月,江阴分公司及大桥北路证券营业部完成同城搬迁,新址位于江阴市大桥北路18~20号。同时,成立机构业务部、财富管理部、综合管理部3个部门。年内,江阴分公司在政府创建的全方位发展平台基础上,在江阴市场搭建企业服务的综合金融平台,深入了解企业金融服务需求,利用公司专业团队和丰富金融市场经验,解决企业投融资需求,助力企业快速发展,发挥公司专业投资研发能力和丰富产品的设计能力,为客户提供投资咨询服务和财富管理服务,帮助客户资产保值增值。是年,江阴分公司新开户5217户,完成成交金额779亿元,销售理财产品38946万元,完成“新三板”挂牌3个,完成企业股权质押3.25亿元。 (范华君)

典 当

【概况】 2017年,江阴市汇丰宁典当有限公司停止营业。根据上报的10个典当公司经营情况:当户数为1476户,典当余额1.39亿元,绝当贷款余额3763万元,上缴税金25.24万元。

2017年江阴市主要典当公司经营情况一览表

表 36

公司名称	当户数(户)	典当余额(万元)	绝当贷款余额(万元)	上缴税金(万元)
江阴大阳典当有限公司	362	1134	385	9.04
无锡安泰典当有限公司	412	4541	1580	4.00
江阴泰昌典当行	108	650.13	1705.07	0.38
无锡银信典当有限公司	61	95	93	—
江阴市元通典当有限公司	84	1635.33	—	4.11
无锡宝信典当有限公司(分公司)	6	1526.53	0	0
江苏天华典当有限公司(分公司)	243	1059.29	0	7.27
江阴永利典当有限公司	173	2976.29	0	0.44
江苏新亿典当有限公司江阴分公司	3	—	—	0
江苏瑞祥典当有限公司	24	297.88	0.2	0

(陈涛涛)

■类目编辑 纪晓华

港口口岸

港口口岸建设与管理

【概况】 2017年，江阴港口口岸系统围绕市委、市政府决策部署，推进港口口岸转型升级，圆满完成各项工作任务。全港完成建设投资1280万元，中石化滨江油库码头改扩建工程、丽天石化码头改扩建工程竣工验收，完成申港河航道航标设置工程，启动15号锚地锚界浮修复项目。打造绿色生态港口，继续修编《无锡(江阴)港总体规划》，将部分港口岸线调整为生态保护岸线，压减码头泊位规划数量，最大限度保护长江岸线；完成港口船舶污染物接收转运和处置设施建设年度任务，沿江码头普遍达到污染物接收处置能力要求；完成船用岸电设施、港口粉尘综合防治年度任务，开展码头油气回收试点，获批中央和省奖励资金639万元；城区渡口搬迁前期工作基本完成。优化口岸发展环境，通过开展文明共建、行风评议等活动，进一步加强口岸监管部门的协作配合；申夏港区港口集团件杂货码头扩建工程对外开放，3个万吨级泊位通过开放预验收；电子口岸二期工程全面建成，电子口岸平台完成审批业务4.1万余票，为企业节省物流费用约500万元。提升安全监管能力，建成港口危险货物应急物资公共储备库并投入使用；开展“港口安全隐患排查治理年”活动，将排查出的安全隐患全部录入省安全监管信息系统，由专人督促整改到位，实行闭环管理；完成13项危化品项目的安全条件审查和安全评价，提高对危化品码头的检查频率，做到每个季度全覆盖，禁止新增作业货种。推进依法治港，开展沿江非法码头专项整治和交通干线沿线环境综合整治、化工企业“四个一批”(关停一批、转移一批、升级一批和重组一批)等专项整治行动，规范港口建设和经营秩序，提升港容港貌；长江江阴段水上过驳整治工作取得阶段进展，完成浮吊压减整合目标，初步实现规范化管理。提升服务效能，优化审批服务，走访52个港口企业，解决实际问题80余个；根据江阴市相对集中行政许可权改革部署，港口岸线许可和港口经营许可权限自10月9日起交由市行政审批局行使。至年末，江阴港沿江拥有千吨级以上生产性泊位125个、舾装泊位8个，其中万吨级以上泊位39个，10万吨级以上泊位5个，对外开放泊位36个。全年完成港口货物吞吐量1.6亿吨(不含靖江园区)，集装箱吞吐量54.07万标箱(外贸5.72万标箱、内贸48.35万标箱)。是年，江阴口岸被评为江苏省文明口岸，市口岸办被评为江苏省共建文明口岸活动先进组织者。

2017年江阴港分货类吞吐量一览表

表37　　单位：万吨

货物分类	吞吐量	其中		其中		占全港(%)	比2016年增减(%)
		进港	出港	外贸	内贸		
煤炭及制品	5447.21	3517.15	1930.06	39.93	5407.28	34.11	0.90
矿建材料	310.44	214.22	96.22	7.23	303.21	1.94	27.52
石油、天然气及制品	760.10	511.00	249.10	172.80	587.30	4.76	5.48
化工原料及制品	1415.66	1105.66	310.00	719.88	695.78	8.86	14.27
金属矿石	6804.85	3966.98	2837.87	2250.38	4554.47	42.61	53.52
有色金属	13.40	6.30	7.10	0.80	12.60	0.08	13.46
钢铁	649.30	391.95	257.35	162.80	486.50	4.07	4.66

续表 37

货物分类	吞吐量	其中		其中		占全港(%)	比2016年增减(%)
		进港	出港	外贸	内贸		
木材	4.59	2.33	2.26	1.34	3.25	0.03	-0.86
化肥及农药	11.97	2.98	8.99	0.13	11.84	0.07	-37.88
粮食	224.80	129.44	95.36	34.45	190.35	1.41	32.74
机械、设备、电器	39.54	10.01	29.53	12.08	27.46	0.25	-27.90
轻工、医药产品	118.27	74.92	43.35	4.53	113.74	0.74	4.91
农、林、牧、渔业产品	55.79	24.60	31.19	3.51	52.28	0.35	22.26
其他	114.58	55.28	59.30	15.96	98.62	0.72	-7.99
总计	15970.50	10012.82	5957.68	3425.82	12544.68	100.00	21.01

说明：吞吐量统计口径不包括靖江园区

【完成电子口岸二期工程项目建设】 2015年8月，江阴电子口岸二期工程项目启动建设，至2017年11月，江阴外贸统一申报平台通过市信息化办组织的验收，电子口岸二期工程项目全面建成，通过整合港口物流通关的申报、审批、监管流程，实现口岸单位之间的信息互换、监管互认、执法互助。该项目有口岸移动业务平台、开放码头卡口验放管理系统、海关保税仓库出入库网上审核系统、电子口岸微信应用、国际航行船舶申报无纸化管理平台、查验协作平台和外贸统一申报平台7项子项目，部分子项目在省内乃至全国属于行业内首创，整个二期工程实现国际航行船舶进出境、保税仓库出入库、外贸企业进出口货物报关和开放码头卡口验放等通关环节的无纸化审批和统一监管，标志着江阴口岸国际贸易“单一窗口”的框架基本构成和智慧江阴港的目标初步实现，进一步提升江阴口岸通关效率，促进外贸便利化。年内，江阴电子口岸平台注册企业数达128个，流转各类审批事项4.1万余票，为企业节省物流费用约500万元。

【国内首创口岸国际航行船舶检疫菜单化执法系统】 2017年1月，由市口岸办投资，江阴电子口岸公司与江阴出入境检验检疫局(简称“江阴国检局”)联合开发的江阴口岸国际航行船舶检疫信息化系统平台启用。该平台是按照江阴国检局对口岸国际航行船舶的检疫监管需求开发的菜单化执法系统，口岸国际航行船舶通过该系统提出业务申请，由系统对照预置的规则对数据来源进行判定，自动生成检疫指令，将查验内容以执法菜单形式发送到江阴国检局查验人员的手持移动终端，查验人员按照菜单指令开展船舶检疫查验，并将查验结果实时回传平台，平台根据该次查验结果实时刷新船舶、代理、码头的信用等级。该系统在全国口岸属于首创，具有点击式输入、证据固定、结果暂存和信息反馈等多项功能，有效促进船舶检疫工作的精准和规范。9月，中央电视台新闻频道在《新闻直播间》栏目以《船舶检疫监管云平台试点成功》为题进行专门报道，国家质检总局在全国口岸推广该系统。年内，该系统累计为口岸国际航行船舶节约通检时间约6500余小时，为江阴口岸推进贸易便利化发挥重要作用。

【港口船舶污染物接收处置设施基本建成】 为贯彻落实国务院《水污染防治行动计划》、交通运输部《船舶与港口污染防治专项行动实施方案(2015—2020年)》，切实做好港口水污染防治，全面推进港口码头企业、修造船厂和到港船舶的污染物接收、转运和处置设施建设，2017年9月，江阴市政府出台《关于印发〈无锡(江阴)港港口船舶污染物接收转运和处置设施建设方案(试行)〉的通知》。该方案要求江阴港范围内的码头企业、修造船厂和到港船舶等排污单位应按照相关规定完善污染治理设施建设，规范运行管理，实现达标排放；同时建立港口、海事、环保等相关职能部门参与的联合监管机制，对港口船舶污染物接收、转运、处置作业的全过程实施联单管理制度。年内，市口岸办按照方案要求，修缮码头危险废物贮存仓库，完善码头接收处置船舶生活污水的设施建设。至年末，从事化学品装卸作业的港口码头全面完成接收相应类别化学品洗舱水的设施建设修缮任务，设施运行情况良好，到港船舶的生活垃圾和含油污水均由有资质的第三方单位实施接收转运和处置，对增强港口水污染防治能力、改善港口水环境质量发挥显著作用。

【港口危险货物应急物资公共储备库投入使用】 2016年6月，为强化港口危险货物安全管理，满足事故状态下实施应急救援和应急指挥的物资需求，江阴港启动建设港口危险货物应急物资公共储备库。2017年7月，位于江阴港石庄、利港、长山3个港区的港口应急物资公共储备专用库建设工程按期完成，专用库分别由3个码头企业(江阴华西化工码头有限公司、江苏丽天石化码头有限公司、中石化燃料油江苏江阴滨江油库)提供原有库房改造而成，存放防护用品类、生命救助类、污染清理类、动力燃料类等10个种类110种应急物资，根据江阴港重大危险源分布情况、码头作业货种的危险性和应急物资公共储备库的应急辐射范围,应急物资在石庄库、利港库、长山库按5∶3∶2的比例分配储存,在港口危险货物事故初期处置时可调运储备库应急物资进行应急救援。11月,储备库通过江苏省交通运输厅和无锡市交通运输局专项验收并投入使用,有力提升江阴港危险货物事故应急救援能力,维护港口发展平稳态势。

【长江江阴段水上过驳实现规范化管理】 2017年5月起,为贯彻落实中共中央、国务院关于长江经济带发展"共抓大保防、不搞大开发"决策,加强长江生态环境保护,按照江苏省政府统一部署和"政府主导、统一规划、疏堵结合、规范管理"原则,江阴港开展长江江阴段水上过驳专项整治工作。江阴市口岸办先期制定并完善专项整治工作方案,细化工作任务,对长江江阴段水域所有水上过驳浮吊设施和从业人员进行排查摸底、编号登记备案。8月,江苏省海事局会同省交通运输厅划定长江江阴段水上临时过驳作业区位于江阴15号锚地及附近水域。10月,无锡市长江水上过驳专项整治领导小组办公室明确江阴市大禹水上过驳服务有限公司为长江江阴段水上临时过驳作业区管理主体。其间,按照江苏省长江水上过驳专项整治领导小组办公室有关水上过驳临时作业区浮吊的准入资质和浮吊压减整合安置目标要求,将长江江阴段水域原有49条浮吊进行压减整合,保留40条,并分批接收常州分流浮吊10条。11月,管理主体完成水上临时过驳作业区安全设施的设计和建设,整合后予以安置保留的50条浮吊全部迁移至划定的水上临时过驳作业区,由管理主体负责安全、环保、作业等方面的日常监管。至年末,长江江阴段水上过驳专项整治工作全面完成并实现规范化管理,有力地维护江阴港经营发展良好秩序,保障长江江阴段水上交通安全。 (吴承彬)

海 事

【概况】 2017年,江阴海事局围绕水上安全监管中心工作,大力推进"三化"(革命化、正规化、现代化)建设,全面完成各项工作目标任务。全年监管进出港船舶23.67万艘次,其中国内航行船舶23.22万艘次,国际航行船舶4480艘次(其中外国籍船舶3643艘次);监管船舶货运量2.36亿吨,比2016年增长48.84%,首次突破2亿吨,其中国内航行船舶货运量1.99亿吨,国际航行船舶货运量3704.74万吨;安全监管船舶载危险货物2071.81万吨,其中XY类危险货物(具有较大污染危害性货物)运输量937.59万吨;征收港口建设费2.44亿元,比2016年增长61.90%,首次突破2亿元;安检船舶1334艘次、滞留船舶17艘次,经开航前检查的船舶没有发生在国外被滞留现象;船舶交通管理中心(VTS中心)运行8760小时,跟踪船舶87348艘次,交通组织597次,提供信息服务52500次;出动海巡艇巡航4593艘次、巡航执法人员6532人次,巡航时间12040小时,巡航里程182217海里,维护船舶423艘次,发现并纠正违章6872艘次;实施行政处罚107件;推动辖区所有渡船全部完成抗风等级标注,安全渡运人员374.3万人、车辆211.4万辆、货物2430万吨,组织水上救助行动48次,成功救助遇险人员157人、遇险船舶53艘,人命救助成功率99.4%。是年,江阴海事局被评为第五届全国文明单位,海事局支部标准化工作通过长江航务管理局验收,海事局工会被评为直属海事系统"模范职工之家",船舶交通管理中心被评为全国青年文明号。

【江阴海事局获评全国文明单位】 2015年以来,江阴海事局围绕全国文明单位创建目标,融入江阴市争创全国文明城市大局,提炼形成"精准监管、精细服务、善谋勇为、敢拼必胜"的江阴海事精神,组织水上搜救65次,救助遇险人员445人次,人命救助成功率达95%,成功处置重载3000吨危化品苯乙烯的"建兴32"轮走锚碰撞等特大险情,海事监管责任事故和水域污染事故保持"零记录";服务开普敦型船舶进出江阴港,为相关企业创利近10亿元;建立生活取水口联动巡查机制,保障市民饮水安全;成立水上搜救志愿者站和水上安全知识进校园等志愿者队伍,积极参加文明交通劝导、无偿献血等志愿活动,拍摄《水上文明看江阴》创建纪实片、《潮涌澄江》宣传片,实现安全形势持续稳定、监管服务高效便捷、软硬实力统筹推进,职工文明素养和单位文明程度持续提升。2017年11月17日,全国精神文明建设表彰大会在北京举行,江阴海事局被中央精神文明建设指导委员会授予"第五届全国文明单位"称号。

【海事安全监管整治】 2017年,江阴海事局全面落实事故预防预控措施,精心制定事故防控措施,组织召开春运、防台防汛会议,针对汛期、台风、高温、寒潮等极端恶劣天气,组织召开事故预防专门会议,发布极端天气预警信息5份、预警信息8万余条,有力应对台风、强寒潮等极端恶劣天气。结合国家"两会"、江苏发展大会、金砖国家领导人厦门会晤期间安保要求,提前全面部署监管方案,组织开展危化品码头、水上施工区和服务区、渡口渡船等专项安全生产大检查活动,整改一批风险隐患,预防事故发生;全力强化重点船舶监管,加强重点船舶、重点水域、重点行为、重点时段监控,突出辖区客汽渡船、危险品船、受限船舶等监管重点;推进各类专项整治,严格贯彻落实上级专项工作部署,以"平安交通"为主线,开展内河航运秩序治理、船载危险货物综合治理、水上突出违法行为整治、"263"专项整治*等12项专项活动;加强浮吊及过驳区治理,牵头完成黄浦江浮吊清退监管,完成过驳区浮吊整合,得到上级领导肯定;深入开展联合执法行动,加强与相关单位联系,按要求开展联合巡航,与张家港海事局就水域管理达成合作共识;加强与渔政、水利、公安等部门的合作,开展渔船碍航联合整治、护江行动、"三无"(无船名、无船籍港、无船舶检验证书)船专项治理等,有力促进辖区安全形势好转。

【服务地方发展】 2017年,江阴海事局积极参与"一带一路"*和长江经济带建设,加快对外贸易平台优化升级,大力推进服务型机关建设。

响应简政放权和事权调整要求，探索集成式改革，推动“互联网 + 政务服务”，实现“不见面”“见一次面”办理占总业务量的98.9%。贯彻上级关于完善港口建设费征收政策有关问题的落实工作，切实减轻外贸和水运企业负担，严格落实省委、省政府有关口岸“三互”(信息互换、监管互认、执法互助)建设要求，完善江苏口岸“单一窗口”“一站式”办理手续，有效提高江阴口岸通关效率。精心保障重点物资船舶运输，按照江苏海事局要求深入推进“苏冀电煤航线”品牌创建，制定出台提升通航服务等10项服务举措，服务电煤船舶97艘次，提高电煤船舶进出港周转效率。服务窑港取水口整改迁建工作，保障世界顶级重大件半潜运输船“鱼鹰”轮顺利装载，指导航运企业提前报废老旧运输船舶，帮助企业获得补助资金20.03亿元。全面掌握船舶拆解现状，压缩内部审批时间，拆解船舶70艘，涉及央企船队拆解补贴约17.15亿元，做好江苏江阴港口集团股份有限公司、江阴兴澄特种钢铁有限公司等企业靠泊开普敦型超大型船舶的安全保障工作，安全维护超大型船舶2189艘次，其中开普敦型船舶572艘次，帮助企业节省物流成本4.29亿元。

【海事应急管理】 2017年，江阴海事局通过强化极端天气预警，重点布控、高效搜救，避免水上船舶碰撞、走锚等各类事故险情81次，接收水上突发事件险情报告48次，接警处置率100%。积极参与常州“7·9”散货船与化工船碰撞事故处置，成功化解“8·20”船舶装卸作业沉没事故、“金锚006”轮沉船事故上访矛盾，12分钟快速高效救助“银河机919”轮2名落水人员。编制完成应急处置手册、防台工作指南、搜救专家管理办法(草案)、搜救中心规则，规章制度不断健全。更新搜救成员单位联系方式，搭建搜救力量交流群，梳理搜救力量设备配备，初步建立搜救专家和船舶污染事故处置专家库。强化搜救队伍建设，选派1名搜救值班人员赴浙江省温州市海上搜救中心交流学习，2人参加长江航务管理局、市安全生产委员会组织的应急处置培训，1人获中国海上搜救中心搜救协调员资格。选派15人次搜救值班员与引航员开展随船实习，人员水上搜救处置经验更加丰富。开展搜救艇船员堵漏、消防、溺水人员救助等多科目比武，搜救值班员理论和实际操作技能竞赛等，搜救人员业务技能和综合素质进一步提高。高效开展搜救演练，重视应急能力实战化建设，6月，组织开展多科目无脚本综合搜救演练，演练出动各类船艇7艘，参演人员60余人；11月，组织开展年度水上搜救及防污染综合演习，出动船艇10艘、无人机1架，参演人员60余人，通过演习提高应急处置实战能力。 (邹文捷)

海　关

【概况】 2017年，江阴海关认真履行把关服务职能，深化“放管服”(简政放权、放管结合、优化服务)改革，促进全市开放型经济稳步发展。年内，主要海关监管业务指标取得较快增长，全面实施全国海关通关一体化改革，征收海关税款创历史新高，口岸进出口通关时间压缩超过1/3，海关监管效能不断提升。全年征收关税和进出口环节税101.61亿元；监管进出口货运量3430.3万吨，货值114亿美元；监管进出境船舶3039艘次、集装箱43295标箱，进出境人员62603人次；验放报关单38851份；办理加工贸易手册1169份，备案金额56亿美元；减免海关税款10550万元；侦破走私犯罪案件7件，查处走私违规行政案件99件，罚款412万元，应对山东某公司不服江阴海关处罚而提起的行政复议案1件。3月，海关总署署长于广洲到江阴调研，考察江苏阳光集团有限公司、海澜集团有限公司、江苏长电科技股份有限公司，对江阴海关服务企业的做法予以肯定。5月，由江阴海关与江阴电子口岸联合开发的监管场所动态管理系统上线运行，在关区率先实现海关对监管场所的微信动态管理。10月，江阴海关法治文化长廊被命名为江苏省第三批省级机关法治文化建设示范点。是年，江阴海关被评为南京关区“四好”(把好国门，做好服务，防好风险，带好队伍)达标先进基层单位。

【税收入库创历史新高】 2017年，由于国内供给侧改革持续推进和外贸形势基本面趋好等因素影响，江阴市外贸进出口总值比2016年增长8.4%，其中进口值增长14%，有效拉动海关税收增长。同时，江阴海关进一步深化税收征管方式改革，先后实施推广企业“自主申报、自主缴税”、新一代税费电子支付、非银行金融机构参与海关税收担保等改革，优化海关税收征管服务，有效促进税收入库。是年，江阴海关税收入库突破100亿元，达101.61亿元，比2016年增长44.59%，创历史新高。税源商品以进口石油化工品、矿产品、农产品等大宗商品为主，其中进口石油化工品纳税额66.93亿元，占总纳税额的65.87%，进口矿产品纳税额21.78亿元，占21.43%。

【全国海关通关一体化改革实施】 2017年7月1日起，江阴口岸贯彻实施全国海关通关一体化改革，将原先企业进出口货物一般需在进出境地口岸办理报关手续改为可以选择在任意一个海关完成进出口货物申报、缴税等海关手续，海关总署通过设立全国统一的风险防控中心和税收征管作业中心强化海关执法标准的统一，企业报关实现“一次申报、分步处置”，简化口岸通关环节手续，压缩口岸海关通关作业时间。7月1日，江苏省华贸进出口有限公司进口的6.8万吨铁矿砂申报成功，报关单编号231220171127005978，成为全国海关通关一体化全面启动后江阴口岸首票进口报关单。年内，江阴口岸进口通关平均作业时间32.7小时，比2016年减少33.9小时，压缩50.9%；出口通关平均作业时间2.1小时，比2016年减少6.7小时，压缩76.1%。

【1项税则调整建议被国务院关税税则委员会采纳】 厚度超过400毫米的连铸板坯是江阴重点骨干企业江阴兴澄特种钢铁有限公司的高科技主导产品之一，但该产品出口时被视作普通产品，需缴纳15%的出口关税，为企业开拓国际市场带来不利影响。2017年年初，江阴海关了解企业困难后，主动走进企业开展税则调研，详细收集所涉商品

相关信息资料，邀请海关总署和南京海关关税职能部门到工厂实地调研，上报取消铁及非合金钢厚度大于400毫米连铸板坯（含碳量小于0.25%）15%的出口关税税则修订调整建议。12月25日，国务院关税税则委员会公布2018年关税实施方案，江阴海关上报的该项税则调整建议被采纳，自2018年1月1日起，厚度超过400毫米的连铸板坯出口不再征收出口关税。江阴兴澄特种钢铁有限公司成为该政策调整的直接受益者，有利于进一步拓展该产品的出口市场，提升企业国际竞争力。（李梦晓）

边防检查

【概况】 2017年，江阴边防检查站（以下简称“江阴边检站”）贯彻落实中共十八届六中全会、十九大和习近平系列讲话精神，以服务口岸新发展为主线，全面提升队伍建设、执法执勤、维稳管控、应急处置和服务发展五个方面的能力水平，维护江阴口岸和部队内部“两个稳定”，实现边检主业和部队建设的新突破、新跨越。全年动用警力22000余人次，检查出入境（港）中外籍船舶3979艘次、中外籍旅客员工76567人次，监护外轮3126艘次，办理各类证件19837份，甄别各类报警和人员背景核查1939人次；查处违法违规案件10件15人次（含违规船舶5艘次），查获政治敏感类及暴恐音视频15部；开通“边检绿色服务通道”16次，救助8名遇险船员，为船员家属会亲提供便利19次，化解矛盾纠纷3起；开展打击“货郎船”与外轮非法交易专项行动6次，为口岸企业挽回经济损失500余万元，收到锦旗、感谢信11面（封）；组织警力到企业码头走访调研、提供法律法规咨询、现场办公39次，开展边检业务培训4场次。年内，江阴边检站与国安、国保、反恐、出入境等单位签订合作备忘录、联动协议9份，开展联合执法等活动5次，组织开展实战演练11次，圆满完成全国、全省“两会”、金砖国家领导人厦门会晤、“一带一路”高峰论坛、中共十九大安保等重大边防安保任务；开展“连心富民、联企强市”“大走访”活动，走访企事业单位45个，外籍船舶1419艘次，服务对象4137人次；先后开展经常性思想工作大家谈、“警营开放日”、边检服务品牌集中推介等活动，发放并回收征求意见表1200余份，解答各类咨询事宜89条，为企业、群众解决实际困难49个；承办全省边防部队新闻报道员培训班，完成为期3个月的总队新训驾驶员培训保障工作。是年，江阴边检站卫生队被公安部边防管理局评为公安边防部队医疗卫生先进单位，执勤业务一科被武警江苏边防总队评为2017年度总队提高边检服务水平“十佳文明服务科队”，执勤业务一科、监护一中队被武警江苏省边防总队表彰为基层建设先进单位。

【中共十九大边防安保工作】 2017年，江阴边检站按照上级要求，认真做好中国共产党第十九次全国代表大会边防安全保卫工作任务，积极谋划，精心组织，周密部署，狠抓各项边防安保措施落实，营造江阴口岸安全、稳定的边防环境。在9月1日至17日安保准备阶段，江阴边检站通过召开党委会、视频会等形式传达学习公安部、省公安厅维稳会议精神，对边防安保工作进行专门部署，全面启动风险评估预警机制，细化各项工作举措。在9月18日至10月8日安保临战阶段，全站官兵落实24小时双人值班制度，不定时组织应急响应拉动演练，联合执法单位开展专项行动，提升部队应急指挥、快速反应和合成处置能力，堵塞口岸安全漏洞。在10月8日至27日安保决战阶段，围绕上级指示要求，深入推进各项边防安全保卫措施的落实，确保口岸通关有序，内外沟通协作顺畅，反恐处突迅速有力，为中共十九大胜利召开营造平安、稳定的边防环境。整个安保期间，江阴边检站出动警力1837人次，车辆100余台次，检查出入境船舶347艘次，出入境人员6594人次，检查重点国家船舶3艘次，重点国家人员38人次，办理各类证件4917份，查处违法违规案件4件7人次（含1起1船次），查获收缴政治敏感类及暴恐音视频10部。

【苏锡常后勤联保区应急保障拉动演练】 2017年8月29日，为进一步提升部队后勤保障水平，增强后勤联合保障区协作能力，江苏边防总队苏锡常后勤联保区在江阴举行应急保障拉练，苏锡常后勤联保区、总队后勤基地100余名官兵参加拉练。该次拉练以江阴地区突发汛情，受灾严重，苏南片区部队出动200名兵力协助驻地政府参加抢险救灾为背景。受领任务后，苏锡常后勤联保区立即启动应急保障预案，组织正在江阴边检站参加集训

2017年8月29日，江阴边检站承办苏锡常后勤联保区应急保障拉动演练，图为演练现场 （江阴边检站提供）

的官兵及联保区专业保障力量，迅速完成人员、装备、物资集结准备，组成应急保障分队。应急保障分队按岗位划分成综合协调、车辆运输、宿营保障、伙食保障、医疗急救5个保障小组，动用运兵车、炊事车、救护车等保障车辆9辆，紧急运送保障物资驰援目的地。行进途中，根据交通状况和任务需求，车辆运输小组组织开展队形变换、紧急维修等科目演示。驶抵目的地后，各保障小组根据职责有序完成物资卸载、帐篷搭建、伙食供给等保障任务，实战演练圆满结束。通过拉练有效检验联合保障区联勤联动和后勤保障的综合实力，部队应急救援物资投送能力、应急处置能力、装备携行能力、自我保障能力和协同作战能力达到预期目标。

【推行边检"V通关"微信服务平台】 2017年1月1日，江阴边检站推行使用边检"V通关"微信服务平台，该平台是边检机关依托手机微信普及率广、安全性高、操作简便等优势，在对接海港边检勤务综合指挥系统的基础上，按照主流系统软件建设标准研发应用的边检政务微信服务平台，平台除一般微信公共账户具有的基本功能外，首创通过电子扫描设备和前端采集设备，将边检"梅沙"系统、海港勤务指挥系统与手机客服端紧密联系，由后台人员根据职责分工和相关规定，对汇集的数据流、业务流进行分级分层处理。年内，该平台设置在线申请、上下外国船舶许可、船舶搭靠外轮许可、团队旅客出境申报、业务审核结果查询、在线咨询等模块，申请人通过关注"江苏边检"微信公众号，点击"V通关"服务功能可在线申请办理各类许可证件，通过审核后使用二维码或个人身份证可自行打印许可证件，节省等待办理边检许可证件时间，取得良好社会效果。年内，微信服务平台办理各类证件300余份，网上答疑500余次。

（刘海波）

出入境检验检疫

【概况】 2017年，江阴出入境检验检疫局（以下简称"江阴国检局"）围绕江苏出入境检验检疫局（以下简称"省局"）"创新创优深化年"主题，认真学习贯彻中共十九大精神，不断深化国家质检总局（以下简称"总局"）"十二字"（抓质量、保安全、促发展、强质检）方针，以"深化、集成、突破、推广"为主线，强化创新驱动，纵深推进改革，全面构建以风险管理为核心的检验检疫工作机制。年内，积极探索通关便利化改革，开发运行出入境船舶菜单式执法系统，纸质单证减少70%，船舶通检速度提升30%。以集装箱为试点开展综合查验，在全省系统率先上线运行菜单式综合执法集装箱系统，查验率总体下降20%。先行试点宏观管理改革，建成国家级出口高性能特钢及制品质量安全示范区，推动江阴市试点全国首个中国出口商品质量安全示范城市。深化口岸卫生检疫核心能力建设，全面落实"企业主建、政府主责、检验检疫主管"的核心能力建设长效机制；推进口岸动植物检验检疫规范化建设，建立制度完善、硬件完备、保障有力的江阴口岸动植检工作体系，加快建成流动植检规范化口岸；深入开展"口岸天平行动"和打击"洋垃圾"违法专项行动。加大支持江阴口岸发展力度，有效保障2760万吨铁矿进口，比2016年增长130%。全年检验检疫出入境货物1.57万批次、货值71.16亿美元，分别比2016年增长9.8%和57.26%，其中出境5540批次、4.67亿美元，分别下降17.39%和3.41%，入境1.02万批次、66.49亿美元，分别增长33.83%和64.51%；进出境集装箱检验查疫3.53万标箱，比2016年增长9.63%；实施船舶检疫2787艘，比2016年增长10.38%；完成出入境人员检疫查验5.18万人次，增长4.66%，健康体检1015人次，增长16.4%；签发各类优惠原产地证3.59万份，签证金额24.18亿美元，帮助企业减免国外关税费用5870.76万美元。是年，江阴国检局被评为全国文明单位、江阴市服务地方先进单位。

【建成国家级出口高性能特钢及制品质量安全示范区】 2012年以来，为贯彻落实国务院《质量发展纲要（2011—2020）》，推动质量强国战略实施，国家质检部门积极构建出口工业产品质量安全管理机制，选择条件成熟的产业集聚区开展出口工业产品质量安全示范区建设工作，示范区内企业将有条件享受信用监管、共同检验、优先推荐出口免验等鼓励政策，推动外贸转型升级。高性能特钢及制品产业是江阴国家高新区的特色产业之一，产业聚集明显，产业链条完整，科技含量高。2014年，高新区启动出口金属制品质量安全示范区创建工作，在高新区管委会主导下，江阴国检局会同

2017年5月16日，江阴国检局检验人员在苏南码头集装箱现场进行"洋垃圾"执法稽查

（江阴国检局提供）

相关部门及行业协会，有效融合检地企各方力量，通过组织观摩、标准制定、技术创新、品牌开发、体系培训、原产地咨询、技贸措施应对、公共平台建设等方式，构建政府主导、部门监管、企业自律相统一的“质量共治”理念新格局，促进出口高性能特钢及制品产业质量提升。2016年8月，省局同意江阴高新区申请，将原江阴出口金属制品国家级质量安全示范区更名为江阴出口高性能特钢及制品质量安全示范区，与区内产业更贴合。2017年1月11日，示范区通过总局现场考核。2月14日，总局公布第四批国家级出口工业产品质量安全示范区名单，江阴出口高性能特钢及制品质量安全示范区榜上有名。年内，高新区出口高性能特钢行业整体形象有效提升，产品出口从亚洲、非洲向美洲、欧洲迅速拓展，有2个企业被评为国家出口质量安全示范企业。至年末，示范区建成全国高性能特钢及制品产业知名品牌示范区，拥有中国名牌产品2种、省名牌产品20种，中国驰名商标2个，江苏省著名商标8个，进出口超5亿美元企业有2个，超1000万美元企业有12个。

【检验检疫科技工作】 2017年，江阴国检局以特色业务、优势专业、重点科研项目为依托推进科技工作，形成宏观质量管理、危化品检验、卫生检疫、动植物检疫、船舶压载水研究等科技团队。构建“项目+人才”专业技术人才培育体系，聚力科技领军人才和系统学科带头人的重点培养。在科技管理中试行科技积分制管理，以科技积分作为量化评议依据，形成正向激励为主兼具绩效考核的评议机制。建成江阴高性能特钢及制品和国家航行船舶压载水两个省级WTO/TBT-SPS（世界贸易组织的技术性贸易壁垒协定和实施卫生与动植物卫生措施协定）研究评议基地。8月18日，江阴国检局召开首届“远望杯”科技创新大会，发布2017年度江阴国检局重点科研项目，对两个省局研究评议基地进行授牌，并表彰一批“远望杯”科技工作先进集体、先进个人和“科技之星”。至年末，江阴国检局在研项目包括科技部重大专项1项，省局项目3项，地方项目1项，自立项目1项，参与省局项目3项，2项省局科研项目和1项SN（商检行业推荐性标准）标准通过验收。

【检验检疫推行审单放行通关模式】 2017年11月1日起，总局在全国检验检疫系统推行审单放行通关模式，在对货物风险、企业信用实施分类管理的基础上，充分运用合格评定程序，建立与抽批检验检疫相结合的审单放行工作机制，简化检验检疫流程，提高通关效率，促进贸易便利化。该模式在风险评估的基础上，根据货物风险等级和企业信用水平统一设置进出境货物的现场和实验室检验检疫比例，并按照“双随机、一公开”（随机抽取检查对象、随机选派执法检查人员，抽查情况及查处结果及时公开）的方式进行抽批。报检人办理报检手续时，提供出境货物发货人或进境货物收货人出具的合格保证，出入境检验检疫机构抽批抽中的货物，按规定比例实施现场或实验室检验检疫；抽批未抽中的货物，在收发货人出具合格保证的基础上，经审单符合要求的予以通关放行，未提供合格保证或合格保证经审核不符合相关要求的货物按规定实施现场或实验室检验检疫。是月起，江阴国检局在辖区口岸推行该模式，一般在1~1.5个工作日内办完检验检疫手续，有效提高口岸通关效率。同时，新的流程管理规定也同步实施，各检验检疫环节的流程时限更加明确，受理报检和审单不超过0.5个工作日，现场检验检疫一般不超过1个工作日，实验室检验检疫一般不超过7个工作日，平均入境时间由44.87天降为26.18天，平均出境时间由2.23天降低为1.63天。至年末，80%以上的入境货物通过审单合格评定后直接通关放行，在风险评估的基础上大幅降低现场和实验室检验检疫比例，入境货物现场开箱查验率降至22%，比改革前下降76个百分点，除高风险动植物产品、危险化学品等按照国际惯例保持100%现场开箱查验率外，其他产品的现场开箱查验率均大幅降低。实验室抽样送检率大幅降低，入境货物实验室抽样送检率降至5.2%，比改革前下降56个百分点。

【筹建全国首个国家级船舶压载水检测重点实验室】 船舶压载水是为控制船舶横倾、纵倾、吃水、稳性或应力而加装到船上的水及悬浮物质，其中含有大量有害生物及有机污染物等，是海洋生态的重要威胁之一。江阴国检局从2015年起开展压载水检测研究工作，持续对船舶压载水和舱底沉积物进行检测研究，先后与中科院海洋研究所等国内一流科研院校合作进行联合攻关，在全国船舶压载水检测研究领域形成独特优势。2017年，江阴国检局从船舶沉积物中先后发现国内新纪录种13个，其中检出有毒有害赤潮甲藻米氏凯伦藻和赤潮生物红色中缢虫被中央电视台综合频道《朝闻天下》栏目报道。参与科技部重大专项“我国近海外来生物入侵灾害风险防控技术和装备研发”的申报并成功立项；牵头开展科技部技术性贸易措施重大专项指南编制。3月，江阴国检局向省局科技处提交重点实验室申报书和详细的压载水检测重点实验室可行性报告，并通过审核；6月，向省局作专题汇报，得到支持与肯定，随后向总局递交筹建船舶压载水检测重点实验室（以下简称“实验室”）的申请。12月4日，总局发文批准在江阴筹建实验室，这是全国质检系统首个船舶压载水检测专业实验室，也是全国首个国家级船舶压载水检测重点实验室。建成后，将发挥保护中国近海及港口生态环境和人民健康、提升国际压载水谈判话语权等作用。

【截获重大疫情】 2017年10月，江阴国检局在澳大利亚进境的羊毛中截获一种杂草籽，经鉴定确认为鸽足老鹳草（*Geranium molle*），为全国首次截获。鸽足老鹳草为一般性杂草，主要危害麦田、油菜等夏收作物，也可入侵山坡草地等。为此，国检局对原毛中夹带的杂草籽进行有效杀灭，并监督企业对下脚料进行生物发酵，防止该生物传入。是年，江阴口岸截获有害生物469种、1.49万种次，比2016年分别下降3.9%和增长2.7%。（陈　涛　汤琳琳）

长江引航

【概况】 2017年，长江引航中心以“三化”（革命化、正规化、现代化）建设为统领，全力实施“阳光引航”，积极服务“一带一路”、长江经济带建设等，圆满完成各项目标任务。全年引领中外籍船舶62015艘次（含移泊13499艘次）、里程816万千米、总吨10.38亿吨、净吨5.74亿吨。其中引领国际航线船舶45902艘次（含移泊10692艘次），国内航线船舶16113艘次（含移泊2807艘次），引领江阴港中外籍船舶6750艘次（含移泊881艘次）、里程93万千米、总吨1.12亿吨、净吨6411万吨，比2016年分别增长16%、15%、36%、40%。年内，开展登轮督查155艘次，走访港航企业121个，召开港航企业服务座谈会15次；开展长江引航中心文化年暨成立二十周年活动和机关作风建设年活动，组织1700余人次参加各类培训，有力提升队伍素质；主动对接港航企业新需求，努力实现引航服务由“引得了”向“引得好”转型升级，社会满意度达97%。是年，长江引航中心下属张家港引航站被评为全国工人先锋号，下属南京、镇江、江阴、靖江、张家港、南通、常熟、太仓引航站被评为江苏省文明口岸先进单位。

【践行“阳光引航”】 2017年，长江引航中心深入推进“阳光引航”，努力为航运企业提供“保船期、保安全、降成本”的优质引航服务。开辟绿色通道，优先为2243艘次电煤船、1977艘次成品油船提供引航服务，严格执行规费减免政策，减免引航收费9300余万元。建立重点港航企业联系机制，在沿江7个口岸引领船舶20次，为企业创造数亿元经济效益。发挥专业技术优势，强化使命担当，处理失控船舶138艘次，防汛、抗台、走锚等抢险12艘次，洪水期增派引航员到镇江裕隆洲花水区驻守值班，积极参与安全航行技术咨询公益服务。成功应对能见度不良、寒潮大风等恶劣气况近100天，应急疏港船舶1200余艘次。

【服务港口经济发展】 2017年，长江引航中心提前对接12.5米深水航道试运行后的港航企业服务需求，强化大型船舶引航服务，有力提升江阴港口经济和实体企业发展的空间和竞争力。深入开展“遵章守纪·规范操作”系列活动，继续强化“2+4”（“2”为提高安全责任意识、提高引航技术水平；“4”为重点时段、重点航段、重点人员、重点船舶）安全防控机制，确保长江江阴段引航船舶全年无上报等级事故；走访口岸管理部门、港航企业162次，为码头工作人员开展安全知识培训10余场，为中船澄西船舶修造有限公司新修造船舶的交付出口、远景能源科技有限公司等企业风电设备的船载出口贸易等提供“定制式”引航服务。深入践行“保船期、保安全、降成本”阳光引航服务举措，确保载运重要民生的船舶在引航环节“三优先”（优先受理申请、优先安排人员、优先实施引航），优先为207艘次电煤船、111艘次成品油船、53艘次粮食船等载运民生物资船舶提供引航服务，运输煤炭890万吨、粮食189万吨、汽柴油112万吨。严格执行规费减免缓征政策，为进出江阴港船舶减免引航费千万余元。

【特殊船舶引领】 2017年，长江引航中心引领受限船舶11234艘次，比2016年增长21.6%，其中引领江阴港受限船舶810艘次，比2016年增长11%；引领夜航船舶32963艘次，其中引领江阴港夜航船舶4538艘次；引领开普敦型船舶3278艘次，比2016年增长35.2%，其中引领江阴港开普型船舶558艘次，比2016年增长103%。年内，为全面满足江阴港口发展需求，在江阴港没有化工品船配套锚地的情况下，引航中心不断加强引领载运危险化学品船舶的安全管理，安全引领4092艘次载运危化品船舶进出江阴港，占引领江阴港船舶总艘次的62.3%，成功应急解救处于爆炸危险中的韩国籍载运化工品船舶。是年，为江阴港口集团引领接靠开普敦型船舶载货量2300万吨，企业装卸费用收入增加3.2亿元，减少物流成本约11.5亿元，江阴口岸增加关税近20亿元。 （黄　伟）

船舶检验

【概况】 2017年，中国船级社江阴办事处（以下简称“江阴办事处”）认真贯彻落实中国船级社（以下简称“CCS”）系统工作会、安全质量工作会各项要求，开展职业健康安全教育和安全生产月活动，提升服务质量水平，确保检验安全质量；服务江阴港口航运、船舶制造业，努力保护江阴港口水上的人身和财产安全，保护相关水域及环境，全年江阴办事处未发生人员安全事故和安全质量责任事故。年内，完成各类船舶检验690艘次，其中入级营运检验船舶275艘次，国内营运检验船舶310艘次，入级建造和国内建造船舶15艘，船舶审核90艘次。焊工考试人员约1100人，完成工艺认可24批、各类船用产品检验2797个工作控制号，各类检验总收入3695余万元。是年，江阴办事处被命名为2015—2016年度全国青年文明号。

【散货船“华兴海”轮交船】 “华兴海”轮是中船澄西船舶修造有限公司为中远海运散货运输有限公司建造的8.16万吨系列散货船的第二艘，入CCS船级，挂中国香港特别行政区区旗，2015年4月9日开工建造，总长229米，型宽32.26米，型深20.05米，设计吃水12.2米，设计航速14.3节。建造期间，江阴办事处驻中船澄西船舶修造有限公司项目组克服高温炎热天气，严格按照规范、公约和批准图纸的要求开展建造检验工作，与船厂及船东团结协作，圆满完成各项检验任务。2017年7月28日，该轮命名交付仪式在中船澄西船舶修造有限公司举行，中远海运散货运输有限公司副总经理王新全、CCS江苏分社副总经理张东标、中国船舶工业贸易公司亚太区副总经理阳宇、中船澄西船舶修造有限公司董事长兼党委书记王永良和总经理陆子友等参加命名交付仪式。 （蒋　颖）

■类目编辑　承　鸿

城乡建设与管理

城乡规划

【概况】 2017年，江阴市规划部门坚持城乡规划引领和调控，突出规划编制前瞻性、规划管理高效性、规划服务便民性，有力促进全市经济社会和城乡建设有序发展，全力服务“强富美高”*新江阴建设。是年，做好锡澄运河公园方案设计国际招投标工作，完成锡澄运河公园规划设计方案，并同步做好运河公园7座桥梁方案设计。完成长泾河北街历史文化街区保护规划、北大街历史文化街区保护规划。推进南门地区建设，开展南门风貌区城市设计与研究。针对万达北侧地块、北门岛地区等重点城市区域进行规划设计。完成江阴市环城森林公园总体规划深化研究、江阴市定山森林公园规划等规划成果。完成江阴市历史建筑核定和《江阴市城市地下综合管廊专项规划(2016—2030)》《江阴市海绵城市专项规划(2016—2030)》编制，进一步完善城乡规划体系。配合做好南沿江城际铁路预可研设计、可研阶段的初勘工作，配合做好盐泰锡常宜铁路预可研设计工作。对接无锡轨道交通S1线的规划建设，委托中铁第四勘察设计院集团有限公司编制全市域轨道交通线网专项规划。完成江阴高铁枢纽站站场布局规划研究及周边地区交通研究主要成果。切实推进审批“2440”*大提速，全力配合落实市相对集中行政许可权改革、行政审批制度改革。截止到12月31日，受理并办结各类规划审批事项2353件，发放选址意见书92份，发放建设用地规划许可证150份(405.65万平方米)，发放建设工程规划许可证200份(408.26万平方米)，发放建设工程规划核实合格证175份(526.51万平方米)。深化信息技术应用，数字江阴地理空间框架建设项目、江阴市基础地理信息数据建设工程项目于12月14日在南京通过验收与鉴定。做好信息化应用共享服务，通过数字江阴地理空间框架，为全市数十个政府机关、企事业单位提供在线基础地理信息共享服务。坚持依法行政，做好规范性文件的修改、清理工作。清理后建议废止规范性文件3个，继续执行规范性文件9个。做好规划行政审批事项清单核对，并按照全市集成改革的总体部署和工作要求完成权力事项的交接及相关人员的划转工作。全年公开信息108条，解答咨询258件，完成规划公示714件，依法保障群众对城市规划管理的知情权、参与权和监督权。

【锡澄骨干路网一体化整合研究】 2017年4月，江阴市规划局委托江苏省城市规划设计研究院进行锡澄骨干路网一体化整合研究。该研究以交通基础设施互联互通为目标和突破口，着重关注江阴与无锡之间的骨干路网衔接问题，围绕高速公路、快速路以及干线公路三个层次对关键通道衔接方案及锡澄骨干路网一体化系统方案进行研究。针对锡澄之间关键通道走向待定、多条联系道路等级功能不匹配的现状，以及与沿线用地不协调等问题，研究借鉴国内外城市一体化交通体系构建及快速路建设的相关经验，以功能协调、层次清晰、容量适宜、引导发展为目标，制定锡澄骨干路网一体化策略。12月底，该项目完成。

【江阴第二过江通道方案研究】 2017年7月，江阴市规划局响应和对接跨江通道建设，增加江阴城市用地储备和节约紧凑城市空间的要求，委托江苏省城市规划设计研究院结合城市快速路规划，研究江阴中心城区范围(沿江高速公路以北)内第二过江通道的布局方案。具体研究内容包括过江通道的历史沿革和功能定位、过江通道的发展趋势和案例借鉴、交通需求分析、区域和城市路网的衔接分析、过江通道的线位方案研究、过江通道的节点方案研究等六个方面。8月，形成初步方案。12月底，该项目完成。

【江阴市北门岛及周边地区交通规划研究】 北门岛和北大街历史文化街区临近锡澄运河与长江。随着锡澄运河航道功能的外移，研究区域内的航运功能退出历史舞台，开始向具有吸引力的城市开放空间转变，相应的交通需求特征、交通组织模式也面临重构和优化。2017年6月，江阴市规划局委托江苏省城市规划设计研究院进行研究。在既有城市设计交通组织方案的基础上，结合北门岛及周边地区的功能定位、业态布置、开发意向等深化方案的最新要求，优化交通组织模式和各交通子系统配置。12 月底，该项目完成。

【《江阴市海绵城市专项规划（2016—2030）》】 2016 年 8 月，江阴市规划局委托北京世纪千府国际工程设计有限公司编制《江阴市海绵城市专项规划（2016—2030）》。规划范围为江阴市 2015 年底街道建制的空间范围，总面积约 337.97 平方千米。在落实上位规划要求的基础上，系统分析江阴市的自然本底条件，以改善水环境、提升水安全、涵养水资源、保护水生态为目标，统筹考虑大、中、小海绵系统，系统打造海绵城市的连片效应。该专项规划以城市建设和生态保护为核心，转变城市发展观念，将海绵城市建设理念贯穿城市规划、建设与管理的全过程，全面提升江阴市的水生态、水安全、水环境、水资源、水文化水平，建设有现代山水文化名城特色的创新型海绵城市。规划江阴市年径流总量控制率不低于 75%，综合采取“渗、滞、蓄、净、用、排”等措施，最大限度地减少城市开发建设对生态环境的影响。结合江阴市近远期的项目实施，将低影响开发理念贯彻其中，开展源头控制类、过程转输类、末端治理类和防洪排涝类项目 258 项。2017 年 12 月完成编制。

【江阴市历史建筑核定】 历史建筑是江阴历史文化名城价值与特色的重要载体。为加强文化遗产的保护传承和合理利用，更好的延续历史文脉，江阴市政府于 2015 年 9 月组织开展历史建筑的核定工作，对《江阴市城市紫线规划》中推荐的 163 处建筑遗存进行核查与评估，在现状建筑遗存调查的研究基础上，针对江阴市的实际情况，建立历史建筑评估指标体系，并通过调查准备、现场调查、建筑评估、评估修正、标准与名单确定五步流程，最终确定江阴市历史建筑遴选标准和历史建筑分批公布名单，为江阴市历史建筑保护长效机制的建立奠定基础。该项研究历时一年多，通过开展多次现场调研与沟通协调会，于 2017 年 1 月通过专家论证。

【《江阴市城市地下综合管廊专项规划（2016—2030）》】 2016 年 7 月，江阴市规划局根据国务院办公厅《关于推进城市地下综合管廊建设的指导意见》和江苏省政府办公厅《关于推进城市地下综合管廊建设的实施意见》等有关文件精神，委托江阴市城乡规划设计院编制《江阴市城市地下综合管廊专项规划（2016—2030）》，2017 年 12 月，完成规划并通过专家论证。该规划在现状分析与相关规划研究梳理的基础上，科学创建以“主次干网络 + 重点地区”为一体的地下综合管廊总体布局规划，营造城市地上地下协调永续发展的生命线保障体系，实现江阴市的集约化、现代化和智慧化发展，目标建成具有国际先进水平的地下综合管廊系统。

【江阴市环城森林公园总体规划深化研究】 2012 版江阴市城市总体规划中首次提出依托市域中部的观山、秦望山、花山、绮山、定山、稷山、香山、凤凰山、长山等山体构成的连绵带打造环城林带，作为主城与副城之间重要的生态屏障，中心城区生态建设、山地森林景观建设的重要空间载体。2013 年，江阴市规划局委托江阴市城乡规划设计院编制《江阴市环城森林公园总体规划（2011—2030）》。2017 年 2 月初，江阴市城乡规划设计院进一步深化研究，把长山纳入环城森林公园；参考环保部门的生态红线，对原来提出的控制线进行校核；随着江阴镇村布局规划、秦望山工业区规划、南沿江城际铁路规划等一系列规划的编制，相应调整森林公园方案；打造一条串联整个森林公园的环道，并以此为基础，加快推进森林公园的建设；市规划局牵头起草的《关于加强环城森林公园管控和建设的实施意见》报市政府批准，原来的管控措施相应调整。9 月，形成正式成果文本。

【定山森林公园规划】 2017 年 3 月，江阴市规划局委托江阴市城乡规划设计院进场进行现状资料收集及调研，定位定山森林公园为环城森林公园的一部分，面积约 11.16 平方千米。6 月，形成初步规划方案。规划形成“一轴、一核、四心、五区”的结构。一轴是以祁头山和定山五峰顶两个空间景观控制点为端点，形成的城市开敞空间的轴线；一核为定山山体景观核心区；四心为敔山湾旅游集散中心、周庄旅游集散中心、御龙湾旅游集散中心、云亭旅游集散中心；五区分别是观湖区、听泉区、乐活区、礼禅区、健体区。9 月，进行专家论证，经修改完善形成正式文本。

【锡澄运河公园方案设计】 2017 年 3 月，江阴市规划局响应“十三五”规划江阴城乡建设“1310”工程*，沟通城市公共开放空间各公园绿地，优化城市生态系统和景观结构，为市民提供多样化选择的公共休闲设施和空间的要求，对外公开国际招标，邀请 5 个设计单位进行方案设计，并于 7 月召开专家评审会，确定杭州园林设计院股份有限公司、彼爱游建筑城市设计咨询（上海）有限公司两个设计单位进行方案深化设计。12 月底，深化设计方案完成，并再次召开专家论证会。

【江阴市域轨道交通线网规划】 2017 年，为进一步提升城市轨道交通能级，江阴市规划局组织编制江

2017 年，江阴市城乡规划设计院规划设计的定山森林公园及周边地区设计效果图 （市规划局提供）

阴市域轨道交通线网规划，主动对接无锡轨道交通S1线的规划建设，将S1线纳入线网规划，加快推进锡澄一体化进程。江阴市规划局委托中铁工程设计咨询集团有限公司和中铁第四勘察设计院集团有限公司两个单位分别编制全市域轨道交通线网规划（含S1线）方案，多次向市委、市政府进行汇报，广泛听取市领导、各部门及镇街（园区）意见，6月最终确定由中铁第四勘察设计院集团有限公司进行深化设计，完成报审成果。积极对接省住建厅，明确线网规划审批流程及后续建设规划编制有关事宜，针对省住建厅提出的初步审查意见，结合锡澄城际轨道S1线建设专题协调会确定的S1线延伸至江阴外滩等有关要求，对线网规划方案继续深化完善，并完成符合报审要求的线网规划成果。

【市总规与控规实施评估及修改】 2017年，江阴市规划部门为维护城市规划实施的严肃性，分析城市在规划实施中面临的问题和发展的需求，组织开展江阴市总规和控规评估及修改工作。通过评估，科学认识城市总规、控规自批准以来的实施情况，总结经验、发现问题和提出建议，确保城市规划能够更加符合城市发展规律，更好地指导城市建设发展。通过总规评估，拟针对近两年来城市建设发展用地现状及需求，对秦望山产业园、南闸工业园、火车站地区、华士北侧发展备用地等区域进行总规局部修改。通过控规评估，对控规内容、运行机制以及实施政策进行调整修正，以维护规划的科学性，提高政府在土地出让中的管理水平，合理引导和调整城市开发建设的步伐。

【数字江阴地理空间框架与基础地理信息数据建设项目通过验收】 地理空间框架和地理信息数据建设，是利用“数字地球”理论，基于遥感、GIS（地理信息系统）、虚拟仿真、网络、数据库及多媒体等关键技术，建设的地理空间信息基础设施，完成后可以在此基础上整合应用各类信息资源，实施深度开发和应用，从而服务于城市规划、建设、管理；服务于政府、企业、公众；服务于人口、资源环境、经济社会的可持续发展，为发挥城市功能，提供多方面的信息保障。江阴市规划局组织建设的数字江阴地理空间框架建设项目、江阴市基础地理信息数据建设工程项目于2017年12月14日通过中国工程院院士张祖勋一行专家组和国家测绘地理信息局的验收和鉴定，项目成果和相关技术应用受到所有与会专家的充分肯定。项目形成数字江阴地理空间框架建设与应用技术标准，建立数据更新和系统运行的维护机制，为“数字江阴”长效运行和“智慧江阴”建设奠定良好的基础。

【市城乡规划设计院】 2017年，市城乡规划设计院以设计创优、队伍建设为宗旨，发挥技术优势，全力开拓市场，积极参与“强富美高”*新江阴建设。全年完成规划项目21项，市政项目78项，景观项目25项，勘察测量项目70项，建筑设计项目面积53万平方米。是年，江阴市电动汽车充电基础设施近期建设规划（2016—2020）获省城乡建设系统优秀勘察设计三等奖；敔山湖畔的院子获无锡市城乡建设系统优秀勘察设计一等奖；江苏省美丽乡村——球庄村景观规划设计、江阴市敔山湾公租房、江阴市黄线规划（2015—2030）、江阴市电动汽车充电基础设施近期建设规划（2016—2020）、江阴市地下综合管线规划（2015—2030）、江城家园二期安置房工程6项项目获无锡市城乡建设系统优秀勘察设计二等奖；公园路改造工程（山前路—滨江路）、前进路道路工程（梅园路—花山路）、纵六路道路工程（黄山防通道—横三路）、江阴市周庄镇近期建设规划（2016—2020）、江阴市环城绿道工程——公园绿道串联工程、江阴市人民西路街道景观设计、运河世家一期工程7项项目获无锡市城乡建设系统优秀勘察设计三等奖；农村住房设计获无锡市一等奖2个、二等奖1个和三等奖1个。 （杨梦晨）

城市建设

【概况】 2017年，江阴市住房和城乡建设部门紧扣“1310”工程*等重点项目，突出工作谋划，落实周例会、月推进、季督查等工作机制，狠抓52项市政道桥和社会事业项目的建设推进，香山路（长江路—兴业路）、金云街北侧规划道路（金桂路—银桂路）、新一中区间道路、云台路（云山路—敔山路）、西大街改造（环城西路—君山路）、塘前路二期（皮弄路—绮山路）、环城西路改造（人民路—环城北路）、澄江路文明广场段改造工程等项目和君山路改造（环城北路—滨江路）、五星路与通渡路交叉口渠化、黄山路与新华路交叉口渠化等畅通工程完工，江阴市第一初级中学易地新建与江阴市第二中学改扩建、澄江中心小学、江阴市第四期保障房、江阴市民兵训练基地靶场改造工程等项目竣工，临江路西延伸段（韭菜港路—文富路）、青山路（普惠路—西外环路）、虹桥南路（芙蓉大道—立新路）、外滩鑫钻西侧规划道路和全民健身综合馆、春申幼儿园、敔山湾幼儿园、徐霞客法庭等项目开工建设，征存路项目建设加快推进。

【云台路北延伸段工程竣工】 云台路北延伸段工程位于敔山湾，道路整体呈南北走向，北起敔山南路，南至云山路，道路全长1270米，路宽18米。排水工程分为雨水和污水，主要收集道路两侧地块雨水和生活污水，分别排入敔山南路和云台路。该工程由江阴市城乡规划设计院设计，江苏外建工程管理有限公司监理，江阴市众达建设有限公司施工，于2016年4月开工，2017年8月竣工。

【江阴市第一初级中学区间道路改造工程（南北向）竣工】 江阴市第一初级中学区间道路改造工程（南北向）位于城东地区，道路整体呈南北走向，设计北起江阴市第一初级中学区间东西向道路，南至东风河，道路全长450米，路宽9米，道路等级为城市支路。雨水主要收集道路路面、两侧地块的雨水，由北向南排入南侧河道。该工程由江阴市城乡规划设计院设计，江苏新东方工程管理咨询有限公司监理，江阴市众达建设有限公司施工，于2016年9月开工，2017年8月竣工。

【江阴市第一初级中学区间道路改造工程（东西向）竣工】 江阴市第一初级中学区间道路改造工程（东

西向)位于江阴市城东地区,道路整体呈东西走向,西起黄山路,东至江阴市第一初级中学南北向道路,道路全长471米,路宽5米,道路设计等级为城市支路。雨水工程主要收集道路路面和北侧小区的雨水,由西向东接入江阴市第一初级中学区间南北向道路。该工程由江阴市城乡规划设计院设计,江苏新东方工程管理咨询有限公司监理,江阴市城市建设有限公司施工,于2017年5月开工,8月竣工。

【金云街北侧规划道路工程竣工】 金云街北侧规划道路(金桂路—银桂路)工程位于敔山湾(更名为月季路),道路整体呈东西走向,西起银桂路,东至金桂路,道路全长约416米,路宽21米,道路等级为城市支路。月季路雨水主要收集路面雨水和道路两侧地块的雨水,雨水由东向西接入银桂路雨水检查井。月季路污水主要收集道路两侧的生活污水,污水由东向西接入银桂路污水系统。该工程由江阴市城乡规划设计院设计,江苏飞扬建设咨询有限公司监理,常州蓝田人景观建筑规划设计工程有限公司施工,于2016年5月开工,2017年7月竣工。

【香山路延伸段工程竣工】 香山路延伸段位于江阴市城区,道路呈南北走向,北起长江路,南至兴业路,道路全长167.17米,路宽24米,道路等级为城市支路。香山路延伸段雨水主要收集路面雨水及长江路以北香山路的雨水,雨水排入兴业路雨水系统。该工程由江阴市城乡规划设计院设计,江苏中源工程管理股份有限公司监理,江阴市晨辉市政建设工程有限责任公司施工,于2017年3月开工,7月竣工。

【西大街改造工程竣工】 西大街改造工程位于江阴市城区,道路整体呈东西走向,西起环城西路,东至君山路,道路全长约255.5米,路宽14米。西大街雨水主要收集道路路面雨水,并汇入君山路的雨水管道,排入环城西路雨水系统。西大街污水由东向西汇入君山路的污水系统后,排入环城西路污水系统。该工程由江阴市城乡规划设计院设计,江阴澄宁项目管理咨询有限公司监理,江苏新兴建设工程有限公司施工,于2016年11月开工,2017年11月竣工。

【应天河南侧规划道路工程竣工】 应天河南侧规划道路位于江阴市澄江街道应天河南侧,西起澄南路,东至皮弄路,道路长450米,路宽20米,跨越北潮河设置桥梁1座。应天河南侧规划道路雨水及道路南侧范围内的雨水,通过道路雨水管道排除,在机动车道及非机动车道边缘均设置雨水口,雨水分别排入应天河和北潮河,应天河南侧规划道路污水由东向西最终接入已建梅园路污水系统。该工程由江阴市城乡规划设计院设计,江苏中源工程管路股份有限公司监理,江阴市房屋建设工程有限公司施工,于2016年6月开工,2017年11月竣工。

【应天河风光带改造一期工程竣工】 应天河风光带改造一期工程位于江阴南门核心区域,东起皮弄路,西至梅园路,南至应天河。应天河风光带一期工程完成河段整治2042米,新建驳岸4121.5米,回填土方4.87万立方米,花岗岩铺装2.93平方米,花岗岩石凳258米,花岗岩树池围牙387米,铁制艺术栏杆312米,塑木园路、平台及廊架2946平方米,改建铺设透水砖园路1992平方米,芙蓉池荷花雕塑喷泉1座,以及水电排水等配套设施;完成乔木种植2200株、灌木1950株、地被栽植3.4万平方米、草坪2万平方米、水生植物6500平方米、茶室1座、公厕2座。2座景观桥位于风光带改造工程内跨应天河的钢结构桥梁。桥梁均采用多跨钢拱梁组合结构,主跨长度均为24米,桥梁全长分别为40.4米和59.4米。桥梁上部结构为多跨钢拱梁组合结构,下部结构桥台采用桩接盖梁形式,桥墩采用承台桩基础。桥面铺装采用菠萝格防腐木板,栏杆采用钢、木组合栏杆。该一期工程及2座景观桥梁工程由江阴市城乡规划设计院设计,江苏外建建设监理咨询有限公司监理,江苏大自然环境建设集团有限公司、苏州吴林园林发展有限公司及江苏胜达建设有限公司负责施工,于2013年10月开工,2017年1月竣工,4月移交至市园林旅游局管养。

【江阴市第一初级中学新校区工程竣工】 江阴市第一初级中学新校区工程位于黄山路东侧、人民东路北侧、澄张公路西侧、江阴市第二中学南侧。建设规模为初中20轨60班,总建筑面积4.87万平方米,包括教学楼、实验楼、信息技术楼、行政办公图书楼、食堂、体艺馆、体育场看台、地下停车场等。该工程由江阴市建筑设计研究院有限公司设计,江苏新东方工程管理咨询有限公司监理,江阴市民用建筑安装有限公司施工,于2015年3月开工,2017年8月竣工。

【江阴市第二中学改扩建工程竣工】 江阴市第二中学改扩建工程位于黄山路东侧、新华一村南侧、澄张公路西侧、人民东路北侧。总建筑面积5984.15平方米,包括综合楼、体育场看台、南门卫室、西门卫室。校园东侧新建标准足球场、西侧新建5人制

2017年8月,新竣工的江阴市澄江中心小学 (市住建局提供)

足球场。该工程由江阴市建筑设计研究院有限公司设计，江阴市外建工程管理有限公司监理，江阴市澄祥鑫建设有限公司施工，于2016年8月开工，2017年10月竣工。

【江阴市民兵训练基地靶场改造工程竣工】 江阴市民兵训练基地靶场改造工程位于绮山路民兵训练基地，占地面积1.02公顷。主要新建项目有挡弹墙、挡土墙、围墙、步道、射击台、手枪射击步道、大门及栏杆，主要翻修项目有场地平整、观礼台涂饰、排水沟修复。该工程由江阴市新思维设计工程有限公司设计，江苏外建建设咨询监理有限公司监理，江阴市华厦建设工程有限公司施工，于2017年4月开工，9月竣工。

【江阴市第四期保障房工程竣工】 江阴市第四期保障房是市委、市政府解决中低收入家庭住房困难、为民办实事的一项重要民心工程。该工程位于毗陵路南、西外环路西、芙蓉大道北侧。项目总占地面积18.07公顷，总建筑面积41.02万平方米，其中住宅24幢，物业用房、社区用房3幢，总户数为3699户，地下室面积5.66万平方米。地下停车位932位；地上停车位639位，其中残疾人车位6位。该工程由江阴市城乡规划设计院设计，江苏新东方工程管理咨询有限公司监理，土建工程分为九个标段分别由江阴市华厦建设工程有限公司、江阴市新德建设工程有限公司、江阴市华西建筑安装工程有限公司、江阴市民用建筑安装工程有限公司、江苏新桥建工有限公司5个施工单位施工。该工程于2012年1月开工，2017年7月竣工。

【江阴市新澄江中心小学工程竣工】 江阴市新澄江中心小学工程位于环城西路东侧，南街南侧，蒋家巷西侧，环城南路北侧，项目占地面积12.98公顷，7轨42班，建设规模21058.47平方米。建设项目主要由综合楼、教学楼和运动场组成，其中综合楼共五层，内设行政办公室、专业教室、阶梯教室、室内球场和食堂；教学楼由三幢四层单体建筑通过连廊组合而成；运动场设250米田径场和200米标准轮滑跑道。该工程由江阴市建筑设计院有限公司设计，建业恒安工程管理股份有限公司监理，江阴市华厦建设工程有限公司施工，于2015年10月开工，2017年8月竣工。 （邱　敏）

城市管理

【概况】 2017年，江阴市城市综合管理局认真贯彻市委、市政府决策部署和工作要求，全力推进市“1310”工程*和局“732行动”（七整治：无证设摊、门店经营、停车管理、工地秩序、建筑垃圾管理、户外广告、违法建设；三强化：城警联动、示范创建、基层基础；二提升：队伍素质、百姓满意度），扎实推动城市管理各项工作，全年依法查处行政处罚案件11530件，办理各类行政许可2904件；完成29次新建住宅小区单项验收，查处违法建设1876处、15万余平方米；核准建筑垃圾、工程渣土处置手续804件，办理特种垃圾准运证12075张，积极参与“263”专项行动*，牵头清理全市暴露垃圾5万余吨；妥善处置信访投诉8532件，办结率100%，“12345”公共服务呼叫中心热线*市民满意率保持100%；完成全国文明城市创建保障、江阴发展大会暨2017年经贸洽谈会等各类重大活动市容保障20余次。是年，被江阴市委、市政府评为全市创建全国文明城市工作突出贡献单位和人民满意机关等荣誉。

【市城市综合管理局揭牌】 2017年，为进一步完善创新行政执法体制机制，全面提升江阴县域治理体系和治理能力现代化建设水平，10月9日，江阴市城市综合管理局（综合行政执法局）、综合管理服务指挥中心正式揭牌，无锡市委常委、江阴市委书记陈金虎，省编办副主任张学才，全体市领导，各镇（街）党（工）委书记、镇长（主任），高新区、临港开发区分管负责人，靖江园区管委会主任，市机关各部门、各直属单位、有关驻江阴单位主要负责人以及城管局相关人员260余人出席揭牌仪式。城市综合管理局履行统筹协调全市城市管理工作、负责全市网格化管理和政府公共服务热线运行等主要职能。

【综合管理服务指挥中心投运】 2017年7月以来，江阴市城市综合管理局用一个多月时间，完成原城市管理监督指挥中心大屏更新、大厅改造、强弱电升级、软件架设、“12345”公共服务呼叫中心热线硬件装修、服务热线整体搬迁等一系列工作。10月，综合管理服务指挥中心正式投入运行，逐步建立“指导在市、主抓在镇（街）、主体在村（社区）”的高位运行三级联动网络平台体系，构建“从上到下全过程协同办理”“从下到上全方位处置反馈”的双轨运行模式，有效提升城市综合管理能力，夯实“大综治、大安全、大市政、大环保、大城管”基层基础，初步实现社会综合治理的动态化、精细化和高效化。该中心牢牢把握“网格化”是手段、“责任化”是灵魂、“信息化”是支撑的工作原则，在全面整合各级各类管理网格的基础上，进一步明确“一长五员”（网格长；网格员、督查员、联络员、巡查员、信息员）的职责分工，对全市2900名“一长五员”分3轮进行集中培训，进一步统一工作标准，实施定人、定时、定岗、定责、定管理标准、定奖惩制度“六定”管理模式，确保网格内“人、地、物、事、组织”采集全覆盖、信息全掌控，为分析研判和信息资源整合，实现精细化管理、精准化服务奠定基础。至年底，中心建立17个一级网格、271个二级网格、1557个三级网格，并汇聚22个重点部门基层党组织、小区楼栋、人口信息等80余项300余万条数据信息，初步形成用大数据指导和服务社会管理的工作格局。

【优化市容环境秩序】 2017年，江阴市城市综合管理局紧紧围绕全国文明城市创建标准，深入推进“732行动”，严格落实网格责任，一天一见面提醒制度。全年共录入门店基础信息1.6万余条，签订市容环卫责任书2.2万余份，规范门店经营秩序7200个。坚持以整开路，整治主次干道128条，清理“三乱”（乱张贴、乱涂写、乱牵挂）12800余处、广告1400余处，开展停车秩序整治，施划机动车停车位8527个、非机动车停车线25000米，设置人行道警示桩6500余根、非机动车停车架

1600余米、挡车器(杆)400余米、安装人行道护栏11000余米,开设临时停车场地6处,拆除60余条道路的缘石坡等路障966处20000余米,清运城区暴露垃圾8750余吨,“僵尸车”185辆。完成青果路、南街两侧建筑外立面改造路段立面维修工程1300余平方米,修补其他路段外立面700余平方米;设置创建全国文明城市公益广告15000余平方米;省城市环境综合整治“931”行动(九整治、三规范、一提升,“九整治”是指整治城郊接合部、整治城中村、整治棚户区、整治老旧小区、整治背街小巷、整治城市河道环境、整治低洼易淹易涝片区、整治建设工地、整治农贸市场;“三规范”是指规范占道经营、规范车辆停放、规范户外广告设置;“一提升”是指提升城市长效管理水平)29项项目全部完成。

【建立市容管理“江阴标准”】 2017年,江阴市城市综合管理局改变原有“头痛医头、脚痛医脚”的工作思路,采用“整体治理、统一标准”的工作方式,制定全市域统一的市容管理标准,即市容管理“江阴标准”。该标准以“门店、停车、经营、工地、环境、建设”六大秩序为工作重点,主要包括停车场经营服务“五统一”(统一着装、统一挂牌持证上岗、统一收费标准、统一文明礼貌用语、统一落实停车区域及周边卫生保洁责任),沿街门店市容秩序“十不准”(不准乱倒垃圾污水、不准乱牵乱挂、不准乱堆乱放、不准店外经营、不准乱停车辆、不准乱搭乱建、不准擅自处置建筑垃圾、不准乱设户外广告、不准乱贴乱画、不准侵占损害公共设施),建设工地市容秩序“六起来”(围起来、硬起来、洗起来、盖起来、管起来、清起来)“三下去”(施工扬尘明显下去、道路及噪声污染明显下去、车辆违章明显下去),户外广告管理“六到位”(审批手续要到位、规范设置要到位、文明施工要到位、美化亮化要到位、安全维护要到位、内容发布要到位),便民摊点市容管理“三必须”(必须专人管理、必须有专人保洁、必须在指定位置经营)“四统一”(设施样式统一、标识统一、经营时间统一、收费统一)和“七不准”(不准乱倒垃圾污水、不准乱牵乱挂、不准乱堆乱放、不准出摊经营、不准乱停车辆、不准乱贴乱画、不准侵占损害公共设施),户外临时商业活动市容秩序“七个严禁”(严禁擅自改变活动地点、扩大设置面积、延长举办时间;严禁在批准的活动场地内搭架实体封闭围挡或设置封闭式固定亭棚;严禁擅自占用城市道路,妨碍车辆、行人通行,严禁占用盲道;严禁侵占损害绿地、环境卫生设施和其他公共设施;严禁阻塞消防通道,圈占消防栓,影响消防安全;严禁使用高音喇叭、外置音响、锣鼓等器材产生噪声扰民;严禁在活动场地外发放、丢弃宣传资料、垃圾,污染环境),机动车洗车场(点)管理“三到位”(手续要到位、设施要到位、管理要到位)。实施市容管理的“江阴标准”,有效规范全市市容秩序。

【“数字化城管”】 2017年,江阴市城市综合管理局监督指挥中心受理“数字城管”案件98749件,应该处置87133件,实际处置82022件,处置率94.13%,按期处置79095件,按期处置率90.78%,受理“12345”公共服务呼叫中心热线投诉8532件,满意率100%。联合市文明办推广“城市啄木鸟”公众交互平台,全面打造“互联网+全民参与”的城市管理品牌,“城市啄木鸟”队伍日渐壮大。至年底,注册人数63000人。“城市啄木鸟”平台塑造信息采集全覆盖、案件处置高效率和结果反馈全透明的品牌特点,通过开展“争当优秀城市啄木鸟”等活动走进江阴职业技术学院、江阴中专、江阴市实验小学、江阴市城西小学等校园,走进君山社区、西大街社区等社区,培育出一批优秀“城市啄木鸟”市民志愿者。全年监督指挥中心接待参观40余批1500人次。

【政府公共服务热线受理中心稳步运行】 2017年,市政府公共服务热线受理中心和全市117个联动单位密切配合,做好“12345”公共服务呼叫中心热线和网格化管理工作。全年接到有效诉求179914件,其中电话诉求156743件、网络诉求3490件、手机客户端诉求127件、短信诉求163件、微信诉求1277件、邮件诉求16件、受理无锡“市长信箱”诉求156件、江阴“市长信箱”诉求102件、无锡市“12345”公共服务呼叫中心热线签转诉求5325件、公安分中心诉求2634件、“城市啄木鸟”系统转办诉求2553件、综治办推送300件、网格化平台推送241件、无锡大走访1301件、江阴大走访5486件,比2016年增长38.05%。电话系统为市民服务45万余次。“12345”公共服务呼叫中心热线前台即时办结89019件,占诉求总量的49.48%;网络转办90895件,占诉求总量的50.52%,高效率完成全年各项工作目标。

【城管队伍建设】 2017年,江阴市城市管理局坚持以城市管理“基层基础工作年”为契机,强党建、提素质、抓作风、激活力、破难题、促发展。深入推进“两学一做”学习教育常态化制度化,积极推动“连心富民、联企强市”大走访和阳光扶贫活动,扎实开展“强基础、转作风、树形象”专项行动,通过主题活动,凝聚正能量,提高战斗力。城区“进取城东”“活力城南”“先锋城西”“奋进城北”“昂扬城中”五个执法中队分别明确建队目标,各自形成中队的特色,树立品牌。积极推进学习型城管建设,坚持每月学法,完善考评制度,组织封闭集训,完成全局236名执法队员、118名城区协管员的轮训。健全干部选拔交流机制,对下属事业单位和机关各科室23个领导班子和77位领导干部进行全面考察,启动干部选拔任用程序,提拔调整中层干部44人。始终把“两个责任”落在实处,始终把政治纪律和政治规矩挺在前面,加大执纪问责力度,用最坚决的态度减少违纪存量,用最果断的措施遏制违纪增量,营造风清气正的内部环境。坚持文化育队,以城管文化周为载体,积极开展春节文体活动,“激情城管、快乐生活”健步走,“爱国爱城爱家、敬己敬人敬业”主题演讲比赛等。

(陆军浩)

房屋拆迁

【概况】 2017年,江阴市政府房屋征收管理办公室继续贯彻“惠民、依法、阳光、和谐”八字方针,依法拆迁、惠及民生。围绕“1310”工程*重点项目建设计划和年初全市征收拆迁大会要求，制定、优化各类征收政策，拟订、调整相关征收计划，组织、参与会商解决疑难杂症，协调、推进各类征收拆迁项目，深化、细化安置房建设方案，加强政策宣传和解释工作，做好群众矛盾的梳理和调解工作；加强行业监管，继续推行现场督查和网签备案相结合的方式。全年全市征收拆迁完成131万平方米，其中主城区50.3万平方米；全市建成安置房64万平方米，新开工78万平方米，其中主城区新开工21万平方米。

【征迁安置推进】 2017年，江阴市政府房屋征收管理办公室围绕“1310”工程*重点项目提早谋划，调整完善城区2017年度征收拆迁计划，涉及项目41项，计123万平方米。为加快项目的启动，加快征收拆迁手续办理，先后启动澄南村村委周边旧城改造项目、云龙公司西侧项目等9项国土项目。花山路东、澄南路西、塘前路北侧区域旧城改造、锡澄运河西侧（黄田港桥—五星桥段）旧城改造、人民中路北侧旧城改造等3项项目发布征收决定。出台并实施《江阴市市区征收集体土地涉及房屋及其他建筑物构筑物补偿安置办法》《关于〈江阴市市区征收集体土地涉及房屋及其他建筑物构筑物补偿安置办法〉若干问题的实施意见》《江阴市国有土地上房屋征收与补偿实施办法》《江阴市国有土地上住宅房屋征收补偿最低标准制度的实施意见》等4个文件，进一步健全征收拆迁政策体系。同时完善监管体系，出台《江阴市城区房屋征收（拆迁）安置工作年度考核意见》《关于江阴市国有土地上房屋征收与补偿工作推行“八公示一监督”制度的通知》（八公示：征收与补偿的相关规定；补偿与安置操作流程；征收与补偿实施方案；评估结果；安置房源及选房情况；补偿安置结果；相关单位与人员；工作纪律。一监督：征收实施单位应当在征收现场设立举报箱，并公布征收部门、征收实施单位和市政府监察部门的监督电话，接受群众的监督与投诉），确保“1310项目”重点项目规范化推进。加快主城区安置房建设和安置工作。西门车站安置房完成综合验收，符合交房条件。待建安置房完成挂牌出让，全面开工。按照区域平衡、满足需求、前期优化的原则，综合考量城区安置房建设任务，大卖场北侧1号地块和黄山小区1号、2号地块共21万平方米开工建设。顺利移交房源，加快主城区稳妥安置。配合澄江街道对江城家园、美丽华都和澄南花苑等4个安置小区实施分房工作，共安置被拆迁户1158户，计1998套安置房。

【拆迁信访稳定】 根据征收拆迁和信访政策法规要求，依法做好信访处理、矛调、维稳工作。依法履行信访职责，处理信访事项。高效高质答复“12345”公共服务热线呼叫中心咨询，共答复200件，及时答复率100%；依法、文明接待来访群众，积极处理来访事宜，共接待来访群众179件次、317人次，通过梳理，信访焦点问题主要体现在拆迁协议纠纷、拆迁安置矛盾、安置房质量问题等方面，认真做好来访记录台账，及时安排人员调查了解情况，做到尽快解决问题化解矛盾；对于书面来信反映的问题都深入调查实际情况，详细收集相关材料，严格按《中华人民共和国信访条例》予以答复；配合市政府做好信访复查、复核工作，出具信访复查意见。做好涉法涉诉案件应诉和重点户稳控工作。依据江阴市法院对圆通路14号房屋强制执行拆除的裁定，配合街道、城管等多部门对该房屋实施依法强制拆除。是年，处理行政诉讼案件2件，行政复议案件2件，配合有关部门对苏南沿江铁路江阴段、锡澄运河整治工程2项项目进行社会稳定风险评估审核，对项目稳评情况提出风险防范化解措施建议。通过与市信访局、土地储备中心，澄江街道等相关部门多次协调和与当事人多次沟通，较好地处理稳控重点户2户，有关问题得到妥善解决。

【大卖场北侧安置房开工建设】 大卖场北侧安置房由江阴普惠建设有限公司开发，位于澄江街道西园路北、通渡路东、青山路南、规划道路西侧。小区建设用地33062.46平方米，规划容积率2.12，绿化率30.45%。大卖场北侧安置房规划8栋高层住宅楼，地上总建筑面积为88717.27平方米，地下16932.92平方米，住宅套数为556套。该项目由江阴市城乡规划设计院设计，江阴市新德建设工程有限公司承建，江苏新东方工程管理咨询有限公司监理。2017年5月23日开工，至年底完成北区地下室施工，南区地下室完成50%工程量，计划于2019年5月竣工并交付。 （邱　敏）

住房公积金管理

【概况】 2017年，江阴市住房公积金管理中心（以下简称“中心”）理清思路，认定目标，努力抓扩面，从年初开始，就按照在全市规模企业中实现“三年全建制，五年全覆盖”的既定目标，展开细致而扎实的工作。中心在2016年年底就提前梳理社保缴存数据，全面掌握各板块、各单位住房公积金制度建立情况。年初，中心分片召开扩面布置会，把经过筛选的扩面目标单位发放至各社保所，再由各社保所根据企业经营情况，确定最终目标。在发放设立账户通知书之前，增设集中进行政策宣传以及寄发律师函两个环节。全面核查挂牌“新三板”企业的公积金缴存情况，对未建制以及未全员的单位全部发放设立账户通知书，至6月底，全部清理完毕，共新开户单位5个，规范已开户单位7个，共新增缴存职工630人。对全市民营医院进行规范，目标单位全部达到全员建制，共新开户单位6个，规范已开户单位3个，新增缴存职工513人。对全市千人以上未全员建制的5个大型企业实行一企一策精细化管理，中心与公司负责人沟通交流，初步达成战略性协定。全年收到9件职工投诉单位不缴公积金案件，中心经过核查后全部进行处理，有7个完成整改，2个正在处理过程中，共新增职工236人。全年发放设立账户通知书188份，并全部建立台账进行跟踪。对未在期限内办理的单位寄发律师函111份，寄发约谈通知15份。已办理单位在此期间共增加缴存职工9093

人。其中寄发律师函以后来办理的单位有94个,成功率84.7%,约谈后办理的单位有13个,约谈成功率86.7%。到年底,全市15个镇(街道)全面完成市下达的扩面指标,全市新增缴存单位1261个,新增缴存职工45718人,净增职工22735个。是年,中心新增住房公积金缴存职工45718人,比2016年增长35.39%;净增住房公积金缴存职工22735人,比2016年增长82.57%;归集住房公积金(含新职工住房补贴)29.28亿元,比2016年增长11.88%;发放住房公积金个人贷款6207笔22.57亿元,放贷笔数和金额分别比2016年增长11.3%和14.65%;住房公积金个贷率比2016年上升9个百分点,住房公积金作为政策性住房金融主体的功能和作用进一步凸显,促进江阴市房地产市场健康发展。

【公积金贷款发放量再创新高】 2017年,江阴市房地产市场进入稳步上升通道,购买力充足,加之当前公积金贷款政策较宽松,且贷款利率维持历史最低水平,公积金贷款成为购房职工首选。是年,贷款业务办理量和发放额均创新高,应贷尽贷地满足住房公积金缴存职工的资金需求。全年共发放住房公积金贷款6207笔22.57亿元,放贷笔数和金额比2016年分别增长11.3%和14.65%,其中异地个人住房贷款152笔5579万元,异地贷款笔数和金额比2016年分别增长67.03%和68.96%,让更多职工享受到政策性低息贷款的优惠。

【公积金贷款审批前置】 2017年10月起,江阴市住房公积金管理中心推出中国农业银行江阴分行、中国工商银行江阴支行、江苏银行江阴支行为公积金贷款审批受理网点,开展公积金贷款录入及初审业务,实行银行受理网点的住房公积金贷款"一站式"服务,方便购房职工就近办理公积金贷款,进一步提高贷款审批效率。为此,中心开展集中培训,通过理论与实践相结合的方法快速让银行录入人员掌握操作要领,并对银行人员在实际操作过程中发生的问题及时进行指导,配备专人对银行录入信息进行专项审核,确保银行延伸网点贷款审批的准确性和及时性。至年末完成前置审批贷款169笔,审批金额6944万元,公积金贷款的就近受理方便广大职工。

【推进网上业务开展】 2017年,江阴市住房公积金管理中心为简化办事流程,提高工作效能,先后推出单位网上及微信端个人业务。1月,单位网上业务上线后,中心经过大力推广,取得显著效果,至12月底,签约单位应缴职工数占全部应缴职工数的91.53%,网上业务使用覆盖率67.78%。11月27日,微信客户端个人网上业务正式推出,主要业务包括:退休提取、(非江阴市户籍人员)离开江阴市提取、租房提取、委托还贷签约、委托还贷解约,采取一系列措施,引导职工自主办理,从而享受到更便捷的服务,通过各种媒体反复向公众宣传,在各银行网点设置宣传牌,在营业大厅派专人辅导,筛选出全年有20笔以上相关业务的单位逐个通知,对所有留手机号的单位经办人统一发短信告知,每天对到柜面办理相关业务的人员单位再次电话告知,从办理情况看,相关业务替代率超80%。

(蔡 洁)

公用事业

【概况】 2017年,市公用事业局攻坚推进各项重点项目,逐步扩大各项改革创新成果,有力有序抓好各类行业管理,"五网"(环卫保洁网、供水保障网、生活污水收集处理网、燃气热力网、路灯照明网)升级工程有序推进,实现全市公用事业新突破、新发展。累计实施各类大项工程项目20项,其中完工项目14项,在建项目6项。全年供水量27398.2万立方米,日均供水量75.06万立方米,水质水压达标率100%。全市21个城镇综合污水处理厂平稳运行,共处理污水1.38亿吨。新建天然气管网205.04千米,新增天然气居民用户3.7万户,全年供应天然气6.57亿立方米,液化石油气2.7万吨。补装各类路灯137个,光源318个,亮灯率和设施完好率分别为99%和98%。有序推进镇街照明节能化改造,建成4个镇街智能化监管平台。全年受理"12345"公共服务呼叫中心热线、"数字城管"等民生诉求2224件,签收率、办结率、满意率均为100%。办理人大建议和政协提案30件,办复率、满意率均为100%。

(周爱华)

【城镇生活污水处理】 2017年,全市新建污水主管网20.98千米,建成污水主管道1072千米。光大水务(江阴)有限公司全年处理污水6626.13万吨,日平均处理量18.15万吨,每日比2016年增加0.65万吨,增长3.7%。18个镇级污水处理厂全年处理污水7131.21万吨,日均处理量19.54万吨,每日比2016年增加0.28万吨。实施污水处理厂网整合,光大水务与临港经济开发区签订战略合作协议,中信环境投资集团有限公司对城东南片区周庄镇5个污水处理厂展开收购,并与片区其他镇街商谈整合意向。城区、集镇建成区生活污水集中处理率分别为96.8%和86.9%。

【农村生活污水治理】 2017年,江阴市环境卫生管理部门以全国文明城市创建、生态文明城市建设和城乡环境综合整治为引领,制定《关于深化全市村庄生活污水治理工作的实施意见》,突出规划发展村庄和重点河道两侧村庄生活污水治理工作重点,加快推进全市17个镇(街)的2911个村庄生活污水治理工作。年内,按照接管处理和分散处理两种模式,立足四个"统一",即"统一委托设计,统一管材、污水处理设施招标,统一监理招标,统一审计",加强工程建设监督,完成438个村庄治理目标任务,完成改造60套农村分散式污水处理设施。验收通过后,交由第三方专业单位进行设施日常维护运行及出水水质检测,保证污水收集管网和护理设施的正常运行,整体提升农村人居环境质量。

【城区污水管网设施管养】 2017年,城区污水管网设施管养主管网长度207.3千米,支管网长度280.5千米,污水泵站11座,管养单位为无锡市市政设施建设工程有限公司,年度支出管养经费268.4万元。全年疏通市政公共污水管网及控源截污管道728.82千米,机械疏通率59%,清掏污水检查井13397个,应急疏通管道19.68万米,处置污泥903立方米,更换井盖128个,修复井框22套,城区污水管网设施年运行率98.2%,平均完好率达到97.5%。组织实施澄江东路污水泵站维修改造,完成水泵、格栅机等主要设备,进水管道及附属设施,泵房等附属设施以及泵站供电设施设备的更换及维修改造,投入经费596.3万元。

【供节水管理】 2017年,江阴市按照全市一张网的技术标准,统一规划设计,以镇(街)区域为重点,高标准新建改建供水主干管网,优化管网结构。长山大道管径800毫米、新桥澄杨路管径800毫米和管径500毫米、峭岐迎宾大道管径500毫米等88个给水管道工程通过验收。青阳振阳路管径500毫米、周庄周西路管径1000毫米、环城西路管径600毫米等33个管道工程完工通水。铺设管径100毫米以上管道共计119.26千米。管网远传测压点进一步向乡镇延伸,全市新增40个管网远传测压点,总测压点达115个。完成7个镇13个村供水管网及户表改造,惠及5127户农村居民。加速推进绮山应急备用水源地工程建设,全年完成管径2000毫米管道总工程量的71%。小湾水厂深度处理改造工程按时完成,顺利进入试运行阶段。做好节水日常工作,积极创建节水型载体,成功创建省节水型企业(单位)2个,省节水型小区1个。

【燃气管理】 2017年,江阴市政府投资1.22亿元,新建天然气管网205.04千米。至年末,全市拥有天然气管网总长2570.99千米,其中高压管线274.35千米、中压管线1042.6千米、低压管线1254.04千米。管道天然气年销售量为6.57亿立方米,其中,工业用户835户,售气量4.25亿立方米;居民用户27.5万户,售气量1.13亿立方米;公共服务用户3960户,售气量1.19亿立方米。全市建有液化石油气储配站11座,液化石油气供应站25座,全年销售液化石油气2.7万吨。全市建有天然气汽车加气站11座,全年供应液化天然气和压缩天然气2034万立方米。

【城区热网建设工程】 2017年,江阴苏龙热电有限公司投资建设青月支线,管线长度约35千米,主管网管径分别为500毫米和400毫米,设计压力1.7兆帕,设计温度340摄氏度,供热能力约100吨/小时,总投资约1.3亿元。青月支线工程主管网正式投运后,实现南闸街道东盟工业园区、月城镇工业园区以及规划高新区青阳园区的集中供热,替换10吨以下燃煤锅炉33台,替换锅炉蒸发量约110吨/小时。

【照明管理】 2017年,江阴市照明管理部门有序推进芙蓉大道快速化改造工程旧路灯拆除、运输、仓储、安装临时路灯等;完成景观亮化安全隐患改造和高杆灯安全改造项目;做好与市公用事业产业公司照明管理工作的对接交流;主动对接街道、社区,装好爱心灯和便民灯,在老旧小区和小街小巷补装各类路灯137个,光源318个,为孤寡老人和困难居民整修照明线路10次;为花山村免费安装路灯10套,为璜土镇常泽桥村免费提供路灯170套,先后获得各类锦旗3面,群众感谢信2封。抓好乡镇照明指导,有序推进临港开发区、南闸、华士、长泾、新桥等镇(街道)照明节能化改造及智能化监管平台建设。抓好规范考核,确保主干道装灯率100%,亮灯率保持在99%以上,设施完好率保持在96%以上。

【五星路污水管网新建工程竣工】 五星路污水管网新建工程,起点为西外环路,终点为夏东路,污水管线全长约820米,主要收集五星路两侧地块的生活污水以及传输西外环路和衡山路的生活污水,最终经夏东路污水管接入澄西污水处理厂。管道施工采用沉井顶管施工,顶管管材采用钢筋混凝土钢承口管。该工程由江阴市城乡规划设计院设计,江苏宏澄建设有限公司中标承建,江苏恒泰建设工程咨询有限公司监理,于2017年3月开工,8月底竣工。

【3项污水管网新建工程竣工】 南街(西横街—环城西路)、环城西路(南街—环城南路)污水管网全长530米,主管采用牵引施工,管材为承压1.0兆帕直壁聚乙烯管,主要收集道路两侧地块的生活污水以及传输西横街的污水,经杏春桥污水泵站提升后最终接入澄西污水处理厂,环城南路(中山南路—环城西路)污水管网全长500米,主管采用牵引施工,管材为承压1.0兆帕直壁聚乙烯管,主要收集道路两侧地块生活污水以及传输环城南路东段和中山南路北段污水,部分污水直接经环城南路污水主管进入杏春桥污水提升泵站,减少梅园路污水泵站负荷,城区污水管网系统更加完善。该工程由无锡市政设计研究院有限公司设计,江阴新城建设工程有限公司中标承建,江苏外建工程管理有限公司监理,2017年年底基本竣工。

【迎阳路泵站出水工程竣工】 砂山路污水主管因标高起伏错位,排水不畅,迎阳路泵站出水接入使砂山路低洼处污水井经常冒水。通过新建迎阳路泵站出水排水系统,使泵站污水通过天华景观轴、芙蓉路、萧山路,接入澄江东路污水主管。芙蓉路(天华景观轴—萧山路)沿线部分采用牵引施工,部分采用开挖施工;东外环路以东污水管位于道路中心线,管径1000毫米,沿线采用部分开挖和部分顶管施工;萧山路(芙蓉路—澄江东路)管径1000毫米,沿线采用部分开挖和部分顶管施工;澄江东路(萧山路—白屈港)管径1000毫米,采用顶管施工,污水管网全长2.4千米。该工程由江阴市城乡规划设计院设计,江阴市澄祥鑫建设有限公司中标承建,江苏外建工程管理有限公司监理,于2017年3月开工,12月底竣工。

【迎宾路道路照明工程竣工】 迎宾路道路照明工程,西起峭岐环北大桥,东至峭璜路,全长2.34千米,累计安装路灯66套。该工程由盐城市规划市政设计院设计,江阴市澄祥鑫建设有限公司中标承建,江阴市新城建设监理有限公司监理,于2016年8月开工,12月完工试运行,2017年1月竣工。

【公用事业监管平台运行正常】 2017年,市公用事业局监管平台全年运行正常,按时生成各类日报、月报。在原有平台上增加液化气供应站点视频监控数据21个,平台视频监控点增至74个。同时,实现市公用事业局监管平台与江阴市管理服务指挥中心(网格化管理)平台的共享互联,将监管平台涵盖的环卫、供水、污水、燃气、照明等信息纳入市级综合平台的网格化管理中,推动资源整合,提升综合治理能力。

(许柏宏 周爱华)

【市政路桥管养】 2017年,江阴市市政管理部门全面落实"道路巡查全面覆盖、道路修护快速反应、道路监管严格考核"精细化管理的工作要求及江阴市全国文明城市创建要求。通过每周、每月的定期与不定期市政道路设施养护巡查与考核,做到发现问题及时解决,全面提升道路养护质量。同时加强快速维修、规范维修、抢险维修的能力建设,在保证质量的前提下,减少长距离、多作业面、双向施工、占道面积过大的封闭作业,把施工对交通的影响降到最低。至年末,全市完成城区沥青、混凝土路面修补38944.69平方米,人行道板修复40349.95平方米,侧平石修复18406米,灌缝30719米,市政设施完好率95%以上。桥梁养护及时到位,在做好日常养护巡检的基础上,按照专业检测机构对管养范围内桥梁的检测结果及维修建议,认真制定养护计划。是年,完成五星桥匝道维修工程,杏春桥缆索、下锚检查及维修养护工程,西门桥南幅应急维修加固工程,西门桥北幅槽型梁维修加固工程。完成城区所有管养桥梁的常规定期检测及16座桥梁的结构定期检测。另外,委托专业检测机构对西门桥墩柱及桥面平面移位进行监测,对新华路通道沉降进行连续监测,对虹桥南路、塘前路节点工程架空道路沉降监测;同时部署开展新一轮城区桥梁结构定期检测和常规定期检测工作,管养范围内86座桥梁均运行情况良好。

【市政道路改造】 2017年,江阴市市政管理部门按照一手抓进度,一手抓管理的要求,合理规划市政道路改造,科学制定改造施工方案,把提高工程质量、抓好安全文明施工放在首位,重点规范工程现场管理。在保证施工质量和安全的前提下,抢抓时间,倒排工期,加快推动重点项目建设,全年完成环城西路改造工程、文化路道路及雨水改造工程、澄江路(文明广场段)改造工程、黄山路新华路渠化改造工程等项目,促进路桥安全畅通运行。

【城市防汛排涝应急管理】 2017年,江阴市市政管理部门紧抓防汛排涝这一重要工作,以设施维护管养为基础,以防汛改造工程为抓手,以应急抢险为重点,全面提升城区防汛排涝能力。完成西门雨污水泵站改造工程、福泰路雨水工程、规划皮弄路雨水工程等七项城区防汛应急工程。实施人民西路、通渡路等多处雨水管道抢修及市政道路积水点改造施工,对暨阳路雨水管进行清淤。提前组织汛前准备工作,主动采取各种应对措施,提高城市的抗涝能力。5月16日,召集相关部门召开城区防汛工作协调会,与会各职能部门人员交流单位的防汛措施、防汛物资和人员配备的准备情况,对年度的防汛排涝工作重点难点进行梳理,对城区易发内涝的区域、路段作认真排查并分析研究对策,确保在汛期各单位各司其职,分工协作,部门联动,为城市安全度汛做好保障。是年,市政管理处组织应急单位5个,成立由30名专业抢险人员、122名社会抢险人员组成的抢险队伍。储备抢险物资水泵31台,发电机12台,应急车辆22辆。确保抢险人员及物资储备到位,所有应急力量汛期随时待命。共组织汛期值班工作10余次,参与汛时防汛应急及人员设备调度5次。继续加强雨水设施管养,完成雨水主管清疏829.3千米,支管65千米,检查井17956座,雨水箅37955个,累计巡查道路里程117530千米,处理违章排水事件30件。 (邱 敏)

电力供应

【概况】 2017年,江阴市供电公司紧紧围绕"改革攻坚年"活动工作主线,深化改革创新,狠抓基础管理,不断提升发展品质,率先全面建成"一强三优"(电网坚强、资产优良、服务优质、业绩优秀)现代公司。全社会用电量、供电量和售电量分别为261.55亿千瓦时、238.71亿千瓦时和233.91亿千瓦时,分别比2016年增长6.79%、6.31%和6.08%;供电线损率2.01%,比2016年增长0.22%;综合电压合格率城区和农村均为99.99%,供电可靠率城区和农村分别为99.96%、99.91%;电费回收率100%。完成电网建设固定资产投资3.51亿元。至2017年年底,公司拥有35千伏至110千伏变电所75座,主变容量653万千伏安。新建及改造10(20)千伏线路529.86千米,新建及改造配电变压器291台、11.47万千伏安。公司安全生产保持平稳。加强配网缺陷隐患排查治理,配网故障率比2016年下降34.18%。加大电力设施保护宣传、奖励力度,构建政企民联保联防体系,110千伏及以下线路外力破坏事件发生率比2016年下降31.03%,220千伏及以上线路实现"零外破"。组织开展迎峰度夏暨防汛防台反事故演习,修编各类应急预案。创新开展电力安全性评价,督促用户整改安全隐患167条。电网建设稳步推进。滚动调整"十三五"电网规划。主动对接地方政府及部门,与市交通运输局、周庄镇签订合作协议,稳妥推进芙蓉大道、君巫路改造等重点工程线路迁改工作。有序推进城区老旧设备改造工程,全面完成108条配电线路自动化改造。按时完成9个小城镇(中心村)电网建设任务。改造低压台区925个、低压线路365.58千米。营销服务持续提升。开展"绿色苏电 智联万家"优质服务主题活动,深入街道、社区、企业进行"大走访",主动对接全市73项重大产业项目,按时完成107个排涝站接电工程。严格执行电价调整政策,积极扩大直购电规模,减少企业电费支出5.79亿元。规范保电工作流程,圆满完成中共十九大、卫星发射测控等重要保电任务。推广银行智能缴费实时到账业务,建成无人及自助营业厅10个,完成"三表合一"(水、电、气三表合一)采集1.3万户,发放便民服务卡31.48万张。建成区域能源服务中心,获得省经信委电能服务商资质。并网分布式光伏发电项目1550项、容量324.43兆瓦。累计建成充电站点68个、充电桩535个。全年实施电能替代项目220项,替代电量6.3亿千瓦时。“三个建设”(党的建设、企业文化建设、队伍建设)全面加强。开展全面社会责任管理试点,实施3项社会责任根植项目,《多方共治,走出小区物业公共设施用电管理新路子》案例被评为省公司最佳履责实践案例,面向全省发布。深化职工服务“5980”(我就帮您)工程,实施关爱员工健康发展专项行动。是年,公司被授予全国五一劳动奖状,荣获“江苏省诚信单位”“江苏省书香企业示范点”“省公司先进集体”“省公司安全生产先进集体”等称号。

【获全国五一劳动奖状】 2017年,江阴市供电公司贯彻安全工作要求,扎实开展“三查三强化”(查责任落实、查基础管理、查风险隐患,强化制度执行、强化反措落实、强化责任追究)专项行动,创新开展支部书记专项督察。开展“品质苏电、智惠生活”等多项优质服务主题活动,推出“澄电心连新”供电服务十项措施。主动对接全市139项重大产业项目,实施“定项、定时、定人”服务。严格执行电价调整政策,积极扩大直购电规模,减少企业电费支出5.79亿元。安装智能网荷互动终端4户,控制负荷8万千瓦。主动对接地方发展,编制“十三五”农网升级改造规划,签订“一流配网建设合作协议”,推动电网建设、新能源发展纳入地方控制性详规。完成全市配网单元制规划编制工作,电网基本建设呈现速度快、质量好的局面。是年5月,被中华全国总工会授予全国五一劳动奖状。

【被评为江苏省书香企业示范点】 江阴市供电公司“职工书屋”成立于2007年。成立以来,供电公司以打造“书香澄电”为目标,组织多项读书系列活动,下发职工读书倡议书,开展“知识献基层、文化送一线”活动。公司工会本着“真情服务职工,共建和谐企业”的宗旨,广泛开展关心、爱护、服务职工“5980”活动,大力开展“书香企业”建设。开展职工读书沙龙,进行女职工“牵手幸福”“拥抱快乐”专题读书活动。公司在“书香企业”建设过程中坚持以人为本,努力为职工提供健康向上、丰富多彩的精神文化产品,引导职工“爱读书,读好书”,充分发挥“职工书屋”的文化功能,通过读书知识竞赛、读书演讲、读书论坛等多种形式传播先进文化,提供精神食粮,满足职工群众精神文化需求,不断扩大“职工书屋”的社会影响力,不断提升“书香企业”建设的社会效应。2017年,将公司调度大楼15层改建成公司清和书院,建筑面积1000平方米。书院馆藏图书量16545册,其中专业技术书籍占28%,职工年均借阅量12792人次。公司全面形成“人人爱读书、人人读好书”的良好氛围,为员工技能提升提供良好的学习平台。是年,公司被评为江苏省书香企业示范点。

【再次被评为全国质量信得过班组】 2017年,江阴市供电公司开展质量信得过班组建设活动的开展,坚持科学应用先进质量管理方法,始终以“保证安全生产,确保工作质量,提升业务水平,创建和谐班组”为目标,不断提升班组基础管理的软实力。通过推行全过程安全管理,贯彻执行安全项目制,编制管理要求和管理措施,分工明确,推行绩效考核,打破平均主义。以工作质量为中心,深化专业管理,培养员工责任心,创新工具应用。开展标准化作业竞赛,推行文明生产,创建学习型组织。顾山业务所运维采集班始终坚持以服务企业发展为目标,突出“精、细、实”,不断提升班组活动质量,夯实班组管理基础,提升员工综合素质。12月,在福建厦门举行的全国现场管理星级评价暨全国质量信得过班组经验交流大会上,江阴市供电公司顾山业务所运维采集班被评为2017年度全国质量信得过班组,成为质量信得过班组建设的“排头兵”。

【海上测控任务电力保障】 2017年,江阴市供电公司把每一次卫星发射工作定为特级保电任务,按照军工海上测控安全供电工作要求,加强领导,精心组织,层层落实保电工作责任。提前分析卫星发射时期,影响海上测控部供电安全危险源点,在卫星发射前,组织拉网式安检工作,与多个用电单位签订安全责任书,对查出的缺陷及时整改。卫星发射保电期间,公司全力以赴、精心调度,把涉及中国卫星海上测控部保电任务的变电所和输电线路列为重要部位,进行蹲点式守护,变电、线路抢修队伍集中待命,24小时加强设备巡视。确保所有供电设备安全可靠运行,保证卫星发射供电保障的万无一失。是年,江阴市供电公司完成运载火箭、遥感卫星发射等12次测控基地保供电任务。

【按期投运107座排涝站专变】 2017年,为解决江阴低洼地区逢雨必涝的困局,市政府投资在全市100余个低洼地区建设排涝站,该工程被列入年度为民办实事项目,供电公司受理107个排涝站接电申请,用电容量31440千伏安,均需在汛期前投运。该项目工程量大,时间紧,接电时间相对集中,为保证所有排涝站项目都能在汛期前按时投运,供电公司开通排涝站绿色通道,指定专人负责,实施一对一客户经理全过程跟踪,实时掌握项目的进展情况,每天更新排涝站项目进度表,做到“勘察快、方案快、施工快、验收快、接电快”。仅6月9日一天,供电公司成功投运15座排涝站10千伏专变,助力江阴平安度汛。

【首用无人机巡视光缆线路】 至2017年,江阴地区敷设光缆1900千米,光缆的安全运行直接影响到信息通信系统安全稳定,尤其是加强对承载高级别业务的通信光缆巡视工作,能有效确保电网系统可靠运行。2017年7月11日,江阴市供电公司首次使用多旋翼搭载高分辨率摄像机的无人机进行光缆线路巡检工作。此次无人机巡线,成功完成该条光缆线路的准确拍摄和巡视检查,供电公司计划把快捷、高效的无人机光缆巡视应用常态化开展,在光缆日常巡视,光缆故障查找中发挥重要的作用,全面提升工作效率,增强供电网络的可靠性。

【电网负荷创历史新高】 2017年以来,随着江阴地区经济的持续发展,江阴地区电网负荷增速显著。入夏后,连续高温酷暑天气,降温制冷用电上升明显,江阴电网负荷不断向上攀升,面对高温高负荷双重冲击,供电公司全体干部员工严阵以待,积极做好防高温、防台风等恶劣天气的应急预案,一方面加强电网安全管理,做好负荷预测、电量平衡工作,采取有效措施积极应对,保障电网安全可靠运行和经济民生用电需求,另一方面主动与政府、企业、新闻媒体沟通,邀请记者走进供电工程、调度、抢修、客服、营销等现场,客观、真实反映供电人员应对高温的工作实况。同时加强与地方媒体记者的合作,针对高温天气下的用电热点问题,有针对性地制作访谈节目,增进企业、用户对供电工作以及电网建设工作的理解和支持。7月12日、7月14日、7月17日、7月21日江阴电网调度负荷四创新高,并首次突破400万千瓦时大关,达到401.4万千瓦时。

【履责实践案例在全省发布】 自2016年以来,江阴市小区物业公共设施配电设备问题频发,为居民的生产生活带来极大的不便和安全隐患。公司立足推动"综合价值创造最大化",促进社会责任融入专业管理,探索出"多方共治"的小区物业公共设施用电管理新模式。公司通过促请市住建局将小区物业公共设施配电设备维修费用纳入房屋维修基金使用范围、邀请政府牵头组织开展小区物业用电专项检查、帮助小区电工进行技能培训等多项措施来解决物业公司资金短缺、动力不足、技术不够的问题。经过此次实践,江阴未发生一件因小区物业公共设施配电设备故障导致的小区整体失电、电梯困人事件,设备用电故障率下降63%,降低电网运行风险,保障其他客户用电,也进一步拓展公司从社会视角改进供电服务的工作思路。2017年12月,在南京召开以"责任电靓美好生活"为主题的江苏省最佳履责实践发布会暨利益相关方沟通会上,江阴市供电公司实践案例《多方共治,走出小区物业公共设施用电管理新路子》作为省公司8个最佳履责实践案例之一在会上进行发布。

【能源服务中心平台正式上线】 2017年,江阴市供电公司为进一步提高客户服务水平,向客户提供安全、优质、高效的电力设备运维,在生产区开展能源服务中心建设,以加强智能化能效管理,降低客户运行成本,推动电网产业转型升级。自2017年起,市供电公司加快能源服务中心建设,6月23日,正式投运上线。供电公司在传统电气服务的基础上,利用综合能源服务中心平台强化需求侧管理,全方位监控用户变电站的电气设备运行工况和能源实时消耗,开展客户的电气设备运维以及能源在线监测服务,为客户量身定制安全可靠的能源管理,提供科学的分析和建议,切实降低客户运行成本,努力提高优质服务水平。综合能源服务中心平台,还可作为省经信委的电能服务商配合客户开展需求响应等活动,积极应对需求侧市场的竞争。

(沈志平　张优花)

房地产开发

【概况】 2017年,江阴市住房和城乡建设部门健全完善政策,出台促进房地产市场健康稳定发展意见和预销售资金监管办法,强化开发建设过程监管,严格入户验收和综合验收,建立完善预销售资金政府与银行联合监管机制,严格预销售项目审批,突出中介市场整治,实施新建商品房销售价格备案管理。是年,江阴市完成房地产开发投资179.9亿元。房屋建筑竣工面积183万平方米。商品房销售面积337.81万平方米,新建商品房上市167.59万平方米,比2016年增长19.12%;成交331.39万平方米,比2016年增长19.7%。商品房销售成交总额267.03亿元,其中住宅销售额222.78亿元。江阴市住房和城乡建设部门受理审核房地产开发企业资质核准、延期、申报等132个,其中资质核准61个;办理延期及变更71个;资质发证104个。

【出台新建商品住宅价格备案细则】 2017年,江阴市政府为稳定房地产市场预期,由市住建局和物价局联合发文《关于实施新建商品住房销售价格备案管理的通知》。文件规定,自7月19日起,中心城区尚未预售、销售的新建商品住房项目,在申报商品房预(销)售前,需要先向市物价局申请价格备案,物价局将通过对该项目开发成本、周边楼盘售价等因素综合考量,指导开发企业科学合理定价。同时也规定,价格备案后一年内不得重新调高备案价格,开发企业若要调高价格,必须是价格备案确定满一年后才能申请调价,调价涨幅也不能超过8%。此举规范新建商品住房的定价,稳定市场预期。

【促进房地产市场稳定健康发展】 2017年,江阴市政府办公室出台《关于进一步促进房地产市场健康稳定发展的意见》,主要针对全市房地产市场的新形势、新动态,围绕控地价、调房价、增监管、促去化这四个方面对房地产市场的管理提出新的要求。首次提出设立"土地出让最高限价"。当网上竞价达到最高限价时,若仍有2个以上单位要求继续竞买的,停止网上竞价,通过摇号产生竞得者。避免出现由于开发商过于乐观的预期而导致的土地价格越拍越高,房价跟着土地价格水涨船高的局面。恢复商品住宅价格备案管理制度。新楼盘在办理商品房预售许可或现房销售时,需要向物价部门申报价格备案,并对价格进行成本审核,实际销售价格不能高于在物价部门备案的价格。规范房屋定价、调控房价预期、避免开发商暴利、确保市场健康稳定发展。强调《江阴市商品房预售资金监管办法》的重要性。通过预售资金监管的实施,将开发企业所收的预售房款,将统一缴纳到其在银行开立的预售资金监管账户中,在达到拨付条件后方可动用,保证开发商将所受资金用于工程的建设,避免挪用资金而造成的风险。对企业或个人向开发企业新购买存量商业、办公用房,属于同一开发项目且一次性购房面积在500平方米以上的,由政府对购房人给予已交契税50%的补助、给予购房当年已交房产税50%的补助。

房地产保障与管理

【概况】 2017年,江阴市住房和城乡建设部门进一步完善住房保障体系,优化住房保障政策,全年棚户区新开工改造789套,基本建成207套,超额完成省下达任务。是年,规范物业管理,开展诚信体系建设,认真推进达标创优和随机检查活动,南门首府、创智家园、敔山岭秀、浮桥家苑二期4项项目被评为2017年度无锡市物业管理示范项目。全年完成16项项目的前期物业招投标开标。完成房屋安全鉴定98次,出具房屋安全鉴定报告23份,出具房屋安全鉴定意见书20份,总计鉴定面积约2万平方米。其中危房面积约8000平方米。完成13个老小区和10个改善型城中村改造。

【住房保障标准调整】 2017年,江阴市住房和城乡建设部门为扩大廉租住房保障受益面,经公开征求社会意见,对住房保障标准进行调整,将享受廉租住房租金补贴的住房困难家庭由原先的人均月可支配收入1780元以下放宽至1931元以下,且人均住房面积在18平方米以下的低收入家庭。其中,符合低保(特困)、家庭人均建筑面积在12平方米以下的住房困难家庭,可申请廉租房实物配租。至年底,累计廉租住房保障942户,其中租金补贴533户,实物配租409户。

【公租房保障门槛降低】 2017年,江阴市住房和城乡建设部门大力提升政府投资公租房分配率,公租房供应范围由原先的澄江街道范围,扩大到临港开发区和高新技术产业开发区管辖区域。新就业人员学历要求由大专以上降至中专毕业生,并首次把高级技工纳入保障范围。对各类住房保障对象、各地段公租房租金标准,由原先的每平方米10元的租金调整到7.5元,大幅减轻公租房保障对象经济承受力,591户公租房用户受益。

【保障房准入退出制度严格执行】 2017年,江阴市住房和城乡建设部门持续加大保障房入住管理,按照“三审两公示”(三审:所在社区初审,澄江街道和民政部门审核,各相关部门联合会审;两公示:街道审核后公示,各相关部门联合会审后公示)要求规范住房保障审核准入。至年底,累计廉租住房保障942户,其中租金补贴533户,实物配租409户;公租房审核配租591户。强化退出机制,全年取消廉租房保障家庭628户,其中租金补贴432户,实物配租196户。累计腾退公租房312套。经济适用房上市计154户。

【第四期经济适用住房申购审核】 2017年11月9日,江阴市住房和城乡建设部门根据2011年11月市政府印发的《江阴市经济适用住房管理办法》规定,按照“三审两公示”要求,对受理登记的272户申请经济适用住房购房资格家庭进行审核,其中241户家庭取得购房资格。12月23日,组织第四期经济适用住房抽签选房,241户购房资格家庭通过随机抽签,获得经济适用房“汇雁城”小区房号。

【老小区改造有序推进】 2017年1月,由江阴市住房和城乡建设局牵头,澄江街道具体实施,制定具体可行的老小区改造实施方案,改造内容包括:整修路面、外立面出新、停车位改造、绿化补种植、技防监控等方面,对虹桥八村、君永小区、江城家园、郑经路10弄、环南路(28—30弄)、居民新村、澄江新村、环城东路85号、绿园新村(23—38幢)、朝阳关新村、朝阳路一弄、财盛新村、颐新华都等13个建造年代相对较早、基础设施较差、严重影响居民生活起居的老小区进行改造。是年12月底,老小区改造工程全部竣工,增加车位1290余个,在缓解老小区停车难问题的同时,小区环境得到显著改善。

村镇建设

【概况】 2017年,江阴市住房和城乡建设部门扎实推进新型城镇化和城乡发展一体化工作,不断巩固全市村庄环境整治成果,使村庄环境长效管理呈现常态化。新桥镇被评为第二批全国特色小镇,璜土镇璜土村被评为全国改善农村人居环境示范村,璜土镇璜土村东贯庄(自然村)创建为江苏省美丽乡村,39个村庄环境长效管理示范点和8个改善提升村庄通过无锡市验收。完善全国农村人居环境信息系统,全市10个建制镇、7个街道,下辖行政村222个,自然村2993个。10个镇镇区现状用地面积8446公顷,人口24.2万人;农村现状用地面积7581公顷,人口48.6万人。长江自来水覆盖率100%,日供水能力52.36万立方米,供水管道长1693千米,绿地面积2101公顷。

【村庄环境长效管理】 2017年,江阴市村庄环境整治推进工作领导小组进一步健全村庄环境考核督查机制,实行定期考核和不定期暗访、督查相结合。加强村庄环境改善提升,深化“三清一绿”(清洁家园、清洁田园、清洁水源、提升绿化)整治,全年组织考核4次,迎接无锡市考核2次,39个长效管理示范点和8个改善提升村庄通过无锡市验收。

【特色田园乡村建设】 2017年,江阴市住房和城乡建设部门按照省各项决策部署,高效推进,建立特色田园乡村建设工作联席会议制度,在全市范围内优选项目,积极争取省级试点村3个、无锡市级试点村10个,力争在2020年之前培育一批具有江阴特色的示范村庄。

(邱　敏)

■类目编辑　党　辉

生态建设

综述

【概况】 2017年,江阴市扎实开展“两减六治三提升”(简称“263”)专项行动*,全面启动“长江生态安全带示范区”“六水共建”*行动计划,推进生态环境保护和突出问题整改,保障生态文明建设高质量发展。年内,全市环境质量持续改善,城区环境空气优良率66.9%(扣去沙尘暴天气影响),PM2.5(细颗粒物)浓度比2016年下降6.6%,超额完成大气十条考核任务。国考断面水质全部达标,省考断面水质达标率与2016年持平。江阴市环保局全面落实突出问题整改,及时整改完成中央环保督察组交办的信访问题99件。有序推进秦望山产业园危险废物应急焚烧线项目,顺利完成区域限批摘牌工作;完成利港化工园区和石庄化工园区民房拆迁及窑港口水源地取水口迁建工程,全面启动城镇综合污水厂提标改造工程。持续深化环保体制改革,建立健全环保工作责任体系,制定《生态文明建设暨“263”工作考核办法》,落实责任考核市级机关部门全覆盖,根据生态文明分工分三档(生态文明建设牵头部门、重要部门、一般部门)考核。推进环评审批改革,优化环评审批环节,完成建设项目环境影响评价文件审批457份,探索以“三线一单”*为核心的区域环评改革。实施排污许可制度改革,基本完成火电、造纸、钢铁、水泥等行业国家排污许可证发放工作,有效规范企业排污行为;各镇(街道)在全国率先实施与污染物排放总量挂钩的财政政策,涉及财政资金18818.3万元,对未完成断面质量考核的高新区、澄江街道、云亭街道、徐霞客镇分别惩罚性扣减1342.6万元、1005.8万元、505.5万元、909.7万元的污染物统筹资金。完成企业环境信用评价2030个,对信用评定评为红色、黑色等级的企业(指造成污染严重的企业)落实差别化电价,落实刚性奖惩。持续推进执法大比武,执法监管继续深入开展“蓝天”“碧水”等专项执法行动,全市重大案件查处数比2016年增长30%。加强基础设施建设,推进光大电厂三期扩能等工程建设,完成花山生活垃圾填埋场大修工程;加快建设绮山应急备用水源地,正式投用小湾水厂30万吨/日深度处理改造项目。加强环境监控体系建设,实现危险废物产生单位、印染企业视频监控1100余个,设置断面水质自动检测站65个,全市新建成各镇(街道)大气自动检测站15个和乡村PM2.5监测点简易站300余个。是年,市环保局连续第2年被环保部评为执法大练兵先进集体。新桥镇、云亭街道、华士镇华西村被评为首批江苏省生态文明建设示范乡镇(街道)、示范村。

【江苏省环境保护督察】 2017年,为认真贯彻落实中共中央、国务院和省委、省政府关于加强环境保护的决策部署,推进全省生态文明建设和环境保护工作,经省委省政府批准,江苏省第二环境保护督察组进驻无锡市开展环境保护督察工作。8月31日,江苏省第二环境保护督察组督察无锡市工作动员会召开,江阴市召开迎检动员大会,成立江阴市级协调联络组,由江阴市长蔡叶明担任组长。年内,全面建立市级、镇级、部门3级保障联络网络,对于信访交办件做到立查、立处、立停,24小时内调查清楚,涉及违法问题立即查处;问题整改明确责任、明确时限、明确措施,汇报材料精准及时,准时完成各项任务。是年,全面推进江苏省第二环境保护督察组交办的270个信访问题整改,其中,完成限期整改21个,停产整改79个,关闭取缔企业6个,立案处罚128个,处罚金额901.31万元,实施查封扣押企业11个,刑事拘留2人,行政约谈37人次。

【环保宣传】 2017年,江阴市不断提高新闻报道及舆论引导水平,持续培育环保典型和宣扬环保精神,推进公众有序参与,推动构建全民环保行动体系。市环保局推动江苏省级“绿色学校”创建,举办“环境知识科普课堂——生命之水”“变废为宝——敲敲打打嗨翻天”创意大赛。推动江苏省级“绿色社区”建设,推进“百家社区环保行”活动,组织发放环保知识手册、环保法规手册,受理市民环保投诉和建议,并利用宣传栏、展板等形式张贴环保宣传海报,宣传环保理念。全面开展“生态文明宣传一条街”工程建设,打造各镇(街道)、园区生态文化宣传街区;开办“绿芙蓉课堂”大型环保公开课

4期，通过培训提升社会各界对环境保护工作的认同感。召开环保新闻通气会，通报江阴市2016年环境质量状况、2016年度企业环保信用评价结果、江阴市绿色信贷和差别电价执行情况等，首次授予江苏长电科技股份有限公司等35个连续3年获评绿色等级的企业"绿色环保示范企业"称号，并对江阴市兴港纸业有限公司等21个环保信用评价评为红色、黑色等级的企业予以环保预警通报。是年，在《中国环境报》刊发稿件5篇，市级媒体报道生态环保工作新闻40余次，其中《江阴日报》报道14次、江阴电视台16次，江阴电台10次。充分利用微博、微信等新媒体，提高全市环保新闻报道的深广度和影响力，江阴环保政务微博发布各类信息218条；江阴环保微信公众号发布微信43期，上传各类图片1600余张，网民转发相关信息100余次，关注人数2384人。新桥镇、云亭街道、华士镇华西村被评为首批江苏省生态文明建设示范乡镇（街道）、示范村。

【环保审批】 2017年，市环保局严格把好审批关，推进环评审批改革，制定《江阴市建设项目环境影响评价改革试点办法》，减少环评流程、内容及费用，优化环评审批环节，实现登记表自主备案。年内，积极探索实施"三线一单"为核心的区域环评改革，以高新区作为试点推进。全力服务重大项目，开通绿色通道，加快审批进度，确保项目准点开工不拖沓，完成区域限批期和出具重大项目技术审查意见22份，完成秦望山项目应急生产线等重大工程的环评审批。加强对环评中介把关，对全市31个环评中介机构进行考核，对考核不合格的2个中介机构实施限批整改。是年，接待电话咨询2000余次、来访咨询600余次，现场服务企业80余个；审批建设项目各类环境影响评价457份，其中报告表426件、报告书31件，出具技术审查意见22份；完成"三同时"*验收238件；完成征地前期咨询105件；办理危废转移手续51次，完成危废经营许可证预审6个；完成核辐安全许可证预审、辐射环境影响评价预审75份；完成6期建设项目总计85项项目的审议工作。

两减六治三提升

【概况】 2017年，江阴市启动"两减六治三提升"（简称"263"）专项行动。年内，成立以江阴市长蔡叶明为组长的"263"专项行动领导小组，从环保、水利等14个部门抽取24名人员集中办公，实现"263"专项机构实体化运作。制定出台《江阴市"两减六治三提升"专项行动实施方案》《江阴市"两减六治三提升"专项行动2017年工作计划》，全面打响污染防治攻坚战。召开7次全市性会议研究部署"263"专项行动工作，开展"263"专项行动履职活动周、"263"专项行动视察、"河长制"巡查等活动。建立"263"专项行动工作规范，健全信息报送、通报交办、督查考核等制度。建立卓有成效的推动机制，江阴市市委、政府主要领导带队开展明察暗访、夜间检查，带动镇街园各板块开展常态化"自查自曝自改"工作，获得省、无锡市充分认可。充分发挥"263"专项行动协调、督办作用，年内完成重点工程项目1547项，全面完成无锡下达江阴的191项工程项目及政策措施。强化宣传曝光，传统平台、新媒体齐发力，"263"专项行动广泛传播、深入群众，取得实效。年内电视曝光专栏播出77期、微信公众号发布36期。督促77个各级曝光问题和89个交办信访问题的整改，其中79个挂牌件完成整改76件。通过曝光、督查与整改，顺应群众呼声，解决一批突出问题。是年，完成减煤42万吨，完成热电机组节能改造10台，淘汰燃煤锅炉63台和燃煤工业窑炉7台，关停化工企业47个。编制城区19条黑臭河道整治方案、开展镇级72条黑臭河道整治、完成10个城镇污水处理厂一级A提标改造和14个排水达标区建设和验收工作，新建污水管网20.98千米，推进全市423个村庄生活污水治理项目建设。出台《江阴畜禽养殖禁养区和限养区界定规划》，关闭畜禽养殖场1700余个。实施169个挥发性有机物治理工程，淘汰高污染车辆2337辆，完成岸电系统建设6套。实施与污染物排放总量挂钩的财政政策，完成企业环境信用评价2030个。

【两减】 "两减"即减少煤炭消费总量、减少落后化工产能。2017年，江阴市把减煤作为"263"专项行动中的重点工作，市委、市政府高度重视，建立考核机制、层层落实任务。是年，完成煤炭消费总量削减量42万吨，进一步提高电力行业煤炭消费占煤炭消费总量的比重。推进热电整合，完成热电机组节能改造9台。推动燃煤机组超低排放升级改造，淘汰燃煤锅炉63台，顺利推进华能燃机发电项目前期工作。制定"一企一策"，引导化工企业转型发展，完成阿尔法（江阴）沥青有限公司、江阴华西码头有限公司为代表的化工企业和危险品码头年度环保升级任务。是年，关停化工企业47个，完成数量位于无锡市前列。

【六治】 "六治"即治理太湖水环境、治理生活垃圾、治理黑臭水体、治理畜禽养殖污染、治理挥发性有机物污染、治理环境隐患。2017年，江阴市深化"六水共建"*行动计划，推进河道环境综合整治，改善全市水环境质量。出台《江阴市进一步深化河长制实施方案》，建立市、镇（街道）、村（社区）三级河长体系，扎实推进黑臭河道整治工作。以"12345"试点经验（在一个商业综合体、2个自然村、3个居民小区、4个公立单位和5个菜场超市等15个点开展生活垃圾分类）推广垃圾分类，"以点带面"开展"治垃圾"行动。推进畜禽养殖污染整治、农药化肥减量增效、林地湿地生态提升建设和水产养殖污染治理四大任务，完善措施，创新举措，推广渔稻共作等健康养殖模式。以源头控制、综合治理、总量控制为原则，采用清洁原料替代、过程管理、末端治理全过程污染控制措施，全面开展挥发性有机物（VOCs）治理工作。落实企业主体责任，强化对污水处理污泥环境监管，推行"四清四严"*全过程管理，实施污泥日报制度，启动污泥处置应急措施，组织5个电厂启动污泥应急焚烧处置。年内，推进绮山备用水源地建设，累计完成土石方280万立方米，基本完成库区土建工程;建成投运小湾水厂 30 万吨/日深度处理工程,实现并网供水;推进城乡污水处理,整合污水处理厂 6 个,完成峭岐、民达、北涸、长泾等 10 个污水处理厂一级 A 提标改造;实施 423 个村庄生活污水治理,新建排水达标区 30 个,新建污水主管网 20.98 千米。垃圾分类试点扩大到 20 个小区,全年处理生活垃圾 46.3 万吨,处理量 1269 吨/日。开展 100 条河道综合整治,编制城区 19 条黑臭河道整治方案并启动整治,投资 2 亿余元,完成镇级 72 条黑臭河道整治,切实改善支流水环境质量。制订实施《江阴市畜禽养殖禁养区和限养区界定规划》和《江阴市推进畜禽养殖区域布局调整优化和养殖污染治理工作指导意见》,促进全市畜牧业转型升级,关闭畜禽养殖场 1700 余个。建成高新区化工园区、临港经济开发区利港、石庄化工园区 3 个化工园区的露检测与修复(LDAR)体系;制订出台全市汽车维修行业挥发性有机污染治理方案,完成化工、印刷包装等重点企业挥发性有机物(VOCs)综合治理工程 169 个。开展长江沿岸油码头油气回收治理,启动中石化长山油库码头油气回收试点工程,完成中船澄西等企业岸电系统建设 6 套。顺利推进光大电厂三期扩能、秦望山工业废弃物综合利用项目一期工程。开展环境风险企业“八查八改”*,完成重点环境风险企业环境安全达标建设 80 个,全市环境安全达标建设和“八查八改”完成率为 65%,超额完成 50% 的年度任务。

【三提升】 “三提升”即提升生态保护水平、提升环境经济政策调控水平、提升环境执法监管水平。2017 年,江阴市强化长江生态安全带建设,优化生态保护与建设空间格局,生态保护水平稳步提升。引导更多金融和社会资本进入生态环保领域,加快推进江阴环保基础设施提档升级,推动江阴绿色产业发展进程。强化依法行政,加强污染源现场监管,完善执法闭环,严肃查处环境违法行为。年内,完成窑港口水源地取水口迁建工程,划定包含饮用水水源地和沿江湿地在内的 22 平方千米生态红线区域,推进沿江企业的退城搬迁工作,推进黄田港、韭菜港轮渡外迁和沿江危化品应急救援基地建设,逐步打造八里沿江、十里运河的“江阴外滩”。开展湿地公园、湿地保护小区建设,完成黄山湖湿地保护小区创建工程,完成南闸街道丁果湖山水生态湿地公园景观规划建设 33.3 公顷一期工程、长泾镇东跃湖 13.3 公顷湿地建设工程。实施江河湖防护林体系、绿色通道、绿色家园、城市景观生态林、和森林抚育改造等工程,完成植树造林 200 公顷,新增绿化面积 333 余公顷,全市建成区绿化覆盖率 43%,人均公园绿地面积 15.96 平方米。加大财政资金向生态环保领域倾斜力度,投入 7.59 亿元支持污染治理项目攻坚。设立环境生态保护专项资金,在大气和水污染防治、环境综合整治、垃圾处理、生态补偿等方面持续为“263”专项行动培育新动能。实行领导带案下访制度,组织对多次举报,长期举报不断的企业进行季度性约谈,通过联络员对相关企业的情况有效及时反馈,有效压降信访解决重复信访。

生态环境治理

【概况】 2017 年,江阴市全面推进水环境综合整治,制订出台《江阴市“六水共建”三年行动计划》《加强长江大保护建设生态安全示范区的实施方案》,开展黑臭河道摸底调查,实行“一河一策”。全面贯彻落实大气污染防治工作要求,全面落实国务院《大气污染防治行动计划》(简称“国十条”)、《江苏省大气污染防治条例》(简称“省十条”)年度项目部署,持续推进大气污染防治攻坚战,推进燃煤污染、车船污染、挥发性有机物及扬尘等大气污染治理。提升固废管理水平,部署污泥“四清四严”管理,实施日报月报制度,全面压实企业治污主体责任,提升规范化管理水平。是年,国考断面水质全部达标,省考以上断面水质优Ⅲ比例 33.3%,与 2016 年持平。无锡下达 15 条河道整治任务,断面水质达到Ⅲ类比例为 46.7%,比 2016 年同期提升 40 个百分点。列入太湖治理的 17 项重点工程全部完成,总计投资 2.6 亿元。8 月,制订出台《江阴土壤污染防治工作方案》,完善全市污染防治体系,并对江阴九华集团有限公司等 8 个地块进行调查评估。全市主要污染物化学需氧量、氨氮、总氮、总磷、二氧化硫、氮氧化物减排超额完成年度任务,分别比 2016 年下降 3.39%、3.37%、3.61%、4.14%、5.55%、5.55%,办理排污权交易 9 个,交易额 576.5 万元。

【水污染治理】 2017 年,江阴市制订出台《江阴市“六水共建”三年行动计划》,全面开展包括“水规划建设、水生态建设、水资源建设、水景观建设、水安全建设、水文化建设”在内的“六水共建”行动。全面推进水环境综合整治,优化考核,科学调

2017 年,江阴红嘉印染有限公司按照环保规范化要求进行密闭车间改造

(市环保局提供)

整乡镇水环境质量考核断面，将国考、省考、无锡市考等断面全部纳入考核，水质目标按照最严格要求执行，每月发布水环境质量月度考核通报。加强水环境治理，制定治太湖、治黑臭专项行动工作方案。6月，出台《加强长江大保护建设生态安全示范区的实施方案》，推进“污水零直排区”建设，重点对集镇区、工业园区的黑臭河道进行梳理摸底，多措并举，采取控源截污、河道整治、筑坝抽水、调江济河、生态绿化等措施，开展小湖港、创新河等100条河道的综合整治。编制利港河卫东桥、张家港河码头大桥2个断面的水质达标方案并组织实施。是年，国考断面水质全部达标，省考以上断面水质优Ⅲ比例33.3%，与2016年持平。无锡下达15条河道整治任务，断面水质达到Ⅲ类比例为46.7%，比2016年同期提高40个百分点。

【大气污染防治】 2017年，江阴市全面贯彻落实大气污染防治工作要求，持续推进大气污染防治攻坚战。年内，市环保局加强燃煤锅炉整治，推进燃煤污染治理。开展车船污染治理，加强全市机动车检测站点的日常检查，切实规范机动车环保检测机构运行管理，源头防控机动车污染。推进船舶污染防治，完成中船澄西船舶修造有限公司等2个企业低压岸电系统改造工程。对大型物料堆场、煤堆场进行扬尘污染治理，完成扬尘污染治理项目5项，其中投资近3亿元的江阴兴澄特种钢铁有限公司原料场封闭改造项目完成改造，并安装扬尘在线监控设施。委托南京大学环境科学设计院，开展石化、化工、涂料等14个重点工业行业的挥发性有机污染物的源清单调查工作，进一步摸清挥发性有机污染物排放底数，为精准治理臭氧污染奠定基础。继续组织消耗臭氧层物质（ODS）管理工作，开展ODS使用情况调查，督促ODS使用企业落实备案制度。年内，修订完善《江阴市重污染天气应急预案》，强化秋冬季大气污染防治工作；制定出台《2017—2018年秋冬季节大气污染防治强化管控方案》，加强燃煤、工业、机动车、扬尘、面源等污染管控措施，确保秋冬季节空气环境质量。

【固体废物处置】 2017年，江阴市狠抓固废处置短板，提升固废管理水平，部署污泥“四清四严”*管理，实施日报月报制度，全面压实企业治污主体责任，进一步提升规范化管理水平。年内，市环保局抓住废水污泥监管的薄弱环节，加强污泥管理工作，明确污泥管理的责任分工和要求，开展面对面服务和指导，组织召开污泥规范化管理会议4次，对污泥产生、贮存、转移和处置等环节进行全面规范；完善污泥日报平台，拓宽污泥管理数据的采集渠道。落实进口固废监管的基本要求，严格进口固体废物加工利用企业的现场考核，开展进口固废加工利用企业的专项检查。妥善处理突发性固废事件，加快推进危险废物焚烧和填埋项目建设，及时解除区域限批。对照法律法规，坚持管控和修复，持续推进江阴凯江农化有限公司填埋固废的规范处理。强化危险废物涉刑案件认定，积极配合司法、监察部门对“绮山研磨灰案件”等8个涉危废案件的调研取证。是年，落实危险废物的网上申报，新开通危险废物申报账号499个企业，累计有1375个危险废物产生单位纳入危险废物管理范畴，比2016年增长56.96%；落实危险废物管理计划申报1028个，比2016年增长54.12%；审核危险管理计划2735厂次，比2016年增长75.21%。组织和参加危险废物规范化管理培训会议5次，对全市16个危险废物经营单位规范化管理现场检查，及时梳理危险废物管理典型性问题，下发督查通知书12份。现场考核固体废物加工利用企业14厂次，逐一排查全市涉及固体废物进口的企业43个，累计指导企业申请进口减量2万吨。

【节能减排】 2017年，江阴市落实工程减排，创新推进污染物总量减排工作。年内，市环保局重视环统年报，做实减排底账，统计排污单位569个约10万个数据，新增统计工业企业57个，按无锡市环保局要求对98个数据异常企业进行系统核算，进一步摸清企业排污家底。实施全市各镇（街道）、园区污染物排放总量挂钩财政政策，体现结果导向、压力传导原则，利用财政杠杆促进地方政府加大治污力度，形成减排合力。实施更严格的总量平衡制度，注重环境质量、缩短来源年限、来源倍量替代，暂不受理环境质量不达标的地区有关行业项目的总量平衡审核；做好统筹协调，服务企业申报，组织开展发证培训11场次，涉及350个企业。全年办理排污权交易9个，交易额576.5万元。实施排污许可证改革，分行业梳理应发证名单，制定发证计划，全面展开火电、造纸等15个重点行业排污许可证发放工作。开展课题研究，优化管理模式，以江阴兴澄特种钢铁有限公司作为试点，开展建立与大气环境相关联的排污许可管理模式研究，形成《探索建立与区域大气环境质量相关联的排污许可管理模式研究报告》。是年，超额完成年度减排任务，化学需氧量、氨氮、总氮、总磷、二氧化硫、氮氧化物分别比2016年下降3.39%、3.37%、3.61%、4.14%、5.55%、5.55%。（姚京君）

生态环境优化

【概况】 2017年，江阴市园林旅游管理局以建设“现代化有特色的美丽宜居城市”为目标，继续落实“十三五”江阴城乡建设“1310工程”部署，扎实开展绿化造林、工程建设、环境整治、绿化管护等各项工作。3月11日，全市四套班子领导、绿化委员会成员部门及驻江阴官兵在长山大道西侧（云亭街道西应天河—山水路）举行全民义务植树活动启动仪式，开展绿化宣传和送绿进28个社区等活动。年内，全市发放宣传册1000余册、花卉种子2500余包、小绿植4000余盆；建成区绿化覆盖率43.04%，绿地率39.75%，人均公园绿地面积15.96平方米；创建园林式居住区运河世家、和院峰景、富达花园、幸福华都、南苑二村、东苑新村6个。是年，江阴市全面开工建设韭菜港公园、应天河公园东段，绿化总面积约24万平方米，工程量约1.6亿元，至2017年年底，两公园完成工程量的50%。市园林旅游管理局被评为无锡市城市建设先进集体。

【道路绿化工程】 2017年,江阴市大力推进城区新建道路绿化建设工程,完成北居路、丰收路、纵六路、长山大道云亭段、华都路、金云街绿化工程,新增绿化面积3500平方米,工程量约700万元;完成夏东路绿化面积3.2万平方米,完成投资约900万元;推进虹桥路下沉广场、金井河、云台路、月季路绿化面积约8万平方米,完成投资约1300万元。推进乡镇市级道路绿化建设,切实提高乡镇绿化建设水平,完成光明路绿化种植验收,完成绿化面积3.6万平方米,完成投资500万元;推进峭岐迎宾路绿化面积约4万平方米,完成投资408万元;推进疏港高速江阴段防护林绿化面积6.2万平方米,完成投资363万元。

【绿化环境整治】 2017年,江阴市积极推进城乡绿化环境整治,按照《江阴市城乡环境综合整治三年行动计划(2015—2017)》《江阴市创建全国文明城市测评体系操作手册责任分解表》《江阴市深化文明城市创建十大专项提升行动方案》以及江阴市"263"专项行动部署,展开一系列的绿化环境整治工作。自3月开始,连续实施3轮城乡环境整治,以补全、通透、保活为原则,通过土方造型、绿化种植、景观改造等方式,全面改善城乡居住环境。3—6月,开展第一轮整治工作,完成徐博园、浮桥家苑北侧、天鹤四村、环城南路、鲥鱼港公园雕塑广场、花山路、花园三村小游园、新开发小区围墙外绿地、老小区绿化补植、江苏长电科技股份有限公司对面绿地、五星桥西塊、望江公园泵站、老南外环路、文富北路滨江路口、江阴市第一中学周边绿地、青山遗址等16个环境整治地块。7—8月,开展第二轮整治工作,完成滨江西路、镇澄路、澄杨路云亭段、长山大道(敔山湾段)等地块的环境整治。9月,开展第三轮整治工作,完成城区澄江路、黄山路、大桥路、人民路、五星路、梅园路、世新客运站周边等37条主干道路绿化缺损补植工作。是年,扎实推进城乡环境综合整治行动,完成投资2500万元,实际整治面积38.66万平方米。

【城乡绿化管护】 2017年,江阴市园林旅游管理局加强全市3200万平方米绿化的考核力度,保障绿地效果。市园林旅游局考核办公室按照《江阴市园林绿化管护考核管理办法》,根据当月及历史气候特征和植物生长规律制定生产计划,确定养护工作重点,根据绿地等级,明确考核标准和要求,并通过月度考核技术例会进行讲解培训;加大对养护作业人员的考核力度,确保人员数量,保持绿地总体效果。同时,针对新开发建设的小区围墙外绿化无人管理的现象,市园林旅游局将城区30万平方米新开发小区围墙外绿化纳入绿地管护范围,按照绿地养护等级标准分类进行维护,使绿化效果得到质的提高。是年,市园林旅游局完成绿化管理相关的"110"联动处理82件,交通事故定损29件,"12319"城管信息联动1487件,"12345"江阴市政府公共服务热线受理中心转接绿化管护方面投诉951件,处理群众电话诉求86件。

【绿化科研创新】 2017年,江阴市园林旅游管理局加大园林绿化科研创新力度,做好植物引种工作。年内,与中山植物园加强合作,引种裂叶槭葵、水麻、彩叶杞柳、金边连翘、海滨锦葵、臭牡丹、金叶接骨木等植物新品种14种,并对其进行适应性研究。组织举办"园林绿化植物品种在新形势下的发展与要求""园林病虫害防治工作及未来发展方向"绿化大讲堂培训工作2期。对期刊《绿化信息》进行改编,做到"选材本土化,内容技术化,信息前沿化",全年发放1800份。做好植物铭牌二期悬挂工作,悬挂范围增加船厂公园、鹅鼻嘴公园、望江公园等新接收绿地,完成挂牌2500块,城区绿地挂牌5000块,普及植物信息,增强市民对植物的认识和了解,提高爱绿护绿意识。微信公众号"江阴市绿化技术监督指导站"更名为"绿江阴",对内容进行改版,涵盖养护月历,新品种引进,新技术推广,造园新艺术推介,家庭园艺新品、新技术简介等内容。 (高振华)

生态基础设施建设

【概况】 2017年,江阴市环境卫生管理处紧紧围绕年度工作目标任务,推进环卫重点工程建设,提升行业精细化管理,稳健推进各项工作。年内,完成光大环保能源(江阴)有限公司三期扩能工程渗滤液项目建设,建成投运新宿舍楼、办公楼,推进主厂房桩基、开挖、炉基础交安等施工项目,全年完成总工程量的

带有二维码扫描科普功能的植物铭牌 (市园林旅游局提供)

锦江花园生活垃圾智能分类试点　（市公用事业管理局提供）

80%左右；完成飞灰填埋场三期扩建项目区域地形测绘、可研报告评审，并报发改审批，完成飞灰填埋场扩建地勘及环评、环境检测招标。是年，全力做好生活垃圾源头减量、应急控量工作，全年累计无害化处理生活垃圾47.2万吨，日均处理1294吨，总发电量17578万千瓦时；生活垃圾无害化处理率和全量焚烧率均达到100%。全年处理渗滤液85000余吨，处理粪渣19000余吨；城区机械化清扫率88.23%，乡镇机械化清扫率55.02%。有机垃圾相对集中处理点全面投运，年处理有机垃圾2.06万吨，产出有机腐熟料1565吨，油脂138吨。至年底，全市日均处理量130吨。新增扩面推广20个小区垃圾分类试点工作，开展垃圾分类宣传活动，全面提升城市品质能级。（徐　蕾）

【环境卫生管理】 2017年，江阴市环境卫生管理处按照生活垃圾无害化处理的要求，严格执行垃圾控量、落实错峰清运、加强终端监管等各项措施，全力保障全市生活垃圾收运体系平稳运作。年内，加大收运环节的硬件设施投入，全市环卫部门新增作业车辆18辆，有效提升环卫机械化作业水平。全年无害化处理生活垃圾47.2万吨，平均日处理量1294吨，总发电量17578万千瓦时；生活垃圾无害化处理率和全量焚烧率均达到100%。全年处理渗滤液85000余吨，处理粪渣19000余吨；城区机械化清扫率88.23%，乡镇机械化清扫率55.02%。

【有机垃圾相对集中处理点全面投运】 2017年，江阴市环境卫生管理部门所属的城区餐厨项目、镇街有机项目30个相对集中处理点全面建成投运。年内，新增各镇街及城区收运系统购置专门的收运车辆16辆，配备专业的收运队伍约35人；编制完成《江阴市餐厨废弃物处理规划》，并结合《有机垃圾考核管理办法》，组织监管考核60余次，主要针对计量及运行管理，环境保护和社会责任等方面进行量化考评，加快完善有机垃圾收运体系。全年处理有机垃圾2.06万吨，产出有机腐熟料1565吨，油脂138吨。至年底，全市日均处理量130吨。

【生活垃圾分类试点工作扩面推进】 2017年，为提升城市品质能级，优化环境，江阴市公用事业管理局就20个小区生活垃圾分类项目进行全面部署。年内，继续巩固“12345”行动（在1个商业综合体、2个自然村、3个居民小区、4个公立单位和5个菜场超市等15个点开展生活垃圾分类）试点经验，在锦江花园开展生活垃圾智能分类试点，举办南菁实验学校专题讲座、组织为爱助力公益活动，举办公益宣传讲座及公益活动18余次，配置餐厨垃圾智能分类箱、塑料瓶回收机等设施9台，推送江阴生活垃圾分类公众号信息140条，设置分类收集亭14座、分类收集桶5015余只，配备垃圾分类指导员30余名。下半年，新增扩面推广20个小区垃圾分类试点工作，全面开展垃圾分类宣传活动，同步启动分类设施设置。是年，完成全部小区入户宣传、可回收物和有毒有害垃圾专场活动各4次；开展社区垃圾分类知识宣讲会活动2次，安装垃圾分类亭411座，更换分类垃圾桶822只，配备有害垃圾袋752个，发放家用垃圾桶6338户12676只，安装智能分类设备10台。

（周爱华）

生态环境监管

【概况】 2017年，市环保局全面部署“执法大比武”，打击违法排污，破解环保难题，提升环境监管水平。是年，江阴市推进环境监测“天网”工程，建成镇（街道）大气自动监测站15个、乡村PM2.5监测点简易站300个。开展江阴市环境质量考核断面水质自动监测数据服务采购项目，实现各镇（街道）、园区大气、水自动监测站全覆盖。完成危险废物产生单位、印染企业视频监控摄像头安装工作。扎实开展环保违法违规建设项目清理工作，淘汰关闭违法违规建设项目131项，对符合备案条件的3633项项目，完成发放纳入日常管理通知函的工作。完成2030个企业环保信用评价，评价结果实行刚性化运用，红黑企业实施差别化电价。持续开展水、气、声、土壤、底泥等各项环境质量例行监测，及时高效完成各项环境监测任务。提升查处案件数量、质量，有效化解重大信访问题，查处环境违法行为965件，罚款金额3865万元，其中配套新环保法实施按日计罚案4

件、查封扣押案 65 件、限产停产案 78 件、移送环境污染犯罪案 14 件,行政拘留案 11 件。重大案件查处数比 2016 年同期增长 30%。全年受理各类环境信访 7191 件,其中省级以上重点信访 306 件,比 2016 年下降 27.1%。是年,市环保局被环保部评为执法大练兵先进集体。

【环境监测“天网”工程建设】 2017 年,市环保局强化自动基础设施建设,全面部署建设城乡一体环境质量考核监测网,建成环境监测“天网”工程即江阴市颗粒物网格化自动监测建设项目。该项目投资约 1200 余万元,由江阴市政府采购中心分别进行招标,大气自动监测站项目由北京赛克玛环保仪器有限公司中标并负责建设,PM2.5 简易站项目由江苏晔辰环保科技有限公司中标并负责建设。在全市各镇(街道)建有大气自动监测站 1 个,每隔 1 小时将臭氧、一氧化碳、二氧化氮等 6 个数据传上市环保局的智慧监测平台。在每个行政村建立 PM2.5 监测简易站 1 个,监测数据上传平台。至年底,全市建成各镇(街道)大气自动监测站 15 个、乡村 PM2.5 监测点简易站 300 个。

【水质自动监测项目建设】 2017 年,江阴市开展江阴市环境质量考核断面水质自动监测数据服务采购项目,实现各镇(街道)、园区大气、水自动监测站全覆盖。该项目年投资约为 1000 余万元(连续 8 年,总计 8000 余万元),由江阴市政府采购中心分别进行招标,北京尚阳东方环境科技有限公司中标建设。在全市各镇(街道)断面设置自动监测站自动采集监测项目高锰酸盐指数、氨氮、总磷、总氮等信息,4 小时一组数据,实时上传到全市环境监测平台。建成监测数据上报机制,环境质量考核数据编制形成监测专项快报,直报相关部门、河长和断面长,相关工作人员通过手机 APP、微信、短信就能及时获取水质情况,如水质发生异常,可快速排查,落实镇(街道)主体责任。是年,全市建成水质自动监测站 65 个。

【环保违法违规项目清理】 2017 年,江阴市坚持服务企业、服务发展,规范企业经营行为,扎实开展环保违法违规建设项目清理“三个一批”工作(淘汰关闭一批、整顿规范一批、完善备案一批)。年内,确保整改工作有效落实,强化整改责任,将整改任务列入镇长目标任务和年度考核内容。明确整改要求,细化部门职责分工,加大涉及火电、化工、印染、电镀、铝氧化、不锈钢酸洗和重点排污项目等的重点项目的现场检查力度,明确工作要求和完成时限。强化定期通报、约谈,对通报整改或关停不到位的项目,加大查处力度,依法从严、从快查处。是年,淘汰关闭违法违规建设项目 131 项,对符合备案条件的 3633 项项目,完成发放纳入日常管理通知函的工作。

【环保网格化管理】 2017 年,江阴市全面推进环保网格化监管,落实专职巡查人员、配备专用巡查车辆、建立健全工作机制,启动网格巡查工作。年内,明确网格工作职责,完成网格工作考核实施细则制定、巡查人员工作证、巡查车辆标识、巡查工作台账、整改通知等材料制作,明确巡查重点、一般污染源名单,完成巡查工作手机 APP 开发。试点地区每天 1 组巡查人员检查3～4个厂次,保证重点企业每月巡查一遍,一般企业每季度一遍,除发现环境问题及时介入处理解决以外,对群众反映的环境投诉先行调处,对辖区内的“小、散、污”企业登记在案,上报党委政府制定整治方案,明确责任单位和整治期限。基本实现环境监管区域和责任全天候、全方位、全覆盖。

【企业环境行为信用评价】 2017 年,市环保局依托企业环保信用体系建设平台,加大信用评价力度,评定等级依考核情况从好到差分为绿色、蓝色、黄色、红色和黑色 5 个等级,强化评价结果刚性化运用,形成环保硬约束,提升绿色政策调控水平,落实企业环境保护主体责任。根据评定结果实施差别化管理,对环保优质企业实行环保优惠政策,提升产业扶持和补助力度,年内评定绿色环保示范企业 35 个。对红、黑色企业,推行差别水电价政策,形成环保信用倒逼机制,实现结果刚性化运用。对主动改善环境行为、实施有效整改的非国控企业,评价结果公布 3 个月后,可申请进行环保信用等级修复申请,实施动态评价,落实企业污染治理的主体责任和自我管理。是年,完成 2016 年度 2030 个企业的环保信用评价,其中国控企业 53 个(绿色 36 个、蓝色 11 个、黄色 2 个、红色 4 个);省控企业 10 个(绿色 5 个、蓝色 4 个、红色 1 个);无锡市控企业 3 个(蓝色 2 个、黄色 1 个)。非国控企业 1964 个(绿色 73 个、蓝色 1466 个、黄色 350 个、红色 57 个、黑色 18 个)。

【环境监测】 2017 年,市环保局扎实开展水、气、声、土壤、底泥等各项环境质量例行监测,及时高效完成各项环境监测任务。年内,全面参与江阴市环保执法大比武,开展执法监测工作,获得手工监测数据 94000 余个。其中,对 233 个水污染源、133 个大气污染源进行监督性监测,包括在线仪比对、危险废物处置经营单位监测、进口废物经营企业专项督查监测、重金属化工企业专项监测等;承接环评和委托监测约 470 个,送样监测 2018 个;完成信访监测任务 151 个,应急监测工作任务 12 个。现场勘查企业数千个,采集有效样品 952 个,查出超标企业 356 个(超标水样 292 个,超标气样 64 个),检测出超标样品 432 个(超标水样 362 个,超标气样 70 个)。强化监测能力建设,申报和开展《江阴市加油站油气泄露及对该地区臭氧生成的贡献》等 3 项课题研究,完成甲萘威、阿特拉津、联苯胺、土壤中的“六六六”和“滴滴涕”、水中苯丙芘等扩项工作。完成《水质 无机阴离子的测定 离子色谱法》84－2016 等国标方法的标准更新,推进自动站建设项目和实验室硬件建设项目,完成全市 PM2.5 源解析的验收工作。完成 2017—2018 年国控气污染源服务外包招投标,做好对江阴市钢铁、化工、废弃物焚烧等行业 17 个企业约 30 个排气筒进行二噁英监督监测。完成 X 荧光光谱室的设计、改造,做好 X 荧光光谱仪及其辅助设备的安装调试工作。强化挥发性有机物自动监测系统、电子鼻等非常规项目的数据关注和分析,坚持做好“日监视、周巡检核查、月比对加标、月考核”,发现问题快速确认,及时发送异常数据快报,年内完成在线数据审核100余万条,发送异常快报18期;完成空气质量日报、预报365期,发布水质周报43期,完成环境质量月报12期。

【执法大比武】 2017年,江阴市全面升级执法大比武,打击环保违法违规行为,立足"岗位练兵、科学练兵、现场练兵、依法练兵"的总基调,开展"263"专项行动、太湖流域安全度夏联合交叉专项执法、工业污染源全面达标排放计划、长江经济带化工企业污染整治和水源地环保执法等工作。建立夜间环保专项执法检查工作机制,改变执法方式,扫除执法的时间和空间死角,实行24小时全天候执法;创新启动"263"专项行动环境保护网格巡查,打通环境监管最后1公里。建立巡查工作机制,开发巡查APP,规范工作台账并配备配足装备。是年,现场监督检查出动14133人次,检查企业5495厂次,其中节假日/夜间检查1623厂次,随机抽查企业1620厂次。查处环境违法行为965件,罚款金额3865万元。其中配套新环保法实施按日计罚案4件、查封扣押案65件、限产停产案78件、移送环境污染犯罪案14件,行政拘留案11件,重大案件查处数比2016年同期增长30%。加大排污费征收力度,通过补齐申报项短板、突出现场端指导、注重疑难点稽查、狠抓规范化征收、力推费改税改革等举措,全年排污费到账10350万元;落实最新收费政策,实行差别化收费企业60个,征收排污费7072.5万元;挥发性有机物(VOCs)试点企业69个,征收排污费499.9万元;建筑工地项目排污费征收,29项噪声项目征收排污费591.5万元,11项扬尘项目征收排污费106.6万元。是年,市环保局被环保部评为执法大练兵先进集体。

【突出环境问题整改】 2017年,江阴市认真贯彻落实中央、省级环保督察问题整改和环保部太湖治理督导整改工作的精神要求,全力以赴抓好问题的整改和落实。组织整改有力推进。第一时间落实整改方案,明确责任分工、整改时限、整改措施等具体要求,同时以"263"专项行动为重要工作抓手,突出问题导向,举一反三抓好面上突出环境问题的整改工作。对省级环保督察组反馈的意见,及时梳理排摸,明确内部责任,落实整改分工,按照要求及时上报江阴落实整改目标和措施。问题整改有效突破。一些久拖不决的环保问题得到根本性的解决。落实督察组反馈信访销号工作,103件中央环保督察组交办的信访问题,整改落实到位99件。与上级部门积极对接、充分沟通,督促相关部门推进整改,秦望山产业园危险废物应急焚烧线项目顺利推进,区域限批顺利摘牌;利港化工园区和石庄化工园区完成民房拆迁,明确高新区化工园区目前整改迁建方案,窑港口水源地取水口迁建工程顺利完成,石庄化工园区规划环评跟踪评价通过江苏省环境咨询中心技术评审,城镇综合污水处理厂提标改造工程全面启动实施,21个一级A排放企业改造完成10个,印染行业提标加速推进,周庄、华士镇部分集中预处理设施已经整改到位,长泾、祝塘镇等企业完善报批手续,加快施工建设。长效机制有力建成。各镇(街道)、园区属地"一把手"开展常态化巡查,全市各镇(街道)、园区开展突出环境问题"自查自曝自改"工作,梳理突出环境问题1220个,完成整治1104个。启动严肃督查问责机制,通报约谈20余人,督促曝光问题整改取得实实在在的成效。

【环境信访】 2017年,市环保局多措并举化解重点重复信访,结合网格化监管,落实属地政府责任,发挥镇(街道)"地头熟""人头熟"的优势,全面推进信访下移工作。深化领导接访制度,对重大信访、重复信访、长期未解决疑难信访,实行领导带案下访制度。结合执法大比武,强化处罚力度,对涉及环境信访事项的企业,因企业违规、违法引发环境信访问题的,一律按法律规定的上限"顶格"处罚,对违法行为整改期间仍可能存在扰民事件引发信访的企业,一律实行停产整改。落实约谈、限批两条制约措施,对信访月度考核累计3次排名后3名的地区负责人进行约谈,并要求限期上报解决问题方案;对被约谈3次以上的地区实行区域限批。对信访企业加大宣传和培训力度,增强企业法人的环境保护意识,研究制定《江阴市环境保护局举报环境违法行为奖励办法》,探索实行有奖举报。大幅度提高奖励额度并实行分档奖励,鼓励公众参与,打击各类环境违法行为。是年,受理各类环境信访7191件,其中省级以上306件、无锡市级441件;水污染投诉1057件、大气污染投诉4848件、噪声污染投诉829件、固废污染投诉286件、其他方面投诉171件;实施信访约谈重点企业29个。

【环境应急管理】 2017年,市环保局加强环境应急管理,确保全市环境安全态势持续平稳,落实企业环境安全达标建设和饮用水源地环境安全保障。开展饮用水水源地保护工作,落实水源地巡查计划,督促保护区内企业提升水源地环境保护意识,继续开展全市集中式饮用水水源地环境保护执法专项行动;推进肖山水源地达标建设前期工作,加强肖山水源地整治;进行集中式饮用水水源地风险排查与达标整治工作,开展长江江阴段船舶修造企业排查整治工作。完成《江阴市突发环境事件应急预案》《江阴市集中式饮用水源突发环境事件应急预案》修编,开展全市180余人参加的应急管理培训。制订《江阴市环境隐患治理专项行动工作方案》,完成全市220个企业环境安全隐患排查工作。组织开展以污水处理厂来水冲击为背景的全市突发环境事件应急演练工作。督促220个环境风险企业和82个较大以上环境风险企业完善江苏省环保厅、江阴应急平台数据信息。是年,应对并妥善处理突发环境应急响应11次;检查环境风险企业和水源地企业95厂次;完成环境风险评估及应急预案编制和备案182份。 (姚京君)

■类目编辑 李银花

信息化建设

综 述

【概况】 2017年，江阴市扎实推进"智慧江阴"建设，信息化建设水平显著提升，各项信息化建设目标任务全面完成，成功编制《"十三五"智慧江阴发展规划》，确立"一网、一中心、五平台、N应用、五支撑"（一网指一个更高速、更智能的信息网络与基础设施，一中心指一个城市大数据中心，五平台指智慧城市综合管理、政务服务、经济运行、民生服务和安全防控五个智慧平台，N应用指智慧教育、医疗等一系列民生关键业务应用，五支撑指组织领导、体制机制、人才、资金、信息安全五大支撑体系）的"智慧江阴"建设整体框架；组建大数据中心、整合智慧城市综合管理指挥中心，电子政务平台建设得到提升，城市智慧式管理体系逐步完善，城市精细化管理水平得到提高。

【大数据中心建成投运】 2017年，江阴市信息化办以全市集成改革为契机，对全市各类数据资源进行整合，将分散在各条线的数据资源，汇聚转化为统一的数据资产，完成全市大数据平台的开发建设，累计梳理全市58个部门的数据目录，接入36个部门的主要业务数据，数据目录表单千余张，相关字段2万余条，总数据量2亿条，基本实现全市政务信息数据互联互通。该中心还汇聚大量的应用数据信息，包括近30万幢建筑的空间坐标和地名地址、153万人口的人口信息、5万个企业的地理坐标和法人信息，4435个党组织9万余名党员信息，全市古树名木坐标和相关数据，路灯坐标和相关数据，二级以上医院、床位、科室、医生数据，空气质量和水质监控数据，学校、学生和教师基本信息，公共自行车停放点、公交车站台坐标等相关数据。通过数据的汇聚与关联，完成了数据从"二维"向"三维"的转换。同时，推动各个部门建设基于大数据的行业应用，为民政系统阳光精准救助、水利系统防汛决策分析等跨部门综合业务应用提供有力支持。

【继续推动政府信息化PPP项目建设】 2016年3月，江阴市的政府信息化PPP（政府和社会资本合作）项目正式启动，该项目是全省首项信息化类PPP项目，也是江阴市首项PPP项目，在全省取得较好的示范效应。该项目于2017年1月23日完成阶段性验收，完成云核心平台、公安子云平台、财政子云平台、视频监控综合平台等四大子工程阶段性建设。云核心平台整合市委组织部、市政府办、财政局、公安局、政务办等24个部委办局的40余个应用系统，迁移和部署包括大数据平台和"智慧城市"综合管理平台等重要业务系统，部署虚机数量近200台服务于政务云平台。经两个月的试运行后，在3月正式运营。视频监控综合平台实现公安、国土、安监、城管等1.6万余路视频的整合，后续还将整合公交、环保、学校等视频资源，实现全市视频汇聚统一接入、统一管理和统一分析。

【《"十三五""智慧江阴"发展规划》编制】 2017年，江阴市始终瞄准保持全国同类城市领先这一目标，坚持问题导向、目标导向、标杆导向，编制《"十三五""智慧江阴"发展规划》，规划以"一网、一中心、五平台、N应用、五支撑"组成的"智慧江阴"建设整体框架。编制期间两次征求全市相关部门意见，并召开专家座谈会，1月底，通过省级专家论证；4月28日，经市政府第4次常务会议研究，讨论通过；5月16日，经十三届市委常委会第23次（扩大）会议研究，讨论通过，于6月7日正式下发文件。同时市信息化办公室与市行政审批局合作，编制《"智慧城市"信息整合共享协同工程行动纲要》，推动规划落实，实现宏观性与操作性的统一。

【"智慧城市"综合管理指挥中心运行】 2017年，江阴市建立全市综合管理服务指挥中心、镇（街道）管理服务指挥中心以及村（社区）管理服务工作站，该系统依托原政府公共服务热线受理中心、数字城管监督指挥中心等高位协同平台，构建起横向联结117个市级机关部门、群团协会、企事业单位，纵向贯通17个镇（街道）、269个行政村（社区）的联动管理网络。中心在不打破现有行政区划和管理格局的前提下，以尊重传统、便于服务为原则，划分出17个一级网格、269个二级网格、1961个三级网格，实现市域范围内的网格全覆盖，为实现市、镇、村三级联动奠定网格基础。网格化管理

2017 年 10 月 9 日，江阴市举行城市综合管理局、综合行政执法局、综合管理服务指挥中心揭牌仪式。图为指挥中心运行监控平台　（市信息化办提供）

实行“一长五员”制（一长即网格长，由市镇村三级主要领导担任；五员即网格员、督查员、联络员、巡查员以及信息员），全市域网格中的 289 名网格长和 4000 余名工作人员，配备手持移动终端，可以随时随地接收任务、上传信息，确保任务入格、责任到人，最大程度实现问题和矛盾的第一时间发现、处置、反馈。至年底，网格化管理平台通过市大数据中心逐步汇聚 22 个重点部门的 80 余项数据信息，实现对全市公共交通、水利、水、电、气、照明等情况进行即时监测，并通过数据挖掘分析，为智慧城市的运行和应急事件管理提供科学的决策辅助，为实现可视化指挥调度奠定数据基础。

（高骏飚）

信息基础设施建设

【概况】 2017 年，江阴市具备向市民提供 1000 兆带宽家庭网络和最高下载速率 300 兆宽带的“4G +”无线网络接入能力，NB-IoT（窄带物联网）网络实现江阴城区、发达乡镇全覆盖，开通免费公众热点 8600 余个，可同时为 15 万市民提供免费公众热点接入的能力。江阴电信运用云计算、物联网和大数据技术，积极对接全市集成改革试点工作中的信息化建设需求助力县级集成改革试点建设工作。建设全市的智慧城市综合管理平台和综合行政执法系统，打造“智能、开放、连接、共享”的“互联网 +”综合管理服务平台等。

【中国电信集团公司江阴分公司】 2017 年，中国电信集团公司江阴分公司紧紧围绕“光网城市 · 智慧江阴”建设各项目标要求，加快提升信息通信基础设施承载能力，全面提高其应用水平，服务支撑能力不断提升。信息通信基础设施建设不断完善，全光网城市建设加快，光网覆盖率 100%，新增光宽带业务受理率 100%，传统交换设备退网率 100%，建成全省首个全光网县级市，具备全面向市民提供 100 兆带宽进家庭的接入能力，部分区域具备 1000 兆带宽家庭的接入能力。加快推进无线网络建设，精心组织网络优化工作，无线网络质量不断提升。开通 4G 基站 1796 个，完成江阴全覆盖，结合“4G +”网络技术可为市民提供最高下载速率达 300 兆带宽的无线网络接入能力。新增 NB-IoT（窄带物联网）基站 300 余个，为物联网的发展提供良好的网络环境。开通免费公众热点 8600 余个，具备同时为 15 万人次提供免费热点接入的能力。加快建设各镇（街道）的“一局二中心”的智能化建设，为全市提供高速、稳定的网络连接，实现各部门数据汇聚及平台互通，提供各种工作及执法终端，提高工作效能。在县级集成改革试点建设推进工作中，江阴电信运用云计算、物联网和大数据技术，积极对接全市集成改革试点工作中的信息化建设需求。建设全市的智慧城市综合管理平台和综合行政执法系统，打造“智能、开放、连接、共享”的“互联网 +”综合管理服务平台。持续推进“智慧江阴”建设，建设公安系统随路智能交通项目、停车诱导采集与发布项目、移动视频执法监控项目等，在全市形成一张以随路智能交通监控为主网、车载视频监控为辅助的视频交互网络。推进企业上云工作，丰富云计算产品种类达 40 余款 400 余项功能，完成 100 余个企业上云工作。通过“互联网 +”智能应用，实现警方高效指挥调度和管理，提高突发事件的响应速度。建设全市校车安全监管系统项目，为全市所有校车提供视频监控，车辆定位，车速监控等功能服务。为企业提供 2000 余张物联网卡及云存储、上千张物联网卡等，用于设备的智能化控制，帮助企业由制造向“智造”的升级。做好“江阴信息港”及其合作频道的信息发布审核工作，净化网络环境。加强网站备案管理工作，完成 1890 个接入网站的备案及资料清理工作。加强信息安全监管，要求 ISP（互联网服务提供商）、CDN（内容分发网络）客户建立完善信息安全管理平台，做到关键词过滤功能，防止非法信息的传播。持续关注垃圾短信治理工作，加大处理问责力度。全面规范门店服务行为，促进服务提速增效，做好行风评议，创建群众满意示范点。积极参与文明城市创建活动，先后被评为江苏省文明单位、江苏省价格诚信单位、江阴市创建全国文明城市先进单位等，获无锡市社会治安综合治理集体嘉奖。

（张　明）

【中国移动通信集团公司江阴分公司】 2017 年，中国移动通信集团公司江阴分公司积极落实集团公司大连接战略，聚焦移动市场、家庭市场、政企市场、新业务融合发展，围绕客户需求，加强新技术、新领域、新模式的研究，和目、家庭组网、咪咕视频、咪咕阅读、咪咕游戏等一系列新业务，引领着移动生活新时尚。依托先进技术和业务、服务优势，加快信息化行业应用、4G 网络建设，致力于江阴智慧城市建设。是年，客户总数超 145 万户，运营收入超

13 亿元,全年固定资产投入累计 1.2 亿元。江阴移动顺利完成 LTE(长期演进技术)五期 256 个基站和 300 个 NB-IoT(窄带物联网)站点建设,4G 基站总数超 2300 个,整体覆盖率 99% 以上,平均下载速率超过 42.9 兆带宽,NB-IoT 网络实现江阴城区、发达乡镇全覆盖。深化落实全光网城市建设要求,开展宽带全光网升级改造,光改用户 7 万户,家庭宽带覆盖 1786 个小区,覆盖用户超 70 万户,家庭宽带用户超 26 万户,98% 以上的小区具备 100 兆接入能力。完成全市 1071 个小区出入口的抓拍、城区 15 套不礼让行人监管系统建设,为创建全国文明城市发挥积极作用。承建全市 2500 路治安监控二期项目、市地方海事处智慧海事等项目。充分借助总部云计算共创中心的资源优势,围绕"基础上云、管理上云、业务上云",大力推动云计算、大数据、物联网、人工智能等工业互联网核心技术在工业领域的应用,推进江阴软件园"企业上云"试点园区建设,与中船澄西船舶修造有限公司(简称"中船澄西")、江苏吉麦隆超市管理有限公司等多个企业签订"企业上云"合作协议。公司先后被评为江苏省诚信单位、省价格诚信单位、江阴市创建全国文明城市工作先进集体、十佳诚信企业等。 (汪海欧)

【中国联合网络通信集团有限公司江阴分公司】 2017 年,中国联合网络通信有限公司江阴分公司秉承"客户为上、网络为本、渠道为王、终端为先、品牌为纲"的服务理念,不断调整发展思想,加快互联网转型新方向。积极承担和完成推动经济社会信息化的各项工作任务。是年,公司顺利完成 4G 工程 32 个基站,45 套室内分布系统建设,4G 基站总数超 1400 个,整体覆盖率 99% 以上,在城区重点区域试验开通载波聚合技术,峰值下载速度达 300 兆带宽。深化落实"全光网"城市建设要求,全年新增家庭宽带覆盖 2 万户,覆盖总户数 20 万户,98% 以上的小区具备 100 兆接入能力。对澄江街道 10 个社区范围内老小区进行宽带线路、楼道终端箱整改工作,更换终端箱 97 个,为创建文明城市作贡献。联合江苏联通、省经信委和江阴市经信委,在江阴成功举办智能制造万里行——江阴站活动;江苏联通利用全省工业互联网平台,为江阴制造企业构建端到端的一体化解决方案,建立以"连接 + 计算 + 应用 + 创新"为核心能力的一站式服务模式,帮助客户打通物联网应用的"最后一公里",协助企业转型升级。经过牵头组织,周庄镇工业园获得省经信委"企企通"应用试点园区,江阴鑫辉太阳能有限公司获得省经信委"企企通"应用示范企业。是年,公司被评为江阴市价格诚信单位、消费者满意单位等荣誉。 (陈国芳)

信息产业

【概况】 2017 年,江阴市信息化产业持续发展。全市经济地理信息系统获 2017 中国地理信息产业优秀工程铜奖。江阴市成功举办第十五届中国半导体封装测试技术与市场年会,高新区获批国家集成电路封测高新技术产业化基地。市光电材料产业技术研究院、总投资 1 亿美元微电子集成电路项目和台湾杰创"工业 4.0"智能科技项目落户高新区;临港经济开发区获批江苏省"两化融合"试验区、国家"火炬""智慧能源"特色产业基地,园区内 5 个企业车间获评 2017 年第一批江苏省智能示范车间。全市第二届"i 创杯"互联网创新创业大赛成功举办。

【经济地理信息系统获国家优秀工程铜奖】 2017 年,江阴市统计局信息化项目——江阴市经济地理信息系统项目,参加中国地理信息产业协会 2017 中国地理信息产业优秀工程项目评选。该系统依托第三次经济普查和部门行政记录,将地理信息数据和工商、税务、质监等部门的登记企业信息、各类普查数据、宏观经济数据等进行有机整合,项目集成数据查询、资料分析、统计建模、地理信息定位等功能,统一数据来源,打造江阴经济社会发展"一张图",直观展现江阴经济社会发展变化情况,实现精准化、信息化和网格化管理,为经济社会发展、党政决策提供科学决策依据,为民众需求提供优质信息服务。9 月,中国地理信息产业协会公布年度"中国地理信息产业优秀工程"评选结果,江阴市经济地理信息系统获国家优秀工程铜奖。 (金海峰)

【国家集成电路封测高新技术产业化基地】 2017 年,江阴高新区被科技部授予"国家集成电路封测高新技术产业基地"荣誉称号。江阴高新区集成电路封测产业拥有骨干

2017 年 9 月,江阴市统计局信息化项目——江阴市经济地理信息系统荣获 2017 中国地理信息产业优秀工程铜奖 (金海峰 摄)

企业9个,各类科技型中小企业50余个,形成从电子化学品、集成电路引线框架到集成电路封测的产业链。12月30日,《江阴高新区微电子集成电路产业园控制性详细规划》经市政府批复,由高新区组织实施。规划范围:东起龙定路、西至蟠龙山路、南至芙蓉大道、北至东横河,用地规模为1.49平方千米,产业园依托江苏长电科技股份有限公司(以下简称"长电科技")、中芯长电半导体(江阴)有限公司(以下简称"中芯长电半导体")等行业领军企业,打造以芯片制造为核心、封装测试技术为延伸的集成电路产业链,配套建设便捷的服务设施和景观休闲空间,打造高品质的专业特色产业园区。高新区还制定出台《江阴高新区创新型产业集群发展专项资金管理办法》和《江阴高新区创新型产业发展引导基金管理办法》,每年安排5亿元财政资金,专项用于科技创新和扶持创新型产业发展。年内,区内引入开放式产业服务平台,由高新区管委会出资2000万元与浙江银杏谷资本设立产业引导基金,基金规模1亿元,主要面对集成电路、工业云等产业项目服务。同时还引进台湾常鸿新科技公司集成电路检测设备生产项目,总投资1亿美元,建设生产基地,补充与完善集成电路产业链。至年底,高新区集成电路封测产业实现产值280亿元,建有高密度集成电路封装技术国家工程实验室1个、国家企业技术中心1个,江苏省电力电子高端器件用封装工程技术研究中心、江苏省新型集成电路封装测试工程技术研究中心等省级工程研究中心5个。依托长电科技等龙头骨干企业,在新加坡设立APS(高级计划与排产)前沿的IC(一种微型电子集成电路)封装技术研发中心,在韩国设立SCK(串行外设接口)研发中心等5个海外研发中心。区内拥有国家重大科技"02专项"项目40余项,各类集成电路封测相关技术、设备等国内专利近2000项,其中发明专利423项。与中国科学院微电子研究所、清华大学、东南大学、复旦大学等国内一流高校院所展开产学研合作,累计获得"按压式指纹识别传感器系统封装模块的研发及产业化""硅基圆片级LED(发光二极管)封装技术研发及产业化"等5项江苏省重大科技成果转化项目。区内集聚高端人才1600人、高层次人才300人,展开合作的院士、教授等各类专家30余人,国家"千人计划"*专家8人,从中国台湾、美国硅谷等地区引进人才50余人。 (朱亚丽)

【获批国家"火炬"智慧能源特色产业基地】 近两年来,江阴临港经济开发区新能源产业园依托产业特色和优势,逐步培育出一批实力雄厚、拥有自主核心研发能力的"智慧能源"龙头企业,以远景能源有限公司、中建材浚鑫科技有限公司、中节能(江阴)低碳经济技术开发有限公司、艾尔姆风能叶片制品(江苏)有限公司等企业为代表的风电、光伏产业链在区内初具规模。特别是远景能源建成基于智能传感网和云计算的智慧风场全生命周期管理系统,不仅能对风电场设备实时集中监控、功率控制和能量管理,还能为客户提供风电场规划、测风方案管理等。2017年,远景能源成立江阴市智慧能源产业技术研究院,为园区企业产业集聚发展提供了基础保障。是年8月,江阴临港经济开发区新能源产业园获批国家"火炬""智慧能源"特色产业基地。该基地的获批,对于园区有效争取国家、省等各级科技资源,培育和壮大新的经济增长点,促进新能源产业集群化发展和产业提档升级都具有重要意义。 (杨 艳)

【中国半导体封装测试技术与市场年会召开】 2017年6月22日,第十五届中国半导体封装测试技术与市场年会在江阴召开,来自国内外的1000余名业界人士出席。该次年会以"集成创新、智能制造、融合共享"为主题,对先进封装、系统级封装等行业热点问题进行讨论。年会由工业和信息化部电子信息司、江苏省经济和信息化委员会指导,中国半导体行业协会主办,中国半导体行业协会封装分会、江阴高新技术产业开发区、江苏长电科技股份有限公司联合承办。中国半导体行业协会理事长周子学,国家集成电路产业发展基金公司总裁丁文武,中国科协副主席、中科院微系统所所长王曦,中国半导体行业协会执行副理事长徐小田,江阴市市长蔡叶明,江阴高新区党工委副书记、管委会副主任陈兴华,副市长赵强等领导和专家出席大会。

【光电材料产业技术研究院揭牌】 2017年11月2日,江阴市光电材料产业技术研究院揭牌仪式在高新区法尔胜光电科技有限公司举行。该研究院由江苏法尔胜光通信科技有限公司牵头,依托光电材料与技术国家工程中心、国家企业技术中心,汇聚全市光电材料产业企业20余个和国内光电材料领域的重点高校院所,以建立光电产业高新技术产业化基地为核心,立足于江阴光电材料产业集群的特定优势,构建以需引导、体系开放、接轨国际、水平一流的新型研发组织,建成光电材料产业高新科技成果创新与孵化基地、孵化项目等科技成果的转化基地、产业高端人才的培育基地。

(官华健)

【IC检测设备生产基地项目】 2017年11月3日,江阴高新区与台湾常鸿新科技公司签约,成立常鸿新科技(江阴)有限公司,建设集成电路检测设备生产基地项目,项目总投资1亿美元,将进一步补充与完善高新区微电子集成电路产业链。常鸿新科技公司是台湾新竹科技园区的专业AOI(自动光学检测)设备生产商,拥有世界领先的设计和生产能力,在品管(产品质量的监控与管理)自动化机器人、工业化技术、信息化技术等方面拥有核心竞争力。该项目一期工程投入2000万美元,在高新区建立研发中心、销售和售后服务中心、产品展示中心。项目落成后,将与原江阴高新区内的微电子集成电路产业形成有效互补,并为高新区加快打造500亿元级微电子集成电路产业集群注入新的动力,为创成国家级微电子集成电路示范区夯实基础。

【工业4.0智能科技项目】 2017年12月22日,江阴高新区与台湾杰创资讯股份有限公司签订合作协议,成立江阴独角兽工业智能科技有限公司，项目总投资 5000 万元，注册资本 3000 万元，主要从事面向各企业、集团的工业 4.0 智能化管理平台和整合系统构建。台湾杰创资讯股份有限公司是台湾工业 4.0 设计领域的领军企业，为富士康、华硕、裕隆汽车、资生堂、统一、味全等集团和企业做过工业 4.0 规划与智能化整合，公司拥有 30 余名优秀技术团队人员。（陆　丰）

【临港经济开发区获评省“两化融合”试验区】 2017 年 12 月 11 日，江阴临港经济开发区经过市经信委组织的初审上报，通过江苏省经信委及专家组的审查、评审和现场考察，获评江苏省“两化融合”试验区。省两化融合示范（试验）区主要通过将区内电子信息技术广泛应用到工业生产的各个环节，使信息化成为工业企业经营管理的常规手段，发挥信息平台作用，推进区内企业互联网细化转型和制造装备升级，引导园区企业推进互联网与工业化融合创新、深化工业互联网等信息技术应用、实施制造装备升级，以及“两化融合”管理体系贯彻国家标准等工业信息基础设施建设。是年，江阴临港经济开发区内的江阴嘉美针织制衣有限公司等 4 个企业，获评江苏省“两化融合”贯标试点企业；江阴捷豹（金禾）针织制衣有限公司等 3 个企业，获评江苏省“两化深度融合”创新试点企业。

（杨　艳）

信息化应用

【概况】 2017 年，江阴市政府统筹部署信息化应用建设，各项工作扎实开展。政务应用方面，启动全市公共视频共享平台建设，建设江苏省政法综治视频会议系统，物流监控信息化管理系统在江阴综合保税区上线运行，环境监测业务管理系统二期项目竣工。民生应用方面，启动智慧卫生“银医通”项目和家庭医生签约项目，构建诊间和网上预约专家号、预约检查、预约住院、线上支付等信息化总体解决方案。

【公共视频共享平台建设】 2017 年，江阴市公安局会同市综治办、信

2017 年，江阴市启动全市公共视频共享平台建设。图为 10 月 18 日，祝塘镇监控中心现场　（余　飞　摄）

息化办制定《江阴市视频联网平台对接规范》《江阴市视频联网运营商接入规范》《江阴市视频监控点位编码命名标准》等有关视频联网应用的技术规范标准下发全市，启动全市公共视频共享平台建设，形成全市视频共享联网应用有效机制。该平台通过市财政局负责资金支撑、市信息化办负责项目管控、市公安局提供技术支撑，实现三方联动共管。全市所有政府单位、小区和重点单位等监控资源，必须以统一标准建设，并全部接入共享平台，统一组网汇聚后向市、镇（街道）监控中心两级应用单位提供视频服务。截至是年 12 月，平台汇聚公安自用和社会面治安监控 2 万余个，完成 56 个应用单位的联网应用。

（邓宏卿）

【省政法综治视频会议系统建设】 2017 年，江阴市投入 130 余万元开展江苏省政法综治视频会议系统平台一期建设，根据上级要求，该系统在全市综治中心和各镇（街道）综治中心建设政法综治视频会议系统。年内，江阴市综治中心和澄江街道、青阳镇、周庄镇等综治中心政法综治视频会议系统建成。其余镇（街道）在建设中。该系统全部建成后，将纵向贯穿省、市、县（市、区）、镇（街道）四级政法综治中心，横向联通全市 5000 余个公共安全视频点，充分发挥上传下达、应急处突的作用。（张凯圆）

【环境监测业务管理系统二期竣工】 2017 年 9 月 27 日，江阴市环境监测业务管理系统二期项目顺利通过竣工验收。该项目是在一期系统基础上，按照国际通用检测和校准实验室能力认可准则、实验室资质认定评审准则和国家环境监测质量管理技术标准导则进行开发，最终实现对实验室人、机、料、法、环的全面管理与控制。系统针对环境监测业务工作的特点，实现监测业务全过程管理，解决监测业务数据溯源管理需求、数据智能化审核、数据质量管理、数据自动汇总、监测任务跟踪等实际业务需求，使监测业务管理更规范，数据管理更便捷，工作成效更明显。（王德文）

【物流监控信息化管理系统运行】 2017 年 8 月 23 日，南京海关物流监控信息化管理系统（陆运）正式在江阴综合保税区上线运行，完成首单操作。该系统启用，开启二线货物运抵自动放行模式，取消纸质运抵报告，免去现场审单环节，实现一二线货物报关单的提前分拣，货到后电子运抵报告触发自动放行的功能，简化了通关手续，大幅提高了通关效率。（王　婷）

【“智慧卫生”“银医通”启动】 2017年，江阴市卫计委与江阴农村商业银行联合投资1000余万元，以“健康江阴”掌上APP、微信公众号、支付宝生活号为主要载体，进一步优化就医流程，以打通医保在线支付为关键点，构建诊间和网上预约专家号、预约检查、预约住院、线上支付等信息化总体解决方案，进一步方便百姓就医。项目于是年底初步建成，通过试运行后，将逐步推广至全市医疗机构。

【家庭医生签约项目启动】 2017年，江阴市卫计委以全市区域卫生信息平台为基础，以医生端APP及居民端APP等为载体，以家庭医生签约为重点，打造居民健康管理互动平台“健康江阴”，在全市建设全生命周期健康档案，实现公共卫生重点项目闭环信息管理，有效对接第三方应用，优先建设妇幼、结核病等重点人群互动平台，切实发挥区域信息平台在居民健康管理中的作用。

（戴晓军）

信息化环境建设

【概况】 2017年，江阴市进一步推进信息化发展基础环境建设。年内，组织党政机关首席信息主管（CIO）培训，完成全市政务外网改造工作，市救助中心综合管理平台、公安局公共安全监管平台、机关后勤综合保障信息平台建成投运，公共事业监管平台进入维护期，市安全生产智能一体化平台进一步升级完善，智慧档案馆建设工作启动，进一步夯实全市信息化发展的基础。

【党政机关首席信息主管培训】 2017年10月31日至11月3日，江阴市信息化办组织全市70余位党政机关及重点企业首席信息主管（CIO）举行2017年度CIO培训。培训以智慧城市大数据应用、网格化管理和人工智能技术为重点内容，学员系统学习《大数据在智慧城市领域的探索思考与应用》《图像人工智能的应用》等课程。还前往湖北武汉市参观全国知名地理信息（GIS）大数据企业，学习武汉市智慧城市最新应用成果，并结合实际工作进行讨论研究。

【全市政务外网改造】 2017年，江阴市按照“统筹规划、整合资源、互通共享、确保安全”的原则，建成一张结构合理、边界清晰、技术先进、安全可靠的全市统一的电子政务外网。根据国家、省、无锡市有关标准和规范，充分利用原有的基础网络资源，进一步整合优化网络结构，强化网络环境的管理，形成三者电子政务外网传输骨干网安全对接的统一的网络平台。年内，江阴完成与无锡市电子政务外网骨干网安全对接工作，全市200余个社区（村）的电子政务外网光纤接入实现全覆盖，满足网络化管理的基础网络需求。 （高骏飚）

【救助中心综合管理平台建成】 2017年10月9日，江阴市救助中心综合管理平台正式建成并投运。市救助中心着眼于救助体系存在的缺乏统筹协调、资源分散、对困难家庭收支情况不能做到精准掌握、各级救助管理服务力量比较薄弱等问题，按照“综合型、一门式、便捷化”总体要求，将分散在全市各部门的所有救助资源和救助项目，全面整合到一个大救助平台上，实现数据联网、部门协同、上下联动三大功能。数据联网即将相关数据融入全市大数据中心，把涉及社会救助的各类信息数据，汇聚一张网，实现互通互联、信息共享、实时比对。部门协同即把民政局、教育局、人社局、财政局、公安局、司法局、住建局、卫计委、红十字会、残联等相关部门的救助资源、救助力量有机整合，保重点、不重复、无遗漏，实现社会救助工作社会效益的最大化。上下联动即通过社会救助中心这一平台，达成市、镇（街道）、村（社区）三级的纵向贯通，形成“查询—导入—登记—派单—反馈”的社会救助工作链条，有效解决头绪多、跑腿多、手续多等问题。 （顾 君）

【公共安全监管平台上线】 2017年12月1日，江阴市公安局借助全域化技防监控、物联网、大数据等技术，对内研发集治安、内保、交通、车管等安全监管要素于一体的公共安全监管平台，实现了对关系公共安全行业单位、重点部位的可视化、精细化日常监管和危及公共安全的报警信息的采集、处置。对外加强全市各行业、部门监管信息的汇聚融合，促进公安、交通、城管、环保、安监、国土、教育等政府行业监管部门的信息共享、应急联动。同时还建立安全监管的信息预警、收集、核查、反馈、监督、管控流程。

（邓宏卿）

【机关后勤综合保障信息平台上线】 2017年3月30日，江阴市级机关后勤综合保障信息平台上线，将机关办公用房、公车管理、资产管理、能耗监测以及各类后勤服务保障，实现网络化、数据化，大幅提高后勤管理服务效率。通过推广宣传，机关干部软件安装使用率80%。（参见《江阴市人民政府》类目《机关事务管理》分目相关条目）

【公用事业监管平台进入维护期】 2017年，是江阴市公用事业管理局监管平台正式进入维护的第一年，全年保持正常运行，按时生成各类日报、月报。在原有平台上增加液化气供应站点视频监控数据21个，平台液化气供应站点视频监控点累计74个。同时，实现市公用事业管理局监管平台与市管理服务指挥中心（网格化管理）平台的共享互联，将监管平台涵盖的环卫、供水、污水、燃气、照明等信息纳入市级综合平台的网格化管理中，推动资源整合，提升综合治理能力。 （高骏飚）

类目编辑 赵修平

交　通

【概况】 2017年,江阴市交通系统全年完成交通投资9.7亿元。“两学一做”*学习教育融入日常,成为常态。中共十九大精神学习不断深入,严格落实“三会一课”*等制度,基层党建工作有章可循、制度规范有序。航道处党支部被评为江阴市先进基层党组织。积极开展“连心富民、联企强市”大走访、“亲”“清”新型政商关系大讨论等活动。全面履行党风廉政建设“一岗双责”,开展“5·10”思廉主题教育活动。做好“阳光扶贫”各项工作,扎实开展创建全国文明城市专项提升行动。苏南沿江铁路进入国家发改委工程可行性报批阶段,完成土地综合开发框架协议签订工作。盐泰锡常宜铁路完成预可研报告并上报中国铁路总公司,项目可行性研究及勘察设计相关工作启动。江阴铁路综合客运枢纽站规划研究工作全面启动。是年6月6日,芙蓉大道快速化改造工程正式开工,年内完成投资6亿元,占总投资的20%。紫金路改建一期工程顺利开工,范钱路改建段完成北半幅路面施工。龙定路改造工程、新桥镇西环路及南环路顺利完工。锡澄运河滨江路桥、镇澄路桥建成通车,航道服务区建成。长新大道二期进入土地预审阶段,340省道江阴段前期手续办理完成,229省道江阴段进行用地报批。长山大道三期、暨南大道西延段方案研究进程加快。12月7日,江阴大道和海港大道顺利通过江苏省交通运输厅公路局组织的道路竣工验收。全面落实考核机制,顺利通过江苏省交通运输厅“四好(建好、管好、护好、运营好)农村路”考核组验收。完成亚包大道、滨江西路、华士红旗路等路段修复工程。完成张家港桥安全监测系统安装,检测各类桥梁830余座。完成锡北线南涸村段护岸完善工程,新建护岸47米,完成锡澄运河淤积段疏浚工程,疏浚土方2.5万立方米,干线航道通航保证率超99%。全市干线公路技术状况MQI(公路技术状况指数)值达96.3,机械化养护作业率超95%。完成生命安全防护工程建设14千米,处理应急处置案件158件。开行公交线路84条,拥有公交车1013辆,日均发车3770班次,日均行驶里程13万千米,日均运送乘客22.5万人次,年累计运送乘客超8212万人次。公共自行车日均租用量超过5000人次。完成公交新华站停车场扩建工程,外滩首末站建设主体完工。新建公交电子站牌170个、公共自行车租用网点150个,新投放公共自行车3500辆。调整公交线路26条,城市公交更新公交车190辆,城镇公交新购50辆纯电动公交车,实现省公交一卡通、省内公交互联互通、苏锡常三市公交互通互惠,清洁能源公交车辆占比达69%。出台出租车改革意见和网约车实施细则,30辆纯电动出租车投入运营。对客运、危货运输、内河水域、工程建设等领域开展检查督查,排查整改安全隐患1972起。完成全市运输企业、运输车辆“两证”(道路运输经营许可证、道路运输证)年审,办理道路运输经营许可证784张。开展多个专项整治活动,查获涉嫌违章案件593件,从事非法经营嫌疑的车辆70余辆次。查处违法超限车辆114辆次,卸载超限车辆97辆次,卸驳载9424吨。处理违章船舶1.7万艘次,应急救助57次,救助船舶20艘,救助受伤船员11人次。放行各类船舶21.5万艘次,通过船舶7154万总吨,优良闸次率100%,全年征收过闸费6322万元。完成交通系统国资改革,向公用事业产业发展有限公司移交企业1个,向交通产业发展有限公司移交企业7个,组建江阴市交通工程建设管理中心。是年,江阴市交通运输局被江阴市委、市政府评为创建全国文明城市突出贡献单位。

【交通系统国资改革完成】 2017年,江阴市交通运输局根据中共江阴市委、江阴市政府《关于进一步深化国资改革促进企业发展的意见》、中共江阴市委办公室、江阴市政府办公室《关于深化国有企业改革的实施方案的通知》等文件精神,按照政企分开、政府社会公共管理职能与国有资产出资人职能分开的原则,推进交通行业资产整合。自3月16日至11月30日,将江阴交通工程建设总公司、公共交通公司、通达公路养护公司、暨阳道路养护工程处、交通航务工程有限公司等企业进行整合,划归为江阴交通产业发展有限公司;将江阴市汽车综合性能检测站移交给公用事业发展有限公司，并做到企业资产、企业人员同步调整，共移交资产折合人民币8.2亿元，现金1.5亿元，人员1646人，真正实现政企分开、事企分开，对推动国有企业发展，增强国有企业活力有着十分重要的意义。

【滨江西路桥建成通车】 滨江西路桥起于夏港河排涝沟东侧长江拆船厂处，止于新长江路东侧，全长1.16千米，沿线跨越新锡澄运河，与新长江路交叉。桥梁长571米，宽33.5米，主桥采用(59+98+58)米变截面连续梁布置。桥梁荷载采用一级公路标准建设，设计速度80千米/小时，地面辅道20千米/小时，投资1.65亿元。设计单位为东南大学建筑设计研究院有限公司，建设单位为江阴市交通重点工程建设指挥部，施工单位为无锡大诚建设有限公司，监理单位为江阴市交通规划勘察设计院有限公司。2014年6月20日开工建设，2017年4月24日竣工并通车。该桥的建成通车，对缓解城市东西方向的交通压力起到重要作用。

【镇澄路桥建成通车】 镇澄路桥位于镇澄路与新锡澄运河交汇处，是锡澄运河航道整治工程的重要组成部分，桥梁长562.88米，宽36米，主桥采用(54+90+54)米预应力混凝土变截面连续箱梁。2014年6月1日开工建设，2017年9月1日竣工并通车，工程总造价1.13亿元。建设单位为无锡市锡澄运河三级航道整治工程建设指挥部办公室，施工单位为中交第三公路工程局，监理单位为解放军理工大学工程兵工程学院南京工程建设监理部。该桥的改建通车，缓解了五星路、芙蓉大道等几条主干道的交通压力，提高江阴市东西向的通行能力；同时改善航道通航条件，保证锡澄运河全线畅行1000吨级船舶。

【新桥镇西环路及南环路改建工程竣工】 新桥镇西环路及南环路改建工程全长2.64千米，其中新桥西环路分二段，一段起于沿江高速南出口，止于新郁路，路线长0.64千米；另一段起于新郁路，止于南环路，路线长1.12千米。主线采用二级公路标准建设，设计速度60千米/小时，路基标准宽度35米。新桥南环路起于西环路，止于新民路，路线长0.88千米，主线采用二级公路标准建设，设计速度60千米/小时，路基标准宽度32米。2017年7月1日进场施工，10月30日完工，总投资5300万元。设计单位为江阴市交通规划勘察设计院有限公司，施工单位为江苏通余建设工程有限公司，监理单位为江阴市交通规划勘察设计院有限公司。该工程的竣工，有效提高了道路通行等级，对新桥镇打造“欧洲小镇”建设具有重要意义。

【308省道中修工程完工】 308省道无锡段起于江阴与张家港交界，终点位于江阴与常州交界，是江阴通往常州的重要通道。2015年以来，由于车辆荷载的作用，该路面车辙、裂缝、波浪拥包等病害较多。为进一步提高公路路况及使用功能，对K144+200～K146+500、K156+500～K162+000段沥青路面进行铣刨摊铺，对K156+000～K156+500下行二三车道进行基层就地冷再生处理，共修补路面8万余平方米。2017年10月10日开工建设，12月10日完工，总投资1683万元。该工程的完工，有效改善了该路段行车舒适性及安全性。

【锡澄运河水上服务区建成运行】 锡澄运河水上服务区配套设施项目位于江阴市申港新澄杨路南侧、新夏港河西侧，服务区建筑面积5000平方米，主要功能是为船民提供加油、加水、船舶维修、污水垃圾回收等服务。该服务区总投资2500万元。于2016年4月10日开工建设，2017年10月30日建成完工，12月30日试运行。该服务区作为锡澄运河航道综合配套设施的一个重要组成部分，是江阴市第一个航道服务区。该服务区的建成，有效地解决江阴市航道船舶停靠难、生活补给难等突出矛盾，对增强水运服务保障能力、推动绿色交通建设、促进低碳运输等方面起着重要作用。

【交通干线沿线环境综合整治】 2017年，江阴市政府根据江苏省政府办公厅《江苏省交通干线沿线环境综合整治五项行动方案》和无锡市政府办公室《无锡市交通干线沿线环境综合整治五项行动方案》等文件精神，自6月20日起，江阴在全市范围内开展交通干线沿线环境综合整治五项行动。五项行动主要为落实普通国省道、高速公路、内河干线航道、港口码头、铁路周边洁化、绿化、美化行动；开展各项专项整治；推进交通干线沿线洁化；提升绿化、美化水平；保障交通畅通。五项行动的目标为：普通国道、省道做到“八无”，即无堆积物和垃圾箱、无洗车点和修车铺、无摆摊设点和打谷晒场、无违法建筑物和地面构筑物、无违法搭接道口和占用挖掘公路、无违法跨越和穿越公路设施、无违法非公路标志及广告、路基路肩边坡无非法种植物；高速公路做到“五清三化”，即清除垃圾、清除非法堆积物、清除非法搭建物、清除非法种植物、清除违法广告设施，绿化彩色化、珍贵化、效益化；内河干线航道做到“三无两洁”，即无违规构筑物、无碍航设施、无垃圾，航道两岸整洁、水面清洁；港口码头做到“四无六净”，即无白色污染、无烟头纸屑、无瓜果皮核、无垃圾污物，路面净、道牙净、收水口净、便道净、树坑净、墙根净；铁路做到“六无一有”，即无违法私搭乱建的建筑物构筑物及附属物、无破旧建筑及残墙断壁、无乱堆物料、无暴露垃圾渣土及白色污染、无违法及破旧广告牌匾、无河塘漂浮物，有绿化隔离带或隔离墙。2017年是五项行动的第一阶段，即工作迅速铺开期，目标是至12月30日，完成公路及干线航道内、船舶停泊区域用地范围内无堆积物和垃圾、无非法种植物，完成港口码头80%港口粉尘和水污染综合治理工作。至年末，全市国道、省道MQI值达96.3，优良路率达到100%；市道MQI值92，优良路率达到97%。

【公共自行车三期建成运行】 公共自行车三期项目是2017年江阴市城乡建设“1310”*民生工程之一，建设范围为北起长江，南至芙蓉大道—锡澄路—站西路—新长铁路—澄杨路—定山—周庄界，东起长山大道，西至夏港河桥。该项目于2017年9月1日开工，12月20日建成运行，总投资2000万元。设134个网点，扩建50个网点，新增4500个锁止器，投放3500辆自行车。该项目的建成,在中心城区实现了200~300米的公共自行车服务半径,形成了布局合理、运转高效、方便快捷的公共自行车服务网络,为方便市民骑车出行提供了良好的环境。

【公交电子站牌四期建成投运】 公交电子站牌四期是江阴市委、市政府2017年民生实事工程之一。该项目西至西外环路、东至东外环路、北至长江、南至芙蓉大道、南部局部延伸大桥路及立新路,沿线共170个公交站台安装电子站牌,项目建设包括电子站牌设计、制作、安装,系统集成,后台系统的优化及取电通网工程等。该工程于2017年6月10日开工,10月20日建成,总投资1300万元。该项目的建成,有效地扩大公交电子站牌覆盖面,为实时提供准确的公交信息,更好地满足市民出行需求起到积极作用。

【混合动力新能源公交车投入使用】 2017年,江阴市政府响应国家节能减排、倡导新能源混合动力的号召,7月20日,城市公交投放52台宇通牌油电混合动力公交车,投放线路为公交26路、28路、21路、7路。9月12日,投放80台宇通牌气电混合动力公交车,投放线路为公交1路、11路、13路、17路、28路。12月5日,投放58台中通牌油电混合动力公交车,投放线路为公交16路、22路、71路、70路、33路。城市公交190辆混合动力新能源公交车的投放,有效缓解城区道路公共出行客流量大的压力,提高城市公交新能源车辆比例,至是年12月30日,城市公交新能源车辆比例达36.5%。

【网络预约出租汽车细则出台】 2017年3月16日,江阴市政府根据《国务院对确需保留行政审批项目设定行政许可的通知》中"关于对参与网约车经营的企业、车辆和人员实施行政许可"的相关规定,结合全市出租车行业的实际情况,本着"优先发展公共交通,适度发展巡游出车,有序发展网约出租车"的原则,出台《江阴市积极稳妥推进出租汽车行业改革的实施意见》和《江阴市网络预约出租汽车经营服务管理实施细则(试行)》,成立江阴市深化出租汽车改革领导小组,明确网约车平台、网约车辆、网约车驾驶员许可等准入条件,规范网约车发展、网约车经营行为、私人小客车合乘及网约车的经营定位、管理服务和经营环境等。该细则的出台,打破原有出租汽车行业的经营模式,对引导出租车行业的有序发展起到推动作用。至12月30日,全市办理网络预约出租汽车运输证10张。

【首批30辆纯电动出租车投运】 2017年6月30日,江阴市首批30辆纯电动出租车投运,总投资540万元。此次投运的纯电动出租车车型为比亚迪E5,从外形上融合SUV(运动型多用途车)与MPV(多用途汽车)设计特点,车内空间宽敞。充电一次仅需60~70分钟,续航里程可达300千米,与传统油气两用出租车相比,纯电动出租车的百千米能耗为16千瓦时,产生费用只相当于燃气的三分之一,每天运营成本下降80元左右。该型出租车的投运,开拓江阴市新能源车辆推广利用的新渠道,也为市民绿色环保出行提供便利。

【5条定制客运线路开通】 2017年3月31日,江阴公路客运有限公司获江苏省运管局定制客运业务经营许可,定制班线采用小车型、多班次,合理定制线路。4月28日开通江阴至无锡城际区域拼车班线,5月3日开通周庄至无锡机场定制班线,8月1日开通江阴至无锡拼车班线,8月18日开通华士至无锡机场定制班线,11月18日开通江阴西乡至无锡机场定制班线,11月28日开通江阴东乡至苏州定制班线。定制班线的开通,改变传统大型客车运输方式,进一步满足城乡旅客个性化需求,为市民出行提供更方便和快捷的服务。

【市交通工程建设管理中心成立】 2017年5月12日,市交通运输局根据《无锡市机构编制委员会办公室关于组建江阴市交通工程建设管理中心的批复》和《关于组建江阴市交通工程建设管理中心等机构编制调整的批复》文件精神,撤销江阴市交通工程建设管理处、市农村公路管理处,整合江阴市交通重点工程建设指挥部办公室,组建成立江阴市交通工程建设管理中心,具体承担江阴市交通重点工程建设指挥部办公室职责。江阴市交通工程建设管理中心属江阴市交通运输局下属事业单位,副科级建制,核定事业编制人员30人,内设综合科、项目管理科、前期协调科、工程建设科、安全监管科、财务审计科6个科室。该管理中心的成立,为进一步加强交通工程建设管理,强化工程质量建设监管有着十分重要的意义。

(袁静菊)

邮 政

【概况】 2017年,江阴市邮政局坚持稳中求进工作总基调,深入实施"一体两翼"("一体"指以邮政窗口资源为基础、以市场需求为导向、适应现代电子商务发展模式、线上线下相结合的邮政综合便民服务平台,"两翼"指金融翼和寄递翼)经营发展战略,加快改革创新,推进转型升级,实现了收入规模和经济效益双提升。全年实现业务收入3.81亿元,比2016年增长21.5%,位列全省县(市)局榜首。金融业务规模得到进一步扩大,邮政普惠金融在地方上影响力不断增强,业务收入规模列全省第一。开展"优结构,提效能"主题营销活动,做细客户经营,业务结构得到优化。深化网点转型,在物理环境、服务礼仪、营销流程、精细化管理等方面提升了网点服务能力。文化传媒业务围绕五大市场,以"媒体+活动"的方式,促进转型发展。全年函件业务收入规模列全省第三、集邮业务收入列全省县(市)公司第一、发行业务收入列全省第二。发挥邮政资源优势,制作《中国国家地理》江阴附刊、《这就是江阴》邮票珍藏册等,进一步提升城市对外影响力。包裹快递业务围绕"扩面、提效、服务升级"的发展主题,创新运营模式,业务收入规模列全省第四。其中,快递包裹实现收入2812万元,比2016年增长64.3%,国际小包实现收入1950万元,比2016年增长91.3%。快递包裹全年发件总量777万件,是2016年的3.1倍。高量期业务量45万余件,单日峰值提升至14万余件,为二级站点的建设进行有益的尝试。综合服务平台建设取得新成效。积极参与农村电商建设运营,探索线上线下融合发展,分销业务收入列全省第一。邮乐购加盟店建设有序推进,建成402个,"邮掌柜"会员2.8万人,邮乐小店7500个。"邮惠澄城""采源宝""江阴农品馆"完成订单11328笔。警邮、税邮、政邮业务全面合作,开通华士、青阳、峭岐、长泾、申港5个网点作为警邮合作网点代办交管业务。设立政务服务中心邮政服务站,为政府机关、大型企业等客户提供了同城寄递、个性化服务等。企业口碑和社会形象显著提升。2017年年末,江阴市邮政局获无锡市五一劳动奖,被评为江阴市创建全国文明城市工作先进单位、江阴市2016年度服务地方先进单位等。

2017年1月8日,《凤舞九天·精彩中国》生肖专题邮册首发现场

(市邮政局提供)

【《凤舞九天·精彩中国》生肖专题邮册首发】 2017年,市邮政局特邀知名艺术家、中式高级时装设计师顾林联合开发《凤舞九天·精彩中国》生肖专题邮册。1月8日,该邮册首发,并举行专场签售会。整本邮册内配有顾林设计的"化凤蓝羽"真丝大方巾(红、黄、蓝三色可选)、丁酉年生肖鸡大版邮票、小本票、五福临门4枚版个性化邮票以及十二生肖纪念张、一至三轮鸡年生肖纪念张。全国限量发行3000套,每套定价1180元,中国集邮网上营业厅、邮意思平台、江阴集邮微店、邮惠澄城等各大邮政网络销售平台同步发售。

【"徐霞客诞辰430周年"主题邮册开发】 2017年,市邮政局注重挖掘地方特色文化,参与徐霞客诞辰430周年纪念活动,成功开发具有浓郁地方特色的《中华霞客》珍藏邮册1000本、《沈鹏书自作古风徐霞客歌——纪念徐霞客诞辰430周年》珍藏邮册500本、纪念邮资明信片及邮资信封等产品。该系列产品注重收藏性与正统性的结合,既彰显了地方个性,又满足了对外宣传的需求。自是年5月24日起,市邮政局在各城乡网点举办"重温霞客梦,邮走新丝路"集邮文化产品巡展活动,现场展出各类珍邮、生肖邮品、地方特色邮品、钱币类产品和贵金属产品等,进一步提升了"徐霞客诞辰430周年"系列产品的社会影响力。

【"邮政储蓄杯"市第五届全民广场舞大赛举办】 2017年9月1日,由市文明办、市文广新局、市体育局、江阴日报社联合主办,市邮政局、市文化馆、市健身操舞协会承办的"舞动江阴"——"邮政储蓄杯"2017江阴市第五届全民广场舞大赛正式开始。历经一个半月紧张激烈的选拔赛后,红星闪耀舞蹈队、青阳中心幼儿园和乐健身队等18支队伍成功晋级总决赛。11月11日,"舞动江阴"——"邮政储蓄杯"2017江阴市第五届全民广场舞大赛总决赛精彩落幕。现场评选出特等奖一名、一等奖两名、二等奖三名、三等奖五名、优胜奖七名。

【市首个校园主题邮局落成】 2017年10月14日,在江阴市第一中学110周年校庆活动上,江阴市首个邮校共建的主题邮局揭牌。该主题邮局是专门为校园文化建设搭建的传播平台,主要服务于学校师生及家长,集报刊收订、产品销售、校园邮件封发与投递等功能为一体,通过调动学生的积极性、参与性,锻炼学生的动手能力,培养学生服务他人的理念,得到了学校师生及家长的广泛认可。主题邮局正式运营后,将成为学生社团的主要组织形式,给学生提供一个自我实践、自我展示、自我锻炼的活动平台,创建独特的校园文化品牌。此外,为配合江阴市第一中学110周年校庆活动,市邮政局还精心设计制作了校庆纪念明信片和纪念信封。

【市邮政跨境电商产业园开园】 江阴市邮政跨境电商产业园由市邮政局整体开发打造,是2017年江阴市委、市政府为民办实事项目之一,是集办公、仓储、物流、培训、运营、公共服务为一体的电子商务全产业链综合服务园区。该园区于2017年9月19日在2017中国(江阴)互联网电子商务助力实体经济新发展论坛暨江阴市第四届电子商务大会上正式揭牌启动,并于同日举办开园仪式。江阴奥丁家居科技有限公司、京猫电子商务股份有限公司等5个企业成为首批入驻企业。该产业园拥有秦望山路主基地、梅园大街基地、西郊基地、顾山物流园仓储中心4个基地,总面积15000平方米。年内,该产业园同江阴市职业技术学院等4所江阴本地高校签订跨境电商人才战略培育协议,后期将通过校企合作,培育跨境电商人才,实现企业与学校、创业与就业、社会与经济的多方发展。11月3日,在江阴市科技创新大会上,该产业园获评2017年度江阴市众创空间。

【邮政网运能力稳步推进】 2017年,市邮政局网运能力显著提升,秦望山路转运场地全面启用,农村支局邮路增发至14条,确保邮车在每日 14:30 之前到达各支局网点。自提代投建设试点工作有序开展,全年建成自提点 163 个,其他社会自提点 595 个,投递员工作强度得到缓解。旺季投递任务圆满完成,“双十一”期间,日峰值达 2.63 万件,日均进口件数超过 2 万件,无积压滚存且妥投率 98% 以上。全年转发进口邮件 310 万余件,同城 6.17 万件,比 2016 年增长 240% 和 150%。邮件转运质量稳定,总包丢失、损失率为零,未发生重大质量事故。组建农村支局“邮务经理”队伍,提升了支局快递包裹营销和揽收水平,加快邮乐购平台建设。全年投入 125 余万元购置 6 辆商务投递车辆、4 辆邮务经理揽收车辆、3 辆邮运车辆,进一步提升了网运水平。

【邮政员工教育培训】 2017 年,市邮政局突出重点、创新方式、拓宽渠道、完善机制,有效地增强员工教育培训工作的针对性和实效性。至年末,邮政员工大专以上学历占 76%,三大工种总持证率 98.8%,全年培训 5652 人次。组织营销员、理财经理等 70 人赴扬州进行拓展训练。创新开展“天元融 e 学”微信课程,为网点营销模式转型、提升各岗位营销技能提供助力。组织全体管理人员及支局局长学习《不可不学的 32 定律》系列丛书,精选 40 余篇读书心得编订成册下发,供全体员工学习。在中国邮政集团公司第五届“十佳理财经理”大赛中,璜塘支局理财经理孙钰洁以个人全能冠军的成绩荣获“全国邮政十佳理财经理”称号。(洪志云)

物　流

【概况】 2017 年,江阴市物流业进入转型发展新阶段,围绕物流降本增效主要目标,聚焦行业发展主要矛盾,采取针对性措施,物流业取得较大发展,行业规模、运行效率和服务能力有了较大提升。依托沿江港口、码头,京沪、宁沪、沿江高速和新长铁路,高新区、临港经济开发区、靖江园区,积极融入“一带一路”和长江经济带建设,推动以港口码头、物流园区、专业市场和重点物流企业为载体的现代物流业快速发展。通过对接上海自贸区,建成电子口岸二期工程,加快优进优出的通关一体化改革,实现长三角区域互联互通新格局。先进制造业与现代服务业有机融合、互动发展,以石化、煤炭、钢材、粮油等生产资料为主要特色的港口物流快速发展,江阴成为长江中下游地区重要的仓储物流、集散配送中心及华东地区最大的液体化工品运输、生产、中转、贸易基地。实施“互联网 +”战略,推进信息技术和供应链管理在物流业的应用,为广大生产流通企业提供低成本、高效率、多样化、精益化的物流服务,主辅分离、制造服务化趋势进一步显现。全年全市在交通运输和仓储方面完成投资 51.84 亿元,完成物流营业收入 3488.27 亿元;港口货物吞吐量 15971 万吨,比 2016 年增长 21%,其中外贸吞吐量 3426 万吨,比 2016 年增长 44%;集装箱运量 54.07 万标箱,比 2016 年增长 13.5%;国际航行船舶签证 4446 艘次,比 2016 年增长 13.4%。优化港区岸线功能,实施连片开发,强化与上海、宁波等地区合作,力争把江阴港打造成上海国际航运中心的重要组合港、长三角地区的集装箱支线港、区域性的物流枢纽港。至 2017 年末,江阴港拥有 53 条集装箱班轮航线,15 条杂货班轮航线,内外贸航线覆盖全国各大主要港口以及通往美国、欧洲、日本、韩国等地。港口发展转型升级,新增 1 个开放泊位,预验收 3 个泊位。公路通车总里程 2436.2 千米,公路密度 2.48 千米/平方千米,中心城区与四大片区、交通枢纽、货物主要集散地在 15 分钟内可上高速公路网。

【5 个重点物流园区共同发展格局形成】 2017 年,中信泰富特钢集团、中外运集装箱运输有限公司、中铁物资集团有限公司、中国中煤能源集团有限公司、中国国储能源化工集团股份公司等一大批央企、国企的区域性物流集散和加工贸易中心先后落户江阴,丽天石化品交易市场、华东石化物资交易市场、江阴海运煤炭专业市场以及百威啤酒华东分拨中心等一批特色基地发展。江阴长江港口综合物流园区发挥交通、区位和经济优势,大力发展以港口货运、装卸、仓储、商贸、物流信息处理等为重点的现代物流产业和软件及服务外包产业,实现现代物流业规模发展和服务外包产业提升发展,园区产业规模、企业集聚和品牌建设取得明显成效,园区成为集综合运输、货物仓储、货运配载、装卸搬运、信息服务、流通加工、检验检疫、咨询设计、招商引资等功能于一身,融商流、物流、信息流、资金流于一体的长江中下游地区重要的综合性货运枢纽物流中心,全年实现开票销售 1300 亿元。城东物流园区依靠便捷的高速公路道口交通区位优势,通过整合市场资源,不断拓展发展空间,形成以金属材料交易、物流配送、家居建材、汽车交易为主的物流园区;城西物流园区利用交通便捷优势,整合周边市场资源,形成以农副产品、五金机电等生活资料市场为主的物流园区,城东物流园区和城西物流园区全年实现开票销售 453.43 亿元。金三角物流园区是建材、木材、建筑卫生陶瓷、有色金属、废旧金属等大类产品集聚的经营型物流园区,也是华东地区规模较大的建材商品集散地,经营国内外知名建材品牌商品 1 万余种,全年实现开票销售 30.04 亿元。江阴—靖江物流园区大力推进物流集聚区钢铁、煤炭、油品物流基地的建设,依托沿江港口岸线和联接苏南跨江辐射苏中的区位优势,通过发展生产性服务业带动本地区大宗商品配送,实现仓储、配送、信息等物流要素的无缝连接;园区内有经营黑色金属、机电产品和五金材料交易的江苏长阳金属材料市场有限公司;油品加工仓储销售企业江苏中燃油品储运有限公司、江苏海峡石化有限公司等;煤炭交易市场集聚了江苏永和电力燃料有限公司、江苏亚泰煤业有限公司、江苏省江阴经济开发区靖江园区中能电力燃料有限公司等 18 个煤炭贸易企业,全年实现开票销售 176.7 亿元。

【江阴临港国际物流园】 2017 年,江苏省经信委依据《江苏省重点物流基地和重点物流企业认定办法》规定,经企业申请、专家评审、现场考察、征求全省现代物流工作联席会议各成员单位意见和向社会公示等程序,江阴临港国际物流园被评为第十二批省重点物流基地。园区占地13.33公顷,建有全天候标准化仓库7个(总面积3.2万平方米,其中4000平方米为保税仓库),另有8.4万平方米堆场及配套设施。园区集运输、仓储、加工、包装、分拣、货代、配送等各项功能为一体,是国家检验检疫局进境动植物产品定点仓储单位,国家出入境检验检疫机构指定的江阴港进境食品查验场所。园区由江苏环联货运代理有限公司负责经营管理,能提供全面的物流服务,包括一般性仓储及保税仓储、国际国内货运代理、供应链管理服务、驻厂物流服务等。至年末,该物流园引进商贸流通、物流运输等各类企业318个。

【江阴兴澄储运有限公司被评为AAAA级物流企业】 江阴兴澄储运有限公司隶属中信泰富特钢集团,由香港中信泰富有限公司于1998年投资成立。公司地处江阴市高新区,北临长江,拥有公路、内河、长江和远洋海运等发达的交通物流优势。公司为江阴兴澄特种钢铁有限公司(以下简称"兴澄特钢")主辅分离型的配套公司,承担兴澄特钢生产经营过程的物流服务工作,提供港区内货物装卸、驳运、仓储(不含危险品)以及公司产品的货物道路运输。自建10万吨级远洋码头,泊位岸线全长505米,是全国特钢行业唯一拥有万吨级码头的企业。2017年4月7日,第二十三批A级物流企业授牌仪式上,江阴兴澄储运有限公司以优秀的经营业绩、优质的管理及服务,获得中国物流与采购联合会颁发的AAAA综合型物流企业,成为继江苏江阴港港口集团股份有限公司后江阴地区第二个AAAA级物流企业。

【"江阴—广州"内贸直航航线开通】 2017年,临港开发区港口发展局引入大连信风海运有限公司,新开"江阴—广州"内贸直航航线。该航线从苏南码头出发后,将直达广州并靠泊广州建翔码头,结束过去需从上海、太仓等地转运的历史,为货代、物流企业节省大量时间和经济成本。该航线的开通,实现了江阴港的长江"T"字形航线布局,连接起长三角和珠三角两大经济区,江阴港作为"江海河"联运枢纽港初具格局。

【九曳冷链(江阴)落户临港开发区】 九曳冷链创建于2014年,是国内第一个农业、生鲜供应链解决方案运营商,第一个专业的B2C(business to customer,即表示企业对消费者的电子商务形式)冷链仓储服务商,第一个第四方冷链物流公司,在全国开通管理12个生鲜集散中心和15个冷库。2017年4月,九曳冷链(江阴)基地签约仪式在江阴综合保税区举行,投资运营近2万平方米冷库,打造江苏省"冷链+互联网"的标杆项目。九曳冷链(江阴)基地项目,除了将建有多温层冷库外,还包括一座现代化的进口肉类切片加工包装厂。该项目的落户建设,不仅将极大地满足江阴市民对高品质牛肉、三文鱼、牛奶、水果等的需求,还将利用与天猫、京东等电商的战略合作,把具有江阴特色的长江三鲜、葡萄、水蜜桃等农产品推向全国。

【江阴引航站助力实体经济发展】 2017年,长江引航中心江阴引航站积极服务江阴港口实体经济转型升级,全年引领进出江阴港船舶6568艘次,航行里程92.97万千米,总吨1.12亿吨,载重吨1.96亿吨,比2016年分别增长16%、14%、37%、40%。提前对接12.5米深水航道试运行后的港航企业服务需求,最大程度挖掘深水航道资源利用效能,全年引领17万吨级"开普型"船291艘次进出江阴港,开拓了进出江阴港江海直达船舶的尺度和深度,提升了江阴港口经济和实体企业发展的空间和竞争力。此外,江阴引航站加强引领载运危险化学品船舶的安全管理,满足江阴港口全面发展需求,全年安全引领危化品船4092艘次进出江阴港,占引领江阴港船舶总艘次的62.3%,装载2055万吨化工品,确保了长江江阴段引航船舶全年无上报等级事故。

【江阴综合保税区通过预验收】 2017年,江阴综合保税区接连迎来重磅项目入驻,形成"六中心一平台"。即以世界500强企业德国西马克出口工程设备为主的SMS全国集货中心;以美国百威啤酒为主的百威啤酒华东分拨中心;以美国朗邦为主的华东地区卫浴组装出口中心;以科勒品牌为主的科勒长三角分拨配送中心;以法国、智利、德国、西班牙为主的进口葡萄酒区域分拨中心;以中建材浚鑫科技为主的太阳能组件集散中心;以三房巷集团、澄星集团为主的企业快捷通关服务平台。一大批与"六中心一平台"相关的配套优质企业相继入驻,一个集国际区域分拨配送、进出口商品展示交易、跨境电商、金融贸易创新等功能于一体的综合性产业及招商平台已初显雏形。是年12月6日,根据《海关特殊监管区域基础和监管设施验收标准》的有关规定和要求,江阴综合保税区通过预验收。

【市首个千亿元级园区建成】 2017年,长江港口综合物流园区新招商贸物流、软件信息、文化创意和电子商务等企业490余个,完成开票销售1300亿元,成为江阴市首个千亿元级园区。其中,博宏能源、指北针供应链、光控海银基金、保险服务平台、淘车无忧、中金好车、好料平台等一批重点项目落地。江苏中电豪信电子科技有限公司、江阴市金桥化工有限公司、江苏金一文化发展有限公司等重点企业支柱地位突出,电子商务创业孵化基地、三牛众创空间、苏南中关村科技成果转化中心、金箍棒工业设计等创新创业平台运行顺利,园区150个重点骨干企业全年完成开票销售1000亿元,实现税收6.5亿元。长江港口综合物流园在品牌建设方面也进行了有效的尝试和探索。三牛众创空间被评为2017年江苏省小型微型企业创业创新示范基地、2017年度省级创业示范基地、苏南国家自主创新示范区优秀众创空间;无锡博棠电子有限公司被评为2017—2018年度江苏电子商务示范企业、江苏省互联网产业人才培训基地;远望神州有限公司获第二届中国军民两用技术创新应用大赛铜奖。 (谢励涛)

■类目编辑 徐文辉

发展计划管理

【概况】 2017年，市发改委积极适应经济发展新常态，围绕目标任务创新举措求发展，扎实推进经济社会发展、重大项目建设、供给侧结构性改革、能源结构调整等重点工作，确保全市经济和社会健康有序发展，实现全市"十三五"规划有序推进。集成改革持续推进，全力扶持特色小镇建设，持续推进"一河两岸"(长泾镇长泾河及该河两岸)老镇区改造工程，完善政府和社会资本合作模式，推进澄东南燃气发电项目和江阴热电煤改气项目建设。重点重大项目不断加强，协调解决芙蓉大道快速化工程改造、锡澄运河桥梁工程等重大项目。改进服务作风，扎实开展"连心富民、联企强市"大走访活动，优化审批服务，健全完善"阳光发改"平台，深入推进全省投资项目在线审批监管平台建设，督促各部门做好项目代码的应用工作。

【国民经济和社会发展目标管理】 2017年，市发改委围绕全市产业强市、创新驱动、改革开放、城乡统筹、绿色发展以及民生优先六大战略，倒排"十三五"规划年度目标任务，牵头制定《江阴市2017年度全市国民经济和社会发展计划》，并分解国民经济和社会发展年度重点目标。按照"月报、季督、年考核"推进机制，每季度形成《国民经济和社会发展重点工作目标执行情况报告》，以做好全市重点工作完成情况的跟踪监测。经济运行稳中有进，全年完成地区生产总值3488亿元，比2016年增长7.2%。工业运行稳中向好，全年实现规模以上工业产值5822.7亿元，比2016年增长15.1%。现代服务业发展良好，全年服务业增加值占地区生产总值比重比2016年提升0.7个百分点。农业现代化规模壮大，农业适度规模经营比例达87%，高效农业比重达63.5%，农业信息化覆盖率达65%。创新驱动能力增强，高新产业规模不断壮大，全市高新技术产业产值占规模以上工业产值比重达36%。创新能力显著增强，申报省高新技术企业130个、省民营科技企业133个，新认定省高新技术产品238种，新建江阴市工程技术研究中心66个，院士工作站6个，组织实施重点产学研合作项目60项。品牌战略加快实施，全年新增注册商标3000件，新认定无锡市知名商标53件，申报江苏省著名商标25件、全国驰名商标2件，新增省名牌6个，省著名商标15件、中国驰名商标3件。人才引育力度加大，引进高层次人才500人，新引进诺贝尔奖人才1人，引育江苏省"双创人才"*4人、"双创"博士3人、"双创"团队1个。城乡面貌不断改善，持续推进"1310工程"*，进一步提升城市功能配套。路网建设有序推进，南沿江铁路江阴段前期准备工作基本完成，盐泰锡常宜城际铁路前期准备工作稳步推进；芙蓉大道快速化改造、紫金路一期等工程加快建设，塘前路二期、环城西路改造等项目顺利完工，锡澄运河滨江路桥、镇澄路桥建成通车。民生工程顺利实施，新澄江中心小学、新第一初中建成投用，全民健身综合馆、春申幼儿园、敔山湾幼儿园、南华中专改扩建等项目有序推进；西横河防洪排涝、西门雨污水泵站改造等67项防汛应急工程按时投用；新建天然气管网180千米，新增天然气居民用户3.1万户；新建供水管网101千米，改造32千米。城市改造有力推进，完成拆迁房屋等总面积131万平方米，建成安置房总面积64万平方米，完成14个老小区、10个改善型城中村改造。市容秩序持续优化，整治主次干道128条，完成青果路、南街两侧建筑外立面改造维修工程，创成无锡市市容管理示范路2条，市容管理示范社区2个，顺利创成全国文明城市。生态环境逐步优化，大力推进大气污染防控，淘汰10吨以下蒸汽燃煤锅炉63台，完成江阴热电有限公司、江阴市华西热电有限公司等热电企业10台锅炉超低排放改造，完成166个重点企业挥发性有机物治理，淘汰高污染车辆2601辆。大力推进水环境整治，启动中小河流治理重点县综合整治及水系连通三期工程，开展小湖港、创新河等100条河道综合整治，整合污水处理厂6个，关闭畜禽养殖场1700余个，农业废弃物综合利用率达98%以上。持续推进生态建设，完成成片造林333.7公顷，新增绿地80万平方米，建成区绿化覆盖率达到43%，自然湿地保护率超过50%。加大环保基础设施建设力度，扎实推进秦望山产业园固废综合利用项目一期、光大环保能源(江阴)有限公司三期扩能工程，完成花山生活垃圾填埋场大修工程；完成城区73个片区的污水主次管网改造和澄江路等13条道路污水主管网敷设，实施423个村庄生活污水治理，新建排水达标区30个，建成集镇区污水管网20千米。社会民生持续改善，城镇和农村居民人均可支配收入分别为5.9万元和3万元，继续保持在全省县级城市的前列。就业形势稳定，提供就业岗位5.7万个，解决本地劳动力就业4.7万人，应届返江阴高校毕业生就业率93.3%，城镇居民登记失业率和农村调查失业率分别降至2.26%和2.83%。保障标准进一步提高，企业退休人员养老金、居民养老保险基础养老金、被征地农民养老年龄段人员养老补助金、城乡低保、城乡居民基本医疗保险人均筹资标准持续提升。教育投入进一步加大，总投资37.53亿元的37项教育项目按时序推进；教育质量不断提升，统筹推进义务教育优质均衡发展，普通高中高考本科上线率达到98.11%，职业教育对口单招本科进线率63.3%，继续保持省内领先；教育现代化取得重要进展，监测综合指标得分为91.32分，居于省内领先水平。医疗保障水平稳步提升，市医疗中心建成投运，69个社区卫生服务站（村卫生室）提档升级工程按时序推进。社会救助精准实施，发放低保资金5000万元，发放深度救助资金330万元，发放困难群众临时生活救助资金900万元，支出慈善救助资金2513万元。文体服务不断加强，全民健身综合馆启动建设，组织开展各级各类群体赛事活动530余项次，成功举办江阴市第七届全民运动会；新建村（社区）综合文化服务中心60个，深入开展"文化走基层，服务进万家"文化惠民活动，是年，江阴市获得"江苏省书香城市（县级）示范市"称号。

【工作目标绩效考核】 2017年，市发改委根据无锡科学发展考核要求，积极发挥牵头作用。定期召开协调推进会，加强科学发展考核的协调推进；根据指标对口原则，督促各责任单位明确专人负责考核日常工作，做好各项指标季度和年度完成情况的推进、对接和对上争取工作，确保无锡考核情况真实反映全市经济社会发展实绩。同时，加强对下沟通，根据2017年工作实际，进一步完善园区绩效考核方案，全力激发开发区推进经济发展的主动性。年内，67项无锡市科学发展考核指标全部分解落实到位。

【经济运行分析调研】 2017年，市发改委针对全市经济运行中出现的新情况新问题，会同经济财税部门，走访各乡镇板块，开展经济运行分析座谈会，通过历史对比、趋势分析，深入查找经济发展问题症结，提出促进经济发展的对策建议，按照月跟踪、季预测等方式，对全市经济形势的跟踪分析，每季度形成经济运行分析报告，认真评析当前经济运行情况，提出稳定经济发展的对策建议。同时，围绕"聚焦创新发展培育新动能"等主题，会同科研院所专家学者，深入企业一线开展专题调研，共同把脉分析经济社会发展情况，先后撰写《对提升江阴"地标产业"的几点思考》等调研报告3份。

【生产要素争取】 2017年，市发改委着眼服务企业发展，积极在政策、项目、资金等方面加强对上争取。先后组织企业申报中央专项资金项目2项，申报省级军民融合发展引导资金项目3项，申报省级战略性新兴产业发展专项资金项目3项。先后协调解决白屈港西岸驳岸修复工程等项目18项。为江苏三房巷集团有限公司等10个企业争取进口棉花配额9776吨。

【固定资产投资管理】 2017年，市发改委按照优先保证还款、优先保证结转项目、优先保证重点工程、控制新开工项目的"三保一控"原则，科学排定2017年度政府投资项目222项，全市固定资产投资完成1153亿元，比2016年增长1.8%。健全完善政府项目储备库制度，对政府投资项目的建设和投资规模进行细化论证，优化设计方案，根据财政支出能力，合理控制投资规模。定期组织市人大常委会视察列入人大监督的政府投资重点项目，向市人大常委会汇报重点项目进展情况。年内，列入市人大资金监督的政府投资25项重点项目，完成投资23.3亿元。

【重点重大项目管理】 2017年，市发改委着眼推动产业转型发展、加大有效投入和偏向民生基础等原则，科学排定重点重大项目96项，总投资1192亿元。健全落实市领导联系挂钩、集中会办等项目推进机制，及时协调解决芙蓉大道快速化工程改造、锡澄运河桥梁工程等31项项目在报批、建设过程中的困难和问题，确保重点重大项目按时序推进。健全完善重大项目督查机制，及时跟踪通报重大项目进展情况，引导督促全市上下加大有效投入，加快项目建设。年内，全市重大项目推进顺利，75项产业重大项目完成投资159亿元，列入无锡市重点项目计划的14项项目完成投资153亿元，列入江苏省重点项目计划的3项项目完成投资79亿元。

【能源管理】 2017年，市发改委根据全市"263"专项行动*部署，牵头开展削减煤炭消费总量专项行动。按照"整小、建大、余调剂"的思路，牵头制定煤炭削减实施方案，从整治燃煤锅炉、淘汰落后产能及压缩过剩产能等6个方面明确减煤举措，按年度将全市煤炭削减任务分解到位。建立跟踪监督机制，每月发布煤炭消费预警，定期赴各板块开展实地督查，督促各板块对照减煤任务，倒排目标时序，制定扎实举措，确保完成全年任务。为进一步提高全市资源的利用效率，实现经济社会可持续发展，启动《江阴市循环经济发展规划》编制。积极做好碳排放权交易的相关基础性工作，组织全市160个重点企业填报2016年度温室气体排放报告和补充数据表，组织电力行业重点排放企业参加全省碳排放配额分配试算工作会，以碳配额分配为引导，促进绿色低碳发展。针对江苏利港电力有限公司、江阴苏龙热电有限公司和江阴热电有限公司3个省统调公用电厂耗煤总量大，江阴市调节余量小的实际，多层次、多渠道对上沟通、协调，申请将该3个省统调电厂单列，按照供电煤耗、环保排放指标统筹安排发电计划。积极落实能源消耗总量控制，不断加快能源结构和利用方式转变，大力发展清洁能源。遵循因地制宜、清洁高效、分散布局、就近利用的原则，扎实推动分布式光伏发电项目建设,在江阴市余润光伏发电有限公司等域内企业示范引领带动下,全市屋顶光伏发电市场越做越大、越做越强,受屋顶光伏式发电项目度电补贴可能调低影响,年内,屋顶光伏发电项目备案数呈现井喷式增长,全年完成屋顶光伏发电项目备案260项、总装机容量310兆瓦、总投资21亿元。

【推进供给侧结构性改革】 2017年,市发改委在落实2016年供给侧改革举措的基础上,制定出台《关于深入推进供给侧结构性改革的实施意见》,进一步明确5个方面88项重点改革任务。在降低企业成本方面,除贯彻落实上级规定减负动作外,进一步加大在自主创新示范区优惠政策、推进煤改气改革等方面的改革举措,全年全市实体企业减负额度约40亿元。在推进钢铁去产能方面,坚决贯彻市委、市政府举措部署,深入开展钢铁行业情况调研,全面摸清全市钢铁企业产能情况,定期组织去产能"回头看",坚决杜绝钢铁产能反弹,至10月,提前完成江苏省、无锡市下达江阴市的2017年度钢铁去产能任务。大力开展违规钢铁项目整治,先后5次组织"地条钢"专项拉网式排查,全市未发现违法违规建设钢铁项目情况。

(耿海建)

财 政

【概况】 2017年,江阴市各级财政部门坚持担当履职、开拓创新,财政各项工作取得新的进展,财政运行情况良好。全年全市一般公共预算收入完成235.2亿元,比2016年增长2.3%,其中税收收入完成195.86亿元,比2016年增长2.4%,税收占比为83.29%。认真落实积极财政政策,支持实体经济发展,大力支持产业强市战略,全面推进供给侧结构性改革,积极创新财政支持方式,聚力保障重大项目建设,积极对上争取资金,推动地方经济转型提质增效。主动发挥公共财政保障功能,继续加大富民惠民投入,进一步增强群众获得感。全市一般公共预算支出中民生支出占比超七成,总额达168亿元。积极构建现代财政管理制度,通过规范预算管理体系、开展财政资金绩效管理、深化政府采购改革、加强政府性债务管理、深入推进预决算公开等着力深化财税体制改革,不断提升财政管理水平。

2017年江阴市一般公共预算收入情况一览表

表38

单位:万元

项目	一般公共预算收入								
	合　计			国　税		地　税		财　政	
	完成实绩	比2016年增长(%)	2016年	完成实绩	比2016年增长(%)	完成实绩	比2016年增长(%)	完成实绩	比2016年增长(%)
市本级	313674	-16.30	374738	18036	-19.05	29416	-65.95	266222	0.05
高新区	358979	5.42	340526	220357	16.93	120416	-10.07	18206	0.18
临港经济开发区	439789	8.25	406259	282089	29.86	134308	-20.25	23392	13.47
靖江园区	84557	31.04	64529	66866	45.06	13899	-9.13	3792	20.88
镇(街道)合计	1154561	3.73	1113004	715661	32.90	357537	-27.84	81363	2.97
全市合计	2351560	2.28	2299056	1303009	28.69	655576	-20.39	392975	0.25

2017年江阴市一般公共预算支出情况一览表

表39

单位:万元

项目	2017年度预算数(调整)	2017年度完成情况		2016年完成	与2016年相比	
		完成数	完成调整预算(%)		增减额	增减(%)
一、一般公共财政预算支出合计	2288200	2272879	99.33	2262583	10296	0.46
(一)一般公共服务	170125	182502	107.28	163728	18774	11.47
(二)国防	3850	2543	66.05	6402	-3859	-60.28
(三)公共安全	143214	147061	102.69	134746	12315	9.14
(四)教育	401122	378946	94.47	374108	4838	1.29

续表39

项目	2017年度预算数（调整）	2017年度完成情况		2016年完成	与2016年相比	
		完成数	完成调整预算（%）		增减额	增减（%）
（五）科学技术	70123	87027	124.11	68807	18220	26.48
（六）文化体育与传媒	25151	25550	101.59	24816	734	2.96
（七）社会保障和就业	280541	215017	76.64	279750	-64733	-23.14
（八）医疗卫生	111589	123317	110.51	111534	11783	10.56
（九）节能环保	92128	94111	102.15	90249	3862	4.28
（十）城乡社区事务	495540	524869	105.92	493608	31261	6.33
（十一）农林水事务	117661	90516	76.93	115336	-24820	-21.52
（十二）交通运输	94587	84333	89.16	104821	-20488	-19.55
（十三）资源勘探电力信息等事务	124864	161526	129.36	132859	28667	21.58
（十四）商业服务业等事务	50265	46604	92.72	55477	-8873	-15.99
（十五）金融监管等事务支出	1100	80	7.27	1014	-934	-92.11
（十七）援助其他地区支出	13000	14437	111.05	12007	2430	20.24
（十八）国土资源气象等事务	10128	12456	122.99	9872	2584	26.18
（十九）住房保障支出	70125	57499	82.00	67130	-9631	-14.35
（二十）粮油物资管理事务	4118	4254	103.30	4089	165	4.04
（二十一）债务付息及发行费支出	8969	18974	211.55	10459	8515	81.41
（二十二）其他支出		1257		1771	-514	-29.02
二、基金预算支出合计	444096	442480	99.64	277934	164546	59.20
三、国有资本经营支出合计	13800	13000	94.20	13007	-7	-0.05
预算支出合计	2746096	2728359	99.35	2553524	174835	6.85

【财政收入平稳增长】 2017年，市财政部门积极应对政策性减税降费效应持续扩大和增值税调库、非税收入等资源不断减少的影响，坚持稳中求进总基调，确保财政收入实现平稳增长。加强目标管理。协调各级财税部门牢固确立目标意识和责任意识，继续实施以月保季、以季保年、以块保面的策略。落实增收举措。挖掘“营改增”增收潜力，实施建筑房产、交通运输业项目综合治税，开展化纤等行业税收清理整治，积极构建财政收入稳定增长机制。深化协税护税。加强税收征管保障，强化横向财税协作和纵向各级联动，加快部门协作机制和数据交换，实现涉税信息共享互通，形成全市上下齐抓共管促增收的合力，确保收入“颗粒归仓”。全年全市一般公共预算收入完成235.2亿元，比2016年增长2.3%，其中税收收入完成195.86亿元，比2016年增长2.4%，税收占比为83.29%，收入质量较2016年进一步提升。

【推动经济转型提质增效】 2017年，市财政部门认真落实积极财政政策，打好政策引领、资金扶持、减税降费“组合拳”，支持实体经济发展。大力支持产业强市战略。全年市本级预算安排产业强市发展专项资金10.5亿元，引领社会资本加大对实体经济投入，支持企业科技创新和转型升级。加强重大项目、人才强市等重点领域的财政投入，市级预算安排重大项目奖补资金6000万元，推动“中芯长电”“兴澄特钢”等重点项目落地；安排3500万元，支持“暨阳英才计划”*。全面推进供给侧结构性改革。认真落实国家和江苏省各项减税降费政策，切实减轻实体经济企业负担。全年兑现高新技术企业、小微企业所得税优惠等政策性减税资金超10亿元。暂停防洪保安全金征收，取消公用事业附加等政府性基金和行政事业性收费，为企业减负金额超过4亿元。积极创新财政支持方式。规范推广运用PPP模式，总投资超过40亿元的江阴市“1310”工程一期项目顺利入库。聚力保障重大项目建设。拨付27.47亿元，支持第四期保障房、市医疗中心、绮山水源地、新沟河延伸拓浚工程等项目建设，充分发挥重大项目对经济增长的支撑作用。积极对上争取资金。全年对上争取到11亿元用于支持各类企业转型发展，推动经济发展提质增效。

【发挥公共财政保障功能】 2017年,市财政部门继续加大富民惠民投入,努力增强群众获得感。全年全市一般公共预算支出中民生支出占比超过七成,总额达168亿元。聚焦富民增收,推进产业富民、创业富民、就业富民。全年市本级预算安排资金1.55亿元推动农业供给侧改革,支持农业规模经营、提高农业科技水平、构建现代农业产业体系。落实创业、就业各项补贴资助政策,发放小额担保贷款5779万元,支持就业困难人员自谋职业、自主创业。落实再就业优惠扶持政策,全年拨付资金17651万元用于49152名再就业人员岗位补贴、保险补贴等支出;安排财政专项资金900万元用于高技能人才和现代农民培训。聚焦惠民保障,推进学有所教、病有所医、老有所养、住有所居、弱有所扶。支持教育优先发展,全面落实义务教育阶段免学杂费、中等职业教育免学费和学前教育经费保障政策。进一步提高保障水平,居民养老保险金由每人每月280元调增至310元,被征地农民养老补助金由每人每月670元调增至760元,新农合人均筹资标准金额由每人每月800元调增至880元,城乡居民最低生活保障标准金额由每人每月760元提高至840元。实施精准扶贫,全市财政投入经济薄弱村帮扶等"阳光扶贫"资金规模超1.6亿元。大力支持推进"263"专项行动,改善人居环境,全年市财政用于环境保护支出的资金达5.15亿元。

【构建现代财政管理制度】 2017年,市财政部门围绕建立现代财政制度的目标要求,着力深化财税体制改革,不断提升财政管理水平。规范预算管理体系。加强全口径预算编制和执行管理,强化四本预算的有效衔接和统筹安排,将街道、经济园区纳入市级预决算范围。深入推进预决算公开。将预决算信息全部纳入统一公开平台,试点开展预算绩效信息和资产使用信息公开,不断提高公开信息的规范性、完整性和及时性。创新开展财政资金绩效管理。选取市体育局试点开展部门整体评价,选取"新能源汽车"项目推广专项资金试点开展项目跟踪评价,选取养老服务专项资金试点开展政策评价,试点开展绩效目标部门和项目公开,切实规范资金管理行为,提高财政资金使用效益。深化政府采购改革。创新推广"互联网+政府采购"新模式,在全省县级市中率先建成和运行"电商直购+网上竞价"政府采购电商平台,提高采购效率,规范采购管理。截至年底,全市网上商城采购交易总额423万元,订单总数3174笔,协议供货网上竞价资金节约率18%。加强政府性债务管理。全面构建政府性债务风险防控体系,出台《江阴市政府性债务风险评估及预警管理暂行办法》和《江阴市政府性债务风险应急处置预案》,制定政府债务化解方案,清理整改不规范融资行为,有效建立风险预警防范机制。全年置换政府债券39.5亿元,新增地方政府债券14亿元。 (周文辉)

【深化国资国企改革】 2017年,市国资办独立开办一年。以依法履行出资人职责为根本,锐意进取,扎实起步,推进和深化国有经济发展和国企改革。积极制订和完善国有资产管理的具体实施办法,完善发展规划、产权管理、考评分配、党的建设等制度建设,规范三公经费,降低经营成本,加强资产运行动态监测,规范公司治理,选优配强国有企业领导班子,引导国有企业坚持立足民生服务城市建设,把履行社会责任作为自身发展的需要,完善公司党组织议事决策规则,加强党的领导和完善公司治理的统一。制定出台《关于深化国有企业改革的实施方案》,大力实施政企分离和事企分离改革,培育和整合有行业影响和地位的产业公司,促进国有资本布局更趋合理,资源配置更加优化。年内,组建完成公用事业产业有限公司、城建产业有限公司、交通产业有限公司3个国资公司,着力培育在城建、市政公用事业、交通道路建设及运营等方面有行业影响力的市场主体,调整秦望山产业园公司股权结构,理顺国有资本运营体系。按照"产业相近、业务相关、管理协同"和"资产、人员、债务同步调整"的原则,对市属国有企业进行整合,稳步推进管理体制改革。通过审计和盘活存量资产,在房屋土地权属明确、资产负债情况清晰的基础上,做好第一批重组和新建国资公司股权划转、股权登记、人财物整建制移交等工作。完成江阴市金阳担保有限公司、江阴信联担保有限公司、江阴市场建设有限公司和江阴市纺织市场有限公司4个国有企业整建制整合至江阴市新国联投资有限公司,委托江阴市新国联投资有限公司统一管理;将江阴国源资产经营有限公司和南菁工贸公司整体以及行政事业单位的456处经营性房产整体划归江阴市新国联投资有限公司,通过盘活存量资产,促进市属国有企业向主营业务和核心子企业集聚。 (陈光普)

税　务

·国家税务·

【概况】 2017年,市国税局紧扣税收现代化建设总目标,围绕组织收入中心工作,以"一平台二拓展三建设"工程为主线,全力打造党建统领、法治引领、内控护航、改革创新、效能优先的工作新业绩,助推全市经济发展和民生保障再上新台阶。深入开展"示范点""联系点""共建点"建设,积极实践与地税机关党委、基层支部、重点企业、街道(社区)四种形式的11组党建共建,全方位推动全面从严治党新格局的落地落实。加快简政放权步伐,行政审批提速57%;推广线上办税和集成办税,创新"网上批、快递送、不见面"服务新模式,推动税收领域"放管服"改革提档升级。与地方党政、财政、法院、住建等部门探索协同共治,发挥税收在经济社会发展中的基础性、支柱性、保障性作用。坚持组织收入原则,坚守依法征收红线,在风险应对、双打双防、行业整治等方面取得突出成效。全年组织收入285.31亿元,比2016年增长13.96%,完成财政公共预算收入130.3亿元,比2016年增长28.58%,对地方财政收入的贡献度升至55%。是年,市国税局获全省国税系统"营改增试点""金税三期上线"集体三等功,被评为江苏省国税系统法治基地、无锡市文明单位等。

【税源管理】 2017年,市国税局通过加大发票治理力度、强化税种风险管理、提升非居民税收质效等举措,实现税源基础管理的规范化、法治化。以税负率为突破口,围绕部分行业增值税、所得税税负率偏低情况开展专项分析,在前期调查研究的基础上,结合外部第三方信息,选定"小化纤"(再生料纺涤纶短纤维)行业为2017年度行业税收专项治理对象。制定下发《开展江阴市化纤行业税收专项治理工作安排》,明确工作安排、自查要求、审核要点、后续管理措施等内容,全市化纤行业整治成效明显,国税直接入库税款1.24亿元。强化发票管理手段,严格新办商贸企业、起征点以下小规模纳税人发票领用程序和数量的管理,增加必要的前置审核环节,针对存在有违规开票、重大涉税风险问题的企业,除按规定处理、处罚外,严格审批最高开票限额、严格控制发票发放数量,依法规范管理。严打发票违法行为,选择重点领域、重点行业开展发票专项整治,突出责任、全局、防范、执法四种意识,抓住风险、日常、预警管理三道环节,构建多维度防火墙,实现专项整治与长效管理的有效结合。全力推进"双打双防"(打击和防止骗取出口退税和虚开增值税专用发票违法犯罪活动),联合财政、审计、公安等部门共同管理,压缩违法违规开具发票的市场空间。全年处理异常及失控发票20137份,不予抵扣进项税金1.22亿元,传递异常企业信息15批,有效净化了市场环境。结合市外向型经济发达的县域特色,以跨境税源管理业务创新、跨国税源实时监控、落实堵漏增收措施、提高国际情报交换质量等为着力点,不断完善国际税收管理机制,非居民企业税收收入保持稳定增长的良好态势。至年底,累计入库非居民企业增值税和所得税合计6.5亿元。

【税收优惠】 2017年,市国税局牢固树立经济税收观,充分发挥税收杠杆作用,通过纳税人之家、多媒体推送、税收宣传月、税企连线等方式广宣传、深辅导,全面贯彻落实国家促进就业、服务"三农"、推动高新、提倡环保、营改增、小微企业减负发展等税收优惠政策,维护纳税人的合法权益,助力企业健康发展,确保国家税收优惠政策执行到位。全年为全市纳税人累计减免税款77亿元,办理出口免抵退税103亿元,为地方社会经济发展注入强劲动能。

【税收风险应对】 2017年,市国税局通过链式管理模式,推进机关科室实体化,事中事后管理全面加强,数据管税成效凸显。全年对企业开展风险应对806户次,其中对企业实地检查231户次、案头检查582户次,应对补税入库3.73亿元,总应对成效5.91亿元,应对总成效和直接入库成效均排名无锡地区第一,并对3500余个低风险纳税人通过纳税提醒进行全方位体检,帮助企业规范核算,防范涉税风险。

【税收改革】 2017年,市国税局大力推进税收协同共治,努力打造党政领导、税务主责、部门合作、司法保障、社会协同、公众参与的现代化税收共治格局。以"主动对接、以诚相待、求真务实、共进共赢"的态度,在"线、面"两个维度探索事中事后协同管理,首次与祝塘镇政府建立税收联动合作机制,以共享税收管理资源、促进管理方式转变为指引,促进协同共治规范化、常态化运行,为服务江阴地方经济发展提供有力支撑。围绕协同共治目标,积极与法院、经信委、住建局、国土局、车管所等多部门建立联动机制,促进协同共治规范化、常态化运行。首次成功运用"税收优先权"追缴欠税款34万元,追缴破产企业欠税款106万元,协作征缴司法拍卖税款432万元。积极协调财政局、住建局、发改委等部门,协同推进建筑业项目链式管理。深化纳税信用等级的应用,联合市信用办、文明办发布诚信"红黑榜",实施联合激励和联合惩戒,向信用办、公安出入境管理中心传递4批760余户次欠税、重大违法、阻止出境备案信息,28500余户次纳税信用等级评定信息。联合江苏银行等金融机构,为98户纳税信用等级为A、B级的小微企业提供"税e融"贷款4857万元。

【纳税服务】 2017年,市国税局将市区所有办税服务业务,包括建筑业代开发票和车购税业务,集中到市政务服务中心,同步设立集约处理中心和7×24小时自助办税区,集线上办税体验和辅导、自助办税等功能于一体,逐步形成"线上办税为主、自助办税为辅、实体办税兜底"的纳税服务新模式。在省和无锡国税部门"3550"*改革的框架下,市国税局自加压力,对接市政府"2440"*改革,将新办企业套餐业务操作指南前移至市场监管局窗口,实现税务工商"一窗联合服务承诺、一窗整合事项办理",将套餐办理时间控制在4小时以内。主动融入省、市"互联网+政务服务"总体框架,通过优化服务流程,创新"网上批、快递送、不见面"服务新模式,推动税收领域"放管服"改革提档升级。进驻政务服务中心后,纳税服务部门对实体办税、网上办税、自助办税、离厅办税、后台业务等办税服务渠道进行融合,实现传统的现场业务办理单一功能向线上体验、辅导、自助和预约办税等综合功能的转型升级,通过国地税联合办税厅的组建实现联合导税、联合取号、联合咨询、联合自助办税,实现"进一家门、取一个号、办两家事",进一步提升纳税人的获得感和满意度。年内,全市涉税事项实现网上办理率90%以上,线上办税率超90%,发票邮寄率71.7%。

(顾素华　周骏琳　宋伟江)

·地方税务·

【概况】 2017年,江阴市地税系统依法组织收入,深化征管改革,坚持依法治税,优化纳税服务,强化队伍建设,较好地完成各项目标任务。全年完成收入总量253.66亿元,其中税收收入完成96.61亿元,税收一般公共预算收入完成65.62亿元,组织社保费等其他非税收入91.43亿元。综合治税体系有序推进。征管机制引擎进一步提速。统筹资源,契合"金三"(金税工程三期),调整征管机制与流程,优化乡区分局基层派出机构、办税延伸点的设置,推行"征"(纳服)、"管"(基础)联动机制和基础管理股股长负责制。风险管税驱动进一步发力,全年实现风险应对绩效金额9.1亿元,实现质效金额4.23亿元,质效贡献率超4%。合作机制影响进一步扩大,初步形成“党政领导、税务主责、部门合作、司法保障、社会协同、公众参与”的江阴现代化税收共治格局,地税、国税合作进一步深入。法治建设工程持续推进,税收稽查加强,全年结案百万元大要案6件,累计查补入库收入2.45亿元,人均查补税款1886万元,比2016年增长206.4%,增长率为近年最高。风险防范日益增强,全年对1823个企业开展税收执法自查与抽查,发现有问题企业111个,补税1368.49万元。强制清欠成效显著,全年累计清缴陈欠税8863万元、压缩新欠税8775万元。税收营商环境逐步优化,便民办税提速增效,地税服务窗口进驻江阴市政务服务中心,实现“一人一窗一机”业务通办和涉税信息“一次采集、共享共用”服务新格局。简政放权加码减负,对照江阴“2440”改革要求,联合不动产登记和住建部门推出不动产“两联办”“三联办”窗口,实现房屋交易、税收、不动产登记全过程“最多跑一次”即可完成。激发干部队伍活力,积极开展与国税局、镇(街道)、工商联、行业协会等部门的联系,有效提升全市地税系统的工作效能。开展公益志愿者活动,江海潮“暖心联盟”青年志愿服务队先后开展“梦回江南”大型寻亲、“税收助力创业梦、携手同行共发展”服务退伍军人创业、“雷锋日”结对社区志愿服务等活动;18个地税俱乐部积极开展多种多样的活动,持续增强全系统干部职工的幸福感。是年,江阴地税局获“江苏省健康机关”“江苏省地税系统法治基地”“无锡市文明单位”等称号。

【年所得12万元以上个人所得税自行申报人数首破2万人】 2017年,江阴市地税系统进一步加强个人所得税年度申报工作,通过强化措施、落实责任、量质并重、双管齐下的工作方法,全面完成个人所得税年度申报工作。至申报截止日(3月31日),完成2016年度年所得12万元以上个人所得税自行申报人数22128人。江阴区域首次突破2万人,超无锡地税局目标任务数2646人。完成比例为113.58%,比2015年度增加3839人,增长21%。有效补税人数(金额大于100元)的有2100人,占申报人数的9.49%,补缴个人所得税共计1403余万元,补缴税金、补税人数均创历年新高。

【落实税收优惠政策】 2017年,江阴市地税系统构建税收优惠政策综合分析评估体系,建立典型企业调查制度,提高税收政策对企业发展的支撑服务能力,持续释放政策优惠红利,累计为1123个小型微利企业减免税款2610.45万元,为19个困难企业和重点扶持企业减免城镇土地使用税1073万元,为29个困难企业减免房产税3947万元,为45个高新技术企业办理税收优惠1.66亿元,为100个企业办理研发费加计扣除3.22亿元。

2017年10月31日,江阴地税局工作人员到南闸街道龙运村为村民宣传惠民富民政策 (江阴地税局提供)

【提升税收风险分析应对能力】 2017年,江阴市地税系统不断提升税收风险分析应对能力,持续关注已上市公司股权动态。风险监控分局指定专人每天收集互联网信息,抓住“收购”“转让”和“终止挂牌”等关键字段,进行跟踪分析。通过对相关企业股权转让公告的持续跟踪,及时掌握华西集团有限公司、双良集团有限公司等企业的重大股权转让信息,股权转让金额涉及企业所得税税款4亿元以上。重点关注“新三板”终止挂牌信息。通过对相关网站发布的终止挂牌信息筛选,及时甄别出江阴挂牌企业,重点关注终止挂牌公告,同步跟进企业终止挂牌进展情况,及时掌握鼎阳绿能电力有限公司、泓源光电科技股份有限公司和苏达汇诚复合材料股份有限公司等企业终止挂牌的进度,相关企业被上市公司收购涉及税款过亿元。着重关注非公开信息。通过对相关网站发布的转让信息,及时识别出江阴上市及挂牌企业,着重关注上市公司无须公告信息(股份比例低于5%)、“新三板”企业股权异常交易信息,及时掌握申达集团有限公司以及“新三板”企业钟舟电气股份有限公司等股权变动信息,通过查证最终证实部分股东转让股权,涉及税款达1.06亿元。全年,实现风险应对绩效金额9.1亿元,实现质效金额4.23亿元,质效贡献率超4%。

【税收执法督察】 2017年,江阴市地税系统加强税收执法督察和执法监察工作,全年对1823个企业开展税收执法的自查与抽查,发现有问题企业111个,补税金额1368.49万元。其中,3—5月,开展国家税务总局组织的大督察工作,发现问题25个,问题涉及纳税人43个次,涉及违规税款114.7万元;完成整改的纳税人有45个,补缴税款114.7万元,加收滞纳金4500元。5—11月,先后对重点行业及重点事项税收管理、纳税人注销清税管理、土地增值税征收管理和涉税检举案件管理等内容组织专项执法督察的自查与抽查,自查企业1085个,发现问题企业12个,涉及纳税人57个次,涉税金额579万元;专项执法督察抽查企业133个,发现问题企业1个,补缴税款125.7万元。11月,对20个企业开展风险应对复审工作,中等风险、高等风险检查面分别为1.44%和2.86%,提出检查整改建议18条,补缴税款548.64万元。

【创新便利化纳税服务举措】 2017年,江阴市地税系统创新便利化纳税服务举措。落实"五证合一"*,推行便民办证,全年办理"三证合一"*共16494件,办理"五证合一"共53722件。打造联办窗口,实现高效审批。积极响应江阴市委、市政府提出的"2440"审批特色标准的号召,推出不动产"三联办"集成窗口。8月1日,涉及住建、税务、不动产三方业务的集成窗口正式在江阴市行政服务中心大厅成立,一个窗口对外服务、三个部门同时受理、分别处理、办件资料统一收取和内部传递,变老百姓跑腿为部门内部流动,办事速度得到有效提升,不动产登记承诺4个工作日办结,联办窗口把原来的业务各自为阵的"串联模式"改成协作统一的"并联模式",省去老百姓在两个窗口之间来回奔跑、重复排队的麻烦。优化服务举措,提升服务效能。实行"延时服务""预约服务";申报期启动"应急服务",通过增设窗口、增派人员,有效整合全局人力资源;组建咨询小组,指导纳税人正确使用申报软件,月均受理各类咨询和辅导2300余人次,日均100余人次;不动产交易专设资料预审窗口,让纳税人坐上办税"直通车",使纳税人等待时间缩短60%。微信升级改版,构建征纳桥梁。正式推出集地税动态、政策速递、操作实务、涉税解答等多功能于一体的新的微信服务平台,促进征纳互动。全年市区办税服务厅共受理纳税人直接上门申报232556户次。

【信息治税】 2017年,江阴市地税系统积极探索运用"互联网+大数据"的理念为纳税人"贴标",同时汇集纳税人基础属性、企业类型、税收贡献、纳税遵从、经营状况、税收优惠等多个"成像要素",为纳税人"画像",准确反映纳税人基本情况,使管理与服务更具针对性。进一步加强江阴数据仓库建设,获取2015—2016年度全市一般纳税人增值税申报明细数据57428条,国税企业所得税数据60860条,2016年,全市个人社保缴费明细信息583270条,按月交换国地税注销户、非正常户和停业户认定信息44998条,获取国税登记个体工商户34645个,清洗、加工江阴市住建局提供的土地、房产信息49671条,同时对现有的税收数据进行信息补充。

【稽查入库总量创新高】 2017年,江阴市地税系统以查办重大案件和典型案件为突破口,提升大案要案难案的查办能力,通过强化科学选案、落实部门协作机制、推行风险督导抽样、发掘系统内生潜力、创新大要案查处机制、统筹稽查取证模式、加强国地税稽查协同、打击发票违法犯罪、决战积案清理及对税收违法"黑名单"实施联合惩戒等措施,稽查入库工作取得明显成效。全年查补入库税收收入2.45亿元,人均查补税款1886万元,比2016年增长206.4%。其中,督导自查企业80个,自查补税2.08亿元,比2016年增长243.83%;立案检查企业103个,比2016年增长60.94%。查补入库总量、增幅及人均查补入库税款及增幅均创新高。

【清缴欠税】 2017年,江阴市地税系统清缴欠税力度持续加大。8月,组织开展"夏日清欠"专项行动,清缴欠税781万元。年内,对13个欠税企业立案强制执行,执行税款664万元;对12个企业采取强制措施,查封资产1.3亿元,入库税金2098万元。首次责成纳税人运用第三方本票质押替代先前采取的房产查封税收保全,解封欠税房地产开发企业被查封的部分房产,用于销售回笼资金,缴清欠税及滞纳金850万元。与江阴市法院达成《关于建立执行工作联动机制的若干意见》,从制度层面加强部门间协作联动力度,破解人民法院与税务部门共同面临的执行难问题,对3个企业的欠税情况,函请法院协助征缴入库90万元。全年,累计清缴陈欠税8863万元、压缩新欠税8775万元。

【地国税合作融合】 2017年,江阴地税、国税合作深度融合,打造地税、国税合作"升级版"。对非正常户、注销户、停业户进行常态化协同管理,将非正常户、注销户、停业户的协同管理纳入到2017年地税、国税重点合作项目中,经数据比对和个体委托代征站联合确认,针对国税状态非正常、注销、停业,而地税状态正常的纳税人进行核实清理,认定非正常户2604户、办理停业个体户246户、注销清理户数6610户;定期交换国、地税"小转一"(小

2017年6月2日,江阴地税局工作人员到红柳集团有限公司开展"在走访中服务"活动 (江阴地税局提供)

规模纳税人转一般纳税人)纳税人信息,加强对个体零散税源的征收管理,提高纳税遵从度,获取国税登记个体工商户 34645 户,其中"双定"(定期定额)户 21462 户,查账征收户 13183 户。建立国地税协同办理注销登记联络员机制,地税、国税内部通过联络员及时传递各自办理的注销登记信息,实现注销登记信息共享,避免纳税人因注销事项往返地税、国税审批窗口。联合开展清理欠税,在市区政务服务中心大厅联合发布欠税公告,对欠税金额在 50 万元～200 万元之间的 17 个纳税人予以公示;先后向国税局提请 35 个欠缴地税税款且正常经营纳税人,采取停限供增值税发票的措施,并联合对 1 个欠税企业采取税收强制执行,发函法院协助执行,地税入库欠税 9 万余元,国税入库欠税 33 万余元。

【税收队伍建设】 2017 年,江阴市地税系统持续推进税收队伍建设,激发干部队伍活力。持续筑牢拒腐防变的廉政防线。深入推进"廉心"廉政文化品牌建设,通过开展"5·10"读书思廉活动,进一步拓展廉政文化建设阵地,结合"激扬江海新税风、汇聚合力谱新篇"主题教育活动,全局开展争做合格党员活动,充分调动全局党员干部的工作积极性和主动性;在全系统广泛开展"转作风、求严谨、讲责任、敢担当、守纪律"主题教育活动,有效提升全系统的工作效能。稳步提升履职尽责的能力素质,建立"三级联动"巡谈机制,切实了解基层需求,解决基层问题;推进干部成长纪实档案"大数据"管理,为青年干部职业规划的分途发展提供参考依据;制定下发《税收征管履职基本技能达标管理办法》,组织干部多岗位业务基本技能测试,进一步推进竞赛结果应用,全面提升干部岗位基本技能和岗位履职能力。 (胡雨晨)

审　计

【概况】 2017 年,市审计局围绕中心工作,积极适应全市经济社会发展和审计工作面临的新形势新要求,统筹兼顾,突出重点,加强审计监督,夯实机关建设,审计融入大局、服务大局的职能进一步强化,促进改革、反腐倡廉的作用进一步凸显,与时俱进、改革创新的步伐进一步加快。全年完成审计项目 81 项,提交各类审计报告 104 篇,查出违规资金 4054.12 万元、管理不规范资金 30.37 亿元,追缴财政资金 3515.32 万元,移送违法违纪案件线索 3 个。编发《江阴审计信息》106 期,相关信息、宣传稿件被审计署网站采用 4 篇、江苏省审计厅网站采用 33 篇、无锡市审计局采用 86 篇。向市委、市政府报送审计专报 3 份,《国企改革必须还企于市》《江南水务长期未征收部分企业代收费需引起重视》获市委、市政府领导批示,审计服务发展、服务决策、促进规范管理、促进经济转型的成效明显。

【财政预算执行审计】 2017 年,市审计局财政预算执行审计(以下简称"财政同级审")坚持从构建财政审计大格局、审计项目绩效分析、财政体制机制制度建立完善、问题整改效果 4 个方面入手,重点关注财政预算编制执行、财政支出结构、转移支付支出、存量资金盘活、超收收入安排、部门预算执行、专项资金使用绩效、国资公司运营管理和非税收入征管等情况,反映的 8 个方面 75 个问题,揭示财政管理中存在的制度盲区和薄弱环节以及影响财政资金效益的突出问题。6 月,市十七届人大常委会第三次会议听取和审议市政府关于 2016 年财政同级审情况的报告,会议认为,审计部门依法开展审计监督,突出重点、回应热点、直面难点,在节约资金、提高效益、防范风险等方面把好关。审计部门对查出的违纪违规等重大问题,通过分析揭示表层问题,剖析深层制度缺陷,提出切实可行的建议。10 月,市十七届人大常委会第六次会议听取和审议市政府关于财政同级审查出问题整改情况的报告,会议认为,市政府对 2016 年度财政同级审整改工作高度重视,多次组织召开审计整改推进工作会议,狠抓落实,审计整改取得阶段性成效。

【部门预算执行审计】 2017 年,市审计局认真开展部门预算执行审计工作,重点关注被审计部门(单位)预算编制和执行、资金使用和效益、"三公经费"和会议费培训费支出、结余资金管理、政府采购制度执行、公务卡使用及现金管理等情况,并对重要事项进行必要的延伸和追溯。审计调查报告指出,部分单位存在支出预算编制不够科学合理、在专项经费中列支基建支出和行政支出、规范津贴补贴制度执行不到位、未严格执行政府采购制度、年末代扣款专户中 2016 年度结余资金较多、未严格执行厉行节约相关规定、现金管理不规范等问题。市水利农机局、市卫计委等单位根据审计情况,对单位存在的问题进行专题研究,进一步建立健全相关内控制度。全年,完成市发改委、市交通局、市水利农机局、市商务局、市卫计委、市市场监管局、市安监局、市粮食局、市物价局、市城管局、市政务办、市民防局、市供销社、市土地储备中心、市总工会、市侨联、市工商联 17 个部门(群团)及其下属 48 个二级预算单位的 2016 年度部门预算执行情况进行专项审计调查工作。

【政策执行审计】 2017 年,市审计局突出关注国家和江苏省重大政策措施贯彻落实情况,加大政策措施执行跟踪审计力度。按照江苏省审计厅和无锡市审计局的统一部署,独立或配合完成一季度扶贫政策措施落实情况跟踪审计、二季度创新政策措施落实情况跟踪审计、三季度省重点项目进度情况跟踪审计,从政策和资金两个层面,着力监督检查落实重大政策措施的具体部署、执行进度、实际效果等情况,特别是重大项目落地、重点资金保障,揭示和反映阻碍政策措施落实、制约资金发挥绩效的体制性障碍和制度性缺陷,促进政令畅通,推动国家和省各项政策落地落实,切实发挥政策落实"监督员"的作用。

【民生资金和项目审计】 2017 年,市审计局为促进提高民生资金和项目资金使用效益与各项惠民政策落到实处,积极组织开展民生资金和项目的审计工作,圆满完成公共卫生服务资金、物业管理费补贴资金、养老服务补助资金3项民生资金和项目专项审计调查。根据审计工作需要,派出审计组赴宜兴市开展保障性安居工程审计,推动安居工程政策贯彻落实到位,促进保障房分配公平公正,维护群众住房保障权益。首次开展直管公房、公共租赁住房、廉租住房租金征收情况专项审计调查,揭示征收管理环节存在的问题,督促3000余万元租金上缴财政专户,有效促进了全市直管公房规范化管理。

【经济责任审计和自然资源资产离任审计】 2017年,市审计局围绕权力运行和责任落实两个重点,大力实施以轮审、党政同审为主要形式的经济责任审计。在经济责任审计过程中,加强对执行中央“八项规定”*精神、“三公”*经费支出、落实“三重一大”(重大问题决策、重要干部任免、重大项目投资决策、大额资金使用)决策程序等情况的审计,注重从微观监督向宏观监督与服务并举转变,从关注经济责任向关注责任与绩效并重转变,从传统审计方式向大数据分析技术转变,从事后监督检查向促进部门事前预防转变,切实提高审计的精准度和深度。首次结合顾山镇经济责任审计,开展领导干部自然资源资产离任审计工作,促进领导干部牢固树立“绿水青山就是金山银山”的意识。全年完成13名市管主要领导干部经济责任审计,其中7位为任中审计,审计比例为53.85%。

【政府投资审计】 2017年,市审计局围绕市重点重大工程项目,关注工程资金管理、项目质量和建设管理的规范性,重点审计揭示招投标、物资采购、投资控制、土地征用、工程质量5个方面存在的突出问题,以促进提高公共投资绩效,优化投资结构。9月,派出审计组赴新疆霍城县开展援疆资金和项目现场跟踪审计,重点对新一轮援建项目的基本建设程序、招投标、合同管理、工程质量、投资控制以及援疆资金的筹集、分配和管理等情况进行监督和检查。全年组织开展政府投资项目跟踪和竣工结算审计49项,完成政府投资额审计68.58亿元,核减金额6.07亿元;深入推进征收(拆迁)项目全程跟踪审计,完成拆迁资金审核18.71亿元,核减金额2625.79万元。

【审计质量控制】 2017年,市审计局从审计方案制定、审计现场实施、审计报告3大环节入手,全方位筑牢审计质量控制防线,严格防范审计风险,取得良好成效。在审计方案制定环节,认真做好审前调查,摸清被审计单位及所在行业的基本情况,初步了解和掌握被审计单位机构设置、财政财务收支等情况,确保审计方案具有针对性,并对重大审计项目实行审计实施方案“会诊制”,确保方案的可操作性。在审计现场实施环节,实行审计现场管理清单制度,编制审计任务清单、审计问题清单等7张清单,规范审计流程,强化审计项目的可控性;全面推行组长审核、科室复核、督查审理、业务会审定的审计质量“四级”控制办法;建立审计项目工作进度汇报制度,每月召开项目推进情况汇报会,解决审计中遇到的困难和矛盾,促使各审计组严格按实施方案确定的时间进度完成审计任务。在审计报告环节,一方面夯实审计报告基础,使审计报告有比较翔实的审计内容,能够客观反映问题的实质,做到事实清楚,证据确凿;另一方面突出审计报告重点,对一些违法违纪金额大、对财政经济影响大、性质恶劣危害大的问题进行重点披露,提高审计报告的针对性。

【审计整改】 2017年,市审计局推行审计整改销号制度,对2016年度全市29项财务类审计项目查出的217个问题进行全面梳理,按照责任落实单位、审计发现问题类型、整改落实情况实行“台账式”分类管理,进一步明确责任主体和整改目标,并对整改落实情况实行动态跟踪,着力解决审计整改落实不到位、屡审屡犯等问题。在财政同级审中有效运用审计整改“挂销号”机制,至年末,财政同级审反映的79个问题,其中60个问题整改到位,整改率75.95%,整改问题中涉及金额20727.32万元,审计成效明显。

(陈敏敏)

统计管理

【概况】 2017年,市统计局围绕全市发展大局,深耕数据服务、强化法治保障、夯实统计基础、优化队伍建设,层层推动工作落实。全年完成工业、投资、房地产业、建筑业、批零住餐业和服务业等近3000个联网直报企业月报、季报和年报统计调查工作。组织开展限额以下贸易、月度劳动力调查、人口抽样调查、成本费用调查、省级机关绩效管理社会公众满意度调查等多项统计调查任务。开展相关统计业务培训79场,培训近5000人次。及时更新基本单位名录库,动态维护逾5.5万个在库法人单位,比第三次全国经济普查时期新增2.1万个。完成第三次全国农业普查主体工作,登记农户14.51万户、村级单位206个、镇级单位15个、农业经营单位951个,有序推进“三农普”数据资料开发和课题研究等收尾工作,为农村、农业发展提供量化依据和分析参考。提前谋划第四次全国经济普查,确保全市“四经普”早起步、开好局。坚决防范和惩治统计造假、弄虚作假,不断推进依法统计、依法治统。依法监督统计调查行为,加大“双随机”抽查频度和力度,对66个联网直报企业开展执法检查,对年度新增联网直报企业发放统计法律事务告知书,对2个迟报企业上门送达统计报表催报通知书。是年,市统计局获无锡市2017年度市(县)区统计工作综合考核“优秀”等次,2017年度无锡市富民进程统计监测工作先进集体一等奖,被评为江阴创建全国文明城市工作先进单位。

【统计创新工作】 2017年,市统计局加大创新数据开发应用力度,建成江阴市经济地理信息系统,将全市所有法人单位在地图上实现可视化展示,同时与名录库互为更新,为江阴集成改革试点中的网格化管理提供有效的信息支撑。该系统荣获2017中国地理信息产业优秀工程铜奖,被评为江苏省统计局统计规范化建设管理创新项目。优化数据生产集成,通过信息化手段的开发利用,在富民监测、农业调查、文化产业、乡镇地区生产总值核算等领域创新开展联网直报,实现定报专业的直报全覆盖,达到为基层减轻负担,提高统计数据质量和运行效率的目的。规范部门统计,坚持相互支持、相互服务的工作原则,定期召开部门统计工作培训会议,组织部门统计人员赴苏大培训,进一步提高部门统计业务水平;强化部门统计工作联席会议制度,加强交流沟通,促进数据共享,规范数据发布。全力做好"新经济"统计和数据分析研究工作。采集"三新"(新产业、新业态、新型商业模式)统计数据,新认定104个规模以上服务业企业为"三新"企业,占无锡市总数的36%;开展"四众"(众创、众包、众扶、众筹)平台专项调查,全面客观真实反映江阴"四众"经济发展情况。

【统计服务】 2017年,市统计局聚焦全市发展大局,加强重点指标监测,加大地区生产总值核算的分析研究,有序推进目标任务监测预警、经济形势分析研判等统计服务。围绕全市人大、政协"两会"、先进表彰大会和经济形势分析会等活动准备经济指标展板、《江阴市经济发展排行榜》等统计产品,编发《主要经济指标汇编》《统计公报》和《统计年鉴》,用数据解读和展现全市发展成就。积极打造"统计智库",编发《信息速递》248期、《统计月报》22期、《经济运行报告》4期,撰写经济信息111条。深入开展统计研究,完成重点课题撰写4篇,撰写统计分析、专题报告、调研报告等70余篇,多篇分析在无锡评比中获奖,3篇文章在《中国信息报》刊登,5篇文章在《统计与决策》《统计科学与实践》《江苏统计》等重要期刊刊发。集成多项统计产品,创新推出《江阴统计》,以"经济观察、经济信息、周边动态、最新数据"四大模块服务党政决策。融入集成改革试点工作,梳理行政权力清单、"市县同权"赋权事项、"不见面"和"见一次面"审批事项清单和开展"放管服"改革涉及的规范性文件专项清理工作,以此规范统计行为,提高统计效率。精准服务企业统计需求,对15个联网直报企业实施统计行政指导,现场解读统计业务,构建和谐统计关系。

【统计基础】 2017年,市统计局进一步提升统计数据质量,严格落实"打捆上报"工业企业摸底及基础数据核实修订工作,重点开展能源、企业科技创新、贸易和服务业、固定资产投资主要统计数据质量检查。深化统计基层基础建设,在周庄镇宗言村、长乐村率先开展村(社区)统计规范化创建,两个村均获评无锡市村(社区)统计规范化建设先进单位、无锡市村(社区)统计规范化建设示范点,"双基"建设(基层统计网络建设、统计基础工作建设)重点持续下移。年内,完成5个镇(街道)、园区、100个企业统计规范化建设"回头看"工作,其中澄江街道统计站、新桥镇统计站2个单位获江苏省统计规范化建设百佳单位,15个企业获评江苏省联网直报统计规范化建设示范企业,85个企业获评江苏省联网直报统计规范化建设合格企业。依托无锡统计管理(信用)服务平台,实现统计基层基础工作电子化、信息化管理,使服务企业全程留痕、有据可查。强化统计法治宣传,结合法治宣传月、"12·4"国家宪法日和"12·8"全国统计法制宣传日,在《江阴日报》《统计月讯》刊登《中华人民共和国统计法实施条例》宣传内容,通过邮政专递方式将条例原文寄送至相关单位领导手中。邀请常年法律顾问作统计法治讲座,开展学习贯彻条例征文活动,其中1篇征文获省级三等奖;在《江南论坛》《江苏统计》开展专题宣传,充分展示新形势下江阴统计形象。不断改进"江阴统计"微信公众号运行,持续在"江阴统计"微信平台推出通俗易懂的统计文章,提高社会公众对江阴统计的知晓度。

(尤志静)

价格管理

【概况】 2017年,江阴市物价局坚持稳中求进工作总基调,坚持新发展理念,围绕稳物价、惠民生、重服务、强监管工作目标,深化价格体制改革,加强市场价格监管,规范市场价格秩序,着力营造良好价费环境。积极完善全市价格调控机制,保障全市价格总水平基本稳定,向市政府建议建立市场价格调控联席会议制度,将联席会议制度工作方案发放市发改委、教育局、人社局、财政局、民政局、住建局、农林局、商务局、市场监管局、粮食局、公用事业局、供销社等部门,广泛征求意见,经市政府第3次市长办公会议通过,并发文正式实施。认真贯彻落实省政府和无锡市《关于建立2017年价格调控目标责任制》精神,确保实现全市价格总水平预期调控目标,市物价局广泛征求价格调控联席会议成员单位和各镇(街道、园区)意见,制定全市价格调控目标、责任分解,并正式发文向全市下达调控目标责任。全面贯彻落实国家、省、无锡市出台的清费减负政策,开展清费降本减负专项督查,并汇编《江阴市涉企收费目录汇编》。扎实开展房产价格备案工作,出台《关于实施新建商品住房销售价格备案管理通知》。积极创建价格诚信单位,全市有10个单位被评2015—2016年度江苏省价格诚信单位。

【落实清费减负政策】 2017年,市物价局积极开展清费降本减负专项督查,对涉及企业的行政事业性、政府定价的经营服务性收费进行全面检查,收费标准一律按下限执行。对涉企行政事业性收费、经营服务性收费项目(政府定价部分)、政府性基金以及市级行政审批事项涉及的行政事业性收费目录进行清理,并汇编《江阴市涉企收费目录汇编》,公布53项涉企行政事业性收费、65项政府定价部分涉企经营服务性收费和23项政府性基金项目。全面贯彻落实国家、省、无锡市出台的清费减负政策,对全市185个行政事业性收费单位开展2016年度年报统计工作,将免征的18项针对小微企业的行政事业性收费范围扩大至所有企业和个人。全市行政事业性收费项目69个大项,比2016年的89项下降17%;行政事业性收费总额8.56亿元,比2016年减少1.06亿元,下降11.3%。

【实行价格差别与调整政策】 2017年,市物价局认真落实环保差别价格政策,对2015年度环保信用评价结果等级分别定为黑色、红色的高污染企业(第一批)2015年生产全部用电量执行差别电价。其用电价格分别在现行目录销售电价基础上每千瓦时加价0.1元和0.05元。会同财政、环保部门联合发文对全市重点污染源企业实施污水处理费差别征收,对36个"红色"等级企业污水处理费加收0.6元/立方米,7个"黑色"等级及连续两次(含)以上被评为"红色"等级加收1元/立方米。对全市居民阶梯水价、气价一年来的政策实施效果及完善阶梯价格制度,组织开展调查评估。委托社会第三方机构,对居民阶梯水价、气价实施情况执行商定程序并出具报告。结合报告相关数据,撰写评估分析报告,对阶梯价格制度实施前后情况进行对比,总结分析阶梯价格实施取得的效果及存在问题,并提出优化阶梯价格制度的相关建议。适时合理调整蒸汽价格,动态监测煤炭价格变动,适时稳妥调整蒸汽价格。对应煤炭基准价560元/吨,3月1日起上调蒸汽中准价18元/吨,即从151元/吨上调至169元/吨,浮动幅度保持10%不变。对安装脱硫、脱硝、除尘设施,实现在线监测,经有权部门确认达标排放的热电企业可加15元/吨,最高限价为200.9元/吨。根据江苏省文件精神,结合油价变动,并参照无锡市价格变动情况,调整江阴市电动汽车充电服务价格。5月9日起,纯电动汽车最高充电服务价格由1.19元/千瓦时调整为1.34元/千瓦时;纯电动汽车(7座以下)最高充电服务价格由1.47元/千瓦时调整为1.63元/千瓦时。

【价格检查】 2017年,市物价局认真开展教育收费和生猪、种植大户农产品的成本监审及收益底线调查,及时上报调查报表及分析材料,数据上报率、及时率、准确率均得到100%。开展教育收费专项检查。布置全市各学校进行自查自纠,自查面达100%。随机抽取18所学校进行重点检查,全市教育收费总体规范有序,特别高中收费不再超规定人数录取"三限生"(限分数、限人数、限钱数)。对检查发现的问题通报市教育局督促整改。参加江苏省电力价格专项检查。根据省局统一部署,配合宜兴市物价检查组对江阴电力公司和9个电厂进行检查,全面检查环保电价、差别电价、销售电价、电力工程收费等政策执行情况。开展涉企收费专项检查。重点对有线电视江阴分公司、市水利农机局、市规划局、市国土局、市住建局、市市场监管局等8个单位12个下属单位开展价格专项检查。开展节日市场价格专项检查。在元旦、春节、清明、"五一"和端午等节日期间进行市场价格巡查,重点检查超市、菜场、商场、出租车、加油站、液化气站、停车场及景点周边餐饮等单位,出动检查人员约100人次,检查单位280余个,发放行政警示书18份。为防止"天价"事件的发生,节日期间检查人员多次至青果路、公园路、万达广场、新一城等餐饮特色街区及主要星级酒店开展价格巡查,提醒餐饮经营者规范明码标价,禁止价格欺诈。全年受理各类价格咨询、投诉、举报808件,其中咨询、投诉611件、举报197件,及时受理率、回复率和群众满意率均为100%。查处价格违法行为和案件30次,实施经济制裁总额26.93万元,其中罚没20.07万元,退还消费者6.86万元。

【价格认定】 2017年,市物价局价格认定中心依法开展价格认定服务工作。做好涉税价格认定,完成两次市存量房计税价格认定,年初对江阴范围内所有小区不同物业形态共计593个房屋样本,以抽样复核审查的形式进行存量房计税基准价格的认定;下半年由于房屋样本的增加和房价的波动,8月,再次对全市611个房屋样本的计税基价进行调整。全力做好刑案价格认定工作,完成刑事案件价格认定574件,标的金额564.45万元。巩固行政执法案件价格认定领域,加强与江阴海关、市场监管局、城管执法局和公安局等行政执法部门的合作,主动做好各类价格认定,完成行政执法部门委托价格认定21件,标的金额2459.92万元。开展涉政事务价格认定,共办理政府部门委托的非涉案物品价格认定16件,标的额41.59亿元。紧抓涉刑车物损案件价格认定,对于涉及醉驾、醉驾、逃逸等交通事故的车物损失价格认定严控不放松,共完成车(物)损价格认定174件,标的金额157.77万元。年内,江阴市价格认定中心共完成各类物品价格认定834件,标的额41.91亿元。

2017年春节期间,市物价部门有关工作人员对农贸市场进行物价检查

(市物价局提供)

【开展房产价格备案】 2017 年,市物价局根据江苏省、无锡市关于房价备案的相关文件规定,结合苏州、无锡市具体做法,出台《江阴市关于实施新建商品住房销售价格备案管理通知》,同时参与制定《江阴市关于促进房地产市场健康平稳发展的意见》部分内容。规范细致做好房价成本审核机构招标工作,会同市住建局组建房价备案协调小组,明确房产价格备案的行政区划范围,同时明确房产价格备案对象为普通商品住房;业态类型为别墅的,其价格由市场调节,不实行备案管理。普通商品住房均严格按规程进行商品房价格备案管理。全年受理房产价格成本审核项目 12 项,完成备案项目 9 项。

【创建价格诚信单位】 2017 年,市物价局大力推进价格诚信建设,在上一年的基础上,不断向多领域拓展。改变过去以流通零售行业为主的单一创建价格诚信单位模式,向流通商贸、医药、汽修、交通运输、通信、房地产、物业、宾馆酒店和旅行社服务行业、上市工业企业等多领域发展。通过广泛宣传发动,分片区、分行业组织培训辅导,创建价格诚信单位活动取得明显成效。年内,中国电信股份有限公司江阴分公司、江南水务股份有限公司两个单位顺利通过江苏省物价局进行的 2014 年度江苏省价格诚信单位复检。是年,中国移动通信集团江苏有限公司江阴分公司等 10 个江阴市单位入选 2015—2016 年度江苏省价格诚信单位。市物价局对全市申报的 218 个单位经严格考核,合同市信用办联合命名 172 个单位为 2017 年度江阴市价格诚信单位,并同时进行授牌。

【创成 9 个平价惠民示范餐饮店】 2017 年,为进一步加强餐饮行业价格管理,规范餐饮行业价格行为,市物价局联合市场监管局、市消费者协会和餐饮协会等部门,积极探索规范餐饮价格新路,启动平价惠民餐饮示范店创建工作。市物价局等相关部门通过对周边城市的调研,结合江阴市的实际情况,有针对性地选择 22 个菜品,作为平价惠民餐饮示范店的品种,通过薄利、微利销售,引导和调节市场餐饮价格。创建活动中,通过宣传发动、政府引导、企业自愿参与,选定有代表性的、不同档次的餐饮企业,同质同量确定一定数量的家常菜品种进行成本测算,合理确定市场平均价格水平,研究制定惠民示范餐饮店标准规范。年内,永丰源大酒店、云蝠烧鹅仔大酒店、新财盛大酒店等 9 个餐饮企业创建成平价惠民示范餐饮店。

【惠民药店建设】 2017 年,市物价局充分考虑地域分布,把握惠民药店的建设进度和力度,按照惠民药店"政府引导、行业参与、企业自律、社会监督"建设原则,有序推进惠民药店建设工作。同时,市物价局建立起一整套相关配套管理规范,制定基本完善的准入退出、价格水平、药品目录、标识管理、内部约束与社会监督相结合的管理制度,为有效规范药品市场价格行为,合理降低药品价格,减轻群众医药费用负担提供制度保障。年内,新增第二批 11 个惠民药店,基本做到一镇(街道)一店,实现城乡全覆盖。市物价局加强对全市惠民药店的考核,出台一系列惠民药店的配套管理规范。全年全市惠民药店完成销售平价药品 64.82 万盒,销售金额 1706.62 万元,惠民总额 160.95 万元,平价药品的平均销售价格比市场平均零售价格低 8.47%。至年末,全市累计建成 28 个惠民药店,其中澄江街道 8 个,临港经济开发区、周庄镇各 3 个,华士镇、新桥镇各 2 个,高新区、南闸街道、月城镇、璜土镇、青阳镇、云亭街道、徐霞客镇、长泾镇、顾山镇、祝塘镇各 1 个。

【价格信息服务】 2017 年,市物价局重视民生价格信息公开工作,充分利用报纸、电视、电台以及政府网站、手机 APP 等传播媒介,在江阴信息港"柴米油盐酱醋茶,大家都来比比价"栏目,适时发布与群众生活密切相关的生活必需品价格信息。全年发布农贸市场价格信息 858 期,平价商店价格信息 616 期,超市商品价格信息 45 期。《江阴日报》发布常用药品价格信息 9 期。江阴信息港发布各类民生价格信息 79 期,微博发布各类价格信息 62 期,对促进社会信息公开、引导居民消费发挥一定的作用。

【价格争议调解工作】 2017 年 3 月 1 日,《江苏省价格争议调解处理办法》颁布实施,市物价局根据处理办法的一系列规定,积极稳妥开展价格争议调解工作,由市价格认定中心承担价格争议调解处理的具体工作。该中心在广泛宣传《江苏省价格争议调解处理办法》的同时,对该新领域工作模式也进行积极探索。及时成立价格争议调解办公室,各镇(街道)也相应设立相关的站点和人员。积极与江阴市社会矛盾纠纷调处服务中心进行沟通,详细介绍《江苏省价格争议调解处理办法》以及相关事项,以便在后续工作中能有深入合作,有效地维护消费者和经营者合法价格权益。年内,市价格认定中心完成价格争议调解1 件。

(聂立友)

国土资源管理

【概况】 2017 年,市国土资源管理部门紧扣责任落实年要求,层层压实政治责任、岗位责任和改革责任,各项工作落地见效。保障发展更加精准有力。完成土地利用总体规划调整完善工作,落实建设用地指标 404.27 公顷,保证重大项目顺利落地和临港综保区封关验收;新增耕地占补平衡指标 114.17 公顷,发放 2014—2016 年度补充耕地调剂使用补偿金 1.13 亿元,有力调动地方积极性;完成项目报批 226.5 公顷,实现"1310"工程等重大项目应保尽保;出让经营性用地 8.13 公顷,成交款 42.43 亿元,为城市发展集聚资金。保护耕地更加严格规范。划定永久基本农田约 2.53 万公顷,并上图入库、落地到户。出台《关于进一步加强耕地保护工作的实施意见》《江阴市建设占用耕地耕作层剥离和再利用实施办法》《关于调整补充耕地项目复垦补偿标准及建立补充耕地指标奖励机制的通知》三个规范性文件,新建 1000 公顷高标准农田。完善土地执法"视频看、地上查、群众报"立体监管体系,建立国土资源行政执法与检察监督联动机制，顺利通过国家土地督察验收和卫片整改。土地利用更加集约高效。消化批而未供土地163.07公顷，盘活存量土地544.8公顷。编制《江阴市低效用地再开发五年专项规划》和相关年度计划，完成低效用地再开发204.87公顷；编制《低效用地再开发典型案例集》，海澜集团有限公司《空间促集聚·科技增效益》入选国土资源部典型案例集。全年供应土地528.33公顷，比2016年增长47%，其中存量占比55%。深化改革更加积极稳健，不动产登记提速增效，率先实现“2440”改革目标。完成“1+13”（1是指市政务服务中心不动产登记中心窗口，13是指13个镇、街道的不动产登记窗口）的不动产登记服务网点布局，首创向市公证处购买不动产继承（遗赠）公证法律服务权，使800多户群众获益。行政执法公示国家级试点任务圆满完成，为全国国土系统推广行政执法公示制度提供了易操作、可借鉴、能复制的江阴经验。组建国土规划监察大队，实现国土规划领域“一支队伍管执法”的新监察模式。服务社会更加全面优质。“大走访”梳理问题解决率97.7%，扫清64个拟上市企业权证、用地障碍。扎实开展“即征即保”工作，安置人员8072人；规范办理9个村组撤组，保障人员1879人。全面完成白石山地质灾害治理工程，稷山复绿2.2万平方米。农村建设用地调查成果通过省厅验收，调查图斑25.91万个，面积2.66万公顷，为美丽乡村建设、土地复垦和合理利用农村建设用地奠定基础。是年，江阴市国土资源局被江苏省人民政府表彰为江苏省制造突出贡献奖先进单位，被江苏省国土资源厅表彰为“十二五”国土资源科技工作先进集体、江苏省国土资源档案工作先进单位、江苏省依法行政工作先进单位；江阴市被江苏省国土资源厅表彰为江苏省土地执法模范市、江苏省国土资源节约集约利用模范市。

【永久性基本农田划定工作完成】 2017年4月，市国土局认真贯彻落实“十分珍惜、合理利用土地和切实保护耕地”基本国策和国家粮食安全战略基本要求，根据省和无锡市工作部署，全面启动永久基本农田划定工作，实行划定永久基本农田特殊保护和耕地数量、质量、生态“三位一体”保护措施。按照要求，市国土局划定基本农田保护区15个，保护片块259个，保护图斑6.88万个，保护面积2.53万公顷，比无锡下达任务要求多133.43公顷。划定工作完成后，江阴市政府与各镇（街道）签定基本农田保护责任状，将基本农田保护工作落实到镇、村、组、户。江阴共设立基本农田保护碑牌200块，其中镇级15块、村级185块，埋设界桩1500个。是年7月，江阴市永久基本农田划定方案通过国土资源部、省国土资源厅两级数据库检查。

【提高补充耕地补偿标准】 2017年12月14日，为落实国家对耕地的“占一补一”政策，调动各镇（街道）土地复垦的积极性，降低用地成本，江阴市下发《关于调整补充耕地项目复垦补偿标准及建立补充耕地指标奖励机制的通知》，自是年起调整补充耕地项目复垦补偿标准，建立调剂补充耕地指标奖励机制，将补充耕地项目（即耕地占补平衡项目）复垦补偿标准由原40.05万元/公顷提高到90万元/公顷。全市有偿统筹产生的补充耕地指标，涉及市级调剂使用的补充耕地指标按120万元/公顷奖励。项目（地块）用地报批时收取补充耕地指标使用费，使用江阴产生的耕地占补平衡指标，市国土局按照240万元/公顷收取补充耕地指标使用费；使用省补充耕地交易指标的，市国土局按照实际拍卖价格收取补充耕地指标交易费；补充耕地指标使用费中安排30万元/公顷作为考核奖励经费。年内，市国土局按照通知精神，发放2014—2016年度补充耕地调剂使用补偿金1.13亿元，进一步调动地方补充耕地的积极性。

【农村建设用地调查】 2017年3月，市国土局为全面完成农村地籍调查工作，查清江阴农村建设用地现状和权属情况，加快推进农村建设用地规模控制、结构优化、布局调整，实施节约集约“双提升”（节地水平提升、产出效益提升）行动计划，全面启动农村建设用地调查工作。此次调查工作历时7个多月，调查图斑25.91万个，面积2.66万公顷，其中，完成农村地籍调查21.18宗，面积1.12万公顷（含补充地籍调查5754宗、面积69.05公顷），基本实现农村地籍调查全覆盖。11月22日，江阴市农村建设用地调查成果通过江苏省国土资源厅检查验收。

【市规划局人员划转到位】 2017年，为策应江阴市委、市政府集成改革要求，市规划局规划监察大队并入市国土局。根据江阴市《相对集中行政许可权事项清单》《其他职权事项调整清单》的通知要求，将市规划局“建设项目选址意见书的核发”事项，以及“规划条件和规划许可内容的核实”“建设工程验线”等其他权力事项划转至市国土局。10月，市国土局主动承接改革任务，将23名工作人员安排到市国土局监察大队、组织人事科、财务科等相关科室，组建国土规划监察大队，实现国土规划领域“一支队伍管执法”监察模式。另外，新成立城乡规划科，主要负责城乡规划、市政规划、部门对接及其他相关工作；并重新整合6个规划办，主要负责江阴各片区选址、验线及规划核实等相关工作。

【市国土资源服务中心成立】 2017年1月16日，经江阴市机构编制委员会办公室批准，市国土局成立下属事业单位——江阴市国土资源服务中心（副科级建制），挂“江阴市征地服务中心”牌子。该中心内设地矿管理科、土地交易科、征地服务科、信息档案科、地价管理科5个机构（正股级建制），核定事业编制为42名，经费渠道为财政全额拨款，领导职数为主任1名、副主任4名、科长5名、副科长5名。中心主要承担江阴地质灾害防治和地质环境治理（矿山复垦复绿）的具体工作，协助管理市场地质灾害评估中介机构、矿山安全生产工作，协助承担江阴矿山打非治违（偷采盗采）工作；承担江阴经营性用地挂牌出让及土地二级市场转让、租赁管理等具体工作，协助承担江阴年度经营性用地公开出让计划制订工作、经营性土地批后监管工作；负责征地政策的宣传和解释工作，承担江阴所有征地及补偿工作的具体事务；负责国土资源系统信息化建设工作;负责国土资源档案集中统一管理工作;承担江阴地价评估及管理工作的具体事务,协助提供江阴地价信息及咨询,协助承担耕地质量等级评定及更新工作。年内,中心按照工作职能全面运转。 (卫志友)

市场监督管理

【概况】 2017年,全市市场监督管理工作突出"强监管、保安全、促发展、塑形象"这一主线,强化担当意识、实干意识、廉洁意识,市场监管工作取得新成绩。10月,市市场监督管理局组建成立月城分局和新桥分局,设15个职能科室、1个执法大队和17个基层分局,另受江苏省工商局委托管理江苏江阴—靖江工业园区分局。集成改革取得重大突破,"企业注册开业2日以内办结"的"2440"改革目标完成。市场监管综合执法工作稳步推进。全面启动争创"全国质量强市示范城市"工作,深入实施品牌、质量和标准管理"三大战略","三名商标"(中国驰名商标、江苏省著名商标、无锡市知名商标)江阴品牌队伍持续增大。开展动产抵押登记优质服务品牌创建工作,发挥动产抵押登记资金杠杆作用,积极为企业拓宽融资渠道。发挥江阴私营个体经济协会职能,了解和掌握小微企业生存发展状况,提出科学发展建议。食品安全工作体系进一步完善,基层安全责任网络得到构建,镇(街道)属地管理责任得到强化。食品、药品和特种设备安全监管力度持续加大,安全环境逐步改善。加强队伍建设,完善科学人才培养机制,大力开展法制培训、业务培训,在特种设备、食品药品、标准计量、质量工作、消费维权等领域深化学习,拓宽教育培训渠道,增强培训效果。组织全体行政执法人员赴湖南大学学习,利用市场监管大执法改革之机,组织开展物价、文化、商务等部门执法业务知识培训,促进行政执法人员能力素质的提高。创新消费维权方法,维权机制更趋完善。围绕全国文明城市创建,全面加强市场日常和专项监管,市场综合环境得到较大提升。是年,江阴市成功获评首批江苏省食品安全示范市。

【集成改革】 2017年,市市场监督管理局根据市委、市政府集成改革任务,推进商事登记制度建设和深化市场监管综合执法工作,顺利完成"企业注册开业2日以内办结"的"2440"改革目标,行政许可内资审批等事权及82名工作人员顺利划转至行政审批局和镇(街)便民服务中心,实现事权与人员平稳交接。10月,整合市场监管局执法大队、质量技术监督稽查大队和物价局价格检查局、粮食局粮油行政执法监察大队、园林旅游局旅游质量监督所、文广新局文化市场综合执法大队、商务局商务综合行政执法大队7支执法队伍46名执法人员,成立市场监管综合执法大队,大市场监管执法格局进一步完善。承接江苏省的"双随机一公开"(在监管过程中随机抽取检查对象,随机选派执法检查人员,抽查情况及查处结果及时向社会公开)监管模式监管试点任务取得成功,试点期间共检查各类市场主体1563个,实现"一次出动、全面体检",监管方式和质量得到有效提升,为全省提供宝贵的工作经验。年内,新组建成立月城、新桥两个分局,使辖区区划管理更加科学合理;原下属事业单位计量测试检定所、产品质量监督检验所、纤维检验所、技术监督研究所4所企业化改革平稳完成。

【质量强市工作】 2017年,市市场监督管理局全面启动争创"全国质量强市示范城市"工作。9月,协助市政府成功举办中国质量发展圆桌会议——江阴峰会。年内,江苏阳光集团有限公司等5个企业获得AA级以上质量信用等级认定。江苏阳光集团有限公司获得第三届中国质量奖,实现江苏省在该奖项上的零突破,法尔胜泓昇集团有限公司获得江苏省省长质量奖,江阴兴澄特种钢铁有限公司第二次获得中国质量奖提名奖。年末,全市拥有江苏省省长质量奖4个,无锡市市长质量奖5个,江阴市市长质量奖11个。江阴市有605个企业被录入江苏省工业企业质量信用评价系统,其中AAA级7个,AA级13个,A级571个,B级14个。

【品牌战略】 2017年,市市场监督管理局继续实施品牌、质量和标准管理"三大战略",出台《关于组织实施江阴市2017—2020年名牌培育计划》。全年全市新注册商标3054个,新增中国驰名商标1个、无锡知名商标46个,新增江苏省名牌6个。年末,全市累计注册商标总数33547个,中国驰名商标总数53个,省著名商标总数156个,无锡知名商标总数342个;江苏省级名牌总数达到126个。是年,江阴市获"江苏省商标品牌战略实施示范市县"(金凤奖)称号,海澜之家服饰有限公司获"江苏省商标品牌战略实施示范企业"(金帆奖)称号。

【标准引领工作】 2017年,市市场监督管理局进一步加强引领、指导企业进行申请各类行业标准工作,促使江阴制造在国际、国内的影响力和话语权进一步增强。完成指导企业申请立项29项国际、国家和行业标准,完成24项国家、行业标准制修订工作,至年末,全市累计117个企业主持制订了457项国家标准、行业标准、地方标准,在省县级市内名列前茅。年内,全国塑料制品标准化技术委员会批准江阴市成立"塑料防盗瓶盖开启撕力的测定"行业标准工作组的申请。法尔胜泓昇集团有限公司申报的"胶带钢丝绳"国际标准项目被国际标准化技术组织ISO/TC105批准立项,申报的国家级技术标准创新基地,通过国家质检总局验收。指导江苏江南水务股份有限公司承担的国家级"供水服务标准化试点"项目和江阴天力燃气有限公司承担的省级"燃气服务标准化试点"项目分别进入中期评估阶段,江阴兴澄特种钢铁有限公司通过省级"转向架用弹簧钢高新技术自主创新标准化试点"最终验收。

【助推企业发展】 2017年,市市场监督管理局积极开展动产抵押登记优质服务品牌创建工作,充分发挥动产抵押登记资金的杠杆作用。新办动产抵押登记399件,助企融资担保主债权金额127.97亿元。办理股权出质登记76件,担保标的金额106.8亿元。开展"守重"(守合同重信用）企业的培育和发展工作，新申报省级“守重”企业26个、无锡市级AAA级“守重”企业39个，全市从国家到省、市四级“守重”企业群体达1300余个。开展企业年报工作，完成年报的企业41564个，年报率88.8%。加强广告监管，全年监测广告23322条，处置广告投诉案件87件。积极发挥私营个体协会职能，调查2016年度新设小微企业402个，分析了解和掌握小微企业生存发展状况，积极为小微企业成长发展营造良好环境。积极应对国家强制检定政策变化，下发《关于进一步规范强制检定计量器具的备案和停征强制检定收费的通知》，及时把国家惠企政策落到实处，全年为300个企业免费强检计量器具9万余台件。

【综合执法工作】 2017年，市市场监督管理局以集成改革大市场监管执法为契机，整合执法资源，建立执法拳头队伍，坚持“行刑联动”（行政部门与刑事司法部门协调联动打击犯罪的工作机制），深入开展大案要案查办。先后查处仿益达口香糖包装装潢案，奔驰、宝马、雷克萨斯等多个4S店侵犯消费者权益及不正当竞争经营案，多个企业经营无中文标识的进口食品和化妆品案，涉案金额达1000余万元的淘宝网销售进口小绿叶儿童咳嗽药水等一批影响广泛的假药案等。根据市政府钢铁行业去产能要求，大力开展“地条钢”（指以废钢铁为原料、经过感应炉等熔化、不能有效地进行成分和质量控制生产的钢及以其为原料轧制的钢材）专项整治，严厉查处“地条钢”生产违法行为。认真开展塑料管材生产企业、铝合金型材企业等专项整治行动，查处一批产品质量不合格大要案。积极与知名企业联手打假，查处江阴市普海铝业有限公司及江阴市多个多乐士涂料经销店违法侵犯商标权案件。全年查办各类案件684件，移送公安机关26件，罚没金额总数1964.63万元。积极帮助海澜集团有限公司等域内企业外调打假，维护企业的权益。积极与相关部门联手，查办商业贿赂新型案件6件，涉案金额72万元。开展“以网管网”（通过互联网技术手段加强对线上交易、经营行为进行监测、监督、监管的管理模式）举措，推广和使用“一中心一平台”（网络交易监测中心和电子商务企业信用信息公示服务平台），全年接到网络交易投诉463件，立案查处75件，罚没款96.11万元。

【消费维权】 2017年，市市场监督管理局进一步加强消费维权工作力度。全年接待来信来访及电话咨询4.14万余人次，通过“12345”公共服务热线电话等投诉热线受理消费投诉举报案件9296件，全部得到及时处理，群众对调解处理满意率达到100%。积极开展消费教育宣传，编印《消费之友》杂志5期共1.25万余册；倡导“食品放心、旅游舒心、服务温馨”工作理念，开展放心消费和老年消费维权公益巡讲21场以及各类广场宣传活动。为提高消费维权业务能力和专业水平，市消委会聘请在汽车、通讯、装修装潢等行业领域热心消费维权公益事业的专业人士15人，成立“江阴市消费维权专家组”，参与专业性强的消费纠纷解调，创新消费维权工作方法。大力开展流通及相关服务领域商品质量监测和监督检查工作，全年完成服装鞋帽、手机、汽车配件等45类商品272个批次的抽检任务。

【助力文明城市创建】 2017年，市市场监督管理局对照全国文明城市创建工作要求，通过开展多途径、多形式、全覆盖的服务、监管及整治，有力推进创建工作整体提升，全年处理上级通报有关文明城市创建工作中涉及市场监督管理方面的问题5200余个。举行农贸市场万人千户百日行动暨争创文明诚信经营户活动，启动餐饮、药店、农贸市场“诚信经营”示范店（户）创建工作，评选出农贸市场三、四、五星级“文明诚信经营户”2760户，“诚信餐饮店”49个，农贸市场、餐饮店和药店“十佳诚信经营店”各10个。组织健康、花园、城中等10余个城区农贸市场环境卫生“大清扫”，制作5000件印有“诚信经营”标识的围裙发放给农贸市场从业人员统一穿戴，张贴食品安全、经营秩序等8类管理制度牌500余张。取缔黄田港大桥西桥堍下无证小菜场和西横街66号集中旧货废品回收市场，对城区黄山、天鹤等多个社区的废旧回收户开展联合整治。在全国精神文明建设指导委员会和江苏省精神文明建设指导委员会考核期间，市市场监督管理局累计出动6500余人次，逐街、逐店开展巡查、督查，指导问题整改。是年，市市场监督管理局被市委、市政府表彰为创建全国文明城市“突出贡献单位”。

【综合效能建设】 2017年，市市场监督管理局全力推动“两学一做”学习教育常态化制度化，深入开展“连心富民、联企强市”“大走访”，协调解决问题30余条。努力构建“亲”“清”新型政商关系，人民群众满意度逐步提升。坚持打造“诚信计量、计量惠民”服务品牌，组织开展“两免费”检定（对集贸市场在用的电子秤、台秤、案秤进行免费检定，对乡镇医疗机构在用的血压计、超声源、CT机等医用计量器具进行免费检定）服务，完成医疗、社会福利等30种类型72个单位2800余件医疗器具以及59个集贸市场5200余件在用计量器具的免费检定任务。办理食品类人大建议、政协提案10件，均得到有效落实。年内，市市场监督管理局顺利通过市政协民主评议和民主监督，在市十五届政协第四次常委会上获得“总体良好”的评价，政协主席团测评满意率100%。

（张宝明）

国有资产经营管理

【概况】 2017年，江阴市国有资产经营管理工作以供给侧结构性改革为主线，提质增效，规范监管，不断创新工作思路，履行出资人职责，实现市属国有企业生产经营平稳运行。国有资本经营管理逐步形成宽领域、高层次发展的新格局。按照促进国有企业可持续发展和国有资产保值增值的要求健全，优化国有资产监管制度，探索创新监管方式和手段，严格规范国有资产登记、转让、清算、退出等程序和交易行为，从国有股权增资扩股、转让划转、纠纷调处和国有资产的评价评估、清产核资、损失核销等重大变动进行全面监督管理，完善发展规划、产权管理、考评分配、党的建设等制度建设，规范“三公”经费，降低经营成本，加强资产运行动态监测，完善公司党组织议事决策规则，加强党的领导和完善公司治理的统一，依法维护股东权益。对市属国有企业审计中介机构入围项目招标，开展企业年度财务状况及经营成果的审计工作。年底，全市国有资产总额306.89亿元；国有净资产总额182.86亿元，比2016年增长8.9%。国资办监管的市属国有企业资产总额221.92亿元（不包含政府性融资），比2016年增长11.95%；净资产总额141.16亿元，比2016年增长5.57%；营业收入总额83.69亿元，利润总额11.11亿元，总资产负债率36.39%。按照20%的国资收益上缴比例，完成国有资本收缴1.2亿元。

（赵双双 陈光普）

【江阴市新国联投资发展有限公司】 2017年，公司积极落实市国企改革要求，抢抓发展新机遇，有效应对政策、市场环境的严峻挑战，公司生产经营、改革发展取得明显成效。公司改革不断深化。根据市委、市政府《关于深化国有企业改革的实施方案》，公司按照稳妥推进、逐项梳理的原则，积极推进企业改革、下属企业薪酬考核、部门人事调整、制度流程修订等工作。在公司发展新定位的基础上，确立能源环保、资产管理、金融投资三个板块协同发展理念。全面接管市国资办划转的国源资产经营公司、金阳担保公司、信联担保公司、市场建设公司、纺织市场公司、南菁工贸大厦市场有限公司等6个国资公司。对移交的456处物业进行逐个核对、全面梳理。选拔公司骨干，配齐国源资产经营公司、市场建设公司、纺织市场公司、南菁工贸公司负责人，调整相关企业董事、监事人员配置，建立集团领导、事业部管理、子公司经营的管理模式。项目建设顺利推进。成立江阴华能燃机热电有限公司，围绕华能项目建设排定的时间节点，制定每周工作计划，有条不紊加快推进项目建设，年内，一期、二期资金到位，工程项目建设范围内的84户农户拆迁完成。江阴热电有限公司建设2台6F级燃气—蒸汽联合循环机组项目获江苏省发改委“路条”（是指国家或省、市、自治区立项的重大基础项目，保障项目顺利实施而开辟的绿色通道）并完成项目可行性研究报告的评审。江阴苏龙热电有限公司2台9F级燃气机组可行性研究报告完成。能源环保企业业绩良好。江阴苏龙热电有限公司、江阴热电有限公司、江苏利港电力有限公司3个主要热电企业累计发电量215.73亿千瓦时，比2016年增加1.58%；上网电量201.8亿千瓦时，比2016年增加1.75%；供热量913.05万吨，比2016年增加4.78%；售汽量843.29万吨，比2016年上升2.26%，主营业务收入113.22亿元，比2016年上升3.34%；实现利润总额13.76亿元，比2016年下降37.93%。江阴苏龙热电有限公司青月线项目顺利建成投运。积极开拓金融业务。建立投资平台，引导恒天金石产业基金在江阴地区开拓和筛选项目，储备一批产业基金投资项目。与江苏毅达基金进行合作，参与江阴—毅达产业基金的设立。服务中小微企业融资担保，年末，公司下属金阳担保有限公司、信联担保有限公司在保数量775笔，企业担保余额20.7亿元。资产管理成效突出。率先运用全市公共资源交易网，实现国有经营性房产网上竞价拍租，方便承租户办理租赁手续，节约拍租佣金。承担社会责任，确保“菜篮子”安全保供。提升下属市场建设公司城区7个农贸市场的管理水平，强化市场巡查，提升检测能力，严控农贸市场商品质量关和食品安全关。加大物业资产租金的收取力度。完成新国联大厦幕墙改造，消除安全隐患。年末，公司总资产199.6亿元，净资产72.4亿元，实现营业收入66.47亿元，利润总额7.41亿元。

（陈 浩）

【江阴广播电视集团】 2017年，集团面对竞争日益复杂的经营形势，紧紧围绕全媒体整合营销的工作总要求，千方百计求突破，全力以赴攻营销，各部门通力协作，密切配合，取得较好经营业绩。以活动促营销，大型全媒体品牌营销活动不断，全年完成120余场活动，形成一个相对成熟的房产项目，以第一房产网为龙头，依托江阴广电所属台网微端，加强房产开发商、房屋中介和购房者三者之间的联系，产生房产业和家装业的连锁效应。利用广电影响力和推广优势切入销售环节取得突破，“最江阴·澄品”完成新疆小白杏、吐鲁番葡萄、冰糖心苹果等销售项目，为切入销售开了个好头。制作专题片10余部，承办各类演艺活动10余场。新媒体经营创收保持高位增长，经营搭载收入比2016年增长20.99%。广播广告承载量逆势上扬，成功举办3届江阴广电家装节，延伸拓展“吃香喝辣”节目，以及广播节目、活动的创新，带动广播广告大幅增长。是年，集团总资产77098万元，净资产收益率4.38%，保值增值率5.9%，顺利达成年初止跌回稳的经营目标，超额完成市国资办下达的年度任务目标。（袁爱民）

【江苏江南水务股份有限公司】 2017年，公司紧紧围绕年度各项目标任务，兜牢民生底线，突出重点工作，优化服务模式，压实责任，主动作为，完成供水量2.74亿立方米，比2016年增长1.79%；售水量完成2.52亿立方米，比2016年增长1.53%；水质综合合格率为100%。聚焦民生，重点工程全面铺开。有序实施农网改造工程，全年完成421个自然村农网改造工程设计方案，155个自然村共10287户完工，62个自然村共5586户在建；加速推进绮山应急备用水源地工程建设，完成DN2000（公称直径2000毫米，下同）管道总工程量的71%。细化措施，安全保供稳固增强。优化管网结构，高标准新建改建长山大道DN800、新桥澄杨路DN800/DN500、峭岐迎宾大道DN500、青阳振阳路DN500、周庄周西路DN1000、环城西路DN600等给水管道工程，铺设DN100以上管道总长度119.26千米。新增40个管网远传测压点，总测压点115个；新增28个新建高层住宅小区纳入公司维护管理范围，二次供水管理小区总数304个，完善升级二次供水智慧云平台数据库，完成数据系统、视频系统集成。检测中心组织参加水中浊度、余氯、挥发酚、铅、“六六六”等全国供水实验室质量控制考核，通过江苏省住房和城乡建设厅组织的城市供水水质实验室“双随机”检查。

安全生产责任逐级落实。全年共签订安全责任书448份,外包工程单位签订安全施工协议30份。开展大口径管道爆管应急抢险、消防疏散体验、漏氯应急等演练活动,提高处置突发事故的能力和水平。优化服务,品牌建设持续推进。全方位把控远传水表的运转,对424个小区共218027只远传水表统一抄见、维护、数据分析。稳步实施物联网+员工、物联网+用户系统研发应用,通过数据采集与监视控制(SCADA)系统实时在线数据,结合微信开发大用户"用水监测系统",推出居民远传水表"实时水量查询"功能;对新华三村、城裕花园、文富花园、双牌一村4个住宅小区3560户水表进行远传水表线路改造及水表周检工作,改造不锈钢保暖水表箱700余只。固强补弱,推进业务拓展力度。资本运作项目稳步推进,锦绣江南固废处置项目的建设加速推进,取得阶段性成果。提标改造南闸和璜塘污水处理厂,按照"8S"(整理、整顿、清扫、清洁、素养、安全、节约、学习8个项目)管理标准要求,规范操作,精心管理,稳定运行,全年达标排放。 (胡 菁)

【江阴市旅游文化产业发展有限公司】 2017年,公司坚决贯彻创新求变谋发展、优质高效创效益的工作思路,齐头并进,狠抓落实,各项工作稳步推进,不断提升绿化管理水平,加强公园景区管理,发挥绿化养护管理突击队优势。致力建设好苗圃与废弃物处理站,全年处理粉碎物4600立方米。管理维护3300万平方米绿地,日常管养4.3万棵行道树。配合全国文明城市创建工作处理完成"110"突击任务、"12345"公共热线服务电话、城管投诉、市民求助等上千次任务。扎实抓好管辖范围内绿化环境、园容园貌、环境布置等各项工作,不断优化设施,完善功能,美化环境,烘托氛围。年内,风景园林工程公司和城市园林设计院有限公司分别取得国家文物保护工程施工三级资质、文物保护工程勘察设计丙级资质。江阴城市集散旅行社强化"地接为主"的经营思路,做好电商门票销售合作工作,积极推广江阴旅游,提出"景区+""酒店+""江阴+"的营销新模式。加强国有资产经营管理,做好经营网点租赁与管理工作,有序推进长江饭店及周边地块旧城改造项目,渐进式地解决租赁中的突出问题。公司高度重视安全生产工作,强化安全基础,抽查普查两手抓,严查严管除隐患。是年,宿迁市下坝水街规划设计(江阴市城市园林设计院有限公司设计),荣获2017年度中国最具特色规划设计一等奖;锡澄高速南出入口景观改造提升工程荣获2016年度江苏省"扬子杯"优质工程奖;天华文化中心绿地养护工程荣获2017年度无锡市园林养护优质工程奖。年末,市旅游文化产业发展有限公司实现创收8800万元,利润总额966万元,全面完成市国资办下达的年度经济目标任务。 (冯 奕)

【江阴市国风文化艺术有限公司】 2017年,公司围绕服务市委、市政府的中心工作和服务人民群众的文化需求,强化产业发展、强化制度管理、强化资源利用。抓服务,促发展,群众文化活动丰富多彩;抓产业,促效益,提升文化产业发展实力;抓管理,促规范,全面建立长效内控机制。积极适应市场变化,推出丰富多彩的文艺演出,举办精彩纷呈的文化活动,多方位引领,共建共享文化成果。全年举办各类相关的文化活动1656场次,受众52.15万人次,深受群众好评。以加快文化产业发展为抓手,积极探索,充分整合利用现有的文化资源,通过打造精品培训,市场化运作各类场地资源,文企联姻等方式,多渠道拓展业务。全年公司经营性创收收入1903.24万元,实现净资产收益率12.01%,利润总额515.92万元,超额完成国资办下达的年度经济指标任务。 (杜颖波)

【江阴暨阳体育产业发展有限公司】 2017年,公司全体员工齐心协力,勇于创新,有序推进各项任务,取得较好成绩。先后成功承办全国游泳俱乐部锦标赛、中国第十三届运动会男子足球U-18组预赛江苏江阴赛区、中国足协江阴国际青年足球锦标赛、第十三届长三角国际标准舞全国城市公开赛、中国足协中国之队国际足球赛及江苏省小学生乒乓球锦标赛等国家级、省级赛事5项30余场次。组织举办或协办第三届元旦公益徒步大会、8月8日荧光夜跑、江阴市第三届半程马拉松赛、江阴市第七届全民运动会以及游泳、乒乓球、羽毛球、篮球、排球赛等全市性群众体育赛事8项100余场次。同时,参与协办江苏省大众跆拳道精英赛、江苏省友好城市网球邀请赛等。大型赛事与群体活动相得益彰,基本做到周周有活动、月月有赛事。全年累计接待观众及各类健身休闲市民120万余人次,圆满完成年度各项目标任务。是年,公司获体育总局全国游泳活动健身周优秀组织奖。 (陆 澄)

【江阴市国信市民卡有限公司】 2017年,公司紧紧围绕年度工作目标,扎实开展各项工作,全年"两卡"(省社会保障卡和江阴市民卡)换发45万余套,累计换发90万余套;暨阳通卡发放1.3万余张,累计发放21.9万余张。做好让利于民工作,根据上级要求,取消办理"两卡"的工本费和服务性收费,每年因此减少营业收入近200万元,占年度公司营业收入的80%。做好优化服务工作,进一步拓展市民卡工会业务服务范围,年内,蛋糕专款账户年度充值765万元,累计充值1134万元,年度消费达472万元,累计消费820余万元,工会职工享受优惠超140多万元。将长江路网点和社保中心网点合并进驻市行政务服务中心,实现"两卡"(含衍生卡)所有业务通办。做好创新提升工作,推出公交献血爱心卡和军人优抚卡,增加各镇(街道)人社服务网点的电子钱包充值业务,完善市民卡官方微信平台中的自助服务内容,包括市民卡电子钱包的自助充值、"两卡"银行账户的激活、江阴市图书馆网上的查询和续借功能。是年,公司服务窗口获得市"十佳工人先锋号"称号。 (袁 园)

■类目编辑 陈学超

综　述

【概况】　2017年，江阴市科技系统紧紧围绕高水平建设创新型城市的战略目标，坚持稳中求进总基调，以支撑引领供给侧结构性改革为主线，深入实施产业强市战略和创新驱动战略，以科技创新为核心引领全面创新，着力提升科技创新能力、加快科技成果转化、深化科技体制改革和构建良好创新生态，聚力打造具有一定国际竞争力的先进制造业基地和创新型经济发展高地。年内，成功举办第二十七届科技节，帮助企业承担实施无锡市级以上各类科技计划项目332项，实施重点产学研项目60项，获批省级以上各类科技创新载体6个、各类科技型企业232个，获批无锡市级以上各类研发机构22个，新建江阴市级产业技术研究院2个、江阴市院士工作站6个，获江阴市级以上各类科技进步奖项106项。是年，市科技局被评为2017年度江苏省科技管理工作先进集体、无锡市科技管理工作先进集体、江阴市依法行政工作先进集体；市知识产权局被评为2017年度江苏省知识产权宣传培训工作成绩突出单位。

【科技创新大会】　2017年11月3日，市委、市政府召开科技创新大会，无锡市委常委、江阴市委书记陈金虎出席会议并讲话，中国科学院院士陈洪渊、国际导航和运动控制院院士科尔图诺夫，中国空间技术研究院原院长、卫星工程总设计师徐福祥，国家科技部、省科技厅、无锡市科技局有关领导，以及孙小虎、徐冬青、崔荣国、计军、吴芳、程政等市领导参加，市长蔡叶明主持会议。会上，表彰市十佳高新技术企业、市十佳民营科技企业、市十佳知识产权示范企业、市十佳职工科技创新标兵、市十佳科技创新标兵、市十佳科技创业标兵、市十佳优秀专利发明人和市科技进步奖80项、市第五届专利奖12项。举行科技型中小企业科技贷款授信，向7个新建江阴市众创空间、5个新建江阴市“星创天地”、2个新建江阴市产业技术创新战略联盟及6个新建江阴市院士工作站授牌，为南京医科大学—江苏力博医药生物技术股份有限公司产业技术研究中心、中关村四方现代服务产业技术创新战略联盟苏南分中心、江苏省“星创天地”、江苏省江阴服务外包科技产业园、国家“火炬”智慧能源特色产业基地和江阴国家集成电路封测高新技术产业化基地揭牌，为江阴市光电材料产业技术研究院、江阴市智慧能源产业技术研究院兑现奖励政策。法尔胜泓昇集团董事长周江作为企业家代表发言，中国科学院院士陈洪渊作为院士代表发言。　（汤雯倩）

科技管理和服务

【概况】　2017年，市科技局全面贯彻落实江苏省政府科技创新政策精神，制定出台《关于知识产权强市建设的若干政策措施》《江阴市新兴产业创业领军人才申报评审及扶持资金实施细则》等，编印《高企服务平台工作手册》《知识产权维权援助实用手册》《科技政策汇编》等，第一时间把最新科技政策送到企业。举办市首届科技创新创业大赛，为创新创业人才提供更大的展示和交流平台。同时，继续开展科技“三服务”（服务基层、服务企业、服务人才），组织“连心富民、联企强市”“大走访”等活动，指导、帮助企业争取各级各类科技项目资助和政策扶持，为企业开展技术创新活动保驾护航。全年帮助企业承担实施无锡市级以上各类科技计划项目332项，争取科技扶持资金13011.95万元。

（汤雯倩）

【承担科技计划项目332项】　2017年，市科技局加大力度做好各类科技计划项目的组织、协调和向上争取工作，全年获批实施国家、省、无锡市级各类科技计划项目332项，其中获批国家级、省级创新载体项目8项，无锡市级以上各类研发机构项目22项；国家级科技计划项目4项，其中国家科技重大专项3项，国家科技服务业区域试点项目1项。江苏省级项目282项，其中重大科技成果转化项目4项、重点研发计划项目7项（产业前瞻与共性关键技术项目5项、社会发展2项）、省政策引导类计划（国际科技合作）项目1项，省基础研究计划（自然科学基金）项目2项，省创新能力建设计划（科技设施类）项目3项，苏南国家自主创新示范区建设1

项,省科技企业上市培育计划5项,省工程技术研究中心绩效考评优秀项目8项,省科技企业孵化器绩效评价(优良)单位2个,江苏农村科技服务超市考评(优秀)企业2个,苏南国家自主创新示范区优秀园区1个、优秀众创空间1个,省百件优质发明专利3项,省国际(PCT)专利专项资助资金项目3项,省企业知识产权管理标准化示范先进单位2个,省高新技术产品项目238项;无锡市级各类科技计划项目16项。全年获各级各类扶持资金13011.95万元,其中国家级项目获资助3903.08万元,江苏省级项目获资助9105.97万元,无锡市级项目获资助2.9万元。 (杨婉倩)

【市首届科技创新创业大赛举办】 2017年,江阴市为贯彻落实省委聚力创新,聚焦富民,高水平全面建成小康社会战略部署,深入推进"大众创业、万众创新",举办首届科技创新创业大赛暨第五届江苏省科技创业大赛选拔赛活动,参与网上申报项目有101项。5月19日,大赛组委会组织对正式递交纸质版申报材料的72项进行初赛,共分6个专业组,由18位专家评审,审核确定20项优秀项目入围复赛。5月31日,在广电大厦540演播室进行复赛,根据得分高低当场产生10项进入决赛。6月12日,在广电大厦1200演播室进行决赛,市长蔡叶明致辞,市领导崔荣国、虞卫才参加活动并颁奖。经评委现场打分,评选出无锡双良生物科技有限公司的"第三代抗癌新药EGFR抑制剂"项目为一等奖,江苏普莱医药生物技术有限公司的"广谱抗感染1.1类新药开发"、江阴力源电子有限公司的"基于智能电网建设用系列开关产品"、江阴市要塞宋波纹艺术设计工作室的"3D打印艺术商品"3项项目为二等奖,江阴宝能精密新材料股份有限公司的"超高强微丝项目"、江苏风雷文化传媒有限公司的"虚拟线上博物馆项目"、无锡贝塔医药科技有限公司的"医药和医疗领域用同位素标记产品和示踪技术的国产化"、江苏华西节能装备有限公司的"基于大数据的节能环保技术银行建设项目"、回转窑燃烧器节能减排改造团队的"回转窑的'节能+减排+增产'"、江苏国电格朗电气科技有限公司的"消防电气火灾监控系统研发与产业化"6项项目为三等奖,优秀奖10项。经推荐,获奖单位和团队上报至江苏省第五届科技创业大赛组委会。

(李海春)

2017年江阴市获国家级科技计划项目一览表

表40

类 别	项 目 名 称	承 担 单 位
国家科技重大专项项目	极大规模集成电路制造装备及成套工艺专项	江苏长电科技股份有限公司
	重大新药创制专项1	江苏普莱医药生物技术有限公司
	重大新药创制专项2	
国家科学技术进步二等奖项目	提高轻油收率的深度延迟焦化技术	江苏焱鑫科技股份有限公司
国家技术发明二等奖项目	基于微流场反应技术的生物基无毒增塑剂及其衍生物连续绿色制造	江苏向阳科技有限公司

2017年江阴市获江苏省级科技计划项目一览表

表41

类 别	项 目 名 称	承 担 单 位
科技成果转化专项资金项目	HPPO法大规模清洁高效制备高纯环氧丙烷的研发与产业化	江苏怡达化学股份有限公司
	大功率风电用抗冲击长效耐蚀主轴的研发与产业化	江阴南工锻造有限公司
	精准医疗输血检测用微柱凝胶系列产品的研发及产业化	江苏力博医药生物技术股份有限公司
	面向航空航天等国防装备用高端同轴电缆的研发及产业化	神宇通信科技股份公司
重点研发计划(产业前瞻与共性关键技术)项目	应用于高速通讯、安防及汽车电子的集成电路先进封装及测试技术开发	江苏长电科技股份有限公司
	海洋工程装备用大直径高耐蚀铜合金无缝管加工关键技术研究	江阴和宏精工科技有限公司
	高性能大功率光纤激光器用光纤合束器开发	法尔胜泓昇集团有限公司
	海底光电缆铺设系统关键技术的研发	江苏华西村海洋工程服务有限公司
	高效智能化金属线材制品系列设备开发	江阴鼎天科技有限公司

续表 41

类　别	项　目　名　称	承　担　单　位
重点研发计划(社会发展)项目	安全监管智慧云平台科技示范	江阴市公安局
	1.1 类创新化药抗菌肽 PL－5 喷雾剂临床前研究	江苏普莱医药生物技术有限公司
政策引导类计划(国际科技合作)项目	石化行业燃气装备超低 NOx 燃烧技术与装备联合研发	江苏焱鑫科技股份有限公司
基础研究计划(自然科学基金)项目	天然 ATP6V1A 抑制剂山荷叶素抗胃癌淋巴转移的作用及机制研究	江阴市人民医院
	原位沉积二硫化钼涂层及其在钢丝表面的防腐性能研究	法尔胜泓昇集团有限公司
	基于药靶蛋白结构的新型 IDO 抑制剂的研发	无锡佰翱得生物科学有限公司
创新能力建设计划(科技设施类)项目	江苏省重点企业研发机构	江苏云蝠服饰股份有限公司
	江苏省重点企业研发机构	江阴芗菲服饰有限公司
	江苏省重点企业研发机构	江苏法尔胜缆索股份有限公司
科学技术奖一等奖项目	超高强度钢丝制备技术研究及产业化	东南大学、江苏宝钢精密钢丝有限公司、盛利维尔(中国)新材料技术股份有限公司、江阴华新钢缆有限公司、南京信息工程大学
科学技术奖三等奖项目	多种功能高档毛纺面料制备关键技术	江苏阳光股份有限公司、江苏阳光集团有限公司、江苏阳光控股集团有限公司
	风电用直径600毫米以上超大直径特殊钢连铸圆坯的技术开发及产业化	江阴兴澄特种钢铁有限公司、东南大学
	模块化大功率电能变换系统协调优化控制关键技术及应用	东南大学、南京南瑞继保电气有限公司、江苏安科瑞电器制造有限公司
国际科学技术合作奖项目	哈特穆特·米歇尔	江苏菩莱医药生物技术有限公司
高新技术产品项目	第二代 Y63 型液压生活垃圾压缩机	江苏华宏科技股份有限公司
	尾气处理液(尿素)加注设备	江阴市富仁高科股份有限公司
	雨水收集存储用塑料组装模块	江阴市星宇塑胶有限公司
	YJTLC－W Ⅳ 高效脱硫除尘一体化装置	江苏亿金环保科技有限公司
	防污抗菌高分子家具装饰膜	江阴华东装饰材料有限公司
	船用舱室单元	江苏海陆科技股份有限公司
	高强度高导电铜银合金接触线	江阴电工合金股份有限公司
	正胶显影液	江阴江化微电子材料股份有限公司
	不沾奶盖膜	江阴宝柏包装有限公司
	酚醛纸基紫外光屏蔽覆铜板	江阴市明康绝缘玻纤有限公司
	高性能、环境友好型、低温自收缩双向拉伸聚丙烯薄膜	江阴中达软塑新材料股份有限公司
	DG 系列 200 千瓦以下无刷交流同步发电机	无锡顶一电机有限公司
	低 NOx 节能环保管式加热炉	江苏焱鑫科技股份有限公司
	新型热处理发电机主轴	江阴南工锻造有限公司
	3.0 兆瓦低温型风力发电机主轴	江阴振宏重型锻造有限公司
	高结合强度离子膜电解槽活性阴极	江阴市宏泽氯碱设备制造有限公司

续表41

类　别	项 目 名 称	承 担 单 位
高新技术产品项目	智能胎压监测器	江阴市创新气门嘴有限公司
	三相费控智能电能表	江阴长仪集团有限公司
	低成本高密封轿车用快捷式连接接头	江阴标榜汽车部件有限公司
	高抗变形镀锡青铜回火胎圈钢丝	江苏胜达科技有限公司
	聚四氟乙烯树脂薄膜防水透湿复合面料	江阴兴吴呢绒科技有限公司
	大直径组合式支撑滚道蜗轮蜗杆减速器	江阴市华方新能源高科设备有限公司
	高精度钻井平台用卡钳	江阴市惠尔信机械有限公司
	高效多晶硅光伏组件	中建材浚鑫科技股份有限公司
	动力外置五层升降横移停车设备	江苏启良停车设备有限公司
	抗蜗牛纹、抗PID高效高性能光伏组件	海润光伏科技股份有限公司
	夸徽跨境电商管理系统软件V1.0	无锡夸徽科技有限公司
	多元抗辐射复合纤维	江苏恒泽复合材料科技有限公司
	桥梁用端口增强型U肋	江阴建禾钢品有限公司
	半导体晶粒智能检测设备	江阴亨德拉科技有限公司
	精密涡轮	无锡瑞昌精密铸造有限公司
	高能效紧凑型钎焊板式换热器	江阴市哈格诺换热设备有限公司
	高强度钢轨胶接绝缘接头	江苏晋德铁路器材有限公司
	注射液用覆聚全氟乙丙烯膜溴化丁基橡胶塞	江阴市海华橡塑有限公司
	60片高效多晶硅太阳能电池组件	江苏英富光电科技有限公司
	节能环保、高效锅炉水处理设备	江阴市尚时环境工程有限公司
	高耐磨高光黑喷漆格栅总成	江阴道达汽车饰件有限公司
	防重影黏性热升华转印纸	江阴市全佳数码科技有限公司
	高安全性非接触式卡片材	江阴宏凯塑胶有限公司
	高效低成本柴油发电机组	无锡法尔胜悦能动力有限公司
	高精度凹版印刷辊筒	江阴市利丰制版有限公司
	高强度无纺布汽车座椅吊紧带	江阴利尔包装有限公司
	小型高负载磁保持继电器	江阴力源电子有限公司
	高强度轻型折叠轮椅	江阴市新盛医疗器材设备有限公司
	27500立方米LNG运输船	江苏新扬子造船有限公司
	高稳定性HS型新癸酸钴	江阴市三良橡塑新材料有限公司
	OTW－12型高硬度耐磨带钻杆	江阴德玛斯特钻具有限公司
	阻燃腈纶棉混纺针织面料	江阴芗菲服饰有限公司
	水合氧化钕	江阴加华新材料资源有限公司
	光伏电站汇流采集装置及其电力监控系统	江苏安科瑞电器制造有限公司
	极限展宽锻造优质工模具钢	江阴南工锻造有限公司
	高阻隔气调包装薄膜	江阴升辉包装材料有限公司

续表 41

类　别	项　目　名　称	承　担　单　位
高新技术产品项目	轨道减振橡胶件	江阴海达橡塑股份有限公司
	低遮光面积高电流收集的太阳能电池组件用电池片	江苏东鋆光伏科技有限公司
	高纯度四氯对苯二甲腈	江苏苏利精细化工股份有限公司
	高可靠智能型电动机保护器	江阴东瑞电气有限公司
	离心压缩机壳体	江阴市惠尔信机械有限公司
	热水器水箱搪瓷釉	江阴硅普搪瓷股份有限公司
	超高压高效开放式流道网管式反渗透膜组件	江苏坤奕环境工程有限公司
	精密数控涂层拉幅定型机	江苏日新印染机械有限公司
	可拆卸高效板式换热器	江阴钢电尔电化设备有限公司
	矫姿用功能学生装	江苏圣澜服饰创意有限公司
	多工位螺套自动组装设备	江阴博衍机械设备有限公司
	光学级 PET 离型膜	江阴华美光电科技有限公司
	高耐磨高韧性长寿型热轧钢球	江阴市华正金属科技有限公司
	液压盾饼机	江阴市圣博液压机械有限公司
	多色特种异型纤维棉	高安工业(江阴)有限公司
	高耐候抗车辙沥青添加剂	江苏宝利国际投资股份有限公司
	高集成度风力发电变桨控制系统	江阴弘远新能源科技有限公司
	高精密阀芯	无锡鹰贝精密轴承有限公司
	CLG6122E 机械单钢轮振动压路机	柳工无锡路面机械有限公司
	抗菌防污聚乙烯包装薄膜	江阴通利光电科技有限公司
	高精度、节材型汽车发电机电机铁芯	江阴华新电器科技股份有限公司
	高效节能智能氮气保护推板窑	江阴长源机械制造有限公司
	高效率吸附式除湿转轮	江阴三特空气处理设备有限公司
	抗菌防静电防护服	圣华盾防护科技股份有限公司
	全自动高精度硅钢横剪线	江阴宏恒机电科技有限公司
	光纤二次被覆 PBT 专用料	江阴爱科森博顿聚合体有限公司
	全封闭救生艇	江苏佼燕船舶设备有限公司
	智能防爆一体化差压式流量计	江阴市节流装置厂有限公司
	高速高效数控外圆磨削磨床	江苏特贝尔精密机械科技有限公司
	改进型节能式蒸柜	无锡利邦厨具有限公司
	抗蜗牛纹光伏组件	江苏润达光伏股份有限公司
	高强高导超细晶铜镁合金绞线	中铁建电气化局集团康远新材料有限公司
	渐变齿厚可调精度式回转驱动装置	江阴凯迈机械有限公司
	高能效比钎焊板式换热器	江苏宝得换热设备有限公司
	齿轮用钢晶粒细化型锻件	江阴南工锻造有限公司

续表41

类　别	项　目　名　称	承　担　单　位
高新技术产品项目	多晶硅太阳能电池	中建材浚鑫科技有限公司
	新型热熔断体组件	江阴市志翔电子科技有限公司
	纸机高效传动输送机	江阴奇南机械有限公司
	低合金高强度客车车身骨架及底盘用无缝异型钢管	江苏界达特异新材料股份有限公司
	轿车副车架内高压近净成形件	江苏界达特异新材料股份有限公司
	海底电缆弯曲限制器	江阴久盛科技有限公司
	砂浆多线切片机改金刚线切割用复合槽导轮	江阴久盛科技有限公司
	3800TEU 集装箱船	江苏新扬子造船有限公司
	外圆单边定位修磨机	江阴圆方机械制造有限公司
	DPL450 型液化天然气(LNG)专用气瓶	江苏深绿新能源科技有限公司
	汽轮机环件	江阴市恒润环锻有限公司
	箱式货车导流罩	江阴协统汽车附件有限公司
	土工用粗旦再生有色聚酯纤维	优彩环保资源科技股份有限公司
	汽车内饰用再生聚酯有色纤维	优彩环保资源科技股份有限公司
	全自动铝棒热剥皮机	江苏江顺精密机电设备有限公司
	船用可拆板式热交换器	江苏宝得换热设备有限公司
	折叠式测量仪器用三脚架	江阴香江光电仪器有限公司
	射电望远镜用光学角锥反光棱镜装置	江阴香江光电仪器有限公司
	高耐盐雾腐蚀性水溶性丙烯树脂	江阴恒兴涂料有限公司
	高性能彩色复合装饰膜	江苏向阳科技有限公司
	发光二极管(LED)光源用高反射率耐高温 UV 白色阻焊油墨	江苏广信感光新材料股份有限公司
	YJ－I 极管式湿式电除尘	江苏亿金环保科技有限公司
	高效低能耗环保除尘器	江苏人和环保设备有限公司
	有机棉毛混纺针织面料	江阴芗菲服饰有限公司
	工业重金属废水超导磁吸附分离处理设备	江苏旌凯中科超导高技术有限公司
	高精度大截面铜合金母线	江阴电工合金股份有限公司
	工程机械用高强度、密封型回转支承	江阴市华方新能源高科设备有限公司
	防伪印刷用特种复合圆网	江阴市镍网厂有限公司
	高弹雪尼尔纱	江苏海特服饰股份有限公司
	悬索桥主缆用1960兆帕预制平行锌铝合金镀层钢丝索股	江苏法尔胜缆索有限公司
	一次性弧形切割吻合器	无锡博康医疗器械有限公司
	自控发酵系统设备	江阴市联业生物科技有限公司
	含氟硅树脂的玻璃清洁剂	江苏雪豹日化有限公司
	车载空调压缩机用斜盘	江阴联华铸造有限公司

续表 41

类　　别	项　目　名　称	承　担　单　位
高新技术产品项目	双源双视角X光邮包安全检测车	江阴市汽车改装厂
	再生PET涤纶普纤/中空纤维生产线	江阴市德赛环保设备有限公司
	高性能风电涂料	江阴市天邦涂料股份有限公司
	环保型复合加强双层储油罐	江阴市宇飞新型容器有限公司
	耐高温镍合金涡轮增压器叶轮	江阴鑫宝利金属制品有限公司
	增强耐磨复合冷却型柴油机箱体	江苏飞达压铸有限公司
	锂电池用铝塑膜	江阴苏达汇诚复合材料股份有限公司
	防雾增韧抗菌CPP食品包装膜	江阴通利光电科技有限公司
	82000DWT散货船	中船澄西船舶修造有限公司
	SMC水池	江阴普顿塑胶有限公司
	低能耗智能功率控制器	江阴旺达电子有限公司
	高流动性快速交联半导电屏蔽料	江阴市海江高分子材料有限公司
	高效节能型燃气轮机余热回收锅炉	江阴德耐特重工科技有限公司
	2.3兆瓦及以上风力发电机机舱罩	江苏振江新能源装备股份有限公司
	超高纯氨水	江阴江化微电子材料股份有限公司
	ITO蚀刻液	江阴江化微电子材料股份有限公司
	铝蚀刻液	江阴江化微电子材料股份有限公司
	电池可换型单相费控智能电能表	江阴众和电力仪表有限公司
	环保型水性钢桶隔热涂层	江阴华理防腐涂料有限公司
	全自动高效节能绳状水洗机	江阴市永欣印染机械有限公司
	环保型防腐镀铬饰件	江阴道达汽车饰件有限公司
	PSH二~五层升降横移智能停车设备	江苏启良停车设备有限公司
	高耐压大量程型文丘里管流量计	江阴市节流装置厂有限公司
	环保紧凑型桥式整流器	江苏海德半导体有限公司
	USB3.1电子设备数据传输电缆	神宇通信科技股份公司
	无人机用影像传输射频同轴电缆	神宇通信科技股份公司
	低成本高效率段型电极太阳能电池	江阴鑫辉太阳能有限公司
	触点模块防焊接溢料的按钮	江苏爱可信电气有限公司
	恒定增稠模压树脂	江阴市建恒化工有限公司
	新型车载空调操纵机构	江阴万事兴汽车部件股份有限公司
	高速、环保型紧密纺罗拉	江阴市东杰纺机专件有限公司
	超净高纯硫酸	江阴润玛电子材料股份有限公司
	超薄异型大角度转接汽车尾气净化器用连接端口	江阴创博机械制造有限公司

续表41

类　　别	项　目　名　称	承　担　单　位
高新技术产品项目	2.0兆瓦及以上风力发电机主轴	江阴振宏重型锻造有限公司
	超高硬度SUS301精密不锈钢材料	江阴市云晟带箔有限公司
	民用航空不锈钢关节球	无锡鹰贝精密轴承有限公司
	MC22－4AT自动换挡操纵机构总成	江阴市康乾车业有限公司
	新型纯电动环保三轮环卫车	江苏京硕新能源车辆有限公司
	新型高精度节能型大回转无刷电机铁芯	江阴华新电器科技股份有限公司
	层压机用超宽幅防酸耐热耐腐蚀胶板	江苏科强新材料股份有限公司
	新型高效建筑节能内置遮阳百叶中空玻璃制品	江阴市博诚节能建材有限公司
	多彩渐变数码纱针织面料	江阴芗菲服饰有限公司
	海上平台高性能防护涂料	江阴市汇克拓化工有限公司
	轨道车辆用高速齿轮	江阴市凯华机械制造有限公司
	耐热性腰果酚改性酚醛纸基覆铜板	江阴市明康绝缘玻纤有限公司
	数字化高频脉冲电源	江阴市天马电源制造有限公司
	珠光级湿法云母粉	江阴市友佳珠光云母有限公司
	高冲剪切性酚醛纸基覆铜箔层压板	江阴市沪澄绝缘材料有限公司
	高压共轨燃油计量电磁阀	江阴林格科技有限公司
	高纯度耐腐蚀高精准度铝材	江阴东华铝材科技有限公司
	高导电率的太阳能电池组件	江阴晟翔科技有限公司
	轨道车辆废气排放装置	江苏必得科技股份有限公司
	QFC型风光储分布式发电微电网系统	江苏方程电力科技有限公司
	2700TEU集装箱船	江苏新扬子造船有限公司
	薄荷棉混纺针织面料	江阴芗菲服饰有限公司
	模块化智能可扩展地铁控制室IBP盘	江阴百士特控制显示设备有限公司
	仿银箔共混合成高分子装饰膜	江阴华东装饰材料有限公司
	大型固溶强化铁素体球墨铸铁风电铸件	江苏吉鑫风能科技股份有限公司
	全封闭救生救助艇	江阴市北海救生设备有限公司
	正胶显影液	江阴市化学试剂厂有限公司
	耐候型高阻隔日化产品包装膜	江阴宝柏包装有限公司
	集成密闭式气缸控制转向管柱	江苏格尔顿传动有限公司
	真空贴体包装膜	江阴升辉包装材料有限公司
	夸微进出口审计系统软件V1.0	无锡夸微科技有限公司
	超洁净的高亮白洗净羊毛	江苏倪家巷集团精毛纺织有限公司
	乙二醇甲醚	江苏怡达化学股份有限公司
	高弹力抗变形恒温裤袜	江苏传澄服饰有限公司
	高光亮、低雾度、功能性透明薄膜	江阴中达软塑新材料股份有限公司

续表 41

类　别	项　目　名　称	承　担　单　位
高新技术产品项目	高效易脱模汽车灯罩注塑模具	江苏星科精密模具有限公司
	高效节能环保型卧式喷雾冷却器	江苏江涛环境工程有限公司
	混合型往复式销钉螺杆挤出机	江苏新达科技有限公司
	汽车保险杠薄膜底漆	江阴市荣新塑化有限公司
	7800DWT 沥青船	中船澄西船舶修造有限公司
	透明增塑 PVC 功能薄膜	江苏名阳高分子新材料有限公司
	基于 WEB 形式语音视频技术的网络课堂软件	江苏优胜信息技术有限公司
	智慧型移动电源	江苏紫米电子技术有限公司
	多级干式罗茨真空机组	江阴华西节能技术有限公司
	高 EAS 超快恢复二极管芯片	江阴新顺微电子有限公司
	可绕线单层 MIS 引线框	江阴芯智联电子科技有限公司
	环保型智能化废橡胶再生成套设备	江苏中宏环保科技有限公司
	SOP8－12R 宽排高精度引线框架	江阴康强电子有限公司
	新型高效智能化海底铺缆机	江苏华西村海洋工程服务有限公司
	CQ 系列倾斜式强力混合机	江阴市创裕机械有限公司
	S355J2 非合金特厚钢板	江阴兴澄特种钢铁有限公司
	轿车 EPS 转向齿条 GRADE50 钢	江阴兴澄特种钢铁有限公司
	高品质非调质钢 38MnVS6	江苏泰富兴澄特殊钢有限公司
	FWS 系列智能监控装置	江苏利得智能监测科技有限公司
	高精度一体化变送器	江阴市全盛自动化仪表有限公司
	强韧阻燃聚脲蒙皮	江苏兰宇保温科技有限公司
	教育信息互动沟通软件	江苏优胜信息技术有限公司
	1E 级 K3 类 TC－50N 调速控制器	江阴众和利核仪控技术有限公司
	春申堂白斑爽降解材料	江苏春申堂药业有限公司
	基于 6LOWAN 的 FCS 电网电力微机综合保护控制系统和产品	江苏斯菲尔电气股份有限公司
	双螺杆高效挤出机减速器	江阴齿轮箱制造有限公司
	乘用车发动机装配式凸轮轴凸轮用 100Cr6 钢	江阴兴澄特种钢铁有限公司
	临氢设备用 12Cr2Mo1R 压力容器用钢板	江阴兴澄特种钢铁有限公司
	高稳定、高可靠特种光纤	江苏法尔胜光电科技有限公司
	4S 节能型智能化柔性悬挂起重机	江阴市鼎力起重机械有限公司
	云端 VeryCloud 云服务综合管理平台	江阴云端网络技术有限公司
	防火气密风雨密核屏蔽防护门	江阴市黄山船舶配件有限公司
	超高精度 0.2 毫米中心孔包装载带	江阴新杰科技有限公司
	皮肤创面无机诱导活性敷贴	江苏阳生生物股份有限公司
	柔性轻型组合式悬挂起重机	江阴市凯力起重电机有限公司
	新型电能质量综合管控装置及系统	江苏斯菲尔电气股份有限公司

续表 41

类　别	项 目 名 称	承 担 单 位
高新技术产品项目	高性能 2－1－1 型铜锌锡靶材	江阴恩特莱特镀膜科技有限公司
	圆片级六面包覆极小型芯片封装产品	江阴长电先进封装有限公司
	高精度长寿命汽车保险杠模具	江阴精力模具工程有限公司
	智能化能源监控管理系统	江阴钟舟电气智控科技有限公司
	高效节能大轴承式捻股成绳机	江苏法尔胜泓昇重工有限公司
	YC－S 型一体化生活污水处理设备	江苏晔辰环保科技有限公司
	汽车用冷精锻差速器行星、半轴齿轮	江阴全华丰精锻有限公司
	全自动节能型金属液压打包机	江苏大隆凯科技有限公司
	石墨烯远红外电地暖	江苏同创节能科技有限公司
	抗人球蛋白（抗 IgG＋C3d）检测卡（柱凝集法）	江苏力博医药生物技术股份有限公司
	QSOP24L 系列高精度引线框架	江阴康强电子有限公司
	全焊接结构立式大流量高效率水泵	江阴德尔热能机械有限公司
	汽车塑料饰件冲孔/焊接（粘接）多工位加工设备	江阴精力汽车装备有限公司

（温京涛）

产学研合作

【概况】 2017 年，市科技局深入推进产学研协同创新体系建设，按照“走出去、请进来”双向对接方式，加强企业与大院大所的“点对点”合作。是年，组织企业与浙江大学、沈阳工业大学、东北大学、湘潭大学、长沙理工大学、山东大学、青岛科技大学、北京化工大学、中国科学院国家技术转移中心等高校院所开展“点对点”对接交流，组织实施重点产学研合作项目 60 项。新批省工程技术研究中心 6 个、省研究生工作站 3 个，获批无锡市级院士工作站 1 个，无锡市工程技术研究中心 12 个，新建江阴市级企业院士工作站 6 个。

【企业院士工作站建设】 2017 年，江阴市继续推进“院士集聚计划”，经市科技和人才工作领导小组批准建立江阴市级企业院士工作站 6 个，分别是中船澄西船舶修造有限公司（中国工程院院士吴有生）、江苏远望神州软件有限公司（乌克兰国际导航和运动控制院院士科尔图诺夫）、江苏迪思瑞普新材料科技有限公司（瑞典皇家科学院、工程院院士玛利亚·斯托姆）、法尔胜集团有限公司（中国工程院院士毛新平）、江苏普莱医药生物技术有限公司（加拿大皇家科学院院士罗伯特·斯坦利·霍金斯）、江苏采纳医疗科技有限公司（中国科学院院士陈洪渊）。优彩环保资源科技股份有限公司成功申报无锡市级院士工作站。至此，全市拥有企业院士工作站 55 个，其中省级院士工作站 10 个，无锡市级院士工作站 17 个，江阴市级院士工作站 28 个；累计引进“两院”院士及外籍院士 46 人。

【规模以上工业企业研发机构建设】 2017 年，江阴市加快创建创新型城市，全方位培育企业创新能力，坚持把企业研发机构建设作为提升自主创新能力的战略抓手。是年，新增江苏省级工程技术研究中心 6 个，省级研究生工作站 3 个；无锡市级工程技术研究中心 12 个；江阴市级工程技术研究中心 102 个。至年末，全市拥有国家级工程技术研究中心 2 个；江苏省级工程技术研究中心 146 个；无锡市级工程技术研究中心 261 个；江阴市级厂办研究所及工程技术研究中心 865 个。全市大中型企业研发机构覆盖率 96% 以上，规模以上工业企业研发机构覆盖率 76%。

（王黎君　周京利）

知识产权工作

【概况】 2017 年，江阴市知识产权局围绕国家知识产权示范城市建设要求，实施知识产权强市战略，提升企业自主创新能力和产业核心竞争力，推动全市知识产权工作快速发展。11 月 18 日，市政府发布《关于知识产权强市建设的若干政策措施》（简称“知识产权强市 12 条”），从鼓励高质量的知识产权创造、促进高效益的知识产权运用、实施高标准的知识产权保护、发展高水平的知识产权服务四个方面提出 12 条具体举措，内容覆盖知识产权工作全链条，聚力加快知识产权强市建设，具有针对性和实践性，对激发创新活力，推动知识产权密集型产业发展，促进产业转型升级具有积极意义。是年，江阴市被评为 2017 年度全国知识产权示范城市工作先进集体。

【企业知识产权创造运用管理能力提升】 2017 年，江阴市企业知识产权综合管理能力不断增强，法尔胜泓昇集团有限公司被评为国家知识产权示范企业；江阴圆方机械制造有限公司、江阴兴澄特种钢铁有限公司、中船澄西船舶修造有限公司等 6 个企业被评为国家知识产权优势企业；新增江苏省知识产权标准化管理备案企业21个，有2个企业被评为省企业知识产权标准化管理先进单位。开展知识产权金融运用，有12个企业投保专利权保险，保障金额58万元；5个企业开展专利权质押贷款，融资金额1.28亿元。继续推进知识产权人才队伍建设，全年组织开展专利布局、专利信息分析利用等各类培训及政策宣讲会4期，培训学员逾300人，有1人获评知识产权工程师高级职称。是年，全市专利申请总量7644件，其中发明专利申请3019件；专利授权4221件；《专利合作条约》国际专利申请(PCT)数量76件。

【发明专利量质并举】 2017年，江阴市企业高质量创造知识产权，在各级专利奖评选活动中获奖。法尔胜泓昇集团有限公司的“高强度奥氏体不锈弹簧钢丝的制作方法”、江苏双良锅炉有限公司的“大型模块组装高效冷凝式燃气热水锅炉”2件专利获第十九届中国专利优秀奖。江苏长电科技股份有限公司的“先封后蚀三维系统级芯片倒装封装结构及工艺方法”、江阴芯智联电子科技有限公司的“先蚀后封三维系统级芯片正装堆叠封装结构及工艺方法”、远景能源(江苏)有限公司的“具有主发电机和次发电机的风力涡轮机及其操作方法”3件发明专利获江苏省百件优质发明专利。江苏南农高科技股份有限公司的“一种大规模高密度生产猪圆环病毒2型抗原的方法”、江阴兴澄特种钢铁有限公司的“直接用连铸坯生产大厚度齿条钢板及其制造方法”2件专利获第十届无锡市专利奖金奖；江苏法尔胜缆索有限公司的“特大跨径桥梁缆索减振用辅助索网系统”、江苏长电科技股份有限公司的“一次先蚀后镀金属框减法埋芯片倒装平脚结构及工艺方法”、江苏华西村海洋工程服务有限公司的“大功率潜水射流前后喷冲气举海底管线挖沟机及挖沟工艺”、江阴江化微电子材料股份有限公司的“一种液晶面板铜膜光阻水系剥离液”等4件专利获第十届无锡市专利奖优秀奖，全部6个奖项占无锡市授奖总数的四分之一。年内，开展江阴市第五届专利奖评选活动，江阴苏利化学股份有限公司的“一种制备六氯苯含量低于10百万分比浓度(ppm)的百菌清的方法”、江苏法尔胜材料分析测试有限公司的“一种钢箱梁U肋角焊缝的超声相控阵检测方法”2件专利获金奖，江苏华宏科技股份有限公司的“凸轮式可调喉口发动机壳体破碎机”、江阴中南重工有限公司的“便于拆装的三通冲头装置”等10件专利获优秀奖。是年，全市发明专利授权676件，万人有效发明专利拥有量19.57件，比2016年增加2.38件。

(徐竹君)

科技创新载体

【概况】 2017年，江阴市获批省级以上各类科技创新载体(园区)6个，其中国家级2个：国家级“星创天地”、国家级众创空间；省级4个：省级科技产业园区1个，省级众创空间1个、省级“星创天地”2个。国家“火炬”计划风电产业基地复核并更名为“国家‘火炬’计划江阴市智慧能源特色产业基地”，至此，全市累计国家特色产业基地7个、省级科技产业园7个。是年，成立市产业技术研究院2个，新建市众创空间7个、市“星创天地”5个。苏南国家自主创新示范区建设稳步推进。(汤雯倩)

【新增省级科技产业园1个】 2017年9月，江阴服务外包科技产业园被省科技厅认定为省级科技产业园。该产业园位于高新区内，拥有江苏紫米电子技术有限公司、江阴德力激光设备有限公司等高新技术企业17个，江苏长电科技股份有限公司等上市企业1个，有扬子江信息软件园、乐创汇众创空间等8个省级以上科技创新创业载体及平台。该产业园的成立，推进全市主要制造产业和服务外包产业共生发展，提高现代服务业关键技术创新、产品研发、产业链协同能力，有利于改善基础设施和政策环境，引导产业集聚，促进自主知识产权、民族品牌和技术标准的形成。至此，全市拥有江苏省江阴服务外包科技产业园、江苏省江阴风电装备科技产业园、江苏省江阴新能源科技产业园、江苏省江阴传感网科技产业园、江苏省江阴文化创意科技产业园、江苏省江阴现代中药及生物医药科技产业园、江苏省江阴机械装备科技产业园7个省级科技产业园。

【新建产业技术研究院2个】 2017年11月2日，江阴市光电材料、智慧能源产业技术研究院分别在江苏法尔胜光通信科技有限公司和远景能源(江苏)有限公司揭牌成立。市光电材料产业技术研究院是由江苏法尔胜光通信科技有限公司牵头发起，联合市内光电材料领域企业及国内重点高校院所的22个理事会单位组建而成。该院主要在光通信网络、光电显示、光电存储、光电转换和光电探测等领域实现共同研发及规模化应用，形成新的经济增长点，推动全市产业转型升级与经济结构调整。市智慧能源产业技术研究院是由远景能源(江苏)有限公司牵头发起，联合全市风电及光伏领域企业及国内重点高校院所的25个理事会单位组建而成。该院的成立对提升全市可再生能源装备及产业链技术、提高可再生能源的经济竞争能力及整合能源物联网生态系统等方面将发挥重要作用。2个研究院成立目标，是通过整合国内外领先的光电材料、能源行业创新资源，开展技术创新、成果转化、项目孵化、人才培养和公共技术服务等，建设成为国内外有影响力的产业技术创新中心。(李海春)

【新增众创空间7个】 2017年，市科技局按照《关于支持众创空间发展促进大众创新创业的实施意见》和《江阴市众创空间认定管理办法(试行)》，认定融梦空间、跨境电商创业孵化园、名妆汇、维尔达、金创空间、创客之家、天本众创空间为江阴市级众创空间。年内，创客联盟团被认定为国家级众创空间，雏鹰梦工场被认定为江苏省级众创空间。全市累计建成众创空间17个，其中国家级2个，省级8个；累计拥有服务场地6万余平方米，入驻项目650余项。(王黎君 周京利)

【农业科技服务平台建设】 2017年，江阴市加强农业科技服务平台建设，鼓励并组织市内科技型农民专业合作社等企业申报各类科技服务平台。年内，市鹏程农业科技发展有限公司创建的“鹏程蔬菜产业星创天地”被科技部认定为国家第二批“星创天地”,至此,全市有2个国家级科技创新创业平台;江阴故乡情果业专业合作社创建的“江阴经济林果星创天地”、江阴市鹏程农业科技发展有限公司创建的“江阴万珉源蔬菜产业创业联盟”被省科技厅认定为第一批“星创天地”。是年,培育和新建江阴市级“星创天地”5个,农村科技服务超市经济林果便利店2个,全市现代农业创新载体平台建设在全省同类城市中名列前茅。 (毛燕军)

科技创新型企业

【概况】 2017年,江阴市进一步强化企业创新主体地位,加大对科技创新企业的分类扶持力度,推进“高新技术企业培育计划”“科技‘小巨人’成长计划”“创新型领军企业培育计划”,切实将创新资源引到企业,研发机构建到企业,创新政策落到企业,科技服务覆盖到企业,不断提升企业自主创新能力。是年,获批省级以上各类科技型企业232个,其中被认定国家知识产权优势企业6个,省高新技术企业93个,民营科技企业133个。 (汤雯倩)

【高新技术企业累计330个】 2017年,江阴市全面启动高新技术企业培育库入库申报工作,江阴伟康纺织有限公司、江阴正邦化学品有限公司等49个企业成功申报培育入库高新技术企业。江苏双良锅炉有限公司、江苏方程电力科技有限公司等93个企业被省科技厅、财政厅、国税局、地税局认定为高新技术企业。全市累计拥有高新技术企业330个。江苏长电科技股份有限公司、法尔胜泓昇集团有限公司、江阴兴澄特种钢铁有限公司、江苏新扬子造船有限公司、远景能源(江苏)有限公司、双良节能系统股份有限公司、江苏兴业塑化股份有限公司7个企业入选江苏省百强创新型企业。江苏华宏科技股份有限公司申报的“第二代Y63型液压生活垃圾压缩机”、江阴市富仁高科股份有限公司申报的“尾气处理液(尿素)加注设备”等195种产品被认定为省高新技术产品。 (李海春)

2017年江阴市新增江苏省级高新技术企业一览表

表42

序号	企业名称	行业领域	企业类型	所在园区、街道、镇
1	江苏斯菲尔电气股份有限公司	新材料	股份有限公司(非上市)	高新区
2	江苏华西村海洋工程服务有限公司	新材料	有限责任公司	
3	江苏圣富利环境工程有限公司	先进制造与自动化	有限责任公司	
4	江阴精力汽车装备有限公司	新材料	有限责任公司	
5	江阴新顺微电子有限公司	资源与环境	股份有限公司	
6	江阴兴澄特种钢铁有限公司	新能源与节能	有限责任公司	
7	江苏长电科技股份有限公司	先进制造与自动化	有限责任公司	
8	江苏紫米电子技术有限公司	新能源与节能	股份有限公司(非上市)	
9	江阴德尔热能机械有限公司	新材料	有限责任公司	
10	江阴金缘锯业有限公司	新材料	有限责任公司	
11	江苏风和医疗器材股份有限公司	新材料	有限责任公司	
12	江阴万康医疗科技有限公司	新材料	有限责任公司	
13	江苏泽成生物技术有限公司	电子信息	股份有限公司(非上市)	
14	江阴市立信智能设备有限公司	新材料	有限责任公司	
15	无锡贝塔医药科技有限公司	新材料	股份有限公司(非上市)	
16	江阴市黄山船舶配件有限公司	新材料	中外合资企业	
17	江苏垦乐节能环保科技有限公司	新能源与节能	有限责任公司	
18	江苏中宏环保科技有限公司	新材料	有限责任公司	
19	江阴芯智联电子科技有限公司	电子信息	私营有限责任公司	
20	江苏普莱医药生物技术有限公司	新材料	股份有限公司	
21	江苏华西节能装备有限公司	新材料	有限责任公司	
22	江苏法尔胜光电科技有限公司	新材料	有限责任公司	

续表42

序号	企业名称	行业领域	企业类型	所在园区、街道、镇
23	江苏法尔胜缆索有限公司	新材料	股份有限公司	临港经济开发区
24	江苏双良锅炉有限公司	新材料	股份有限公司	
25	江苏优培德复合材料有限公司	新能源与节能	股份有限公司	
26	江苏远望神州软件有限公司	新能源与节能	有限责任公司	
27	江苏怡达化学股份有限公司	新材料	有限责任公司	
28	江阴利尔包装有限公司	新材料	有限责任公司	
29	江阴市荣新塑化有限公司	先进制造与自动化	有限责任公司	
30	江阴市天邦涂料股份有限公司	先进制造与自动化	有限责任公司	
31	江阴中达软塑新材料股份有限公司	新材料	股份有限公司(非上市)	
32	双良节能系统股份有限公司	新材料	有限责任公司	
33	江苏大东钢板有限公司	先进制造与自动化	有限责任公司	
34	江苏华兰药用新材料股份有限公司	新能源与节能	股份有限公司	
35	江苏晋德铁路器材有限公司	新能源与节能	有限责任公司	
36	江苏申牌万向轮有限公司	先进制造与自动化	有限责任公司	
37	江苏孚尔姆焊业股份有限公司	新材料	有限责任公司	
38	江阴市新盛医疗器材设备有限公司	新能源与节能	有限责任公司	
39	江阴三特空气处理设备有限公司	新材料	有限责任公司	
40	无锡法尔胜悦能动力有限公司	先进制造与自动化	有限责任公司	
41	中建材浚鑫科技股份有限公司	新能源与节能	股份有限公司	
42	中铁建电气化局集团康远新材料有限公司	先进制造与自动化	有限责任公司	靖江园区
43	江苏海陆科技股份有限公司	新材料	有限责任公司	澄江街道
44	江阴宝柏包装有限公司	生物与新医药	有限责任公司	
45	江苏方程电力科技有限公司	先进制造与自动化	私营有限责任公司	
46	江苏界达特异新材料股份有限公司	先进制造与自动化	有限责任公司	
47	江苏宝得换热设备有限公司	先进制造与自动化	有限责任公司	南闸街道
48	江阴市永欣印染机械有限公司	资源与环境	股份有限公司	
49	江阴市中强科技有限公司	先进制造与自动化	有限责任公司	
50	江苏吉鑫风能科技股份有限公司	新能源与节能	股份有限公司(上市)	云亭街道
51	江苏源能环境工程有限公司	资源与环境	有限责任公司	
52	江阴市长龄机械制造有限公司	先进制造与自动化	有限责任公司	
53	江阴祥瑞不锈钢精线有限公司	新材料	有限责任公司	
54	江苏宝利国际投资股份有限公司	新材料	股份有限公司	
55	江苏江凌测控科技股份有限公司	先进制造与自动化	股份有限公司	
56	江阴康瑞成型技术科技有限公司	新材料	有限责任公司	
57	江苏秋林特能装备股份有限公司	新材料	有限责任公司	月城镇
58	江苏必得科技股份有限公司	资源与环境	股份有限公司	

续表42

序号	企业名称	行业领域	企业类型	所在园区、街道、镇
59	江阴市辉龙电热电器有限公司	新材料	有限责任公司	青阳镇
60	江阴博衍机械设备有限公司	先进制造与自动化	有限责任公司	
61	无锡德贝尔光电材料有限公司	先进制造与自动化	有限责任公司	
62	江苏雪豹日化有限公司	先进制造与自动化	有限责任公司	徐霞客镇
63	江阴市海江高分子材料有限公司	新材料	有限责任公司	
64	江阴林格科技有限公司	新材料	有限责任公司	
65	江阴戎辉机械设备制造有限公司	新材料	有限责任公司	
66	江阴市亚龙换热设备有限公司	新材料	有限责任公司	
67	无锡翔龙环球科技股份有限公司	新材料	有限责任公司	华士镇
68	江苏胜达科技有限公司	先进制造与自动化	有限责任公司	
69	江阴宏凯塑胶有限公司	先进制造与自动化	股份有限公司	
70	江阴市华正金属科技有限公司	新材料	有限责任公司	
71	江苏和吉家居有限公司	先进制造与自动化	有限责任公司	
72	江阴苏阳电子股份有限公司	高技术服务	有限责任公司	
73	江苏华宏科技股份有限公司	先进制造与自动化	有限责任公司	周庄镇
74	江苏名阳高分子新材料有限公司	高技术服务	有限责任公司	
75	江阴市华方新技术科研有限公司	先进制造与自动化	有限责任公司	
76	江苏江顺精密机电设备有限公司	电子信息	有限责任公司	
77	江阴市江顺模具有限公司	新材料	有限责任公司	
78	江苏龙麒橡塑有限公司	电子信息	股份有限公司(上市)	
79	江苏倪家巷集团精毛纺织有限公司	高技术服务	有限责任公司	
80	江阴龙源石英制品有限公司	新能源与节能	股份有限公司	
81	江阴名旭模塑有限公司	新材料	有限责任公司	
82	江阴润源机械有限公司	电子信息	有限责任公司	
83	江阴市德赛环保设备有限公司	先进制造与自动化	有限责任公司	
84	江阴万事兴汽车部件股份有限公司	先进制造与自动化	有限责任公司	
85	江苏焱鑫科技股份有限公司	新材料	有限责任公司	新桥镇
86	江苏柯恒石化电力机械有限公司	新材料	有限责任公司	
87	江阴市明康绝缘玻纤有限公司	新材料	股份有限公司(非上市)	长泾镇
88	无锡亿恩科技股份有限公司	新能源与节能	有限责任公司	顾山镇
89	江阴沐祥节能装饰工程有限公司	生物与新医药	有限责任公司	
90	江苏友科太阳能科技有限公司	生物与新医药	有限责任公司	
91	江阴市力达印刷包装机械有限公司	先进制造与自动化	有限责任公司	
92	江苏恒泽复合材料科技有限公司	生物与新医药	有限责任公司	祝塘镇
93	江阴宏恒机电科技有限公司	生物与新医药	有限责任公司	

（李海春）

【新增省级农业科技型企业1个】 2017年,市科技局组织农业企业申报省级农业科技型企业。农业科技型企业是指在现代农业产业领域内,持续进行研究开发与技术成果转化,拥有企业核心自主知识产权,对提升现代农业特色产业水平和规模、促进当地农民增收具有较强示范和带动作用的企业。农业科技型企业具有较强技术创新能力,所采用的种、养、加技术和品种在同行业中具有较高的水平,有独立的研发机构或具有长期稳定合作的技术依托单位,研发投入不低于企业年销售收入的2%,具有大专以上学历的科技人员占企业职工总数的15%以上,从事技术创新、产品开发的科技人员占企业职工总数的5%以上,主要品牌产品具有自主知识产权,具有较大市场潜力,年销售收入为3000万元以上,经济效益良好。是年,江阴苏利化学股份有限公司被省科技厅认定为省级农业科技型企业,累计10个。

【科技信贷逾5亿元】 2017年,江阴市着力做强做大科技型中小微企业信贷风险补偿资金池贷款工作。是年,建立江苏省科技企业融资路演服务中心江阴分中心,确定中国农业银行江阴分行、江苏银行江阴支行、江苏江阴农村商业银行、中国银行江阴支行、南京银行江阴支行、建设银行江阴支行、宁波银行江阴支行等7个合作银行。年内,市科技局向合作银行推荐23批174个科技型中小微企业,合作银行发放科技贷款145笔5.72亿元,发放商业贷款逾4亿元,受益企业超150个。 (毛燕军)

科技成果

【概况】 2017年,江阴市企业获国家科学技术进步奖二等奖1项、国家技术发明奖二等奖1项;江苏省科学技术进步奖5项,其中一等奖1项、二等奖1项、三等奖3项;无锡市科技进步奖19项,其中二等奖5项、三等奖14项;有80项项目获江阴市科技进步奖,其中特等奖2项、一等奖10项、二等奖20项、三等奖48项。

【1项项目获国家科技进步奖二等奖】 2017年,江苏焱鑫科技股份有限公司完成的《提高轻油收率的深度延迟焦化技术》项目获国家科学技术进步二等奖。该项目突破国外最新技术管内反应停留时间不超过40秒的限制,形成低温长停留时间的提高轻油收率深度延迟焦化技术。该技术被中国石化总公司发专文推广并入选体现中国21世纪炼油技术水平、具有国际竞争力和中国独立知识产权的16项外推专有技术之一,在50余套延迟焦化装置上获成功应用,总加工规模超5500万吨/年,接近全国延迟焦化总规模的50%。

【1项项目获国家技术发明奖二等奖】 2017年,江苏向阳科技有限公司完成的《基于微流场反应技术的生物基无毒增塑剂及其衍生物连续绿色制造》项目获国家技术发明奖二等奖。该项目利用微流场反应技术,严格控制微尺度效应,提升传质热效率及反应速率,突破微流场多单元装备优化集成组合的技术难题,实现生产过程的精确控制,强化生产过程中的安全性能,有效解决传统工艺存在的产品质量差、成本高、工艺废水多等缺点,实现无毒生物增塑剂的绿色制造。

【1项项目获江苏省科技进步一等奖】 2017年,江阴华新钢缆有限公司与东南大学、江苏宝钢精密钢丝有限公司、盛利维尔(中国)新材料技术股份有限公司、南京信息工程大学合作完成的《超高强度钢丝制备技术研究及产业化》项目获江苏省科技进步一等奖。该项目研发的超高强度钢丝是大跨度桥梁、汽车、芯片加工等重要领域不可或缺的关键材料,其关键生产控制技术打破国外垄断。

【1项项目获江苏省科技进步二等奖】 2017年,法尔胜泓昇集团有限公司、江苏法尔胜光子有限公司及江苏法尔胜光电科技有限公司完成的《特种光纤系列产品集成创新及产业化》项目获江苏省科技进步二等奖。该项目针对材料领域的国家战略规划,集中力量攻克特种光纤制备关键共性技术,研制开发配套装备及工艺,开发出的系列化特种光纤产品替代进口或填补国际空白,并在传感、电力、医疗等领域规模化应用。

【5项项目获无锡市科学技术进步二等奖】 2017年,江阴兴澄特种钢铁有限公司完成的《风电用直径600毫米以上超大直径特殊钢连铸圆坯的技术开发及产业化》项目获二等奖。该项目根据风电用钢需要以及工况特点和性能要求,成功开发超大规格连铸圆坯产品,有效地解决模铸改锻能耗和效率的问题,提高产品质量,使坯料纯净度、纵向组织均匀性大大提升,质量优良率提至99.8%以上。江阴市友佳珠光云母有限公司完成的《新型高品质特种合成纳米级云母制品》项目获二等奖。该项目形成分段控制制备技术、多级筛选技术、除杂技术、回收工艺等系列创新工艺技术,全面掌握利于人工晶体合成云母制品技术,填补国内空白。制备的产品具有低氟、高纯净、高白度、高结晶、高绝缘、耐腐蚀、耐高温、绿色环保等优点,在中高档产品市场具有广阔的前景和良好的实用性、推广性。江苏星科精密模具有限公司完成的《高光镜面长寿命车灯用精密模具技术研究与运用》项目获二等奖,该项目采用超精研抛,延时破碎抛光技术,解决传统车灯用精密模具抛光效果差的技术难题,使得产品的光面效果得到增强,同时提高产品生产效率,延长模具生产寿命,较好地满足高端品牌汽车车灯的产品需求。江苏秋林特能装备股份有限公司完成的《水煤浆(燃烧浆)专用成套设备的研发与应用》项目获二等奖,该项目研发出将配料、磨矿、筛分、调浆、贮浆各制备工段,与信息化融为一体的成套专用制浆装备,充分运用价格低廉的动力煤、低阶煤制备出高浓度(燃料)水煤浆,满足工业炉清洁燃烧,对确保中国能源安全可持续发展,推动煤炭清洁综合利用技术进步具有十分重要的战略意义。江阴市创新气门嘴有限公司完成的《面向汽车安全的智能轮胎监测器的研发及产业化》项目获二等奖,该项目解决超低功耗传感器SOC集成、高精度数据采集转换、智能功耗管理、传感器一体化封装等关键技术,形成集成度高、监测灵敏、精度高、功耗低,可广泛用于各类车辆的安全职能轮胎监测产品。 (王黎君 周京利)

■类目编辑 成甦萍

教　育

综　述

【概况】 2017年,江阴市教育部门全面实施《江阴市域教育设施布局规划(2013—2030)》,不断推进城乡整体联动,持续扩充优质教育资源,全面改善学校办学条件,培育学生核心素养,提升素质教育水平。推进义务教育均衡发展,做好招生工作和新市民子女入学工作,探索义务教育质量监测工作,加强教学质量建设。推进省首批教育现代化示范区建设,制定《关于统筹推进城乡义务教育一体化促进优质均衡发展的实施意见》,促进义务教育优质均衡发展迈向更高水平。提升学生体育艺术和科技教育水平,举办江苏省“戏剧进校园”现场推进会、江阴市中小学生百灵鸟文艺展演等活动,组织学生参加国家、省、无锡市级科技创新比赛,获奖人数超550人次。启动建设教育基础数据库,实现数据采集、统计上报、分析审核、综合办公应用和决策支持一体化。优化教师队伍管理,制定教师队伍支持计划,改革职称评审政策,开展教师义工活动,全市登记注册的教师义工达11219人。推动城乡教师资源均衡发展,有25所义务教育学校的67名教师参与“三人一校三学科”(城乡学校结对,结对学校互派语文、数学、外语三门主要学科教师到对方学校挂职)结对交流活动,638名教师参加轮岗交流活动。是年,江阴市被江苏省政府评为促进义务教育均衡发展先进集体,教育现代化监测综合指标总得分91.32分,位居全省前列;教育普及度、公平度、质量度、开放度、保障度、统筹度、贡献度等关键指标分别为99.88%、93.66%、86.36%、90.02%、93.98%、78.09%、97.33%,在全省处于领先水平。至年末,全市有高等学校1所;普通高中12所;初中36所,包括6所公办九年一贯制学校(含天华艺校)、体育中学和特教中心;中等职业学校6所,公办小学41所;幼儿园(办班点)100所(个),其中民办幼儿园28所;特殊教育学校1所。各类学校在校学生212735人,教职员工16893人,其中专任教师14433人。（陆余平）

【教育经费投入】 2017年8月,江阴市财政局、教育局联合下发《关于提高教育经费保障标准的通知》,提高公用经费基准定额标准,小学每生每年由800元提高到900元,初中每生每年由1100元提高到1200元,学前教育学校每生每年由800元提高到900元(财政拨款不得低于每生每年450元),普通高中和职业高中公用经费标准保持不变,其中普通高中每生每年1500元,职业高中每生每年2100元;特殊教育学校生均公用经费按同级学校生均公用经费的10倍安排,公办学校中随班就读学生按特殊教育学校学生同等公用经费标准拨付;全市各级各类公办学校校舍维修改造资金定额标准由12元/平方米提高到15元/平方米;教师培训经费每年按教职工工资总额(含绩效工资)的1.7%纳入财政预算。是年,全市教育经费总支出42.54亿元,占公共财政预算支出比例达16.65%,其中公共财政教育经费37.84亿元。全市义务教育阶段公用经费拨款总额11953.43万元(含免除义务教育阶段学生学杂费2935.91万元),新市民学生经费由财政保障。适龄残疾儿童全员接受义务教育,实施残疾儿童15年免费教育。继续实行家庭经济困难学生减免和补助政策,义务教育阶段学生按小学每生每学期500元(低保家庭750元)、初中每生每学期625元(低保家庭1000元)标准发放生活补助,共计发放157.98万元,受助学生2544人次。高中阶段学生按每生每学期1000元标准发放教育费用补助,共计发放63.6万元,受助学生636人次。根据《江苏省关于扩大中等职业教育免学费政策范围进一步完善国家助学金制度的实施办法(试行)》等文件精神,免除中等职业学校学生学费2281.29万元,涉及学生10371人次,发放中等职业学校学生国家助学金189.9万元,涉及学生1899人次。根据江苏省财政厅、教育厅《关于做好免除普通高中建档立卡等家庭经济困难学生学杂费有关工作的通知》精神,免除普通高中家庭经济困难学生学杂费24.7万元,涉及学生296人。（谭　华）

【学校基本建设】 2017年,江阴市继续推进学校基本建设,列入市政府投资计划项目37项,其中2016年续建项目5项,2017年新建项目13项,启动2018年前期项目11项,征地拆迁项目2项,研究论证项目6项,总投资37.53亿元(含续建),总建筑面积61.85万平方米(含续建)。年内,完成建设项目10项,分别是:市澄江中心小学、江阴第一初级中学易地新建,江阴中等专业学校改扩建一期,市教师发展中心3号楼改造,市第二中学改扩建,江阴高级中学校舍消防隐患抢修,周庄职业高中食堂和操场改造,校车智能监控系统更新,江阴初级中学维修改造,江阴职业技术学院校舍道路维修改造(二期)的加固和室外消防道路工程等,完成投资10.47亿元。市春申幼儿园新建项目完成主体封顶。 (王时强)

【学生德育工作】 2017年,江阴市教育局结合文明城市创建,全力做好文明校园创建工作,江阴第一初级中学、市花园实验小学、江苏省南菁高级中学实验学校、市城中实验小学先后接受江苏省级和国家级现场检查。提升学生文明素养,开展"八礼四仪"(八礼:仪表之礼、仪式之礼、言谈之礼、待人之礼、行走之礼、观赏之礼、游览之礼、餐饮之礼;四仪:7岁入学仪式、10岁成长仪式、14岁青春仪式、18岁成人仪式)市级观摩活动,启动"我为文明江阴代言"仪式,开展文明仪式教育活动200余场,6所学校被评为文明创建先进集体。组织学生参加江苏省美德少年评比、无锡市小公民评比等活动,南菁高级中学学生徐阳被评为江苏省美德少年。举行"文明交通,从我做起"主题活动,发放10万份"文明交通倡议书"、1万册《江阴市民简明读本》。完善"五小"行动(光盘小行动、尊长小行动、整理小行动、守序小行动、遵时小行动)体系,组织全市中小学生学习《中小学生守则》和《中小学生一日常规》,开展文明班级、文明宿舍、文明学生、文明餐桌和学生文明素养评比。开展一校一咨询师工程、心理教师培训、心理课会课比赛等活动。实施中小学生品格提升工程,江阴高级中学的"'领跑者'青年发展联盟"、南闸实验学校的"九年一贯制层进式舒展社团体系构建"和城中实验小学的"小学'爱心联盟'行动计划"入选省中小学生品格提升工程重点项目。推进家长学校建设,评选出28所江阴市优秀家长学校,422名市级优秀家长,138名优秀家庭教育指导者。

2017年11月9日,顾山镇北涸中心小学组织学生开展消防逃生演练。图为演练现场 (黄惠刚 摄)

承办无锡市中小学家长学校建设研讨会、无锡市县区教育系统家长学校总校现场推进会,江阴市8所家长学校被评为无锡市级优秀家长学校,江阴市家庭教育经验成为教育部基教一司德育典型案例。编印《家校同心,助力成长》教学手册和优秀案例集,建设"家庭教育"APP数字资源,征集30个家庭教育情景剧、103个家庭教育微视频与课堂实录。"家庭教育"APP上刊登文章808篇,阅读量971469人次,发布视频954个,观看量125761人次。是年,市云亭中学被评为全国心理特色示范学校,市夏港实验小学被评为江苏省绿色学校,江阴高级中学《谁动了我的隐私》微电影获全国第四届"为了明天——关爱青少年彩虹行动"微电影大赛三等奖,江阴中等专业学校获无锡市大中专和技工院校学生法治知识竞赛一等奖。 (沈志荣)

【校园安全】 2017年,江阴市教育系统以平安校园创建为抓手,加强安全风险防控体系建设,创造良好的教育安全环境。年内,江阴市教育局强化安全教育、应急演练、学生安全员队伍建设、心理健康与生命教育、法制教育以及家庭教育质量提升等工作。开展食品、消防、校车、燃气、传染病防控等安全检查,每月开展一次主题安全活动,寒暑假全面开展安全家访并通过"家庭教育"APP对家长进行安全提醒与教育。做好学生公交专线开通等服务保障工作,有效缓解江阴第一初级中学搬迁带来的交通安全压力。江阴市财政投入800万元,对全市11个镇(街道)的15个校车分控室和172辆校车全面实施"物联网"项目升级改造,全面落实"全程录像,动态监控,定时查询,轨迹回放",为1.7万名乘车学生筑牢交通安全"防火墙",促进校车安全管理工作。是年,全市首次实现学生零溺水死亡。江苏省南菁高级中学实验学校、市周庄实验小学、市辅延中心幼儿园等22所学校被评为无锡市平安校园示范校,市教育局被无锡市消防安全委员会评为2017年消防宣传教育先进单位。

(徐建刚)

【教育国际交流与合作】 2017年,江阴市贯彻落实江苏省、无锡市关于加强中小学境外修学旅行活动管理的要求,进一步强化活动主题,加强资质审核,对各学校的修学旅行实行逐级上报、审批,推动全市中小学生境外修学旅行活动规范有序、健康安全开展。全市20所学校、幼儿园接收80余名外籍及中国香港、澳门、台湾地区学生就读。全市学校先后接待百余名境外师生、友人到访,有577名学生参加修学旅行,19人赴海外升学。江阴高级中学学生钱子嫣和江阴初级中学学生许望宸作为第三届无锡市"未来大使"赴丹麦拜瑟克伦城市联合体进行交流访问。至年末,全市有23所学校与

境外55所学校建立友好学校关系，定期开展师生互派互访和教育文化交流活动。（成　娟）

【开展"一师一优课、一课一名师"活动】 2017年，江阴市教育局根据教育部办公厅、江苏省教育厅办公室要求，组织全市中小学校教师参加2016—2017年度"一师一优课、一课一名师"活动，每名教师在国家"一师一优课、一课一名师"平台上传一节课的教学资源，各级教育主管部门对上传的教学资源进行优课评比。活动中，全市中小学教师共上传10504节课，其中获江阴市级优课303节、无锡市级优课586节、江苏省级优课107节、教育部级优课18节。同时，江阴市教师发展中心依托该活动中的优质资源，建设完成基于云盘的江阴教育资源共享平台，将各校教师的优秀教学设计、教学资源、课堂实录、评测练习等数字化资源进行汇聚，按照学段、学科、年段、章节进行整理、筛选，不断充实江阴区域教育资源库，实现全市优质数字化教学资源的可持续发展。（万增林）

【教育科研成果】 2017年，江阴市教育科研工作围绕办高品质教育主线，立足活动层次和成果的提升转化，在品质化建设上实现新的进展。4月，江苏省南菁高级中学承办江苏省教育科学优秀成果推介会，并在会上作全国教科研优秀成果推介。市教师局组织学校参加江苏省教学成果奖评比，江苏省南菁高级中学分别获特等奖和二等奖、市青阳中学获一等奖，市澄江中心小学、市城中实验小学、市云亭实验小学、市华士实验小学获二等奖。11月，市实验小学承担的全国教育科学"十二五"规划2017年度教育部重点课题"重构三年级：消缓学业成绩分化的儿童健康发展实证研究"高质量完成结题鉴定。12月，市教育局承担的省教育厅"基于测试分析的跟进式重大改革"项目通过中期评估。同月，在江苏省教育科学规划精品课题建设工作推进会上，江阴市被评为首批省精品课题建设实验区，并代表无锡市作精品课题实验区建设方案交流。（许建国）

基础教育

【概况】 2017年，江阴市教育局制定完善绿色质量评估体系，构建网络评价平台，引领学校内涵发展。对全市中小学、幼儿园的内涵建设进行全面评估，江苏省南菁高级中学、市实验小学、市实验幼儿园等30所学校被评为江阴市第一轮内涵发展示范学校（幼儿园）。继续推进学校内涵建设，制定《江阴市第二轮学校内涵发展行动计划指导意见（2017—2020）》，完成第二轮内涵发展行动计划的论证工作。促进艺术教师队伍建设，提高学校艺术教育普及水平和质量，健全艺术教育质量保障体系；组织实施义务教育学校标准化建设监测，整体提升学校办学水平。11月，市教育局和华东师范大学在华西实验学校举办"新时代、新农村、新教育"初中校长论坛，全国400名初中校长参加论坛。是年，江苏省南菁高级中学的"顾明远教育思想研究与实践"项目申报成为省基础教育前瞻性教学改革实验项目，江苏省南菁高级中学的微科技课程基地和市青阳中学的高中化学拓展性实验课程基地申报成为省课程基地，市云亭实验小学的"小学优势迁移心育特色文化建设"项目被评为省小学特色文化建设项目。（史建青）

学前教育　至2017年年末，全市有幼儿园（办班点）100所（个），省、市级优质幼儿园分别占全市幼儿园总数的62%和11%，3～6岁在园幼儿44843人，比2016年增加2411人，其中新市民子女12546人，江阴户籍适龄幼儿入园率100%。年内，修订《江阴市学前教育设施布局专项规划（2016—2020）》，落实第二期学前教育五年行动计划中的新建、改扩建幼儿园项目，完成32所省优质幼儿园复审工作，新建并启用江阴市北澗社区幼儿园（民办）、江阴徐霞客星光幼儿园（民办），新增学位655个。远望幼儿园、市北澗中心幼儿园赤岸分园、市阳光国际幼儿园（民办）通过江苏省优质幼儿园评估验收，市云亭中心幼儿园新伍分园通过无锡市优质幼儿园评估验收。整体推进江阴市级幼儿园课程游戏化项目建设，全市江苏省级、无锡市级和江阴市级课程游戏化项目分别有3项、2项和11项。开展民办幼儿园、幼儿看护点常规管理检查工作，根据市政府办公室《关于印发〈江阴市无证托幼机构规范整治工作实施方案〉的通知》，指导各镇（街道）开展无证托幼机构整治工作，会同市综治、公安、市场监管等部门开展联合督查。开展公益性早教指导服务，组织全市公办幼儿园免费开放资源，为0～3岁婴幼儿家长和看护人员提供公益性早教指导和体验，免费发放《早教指导服务手册》2万份。（赵　玫）

小学教育　至2017年年末，全市有公办小学41所，在校学生93926人，其中新市民学生42852人，小学入学率、巩固率、毕业率均保持100%，有35所省义务教育现代化学校。年内，贯彻落实《江苏省义务教育课程设置实验方案（2017年修订）》，做好低年段统编语文、道德与法治和新增科学学科新教材的培训实施工作，进一步修订完善4年级至6年级的语文、数学、英语考试纲要（试行稿）和各年级教材的教学要点（试行稿），开发并实施市级、校本学科拓展性课程。践行学为中心，构建"三力（学习有动力、课堂有活力、师生长能力）课堂"，研制并实施江阴市小学"三力"课堂教学评价表和小学"三力课堂"优质课标志性指标，各学科均开展市级"三力课堂"教学大比武及优课展示活动。开展各级各类教师研修活动，提升教师素养。（邵国凤）

中学教育　至2017年年末，全市有普通中学48所，其中公办普通高中12所（8所四星级高中，4所三星级高中），初中36所（不含体育中学和特殊教育中心校）；在校初中生40495人（含新市民学生13251人），高中生17368人（含新市民学生3632人）。初中生入学率、巩固率、毕业率分别为100%、100%、99.8%。参加江苏省2017年学业水平测试必修科目考试学生5751人，有4644人参加高考，录取4576人，录取率98.54%，其中本科录取率

92.98%,普通高中文理科类本一进线1939人,进线率45.90%,本二进线4142人,进线率98.06%。5月,组织实施普通高中自主招生工作和特长生自主招生工作,江苏省南菁高级中学和江阴高级中学分别自主招生91人和45人。

特殊教育 至2017年年末,全市有公办特殊教育学校1所,资源教室6个,在校学生239人,其中送教上门学生64人,专任教师62人。年内,江阴市贯彻落实国家、省、无锡市第二期特殊教育提升计划,加快完善以普通学校随班就读为主体、以特殊教育学校为骨干、以特教班和送教上门为补充的特殊教育发展格局,健全特殊教育专业支持保障体系,市特殊教育中心校的江苏省2017年特殊教育发展工程送教(康)上门项目申报成功。

(邵国凤 居张洪)

【体艺教育成果】 2017年,江阴市组织开展学生体质健康监测工作,小学生、初中生、高中生体质健康合格率分别为99.78%、99.11%和99.58%。中小学校参加各项体育艺术比赛,取得优异成绩。9月,在中国第十三届学生运动会上,江苏省南菁高级中学学生汪莉获女子100米跨栏、4×100米接力两个冠军,市第一中学学生陆伟一获男子100米短跑冠军,江阴高级中学男子足球队获中学组冠军。12月,举办2017年"澄怀闳美"江阴市中小学师生书画作品展,遴选出200件师生创作的精品在天华文化中心展览馆展出。年内,江阴第一初级中学的情景剧《爸爸的老白干》获省青少年弘扬社会主义核心价值观情景剧大赛初中组一等奖第一名,市花园实验小学的《课堂变奏曲》获江苏省校园情景剧二等奖,市新桥中心小学国际象棋队获江苏省第十一届少儿棋类比赛团体总冠军,市第一高级中学高中男子足球队、市第二中学高中女子足球队分别获2017年"省长杯"苏南片足球赛比赛男组、女组第一名,江阴初级中学和市实验小学的足球队分别获江苏省中小学生笼式足球比赛初中组、小学组第一名。

【传统文化进校园】 2017年,江阴市大力推进传统文化进校园活动,继续推进"锡剧进校园"活动,利用体育课、大课间、活动课组织学生开展武术学练活动,组建武术兴趣社团,组队参加无锡市、江苏省、全国以及国际性的青少年武术比赛。11月,在江苏省第十届中小学生武术锦标赛上,江阴高级中学等4所学校获集体项目一等奖,江苏省南菁高级中学等5所学校获集体项目二等奖。12月21日,江苏省委宣传部在江阴举办江苏省戏曲进校园工作推进会,在市实验小学、市利港实验小学举办现场观摩会,全市20个学校"小锡班"进行精品节目汇报展示。

2017年10月20日,江阴市第六届"学校小锡班"艺术展演在市文化馆艺术剧场举行。图为顾山实验小学小锡班学生在展演上演唱锡剧《江姐——绣红旗》选段 (俞仁标 摄)

【推进全国青少年校园足球试点工作】 2017年,江阴市继续做好全国青少年校园足球试点县(区)的有关工作,大力健全培训体系,组织开展校园足球和啦啦操教练员、裁判员业务培训,共计培训130人,完成校园足球教练员、裁判员等级资格培训50人次。开展各类青少年校园足球特色学校创建工作,分别有23所学校、7所学校、31所学校获评国家级、江苏省级和无锡市级青少年校园足球特色学校。7月,举办第二期江阴市中小学生校园足球夏令营,32所中小学582名学生参加为期21天的集中训练,聘请4名葡萄牙籍和11名国内具有C级以上资格的教练员进行足球基本知识、足球基本技术、战术和实战训练指导,提高其足球技术、战术等水平,树立基本的战术训练思想。12月,在中国无锡青少年啦啦操精英赛上,全市37所中小学参加38项比赛,获18个团体冠军和8个团体亚军。年内,市教育局举办江阴市第三届"吉鑫杯"中小学生校园足球联赛,有109支中小学球队参加,进行484场比赛,市第一中学男子足球队和市第二中学女子足球队分别获高中男、女组比赛冠军,市第一初级中学男子足球队和月城中学女子足球队分别获初中男、女组比赛冠军,市实验小学男子足球队和夏港实验学校女子足球队分别获小学(甲组)男、女组比赛冠军,市实验小学男子足球队和周庄中心小学女子足球队分别获小学(乙组)男、女组比赛冠军。

(史建青)

职业教育

【概况】 2017年,江阴市职业教育大力推进内涵发展战略,加强学校基本建设和师资队伍培养,现代职教体系不断完善。全市职业学校招生3600人,外地高职和部省属中专招生930人,对外培训3.9万人次。毕业学生3034人,98%拥有学历毕业证书和中级技能等级证书,一次性就业率99%,专业对口就业率达85%。有482人参加江苏省普通高校对口单独招生考试,录取率100%,其中本科进线305人,进线率63.3%。江阴中等专业学校、市华姿中等专业学校和市南华中等专业学校分别与江阴职业技术学院、南京信息职业技术学院等4所高职院校联合开展"3+3"分段培养试点工作,分段培养项目14项,招生530人。江阴中等专业学校被认定为第二批江苏省职业学校智慧校园,学校的计算机信息管理专业被评为无锡市职业教育现代化品牌专业,中职计算机应用专业群被认定为江苏省中等职业教育现代化专业群,市华姿中等专业学校的果蔬花卉生产技术专业等3个专业被评为无锡市职业教育现代化特色专业。至年末,全市有中等职业学校7所,专任教师1007人,其中高级及以上职业资格证书教师358人,"双师型"(拥有教师职称和中级以上技术职称)教师415人,在校学生13153人。全市中等职业学校新增实验实训设备价值555万元,总值达1.07亿元。中等职业教育有江苏省示范专业12个,无锡市示范专业12个,有计算机应用与软件技术、数控技术2个国家级紧缺型人才培训基地,有省级实训基地4个、校外实训基地227个。

【现代职教体系建设】 2017年,江阴市深化现代职教体系建设,设立"3+3"分段培养项目14项,比2016年增加8项,招生530人,增加300人;设立"3+4"分段培养项目2项,招生65人。发展国际合作办学,设立国际合作办学项目4项,分别是:江阴中等专业学校与新加坡PSB学院合作的中专会计和商务英语专业、中船澄西技工学校与德国手工业行会合作的数控专业、中船澄西技工学校与德国阿贝特公司合作的高级蓝领班。加强现代学徒制人才培养,各中等职业学校与江阴职业技术学院开展合作,在暑期招生中新开设现代学徒制试点班18个,招生645人。年内,江阴中等专业学校首批105名中职与普通本科分段培养试点学生参加高校自主命题转段升学考试,68名计算机应用专业学生全部通过南京信息工程大学考核并被录取,录取率100%,36名电子与信息技术专业学生通过常州工学院考核并被录取,录取率97%。江阴中等专业学校与远望神州软件有限公司合作的软件与信息服务、与江阴国际大酒店合作的烹饪项目被评为无锡市现代学徒制重点项目。

【职教集团建设】 2017年9月,江阴市职业教育联盟在江阴职业技术学院成立。联盟以江阴职业技术学院为牵头院校,负责成员单位召集、人才培养方案制订、师资交流培训等工作,全市7所中等职业学校及学校紧密合作企业等为成员单位,其中中等职业学校负责配合完成人才培养方案制订、教学计划落实执行等工作,相关行业企业负责完成市场需求信息反馈、实习实训场所保障等工作。年内,联盟完成机构组建、人才培养方案调整、校企合作交流座谈等工作。至年末,各学校建立技能大师工作室4个、名师工作室16个,培育校企合作示范组合6个。

【参加各类比赛】 2017年,江阴市各职业学校积极参加各级组织的比赛和评比,并取得良好成绩。4月,参加江苏省中等职业学校文明风采大赛,获一等奖28个,二等奖13个。5月,参加江苏省职业学校教学大赛,获得二等奖2个,三等奖1个。6月,参加全国职业院校技能大赛,江阴中等专业学校计算机工程系学生谢雯钰获数字影视后期制作技术项目比赛金牌。8月,在"感动江苏教育人物——2017最美职教教师"评选中,南华中等专业学校教师吴长海获提名奖。12月,参加江苏省职业学校技能大赛,获一等奖8个、二等奖10个、三等奖19个。　(王金海)

社会教育

【概况】 2017年,江阴市社会教育继续完善社区教育三级网络,社区居民全年参加各类教育培训活动的总人次达到常住人口的60%以上。开展多层次、多形式培训活动,全年培训1037271人次,其中青少年校外教育培训98208人次,现代农民培训(农村劳动力转移培训)206380人次,从业人员继续教育(含下岗失业人员培训、新市民、外来务工人员培训)285592人次,老年教育培训99691人次,快乐生活闲暇教育347400人次。年内,加强社区教育内涵建设,开展社区教育微课程和特色品牌项目评选活动;临港街道挖掘市非物质文化遗产《茶花担舞》,制作的配套微课程被评为江苏省优秀品牌项目,临港成人教育中心校的三鲜养殖基地获评全国农村成人教育(社区教育)特色品牌和新型职业农民培训基地;周庄镇成人教育中心两门微课程获第三届NERC杯全国社区教育优秀微课程评选三等奖,并在国家开放大学学习网上进行5分钟课程展播,中心主持的江阴市雪峰农业产学研基地被评为江苏省教育服务"三农"高水平示范基地,中心辅导总站被评为江苏省校外教育工作示范辅导站,"三位一体"(村、校、站)辅导总站建设被中国成人教育协会评为终身学习品牌项目。12月,璜土成人教育中心挂牌成立江阴开放大学璜土学习中心,该中心围绕终身教育和学习型社会建设目标,推进成人高等学历教育和社会教育,积极积累办学经验,为其他镇和街道学习中心提供可借鉴的模板。

【江阴市终身学习网优化】 2017年,江阴市教育局继续优化终身学习网,提升市民终身学习的参与率。年内,举办社区教育工作者职业能力提升及微课制作培训班和微课制作—摄影技巧培训班,组织开发全市社区教育特色课程(微课程),13个镇(街道)开发微课25件,评出一等奖3个,二等奖9个,三等奖12个。在全市范围内开展社区教育品牌特色项目的征集,收到社区教育特色品牌项目12项,认定7项为江阴市特色项目。至年末,网站累计登录人数超20万人,访问学习量超84万人次,上线各类视频课程4466个,比2016年年末增加361个。

【澄江街道成教中心校被评为全国城乡社区教育特色学校】 2015年起,澄江街道成人教育中心校积极提升社区教育工作者专业水平,以全国实验项目"促进社区教育教师专业发展的实验"和省级课题"社区教育工作者专业化发展研究"为推动,摸索出促进社区教育工作者专业发展的路径和方法,持续推出社区教育工作者专业化职业能力培训课程体系,引领社区教育不断拓展。强化终身学习,组织学校10余名教师和街道26个社区、9个行政村及相关企业的50余名社区教育工作者成立社区教育专职教师队伍,组织300余名兼职教师及500余名“五老”(离退休老干部、老战士、老教授、老专家、老模范)志愿者组成澄江街道社区教育工作者队伍,开展各种教育培训辅导和主题活动,举办娱乐活动节、特色活动周、读书会、市民讲堂等。2017年11月,澄江街道成人教育中心校被中国成人教育协会农村成人教育专业委员会、教育部社区教育研究中心评为全国首批城乡社区教育特色学校。

(陆文勤)

【民办教育】 2017年,江阴市教育局开展民办教育和社会培训机构年检工作,年检结果在全市范围内通报。根据无锡市教育局要求,对江阴市民办教育培训市场开展专项整治。审批设立江阴徐霞客星光幼儿园、江阴东方剑桥长江幼儿园2所民办幼儿园,新增江阴市邦德教育培训中心、江阴市梦成教育培训中心两所民办教育培训机构,注销江阴市苏南人力资源开发培训服务中心办学资格。至年末,全市有民办教育和社会培训机构100所,其中民办中小学1所,民办幼儿园28所,民办非学历教育培训机构39所,民办非学历教育培训备案单位32所。

(沈菊萍)

高等教育

【概况】 2017年,江阴市有普通高校1所,即江阴职业技术学院,全年招收全日制大专生1031人,其中江苏省招生772人,跨省招生259人,面向中职招收398人;毕业1575人,119人获得学士学位证书;招收成人教育学历学生1942人,其中远程教育499人,联办本专科215人,业余大专1228人,学院有成人高等学历在校学生5323人。年内,学院举办各类培训20批次、学术讲座165场次、非学历教育培训6520人,组织各类社会化考试1.32万人。新增影视多媒体技术专业,停招汽车运用技术专业。开展江苏省高水平骨干校及高水平骨干专业申报工作,电气自动化技术、服装工艺与设计、计算机网络技术专业申报成为省高水平骨干专业。立项的江苏省教改重点课题“校企互嵌式人才培养模式的研究与实践”、一般课题“‘以单位工程贯穿专业实践教学’——高职建筑工程技术专业实践教学体系创新研究与应用”完成结题工作。结合精品课程资源建设,逐步提升优秀教学设计、信息化课堂教学、微课竞赛建设水平,学院教师江磊在第二届全国高职院校体育教学技能比赛中获综合技能一等奖、教学设计二等奖,教师徐亚丹、殷晓燕分别在省数学和思想政治教学技能竞赛中获专科组三等奖,赵坊芳、曹宝飞等5名教师在省信息化大赛中获得二等奖2项、三等奖2项,完成院级课程资源建设项目16项,立项建设30余项。组织参加各级各类学生技能竞赛,获中国工程机器人大赛高职组特等奖(季军)和一等奖各1项,获省技能大赛二等奖2项、三等奖12项,艺术系视觉传达设计专业学生邱俊康的毕业设计作品《创意猩球》获第14届中国大学生广告艺术节学院奖银奖。学院田径队在全国大学生田径锦标赛上获女子100米短跑冠军、200米短跑第三名,男女足球队分别获江苏省高校部乙组足球比赛冠军和亚军,舞龙队在第八届江苏省大学生龙狮精英赛中获得男子组自选套路第二名、男子组全能铜奖。至年末,学院设7个系37个专业,有全日制在校生3746人,教职员工489人。

【师资队伍建设】 2017年,学院坚持“优化结构、稳定骨干、造就名师”方针,强化教师职业意识,提高自律要求。全年选派参加各级各类培训650余人次,培训经费150余万元,有39人参加江苏省培训项目,180人赴武汉大学研修,100人赴浙江大学研修,8人参加新教师岗前培训。是年,学院机电系外聘教师谭佃龙被评为江苏省第五批产业教授,管理系教师赵爱民被选为2017年度省“青蓝工程”优秀青年骨干教师培养对象。至年末,学院有专任教师358人,其中副教授以上高级职称教师166人,博士6人,骨干教师184人,同时具备理论教学素质和实践教学素质的“双师型”教师261人。

【科研开发和产学研合作】 2017年,学院申报23项省级以上课题,有19项被批准立项,其中获批全国学校共青团研究重点课题1项、江苏省教育“十三五”规划课题2项、江苏省教育系统党建课题1项、江苏高校哲学社会科学重大项目15项。加强科技服务横向联合,开展政府与企业等区域性技术合作,推动科技成果的产业化和市场化进程,全年申报专利32项,其中发明专利9项、实用新型专利16项、软件著作权6项、作品登记1项;授权专利35项,其中授权发明专利11项、实用新型专利19项、软件著作权5项、作品登记1项,有1项发明专利获江苏省优质专利嘉奖。推进政产学研一体化进程,深化产学研基地建设,密切学院与政府、企业间的联系与合作,横向项目签约经费20.92万元,到账经费26.42万元。围绕品牌专业建设与发展规划,加强科研团队建设,涌现出一批较高质量的科研成果,在全国教育类核心期刊上发表论文2篇,获高等教育科学研究优秀成果奖三等奖1项,获第九届“行知杯”优秀论文一等奖2篇、二等奖1篇;在全国高职院校学报评比中,《江阴高职研究》获内刊组第一名,被评为全国高职院校学报优秀内刊。

(张新华)

■类目编辑 承 鸿

文化建设

文化事业

·公共文化服务·

【概况】 2017年,江阴市文艺工作者认真学习中共十八大和十九大精神,以创建全国文明城市为契机,围绕服务市委、市政府中心工作,服务人民群众文化需求,为建设经济强、百姓富、环境美、社会文明程度高的新江阴营造良好的文化氛围。年内,全市建成133个村(社区)综合文化服务中心。做好100个全民阅读公益点的后续管理和有效利用工作,"三味书咖"城市阅读联盟点增至9个。举办第二十一届"书香江阴"读书节,江阴市被评为江苏省首届书香城市建设示范市。大力实施文化惠民工程,开展文化下乡活动,全年送演出下乡85场,送电影下乡放映2940场,送书下乡2.33万册,为农民工专场演出15场、放电影50场,为消防大队放电影144场,锡剧进校园演出50场。举办各类展览37场。还在暨阳大讲坛举行文化讲座10余场。"2014—2016年度无锡市特色文化之乡、特色文化团队、特色文化家庭、特色文化标兵、特色文化广场"评比于2017年揭晓,江阴获59项特色称号。文化市场监管展现新局面,"扫黄打非"力度进一步加大,取缔黑网吧39个、无证歌厅28个、无证出版物经营单位30个,停业整顿剧院1座,行政处罚立案22件,确保文化市场依法经营、文明服务。是年5月,市文广新局文化市场综合执法大队转入市场监管局,负责全市文化市场管理工作。

【江阴获评江苏省首届书香城市建设示范市】 2017年,江阴市紧紧围绕构建现代公共文化服务体系的定位,将"书香江阴"建设作为打造文化强市、助力全国文明城市创建的重要载体,不断完善阅读设施,广泛开展阅读活动,努力培育阅读文化,打响"123"读书工程、"书香江阴"读书节、"香山书屋"公益阅读、"三味书咖"城市阅读联盟、漂流书箱等一大批的特色阅读品牌,构建全民阅读的服务网络,开创公益阅读的江阴模式,进一步提高了市民文明素质,提升了城市文化品质。是年,经省政府考核,江阴市被评为江苏省首届书香城市建设示范市。11月26—28日,江苏省新闻出版广电局在江阴市召开全省书香城市建设推进会。参会人员有江苏省全民阅读办公室主任、省新闻出版广电局领导、省全民阅读活动领导小组部分成员单位联络员、各市(区、县)全民阅读办主任和职能部门负责人等,共130余人。

【市图书馆驻江阴部队分馆启用】 2017年7月28日,63680部队和江阴市图书馆共同建设的驻江阴部队图书分馆——江阴市图书馆远望分馆正式启用。这是市图书馆在部队建设的首个24小时开放的自助式图书馆,也是军地双方加强文化共建共育的一项新举措。该馆有1万余册图书,还有自助办证机、自助借阅机、电子报刊阅读机、电子书刊借阅机等现代化设施。63680部队政委庄晏和无锡市委常委、江阴市委书记陈金虎等领导参加图书馆启用仪式。

【市图书馆承办阅读推广基础工作专题培训班】 2017年10月16—20日,由中国图书馆学会主办,江阴市图书馆承办的2017年"阅读推广人"培育行动——阅读推广基础工作专题培训班在江阴举行。培训班开学典礼由江苏省图书馆学会常务副理事长、南京图书馆副馆长全勤主持。中国图书馆学会副理事长吴建中等出席开学典礼。来自全国各级各类图书馆的220余名工作人员参加培训。这期培训以如何把好书、新书推广到基层广大群众手中为主题,努力把读书培育成一种生活方式。参培人员通过听取江阴市开展"123"读书工程、举办"书香江阴"读书节和组织送书下乡等阅读推广活动的经验介绍,参观江阴市、镇、村级图书馆(室)以及农家书屋、香山书屋等好书、新书推广场所,深深感到江阴开展的阅读推广基础工作接地气、有活力、受欢迎。在培训班上,中国图书馆学会授予江阴市图书馆"'阅读推广人'培育项目实践基地"称号。

【"放歌'十三五',建设新江阴"新春歌会】 2017年1月16日,我的名字叫江阴——江阴市"放歌'十三五',建设新江阴"新春歌会在市体育馆举行。各镇(街道、开发区)市级机关、学校等部门和单位组织的22支歌咏方队近3000人,用整齐洪亮、激情昂扬的歌声唱响"江阴精神”，抒发时代豪情，为建设“强富美高”*新江阴凝聚精神和力量。整台歌会分为“红”“绿”“蓝”“金”四个篇章，从不同的角度歌颂江阴，用豪迈的激情展望未来。歌咏队员先后演唱了《没有共产党就没有新中国》《我们的生活充满阳光》《芙蓉花在笑》《我们的价值观》《闪亮的日子》等歌曲，表达了青年一代对家乡的深厚情感和对“江阴精神”的深刻领悟，展现了江阴人民敢为人先、勇立潮头、勇争一流的气概。

【纪念徐霞客诞辰430周年系列文化活动】 2017年5月，江阴市举行纪念徐霞客诞辰430周年活动，组织演出大型锡剧《徐霞客》和以“霞客之路”为主题的民族音乐会，还举办了以“江山揽胜”为主题的书法精品展。该展汇集了100余幅书法精品，包括著名书法家沈鹏捐赠给南菁中学的部分作品和他的书法23条屏《徐霞客歌》，还有沈鹏书法精英班同门咏叹徐霞客的书法精品。参与纪念活动的有4000余人。

【“江阴好”专场文艺演出】 2017年9月22日，江阴发展大会暨2017年经贸洽谈会在江阴大剧院开幕。大会期间，市文广新局组织专场文艺演出“江阴好”。演出突出“乡音·乡情·乡愁”的内涵，以具有江阴地方特色的艺术形式，勾勒江阴历史和现实形象，表达对家乡的思念和眷恋之情，激发广大观众投身家乡建设的炽热情怀。来自海内外的700多位教育界、科技界、文化界、商业界等领域的知名人士，以及为江阴经济社会发展作出突出贡献的友人和客商应邀观看。参加观摩演出的还有来自各镇(街道、开发区)和学校的干部群众。

(张晓琳　邵振良)

【原创中篇评弹《徐霞客》首演】 2017年4月28日，市评弹团在百乐城书场首演原创中篇评弹《徐霞客》。这是市戏剧曲艺家协会副主席、评弹团团长陈希伯和江阴曲艺工作者为纪念一代游圣徐霞客诞辰430周年共同创作的一台优秀节目。中篇评弹《徐霞客》共分三回，分别为《澄江》《金沙江》《丽江》。作品讲述徐霞客克服千难万险探寻长江源头等精彩故事，展现徐霞客一生爱山、爱水、爱自然的高尚情怀。演出受到了观众的好评。

【“重走霞客路”江阴艺术家写生采风作品展】 2017年5月19日，由市委宣传部、市文广新局和市文联联合主办的“重走霞客路”江阴艺术家写生采风作品展在市展览馆开展。4月6日，市委宣传部和市文联组织当地20位画家成立采风团，开展“重走霞客路”写生采风活动，创作了一批优秀作品。此次展出他们的作品近80幅，有国画、油画、水彩画等门类，展现了他们学习和发扬霞客精神，深入自然、深入生活、深入群众的壮举和创作技巧。

【举办各类文艺展览37场】 2017年，江阴市先后举办各类文艺展览37场。其中在市展览馆举行大型书画展30场，在江阴文化画廊布展7期。主要有：市文联主办，市美术家协会、油画协会、市书画院联合承办的江阴市新春油画展，展出新作品近80幅；江南墨缘——2017年苏南六市区书画院作品联展，展出国画、油画、水彩画、书法共111幅；“美丽中国·画说江阴”全国名家画名城写生作品展，展出全国知名画家创作的65幅描绘江阴美景的作品；“江上风骨”油画展，展出江阴市徐剑鹏、徐昌安、刘鸿兴、陶建荣四位画家创作的油画130幅；首届江阴市水彩(粉)画作品展，展出江阴美术工作者精选作品70余幅；“重走霞客路”江阴艺术家写生采风作品展，展出江阴采风团创作的国画、油画、水彩画共80幅；江阴·昆山书法联展，展出两市书法协会会员创作的书法精品83幅；江阴市首届妇女书法临创作品展，展出当地女性书家的书法作品70余幅；首届“吕斯百”江阴美术大展，展出国画、油画、水彩(粉)画、漫画、雕塑89幅(件)；江阴市中小学教师美术书法作品展，展出绘画、书法作品近200幅。

【市首届妇女书法临创作品展】 2017年11月12日，由市文联、市妇联主办，市书法家协会妇女工作委员会承办的“书香墨韵·相约金秋——江阴市首届妇女书法临创作品展”在市展览馆开展。这次书展收录全市30余位女性书法家的70余幅作品，有篆、隶、楷、行、草等多种书体。展示江阴妇女书法临摹与创作的优秀成果。　(陈　佳)

·江阴日报·

【概况】 2017年，江阴日报社(以下简称“报社”)围绕市委、市政府的工作重点，以创建全国文明城市为抓手，整合报社各类媒体资源，为全力建设“强富美高”*新江阴提供有力的舆论支持。通过整合全媒体资源，打好新闻报道“组合拳”，全力配合江阴市“两会”、全市弘扬“江阴精神”做强实体经济暨人才强企大会、集成改革创新大会、纪念徐霞客诞辰430周年等一系列重要会议和重大时政活动，做好宣传报道。《江阴日报》在头版开设“深入开展‘两学一做’，推进全面从严治党”“开启城乡建设新征程，合力共建美丽宜居城”“学习贯彻十九大精神，谱写江阴实践崭新篇章”“深化集成改革，提升基层治理现代化水平”“迈进新时代，创建再出发”“拥抱新时代，推动新发展”等重点专栏。同时，报社积极承担对外宣传江阴形象的重任，在《新华日报》《扬子晚报》《江苏经济报》《无锡日报》等纸媒以及人民网、新华网、东方网、中国江苏网等新媒体发表外宣稿100余篇。《江阴日报》的作品不断创新创优，年内有65件作品荣获各级优秀新闻奖。获江苏省级报纸优秀作品奖5件，其中一等奖1件、二等奖1件、三等奖3件；获无锡市报纸优秀作品奖23件，其中采写(编辑)一等奖2件、二等奖7件；获中国县市区域报新闻奖18件，其中一等奖6件、二等奖6件；获江苏省县市报新闻奖共9件，其中一等奖1件。此外，获无锡日报报业集团新闻论文奖作品7件，其中二等奖3件。全年经营总收入按文资办考核口径实现3024.86万元，比2016年下降0.04%。

【宣传报道中共十九大精神】 2017年是中共十九大召开之年，报社围绕会前会中会后精心策划，导向鲜明营造氛围。会前推出全媒体特别报道《砥砺奋进的5年》，聚焦中共十八大以来全市镇、街道和工业园区的辉煌成就；会议期间，及时报道大会盛况和江阴代表在北京参会的实况;会后,推出"学习贯彻十九大精神"重点专栏,报道全市上下深入学习贯彻十九大精神的新气象;还策划推出"新时代、新气象、新作为"全媒体大型主题采访活动,聚焦新时代的江阴实践。

【重点专题报道】 2017 年是江阴市首个股票上市 20 周年,报社除了在《今日澄商》每周一期推出上市企业主题报道外,还重点策划推出一组系列报道"探寻'江阴板块'20 年常青的奥秘",在头版显著位置刊发,回顾和总结江阴资本市场 20 周年来的发展历程,重点描绘"江阴板块"多年来发展取得的成绩。这组报道发表后,被国内众多主流媒体转发。是年,江阴市被列为全省集成改革试点。报社接到市委办部署的调研报道任务后,第一时间组建报道班子,推出一组"写在江阴市集成改革试点全面启动之际"的深度报道,被众多国内主流媒体摘要转发;为配合集成改革深入推进,又推出一组 4 篇的"江阴致力集成改革、创新治理体系"深度解读。徐霞客诞辰 430 周年之际,报社在 5 月 19 日"中国旅游日"前后,围绕举行纪念徐霞客诞辰 430 周年系列活动,采写一系列有关旅游节各项活动的报道,还重点策划推出了包括新闻主题版、主题副刊等 7 个专版,为旅游节营造良好的舆论氛围。9 月 21—23 日,江阴市举行发展大会。报社配合这次大会,组织全媒体采访报道组,精心策划推出大型全媒体主题报道:大会召开前,推出 5 篇回顾撤县建市 30 年、开启"强富美高"新篇章的系列报道;在头版开设 23 期"图说江阴"专栏,以短文加图表的形式,展示江阴 30 年来各个领域的发展成就,并在"秀江阴"微信公众号同步推送;在二版推出《天南海北江阴人》栏目,采写编发 22 位江阴籍知名人士的通讯报道;9 月 21 日推出"相聚江阴,同筑梦想"8 个版特刊,图文并茂地展示江阴撤县建市 30 年来取得的成就;发展大会期间,《江阴日报》还推出"江阴好!风景旧曾谙——各方嘉宾话江阴诉衷肠"两期专版;"秀江阴"推出"江阴发展大会"专栏,直播大会开幕式,发布动态消息、嘉宾寄语、天南海北江阴人等报道 50 余篇。

【报社新址改建完成】 报社新址位于滨江中路 209 号,于 2016 年 7 月 8 日正式动工改建,2017 年 9 月 30 日工程完工。工程建筑面积为 10985 平方米,占地面积 10000 平方米。工程总投资 2300 万元。建筑安装工程费为 1737 万元,其中包含装修、装饰、消防、智能化及监控等;设备、工器具购置费 151 万元,包含空调、办公家具、档案设施和电梯维护;其他费用 358 万元,包含搬迁费用、高压配电扩容、二次供水设备、各项工程配套费等。为适应报社新闻融媒体化的发展战略,报社新址改建重点进行了新闻采编系统的升级改造,将以服务平面报纸为主的采编系统更新升级为全媒体新闻采编系统,以适应新闻采编平台与"秀江阴"微信公众号和江阴网等多媒体实时联动、即时发布更新的需求。与采编系统更新配合,报社还更新升级了网络安全系统和无线上网系统。

【"手语操"传播社会主义核心价值观】 2017 年 7 月,报社组织江阴市南菁初级中学的学生以演示"手语操"的方式,用动图分解了社会主义核心价值观 24 字的手语,于 7 月 17 日搬上"文明江阴"微信公众号,当日即被中国文明网迅速在首页转发。7 月 18 日,"中国文明网"微信公众号发布《快来学!指尖上的社会主义核心价值观》一文。24 字的社会主义核心价值观手语操进一步深入地在全国范围广泛传播推广,掀起了一股新的学习热潮。

【评选推介最美江阴诗词】 2017 年 10 月 30 日,报社作为承办单位,启动评选推介最美江阴诗词活动,由市诗词协会初选出的 32 首吟诵江阴的诗词作品,通过《江阴日报》、江阴网、"秀江阴"微信公众号、"文明江阴"微信公众号、"女神 Gogoo"微信公众号同步发布,按得票数多少评出最美江阴诗词。第一轮评出 16 首,第二轮评出 10 首,第三轮评出 3 首。这项评选活动受到市民广泛关注和踊跃投票。至 12 月 24 日,三轮投票评选 4.4 万余人次参与投票,投票页面访问量近 50 万次。最终票选结果为:《题小香山梅花堂诗》(明·徐宏祖)、《双红豆》(刘大白)、《江阴好(忆江南)》(胡山源)分列前三名。"秀江阴"在第三轮决赛环节还推出最美江阴诗词"朗读者"版本,特邀 5 位教师以他们的深情演绎,牵动市民心中的乡愁,访问量超过 20 万次,近 2 万人次参与投票,得票排名前 6 位的诗词票数均在 3500 票以上。评选结束后,报社又对票选诗词开展书写、吟诵等多种形式的推介活动。

【迎新年音乐会成功举办】 2017 年 12 月 30 日晚,由江阴日报社主办的"国之瑰宝"大型民族管弦音乐会在

2017 年 12 月 28 日,江阴日报社承办最美江阴诗词朗诵会

(江阴日报社提供)

江阴大剧院成功举行,由国家级专业民族管弦乐团——中国歌剧舞剧院民族乐团献演。这次音乐会前排的座位留给200余名特殊观众,他们是经市文明办组织推选的全国文明城市创建先进单位代表和江阴市道德模范、江阴好人代表。(张东平)

·广播电视·

【概况】 2017年,江阴广播电视集团(以下简称"集团")全面深化改革,全力推动融合发展;坚持正确舆论导向,新闻宣传有力有序;坚持融合创新,内容生产得到加强;坚持模式转变,融合营销探出新路;坚持保障有力,技术支撑得到强化。年内除办好本地广播电视节目外,还向无锡市以上主流媒体提供电视新闻700余篇(条),其中被央视"新闻联播"用稿9篇,江苏电视台主要栏目用稿62篇;中央人民广播电台主要栏目用稿6篇,江苏电台用稿202篇,用稿量在全省同级台位居前列,圆满完成市委、市政府下达的新闻宣传任务,为建设"强富美高"新江阴和江阴继续当好全国县域发展的排头兵提供了有力的舆论支持。全年新闻宣传和节目生产获各级奖项近40项,技术事业建设获各级各类奖项5项,党建群团工作获各级各类奖项16项。广电事业发展保持了平稳有序的健康态势。

【新闻舆论正确导向】 2017年,集团坚持"党媒姓党、导向第一"的政治原则,聚精会神抓好新闻宣传主业,全力以赴确保正确舆论导向。新闻宣传形成各平台相互支撑、内外宣传相互呼应的立体式舆论引导格局,牢牢占领江阴新闻舆论主阵地。日常新闻宣传紧紧围绕市委、市政府中心工作和全市改革发展大局,注重从政治和全局高度把握宣传主题,主打栏目《江阴新闻》《江广新闻》和微信公众号"江阴发布"同步实施,相继推出《做强实体经济·江阴路径新观察》《江阴板块20年》《撤县建市》《精彩30年》《聚焦江阴集成改革试点工作》《砥砺奋进的五年》《学习贯彻十九大精神,谱写江阴实践崭新篇章》等系列报道,共500余篇针对性强、影响力大的新闻作品,全面反映江阴市推进"强富美高"新江阴建设的生动实践、成功经验和先进典型;为推进全国文明城市创建,还开办"创建曝光台"等专栏。创新新闻报道手段,重大新闻事件、重要民生新闻APP和微信直播成为常态,运用新技术打造一批老百姓喜闻乐见的融媒体新闻产品。

【重大活动宣传】 2017年,集团结合徐霞客诞辰430周年系列纪念活动、首个股票上市20周年座谈会、江阴发展大会、撤县建市30周年成就展等一系列重大活动,以融媒体宣传和全媒体直播为特色,打造了一系列令受众耳目一新、催人奋进的宣传产品,拍摄城市宣传片《这就是江阴》,推出大型文史纪录片《江阴骄子》等,展示集团推进媒体融合发展的丰硕成果。

【宣传手段多元化】 2017年,集团融媒体的内容生产手段日趋多元,形成渠道之间相互推介、相互引流、相得益彰的局面。集团发挥全媒体生产指挥中心作用,平台之间加强组织协调,促进融合生产。广播节目中心通过对演播室进行全媒体改造,改善可视化效果,通过"听见江阴"的创新手段,增强互动性和社交性。广播节目《我爱我家》走出演播室,广播和移动端同时直播,取得良好的社会反响。大型经营活动线上线下呼应,通过广播和新媒体平台进行现场直播的同时,以话题吸引用户参与,增强了活动的影响力。经营中心《吃香喝辣》节目依托手机视频直播扩大传播面,利用微信公众号增强互动性,开展线下"吃香喝辣进校园""年夜饭销售"等活动,吸引用户参与。《爱尚江阴》全过程电视、手机双屏直播,主持人、用户话题互动,并进行抽奖,整档节目还在微信公众号和朋友圈串编传播,扩大了传播范围。

【完成经营目标】 2017年,集团紧紧围绕全媒体整合营销的工作总要求,千方百计求突破,全力以赴攻营销,年内实现止跌回稳的经营目标,经营利润超额完成市国资办下达的考核指标。全年大型全媒体品牌营销活动不断,共开展120余场活动,形成了成熟的房产项目。将广电影响力和推广优势切入销售环节,"最江阴·澄品"为完成新疆小白杏、吐鲁番葡萄、冰糖心苹果等销售项目,制作专题片10余部,承办各类演艺活动10余场。新媒体经营创收保持增长,广播广告承载量也逆势上扬。

【新媒体影响力】 2017年,集团旗下的新媒体影响力持续提升。"江阴发布"围绕市委、市政府中心工作,推出一系列形式新颖、感染力强的作品;"最江阴"微信公众号围绕本土性和原创性加大内容创新,阅读量超10万人次的作品有47篇,关注人数54.5万人,高居全国县级广电微信榜首,入选"全国城市电视台移动传播榜十佳"。集团下形成"江阴发布""江阴党建"和"最江阴""大江阴""吃香喝辣""江阴车友会"6个关注人数超10万人的微信矩阵;全新改版的"最江阴"上线,在国内新闻资讯类APP排名中保持较高的活跃度。

【技术事业建设】 2017年,集团完成中共十九大等一系列重大活动的安全播出保障任务。融媒体技术建设有了新进步,优化内容生产共享平台,完成极速数据安全传输平台及融合转码平台的安装调试,全媒体生产指挥中心建成投用,新闻直播演播室播出系统、演播室大屏包装与全媒体互动系统、4G高清移动直播系统、在线图文包装系统等完成搭建。完成移动电视转播车的高清化改造,完善新的广告管理系统,融媒体直播项目获得省级财政专项资金扶持。新媒体技术得到加强,形成"安卓"和"苹果"两个操作系统开发维护等较为完整的新媒体技术开发人才队伍,组成覆盖软件架构设计、数据库设计、后端服务程序开发、苹果端开发、安卓端开发、H5端开发的完整研发团队,宣告了江阴广电在自主互联网软件开发上零的突破。新媒体技术开发团队全程参与了原生态"最江阴"APP的前期开发及版本迭代开发工作,还承担开发第一房产PC端和页面版APP、"手机音乐台"页面版APP等新媒体建设任务。(袁爱民)

·文艺创作成果·

【概况】 2017年,江阴市坚持以中共十八大、十九大精神为指导,组织全市文艺工作者深入人民生产生活最前沿进行创作，挖掘鲜活素材，汲取创作灵感，激发创作活力；以举办名家邀请展、国内优秀作品巡展和参加各类艺术赛事活动为契机，发动群众投入高标准的创作（展演）活动；不断完善文艺评奖机制，注重导向、鼓励创新、提高质量，为促进多出优秀作品、多出优秀人才发挥引导作用；全市文艺创作百花齐放，成果丰硕。作家协会出版《唐朝的驿站》《寻村记》等著作；市史志办公室组织编撰出版雨花台烈士传记《蒋云传》。《绍兴十二年》获江苏省第六届紫金山文学奖，长篇散文《庆历四年秋》入选2017年中国作家协会重点作品扶持选题名单，散文《黄桥往事》荣获第二届丰子恺散文奖优秀奖。民间文艺家协会出版故事集《故事花儿开》，创作手工书籍《衍纸造型艺术》等。故事《国境线上两兄弟》获“军旗杯”纪念八一南昌起义暨建军90周年全国故事大赛征文一等奖；18篇故事在《民间文学》等杂志上发表；麦秆画《芙蓉花开暨阳春》《春和新雨》获2017年“艺博杯”江苏省工艺美术设计创新金奖。戏剧曲艺家协会积极参与纪念徐霞客诞辰430周年活动的锡剧创作工作，大型原创锡剧《徐霞客》成功申报2017年度的江苏省艺术基金资助项目；锡剧《今天老师来家访》参加2017年全国基层院团戏曲会演；积极参与中国锡剧界艺术盛会活动。音乐舞蹈家协会参与组织“教我如何不想她”全国歌曲征集活动，会员王继农创作的《谁是她》获一等奖，《山水霞客》获三等奖，还有6首歌曲获优秀奖；“火凤组合”获2017年江苏青少年音乐“小茉莉花奖”、首届琵琶比赛金奖和第三届“敦煌杯”全国琵琶大赛重奏组金奖第一名；在江苏省小提琴展演暨“小茉莉花奖”比赛中获金奖1人、银奖8人、铜奖5人。美术家协会4件作品入选中国美协主办的展览，20件作品入选省美协主办的展览。书法家协会承办的中小学教师书法骨干培训班圆满结业，16件作品入选省或国家级展览活动。摄影家协会有21幅作品入选国家级展览，19幅作品入选省级展览并获优秀奖。电影电视艺术家协会引进社会资本，打造“江阴文艺厅”项目，引导和培育文艺市场，年内引进的话剧《驴得水》、现代京剧《青衣》等4场舞台剧，广受好评。

2017年江阴市文学创作主要成果一览表

表43

别类	著作（作品）名称	作者	出版社或发表刊物	体裁	篇幅（万字）	发表时间期刊号
文学著作	《唐朝的驿站》	夏坚勇	长江文艺出版社	散文	20	2月
	《寻村记》	庞　培	江苏凤凰文艺出版社		15	3月
	《帕米尔花》		新疆青少年出版社		12	5月
	《〈徐霞客游记〉文学论》	蔡崇武	中国文联出版社	文学评论	20	8月
	《生命物语》	金飞宇	东北师范大学出版社	随笔	22	10月
	《顾山方言》	卞正环	广陵书社	方言研究	50	11月
	《蒋云传》	市史志办	江苏人民出版社	人物传记	10.6	12月
文学作品	《冬至》	庞　培	《山花》	散文	0.1	第三期
	《黄桥往事》	陶　青	《美文》		0.91	第六期
	《农事诗》	卞文达	《天津文学》		2	第四期
	《代市长》		《太湖》	小说	2.5	
	《围棋少年》	缪文宗	《飞天》		1.3	第十二期
	《意外之外》		《佛山文艺》		1.2	第二期
	《江阴红军记》	李建华	《太湖》	散文	2	第五期
	《展现少年儿童的斑斓世界》		《江苏作家》	文艺评论	0.5	第四期
	《茶花女》		《风流一代》	诗歌	0.05	
	《七一书简》		《扬子江诗刊》		0.05	五月增刊
	《乌衣巷》	金雪松	《风流一代》		0.02	第三十四期
	《在江南（组诗四首）》		《散文诗》		0.08	第十二期

续表43

别类	著作(作品)名称	作者	出版社或发表刊物	体裁	篇幅(万字)	发表时间期刊号
文学作品	《悠悠琅琊醉翁情》	吴长海	《丝绸之路》	散文	0.3	第四期
	《去努力成就最好的自己》		《羊城晚报》		0.2	6月12日
	《在中泰文学交流的原野拓荒》		《安徽工人日报》	报告文学	0.5	6月15日
	《有梦不觉讲台寒》		《广西政协报》	散文	0.2	7月20日
	《军营育好汉》		《天津日报》		0.2	8月1日

2017年江阴市民间文艺参赛(参演)情况一览表

表44

作品名称	作者	门类	参赛(参演)名称	时间	获奖情况
《背着老师游贵州》	徐凤清	故事创作	贵州省第三届“孔学堂杯”弘扬中华优秀传统文化主题征文比赛	6月	三等奖
《老外吃河豚》			第二届“太仓江南美食”征文活动	7月	
《难过爷爷面试关》			江西南昌廉文化文艺作品有奖征集	8月	
《国境线上两兄弟》			“军旗杯”纪念八一南昌起义暨建军90周年全国故事大赛	9月	一等奖
《父亲的秘笈》			中国故事节·吴根越角故事会	11月	优秀奖
《胖哥的怒吼》	王　剑	故事演讲	“言子杯”第十五届全国少年儿童故事大王选拔展示活动	8月	“全国级最佳故事大王”称号
《胖哥的怒吼》	蔡红霞	故事演讲辅导			“金牌导师”称号
《金堂玉饼》	张春晖	故事创作	中国故事节·金堂故事会	10月	优秀奖
《芙蓉花开暨阳春》	陈惠平	麦秆画	2017年“艺博杯”江苏省工艺美术设计大赛		创新金奖
《春和新雨》					
《大吉大利》	陈　丽	通草堆画	中国“苏艺杯”国际工艺美术精品博览会暨第十届中国“子冈杯”玉石雕作品展	12月	银奖

2017年江阴市戏剧曲艺作品参赛(参演)情况一览表

表45

作品名称	作者	门类	参赛(参演)名称	时间	获奖情况
《徐霞客》	编剧:胡永忠	大型锡剧	江苏省戏剧文学剧本评选	2月	二等奖
《扁头不在家》	编剧:高玉红 演员:方黎春、姚志刚、杨华洁	小锡剧	第三届江浙沪现代小戏邀请赛	11月	创作、导演:金奖; 表演:银奖; 方黎春:优秀演员奖
《青蛇传·十八年》	姚志刚	锡剧	江苏省第八届戏剧奖(红梅奖)	12月	铜奖
《浪子情缘·哭坟》	孔　熙				入围奖
锡剧《珍珠塔·跌雪》			首届太湖梅花奖青年演员大奖赛	10月	银奖
《今天老师来家访》	编剧:蔡晓英 演员:程雪梅、曹荣、杨华洁、邓喜荣	小锡剧	全国基层院团戏曲会演	7月	展示演出

2017年江阴市音乐舞蹈作品参赛(参演)情况一览表

表46

作品名称	作者	门类	参赛(参演)名称	获奖情况
《谁是她》	王继农	音乐	“教我如何不想她”全国歌曲征集活动	一等奖
《山水霞客》	王立 周建水			三等奖
《红豆私语》	周建水			优秀奖
《江阴精神耀神州》	周维松			
《翻跟头的水》	汪凯平			
《扬子江点心店》	陆军晓			
《梦还江阴》	贺得			
《丽色江阴》	唐晓毅			
《火凤组合》	弘音琵琶室内乐团		江苏省“小茉莉花奖”首届琵琶大赛	金奖
《火凤组合》			第三届“敦煌杯”全国琵琶大赛	重奏组金奖
《行街》	江阴市暨阳国乐社		海内外江南丝竹邀请赛	非职业组金奖
《顾山春》	江阴市天华国乐社			非职业组铜奖

2017年江阴市美术作品参赛(参展)情况一览表

表47

作品名称	作者	门类	参赛(参展)名称	时间	主办单位	获奖情况
《大江祭》	夏晓云	水彩画	第三届江苏省文华奖	10月	江苏省文化厅	入选
《致无尽岁月》			第二届江苏美术奖		江苏省美协	提名奖
《活着》			“张浦杯”江苏省第三届农民画展			三等奖
《大风歌》	陈亮	中国画	第十届中国西部大地情中国画油画展	9月	中国美协	入选
《大朴期秋》			全国中国画(写意)作品展			
《诗书继世长》			运河风情中国运河城市美术作品展		运河城市合作组织	
《江上》	夏静	油画	第二届江苏美术奖	10月	江苏省美协	
			江苏省油画展	6月		
《江上行板》			第三届江苏省文华奖	10月	江苏省文化厅	提名奖
《渔歌》			首届全国美术教师作品展	9月	中国美协	入选
《江尾海头》			江南风度江苏油画名家邀请展		江苏省教育厅	
《太湖漾波》			春晓姑苏江苏油画名家写生展	10月	江苏省油画学会	
《木渎春晓》						
《时间神偷》	仰超		第二届江苏美术奖		江苏省美协	
《时间神偷》			江苏省油画展	6月		
《朋友》			青春时光·江苏省青年艺术作品展	5月	江苏省文联	

续表 47

<table>
<tr><th>作品名称</th><th>作者</th><th>门类</th><th>参赛(参展)名称</th><th>时间</th><th>主办单位</th><th>获奖情况</th></tr>
<tr><td>《我的老爷爷》</td><td>黄艳博</td><td>色粉画</td><td rowspan="4">江苏省第 6 次新人美术作品展</td><td rowspan="4">7 月</td><td rowspan="8">江苏省美协</td><td>新人奖</td></tr>
<tr><td>《佑》</td><td>潘　晶</td><td>水彩画</td><td>入展</td></tr>
<tr><td>《闻风而兴》</td><td>唐智栋</td><td rowspan="4">中国画</td><td rowspan="3">入选</td></tr>
<tr><td>《灵山客至图》</td><td>钱晓伟</td></tr>
<tr><td>《藕花香过湖上来》</td><td>陈亚云</td><td>第二届江苏美术奖</td><td rowspan="2">10 月</td></tr>
<tr><td>《竹林深处》</td><td>朱达新</td><td>“张浦杯”江苏省第三届农民画展</td><td rowspan="2">优秀奖</td></tr>
<tr><td>《赞园之二》</td><td>薛红艳</td><td rowspan="3">油画</td><td rowspan="2">江苏省油画展</td><td rowspan="2">6 月</td></tr>
<tr><td>《早春之声》</td><td>李蕾芳</td><td>入选</td></tr>
<tr><td>《状态》</td><td>曹亚明</td><td>第三届江苏省文华奖</td><td>10 月</td><td>江苏省文化厅</td><td>提名奖</td></tr>
<tr><td>《亲亲我的宝贝》</td><td>嵇雯翃</td><td>国画</td><td>首届白山黑水、美丽四平全国中国画展</td><td>9 月</td><td>中国美协</td><td>入选</td></tr>
</table>

2017 年江阴市书法作品参赛(参展)情况一览表

表 48

<table>
<tr><th>作品名称</th><th>作者</th><th>门类</th><th>参赛(参展)名称</th><th>时间</th><th>获奖情况</th></tr>
<tr><td>长物志选抄</td><td>严春亚</td><td rowspan="16">书法</td><td>江苏省第八届青年书法篆刻作品展</td><td>10 月</td><td>入展</td></tr>
<tr><td>小楷</td><td>华　杰</td><td>全国“麦华三”书法篆刻展</td><td>12 月</td><td>三等奖</td></tr>
<tr><td rowspan="4">行草</td><td rowspan="3">许　达</td><td>全国第四届草书展</td><td>3 月</td><td rowspan="8">入展</td></tr>
<tr><td>“文质兼美”优秀基层书法家创作展</td><td>6 月</td></tr>
<tr><td>江苏省文联精英精品展</td><td>10 月</td></tr>
<tr><td>马闻骏</td><td>庆祝香港回归 20 周年全国书画艺术展</td><td>7 月</td></tr>
<tr><td rowspan="3">行书</td><td>赵　坚</td><td>全国第二届行书展</td><td>10 月</td></tr>
<tr><td>杨　猛</td><td>全国第八届楹联展</td><td>6 月</td></tr>
<tr><td rowspan="6">肖　勇</td><td>全国第四届临帖展</td><td>4 月</td></tr>
<tr><td>行草册页</td><td>“好风相从”首届全国册页展</td><td>8 月</td></tr>
<tr><td>行草横幅</td><td>第二届经典诗文全国书法大赛</td><td>1 月</td><td>一等奖</td></tr>
<tr><td rowspan="3">行书册页</td><td>中国书协第二届临帖展</td><td>3 月</td><td>入展</td></tr>
<tr><td>中国花鸟画研究院首届全球华人书画大展</td><td>4 月</td><td rowspan="2">优秀奖</td></tr>
<tr><td>书法报社全国书法海选</td><td rowspan="2">10 月</td></tr>
<tr><td>行书秋声赋</td><td>蒋玲娣</td><td>江苏省财政厅“喜迎十九大，聚力促发展”书画摄影作品展</td><td>一等奖</td></tr>
<tr><td>榜书</td><td>包汉青</td><td>美丽中国行 · 丝路文化盛典</td><td>12 月</td><td>入展</td></tr>
</table>

2017年江阴市摄影作品参赛(参展)情况一览表

表49

作品名称	作者	参赛(参展)名称	获奖情况
《东风景逸》	张　胜	中国摄影家协会第二十六届全国摄影艺术展览	优秀作品
《春到山村》	夏忠兴	“开化是个好地方”全国摄影大展	入展
《爱美》	汪永周	“海螺沟杯”第二届圣洁甘孜国际摄影大展	
《梦里老家》组照	庞志健	“梦幻黄山　礼仪徽州”全国摄影大展	
《梦境》		“记住乡愁”中国黟县乡村旅游摄影大展	
《五彩木渎》	卢小海	“千年木渎　中华古镇”全国摄影大展	
《明月古寺》	庞志健	“我眼中的木渎”手机摄影大展	
《苏绣传承》	卢小海		
《红石峡》	郭　松	“中原养生地　河南云台山”全国摄影大展	
《小城玉带》	沈旻旭	“时尚花都　美在身边”金川全国摄影大展	
《静谧花海》			
《芒种到插秧忙》	周湘基	全国二十四节气摄影作品展	
《荷兰花海舞翩迁》	许清泉	“荷兰花海杯”中国花卉摄影大展	
《动静皆风云》	张　胜	“众泰在路上　梦想在远方”全国摄影大赛	
《驾驭未来》			
《冲山佛影》组照	庞志健	“包商银行杯”全国摄影展	
《现代车间》		第三届“福能杯·能源与环境”全国摄影大展	
《荡口印象》	卢小海	第四届中国好风光全国摄影大展	
《醒》	周震东	“摄影小镇——鹅湖”影友联谊赛	二等奖
《龙腾虎跃》	郭　松	“十里秦淮　灯彩金陵”影友擂台赛	三等奖
《鼋渚春涛》	庄东威	“佳能杯”第九届“感动典藏”摄影作品竞选	入围
《捕捞希望》	许清泉	第二届“影像中国梦·摄影中国行”全国摄影大赛	优秀奖
《长江大桥暮色》	卢小海	江苏省摄协“空中看无锡”大型摄影展览	
《码头夜色》	石汪毅		
《大桥晨曦》	庄东威		
《敔山湾》	程　刚		
《曲径》			
《幸福像花儿一样》	陆　波	江苏省摄协“梅花报春　画里大丰”摄影大赛	
《月是故乡明》		江苏省摄协“千华古村杯”摄影大赛	入围
《两道风景》	沈旻旭	江苏省摄协“畅行江苏”摄影大赛	优秀作品
《港口晨曦》	庄东威	江苏省摄协“聚江苏工行”摄影比赛	优秀奖
《华西村现代农业》		江苏省摄协“喜迎十九大”国庆节摄影精品展	优秀收藏奖
《金色的港湾》	许清泉	江苏省摄协“江苏交通”摄影比赛	优秀奖

续表49

作品名称	作者	参赛(参展)名称	获奖情况
《佛足》	程　刚	江苏省摄协“大美彭城”摄影大赛	优秀奖
《荷塘曲径》		江苏省摄协“水韵江苏”摄影大赛	
《水上森林公园》	杨　莉		

(邵　军　陈　佳)

文化产业

【概况】 2017年,江阴市文化产业发展显现新进展。首次开展全市文化产业引导资金的申报工作,积极争取各级文化产业引导资金扶持江阴文化产业发展,严格评审出5项项目申报获92.15万元资金扶持。做好文化产业评选推介工作,有1人获第五届无锡市唐鹤千卓越青年文化创意人才奖。强力推进项目建设,风雷文化有限公司深度开发的“智慧教育”项目投放市场,金杯安琪手风琴有限公司研发上报2项国家标准成果,彩虹印刷有限公司自筹资金引进高端设备进行技术改造。海澜飞马水城(新桥镇)、中南岛影视基地(月城镇)、橙天嘉禾影城(澄江街道)等文化产业项目快速推进。引进江苏太阳鸟影视传媒有限公司。全市影院全年票房收入近1亿元。

【文艺集团活动】 2017年,市文化艺术集团围绕市委、市政府的中心工作做好文化服务,利用产业优势,发挥阵地功能,全年举办活动1656场次,吸引观众52.15万人次(其中市锡剧团演出210场次,吸引观众37.75万人次;市评弹团演出1100场,观众3.5万人次;江阴大剧院举办各类演出46场次,观众6.9万人次;百乐城书场演出300场,观众4万人次),满足人民群众文化需求的,全年完成经营性创收1692万元。

【市评弹团社会和经济效益双丰收】 2017年,江阴市评弹团全年演出1100场,演出收入总计24万元。全团演职人员在党的十八大、十九大精神鼓舞下,克服困难,艰苦奋斗,努力满足人民群众日益增长的文化需求,完成市委宣传部下达的《李良宝的故事》巡演任务。为丰富纪念徐霞客诞辰430周年活动的内容,市评弹团精心排练中篇评弹《徐霞客》,在江阴百乐城书场举行首演,随后到无锡书码头和荡口书场展演,获得社会多方好评。

【新华书店江阴公司创新经营模式】 2017年,新华书店江阴公司为圆满完成国有书店的政治使命,开出专柜,及时提供宣传中共十八大和十九大精神的一系列学习资料和书籍。还策划组织各类阅读推广、图书营销、亲子互动等活动150余场,其中有“凤凰姐姐讲绘本”“女神阅读周”“少儿童乐会”“英语公益课堂”等,实现销售1.47亿元,比2016年增长2.8%;创造利润1302万元,比2016年增长2.9%。组织著名作家签名售书,开展校园人文行活动,邀请沈石溪、王一梅等知名作家走进江阴6所学校,让江阴的青少年读者与他们心目中的偶像近距离接触,激发他们的读书热情。在新华书店成立80周年之际,江阴公司开展“80年风雨,风采谱华章”主题系列活动:“新华情缘”征文大赛、“我来描绘新华书店”“寄语新华书店”“支付宝生日红包大派送”“庆祝新华书店成立80周年”等主题图书大展销活动。是年,江阴公司中标教育装备项目14项,实现销售900万元。

群众文化

【概况】 2017年,江阴市文艺工作者认真学习贯彻中共十八大、十九大精神,坚定文化自信,坚持改革创新,立足基层,面向群众,培育文艺人才,搭建文艺平台,组织竞赛演出,开展文艺交流,城乡群众文化活动蓬勃开展。年内举办第四届“芙蓉花奖”群众文艺会演、第五届“澄星杯”锡剧票友大赛复赛、第六届全民诗歌朗诵大赛、《红楼梦》诗词朗诵会、第十三届长三角国际标准舞全国城市公开赛、第十四届阅读知识现场大赛、第十五届少儿书画现场赛、第十七届少儿故事大赛和第二十一届“书香江阴”读书节等品牌活动。录制“暨阳戏台”14期,播放12期。承办江阴市第七届全民运动会开幕式健身艺术展示活动,参加无锡市“激情周末”演出8场、上海国际艺术节无锡分会场(江阴专场)演出2场等大型活动。还利用数字化媒介积极推广普及群众文化活动。

【中小学生百人现场写春联比赛】 2017年1月21日,江阴市中小学生百人现场写春联比赛在市文化馆举行,来自全市中小学校的100余名学生参加比赛。经评委现场打分,以累计每位评委打分之和,从高到低排列的方式,评出一等奖2人、二等奖6人、三等奖12人,共20人获奖。

【新春音乐诗歌朗诵会】 2017年1月21日,诗情飞扬——拥抱2017年新春音乐诗歌朗诵会在市文化馆艺术剧场举行。此次朗诵会邀请中国优秀小说演播家、歌唱家宋怀强和中央人民广播电台著名播音员、节目主持人雅坤到现场指导。有400余位音乐诗歌朗诵爱好者观赏演出。

【第四届“芙蓉花奖”群文会演】 2017年3月29日,江阴市第四届“芙蓉花奖”群文作品评选活动开启。7月12—14日,“芙蓉花奖”群文会演在市文化馆艺术剧场举行,12日为戏剧曲艺专场,13日为音乐专场,14日为舞蹈专场。比赛当场评分,分创作奖和表演奖,分别评出各等级奖。静态类作品也评出一、二、三等奖。

【基层文艺骨干培训】 2017年3月13—14日,江阴市基层群众文艺骨干创作培训班在市文化馆开班。全市各乡镇(街道)推荐的音乐、舞蹈、曲艺类文艺骨干、各基层文化中心创作组成员和优秀文艺团队骨干齐聚一堂,共同学习。课程分戏剧曲艺、音乐、舞蹈创作三个艺术门类,分别邀请专业老师,采取理论与实践相结合的方式进行培训,让学员系统地接受专业知识。4月6日,江阴市故事创作培训班在市文化馆举行,由江阴市故事创作专员黄启元和全国故事创作最高奖"山花奖"得主丰国需授课。4月17日,江阴市二胡教师培训班在市文化馆多媒体教室举行,由二胡教育家、演奏家、上海音乐学院教授王永德主讲。7月31日至8月1日,第一期江阴市村(社区)文化辅导员业务培训班在市文化馆开学。来自澄江街道、云亭街道和长泾镇、月城镇、青阳镇、周庄镇、祝塘镇的111名村(社区)文化辅导员参加。培训内容有"实用摄影和摄影作品赏析""广场舞蹈教学实践""声乐练习及合唱实践"三门专业课程。12月19—20日,第二期江阴市村(社区)文化辅导员业务培训班在市文化馆开学。有131名村(社区)文化辅导员参加。课程有摄影、广场舞、合唱。此外,市文化馆还于11月举办"全民艺术普及"公益免费培训班,开设了爵士舞、古典舞、国际跳棋、琵琶、素描、创意美术等课程。

【第十五届少儿书画现场比赛】 2017年5月5日,江阴市第十五届少儿书画现场比赛在市文化馆举行,全市198名小选手参加。比赛分为书法和美术两类,书法类分儿童组和少年组;美术类分幼儿组、儿童组和少年组,均由评委会评出各等级奖。28日,"我的名字叫江阴——第十五届少儿书画现场比赛优秀作品展"在市文化馆一楼大厅展出。6月10日,这些优秀作品又在寿山路文化画廊展出,展至6月30日结束。

【市第十七届少儿故事演讲大赛】 2017年上半年,江阴市在各镇少儿故事演讲初赛的基础上,6月2日下午,在市文化馆艺术剧场举行江阴市第十七届少儿故事大赛演讲决赛。经层层选拔出来的16名小选手参加决赛。比赛分儿童组和少年组。最终评选出儿童组一等奖1名,二等奖2名,三等奖4名;少年组一等奖2名,二等奖3名,三等奖4名。8月6—12日,少儿故事演讲选手王剑,赴京参加全国少年儿童故事大王选拔赛决赛,被授予"全国级最佳故事大王"称号。市文化馆工作人员蔡红霞被授予"金牌导师"称号。

【暑期少儿活动】 2017年7—8月,市文化馆利用中小学生的假期举办一系列暑期活动。有制作手工T恤和串珠体验,花饰品制作热缩工艺讲解和发饰讲解体验,亲子课堂、亲自表演,《青春期心理过度》专题讲座,以及《少年儿童歌曲的魅力》《少年儿童唱歌技巧》等讲座。

【第二十一届"书香江阴"读书节】 2017年4月21日,由市读书活动指导委员会主办,市图书馆承办的第二十一届"书香江阴"读书节在市文化馆艺术剧场开幕。该届读书节以"爱读书·爱生活·爱江阴"为主题,通过系列主题活动,推进"书香江阴"建设,大力倡导全民阅读,促进市民文化素质和文明修养提升,助推全国文明城市创建活动,为建设"强富美高"新江阴提供强大的精神动力和智力支撑。读书节期间,无锡市委常委、江阴市委书记陈金虎为江阴全民阅读"书香漂流"公益行动授旗,还为"最美阅读驿站""十大书香家庭""十大书香校园""十大书香企业""十大书香机关"颁奖。

【第六届全民诗歌朗诵大赛】 2017年6月4日,由江阴市读书活动指导委员会主办、市图书馆承办的春天与经典诗文的相遇——江阴市第六届全民诗歌朗诵大赛总决赛在市图书馆四楼报告厅举行。作为第二十一届"书香江阴"读书节系列活动之一,该届全民诗歌朗诵大赛共有来自各镇(街道)、机关、学校、企业的近2000名选手报名参加。经过初赛、复赛、决赛的激烈角逐,最终评出青少年组一等奖3名,二等奖6名,三等奖9名;成人组一等奖3名、二等奖6名、三等奖9名。

(张晓琳 邵振良)

【"徐霞客之路"音乐会】 2017年5月19日晚,由江阴市天华艺术学校举办的中国民族交响音乐会"徐霞客之路"在江阴大剧院奏响。这场音乐会分"跬步千里""天地之间""御风自然""行者无疆"四个篇章,还以旁白、朗诵等形式将徐霞客传奇的一生在音乐声中展现。整场音乐会从古老乐器到当代乐队,从民族经典到多元文化融合,通过当代民族音乐多层次的表达,传递出"从历史走来,向未来前行"的深远意境。在表现手法上,天华艺校大胆尝试多媒体、声光电等现代舞台艺术手段,结合立体多维的表现形式,产生了多层次、多色彩的综合艺术效果,博得台下中外宾朋的阵阵掌声。

(史晓晔)

企业文化

【概况】 2017年,江阴市企业文化建设在中共十八大、十九大精神鼓舞下进一步深入发展。全市企业中建成300个功能齐全、环境优雅的职工书屋(电子阅览室)。其中全国职工书屋示范点8个、江苏省职工书屋示范点8个、无锡市职工书屋示范点22个。众多企业组织职工开展读书比赛、知识竞赛、征文演讲等活动,引导职工勤读书、读好书。市总工会、企业家协会和企事业报刊联谊会等群众团体积极组织企业之间互相参观学习,交流企业文化建设方面的经验,推动企业文化在新时代深入发展,进一步发挥企业文化在战略引领、团结职工、提升效率、优化形象、增强市场竞争力等方面的作用。

【"争做新时代好职工"征文竞赛】 2017年11月1日,江阴市企业报刊联谊会发出《关于开展"争做新时代好职工"征文竞赛的通知》,倡导全市企业职工认真学习中共十九大精神,联系企业和自身的实际情况,抒写如何在新时代展示新风貌,争做新时代好职工的心声。征文通知发出后,各企业纷纷响应。江苏长电科技股份有限公司和法尔胜泓昇集团等大型企业积极带头，发动企业职工撰写征文稿件，并择优在公司党委主办的企业报刊上刊登。《法尔胜报》率先开辟征文竞赛专程，吸引职工投稿。农业银行江阴分行在分行党委主办的《江阴农行》内刊上发表3篇"争做新时代新职工"征文稿。这次为期半年的征文竞赛，至年底有50余篇佳作在企业内刊上发表。

【全市职工摄影大赛】 2017年，市总工会、市文联联合举办以"流金岁月，劳动最美"为主题的江阴市职工摄影大赛。从春天发动至初秋截稿，有近500个企业的600余名职工参加比赛，并向竞赛评审组选送2000余幅作品。这些作品用生动的画面反映江阴企业在经济、文化等方面的发展变迁和广大职工建设"强富美高"新江阴的奋斗历程。经评委会评选，有86幅优秀作品分获一、二、三等奖。 （聂小琴）

【长电科技企业文化建设】 2017年，江苏长电科技股份有限公司把"专业专注，精益求精，永争第一，尽善尽美"的长电工匠精神植入企业文化，深入开展长电工匠评选活动，于五一国际劳动节前召开首批"长电工匠"表彰大会，还将首批评出的6名长电工匠的先进事迹编成《长电工匠群英谱》，印发给职工们学习，弘扬新时代工匠精神。举办首届长电职工文化艺术节，以"活力、魅力、和谐、争光"为主题，开展乒乓球、篮球、朗诵比赛，举办职工书画、摄影艺术展览等系列活动，还举行第二届"长电职工好声音"歌咏比赛。

（陆静艳）

【澄星企业文化建设】 2017年，江阴澄星实业集团有限公司开展以"聚青春力量，谱澄星梦想"为主题的青年职工拓展训练，内容包括攀岩、群龙取水、急速60秒、纳斯卡巨画等集思想性、知识性、趣味性于一体的训练项目，让职工们在活动中体验"团队制胜、赢在执行"的澄星企业文化理念。公司妇联举办"幸福女人节"活动，发动职工集中展示各自的才艺，增进员工之间的交流。

（李建华）

【扬子江船业企业文化建设】 2017年，江苏扬子江船业集团公司为营造"钻业务、学技术、比技能"的文化氛围，为职工提供展示自我的平台，于7月18—20日举行首届机修钳工、电工岗位技能比赛。所属各厂共推选40名能工巧匠参赛。是月25日，集团公司召开大会，向比赛的优胜者发奖。年内，集团公司还先后举行职工联欢会、趣味运动会、职工歌咏比赛、羽毛球比赛等文体活动和"我爱我的祖国"主题班会。还组织即将光荣退休的20余名老职工带家属赴北京旅游。

（周黎黎）

2017年3月8日，扬子江船业举办职工趣味运动会。图为"抢收抢种"比赛场面 （扬子江船业工会提供）

文化交流

【概况】 2017年，江阴市文化工作者认真学习和落实习近平总书记在文艺工作座谈会上的重要讲话精神，努力开展文化交流。市博物馆、徐霞客文保所、原国民党要塞司令部旧址等文物景点，接待市外参观者30多万人次，接待外地重要参观团队100余批。市博物馆加强与外地同行交流学习，先后与浙江省博物馆、青田县石雕产业保护和发展局、柳州市博物馆、桂林市博物馆、江苏省文物局、南京市博物馆总馆、内蒙古包头博物馆等单位协办、合办交流展览。江阴市(锡)剧团多次应邀赴昆山、常州演出大型锡剧。由市文化馆创作、江阴市锡剧团排演的小锡剧《今天老师来家访》，还应邀到北京民族文化宫大剧院演出。

【"霞印天下"徐霞客主题书画展到广西展出】 2017年9月10日至10月30日，由中国徐霞客研究会、江阴市政府、柳州市文化新闻广电局、桂林市文化新闻出版广电局、江阴市文化广电新闻出版局主办，江阴市博物馆、柳州市博物馆、桂林市博物馆、江阴市徐霞客研究会承办的"霞印天下"徐霞客主题书画展在广西柳州和桂林展出。共展出体现徐霞客精神的名家作品75件，受到当地徐霞客研究人员和参观群众的好评。

【江阴6组展品参加国家博物馆"百年巨匠"文物展】 2017年9月上旬，中国文学艺术基金会筹备在国家博物馆举办"百年巨匠"文物展。江阴市博物馆工作人员认真挑选文物并做好文物外借申报的各项手续，赴京将徐霞客、刘半农、刘天华等江阴籍巨匠的6组珍贵展品移交给中国文学艺术基金会。展览于9月16—26日在北京市国家博物馆展出。江阴选送的展品在展中深受观众青睐。9月28日，市博物馆将"百年巨匠"展览借展的6组文物接回，30日入库。 （张晓琳　邵振良）

【无锡画家梁元中国画邀请展】 2017年1月23日，以"山林·园林"

为主题的梁元中国画邀请展在市展览馆开展。梁元是无锡市美术家协会主席，这次应邀到江阴展出他近年创作的山水画作品120余幅，供江阴的美术爱好者观摩、学习、研究。其间，梁元举行中国画艺术讲座，近百名江阴及周边地区的美术工作者和美术爱好者参加讲座。梁元还向江阴美术馆捐赠了他以江阴题材精心创作的中国画《百年胜水桥》。

2017年7月18日，参加“亲情中华”夏令营的华裔青少年在江阴市天华艺校学习中华民族乐器的演奏技巧　　（市天华艺术学校提供）

【江苏省书法名家精品邀请展】 2017年9月19日下午，苏风墨韵——江苏省书法名家精品邀请展在江阴市夏港街道长江村国际会展中心开幕。江苏省文联副主席、书记处书记王建，江阴市委常委、宣传部部长程政，江苏省书协副主席、秘书长王卫军，副秘书长徐燕、赵彦国等领导出席开幕式。展览汇集省内书法名家精心创作的50余幅书法作品，风格多样，内容丰富，此次展览首次走进村一级举办。

【江阴—昆山书法联展】 2017年11月3日，江阴—昆山书法联展在江阴市展览馆开幕。这次展览展出江阴和昆山两市书法家协会会员创作的83幅书法精品，是江阴、昆山两市书法家最新创作成果的一次集中展示，题材丰富，形式多样，代表了两市书法界较高的艺术水准。其间，昆山市书法家协会精心创作书法作品《千客儒林》，赠送给江阴市美术馆。

【首届“吕斯百”江阴美术大展优秀作品在扬州展出】 吕斯百是江阴籍中国早期油画家和美术教育家，2017年11月，江阴市举办了以他的名字命名的首届“吕斯百”江阴美术大展，展出89件作品，深受观众好评。12月5—15日，从中精选出60件作品送到扬州市美术馆展览。该展览由江阴市委宣传部、市文联主办，江阴市美术家协会、市书画院承办，扬州市国画院、扬州市美术家协会协办，展出的优秀作品中有中国画、油画、水彩（粉）画、漫画等。其间，扬州、江阴两市书画家举行研讨交流会。　（陈　佳）

2017年1月14日，江阴市天华艺校民族乐团在上海东方艺术中心演出　　（市天华艺术学校提供）

【天华艺校民乐团赴上海举办音乐会】 2017年1月14日，江阴市天华艺术学校民族乐团应邀到上海东方艺术中心成功举办“海上雅乐·天华新语”新春音乐会。这台名为“海上雅乐·天华新语”的新春音乐会分《乐通古今》《弦歌中华》《心系五洲》《情动四海》四个乐章，通过笛萧和鸣、琴筝吟诵、大提琴与排箫以及竖琴与二胡的对话、阮族齐奏、丝竹共鸣等表演形式，营造出民乐别具一格的优雅意境，受到上海观众的热烈欢迎。

【举办华裔青少年夏令营】 2017年7月14日，2017年度“亲情中华”夏令营江苏无锡营在江阴市天华艺术学校开营，近50名来自美国、加拿大等国家和地区的华裔青少年在江阴展开为期两周的文化之旅、寻根之旅。江苏省侨联副主席兼秘书长宫琳,江阴市委副书记、统战部部长袁秋中等出席开营仪式。这次由中国侨联主办的“亲情中华”夏令营江苏无锡营旨在弘扬中华民族优秀文化,帮助海外华裔青少年加深对中国文化的了解和体验,激发学习汉语的兴趣和热情,增进中华情愫和桑梓情怀,做中外文化交流的友好使者、连结中国梦与世界梦的桥梁与纽带。在夏令营期间,营员们认真听取国学讲座,学习说文解字、灯谜鉴赏等汉语课程,体验丰富多彩的中国画、书法、武术、剪纸、民歌、手语、京剧脸谱绘彩等中国文化课程,学习葫芦丝、二胡、古筝、中国鼓等中国民族乐器,深深地感受到中国五千年悠久文明的无穷魅力。市天华艺校作为中国华侨国际文化交流基地,以“弘扬天华精神、传播中国民乐和中华优秀传统文化”为己任,不遗余力地开展对外文化艺术交流,至年末,连续举办7届各类华裔青少年夏令营,共吸引来自美国、日本、法国、澳大利亚、爱尔兰等近20个国家和地区的200余名华裔及外国青少年参加,产生了良好的国际反响。 (史晓晔)

文化遗产保护

·物质文化遗产保护·

【概况】 2017年,江阴市组织开展全市文物安全状况大排查行动,完成黄山炮台旧址修缮和环境整治施工方案编制工作,成功申报国家重点文物保护专项补助资金,基本完成市博物馆“文明之光”改造提升工程方案,完成9处文保单位防雷工程方案编制工作,有序推进祁头山、佘城遗址公园建设前期准备工作,江阴蚕种场、兴国寺塔、刘氏故居精细测绘和心经碑房修缮工程、祝塘镇承先桥、周庄镇乐群堂修缮工程完成验收。组织开展第八批省级文物保护单位申报工作,高城墩遗址等6处列入申报名单。完成一般不可移动文物保护情况调研,完善无锡市文物行政执法监控平台信息系统,文物安全纳入规范化、系统化管理。

【市第一次可移动文物普查成果展】 2016年,市博物馆组织开展可移动文物大普查,在全市531个单位中,查出并申报藏品6000余件(套),取得了显著的成果。2017年年初,市博物馆工作人员从中精选出珍品,准备公开展出,让广大群众了解江阴丰富的文物资源。1月19日至3月30日,芙蓉遗珍——江阴市第一次可移动文物普查成果展在市博物馆开幕。市委常委、宣传部部长程政等出席开幕式并讲话。在展览现场,市博物馆采用标语、视屏等方式宣传文保知识,帮助观众增强保护文物的意识。

【“校博联盟”开启】 2017年12月29日,市博物馆与各中小学结成的“校博联盟”签约暨揭牌仪式在市博物馆隆重举行。该联盟利用博物馆丰富的文物资源,为学校开展传统文化教育提供广阔的空间,引导更多的学生和家长走进博物馆,结合学校的历史文化课程教育,让更多的学生和家长看见文物、了解文物、珍惜文物、保护文物。

【海派名家金石艺术展】 2017年11月18日,由市文广新局、市政协学习文史委员会主办,市博物馆、江阴宝壶斋茶具博物馆承办的心心相印——海派名家金石艺术展在市博物馆开展,展期为3个月。这是国有博物馆(江阴市博物馆)帮扶民营博物馆(江阴宝壶斋茶具博物馆)而联办的一次展览。共展出韩天衡等西泠印社、海派一流的43位名家,以53句《心经》为题篆刻的53方金石艺术作品,还有长卷两副。

·非物质文化遗产保护·

【概况】 2017年,江阴市坚持“保护为主,抢救第一,合理利用,传承发展”的工作方针,加大历史文化街区、村落和遗存的保护力度,充分发挥非物质文化遗产(以下简称“非遗”)的公共文化服务和社会教育功能,开展非遗文化集中展示活动50余场,开展锡剧进校园50场。加强非遗文化交流,采取“走出去、请进来”等方式,广泛传播江阴非遗文化。全市开办小锡班20个、二胡班34个。将致和堂膏滋药制作技艺、黑杜酒酿造技艺申报争取国家级和省级专项补助资金,推荐顾山八大碗、致和堂丸药制作技艺等为无锡市级非物质文化遗产代表性项目。《江阴好味道》《江阴好手艺》《江阴好中医》三部非遗系列纪录片陆续登上江苏有线高清优电视回看栏目。由澄江街道综合文化站和文定社区夕阳之约艺术团编排的江阴非遗节目九狮舞,1月1日在中央电视台戏曲频道《过把瘾》栏目播出。

【“澄韵流芳”非遗文化展示在祝塘镇举行】 2017年1月13日,“澄韵流芳”非遗文化展示在祝塘镇举行。这是无锡市暨江阴市文化科技卫生“三下乡”集中活动之一。展出江阴市的30余项非遗项目,其中有致和堂膏滋药制作技艺、朱氏诊法、周氏妇科疗法、黑杜酒酿造技艺、马蹄酥制作技艺、蟛蜞螯烹制技艺、荡湖船、九狮舞、糖塑、面塑、珠绣等。既有图片展板和文字介绍,又有传承人演示。在展示活动现场,数千名观众亲身感受到非遗民俗文化的魅力。

【传承振兴锡剧艺术总结表彰】 2017年3月15日,市文广新局组织召开传承振兴锡剧艺术总结表彰大会。会上对23个先进集体(先进单位、示范基地、优秀文艺团队),56名先进个人(优秀演员和创作者、优秀志愿者、优秀组织者),2件优秀作品(《老师今天来家访》《扁头不在家》)进行表彰和奖励。优秀创作者代表高玉红(澄江街道)、优秀志愿者代表薛国华(南闸街道)、优秀组织者代表是赛亚(月城镇)、先进单位代表徐惠(市锡剧团)优秀文艺团队代表潘建东(青阳镇戏曲协会演出团)、优秀文艺团队代表於建仁(璜土镇红枫锡剧艺术团)先后发言,介绍振兴江阴锡剧的经验。江阴市香港江阴商会锡剧发展基金会理事长黄华同受表彰人员合影留念,并给获奖集体和个人颁发奖金。

【省戏曲进校园工作推进会在江阴召开】 2017年12月21日,江苏省委宣传部、省教育厅、省财政厅和省文化厅在江阴市召开江苏省戏曲进校园工作推进会。无锡市委宣传部和江阴市委、市政府负责承办这次会议。省委宣传部、省教育厅、省文化厅分管领导及相关业务处室负责人，省财政厅教科文处负责人；各区市委宣传部和教育、财政、文化部门分管领导及相关业务处室负责人；各市（县、区）委宣传部、文广新局代表；省市文艺院团（省京剧院、省昆剧院、省锡剧团、省扬剧团、省淮剧团、省柳琴剧团、省梆子剧团、省淮海剧团等）负责人180人参加会议。与会人员认真学习中共十九大精神和《中共中央关于繁荣发展社会主义文艺的意见》、国务院办公厅《关于支持戏曲传承发展的若干政策》等文件，学习和讨论在新时代加强戏曲教育工作和戏曲进校园的实施意见，大力推进戏曲进校园工作。

【“非遗进校园”活动】 2017年，江阴市为普及传承非遗知识，培养非遗传承人，大力推进“非遗进校园”活动。5月26日，在虹桥小学举行非遗展示，学生们通过观看倒花篮、九狮舞、荡湖船等非遗文化展示，汲取民俗文化营养。6月6日，长泾镇举办非遗文化节系列活动，展出发禄袋、珠绣、泥塑、剪纸、雕版等众多非物质文化遗产项目作品。6月9日举办“锡剧进校园”汇报演出，各校师生排练的精彩锡剧在江阴大剧院演出。6月10日，利港街道将当地非遗作品面塑和珠绣送到各中小学巡展。是日，南闸实验学校举办“工艺百寿图”非遗传承作品展，展出该校学生的绘画和十字绣，还举办非遗文化讲座。6月13—14日，江阴市第三届学校二胡班艺术展演在市实验小学举行，展示全市二胡班的教学成果。

【文庙开展公益教育活动】 2017年，江阴文庙开展各类公益教育活动50场。其中有礼乐教育，包括新生开笔礼、祭孔大典、祭三公及18岁成人礼。还开办古琴、拓碑、茶礼、香文化公益课程和家风、家教、汉服、古乐讲座。举办青少年传统文化夏令营。增开两个固定微展厅：“东方道德文明的常道——孔子和儒家文化”“一位清末学政眼中的江阴科举”，供游人参观。协助文庙开展公益教育活动的志愿者队伍日益壮大，年底发展到70余人。全年参与文庙公益活动服务的有900余人次。

2017年7月，澄江街道芙蓉花艺术团在文化馆艺术剧场演出“耥稻山歌”

（澄江街道综合文化站提供）

【非遗作品联展】 2017年6月10日，“珠联璧合·我型我塑”郭亚娟珠绣、卢飞浦面塑非遗作品联展在市文化馆开展。这两项非遗都出自利港街道。这次展出的珠绣作品有晚礼服、婚纱、睡衣、比基尼、披肩等服装珠绣手袋、珠绣包、串珠袋、铝片袋、化妆包、珠绣鞋等工艺品。面塑又俗称“捏面人”，是以面粉、米粉等为主要原料，经艺人用手和简单的工具，捏制出的人物、动物、花鸟等各种形象逼真的玩具。古时开展庆典活动常拿面塑作贺礼。民间上梁、婴儿满月、老人祝寿、乔迁新居、商店开张等喜事，贺客就定制面塑馈赠主家。这次展出的面塑作品具有中国传统绘画的风采和神韵，洋溢着民间艺术的纯朴气息。

（张晓琳　邵振良）

【“耥稻山歌”配舞蹈保护传承】 2017年5月，澄江街道综合文化站为保护传承“耥稻山歌”（2009年列入江阴市非物质文化遗产名录），组织并辅导该街道群众文艺演出团队芙蓉花艺术团的演员，以“耥稻山歌”的曲调和歌词编成歌舞节目，声形并茂地把农民的劳作场景搬上舞台，嘹亮的山歌和奔放的舞姿展现了农民耕作、丰收、喜庆的激情，将艺术性与观赏性融为一体，表达了江阴市这一非遗项目的无穷魅力，深受广大观众欢迎。该节目在是年7月举行的“芙蓉花奖”群众文艺会演中获二等奖，随后又在澄江街道文化走基层活动中演出10余场。是年12月，市文广新局将澄江街道芙蓉花艺术团列入市非遗项目“耥稻山歌”保护传承示范点。

（徐富荣）

■类目编辑　李缉宁

卫　生

综　述

【概况】　2017年，江阴市有医疗卫生机构580个，其中，医院、卫生院、社区卫生服务中心56个；编制床位6743张，实际开放床位8199张；卫生技术人员9945人。全市卫生事业经费5.49亿元，占全市财政支出的2.42%。全市医疗服务总诊疗1082.3万人次，比2016年增长1.2%；收治住院29.6万人次，比2016年增加2.4%。全市卫生建设工程列入市委、市政府“1310”工程*项目进展顺利。其中，市医疗中心建成投运，完成市妇幼保健院项目立项和市中医院规划选址。年内，全市61个社区卫生服务站（村卫生室）提档升级工作通过验收，累计完成168个，完成率84%。完善医疗卫生服务体系，强化基层医疗卫生机构能力建设，持续提升医疗服务能力，为全市群众提供便捷、优质、安全的医疗卫生服务。突出需求导向，拓展公共卫生服务内涵，强化属地政府与医疗卫生单位公共卫生服务职能，全面推进各项公共卫生服务项目落到实处。完善计划生育服务管理，强化基层基础，全面优化计划生育服务，提高人民群众满意度。以开展“两学一做”*学习教育为契机，加强党的建设，努力提升卫生计生行风建设水平，为建设“健康江阴”提供重要保障。是年，市人民医院被国家中医药管理局办公室评为全国综合医院中医药工作示范单位；顾山卫生院被国家卫生和计划生育委员会办公厅评为群众满意的乡镇卫生院；市中医院心肾内科护理团队被江苏省妇女联合会、省妇女“双学双比”“巾帼建功”活动领导小组评为省巾帼文明岗；新桥卫生院被省卫生和计划生育委员会评为省乡镇卫生院特色科室。

【卫生系统参与全国文明城市创建】2017年，是江阴市创建全国文明城市的第三年，为巩固和深化文明城市创建工作，全面完成市委、市政府下达的全国文明城市创建工作目标任务，市卫计委成立全市卫生计生系统全国文明城市创建工作领导小组、督查小组，制订工作方案，召开动员大会，广泛宣传发动，分解目标任务，健全工作责任制度。年内，全市卫生计生系统围绕全国文明城市创建目标，以服务民生为宗旨，以提高人民健康水平、整治城乡环境卫生、提升系统文明形象为主线，推动全方面达标创建要求。12月，市卫计委被市委、市政府评为市创建全国文明城市工作突出贡献单位。

【健康促进市试点建设通过国家评审】　2016年，江阴市被确定为全国第二批健康促进县（区）试点后，全市各相关部门，坚持政府主导、强化保障，完善公共服务体系，通过“健康融入所有政策”策略、“一站式”公共体检服务、精细化健康管理，提升健康促进与教育工作的针对性和有效性。2017年9月19—20日，按照国家卫计委部署，省爱卫办组织全国和省有关专家，对江阴市全国健康促进市试点建设工作进行评审，副市长许晨等陪同专家组评审。经过对照标准检查和综合评估，专家组对江阴市全国健康促进市试点建设工作予以高度评价，认为江阴市在建设全国健康促进市试点中成效显著，达到国家标准要求。江阴市把建设健康城市与慢性病防治相结合、与乡村医生签约服务相结合、与中医“治未病”工程相结合，持续提升全国健康促进试点市建设水平值得推广。同时认为，江阴作为县级城市，先后制订实施三轮建设健康城市行动计划，用发展的眼光推动健康城市建设，走在全省、全国前列。

【整合城乡居民医疗保险管理机构】2017年，江阴市根据国务院颁发的《关于整合城乡居民基本医疗保险制度的意见》和江苏省卫计委《关于整合城乡居民医疗保险管理机构及职责的通知》文件精神，对全市城乡居民基本医疗保险管理机构及职责进行调整。整合城镇居民基本医疗保险和新型农村合作医疗管理职责，统一基本医保行政管理职责，由市人社局承担。整合城镇居民基本医疗保险和新型农村合作医疗经办资源，自5月19日起，市卫计委下属事业单位“江阴市新型农村合作医疗管理委员会办公室”整建制并入市人社局下属事业单位“江阴市社会保险基金管理中心”。调整后，该中心实行基本医疗保险统一经办，为城乡居民提供一体化经办服务。

【卫生应急技能竞赛】　2017年，江阴市卫计委和市总工会贯彻上级指示精神，推动落实卫生应急“一体两翼”发展思路，联合举办全市卫生应急技能竞赛。竞赛着眼于一线和卫生应急核心能力提升，突出平时与应急相结合的卫生应急专业特点。全市各医疗机构按照“全员动员、广泛覆盖、层层选拔”的竞赛要求，开展形式多样的竞赛活动，7月18日，由数千名参赛选手中脱颖而出的46名选手，在市急救中心进行竞赛。竞赛选手经过现场应考2015版成人心肺复苏及自动体外除颤仪（AED）操作，胜出的9名选手，代表江阴市参加无锡市举办的卫生应急技能竞赛。

【卫生应急自救互救活动暨“12320主题宣传日”】 2010年，江阴市政府把“完成2000名红十字救护员和2万名群众性现场急救培训”列入为民办十件实事项目，江苏省政府在全省推广救护培训的“江阴经验”。2017年3月20日，在第6个全国“12320主题宣传日”，由江阴市卫计委、市红十字会、澄江街道办事处主办，市健康促进中心、疾控中心、急救中心协办，在澄江街道便民服务中心举行“卫生应急——‘救’在你身边”活动，深入推进全市市民自救互救素养提升工程，做好卫生应急自救互救宣传。活动现场，市急救中心和市红十字会的专业人员还共同进行心肺复苏的教学。同时，“12320，合理膳食我帮您！”活动同步开展，通过扫码进入“12320”卫生行业公共服务平台，或拨打该公益热线电话，可以投诉或建议卫生相关问题，获取卫生政策信息和健康保健防病知识。

【开展送医下乡活动】 2017年4月21日，江阴市政协组织江阴市卫计委、市教育局和市文广新局及市有关部门，在申港街道申浦村举行送医、送教、送文化、送健康、送器械、助残“五送一助”活动。市卫计委积极参与该活动，组织市级医疗专家开展送医、送健康系列活动，并向申浦村每户村民赠送一个急救小药箱，受到村民的欢迎。在义诊中，市人民医院、中医院和第二人民医院的医生专家为村民现场答疑解问，让村民在家门口就能享受到专家的诊疗服务。

【“十佳诚信医院”创建评选】 2017年，江阴市为全面推进全国文明城市创建，倡导和形成重信誉、守信用、讲信义的良好风尚，市文明办、社会信用体系建设办公室、卫计委、市场监管局、园林旅游局等五部门制定《2017年江阴市“诚信经营”示范创建活动实施方案》，市卫计委在全市医疗卫生机构范围内开展诚信医院示范创建活动，树立大医精诚的价值理念、坚持仁心仁术的执业操守，全面推进“诚信卫生”建设。创建活动以“五诚信”（诚信执业、诚信采购、诚信诊疗、诚信收费、诚信医保）和“四合理”（合理检查、合理用药、合理治疗、合理收费）为准绳，通过医院自评申报、现场评审、社会评价、微信投票、名单公示、信息发布等环节，最终产生的“十佳诚信医院”为市人民医院、中医院、第三人民医院、第五人民医院、徐霞客医院、中医肝胆医院、璜土医院、顾山社区卫生服务中心、申港社区卫生服务中心、口腔病防治所。

【卫生系统开展走访服务活动】 2017年，江阴市卫计委根据市委《关于开展“连心富民、联企强市”“大走访”活动的实施方案》要求，结合实际组织市卫计委机关和各医疗卫生单位党员干部，开展“连心富民、联企强市”“大走访”活动。市卫计委党委以强化党组织政治引领和服务“三大功能”为重点，创设“一走二访三结亲”“大走访”模式，组织全体党员干部走村进企入户、查找工作短腿短板、解决基层实际问题，形成真走实访、边访边做、即知即改的良好态势。至年底，有237人次参与走访，走访34户村（居）民、企业单位6个，参与村（社区）“两委”（支委会或党委会、村委会）班子会议及村（居）民代表会13次，参与企业管理层、中层及党员骨干代表会6次。在“大走访”活动中，与5个村、1个社区、7个企业开展结对共建活动，在结对的村、社区开展文明创建宣传、健康知识辅导、义诊专场服务等活动15场次，累计收集问题50个，其中民生改善类39个，产业发展类7个，社会治理类4个，办结37个。同时把送医进街道、社区、农村、企业等与“大走访”结合起来，针对基层和群众反映的问题，找准症结制定措施，落实解决。

【“全民健康生活方式日”主题宣传】 2007年，江阴市卫计委落实由国家卫计委、爱国卫生运动委员会办公室和中国疾病预防控制中心共同发起的“全民健康生活方式行动”活动，倡导从改变个人生活习惯做起，以生活习惯的“小调整”获得身体健康的“大收益”。在9月1日第11个“全民健康生活方式日”，市卫计委、市疾控中心以“三减三健，迈向健康”（减盐、减油、减糖和健康口腔、健康体重、健康骨骼）为宣传主

2017年6月7日，江阴市卫计委深入青阳镇塘头桥村开展义诊活动

（吴　亦　摄）

题,提高市民健康意识和健康生活方式行为能力,有效预防慢性非传染性疾病。全市各级医疗卫生机构组织,开展形式多样、内容丰富的系列主题宣传活动。市级医院、社区卫生服务中心及卫生院累计制作并展示30条主题横幅、60块宣传展板,开展现场咨询活动30次,发放健康知识材料1万余册,开展相关健康知识讲座15次,受教育人数约2万余人。

【口腔健康义诊宣传活动】 2017年9月29日,江阴市卫计委组织市口腔病防治所、健康促进中心、人民医院、中医院等单位在步行街学院场,开展"口腔健康,全身健康"大型口腔健康义诊宣传活动。活动现场,医务人员为群众免费提供口腔诊疗,对有需要的口腔疾病患者免费提供涂氟防龋服务,让群众了解自身的口腔健康状况,及早发现,及早治疗。分发宣传资料5000余份,展出展板17块,让群众了解口腔健康的相关知识,增强口腔保健意识。

【"全国高血压日"主题宣传】 2017年10月8日,江阴市卫计委主办以"知晓您的血压"为主题的宣传活动,市疾控中心指导全市各级医疗卫生单位广泛参与,迎接第20个"全国高血压日"。全市各医院、社区卫生服务中心及卫生院组织医务人员开展"全国高血压日"大型宣传活动21场次,通过举行义诊及健康咨询,悬挂横幅、展板宣传、电子屏播放、发放科普资料等形式,吸引大批群众参与,普及高血压防治知识,提高市民对高血压危害的认识,增强全民自我保健意识,动员社会各界参与到高血压防治工作中。

【"国际乳腺癌宣传月"义诊咨询】 2017年10月22日,江阴市健康促进中心、市癌症康复协会、市心理健康协会联合组织的"粉红心光行动"暨"国际乳腺癌宣传月"义诊咨询活动,在天华文化中心举行启动仪式。"粉红心光"是市癌症康复协会和市心理健康协会联合创建的乳腺癌心理康复和关爱女性身心健康的公益品牌,该活动开展以来,对于增强全市乳腺癌患者战胜病魔的信心、提高乳腺癌患者的生存率和生活质量等,起了积极作用。活动现场,市人民医院、中医院、百意中医院的肿瘤科医生给市民提供义诊咨询服务。市健康促进中心、心理健康协会给市民分发健康教育宣传手册等。

【"关爱老人与依法维权"广场活动】 2017年10月28日,江阴市消费者委员会、市场监督管理局、司法局、卫计委等部门在步行街学院场举行"关爱老人与依法维权"广场活动。现场接受老年人的咨询投诉,向老年人宣传科学消费理念,注重自身身体健康,更好的保护老年消费者的合法权益。随着老年人队伍增大,老年人保障水平提高,老年人在投资理财和保健产品两大类的相关消费投诉增加。市消委会提醒,老年人在投资理财时要谨慎,要向专业人士咨询,与家人商量后再投资。江阴市健康促进中心的健教人员,在现场为老年人普及秋冬季传染病预防和保健养生等相关知识。活动现场设20块展板,分发健康资料近2000份。

【集中统一管理出生医学证明】 2017年11月9日,江阴市卫计委根据上级要求,组织召开全市助产机构出生医学证明归档规范工作培训会议,全市各有关人员60人参加培训。根据无锡市卫计委《关于将出生医学证明签发类档案集中统一管理的通知》要求,为规范全市出生医学证明签发类档案的管理工作,对2003年起全市所有签发的出生医学证明相关档案,统一移交至市档案馆集中管理。

【"世界防治麻风病日"宣传慰问活动】 2017年1月17日,江阴市开展"世界防治麻风病日"宣传慰问活动,迎接1月29日的第64届"世界防治麻风病日"暨第30届"中国麻风节",进一步宣传普及麻风病防治知识和相关政策。市卫计委、红十字会、残疾人联合会等单位相关人员组成慰问组,深入到麻风病患者家中,了解他们的生活及健康状况,实地解决麻风病患者的医疗、康复、生活困难问题,并给他们送去慰问品和慰问金。该次活动对4名麻风病人家庭进行慰问,每人发放现金1000元以及水果礼包和生活必需品。通过该次慰问活动把各级政府和社会各界的关爱带给他们,让他们感受到温暖,增强生活的信心;同时弘扬尊重和关爱麻风病患者的社会风尚,提高社会各阶层对麻风病的认识,使人们清楚地认识到麻风病是可防、可治、不可怕的道理。

【"银医通"联建项目签约】 2017年12月4日,江阴市卫计委与江阴农商银行举行"银医通"联建项目合作签约仪式,副市长许晨、市卫计委主任严军明、江阴农商银行行长任素惠等出席签约仪式。"银医通"自助医疗综合服务系统,以掌上APP、微信公众号、支付宝生活号为主要载体,以优化就医流程,打通医保脱卡在线支付为关键点,构建网上预约专家号、预约检查、预约住院、线上支付等治病就医总体解决方案。

(潘　燕)

爱国卫生

【概况】 2017年,江阴市爱国卫生工作坚持政府组织、部门协作、属地管理、全民参与、科学管控的方针,以环境卫生长效管理和健康场所建设为载体。将"全国健康促进试点市建设"和"创建全国文明城市"与爱国卫生工作具体结合,积极创造蓝天碧水的美丽家园。稳步推进健康城市建设,着力推进城乡环境综合整治,落实农村环境卫生长效管理机制,巩固卫生创建成果,加大开展环境卫生监测和健康素养监测工作。全市环境卫生治理工作和群众健康教育工作得到加强,全市的环境卫生得到较大改善、广大群众的健康水平有大幅度提高。申港街道、南闸街道、徐霞客镇、祝塘镇顺利通过国家卫生镇复审评估。

【健康促进示范县试点工作】 2017年,江阴市建设健康城市领导小组办公室以健康促进示范市建设为牵引,推进健康城市建设,建立组织推进、经费保障、责任落实、宣传引导、督查整改等五项机制,抓好健康政策开发,促进部门联动。协调政府办召开健康促进示范市建设推进会议,下发《关于进一步推进江阴市健康促进示范市建设的工作意见》,对照标准和评分表,查找差距,明确工作任务和时间节点，细化各部门职责，确保各项任务稳步推进。加强交流培训，先后赴扬中等地参观学习培训健康促进示范市建设，邀请省健教所所长张凤云和无锡市疾控中心陈再芳等多名专家，组织开展全市健康企业、健康医院、健康村（社区）、健康机关创建培训。有43个健康村、25个健康社区、24个健康企业、39家健康医院、27个健康机关被命名为市级健康单位。其中2个健康镇，12个健康村、8个健康社区、9个健康机关、9个健康企业、3家健康医院先后通过无锡市和江苏省级考核，并被省爱卫办命名。建成健康主题公园1个，新建（提升）健康步道9条。

【巩固卫生镇村创建成果】 2017年，江阴市开展城乡环境卫生整洁行动，市爱卫办依据《江阴市城乡环境整洁行动实施方案》，以四加强、三整治、双提升为主要内容，持续深入开展环境卫生整洁行动。统筹治理城乡环境卫生问题，实现城乡环境卫生基础设施水平全面提升，大气污染、地表水环境污染和噪声污染综合治理取得明显成效，城乡生产生活环境更加整洁有序、健康宜居。配合住建部门加强农村环境卫生长效管理，农村环境卫生面貌得到了较大的提升。在2017年度24个省卫生村复审工作督导中，纠正各村“干在评时”的观念，倡导“干在平时”，复审村顺利通过省爱卫办组织的抽查。是年，南闸街道、申港街道、徐霞客镇、祝塘镇被列入全国爱卫办复审范围。各复审镇（街道）党委、政府高度重视，遵循“政府组织，部门协调，群众参与，社会监督”的爱国卫生工作方针，定标准、定人员、定责任、定时限、定质量，加强督查力度，形成各负其责、互相配合的良好工作机制。扎实开展健康教育工作，实施环境卫生长效管理，依法进行环境保护，加大环保建设投入力度。市爱卫办加强督导力度，各镇（街道）先后通过江阴市、无锡市、江苏省三级复审检查。

【打造“江阴健康”品牌】 2017年，江阴市卫计委以关注大众身心健康，倡导健康理念和健康生活方式为主旨，编辑出版《江阴健康》赠刊2期。推进“百名医师健康巡讲”活动，年内开展巡讲66场，受益群众达1万余人次。在《江阴日报》开辟《健康你我她》科普专栏，以国家基本公共服务为内容，每月在《江阴日报》A2版上刊登一期居民知识问答，进一步扩大宣传覆盖面，全年刊登12篇。与中国移动通信集团公司江阴分公司合作设立健康贴士短信平台，发送健康短信，全年发放24条24万人次。倾力打造江阴健康网及“江阴健康”微信公众平台，以新媒体为推手，开辟健康教育宣传的新途径。在江阴健康网站的《健康指导》《寻医问药》栏目里，每月发布2次，每次3篇健康知识文章。“江阴健康”微信公众平台每周向公众发布一期权威健康信息；设立兴澄银座户外电子屏健康栏目，每日20秒健康公益广告循环播放，单日不低于120次。

【爱国卫生月暨健康教育宣传月活动】 2017年4月，江阴市爱卫办积极开展江苏省第20个健康教育宣传月活动。制订下发实施方案和工作计划，确保宣传发动、责任落实、措施整改、长效管理“四到位”工作目标。具体围绕健康教育、健康场所建设、病媒生物防制、传染病防治等重点内容，精心组织，认真实施，取得实效。爱国卫生月中，累计开展健康教育专项宣传、义诊活动71场次，发放各类宣传资料15万余份，制作各类健康知识展板1000块，张贴宣传画3000余份，受益群众达30万余人次。由市爱卫办、市健康促进中心联合举办以“弘扬爱国卫生传统，共建共享健康江阴”为主题的基于微信平台的全市健康知识竞赛活动，参与人数超过10万人次，参赛人数19000人，分享3100余人次，有1925人中奖。

【开展禁控烟活动】 2017年，江阴市爱卫办结合文明城市创建工作，大力开展禁控烟活动。先后组织市卫生监督所、健康促进中心等单位对全市医疗卫生系统无烟环境进行检查督导；加大对各类公共场所禁控烟工作宣传，张贴禁控烟标识，全社会禁控烟意识明显得到加强。联合市机关事务管理局，下发《关于开展党政机关办公场所控制吸烟专项督查工作的通知》，充分发挥政府部门在控烟工作中的引领作用。围绕“5·31”世界无烟日活动，结合“健康五进”巡讲，走进学校，开展“拒绝烟草的危害　共享无烟生活”签名宣传活动。组织全市各社区卫生服务中心、医疗机构因地制宜，结合实际开展控烟宣传活动30余场，发放控烟宣传资料6000余份，利用中国移动通信网络、健康网站、微信公众号和江阴广播电台的《健康驿站》栏目等平台，发送控烟知识等。

2017年10月，江阴市长泾镇在蒲市村章家宕新建农村水冲式公厕
（齐雪波 摄）

【病媒生物防制和农村改厕】 2017年初,江阴市爱卫办下发《江阴市2017年度爱国卫生工作意见》,要求各镇(街道)规范有物业管理小区病媒生物防制工作。按照要求制定下发《关于开展春季突击灭鼠的通知》《关于切实做好春夏季传染病防控工作的通知》等文件,认真组织春秋两季灭鼠,利用宣传栏、橱窗等宣传阵地,大力宣传"四害"危害及杀灭方法,增强居民除害防病意识和能力。加强改水改厕工作。加强生活饮用水监测,制订江阴市生活饮用水监测项目实施方案并组织实施,每季度向社会公开水龙头水质;积极推进"池改厕"工作,新建和改建农村公厕所372座,完成以纳管式为主的生态改厕18900户。

(齐雪波)

卫生监督

【概况】 2017年,江阴市依法把好卫生许可关,审核发放、注册、变更各类许可证、资格证1947件。围绕各类目标任务,全面部署各条线专项检查25次,各行业监督覆盖率100%。立案处罚76件,到账罚没款25.47万元。检查公共场所单位2809个,分别抽检住宿、沐浴、美容美发场所公共用品用具1224份,合格率分别为100%、80.8%、76%。夏季游泳场所水质抽检93份,其中细菌总数、大肠菌群、浑浊度、PH值指标合格率100%,尿素合格率76.3%。检查3个农村供水加压站、44个二次供水单位饮用水(其中2处居民住宅区),对3个无负压供水单位登记备案。开展水样抽检23户次,现场快速水质检测198项次,合格率均为100%。涉水产品生产企业抽检19份样品,合格率100%。开展春秋两季学校卫生和传染病防控专项督查,检查各级各类学校和托幼机构266个。检查各类有证医疗机构2358户次,实施行政处罚14件,不良执业行为记分11个。501个医疗机构进行量化评分,其中A级单位131个,B级单位364个,C级单位6个。30个公立医疗机构消毒质量监测总合格率97.15%。抽检餐饮具集中消毒单位4批次200件样品,合格率100%。检查放射诊疗机构69个,职业健康检查、职业病诊断、放射卫生技术服务等机构18个。完成273人次个人剂量监测和二级医院及以下医疗机构放射防护基本情况调查。开展"法律六进"(进机关、乡村、社区、学校、企业、单位)宣传活动19次,悬挂宣传标语25幅次,接受现场咨询2000余人次,印发宣传资料5000份。利用媒体对外宣传87篇次。受理各种投诉举报案件168件,回复结报率100%。

【公共场所文明城市创建】 2017年,江阴市卫生监督部门助力全国文明城市创建工作,发动各辖区卫生监督员对公共场所相关的行业卫生单位进行督查指导,打击无证经营。加强公共场所行业整治,抽查检查183个小旅店、238个小浴室、911个小美容美发店、15个小歌舞厅,对上述"四小"行业进行评级,A、B级单位的占比从80%上升至90%。打造公共场所无烟环境,出动卫生监督员1596人次,车辆485台次,重点检查医疗机构、住宿场所、沐浴场所、游泳池、美容美发场所、商场(超市)、影剧院等公共场所1390个,整改128个,培训2274人次。至9月底,全面完成2762个公共场所的三轮次督查和整改。

【打击非法行医行为】 2017年,江阴卫生监督部门继续通过监测哨点、联合整治、复查反馈等形式打击非法行医,全年出动卫生监督员1201人次,监督车辆407车次,组织宣传卫生法律法规15次,打击非法行医158户次,取缔75个,实施行政处罚25件,罚没款15.54万元,没收非法药品和器械155箱(袋),牙床3台,申请法院强制执行2件,向公安移送涉嫌犯罪案件2件。重点打击未取得"医疗机构执业许可证",擅自开设医疗美容以及开展"微整形"的违法行为。加强宣传培训,参加全国性和无锡市组织的医疗美容监督执法专题培训,扩大知晓层面,提高群众自我保护能力。全年检查非法行医的生活美容场所258户次,查处取缔3个,实施行政处罚3件,销毁罚没药物器械品2000千克。

【学校卫生监督】 2017年,江阴市卫生监督部门结合春、秋两季学校卫生专项行动,加大对学校及托幼机构卫生监督管理力度,坚持监督与指导、监督与监测、教育与处罚相结合,进一步落实饮用水卫生管理制度、晨检制度和疫情报告制度,使学校传染病发生发展得到有效控制。6月,组织检查高考和中考考点学校的饮用水卫生,保障师生饮水安全。9月,抽检15所学校的饮用水水样15份,对抽检不合格的学校进行行政处罚,并将检测结果交市卫计委通报给市教育局。全年出动卫生监督员1192人次,

2017年9月23日,江阴市卫生监督所开展全国文明城市创建公共卫生督查

(徐 洁摄)

2017年9月20日，江阴市卫计委卫生监督员在虹桥北路澄北姿彩化妆品商行开展监督采样工作 （汪永周 摄）

车辆564台次，检查各级各类学校和托幼机构266个（其中高等教育学校1所，中等教育学校55所，初等教育学校58所，托幼机构152个），检查覆盖率100%。组织学校学习卫生相关法律法规及国家标准，明确第一责任人责任。开展现场培训45场次，培训学校负责人、学校卫生管理人员241人次。对全市45所获得健康促进金奖和银奖的学校进行学校卫生综合监督评价，其中24所学校评为优秀，21所学校评为合格。

【开展"双随机"检查】 2017年，江阴市卫生监督部门根据国家卫计委随机抽取检查对象、随机选派检查人员"双随机"工作要求，开展公共场所、学校卫生、生活饮用水、消毒产品、医疗、放射等专业监督检查。年内，先后出动卫生监督员1060人次，车辆170台次，监督检查相关单位319个，其中已关闭66个，其余253个经营状态单位完成现场监督检查，并登录国家信息报告系统录入报送完毕。同时完成对38个住宿场所、50个美容美发场所、26个沐浴场所和2个消毒产品生产企业的抽检任务。其中有12个美容美发场所有部分抽检项目不合格，对抽检不合格单位予以立案查处。同时还对23所学校、3个水厂及64个公共场所单位进行现场快速检测，结果基本符合要求。（徐　洁）

疾病预防控制

【概况】 2017年，江阴市报告甲乙类传染病11种1722例，报告发病率103.72/10万，比2016年增长4.49%。共报告8例死亡病例。动态监视辖区内报告传染病疫情信息，共审核传染病报告卡7130张，审核及时率99.98%；网络直报率100%，及时率100%，卡片完整率98.42%，信息准确率99.51%、传报卡及网络直报信息一致率100%，疫点措施落实率100%。有序推广应用江苏省预防接种专用APP软件，安装率达78%。全市预防接种门诊建成达标率100%，二级以上接种门诊建成达标率96.6%，通过无锡市二级一般门诊和狂犬病门诊验收。通过多种形式向辖区居民宣传预防接种异常反应补偿机制及相关利民政策，宣传推广商业补充保险，引导居民积极参与预防接种补偿保险和商业补充保险，有5000余人投保。全市报告预防接种疑似异常接种反应292例，均得到及时调查处理，无重大预防接种异常反应发生。医护人员主动提供艾滋病检测咨询，做好学校艾滋病的宣传教育和防控工作。全市实施结核病分级诊疗和综合防治模式，对高一新生开展免费的结核病筛查。做好螺情监测工作，积极做好布病、锥虫病（全国第三例）和输入性疟疾病例的流行病学调查及疫点处置，没有二代病人发生。全面推进居民电子健康档案建设，开展慢病建档和一体化管理。启用高温中暑病例报告系统，加强职业健康监护工作。加强对超市、农贸市场、饭店等重点领域食品污染物的监测力度，全年监测各类食品177件，合格154份，合格率89.02%。实施"中国儿童与乳母营养健康监测"项目在4个街道开展，监测儿童660人。按照省市要求完成省级哨点医院建设，实现全市乡镇食源性疾病病例监测全覆盖，成为无锡地区食源性疾病实现市镇村三级的试点地区，监测食源性疾病病例1430例，受理各级各类食源性疾病暴发10件，经现场调查核实确认7件，调查及时率100%，事件原因查明率100%。对辖区内13家医疗机构部分从业人员肠道菌送样检测单位进行督导。规范实施江苏省农村饮用水水质监测、大气污染急性健康危害监测项目。建立健全传染病疫情异常信息的快速反应机制，全年发生6件突发公共卫生事件，报告聚集性疫情54件，未发生大规模传播。成功处置江阴首起疫苗类牛痘病毒职业暴露疫情，获得省、市专业部门的肯定。市疾病预防控制中心实验室提档升级，承担相关国家级10项及省级5项监测重任。完成全市食品从业人员和公共场所从业人员健康体检8.85万人次，审核发证8.83万份，合格率为99.8%，不合格163人。因病缺课信息平台登记在册的应报学校有96所中小学校，65所幼儿园，监测工作覆盖率100%。选派科室业务骨干参加各级各类培训120人次，其中省级以上70人次，无锡市级50人次。各科室围绕基层卫生工作中的难点问题，突出重点展开培训，总计培训52次1862人次。鼓励课题研究，《辖区内职业病高发的流行病学分析及干预对策研究》课题获2017年市科学技术进步奖三等奖。年内,有新立项课题4项,在研课题6项。全年发表科技论文60篇,SCI(《科学引文索引》)1篇,中文核心5篇,统计源期刊20篇,获江苏省预防医学优秀论文奖一篇。

【处置肺结核病疫情及分级诊疗】 2017年1月18日,江阴市疾控中心从结核病网报信息系统测报,某幼儿培训中心1名教师被确诊为活动性肺结核。市疾控中心立即组织专业人员,开展疫情调查和病例筛查,责成该教师停止授课,进行规范化抗结核治疗。同时对患者所在班级、办公室进行消毒,加强开窗通风,保持空气流通。对患者密切接触的师生进行PPD(结核菌素)试验筛查,PPD试验筛查结果强阳性的进一步胸片排查。对该机构师生开展结核病健康教育知识宣传,发放宣传资料,消除社会恐慌情绪。7月起,在全市实施结核病分级诊疗和综合防治模式,对涂阴肺结核患者开展生物分子学检测,提高肺结核患者病原学阳性的检出率。全市发现肺结核患者549例,其中病原学阳性肺结核患者为225例,肺结核患者的病原学阳性检出率40.9%。对高一新生开展免费的结核病筛查,结核病信息化管理系统完成需求论证。

【大气污染急性健康风险研究现场调查】 2017年10月30日上午,江苏省疾控中心、江阴市疾控中心在江阴市城东街道锦隆社区和杨市社区,启动"国内大气污染的急性健康风险研究"项目加强研究地区现场调查工作。该项目为评估国内空气污染对公众的急性健康危害,由中国疾病预防控制中心环境所牵头实施,列为国家重点研发计划项目,江阴市被选为该项目加强研究地区,开展现场调查和个体暴露监测工作。现场调查工作由国家项目组、江苏省疾控中心、江阴市疾控中心等单位共同开展。完成对200人的大气污染流行病学个案进行调查、健康体格检查、生物标本采集,监测20人PM2.5的个人剂量暴露。调查所在的锦隆社区和杨市社区居民配合良好,参与此次调查的居民表示,通过该项目,让他们更加关注大气污染对自己健康的影响,同时了解一些雾霾期间的应对措施。

2017年11月15日,江阴市举办2017年江阴职业技术学院结核病防控健康教育暨志愿者招募活动 (黄 丁摄)

【举办结核病防控健康教育暨志愿者招募活动】 2017年11月15日,江阴市卫计委联合市疾控中心、健康促进中心、江阴日报社、江阴网在江阴职业技术学院开展结核病防控健康教育活动、百千万结核病知识宣传志愿者招募以及"健康直通车"专家访谈节目。活动当天,通过电子屏播放,张贴海报,悬挂横幅,摆放展板,设置咨询台,向广大师生传播结核病防治知识,发放宣传资料1000份,招募150名学生加入结核病防治志愿者队伍。随后开展以"结核病防治、健康生活方式"为主题的"健康直通车"活动,邀请专家为广大师生讲解结核病防治知识,受到学生的好评。

【中心实验室ERA国际实验室能力验证】 2017年,江阴市疾病预防控制中心加强实验室内部质量管理,分别接受江苏省实验室生物安全专项督查和无锡市生物安全备案现场检查,积极组织实验室人员参加各级各项实验室间比对或能力验证试验,共组织参加能力验证8次。通过美国ERA组织的水中总氰化物能力验证。顺利通过中国合格评定国家认可委员会(CNAS)和省质量技术监督局组织的实验室能力认可、实验室资质认定、食品检验机构资质认定的复评审和扩项评审,已获认可和认证的技术能力和该次扩项能力涉及食品、食品相关产品、生活饮用水、疾病控制等相关领域共计350项。中心承担的国家级监测点项目10项,其中有国家食品安全风险监测、国家农村环境卫生状况调查项目、中国儿童与乳母营养健康监测项目、大气污染急性危害健康监测项目、国家公共场所卫生监测项目、伤寒副伤寒监测、手足口病监测、流动人口艾滋病哨点监测、国家心脑血管事件报告监测点工作、血防国家监测点工作。承担的省级监测点项目5项,包括江苏省城市和农村生活饮用水水质监测项目、江苏省暴发食源性疾病病因溯源项目、人感染H7N9禽流感监测、腹泻病监测、碘缺乏病病情及水碘监测等。各项监测点工作均能有序开展,及时上报,圆满完成年度监测任务。

【首次发现疫苗类牛痘病毒职业暴露疫情】 2017年3月2日,江阴市某粉体装备有限公司,对来自苏北某市家兔养殖场约40公斤兔皮进行液氮深冷冻粉碎加工,用于生产牛痘疫苗致炎兔皮提取物注射液,加工现场有8名工人。其后不久,其中有5人陆续出现不明原因发热病例。14日,江阴市疾控中心接报该企业出现多例不明原因发热病例,立即介入调查。据调查,该企业兔皮粉碎过程中,机器产生气溶胶直接排到车间工作区域。5人出现不明原因发热病例，主要症状为持续发热，手部出现数枚圆形脓状疱疹。采集患者咽拭子、血清标本、疱疹液样品送江苏省疾病预防控制中心进行病原学检测，检出牛痘病毒阳性。3月15日，市疾控中心认定该疫情为突发公共卫生事件（未分级），并进行网络直报。通过采取消毒、健康教育、医学观察等综合性预防控制措施后，所有病例均康复，无新病例出现，事件得以快速平息。12月，市疾控中心因首次发现疫苗类牛痘病毒职业暴露疫情并成功处置，被省疾控中心授予特别贡献奖。

【市预防医学会召开第六次代表会】 2017年3月13日，江阴市预防医学会第六次会员代表大会在市疾控中心召开，来自全市各医疗卫生单位70余位代表参加会议。会议总结在疾病预防控制、卫生监督执法、爱国卫生、妇幼保健、农村卫生、继续教育、科普宣传等方面取得的成效，审议并通过第五届理事会工作报告和财务情况说明，通过修改后的学会章程和会费管理办法，选举产生新一届的理事会理事68人，常务理事16人。新一届预防医学会会长陈献文、无锡市预防医学会秘书长周明、江阴市科协主席吴钢和江阴市卫计委党委书记、主任严军明先后发表讲话。新一届学会领导班子以正确的卫生和健康工作方针为指导，以"推进健康中国建设"新目标为动力，适应新形势新任务，打造拥有创新人才、创新技术、创新成果的优秀学术团体。

【因病缺课信息平台监测】 2017年3月，江阴市疾病预防控制中心加强对因病缺课信息平台监测工作，全市在平台登记在册的应报学校数96所中小学校，65所幼儿园都全面开展缺课监测工作，全部实现监测数据的网络直报，监测工作覆盖率100%，日报告率97.54%。中小学校98.38%，幼儿园96.48%；非零上报率88.49%，中小学校84.61%。

【开展碘缺乏病防治宣传活动】 2017年5月15日，江阴市血吸虫地方病防治领导小组办公室、市盐务管理局、市疾病预防控制中心与市第四人民医院在华士社区开展"每天一点碘，健康多一点"为主题的碘缺乏病防治宣传活动。通过展出宣传版面15块、发放宣传材料2000余份、接受群众咨询500余人等形式进行碘缺乏危害和防治知识的宣传，使群众识别碘盐与非碘盐，进行科学补碘，受益人数达2000余人。同时，全市各社区卫生服务中心和医院也开展了形式多样的宣传活动。

【"5·20"全国学生营养日宣传活动】 2017年5月18—19日，江阴市疾控中心和市健康促进中心专业人员走进学校，以"天天好营养，一生享健康"为主题，开展系列宣传活动，迎接5月20日第28个中国学生营养日。专业人员走进校园，组织各学校校医、保健老师对学生进行专题知识讲座，引导学生树立正确饮食理念、正确生活方式和正确饮食行为，不断提高学生的健康意识和自我保健能力。活动张贴宣传画报1500余份，涵盖全市所有中小学校及幼儿园，在学校形成浓烈的宣传氛围。

【艾滋病防治宣传】 2017年，江阴市卫生监督部门加大对艾滋病的防治力度，扩大PITC检测工作，检测各类人群21.7万例，全人群检测率13.07%。同时借助"青爱工程"平台，在学校做好艾滋病的宣传教育和防控工作，并组织学生积极参与无锡市首届青年学生防艾同伴教育主持人大赛。市教育局和市卫计委在12月1日第30个"世界艾滋病日"，以"共担防艾责任，共享健康权利，共建健康中国"为宣传主题，联合举办青少年防艾教育现场会，邀请江南大学教师沈力晔授课，与全市中小学德育、心理老师一起齐聚周庄中学，探讨中小学生性教育的开展。讲座结束后对全市第四批"青爱工程"实验学校进行授牌仪式。同时，周庄中学体育馆1000余名学生集中聆听市二中老师杨晓峰"拥抱你，拥抱爱"主题宣教课。市疾控中心还在校园内摆放宣传展板，向广大师生发放艾滋病宣传折页，普及防艾知识。

【引进"EV71灭活疫苗"】 2017年，江阴市卫生监督部门针对手足口病是由肠道病毒71型（EV71）和柯萨奇病毒、埃可病毒等多种肠道病毒引起的常见传染病。重症、死亡病例主要为EV71病毒感染所引起，引进"EV71灭活疫苗"，以降低重症手足口病死亡的风险。全市各镇（街道）社区卫生服务中心、卫生院预防接种门诊，均可给儿童接种该疫苗。"EV71灭活疫苗"是二类疫苗，本着"知情、同意、自愿、自费"的原则进行接种，接种对象是6月龄至5岁的易感儿童，对于5岁以上儿童不推荐接种。3岁以下年龄组是发病率最高的人群，优先推荐接种。

2017年12月1日，江阴市开展"世界艾滋病日"宣传活动。图为周庄中学体育馆1000余名学生聆听以"拥抱你，拥抱爱"为主题的宣教课　（黄　丁摄）

【慢病患者建档一体化管理】 2017年,江阴市卫生监督部门以实施“智慧卫生”工程为契机,全面推进居民电子健康档案建设,组织开展慢病普查,对病人进行量化管理和健康干预评估,全市管理高血压患者15.54万人、糖尿病患者4.68万人,健康管理率分别为47%和36.7%,规范管理率分别为71.7%和77.7%,各项指标均达到基本公共卫生服务规范要求,实现“记录一生、服务一生、管理一生、受益一生”的目标。特别是对高血压患者,在全市各社区卫生服务中心(站)开展对特定人群家庭远程血压监测项目,监测肢体残疾高血压患者1442例,监测人群血压控制率为54.6%,服务对象配合率为81.7%。与此同时,健全以健康志愿者服务促进慢病一体化管理模式,年内,全市招募第二批健康促进志愿者167人,累计442人,志愿者通过深入社区,结对帮助慢病患者,进一步探索社区—志愿者—慢病患者一体化管理工作的新模式。

【饮用水水质监测】 2017年,江阴市卫生监督部门规范实施江苏省农村饮用水监测项目,加强水质监测,保障全市饮用水安全,详细记录农村生活饮用水枯水期、丰水期卫生监测数据,全面及时完成上报省卫生监督部门。年内,完成监测水源水48份824项次,出厂水36份882项次,末梢水126份4284项次,二次供水8份272项次,所有检测项目合格率均为100%。

【职业健康监护】 2017年,江阴市卫生监督部门按照国家职业健康监护技术规范要求,加强职业健康监护,对239个相关单位进行职业卫生普通体检、职业健康检查和放射工作人员职业健康检查,先后体检7315人次,其中职业卫生普通体检213人次,职业健康检查6945人次,职业病危害因素目标疾病损害人数434人次,实际复查人数184人,发现职业禁忌症人数46人,疑似职业病人数2人。对25家医院机构CT机房和普通X射线机房进行检测,检测样品1271件样品,合格率99%,对24个卫生机构进行设备性能检测,监测292项次,合格率100%。按照职业性外照射个人监测规范国家标准进行个人剂量监测,对50个单位相关人员进行监测,其中,涉及接触X线暴露人群399人,进行个人剂量监测1570人次。

【螺情血吸虫病监测】 2017年,江阴市疾控中心落实“防外输入、防内残存”的防控打措施,严防钉螺复现,做好螺情血吸虫病监测。年内,先后投入8696个人工日,调查面积179.86万平方米,任务完成率179.9%,未发现活钉螺。完成血吸虫病查病3276人,任务完成率105.68%,未发现阳性患者。

【国家基本公共卫生服务项目宣传月】 国家基本公共卫生服务是党和政府实施的惠民政策,主要针对儿童、孕产妇、老年人及高血压、糖尿病等慢性疾病患者重点人群,面向全体居民免费提供最基本的公共卫生服务,所需资金全部由政府承担,城乡居民可直接受益。项目自2009年实施以来,人均经费从15元提高到45元,服务内容从九类扩大到十二类,涉及居民健康档案、预防接种、孕产妇健康管理、慢性病患者健康管理、儿童健康管理、老年人健康管理、严重精神障碍患者管理、传染病和突发公共卫生事件报告和处理、健康教育、中医药健康管理、卫生计生监督协管、肺结核患者健康管理。2017年8月10日,江阴市卫计委开展国家基本公共卫生服务项目宣传月广场活动,以“基本公共卫生,我服务你健康”为活动主题,推进该项目的规范实施,让更多居民对该项目的内容和免费政策全面了解。活动现场展出20余块宣传版面,发放800余份宣传资料,社区居民自发组织文体活动。 (缪 英)

妇幼保健

【概况】 2017年,江阴市妇幼保健工作紧紧围绕妇幼健康中心工作,认真贯彻落实省市卫生工作会议精神,以国家妇幼健康优质服务示范市为新起点,不断提升服务质量为目标,保障母婴健康,创新服务管理模式,严格控制孕产妇死亡率、婴儿死亡率和新生儿出生缺陷发生率,全市孕产妇死亡率29.78/10万、围产儿死亡率3.44‰,孕产妇健康管理率94.69%。年内,加大产科紧缺人才培养力度,落实江阴市助产士规范化培训计划,对全市产科超声技术规范化培训,均衡发展全市妇幼健康服务能力。全年妇幼公共卫生服务项目经费1997.71万元,投入264.07万元用于免费婚孕前健康检查22747人次,免费婚检率97.35%。基本建成全覆盖、高效率、临床保健一体的妇幼卫生信息系统,新增红房子医院和城东社区卫生服务中心2家爱婴医院。

(龚爱新)

【二级妇幼保健院建设立项】 2017年4月,江阴市卫计委根据市委、市政府“十三五”江阴城乡建设“1310工程”实施意见等,异地建设二级妇幼保健院,下发《关于成立江阴市卫计委妇幼保健院项目建设领导小组的通知》,成立以市卫计委主任严军明为组长,蒋尧严、严海东等为副组长的项目领导小组,并下设办公室。6月16日,市发改委正式批复立项,该项目建设内容为:利用原人民医院4号、5号楼,按照三级妇幼保健机构标准改造建设,总面积3.2万平方米,设置床位500张。项目总投资预计1.9亿元,所需资金,由地方自筹解决。之后,市卫计委组织带领市妇保院、人民医院和规划设计院等相关人员到广东佛山、江门,浙江杭州等地妇保院实地考察;对人民医院原4号、5号楼进行抗震性和房屋安全鉴定检测,就项目涉及消防要求等问题咨询市消防大队、无锡市消防支队;邀请北京医网现代医学研究中心,对全院业务结构与职能科室的设置进行科学规划。该妇幼保健院功能按照孕产保健部、儿童保健部、妇女保健部、计划生育技术服务部“四部”中心化模式布局,以形成集医疗、保健和健康管理为一体的医疗保健中心运行体系。

(苏秋霜 高筱恬)

【与复旦大学附属儿科医院合作签约】 2017年6月,江阴市妇幼保健院与复旦大学附属儿科医院举行技术合作签约仪式并挂牌。双方就江阴市儿童先天性心脏病早期筛查项

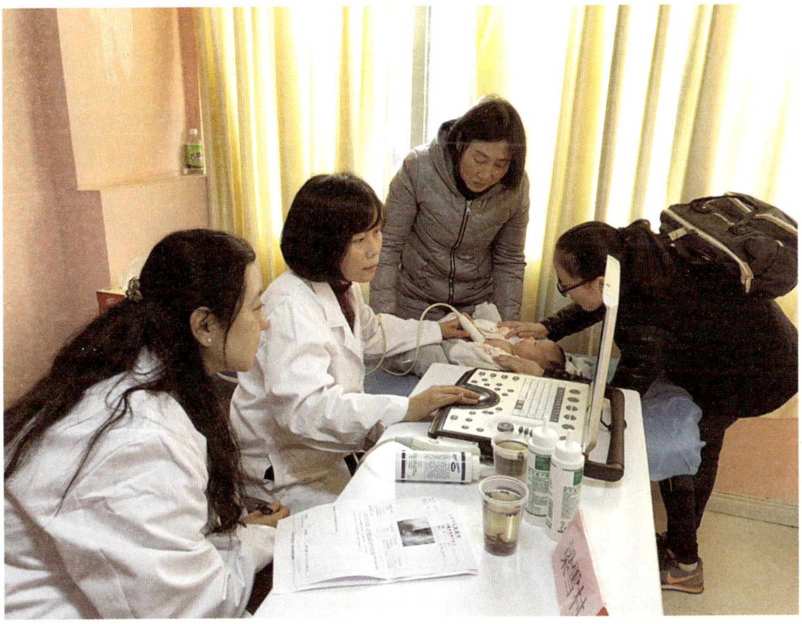

2017年12月17日，上海复旦大学附属儿科医院心血管中心专家团队一行8人，在江阴市妇保院开展儿童先天性心脏病义诊活动　　（苏秋霜 摄）

目进行第一步技术合作，开展该病的筛查和诊治工作，并建立绿色转诊通道。7月，全市启动实施0～3岁儿童免费先天性心脏病筛查，将该病初次筛查时间，前移到出生后72小时内，实现早诊断、早干预，及早改善患儿预后和生存质量。基层医疗机构负责婴儿出生后和满月后初筛，可疑阳性病人转诊至市人民医院和市妇保院复诊，重症病人在知情同意、自愿选择的基础上，通过绿色通道优先转诊至上海复旦大学附属儿科医院诊治，并积极为贫困家庭患儿申请救助基金。12月，市卫计委主办儿童先天性心脏病义诊筛查活动，上海复旦大学附属儿科医院心血管中心的小儿先天性心脏病专家团队一行8人，在市妇保院为近百位儿童进行面对面的专业诊治。

（苏秋霜）

【"孕育桥"APP启用】　"孕育桥"是上海臻鼎健康科技有限公司打造的一款孕育软件，为处于备孕、怀孕、育儿阶段的服务对象提供全方位的服务，构建医疗机构、医务人员与孕产妇及儿童之间的信息平台。2017年6月，江阴市妇幼保健院正式启用孕产妇及儿童健康管理平台——"孕育桥"APP。通过"孕育桥"上的功能，可以查询婚前医学检查报告；孕妇们可以查看产检检查报告、了解孕育百科知识、预约孕妇学校课程、在线健康咨询以及孕期健康监测等等；孩子出生后，了解其健康状况，接收疫苗接种和健康体检通知，辅食食谱科学喂养宝宝等。年内，"孕育桥"APP在市妇幼保健院、青阳医院、利港医院成功运行，拟全市推广实施。　（苏秋霜）

【危重孕产妇和新生儿救治中心完善】　2017年1月，江阴市卫计委修订出台《江阴市危重孕产妇和新生儿救治工作实施方案（2017版）》，新增市中医院和市人民医院为指定市级危重孕产妇救治中心，市人民医院指定为市级危重新生儿救治中心，成立多学科、多部门联动的市级危重孕产妇和新生儿救治专家组和各基层助产医院救治专家组。10月，在市人民医院组织开展危重孕产妇急救实地演练，基层二级和部分一级助产医院产科主任和护士长现场观摩。11月，组织市三级医院医务科长和产科主任、部分二级医院分管院长和产科主任现场观摩无锡市危重孕产妇急救演练，增强各级产科医院应急救治能力。是年，全市分娩总人数18918人，活产婴人数18873人，孕产妇死亡率29.78/10万，发生孕产妇死亡5例（死因：2例产后大出血，3例孕期合并症），围产儿死亡率3.44‰，新生儿出生缺陷发生率3.49‰，孕产妇健康管理率94.69%，0～6岁儿童保健管理率99.85%。全年为56例医学需要人工终止妊娠的孕妇，出具医学诊断意见书。

【"三八"妇女节妇女保健进社区】　2017年3月8日，江阴市为进一步提高全市女性健康意识，纪念"三八"国际劳动妇女节107周年，市卫计委发动全市各级医疗机构，围绕活动主题，采取多种形式开展纪念活动。通过上街义诊、健康讲座、发放宣传资料、张贴宣传栏，利用微信、网站等网络新媒体，深入社区、单位以及公共场所等场所，结合法律法规、生殖健康、围孕期保健、更年期保健等方面，展开一系列健康服务活动。据统计，全市发放宣传资料种类150种次，发放资料7304张；宣传栏53种次，共130个；播放音像资料种类22种次，共75次，全市播放累计时间达36天；各医疗卫生单位协同妇联共开展公众健康咨询活动32次，服务对象2760人次；开展健康知识讲座17次，服务对象553人次；各单位制作传播材料，其中平面材料种类812种次，音像制品7种次，微信推送3条；个性化健康教育735人，知识知晓率99.4%，受到健康教育培训约652人次数。

【开展全国母乳喂养宣传日活动】　2017年5月20日，江阴市健康促进中心携手江阴广播电台在国际大酒店会议中心举行大型公益活动——"喂"爱加油。研究显示，母乳喂养可以降低儿童的死亡率，用母乳喂养的婴儿发展更为健康，其带来的益处可以延续到成人期。活动现场举行诗朗诵（呼唤母爱）、科学母乳喂养知识讲座、上海中山医院知名专家义诊、有奖互动，分发母乳喂养健康手册近500份，展出展板8块，普及母乳喂养知识。

【"世界母乳喂养周"宣传活动】　2017年8月1—7日，是第26个世界母乳喂养周，江阴市各医疗机构依据《关于开展"世界母乳喂养周"系列宣传活动的通知》，充分发挥助产机构主阵地的作用，结合实际，开展宣传活动。活动围绕"母乳喂养，共同坚持"的主题，以计划怀孕夫妇、孕产妇和哺乳期妇女为重点宣

2017 年 8 月 5 日，江阴市人民医院开展“世界母乳喂养周”宣传活动
（包理丽 摄）

传人群，进行母乳喂养周宣传活动。活动通过强化人员培训、举办专题讲座、发放宣传资料、滚动电子屏幕、电视报纸等方式扩大宣传覆盖面，举办健康讲座 32 场，发放宣传资料 4954 份，交流受教人数 2038 人次。市卫计委还以该活动为契机，进一步落实爱婴医院长效管理、母乳喂养的各项措施，把促进母乳喂养工作贯穿始终，并对照《江苏省爱婴医院（卫生院）评估标准》要求，提高爱婴医院管理质量，从根本上体现“儿童优先，母亲安全”的爱婴医院服务宗旨。（唐妍彦）

医政管理

【概况】 2017 年，江阴市卫计委编制《江阴市“十三五”医疗机构设置规划（2015—2020）》，科学规划各级各类医疗卫生机构数量和规模，建立完善现代医疗卫生服务体系，为社会办医疗机构预留空间，满足群众多样化需求。进一步完善区域影像、心电、检验、病理、消毒、远程会诊等共享中心内涵建设，减少基层医疗机构重复投资建设和居民重复检查现象。消毒供应中心配送无菌包 16.23 万个，检验检测中心提供检验服务 4.58 万人次，病理诊断中心完成病理会诊 2990 例次，影像诊断中心完成会诊 7180 例次。制定《江阴市推进分级诊疗制度建设的实施意见》，基层就诊率 70.42%。推进等级医院创建工作，市人民医院、市中医院巩固三级医院创建成果，市中医院完成三级中医院复核评价，三院、四院二级医院通过等级医院重新评审工作。全市有 15 个医疗机构 62 项限制临床应用技术备案公示。组织开展《医疗质量管理办法》学习培训，完成院内感染（以下简称“院感”）、护理管理、血透、医疗质量与医疗安全及院前急救站点等 12 个方面的质量控制，二级以上医院住院病案首页完整率、诊断符合率均在 95% 以上，病案甲级率 90% 以上。组织对全市 300 余个门诊部、诊所进行院感检查；开展未被污染的输液瓶、袋，按医疗废物的专项整治。加强采供血管理，血站血液核酸检测全覆盖，全市无偿献血 2.1 万人次，采血 535.07 万毫升，供血 541.31 万毫升，全年血液报废率 2.07%。二级以上医院（除儿童医院）门诊全部停用静脉输液，全市二级以上公立医疗机构药占比（不含中药饮片）37%，通过采取综合措施努力控制不合理的医疗费用。落实改善医疗服务行动 40 项具体措施。推进市人民医院、中医院市域内胸痛、卒中、创伤等三大救治中心建设，人民医院胸痛中心被国家胸痛中心认证。市人民医院心血管、呼吸、消化、骨科、神经外科、普通外科、烧伤整形、肿瘤、妇科等 9 个专业顺利通过药物临床试验机构资格认定复检，内分泌、传染等 2 个专业获得新增专业资格，累计有 11 个专业获得药物临床试验资格。市人民医院消化内科副主任沈卫东主持的项目“天然 ATP6V1A 抑制剂山荷叶素抑制胃癌淋巴转移的分子机制研究”获江苏省财政厅、省科学技术厅“自然科学基金（青年科技人才专项资金）”10 万元专项（2017 年 7 月至 2020 年 7 月）资助。开展全市“压疮防治促进项目”培训班，培训 57 名压疮防治专业护士；举办全市护理管理新知识培训班，参加培训人员 400 余人；开展系列静疗专科培训，市人民医院静疗专科小组成功创建成“无锡市专科护士培训基地”，并招录首批学员 23 人。完善全市院前急救分站布点和建设，实现院前急救平均反应时间小于等于 10 分钟的目标。设立市疾病应急救助基金，申请核销 5 个医疗机构疾病应急救助基金 163 万元。组织开展“廉政家书”征文活动，引导医务人员强化自律意识，恪守服务宗旨，共建共享风清气正的行业氛围。全年全系统拒收红包 246 人次，金额 49 万元。（李高辉）

【获评全国综合医院中医药工作示范单位】 江阴市人民医院于 2010 年首次成功创建成全国综合医院中医药工作示范单位。此后，医院不断强化组织领导和中医药服务能力建设，充分发挥中医特色和优势，积极开展中医药文化建设和宣传普及工作，从诊疗手段、服务理念、行为规范等方面形成中医药文化特色。在中西医结合肿瘤病区开设中医宣传栏，中医诊疗室及中医活动室，建立中医微信平台等。中医操作项目充分运用电针、耳穴埋籽、雷火灸、中药熏蒸仪等传统和现代医疗设备。有计划有步骤地开展医务人员中医药知识与技术培训，中医药整体工作得到长足发展，有力地促进医院综合医疗服务质量和水平的提升。2017 年，经过申报单位自评，

省中医药管理局评估推荐，国家卫生计生部门组织专家审查，社会公示等程序，3月7日，由国家中医药管理局办公室、国家卫生和计划生育委员会办公厅、中央军委后勤保障部卫生局联合印发《关于公布2016年全国综合医院、专科医院、妇幼保健院中医药工作示范单位名单的通知》，江阴市人民医院作为复审单位，再次被授予“全国综合医院中医药工作示范单位”称号，有效期5年。全国有184家医院通过评审。

【市人民医院晋级为三级甲等综合医院】 江阴市人民医院根据国家《医院评审暂行办法》和《江苏省医院复核评价与评审办法（试行）》，分别于2016年8月和10月，接受由江苏省卫计委医院复核评价和评审委员会办公室组织对该院的调研初评和现场评审。评审组从坚持医院公益性、医院服务、患者安全、医疗质量安全管理与持续改进、护理质量管理与持续改进、医院管理等方面进行现场检查和综合评定。11月，国家卫计委组织专家，以《三级综合医院评审标准实施细则》为标准，对市人民医院进行现场评价调研。2017年1月9日，江苏省卫生和计划生育委员会发布《关于确认2016年三级医院复核评价和评审结果的通知》，江阴市人民医院被确认为三级甲等综合医院，成为江苏省首批由三级乙等综合医院晋级为三级甲等综合医院的县（市）级医院。

【2名医生参加欧洲手外科学会联合会大会】 2017年6月21—24日，第22届欧洲手外科学会联合会大会在匈牙利首都布达佩斯召开。江阴市人民医院手外科医生秦军、周翔参加大会，分别就《单个手指再植后的长期随访和统计学分析》《31例手指远端再植的方法、成活率和影响因素》两篇论文进行专题报告，并接受自由提问。会议期间，秦军和周翔的论文《指固有动脉中节中段穿支岛状皮瓣修复手指远端缺损的临床应用》和《80例M-Tang法修复手指1，2，3区屈肌腱损伤的临床应用》作为电子壁报进行展览。

【市人民医院获中国最佳医院管理团队奖】 2017年，江阴市人民医院参加由中国医院院长杂志社联合有关权威研究机构发起的第三届中国最佳医院管理团队评选活动，该评选活动旨在引导全国各级医院，寻找团队建设与医院发展的突破口，鼓励优秀的医院管理团队，以机制创新、科技创新促进医院发展。评选活动通过课题组实地调查和多轮筛选，结合专家组投票，最终评选出“群星璀璨奖”“众星成城奖”“星月同辉奖”三大奖项。市人民医院在医疗服务、信息化建设等方面的突出成绩，赢得专家评审团的一致认可。11月3日，在广东珠海召开的第十一届中国医院院长年会上，被评为2017年中国最佳医院管理团队奖（第三届），同时荣获“患者服务与体验”“医院信息化应用”2项单项奖，成为年会上全国唯一获此殊荣的县（市）级医院。（张　祥）

2016年10月，江阴市人民医院接受由江苏省卫计委医院复核评价和评审委员会办公室组织的调研初评和现场评审

（张　祥摄）

【获国家“青年科学基金”资助项目】 2017年8月16日，江阴市人民医院消化内科高昳等申报的《PAX2激活lnc-HIF1A－1调控乏氧信号途径对食管癌放射敏感性的影响及机制研究》课题，通过国家自然科学基金委员会评审，作为“青年科学基金”项目立项，资助经费24万元，项目批准号：31700737，项目起止年月：2018年1月至2020年12月。

（刘　览）

【省首家国家药品不良反应监测哨点医院】 2017年5月，江阴市人民医院按照国家药品不良反应监测中心下发的《关于启动2017年国家药品不良反应监测哨点（医疗机构）认定及“中国医院药物警戒系统”（CHPS）部署实施工作的通知》文件要求，对照候选单位遴选条件（卫生行政部门认定的三级和三级以上医疗机构，总床位数500张以上，含有国家和省级重点专科3个以上），均符合申报条件，开始启动监测哨点申报工作。7月，江苏省药品不良反应监测中心对市人民医院基本条件的审核，并通过对CHPS应用信息条件的评估。9月22日，市人民医院运行CHPS，成为江苏省首家国家药品不良反应监测哨点医院，也是国家药品不良反应监测中心计划在“十三五”规划期间，首批建立的50个国家药品不良反应监测哨点单位之一。11月2日，在无锡市被授予哨点医院牌匾。从此，市人民医院药品不良反应上报工作步入了被动收集与主动监测相结合的模式，同时也成为了国家药品不良反应监测中心开展上线后研究的合作单位。

（邬丹莲）

【市人民医院胸痛中心获国家级认证】 江阴市人民医院于2016年10月成立胸痛中心，以心血管内科为主，联合胸心外科、血管外科、呼吸内科、急诊科、检验科、影像科、药学部、超声科等科室构成，并与120联动。2017年11月3日，市人民医院胸痛中心通过中国胸痛中心总部第五批认证，成为全市首个标准版胸痛中心单位。胸痛中心是为降低急性心肌梗死的发病率和死亡率提出的概念，通过多学科（包括急救医疗系统、急诊科、心内科和影像学科等）合作，提供快速而准确的诊断、危险评估和恰当的治疗手段，从而提高早期诊断和治疗急性冠状动脉综合征（ACS）的能力，降低心肌梗死发生的可能性或者减少心肌梗死面积，并准确筛查出心肌缺血低危患者，达到减少误诊和漏诊及过度治疗，以改善患者临床预后的目的。

（和　羿　杨增芯）

【9名医生入选首批省"科教强卫工程"】 2016年，江苏省施行"科教强卫工程"，旨在进一步提高全省卫生计生科技水平和创新能力，构建现代医疗卫生体系，而青年人才和年轻医师的培养，是其中一项重要内容。全省有计划地培养和锤炼40岁以下青年人才，充分挖掘他们的创新能力和发展潜力，提出青年医学人才计划。江阴市人民医院依托单位及其主管部门，与省卫计委签订合同后实施该工程。市人民医院通过对年轻医师的培养，鼓励倡导师技人员进行继续教育和学历深造，为他们提供良好的科研工作环境与基础设施。该工程实施期间，对青年医学人才实行全过程动态管理和目标考核，定期评估，滚动支持，严格实行末位淘汰制。对组织管理考核优秀的单位、建设周期内表现突出的青年医学人才，省卫计委每年将适当增补该名额并给予表彰和奖励。2017年1月22日，经网上申报、单位推荐、资格审查、函评和公示等程序，省卫计委发文公布首批"科教强卫工程"青年医学人才名单，江阴市人民医院肿瘤内科曹向明、沈冬、刘志利，胸心外科虞桂平，消化内科王芳军、沈卫东，神经内科刘冬柏，骨外科任科伟、朱云荣9名医生成功入选江苏省"科教强卫工程"。

（龚　海）

【无锡市"科教强卫工程"医学创新团队】 江阴市人民医院消化病学医学创新团队源于该院消化内科，始建于1980年，2010年创建为无锡市医学重点专科，并获国家药物临床试验消化专业基地资格认定。2013年，创建成为江苏省省级临床重点专科，系东南大学、南通大学及徐州医科大学博士及硕士研究生培养点。专科以消化道肿瘤的基础及临床研究为主要研究方向，能开展消化领域常见病及疑难危重症的诊断和治疗，病源覆盖面广，包括江阴、张家港、靖江和武进等地区，在周边地区享有知名度，为区域性消化病诊治中心。2017年5月27日，市人民医院消化病学医学创新团队在无锡市卫计委召开的全市卫计系统科技创新大会上，获评无锡市"科教强卫工程"医学创新团队。

（晋　韧　沈卫东）

【无锡市首例人感染猪链球菌病患者在江阴治愈】 2017年7月26日，江阴市人民医院收住因右侧腹股沟斜疝的66岁任某患者，准备做腔镜手术。入院第2天出现高热伴全身不适及关节酸痛，第3天出现高热大汗及神志淡漠，经血培养确诊猪链球菌Ⅱ型，为首例人感染猪链球菌病患者。由于尚无有效的疫苗注射，因此还不能对人体进行免疫预防。31日转入感染科，经医院综合救治，该患者于9月8日治愈出院。人感染猪链球菌病全球仅有数百例报道，在无锡市属于首次发现。该病是由多种致病性链球菌感染引起的人畜共患病，可引起脑膜炎、败血症、心内膜炎和肺炎。少数患者发生中毒性休克综合征，此型有极高的死亡率。病猪和病死猪为主要传染源，感染途径是猪的血液和体液，通过破损皮肤的伤口或擦伤而传染给人，也可因吃了未煮熟的病猪肉或内脏而感染，猪与猪之间还可通过呼吸道传染，有较高的流行性，尚无据证明病猪通过呼吸道传染给人，但一旦感染人，病情往往很严重。由于目前尚无有效的疫苗，因此还不能对人进行免疫预防。专家提醒，为预防该病的发生，提倡不宰杀和食用病死猪，一旦发现病死猪，应对病死猪作焚烧后深埋处理，并对病死猪污染的环境进行严格消毒，并做好自身防护。

（孙婷婷　郭春辉）

【科教强卫工程】 2017年，江阴市卫计委加强对科研工作的管理和倾斜力度，组织全市医疗机构积极申报各级各类科研项目，自2013年实现国家自然基金项目零的突破后，连续5年获得国家自然科学基金立项资助，全年无锡市级以上科研项目立项36项，增长13%；获江阴市级以上科技进步奖17项，增长21%；组织实施江阴市科研项目评审工作，有7个单位12项项目获得立项及经费资助。市人民医院消化科被评为无锡市"科教强卫工程"医学创新团队，全市有6人入选"无锡市医学青年人才"。市人民医院被确认为"国家级住院医师规范化培训基地"，城中社区卫生服务中心、陆桥卫生院2个单位被无锡市卫计委确认为全科专业住院医师规范化培训实践基地建设单位。全年住院医师规范化培训新入培学员97人，全市外出进修培训143人次；78名乡村医生参加合理用药知识培训和初级急救知识培训，并通过全省统考；全年举办学习班、培训班等学术活动93期（次），参加医务人员1万余人次，其中国家级继续教育项目2项，省级继续教育项目10项，无锡市级继续教育项目13项。通过设立科教研专项经费，重点对市级以上人才和科研项目进行经费资助，全年累计下拨科教研配套经费498万元。

【推进医联体建设】 2017年，江阴市卫计委总结完善松散型医联体建设成功经验的基础上，拟定《关于开展紧密型医联体试点建设的实施意见》，分别选择华士镇、青阳镇为试点，通过集团化兼并，在两大医联体内试点紧密型医联体建设，实现医联体内部人、财、物统一管理；选择市中医院与顾山镇以"院府合作"模式组建紧密型医联体，实现医疗机构经营权和管理权分离。通过开展"八个合一"（行政、业务、人才、医保、药品、信息、绩效和后勤的管理合一）内涵的紧密型医联体试点建设，并联合市委组织部、市编办、市财政局等部门出台总会计师制度，推进医疗卫生事业改革发展和加快建立现代医院管理制度奠定基础。

【推进分级诊疗制度建设】 2017年，江阴市卫计委以高血压、糖尿病分级诊疗为突破口，制定《江阴市推进分级诊疗制度建设的实施意见》，落实高血压、糖尿病等慢性病分级诊疗技术方案以及孕产妇和0～3岁儿童健康管理等分级服务制度，医联体内通过健全双向转诊协议和程序，重点畅通向下转诊渠道，通过双向转诊病例近7400人次，努力构建“基层首诊、派驻专家会诊、三级医院转诊”的分级诊疗模式，基层就诊率70.42%。

【加强基层机构能力建设】 2017年，江阴市卫计委与市人社局、财政局联合制定江阴市《关于进一步深化社区卫生服务中心（卫生院）运行机制改革的实施意见》，坚持“保基本、强基层、建机制”的原则，突破“收支两条线”管理的束缚，从是年起，在全市社区卫生服务中心（卫生院）推行“核定收支、定额补助、超支不补、结余留用”的预算管理制度，全年医疗服务收入增长62%，基层医疗机构效益明显提升、医务人员积极性明显提高。

【推进“平安医院”创建】 2017年，江阴市卫计委贯彻落实《江苏省医疗纠纷预防与处理条例》，制定《关于建立江阴市医疗纠纷应急处置工作部门联动机制的通知》，继续开展“平安医院”创建活动，实现“平安医院”覆盖率90%以上。依法依规处置医疗纠纷，完善第三方调解机制，畅通投诉渠道，规范投诉处理程序，加大医疗事故及有责任医疗纠纷责任追究力度，建立完善调解赔偿结合的新机制。年内，完成全市45个医疗机构医疗责任险的续保，参保总金额890万元，最高理赔金额50万元。全年接待来访410批次1578人，协议调解149件，其中4件被法院审理，协议理赔金额609万元，出警30次，无重大伤医案件。

（潘　燕）

中医工作

【概况】 2017年，江阴市卫计委认真贯彻《中华人民共和国中医药法》，切实加强基层中医服务体系建设。开展第五期“西学中”暨中医药适宜技术培训班，在全市招收105名学员，培训基层中医药人才。承办2017年中国江阴经方国际论坛暨著名经方家曹颖甫遇难80周年纪念活动，全力推广中医经方。推进中医师承教育，制定《江阴市中医师承教育补助专项资金管理办法》，明确中医师承教育补助资金支出范围，主要用于工作室建设经费、导师培训带教讲课费和研发中药制剂成果奖励。年内，建成7个省名中医工作室、5个无锡市名中医工作室，在全市范围内招收113名学员跟师学习，加快中医骨干人才培养。市中医药学会积极开展中医药文化科普巡讲活动，弘扬中医药文化。是年，市中医院通过三级中医医院评审验收；市中医院皮肤科被省中医药局评为“十二五”省中医药重点学科。陆桥卫生院、马镇卫生院建成省级中医综合诊疗区并通过验收。

（陈文广）

【中医院接受三级中医医院评审】 2017年7月3—4日，以江苏省第二中医院副院长殷立平为领队的省中医药局专家组对江阴市中医院开展三级中医医院评审。7月3日，专家组一行12人听取市中医院工作汇报，江阴市副市长许晨、无锡市卫计委副主任胡建伟、江阴市卫计委主任严军明、副主任俞勤龙等出席。评审专家分成医院管理组、临床科室组、重点专科组、药学组、护理组、辅检组、院感组等分类进行查看，还查阅资料，进行现场考核、人员访谈等，深入医院各个部门和科室，对照标准，点面结合，逐一检查，多角度地对市中医院各项工作进行严格考核。4日，专家组召开评审工作反馈会，按照各组检查的情况进行分组反馈，对市中医院工作给予高度评价，也客观指出存在的问题和不足，提出中医院异地新建的建设性意见和建议。

【中国江阴经方国际论坛】 2017年12月7—9日，为期3天的2017中国江阴经方国际论坛暨著名经方家曹颖甫遇难80周年纪念活动在江阴市举行。该活动由中国农工民主党江苏省委员会“中医同行计划”工作组、南京中医药大学国际经方学院、江苏省中医药学会和江阴市中医药学会联合主办，江阴市中医院承办。来自国内外以及兄弟单位的中医专家学者和社会各界友人等300余人出席论坛。论坛旨在多视角、多层次、多模式探讨在新的政策形势和发展环境下，如何把握中医药文化发展的新契机，冲破传统中医发展的瓶颈和局限，实现传统中医药发展模式到新型中医药文化发展的转变。中医专家学者就中医经方，这一中国人几千年医学智慧的结晶、防病治病的大智慧、中华民族

2017年12月7日，2017中国江阴经方国际论坛暨著名经方家曹颖甫遇难80周年纪念活动在江阴市举行

（吴国英 摄）

的宝贵遗产,中医的发展基础,也是中医学最为接地气的一部分,如何进一步走向基层、走进大众、走向国际展开探讨。江阴有深厚的历史底蕴,孕育了璀璨中医经方文化,历代名医辈出,也吸引来自世界各国的中医学者到江阴“取经”。开幕式上,马来西亚的黄更华向江阴市中医院院长龚伟赠送纪念礼物,并举行黄煌经方江阴工作室揭牌仪式。在为期3天的活动中,中医专家们为前来“取经”的各国中医学者,带来30余场专题讲座。

(周风云　吴国英)

【“膏方工艺”科研项目获省级二等奖】 2016年,“澄江膏方”被列为江阴市第五批非物质文化遗产名录。2017年9月19日,江阴市中医院在江苏省卫计委公布的全省2017年医学新技术评估结果中,药剂科“膏方制备工艺技术及标准化应用示范研究”项目获二等奖,该项目是首项全省县级市中医院中医类科研获奖项目。该科研项目由市中医院院长龚伟担任项目总负责人,药剂科主任宋桂萍、副主任陈国宝负责指导、监督,多名中药师和科研人员组成膏方制作团队进行项目研究。以“清补平衡膏”(江苏省名中医袁士良工作室代表膏方)为研究对象,通过单因素考察、正交试验优选,以没食子酸、5-羟甲基糠醛和芍药苷含量为指标,优选出最佳提取工艺。该获奖项目为中医药个性化膏方的推广和应用,提供基础理论研究;为医院膏方的制备提供研究基础;也为药监部门对膏方进行监管提供可靠依据。

(杨军辉　张梓岗)

【市中医院启动“基层胸痛中心”建设】 2017年2月,江阴市中医院启动“基层胸痛中心”建设,以降低急性心肌梗死的发病率和死亡率。该中心通过多学科(包括急救医疗系统、急诊科、心内科和影像学科等)合作,提供快速而准确的诊断、危险评估和恰当的治疗手段,从而提高早期诊断和治疗急性冠状动脉综合征的能力,降低心肌梗死发生的可能性或者减少心肌梗死面积,并准确筛查出心肌缺血低危患者,达到减少误诊、漏诊及过度治疗,以改善患者临床预后的目的。心血管疾病为国内慢性疾病之首,患病率还在持续上升,死亡率也是居高不下。而高患病率、高死亡率和高昂的医疗负担,使心血管疾病成为国内重大的公共卫生问题。市中医院“基层胸痛中心”建设重在优化救治流程,同时促进临床实践、医疗管理规范化、标准化。通过整合优质急救资源,开通绿色通道,实行院前急救与院内救治的无缝连接,使院前诊断明确的急性冠脉综合征患者,尽量直达冠心病监护病房,需急诊手术的患者直接进入导管室(DSA),最大程度缩短急性心肌梗死患者缺血时间,救命于危难。

(黄　辉　冯　凯)

【市中医院被列为全国异地就医结算定点机构】 2017年8月,江阴市中医院被列为全国跨省异地就医住院费用直接结算定点医疗机构。根据人社部、财政部下发的《关于做好基本医疗保险跨省异地就医住院医疗费用直接结算工作的通知》要求,到市中医院就医的外省参保患者,只要就医前在参保地的社保经办机构办理“外省就医备案登记”,并选择市中医院作为就医定点医院,再前往市社会保险基金管理中心进行就医登记,即可完成在市中医院住院医疗费用划卡直接结算。

(唐费娟　周风云　吴国英)

【第八届“澄江膏方”文化节】 2017年11月1日起,江阴市中医院第八届“澄江膏方”文化节正式开幕,以弘扬中医药传统文化,普及和传播中医药养生知识,倡导健康的生活方式。同时,冬令膏方门诊在市中医院全面开诊。是年11月1日至2018年1月20日膏方节期间,市中医院省市级名中医为广大市民“量身定方”,让更多的人群享受膏方文化的精髓。市中医院在膏方制作的每个环节设置质量控制指标,有专职药剂师进行监督检查,责任明确;同时对膏方建立“身份证”制度,建立和完善膏方标准操作规程和膏方质量控制标准体系,为制作出高质量安全合格的膏方提供有力保障,因而市中医院推出的“澄江膏方”也深得江阴乃至周边地区广大市民的认可。

【“杏林学苑”系列活动】 2017年3月8日,江阴市中医院全新治未病系列科普宣讲“杏林学苑”启动。“杏林学苑”隔周每周三下午在名医堂举办,全年举办20期,是由中医院医务人员合力组建的志愿科普平台,主张“未病先防、是病早治、既病防变、愈后防复”的治未病理念,旨在向群众普及防病治病的医学知识。宣讲团由名医专家等组成。他们以百姓能够听得懂的语言,宣讲中医治未病。诠释“看的是病、救的是心、开的是药、给的是情”的从医理念。“杏林学苑”以丰富多彩的内容、新颖别致的形式,做好老百姓健康的守护者,做好中医药文化的传递者,搭建起百姓和中医药文化的桥梁。

(周风云　吴国英)

■类目编辑　赵修平

体　育

综　述

【概况】　2017 年，江阴市体育局坚持“为城市发展添光彩，为百姓健康谋福利”理念，主动融入大局，统筹推进群众体育、竞技体育、体育产业协调发展，各项工作再上新台阶。成功举办市第七届全民运动会。成功承办国际青年足球锦标赛、“一带一路”国际跳棋赛、全国游泳俱乐部锦标赛、全国业余棋王赛等国际国内大赛 6 项 13 次。江阴市运动员在第十三届全国运动会上获 5 枚金牌、3 枚银牌、6 枚铜牌；在第十三届全国学生运动会上获男子中学生组足球冠军、田径 4 块金牌，均创历史最好成绩。是年，江阴市被中国象棋协会授予“全国象棋之乡”称号，被评为 2013—2016 年度全国群众体育先进单位。

【市第七届全民运动会】　江阴市第七届全民运动会（以下简称市七运会）于 2017 年 4 月 1 日至 11 月 23 日举行，历时 8 个月，参赛运动员 7792 名，比赛分为青少年部和成人部，共设 24 个大项、48 个小项，其中龙舟赛和跆拳道等首次列入比赛项目。11 月 8 日，市七运会开幕式在江阴体育中心隆重举行，无锡市委常委、江阴市委书记陈金虎宣布市七运会开幕，市长蔡叶明致开幕辞，崔荣国、袁秋中等市四套班子领导和部分老领导出席开幕式，3 万名市民参与观摩开幕式。11 月 23 日，举行市七运会闭幕式暨群众体育先进表彰大会。

【市全民健身综合馆开工建设】　2017 年 5 月 17 日，江阴市全民健身综合馆（综合训练馆）项目开工建设。根据规划设计，新建的全民健身综合馆共有五层，其中地上四层、地下一层，包括乒乓球、羽毛球、篮球、排球、举重柔道、田径等运动场地，总建筑面积 1.1 万平方米。全民健身综合馆建成后不仅可以满足市区广大市民日益增长的健身需求，而且可以充分保障市业余体校专业训练，该项目列为市委、市政府为民办实事工程和“1310 工程”*重点项目。

【“江阴体育大汇”微信关注人数近 6 万人】　江阴市体育局“江阴体育大汇”微信公众平台，是为全市运动爱好者提供集运动体验分享、活动发布与组织、同城交流互动、体育培训信息发布等功能于一体的江阴体育媒体品牌。方便市民及时了解并主动参与形式多样的群众体育活动。至 2017 年年底，该微信平台关注人数近 6 万人，“江阴体育大汇”网站的注册会员达到 3 万人。

群众体育

【概况】　2017 年，江阴市群众体育蓬勃开展，“10 分钟体育健身圈”建设进一步提档升级。政府投入 490 万元，配送设置健身路径 210 套、篮球架 100 副、室内乒乓球台 50 张。体育社团及服务网络建设进一步充实，拥有市级单项体育协会 42 个，市级体育俱乐部 67 个。拥有社会体育指导员 5486 人，实现每万人拥有社会体育指导员 32 名。以元旦公益徒步大会、全澄欢乐跑、江阴半程马拉松赛等三大品牌活动为基础的“江阴公益体育大会”品牌体系基本形成。稳步推进“一镇一品”群众体育活动，年内组织开展各级各类群体赛事 530 余项次，直接参与人数超 50 万人次。

【迎新年全民健身系列活动】　江阴市自 2000 年以来，连续 18 年开展元旦全民健身活动，参与人数越来越多。2017 年 1 月 1 日，江阴市全民健身活动启动仪式暨“江阴农商银行杯”第三届元旦公益徒步大会在江阴体育中心举行。无锡市委常委、江阴市委书记陈金虎宣布大会开幕，市委副书记、代市长蔡叶明作新年致辞，市领导孙小虎、徐冬青、程政等出席启动仪式并参加徒步活动。近 5000 名市民分别参加 10 千米健步行或 6 千米亲子行活动。该次活动报名费全部用于资助江阴白血病儿童、困难家庭。活动现场还设置捐衣、捐书点，捐赠物品送往江阴贫困家庭和西部贫困山区。除元旦公益徒步大会以外，还举行健身展示、棋类比赛、拔河等各种活动，各镇街也组织开展形式多样、丰富多彩的体育活动或体育表演。

【江阴徐霞客半程马拉松赛】　2017 年 11 月 5 日，江阴市体育局、江阴市土地储备中心主办的江阴徐霞客半程马拉松赛（简称“澄马”）在敔山湾举行，市领导蔡叶明、孙小虎、徐冬青、程政、许晨出席开幕式。比赛

2017 年 11 月 5 日，江阴徐霞客半程马拉松赛开赛　　（陆　澄 摄）

由江阴市社会体育管理中心、江阴暨阳体育产业发展有限公司、江阴徐霞客户外运动联合会联合承办，江苏中南体育有限公司和江阴市体育志愿者协会协办。“澄马”赛事以“奔跑吧，江阴”为主题，分为半程马拉松、短程马拉松、迷你马拉松。来自江阴、无锡、常熟等地的 4510 人报名参与，其中半程 1403 人、短程 1292 人、爱心家庭组 605 组 1815 人，参赛人数比前两届有明显提升。包含 80 余个报名团体，其中有江阴市科协健康阳光微马队、咕咚江阴跑团、江阴跑吧、江阴旌阳劲跑俱乐部、阳光跑团等江阴及周边的知名跑团和企业单位。

【江阴市体育志愿者协会成立】 江阴是志愿者之乡，体育志愿者在江阴半程马拉松赛、元旦公益徒步大会、U17 四国足球赛、全国游泳锦标赛、狮山湖定向越野赛、全澄欢乐跑等各项赛事中发挥了重要作用。2016 年 9 月 3 日，在南京召开的江苏省首届志愿者交流展示会上，江阴市体育志愿者“为健康加码为运动助力”项目获铜奖。同年 11 月，在江阴市志愿服务站建设推进会上，市体育志愿者联盟获“江阴市志愿服务站”铜牌。江阴市体育志愿者分为普通体育志愿者、赛道救援志愿者和摄影志愿者三类。至 2016 年年底，全市体育志愿者累计提供志愿者服务 2238 人次，服务赛事涉及运动员 161778 人次，服务总时间 11550 小时。2017 年 1 月 7 日，江阴市体育志愿者协会成立大会暨“志愿者吧”表彰大会，在江阴体育中心新闻发布厅举行。

竞技体育

【概况】 2017 年，江阴市竞技体育备战参赛，屡创佳绩。在江苏省级以上的各类比赛中，江阴市运动员斩获金牌 35 枚，银牌 12 枚，铜牌 20 枚。其中，在第十三届全国运动会上获 5 枚金牌、3 枚银牌、6 枚铜牌，在第十三届全国学生运动会上获男子中学生组足球冠军以及男子 100 米、女子 100 米栏、男（女）4×100 米接力冠军，创历史最好成绩。华士实小击剑队在省冠军赛、锦标赛中，共获得 5 枚金牌、2 枚银牌、10 枚铜牌。在昆山举行的省县组田径比赛中，全市 16 名选手参加 37 个项次的比赛，获 6 枚金牌、5 枚银牌、2 枚铜牌，获团体总分第六名，金牌榜第五名，高中组总分排名第二的好成绩，被授予“体育道德风尚奖”，创造全市体校田径队近年来的最好成绩。同时，全市还向省优秀运动队输送 7 人，向无锡输送 43 人。

【获全国学生运动会男子足球冠军】 江苏江阴高级中学足球队从 2011 年开始，就尝试“省队校办，教体融合”的全新模式。2014 年，江苏省体育局、江阴高级中学、江苏国信舜天俱乐部、无锡市体育场馆和训练管理中心、江阴市体育局等五方共同联办江苏男足 U17（1999—2000 年龄组）运动队。2016 年 11 月，在江阴进行的中国足球协会 U17 冠军赛上，江苏省江阴高级中学队以 3∶2 力克欧洲强队乌克兰基辅迪纳摩队。2017 年 9 月 14 日，江苏江阴高级中学足球队以3∶0战胜四川队，夺得全国第十三届学生运动会中学组足球冠军，是江苏历史上首次在该赛事夺冠。

【全国象棋业余棋王赛】 2017 年 4 月 1 日，“江阴周庄杯”2017 年全国象棋业余棋王赛在江阴市周庄镇启动。此赛事参赛选手来自全国 31 个省、自治区和直辖市，各地共举行赛事 613 场，实地比赛和网络比赛参赛人数超 60 万人次。正式竞赛项目分公开组、老年组、少年组、儿童组 4 个组别，表演项目分家庭双人组、行业组两个组别，获得各组别冠军的棋手获得“全国业余棋王”称号。此次棋王赛至 11 月 6 日闭幕。国家体育总局棋牌运动管理中心主任、党委书记罗超毅，等出席闭幕式。（参见《街道 · 镇概况》类目《周庄镇》分目中相关条目）

【江苏男子象棋队入户江阴】 2017 年 11 月 5 日，江苏省男子象棋队联办仪式暨江苏海特棋牌俱乐部揭牌仪式在江阴市云亭街道举行，江苏省棋牌运动管理中心主任杨伊明、江阴市体育局副局长张健、江阴市云亭街道办事处主任邬闽澄、江阴初级中学校长陆振华、江苏海特服饰股份有限公司董事长朱海荣等五方代表共同签约。这是中国象棋从专业化向职业化转变的首块“试验田”。国家体育总局棋牌运动管理中心副主任、中国象棋协会主席陈泽兰，江苏省体育局副局长颜争鸣，江阴市副市长许晨出席揭牌仪式。海特棋牌俱乐部的揭牌，标志江苏象棋正式进入“象甲”时代，俱乐部是由“新三板”挂牌企业江苏海特服饰股份有限公司赞助的职业象棋俱乐部，除了代表江苏省参加“象甲”联赛，还将担负起促进江苏象棋事业全面发展的重任。

【首次举办省级跆拳道大赛】 2017 年 5 月 5 日，由江苏省跆拳道协会、江阴市体育局主办，江阴市跆拳道协会承办的2017年江苏省大众跆拳道精英赛在江阴体育中心体育馆开赛。这是全市首次举办省级跆拳道赛事，共设个人品势、团体品势、跆拳道舞、个人竞技等比赛项目，江阴市南闸中心幼儿园正道馆等来自全省的23支参赛队近500名运动员参加比赛。南闸正道馆以团体总分第一的成绩荣登奖牌榜榜首。

2017年江阴市承办重大赛事一览表

表50

项目	时间	参赛队	人数(人)	地点
第十三届全运会群众比赛国际跳棋预赛(江苏分区赛)	4月8—9日	20	253	市新爵国际大酒店
“四方杯”2017年全国游泳俱乐部锦标赛	4月8—9日	56	1477	市民水上活动中心
中华人民共和国第十三届运动会男子足球18岁以下组(江苏江阴赛区)	4月14—23日	5	151	江阴体育中心
2017年中国足协“雪豹日化杯”江阴国际青年足球锦标赛	5月24—28日	4	100	江阴体育中心
2017年全国象棋特色学校比赛	5月28—30日	57	480	市澄星国际大酒店
2017中国足协中国之队国际足球赛(中国VS洪都拉斯)	10月4日 10月7日	2	60	江阴体育中心
2017年“一带一路”中国国际跳棋邀请赛	11月9—14日	8	43	市澄星国际大酒店

2017年江阴市参加上级体育比赛成绩一览表

表51

运动员	名称	时间	地点	项目组别成绩
陈　佳	2017年全国棒垒球锦标赛	3月15日	四川攀枝花	女子垒球冠军
许美玲	2017年全国田径锦标赛	5月16—19日	山东济南	女子4×100米接力冠军
谭新宇	2017年全国大奖赛总决赛	6月25—27日	贵州贵阳	男子4×400米接力季军
许紫春	2017年全运会	8月3—13日	天津	女子57公斤级季军
黄家彬				男子81公斤级季军
陈　佳		8月28日至9月4日		女子垒球冠军
许美玲		9月2—7日		女子4×100米接力冠军
周艳兵				女子4×100米接力冠军
				女子4×400米接力冠军
汪　丽	2017年第十三届全国学生运动会	9月4—10日	浙江杭州	女子100米栏冠军
				女子4×100米接力冠军
陆伟一				男子100米冠军
				男子200米季军
				男子4×100米接力冠军
顾华江 邢唯一	2017年第十三届全国学生运动会男子足球(中学组)	9月4—15日	浙江杭州	中学男子足球冠军
曹洛豪	2017年全国后备人才举重锦标赛	12月12—17日	江苏常州	69千克男子抓举亚军
				69千克男子挺举季军
				男子总成绩亚军

体育产业

2017 年 7 月 6 日，全国体育旅游产业发展大会与会人员实地观摩海澜国际马术俱乐部　　（陆　澄摄）

【概况】 2017 年，江阴市体育产业突出重点，统筹兼顾，稳步推进国家产业基地建设。江阴市海澜国际马术俱乐部、江阴市四方游泳设备有限公司、江苏凯路威电子科技有限公司、江阴科强塑胶科技有限公司等 4 个产业单位，获得江苏省级体育产业发展专项资金 250 万元。“江阴海澜马文化主题旅游景区”获评中国体育旅游十佳精品景区。江阴体彩共销售 7.1 亿元，创历史新高，市体彩中心获评全国区县体彩工作先进单位。江阴体育中心全年接待观众及各类健身休闲市民超 120 万人次。

【获评全国区县体彩工作先进单位】 2017 年，江阴市体育彩票继续保持良好销售态势，实现总销量 7.1 亿元，创历史新高，比 2016 年增加 1.12 亿元；创全国销量第一，市体彩中心获评全国区县体彩工作先进单位。年内，组织专家在各镇（街道）举行巡回培训，举办 3 期竞彩擂台赛，开展中奖宣传、赛事赞助、爱心助学、义务献血等活动，打造公益体彩形象。

【全国体育旅游产业发展大会参会人员考察江阴】 2017 年 7 月 6—7 日，由国家体育总局、国家旅游局主办的全国体育旅游产业发展大会暨水韵江苏推介活动在江苏省无锡市召开。其间，300 余名与会人员到江阴，实地观摩海澜国际马术俱乐部，考察江阴体育旅游产业创新发展路径。国家体育总局副局长赵勇对江阴市“旅游 + 体育”产业深度融合的成功实践予以高度评价，并希望江阴起到样板示范作用。无锡市委常委、江阴市委书记陈金虎，江阴市副市长许晨等陪同调研。海澜马术俱乐部是国内首个集马术训练、表演比赛以及健身休闲度假为一体的马术训练表演基地，“马术表演盛典”已举办 300 余场，吸引几十万国内外观众观看。

【省级专项资金申报和落实】 2017 年，江阴市体育局根据江苏省级产业引导资金扶持政策，加强与产业单位的沟通联系，开展指导审查和帮助申报工作。年内，江阴市海澜国际马术俱乐部、江阴市四方游泳设备有限公司、江苏凯路威电子科技有限公司、江阴科强塑胶科技有限公司等 4 个产业单位获得省级体育产业发展专项资金 250 万元。同时，按照资金使用规范管理要求，做好已获资助的 20 个产业单位、34 项产业引导项目的专项资金的使用情况检查及绩效评估等工作，规范资金使用，以专项资金引导推动发展。

【江阴体育中心开放运营稳步发展】 2017 年，江阴体育中心共完成全国游泳俱乐部锦标赛、全运会男足U18 预赛、中国足协国际青年足球锦标赛、长三角国标舞公开赛等省级以上赛事保障 5 项 30 余场次。承办或协办游泳、乒乓球、羽毛球、篮球、排球赛等全市性群众体育赛事 8 项 100 余场次。参与协办江苏省大众跆拳道精英赛、江苏省友好城市网球邀请赛。全年开设夏令营、亲子游和羽毛球、跆拳道、游泳、健身等各类培训班 246 个班次，培训学员 3972 余人次。全年完成开票销售 2850 万元，上交国资办 200 万元，实现净利润 600 万元，累计接待观众及各类健身休闲市民超 120 万人次。　　（周　玲）

2017 年 12 月拍摄的海澜国际马术俱乐部外景　　（史　志摄）

■类目编辑　赵修平

社会工作

人口管理

【概况】 2017年,市公安局围绕深化警务基础工作建设,大胆实践,奋力攻坚,持续深化基层基础工作更牢、实有人口管理服务更强、行政管理服务更优,服务基层服务群众更实的工作目标。年内,市公安局出入境管理部门受理审核公民因私出国45421人次,批准赴港澳51262人次、赴台湾8004人次;受理审核境外人员过境停留签证1013份、签证延期及换发88份、居留许可846份、补换发台胞证47份。至年末,全市户籍人口1254943人,总户数376529户,其中男性622240人,女性632703人;在册登记流动人口945662人,其中务工705066人,务农19849人,投资经商33439人,其他人员187308人。

【户籍制度改革推进】 2017年,市公安局根据《无锡市户籍准入登记规定》文件精神,再次放宽江阴市外户口准入标准,全年办理市外准入6386人,其中购房准入1224人,投靠准入3615人,其他准入1547人;实施居住证制度,提升居住证含金量,推动配套社保、救助、教育、医疗、计生、证件办理等11大项25小项公共服务,办理居住证41118张;推行居民身份证异地办理,跨省异地办理点由2016年的6个增至14个,年内办理省内异地身份证7851张,临时身份证693张,跨省异地身份证14731张;将未成年人更名、投靠类户口审批权限下放至派出所并缩短审批时限,材料齐全、事实清楚的婚迁类等户口当场办理,并为8名无户人员登记常住户口。丰富"江阴公安微警务"服务平台中户籍业务的服务内容,在重名查询、二手房买卖户口查询、身份证进度查询基础上,增加31大项63小项户籍业务预受理,实现身份证办理等窗口收费途径多样化。

【出租房屋和流动人口管理】 2017年,市公安局通过走访排查和基础调查,实行定人定网格、明确工作责任的网格化工作模式,全面摸清多人群租、城郊接合部出租房集中区以及车库、仓库、地下室、临时建筑等各种形式出租房屋情况,特别是对群租房建立一户一档,绘制房屋平面图,结合居住证信息管理系统和警务综合平台信息,筛查对应房源的真实信息。强化信息化管理机制,将开展集中整治与推进基础工作信息化紧密结合,全面推广"警民通"APP流动人口登记核查移动办公应用系统,通过移动终端采集登记流动人口27707人、注销130589人、变更63671人,并对已走访核实出租房屋全面安装二维码电子标识。同时,对出租房屋集中、流动人员较多、安全防范薄弱的安置小区,积极争取地方党委、政府财力物力支持,推广应用视频门禁系统,提高智能化、精准化防范水平。是年,全市在册登记流动人口945662人,落脚点196827个,其中新登记551358人,注销525497人,变动474085人次,新登记落脚点34067个,注销35717个。

【出入境服务管理】 2017年,市公安局进一步简化出入境办证手续,省内户籍居民(不包括现役军人)凭居民身份证即可在江阴申办护照、往来港澳通行证、往来台湾通行证空白证件及赴港澳台团队旅游签注,南京、无锡、苏州3地户籍居民可在江阴异地申请赴港澳台个人旅游签注,全年受理省内户籍居民异地申请23261人次,外省户籍居民异地申请2357人次。树立"互联网+大数据"理念,深入推进警务改革,加快出入境工作由人工操作向科技智能化转型,出入境服务中心及各受理点实行全方位智能化服务模式,统一配备自助填表机和港澳自助签注机,节省人力、提高效率,港澳签注可随到随签。咨询区、自助服务区、等候区、受理区、缴费快递区划分明确,导引标识直观清楚,群众一次即可完成自助填表、拍照、取号、POS终端销售机缴费、快递、取证等办证流程,实现办证"无死角"、服务"全方位"。依托"江阴公安微警务"服务平台,将业务预约、受理网点地址查询、办证大厅人流量实时显示、政策咨询等功能延伸至掌上。 (朱斌 胡娟)

生育管理

【概况】 2017年,江阴市户籍人口出生10468人,人口出生率8.39‰,出生政策符合率99.93%。全面贯彻落实中央《关于实施全面两孩政策,改革完善计划生育服务管理的决定》精神,按照无锡市年度人口和计划生育目标任务,坚持计划生育基本国策,不断改革完善计划生育服务管理,强化基层基础,提升计划生育服务管理水平。是年,严格执行计划生育“一票否决”审核工作,审核31个批次计626个单位(个人)人口和计划生育信息,受理再生育审批331份,发放批准再生育一个孩子生育证331份,实行生育服务登记11076份。

【计生奖励扶助】 2017年,江阴市各级财政投入计划生育奖励扶助资金8135.4万元,惠及15.7万人。审核农村计划生育家庭奖励对象24945人,发放农扶金2394.7万元;审核计划生育家庭特别扶助对象2031人(其中独生子女伤残878人,死亡1153人),发放特别扶助金1369万元,并为全市特扶对象办理2017年度住院护工服务保险24万元;审核持证退休企业人员一次性奖励对象10364人,发放一次性奖励金3727.6万元;审核计划生育手术并发症对象356人,发放并发症特别扶助金43.2万元;为农村居民、城镇无业人员发放14周岁以内独生子女父母奖励金11.9万元,发放独生子女费370万元。加大对计划生育困难家庭临时救助力度,为129户符合无锡市计划生育公益金申报条件的家庭申请无锡市级计划生育公益金69.8万元,为700户符合江阴市计划生育公益金申报条件的家庭发放江阴市级计划生育公益金159.6万元。

【流动人口计划生育服务管理】 2017年,江阴市镇(街道)、村(社区)两级加强流入已婚育龄妇女信息建档和流动人口子女出生信息通报反馈,逐步提高系统平台信息质量。全年新采集入库信息16400条,通报流动人口出生信息5634人,接收省内外协查个案6914件,其中及时反馈个案6913件,及时反馈率99.9%,发送省内外协查个案9006件,收到户籍地反馈个案7244件,反馈率80.4%。年内,办理流动人口生育服务登记证明1529份(其中一孩生育服务登记623份,两孩生育服务登记906份),为省外育龄妇女出具网上电子婚育证明378份,为流动人口子女入学出具计生证明12583份。是年,在南闸街道、顾山镇和新桥镇投资10万元,建立一站式流动人口基本公共卫生计生服务平台;各镇(街道)利用计生协会员活动日、世界人口日、国际避孕日、世界精神卫生日、世界艾滋病日等重要纪念日,开展以流动人口健康为主题的宣传活动。开展流动人口动态监测工作,全市有12个镇(街道)28个样本点参加国家流动人口动态监测,完成调查问卷560份,9个镇(街道)14个样本点同时参加江苏省流动人口入户调查,完成调查问卷280份,另外,完成无锡市流动人口健康惠民调查问卷300份。

(潘　燕)

社会保障

【概况】 2017年,江阴市继续推进城乡一体社会保障体系建设,各类保障待遇持续提升。居民养老保险基础养老金、被征地农民月保养金标准分别调高至310元、760元。连续第13次调整提高企业退休人员养老金,每月平均增长129元,人均月养老金2024元。调整企业社会保险缴费基数上限至18171元、下限至2550元。阶段性降低失业保险费率,用人单位缴费比例降至0.5%。年内,完成城保扩面新增4.3万人,净增2.6万人。至年末,基本养老、医疗、工伤、失业、生育保险参保人数分别为56.1万人、58.4万人、47.5万人、46.9万人、47.3万人。

【失业保险费率调低】 2017年,市人社局为增强企业盈利能力和发展活力,减轻企业负担,稳定职工队伍,失业保险费率单位缴费比例从1%下降至0.5%。落实好助推供给侧改革相关任务,降低社会保险费率,加强监测分析,在为企业降本减负的同时,确保社保基金平稳运行。

【社会保险制度完善】 2017年,江阴市全面推行零售药店医保定点协议管理,明确医疗机构申请医保定点的方法、时间和要求,公开准入条件,新增6个定点门诊部和219个医保定点药店。创新强化监管制度,推出“12分制”动态管理机制,规范定点医药机构行为。整合城乡居民基本医疗保险制度,将市新型农村合作医疗经办机构、人员等整体并入市社会保险经办机构,实行基本医保统一经办,为城乡居民提供一体化经办服务。

【全民参保登记】 2017年,江阴市为推动社会保险由广覆盖迈向全覆盖,继续开展全民参保登记工作,按照查不漏户、户不漏人、人不漏项工作要求,各村(社区)组建全民参保登记核查员队伍,全年入户调查5.9万人,调查率100%。不断完善参保登记基础信息数据库,做好动态分析,掌握参保底数,促进职工和城乡居民持续参保,并充分利用目标考核激励机制,着力推动社保扩面工作。

【医保监管智能审核】 2017年,市人社局通过智能审核系统,加强对定点医疗机构大数据分析,减少不合理住院、用药、检查和收费。全年发现疑点15万条,查实2.3万条,剔除定点医疗机构不合理费用202万元,剔除不合理住院620人次。利用大数据分析,对刷卡数据高度异常的110个药店、37个诊所进行约谈,对规范医疗服务行为、完善付费方式、控制医疗费用、确保基金安全起到重要作用。根据“12分制”解除1个定点诊所医保协议,暂停13个定点药店和诊所医保服务。

【社保经办服务便捷高效】 2017年,市人社局实施医疗、工伤基金先行支付机制。实施异地就医直接联网结算,1月实现省内异地联网结算,6月实现跨省异地联网结算,9月实现市外住院转诊联网结算。年内,受理“12333”社保咨询服务热线21.5万余次,受理“12345”民生服务热线转交的诉求件2810件。完成人力资源公共服务网、江阴人才网及“创江阴”微信公众号的虚拟化迁移并加入云安全防御平台。

就业创业

【概况】 2017年,市人社局加强就业形势分析研判,出台就业创业新政策,采取有力手段,加大扶持力度,促进充分就业、质量就业。全年新增就业岗位5.7万个,实现本地劳动力就业4.7万人,城镇登记失业率2.26%,农村调查失业率2.83%。打出促进全民创业“组合拳”,营造全市创业良好氛围,扶持自主创业2788人,带动就业14525人。年内,发放各类创业补贴455.86万元、创业担保贷款7400万元,落实中小微企业信贷风险补偿资金池贷款2.1亿元。

【就业服务】 2017年,市人社局落实大龄困难人员再就业扶持政策,核发社保补贴1.76亿元、稳岗补贴3001.57万元、再就业培训补贴235.1万元、农村劳动力培训补贴468万元。完成8573名应届高校毕业生数据库调查,江阴籍高校毕业生返乡就业率93.3%,困难家庭大学生100%就业。建立企业用工监测机制,对90个企业进行月度失业动态监测,对250个企业进行月度用工监测,对无锡市部署的220个企业进行季度用工监测,通过动态分析企业用工变化,及时掌握全市企业岗位流失率,有效规范就业用工指导服务,更好地服务经济社会发展。全年举办春季城乡联动大型招聘会、“心系职工、情暖万家”专场招聘会、再就业专场招聘会、夏季高校毕业生专场招聘会等各类招聘会92场,参会单位2200余个。深化见习实训,全年征集开发380个见习岗位,137名大学生报名参训。

【创业服务】 2017年,江阴市建立青年人才创业扶持体系,在全省率先设立社会机构创业活动补助资金每年100万元,设立每月1500元、连续补助3年的创业租房补贴。发放各类创业补贴455.86万元,发放创业担保贷款7400万元,落实中小微企业信贷风险补偿资金池贷款,为87个创新创业型中小微企业放贷2.1亿元。举办第二届“创响江阴·创赢未来”全民创业大赛暨第四届“创业之星”评选活动。举办大学生创业特训营、“创吧课堂”等创业活动。全年扶持自主创业2788人,带动就业14525人。

【创业载体】 2017年,江阴市启动运行全省首个县级市创办的创业培训大学——江阴市创业大学,至年末,培训1517人;启动运行江南大学国家科技园(江阴)创业园,提供84个创业孵化位,至年末,入驻创业项目17项;启动江阴腾创培训产业园建设。年内,与陕西延川县、新疆霍城县及江苏睢宁县、贾汪区和泰兴市共建创业众富基地5个,累计建成江苏省创业孵化示范基地5个。

劳动维权

【概况】 2017年,市人社局继续防范化解过剩产能引起的企业职工安置、社保基金收支矛盾、拖欠农民工工资、人事考试、各类因待遇问题的集访等风险隐患,实现全市劳动关系整体和谐稳定。妥善指导并处理关停企业7个,涉及职工530人;有效指导3个企业处理罢工隐患,涉及职工510人;指导重大劳动关系变更6个,涉及职工6300人。开展农民工工资支付、人力资源市场清理整顿、快递行业劳动用工规范等专项执法检查6次,共检查用人单位7452个,涉及职工30.21万人。对“问题企业”实施“一诉全查”,开展行政约谈。对73个劳务派遣单位和114个实施特殊工时工作制企业,实施“双随机一公开”监管(即在监管过程中随机抽取检查对象,随机选派执法检查人员,抽查情况及查处结果及时向社会公开),督促企业补缴社会保险费556.89万元,追发劳动者工资待遇8563.51万元。年内,接待劳动监察举报投诉案件4268件,受理工伤申请3865份。全市规模以上企业劳动合同签订率99.79%,工资集体协商建制率98%。通过劳动关系分色预警系统处置劳资矛盾5922件,处置完成5834件,处置率98.51%。

【“互联网+书面审查”推进】 2017年,市人社局书面审查并完成信息入库企业10361个,按照江苏省和无锡市书面审查工作要求,积极推进“互联网+书面审查”工作,全年网上书面审查单位5628个。针对全市各镇(街道)40个轮审村1358个轮审单位,制定书面审查时间安排表,做到每个轮审村应审尽审,应审企业零漏网。为达到审查效果,市监察大队和社保中心共同审查市直审、轮审用人单位,并聘请会计师事务所对轮审企业进行拉网式审查,确保书面审查不走过场,取得实效。是年,向“问题企业”下达劳动保障监察建议书217份,整改82个,追发拖欠工资617.2万元,补交社保11.28万元。

【劳动争议人民调解委员会组建】 2017年,市人社局为有效解决劳动争议“案多人少”及“交叉受理”矛盾,为劳动争议快速处理提供绿色通道,联合市司法局、总工会,共同组建劳动争议人民调解委员会,制

2017年2月6日,江阴市在市体育馆举行2017春季城乡联动专场招聘会暨“创江阴”新春创业推介会 (市人社局提供)

定6项调解工作制度及工作规则，形成劳动争议人民调解与行政调解、仲裁调解相互衔接、协力配合的调解工作新机制。是年，调解委员会接收案件341件，受理314件，成功调解271件。

【劳动人事争议仲裁】 2017年，市劳动人事争议仲裁院进一步深化基层调解组织示范化建设，推进队伍专业化与工作规范化，提升效能，及时维护当事人的合法权益。全年调处各类劳动人事争议案件7269件，涉案标的4.15亿元，其中立案处理2283件，涉案标的2.76亿元。立案处理案件中，工伤待遇等社会保险争议721件、劳动报酬争议591件、确认劳动关系争议104件、经济补偿金、赔偿金以及其他争议867件，全年结案2215件，结案率97%，其中裁决结案686件，调撤结案1529件，调撤率69%。推进劳动者权益服务中心实体化运作，将劳动争议人民调解工作向各镇（街道）延伸，指导其建立劳动争议人民调解组织。完善市、镇（街道）、村（社区）、企四级调处网络平台，继续在镇（街道）、骨干企业、重点行业推进调解中心示范点建设。

【工伤认定和劳动能力鉴定】 2017年，市人社局进一步完善社会保障体系，落实国家关于深化医药卫生体制改革的要求，建立统一覆盖范围、统一筹资政策、统一保障待遇、统一医保目录、统一定点管理、统一基金管理的城乡居民基本医疗保险制度。全市受理工伤认定申请4919件，其中认定工伤4837件（含2016年末申请，2017年结案数）；受理伤残鉴定2785人，评定伤残等级2506人；受理病退鉴定555人，评定符合病退条件386人。在工伤康复筛选、康复审批、费用结算等方面为企业和职工提供便利，康复费用由康复医院与社保中心直接结算，全年完成工伤康复115人。 （梁 霄 沈 涛）

民政事务

【概况】 2017年，市民政局围绕"两聚一高"*要求，咬定富民惠民目标，坚持抓改革、打基础、创新思路，抢抓机遇，聚焦重点，凝心聚力，攻坚克难，现代民政事业实现全面发展。低保标准提高至月人均840元，全年全市有低保对象4403户7439人，发放低保金4869万元。新建及升级标准化居家养老服务机构35个，累计建成居家养老服务站263个，新建老年助餐点40个，新增养老床位593张，累计有养老床位12634张，每千名老人拥有床位42.5张，全年发放尊老金2718.18万元。深化"优抚之家"建设，组织"烈士公祭日"活动，开展"双拥在基层""爱心献功臣"等活动，军人荣誉感不断提升。公共服务有力有效，深化绿色惠民殡葬，全年免除丧葬费826.24万元，惠及对象8818人。指导澄江街道和临港街道进行区域优化调整，办理下发地名文件34个，命名地名103个。至年末，全市有村民委员会197个，社区居民委员会57个，村居合一社区46个。加强福利彩票销售管理，全年销售福利彩票5.95亿元，再创历史新高。

【社会救助新体系构建】 2017年，江阴市按照综合型、一门式、便捷化要求，组建运行社会救助中心，整合归并各项救助资源，形成市、镇（街道）、村（社区）三级社会救助网络，"一个窗口受理、一个窗口办理、一个窗口领取"的集中救助模式初显成效。开展综合减灾示范社区创建工作，防灾减灾能力进一步增强，申港街道申港社区通过民政部验收并成功创建全国综合减灾示范社区。

【困难救助】 2017年春节，江阴市走访困难对象7.6万户，发放慰问金8839万余元，按中央和省规定足额发放城乡困难群众节日慰问补助金150.2万元。做好常规性救助，对困难群体实施定向救助、定位帮扶，低保标准自7月1日起由月人均760元提高至840元，全年发放低保金4869万元、深度救助金557万元、临时生活救助金858万元、慈善救助金3331万元，为39户家庭提供危房改造资金78万元。首创互助型救助，在全省率先试行村级医疗互助制度，覆盖全市196个村82.2万人，年度补助资金8846万元，惠及群众6681人次，单笔补助最高5万元。

【流浪乞讨人员救助管理】 2017年，市民政局发挥市、镇（街道）、村（社区）三级救助网络作用，协调公安、城管等部门进行联动，加大街面巡查力度，救助各类流浪乞讨人员272人，其中60周岁以上老人33人，未成年人9人，并对长期滞留人员进行DNA（脱氧核糖核酸）血样采集。开展专项救助行动，实施街面巡查、劝导服务和主动救助，在"寒冬送温暖""夏季送清凉"专项救助中分别救助56人次和61人次。

【困境儿童关爱保护】 2017年，市民政局与综治办等10个单位在全市范围内开展困境未成年人及农村留守儿童"合力监护、相伴成长"关爱保护专项行动，建立并严格执行预警排查、强制报告和应急处置3个机制，进一步强化家庭监护主体责任、政府保护主导责任、群团组织和社会力量作用。至年末，全市有困境儿童790人，其中孤儿120人，监护缺失64人，无力监护54人，重病重残240人，其他需要帮助312人。通过专项行动，落实父母其中一方留家照料83人，父亲或母亲带出共同生活4人，委托祖父母、外祖父母监护109人，委托其他亲属、朋友监护9人，村居委监护1人；对失职父母批评教育17人。

【"五保"和"三无"供养】 2017年，江阴市"五保"和"三无"（无劳动能力、无生活来源、无赡养人或抚养人）供养工作坚持村（社区）、镇（街道）、市三级网上审批制度，全程公开，入户调查，做到应保尽保，严格按照规定办理。年内，全市有农村"五保"对象1172人，其中集中供养445人，分散供养727人；有城镇"三无"人员53人，均集中供养，"五保"对象供养标准为每人每月1150元，"三无"对象供养标准为每人每月1340元。"五保"和"三无"对象免费参加新型农村合作医疗保险，并被列入大病救助对象。

【优待抚恤】 2017年，江阴市贯彻落实省政府做好优抚安置工作专项文件精神，出台物价、旅游、交通、医疗等优待政策措施，落实"两参"（参战、参核）人员补助标准自然增长机制和节日慰问机制，发放补助金1060万余元、义务兵家庭优待金及立功奖励金3000万元。关心涉军困难群体生活，春节前夕，上门走访慰问居家休养的部分1～4级残疾军人、住院精神病残疾军人，及时下拨上级慰问金60余万元；向4181名农村籍退役士兵发放生活补助713万元，向82名老年烈士子女发放生活补助41.6万元。

【退役安置】 2017年，江阴市接收退役士兵534人，市、镇（街道）两级发放退役士兵一次性经济补助金3951万元，安置率100%；另接收军休干部2人、退休士官1人和复员干部2人。贯彻落实全国退役士兵安置工作领导小组政策精神，采集1978年后转业、退役并符合政府安排工作条件的8026名志愿兵、士官和义务兵信息，为退役士兵数据库提供基础支撑。持续改进退役士兵职业教育和技能培训工作，105名退役士兵参加江南大学成人高等学历教育，278名退役士兵参加业余或函授等其他形式成人教育，64名退役士兵复学，发放复学生活补助金74.7万元。

【双拥工作】 2017年"八一"建军节期间，市领导带领相关部门分组走访慰问驻地各部队，各镇（街道）主要领导到共建单位走访慰问。与驻地部队、江阴边检站、市人武部等开展"爱心献功臣"军地联合走访慰问活动，走访重点优抚对象60人，发放慰问金6万元。广泛开展双拥在基层活动，扎实推进第十一轮省"双拥模范城（县）"创建工作，累计发放"光荣人家"牌匾51855块。

【殡葬服务】 2017年，江阴市坚持基本殡葬服务公共公益方向，突出社会效益和惠民利民原则，推进服务公开和责任制度落实，促使殡葬服务文明健康发展。出台《江阴市文明办丧和节地生态安葬减免奖补办法（试行）》，从2018年1月1日起执行。落实海葬奖补政策，免除参加海葬活动的4户家庭海葬费用，并奖励每户家庭1500元。及时处置殡葬违规问题，督促镇（街道）强化主体责任，加大整治力度，全市搬迁散坟2881个，落实市级专项奖补资金144.05万元。全年火化遗体12766具，销售墓穴786个，安葬墓穴1484个，新建节地葬墓位1500余套，免除居民基本丧葬服务费826.24万元，惠及对象8818人。

【平安边界建设】 2017年，市民政局推进平安边界建设，加强界桩检查管理，辖区内管理的界桩均完好无损；组织召开锡泰线界线联检暨平安边界建设联席会议，部署落实《无锡市与泰州市第三轮行政区域界线联合检查实施方案》各项工作任务，开展联检相关工作，顺利完成锡泰线联检任务；组织全市各界线毗邻的镇（街道）及村（社区）签订平安边界协议书，扎实推进平安创建活动，平安边界协议书签订工作按时完成，签订率100%。

【婚姻登记】 2017年，市民政局婚姻登记处依据新的《婚姻登记工作规范》，通过业务学习交流、疑难问题探讨和聋哑手语培训等工作，不断提升业务能力，实现规范登记。针对2月14日、5月20日、七夕节等高峰登记日，采取网络发布通告，提前20天开展现场预约、制订应急预案等形式，积极应对、精心组织，满足市民群众在特殊日子登记需求。推进婚姻档案资源共享，从7月31日起，市档案局民生共享平台在婚姻登记处正式投运，为补办和补领婚姻证件当事人提供一站式服务。配合婚姻家庭指导中心开展离婚调解服务，接待离婚当事人1645对，劝返515对，劝和率31.3%。全年办理结婚登记8075对，离婚登记3307对，婚姻登记率、登记合格率均为100%。 （张宝云）

退休职工管理

【概况】 2017年，市退管办始终秉持"管理＋服务＋宣传"工作理念，不断创新工作机制，规范平台管理，拓展服务领域，逐步深化企业退休人员社会化管理服务工作。年内，接收15676份退休人员档案（含之前未交档案），档案收缴率100%，为退休人员提供工龄复审、独生子女补贴、入伍退伍资料、房产过户、户口迁移等查借阅档案605份，复印档案资料2103份；完成养老金领取资格异地网上协助认证2890人次，其中省内其他地区980人次、外省1910人次，纸质异地资格认证732人次；出版4期《江阴退管》季刊，内容涵盖涉老新政解读、退休活动风采、健康保健常识等，为退休人员传播精神食粮、信息交流提供纽带平台。

【走访慰问活动】 2017年，市退管办走访慰问11709人次，发放慰问金及慰问品价值263万元。其中，春节期间走访慰问企业特困退休人员1179人，发放慰问金和棉被、食用油等生活用品价值119.58万元；高温期间慰问企业退休人员中的劳动模范、鳏寡老人和高龄、重病和特困人员1755人，发放夏令用品价值17万元；对全市70周岁、75周岁、80周岁、85周岁及以上老人7365人进行生日慰问，发放生日蛋糕价值73万元；对1410名去世的退休人员进行上门吊唁，协助家属料理后事，办理丧葬抚恤费，发放慰问金53.5万元。

【文体活动】 2017年，市退管办在做好管理和服务工作基础上，更注重退休人员"老有所乐"，通过举办多彩文体活动来传播退管文化信息。4月12—14日，联合市委老干部局、市民政局、市老年体协承办江阴市第七届运动会成人部老年组乒乓球比赛，被江阴市第七届运动会组委会授予"江阴市第七届运动会优秀组织奖"；4—5月，组织乒乓球、象（围）棋队参加无锡市第十二届运动会，获团体总分第一；5月23—24日，在江阴市唯才人力资源开发有限公司举办第七届退休人员"人社杯"象棋、围棋比赛，全市22个单位108名老年象（围）棋选手参加角逐。10月20日起，为喜迎中共十九大，回顾江阴十年来退管工作发展历程，在中山公园妙高阁开展为期十天的江阴退管十周年纪念书画、摄影优秀作品展，展出优秀作品157幅。 （刘利芬）

老龄工作

【概况】 2017年，江阴市加快推进养老事业改革步伐，加强养老机构规范化建设，推进居家养老服务，实施安康关爱行动，组织开展老年文体活动和敬老月系列活动，不断提升全市老龄工作水平。年内,发放尊老金2718.18万元;新增养老床位593张,累计有养老床位12634张,每千名老人拥有床位42.5张;江阴元林老年大学开设6个系、42门课程、127个班级,就读学员4500余人次。

【养老服务】 2017年,江阴市优化养老服务供给,全市有公建民营养老机构11个,有独立医疗资质的养老机构5个。新建及升级标准化居家养老服务站35个,累计建成社区居家养老服务站263个,新建助餐点40个,居家养老服务实现全覆盖。月城镇、顾山镇两个镇级日间照料中心建成,青阳镇、顾山镇两个镇级助餐中心投入运营。年内,对全市居家养老服务站进行摸底评估,逐一盘查基础设施、查阅台账资料,为每个居家养老服务站建立档案材料。对全市23个养老机构收住的江阴户籍老人进行数据采集和评估鉴定,全年评估入住养老机构的江阴户籍老人1051人,评定失能老人503人、半失能老人177人、自理老人371人,全年给予养老机构床位补贴资金547.46万元。大力实施养老援助服务政府实事工程,根据《江阴市居家养老援助服务实施办法》,对全市符合条件的援助服务对象9844人发放援助服务补贴资金475.64万元。加强养老服务人才队伍建设,成功举办2017年度江阴市养老护理员初级培训班,培训机构养老护理员25人,合格取证25人,培训居家养老护理员81人,合格取证66人;参加无锡中、高级护理员培训23人,合格率100%。

【安康关爱行动】 2017年,中国人寿江阴支公司在全市所有镇(街道)继续开展以老年人意外伤害综合保险为主要内容的安康关爱行动,发挥商业保险在养老保障中的重要作用。中国人寿江阴支公司在各中心镇(街道)均设网点,为老年人提供保险服务,专门为老年人保险理赔设立绿色通道,并指定专人负责,为老年人提供优质、专业、高效的服务。至年末,全市15.4万余名老年人投保,承保率46.31%,保费收入770万余元,3767名老年人获赔付567.89万元,赔付率73.7%,全年提供老人险咨询服务63126人次。

【老年体育】 2017年,江阴市老年体协积极组织老年人参加无锡市第十二届全民运动会,在老年部十项项目竞赛中取得六金一银三铜的优异成绩。老年人体育方队在市第七届全运会开幕式上被评为"十佳方队"。10月21日,为庆祝全国第五个老年节,市老龄委举行江苏省老年人体育节江阴分会场闭幕式暨老年人体育健身项目展示大会,会上18支队伍300名运动员展示各镇(街道)优秀特色项目。是年,江阴市老年体协通讯文稿被《中国东方体育日报》录用7篇,被省《乐天简报》录用8篇,被无锡市《太湖乐天简报》录用68篇;在省乐天·夕阳红等相关网站发表文章(图片)640余篇(张)。

【敬老月宣传庆祝活动】 2017年10月30日,市领导分组到养老机构走访慰问高龄老人,送去慰问金20万元。敬老月期间,全市召开各种敬老座谈会、茶话会326场,参加老年人12692人次;开展文艺演出344场次,参加老年人38668人次;举办健身讲座178次,参加老年人17307人次;为老年人进行健康体检195520人次;为老年人提供法律咨询1044人次;发放慰问金总额3248.36万元,其中镇(街道)级慰问7761人,发放283.91万元,村(社区)级慰问182514人,发放2964.45万元;镇(街道)有线电视报道128次,在市级以上报刊发表文章、报道52篇次;参与老年健身活动展示24964人次,参加各类老年文体活动68871人次;6273名志愿者为19818人次老年人提供服务。

(徐小莉　唐　燕)

民族宗教事务

【概况】 2017年,江阴市民族宗教工作以习近平新时代中国特色社会主义思想为指引,全面贯彻中共民族政策和宗教工作基本方针,紧紧围绕全市经济社会发展大局,依法管理民族宗教事务,不断推进民族团结进步事业,坚持宗教中国化方向,积极引导宗教与社会主义社会相适应。年内,向全市257名符合条件的少数民族居民发放清真食品补贴3.7万元,为130名少数民族中考考生办理加分证明,向10名少数民族贫困优秀学生发放助学金2.7万元;组织穆斯林群众200余人次赴无锡清真寺过开斋节和古尔邦节,开展外来穆斯林基本情况和伊斯兰教临时礼拜点基本情况调查,接待3批次新疆爱国宗教人士考察团计170余人次参观交流;挖掘田小云、韩托亚2例民族团结进步典型事例,开展实地调研并进行宣传。是年,江阴市民族团结促进会第五次代表大会召开,选举产生新一届领导班子,罗锡娅当选会长;江阴市基督教三自爱国会第十次代表会议召开,选举产生新一届领导班子,戴亚萍当选主席。君山寺圆通阁项目顺利开工建设,神华寺、崇德寺落成,禅乡寺、普东寺、飞锡寺等场所新建项目落成,迎龙寺顺利搬迁,城东天主教堂落成开堂,扬子江国际礼拜堂装潢通过验收并于12月24日正式开展活动。

【市民族团结进步主题文艺汇演】 2017年9月27日,"团结奋进　圆梦江阴"江阴市民族团结进步主题文艺汇演在市广电集团演播大厅举行,市领导袁秋中、虞卫才及全市各基层民促分会和各镇(街道)、园区、机关单位500余名代表观看演出。此次文艺汇演由市委统战部、市民宗局主办,市民促会和广电集团承办,全市各镇(街道)选送12个节目参演。演出内容充分展示江阴少数民族同胞团结奋进,安居乐业的精神风貌,同时也是各族同胞共迎中华人民共和国成立68周年,献礼中共十九大的一次盛会。

【神华寺落成开光】 2017年12月16日,江阴市神华寺落成庆典暨神华书院落成揭牌仪式在新桥镇举行,省宗教局副局长周伟文,无锡市副市长刘霞,江阴市领导袁秋中、虞卫才以及中国佛教协会副会长宗性等出席活动。神华寺和神华书院落成,将成为新桥镇新的文化窗口,对于弘扬传统文化,丰富群众生活,构建交流平台,宣扬社会主义核心价值观具有积极意义。

2017 年江阴市少数民族(户籍)分布情况一览表

表 52 单位:人

族类/区域	蒙古族	苗族	回族	土家族	满族	朝鲜族	壮族	维吾尔族	侗族	彝族	畲族	黎族	布依族	藏族	傣族	白族	水族	羌族	瑶族	傈僳族	土族	仫佬族	仡佬族	哈尼族	布朗族	景颇族	达斡尔族	俄罗斯族	锡伯族	纳西族	毛南族	佤族	高山族	鄂温克族	德昂族	总计	
																																				族数	人数
澄江街道	48	81	142	83	217	29	64	1	19	11	8	11	10	7	–	5	2	6	18	–	4	4	–	1	–	–	2	5	1	–	–	2	–	2	–	26	724
南闸街道	10	27	16	59	7	3	29	2	12	7	–	–	8	2	–	1	–	6	1	–	–	–	–	1	–	–	–	–	–	–	–	–	–	–	–	16	191
云亭街道	16	48	15	45	13	5	10	–	32	15	6	–	9	–	–	–	–	–	1	–	–	1	–	–	–	1	–	–	–	–	–	–	–	–	–	14	217
城东街道	15	48	16	69	17	–	14	–	12	10	2	–	49	–	–	–	–	1	11	–	–	–	–	4	1	–	–	–	–	2	–	–	–	–	–	15	271
夏港街道	8	8	9	13	23	9	22	–	5	3	–	1	2	–	–	–	1	2	1	–	–	2	–	–	–	–	–	–	1	–	–	–	–	–	–	16	110
申港街道	5	11	12	15	8	1	156	–	3	10	2	3	4	–	2	–	3	5	6	–	–	–	–	4	–	–	–	–	–	1	–	–	–	–	–	18	251
利港街道	4	18	3	14	13	2	132	2	7	11	1	–	1	–	–	1	1	–	1	–	2	–	1	4	1	–	–	–	2	–	–	2	–	–	–	21	223
璜土镇	8	18	7	34	7	6	77	3	16	3	–	–	2	2	–	–	1	–	1	–	1	–	2	–	–	–	–	–	–	–	–	–	–	–	–	16	188
月城镇	3	82	9	84	–	–	9	–	15	1	–	3	8	–	1	5	4	1	4	–	–	–	–	–	–	–	–	–	3	–	–	–	–	–	–	15	232
青阳镇	–	213	19	219	14	–	10	1	54	6	–	4	5	1	–	–	–	–	3	–	4	–	–	–	–	–	–	–	–	–	–	–	–	–	–	13	553
徐霞客镇	3	326	18	324	9	3	78	–	164	7	2	6	12	5	2	4	–	8	3	–	2	–	8	–	–	–	–	–	2	–	–	–	1	–	–	21	987
华士镇	6	16	13	26	3	4	9	–	10	3	–	–	9	–	–	4	–	3	1	–	–	1	–	–	–	–	1	–	–	–	–	–	–	–	1	16	110
周庄镇	5	84	22	120	14	4	18	–	40	9	1	1	49	–	4	5	–	1	1	–	2	–	7	–	–	–	1	–	–	–	–	1	–	–	–	20	389
新桥镇	1	11	12	6	5	2	7	–	9	4	–	–	8	–	–	–	–	2	–	–	–	1	4	–	–	–	–	1	–	–	–	–	–	–	–	14	73
长泾镇	2	27	6	25	3	1	21	–	10	3	2	–	36	2	–	–	–	1	–	–	–	–	1	1	–	–	–	–	–	–	1	–	–	–	–	16	142
顾山镇	1	31	8	32	6	–	24	–	1	10	–	–	57	–	–	2	2	1	2	–	–	–	2	–	–	–	–	–	–	–	–	–	–	–	–	14	179
祝塘镇	1	83	6	122	3	3	30	–	30	3	–	1	39	1	–	1	–	1	2	–	1	1	4	–	–	–	–	–	–	–	–	–	–	–	–	18	332

2017年9月27日,“团结奋进 圆梦江阴”江阴市民族团结进步主题文艺汇演在市广电集团演播大厅举行 (市民宗局提供)

【第五届“君山论道”举行】 2017年5月27日,第五届“君山论道”在江阴举行,以“大象无形·大音稀声——道教文化的当代价值”为主题,吸引来自全国道教文化领域百余名知名学者齐聚江阴,共同探索继承发展中华优秀传统文化。无锡市委常委、统战部部长陈德荣,全国老子道学文化研究会创会会长、中国社会科学院研究员胡孚琛,无锡市民宗局局长吴涛,江阴市副市长虞卫才参加开幕式。江阴积极打造“君山论道”这一城市名片,通过开展培训、讲经,并广泛地与国内有关院校、学术机构开展交流合作,不断传承弘扬道教文化,进一步促进道教与社会主义社会相适应,为经济社会发展提供丰富思想资源。

【星级档案室和星级宗教活动场所创建】 2017年,江阴市各宗教活动场所积极投身江苏省星级档案室和星级宗教活动场所创建。年内,普照寺、香水寺等10处场所通过省三星级档案室考评;崇圣寺、乐善禅寺、青阳天主教堂3处场所被认定为四星级宗教活动场所;定峰寺、永安寺等8处场所被认定为三星级宗教活动场所。全市三星级以上档案室和宗教活动场所总数在无锡市继续保持领先。 (俞 超)

文明创建

【概况】 2017年,江阴市文明城市创建工作坚持“创建为民、创建靠民、创建育民、创建惠民、创建利民”理念,以培育和践行社会主义核心价值观为根本,以创成全国文明城市目标为牵引,突出问题导向、突出长效机制、突出全民参与,调整完善组织领导,压实创建网格责任,扎实推进小区管理等“十大专项提升行动”,持续深化群众性精神文明创建,创新探索创建有效方法载体,市民文明素质和社会文明程度明显提升,创建工作实现历史性跨越、取得历史性突破。是年,江阴市荣膺第五届“全国文明城市”荣誉称号。吴协恩获评江苏省道德模范,沈福才获评“中国好人”,钱志文等4人获评“江苏好人”,11人(组)获评“无锡好人”。

【文明创建誓师大会召开】 2017年2月24日,江阴市委、市政府召开“大力弘扬江阴精神、创成全国文明城市”誓师大会。无锡市委常委、江阴市委书记陈金虎号召全市上下进一步统一思想、提高认识,团结一心、戮力攻坚,全力打赢创建工作攻坚战、决胜战,确保江阴市以优异成绩成功跻身全国文明城市行列。市长蔡叶明主持会议。孙小虎、徐冬青、崔荣国、袁秋中、计军、冯爱东、陈兴华、余银龙、程政、尹平等市领导参加会议。会上,市委副书记袁秋中总结部署全国文明城市创建工作,市委常委、宣传部部长程政宣读《关于2013—2015年度江苏省、无锡市、江阴市群众性精神文明建设先进单位的通报》。会议还表彰2013—2015年度省文明镇、文明村、文明单位,下发创建全国文明城市网格化责任分工、年度重点工作和十大专项提升行动方案等相关材料,创建全国文明城市责任单位代表领取目标责任书,市教育局、住建局、市场监管局、城管局、公用事业局、澄江街道、城东街道主要负责人作表态发言。

【创建全国文明城市工作总结表彰大会召开】 2017年12月18日,江阴市委、市政府召开创建全国文明城市工作总结表彰大会,回顾创建历程、总结成功经验、表彰先进典型,推动文明城市创建向纵深推进。环卫、交通、城管等行业普通市民代表和道德模范、“中国好人”代表为“全国文明城市”奖牌揭牌。无锡市委常委、江阴市委书记陈金虎全面总结创建工作成效,逐一点评各地各部门各单位创建情况,要求全市以中共十九大精神为指引,遵照习近平总书记“再立新功、作出表率”的殷切期望,落实全国精神文明建设表彰大会最新精神,不忘初心、牢记使命,珍惜荣誉、永远奋斗,在新起点推动江阴文明城市创建再攀新高峰,在新时代推动江阴各项事业再创新辉煌。蔡叶明、孙小虎、徐冬青、袁秋中、计军、吴芳、陈兴华、费平、余银龙、程政、尹平、仲剑等市领导出席大会。市长蔡叶明宣读表彰决定,市委副书记袁秋中主持会议。会上,全体与会人员观看全国文明城市创建工作专题片,全市155个创建全国文明城市先进集体和400名先进个人受到表彰,市文明办、公安局、城管局、住建局、公用事业局及澄江街道、璜土镇璜土村主要负责人和志愿者团队负责人作表态发言,会上还下发《江阴市全面推进文明城市建设长效化三年行动计划(2018—2020)》。

【文明城市创建常态长效高位统筹推动】 2017年,江阴市围绕创成目标,高位统筹推动,市委常委会专门会审年度创建重点工作、专题学习全国创建文明城市工作经验交流会议精神,密集召开全市性推进会、迎检会、协调会等50余次,分析创建形势、点评交办问题,持续压实创建责任。坚持"一把手"抓创建、负总责不动摇,及时调整创建组织领导,细化创建网格责任,全体市领导带头深入网格、督导问题整改,通过巡查视察、现场办公等形式,协调解决创建重难点问题,示范带动创建工作。健全完善暗访测评、督查考核、问题通报和考核问责工作机制,修订印发《江阴市创建全国文明城市工作责任追究办法》,通过第三方测评机构、常态模拟测评组和市民巡访团发现整改问题4.1万个,编发通报64期,下发督办单34份,新闻媒体曝光问题260个,倒逼问题整改。协调市级网站、微信公众号开设《创建进行时 我们在行动》等专题专栏,利用"城市啄木鸟"APP、"12345"民生服务热线,畅通群众参与渠道,广泛宣传发动,营造浓厚声势,激发汇聚齐抓共管、人人参与的创建合力。

【第四届"十佳江阴好人"评选】 2017年,江阴市深入开展"寻找江阴好人"等主题活动,凡人善举不断涌现。全年发动群众推荐身边好人90人和好人线索9万余条,经过资格审查、群众评议、评委会评审等环节,最终选出具有代表性和影响力的退而不休的支教老师——丁道昌、托举生命的邻家爷爷——刘虎宝、锲而不舍的献血达人——孙伟贤、春暖杏林的"金针"传人——朱晓华、播种希望的"红豆"妈妈——吴艳玉、凡心善举的温暖乡邻——沈福才、不离不弃的真心爱人——金彦、抱诚守真的执着青年——钱志文、风雨无阻的真情守护者——蔡海峰、大爱无疆的白衣天使——薛勤为第四届"十佳江阴好人",评选新潮仁爱基金会、寻亲志愿者协会为第四届"十佳江阴好人"团队。6月14日,江阴市举行江苏省道德模范与身边好人(无锡·江阴)现场交流活动暨第四届"十佳江阴好人"颁奖典礼,对获奖好人和团队进行表彰。活动现场,"助人为乐全国道德模范提名张纪清""见义勇为中国好人陈根清""美德少年"等好人、青少年为该届"十佳江阴好人"颁奖,展示好人风采的传递与弘扬。颁奖典礼通过播放好人事迹短片、开展人物访谈、观众现场互动等形式,生动展现"十佳江阴好人"风采。省文明办副主任葛莱,市领导陈金虎、蔡叶明、徐冬青、袁秋中、程政、朱敏参加颁奖典礼。葛莱、陈金虎为好人赠送福袋和传家宝。

【社会主义核心价值观培育践行】 2017年,江阴市坚持融入融合、典型引领、文化熏陶、实践养成等,开展核心价值观宣传教育实践及公众人物"重品行、树形象、做榜样"主题实践活动,大力推动道德讲堂宣讲。下发《关于进一步把社会主义核心价值观融入法治建设的实施方案》,按照"加减乘除"思路统筹做好全市公益宣传布设。在城区公园、广场、路口、社区新建核心价值观(好人)公园18个、核心价值观景观50余处,在镇(街道)、村(社区)重要点位、主干路段布设核心价值观、移风易俗、家风家训等特色宣传栏、墙绘的公益宣传,印发市民文明手册、公益海报等100余万份,户外电子屏公益广告比例超50%,公交站台、公共自行车亭公益广告实现全覆盖,公交车、出租车身内外公益广告比例超80%。以好人金彦为原型的核心价值观微电影《爸爸的夏天》获中宣部核心价值观微电影大赛二等奖,华西村作为核心价值观建设基层典型在中宣部社会主义核心价值观会议上作经验交流。11月27日,江苏省书香城市建设推进会在江阴召开。

【群众性精神文明创建活动】 2017年,江阴市指导各级各类文明创建先进单位围绕测评体系固强补弱,长效化开展创建工作。组织开展第五届全国文明村镇、文明单位推荐和复查工作,璜土镇璜土村、海澜集团有限公司、市海事局获评全国文明村和文明单位,华士镇、新桥镇、华西村、市出入境检验检疫局顺利通过复检,周庄镇山泉村获评"江苏最美乡村"。完成2016—2018年度江苏省文明村镇、文明单位(社区)、文明校园预申报工作。协调市委办、人大办、政府办、政协办开展"领导干部立家规,共产党员正家风"市领导家风家训展示活动。持续开展文明家庭创建活动和星级文明户创评工作,吴协恩、张纪清家庭获评江苏省文明家庭。完成省级文明单位履行社会责任年度报告工作,组织江阴市新华书店、江苏江南水务股份有限公司、市海事局开展省级文明单位与经济薄弱村"城乡结对、文明共建"活动。

【"十大专项提升行动"推进】 2017年,江阴市按照文明城市创建测评体系标准要求,突出问题导向,关注民生诉求,坚持对标找差、综合施策、精准发力、倒排时间,深入开展小区管理、背街小巷、城郊接合部、城乡河道、建筑工地、公共场所、社会秩序、市政设施、美丽乡村、文明素养"十大专项提升行动"。市政基础设施得到完善提升,新建主城区盲道7.4万米,道板管养3.4万平方米,完善无障碍厕所152个,设置分类垃圾箱(桶)2000个,完成14个小区、10个城中村、49个背街小巷改造,标准化改造提升农贸市场15个,粉刷亮化楼道5661个,安装楼道灯77218个。环境综合整治成效明显,集中治理城区河道9条、清理各类垃圾8000余吨。各类秩序持续优化,优化交通线路11条,新建电子站牌170个,新建公共自行车租用网点150个,增设安防设施1940个、违法抓拍系统37套、机动车不礼让斑马线抓拍系统15套、行人闯红灯人脸识别系统6套,城区新增停车位2700个,清理"僵尸车"1174辆,严查闯红灯、超速、酒驾、违停166.9万件,实现城乡环境秩序整洁有序、人民群众满意度显著提升,为创成全国文明城市打下坚实基础。

【未成年人思想道德建设】 2017年,江阴市围绕培育和践行社会主义核心价值观,组织开展"我的中国梦""我为文明江阴代言""缤纷的冬日""七彩的夏日"和童谣诗歌征集推广传唱、亲子诵读微视频比赛、"童心共绘文明城"中小学生绘画等活动,江阴市第一初级中学、花园实验小学分别获江苏省社会主义核心价值观情景剧比赛一等奖和二等奖。组织开展第四届美德少年、第二届"文明风尚好少年"评选表彰活动,1人获评江苏省美德少年,17 人获评无锡市美德少年。召开文明校园创建工作推进会,组织“八礼四仪”* 养成教育现场观摩,围绕领导班子建设好、思想道德教育好、活动阵地好、教师队伍好、校园文化好、校园环境好“六个好”创建标准,制定《文明校园创建办法》,开展文明校园、文明班级、文明宿舍等创建评比。健全学校、家庭、社会“三结合”教育网络,加强乡村学校少年宫建设,拓展校外综合社会实践基地。12 月 21 日,江苏省戏曲进校园工作推进会在江阴召开。年内,组织心理健康宣讲和咨询 400 余场次,心理健康教育成功案例和做法在《江苏精神文明建设简报》刊登并在江苏教育频道《成长》栏目连续报道 3 期。

2017 年 12 月 30 日,江阴市志愿者走进澄江街道塔南社区为社区居民体检（市文明办提供）

诚信建设

【概况】 2017 年,江阴市围绕“诚信江阴”建设总体目标和文明城市创建相关工作要求,突出信用信息系统建设、信用产品应用、信用联合奖惩、信用示范创建、信用文化建设等重点任务,广泛开展各类诚信示范创建活动,扎实推进全市社会信用体系建设工作。年内,新增各类企业信用信息 6.5 万条,累计归集企业信用信息 111 万余条,归集“双公示”信息(行政许可信息和行政处罚信息)117720 条。

【社会信用信息体系建设完善】 2017 年,江阴市制定下发《江阴市 2017 年社会信用体系建设工作意见》《2017 年江阴市度社会信用体系建设考核办法》,注重分解目标任务推进,加强对部门信用信息系统建设、信用信息交换共享、信用联动奖惩、诚信宣传教育等工作进行量化考核,市工商、税务、安全生产、产品质量、食品药品安全、住建、环境保护、交通运输领域信用信息系统建设有序推进。加强与市行政审批局、出入境管理中心、车检服务中心、社保中心、镇(街道)便民服务中心等单位协作融合,实现数据联网共享,新增各类企业信用信息 6.5 万条,总量突破 111 万条,归集“双公示”信息 117720 条,其中行政许可信息 94602 条,行政处罚信息 23118 条。

【诚信示范创建活动】 2017 年,市文明办会同市场监管局、卫计委、园林旅游局、商务局,采取对照自评、资格审核、专家评审、社会公示等形式,在全市开展“诚信餐饮店”“诚信药店”“诚信旅行社”“诚信医院”“诚信经营户”诚信经营示范创建活动,评选表彰 49 个诚信示范单位,在人民路步行街打造“诚信示范街”。印发《江阴市诚实守信红名单和严重失信黑名单社会公示管理办法(试行)》和《关于进一步建立完善守信联合激励和失信联合惩戒制度加快推进社会诚信建设的实施意见》,与市国税局、环保局、法院联合认定税收失信黑名单企业 7 个,环保失信黑名单企业 1 个,失信被执行人企业 4 个,失信被执行人 16 人,大力营造共同监督、共同惩戒失信行为的浓厚氛围。

社会志愿服务

【概况】 2017 年,江阴市志愿服务工作紧紧围绕实现创成全国文明城市目标任务,认真贯彻落实《关于支持和发展志愿服务组织的意见》《关于公共文化设施开展学雷锋志愿服务的实施意见》,深入开展“学雷锋、学炎黄、见行动”志愿服务活动,大力推动志愿服务普及推广,做大做强做优“江阴志愿之乡”品牌,放大社会公益效应,持续推动全市志愿服务的制度化、规范化、常态化、项目化发展,让“炎黄”精神薪火相传,使志愿服务成为全社会价值追求和自觉行动。

【志愿服务工作基础巩固提升】 2017 年,江阴市继续推广使用志愿江苏 · 江阴平台,年内平台累计有注册志愿者 343386 人,组织 740 个,累计记录活动 12470 个,总时长 2462684.92 小时,各项数据均位居无锡市前列,其中注册人数、活动个数和时长记录均排名第一。全年新增命名挂牌志愿服务站 62 个、志愿服务岗 124 个,完成苏龙苑志愿者之家布设,变更志愿服务站 1 个,组织志愿者培训 6 次,累计培训 800 余人。

【志愿服务品牌效应扩大】 2017 年,江阴市以倡导雷锋精神、“炎黄”风尚为目标,在全市深入开展“学雷锋、学炎黄、见行动”志愿服务主题实践活动,结合重大节日、重要节点、重大活动,不断拓展延伸志愿服务范围,开展特色志愿活动 20 余类 300 余次。拍摄发布全市志愿服务宣传片,通过江阴文明网、“文明江阴”微信公众号、微博进行志愿服务宣传 700 余篇(次)。年内,澄江街道城中社区被评为江苏省优秀志愿服务社区,3 项优秀项目参加第二届江苏省志愿服务展示交流会。 (林豆豆)

■类目编辑 谢 诚

公共安全

自然灾害防治

·气象灾害·

【暴雨】 2017年,市内共发生3次大暴雨、4次暴雨,3次大暴雨分别发生在6月10日、8月16日和9月25日,雨量分别为185.9毫米、111毫米、161.6毫米;4次暴雨分别发生在8月8日、8月9日、8月25日和9月24日,雨量分别为72.2毫米、63.6毫米、52.9毫米、59.2毫米。其中,3次大暴雨过程均给市内造成了较严重的灾害,4次暴雨也给市内生产和生活造成较严重影响。

【台风】 2017年7月30—31日受1709号台风"纳沙"和1710号台风"海棠"共同影响,市内出现分散性雷阵雨天气,大部分地区伴有6—7级阵风,其中,30日璜土镇出现短时强降水,日雨量100.2毫米(大暴雨),给当地居民生产和生活造成一定影响。

【大风】 2017年3月1日,江阴市受地面气旋和冷空气共同影响,域内出现7—9级大风,主要影响时间段在15时到19时,气象本站极大风速20.2米/秒(8级),风向西风,出现时间18时12分,区域站极大风速23.3米/秒(9级),风向西北偏西,15时37分出现在文林。各镇、街道农业大棚受损严重,多处厂房屋面、车间顶棚被吹落。8月9日出现大风天气,极大风速18.9米/秒,风向西北偏西,出现时间20时01分,灾情轻微。

【高温】 2017年7月12—29日,市内出现连续18天35℃以上的高温天气,22—24日连续3天最高气温超过40℃,23日最高气温40.6℃,刷新建站以来7月最高气温极值(此前7月最高气温极值为2016年的39.7℃);7月31日至8月7日出现连续8天35℃以上的高温天气,持续高温天气对工农业生产以及人民生活造成很大的不利影响。

·气象预报预警·

【概况】 2017年,江阴市气象局认真做好重要时期和"三农"等气象服务,及时防灾减灾,加强科技创新和党政建设,全面深化县级气象现代化业务改革。全年24小时晴雨预报准确率88.2%,比省定指标高13.2%;最高气温预报准确率88.0%,比省定指标高13%;最低气温预报准确率94.8%,比省定指标高19.8%;灾害性天气预报准确率也高于省定指标。是年,江阴市气象局被评为2013—2015年度无锡市文明单位和江阴市2015—2016年度水上搜救先进集体、2016年度优秀志愿服务组织、2016—2017年度护林防火先进集体。

【气象服务】 2017年,江阴市气象局在每次重大性、转折性天气过程中,及时发布重要天气报告;在春运、汛期、农忙、寒暑期、节假日,以及举行"两会"、第十二届中国徐霞客国际旅游节、全运会、第三届江阴半程马拉松赛、徒步赛、帐篷音乐节、高考、中考、露天广场文体活动、市民文化周、水上搜救等重大活动时,发布各类专题天气服务材料,积极主动联合地方各部门,为决策层安排生产、组织活动等提供天气参考,做好重大社会活动的服务。全年共制作发布重要天气公报24期,天气旬报36期,春运专题气象服务材料40期,农业专题气象服务材料34期,护林防火专题气象服务材料7期,两会专题气象服务材料5期,中国徐霞客国际旅游节专题气象服务材料2期,灾害性天气预警信号75次,气象应急短信传送149条约74.7万人次,开具气象资料证明92份。在原有4种气象灾害风险区划基础上,增加编制台风、大雾风险区划,尤其加强台风、暴雨等气象灾害及次生、衍生灾害的气象风险预警,为气象灾害防御、农业生产保障等服务。年内,江阴市气象局继续与江阴市农林局、水利农机局、环保局、国土局等保持紧密联系,多次进行联合会商,发布预警。其中,1月3日和12月31日,两次与江阴市环保局联合发布重污染天气蓝色预警。全年通过电台、电视台、报纸和"96121"声讯电话、"江阴气象"网站、"江阴气象"微博、"江阴气象"微信公众号、"直通式为农气象服务"QQ群、气象信息员"钉钉群"等多种媒介向社会公众及时发布最新的预报、预警、天气实况等,为市民的生产生活以及出行活动提供重要参考。

【重大气象灾害应急响应】 2017年,江阴市气象局多次启动重大气象灾害应急响应。6月9日20时,为应对强降雨过程,江阴市气象局启动重大气象灾害(暴雨)Ⅳ级应急响应。为应对连续高温天气,江阴市气象局于7月20日10时30分,启动重大气象灾害(高温)Ⅲ级应急响应命令;7月22日12时,将重大气象灾害(高温)Ⅲ级应急响应命令提升为Ⅱ级应急响应命令;7月28日16时,将重大气象灾害(高温)Ⅱ级应急响应命令变更为Ⅳ级应急响应命令;7月29日15时15分,解除重大气象灾害(高温)Ⅳ级应急响应命令。另外,按照《江阴市气象灾害应急预案》规定,7月20日14时起启动江阴市气象灾害(高温)Ⅲ级应急响应;7月21日上午,江阴市人民政府办公室发布《关于做好持续高温天气防范应对工作的通知》;7月22日13时,提升气象灾害(高温)Ⅲ级应急响应为Ⅱ级;7月25日上午,江阴市人民政府办公室发布《关于进一步做好防暑降温工作的紧急通知》;随着高温强度减弱,7月28日17时起变更江阴市气象灾害(高温)Ⅱ级应急响应为Ⅳ级应急响应。请相关部门按照气象灾害应急预案的要求,做好防范高温热浪的各项工作。并于7月29日15时20分起终止气象灾害(高温)Ⅳ级应急响应状态。

【防雷减灾】 2017年,江阴市防雷检测管理中心积极按照行政审批制度改革相关文件要求,完善管理制度和工作流程,全面推进"放管服"改革工作。把易燃易爆场所防雷审批和防雷执法检查纳入防雷监管职能。5月,江苏省气象局和无锡市气象局对江阴市气象局易燃易爆场所防雷安全工作开展情况进行检查和调研并给予肯定。7月,顺利通过江苏省气象局组织的防雷装置检测质量考核。9月,对高新区重点企业开展防雷专项检查,并与企业负责人进行座谈。全年共计对1142个企业进行防雷安全检测,对131项项目进行防雷装置竣工验收,验收面积559.24万平方米。同时,按照省委、省政府关于《江阴市县级集成改革试点总体方案》文件的要求,努力落实各项改革任务。同时按照江阴市政府《加快推进"不见面审批(服务)"改革的实施方案》要求,以"网上办、集中批、联合审、区域评、代办制、不见面"为改革目标,江阴市气象局积极与无锡市气象局沟通,审批事项均已调整为"网上办,不见面",并向社会公布。积极开展防雷减灾科普宣传,通过展示防雷减灾图画、分发防雷科普书籍资料及防雷管理法规文件等,向公众传递防雷减灾知识。

【气象科普】 2017年,江阴市气象台共接受新闻媒体采访48次,共接待科普参观7次320人,开展广场和社区气象防灾减灾与科普宣传现场活动5次。充分利用"3·23"世界气象日、"5·12"全国防灾减灾日、第二十九届科普宣传周等契机,积极组织开展气象科普宣传活动和气象局开放活动,并通过专家讲座、现场咨询、展板摆放、科普资料发放等多种形式向公众宣传普及气象防灾减灾科普知识。11月中旬至12月初,江阴市气象局积极指导和帮助江苏省南菁高级中学完成江阴市首个校园气象观测站建设。全年指导17个镇(街道)气象信息服务站积极开展基层(农村和社区)气象为农服务、气象防灾减灾科普宣传等工作,组织气象信息员开展培训。11月下旬至12月初,指导和帮助祝塘镇成功申报省级标准化气象灾害防御镇。进一步加强管理气象志愿者团队,不定期给予会议培训和技术指导,充分发挥气象志愿者的积极作用,并于7月为30名优秀气象志愿者颁发气象志愿者聘书。

(顾春霞　马恒俊)

·防汛防旱·

【概况】 2017年5月1日至9月30日为江阴市汛期,汛期总降雨量1172.1毫米,比常年同期多65.4%,属于明显偏多。其中,5月雨量正常,6月雨量明显偏多,7月雨量明显偏少,8月和9月雨量异常偏多。8月降雨量419毫米,是常年同期的2.8倍,9月降雨量326.5毫米,是常年同期的3.9倍。梅雨期为6月19日至7月11日共22天,入梅时间与出梅时间均正常,梅雨期长度与常年持平,梅雨量99.6毫米,比常年梅雨量少59.9%(常年为248.6毫米),明显偏少。汛期内河水位(青阳)出现10天超警戒水位,最高内河水位为5.43米(9月25日),超过警戒水位1.43米,刷新历史极值。汛期长江潮位出现9天超警戒潮位,最高长江潮位为5.76米(7月11日),超警戒水位0.26米。针对汛情,市防汛防旱指挥部科学应对、积极部署,充分发挥水利工程作用,汛期排水61100万立方米,引水57934万立方米,有效应对局部洪涝,改善水生态环境,确保了人民群众生命财产安全。

【抵御短时间强降雨】 2017年汛期,江阴市降雨呈现集中性、区域性、雨势强的特点,共出现大暴雨3天、暴雨4天,最大降雨量出现在6月10日,日降雨量185.9毫米。由于降雨过程长,雨势强,致使城区多处道路、多个小区出现积水,部分低洼农田受涝。针对汛情,市防汛防旱指挥部积极应对,科学指挥,统一调度,市水利农机局利用沿江水利工程设施全力向长江排水,最大限度降低洪涝灾害造成的损失。重大汛情有:6月10日,江阴市突发强降雨,全市23个自动气象站过程累计雨量均超过160毫米,其中江阴城区雨量185.9毫米,最大220.8毫米(璜土),江阴青阳内河水位达5.05米,6月12日10时灾情解除;9月23日起,江阴市出现了持续强降雨天气过程,其中24日全市出现大到暴雨,25日全市普降大暴雨,23日20时至24日20时江阴城区雨量59.2毫米,最大82.7毫米(山观),最小48毫米(文林),24日20时至25日17时江阴城区雨量159.7毫米,最大219.6毫米(陆桥),最小122毫米(文林),江阴青阳内河最高水位达到5.43米,超警戒水位1.43米,9月27日9时灾情基本解除。

【防御台风】 2017年汛期,江阴市受台风影响较小,主要是受到1709号台风"纳沙"和1710号台风"海棠"的外围共同影响,7月30日、31日全市出现分散性雷阵雨天气,大部分地区出现6~7级阵风,其中,30日璜土加密站出现短时强降水,日雨量100.2毫米(大暴雨),未造成危害。

2017 年江阴市汛期降雨量统计一览表

表 53

站名	汛期总雨量(毫米)	雨日(天)	汛期最大日雨量(毫米)
肖山	1114.00	56	147.40(6 月 10 日)
青阳	976.80	65	154.20(6 月 10 日)
定波	1182.80	57	177.20(6 月 10 日)
气象台	1172.10	65	185.90(6 月 10 日)

2017 年江阴市汛期水位特征值统计一览表

表 54

江河名	站名	最高水位(米)	日期	最低水位(米)	日期
长江(江阴段)	肖山	5.76	7 月 11 日	2.12	5 月 9 日
锡澄运河	青阳	5.43	9 月 25 日	3.39	6 月 24 日

(刘永明 李以华)

·防震减灾·

【概况】 2017 年,江阴市防震减灾工作贯彻经济建设与减灾一起抓的理念,加强地震灾害防御,加强建设工程抗震设防管理;广泛开展防震减灾科普宣传,努力提高抗御地震灾害的综合能力;全面有效地保护地震观测环境和监测设施,加强地震监测预报;完善地震应急体系建设,成功处置 2 月 5 日发生在江阴市域的 2.7 级地震事件,防震减灾处置能力得到提升。推进《江阴市城市抗震防灾规划》编制工作,开展规划编制前期落实政府专项经费、选择有资质的设计单位、收集资料等工作。

【地震灾害防御】 2017 年,江阴市的防震减灾工作根据"预防为主、防御与救助相结合"的工作方针,根据建设工程抗震设防要求加强管理,严格按照法律、法规的要求,规范行政审批程序,严把建设工程抗震设防要求审批关,共完成建设工程抗震设防要求审批 150 项。充分利用"5·12"防震减灾日、"7·28"唐山大地震纪念日、"科普宣传周"开展防震减灾科普宣传系列活动,采购科普宣传材料,制作防震减灾科普宣传版面,指导学校开展地震应急演练,在学校开展防震减灾科普宣传,参加市科协组织的科普宣传活动,在学院场进行科普宣传,现场发放防震减灾科普宣传材料和开展科普咨询活动,提高群众、学生的防震减灾意识和自救互救能力。全年发放科普宣传材料价值 4 万余元。

【地震监测处置】 2017 年,江阴市加强地震监测台站建设和维护。积极维护白石山、周庄卧龙湖地震台和君山强震台,保障正常运行;江阴市地震应急数据处理中心运行正常;MDCB 电磁波地震前兆监测台运行良好,数据交换及时准确。2 月 5 日凌晨发生有感地震后,市地震办在第一时间及时联系上级地震管理部门,确定地震发生地点、时间、震级大小,提供地震信息及震后震情发展趋势,报告市委办公室、政府应急办,为政府决策提供基础信息。并在第一时间摸排地震灾害情况,核实地震各项信息,及时发布地震相关信息。

【完善地震应急体系】 2017 年,市地震办继续指导镇街(开发区)、重点企业及生命线工程修订《地震灾害应急预案》;指导学校、企业开展地震应急演练;完善地震应急物资储备仓库,逐步完善地震应急物资储备;建设江阴市中心应急避难场所,完善城市防灾避险功能。由市住建局(地震办)、市园林旅游局、市民防局多次组织相关部门考察及会商,对望江公园进行应急避难场所建设改造,列入 2017 年政府投资项目,立项投资 5000 万元。多次组织相关部门领导和专家对建设方案进行初步论证。 (邱 敏)

农产品质量安全

【概况】 2017 年,江阴市在建成省农产品质量安全示范市的基础上,扎实推进国家农产品质量安全示范市创建,持续加大农产品质量安全监管力度,确保广大市民"舌尖上的安全"。严格落实"四个最严"要求,层层签订农产品质量安全工作目标责任状。进一步指导 41 个农资溯源应用试点单位建设,推进 6 个兽药经营企业开展二维码销售。扎实组织开展农资打假、"瘦肉精"、生鲜乳、兽药饲料、生猪屠宰扫雷等专项整治行动,全年出动执法人员 980 人次,查处各类违法案件 78 件,其中立案查处案件 58 件,教育整改 20 件。全力做好重大动植物疫病防控,围绕小麦赤霉病、水稻中后期病虫防控总体战,强化监测预警,加大病虫害统防统治、群防群治力度,病虫危害损失控制在 5% 以下。严密组织动物防疫和疫情监测,重大动物疫病防疫密度、消毒面均达 100%,免疫抗体合格率均在 80% 以上。持续强化病死动物无害化处理监管,全面抓好产地、屠宰、运输等环节动物检疫工作,监督无害化处理病死猪 10477 头。大力推进农业标准化生产，“三品”有效个数达376个，“三品”产量占比近55%，提前3年完成省农业现代化指标任务规定的“三品”内容，全市蔬菜、水（畜）产品等主要农产品抽检合格率保持98%以上。 （程静雯）

【农药减量目标任务完成】 2017年，市农林局植保部门根据无锡市“两减六治三提升”专项行动要求和目标，积极采取强化监测预警、坚持科学防控、推进专业化统防统治与绿色防控、合理休耕和结构调整等各项措施，确保有效控制重大病虫危害，确保重要农产品有效供给，圆满实现农药减量使用目标。据测算，全市农药使用商品量801吨，比2016年的815吨下降14吨，即下降1.7个百分点；比2015年的830吨下降29吨，即下降3.5个百分点，超额完成减量2%的目标任务。

（邵益栋）

【水产品质量安全专项整治行动】 2017年4月至10月，江阴市重点开展水产品质量安全专项整治行动，检测区域覆盖市内徐霞客镇、临港街道、青阳镇、月城镇、祝塘镇等水产养殖主产区；检测种类涵盖虾类、河蟹、鳜鱼、四大家鱼（青鱼、草鱼、鲢鱼、鳙鱼）、鲫鱼、鳊鱼等主要养殖品种；打击养殖及育苗过程中使用硝基呋喃类代谢物、孔雀石绿等违禁药品行为。专项整治行动期间，全市共抽样检测394种样品，其中水产养殖环境抽检样品5种，其他各类水产品抽检样品389种。在抽检各类水产品时，组织全市开展水产品药物残留快检抽样301种，江阴农贸市场抽检4种，无锡市级抽检8种，省级抽检35种，无公害产地水产品抽检样品24种，水产苗种抽样17种。年内，江阴水产品质量安全监管成效显著，所有检测结果均合格。 （鲍明明）

【开展放心农资暨农林科技下乡活动】 2017年3月10日，江阴市农林局在月城镇民园广场大戏院门前举办了“放心农资下乡进村暨农林科技下乡”宣传活动。现场组织农林科技专家10人讲解科学使用农资和农业生产知识，进行种养技术咨询和安全用药指导；发放《农产品质量安全知识读本》《中华人民共和国食品安全法》和农资维权手册、购买农资时提醒手册、农资识假辨假方法，以及林果、粮油、食用菌种植技术等宣传资料近1600份；接待咨询群众200余人；展销放心农资产品250公斤，并现场赠送部分有机肥等农资产品，为农民生产高质量安全农产品提供服务。 （丁建英）

食品药品安全

【概况】 2017年，江阴市市场监督管理局履行监管职责，把食品药品安全监管作为工作的重中之重，发挥牵头综合协调作用。全年未发生重大食品药品安全事故和有重大影响的舆情事件，食品药品安全形势平稳可控，总体向好。7月，江阴市成功获评首批江苏省食品安全示范市。年内，江阴市人大常委会对全市食品安全工作开展了为期3个月的执法检查，第三方测评显示群众对江阴市食品安全工作的满意和基本满意率达到96.9%，食品安全工作被检查组予以肯定。年末，全市共有食品（含保健食品）、药品、医疗器械和化妆品生产经营使用主体18333户。

【食品药品安全宣传】 2017年，市市场监督管理局在全市新增食品安全科普站7个，在云亭街道打造永久性食品安全宣传基地1处。组织多部门开展“食品安全宣传周”广场专题宣传，在全市40余所中小学校举办“5·20学生营养周”宣传，开展食品安全示范城市创建专题宣传等宣传活动，从城区主干道电子屏、城区公交出租车、主流媒体、食品行业报刊、科普站优势阵地等五个方面入手，开展针对性、特色性、实用性食品安全宣传工作。参加省级“双安双创”成果展，引导全社会共同关注食品安全示范城市创建，建立完善食品安全社会共治机制。组织“质量月”安全用药用械进社区、禁毒宣传进药品行业、家庭药品回收等宣传活动，共计发放药械宣传手册2万余份。开展居民合理膳食指南指导，镇（街道）覆盖率达100%，村（社区）覆盖率达65%。是年，共受理食品安全投诉举报872次，处理率和回复率均为100%；办理回复食品安全方面人大建议、政协提案10件，回复满意率为100%。

【食品安全综合监管】 2017年，市市场监督管理局进一步完善食品安全工作体系，健全组织架构，将市食品安全委员会成员单位由27个增至34个。构建食品安全基层责任网络，强化镇（街道）属地管理责任，优化镇、村两级食品安全协管员、信息员队伍配置，打通安全监管“最后一公里”，全市配备协管员、信息员共1764人。接受无锡市、江阴市人大对江阴市执行《中华人民共和国食品安全法》情况检查，食安综合工作受到两级人大的肯定。研发推广“江阴市农村聚餐管理系统”APP软件，运行以来通过该系统注册登记民间厨师242人，备案集体聚餐203次、3203桌次，农家宴信息化监管效率显著提升。联合市卫计委处置食物中毒事件5件，全年未发生较大以上食品安全事故。加强食品许可工作管理，全市新办、变更、注销食品经营许可证等事项13052项。探索食品小作坊监管新模式，在青阳镇、顾山镇各建成1个以熟食卤菜为主的食品小作坊集中加工区，作为民办实事项目。顾山镇还加大食品摊贩治理力度，引入第三方企业管理模式，建设食品摊贩集中经营场所，打造“食尚小街”，在全省乃至全国起到引领示范作用。周庄镇试点开展农村集体聚餐现代化服务中心管理新模式。加大食品生产经营企业监管力度，全年监督检查生产经营企业9429个次，排查风险隐患376处。指导2个企业参与省政府重点工作食品生产企业电子追溯系统建设，全市共建成电子追溯系统企业13个。组织餐饮服务日常监督检查，检查中央厨房、集体用餐配送单位、学校食堂等餐饮单位1.8万户次。推行首批29所市属学校餐饮食品安全责任保险试点，总投保额达到两亿元。新增“明厨亮灶”213户，全市总数达到683户。推进量化分级动态等级评定，新增A级餐饮单位57个，A级餐饮单位总数达到118个，A、B级餐饮单位占应评单位总量的91.6%。顺利完成国家领导人来视察、高考等12次重大活动，有效保障5.4万余人次饮食安全。

【食品检测能力居无锡市前列】 2017年，江阴市政府投入专项经费178万元，为全市59个农贸市场中的44个食品安全快检室配备更新快检装备36台(套)，每年试剂补贴227万元纳入专项预算，全面完成无锡市政府为民办实事项目"农贸市场快检监控网络全覆盖"的目标。开展食品实验室检测7805批次，合格率达99.02%，平均4.77批次/千人；食品快速检测23.1万余批次，检测数量质量均位居无锡市前列。食品安全检测中心硬件建设顺利完工，检测条件更加完善，至年末，完成所有仪器设备的招标采购工作，总价值2632万元的155台(套)设备、2辆采样车完成安装调试正式投用。是年12月，食检中心顺利通过检验检测机构资质认定(扩项)现场评审，具备了包括食品、农畜水产品、种养殖业生产环境、肥料等领域农药兽药残留、食品添加剂、污染物、真菌毒素、常见微生物等500余项不重复参数的检测能力，食品检验检测效能得到质的飞跃。

【药品药械安全监管】 2017年，市市场监督管理局开展政企联手提升药品安全管控水平，发布《江阴市药品质量安全风险评估和防控工作制度(试行)》。全年办理各类审批事项968项，检查药品药械经营企业、医疗机构、各类诊所、中小学及幼儿园医务室共884个次，落实问题整改单位412个次。检查含麻黄碱类复方制剂等特殊管理药品生产、批发企业18个次，开展冷藏冷冻医疗器械经营企业、医疗器械使用质量、疫苗质量、城乡接合部和农村地区药店诊所药品质量安全集中整治，以及中药饮片生产委托检验等10个专项540个次企业(店、所)的检查任务，落实489个次单位问题整改。上报ADR(药品不良反应)报告1433例，MDR(医疗器械不良事件)1129例，药物滥用监测359例，数量质量均较2016年有明显提升。持续推广家庭过期药品回收工作，全年共回收药品2万余盒(瓶)。联合市物价局，建成"惠民药店"28个。

【食品药品执法检查】 2017年，市市场监督管理局坚持源头控制、产管并重、重典治乱，针对重点领域和薄弱环节，联合开展校园及周边食品、农村食品、养老机构食堂和网络食品、"瘦肉精"、水产品、疫苗经营等一系列安全专项治理行动，排查并消除近万处安全隐患。年内查办涉案50余人，涉案金额1000余万元的陈某网络销售假药案被公安部列为督办案件；邓士标销售假鹿角胶案被省公安厅列为督办案件；江阴市某大药房销售劣药案被国家食药总局评为满分案件。全年共查办各类食品、药品、医疗器械案件356件、罚没款718.76万元，违法案件查处率达100%，查办各类食品违法犯罪案件16件，对44人采取强制措施，持续保持了打击食品药品违法犯罪行为的高压态势。

(张宝明)

公共卫生安全

【概况】 2017年，江阴市强化传染病预警监测和风险评估，全市累计报告甲乙类传染病11种1722例。进一步完善疫苗管理相关制度，加强疫苗购销管理和预防接种门诊规范化建设，全市预防接种门诊建成达标率100%。有效提升突发公共卫生处置能力，在市内发生6次突发公共卫生事件中，落实一系列相关措施控制疫情，未发生大规模传播。按江苏省、无锡市下达的食品污染物监测要求做好公共卫生监测，全年监测各类食品合格率89.02%。实现江阴市乡镇食源性疾病病例监测全覆盖，江阴市成为无锡地区食源性疾病实现"市—镇—村"的试点地区。规范实施江苏省农村饮用水监测项目，保障全市饮用水安全，全面完成并及时上报了省农村生活饮用水枯水期、丰水期卫生监测数据。实施国家"大气污染急性健康危害监测"项目，调查200例大气污染流行病学个案。开展农村环境卫生状况监测与调查，共调查5个镇100户农村环境卫生状况。开展学校卫生监测工作，对市内96所中小学校、65所幼儿园开展缺课监测，监测覆盖率达100%，日报告率为97.54%。

【传染病防控成效显著】 2017年，江阴市及时发现聚集性传染病疫情的苗头倾向，快速有效处置各类传染病疫情。全市累计报告甲乙类传染病11种1722例，累计报告发病率为103.72/100000，较2016年同期上升4.49%。全年共报告8例死亡病例，分别为人感染H7N9禽流感1例、肺结核1例、艾滋病6例。完成国家部署的伤寒+副伤寒、手足口病监测点任务，以及省级禽流感和不明原因肺炎监测、腹泻病监测任务和无锡市霍乱监测任务。采取多项措施应对历年高发的幼托机构手足口病、诺如病毒感染疫情：组织桌面推演，开展全市各医疗卫生单位疫情管理人员工作培训，提高基层单位处置初始疫情能力；在疾病流行前开展全市托幼机构、小学拉网式预防性指导累计600余个次，降低暴发流行风险；在流行期间与教育部门每日互通信息，发现疫情苗头快速介入处理；积极宣传推广手足口病EV71型疫苗，最大程度减少重症病例的发生，通过严格落实措施控制，疫情没有发生大面积暴发。规范开展疫情报告管理工作，未发生法定传染病漏报现象，网络直报率为100%，及时率为100%，卡片完整率为98.42%，信息准确率为99.51%、传报卡及网络直报信息一致率为100%，疫点措施落实率100%。

【规范预防接种管理】 2017年，江阴市进一步完善疫苗管理相关制度，加强疫苗购销管理，筹备成立江阴市疾病预防控制中心第二类疫苗购销管理领导小组，明确工作职责及工作制度，并通过该小组选定全市所用的所有二类疫苗。进一步加强预防接种门诊规范化建设，全市预防接种门诊建成达标率100%，二级以上接种门诊建成达标率96.6%，通过无锡市二级一般门诊和狂犬病门诊验收。有序推广应用江苏省预防接种专用APP软件，安装率达78%。推动预防接种异常反应保险补偿工作，通过多种形式向辖区居民宣传预防接种异常反应补偿机制及相关利民政策，宣传推广商业补充保险,引导居民积极参与预防接种补偿保险和商业补充保险,目前已投保5000余人。继续巩固提高一类苗接种率、及时率,坚持每月分析通报接种率,加大督导力度,要求各单位门诊周期内加强未种儿童筛查通知并上报筛查结果,对提高接种率、及时率有较大帮助。继续实施二类苗零差率政策,4月引进肠道病毒EV71型疫苗,用以预防重症手足口病,全年接种15000余人,手足口病报告发病率同期下降40.09%;8月和12月分别引进2价和4价宫颈癌疫苗,可预防2种高危型人乳头瘤病毒。全年共接种一类疫苗约44万剂次,二类疫苗约27万剂次,共报告预防接种疑似异常接种反应292例,均得到及时调查处理,无重大预防接种异常反应发生。

【提升突发公共卫生处置能力】 2017年,市卫生计生系统充分发挥传染病疫情防控主力军作用,迅速反应、密切配合、联防联控、科学处置,及时有效处置各类突发公共卫生事件。全年共计发生6次突发公共卫生事件,报告聚集性疫情54次,通过落实一系列相关防控措施控制疫情,未发生大规模传播。3月,成功处置市内首次疫苗类牛痘病毒职业暴露疫情,获得省、市专业部门的肯定。重点开展伤寒、副伤寒监测,设置了新桥、青阳、山观、长山四个监测点,每月监测水体(河水、井水、污水)、熟食、蔬菜和腹泻病人,快速准确处置新桥伤寒疫情,把疫情控制在最小状态,未发生大规模暴发。不断加强应急队伍建设,组织卫生应急技能知识竞赛选拔赛,在无锡市卫生应急技能竞赛中获得团体三等奖。发动卫生应急技术人员参加省、市流行病学培训班的选拔,共有7人被录取,同时,积极参加各项实验室能力验证,共组织参加能力验证8次,提升突发公共卫生处置能力。

【公共卫生监测】 2017年,江阴市完成江苏省、无锡市下达的食品污染物监测工作,结合公众关注热点,精心制订食品安全监测方案,加大对超市、农贸市场、饭店等重点领域食品污染物的监测力度,全年共监测各类食品177份,合格154份,合格率89.02%。完成省级哨点医院建设,实现了江阴市乡镇食源性疾病病例监测全覆盖,江阴市成为无锡地区食源性疾病实现"市—镇—村"的试点地区,监测食源性疾病病例1430例,受理各级各类食源性疾病暴发10件,经现场调查核实食源性疾病暴发事件7件,调查及时率100%,事件原因查明率100%。规范实施江苏省农村饮用水监测项目,加强水质监测,保障全市饮用水安全,全面完成并及时上报了省农村生活饮用水枯水期、丰水期卫生监测数据。监测水源水48份,824项次;出厂水36份,882项次;末梢水126份,4284项次;二次供水8份,272项次。实施"中国儿童与乳母营养健康监测"项目,市内4个街道660人参与开展。实施国家"大气污染急性健康危害监测"项目,对200人进行大气污染流行病学个案调查、健康体格检查、生物标本采集,监测20人PM2.5的个人剂量暴露。开展农村环境卫生状况监测与调查,共调查5个镇(每个镇4个村)共20个村(每个村5户)的100户。开展学校卫生监测,市内96所中小学校、65所幼儿园都已开展缺课监测工作,并且全部实现了监测数据的网络直报,监测覆盖率达100%,日报告率为97.54%。

安全生产

【概况】 2017年,江阴市安全监管工作贯彻落实上级安监部门一系列指示要求,围绕年度工作目标,扎实开展标准化创建、专项整治、"打非治违"等重点工作,全年安全生产形势总体平稳有序,事故发生数、死亡人数与2016年同比分别下降8%和7.7%,没有发生较大以上及有影响的事故。江阴市安监局被国家安监总局评为安全生产监管监察先进单位;被省局评为全省危化品安全监管先进集体、全省非煤矿山及冶金等工贸行业安全生产先进集体。

【责任体系】 2017年,江阴市委、市政府高度重视安全生产工作,严格履行安全生产工作责任,市委常委会、市政府常务会议累计12次专题研究安全生产工作。市领导按照工作分工,率相关部门开展各行业领域安全生产督查检查,共组织督查检查15次。年内,市按照"党政同责、一岗双责、失职追责、齐抓共管"的工作要求,出台《江阴市各有关部门和单位安全生产职责规定》和《江阴市安全生产目标管理考核办法》,进一步明确属地政府和各行业主管部门权力、责任"两张清单";研究拟定市级层面专委会制度,有效提升"一岗双责、齐抓共管"顶层设计,深化"企业安全生产主体责任落实年"专项行动,督促企业严格落实"五落实五到位",持续推进高危行业实行安全总监制度,72个危化企业安全总监配备到位;逐级签订安全生产目标管理责任书,修订完善考核办法,加大安全生产和职业健康监管考核权重,对工作不到位、事故出现反弹的地区和部门严肃问责。严格实行安全生产"黑名单"、约谈等制度,市政府诫勉约谈地区主要负责人1人。

【专项整治】 2017年,江阴市对多个领域进行专项整治。危化领域:通过安全条件审查企业1个,安全设施设计审查1个,竣工验收监督核查6个,危化品简易审查项目安全条件评估报告和安全设施设计文件评审7个;共有30个危化品生产企业、2个危化品使用企业到期换证;完成全市115个危化品生产企业以及重大危险源企业"智能二道门"建设;对全市所有351个化工企业进行安全风险评估和分级,其中红色企业11个,橙色企业24个,黄色企业273个,蓝色企业43个,2016年专项整治列入停产整顿(黄色)的34个企业全部整改到位;三、四级重大危险源专家检查会诊共排查28个企业,危险化学品装卸作业排查69个,均整改完成,重点部位、重点环节专项安全企业自查复查192个。工贸企业领域:关闭涉爆粉尘企业8个,检查涉及有限空间作业企业843个次,液氨储罐使用企业、液氨制冷企业14个。职业病防治领域:职业病危害专项整治企业147个达标,累计完成职业病危害因素定期检测企业1090个,累计开展健康监护工作企业1660个,全年开展职业健康体检劳动者20595人。

【隐患排查】 2017年，江阴市安全监管部门在各个重要时间节点，集中力量、深入细致开展安全隐患排查工作。全市累计督查检查企业1685个，发现隐患5236处，下达限期整改指令书、现场处置决定书等各类法律文书195份，责令35个企业暂时停产停业，处置各类非法违法行为78次，立案查处案件74件，关停企业2个；组织第三方中介机构对市内28个三、四级重大危险源化工企业进行会诊检查，共排查出426处安全隐患；升级完善安全生产智能一体化平台，全市8821个在线企业自查自报隐患84701处，自改隐患80713处，整改率95.29%，重大隐患均按期完成整改。

【安全标准】 2017年，江阴市大力实施产业强市战略，积极推进“千企技改”行动，设立技改装备贴息资金，鼓励企业加快改造传统工艺，推广智能车间、智能工厂建设，推动危险场所及工序广泛使用工业机器人和智能装备，实现“机械化换人、自动化减人”，大力提升企业生产经营本质安全水平。年内，全市工业企业完成技改投资427亿元，建成一级标准化企业2个、二级标准化企业53个、三级标准化企业1647个，小微企业安全标准化达标912个，新增省示范智能车间6个、优秀示范车间1个；全省安全生产双重预防机制建设现场会在江阴市成功召开，“江阴安全模式”全面推广，在100个试点企业双重预防机制基本建成运行的基础上，将双重预防与标准化建设紧密融合，大力推进安全生产双重预防机制建设；扎实推进江苏（江阴）沿江危险化学品应急救援基地建设，指挥平台和模拟实训装置已经设计论证，主体工程有序建设。

【安全宣教】 2017年，江阴市召开全市安全文化建设动员大会，启动“全国安全文化城市”试点工作，坚定实施安全发展战略，以安全文化引领安全生产工作，大力实施安全文化理念凝练工程、精品创作推广工程、宣教阵地建设工程和示范标杆引领工程，城市安全文化水平有效提升；积极应用“互联网+安全生产”，采用线上线下结合培训方式，开展安全生产网上培训2万余人次；加强对赋权镇街安全生产监管执法工作的指导服务，组织开展镇街综合执法人员安全生产监管执法业务培训，积极培养专业型、复合型“选手”，全力保障安全监管执法队伍的专业性、稳定性；加强安全生产专家库建设，调优配强64名行业领域安全专家为安全监管和业务培训服务；认真组织“安全生产月”“安全生产暨阳行”“119消防宣传月”等系列主题活动，“江阴安监”微信公众号推送各类安全生产信息近1000条；强化安全生产法律法规宣传贯彻，通过各种媒体持续开展《中华人民共和国安全生产法》专题宣传，16个企业实际控制人拍摄警示教育片在《法治全澄》节目中“现身说法”。全市上下营造了良好的安全舆论氛围。 （市安监局）

特种物品与设备安全

【危化品安全管理】 2017年，市公安局全力维护社会平安稳定，全面加强易制爆危险化学品安全管理，严控重点物品，严防安全事故，有效预防重大安全事故的发生。治安大队组织全市派出所对全市共计的334个涉及生产、经营易制爆危险化学品企业进行实地核查，详细登记单位负责人、从业人员和使用易制爆危险化学品品名、数量以及储存场所等情况，杜绝漏管失控情况发生。通过实地查看安全生产许可证、经营许可证、安全使用许可证等，全面掌握涉危单位具体信息。着重检查易制爆危险化学品储存等要害部位的防盗门窗、视频监控、报警系统等治安防范设施，严格执行人员值班、物品流向、五双制度等，对发现的问题及时登记备案并督促整改，切实完善内部安防措施和危险品购销流向、日常领用实名实数登记等制度，提高安全防范系数。对易制爆危化品企业从业人员以及有条件接触易制爆危险化学品的人员共2950人全部纳入工作视线。市公安局会同安监、市场监管等部门开展联合执法，深入危化品销售、储存、使用等重点部位，对发现的违法行为，按照职责分工依法分别予以处罚。全年共行政处罚违法违规单位109个，协调安监部门处罚违法违规单位31个次。

【易燃易爆危险品场所管理】 2017年，市消防大队根据市政府办公室下发的《江阴市危险化学品安全综合治理实施方案》要求进行专题动员部署，明确综合治理工作目标、任务、措施和责任。共排查2个化工集中区、18个沿江大型石化储存单位和123个易燃易爆危险品场所，指导建立区域联防协作组织3个、成立化工事故处置专家小组1个，指导全市化工企业建立完善消防安全“一企一档”资料。同时，建立沿江石化单位消防联席会议制度、指导企业成立区域联防小组，开展经常性“四互”工作。依托港口、安监等部门成立化工专家组，定期对企业进行会诊，从专业规范的高度严格要求企业加强安全设施体系建设。定期组织业务培训、互查互检、业务交流和联合演练活动。年内，提请市政府召开第十一次市长办公会议，研究加强沿江危化品应急救援基地建设，投入专项经费6390万元，拟购置大功率远程移动供水系统、50米六节臂高喷车、泡沫吸液输转车、泡沫供液分配车、多剂联用举高喷射车、无人机、灭火机器人、一拖四模块车等11台（套）危化品消防应急救援装备。

（朱斌 胡娟）

【白蚁防灭治工作】 2017年，江阴市的白蚁防治工作根据“预防为主，防治结合，综合治理”的工作方针，完成128项新建房屋白蚁预防处理项目。认真做好对中山公园、要塞司令部旧址、适园、华西公园、夏港朱杏南故居等特殊点的站点维护和蚁情监测工作。注重白蚁预防工程回访复查，共回访1162个新建房屋白蚁预防工程，对其中28个存在白蚁危害现象的工程及时进行治理，有效保障房屋的使用安全。积极开展治理土白蚁药物的课题研究，开拓林地白蚁治理，成功挖除了7巢年龄超过13年的大型成熟土白蚁群体，有效控制了机关大院的林地白蚁危害。 （邱敏）

【核与辐射安全管理】 2017年，江阴市全面开展放射源安全检查专项行动,收贮废旧放射源,规范持证行为,开展辐射安全培训工作,进一步健全核与辐射安全保障的长效机制,维护全市辐射环境安全。是年,对11个涉源单位60枚废源进行收贮,对3个关停企业放射源全部回收。对江阴市金泰纸业有限公司、江阴金诚口腔门诊部等4个企业许可证超期、无辐射安全许可证下达整改通知,督促企业完成许可证延续和变更。完成核辐射安全许可证预审、辐射环境影响评价预审75份。 (姚京君)

【特种设备安全监管】 2017年,市市场监督管理局围绕全市安全生产管理目标,加强特种设备监管及隐患整治力度。开展企业复工复产、春节、五一、国庆等节前特种设备安全大检查,组织夏季拉网式特种设备安全隐患排查、夏季百日安全生产执法、全市安全生产检查等各类检查行动,共检查特种设备使用单位779个次,发现隐患544处,签发特种设备安全监察指令书43份,立案查处案件6件,消除了安全隐患,打击了特种设备违法行为。培训考核特种设备管理、作业人员6514名,接受特种设备开工告知1814份,下达安全责任告知书917份,注册登记5043台,登记率100%。加强气瓶信息化管理,张贴二维码标签31万余只。组织开展全市49个电梯维保单位星级评定,撤销外地维保网点5个。全面推进"96333"电梯应急救援平台建设,年末,全市共有10473部电梯纳入平台体系,其中人员密集场所和住宅小区电梯已基本实现全覆盖。委托省特检院江阴分院检测各种类特种设备3万余台(套)。 (唐晓白)

火灾事故与防范

【概况】 2017年,江阴市共发生火灾450次,无死亡,伤4人,直接财产损失481.8万元,与2016年相比,火灾次数下降54.36%,死亡人数净减2人,受伤人数下降20%,财产损失数下降59.91%。继2002年以来连续15年未发生有重大人员伤亡的火灾事故。

【灾情分析】 2017,江阴市发生的火灾事故从火灾发生区域看,澄江街道、临港街道及周庄镇火灾次数最多。澄江街道76次,直接财产损失80.57万元,分别占总数的16.89%和16.72%,火灾次数居所有区域之首;周庄镇48次,直接财产损失56.6万元,分别占总数的10.67%和11.75%;临港街道43次,直接财产损失32.07万元,分别占总数的9.56%和6.66%。

从起火场所看,住宅、厂房及交通工具成为火灾重灾区,住宅和厂房是火灾伤亡的主要场所。全市共发生住宅火灾147次,直接财产损失80.6万元,伤1人,分别占总数的32.67%、16.73%和25%,火灾次数居所有场所之最;厂房火灾119次,直接财产损失218.64万元,损失数居所有场所之最,分别占总数的26.44%和45.38%;交通工具火灾107次,直接财产损失78.33万元,分别占总数的23.78%和16.16%;物资仓储场所火灾14次,直接财产损失74.3万元;餐饮场所火灾16次,直接财产损失5.4万元;商业场所火灾13次,直接财产损失7.6万元;农副业场所火灾7次,直接财产损失2.6万元;宿舍火灾6次,直接财产损失5.83万元;宾馆火灾1次,直接财产损失0.2万元;公共娱乐场所火灾1次,直接财产损失0.1万元;学校火灾1次,直接财产损失0.5万元。其他火灾19次,直接财产损失7.69万元。

从火灾原因看,电气故障成为火灾的罪魁祸首。全市共发生电气火灾51次,直接财产损失86.73万元,分别占总数的11.3%和18%,起数、损失数居各类火灾之首;遗留火种火灾42次,直接财产损失15.27万元,分别占总数的9.33%和3.17%;自燃引起火灾39次,直接财产损失29.95万元,分别占总数的8.67%和6.22%;生活用火不慎引发火灾21次,直接财产损失4.67万元,分别占总数的4.67%和0.97%;生产作业类火灾10次,直接财产损失5.2万元,分别占总数的2.22%和1.1%;放火火灾1次,直接财产损失0.2万元;吸烟火灾2次,直接财产损失0.32万元;静电火灾1次,直接财产损失为0.01万元。不明原因火灾201次,伤2人,直接财产损失316.8万元,其他火灾83次,伤2人,直接财产损失22.65万元。

从火灾24小时分布情况看,18时至20时火灾最易发生,火灾损失最重。全市20时至22时发生火灾53次,直接财产损失59.9万元,分别占总数的11.78%和12.43%,火灾次数、损失数居全天候之首。0时至2时,发生火灾27次,直接财产损失28.16万元;2时至4时,发生火灾30次,直接财产损失32.05万元;4时至6时,发生火灾28次,直接财产损失70万元;6时至8时,发生火灾28次,直接财产损失29.62万元;8时至10时,发生火灾26次,直接财产损失33.97万元;10时至12时,发生火灾35次,直接财产损失22.49万元;12时至14时,发生火灾

2017年,江阴市在"119消防宣传月"活动中举行石化灭火演练

(市安监局提供)

39次，直接财产损失18.16万元；14时至16时，发生火灾48次，直接财产损失42.38万元；16时至18时，发生火灾46次，直接财产损失37.23万元；18时至20时，发生火灾51次，直接财产损失45.26万元；22时至24时，发生火灾39次，伤4人，直接财产损失62.58万元。

【火灾防范】 2017年，江阴市持续完善消防责任体系，市政府召开常务会议和办公会议，研究加强政府专职消防队伍和危化品消防救援装备建设。市消防大队联合市安委会对网格化管理、重大火灾隐患整治、公共消防设施建设和多种形式消防队伍建设等工作进行考核。主动联系市综治办等部门研究推进基层消防安全网格化管理和群租房整治工作。4次召开消防重点单位例会，推动单位全面落实消防主体责任和“六加一”安全防范措施。指导化工企业积极完善“一企一档”消防管理档案建设。持续提升消防监管质效。严格源头管控，年内审验项目85项、备案抽查项目84项、安全检查176份。扎实推进冬春火灾防控、夏季消防检查和高层建筑、电气、出租房等多个火灾专项行动与综合治理，检查单位4376个，督促整改火灾隐患6537处，下发整改通知书2586份，执法处罚307次，责令“三停”单位47个，临时查封44个，拘留11人。督促8处重大隐患、1处区域性隐患整改销案，把1个重大隐患单位报请无锡市列入安全生产黑名单。圆满完成中共十九大等一系列重大活动消防安保和江阴市全国文明城市创建迎检工作。推广安装简易报警2096只、简易喷淋68套、电气火灾监控系统52套。指导68个村（社区）完成消防安全达标创建，建设微型消防站922个、区域联防协作组织3个。持续提升灭火救援能力。坚持从严、从难、从实战出发，深入开展执勤训练和岗位练兵，做到“每日有轮训，每周有拉动，每月有检查，每季有考核，半年有竞赛，每年有比武”。年内，开展紧急拉动69次，实战演练386次、集中考核4次。持续提升全民消防素质。深化消防宣传工作，开展集中宣传20次、志愿宣传服务50余次、消防夏令营15期，发放宣传资料18.5万份，消防教育馆接待人员8000余人次。每日通过公众微信等媒体推送发布消防常识和资讯。在22条公交线路的44辆公交车车身上喷涂消防公益广告，在2168部电梯、250台候梯视频机开辟消防宣传阵地。组织单位开展消防培训156次、指导单位开展演练86次。联合市教育局部门开展暑期和秋季开学消防宣传教育行动，为全市初高中学校统一配发《中小学消防安全教育读本》5.4万册，在全市幼儿园开展儿童消防“萌哥会”作品征集和评比活动。（朱 斌 胡 娟）

域内安全技防

【概况】 2017年，市公安系统继续把技防城升级版作为治安防控体系的核心工程来抓，健全运作机制，挖掘实战价值，提升应用效能。全市刑事发案、侵财案件分别较2016年下降15.22%、11.42%，命案侦破、公诉总数等体现核心战斗力的打处指标稳居无锡市第一，全省公众安全感测评达99%。

【一体化指挥调度】 2017年，市公安系统在治安复杂路段、人员密集场所、大型活动现场设定视频巡查预案，确保一旦需要，快速调取事发现场及周边视频图像信息。年内共制定常规预案10类194个，应急预案4类19个。全市25个派出所勤务指挥室共配备监控值机员238人，全天候开展视频巡逻，突出重点时段、重点部位，与街面实兵巡逻互补，有效提高了社会治安动态管控能力，全年全市五类侵财警情比2016年下降17.61%。研发智能化指挥调度平台，与PGIS、视频专网、“处警通”APP对接，将视频图像在PGIS警用地理信息系统上呈现，真正实现一体化展示、可视化指挥、扁平化调度。10月，通过智能指挥调度平台调度周边巡逻警力合围，协助常州警方8分钟拦截一乘坐出租车逃逸的在押嫌犯，验证了一体化指挥调度实力。

【智能化侦查实战】 2017年，市公安系统在全市人员密集场所建设前端人脸识别摄像机52套，建成后抓获在逃人员3人。12月30日，通过识别抓获1名在逃10年的命案逃犯。组建视频实验室，探索视频图像解析应用，利用视频专网作战平台配套的智能研判工具，为研判实战提供有力支撑。是年，刑事案件的破案率30%，高于无锡市平均水平8.5%。

【信息社会化共享】 2017年，江阴市全面汇聚整合公安自建、政府部门和社会面拥有的监控资源，并搭建完成与之配套的政务视频网核心网络，通过相关安全措施，向全市机关和乡镇监控中心两级应用单位提供视频服务。年内已汇聚公安自用和社会面治安监控共约1.9万余个，完成超过50个应用单位的政务视频网点位部署。创新研发安全监管智慧云平台，于8月入选省科技厅社会发展类重大科技示范项目，获300万资金奖励。平台整合接入安监、交通、教育、环保、公用事业等9个政府部门信息资源，关联接入燃气、供水、放射源、危化品等930个企业单位信息数据（如视频数据、传感器数据等），全部进行图上标注和一张图展示，并具备实时数据采集、自动报警、积分预警、统计分析、视频联动等功能，有效提升了政府行业监管部门的信息共享、应急联动水平。依托车辆行踪系统、汽车电子标识搭建交通智能管控平台，对城乡交通运行状况进行视频巡查、流量分析、态势评估，有针对性地开展交通诱导、警力派遣等工作。通过“两客一危”“智慧校车”“汽车电子标识”等平台，实时掌握重点车辆运行状态，对违反交通安全法规、偏离既定路线等行为进行监管。是年交通事故死亡人数比2016年下降5.22%，取得14年连降的成效。

（朱 斌 胡 娟）

场所安保

【概况】 2017年，江阴保安服务业经过多年的辛勤耕耘，全市初步形成统一开放、竞争有序的保安服务服务市场，保安服务业“政府领导、部门监管、行业自律、社会监管”的发展格局基本建立，在服务江阴经济社会发展，服务人民群众，协助维护社会治安，参与社会治安防控体系建设，增加社会就业等方面，发挥重要的作用，得到社会各界的广泛赞誉。但全市保安服务企业因处于初创阶段，在规范化、法制化、集约化上仍有较大提升空间。全市6个保安服务企业中，保安员500人以下的有4个，占总数的67%。小型保安服务企业在管理体制、竞标方式、劳动时间、福利待遇等有待进一步规范。同时保安市场普遍存在年龄老化、未经培训、无证上岗等问题，保安队伍综合素质有待提升。年末，全市6个保安服务企业有保安员4130余人，为江阴市政府机关、金融机构、企事业单位、独资合资企业、公共场所等提供安全服务。

【江阴市保安服务有限公司】 2017年，江阴保安服务有限公司(以下简称公司)按照《中华人民共和国劳动法》《中华人民共和国劳动合同法》《保安服务管理条例》等法律法规，诚信经营，不断完善以事前防范和事中控制为主、事后补救为辅的风险防范机制。公司认真履行劳动合同，切实维护保安员的工资待遇和合法利益，劳动合同签订率、保险率实现100%；公司还购买雇主责任险(第三者责任部分)，就保安员在承担安全护卫工作中发生的客户财产损失责任达成保险协议，与保险公司共同承担最大赔偿责任，既降低公司的运营风险，也赢得客户信任；不断完善和强化企业规范管理，充分发挥和利用国有企业的优势和长处，不断开拓市场，积极参加各类保安服务招投标，主动适应新形势发展的要求，扩大市场份额。至12月底，公司拥有职工1986人(年内招收320人)，客户总数565户，营业额7036万元，利润275万元，连续第五年被无锡市保安协会评为优秀保安服务公司。

公司强化队伍管理，积极倡导“以人为本”理念，尊重和关注保安员个人发展，充分调动保安员的工作积极性、主动性。上半年，公司结合工作实际落实质量管理，稳定队伍，提高保安管理干部、保安队伍整体素质和服务水平，明确岗位职责。为实现企业内部安全无事故的工作目标，采取召开动员会、座谈会、部署会、汇报会等形式进行宣传，使保安员牢固树立政治意识、大局意识、忧患意识和责任意识。利用微信及时通报形势、传达工作部署。各管理大队组织保安员进行安全生产、遵纪守法教育，安全知识学习，使保安员基本掌握交通安全、卫生防病常识和自我保护方法，提高对各类安全事故的处置及防护能力。3月1日至11月30日，公司各管理大队部署岗位大练兵，全员参与，通过日常学习训练、周末总结提高，最后由督察大队考核验收。督察大队还结合日常工作，全面检查基层保安班队的宿舍卫生、岗容岗姿、制度落实、岗位技能等各方面工作，推动保安队伍整体素质和服务水平的提高。

公司主动承担社会责任，取得了社会效益和经济效益的双丰收。积极参与多项社会公益活动，积极组织员工参加无偿献血活动，有28人获无偿献血奉献奖铜奖，16人获银奖，3人获金奖。在六一儿童节帮扶在校儿童、八一建军节开展拥军慰问等。同时，公司为维护社会稳定，积极协助公安机关维护社会治安秩序，开展各项活动安全保卫。年内，协助客户单位调处各类纠纷事件100余件；扑灭初起火灾5次；50余人次拾金不昧；解救迷路、突发急病人员3名；阻截电信诈骗事件20件，协助公安机关破获案件20余件，抓获犯罪嫌疑人30余人；参加市公安局的联警联防义务巡逻1769人次。全年挽回损失120万元。收到客户和群众的表扬信110余封，有5名队员被评为无锡市优秀保安员，有10名队员受到江阴市见义勇为基金会表彰。

2017年江阴市(场所、押运)保安服务有限公司一览表

表55

公司名称	成立时间	公司地址	从业人数	服务单位
江阴市保安服务有限公司	1992年7月	江阴市梅园大街397号	1986人	565个
江阴市飞鹰保安服务有限公司	2005年3月29日	江阴市大桥路96—100号	400余人	50余个
江阴市金鹏保安服务有限公司	2010年6月28日	江阴市安居巷90—92号	450余人	65个
江阴市雄鹰保安服务有限公司	2010年8月13日	江阴市杨岸路101号	400余人	30余个
江阴市春风保安服务有限公司	2012年3月28日	江阴市周庄镇宏苑路7号	300余人	57个
江阴市飞龙保安服务有限公司	2012年10月28日	江阴市澄杨路11号	600余人	80余个
江阴市特种押运保安服务有限公司	2009年12月6日	江阴市梅园大街395号	280人	30余个

(李小良)

信息安全

【概况】 2017年，江阴市信息安全工作以《中华人民共和国网络安全法》正式实施为契机，以普法执法为抓手，开展贯彻落实网络安全法规系列活动。年内，市民防局在无锡市安全工作会议上被表彰；继续做好党政网站集群安全保障工作。

【贯彻《中华人民共和国网络安全法》系列活动】 2017年，江阴市以《中华人民共和国网络安全法》正式实施为契机，以普法、执法为抓手，开展贯彻落实的系列活动，切实提高了全市安全意识和防护能力。普法方面，先后组织学习贯彻《中华人民共和国网络安全法》暨网络安全培训、网络安全专家培训和上市公司网络安全培训3次全市性培训，通过创新工作机制，加强统筹协调，逐步形成全市网络安全"齐抓共管"的大合作体系。执法方面，开展全市重要信息系统网络安全上门检查，在要求各单位自查的基础上，市信息化办、市公安局对全市党政机关、上市公司和百强企业进行上门检查，对检查中发现的网络安全漏洞、隐患、问题和风险及时进行通报并督促整改，并组织开展复检，确保整改到位。市委机要保密局、市经信委、市信息化办和市公安局联合开展全市百佳企业网络信息安全"免费体检"活动，在各单位自查自改的基础上组织远程安全检测，并对存在重大安全隐患的单位进行上门检查和指导。此外，市信息化办对全市钢铁、有色等六大类工业企业进行了工业控制系统信息安全自查工作，共摸底工业控制系统运营单位37个、重要工业控制系统49套。 （市信息化办）

【江阴市数据容灾备份中心被评无锡市信息安全等级保护先进】 江阴市民防局高度重视数据灾备中心的安全管理，依据国家信息安全等级保护技术规范和标准，建立了严密规范的"双层四级"安全管理体系，为全市信息化建设提供安全可靠的重要信息数据容灾备份服务，发挥了良好的战备效益和社会效益。2017年2月13日，无锡市召开信息安全工作会议，江阴市数据容灾备份中心被评为2016年度无锡市信息安全等级保护工作先进单位，其信息安全管理工作得到各级的充分肯定。 （市民防局）

【党政网站集群安全保障工作】 2017年，江阴市为加强市内党政网站集群的安全保障，抵御日益严峻的网络攻击行为，确保党政网站集群系统安全可靠运行，聘请专业机构在一季度进行党政网站集群的安全测评和定级工作，不断强化党政网站集群系统的安全管理工作。组织开展党政网站集群安全测评工作后，对查出的安全隐患逐一进行整改，并确保整改到位，进一步保证了系统安全可靠运行。（市信息化办）

应急管理

【概况】 2017年，江阴市以创成全国文明城市为契机，紧紧围绕建设经济强、百姓富、环境美、文明程度高的新江阴，认真贯彻上级有关加强应急管理工作精神，强化措施，狠抓落实，各项工作持续有效开展，全市总体情况平稳向好。应急管理工作为推进市经济社会又好又快发展发挥了积极作用。

【应急宣教】 2017年，江阴市为切实提高群众自救互救意识及技能，逐步形成群众性应急救援与政府应急体系联动的自救互救网络，在全社会形成全民自救互救、人人参与应急救援的氛围，出台《江阴市自救互救工程实施意见》，在学校、体育场馆、车站、社区等人员相对集中的区域开展全民应急救援（自救互救）项目建设试点，通过项目实施，实现自救互救设备和宣教全覆盖，普及应急救护知识与技能，提升全民应急素养和自救互救能力。全年完成首批试点7个。结合全国"防灾减灾日""消防宣传日"和安全生产月，力促法律法规和安全常识进机关、学校、社区、农村、企业、家庭，不断增强群众防灾避险意识和应对突发事件的能力。发放《江阴市民应急手册》6000册、《家庭应急防御指南》折页16500份，开通"江阴应急宣传"微信公众号并定期更新内容，取得较好宣传效果。7月31日，邀请国家行政学院教授钟开斌到江阴作突发事件应急管理专题讲座，进一步增强全市应急条线干部应对突发事件的危机意识，提高科学处理突发事件的能力。相关镇（街道）、部门也根据自身实际，积极开展各类宣教培训活动，云亭街道紧扣"全面落实企业安全生产主体责任"主题，积极开展多种形式的安全文化

2017年12月11日至14日，市信息化办、公安局对在"百佳企业网络信息安全免费体检活动"中，存在重大安全隐患的单位进行上门服务和指导

（市信息化办提供）

2017 年 12 月 8 日,江阴市组织突发危险化学品事故暨环境事件应急救援演练 （市应急办提供）

活动;顾山镇以“三送——送清凉、送安全、送法律”形式,组织开展关爱企业职工送清凉、“安康杯”安全知识竞赛、走基层进企业安全专题讲课、安全监督检查进企业、安全宣传咨询进社区等系列活动。气象局组织业务人员进行汛期相关制度和业务规定的学习,并就如何应对断电、断网、仪器故障等突发事件进行操作演练。全市根据省、无锡市“综合减灾示范社区”创建工作要求,深入开展创建“全国综合减灾示范社区”活动。12 月,申港街道申港社区通过国家民政部验收并成功创建“全国综合减灾示范社区”。

【预案体系】 2017 年,江阴市按照年初制定的计划,结合应急预案“横向到边、纵向到底”的目标要求,对相关市级专项预案和部门预案进行了修订完善,增强了各类预案的科学性和可操作性。全年完成修订市级专项应急预案 6 个、部门预案 2 个,新增市级专项应急预案 2 个。各镇(街道)和各有关部门根据应急预案和实际工作需要,先后组织重点企业、学校、社区及村和人员密集场所举办各类有针对性应急演练 1200 余次,提高了应急队伍的快速反应处置能力、共同救援能力和协同作战能力。市安监局以危险化学品、金属冶炼、建筑施工等行业领域为重点,突出有毒气体泄漏、火灾、高处坠落、满堂架坍塌、触电等事故类型开展应急演练;海事局组织海巡艇水上演练、危化码头防污演练、渡船防碰撞演练等专项演练。11 月 17 日,举行江阴市突发环境事件应急演练,提升应对突发环境污染事件的应急处置能力;12 月 8 日,举行江阴市突发危险化学品事故暨环境事件应急救援演练,增强防范和应对突发危险化学品事故的意识;12 月 21 日,在长江举行水上搜救暨防污染综合演习,全面检验水上船舶救助、人员搜救、防污清污、水上消防和沉船定位能力,以保障长江航道航行船舶的安全和长江沿线城市取水口的安全。应急救援队伍建设持续加强,市公安局按照“专兼结合、层次互补”的原则,从公安巡特警队伍选拔具有一定救援技能的特勤队员,组建一支专业应急救援突击队,配备专门车辆,负责水下、坍塌建筑物内人员搜救等特殊任务;蓝天救援队作为重大应急救援的有力补充,也逐渐成为一支越来越重要的社会救援力量。

【预警防范】 2017 年,江阴市依托公安、安监、气象等部门监测预警网络的实时监测,及时分析研判突发事件隐患和趋势,提出防范应对措施。气象局建立气象灾害预警信息发布短信平台,通过平台及时将气象预警信息发送到各有关单位的责任人手中,及时组织气象灾害的预防和施救,全年预测灾害性天气预警信号 75 次,发布气象应急短信 149 条传达 74.7 万人次,并通过电台、电视台、报纸、“96121”声讯电话、“江阴气象”网站、微博、微信公众号、QQ 群等多种手段向社会公众及时发布最新的天气预报、预警以及天气实况等,为公众的生产生活和出行活动提供了重要参考;农林局采取日常监测和集中监测相结合,切实加强免疫效果评估等预警预报工作,杜绝了重大动物疫情发生。各镇(街道)、园区积极开展风险评估和隐患排查,针对公租房转租混乱、公租房消防设施检查后整改不到位、民宅出租房电线乱拉乱搭等问题开展安全隐患排查工作,确保安全隐患不留死角;江阴地方海事处结合辖区实际制定 12 项 31 条具体防控措施,开展内河航运秩序治理、船载危险货物综合治理、水上突出违法行为整治等活动；水利农机局组织对河道堤防、涵闸泵站、圩区、在建工程以及防汛防旱各类非工程措施等开展拉网式检查；安监局邀请8名专家，对4个危险化学品重大危险源企业进行现场核查，排查各类隐患。硬件设施建设不断加强，67项防汛应急工程已完工56项，主体工程完工（进度90%以上）9项，总体投资进度完成超过96%，工程已发挥效益；新沟河延伸拓浚工程、绮山应急备用水源地等工程项目建设正在稳步推进中。

【应急处置】 2017年，江阴市按照相关要求科学应对处置各类突发事件。强化值守应急，严格落实24小时应急值班、重大节假日或特殊时段领导带班制度，做到早发现、早报告、快应对。在市创建文明城市考核和中共十九大准备期间，市应急办对全市17个镇（街道）和重点部门开展电话抽查，确保值守工作落到实处。规范信息报送，明确突发事件信息的报送范围、报送时限、报送方式等工作规定，强化信息报告责任，突发事件信息报告机制得到进一步规范和完善，信息报告质量和效率有了明显提高，全年市应急办累计办理应急信息专报57期，协调处理各类突发事件50余件。加强督促检查，重点对应急预案没有健全完善、相关制度没有严格执行以及日常举措没有落实到位等情况开展专项督查，对发现工作敷衍推诿、上报信息存在迟报谎报瞒报、处置突发事件措施不力造成一定影响或严重后果的，及时下发督办通知单，并视情向市委和市政府通报，同时严肃追究相关单位和人员的责任。科学应对处置，按照“属地管理、协调配合”的原则，相关部门加强联动，第一时间赶赴现场，确保突发事件得到有效处置。年内，江阴市成功处置“1·19”凤凰山隧道危化车交通事故、“2·05”江阴2.7级地震、“2·16”申南村民房倒塌、“5·27”周庄某电镀厂火灾等突发事故，由于应急响应及时、处置得当，相关事故未造成环境及社会影响。 （赵 钧）

·小资料·

火灾逃生自救常识

1. 火灾袭来时要迅速逃生，不要贪恋财物。

2. 家庭成员平时就要了解掌握火灾逃生的基本方法，熟悉几条逃生路线。

3. 受到火势威胁时，要当机立断披上浸湿的衣物、被褥等向安全出口方向冲出去。

4. 炉灶附近不放置可燃易燃物品，炉灰完全熄灭后再倾倒，草垛要远离房屋。穿过浓烟逃生时，要尽量使身体贴近地面，并用湿毛巾捂住口鼻。

5. 身上着火，千万不要奔跑，可就地打滚或用厚重的衣物压灭火苗。

6. 遇火灾不可乘坐电梯，要向安全出口方向逃生。

7. 室外着火，门已发烫，千万不要开门，以防大火蹿入室内，要用浸湿的被褥，衣物等堵塞门窗缝，并泼水降温。

8. 若所在逃生线路被大火封锁，要立即退回室内，用打手电筒、挥舞衣物、呼叫等方式向窗外发送求救信号，等待救援。

9. 千万不要盲目跳楼，可利用疏散楼梯、阳台、落水管等逃生自救。也可用绳子把床单、被套撕成条状连成绳索，紧拴在窗框、暖气管、铁栏杆等固定物上，用毛巾、布条等保护手心，顺绳滑下，或下到未着火的楼层脱离险境。

■类目编辑 王萍芳

街道·镇概况

澄江街道

【概况】 澄江街道地处江阴市中心城区，是江阴市委、市政府所在地及全市政治、经济、文化中心，孕育“刘氏三杰”（刘半农、刘天华、刘北茂）、教育家吴研因、爱国高僧巨赞、中国中药化学研究先驱赵承嘏、“中国机器人之父”蒋新松等一批人。区域面积65平方千米，下辖26个社区居委会、10个行政村。2017年年末，有户籍人口258608人，其中男性126894人、女性131714人；有少数民族26个724人。有外来暂住人口120873人，其中男性69344人、女性51529人。

政治建设 以学习宣传贯彻中共十九大精神为主线，坚定不移推进全面从严治党，为街道发展提供坚强保证。思想政治建设扎实推进。强化思想理论武装，落实意识形态工作责任制，深入开展学习宣传贯彻中共十九大精神专题活动，广泛凝聚起全街道的思想和力量。开展纪念建党96周年、“旗帜鲜明讲政治”专题党课、万名党员冬训等活动，街道获评全省基层党员冬训工作示范街道。深入推进“两学一做”*学习教育常态化制度化，扎实开展“连心富民、联企强市”“大走访”活动，全年走访群众家庭118595户、企业1847个，解决问题3580个。干部队伍建设有力推进。坚持从严从紧管理干部，健全谈心谈话机制，落实任前谈话、提醒谈话、警示谈话、诫勉谈话、回访谈话“五谈”制度，更新完善干部廉政档案48份，收到党员领导干部个人有关事项报告103份，机关在编干部信息实现电子化管理。加大干部教育培训力度，开展党性修养、综合素能培训6期，轮训干部400余人。基层组织建设纵深推进。全面推进基层网格化党建，开展一百个暨阳红色先锋党建示范点建设，城中、北大街、黄山、江锋等4个社区入选无锡市级“雁阵计划”培育对象；实施“双百双千”领学计划，“钱佐党群沙龙”“吴敏书记工作室”分别申报无锡市党员实境教育课堂、党支部书记工作室；江苏富仁集团有限公司党组织升格为党委建制，全年新建基层党组织5个。党风廉政建设强化推进。健全责任传导机制，“两个责任”*平台任务高标准落实。开展“亲”“清”新型政商关系大讨论活动，推进廉政文化建设进机关、进社区、进家庭、进学校、进企业、进农村“六进”工作，辅延中心小学廉政文化示范点建成开放。加强执纪监督，用好“四种形态”（党内关系要正常化，批评和自我批评要经常开展，让咬耳扯袖、红脸出汗成为常态；党纪轻处分和组织处理要成为大多数；对严重违纪的重处分、作出重大职务调整应当是少数；严重违纪涉嫌违法立案审查的只能是极少数），查处党员干部33人，营造风清气正的发展环境。精神文明建设突破推进。积极参与开展全国文明城市创建活动，积极开展核心价值观进机关、进社区、进农村、进学校、进企业“五进”宣教活动，发放测评问卷、倡议书26万份。街道“道德讲堂”总堂活动申报省级精品课程，《创成出发·为澄添彩》街道创建工作集锦编印出版。大力选树身边典型，蔡启新获评“无锡好人”“无锡最美志愿者”，蔡海锋获评“江阴好人”。城中社区获评“省最佳志愿服务社区”。

经济建设 积极应对经济下行压力，以项目为支撑、实体经济为根本，实施项目挂钩、创新激励、盘活资产、降低成本、防控风险等一系列硬举措，全年经济运行稳中有进、稳中向好。综合实力不断增强。全年完成地区生产总值492.14亿元，比2016年增长7.1%；公共财政预算收入32.66亿元，增长0.5%（按调整后统计口径）；规模以上工业产值332.91亿元，增长10.1%；限额以上社会消费品零售总额135.98亿元，增长11.5%；全社会固定资产投资130.64亿元；进出口总额59.31亿元；到位注册外资2001万美元，主要经济指标基本完成预期目标，经济总量和运行质量保持全市镇街前列。产业结构日趋优化。加快产业结构调整，加速新旧动能转换，制定出台《关于推动企业转型振兴实体经济的实施意见》9大类29条激励发展举措，完成服务业增加值336.6亿元，增长8.5%，占地区生产总值比重68.4%；完成高新技术产值231.2亿元，占规模以上工业产值比重69.5%。项目建设稳步推进。持续放大项目引领带动作用，街道在建拟建重点服务业项目12项，总投资174.7亿元，其中九方城、南门印象商业广场加快建设，澄星广场、澄

新新能源综合体完工，德美嘉妇儿医院建成投运。中犇科技、"澄商汇"等3个电商平台稳健发展，成为现代服务业发展新亮点。总投资44亿元的"绿城·漫生活""梦幻江阴"等2项项目成功签约，为城市经济持续发展注入了新动力。

社会建设 企业创新能力不断加强，全年申报国家发明专利522件，其中有效发明专利288件，新认定省高新技术企业4个、民营科技企业5个、高新产品15种，新设立省级博士后创新实践基地1个、研究生工作站1个，获批无锡名牌1种，引进市新兴产业创业领军人才1人。全年教育经费支出4.34亿元，有序推进29所学校校舍维修改造、设施设备添置工作，新澄江中心小学建成投运。文化事业日益繁荣，街道获评无锡市"特色文化之乡"(文学之乡、民乐之乡)，图书馆新华社区分馆等3个全民阅读点获评市"最美阅读驿站"。加大基层卫生服务投入，完成君山等3个社区卫生服务站新建(改造)工程，城南社区卫生服务中心筹建工作加快推进。体育事业蓬勃发展，街道获评无锡市第十二届运动会群众体育先进单位，取得江阴市七运会团体总分、金牌总数两个第二名的好成绩。公共服务更加优化。政务服务中心"一门式"服务全面推开，全年办理各类事项12万项。"12345"公共服务呼叫中心热线受理督办市民诉求6056件，群众满意率100%。养老事业稳步发展，世新社区标准型居家养老服务站建成投运，城中社区老年人助餐点试点开放。人口计生服务不断提升，免费孕前风险评估1037人，流动人口个案信息协查5615条。坚持富民政策不松、民生支出不减，推进十件民生实事工程。社区建设创新优化。世新、澄江路等2个社区办公用房建成投运，美丽华都等14个社区活动用房验收交接。实施社区事务清单化管理，建立社区工作者片区巡视制度。街道社工协会筹建成立，"社工+义工"公益服务模式全面推广，全年新增社会组织30个、社会团体1个。新华、澄江路、文富等3个社区申报省级和谐社区。物业管理规范巩固。深化物业管理站建设，开展物业费收缴、物业补贴发放情况专项调查。完成长江御园、阳光国际等21个小区业委会成立、换届工作。小区项目经理负责制、基础设施标准化管理全面铺开。推进楼道"出新亮化"工程，粉刷楼道9500余个，安装楼道灯5万余盏。开展物业管理综合整治行动，拆除违建2.5万平方米，化解物业纠纷2300余件。生态环境持续改善。"263"专项行动*成效显著，落实整改上级督办、自查自纠等环境问题89个，关停港口化工等"三高两低"企业*3个，完成江阴市宏茂锻造有限公司10台锅炉"煤改气"工程，超额完成年度节能减排任务。扎实推进水环境治理，22个畜禽养殖场全面关停，完成皮弄夹沟河等4条河道清淤疏浚，龙泾河、工农河排涝站等4项重点水利工程竣工验收。全年新增绿化面积35.33公顷。社会保障稳步提升。全年城镇居民和农村居民人均可支配收入分别为5.92万元、4.35万元，分别增长8.3%、8.6%。全力推动社会就业创业，完成职业技能培训1185人，新增本地劳动力就业8500人。保障体系不断完善，基本养老、城乡低保、新农合、被征地农民等保障标准稳步提升，完成城保扩面5296人，发放镇办企业退休金2347万元。强化精准扶贫，开展"阳光扶贫"，发放各类困难补助2017万元。社会治理全面加强。以平安澄江建设为统领，扎实推进政法综治中心规范化建设，出租房屋安全隐患排查47600余户，街道平安志愿者分会成立。加强治安防控建设，11个老小区技防改造工程全面竣工，14个社区微型消防站建成投运。"七五"普法深入开展，黄龙富邸小区法治宣传阵地、世新客运站"法律诊所"建成开放。深入构建"大信访"格局，坚持化解和稳控并重，突出重点敏感时期社会稳定，全年接待群众来访集访588批7854人次，受理调解纠纷1382件，化解信访积案4件，中共十九大召开期间赴京访实现零登记。维护宗教事务稳定，迎龙庵异地新建工程顺利启动。严格落实安全生产责任制，企业安全生产实现零事故。

2017年澄江街道主要经济社会指标一览表

表56

指标	单位	数量	比2016年增减(%)	指标	单位	数量	比2016年增减(%)
一般公共预算收入	亿元	32.66	0.50	固定资产投资总额	亿元	130.64	1.91
地区生产总值	亿元	492.14	7.10	其中:工业投资	亿元	1.72	0.19
其中:第二产业	亿元	154.75	4.30	进出口总额	亿元	59.31	7.64
第三产业	亿元	336.60	8.50	其中:出口额	亿元	45.32	-1.14
农业总产值	亿元	2	2.50	到位注册外资	万美元	2001	-33.30
粮食总产量	万公斤	117	-3.20	农村居民人均可支配收入	元	43471	8.60
工商业开票销售总收入	亿元	1370.20	10.05	小学校在校学生数	人	23409	2.25
其中:工业开票销售收入	亿元	—	—	社保参保率	%	93	3.2(百分点)
服务业开票销售收入	亿元	—	—	劳动合同签订率	%	99.90	0.9(百分点)
规模以上工业利润	亿元	30.27	31	新型农村合作医疗参保率	%	100	0(百分点)

说明:澄江街道辖区内中学均为市属学校，故只统计小学在校学生数

2017年澄江街道开票销售收入前10名企业一览表

表57

名次	企业名称	销售收入(亿元)	法人代表	名次	企业名称	销售收入(亿元)	法人代表
1	江阴澄星实业集团有限公司	282.38	李兴	6	江苏海鹏投资集团有限公司	14.64	胡鹏飞
2	江阴市贯庄金属材料市场有限公司	198.92	王国安	7	江阴八佰伴商贸中心有限公司	13.76	宋涛
3	江苏红柳床单有限公司	35.06	黄建均	8	江苏大众医药集团	12.42	陈靖丰
4	江苏富仁集团有限公司	28.23	王娟	9	江阴市安基橡胶工业有限公司	10.28	刘燕明
5	江阴天力燃气有限公司	17.11	张伟志	10	江阴宝柏包装有限公司	9.40	朱伟光

2017年澄江街道各村(社区)基本情况一览表

表58

村(社区)名称	户数(户)	人口(人)	村(社区)党支部(党总支、党委)书记	村(社区)主任	村(社区)开票销售收入(亿元)
绮山村	641	1886	王明章	黄全洪	2.54
花北村	541	1416	张士强	徐国强	1.34
皮弄村	1135	3687	徐刚	钱海祥	4.58
谢园村	426	1273	张敏	徐苏英	1.80
斜泾村	262	653	夏惠文	夏惠文	4.98
工农村	624	1943	王丹锋	邢伟	0.23
红光村	844	3323	沈建明	刘建刚	0.60
通运村	599	2178	林毅	黄华良	2.90
璜塘上村	705	2519	杜玉娟	沈洪	3.38
黄田港村	—	—	—	—	—
蒲桥社区(含蒲桥村)	3282	9098	陆惠明	陆惠明	2.35
立新社区(含立新村)	3501	10446	沈刚	王炳兴	0.45
大桥社区(含要塞村)	2556	7470	丁士福	丁士福	1.84
澄南社区(含澄南村)	2673	7535	徐中兴	孙维君	1.85
先锋社区(含先锋村)	2828	7878	顾建刚	戴洪昌	2.48
革新社区(含革新村)	2228	6495	冯洪清	黄建新	1.63
贯庄社区(含贯庄村)	3508	10301	徐建卫	徐伟	3.98
文富社区(含文富村)	4350	12546	黄和洪	徐国平	11.61
新华社区(含新华村)	4016	11708	巫敏	徐国耀	4.55
浮桥社区(含浮桥村)	3743	10861	蒋星卫	夏建忠	2.05
梅园社区(含梅园村)	1204	3386	彭正平	彭正平	—
黄山社区(含黄山村)	4610	13340	宋建丰	冯玉林	10.04
江锋社区(含江锋村)	2475	6687	许钢	任纪顺	—
世新社区(含谢北村)	615	1793	顾庆丰	陆惠军	1.67
城中社区	4737	14192	范春燕	黄晓峰	—
环城东路社区	2789	8001	吕桂芬	眭菊萍	—
文定社区	3787	10701	张静	承育	—
芙蓉社区	2572	6942	施菊英	杜海华	—
塔南社区	2854	7467	夏菁	卞荷娟	—
西大街社区	1657	4346	李联峰	杜慧菁	—

续表58

村(社区)名称	户数(户)	人口(人)	村(社区)党支部(党总支、党委)书记	村(社区)主任	村(社区)开票销售收入(亿元)
君山社区	3032	8877	王利民	陈玉琴	—
北大街社区	2584	6424	吴　敏	季波娜	—
澄康路社区	5192	15897	周怡科	浦　嵘	—
澄江路社区	4969	15019	吴　海	徐丽君	—
花园社区	4627	13382	蒋建娣	吴胜男	—
天鹤社区	2948	8260	赵丽君	吴　钢	—

说明:黄田港村及各社区无开票收入,故无数据,村居合一社区仅有村经济数据

【街道改革创新】 2017年,街道32个内设部门精简为“三办六局一中心”,政务服务中心、综合执法局、管理服务指挥中心“三大平台”组建运行,“一长五员”*网格化管理全面实施,行政体制改革顺利完成,城市工作架构更加合理。积极稳妥对接临港街道行政区划调整,普惠、夏东、葫桥、普惠苑4个社区(村)划入夏港街道。资产管理全面规范。按照“统一管理、归口使用、规范运作、保值增值”原则,组建资产管理科,出台街道国有(集体)资产管理办法、经营性资产管理实施意见等文件,建立健全街道财务内审机制。黄田港、绿园、秦泾等3个村集体资产量化基本完成,妥善处理历史遗留问题。

【澄江街道参与全国文明城市创建】 2015年以来,街道秉持“志必得、创必成”的定力,严格落实推进街道三年创建行动计划,对标创建体系,一项项指标抓落实,调活创建机制,领导挂钩、干部定点、网格体系抓推进,严格督查考核,建立周会、季查、年考等制度,做到文明创建常抓不懈;秉持“持之以恒、久久为功”的耐力,坚持问题导向,加大投入力度,着力化解难题、攻克顽疾,累计投入资金2.1亿元,综合改造老小区43个,整治背街小巷49条,粉刷楼道1.2万余个,安装楼道灯5万余盏,入户调查26万人次;上下同心、全民参与,647名街道、村(社区)两级干部,人人定点领任务,145支志愿者队伍三年志愿参与超10万人次。2017年年末,街道获评全市创建全国文明城市突出贡献单位。

【澄江街道拆迁安置】 2017年,街道拆迁体制机制不断优化,全面对接《关于进一步加强城区房屋征收拆迁和安置工作的实施意见》,完善配套,优化流程。成立澄城房屋拆迁有限公司,公开招录2批次24名工作人员,拆迁专业化程度不断提高。年内,街道拆迁工作坚持“综合施策、集中会战、有效强攻”的工作导向,发挥拆迁体制机制优化的强大动力,民房拆迁和企业搬迁总数创历史新高,新开项目基本实现“路路通、块块清”。全年完成拆迁面积62.78万平方米,其中民房1706户、企业50个,攻坚疑难户61户。环城森林公园绮山环山路、永丰余、运河公园锡澄运河西侧等8个地块全面清障。完成夕阳红南侧地块等13项项目2114套安置分房任务,安置面积23.1万平方米。

【老城区改造】 2017年,街道城中村改造取得新进展,江阴市第三轻工机械厂、杨岸村地块出让建设,刘家村地块安置结束,贵群地块完成清障,杨家村、戴家村地块民房拆迁签约全面完成。通运村小陈家村等10个改善型村庄整治加快推进。投入6000万元完成江城家园等14个老小区综合改造。新民巷等100余处背街小巷、城市卫生盲区维修改造工程按期竣工。 (许　莉)

南闸街道

【概况】 南闸,因闸得名。宋代天禧年间建黄田闸和蔡泾闸,黄田闸位于江阴以北,又称北闸,蔡泾闸位于黄田闸之南,明代万历年间,改称南闸。南闸街道地处江阴市南郊,东接云亭街道,东南与徐霞客镇相连,南与月城镇隔河相望,西邻常州市郑陆镇,西北与申港街道接壤,东北紧挨中心城区澄江街道。辖区面积45平方千米,耕地面积1535公顷,集镇建成区面积4.5平方千米,下辖11个村(含2个社区居民委员会)。2017年年末,有户籍人口48403人,其中男性24564人、女性23839人;少数民族16个191人。有外来暂住人口26203人,其中男性15188人、女性11015人。

政治建设　坚持党要管党,全面从严治党,切实加强政治、思想、组织、作风、纪律五大建设。以“两学一做”*学习教育活动为抓手,以党工委中心组、机关干部、党员干部学习交流为载体,着力推进学习型党组织建设。制订南闸街道2017年度党工委中心组学习计划,扎实推进中心组理论学习,坚持每月集中一次的党工委中心组例行学习制度,重点学习中共十九大精神和习近平总书记系列重要讲话精神。健全机关学习制度,坚持逢双月一次的“文明南闸、道德讲堂”之领导干部讲核心价值观活动,每场安排2名街道班子领导上党课。在全街道开展中共十九大精神学习贯彻活动,推动中共十九大精神进企业、进农村、进机关、进校园、进社区、进网络。深化蹲村干部到村指导、督促学习制度,以学习制度的刚性执行保障理论学习落到实处。从严落实党建责任,推动基层党组织规范化建设。严格执行“基层党组织统一活动日”“三会一课”*等制度,开展“连心富民、联企强市”“大走访”活动,密切党群政群关系。积极推进曙光村、南闸医院党组织“雁阵计

划"示范点建设。加强干部队伍作风建设,开展领导班子成员、机关中层干部定期进村接访,进一步提升机关干部服务基层、服务发展和服务群众的能力。认真履行党风廉政建设"两个责任"*,深入推进反腐倡廉宣传教育,不断加强权力监督、源头治理和制度制约。紧扣重要时点,严格开展落实中央"八项规定"*精神监督检查,对苗头性倾向性问题提醒约谈。开展村级"三资"管理*领域自查自纠,对存在的财务管理不严格、工作程序不规范等问题限期整改。跟踪督办"作风建设面对面"反馈问题,做好群众回访。全年受理信访举报2件,对11件党员违纪违法案件实施执纪审查和问责追究。充分发挥群众组织桥梁纽带作用,服务转型发展、服务人民群众,服务中心工作。加强组织建设。街道组建独立工会2个,新增会员120人,组织农民工入会59人,谢南村工会联合委员会等83个骨干企业工会、工业园区工会组织换届改选;重点打造团建示范点1个,规范非公企业团组织建设5个;成立企业科协1个。加强队伍建设。进一步选好配强群团领导班子,2017年街道总工会、妇联顺利完成换届,群团工作力量进一步增强。选树最美志愿者、最美青年、科技"三创"人才等各类先进典型182人,进一步发挥榜样示范效应,切实提高群团队伍整体素质。加强阵地建设。通过整合资源、盘活阵地、完善设施等途径,不断推进群团工作的有形化建设。街道机关工会、江阴市天翔电器有限公司完成"职工之家"组建。健全完善青年活动阵地,形成以青少年综合服务平台为核心,辐射泾西公寓、爱尚紫金和美丽曙光3个青少年之家的实体化平台。曙光村妇女儿童之家投入运行。创建省级科普惠农服务站1个,无锡市级科普惠农服务站1个,无锡市级优秀金桥工程项目1项,创建企业"优秀科技工作者之家"1个。

经济建设　积极应对复杂局势,努力突破发展瓶颈,实现综合实力稳步增强。完成地区生产总值73.2亿元,比2016年增长7.9%;完成公共财政预算收入3.44亿元;完成工业总产值104亿元,比2016年增长16%,其中规模以上工业产值78.5亿元,比2016年增长7.8%;实现固定资产投资6.89亿元。完成工商业开票销售251.71亿元,比2016年增长37.86%,创历史新高。加快农业结构调整发展现代、高效、生态农业,街道高效农业面积1398.05公顷,其中蔬菜688.31公顷,林果茶苗木527.67公顷,水产182.07公顷;新组建家庭农场13个,涌现各类专业大户1002户。构建"企业+农户"模式,发挥南农蔬菜配送中心龙头作用,促进龙运食用菌产业园健康发展;推进玫瑰园和果桑园建设,加快推进农业现代化。高新技术企业产值17.21亿元,占规模以上工业产值27.36%,比2016年增长1.06%。有在建项目10项,总投资约23亿元,其中在建超10亿元项目1项,超亿元项目3项。安科瑞、惠尔信、塞特精密、德耐特、三和重工等项目顺利建成,华舜中央华府、金三角综合体商住项目全面开工,金三角家居广场成功创成无锡市"正版正货"示范街区。

社会建设　申请专利总量253件,成功申报省重大成果转化项目1项,新增省高新技术产品10种,新认定省高新技术企业4个,新认定省民营科技企业7个,新建省级研发机构2个,全年新增本地农村劳动力就业1198人,企业劳动合同签订率98%以上,扶持自主创业96人。南闸实验学校"九年一贯制层进式舒展社团体系构建"项目入围省中小学品格提升工程,被列为无锡市素质教育实验基地,南闸中心幼儿园通过省优质园复审。提档升级村级卫生服务站4个,新建农村公共厕所15座,通过省卫生镇复审。丁果湖山水湿地公园成功申报无锡市人口健康文化示范基地。首个笼式足球场及门球场建成投用。江苏省书法院分站落户南闸,全年举办各类大型群众文艺活动160余场,街道获评江苏省农家书屋提升工程试点工作先进街道。实施西山路新建、老锡澄路改造等工程,完成农村自来水户表改造1000户以上。推进防汛应急工程建设,全年水利工程投入4000余万元,新建、翻建、扩容泵站8座、防洪闸9座。丰收河沟通、丁家塘排涝站等7项防洪排涝工程竣工。政务服务中心、城市管理中心、综合执法局投运,重建环卫所垃圾收集房,建成南闸巡线站。突出拆违控违,拆除违法建筑44件,面积1200余平方米。开展车辆停放无序、店外占道作业等各类专项整治105次。增强市民文明交通意识,创造良好道路交通环境,花果村获评无锡市交通文明村,街道获评市全国文明城市创建工作先进单位。生态环境不断改善,开展"263"专项行动*,放大可持续发展的生态优势。全年整改环保相关问题100余项,提请市环保局处罚企业环境违法行为18件;深化河长制工作,推进"一河一策"河道综合整治,丰收河、泾西环村河、澎洞河、老市河等黑臭河道治理顺利推进;完善污水配套管网、农村生活污水处理设施建设和改造,完成35个自然村生活污水接管治理;开展畜禽养殖污染专项整治,关停养殖户104个,关停率100%。关停"三高两低"企业*2个,取缔高污染小作坊4个;淘汰燃煤锅炉,开展有机废气污染治理。煤改气企业2个,企业有机废气设施提标改造3个;新增生态林、经济林13.33余公顷;完成花山、凤凰山、秦望山13千米森林防火通道建设,护林防火实现零火灾;丁果湖生态湿地公园成功申报市级湿地保护小区,狮子山生态园艺有限公司获评无锡市休闲农业示范点,观山高家村创成省级珍贵化、彩色化、效益化"三化"示范村,观西村成功创建省级休闲观光示范村。新增参加基本养老保险企业职工1193人,发放历次被征地农民保险金对象1842人,新增农民基本养老保险发放对象338人,新农合参保22907人。累计发放低保金、救助补助金及优抚金1291万元,全年募集善款110余万元,救助贫困家庭1000余户,机关党员干部积极参与"阳光扶贫"结对帮扶。扎实开展"七五"普法宣传,做好人民调解,推进法治南闸建设。全年接待来访108批次，受理“12345”公共服务呼叫中心热线1356条，调处成功率、办诉率均为100%。完善技防设施建设，新装监控探头112只。加强安全生产监管，安全形势总体稳定。

2017年南闸街道主要经济社会指标一览表

表59

指　标	单　位	数　量	比2016年增减(%)	指　标	单　位	数　量	比2016年增减(%)
一般公共预算收入	亿元	3.44	-6.70	固定资产投资总额	亿元	6.89	-29.80
地区生产总值	亿元	73.20	7.90	其中:工业投资	亿元	3.73	-46.20
其中:第二产业	亿元	27.05	4.20	进出口总额	亿元	3.71	-34.78
第三产业	亿元	44.08	10.50	其中:出口额	亿元	3.40	-1.08
农业总产值	亿元	3.79	3.55	到位注册外资	万美元	0	0
粮食总产量	万公斤	275.42	2.12	农村居民人均可支配收入	元	38026	7.40
工商业开票销售总收入	亿元	251.71	37.86	中小学校在校学生数	人	4714	4.13
其中:工业开票销售收入	亿元	104.51	16.20	社保参保率	%	96	0(百分点)
服务业开票销售收入	亿元	147.20	58.59	劳动合同签订率	%	98	3.16(百分点)
规模以上工业利润	亿元	2.82	-7.90	新型农村合作医疗参保率	%	100	0(百分点)

2017年南闸街道开票销售收入前10名企业一览表

表60

名次	企　业　名　称	销售收入(亿元)	法人代表	名次	企　业　名　称	销售收入(亿元)	法人代表
1	江阴市双宇线缆有限公司	21.22	符明君	6	江阴市恒通电器有限公司	2.49	吴　祎
2	江阴南工锻造有限公司	5.61	高　欣	7	江阴市圣曼不锈钢线棒品有限公司	2.35	施爱英
3	江阴德耐特重工科技有限公司	4.97	匡国权	8	江阴市永盛冷暖设备有限公司	2.27	张永全
4	江阴宏晟机械热处理有限公司	3.43	偶洪元	9	江苏安科瑞电器制造有限公司	2.20	周　中
5	江阴市东泽铝业科技有限公司	2.51	孙宇东	10	江苏日新印染机械有限公司	2.19	姜东日

2017年南闸街道各村(社区)基本情况一览表

表61

村(社区)名称	户数(户)	人口(人)	村(社区)党支部(党总支、党委)书记	村(社区)主任	村(社区)开票销售收入(亿元)
花果村	943	3471	邓耀官	顾志刚	0.36
谢南村(紫金社区)	1526	5137	谢兴福	张　微	6.76
曙光村	1089	4045	金顺才	徐国刚	1.95
涂镇村	879	3147	谢金华	袁达成	6.06
南新村(南闸社区)	1473	4242	花雷成	何　刚	0.90
龙运村	1732	5798	蒋中平	吴建刚	3.03
南闸村	1077	3707	王　梁	陆惠忠	1.33
蔡泾村	1837	6286	薛建忠	冯学森	4.58
观山村	907	3173	吴克平	顾晓军	40.98
泗河村	1230	4297	金锡强	曹国洪	0.80
观西村	1507	5113	徐　峰	张君伟	2.19

【街道体制改革】 2017年,街道在全面复制徐霞客镇行政管理体制改革试点成功经验基础上,积极推进集成改革,努力构建基层现代治理新模式。组建党政办、综合执法局、政法和社会事业局、经济发展和改革局、建设局、财政和资产管理局、政务服务中心等"一办五局一中心"7个职能机构。8月31日,管理服务指挥中心、政务服务中心和综合执法局"三大平台"揭牌成立运作。街道划分11个一级网格,63个二级网格,确立"纵向分级联动、横向流转联勤"的工作流程,同步实现与综合执法、民生诉求、应急管理、政务服务等部门的无缝对接。政务服务中心配备12个综合窗口,人社、卫计、住建、规划建设、民政、工商等全面进驻,通过"互联网+政务服务",公开75大项"不见面"和"见一次面"审批服务事项清单。审批事项统一咨询、统一受理、统一出证,做到"一窗综合受理",实现"全城全网通办"。整合原城管中队、环保、安监等职能部门,组成综合执法局,统一行使城建、安监、卫生、教育、农林等900余项的行政处罚事项。"日常管理一中心、政务服务一窗口、综合执法一队伍"的框架基本形成。

【南闸街道拆迁安置】 2017年,街道为全力推动市"1310"* 重点工程紫金路拓宽工程建设,形成"依法、廉洁、高效、和谐"的征收拆迁氛围,深化"整体式拆迁"模式,做到统一由被征收拆迁户主(企业主)签署征收拆迁确认书或联名申请征收拆迁书,即一户(企)不签字,征收拆迁工作不启动;统一采用整体征收拆迁协议模式,即一户(企)不签约,协议不生效的"两个统一"。此工程涉及南新村、龙运村、观山村3村,涉拆民房95户,涉拆民房总面积24477.11平方米。42天时间,完成95户涉拆农户民房签约工作。全年组织分配拆迁安置房201套,白玉二村拆迁安置房项目完成规划设计。

【丁果湖山水湿地公园建成】 2017年5月1日,南闸街道泗河村丁果湖山水湿地公园建成。该项目是泗河村村委呼应街道西区建设整体规划,美化农村面貌,提供村民健身娱乐,配套美丽乡村建设,利用原有的废弃石宕和低洼地带及山体,最小干预的手法营造出半乡半野的具有趣味性的生态公园。利用山水特点开发骑行、徒步等多样化体育运动,便利周边村庄,是普通村民人人皆可便捷享用的公园。该项目投入资金1000余万元,资金来源为集体自筹及企业家捐助。项目总面积40公顷,分为四区,依次为滨湖游园区、湿地栈道区、玫瑰种植区以及山林徒步区。年内,丁果湖山水湿地公园成功申报无锡市人口健康文化示范基地和江阴市级湿地保护小区。

【南闸街道文化藏品馆开馆】 自2016年始,南闸街道文化藏品馆通过向社会征集和出资购买的方式丰富馆藏,收藏近200件各式藏品。同时,结合书香公园创建,街道精心收集整理南闸历史上颇具影响力和正能量的12名各朝代的南闸籍名人,打造南闸首条历史文化名人走廊。2017年4月28日,该藏品馆开馆,并举行开馆仪式。该藏品馆由街道财政投入近8万元,由南闸文化服务中心创建而成,为南闸非遗文化等提供展示传承的基地。该藏品馆主要收藏老物件,包括生活用品、民俗物品、非遗物品以及书籍、票证等纸质品,通过展示,传播优秀的民族传统文化、普及非遗知识和民俗知识。

【江阴南闸电工钢协会成立】 南闸电工钢(矽钢片、硅钢片)企业发展迅猛,有企业17个,电工钢产品在全国市场占有率60%以上,因种类全、生产能力大、质量优在全国电工钢行业占有举足轻重的作用,电工钢成为享誉全国的"南闸名片"和"拳头产品"。2017年12月30日,江阴南闸电工钢协会成立大会在南闸召开,选举并产生江阴南闸电工钢协会第一届领导班子,选出会长高政委、顾问吴克平、副会长吴祎、徐杰和秘书长刘蕾。通过成立南闸电工钢协会,可以促进电工钢企业和行业的健康发展,增强电工钢行业企业的凝聚力,提升国内外市场竞争力,使企业能够互惠互利取得更大发展。 (李星星)

云亭街道

【概况】 云亭街道位于江阴城区东南部,距城区中心6千米,是国家重点文物保护单位——佘城遗址所在地,绮山森林公园大部分在其境内。东邻周庄镇,南临徐霞客镇,西与澄江街道、南闸街道接壤,北与城东街道毗连。长山大道、云顾公路贯穿南北,澄杨公路、江阴大道横亘东西。区域面积40.17平方千米,耕地面积1107公顷,下辖7个行政村和4个社区居委会。2017年年末,有户籍人口49392人,其中男性24410人、女性24982人;有少数民族14个217人。有外来暂住人口39561人,其中男性22566人、女性16995人。

政治建设 街道党工委深入学习贯彻中共十九大精神,组织全体党员观看中共十九大现场直播,以支部为单位学习讨论中共十九大报告,开展宣传贯彻中共十九大精神等"五大系列"活动,以中共十九大精神统一全党思想。以创建全国文明城市为总目标,推进"两学一做"* 常态化、制度化。强化党员干部理论学习,下发2017年云亭街道党工委中心组理论学习计划,组织中心组理论学习12次。发挥基层党校作用,组织开展学课辅导、专题报告、业务培训等各类学习17场次,发放学习资料5000余套,培训党员群众9000余人次,党员受训面95%以上。组织300余名党员干部到华西新市村,听取中共十九大代表、华士镇华西新市村党委书记吴协恩和无锡市委讲师团副团长孟菲的宣讲报告。成立街道"十九大精神宣讲团",进学校、社区、企业,把党的创新理论及时传达到街道的每一个角落。组织开展特色党建活动,层层评选"最美共产党员"与"党员示范户",树立佘城村共产党员周建良为先进典型。开展建党96周年系列活动,召开纪念七一表彰大会,开展迎"七一、跟党走"欢乐跑,举行"永远跟党走、喜迎十九大"大型文艺会演,"红心闪闪、红歌传唱"和离退休老干部征文比赛与书法展示活动,

为592名困难老党员发放党内关爱基金59万元,以此增强党组织的凝聚力。培养廉洁高效干部队伍,组织街道党政干部走进"江阴大学堂"学习,组织村(社区)干部走进华西干部学院现场教学点。全年提拔交流机关、村(社区)干部12人,发展预备党员25人;打造大学生村干部成长品牌,提拔1名大学生村干部为副科职领导干部,提拔2名村干部为村党总支副书记。打造上市公司党建联盟,构建党建联盟最大"同心圆",7月13日,街道成立上市公司党建联盟,15个成员单位分别与8个市级机关部门、7个街道机关部门组成结对共建单位。加强党风廉政建设,不断完善党风廉政建设责任制落实的实施管理机制。下发2017年度纪检监察工作要点、2017年街道党风廉政建设工作责任分解,街道党工委与各基层党组织签订25份党风廉政责任书,并与机关中层、村(社区)两委班子成员、下属单位负责人签订廉洁自律承诺书。组织机关干部、村(社区)班子成员学习中央和省市关于廉洁自律的各项规定,邀请市纪委领导为全体党员讲授专题廉政党课,云亭中学成功创建省级廉政文化建设示范点。严明党的纪律,依法查处干部中失职渎职、徇私枉法、贪污贿赂、腐化堕落案件,查办党员违纪案件9件,8名党员受到党纪处分,其中2名被开除党籍。完成信访案件2件,对6名党员干部运用进行提醒教育,有效扼制职权腐败。围绕财务领域典型案件开展"一案四访"*剖析会,筑牢经济犯罪防线。

经济建设　全年完成工商开票销售301.18亿元,比2016年增长35.8%;地区生产总值103.35亿元,比2016年增长7%;工业总产值229.5亿元,比2016年增长2%;其中规模以上工业产值130.6亿元,比2016年增长2%;公共财政预算收入4.85亿元;全年完成进出口总额29.83亿元,到位注册外资1050万美元。经济转型步伐加快,加快推进新能源、高端服务项目落地建设,全年固定资产投入53.16亿元,比2016年增长17.26%。其中工业投入19.04亿元,比2016年增长24.16%;服务业投资34.1亿元,比2016年增长13.74%。增强招商引资力度,在谈意向项目20项,总投资157.7亿元,在建、拟建项目25项,总投资76.7亿元。创新驱动效果明显。全社会研发经费支出占地区生产总值比重38.7%。新增技改项目19项,总投资1.92亿元。资本经营迅速扩容。江阴市天力起重安装有限公司、江苏科强新材料股份有限公司、江阴市宏晟锅炉设备工程有限公司3个企业成功挂牌"新三板"。街道"新三板"挂牌企业总数11个,占全市总数的五分之一。海特股份进入创新层。江阴市佐恩精品衣物洗涤护理有限公司、江阴新诚誉纱业有限公司等企业"新三板"已签约,江苏大经新干线股份有限公司、江阴科强工业胶带有限公司、江阴中和包装材料有限公司等3个企业全面推动首次公开募股进程。产业支撑势头强劲。全年街道开票超亿元企业50个,比2016年增加15个,江苏大经集团开票超70亿元,江苏吉鑫风能科技股份有限公司、江苏宝利国际投资股份有限公司、无锡百川化工股份有限公司、江苏和时利新材料股份有限公司4个企业开票超10亿元。规模以上工业企业运行良好。江苏吉鑫风能科技股份有限公司,江阴市长龄机械制造股份有限公司、江苏和时利新材料股份有限公司、江苏宝利国际投资股份有限公司、江苏科强新材料股份有限公司等11个企业入库税金均超千万元。为保持经济健康发展,继续加强企业的整改力度,年内关停化工剐毒液氯车间1个,关停化工企业2个,小炼铁、小炼焦、小化肥、小造纸、小煤窑"五小"企业18个,全年减煤9954吨,削减化学需氧量78.42吨,氨氮5.35吨,总磷30.5吨,总氮28.94吨,二氧化硫61.41吨,氮氧化物22.57吨。工业废气、废水、废渣"三废"治理率100%。农业经济运行正常。是年,种植水稻面积263.21公顷,占可耕地面积的34.33%,单产608公斤,连续13年稳产;三麦种植面积241.47公顷,占可耕地面积的31.5%,单产312公斤。全年机耕面积239.47公顷,占总面积的91%,是年新增水稻高速插秧机1台、联合收割机4台、轮式拖拉机3台、喷杆式喷雾机1台、开沟机2台、旋耕机3台。总投资4000余万元改造沈家浜南闸站及拓浚排水渠、北闸站等,确保农业丰收。年内产生猪9235头,存栏3000头,关停散小养殖户28家,削减生猪6000余头。家禽上市5万羽,鱼塘面积66.7公顷,年产380余吨。种植果树44.13公顷,蔬菜7.13公顷,花卉5公顷,大棚面积36.93公顷。农业生产合作社保持28个。是年,建成绿城馨苑二期拆迁安置房11.3万平方米,启动建设三期拆迁安置房8.3万平方米。

社会建设　新申报省高新技求企业、省民营科技企业15个,有省高新技术产品7种,省名牌产品1种,拥有江阴市"两化融合"*示范企业2个。新批无锡、江阴市级工程技术研究中心7个,无锡市院士工作站1个。新增发明专利161件。浙江大学技术转移中心江阴分中心落户云亭街道签约并揭牌,绮山雅园金创空间获评市级众创空间。强化招商引才机智。全年发放招才引智、科技创新等奖励资金483万元,引进海外留学、高层次技术人才159人。培育"暨阳英才"乡土特色人才1人,成功申报省带动技艺传承、带动产业发展、带动群众致富"三带"能手,新秀各1人。以创建全国文明城市、打造"山水绿城·活力云亭"为总目标。先后召开创建文明城市推进会5次,召开"两减六治三提升"专项整治会2次,于主次干道和人口密集区新增公益广告2000余幅,发放各类宣传资料8万余份。彻底改造云台路和云新路集镇路段,封闭改造云长桥,对镇、村主干道全部进行硬化绿化。有效整顿交通秩序、停车秩序、市容环境、基础设施等各类问题3160余次,限期整改340余次,组织党工委委员和职能部门负责人分成10个检查组,每周进行创建督查,并对排污企业进行突袭夜访。云亭街道、云亭街道综合执法局、云亭环卫所被江阴市委、市政府授予"创建全国文明城市工作先进单位"称号;6人被评为创建全国文明城市工作先进个人。坚持正确的舆论导向，充分利用广播电视、报纸、微信等媒界大力宣传街道在经济社会发展中取得的成果，各类信息上报和录用数量均创新高，其中无锡市级以上媒体用稿38篇，江阴市级媒体用稿220篇；江苏文明网首页用稿35篇，江阴文明网录用68篇；自办《云亭报》出版12期用稿410余篇。继续实施科技强基战略，科技条线利用科普宣传周、科普夏令营等活动，开展科普进企业、进农村、进社区"三进"活动，发放各类科普资料1500余份；街道建有科普场馆2座，科普工作示范点3个。是年，街道科协获评无锡市第二十九届科普宣传周先进集体。积极推进新时期统战工作，健全基层统战工作基础，建立两级统战干部名册、党外代表人士队伍名册等6本台账。落实街道"政情、社情、民情"联络员制度，接洽处理基层意见建议45件。举行"慈善一日捐"活动，募得慈善基金18万元，全年发放少数民族困难学生助学金、奖学金27.8万元。完成云亭商会换届，吸收新会员53人。继续强化工会服务职能，完成街道总工会和75个基层工会换届。开展"安康杯"劳动竞赛、建设新云亭安全知识竞赛，参与职工700余人。组织"安全月"宣传教育活动，发放宣传资料3200余份，举办班组管理培训、职业文化素养提升、电子信息培训16场，培训职工5500余人次，评选各类优秀职工70余人，推进企业民主管理，305个企业签订工资集体协商合同，52个企业成立职工代表大会，78个企业实行厂务公开，12个企业实施董监事制度，帮扶贫困职工3200余人，慰问高温一线职工4500余人，资助困难职工家庭大学生46人，慰问困难职工297户，发放慰问金38万余元。投入180万元建立1500平方米职工之家，开展各类活动10余次。完成街道妇联换届和村（社区）基层妇代会改建妇联工作，培育女性社会团体2个，组织基层妇联法制宣传和"知法爱家"法律培训7次，建立妇女维权工作室2个，处理家暴事件15件，广泛开展"星级文明户创评"活动，参评率85%以上。五星级以上8253户，"十星文明户"2881户，"平安家庭"70户。全力做好武装工作，巩固民兵队伍，民兵数量249人，街道应急民兵连50人，参加省民兵点验，到点率和点到率均为100%。年内22名优秀适龄青年应征入伍，大专以上学历占80%。组织民兵营长赴北京、山西、福建等地做好新兵回访工作。年末，召开共青团江阴市云亭街道第二次代表大会，选举产生新一届委员会，是年新建"两新"*团组织12个，其中青年自治团建2个，申报江阴市团建示范点1个。文化工作再创亮点，小戏《镜中人》获江阴"芙蓉花奖"表演一等奖，创作二等奖。农民诗人金彪原创诗歌获省、市不同奖项30余项，并获江阴文学"刘半农奖"新人奖。常年坚持出版《乡土文化专刊》，是年，编著江阴首部自然村志《陈家村志》。坚持依法行政，提高行政服务效能。政务服务中心开通人社、民政、市场监督等16个类别187项业务，实行"前台+后台"模式，彻底解决服务群众"最后一公里"问题。

2017年云亭街道主要经济社会指标一览表

表62

指标	单位	数量	比2016年增减(%)	指标	单位	数量	比2016年增减(%)
一般公共预算收入	亿元	4.85	-28.55	固定资产投资总额	亿元	53.16	17.26
地区生产总值	亿元	103.35	7.00	其中:工业投资	亿元	19.04	24.16
其中:第二产业	亿元	50.92	3.40	进出口总额	亿元	29.83	-8.52
第三产业	亿元	51.48	11.20	其中:出口额	亿元	26.91	-0.85
农业总产值	亿元	1.87	-4.10	到位注册外资	万美元	1050	61.06
粮食总产量	万公斤	389.80	-2.62	农村居民人均可支配收入	元	40526	10.30
工商业开票销售总收入	亿元	301.18	35.80	中小学校在校学生数	人	4510	0.11
其中:工业开票销售收入	亿元	177.84	18.96	社保参保率	%	100	0(百分点)
服务业开票销售收入	亿元	123.34	72.19	劳动合同签订率	%	100	0(百分点)
规模以上工业利润	亿元	6.71	-8.20	新型农村合作医疗参保率	%	100	0(百分点)

2017年云亭街道开票销售收入前10名企业一览表

表63

名次	企业名称	销售收入（亿元）	法人代表	名次	企业名称	销售收入（亿元）	法人代表
1	江阴吉鑫风能科技股份有限公司	15.43	包士金	6	江阴康瑞不锈钢制品有限公司	5.84	朱卫
2	无锡百川化工股份有限公司	12.09	郑铁江	7	江阴市万祥铝业有限公司	4.93	高张度
3	江苏宝利国际投资股份有限公司	11.88	周德洪	8	江阴绮星水泥有限公司	4.90	刘德旗
4	江苏和时利新材料股份有限公司	10.35	瞿建华	9	江阴祥瑞不锈钢精线有限公司	4.33	胡建祥
5	江阴市科茂金属制品有限公司	5.96	陈传度	10	柳工无锡路面机械有限公司	4.25	杨勇

2017年云亭街道各村(社区)基本情况一览表

表64

村(社区)名称	户数(户)	人口(人)	村(社区)党支部(党总支、党委)书记	村(社区)主任	村(社区)开票销售收入(亿元)
定山村	2033	7254	殷开誉	朱华忠	14.59
云新村	1379	5366	曹经纬	陈强	9.13
毗山村	2868	9823	沈建钧	黄永岳	20.88
云亭村	1523	5342	李金虎	江和平	19.03
佘城村	1427	5236	钱江	谭金忠	5.69
花山村	1402	5233	朱雪春	吴建锋	7.65
敔山村	1500	4957	李春	金冬芬(副书记)	—
云亭社区	1016	2154	刘敏虎	徐娟(副书记)	—
云东社区	—	—	曹经纬	顾惠平(副书记)	—
金云社区	1200	3280	卜晓东	朱芳菲(副书记)	—
迎瑞社区	388	521	李芬	—	—

【江苏海特棋牌俱乐部揭牌】 2017年11月5日，云亭街道在园区党员人才服务中心举行江苏省男子象棋联办签字仪式暨江苏海特棋牌俱乐部揭牌仪式。国家体育总局棋牌运动管理中心副主任、中国象棋协会主席陈泽兰，中国象棋协会秘书长郭莉萍，江苏省体育局副局长颜争鸣、省棋牌运动管理中心主任杨伊明，江阴市副市长许晨，江阴市体育局局长顾洪伟、副局长张健，江阴市民政局副局长张晓东及云亭街道党政领导陈卫东、邬闽澄、李富国等，江苏省棋类运动协会副会长周筱晔，江阴市棋类协会副会长章逸、秘书长卞宏，江阴初级中学校长陆振华，江苏海特服饰股份有限公司董事长朱海荣等。颜争鸣与许晨为江苏海特棋牌俱乐部揭牌。杨伊明、张健、邬闽澄、陆振华、朱海荣为江苏省男子象棋联办签约。该仪式后，标志着江苏象棋正式进入"象甲时代"，俱乐部将代表江苏省参加象甲联赛。

【"绿城水岸"政府工程项目建设】 "绿城水岸"政府工程项目总投资10亿元，占地6.4公顷，建筑面积17万平方米825套，由3幢景观高层、107栋别墅和两栋商业楼组成，是由江苏华宏实业集团投资开发的低密度住宅。2016年被江阴房产网评为金墅奖，是江阴最受欢迎的十大楼盘之一。2017年4月17日，江阴市政府工程项目现场观摩推进会在云亭召开，与会人员观摩此"绿城水岸"政府工程项目。

【江苏海特服饰研制全球新产品】 江苏海特服饰股份有限公司是一个以研制新型纱线的企业，产品远销欧美等地区。原来一根纱线只能做出6个颜色，不能满足客户的需求。该公司立即组织研发团队，通过电脑编程，设备改造等技术环节，于2017年年初研发出一根纱线能达到27个颜色的生产技术，领先世界先进水平，欧洲一企业包销，并投入50%设备改造资金，共担责任风险。该产品利润比例高于同类产品的10倍，产品供不应求，仅生产一个月设备资金返本。至年末，该产品已申请国家专利。

【市首个"法律诊所"成立】 2017年5月26日，江阴市首个"法律诊所"在云亭骨伤医院揭牌。云亭骨伤医院是国家一等甲级医院，谢氏正骨疗法列为江苏省、无锡市、江阴市非物质文化遗产。到此治伤人数多，范围广，流动量大。为防止医疗纠纷，江阴市司法局在建立江阴市法律援助中心的基础上，于该医院成立首个法律诊所，由辖区司法所工作人员、律师、基层法律工作者和调解人员定期在此开展法治宣传和法律知识普及活动,接受群众法律咨询和接受纠纷调解申请,帮助群众联系法律援助,进行司法鉴定,及时化解矛盾,维护社会稳定。此后,“法律诊所”在全市推广应用。

【江苏元林康复医院建设】 江苏元林康复医院是江苏元林慈善基金会独资建设的非营利性民办医院,也是国内首个由慈善组织举办的大型三级康复医院,是江苏元林慈善基金会服务江阴人民的主要公共服务平台,项目总投资5亿元,建设面积6万平方米,一次性规划,分两期建设。一期规划床位300张,二期规划200张。设立康复医疗、残障评定、培训指导三大中心以及神经损伤康复、工伤康复、儿童康复等7个科。该项目于2017年年初建设,年底投入运行。

【街道首个民营养老院投运】 2017年8月,云亭街道首个民营养老院投运,该院由定山村一位退休妇女干部在原村委居家养老服务中心的基础上改建而成,占地面积0.53公顷,建筑面积1500平方米,设有50余个床位,总投资300万元。院内青山绿水、环境优雅,配有健身场地和健身器材,屋内电视、空调、橱柜、淋浴设施和卫生间一应俱全,并开设阅览室、棋牌室,提供老人阅读娱乐。还专门聘请保健医生和服务员照顾老人们的日常生活起居,并为老人们设立婚丧嫁娶健康档案,实行养老保健一条龙服务。至年末,有20余名老人入住。 (邬士金)

城东街道

【概况】 城东街道是中国著名作家、出版家、教育家胡山源的故乡,位于江阴市主城区东部,东临张家港市,东南毗邻周庄镇、云亭街道,西连澄江街道,北枕长江。街道前身为新城东办事处(原山观镇和长山办事处撤并),于2009年12月18日成立。2012年3月,江阴高新区和城东街道实施一体化管理。区域面积53平方千米,下辖12个社区居委会。2017年年末,辖区总人口97748人,有户籍人口47658人,其中男性23749人、女性23909人;有少数民族15个271人。有外来暂住人口50090人,其中男性30240人、女性19850人。

政治建设 街道党工委积极推进“两学一做”*常态化制度化工作,扎实开展“连心富民、联企强市”“大走访”活动,走访社区居民24000户、企业86个。完成街道第二届总工会和残疾人联合会换届选举。组织党政领导、机关中层、青年干部、社区书记、社区“两委”干部等开展各类学习培训9批328人次。召开城东街道“亲”“清”新型政商关系座谈会,开展社企结对共建活动。组织报送征集“我谈‘亲’‘清’新型政商关系”理论文章、献计征文等47篇。坚持从严治党,以零容忍态度维护党章党纪,全年处分违纪党员11人,其中开除党籍6人,党内严重警告3人,警告2人,另对21名违纪情节轻微的党员干部分别给予提醒谈话、批评教育或诫勉谈话,有力维护纪律的严肃性。

社会建设 牢固树立民生为重、富民优先理念,加快推进民生事业建设,着力提升公共服务水平,不断增强居民群众获得感。完成渡江河、江虹河和大寨河清淤治理,完成白沙河西段(胜利河)开挖清淤,推进寿山截洪沟二期工程。新修洪流、香山、山源等村地下暗渠2千米,整修电灌站2座。完成芙蓉路、银河路、香山路南段及东定路长电科技停车场改造工程,完成双牌、锦隆等11个社区的老旧小区停车位修建、道路修补、活动场地翻新等基础设施改造,实施滨江三村老小区改造和长山贸易街改造。山观二中一期改扩建工程竣工投用,长山中心幼儿园新建教学楼竣工。全年提供就业岗位5159个,解决本地劳动力就业1635人,扶持自主创业160人,普通高校毕业生就业率超92%,困难家庭就业率100%。完成高技能、职业技能、网络创业等培训1375人。做好朝阳、洪流、寿山、香山4个行政村1297人的即征即保工作,全年新增城保扩面4766人,企业劳动保障书面审查450个,培育诚信企业5个。全年为拆迁户发放保养金1510万元,为被征地农民发放保障金6910万元,办理就业困难人员认定424人,为494人发放社保补贴。积极参加“2017年江阴市放歌‘十三五’、建设新江阴”新春歌咏比赛、市“芙蓉花”群众文艺会演、社会主义核心价值观故事宣讲、“我的名字叫江阴——道德模范、身边好人”文艺作品创作比赛和第十七届少儿故事演讲等活动,开展撤县建市30周年成就宣传展览。举办600余人参加的“第一届全澄欢乐跑”,组织215人参加市第七届全运会,获一等奖2个,二等奖3个,三等奖3个。强化对新市民子女入学权益保护,接受新市民子女入学980人,占比38%。关停无证托儿所9个,引导扶持2个民办幼儿园取得办园资质。山观二中被评为全国青少年校园足球特色学校和江苏省科技教育先进学校,长山中学被评为江苏省绿色学校,第二实验小学被评为江苏省小学特色文化建设项目学校,长山中心小学被评为全国足球特色学校,第二实验幼儿园被评为无锡市平安校园示范校。完成金山、金童等5个社区卫生服务站提档升级工作。2个企事业单位被评为省级健康单位。全年新农合医疗保险参合率100%,为35周岁以上农保参保人员、高血压、糖尿病患者,以及65周岁以上老年人计2.12万人进行免费体检,组织317人参加无偿献血。办理户籍人口一孩生育登记证明343份、二孩生育登记证明257份、再生育审批17份。调查审核低保家庭266户,取消72户,新增11户,发放低保补助金197万元。发放助学、助困、助残、助老各类补助700余万元,发放各类抚恤补助645万元。收缴冠名基金180万元、“慈善一日捐”28万元。发放困难残疾人生活补贴和重度残疾人护理补贴“两项”补贴332.62万元,完成蟠龙社区居委会换届选举工作。养老服务中心实现公建民营模式转变,杨市、山源、蟠龙3个社区居家养老中心由第三方机构开展服务。督导8个社区做好到期物业服务企业选聘续聘工作,出台城东街道安置住宅小区物业考核办法,全年拨付物业管理费2785万元,电梯维保费221.6万元。抓好夏秋两季秸秆禁烧工作,实现零通报。完成全年护林防火任务,获评市护林防火先进集体。

2017 年城东街道社区基本情况一览表

表 65

社区名称	户数(户)	人口(人)	社区党支部(党总支、党委)书记	村(社区)主任
山观社区	1164	3919	黄　华	钱春华
金山社区	3025	9482	刘奇云	姚　刚
双牌社区	2237	6869	梅国荣	梅国荣
锦隆社区	1284	3995	郭建龙	郭建龙
杨市社区	1904	5762	何永良	何永良
滨江社区	1633	5091	何成伟	何成伟
长山社区	2003	6196	沈民富	沈民富
石牌社区	2627	8672	黄炜冬	黄炜冬
金童社区	1372	4212	王士忠	王士忠
寿山社区	2247	7960	秦国民	吴建国
山源社区	1705	6144	顾耀平	顾耀平
蟠龙社区	1249	4590	刘卫江	刘卫江

说明:社区无开票销售收入

【城东街道参与全国文明城市创建】 2017 年是江阴市创建全国文明城市的关键一年,街道全力做好文明创建各项工作,全年召开各级各类推进会 273 次,分解落实整改问题 1315 项 14125 条,问题整改率和群众满意度均在 98% 以上。先后投入 2 亿余元,完成 12 个社区 150 万平方米楼道刷白亮化、28 条背街小巷整治、主次干道养护等工程。新装楼道灯 3000 个,修补小区道路 9100 平方米,改造社区围墙 1480 米。集镇区场地硬化 5500 平方米,道路整治及绿化 39500 平方米。拆除违法建设 73 处、4280 平方米,清理乱堆放 210 处、僵尸车 105 辆。开展专项整治行动 53 次、处理流动摊点 512 余处。整治卫生盲点 136 处、废品回收站 46 个,清理积存垃圾、废品 7300 吨。开展河道整治行动,清理白屈港河、东横河两侧鱼扳网及相关辅助设施 92 处。投资 300 余万元,完成主次干道、社区小区、大型围挡及高炮等大量公益广告布设,制作景观小品 18 处,为全街道 3500 余个楼道布设楼道文化,发放宣传手册 12 万册,组织各社区模拟测评 12 次,开展"道德讲堂"56 期,组织文艺演出 47 余场,志愿服务 168 余次。完成国家和省检查组到辖区时的保障任务。12 月 18 日,在市委、市政府举办的全国文明城市创建总结表彰大会上,街道获评突出贡献单位。

【拆迁安置】 2017 年,街道成立高新区蟠龙山环境整治工作领导小组,推进蟠龙山地区违法建设的专项整治工作,高效完成 110 个企业(小作坊)基础书面资料汇总核对,完成签约 52 个,其中审计企业 4 个,不需审计企业(小作坊)48 个。围绕高端智能装备产业园、深绿项目、蟠龙山项目、科技大道项目等做好立项审批工作。完成双牌、金山、山源、锦隆 4 个社区计 12 个企业(小作坊)立项审批程序,签约 8 个。按照市"263"专项行动˙环保专项整治行动要求,完成 11 个可列为征收拆迁对象的畜禽养殖场签约。拆除面积 6.9 万平方米,其中拆除农户 144 户,拆除企业及小作坊 22 个,提前超额完成市政府年初下达的 5 万平方米的全年拆迁目标任务。全年安置分房 221 户,共 330 套,安置面积 3.15 万平方米。 (庞筱雯)

夏港街道

【概况】 2017 年 10 月,因临港经济开发区行政管理体制改革,夏港街道成立,并与金属新材料产业园一体化运作,下辖除原临港街道东片的 9 个行政村(社区)外,原澄江街道所属的普惠、夏东、葫桥、普惠苑等 4 个村(社区)划入夏港。夏港是中国著名社会学家、民族学家吴文藻的故乡,位于江阴市城区西部,东邻主城区,南邻南闸街道,西至申港街道,北枕长江。区域面积 34.76 平方千米,其中长江水域面积 5.73 平方千米,下辖 11 个行政村(社区)和 2 个城市社区。2017 年年末,辖区总人口 88306 人,有户籍人口 39313 人,其中男性 19530 人、女性 19783 人;有少数民族 16 个 110 人。有外来暂住人口 48993 人,其中男性 29818 人、女性 19175 人。

政治建设　夏港街道自 2017 年 10 月成立以来,深入学习贯彻中共十九大精神,认真贯彻落实市委、市政府和开发区党工委、管委会各项决策部署,统筹推进改革发展和社会民生事业,全面建设呈现出稳中有进、向上向好的良好态势。认真学习宣传贯彻中共十九大精神,组织街园全体工作人员学习贯彻中共十九大精神解读、宣讲报告会 3 场,组织村社区宣讲报告会 15 余场,在"临港风来"微信平台等宣传媒体报送中共十九大学习信息稿 10 余篇。同步开展以“大动员、‘大走访’、大比拼、大展示、大督考”为主要内容的“新时代新作为,新夏港新形象”主题实践活动,进一步统一思想,顺应民心民意,理顺体制机制,形成“谋发展、勇争先、同圆梦”的共识。围绕建设“有为、高效、诚信、廉洁”政府,加强机关作风效能建设,先后出台街园党(工)委联席会议规则、党(工)委理论学习中心组学习办法、领导分工和包村连企、机关管理等规章制度,成立总工会、团委、妇联、科协等群团组织,进一步规范日常办公秩序,明确责任主体,做到有章可循、按规办事,街园工作日趋正规化、规范化、常态化,磨合势头良好。此外,街道人大、政协、人武、统战等工作取得良好进展,老干部党支部、关工委、老促会等相关机构建设完成,老年协会和残疾人事业得到加强。

经济建设　全年完成规模工业产值332亿元,比2016年增长27.82%,总额和增幅均位列临港经济开发区第一;公共财政预算收入、固定资产投入、规模以上工业产值、限额以上批零企业开票销售额等主要经济指标均保持两位数增长,其中完成公共财政预算收入8.62亿元,比2016年增长25.96%,增幅高于临港经济开发区平均水平。园区重点骨干企业勇挑重担,江苏新长江集团有限公司完成开票销售292亿元,入库税金超8.1亿元;江阴苏龙热电有限公司完成开票销售70.27亿元,入库税金2.86亿元;江阴天力燃气有限公司完成开票销售21亿元,入库税金1.53亿元;江苏西城三联控股集团完成开票销售59.13亿元,入库税金1.17亿元。完成自营出口总额11.12亿元,占临港经济开发区出口总额的40%以上;其中中船澄西船舶修造有限公司完成出口6.46亿美元,超产业园完成出口总额的58%。完成协议注册外资2.5亿美元,名列临港经济开发区第一。年内新增“新三板”挂牌企业1个、高新技术企业3个、国家“两化融合”*贯标试点企业1个、省互联网与工业融合创新试点企业2个。完成万沅自动售货机等新开工项目5项,威茨曼生产基地及研发销售中心等竣工项目4项。园区在建项目8项、在批项目18项,红邦服饰、邦特科技、威茨曼二期等项目稳步推进。江苏光大水务有限公司签约全面整合开发区污水管网和处理,解决辖区污水处理能力不足问题。紧盯11项历史遗留的项目,狠抓拆迁清障,包村领导、拆迁部门、定村干部和村(社区)联合作战,一批老拆迁项目得到解决,4个企业、7户农户达成拆迁协议。

社会建设　结合新时代、新作为、新夏港、新形象“四新”主题实践活动和网格化管理,深入开展“大走访”活动,一批群众反响较为集中的老旧小区改造、乡村民生设施改造、水环境治理等重点项目列入计划。扎实开展“263”专项行动*的相关工作,完成企业节能改造、治理黑臭水体等“263”专项行动任务12项。制定出台河长制工作文件,结合网格化管理机制,认真履行河长职责,因河施策。认真落实环境目标镇长责任制中的相关工作,完成有机废气治理、排污许可证发放等工作15项。全力抓好“阳光扶贫”工作,摸排并结对贫困户114户,确保贫困对象应纳尽纳、应扶尽扶。向21名2017年义务兵发放优待金66.38万元,向11名2017年秋季退役士兵发放安置金76.83万元。深入挖掘文化资源,充分挖掘历史人文内涵,把朱杏南故居的革命红色文化、冰心吴文藻故居的爱心文化、吴孝子牌坊的孝心文化、长江村李良宝的先锋文化与城市发展相互融合、交相辉映,大力发展公益性文化事业,努力培育区域文化品牌。着眼中共十九大召开和开发区行政体制改革敏感时期,把维护安全稳定作为首要政治任务。突出重点、突破难点,努力做到抓早抓小不稳定隐患排查化解、做细做实公共安全维护,盯紧盯牢源头强化治理,较好地营造和谐稳定的社会氛围。

2017年夏港街道主要经济社会指标一览表

表66

指　　标	单　位	数　量	比2016年增减(%)	指　　标	单　位	数　量	比2016年增减(%)
一般公共预算收入	亿元	8.62	25.96	固定资产投资总额	亿元	66.12	9.30
地区生产总值	亿元	332.41	—	其中:工业投资	亿元	52.48	8.80
其中:第二产业	亿元	330	—	进出口总额	亿元	13.33	-2.97
第三产业	亿元	1.56	—	其中:出口额	亿元	11.12	-8.98
农业总产值	亿元	0.85	—	到位注册外资	万美元	645	-30.60
粮食总产量	万公斤	33.22	—	农村居民人均可支配收入	元	37105	—
工商业开票销售总收入	亿元	932.83	17.90	中小学校在校学生数	人	3107	-0.70
其中:工业开票销售收入	亿元	486.50	15.60	社保参保率	%	100	—
服务业开票销售收入	亿元	446.33	18.10	劳动合同签订率	%	100	—
规模以上工业利润	亿元	189.90	23.68	新型农村合作医疗参保率	%	100	—

2017 年夏港街道开票销售收入前 10 名企业一览表

表 67

名次	企业名称	销售收入（亿元）	法人代表	名次	企业名称	销售收入（亿元）	法人代表
1	江苏新长江集团有限公司	292	李洪耀	6	东国制钢（中国）有限公司	15	郑洙焕
2	江阴苏龙热电有限公司	70	严倪芳	7	江苏中诺能源有限公司	13	顾赤峰
3	江苏西城三联控股集团	59	恽相才	8	江阴利之星维修服务有限公司	7	陶　冲
4	中船澄西船舶修造有限公司	55	王永良	9	江阴市荣健金属材料有限公司	6	张澄埃
5	江阴宗承钢铁有限公司	17	余宗勋	10	江苏辉华供应链管理有限公司	5	徐文英

2017 年夏港街道各村（社区）基本情况一览表

表 68

村（社区）名称	户数（户）	人口（人）	村（社区）党支部（党总支、党委）书记	村（社区）主任	村（社区）开票销售收入（亿元）
长江村	793	3432	李洪耀	范兴龙	300.86
普惠社区	912	3450	王俊华	吴国平	0.97
夏东社区	1030	3790	夏建峰	徐敏华	0.75
夏港社区	1242	3313	夏宏武	夏　勇	7
普惠苑社区	5140	21876	蔡国明	徐晓芸	—
苏港路社区	2446	5278	吴海芳	吴海芳	—
三元村	557	2127	徐君才	袁耿骅	6.14
李沟头村	181	666	张　平	石建林	5.32
新沟村	482	1889	蔡国明	曹洪良	1.56
三联村	1269	4783	恽裕兴	赵晓波	238
景贤村	576	2109	蒋惠军	柳泽华	3.50
夏南村	1702	6153	黄惠忠	冯明飞	1.70
葫桥村	834	3079	李君成	蒋建秋	1.57

【夏港街道成立】 2017 年 10 月，因临港经济开发区行政管理体制调整，撤销临港街道，分设夏港街道、申港街道、利港街道，以原夏港镇行政区域作为新设立后夏港街道行政区域，并将原夏港镇管辖的、2013 年 3 月划入澄江街道的普惠、夏东、葫桥、普惠苑 4 个村（社区）划入夏港街道。夏港街道党工委、办事处均为正科级建制，与金属新材料产业园进行一体化运作。

【长江村通过美丽乡村示范村验收】 2017 年 7 月，长江村通过无锡市美丽乡村示范村创建领导小组组织的创建验收工作，入选无锡市美丽乡村示范村。验收组认真听取长江村关于创建无锡市美丽乡村示范村的工作汇报，查看工作台账和现场环境。验收组对长江村创建工作给予充分肯定，认为生态环境优美、设施配套完善、功能布局合理、产业特色鲜明、社会安定和谐、宜居宜业宜游，完全符合无锡市美丽乡村示范村创建标准。

【威茨曼（中国）生产基地二期项目签约】 该项目总用地 3.47 公顷，主要生产车用高档金属波纹管等柔性金属元件。一期项目用地 2 公顷，新建厂房建筑面积约 15000 平方米，于 2017 年 7 月全面投产运行。是年 12 月 15 日，该生产基地及研发中心二期项目签约仪式在街道举行。新签约的项目征地 1.47 公顷，新增注册资本金 300 万美元，累计注册资本 1800 万美元。年内，威茨曼金属制品（江阴）有限公司实现开票销售收入 4.19 亿元、上缴税金 6408.69 万元，发展势头强劲。该公司产品广泛应用于乘用车、卡车、工程机械等行业，渗透进入开关、洁具等新领域，以后将继续扩建投资，致力于打造产品出口日本、韩国、印度等周边国家。 （顾　望）

申港街道

【概况】 2017 年 10 月，因临港经济开发区行政管理体制改革，申港街道成立，位于江阴市城区西部，东与夏港街道紧邻，西与利港街道相连，南与南闸街道和常州市相邻,北枕长江岸线 5.5 千米。区域总面积 38.8 平方千米,下辖 10 个行政村(社区)。2017 年年末,辖区有户籍总人口 47765 人,其中男性 23985 人、女性 23780 人;有少数民族 18 个 251 人。有外来暂住人口 22595 人,其中男性 14109 人、女性 8486 人。

政治建设　申港街道成立以来,街道党工委坚决贯彻落实市委、临港经济开发区的决策部署,坚持党工委总揽全局、协调各方的原则,定期组织党工委中心组学习,把学习宣传贯彻习近平新时代中国特色社会主义思想和中共十九大精神作为首要政治任务,迅速掀起学习宣传贯彻热潮,引领街园上下牢固树立政治理想,正确把握政治方向,坚定站稳政治立场,确保用党的最新理论成果武装头脑、指导实践、推动工作。持续开展"两学一做"*、中共十九大精神学习教育活动,保持正确的政治方向、价值取向和舆论导向。广泛深入扎实开展"大走访"活动,党员干部和群众、企业之间结成稳定"对子"、攀上长久"亲戚"。加强以村支部为重点的基层党组织建设,建立和完善组织网络,发挥党组织、党员、积极分子的战斗堡垒作用和先锋模范作用。申港社区成立二级党委,新建退休干部等党支部 5 个。坚持好干部信念坚定、为民服务、勤政务实、敢于担当、清正廉洁"五条标准",不拘一格使用人才,真正把最优秀最适合的人才用在最关键的岗位,完成街园科室负责人任命。组织开展村(社区)书记、机关干部、直属单位负责人创新富民专项培训等各类干部学习培训活动,广大党员干部坚定科学发展的意识、信心明显增强,驾驭复杂局面、解决复杂问题的能力明显提高。开展党纪党风警示教育,组织机关干部、村(社区)"两委"干部、基层党组织收看警示教育片,完善个人有关事项报告制度。运用监督执纪"四种形态"*,对党员干部的苗头性、倾向性问题,通过教育谈话等方式提醒告诫,填报正股职以上干部廉政档案,有针对性地防控廉政风险。本着实事求是的原则依纪依法查信办案,真正使纪律成为管党治党的尺子、不可逾越的红线。加强民主政治建设,坚持党的领导、人民当家作主、依法治街有机统一,人大、政协参政议政实现制度化、规范化、程序化,形成生动活泼、安定团结的政治局面。

经济建设　全年完成工业投入 53.09 亿元,服务业投入 16.6 亿元;规模工业产值 315.2 亿元,比 2016 年增长 16.5%;限额以上批零业销售额 139.5 亿元,比 2016 年增长 11.2%;限额以上零售额 3609 万元,比 2016 年增长 13.6%;公共财政预算收入 9.71 亿元,比 2016 年增长 24.6%;完成自营进出口总额 17.05 亿元,其中自营出口 3.81 亿元,到账外资 535 万美元。天成轴承、安姆科申达国际软包装产业基地、海德半导体和光催化产业化应用等项目成功签约,总投资 28.35 亿元;申桦密封件增资、安姆科总部、华联罗森等项目加快推进;远景分布式风机项目并网发电。新能源产业园获批国家"火炬"计划智慧能源特色产业基地,远景智慧能源产业技术研究院揭牌,江阴硅普搪瓷股份有限公司"新三板"挂牌,江阴市万盈电力科技有限公司、江苏飞达压铸有限公司等 7 个企业成功申报江阴市高新技术企业。

社会建设　以"文化走基层、服务进万家"为活动宗旨,开展送演出、送电影、送评弹、送图书和送展览活动、"迎新春·送春联"进社区活动,共送出春联 600 余副。举办"水墨迎春"国画作品展、"墨韵春晖"书法作品展、季子诚信文化书画展、"清风廉韵"书画展、"书画进企业·文化促发展"交流笔会。开设培训"戏曲票友之家"、舞蹈骨干培训班、书画培训班等文化惠民服务项目,辅导培训 1500 人次。文化惠民活动参与人数 3700 人次,观众人数 1 万人以上。做好市非物质文化遗产名录项目的申报工作。举办"展女性风采、传非遗文化"珠绣技能比赛。在市文化馆举办郭亚娟珠绣、卢飞浦面塑非遗作品联展,让更多老百姓了解非遗,传承非遗。完成综合保税区项目涉及的滨江村、于门村,排涝站项目涉及的申南村、横塘村、申兴村等 7 处清障。完成签约 14 户农户,4 个企业。新开拆迁项目 4 项,71 户农户全部完成签约,签约企业 6 个。完成锦湖一村、江南花园功能性改造提升工程和东港花园、明珠花园、江南花园、南庄佳苑外墙维修工程,完成申兴、横塘、申南 6 个自然村农村生活污水管网建设项目前期手续。持续开展"263"专项行动*,聚焦聚力中央、省环保督查问题整改和长效治理,淘汰申新可锻造厂燃煤锅炉 2 台,治理江阴申隆包装材料有限公司、江阴市华荣家具有限公司等有机废气企业 8 个;基本完成畜禽养殖污染综合治理两年行动计划,累计关停畜禽养殖场 92 个;启动新沟河、申港河、西横河三条市级河道水环境防治工作,完成新沟河、申港河两侧污水管网接管。申港政务服务中心宣传"为民亲民"服务理念,坚持每日巡查,建立投诉监督机制。10 月以来,共受理各类办件 4769 件,日均办件 91 余件,办结率 100%,群众满意率 99% 以上。实现本地劳动力就业 3086 人,提供就业岗位 5175 人,发放各类创业补贴 81.68 万元。本地户籍普通高校毕业生就业率 96.63%,困难家庭毕业生就业率 100%。开展"培训送企业"活动 10 场,培训企业职工 1750 人次,实现劳资双赢。广泛开展技能培训,职业技能培训鉴定取证人 2580 人。规范企业用工,保障劳动者权益,受理各类纠纷 125 件,调解成功 115 件,全年案件调解成功率 92% 以上。其中成功处理群体性劳资纠纷 6 件,涉及 165 人,追回拖欠工资款 153 万元。新增企业职工基本养老保险 1629 人,净增城保 822 人,进入即征即保 8 个组 994 人。全年办理市民卡 12434 张,办理灵活就业参保手续 956 人。加强村级"三资"管理规范化建设,配合完成两个行政村的村级经济运行和"三资"管理专项审计调查。完成中共十九大、全国"两会"、"一带一路"*国际合作高峰论坛和江苏发展大会等重大敏感期间信访维稳任务。全年受理群众来信来访 45 批次、154 人次,完成重点矛盾纠纷排查 12 件次、上级交办转办信访事项 59 件,办结化解重点信访事项 2 件,一批

长期群访、缠访、闹访、非访、越级访事件得到有效化解和控制。全年组织矛盾纠纷排查710余次，化解重大伤亡纠纷6件、群体性纠纷3件、矛盾纠纷1131件，帮助农民工追讨工资100余万元，社会局面呈现稳中向好态势。积极推进村社区“律师公益服务全覆盖”工作，完善“一村（社区）一法律顾问”工作，建章立制对法律顾问服务情况实施量化考核，确保切实发挥效能。全年街道司法所和法律服务所共免费为辖区群众提供法律咨询270余人次，免费代理诉讼和非诉讼法律援助案件54件。

2017年申港街道主要经济社会指标一览表

表69

指　标	单　位	数　量	比2016年增减（%）	指　标	单　位	数　量	比2016年增减（%）
一般公共预算收入	亿元	9.71	24.60	固定资产投资总额	亿元	69.71	123.66
地区生产总值	亿元	—	—	其中：工业投资	亿元	53.09	144.10
其中：第二产业	亿元	—	—	进出口总额	亿元	17.05	-21.56
第三产业	亿元	—	—	其中：出口额	亿元	3.81	-17.30
农业总产值	亿元	4.03	—	到位注册外资	万美元	535	-35.85
粮食总产量	万公斤	308	—	农村居民人均可支配收入	元	—	—
工商业开票销售总收入	亿元	808.28	21.51	中小学校在校学生数	人	4460	—
其中：工业开票销售收入	亿元	336.91	27.40	社保参保率	%	98	—
服务业开票销售收入	亿元	471.37	17.65	劳动合同签订率	%	98	—
规模以上工业利润	亿元	19.28	21.30	新型农村合作医疗参保率	%	100	—

2017年申港街道开票销售收入前10名企业一览表

表70

名次	企业名称	销售收入（亿元）	法人代表	名次	企业名称	销售收入（亿元）	法人代表
1	远景能源（江苏）有限公司	119.90	张　雷	6	江苏高富通国际贸易有限公司	17.20	刘云丰
2	江苏省华贸进出口有限公司	110.70	刘云丰	7	江苏中基复合材料股份有限公司	17	杜成城
3	江阴远景投资有限公司	58.20	张　雷	8	江苏加华集团有限公司	16.50	孙正达
4	江阴市华发实业有限公司	39.90	孙志华	9	江苏烨源实业有限公司	15.70	孙志新
5	中建材浚鑫科技有限公司	24.90	孙建安	10	江阴长江投资集团有限公司	13.60	任锦华

2017年申港街道各村（社区）基本情况一览表

表71

村（社区）名称	户数（户）	人口（人）	村（社区）党支部（党总支、党委）书记	村（社区）主任	村（社区）开票销售收入（亿元）
创新村	987	3622	徐夏芳	郑　坚	202.61
滨江村（江南社区）	1889	5776	宋桃英	宋桃英	73.92
东刘村	883	3152	虞国裕	沈东华	37.21
申西村	1222	4371	高　明	符林章	34.74
于门村	706	2580	李秋珍	曹甫生	24.15
申兴村	1784	6252	殷宜俊	薛栋亭	15.94
申浦村	802	2813	时建明	时建明	15.07

续表71

村(社区)名称	户数(户)	人口(人)	村(社区)党支部(党总支、党委)书记	村(社区)主任	村(社区)开票销售收入(亿元)
申南村	1739	6628	何惠忠	余　军	12.39
申港村(申港社区)	1542	2827	胡建军	殷振迅	6.51
横塘村(锦湖苑社区)	1361	3998	黄明华	殷　梁	2.61

【新能源产业园通过国家级复核】 2017年8月8日,新能源产业园通过科技部复核,成功获批国家"火炬"智慧能源特色产业基地。新能源产业园将以打造智慧能源千亿级产业集群为目标,进一步集聚新能源产业的人才、技术、资本等创新创业资源,招引更多产业层次高、创新能力强、亩均产出大的项目,实现园区跨越式发展。

【申港社区获批全国综合减灾示范社区】 申港社区以"天眼控平安、书画绘减灾、文艺唱和谐、帮扶送关爱"为特色,不断创新社区减灾工作方法和途径,注重调动社区居民、单位在防灾减灾中的积极性,推进社区综合减灾组织体系、工作机制、队伍建设、预案制度等各项能力建设水平大幅提高。2017年12月,申港社区被民政部评定为2017年全国综合减灾示范社区。

【申港社区成立二级党委】 2017年8月,经江阴市委组织部批准,申港社区党总支升级为二级党委,下设5个支部11个党小组。申港村(社区)作为申港街道的城市核心区,以打造"诚信、富裕、美丽、和谐的新申港"为目标,坚持党建引领、推动社区共治、打造诚信品牌,充分发挥党组织战斗堡垒和党员先锋模范作用,全面提升服务水平、持续推动富民增收。

【市智慧能源产业技术研究院揭牌】 2017年11月2日,江阴市智慧能源产业技术研究院由远景能源(江苏)有限公司牵头,汇聚全市能源产业20余个企业和国内能源领域的重点高校院所等,以建立智慧能源高新技术产业化基地为核心,立足于区域智慧能源产业集群的特定优势,依托并整合区域创新资源,集聚可再生能源领域的优秀研发人才,致力于产业共性技术、关键技术和前瞻性技术的引进吸收和研究开发。该研究院的成立,是江阴市适应新形势下产业发展需求,深化科技体制改革、统筹产业技术创新资源、打通科技成果转化通道、推动产业高端发展的重大举措。

【申港街道总工会成立】 2017年12月1日,申港街道召开总工会成立暨第一次代表大会,申港街道总工会把"弘扬劳模精神、劳动精神、工匠精神"引入日常服务管理中,根据行业和企业特点,强化分类指导,拓展协商内容,不断激发职工劳动热情与工作激情。在大会闭幕后召开的申港街道总工会第一届委员会第一次全体会议上,黄英当选为申港街道总工会第一届工会委员会主席。

【申港街道团委成立】 2017年12月8日,共青团江阴市申港街道第一次代表大会在街道办事处会议中心召开。大会研究部署未来三年的重点工作,大会审议并通过工作报告,选举产生共青团江阴市申港街道第一届委员会,顺利圆满地完成各项议程。在大会闭幕后召开的共青团江阴市申港街道第一届委员会第一次全体会议上,胡建军当选为第一届街道团委书记。

【申港街道妇女联合会成立】 2017年12月15日,申港街道妇女联合会暨申港街道妇女第一次代表大会召开。大会选举产生第一届申港街道妇联第一届执行委员会委员,范春燕当选为街道妇联主席。

【申港街道残疾人联合会成立】 2017年11月10日,申港街道残疾人联合会第一次代表大会召开。会议听取并审议残疾人联合会上届工作报告,回顾总结近五年来申港残疾人事业取得的发展和进步,明确提出后五年的工作目标和任务。大会选举产生第一届申港街道残疾人联合会主席团委员,范春燕当选为街道残联主席。 (徐　亮)

利港街道

【概况】 2017年10月,江阴临港经济开发区深化行政管理体制改革,实行行政区划调整,成立利港街道,与机械装备产业园一体化运作。利港街道位于江阴市西部,东与申港街道、西与璜土镇相邻,区域面积59.42平方千米,管理兴利、西安、兴港、龙港、仁和、后梅、东支、西石桥8个社区居委会,苍山、巨轮、黄丹、西溪墅、维常、北郭庄6个村委会,陈墅、利港、球庄(江市)3个村(居)委会合一。2017年年末,辖区总人口79351人,有户籍人口59079人,其中男性29510人、女性29569人;有少数民族21个223人。有外来暂住人口20272人,其中男性12166人、女性8106人。

政治建设　街道党工委、办事处始终坚持贯彻落实中共十九大精神,坚持"党要管党、从严治党",深入推进"两学一做"*学习教育常态化制度化,突出党政领导主体责任。以学习中共十九大精神为契机,全面提升领导干部政治理论水平,组织党工委中心学习组专题学习3次,先后开展中共十九大精神宣讲活动23次,3200余人次党员干部受到教育。组织辖区100余名基层党务干部先后参观云亭街道、张家港经济技术开发区、苏州工业园区等地的7个党建示范点,通过党建工作"学思行",全面提升利港街道新时期党建工作。深入开展"大走访"活动,机关干部与辖区内17个村(社区)、45个规模以上企业和驻街单位分别建立挂钩机制,实施精准对接,确保全面覆盖。进一步理顺党组织设置和党员隶属关系，成立利港街道机关党总支部和利港街道老干部党支部，撤销4个党支部，调整6个企业党支部隶属关系。认真做好群团工作，先后成立街道总工会、共青团、妇联和科协等群团组织，充分发挥群团组织的纽带和桥梁作用。强化纪律监督，规范权利运行，街道成立以来收到各类信访案件18件，立案查办违纪案件15件，有12人受到党政纪处分，其中被开除党籍1人。受理"12345"公共服务呼叫中心热线受理410件，做到接件100%、回复100%。

经济建设　坚持产业发展为先，保持经济平稳运行。全年完成规模以上工商开票销售收入450.89亿元，比2016年增长14.16%；规模以上工业产值201.17亿元，比2016年增长28.21%；公共财政预算收入10.5亿元，比2016年增长18.61%；固定资产投资68.49亿元，其中工业投入52.15亿元、服务业投入16.34亿元；限额以上批零住餐业销售额184.71亿元，比2016年增长13.68%；完成进出口总额17.98亿元，比2016年增长13.83%，其中出口额3.62亿元，比2016年增长8.45%；新增工商登记协议注册外资8690万美元，到位注册外资4529万美元。加快创新转型，全年完成高新产业产值55亿元，全社会研发投入1.8亿元。新增技改扩能项目17项，总投资2.05亿元。双良节能系统股份有限公司、江阴苏利化学股份有限公司、江阴市新盛医疗器械有限公司等7个企业申报省高新技术企业，江阴市诚信合金材料有限公司、江阴市声悦电子有限公司、江阴和润精密有限公司等4个企业申报省民营科技企业，7个企业申报"科技创新引导资金"，1个企业申报"智能车间"，6个企业申报"技术中心"，3个企业申报"著名商标"。完成发明专利63件，江阴市宏泽氯碱设备制造有限公司成功申报"江苏省首台套"重大装备、江苏怡达化学股份有限公司成功申报省成果转化项目，分别获奖励资金110万元、900万元；苏利化学获评江阴市企业知识产权管理优秀企业。工业项目投入提速，在建项目7项，其中华德幕墙三期项目、嘉鸿医用新材料项目、振江新能源一期和瑞典蒙特一期项目竣工。强化招商引资力度，全年对接意向项目19项，签约项目15项，落地项目6项。资本经营不断扩容，江苏振江新能源装备股份有限公司和江苏怡达化学股份有限公司2个企业分别在上海证券交易所、深圳证券交易所主板成功上市，江阴宝能精密新材料股份有限公司成功挂牌"新三板"；江阴市龙和重型机械有限公司、江阴奇南机械有限公司、江阴市耀宇化工有限公司等6个企业在江苏省股权交易中心挂牌交易。重点规模企业贡献进一步加大，入库税金超千万元企业14个，其中2个企业入库税金超亿元。

社会建设　启动利港新镇区修建性详规、亲水湖公园提升设计、老镇区城市修复、城市修补"双修"规划。完成拆迁324户，分配安置房490套。完成畜禽养殖整治321户，拆除违章建筑65处。大力推进利港污水管网建设，全力配合做好利港区域污水管网体检及集镇区污水管网规划工作。社会保障不断健全。举办创业培训班，37人参加并结业；高技能人才培训265人，农村劳动力培训1190人，本地劳动力实现就业2930人；本地户籍高校毕业生就业率99.5%，其中困难家庭大学生就业率100%。实现即征即保率100%；本地户籍参保登记率100%。加大对困难和弱势群体的帮扶力度，街道成立以来，向3047人次发放各类救助金、补助金、敬老金计257.9万元。教科文体事业扎实开展。对辖区的各类无证幼托机构进行清理整顿，关停1个，整改10个。江市社区获评无锡市群众体育先进集体，并受邀参加无锡市第十二届运动会闭幕式。坚决执行安全生产和环境保护"党政同责、一岗双责"制度，分别成立街道安全生产委员会及各安全生产专门委员会和环境保护委员会及各环境保护专门委员会。

2017年利港街道主要经济社会指标一览表

表72

指　标	单　位	数　量	比2016年增减(%)	指　标	单　位	数　量	比2016年增减(%)
一般公共预算收入	亿元	10.50	18.61	固定资产投资总额	亿元	68.49	—
地区生产总值	亿元	—	—	其中：工业投资	亿元	52.15	—
其中：第二产业	亿元	201.17	28.21	进出口总额	亿元	17.98	13.83
第三产业	亿元	—	—	其中：出口额	亿元	3.62	8.45
农业总产值	亿元	8.96	3	到位注册外资	万美元	4529	137
粮食总产量	万公斤	1154.14	4.30	农村居民人均可支配收入	元	31763	8
工商业开票销售总收入	亿元	778	19	中小学校在校学生数	人	4293	0.50
其中：工业开票销售收入	亿元	431	20	社保参保率	%	92.50	—
服务业开票销售收入	亿元	347	17	劳动合同签订率	%	98.90	—
规模以上工业利润	亿元	25	0.01	新型农村合作医疗参保率	%	100	—

2017 年利港街道开票销售收入前 10 名企业一览表

表 73

名次	企业名称	销售收入(亿元)	法人代表	名次	企业名称	销售收入(亿元)	法人代表
1	双良集团有限公司	209.30	缪双大	6	江苏怡达化学股份有限公司	6.92	刘　准
2	江苏利电能源集团	163.62	孙　峰(董事长)	7	江阴市液压油管有限公司	3.59	谢文庆
3	江苏海伦石化有限公司	130.52	卞惠良	8	江阴市华俊机械有限公司	3.44	高建华
4	江苏振江新能源装备有限公司	16.82	胡　震	9	信越(江苏)光棒有限公司	3.24	佐生博保
5	江苏苏利精细化工股份有限公司	7.91	缪金凤	10	江阴加华新材料资源有限公司	2.92	单志才

2017 年利港街道各村(社区)基本情况一览表

表 74

村(社区)名称	户数(户)	人口(人)	村(社区)党支部(党总支、党委)书记	村(社区)主任	村(社区)开票销售收入(亿元)
维常村	818	2835	钟　渊	徐立军	0.79
江市社区	1190	4190	汤春明	汤春明	20
苍山村	1072	3528	戚国兴	康晓春	3.20
西安社区	625	2300	魏国瑜	施正海	2
仁和社区	747	2881	黄　平	黄　平	0.85
龙港社区	621	2081	黄　平	王添金	0.25
兴利社区	729	2853	赵勇洪	董德章	1.60
东支社区	710	2520	常国和	薛　强	4
西石桥社区	1515	4876	吴祖国	牟学军	1.31
西奚墅村	821	3105	陈华中	缪仲昌	4
后梅社区	806	2603	盛南华	唐建华	2
陈墅村	856	3658	江建洪	张　波	107
利港社区	1746	6011	姚建军	姚建军	11
北郭庄村	1484	4986	孙佩俊	孙佩俊	1.70
黄丹村	1195	4500	任金华	任金华	0.96
兴港社区	2190	8500	奚华良	周玉虎	1.90
巨轮村	1100	4176	曹剑芬	曹建锋	4.20

【利港街园正式挂牌成立】 2017年10月9日,临港经济开发区召开行政管理体制改革筹备工作会议。是月31日,临港经济开发区召开行政管理体制改革大会,会上正式明确撤销临港街道,分设夏港街道、申港街道、利港街道。市领导陈金虎、蔡叶明、孙小虎、徐冬青分别为中共江阴市利港街道工作委员会、利港街道办事处和中共临港开发区机械装备产业园委员会揭牌。11月3日,江阴市利港街园正式挂牌成立。

【利港街道拆迁安置】 为给经济发展、城镇建设腾拓空间,2017年10月,街道成立以来,立即成立街道拆迁指挥部,下发拆迁任务书,明确要求,压实责任。年内完成324户农户拆迁,1处清障,11个排涝站清障。完成490套安置房的分配,110个汽车库和110个自行车库的分配,极大地缓解利港在外过渡拆迁户对于安置房分配的迫切需求。

【"振江新能源"挂牌上市】 江苏振江新能源装备股份有限公司是专业为风电设备和光伏设备零部件的设计、加工与销售的企业。公司凭借创新的技术和工艺,先后被认定为省高新技术企业、省"两化融合"*转型升级示范试点企业,拥有56项专利。该公司技术、质量、效率的领先,成为西门子集团、上海电气、特变电工、阳光电源等知名光伏企业供应商。2017年11月6日,该公司在上海证券交易所主板成功上市。

【"怡达化学"挂牌上市】 江苏怡达化学股份有限公司成立于1996

年，是一个专注于醇醚以及醇醚酯类有机化工产品的技术研发、生产及销售的企业。成立以来，该公司秉承“创新、协调、绿色、开发、共享”的理念，逐步将产品醇醚及其制品增至50余种。巩固国内市场，致力拓展海外市场，并取得显著成效。产品远销东亚、东南亚、南美、北美等地，主要客户有PPG、阿克苏诺贝尔等海外公司。2017年11月15日，该公司在深圳证券交易所主板成功上市。

【“宝能精密新材料”挂牌“新三板”】 江阴宝能精密新材料股份有限公司成立于2010年，是一个以切割钢丝和超高强微丝等金属材料研发、生产和销售的企业。2017年，该公司通过技术创新和引进“高新尖”超高强微丝专业生产设备，成为行业内首个潜心研发出超高强微丝的企业。该公司不仅是国内该行业中上市公司指定配套供应商，更在超高强微丝行业的细分领域一直保持领先的市场份额，其研发生产的超高强微丝直径达0.05毫米。是年5月5日，该公司在全国中小企业股份转让系统挂牌，成功成为“新三板”*挂牌企业。

【3项项目落户机械装备产业园】 2017年9月22日，临港经济开发区经贸洽谈会在临港管委会举行。该次经洽会上有3项项目落户临港经济开发区机械装备产业园，分别是江苏凤凰出版传媒股份有限公司和江苏利电能源集团共同投资50亿元的凤凰数据中心产业园项目，江阴中向旭曜科技有限公司投资20亿元的中向木本泥炭土壤改良剂项目，江苏振江新能源装备股份有限公司投资3亿元的振江三期风电转子项目。

【省戏曲进校园推进会在利港实验小学召开】 2013年3月，利港实验小学成功开办“大拇指”小锡班。自开班以来，学校精选苗子，注重管理；沟通家校，坚持训练；创设舞台，积极参赛。四年多来，学生获江阴市一等奖25次，无锡市金奖3个，江苏省“金花奖”1个，江浙沪金奖1个，小“芙蓉花奖”10次。两次受邀央视演出。2017年12月21日，江苏省戏曲进校园推进会与会代表到利港实验小学观摩“传承振兴锡剧艺术示范学校”的做法以及人人会唱锡剧的艺术成果。

【利港街道群团组织成立】 2017年12月4日，利港街道第一次工会代表大会召开，来自各村、社区、机关、企事业单位基层工会的87名代表出席会议。会议选举产生街道第一届工会委员会委员、常务委员会委员、工会主席、副主席、经费审查委员会委员和主任，研究决定女职工委员会委员和主任人员。丁小红当选为街道总工会第一届工会委员会主席，奚新洪当选为街道总工会第一届工会委员会专职副主席。8日，利港街道召开妇女联合会成立暨妇女第一次代表大会，90名各界妇女代表参加会议。大会选举产生31名执委和正副主席，盛丽英当选为利港街道妇女联合会主席，朱文琴、张志雅、汪静莉、高洁当选为利港街道妇女联合会副主席。16日，共青团江阴市利港街道第一次代表大会顺利召开。全街道80余名共青团员代表参加大会，利港实验小学40名少先队员为大会献词。大会选举产生第一届委员会，蔡凌燕当选为共青团利港街道第一届委员会书记，陆洁、杭静君、赵倩、施琳玲、缪彩旗5人当选为共青团利港街道第一届委员会副书记。27日，江阴市利港街道科学技术协会第一次代表大会召开。街道65名科协工作者代表到场，并选举产生第一届委员会。丁小红当选为利港街道科学技术协会第一届委员会主席。

（蔡凌燕　朱　琦）

璜土镇

【概况】 璜土镇位于江阴市西边、接壤常州市东北部，对接常州市天宁区、新北区，北枕长江。璜土历史悠久，是5000多年前良渚文化的发祥地之一。璜土镇是国家卫生镇、全国亿万农民健身活动先进乡镇、全国环境优美镇等，是江苏省文明镇、健康镇。璜土生态环境优美，是全国优质葡萄生产基地，享有“江苏葡萄第一镇”美誉。区域面积64.49平方千米，耕地面积2257公顷，下辖12个行政村（其中3个村居合一）和1个华湖社区。2017年年末，有户籍人口57181人，其中男性28524人、女性28657人；少数民族16个188人。有外来暂住人口54019人，其中男性31109人、女性22910人。

政治建设　璜土镇党委中心组全年集中学习12次，学习习近平总书记系列讲话，中共十八届七中全会、中共十九大会议精神和省、市有关会议等，组织外出实地考察3次，集中廉政教育2次，中共十九大精神宣讲6次，完成调研报告8篇，邀请专家专题讲座6次，机关部门负责人和村“两委”人员学习研讨6次，镇村两级党员每月一次集中学习，基层书记上党课106节，培训4800人次，党员参训率98%以上。进一步完善镇村两级道德讲堂14个，宣讲52次，累计受教育13000人次。召开党风廉政建设专题会议，签订35份廉政责任书，落实“五个责任清单”（党风廉政建设主体责任清单、党风廉政建设领导责任清单、党风廉政建设监督责任清单、问题清单、整改清单）继续开展“5·10”思廉日主题教育活动，重大节日、重大活动向重点对象通过短信微信等方式，发送廉政提醒信息600余条。完成自办案件3件，行政处罚案件10件，信访案件7件，办结率100%。对8名党员干部进行第一种形态谈话，9名党员干部受到党纪处分，审核合同协议296份，送审工程审计86项。以全面从严治党为主线，深入融合“两学一做”*定目标，抓好基层实践、队伍建设。制订《璜土镇2017年党建工作意见》和《璜土镇“五先五好”*服务型党组织建设方案》，构建“全覆盖”公共管理和“零距离”为民服务体系，完善镇领导包村走访和党员干部“阳光扶贫”制度。开展“大走访”活动，主动解难题，积极惠民生，建立镇、村、组三级服务网点100余个。形成璜土、利城、篁村、故乡情果业合作社、老年支部“五点一片”党建综合示范区。全年发展新党员30人，其中来自生产、工作一线的青年党员28人。

社会建设　启动融城苑二期安置房建设，新世纪等5个安置小区绿化、公共设施改造有序进行,石庄地区雨污分流、污水管网、启港苑天然气等工程稳步实施。篁村老街改造、葡萄风情小村等开工建设。西横河、北塘河等防汛基础设施重点工程全面竣工,实现2017年安全度汛。完善城镇功能,改善人居环境。迎宾路、老小区、篁村污水、农贸市场、公交站、环卫所改造工程及小湖新村技防监控设施等工程全部竣工。暑期完成7所学校、17项改造项目和教技设备更新。全面开展璜土"十佳好人"评选表彰活动。建成大型户外宣传广告30处,建成"好人步道"1条,建成志愿者团队26个,注册志愿者15000人,开展活动600余场次,参与志愿服务12000人次。有序开展"263"专项行动*,完成江阴澄星石庄热电有限公司、建滔电子材料(江阴)有限公司等企业的减煤和4台10吨锅炉关停,对25个化工污染企业进行整治,污水处理厂提标升级改造。加强水环境治理,推进"河长制""断面长制"管理,投入3000万元进行小湖港综合整治,对35个自然村实施生活污水改造工程,清理各类暴露垃圾300余处。全面加强长效管理,完善党政领导带班巡查制度,落实24小时环境网格化巡查,累计巡查巡视1800余小时,通报整改问题2100余条。积极探索集镇秩序社会化管理模式,加强对集镇沿街商店、农贸市场、流动摊铺等管理,稳步提高镇区环境秩序。同时,加强对村庄环境卫生长效督查,扎实开展交通干线环境综合整治。璜土村获评全国文明村。璜土镇,璜土村、篁村村被评为市创建全国文明城市工作先进单位。健全社会保障机制,提高就业岗位1930个,本地劳动力就业2365人,完成城保扩面2095人,本地参保登记率100%,按时发放老年保养金621万元,发放被征地农民保障金2047万元,发放各类补助、救助资金1267万元,"阳光扶贫"结对入户361户。不断完善公共服务,投入40余万元对图书馆服务功能改造优化。全面完成镇社区服务中心改造和4个村卫生服务站提档升级工程。获评江苏省健康镇。群众体育文化蓬勃发展,新建活动场地2处1800平方米,添置健身器材2套。推进"书香璜土"建设,建立全民公共阅读服务体系,全民健身运动迅猛发展,提档升级10分钟体育健身圈。举办"2017·江阴璜土葡萄文化节",举办以"葡萄文化""高城墩良渚文化"等地方特色为元素的璜土镇第五届全民运动会。坚持"平安法治"为核心,抓好源头治理,推进网格化管理,全力维护社会和谐、大局稳定。成功化解30余件群体性事件,排查受理矛盾纠纷768次1060件,调解成功和协议履行率99%。全年安全培训教育450人次,企业安全生产检查362个次,整改安全隐患653处。

2017年璜土镇各村(社区)基本情况一览表

表75

村(社区)名称	户数(户)	人口(人)	村(社区)党支部(党总支、党委)书记	村(社区)主任	村(社区)开票销售收入(亿元)
利城村	1107	3739	曹　波	曹　波	1.20
北湖西村	911	2892	刘健维	刘健维	1.05
高粟村	1551	5218	许建明	金建东	3.60
璜土村(社区)	1721	5221	钱俊贤	钱俊贤	2.75
小湖村(社区)	2205	7018	周国伟	周国伟	23
篁村村	1969	6260	高旭伟	许俊华	0.35
常泽桥村	1121	3648	张建清	仇震亚	0.70
汇南村	1045	3269	丁　成	丁　成	1.38
卢墩村	1009	3595	蔡志国	周　雷	1.68
石庄村(社区)	1120	3586	彭　辉	朱立军	18.56
花港苑村	2838	10367	彭文锋	彭文锋	11.13
启港苑村	868	3015	金小平	金岳彪	6.17
华湖社区	7266	21798	曹　洁	曹志俊	—

【璜土村建成全国文明村】 璜土村坚持发展村集体经济、提升村民福祉,制定"璜土村八条纪律"规范党员干部行为,树立把家园当公园一样建设与管理的理念,打造"物质小康""生态小康""文化小康"村庄,

形成村级发展特色，建成“一林三路三园+一村”的美丽新农村格局，走出“产业富村、廉勤带村、文化强村、道德兴村”的新路子。2017年1月获评中国美丽乡村建设示范村，8月又获环保部、农业部等部委颁发的“全国环境整治示范村”的称号，11月17日被中央精神文明建设指导委员会确定为全国文明村。

【璜土镇建成省健康镇】 2016年7月，国家爱卫会下发《关于开展健康城市健康村镇建设的指导意见》文件。璜土镇党委、政府根据其精神，把健康村镇建设工作作为政府优先发展战略，建立工作机制，制定健康村镇发展规划，提出目标和任务，加强健康“细胞”工程建设，把健康融入村镇建设规划管理的全过程，持续改进自然、社会环境和健康服务。经江苏省爱卫会考核、评审、公示，于2017年3月16日公布结果，江阴市璜土镇被命名为江苏省健康镇。

【璜土村党委挂牌成立】 2017年11月18日，经中共璜土村总支申请，中共璜土镇委员会申报，中共江阴市委批准，璜土村党委（二级党委）挂牌成立，这是璜土镇首个村级党委。该党委下辖4个党支部，185名中共党员，带领全村5000余名村民。是日，举行璜土村党委成立大会，江阴市委副书记、组织部部长崔荣国等领导应邀参加成立大会。

【防汛排涝工程竣工】 璜土镇最南端千余亩低洼圩田，多次遭受洪涝灾害，农作物损失严重。2016年年底，镇党委、政府为民所想，把其作为2017年重点实事工程之一。2017年1月，璜土镇西横河、北塘河防汛排涝工程全面启动，投资1.3亿元，新建排涝站13座，提升改建4座，石驳护岸11千米，加高、加固河堤4.8千米，疏浚内河水系2.3千米，新增涵洞6个，改造修建防涝排涝闸7座。工程于8月全部竣工。

【市首个村级“三务”公开户户通开通】 2016年年末，江阴市纪委牵头，璜土镇与市农工办、江苏有线江阴分公司合作，在璜土村试点建设全市首个村级党务、村务、财务“三务”公开户户通平台。2017年11月1日，“三务”公开户户通平台在璜土村实现全覆盖。璜土村通过有线电视网络，定期更新村务、党务、财务“三务”数据，尤其是老百姓普遍关注的集体资产交易、工程建设、日常支出等事项，确保信息及时公开。让广大村民参与、监督“三务”管理，积极化解干部廉政风险，拉近干群沟通距离，让农村微权力在阳光下运行。

【璜土镇第五届全民运动会举办】 2017年7月，为进一步推进全镇体育事业科学发展，提高全镇群众性体育运动水平，展现璜土人民的良好风貌。璜土镇展开第五届全民运动会的首场比赛。运动会设田径、羽毛球、乒乓球、门球、游泳、拔河、广场健身舞、健身气功、集体跳绳等竞技类项目；双夹球、接力赛、5人6足绑腿赛、定点投篮、掼蛋比赛、自行车慢骑、滚轮胎等趣味类项目。有800余名运动员参加比赛。11月12日，在璜土中学运动场举行运动会开幕式，比赛历时6个多月，12月29日在璜土体育馆举行闭幕式。比赛结束后，金牌总数前八名分别是小湖村、常泽桥村、花港苑村、璜土中学、璜土实验小学、石庄村、利城村、北湖西村；团体总分前八名分别是常泽桥村、小湖村、花港苑村、石庄村、北湖西村、璜土村、利城村、璜土中学。（曹 云）

月城镇

【概况】 月城镇是中国民间文化艺术之乡，位于江阴市西南，东与徐霞客镇毗邻，南连青阳镇，西接常州市武进区，北以秦望山为界与南闸街道接壤；紧靠沪宁、沿江高速公路，锡澄公路、锡澄运河、海港大道和江阴大道纵贯全镇，镇东设有新长铁路货站。镇域总面积38平方千米，耕地面积1740公顷，下辖9个行政村和2个社区居委会。2017年年末，有户籍人口43712人，其中男性21687人、女性22025人；少数民族（户籍）15个232人，其中男性24人、女性208人。有外来暂住人口11829人，其中男性7163人、女性4666人。

政治建设　学习贯彻中共十九大精神，推进“两学一做”*学习教育常态化制度化，全面从严管党治党。组织党员干部前往江阴市看守所开展警示教育活动。开展“连心富民、联企强市”“大走访”活动，突出问题导向、民生指向、服务取向、整风方向，走访农户、家庭12205户，其中困难户185个，走访企业658个，收集并完成问题整改899个。率先实行基层党组织和党员双承诺制，把115名深度困难群众纳入“阳光扶贫”监管系统，重点攻坚脱贫转化。强化工作推进机制，严格落实重大事项集体会商制度，进一步压实责任，明确要求，提高效能。发挥产业兴镇“20条”政策激励作用，以“亲”“清”政商共赢为主题，深入企业宣传政策、解读政策、对接政策，政府服务水平得到不断提升。开展党员“亮身份、亮服务、亮承诺”活动，树立好许诺践诺党员先锋模范形象。以有年度工作计划、有坚持民主集中制的规定、有严格的组织生活制度、有党费收缴登记和公布、有入党积极分子的培养考察、有党建工作的检查总结“六有”党支部建设为标准，加快“一村一社区一窗口”党建示范点建设，着重打造“党建+园”，不断推动服务型党组织建设。组织开展“百千万”培训工程，充分发挥“月城大讲堂”“道德讲堂”等载体作用，举办四期党员干部培训班，参加人数156人。开展“严纪律转作风树形象”专项教育整改活动，充分运用“四种形态”*监督问责，全年立案13件，结案率100%。

经济建设　大力推进产业兴镇，狠抓实体经济发展，主要经济指标保持健康较快增长。全镇实现地区生产总值61.56亿元，比2016年增长17.14%；一般公共预算收入3.11亿元，可用财力比2016年增长29.66%；实现开票销售201.12亿元，比2016年增长47.06%；完成固定资产投资20.16亿元，其中工业投入10.68亿元；实际到账注册外资1501万美元，实现进出口总额1.82亿元、自营出口1.3亿元，分别比2016年增长22.93%和23.85%。产业结构持续优化，制定现代农业奖励政策，鼓励农业科技化、多元化发展，完成农业总产值6.17亿元，新增现代农业投入5150万元，新增高效设施农业面积 20 公顷，完成近万户农户、3 万余名农民土地确权登记，新增江苏省示范家庭农场 1 个，农业适度经营比例 74.23%，农业产业化水平持续提升。规模以上企业实力不断增强，开票超亿元企业 45 个，比 2016 年增加 5 个，入库税金超千万企业 15 个，比 2016 年增加 3 个；资本经营进步明显，全镇拥有上市后备企业 5 个，江苏必得科技股份有限公司、江阴安凯特电化学设备有限公司等被列入上市重点企业名单。全力助推服务业精品化、高端化发展，实现服务业开票销售收入 85.96 亿元，比 2016 年增长 78.41%，服务业增加值占万元地区生产总值的 44.5%。

社会建设　科技创新不断深化，全社会研发投入 1.23 亿元，占地区生产总值比重的 2.38%；高新产值完成 22.39 亿元，占工业总产值的 25.3%；新增授权专利 78 件，有效发明专利累计 59 件；获批省民营科技企业 5 个、省惠农服务站 1 个、省高新技术企业 2 个、省高新技术产品 5 种，实施重点产学研合作项目 8 项，完成省知识产权贯标 2 个；重点扶持"专精特新"中小企业发展，发放镇级科技奖励资金 74.9 万元。组织推进民生实事工程，全面启动水芝苑二期、水芙苑一期安置房建设。实施防洪排涝提标工程，完成新建排涝站 12 座、改建 3 座，改建灌溉站 3 座，加固防洪护岸 5 千米，疏浚河道 20 千米。推进国家重点水利工程新沟河延伸拓浚工程，完成月城境内漕港河 5.2 千米河道拓宽改造主体工程。完成中心幼儿园扩班改造，开展 8 个无证幼托机构专项整治，鼓励引入社会资本参与教育、养老事业，大力推进 1 个民办幼儿园落地。推进 13 个自然村供水管网户表改造和 7 个自然村生活污水集中治理工程，铺设黄港岸路、环山路污水主管网 15.3 千米。镇村道路持续优化，完成文化路、文汇路、月新路以及石塘湾路改造升级，新增镇区停车位 150 个，盲道改造 3 千米，完成镇区 6 座公厕残疾人设施改造提升。完善滨河公园配套建设，月翔路戴庄新苑段、文博路、石塘湾路等重点路段和关键节点绿化提升工程，新增造林绿化 26.67 公顷。持续推进镇村卫生长效管理，开展戴庄菜场、月城农贸市场等重点领域环境专项整治，完成对镇区范围内的 280 余个门店和 12 条主次干道规范化清理，共清理乱堆放 1000 多处，各类垃圾 26 车，清理"僵尸车"12 辆，查处违法建设 23 处，镇村环境秩序明显提升。积极探索培育特色小镇，有序推进双泾村、沿山村、蔡庄村农村住房建设管理试点工作，双泾村成功创建首批省级休闲观光农业示范村。不断完善全镇生态文明建设规划，把"两减六治三提升"专项行动，细化分解成 22 个大类 260 项小项，明确职责分工和时间节点，项目化推进落实，生态环境持续好转。压减煤炭消费总量 1.7 万吨，超额完成市政府下达的 9500 吨目标任务，淘汰 10 蒸吨以下燃煤锅炉 11 台，关停化工生产企业 4 个，完成 13 个企业有机废气污染治理。推进生活垃圾分类减量，建成全镇餐厨垃圾收处理体系，完善提升"组保洁、村收集、镇转运"的生活垃圾收运保洁网络，完成生活垃圾全量焚烧工作。强化农业面源污染控制，深入推进畜禽养殖综合整治，累计关停畜禽养殖场(户)52 个(户)，完成拆除 42 个。完成秦望山东段矿山整治及复绿工程，推进水环境治理和综合污水处理厂提标改造，完成工业园区企业生产废水和生活污水接管 147 个。全面落实"河长制"长效管理，致力做好水生态文章，完成红旗渠、奶河头等 4 条黑臭河道综合治理工作，锡澄运河、团结河、环山河等四个考核断面水质总体达标，河道水质明显改善。开展"厂中厂""村中厂"以及秦望山产业园等重点区域散乱污企业集中整治行动，停产整治生产企业 6 个，关停小作坊 33 个，问题企业签署整改承诺 66 份；充分发挥社会监督力量，向热心月城事业发展的人员发放工作联系卡，配备 24 小时值班联系电话，形成环境违法行为"零容忍"的高压态势。坚持民生优先，强化民生保障，完善惠民举措，创新社会治理模式，不断提升群众的福利水平、生活质量和幸福指数。全面推进就业创业，实现本地劳动力就业创业 965 人、城保扩面 1171 人，被征地农民办理即征即保 705 人。以"大走访""文明创建""阳光扶贫"等为契机，社会救助"托底"功能突显，212 户 286 人被纳入低保，全年发放低保资金 212.57 万元；临时救助、深度救助、困难户慰问多管齐下，精准帮扶 490 人，发放救助资金约 41 万元；推进村级医疗互助，筹集互助资金 313.88 万元，镇级财政补贴 100.15 万元，覆盖保障面超 70%。创新社会养老模式，敬老院居家养老中心面向社会开放助餐及日间照料，为 80 周岁以上老人，累计发放尊老金 70.37 万元，全面关爱全镇老年人身心健康。民生事业协调发展。开展"创名校、当名师、育优生"活动，严格规范新市民子女入学标准，有序接收新市民子女入学 209 人，中心幼儿园通过江苏省优质园复评，月城中学被评为无锡市德育先进学校；继续完善 10 分钟体育健身圈建设，新增和更新健身路径 16 套、篮球架 4 副、室内乒乓球台 2 张，月城小学被评为全国青少年校园足球特色学校。组织参加市七运会，获得金牌总数第三、全市总分第四的好成绩。加强公共卫生管理，积极践行厕所革命，新建农村公厕 20 座；以创建国家公共文化服务体系示范区为目标，建成 24 小时自助图书馆，新增 1 座休闲阅读驿站，棋文化藏品馆揭牌开馆，积极参加、开展各项文化主题活动 60 余项，全年送书送影送戏 300 余场，文化发展成果显著。社会治理不断深化。进一步加强防控体系建设，安装各类高清视频监控探头 458 只、抓拍系统 35 个，完成文化小区 61 只视频监控改造，卧龙家园小区新装视频监控 25 只。加强社会矛盾纠纷排查化解，创新人民调解模式，引进"视频调解"新科技，积极化解和新国际等重大信访积案，依法妥善解决群众反映强烈的突出问题，受理各类"12345"公共服务呼叫中心热线投诉 822 件，信访接待 468 起 715 人次，调处各类矛盾纠纷 280 余件，处置网格事件 100 余件，调处成功率 100%。

2017年月城镇主要经济社会指标一览表

表76

指　　标	单　位	数　量	比2016年增减(%)	指　　标	单　位	数　量	比2016年增减(%)
一般公共预算收入	亿元	3.11	—	固定资产投资总额	亿元	20.16	-5.19
地区生产总值	亿元	61.56	17.14	其中:工业投资	亿元	10.68	0.42
其中:第二产业	亿元	31.73	17.84	进出口总额	亿元	1.82	22.93
第三产业	亿元	27.37	18.38	其中:出口额	亿元	1.30	23.85
农业总产值	亿元	6.17	-1.84	到位注册外资	万美元	1501	—
粮食总产量	万公斤	3764	-1.18	农村居民人均可支配收入	元	34364	8.10
工商业开票销售总收入	亿元	201.12	47.06	中小学校在校学生数	人	2735	-5.69
其中:工业开票销售收入	亿元	115.16	17.13	社保参保率	%	100	0(百分点)
服务业开票销售收入	亿元	85.96	78.41	劳动合同签订率	%	100	0(百分点)
规模以上工业利润	亿元	6.83	99	新型农村合作医疗参保率	%	100	0(百分点)

2017年月城镇开票销售收入前10名企业一览表

表77

名次	企　业　名　称	销售收入(亿元)	法人代表	名次	企　业　名　称	销售收入(亿元)	法人代表
1	江阴华润制钢有限公司(含仕明)	41.81	姜树森	6	江阴协统汽车附件有限公司	5.00	钱德洪
2	江阴锦澄钢铁有限公司	7.26	吴丁荣	7	江苏省宏晟重工集团有限公司	4.87	偶洪元
3	江苏秋林特能装备股份有限公司	6.83	钱秋林	8	江阴泰富沥青有限公司(含耀大)	4.56	丁爱民
4	江阴市华盛印刷有限公司	5.39	严树珊	9	世泰仕塑料有限公司	3.90	倪建华
5	江阴天奋科技有限公司(含摩恩)	5.19	陈　铭	10	江阴红嘉印染有限公司	3.33	邹建军

2017年月城镇各村(社区)基本情况一览表

表78

村(社区)名称	户数(户)	人口(人)	村(社区)党支部(党总支、党委)书记	村(社区)主任	村(社区)开票销售收入(亿元)
戴庄村	1164	4297	钱秋林	吴伯骏	8.82
月城村	1502	5208	殷建伟	殷建伟	8.07
秦皇村	859	3370	苏冬青	葛建清	1.57
沿山村	1181	4392	梁林宝	顾栋华	57.82
卧龙村	1174	4267	吴国华	黄志刚	2.13
双泾村	2723	9353	钱德洪	沈生林	21.83
下塘村	847	2965	薛金方	沈　键	4.68
蔡庄村	707	2466	严伟明	沈建新	3.81
黄桥村	1128	4031	翟　民	翟　民	1.08
月城社区	721	2022	司建荣	司建荣	—
水韵社区	315	1341	刘登峰	刘登峰	—

【月城镇举行建党 96 周年活动】 2017 年 7 月 1 日,月城镇召开纪念中国共产党成立 96 周年大会,回顾党的光辉历程,讴歌党的伟大业绩,弘扬党的优良传统,表彰各类先进典型,激励全镇各级党组织和广大共产党员,旗帜鲜明讲政治,清正廉洁守纪律,为民务实勇担当,为实现月城发展新跨越奋力拼搏、再续辉煌。会后,月城镇还举行"不忘初心跟党走,同心献礼十九大"的主题演讲比赛。

【月城镇第十九届人代会第一次会议召开】 2017 年 1 月 4—5 日,月城镇第十九届人代会第一次会议召开。大会应到代表 71 人,实到代表 70 人。大会通过无记名投票方式,选举杨峰为新一届镇人大主席,选举徐洪伟为镇政府镇长,选举周海兵、孙健、徐小虎、朱晓君为镇政府副镇长。大会听取代表议案审查组作的建议意见审查情况报告;听取财政预决算审查组作的财政预决算审查报告;通过《政府工作报告》《人大工作报告》《财政预决算报告》决议和其他决议决定。镇党委书记顾志强致闭幕词。会议期间,全体代表认真履行职责,依法行使权力。会议作出的各项决议和决定,体现了全体代表和全镇人民的共同意志和愿望。新当选镇人大主席、镇长、副镇长以及资格审查组现场进行宣誓。新当选镇人大主席杨峰、镇长徐洪伟分别发表当选感言。

【月城镇"三大平台"运行】 2017 年 8 月 29 日,月城镇管理服务指挥中心、月城镇政务服务中心、月城镇综合执法局正式揭牌启用。管理服务指挥中心是集指挥、调度、服务、分析、监督、考核为一体的联合指挥平台,把全镇细分为 11 个一级网格和 78 个二级网格,承载全镇城市管理、安全生产、环境保护、劳动保障、社会服务等事项的巡查、执法、监督工作。月城镇综合执法局内设综合科、法规科、执法一中队、执法二中队,依法承接实施上级下放的 799 项管理权限。月城镇政务服务中心集受理权、审核权、审批权于一体,内设引导咨询区、综合受理区、休息等候区、自助填表区和后台协同区等功能区域,规范设置 14 个综合服务窗口,通过"一窗办"和"网上办"两种方式受理或代理相关业务,优质高效地服务镇区广大企业和居民。

【"水韵月城杯"首届新闻竞赛】 2017 年 5 月 6 日,江阴广电工会"水韵月城杯"首届新闻竞赛在月城举行,由江阴广电工会主办,月城镇协办。围绕"水韵月城、醉美双泾"这一主题,从新常态下,月城经济社会、农业旅游、文化体育发展的多个角度组织竞赛内容。来自江阴广电全媒体新闻中心、江阴发布、广播节目中心、电视节目中心、经营中心和新媒体中心的 41 名记者参赛,镇领导和相关部门负责人在竞赛现场为选手提供第一手资讯。通过竞赛,提升了江阴广电新闻工作者的新闻素养;借助新闻媒体的作用和影响力,对月城镇的各项发展起到了推动作用。

【市七运会龙舟赛举办】 2017 年 9 月 18 日,江阴市第七届全民运动会乡镇组龙舟比赛在月城镇双泾村中国龙舟休闲体育基地举办。来自全市各镇(街道)的 8 支参赛队、100 余名运动健儿参加比赛。比赛中,鼓手们重锤击鼓,划手们挥动船桨,各参赛队全力以赴划向终点。经过半天的激烈角逐,最终月城镇、青阳镇、徐霞客镇代表队分别获得比赛一、二、三名。

【共青团月城镇第十四次代表大会召开】 2017 年 12 月 19 日,共青团江阴市月城镇第十四次代表大会在镇成教中心会议室胜利召开。来自全镇的 97 名团代表及 20 余名列席代表参加会议。会议审议并通过共青团江阴市月城镇第十三届委员会工作报告,选举产生共青团江阴市月城镇第十四届委员会委员。陈秋萍当选新一届月城镇团委书记,周立君、孙金兰、吴佳、许逸龄、严净云当选镇团委副书记。

【月城镇科协第六次代表大会召开】 2017 年 11 月 2 日,月城镇科学技术协会第六次代表大会在镇第二会议室召开。60 余名科技工作代表汇聚一堂,共商以后五年科协事业发展大计。大会民主选举产生镇科学技术协会新一届领导班子,朱晓君当选为镇科协第六届委员会主席,薛忠平、吕云福当选为副主席,沈红当选为秘书长。

【月城镇残联第六次代表大会召开】 2017 年 11 月 3 日,月城镇残疾人联合会第六次代表大会在镇第二会议室召开。来自全镇各界的 42 名残疾人代表参加会议。会议听取和审议副镇长徐小虎代表镇第五届残联所作的工作报告,回顾镇残联五年来的工作情况,明确以后五年的工作目标。大会还通过有关决议,选举产生镇残联第六届主席团委员,徐小虎当选新一届残联主席,刘文伟当选副主席兼执行理事会理事长。

【月城镇文联第三次代表大会召开】 2017 年 10 月 31 日,月城镇文学艺术界联合会第三次代表大会在镇第二会议室举行。来自全镇 50 余名文艺工作者代表欢聚一堂,回顾过去、展望未来,共商镇文艺事业发展大计。经过镇文联精心组织和协会成员公开、公平、公正地推选,会议以举手表决的方式,集中完成对文学协会、书画协会、摄影协会、戏曲票友协会 5 个协会换届改选工作,通过理事会推荐产生新一届文联领导班子和 1 个艺术指导委员会。

(刘　成)

青阳镇

【概况】 青阳镇位于江阴市南端,东与徐霞客镇接壤,南与无锡市惠山区堰桥街道、前洲街道相邻,西与常州武进区芙蓉镇隔河相望,北与月城镇毗邻。中心镇区距离江阴市区 18 千米。区域面积 67.56 平方千米。下辖 15 个行政村和 4 个社区居委会。2017 年年末,有户籍人口 70209 人,其中男性 35012 人、女性 35197 人;有少数民族 13 个 553 人,其中男性 54 人、女性 500 人。有外来暂住人口 34402 人,其中男性 18621 人、女性 15781 人。

政治建设 深入学习宣传贯彻中共十九大精神。把学习宣传贯彻中共十九大精神作为首要政治任务。镇党委班子带头学习宣讲中共十九大精神,组织全镇 2300 余名党员干部赴华西新市村,开展中共十九大精神轮训。以推进"两学一做"* 学习教育常态化制度化为重点,不断强化理论武装和舆论宣传。

镇被评为无锡市马克思主义大众化(理论宣讲)示范基地。从严管好用好干部,着力年轻干部队伍建设。大力推进农村(社区)党建"雁阵计划",辐射带动提升基层党建工作整体水平。严格落实中共中央"八项规定"*、省市"十项规定"*,持续深入纠正"四风"*。扎实开展"连心富民、联企强镇"大走访活动、"亲""清"新型政商关系大讨论活动和"阳光扶贫"活动。不断夯实"两个责任"*,始终保持反腐高压态势。坚持党的集中统一领导,全力支持人大、政府、政协开展工作,扎实推进群团改革,顺利完成工会、团委、残联换届工作,统战、人武、双拥、老干部等各项工作取得新进展。抢抓集成改革试点发展机遇,把原有镇机关39个内设部门精简为"两办五局一中心",构建"集中高效审批、强化监管服务、综合行政执法"的新型治理架构。高质量开展便民服务。打造1588平方米的"一窗式"政务服务大厅,开设综合窗口10个,统一受理社保、民政、市场监管等203项审批和服务事项,实现"一窗受理、一号通办、一章审批",运行以来,政务中心办结各类事项12000余件,群众办事效率提高40%。高效能实施综合执法。整合城管、安监、环保、兽医等执法力量,组建镇综合执法局,实现镇域内"一支队伍管执法"。镇综合执法局围绕"文明创建"、"263"专项行动*等重点工作,开展行政执法164次,发放整改通知书80份,整改各类问题280件,消除安全隐患1409处。高标准强化基层治理。编制建立"镇村治理一张网",统一配备"一长五员"*。运用"互联网+"大数据,建立管理服务指挥中心,接入智慧城市综合管理平台,智能水利平台,防汛、治安监控平台等功能模块,实现政务服务、社会管理、巡查执法等三大任务的统一指挥、精确处置。有880个各类问题在网格化管理框架内被及时发现、迅速处理。

经济建设　主动适应经济发展新常态,大力推进产业强镇,统筹做好稳增长、调结构、促改革的各项工作,经济增长保持在合理区间。全年实现地区生产总值69.37亿元,比2016年增长6.5%,完成公共财政预算收入3.65亿元。综合实力稳中有进。完成工业总产值140亿元,比2016年增长19.9%,其中完成规模以上工业产值98.64亿元,比2016年增长23.3%。实现工商业开票销售214.17亿元,比2016年增长33.2%,完成限额以上企业零售额2.2亿元,比2016年增长9%。实现进出口总额14.89亿元,比2016年增长5.9%,其中自营出口12.60亿元,比2016年增长7.5%;新增注册外资45.2万美元。项目建设有序推进。实现固定资产投资33.33亿元,其中工业投资18.07亿元,服务业投资14.56亿元,分别比2016年增长8.2%和9.73%,完成农业投入7496万元。扎实推进产业链、功能性和新业态招商选资,成功签约品行包装、方强铜业等项目,明焱塑料、卤江南、纪宇电器、西玛传动件、三林油品等项目完成前期审批手续。润东润滑油等重点项目建成投产。总投资6.3亿元的恒和中央公园,二期工程已交付使用,三期主体工程接近完成。创新驱动成效显著。把聚力创新贯穿经济社会发展全过程,加快推进产业结构调整和新旧动能转换,经济发展质效稳步提升。强化"专精特新"企业孵化,德鑫汽车零部件、迪锐克斯座椅(江阴)有限公司等企业实现裂变式增长,入库税金增加。实体经济走势强劲。通过产业强镇座谈会、银企对接会等形式,为企业多方拓展融资渠道,全力申报各类扶持及奖补,全面兑现产业强镇20条奖励政策,营造支持实体经济发展的鲜明导向。申报技改装备贴息项目8项,开展清洁生产审核1个,申报节能项目2项,申报省信用贯标企业1个,申报省家庭农场示范项目1项。为江阴市格瑞包装材料有限公司、江阴红叶饰品有限公司、江阴市达安汽车零部件有限公司等20个企业发放中小微企业低息贷款近6000万元。扎实开展企业健康体检,保障全镇经济金融环境平稳有序。全镇实体经济增幅明显,完成工业开票销售152.39亿元,比2016年增长37.1%,完成服务业开票销售61.78亿元,比2016年增长39%;全镇开票销售超亿元企业累计41个,其中工业企业30个,实体经济增幅位列全市前列。"三农"*工作有序开展。落实惠农补贴资金1304.28万元(含生态补偿),对325名农民开展技能培训,全镇农机作业率80%,粮食生产全程机械化率90%以上,深度挖掘和利用乡村资源禀赋,推进一、三产业融合,煮水江南庄、嘉茂国际花鸟园等"旅游+""生态+"模式的创意休闲农业特色景点。全面加强村级"三资"*管理,规范农村集体资产交易,村级集体资产租售全部进入农村产权交易平台。全面完成15个村承包经营土地确权登记,发证归档稳步推进。

社会建设　切实加强科技企业扶持,江阴市友邦家居用品有限公司等14个科技型企业获市科技贷款6300万元,江苏广信感光新材料有限公司获评市"十佳"民营科技企业,并获银行授信3240万元。全年申报省级高新技术企业5个,高新产品4种。获批无锡市工程技术中心1个、江阴市工程技术中心2个,江阴市科技进步奖1个、产学研合作项目4项,完成专利申请161件,授权124件。新增无锡名牌4个、无锡知名商标1个,江苏广信感光新材料有限公司、江阴市洪腾机械有限公司等企业牵头制定行业标准2个。统筹推进城乡一体化发展,完善城镇功能配套,调整优化空间布局,规范提升城镇管理,城镇品质实现新提升。规划布局日趋优化。发挥青阳基础优势、区位优势,确立打造城乡一体化和现代新型小城市的定位,启动总体规划修编、水系规划、镇区控制性详细规划调整。拆迁安置攻坚突破。启动拆迁扫尾"百日行动",全年签订民房拆迁协议85户、企业拆迁协议10个,拆除面积3.2万平方米,确保青阳园区建设、新沟河拓浚延伸工程等重点重大项目的顺利推进。毓秀园安置小区交付使用,安置拆迁房1850余套。青东三期安置房桩机工程结束,进入基础开挖阶段。基础设施逐步完善。集中力量推进民生基础工程建设,优化全镇道路框架,总长4292米的青璜路、农贸路、建义路等6条道路改造顺利完成,水秀路、新青峭路等"断头"路段全面打通。完善民生保障设施,公园路、北环路等供水管道改造竣工,对老镇区地下管线进行勘测、修缮,疏通改造各类雨污水管道20余千米。完成水秀路、北环东路延伸道路亮化工程,实施锡澄路、府前路等路段交通设施安装,维修和新建道板2000余平方米、更换窨井128个。推进实施土地占补平衡治理工程24.80公顷。总投资6000万元的14项防汛应急工程按时投入使用,确保汛期安全。管理能级不断攀升。扎实开展地名普查、卫生环境整理,着力解决无证摊贩、暴露垃圾、违建等热点难点问题,累计清理乱堆放1100余处,立案查处违章36件、拆除违章面积6936.6平方米,着力提升群众文明素养和群众生活质量。加快推进村庄环境整治,新建树家、邓阳、芦塘等村级便民服务大厅,硬化及修复农村道路23条。加强文明施工管理,推行标准化工地建设。健全建筑、燃气安全网络,组织安全检查13次,取缔非法充气点2个,调解物业矛盾40余件。启动交通干线沿线环境整治五项行动,逐步推进航道、码头和国道沿线专项整治,沿江高速沿线立面出新20265平方米。以"两减六治三提升"*专项行动为抓手,着力解决群众关心的突出环境问题,生态环境质量持续改善。引导企业开展煤改气工作,淘汰燃煤锅炉28台,超额完成减煤任务,单位地区生产总值能耗下降16.2%,位居全市第一。关停"三高两低"*等落后企业5个,开展环评项目29项。完成24个企业废气处理设备安装。水环境治理全面铺开,全面深化"河长制",锡澄运河水质明显改善,青祝运河、新沟河青阳段均达三类水质目标。企业生活污水接管全面铺开,完成接管200余个。大力整治禽畜养殖污染,协议拆除188个。重拳出击"散乱污"企业,45个企业完成整改,关停取缔小作坊、小冶炼37个。开展黑臭河道集中整治,完成停塘中心河、向阳河清淤、火车浜综合整治;清淤疏浚河道16条,总长度12.8千米,清淤土方16.8万立方米。投入资金4800万元,开展农村生活污水改造。新增绿化造林10公顷,顺利完成全年绿化任务,创建绿化珍贵化、彩色化、效益化"三化"示范村(单位)3个。着力做好就业管理、创业扶持工作,提供就业岗位1850个;实现本地劳动力就业1487人,扶持自主创业115人。扎实做好"地保、医保、居保、低保"社会保险工作,泗河口村、悟空村等村8个村民小组的521名新增被征地人员完成"即征即保"手续,城保扩面参保1710人,其中净增758人,完成年度任务的216.57%。大力推进村级医疗互助,有902名村民获补助超53万元,最高单笔补贴8800元。着力推进居家养老助餐服务,新建居家养老服务站2个。为低保家庭、残疾人优抚对象发放各类补贴2269.09万元,生活困难群众得到有效保障。持续加大教育投入,推进体仁小学食堂改造等项目,教学质量稳步提升,平安校园建设日益稳固。开展文化体育活动,成功举办青阳镇全民运动会、全澄欢乐跑、"书香相伴·文明通行"专场演出、少儿才艺大赛、百场古装锡剧基层巡演等大型文体活动,为群众送戏100场、送电影250场、送图书6000册。完成8个村卫生服务站提档升级,小桥村卫生服务站创成省级示范点。建成省内首个食品加工区城南食品小作坊集中加工区,8个单位被评为无锡市级食品小作坊示范单位。建设政法中心接待大厅,深入推进"法治青阳""平安青阳"创建。扎实推进"七五"普法教育加大技防建设投入,食品药品监管举措有力。全镇调处各类矛盾纠纷2109件,成功率100%;调处劳资和工伤纠纷239件,涉及员工274人,调解处理补偿费619.2万元,调解成功率98%。文明程度不断提升。建立健全暗访测评、督查考核、排名通报等文明创建工作机制,运用"今日青阳"微信、理论宣讲队、免费公益阅读点等载体,大力宣传社会主义核心价值观,积极开展道德讲堂、环境清洁、助老助残等活动,凝聚社会正能量,引导文明新风尚。

2017年青阳镇主要经济社会指标一览表

表79

指　　标	单　位	数　量	比2016年增减(%)	指　　标	单　位	数　量	比2016年增减(%)
一般公共预算收入	亿元	3.65	-10.40	固定资产投资总额	亿元	33.33	8.80
地区生产总值	亿元	69.37	6.50	其中:工业投资	亿元	18.07	8.20
其中:第二产业	亿元	32.76	9	进出口总额	亿元	14.89	5.90
第三产业	亿元	33.42	6.20	其中:出口额	亿元	12.60	7.50
农业总产值	亿元	9.01	-12.40	到位注册外资	万美元	45.20	-88.60
粮食总产量	万公斤	1464.20	-12.40	农村居民人均可支配收入	元	29532	7.30
工商业开票销售总收入	亿元	214.17	33.20	中小学校在校学生数	人	11720	0.98
其中:工业开票销售收入	亿元	152.39	37.10	社保参保率	%	72	2(百分点)
服务业开票销售收入	亿元	61.78	39	劳动合同签订率	%	98.50	0.5(百分点)
规模以上工业利润	亿元	5.14	98.50	新型农村合作医疗参保率	%	100	0(百分点)

2017年青阳镇开票销售收入前10名企业一览表

表80

名次	企业名称	销售收入（亿元）	法人代表	名次	企业名称	销售收入（亿元）	法人代表
1	江阴市澄润石油化工有限公司	16.57	赵亚军	6	迪锐克斯座椅（江阴）有限公司	3.53	吴　庆
2	无锡市金涛铜业有限公司	13.23	金　唐	7	江苏巴赛尔聚烯烃新材料有限公司	3.39	谭冬春
3	江阴市方强铜业有限公司	7.78	王美英	8	无锡早川电子有限公司	3.16	早川雅弘
4	江阴俱进钢板加工有限公司	6.33	朱跃强	9	江阴市万润印染有限公司	2.61	陆继生
5	江阴铭源铜业有限公司	4.89	黄良华	10	江苏广信感光新材料股份有限公司	2.41	李有明

2017年青阳镇各村（社区）基本情况一览表

表81

村（社区）名称	户数（户）	人口（人）	村（社区）党支部（党总支、党委）书记	村（社区）主任	村（社区）开票销售收入（亿元）
街西村	578	1818	郑　云	胡志龙	3.94
青联村	905	2984	沈国清	陈国兴	22.18
小桥村	1326	4896	闵海华	闵建良	25.24
建义村	945	3365	张国清	庄晓平	34.79
里旺里村	1434	5212	朱伟清	吴耀兴	14.46
悟空村	1473	5427	黄永庆	吴上飞	11.81
普照村	1354	5065	王林仁	顾彰荣	4.39
芦塘村	1368	5016	薛　俊	李伟良	8.37
邓阳村	715	2668	王建峰	薛荣伟	4.47
塘头桥村	1143	3926	陈林芳	薛思新	6.68
新安村	992	3608	吴伟祥	奚甫清	2.80
桐岐村	1021	3596	马兴洪	顾敏刚	3.99
赵宕村	1105	4126	李立新	吴国庆	6.72
泗河口村	1136	4413	曹文江	冯海光	5.66
树家村	1427	5524	江　海	王建峰	4.83
旌阳社区	1223	2934	沈海峰	沈海峰	—
迎秀社区	1771	4684	何　萍	何　萍	—
桐岐社区	83	202	钱　宏	钱　宏	—
旌秀社区	268	725	姜　桦	姜　桦	—

【青阳镇被评为无锡市理论宣讲示范基地】 青阳镇始终高度重视理论宣讲工作，努力使党的理论创新成果深入基层、深入人心。自2017年5月以来，该镇成立由机关干部、党校（学校）老师、村（社区）干部、普通群众组成的理论宣讲队，组建凝秀湖红歌合唱团、灵之舞蹈队，并广泛开展活动。中共十九大召开

后，青阳镇采取理论宣讲与文艺表演相结合的办法，开展“百姓名嘴故事巡讲暨群众文化周周乐”巡回演出活动，表演形式有故事巡讲、锡剧、小品、快板、三句半、歌舞等群众喜闻乐见的形式，努力宣传中共十九大精神。经无锡市委宣传部的严格评审，是年11月，被无锡市委宣传部评为“无锡市马克思主义大众化(理论宣讲)示范基地”。

【青阳镇第十九届人代会召开】 2017年1月4—5日，青阳镇第十九届人民代表大会第一次会议召开。大会应到代表90人，实到代表89人，列席代表87人。参加旁听的市民代表8人。邹星洪代表镇政府向大会作《政府工作报告》，镇人大副主席李玉虎代表镇人大作《人大工作报告》。大会审议并通过《青阳镇2016年财政预算执行情况和2017年财政预算草案的报告》，大会依法选举邱振海为青阳镇人大主席，朱佳虎为镇政府镇长，赵华、华林其、王吉、张振军、赵玺为副镇长。9月19—20日，青阳镇十九届人民代表大会第二次会议召开。出席会议的正式代表有90人，列席代表81人。镇长朱佳虎代表镇政府作《2017年上半年政府工作报告》，大会依法选举葛艳、王海阳为青阳镇政府副镇长。

【共青团江阴市青阳镇第十七次代表大会召开】 2017年12月13日，共青团江阴市青阳镇第十七次代表大会召开，100名正式代表和19名列席代表参加该次大会。共青团江阴市委书记居琳，青阳镇党委书记何忆芳、副书记赵华，党委委员李霞、刘莉出席大会。薛菲代表共青团青阳镇第十六届委员会向大会作《“拥抱新时代·担当新使命”为“强富美高”新青阳建设贡献青春力量》的报告。薛菲当选为共青团青阳镇第十七届委员会书记。

【首项“海归”项目落户青阳】 2014年7月，归国留学人员陈科创办云溪汀农业科技发展有限公司。该公司是一个以亲子娱乐、多肉植物种植、高效水培雾培果蔬基地、供应绿色果蔬以及研发高校科技兴农设备为核心业务点的新生态合作社暨农业科技公司。公司主基地按规划完成一期、二期建设，并建有果蔬菌菇大棚合计66个，垂钓鱼塘3个，散养禽类区域3个，联动雾培水培有机现代化恒温大棚3个，合计6.67公顷。同时经过两年多的发展，农庄在浙江舟山建立中药养殖基地，在湖北武汉建立可以散养3万只水晶土鸡的基地，在江苏句容建立黑猪、羊以及葡萄和水稻种养殖基地，在江苏南通建立香猪、水晶土鸡散养、养心草、农耕文化和水稻种养殖基地。公司朝着亲子生态园、农家餐厅、一体化观光、旅游的现代农庄发展。2017年7月14日，无锡市委统战部、侨联负责人，江阴市侨联负责人到公司考察，考察人员对于该公司的发展模式表示充分的肯定。

【联袂演出大型传统锡剧《林娘》】 2017年1月14日，青阳镇戏曲协会演出团与江苏省演艺集团锡剧团在南京博物院剧场联袂演出大型传统锡剧《林娘》。其中8位主演及乐队成员均为青阳镇演职员。南京博物院剧场是展示全省戏曲艺术精品最高档次的平台，业余演出团队进演属全省首次。剧场座无虚席，获专业人员与广大观众的一致赞誉。

【青阳镇全民运动会举行】 2017年2月，青阳镇全民运动会开始筹备。5月，开始比赛。该届运动会设青少年组、成年组、老年组，比赛有田径、拔河、羽毛球、象棋、乒乓球、游泳、广场舞、篮球、柔力球、太极拳、手拍鼓等11项项目。11月8日，青阳镇全民运动会开幕式在青阳二中田径场举行。至11月21日结束，历时7个月。 (刘明钧)

徐霞客镇

【概况】 徐霞客镇是明代杰出地理学家、旅行家、探险家徐霞客的故乡，是国家卫生镇、全国环境优美乡镇、全国特色景观旅游名镇、江苏省省级休闲旅游度假区和全国经济发达镇行政管理体制改革试点镇。该镇位于江阴市南部，东与祝塘镇、周庄镇接壤，南和无锡市惠山区堰桥隔界河相望，西同青阳镇、月城镇毗邻，北连南闸街道、云亭街道。区域面积110.17平方千米，下辖21个行政村(其中7个村居合一)。2017年年末，有户籍人口32415户109606人，其中，男性54597人、女性55009人；户籍人口中有少数民族21个987人。有外来暂住人口50514人，其中男性28517人、女性21997人。

政治建设　全年以集成改革为契机，以江阴市创建全国文明城市为主线，围绕中心，服务大局，突出重点，狠抓落实，深耕网格化管理，各项工作取得明显成效，营造文明、稳定、和谐的发展环境。全年党委中心组组织理论学习13次，每位班子成员撰写1篇以上的调研文章。发展党员45人，转正预备党员61人，培训入党积极分子58人。举办全镇党员干部学习贯彻中共十九大精神轮训班等，培训党员干部2万人次。搭建“智慧党建”平台，党组织开展活动、党员参与活动全程留痕。通过网格化社区党建，构筑“白天工作在单位，学习教育活动在社区”的新党建格局，实现社区党建资源与各条块的互联共享。7—8月对全镇88个基层党组织党员在册、交纳党费、参加组织生活等情况进行全面排查和核实。设立北渚村(社区)、政务服务中心、峭岐村(社区)3个流动党员服务站。全年提拔机关中层干部11人，镇属学校中层干部8人，村党总支书记2人，新招录公务员3人、事业人员2人。在全镇每个一级网格组织成立党群志愿者队伍，提供十项志愿服务，即“霞客行”中共十九大精神宣讲服务、“啄木鸟”城市管理服务、“红黄绿”交通引导服务、“守护者”未成年人服务、“孝媳妇”孝老爱亲服务、“探照灯”巡逻服务、“老娘舅”法律服务、“帮你忙”助老服务、“热心肠”健康公益服务、“来找茬”安全环保服务。组织开展“5·10”思廉日专题教育等系列活动。制定网格化管理廉政风险防控机制，开展廉政风险备案工作。建立完善科级干部、纪检干部、股级干部廉政档案。全年处置问题线索11件，诫勉谈话9人，提醒教育9人，批评教育1人，移送党支部处理1人。党纪立案29件，给予党纪处分29人，挽回直接经济损失近11

万元。举办徐霞客镇第五届廉政书画赛。引进第三方机构会计事务所,分两年对21个行政村村级财务进行全面审计。成立徐霞客镇文明创建督察组,搭建"一报、一台、一网、一栏"的宣传学习网络,把网格化工作进展情况纳入绩效考核体系,做到创建全参与、网格员全覆盖、责任全明确。每月1次现场推进会、自查2~3次,发现问题5000余个。在主干道、商业街、公交站台等场所,学校、公园、饭店、旅馆、窗口单位、农贸市场等人员密集区,设置核心价值观、讲文明树新风、遵德守礼、中共十九大宣传等内容,新增好人主题广场、核心价值观主题公园、诚信榜样主题街区。全年无锡市级以上媒体用稿43篇,《江阴日报》用稿160余篇。推荐身边好人线索6000余条,评选"霞客好人"10余人。举办"唱支村歌给党听"传唱展示活动。成立江阴首个"家风家训展示馆",开展好家风好家训进社区巡展活动。探索统战工作网格化管理,把对宗教场所进行安全检查、走访宗教人士、少数民族人士、侨眷侨胞、党外人士等进行指标量化,将统战系统工作真正延伸到基层。6月组织赴台湾开展特色小镇考察,承办"海峡两岸纪念徐霞客诞辰430周年公祭典礼",北渚社区建设"侨之家"。徐霞客总商会开展"会员大走访"活动,实行"1+5"会长联系会员制度,20个会长各走访5个会员企业。构建"网格化+掌上妇联"工作新格局,把"巾帼创业帮扶""小橘灯困境儿童帮扶""妇女儿童权益保护"三项业务作为试点,构建形成三级妇女工作网格化管理体系。在全镇范围内评选"最美家庭""十星级文明户"。开展"大走访""'亲''清'政商关系大讨论"等活动,走访家庭36569户,企业887个、村(社区)21个、镇属事业单位46个,完成走访任务100%,输机率100%。在综合化管理服务平台上,嵌入徐霞客镇"大走访"活动网络平台和手机软件APP,把活动开展情况纳入各级领导班子和党员干部年度绩效考评的重要内容,作为评选树优和提拔重用的重要依据。召开村民代表会议21次,为新增的185户困难家庭发放补助资金27.5万元。完成村、企基层工会换届65个。举办"南阳杯""天天文化杯"等职工技能比赛,创建"职工周末课堂"。开展元旦春节送温暖、关心劳模以及"冬送暖衣、夏送清凉、金秋助学、爱心圆梦"等活动。完成镇团委换届工作,积极参加"向上吧,少年"江阴市重点青少年关爱项目。完成征兵任务。

经济建设 全年实现地区生产总值125.29亿元,比2016年增长3.5%。一般公共预算收入6.99亿元。工商业开票销售458.76亿元,比2016年增长26.6%。全社会固定资产投资52.1亿元,比2016年增长12%。进出口总额34.93亿元,其中出口总额24.46亿元。全年完成农业总产值10.26亿元,农业投资1.2亿元,得渔、霞客耕耘园2个农业专业合作社创省级园艺作物标准园并通过无锡市验收。继续实施北渚、阳庄2个稻米产业基地千亩绿色高产高效示范方建设,北渚稻米产业基地大米获首届"无锡市好米"金奖。推广鱼稻共作生态种养模式和池塘流水槽养殖技术,渔稻共作面积20.01公顷,建成1个南美白对虾养殖项目。推动"中以都市农场"等项目建设,完成徐霞客水产研究所高效设施渔业项目验收。按照登记规范、运行规范、财务规范、经营规范、档案规范五个规范要求确认合作社77个,申报其中16个农民合作社进入省合作社名录。开展全国第三次农业普查工作,设322个普查小区,清查对象47115户,农业普查各项任务于7月前全面完成。完成12个防汛应急工程,新建排涝站27座,55台套机泵,加固圩岸8千米。疏浚河道12条,清淤长度7.92千米,清淤土方20.53万立方米。新建、修建益农信息社26个,粮油科技示范户共90户。组织20个农业企业、家庭农场、合作社负责人参加无锡农博会。农业支持保护补贴面积1184.03公顷,补贴金额213.02万元。生态补偿面积合计4376.67公顷,生态补偿金额1199.13万元。农村居民人均可支配收入29056元,增长8.4%。严格落实镇村河道"河长制"工作,开展内河捕鱼网簖、围网养殖专项整治,自行清理40户,强制拆除22户。开展畜禽养殖整治424个,完成率99.3%。推广应用"秸秆还田+配方肥+有机肥"、水肥一体化等技术模式,主要农作物测土配方施肥率100%,秸秆综合利用率96%。开展加拿大"一枝黄花"防治面积46.39公顷。宏岐村珍贵化、彩色化、高效化"三化"示范村通过验收。完成绿化造林32.82公顷。完成规模以上企业工业产值292亿元,增长5.6%;工业开票销售收入316.95亿元,增长9.3%。工业投资29.3亿元。完成南苑村省富民监测点的样本轮换工作,每月对全镇56户记账户进行统计监测。编制季度排行榜,供领导参考决策。完成工业项目、政府工程项目备案、核准225个,技改扩能项目142项。完成服务业投资21.6亿元,增长8%。限额以上批发零售35亿元。开展工业企业劳动工资抽样和限额以上批发零售个体和服务业企业抽样、文化产业调查,落实限额以下零售业、住宿业月度抽样调查工作和加油站成品油定报统计调查工作。全年煤炭消费总量下降1.4万吨,单位地区生产总值能耗下降4.4%,万元规模以上工业增加值能耗下降4%。完成节能及循环经济项目3项,清洁生产审核企业2个,完成淘汰落后变压器8台,变压器淘汰率100%。完成能源管理体系认证企业1个,关停化工企业2个,关停"三高两低"*非化工企业2个。完成峭岐污水厂提标改造工程,对5个企业雨水排涝口进行改造;全面推进燃煤工业窑炉煤改气工作,淘汰燃煤窑炉67台,煤改气36台,脱硫脱硝改造6台。16个企业安装使用天然气,6个企业完成有机废气治理。取缔废旧回收点225个。审批环保项目38项,拒批项目2项,检查验收"三同时"项目*16项,提交企业信用评价195个,处理上级"263"专项行动*信访交办件10件,督办函8件,提醒函3件。

社会建设 全年科研经费支出3.5亿元,专利申请和授权分别为449件、136件,新建研发机构10个,申报各级各类科技计划项目14项。新增各类人才327人。获批省研究生工作站1个。认定高新技术企业5个,培育入库高新技术企业2个,认定省民营科技企业8个。新注册国外专利信息库入库企业30个,全镇入库企业50个,形成信息应用案例10项。招录公办教师7人,教师交流35人,关停1个无证幼儿园、2个无证托儿所,“小霞客研究院”项目列入“无锡市前瞻性教学改革实验项目”。全年送戏进村107场,送影下乡85场,送艺术展16次、评弹75场、各类艺术展览11个,送指导送艺术交流进农村56次,惠及群众30万人次。加强镇村(社区)道德讲堂建设,广泛开展“八礼四仪”*和公祭英烈、童心向党、向国旗敬礼等养成教育。全镇30处古迹、文物纳入网格化管理范畴。组织一系列民俗节日文化活动;整理出版《霞苑星光——徐霞客镇孝悌故事集》《胜水桥诗钞》《霞客清风书画集》等书籍。音舞戏剧协会编排的大型锡剧《相思梦》入选江阴电视台《暨阳戏台》,参与中央电视台《徐霞客》纪录片的拍摄演出。选送古装戏《风流状元》《天要落雨》参加江阴市票友大赛。新增黄和生木雕工艺技法传承场所。5月,峭岐小学学生水墨画展在江阴市展览馆展出。8月,举办无锡、宜兴、泰州、江阴、徐霞客书画院“霞客墨缘”五院书画联展,举办“大美霞客”摄影展,组织送展交流活动6次。取缔黑网吧3个,停业整顿7件,新增文化企业2个,新增产值1.3亿元。新增、更新健身器材20套。获江阴市第七届全民运动会金牌和总分第一的历史性好成绩。12月,举办徐霞客镇第二届全民运动会。全年举办就业招聘会5场,提供就业岗位3348个,扶持自主创业人员68人。组织各级各类培训25次、培训人数4100人。开展暑期勤工助学“阳光行动”,提供见习岗位70个。村级调查信息及就业服务信息及时维护率100%,新增创业担保贷款人数15人,职工技能培训鉴定取证人数856人。完成劳动保障书面审查和社会保险登记验证938个。完成无锡市诚信企业培育申报5个,创建江阴市首个省优秀劳动人事争议调解中心。登记劳动争议案件536件,调解成功率96%。申请劳动监察立案45件,调处各类劳资纠纷304件,涉及人员637人,为职工追回工资款及经济补偿金300余万元。调处工伤39件,调处金额209.5万元;汇编《人力资源和社会保障政策汇编》和《劳动人事应用指南》,发放至各个企业。召开徐霞客镇残疾人联合会第三次代表大会。新办残疾证231份,贫困残疾儿童入学24人。开展辖区内学生脊柱侧突筛查工作,筛查学生4721人。81户残疾人家庭纳入农村低保,镇残联1人代表无锡市残联参加江苏省残疾人就业服务机构工作人员职业指导大赛获第3名。新增企业职工养老保险1296人,其中灵活就业参保人员881人。办理工会职工医疗互助金6691人,全年全镇享受城市低保救助人数为66户92人,农村低保救助人数300户530人,发放保障金215.5万元。全年各部门组织慰问742户4696人次,发放各类补贴、慰问金、助学金等1512.46万元。募集冠名慈善基金135万元、“慈善一日捐”78.6万元。设立环卫职工“安康·爱心驿站”1个,建成省级健康村(社区)1个、市级健康村(社区)4个、健康企业2个、健康机关1个、无烟机关1个。新建健康步道3条。601人次参加无偿献血,献血18.35万毫升,新须毛村、湖塘村成立红十字社区服务站,镇红十字社区服务站增至18个。全年办理一孩生育服务登记证372份,二孩生育服务登记证300份,再生育一孩证21份,独生子女父母光荣证47份。办理443人农村奖扶,新增独生子女死亡特扶7户,伤残特扶14户,办理一次性奖扶929人。登记1033例流动人口子女入学查验。接收流动人口省内省外协查505条,发送省内省外协查822条,确认流出在外的户籍人口1758条。完成流入未建卡核对873条,流出未建卡核对1121条。确定北渚、湖塘里的历史村落核心保护范围及历史村落建设控制地带,做好梦东方项目的前期服务工作。全年建设资金投入1.79亿元,启动冯溪花园五期前期工作、霞栖苑六期建设,完成霞客苑五期方案设计。完成霞栖苑、霞客苑、方园一村等安置房修缮工程。完成峭岐实验小学东区实验楼、璜塘中学实验楼扩建、徐霞客小学风雨操场、老年活动中心等工程。启动37个村庄生活污水治理工程,完成37个村庄供水管网及一户一表改造。完成璜塘后场水利工程建设。完成园区绿化补植、马璜路延伸段绿化改造、马镇环镇北路绿化工程。完成拆迁签约民房609户,企业拆迁签约14户。镇综合档案室数字化档案18339件,完成15个单位江苏省星级档案室复查。政务服务中心全年办理业务19.5万件,群众满意度99%以上。镇村招标工程项目223项,金额2.17亿元,节省5046万元,资金节约率19%。综合执法局全年督查企业872个次,查出隐患2024条,督促整改1999项,整改率98.8%。对19个企业实施行政处罚,结案金额32万元。建成微型消防站13个。指挥中心接收上报信息7718条,派遣信息288条,均办结。政务服务中心、综合执法局等全年接待检查、考察及参观团队627场10132人次。北渚村通过省级“民主法治示范村(社区)”验收。全年调处各类纠纷1049件,纠纷调解率100%。设立企业人民调解委员会3个和社区人民调解工作室2个,设立徐霞客镇文化中心法律诊所。全年接待法律咨询250余人,办理法律援助案件61件。解除社区矫正67人。对社区服刑人员进行集中教育1278次,个别谈话教育87人次,组织参加公益劳动1054次。受理各类群众来访686人次,办结“12345”公共服务呼叫中心热线投诉件2565件,满意率99.83%。刑事案件642件,破案175件,抓获刑事作案人员261人,治安案件1788件,破案863件,抓获违法人员270人。新增151个治安技防监控点,对方园村、任九房村、北渚村实施一级村(社区)综治中心规范化建设,完成6项在建项目社会稳定风险评估。

2017年徐霞客镇主要经济社会指标一览表

表82

指　　标	单　位	数　量	比2016年增减(%)	指　　标	单　位	数　量	比2016年增减(%)
一般公共预算收入	亿元	6.99	-3	固定资产投资总额	亿元	52.10	12
地区生产总值	亿元	125.29	3.50	其中:工业投资	亿元	29.3	19.40
其中:第二产业	亿元	77.55	4.40	进出口总额	亿元	34.93	-36.80
第三产业	亿元	42.61	2.30	其中:出口额	亿元	24.46	-45.70
农业总产值	亿元	10.26	1.10	到位注册外资	万美元	0	0
粮食总产量	万公斤	1483.9	-19.50	农村居民人均可支配收入	元	29056	8.40
工商业开票销售总收入	亿元	458.76	26.60	中小学校在校学生数	人	8890	-1.60
其中:工业开票销售收入	亿元	316.95	9.30	社保参保率	%	98	0(百分点)
服务业开票销售收入	亿元	136.05	100.50	劳动合同签订率	%	92	0(百分点)
规模以上工业利润	亿元	-5.46	0	新型农村合作医疗参保率	%	100	0(百分点)

2017年徐霞客镇开票销售收入前10名企业一览表

表83

名次	企　业　名　称	销售收入(亿元)	法人代表	名次	企　业　名　称	销售收入(亿元)	法人代表
1	海润光伏科技股份有限公司	72.14	李延人	6	江苏万翔集团有限公司	4.88	金　伟
2	江阴新仁铝业科技有限公司	33.40	曾超林	7	无锡圣马科技有限公司	4.53	孙晓宇
3	阿法拉伐(江阴)设备制造有限公司	11.48	MASSIMO BALESTRINI	8	江阴市南阳彩色纤维母粒有限公司	4.51	朱涵晓
4	江苏霞客环保色纺股份有限公司	5.60	汪瑞敏	9	江阴金球铜业有限公司	4.16	朱　翼
5	江苏同发新能源股份有限公司	4.91	谢晨毅	10	江阴金燕化纤有限公司	4.10	张根娣

2017年徐霞客镇各村(社区)基本情况一览表

表84

村(社区)名称	户数(户)	人口(人)	村(社区)党支部(党总支、党委)书记	村(社区)主任	村(社区)开票销售收入(亿元)
金凤村	1568	5345	张国兴	许　栋	13.73
任九房村	1489	4369	任巍峰	任建平	119.99
方园村	2062	7116	潘岳明	施文革	9.38
新须毛村	977	3599	张亚良	孔忠平	10.21
璜东村	1041	3898	王　斌	严　刚	42.38
上东村	1725	6153	张同昌	王　凯	7.21
璜塘村(社区)	1339	4001	张银初	华晓亚	24.80
北渚村	1996	6448	徐　虎	曾雷军	17.37
徐霞客村(社区)	1266	4139	沈玉娟	沈贤斌	5.60
马镇村	1114	3798	俞立华	张静德	8.68
湖塘村	1034	3436	张　坚	范燕月	1.79

续表84

村(社区)名称	户数(户)	人口(人)	村(社区)党支部(党总支、党委)书记	村(社区)主任	村(社区)开票销售收入(亿元)
红星村	1394	4896	顾建彬	顾建彬	10.90
阳庄村	1264	4415	金　平	郭　峰	14.63
皋岸村	1779	6260	孔维章	李全华	10.47
东宏村	1763	6231	蒋洪青	沈贤明	10.27
黎明村(社区)	1276	4528	陆　振	封晓忠	13.96
峭岐村(社区)	2324	6297	陈加平	徐　锋	5.66
钓岐村	1560	5351	吴雪英	林文兴	6.28
宏岐村	1740	6181	吴余清	陈建华	7.47
新街村	960	3508	胡建国	王林平	4.04
南苑村	2759	9675	丁国虎	王其海	5.09

【镇行政管理体制改革经验入选中国社科院法治蓝皮书】 2017年3月，由中国社会科学院法治研究所出版的《中国法治发展报告(法治蓝皮书2017)》一书，收录反映2016年江阴市法治工作《现代治理背景下经济发达乡镇的综合执法：以徐霞客镇为样本》一文。文章全面翔实地反映以徐霞客镇为代表的经济发达镇，在享受快速发展成果的同时，也面临执法监管与经济社会不相匹配等挑战。对此，该镇立足基层网格化，创新执法体制机制，依托现代信息技术再造执法流程，推进基层的新型综合执法并取得显著成效。文章详细阐述镇如何理顺条块关系，稳步推进新型综合执法；与时俱进完善立法，强化固化引领作用；强化执法队伍和经费等保障机制；上下级政府联动形成合力，为改革破除障碍瓶颈等方面的具体做法。至年末，镇综合执法局承接市级下放13个部门647项行政处罚权。

【镇政务综治集成创新平台获优秀案例奖】 镇政务服务中心通过"一窗办、网上办、延伸办、督着办"的创新服务，节约办事群众的大量精力和时间，把原有26个专业窗口，整合成14个综合窗口，每个窗口工作人员都能熟练办理全部228项事项，所有事项能够"网上办"，90%办理事项实现可"不见面"，群众企业办事效率提高40%。镇综合执法局以全能型队伍为主体、实体化网格为基础、智慧化网络为支撑、双随机制度为补充，解决以往执法中"谁都要来管、谁都不来管、谁都管不来"的推诿扯皮、多头执法的现象。在打造这两个前台的过程中，网格化管理和服务管理指挥中心应运而生，以更加智能、科学的手段来整合资源然后高效、精准调配，最终形成徐霞客镇"集中高效审批、综合行政执法、分类监管服务"的创新社会基层治理体系。年末，在中国信息协会首届中国智慧社会发展大会暨第二届新型智慧城市发展高峰论坛上，徐霞客镇政务综治集成创新平台获"2017年中国新型智慧优秀平台案例奖"，徐霞客梦东方生态旅游产业特色小镇被列入全国首批"智慧特色小镇试点培育计划"。

【网格化治理入选中国网络理政十大创新案例】 2016年以来，徐霞客镇创新基层治理方式，在治理中运用互联网技术，还注入互联网思维，组建"两办六局一中心"9个职能机构，走出一条以网格化为基础、网络化为手段的"镇村治理一张网、政务服务一窗口、综合执法一队伍、服务管理一中心"的治理模式，得到中央和省、市各级领导的充分肯定。2017年4月，全国行政管理体制改革现场观摩推进会在徐霞客镇召开。同时，江阴把镇行政管理体制改革试点的成功经验作为"徐霞客范式"在全市推广复制。12月2日，第五届传播与国家治理论坛暨第二届互联网与社会论坛在复旦大学举行。复旦发展研究院传播与国家治理研究中心发布"2017年中国网络理政十大创新案例"，镇网格化治理成功入选。

【梦东方·徐霞客国际旅游度假区项目开工】 2017年5月18日，作为江阴市和徐霞客镇强攻项目建设、打造产业强市的重大成果和纪念徐霞客诞辰430周年的一份献礼，梦东方·徐霞客国际旅游度假区项目于当日上午开工。该旅游度假区项目位于徐霞客镇马镇片区，总占地面积近667公顷，总投资近300亿元，以徐霞客游记为蓝图，设有主题游乐、探险运动、文化体验、湿地度假等主题岛屿，给游客带来身临其境的冒险之旅。国家旅游局、江苏省旅游局、无锡市、江阴市领导及天洋控股集团负责人等出席开工仪式。

【"唱支村歌给党听"传唱比赛举办】 2017年6月27日下午，徐霞客镇举行以"点亮信仰的光芒、迸发前进的力量"为主题的"唱支村歌给党听"传唱比赛。比赛现场，各村村民代表以独唱、说唱、合唱等形式演唱《家乡马镇》《富民强村奔小康》《家乡有座同福桥》《走进徐霞客》《科技兴农赞阳庄》《美丽的北渚》等一曲曲富有各村发展和民俗特色的原创村歌。各村书记、村民代表、600余名全体机关人员等参加活动。

【首支镇老干部宣讲团成立】 2017年七一建党节前，徐霞客镇老干部宣讲团成立。该宣讲团由镇老干部党支部中的优秀党员等自愿参加，面向基层的团体组织。成员由18名镇退休干部、21位各村老年协会会长等组成。宣讲团分“党的建设”“道德讲授”“家庭教育”“关爱辅导”“健身体验”“科普宣传”六个组。宣讲团成立后，编宣讲教材25份，进村入校（厂）宣讲55场次，受众5000余人，实现巡讲活动21个行政村“全覆盖”。先后被《江苏老年周报》《无锡日报》《江阴日报》和中国网、新华网等15个新闻媒体报道。

【参加市第七届全运会获佳绩】 江阴市第七届全民运动会于2017年4月至10月举行，徐霞客镇所有运动员参与田径、游泳、拔河、乒乓球、篮球、中国象棋、广场舞、健身气功、龙舟、太极拳、球操、门球等24项项目，48项次赛事活动。运动员们顽强拼搏，获乒乓球男子团体第一名、女子拔河第二名、健身气功包揽4项第一、龙舟赛第三名、广场舞第二名等好成绩，最终徐霞客镇以总分316.5分获江阴市乡镇组第一名、以金牌总数获江阴市乡镇组第一名的历史性佳绩，并获江阴市七运会优秀组织奖、体育道德风尚奖。

【“职工周末课堂”开展培训】 2017年，徐霞客镇总工会着眼职工需求，探索职工活动阵地建设的有效模式，打造组织健全、工作新颖活跃、作用明显、职工信赖的“职工之家”。利用双休日或晚上开展“职工周末课堂”，为职工精神文化生活免费“加餐”。课堂分基本素质、文艺体育、生活服务、电子网络四大类。全年，镇总工会举办5期培训班，培训1198人次。每次培训班，镇总工会都精心准备，聘请专业老师设计课程。培训内容通过徐霞客镇微信公众号“霞行天下”进行推送。该课堂成为推动镇总工会工作的重要手段和加强工会组织建设、增强工会活力、吸引力、凝聚力的有效载体。

【市首个家风家训馆开馆】 2017年以来，徐霞客镇充分挖掘传统文化资源，1个月内征集500余条家风家训。5月16日，江阴市首个家风家训馆开馆仪式及家风家训巡讲活动，在徐霞客镇方园社区举行。该馆占地面积100平方米，耗资10余万元。该家风家训馆里，展示着古今中外诸多名人的家风家训，也有从当地征集来的普通百姓的家训。“以家训促家风，以家风带民风”。馆内文化长廊展示评出的“十佳”最美家训。徐霞客镇还专门成立由教师和志愿者组成的家风家训巡讲团，定期深入社区、学校开展巡讲，以身边榜样的力量，激励老百姓向上向善，把优秀传统美德不断传承下去。 （卢淑琴）

华士镇

【概况】 华士，原名华墅、华市，又称龙砂，素为江南名镇，有5000年的考证史，3200年的记载史。宋元时，华士地区已成为江南棉花交易集散中心，有“日出万匹，衣披天下”之美誉。华士钟灵毓秀，曾有“小小华士赛苏州”之誉。华士人文荟萃，南宋至清末，出进士50人，举人62人。华士名医辈出，有“大江南北延医者，都于华墅”之说。华士镇位于江阴市东部，东与张家港市接壤，沿江高速公路、340省道横贯该镇，地理位置优越，水陆交通便捷，是“天下第一村”华西新市村的所在镇。区域总面积74.58平方千米，耕地面积1910公顷。2017年年末，有户籍人口93193人，其中男性46238人、女性46955人；有少数民族16个110人。有外来人口112593人，其中男性61511人、女性51082人。

政治建设 全面贯彻落实中共十九大精神，持续推进“两学一做”*学习教育常态化制度化，深入开展“学习华西经验、践行‘两学一做’”专题活动，牢固树立“四个意识”*。制订下发实施方案和考评办法1万多册，党政领导讲授党课20余场次，培训党员5000余人，依托华西干部学院轮训“两委”干部244人。成立上市公司江苏标榜装饰新材料股份有限公司党支部，获评市先进基层党组织6个。以政务服务中心建设为拓展，在村（社区）设立便民窗口。推行华西党员联户制度，出台《华士镇机关干部包村工作实施意见》。全年完成领导干部个人有关事项报告80余人，提拔机关干部13人，新发展党员61人，新增各类人才774人，获评市“暨阳英才”特色乡土人才2人、省乡土人才带领技艺传承、带强产业发展、带动群众致富“三带”新秀2人。扎实开展“大走访”活动，对全镇26506户家庭、1522个民营企业、29个村（社区）的361个自然村实现全覆盖，形成“一建、二学、三访、四记、五办、六促”6步工作法，收集问题746个、回复率100%。精心组织“亲”“清”新型政商关系大讨论，采集企业问题135件、答复率100%。认真贯彻江阴集成改革工作部署，优化调整镇机关内设机构，全面构建完善镇“三大平台”。综合执法局积极承接上级下放管理权限，初步实现一专多能综合执法能力。政务服务中心科学统筹行政服务审批流程，受理办结各类办件2.77万余件。扎实推行“镇村治理一张网”建设，全镇科学划分网格143个，“一长五员”*305人，依托指挥中心平台高效流转，处理上报事件450余件，办结率100%。全力推进“阳光扶贫”监管系统建设，做到建档立卡户一对一走访全覆盖。扎实开展“学华西改革创新、学楷模发展为民”系列活动，组织道德讲堂170余场次，获评“无锡好人”4人，镇及华西新市村双双通过全国文明镇村复查，吴协恩家庭获评全国“最美家庭”。坚持全面从严治党，为华士发展提供坚强的政治保障和组织保障。全面落实党风廉政建设“两个责任”*，严格执行中央“八项规定”*和省市“十项规定”*，坚决防止“四风”*问题反弹，扎实开展市委巡察反馈问题整改，全力推进“阳光扶贫”监管系统建设。把纪律挺在前面，严格执纪问责，全年实收线索44件，办结40件，给予党纪政纪处分27人，立案免处13人，诫勉谈话8人。

经济建设 大力实施产业强镇战略，狠抓实体经济发展，经济核心指标考评稳居全市第一。全年实现地区生产总值315.47亿元，比2016年增长7%。完成工业总产值800亿元，比2016年增长13.5%，其中规模以上工业产值643.2亿元，比

2016年增长14.3%。完成限额以上批发和零售业销售额119.4亿元，比2016年增长19.9%，限额以上企业零售额12.3亿元，比2016年增长16.5%，工商业开票销售收入1128.58亿元，比2016年增长12%。实现公共财政预算收入14.03亿元，比2016年增长15.05%。完成固定资产投资58.02亿元，比2016年增长14.6%，其中工业投资30.1亿元，服务业投资27亿元，分别比2016年增长12.1%和16.5%。完成到位注册外资5111万美元，进出口总额70.80亿元，比2016年增长12.33%，其中自营出口63.7亿元，比2016年增长11.41%。全年竣工及在建工业项目71项，海达科玛、振宏锻造、海澜之家仓库二期等重点重大项目建成投运。联企强镇成效明显，兑付产业强镇政策奖励1682万元。坚持以高质量发展为导向，深入实施产业强镇战略，着力优化产业结构，不断增强经济综合实力。做强实体经济。以新发展理念为指导，深化供给侧结构性改革，推动企业转型升级，鼓励优势企业扩大有效产能、优质产能。全力支持大企业集团、优势企业通过创新升级、兼并重组、战略合作等措施做大做强，积极引导冶金、纺织等传统产业通过实施技术升级、推进装备提档、研制个性化产品增强核心竞争力。加大项目招引。持续抓好镇"产业强镇20条"配套政策落实，鼓励企业抓技改、换装备、上项目，积极引进一批新项目、大项目，努力培育形成一批新的增长点。

社会建设 科技创新力度加大，认定高新技术企业6个，入库高企培育库企业6个，获批高新技术产品16种。完成专利申请总量586件，其中发明专利申请386件，申请总量居全市镇(街道)之首。江苏向阳科技有限公司获2017年度国家技术发明奖二等奖，鹏程农业科技发展有限公司"鹏程蔬菜产业星创天地"获批国家级"星创天地"。华瑞电工"新三板"挂牌，新增标榜汽车部件，申报省证监首次公开募股辅导企业1个，实施首次公开募股股改企业2个，引进投资基金企业3个。突破推进畅通工程，人民西路延伸段工程、华陆路两侧辅道沥青摊铺工程、陆祝路拓宽工程顺利完成，矿机路北段建设完工。稳步推进安置工程，龙河拆迁安置房一期交付使用，华益拆迁安置小区、环西路安置小区稳步推进。推进新市镇建设，镇"三大平台"落成启运，华悦尚品、碧桂园开发小区建设推进有序。全力推进民生工程，建设澄鹿路、华塘河、人民西路等沿线污水主管网7千米，保留村庄及张家港河沿线村庄生活污水治理第一批全面展开，完成华西道口绿化提升和陆桥公园建设。开展背街小巷、市政设施等改造，着力提升市民文明素养，通过全国文明镇复查。以"263"专项行动*为抓手，解决群众关心的突出环境问题，生态环境质量持续改善。全年实现减煤7.69万吨，关停化工企业11个，淘汰10蒸吨以下燃煤锅炉及煤气发生炉22台，完成挥发性有机化合物改造15个。开展黑臭河道整治，完成陆泾浜、六合浜、红卫浜、窑灯浜、上青坝、老应天河清淤护岸工程，华塘河综合整治工程完工。关闭小散养殖场98个，新增绿化造林面积7.2公顷。启动砂山东坡地质环境治理工程和砂山南坡地质灾害治理工程建设。江阴华士水务有限公司等4个单位完成提标改造。华西垃圾中转堆场投入使用，环卫保洁全新模式运行顺畅。严格环境执法监管，完成上级环境交督办件8个、企业环境安全达标建设任务6个，立案查处环境违法案件103件、查封扣押5件、追究刑事责任6人。继续推进煤改气工作和挥发性有机物治理，重点加大化工、印染、橡胶等行业的挥发性有机物污染治理。加快落后产能淘汰和传统产业绿色化改造，关停整治化工企业12个，关停小塑料回收、洗瓶片等污染行业企业20个，完成有机废气治理企业6个。强化环境综合整治。开展水环境、大气环境质量综合整治。加大对涉水企业的监管力度，落实"河长制"管理各项要求。加快实施黑臭河流整治工程，完成穿山河北段驳岸修浚加固和上青坝西段综合整治。巩固畜禽养殖专项整治成果，提升农业面源污染防治成效。加快造林绿化和重点绿化工程建设，确保全年新增绿化面积6.67公顷，进一步提升全镇林木覆盖率。坚持守住民生保障底线，持之以恒改善人民生活水平。全年提供就业岗位3000个，实现本地劳动力就业1955人，完成城保扩面3640人、城保净增3096人，居民养老保险续保率96%以上，均超额完成市下达指标。农民人均可支配收入43000万元，比2016年增长11.5%。完成华士镇第二批防汛应急工程建设和校园技防建设，完成陆桥实验小学教学楼、华士实验小学击剑馆土建工程和华士河一河两岸景观修缮，新改建标准化居家养老服务中心3个、公厕26座，实施村(社区)卫生服务站提档升级5个。举办各类文化活动1050场次，获评无锡市书香乡镇建设示范点。成功举办江阴市第三届"暨阳英才"精英徒步赛，备战江阴市第七届全民运动会，获团体总分第三名。以华士产业特色小镇建设为载体，聚焦热点、突出重点、有序推进，让群众切实感受到城乡面貌改变带来的实惠。优化规划布局。坚持以城市总体规划为统领，完成全镇总体规划及产业转型提升研究的修编工作，科学统筹镇村、产业、居住、生态整体布局，着力构建城乡融合、功能互补的空间格局。优化基础建设。启动镇中心污水厂新建(一期5万吨/日)，新建污水主管网5千米以上，实施集镇重点区域板块雨污分流，完成保留村庄及张家港河沿线村庄生活污水治理。华益苑、环西路一期4号楼安置房交付使用，环南路三期、环西路二期全面开工建设，完成曙新安置小区提质改造工程。实施砂山路、俭益路局部改造，推进张家港河中康桥和新陆桥建设，启动红星路北延伸拓宽改造。优化城市管理。巩固提升全国文明城市创建成果，深入开展治堵治乱治脏专项行动，启动建设社会化货车停车场，全面改善镇区市容市貌。试行生活垃圾分类，推行村级垃圾中转。深化综合执法机制，全面推进网格化管理、标准化治理。持续改善村庄环境，培育一批美丽宜居村庄。加大节能减排力度。把保障和改善民生作为工作的出发点和落脚点，增强群众获得感和认同感。提升保障水平。推进“七五”普法工作,调处各类矛盾纠纷1324件,调解成功率100%。受理“12345”公共服务呼叫中心热线各类投诉、咨询建议2217条,意见满意率100%。

2017年华士镇主要经济社会指标一览表

表85

指标	单位	数量	比2016年增减(%)	指标	单位	数量	比2016年增减(%)
一般公共预算收入	亿元	14.03	15.05	固定资产投资总额	亿元	58.02	14.60
地区生产总值	亿元	315.47	7	其中:工业投资	亿元	30.10	12.10
其中:第二产业	亿元	206.14	5.40	进出口总额	亿元	70.80	12.33
第三产业	亿元	107.58	10.30	其中:出口额	亿元	63.70	11.41
农业总产值	亿元	3	2.56	到位注册外资	万美元	5111	-34.48
粮食总产量	万公斤	680.20	-8.36	农村居民人均可支配收入	元	43000	11.50
工商业开票销售总收入	亿元	1128.58	12	中小学校在校学生数	人	12041	-2.63
其中:工业开票销售收入	亿元	868.53	17.90	社保参保率	%	98	0(百分点)
服务业开票销售收入	亿元	247.98	10.20	劳动合同签订率	%	98	0(百分点)
规模以上工业利润	亿元	30.59	-3.44	新型农村合作医疗参保率	%	100	0(百分点)

2017年华士镇开票销售收入前10名企业一览表

表86

名次	企业名称	销售收入(亿元)	法人代表	名次	企业名称	销售收入(亿元)	法人代表
1	江苏华西集团有限公司	400.66	吴协恩	6	江苏向阳集团有限公司	28.02	李国良
2	江苏海达科技集团有限公司	145.33	徐友才	7	江阴市天达针纺织有限公司	27.83	李　旦
3	海澜之家品牌管理有限公司	65.98	周建平	8	江苏天华色纺有限公司	19.18	周晨宇
4	江阴协和新型建材有限公司	42.60	胡银福	9	江苏爱康科技股份有限公司	16.62	邹承慧
5	江苏蝙蝠塑料集团有限公司	40.71	孟永华	10	江苏东鋆光伏科技有限公司	16.33	徐文亚

2017年华士镇各村(社区)基本情况一览表

表87

村(社区)名称	户数(户)	人口(人)	村(社区)党支部(党总支、党委)书记	村(社区)主任	村(社区)开票销售收入(亿元)
华西新市村	484	2003	吴协恩	吴协恩	400.66
华西一村	1228	4526	曹江涛	曹江涛	6.34
华西二村	1050	3721	朱文明	朱文明	5.59
华西三村	855	3210	刘进杰	刘进杰	3.80
华西四村	516	1852	谢士兴	谢士兴	0.05
华西五村	724	2767	朱惠洪	朱惠洪	7.17
华西六村	656	2392	周建国	周建国	1.76
华西七村	629	2335	吴　挺	沈玉平	0.57
华西八村	816	2944	季惠忠	季惠忠	0.40
华西九村	515	1918	吴金福	吴金福	9.74

续表87

村(社区)名称	户数(户)	人口(人)	村(社区)党支部(党总支、党委)书记	村(社区)主任	村(社区)开票销售收入(亿元)
华西十村	680	2584	唐玉兴	唐玉兴	2.46
华西十一村	853	3102	唐龙彪	唐龙彪	5.83
华西十二村	573	2140	王　超	王　超	6.92
华西十三村	968	3474	费仁德	费仁德	6.84
向阳村	700	2875	李国良	李江勇	28.02
华士村	1155	3744	徐长江	徐华江	13.95
曙新村	986	3560	赵正洪	徐惠高	60.97
龙砂村	829	3154	汪少清	赵澄华	33.88
龙河村	1349	4922	赵建洪	陶玉良	76.48
华益村	1133	4257	华建国	吴元章	5.47
华中村	1368	4783	徐泽峰	赵正华	22.31
勤丰村	984	3764	赵卫东	蔡瑞兴	35.27
红苗村	719	2475	顾建军	王　勤	31.03
陆新村	926	3153	孙政刚	夏　斌	2.72
陆丰村	1045	3776	周爱明	沈菊良	64.13
陆桥村	878	3108	张忠敏	张忠敏	2.17
陆南村	743	2655	费　澄	费文洪	4.90
华士社区	2616	6481	殷浩泉	李　哲	—
陆桥社区	1446	512	陈东升	徐勤娣	—

【华士镇通过全国文明镇复查】 文明村镇，是中央文明委授予积极开展精神文明创建活动，并且成绩突出，能够在全国发挥示范作用的村镇的荣誉称号。第五届全国文明单位评选表彰工作启动以来，江阴市根据中央文明办评选通知要求，按照逐级推荐、层层审核、征求意见、媒体公示等程序，向上推荐申报华士镇、华西新市村等一批精神文明建设成效突出、社会形象良好、充分发挥示范引领作用的单位、村镇。2017年11月17日，全国精神文明建设表彰大会在北京举行，会议表彰第五届全国文明单位。华士镇顺利通过复查蝉联全国文明镇称号，实现全国文明镇"三连冠"，同时华西新市村通过全国文明村复查。

【3个村被列入2017年中国名村300佳】 2017年11月24日，第十七届"村长"论坛在广西玉林落幕。论坛会期间，中国村社发展促进会特色村镇工作委员会、名村影响力研究课题组发布2017年中国名村影响力排行榜300佳，华士镇华西新市村、向阳村、华士村入选。该300佳评价，主要从村庄发展指数、绿色指数、幸福指数、管理指数、魅力指数和口碑指数综合进行评价，不简单取决于人均地区生产总值或人均收入，也不仅取决于经济总量和人均经济量，而取决于这个地方的自然环境、居住条件、安全状况、人际关系，以及村民气质、精神状态、主人翁感等。

【"爱康科技"入选全球新能源企业榜单】 江苏爱康科技股份有限公司是一个专注于新能源电力投资运营及提供一站式光伏配件的高新技术企业，中国新能源行业龙头企业之一。2017年11月15日，全球资源平台汤森路透公布全球能源领导者前100强，江苏爱康科技股份有限公司入选。这项研究针对企业在复杂商业环境下，不懈追求卓越的水平进行客观的评定，涉及的8个主要表现领域分别为财务、管理层与投资者信心、风险与弹性、法律合规、创新、民生与社会责任、环境影响和声誉。江苏爱康集团下属的上市公司——江苏爱康科技股份有限公司作为中国新能源行业龙头企业之一，凭借其能源互联网的深耕细作及完善的新能源配件业务链，成功入选该次评比的全球新能源领先企业榜单。继旗下组件产品被彭博新能源财经评为全球一线组件品牌后，再度获得这一全球新能源企业的殊荣。

【标榜公司新能源项目奠基】 2017年9月22日，江阴市重大项目——总投资3亿元的江苏标榜装饰新材料股份有限公司新能源汽车部件项目奠基开工建设。该新能源汽车部件项目占地面积1公顷，建筑面积1.7万平方米。项目引进国外最先进的自动化生产、检测设备，建成年产600万件新能源车用冷却管路系统和年产90万件车用双料注塑部件生产线，成为国内一流的汽车用管路系统产品生产基地，投产后公司预计年产值突破5亿元。

【市首个镇“统战之家”设立】 2017年，华士镇为进一步营造人心更加凝聚、活力更加迸发、环境更加和谐的统战工作氛围，积极主动做好引领、服务，创新工作思路，建立全市首个乡镇“统战之家”。该“统战之家”设在华士社区，有会议室、阅览室、活动室等多个功能性区域，并添加统战元素，通过文字、图片、音像、著作等宣传统战政策，展示镇丰富的统战文化，给全镇统战对象提供学习教育、咨询服务、交流互动、成果展示和社情名义搜集等平台场所，努力打造具有华士特色的统战品牌。

【华士镇“三大平台”揭牌启用】 2017年9月1日，华士镇政务服务中心、综合管理服务指挥中心、综合执法局“三大平台”正式揭牌，通过整合全镇“智慧城市”决策指挥、政务服务审批、综合执法等职能，形成管理网格化、办理“一窗式”、执法综合化的行政管理体制。镇“三大平台”项目投资1800万元，开设10个窗口，承接社保、市民卡、老年卡（原民政承接）、协税护税、工商注册等业务，配备4个综合窗口承接社保业务，2个专窗承接市民卡、老年卡业务，1个专窗承接工商业务，3个专窗承接个体工商户开票、交税业务。

【华士社区卫生室投入使用】 华士社区卫生室位于华士镇澄鹿路139号，于2017年7月开工改造，总投入150余万元，建筑面积340平方米，为市医保、新农合定点单位。有工作人员4人，承担华士村、华士社区辖区内14869名常住人口的基本医疗服务和基本公共卫生服务。该卫生室按照“江苏省示范村卫生室评估标准”建设，以一体化模式管理，内设诊断室、中医诊室、治疗室、观察室、健康教育室、计生指导室、预防保健室、康复室、药房等13个科室。主要承担辖区内健康教育、预防、保健、医疗、康复、计划生育技术服务等“六位一体”的公共卫生和基本医疗服务，方便群众的就医，形成“科学合理、分级负责、上下联动”的卫生服务体系。本着“一切以人的健康为中心”的服务理念，以妇女、儿童、老年人、慢性病病人、残疾人等为重点服务人群，实行家庭健康医生责任制和乡村医生签约服务，提供常见病、多发病的预防、诊治和均等化的基本公共卫生服务，切实解决居民“看病难”的问题，逐步构建起“小病在社区，大病进医院”的卫生服务格局。 （蒋冬楠）

周庄镇

【概况】 周庄镇是具有6000多年历史的文明古镇，地理位置优越，经济发达，人口众多。该镇西距江阴市区17千米，沿江高速公路、云顾公路穿镇而过，省道澄鹿公路、芙蓉大道东西横亘，世纪大道及国家3级航道张家港河纵贯南北；东与华士镇毗连，南与祝塘镇、徐霞客镇为邻，西与云亭街道、城东街道接壤，北以东横河为界与张家港市相望。区域面积75.96平方千米，耕地面积2470公顷，下辖15个行政村和1个街道办事处（含3个社区居委会）。该镇宋、元时期就有“江南布码头”盛誉，有工业企业1200余个，拥有江苏三房巷集团有限公司、江苏华宏实业集团有限公司、江阴江东集团公司、江阴模塑集团有限公司、江苏倪家巷集团有限公司等一批龙头骨干企业，涤纶化纤、纺织、装饰铝型材、汽车零部件、橡塑制品、轨道交通、新能源配件等为优势产业。2017年年末，该镇有户籍人口105990人，其中男性53068人、女性52922人；少数民族20个389人。有外来暂住人口105388人，其中男性65639人、女性39749人。

政治建设 组织收看中共十九大开幕会直播盛况。各党组织主要负责人上党课、写学习心得，深入学习宣传贯彻中共十九大精神。成功召开周庄镇第十八届人民代表大会第二次、第三次会议，依法补选许剑锋为副镇长，首次票决年度十件民生实事。成立周庄镇上市公司党建联盟。完成新一轮政府机构改革，镇机关机构由原有32个内设部门精简到“三办五局一中心”9个大部门。政务服务中心、管理服务指挥中心、综合执法局“三大平台”* 全面构建，积极准备承接上级下放的797项管理权限。政务服务中心承接市下发的75项行政审批和公共服务事项以及周庄镇24项公共服务，受理和办结各类审批和服务事项3.8万余件，提前办结率93.3%，承诺期内办结率100%。完善重大行政决策程序，主动接受人大法律监督、政协工委民主监督，办结人大代表建议32件，办结率100%，一次满意率96.9%。深化政府信息公开。深入推进“两学一做”* 学习教育常态化制度化。积极开展“连心富民、联企强市”“大走访”活动，走访22002人次，走访农户13515户、社区居民家庭1676户、企业1039个。“亲”“清”政商关系大讨论活动成效明显，举办各类活动5场。严格落实党风廉政建设责任制，认真贯彻落实中央“八项规定”* 和省市“十项规定”*，加大督查、审计工作力度，严控“三公”经费* 支出，会议活动、公务用车、公务接待等进一步规范，开展走进宜兴监狱等7项“5·10”系列主题教育活动。圆满完成征兵任务。超额完成党报党刊征订任务。

经济建设 全年实现地区生产总值343.7亿元，比2016年增长6.95%。完成工商开票1224.8亿元，比2016年增长13.54%，其中工业开票1000.20亿元，首次突破千亿元。规模以上工业总产值976.25亿元，比2016年增长12%。江苏三房巷集团有限公司和江苏华宏实业集团有限公司入选中国企业500强。江苏三房巷集团有限公司、江苏华宏实业集团有限公司、江苏倪家巷集团有限公司和江阴模塑集团有限公司入围中国制造业500强。工商开票周庄村突破100亿元，华宏村超200亿元，三房巷村超400亿元。工商企业入库税金21.4亿元，比2016年增长11.8%；工业利润总额52.8亿元，比2016年增长9.29%。完成全口径财政收入22.62亿元、公共财政预算收入12.21亿元，分别比2016年增长

11.8%和14.02%。全社会固定资产投资65.8亿元,增长5.5%,其中工业投入33.7亿元,增长5%;服务业投入31.8亿元,增长5%。实现限额以上社会零售品总额14.8亿元,增长6.8%;限额以上批零190.96亿元,增长10.1%。完成进出口总额160.79亿元、自营出口106.3亿元,分别比2016年增长10.83%和10.99%。新增高标准农田13.33公顷,完成农业总产值4.35亿元和农业投入1.15亿元。全镇成立42个农民专业合作社和6个家庭农场。农村土地适度规模经营比重90%以上。农村土地承包经营权确权登记颁证基本完成。

社会建设　全社会研发投入占地区生产总值比重的2.3%,高新技术产业产值占规模以上工业总产值比重的70%。实施产学研合作项目7项。申请专利541件,组织申报省工业企业技术改造项目7项,市技术改造专项资金项目12项和中小微、服务型制造专项资金项目25项。组织申报省高新技术企业14个,新增省民营科技企业7个,认定省高新产品21种,新增省工程技术研究中心1个、无锡市工程中心3个、江阴市工程中心5个,省重点研发计划项目1项、江阴市科技进步奖8项,江阴市专利奖4项。"江化微电子""恒润重工""电工合金"成功主板上市,全镇上市公司累计7个。申报创业、创新"双创"博士1人。合力强建管齐创建,城镇功能品质不断优化:加强规划调整引领,完成编制《江阴市周庄镇中心区城市设计》,积极开展《江阴市周庄镇总体规划(2017—2030)》修编。按时序推进文保单位修缮,完成乐群堂、法铠庙文保建筑修缮。提升镇区道路基础设施,完成长青路与澄杨路交叉口渠化工程和光辉路南延伸段等道路改造建设,加快推进龙云路道路改造建设。维护市政基础设施,完成道路沥青修补9000平方米、道路混凝土修补7100平方米、人行道板修补3800平方米,新增雨水管1000米、停车位200个。文明创建合力推进,深入宣传社会主义核心价值观、文明公约等创建内容,强化文明创建网格化管理。广泛开展星级文明户评选,家庭家教家风宣讲活动进村入企。全面加强秩序规范,开展"文明出行我先行""礼让斑马线"等活动,实行划线有序停车,大力拆除乱搭乱建,开展乱堆放、户外广告、暴露垃圾、学校周边环境、流浪犬等整治提升行动。完善配套公共卫生基础设施建设。完成镇区须毛庄、东林村防洪排涝工程建设。完成成片造林13.33公顷、更新造林13.33公顷和彩色化、珍贵化、效益化"三化"抚育36.67公顷。山泉村获评江苏省最美乡村。完成拆迁面积6.55万平方米,建成江东花苑安置小区。聚力重防治补短板,生态环境质量逐步改善:扎实推进"263"专项行动*,积极做好省环境保护督察组交办的问题整改落实,整改10件。向市"263"专项行动办公室上报自查问题61个,均按照要求推进整改。推进环保违法违规建设项目整改588项,关停取缔污染企业项目36项。淘汰10蒸吨/小时及以下燃煤锅炉35台,减煤12.1万吨,万元地区生产总值能耗下降4.3%。完成江阴周北热电有限公司、江阴热电有限公司4台机组超低排放改造,新建企业废水、废气污染防治设施32台套。开展污水处理厂规范化建设及综合整治,完成5个污水处理厂一体化整合。以瓶片清洗小作坊整治为重点,开展"散乱污"企业专项整治。关停"三高两低"*企业4个。立案处罚环境违法行为156件,行政拘留案件4件,移送公安追究刑事责任1件。申报重点节能及循环经济项目3项,实施自愿性清洁生产审核企业12个,对1个企业开展节能专项监察执法。完成畜禽养殖污染整治132个。加大生活垃圾收运体系建设投入,新建垃圾分类宣传亭7座,新增果壳箱108只、分类垃圾桶650只。新建龙云路、长乐路等污水主管网2.5千米,完成中翔广场等3处排水达标区的创建,实施23个规划村庄生活污水治理工程。完成金家河等5条河道清淤工程。社会民生福祉持续增进,全镇发放各类救助金、补助金、敬老金3000余万元。15个行政村给予村民的各项福利达1.5亿元。提供就业岗位4000个,安置本地劳动力就业2211人,扶持自主创业185人。新增城保扩面3790人,居保参保续保率稳定在96%以上,职业技能培训鉴定人数1593人,高技能人才培养185人。新增缴存住房公积金职工1800人。农村居民人均可支配收入46529元。组织开展周庄镇第三届职业技能大赛和第一届工匠评选。广泛开展多样化的文体活动,完成"乐群"艺术巡演10场,成功举办2017年"江阴周庄杯"全国象棋业余棋王赛启动仪式及总决赛、首届"全澄欢乐跑"周庄站活动。《三房巷村志》完稿,《周庄镇志》重编工作启动。全面深化名校、名校长、名老师"三名工程"内涵,全面加强学校各项管理,优化教育资源配置,全面提升教育协调均衡水平。周庄实验幼儿园金湾区、陶城分园扩建工程建成投用,教育系统获得无锡市级以上各类先进荣誉32项。山泉村创建为首批全国农村幸福社区建设示范单位、获评全国敬老文明号。无偿献血完成市下达年度任务的141%,被评为无锡市无偿献血先进集体。完成7个社区卫生服务站提档升级,华宏村卫生室、倪家巷村卫生室获评江苏省示范村卫生室。宗言村和山泉村创建为省级健康村。江阴市首个红十字会应急救护培训示范基地在万事兴医疗器械股份有限公司成立。全镇7个村实施村级医疗互助,覆盖人群42611人。深入推进"平安周庄""法治周庄"建设,认真组织"七五"普法教育,不断完善矛盾纠纷分析研判和多元化解机制,金融生态环境保持良好,食品药品安全工作得到加强。严格安全生产执法,处罚违法违规生产企业15个,处罚金额23.5万元,加大"打非治违"力度,关停存在安全重大隐患的企业5个,取缔非法生产小作坊4个,安全生产形势总体平稳。全面推行"镇村治理一张网",全镇划分为18个一级网格和130个二级网格,网格化管理服务初见成效,依托指挥中心平台高效流转,处理上报事件646件,办结396件。"12345"公共服务呼叫中心热线接收处理咨询诉求2708件。

2017年周庄镇主要经济社会指标一览表

表88

指　　标	单　位	数　量	比2016年增减(%)	指　　标	单　位	数　量	比2016年增减(%)
一般公共预算收入	亿元	12.21	14.02	固定资产投资总额	亿元	65.80	5.50
地区生产总值	亿元	343.70	6.95	其中:工业投资	亿元	33.70	5
其中:第二产业	亿元	240.90	3.02	进出口总额	亿元	160.79	10.83
第三产业	亿元	100.60	17.60	其中:出口额	亿元	106.30	10.99
农业总产值	亿元	4.35	-3.33	到位注册外资	万美元	461	-92.12
粮食总产量	万公斤	907.60	-15.67	农村居民人均可支配收入	元	46529	11.10
工商业开票销售总收入	亿元	1224.80	13.54	中小学校在校学生数	人	14730	-2.10
其中:工业开票销售收入	亿元	1000.20	12	社保参保率	%	95	0(百分点)
服务业开票销售收入	亿元	224.60	20.38	劳动合同签订率	%	98	0(百分点)
规模以上工业利润	亿元	46.30	8.93	新型农村合作医疗参保率	%	100	0(百分点)

2017年周庄镇开票销售收入前10名企业一览表

表89

名次	企　业　名　称	销售收入(亿元)	法人代表	名次	企　业　名　称	销售收入(亿元)	法人代表
1	江苏三房巷集团有限公司	526.27	卞平刚	6	江阴模塑集团有限公司	46.69	曹明芳
2	江苏华宏实业集团有限公司	205.27	胡士勇	7	江苏爱多企业管理集团有限公司	21.29	胡德良
3	江苏倪家巷集团有限公司	107.16	倪成良	8	江阴鑫裕装潢材料有限公司	19.71	陈继忠
4	江阴江东集团公司	103.46	赵纪法	9	江阴电工合金股份有限公司	17.48	陈力皎
5	江阴市长乐新科技电源有限公司	48.92	李生虎	10	江阴海达橡塑股份有限公司	13.97	钱振宇

2017年周庄镇各村(社区)基本情况一览表

表90

村(社区)名称	户数(户)	人口(人)	村(社区)党支部(党总支、党委)书记	村(社区)主任	村(社区)开票销售收入(亿元)
周庄村	3808	13512	赵　峰	徐惠庆	101.91
金湾村	1338	5261	周国民	周　峰	29.88
三房巷村	2872	10636	成洪才	成洪才	400.39
鸡龙山村	742	2865	余文兴	余文兴	30.63
山泉村	820	3207	李全兴	曹献忠	24.50
华宏村	2216	8699	胡士勇	陈决平	204.37
陶城村	1962	7190	袁晓华	陆　炳	15.43
东林村	1150	4194	刘金龙	—	18.13
稷山村	832	3074	蒋中华	蒋中华	3.00
宗言村	2158	8333	殷良忠	陈艰朴	52.39
倪家巷村	1444	5872	—	杨忠庆	99.20
周西村	975	3871	葛珠良	郁国龙	55.94

续表90

村(社区)名称	户数(户)	人口(人)	村(社区)党支部(党总支、党委)书记	村(社区)主任	村(社区)开票销售收入(亿元)
长乐村	1160	4207	李浩庆	蒋建龙	55.42
长寿村	2946	10487	蔡永兴	袁士财	25.85
长南村	2454	8768	孙长福	李文希	18.82
街办	2563	5814	倪凤华	倪凤华	—

【“江阴周庄杯”全国象棋业余棋王赛闭幕】 “江阴周庄杯”2017年中国体育彩票全国象棋业余棋王赛自4月启动以来,历时9个多月,有31个省、自治区和直辖市选手参与比赛,各地共举行613场比赛,实地比赛和网络比赛参赛人数超60万人次。经过分站赛、分区赛的激烈角逐,来自全国各地的290余名选手于11月4—6日汇聚周庄,争夺棋王桂冠。该次决赛,分别产生儿童组、少年组、老年组、公开组4个组别的8位棋王。来自北京的王昊表现出色,以6胜3平的不败战绩蝉联公开组业余棋王称号。其间,中国象棋协会授予江阴市“全国象棋之乡”称号。

【周庄企业家随总理出访德国】 江南模塑科技股份有限公司作为国内生产汽车保险杠的龙头企业,年产量超300万套,服务于华晨宝马、北京奔驰、上汽大众、上汽通用、北京现代、长城汽车、沃尔沃和神龙汽车等。2017年5月31日德国当地时间,国务院总理李克强乘坐专机抵达德国柏林,举行中德总理年度会晤。江南模塑科技股份有限公司董事长兼总经理曹克波作为企业家随同李克强一起出访,受邀参加中德经济顾问委员会第四次会议暨CEO圆桌会议并发言,详细介绍模塑科技和宝马公司海外合作办厂的具体细节。

【“江阴周庄杯”网球邀请赛举行】 2017年5月20日,由江苏省网球运动协会、江阴市体育总会主办的“江阴周庄杯”2017年江苏省友好城市网球邀请赛在江阴体育中心网球场举行,来自全省的160多位网球爱好者在这里展开激烈角逐。作为一年一度的全省城市之间的网球团体赛事,全省业余网球最高水平的比赛之一,比赛共吸引来自南京、常州、南通、盐城、扬州、泰州等10余个地级市及行业体协的代表队报名参赛。这次比赛设有团体赛、男子双打、女子双打等竞赛项目。

【山泉村被评为无锡市理论宣讲示范基地】 2017年,周庄镇山泉村深入推进社会主义核心价值观宣传教育,深化文明家庭、孝老爱亲、移风易俗等主题活动,结合山泉实际,实施“树立好党风、弘扬好作风、培育好村风、传承好家风、发扬好民风”的“五风”工程,利用电子屏、文化墙、宣传栏、老年书场、道德讲堂等各种阵地传递正能量,引领新风尚。组织党员义工队、干部服务队、村民志愿者深入群众进行理论宣讲。年底,经过无锡市委宣传部的严格评审,山泉村被命名为无锡市马克思主义大众化理论宣讲示范基地。

【多功能超仿棉纤维产品发布】 2017年3月16日,由江苏三房巷集团有限公司和中国化学纤维工业协会联合举办的多功能超仿棉纤维产品发布会在上海国际展览中心举行,多功能超仿棉纤维产品正式走向市场。此次发布的新品,是三房巷集团采用全新思路,从分子设计出发,通过物理化学改性结合,采取连续聚合纺丝设备生产纤维的方法研制而成,产品吸湿、导湿、排汗速率大于纯棉织物2倍以上,同时兼备抗紫外、抗静电、抗起球起毛等附加功能,并且产品稳定性更强,穿着舒适度更高。该纤维及织物的各项技术指标居于国际领先水平,补齐中国涤纶短纤产品差别化产品缺乏的短板。至年末,该公司形成3000吨的中试线以及4万吨的连续聚合纺丝生产线。

【周庄镇集成改革试点】 2017年8月22日,周庄镇综合管理服务指挥中心、政务服务中心和综合执法局“三大平台”正式揭牌,成为江阴市首个成功复制推广徐霞客镇经验的乡镇。政务服务中心创建一窗通办新模式,承接市下放的75项行政审批和公共服务事项,以及周庄镇自有的24项公共服务,在面积近1000平方米的服务大厅内,设有12个综合服务窗口和10个专业窗口,全面满足群众办事需求,实现“让数据多跑路、群众少跑腿”;管理服务指挥中心设有高效指挥调度、精细网格管理、有效舆情监管等功能,实行信息共享、业务协同,为科学决策提供依据;综合执法局内设三大业务科室和三个执法中队,依法承接上级下放的799项管理权限,全镇划分为18个一级网格和130个二级网格,全面推行“镇村治理一张网”,实行综合执法与公安交警联动的执法模式,实现从各部门单一执法向综合执法转型。

【3个企业股票上市】 江阴江化微电子材料股份有限公司是无锡科技领军企业、国家高新技术企业,专业生产适用于半导体、晶体硅太阳能,以及硅片、锂电池、光磁等工艺制造过程中的专用湿电子化学品,属国内湿电子化学品专业服务提供商。2017年4月10日,公司股票“江化微”在上海证券交易所上市,成为年内成功上市的江阴首个企业;江阴市恒润重工股份有限公司(江阴市恒润法兰有限公司)专业生产制造风电法兰及阀门锻件等。5月5日,公司股票“恒润股份”在上海证券交易所上市。江阴电工合金股份有限公司主要从事有色金属合金产品的研发、生产和销售,主要产品为铜合金深加工产品,具体包括铁路接触线、铁路承力索、铜合金母线以及其他铜制零部件等。9月7日,公司股票“电工合金”在深圳证券交易所挂牌上市。至年末,周庄镇有江南模

塑科技股份有限公司、三房巷实业股份有限公司、华宏科技股份有限公司、江阴海达橡塑股份有限公司、江阴江化微电子材料股份有限公司、江阴恒润重工股份有限公司、江阴电工合金股份有限公司7个上市企业。 （刘敏芳 李益强）

新桥镇

【概况】 新桥镇明代属江阴县白鹿乡，清代属马嘶镇，民国时属马嘶乡。中华人民共和国成立后隶属多变，1961年形成现有区域。该镇位于江阴东大门，东北与张家港市毗邻，东南与顾山镇连接，西与华士镇接壤，西南与长泾镇隔泰清河相望。西距江阴市政府驻地25千米，镇政府驻新郁中路128号。区域面积19.6平方千米，下辖10个行政村和4个社区居委会。2017年年末，有户籍人口7291户25885人，其中男性12690人、女性13195人；有少数民族14个73人。外来暂住人口41074人，其中男性23722人、女性17352人。

政治建设 深入推进“两学一做”*学习教育，全面开展中共十九大精神学习活动。注重把营造氛围、扎实推进、务求实效统一起来，机关干部带头学，村、社区党务工作者，党员中心户深入学。同时做到结合报告原文学、结合新桥实际学，结合群众思想学。组织班子、机关、村（社区）干部分别赴市委党校、华西新市村和贵州遵义参加中共十九大精神学习培训，提高思想政治素质。开展“连心富民、联企强市”“大走访”活动，广大党员干部全年走访家庭7795户、企业47个，及时解决1100多个问题。以“政商共赢、共创新桥新未来”为主题，开展大讨论活动，并实地走访企业深入交流，切实打造守规矩、优服务、重担当的干部队伍。全面落实“两个责任”*，开展行政村“三资”*管理领域专项审计督查行动，深入开展“5·10”思廉日廉政系列教育活动，组织党员干部赴无锡市预防职务犯罪警示教育基地接受警示教育，推动党风政风持续提升。刚性执行中央“八项规定”*和省市“十项规定”*，全面落实“一岗双责”。积极配合市委巡察组党风廉政巡查工作，认真整改问题不足。严格执行干部提拔任用全程纪实和领导干部个人重大事项请示报告等制度，坚决查处违纪违规问题，弘扬清风正气。全年立案查处违纪案件5件，实施提醒谈话10人。坚持抓规范、创特色理念，从严落实党员管理制度，扎实抓好“基层党组织统一活动日”、远程教育、“三会一课”等基础工作；实施“党员中心户、党员示范岗位、党员示范楼道”党建特色项目，分类推进社区、学校、机关、“两新”*组织等领域党建工作，积极创建党建示范典型，夯实基层建设。加强法制政府建设，实施镇村（社区）法律顾问制度，规范重大行政决策程序，办理人大代表建议22件。全面落实市委、市政府行政管理体制改革要求，围绕“一枚公章管审批、一支队伍管执法、一个平台管服务、一张网格管治理”目标，成立“一办五局一中心”政府职能机构，高标准建成政务服务中心、管理服务指挥中心和综合执法局三大平台，组建网格化管理体系，全镇划设51个网格，健全“一长五员”*即网格长、网格员、督查员、联络员、巡查员以及信息员管理责任人。政务中心承接市级33项权限，市场监管、税务专窗正常运行。4个社区政务服务延伸窗口基本建成，初步构建起前台统一受理、后台分类处置，搭建起一窗通办的服务新模式，努力实现“让数据多跑路、让群众少跑腿”的高效服务。环保、安全、城管等各部门执法队伍有效整合，初步建立与上级部门行政执法协调配合机制。镇总工会完成新桥社区、江苏和美家居2个“职工之家”阵地建设，被评为江苏省推动厂务公开民主管理工作先进单位、无锡市“安康杯”竞赛优秀组织单位。海澜集团有限公司获评全国文明单位。新桥镇被授予“中国纺织服装名镇”荣誉称号。

经济建设 坚持转型升级，千方百计抓品牌、强总部，抓投入、强后劲，抓人才、强创新，全镇经济健康向上。完成全年地区生产总值186.3亿元，比2016年增长9.4%。实现公共财政预算收入17.6亿元，比2016年增长8.3%。海澜集团有限公司成为无锡市首个营业收入超千亿元企业，税收贡献继续位居无锡市第一。全镇完成固定资产投入50.6亿元，比2016年增长17.3%，其中服务业投入34亿元，比2016年增长18%，为新一轮发展注入强劲动力。海澜集团有限公司首批海外连锁店成功开业，是年实现盈利。江苏阳光集团有限公司埃塞俄比亚工业园项目进展顺利，厂房建设全面启动。全年进出口指标实现预期，开放型经济新格局加快形成。江苏阳光集团有限公司获评国家技术创新示范企业，顺利通过“中国质量奖”评审和公示，成为全省首个获此殊荣的单位。污水处理厂完成提标改造，污水排放达标率保持100%。完成市下达的减煤任务，完成10个企业挥发有机物治理，新增清洁生产企业2个，关停畜禽养殖场5个，无害化处置污泥6700吨。

社会建设 江苏焱鑫科技集团有限公司成立全市首个国家千人计划工作站，《提高轻油收率的深度延迟焦化技术》项目荣获国家科技进步二等奖。全镇全年专利授权91件，有效发明拥有量达117件。新成立企业研发机构2个，3个企业升级为省级民营科技企业，2个企业升级为省高新技术企业。全镇新增各类人才1000余人，其中高层次人才36人。以获评“全国特色小镇”为新起点，以高标准建设无锡市城乡发展一体化示范镇和省级时裳小镇为目标，加快项目建设、完善城镇设施、丰富共享资源、打造精品小镇。制定实施《新桥镇“263”专项行动*实施方案》，优化“河长制”管理办法，持续提升生态环境。完成蔡港河北段、华塘河东段水体治理和柴门浜、横河、汤家泾等河道疏浚清淤，新建新郁河排涝站，扩建雷下、郁桥排涝站。实施西环路污水管网一期改造工程，阳光公寓、康宁路等20余处完成雨污分流改造。持续推进垃圾分类，安置小区垃圾分类设施改造全覆盖，建成有机垃圾处理站和餐厨垃圾收运体系。深入开展“八整六治三提升行动”，镇中村、镇村结合部、背街小巷、老小区和自然村庄环境有效改善。集中整治户外广告、无证摊点、违法建设、无序停车等不文明行为，加强包卫生、包秩序、包绿化、包文明、包安全“门前五包”专项管理和物业管理考核，有效提升新桥整洁、有序的文明形象。全年新增绿化面积 13.67 公顷，环境卫生考核在全市名列前茅。全年拆迁签约 156 户，拆除民房 2.1 万平方米、厂房 4.9 万平方米。开工建设安置房 4.5 万平方米，竣工交付东方花苑二期等安置房 490 套 6.6 万平方米。海澜飞马水城一批新的精品项目竣工。神华寺按期落成，郁桥老街进展顺利。公共设施建设加快。完成高速复线马嘶路桥、西环路、南环路拓宽改造，建成康宁路北段、兴园路、芳华路、庄桥路、顺湖路；完成康定路、文园路、文化东路、绿园路等路段道板改造。建成投用公共自行车服务系统、新桥社区睦邻中心和 24 小时自助图书馆。建成黄河、康定社区居家养老服务中心，在绿园、黄河社区推出居家养老助餐服务。新桥花园和新都苑二村等小区改造、新增车位 250 个。全镇新增城保参保 2074 人、新增住房公积金参保 2200 人。发放各类保障资金 6296 万元，调增养老金 1453 人。为 1216 名被征地农民办理保障。低保标准从每人每月 760 元提高至 840 元。实施阳光扶贫和村级医疗互助惠民新举措。全年发放各类帮扶资金 172 万元。农民人均可支配收入 46536 元，比 2016 年提长 10.7%。升级改造小学电教中心，推进中学智慧校园建设。成立新桥镇教育发展基金，扶助困难学生，奖励优秀教师。开展名医进社区活动，举办各类健康知识讲座，全民免费体检 1.7 万人次。新桥卫生院新增全自动血液分析仪、心电监护仪等先进诊疗设备。省体育健康特色小镇创建扎实推进，海澜集团有限公司、江苏阳光集团有限公司等 5 个单位入围江苏省健康单位。新桥镇获评省健康镇。全年组织文化惠民演出 80 余场，组织送文化进村、学校“送戏进社区”13 场，观众超 12 万人次。海澜集团有限公司为近万名观众带来大型传统名剧《龙凤呈祥》等国粹艺术盛宴。马文化博物馆全年接待观众人数超 46 万人次。加强“七五”普法，开展法律体检、法律咨询日、现场庭审进企业、小区物业纠纷调解等活动，成功举办“尚法新桥”首届法治知识竞赛，教育引导群众依法维权，合法、合规表达利益诉求，有效调处各类矛盾纠纷 1073 件。推进“平安新桥”建设。全面落实企业安全主体责任，开展企业安全标准化创建、特种设备人员安全培训，扎实开展生产工厂、建筑工地、出租房等安全隐患排查整治行动，全力加强事故防范。进一步强化消防、交通和食品药品安全监管，严厉打击各种犯罪活动，有效保证群众生产生活。以创建文明城市为抓手，镇统战部门组织召开各界人士中秋座谈会，继续扩大中小企业互助转贷资金平台影响力，排练的节目《万马奔腾》参加市民族团结进步主题文艺会演。镇人武部紧抓民兵队伍建设，开展实弹战术演习、抗洪抢险救灾、民兵志愿服务等活动，全面完成年度兵役目标任务。镇团委组织“扬工匠精神、树青春榜样”纪念活动，弘扬青春正能量。镇妇联以女性创新创业为抓手，立足就业创业，对在校女大学生和创业妇女进行专业指导、培训、服务。开展家风家训巡讲，廉洁家风小故事征集演讲活动，在家庭中倡导良好家风。镇史志部门编辑回忆录文集《风景旧曾谙》，记录新桥教育发展的历史。江苏焱鑫科技有限公司国家级项目顺利通过档案验收。镇红十字会组织 341 人献血 106800 毫升，超额完成任务。镇科协组织实施“金桥工程”项目 2 项，新桥社区和绿园社区何掌法家庭分获 2017 年“无锡市科普示范社区”和“科普示范家庭”称号。打造公益广告全覆盖，镇区 5 分钟范围内可见。开展绿色出行、文明停车等近 30 项志愿服务活动，累计参与志愿服务 3000 余人次，活跃率超 10.5%。开设道德讲堂 56 期，组织文化、法治等各类专题学习讲座 40 余次，全镇注册文明志愿者近 6500 人，顺利通过全国文明镇复审。

2017 年新桥镇主要经济社会指标一览表

表 91

指　　标	单　位	数　量	比 2016 年增减(%)	指　　标	单　位	数　量	比 2016 年增减(%)
一般公共预算收入	亿元	17.60	8.30	固定资产投资总额	亿元	50.60	17.30
地区生产总值	亿元	186.30	9.40	其中：工业投资	亿元	16.30	15
其中：第二产业	亿元	102.00	8.90	进出口总额	亿元	35.10	3.40
第三产业	亿元	83.10	10.30	其中：出口额	亿元	19.40	-1
农业总产值	亿元	2.19	-0.54	到位注册外资	万美元	2000	-75
粮食总产量	万公斤	71.50	-11.94	农村居民人均可支配收入	元	46536	10.70
工商业开票销售总收入	亿元	1304.90	44.30	中小学校在校学生数	人	4352	5.20
其中：工业开票销售收入	亿元	578.90	38.70	社保参保率	%	100	0(百分点)
服务业开票销售收入	亿元	726.10	49.10	劳动合同签订率	%	99	0(百分点)
规模以上工业利润	亿元	70.70	5.40	新型农村合作医疗参保率	%	100	0(百分点)

2017 年新桥镇开票销售收入前 10 名企业一览表

表 92

名次	企业名称	销售收入（亿元）	法人代表	名次	企业名称	销售收入（亿元）	法人代表
1	海澜集团有限公司	887.10	周建平	6	江苏省振新实业有限公司	9.80	张建锋
2	江苏阳光集团有限公司	280.80	陆克平	7	江苏精亚集团有限公司	6.30	陶永生
3	江阴市强力化纤有限公司	19.60	倪利锋	8	江阴龙阳纺织有限公司	4.10	郁玉才
4	江阴市鑫辉太阳能有限公司	18.00	邵爱军	9	江阴市旺发科技有限公司	3.80	汪　东
5	江苏焱鑫科技集团有限公司	16.60	周国华	10	江阴鑫联金属制品有限公司	3.80	刘惠丰

2017 年新桥镇各村（社区）基本情况一览表

表 93

村（社区）名称	户数（户）	人口（人）	村（社区）党支部（党总支、党委）书记	村（社区）主任	村（社区）开票销售收入（亿元）
郁桥村	748	2634	钱　刚	姚利丰	4.92
黄河村	760	2667	郁叙法	谢福祥	13.95
圩里村	846	3170	尤惠清	徐川宝	1.20
新桥村	991	3434	张建锋	张海明	10.45
雷下村	524	1853	许柏新	张国龙	1.96
六保村	345	1231	—	薛丽娜	16.97
马嘶村	871	3191	陶永明	周建斌	20.71
何巷村	594	2059	陈建国	陶正阳	3.91
苏市村	644	2364	朱建平	陶雪丰	11.98
苏圩村	417	1531	陶妙锋	徐宏伟	2.13
绿园社区	24	71	叶永毅	王永忠	—
黄河社区	3	8	郁建明	郁建明	—
康定社区	41	123	许柏新	陶东岐	—
新桥社区	358	1344	张海明	周爱国	—

【新桥获评中国纺织服装名镇】 新桥镇拥有海澜集团有限公司和江苏阳光集团有限公司 2 个世界毛纺 10 强企业，拥有 1 个世界名牌（阳光牌呢绒）、2 个境内上市公司（海澜之家、江苏阳光），4 个中国名牌（阳光牌呢绒、圣凯诺牌精纺呢绒、海澜之家牌夹克衫、圣凯诺牌衬衫）。海澜集团有限公司、江苏阳光集团有限公司与江苏精亚集团有限公司、江苏振新实业有限公司、江阴市好运来有限公司、江苏龙阳纺织有限公司等新桥镇优势成长型企业共同组成纺织服装产业集群，产业品牌影响力、市场竞争力，在全国同行中具有较强的优势。2016 年，全镇纺织服装行业实现开票销售 790 亿元，占全镇税收的 85%，属地上缴税收 28.3 亿元，占全镇的 80%。2017 年 6 月，新桥镇被中国纺织工业联合会评为中国纺织服装名镇。

【阳光集团获评国家技术创新示范企业】 长期以来，江苏阳光集团有限公司坚持利用高新技术改造传统产业，以产品创新、技术创新、管理创新为主导，结合新技术、新工艺的应用，建立和完善技术评估系统，打造以创新机制、创新平台、创新人才为核心的技术创新体系。阳光集团每年以销售额的 5% 作为研发经费，着力打造科技创新平台，并逐步实现平台的升级优化。2017 年，该企业拥有授权专利996项,发明专利33项,居同行之首。此外,企业还拥有核心技术100余项,获得17项省部级科技进步奖,其中一等奖1项,二等奖4项,三等奖12项。11月6日,企业被工业和信息化部、财政部评为国家技术创新示范企业。

【焱鑫科技一项目获国家科技进步二等奖】 由江苏焱鑫科技股份有限公司参与研发的项目《提高轻油收率的深度延迟焦化技术》,提出精确表征重油结焦倾向的反应特性参数,创立兼顾控制炉管结焦和提高生焦反应给热量的准则,开发焦化炉管内外过程模拟技术,突破国外最新技术管内反应停留时间不超过40秒的限制,形成低温长停留时间的提高轻油收率深度延迟焦化技术。该技术2010年被中国石化总公司发专文推广,并入选体现中国21世纪炼油技术水平、具有国际竞争力和中国独立知识产权的16项外推专有技术之一,在50余套延迟焦化装置上获得成功应用,总加工规模超过5500万吨/年,接近全国延迟焦化总规模的50%。2017年年底,该项目获2017年度国家科学技术进步二等奖。(参见《科学技术》类目中《科技成果》分目相关内容)

【2017年全国马术三项赛锦标赛举办】 2017年5月12—14日,“海澜之家杯”2017年全国马术三项赛锦标赛暨第十三届全国运动会马术三项赛预选赛(第一站)在海澜国际马术俱乐部举行。这是继“海澜之家杯”2016年全国马术盛装舞步锦标赛与全国马术三项赛冠军赛(第二站)后,海澜国际马术俱乐部第二次承办国家级马术赛事。比赛项目包括盛装舞步、越野赛与场地障碍赛,吸引全国各地游客前来观看。比赛期间,马场还向周边群众免费开放。

【新桥被列入第二批全国特色小镇名单】 2017年5月4日,新桥镇被列入江苏省首批25个省级特色小镇创建名单。8月28日,被住建部列入第二批全国特色小镇名单。新桥时裳特色小镇在未来3年内,计划投入80余亿元,瞄准高端制造产业发展定位,打造以毛纺服装为特色的产业集聚区,形成一河双轴五片区的空间布局。时裳小镇重点发展三大功能区:北端以海澜、阳光总部为核心,打造一流的毛纺服装设计、营销、物流、研发和生产中心;南端以飞马水城为核心,打造马文化展示中心、飞马文化影视基地和毛纺服装文化展示中心;西端以阳光生态旅游开发为核心,建成集苗木栽培、生态旅游、体育健身、田园养生为一体的旅游度假区,成为集高端面料供应、时尚服装设计生产、精品文化生态旅游等为一体的时尚服饰之都、艺术文化新城、花园城市典范。

【行政管理体制改革】 2017年,新桥镇按照市委、市政府关于开展行政管理体制改革,将原有32个内设部门精简为“一办五局一中心”。8月31日,新桥镇管理指挥服务中心、综合执法局和政务服务中心“三大平台”启用。政务中心共设立14个窗口,其中8个综合窗口,运行社保、民政、残联业务,承接市下放的相关社会管理权限;6个专业窗口,引进税务、工商、自来水等相关业务,形成统一办理、联合办理、集中办理行政审批和公共服务等事项的机构和场所。部分功能将延伸到绿园、黄河、康定、新桥4个社区工作站,进行即办和代办,打通服务群众“最后一公里”。综合执法局整合部门间相同相近的执法职能和资源,全面归并组建一支综合执法队伍,结合全镇网格化管理全面推行“镇村治理一张网”,实行综合执法与公安交警联动的执法模式,实现从各部门单一执法向综合执法转型。管理服务指挥中心承接“12345”公共服务呼叫中心热线服务,接入交通、水利、环保、安监等公共社会管理系统,督办公共服务热线受理中心交办的各类事项,全方位协调解决各类问题,建立“集中高效审批、分类监管服务、综合行政执法”的基层治理架构。

【海澜集团年营业收入超千亿元】 2016年,作为一个以服装为龙头产业、以精毛纺面料为基础产业的专业化大型企业集团,海澜集团有限公司完成营业总收入933亿元、利税80亿元,继续名列无锡地区企业纳税榜首,并在中国企业500强榜单中排名第166位、在中国制造业企业500强榜单中排名第69位、在中国民营企业500强榜单中排名第31位。2017年,海澜集团加快转型提升步伐,旗下海澜之家与天猫商城形成新零售战略合作关系;在稳固国内市场的同时,全面深化布局海外战略,在马来西亚开出首批直营店铺并于当年实现盈利;入股UR集团、英氏集团,创设居家生活类品牌海澜优选,年营业收入突破千亿元,成为无锡地区首个营业收入超千亿元的企业。

【全市生活垃圾分类处理试点】 2016年5月,新桥镇引进江苏绿奥环保科技有限公司实施生活垃圾分类处理市场化,先在5个小区、3所学校实行生活垃圾分类、减量处理,生活垃圾分类试点工作。建立“一袋两类三化四分五上门”的垃圾分类模式,即在小区楼道内设置有毒有害垃圾收纳袋,投放两分类垃圾亭,实施垃圾的减量化、资源化、无害化和分类投放、分类收运、分类利用、分类处置,定期上门收购可回收生活垃圾。2017年8月上旬,有机垃圾处理站建成投用,日处理量从开始的0.8吨逐步增加至4吨。11月,建成全循环智能分类运营中心,定期组织市民参加环保课堂及垃圾分类指导,引导市民将生活垃圾中可回收垃圾进行分类,并投放到智能回收一体机中,回收机会自动将积分存入每位市民发放的生态卡,生态卡可与智能手机进行捆绑,市民可以随时查阅卡中的生态积分和进行积分兑换,并学习垃圾分类科普知识,做到垃圾分类全民参与。12月底,完成其余13个小区400余组垃圾分类收集亭的建设,实现全镇所有安置小区垃圾分类投放、分类收运、分类利用、分类处理全覆盖。

【公共自行车租赁服务系统建成投用】 新桥镇公共自行车租赁服务系统工程于2017年2月开工建设,4月22日建成投用。在镇区设水景公园、镇政府、绿苑居、阳光超市、绿园社区、卫生院、康定广场、圩里新村8个公共自行车站点,每个站点配有20个自行车租赁桩位,与江阴市公共自行车系统实现联网通借通还,率先在全市乡镇建成公共自行车租赁服务系统。市民可以通过刷市民卡或者手机微信租车的方式，体验公共自行车带来的低碳、生态、快捷、方便的公共出行服务。

（赵彩宝）

长泾镇

【概况】 长泾镇北依长江，南临太湖，古名“东舜城”，是吴文化的发祥地之一，也是中国著名电影表演艺术家上官云珠和著名化学家、催化学科奠基人之一张大煜的故乡；地处江阴市东南，界于沪宁高速公路与沿江高速公路之间，东与顾山镇毗邻，南与无锡市锡山区接壤，西与祝塘镇交界，北连华士、新桥2镇。区域面积54平方千米，耕地面积2298公顷，下辖12个行政村。2017年年末，该镇有户籍人口56789人，其中男性27769人、女性29020人；有少数民族16个142人。有外来暂住人口38595人，其中男性21029人、女性17566人。

政治建设 坚持正风肃纪，全面落实从严治党主体责任。继续完善镇党委权力运行机制，严格执行重大问题决策、重要干部任免、重大项目投资决策、大额资金使用“三重一大”制度，扎实开展村（社区）、重点单位党风廉政建设巡查，抓好督促整改。突出队伍建设，提升全镇干部选拔工作水平。坚持标准选好干部，全年选拔中层正职3人、副职2人，强化干部日常管理和监督，落实好领导干部个人事项申报、重大事项报告等各项制度。召开长泾镇第十八届人民代表大会第一次、第二次会议，选举产生镇长、副镇长，为长泾镇经济社会事业发展提供坚强的政治保障。集成改革初见成效，围绕“一枚公章管审批、一支队伍管执法、一个平台管服务、一张网格管治理”的目标，完成“两办五局一中心”8个职能机构体制调整。“大走访”活动扎实推进，镇村两级干部走访企业550个、城乡居民16052户，收集意见及问题947个。镇人大依法履职职能、人大监督的实效性不断增强，镇人大办结人大代表意见、建议60条，对政府8件实事工程、2017年经济社会发展主要目标任务进行定期视察与监督。政协长泾镇工作委员会围绕涉及民生的热点、难点、重点问题开展主题调研和视察，人民政协政治协商、民主监督和参政议政的重要作用不断强化。坚持依法行政，建设阳光政府、服务政府、廉洁政府，树立人民政府的良好形象。全年政府按规定网上公开信息98条，全年接办来信12件、受理网上投诉1813条。

经济建设 长泾镇着力促进经济发展，优化产业结构，狠抓实体经济发展，经济增长保持在合理区间。全年全镇完成地区生产总值64.11亿元，比2016年增长5.2%；工商开票销售165.25亿元，比2016年增长20.16%；全口径财政收入6.29亿元，公共财政预算收入3.47亿元。工业经济稳定增长。完成工业总产值131.07亿元，比2016年增长2.86%，其中规模以上工业产值90.68亿元，比2016年增长6.06%；工业开票销售130.78亿元，比2016年增长14.35%；工业投资13.13亿元，比2016年增长1.8%；工业用电6.96亿千瓦时，比2016年增长4.41%。全镇规模以上工业企业产销总体稳定，59%的企业有增长，19个开票销售超亿元企业89%有增长；产业结构逐步优化，新兴产业企业在全镇企业中占比上升4个百分点。服务业加快发展。着力改善服务业结构，不断扩大服务业规模。镇商贸物流园建设逐步壮大，平台集聚效应显现，进园企业增至160个，全年开票销售10.5亿元、税收750万元。全年完成商业开票销售31.24亿元，服务业投资11.95亿元，比2016年增长5.29%。举办中秋文化旅游节等活动，积极培育电子商务企业，推进暨南大道、陆长路两个加油站项目建设，完成限额以上批零企业销售额16.6亿元，比2016年增长16.4%，限额以上社会消费品零售额4.58亿元，比2016年增长0.9%。现代农业优化提升。积极推广农业科技，提高农业生产效益。全年完成农业投入1.09亿元，新增高标准农田6.67公顷、高效设施农业20公顷，适度规模经营比例达86%以上。加强水利农机建设，新建排涝泵站8座，加固堤防25千米，新建涵闸6座、排水沟5千米；新增育秧流水线、高速插秧机等农机具63台（套），机械化作业率90%以上，通过省农业全程机械化作业试点镇验收。农业合作社增至35个，2个合作社分获国家农民合作示范社和国家级有机产品认证书。项目建设有序推进。全年完成固定资产投资26.17亿元，比2016年增长3.43%。全镇有超千万元项目35项，计划总投资23亿元，完成投资12亿元，32项项目竣工投产，通利光电光学膜项目、无锡共成铝合金部件项目、康赛特种纱线项目等8项超亿元项目推进顺利，为企业发展增添后劲。全镇高新技术产业产值占规模以上工业产值比重33.1%，全社会研发投入占地区生产总值比重2.1%。被评为中国粗纺呢绒名镇。成立粗纺呢绒行业协会，被中国纺织协会确定为全国纺织产业集群试点单位，产业集聚效应不断显现。开放合作持续扩大。着力发展对外贸易，新增外贸进出口企业12个，设立境外外贸窗口2个，完成进出口总额15.56亿元，其中出口额12.78亿元，比2016年增长20.58%；协议注册外资2498万美元，到账外资2200万美元。

社会建设 科技创新不断增强。突出政府主导、企业主体，发放企业创新优化奖励资金613万元，助推企业科技创新、人才引育、管理创新。全年获批省民营科技企业6个、省认定企业技术中心1个、市工程技术中心5个，获评省创新、创业“双创”人才1人、省乡土人才新秀4人、“暨阳英才”特色乡土人才1人，申报省级高新技术产品5种，江阴市各类科技项目6项、创新载体1个，有效发明专利拥有102件，国际专利PCT申请3件，加大民生投入，改进公共服务。社会保障不断完善。新增城保参保1655人，公积金扩面1385人，全民参保登记调查2969人，新增本地劳动力就业1100人，扶持自主创业112人，职业技能培训600人，创业培训55人，其中网创25人，应届毕业生返回江阴就业率95.8%,社保主要指标都超额完成市下达任务。认真做好即征即保工作,完成锡东生态园单双置换和民政撤组工作。大力推进企业职工工资月薪制,执行率超91%,及时调处各类劳资矛盾纠纷,着力保障劳资稳定。"阳光扶贫"机制实现328户困难户监管全覆盖,慈善救助、扶贫帮困精准实施,努力做好低保、重残等困难人员生活保障。社会事业协调发展。加大教育投入,改善办学条件,完成河塘中学、河塘小学、河塘幼儿园、长泾实验小学、长泾二中、长泾实验幼儿园等6所学校2017年度环境设施改造提升工程。加强学校管理,抓好教学质量,中高考再创佳绩。构建公共文化服务体系,新建4个市级综合性文化服务中心,全年开展文化惠民演出近300场,各类艺术作品获市级奖项28项。广泛开展群众体育活动,参加江阴市第七届全民运动会,举办"全澄欢乐跑"长泾站长跑活动,组织学生暑期学会游泳培训班,促进全民健身运动。提高卫计工作水平,公共卫生体检7899人、家庭医生签约服务3233户、建立居民健康档案68011份。在全市率先实现村级医疗互助全覆盖,12个村总筹资532万元,参加互助会村民53294人。完成安息堂草坪墓一期工程,建成长泾镇烈士陵园。社会环境和谐稳定。深入推进"平安长泾"建设,开展矛盾纠纷排查事件250余件,调处各类纠纷事件2474件。扎实开展安全生产大检查活动,执法检查企业318个次,整改问题440条,整改率100%。切实做好危化品企业、烟花爆竹点的专项整治,有力推进出租房屋安全隐患集中治理。扎实推进"七五"普法工作,完善矛盾排查多元化解机制,圆满完成恒生府邸交房、锡东电厂复工、中共十九大等重要时间节点的安保和信访稳定工作。

2017年长泾镇主要经济社会指标一览表

表94

指　　标	单　位	数　量	比2016年增减(%)	指　　标	单　位	数　量	比2016年增减(%)
一般公共预算收入	亿元	3.47	-3.95	固定资产投资总额	亿元	26.17	3.43
地区生产总值	亿元	64.11	5.20	其中:工业投资	亿元	13.13	1.80
其中:第二产业	亿元	29.72	3.90	进出口总额	亿元	15.56	22.75
第三产业	亿元	32.25	6.70	其中:出口额	亿元	12.78	20.58
农业总产值	亿元	3.62	0.20	到位注册外资	万美元	2200	1.38
粮食总产量	万公斤	1547.80	0.07	农村居民人均可支配收入	元	31589	7.90
工商业开票销售总收入	亿元	165.25	20.16	中小学校在校学生数	人	7179	-13.80
其中:工业开票销售收入	亿元	130.78	14.35	社保参保率	%	99	0(百分点)
服务业开票销售收入	亿元	34.47	10.69	劳动合同签订率	%	98	0(百分点)
规模以上工业利润	亿元	4.83	-10.22	新型农村合作医疗参保率	%	100	0(百分点)

2017年长泾镇开票销售收入前10名企业一览表

表95

名次	企　业　名　称	销售收入(亿元)	法人代表	名次	企　业　名　称	销售收入(亿元)	法人代表
1	江阴通利光电科技有限公司	19.17	周永南	6	江阴兴吴呢绒科技有限公司	5.35	吴栋标
2	江苏升辉投资集团有限公司	6.80	宋建新	7	江阴和创服饰有限公司	3.40	朱建平
3	江苏苏青水处理工程集团有限公司	6.62	蒋惠平	8	无锡邦舵服饰有限公司	3.23	吴琴贤
4	江阴市明康电子科技有限公司	6.23	颜明康	9	无锡共成交通器材有限公司	2.64	李文义
5	江阴市康源印染有限公司	6.09	夏国庆	10	江阴比图特种纸板有限公司	2.06	仰午正

2017年长泾镇各村(社区)基本情况一览表

表96

村(社区)名称	户数(户)	人口(人)	村(社区)党支部(党总支、党委)书记	村(社区)主任	村(社区)开票销售收入(亿元)
花园村	1421	4760	宋建新	蔡建东	49.76
长东村	1091	3979	吴栋标	吴建刚	19.52
河塘村(社区)	1528	5568	王永芳	周新峰	12.13
南泗村	1928	6650	李明法	谢　明	9.42
泾南村(社区)	1190	4310	吴宪宏	吴　刚	7.56
泾东村(社区)	1915	5953	夏均宾	夏均宾	5.05
和平村	896	3295	吴文勇	程永建	4.94
刘桥村	1436	5050	刘　达	刘　荣	4.37
王家村	1328	4923	顾明香	华晓平	3.21
蒲市村	1524	5825	周东明	周学明	3.14
蔡桥村	630	2380	蒋海滨	何诞华	2.40
习礼村	1110	4072	陈伟南	顾　静	2.35

【长泾镇第十八届人代会召开】 2017年1月13日,长泾镇第十八届人代会第一次会议开幕,87名镇人大代表出席会议,会上,江国虔作《政府工作报告》,季峰作《人大工作报告》,财政预决算报告以书面形式提交代表审议。1月14日进行大会选举,选举季峰为长泾镇第十八届人代会主席,江国虔为长泾镇第十八届政府镇长,孙仲英、余江、刘国兴、钱浩、陶理江为长泾镇第十八届政府副镇长。6月28日,长泾镇第十八届人代会第二次会议召开,来自全镇各界的87名人大代表、96名列席代表出席此次会议。镇党委书记江国虔致开幕词,镇人大主席季峰主持会议,副镇长刘国兴作上半年《政府工作报告》,副镇长提名人选章瑞江作《长泾镇"两减六治三提升"专项行动情况报告》。29日的会议选举陶郁峻为长泾镇政府镇长,章瑞江、刘迅风、高敏佶为副镇长。

【镇村建设】 2017年,长泾镇规划制定《长泾镇古镇保护型示范镇建设方案》,加快城乡一体化发展进程,获评无锡市城乡发展一体化示范镇。《江阴市长泾镇河北街历史文化街区保护规划》通过论证,明确空间格局和文化遗产保护措施,强化街区的整体保护水平。完成新农村试点建设规划,优化建筑风格、路网体系、道路绿化、公建设施等,形成科学集约、美丽宜居的农村风貌。虹桥路、长兴路、富园路等改造工程顺利完工。范钱路老路段综合改造,聚谊路、泾南路改造,花园路、长东路管线入地工程基本竣工。人民路街心公园、步行街改造按时完成,百川公园、长泾公园、东舜湖公园改造工程基本竣工。蒲市村章家宕、河塘村徐家宕、习礼村夏家宕3个自然村村庄整治高标准完成。锡东生态园建设项目完成前期丈量、设计及拆迁清障工作。新农村建设土地规划调整报省审批到位,规划方案、实施细则制定并报市审批,集中居住点地面附属物清障基本完成。东南部水环境整治工程有序推进,叶桥圩、习礼圩等8项防汛应急工程竣工投用。

【长泾镇参与全国文明城市创建】 2017年,长泾镇深入开展全国文明城市创建,扎实开展镇容秩序、垃圾分类、行业管理等专项行动,停车、广告等资源利用和社会化管理日趋规范,沿街门店、建设工地等镇容秩序明显好转,城镇文明程度和市民文明素养不断提升。修订完善《长泾镇2017年环境综合整治实施方案》,强化长效管理,强化督查问效,农村环境实现新提升;严格土地执法,制止违法用地8件、面积1.11公顷,拆除违章建筑78处、面积4860平方米。花园村中花园自然村获评江苏省"水美乡村",镇综合执法局、泾南村(社区)获评江阴市创建全国文明城市先进单位。

【长泾镇开展节能减排】 2017年,长泾镇开展"两减六治三提升"专项行动,整改关停"小、散、乱、污"小作坊52个,关停"三高二低"企业5个,取缔燃煤锅炉48台,减煤3.26万吨超额,完成年度目标任务。督促企业开展废气废水处理设施改造,9个企业完成有机废气治理、5个企业完成扬尘污染治理、2个综合污水处理厂实施提标改造。全面完成违法违规项目清理工作,259项项目完成整改,26 项项目实施关停。通过节能减排,解决了群众关心的突出环境问题,环境质量得到有效提升。

【长泾镇环境综合治理】 2017 年,长泾镇推进“六水共建”*,全面深化“河长制”,完成张家港河及东清河主要支流的综合整治,疏浚河道 22 条,清淤 22.5 万立方米。加大农业面源污染治理力度,关停规模养殖场 204 个,农业废弃物综合利用率 98%。全面推进餐厨垃圾无害化处理和资源化利用,50 余个餐厨垃圾收集点位建成投运。全面推进网格化环境监管,严格落实省市环保督察问题整改。

【长泾镇生态建设】 2017 年,长泾镇推进造林绿化,全年新增成片造林 23.33 公顷,完成东清河两岸 22.3 万平方米的复绿工程,完成长跃湖省级生态湿地保护小区建设验收工作,泾南村创成省级绿色示范村。72 个农村生活污水集中处理项目加快建设,其中,35 个自然村完成,37 个自然村在推进中。村庄环境整治力度加大,全年清理乱搭建 5600 平方米,清理垃圾 3000 余吨,新增生活垃圾箱桶 4925 只,取缔三格式化粪池 120 个。

【长泾镇总工会第三次代表大会召开】 2017 年 10 月 30 日,长泾镇总工会第三次代表大会召开,市总工会副主席胡荣华,镇党委书记江国虔,镇长陶郁峻,镇党委副书记孙仲英,镇党委委员蔡云、张明出席大会。来自基层工会的 88 名正式代表参加会议。会议总结镇总工会第二次代表大会以来工会工作的成绩和经验,确定以后五年工会工作的奋斗目标和主要任务。大会选举产生长泾镇总工会第三届委员会委员 13 人,经费审查委员 3 人,选举张明为镇总工会主席,钱萍为副主席。

【共青团江阴市长泾镇第十一次代表大会召开】 2017 年 12 月 23 日,共青团江阴市长泾镇第十一次代表大会胜利召开。团市委书记居琳,镇领导江国虔、孙仲英、蔡云、孙丽丽出席大会。来自全镇各条战线的 98 名团代表出席大会,镇群团部门负责人、村(社区)党务副书记、老团干代表等 20 多名列席代表列席会议。毛凯代表共青团江阴市长泾镇第十届委员会作题为《凝聚青春力量、放飞青春梦想——在新时代“三个长泾”建设中挥洒青春热血》的工作报告。大会选举产生共青团江阴市长泾镇第十一届委员会委员 19 人,顺利完成大会各项议程。在随后召开的第一次全体会议上,毛凯当选为新一届长泾镇团委书记,丁燕、吴烨、何敏、张林妹、陈晓静、夏琼、徐冰滢当选为副书记。

【长泾镇粗纺呢绒行业协会成立】 纺织服装产业是长泾镇传统主导特色产业。长泾镇粗纺呢绒产业始于 20 世纪 80 年代末,企业数量由最初的几个发展至近 300 个,形成完整的上下游产业链。2016 年,长泾镇粗纺呢绒总量占全国的 20% 以上,占江苏省的 38%,占全镇经济总量的 40% 以上,产业特色非常明显。2017 年 9 月 28 日,长泾镇粗纺呢绒行业协会正式成立。此次成立粗纺呢绒行业协会,为长泾进一步做强做大重点龙头企业、做精做专特色企业、做实做好小微企业提供坚强的后勤保障。该协会成立后充分发挥相关行业企业家在经济建设中的生力军作用,培养和造就一批具有现代管理水平和创新意识的企业家、经营管理者,增强企业之间的交流合作,自觉维护行业秩序、加强行业自律、规范行业标准,促进全镇纺织业健康可持续发展。

【“喜庆十九大”村歌展示活动举行】 2017 年 10 月 30 日,长泾镇举行“喜庆十九大、共圆中国梦”村歌展示暨“美丽长泾”系列表彰活动,回顾新农村建设成果,激励全镇人民砥砺奋进。泾南村村歌《祥和泾南》、泾东村村歌《美丽的泾东我的家》、和平村村歌《美丽和平》、习礼村村歌《习礼村之歌》、长东村村歌《爱在长东》、刘桥村村歌《刘桥村村歌》、蔡桥村村歌《蔡桥人民歌》、花园村村歌《请到我们花园来》、蒲市村村歌《红色热土、绿色家园》、王家村村歌《王家诗韵》、河塘村村歌《美好家园是河塘》等村歌,充分表达广大长泾人民对家乡经济社会发展的自豪之情和对“共圆中国梦”美好生活的向往,深受现场观众好评。当晚,还对“长泾镇美丽村庄”“长泾镇美丽家庭”“美丽长泾人”进行表彰。

【长泾镇烈士陵园落成】 2017 年 4 月 1 日,长泾镇举行烈士陵园落成典礼,追思烈士的丰功伟绩,继承烈士的革命遗志。江阴市民政局有关领导、全体镇机关干部、各村(社区)全体干部、各基层党组织负责人、烈士家属代表、中小学师生代表参加典礼。市民政局局长钱华光、镇党委书记六扬为长泾镇烈士纪念碑揭碑。镇党委副书记陶郁峻主持典礼,六扬发表讲话。该烈士陵园占地 5000 平方米,安放有张大烈、严熹等 27 名革命烈士的遗骨。

(费 倩)

顾山镇

【概况】 顾山,新石器时期末就有先民聚居,禹治震泽称龟山,春秋时期是吴楚通衢,南梁时定名顾山,宋元时成集设镇至今。该镇位于江阴市东南边缘,距江阴市区 41 千米,东南以顾山山为界,和常熟市尚湖镇、无锡市锡山区东港镇相接,西紧连长泾镇,北隔新沙河,与张家港市杨舍镇塘市社区毗邻。省道云顾公路、暨南大道横越该镇东西,通锡高速、锡张公路纵贯该镇南北,并直达沪宁高速公路、常合(沿江)高速公路两道口。申张航道、十一圩航道在境域内相交畅流。区域东西长 12.6 千米,南北宽 10.4 千米,总面积 49.51 平方千米,耕地面积 1863 公顷,下辖 12 个行政村、2 个社区居委会。2017 年年末,有户籍人口 56093 人,其中男性 27331 人、女性 28762 人;有少数民族 14 个 179 人。有外来暂住人口 46531 人,其中男性 25234 人、女性 21297 人。

政治建设 以学习贯彻中共十九大精神为主线,深入学习习近平新时代中国特色社会主义思想。全年组织党委中心组学习 12 次,充分利用“金顾山大讲坛”、道德讲堂、远程教育网等载体,开展各类讲座及培训活动。开展“大讲坛”活动 15 次。落实推进“千名书记讲党课”活动,书记上党课累计 60 余场。依托基层党校和党员冬训,轮训党员

3250人次，参训率98%以上。定期召开“两学一做”*座谈会及党务工作者会议，组织拍摄基层党建微党课5部，开展聚焦富民高水平全面建成小康社会，聚力创新、聚焦富民“‘两聚一高’先锋行”暨“两学一做”主题微党课大赛、中共十九大精神宣讲活动等主题活动，组建顾山镇“红色先锋”宣讲团。结合“驻村入企联户”制度及“连心富民、联企强镇”“大走访”活动，以“驻村”助推党建品牌化，以“入企”促进非公党建阵地化，以“联户”密切干群常态化。打造“党旗领航·党群共创”党建项目孵化基地，新建红豆村党建展示厅、李家桥村花园雅居、北涸社区村委会3个村级党建示范点，扎实推进村（社区）“雁阵计划”实施。完善“一把手”领导签订党风廉政建设责任书制度，强化“一岗双责”，对全镇4个村党委、10个党总支部、46个支部下达2017年党风廉政建设责任状。严格执行中央“八项规定”*和省市“十项规定”*，坚决防止“四风”*问题反弹。全年查处各类违纪案件18件，处分党员17人，开展廉政谈心谈话11人（次），作风效能不断提升。以党员干部为重点，采取专题讲座、中心组学习、发放口袋书等形式，组织开展“5·10”思廉日专题讲座等系列活动。建立科学民主的选人用人机制，从严从紧把好用人关。2017年选拔副科职干部1人，提拔中层正职干部6人、中层副职干部5人，公开招录镇、村工作人员18人，组织党员学习培训35场次。拓宽党外人才队伍，推荐发展民盟会员1人、民建会员1人，其中1人通过民盟前期考察。红豆爱心联盟邀请贵州铜仁印江土家族、苗族自治县少数民族学生到红豆故里，开展“爱心手拉手，红豆铸真情”结对帮扶活动，送上物资及帮扶资金25万元。与广东江阴商会签订粤澄“窗口”共建联盟协议，扩大合作交流的平台；成立全市第二个村级商会（新龚商会）；召开镇商会第四次会员大会，完成镇商会的换届工作。格局商学众网人才学院于11月18日挂牌成立，为非公经济新的社会阶层提供人才培养基地。

经济建设　积极应对复杂局势，深入贯彻落实产业强镇、创新驱动发展战略，政企同心、合力应对，全镇经济运行态势良好。经济运行保持稳健。全年完成工商开票销售287.09亿元，公共财政预算收入6.27亿元，分别比2016年增长14.23%和15.44%。工业经济稳中向好。完成工业开票销售160.15亿元、规模以上工业产值117.7亿元，分别比2016年增长16.98%和9.6%。上市工作稳步推进，华新电器“新三板”*成功挂牌。服务业平稳发展。完成服务业开票销售126.93亿元，限额以上零售额1.9亿元，分别比2016年增长10.93%和18.6%。江苏众网物流园区规模不断扩大，实现开票销售18.9亿元，入库税金1.5亿元，分别比2016年增长86.7%和85.6%，继续保持高速增长。现代农业优化提升。完成农业投资7025万元，新增新型农业经营主体3个。成功创建江苏省粮食生产全程机械化示范镇，“金顾山”水蜜桃商标被认定为无锡市知名商标。投资项目扎实推进。完成全社会固定资产投资32.29亿元，比2016年增长4.87%，其中工业投资16.31亿元、服务业投资15.6亿元。海晨智慧服饰、华新电器等一批超亿元项目开工建设，羽项电子、浩天舟服饰等19项新建和技改项目陆续竣工投产，为新一轮经济发展打下坚实基础。

社会建设　科技创新显著提升，实施重点产学研项目5项，获批国家专利267件，获批省高新技术企业5个、省民营科技企业13个、省高新技术产品16种。落实产业强市、产业强镇政策，累计发放市、镇两级奖励资金3107.5万元。社会事业协调发展。持续深化“名师培育行动”，省优质幼儿园实现全覆盖，全年新增市级以上名师9人。顾山卫生院被列入市政府紧密型医联体试点建设，积极探索“院府合作”管理模式。全面完成村（社区）卫生室提档升级工程。免费体检11997人，成功献血人员409人，累计采集血量12.5万毫升。深入推进“健康促进行动”，完成红豆村、顾山社区、鉴青村、北涸社区4个健康促进村（社区）创建，开展健康知识讲座3次。成功举办“美丽家园·画说顾山”名家画名镇、江南丝竹进校园等系列活动，出版《顾山镇志》，申报市级非遗代表性传承人3个，举办文化“五送”下乡223场次。成立镇体育总会。社会救助事业稳步发展，养老服务水平不断提升，开工建设顾山护养院。扎实推进顾山公益坊“八助”服务项目，大力推进“阳光扶贫”工程。社会保障逐步完善，解决本地劳动力就业1211人，扶持自主创业151人，农村居民人均可支配收入33633元，比2016年增长9.2%。保障体系不断完善，全年新增城保扩面1638人，新农合人均筹资标准提高至880元，全镇参合27075人，财政补贴913.2万元，全年发放养老、慰问、慈善补助等各类帮扶济困经费500余万元。“平安顾山”“法治顾山”深入推进，全年镇村受理各类矛盾纠纷716件，调处成功率98%。扎实推进社会矛盾和安全隐患大排查大整治行动，排查整改隐患2202条。全年实施安全托管企业累计360余个，开展各类安全生产专项整治12次，安全生产培训800人次。持续加大食品药品监管力度，开展食品安全专项整治11次，取缔无证无照餐饮经营户125个。建成全市首个标准化、集约化、规范化管理的江阴澄东食品小作坊集中加工区。新增技防监控探头350只，顾山社会大局和谐稳定。扎实推进行政管理体制改革，“两办五局一中心”新架构稳步推进，“三大平台”建成投运，基层治理“一张网”建设扎实推进，政务服务、综合执法、基层治理水平不断提升。生态环境不断改善，扎实推进“263”专项行动*，关停“三高两低”*企业11个，实施环保网格化巡查制度，加强河道考核断面水质监测，北涸污水处理厂、民达污水处理厂完成一级A提标改造。完成北涸丁字河一期控源截污综合治理，总投资7000余万元的44个农村控源截污工程有序推进。整治张家港河支浜7条，清淤4万立方米。开工建设北涸片区中小河道整治工程。关停整治畜禽养殖场（户）122个。新增造林绿化面积13.87公顷。

2017年顾山镇主要经济社会指标一览表

表97

指　　标	单　位	数　量	比2016年增减(%)	指　　标	单　位	数　量	比2016年增减(%)
一般公共预算收入	亿元	6.27	15.44	固定资产投资总额	亿元	32.29	4.87
地区生产总值	亿元	81.37	4.90	其中:工业投资	亿元	16.31	5.50
其中:第二产业	亿元	38.96	5.50	进出口总额	亿元	31.94	-12.13
第三产业	亿元	39.93	4.30	其中:出口额	亿元	27.15	-6.79
农业总产值	亿元	4.43	3.54	到位注册外资	万美元	15	-87.07
粮食总产量	万公斤	681.30	-3.69	农村居民人均可支配收入	元	33633	9.20
工商业开票销售总收入	亿元	287.09	14.23	中小学校在校学生数	人	5730	-2.37
其中:工业开票销售收入	亿元	160.15	16.98	社保参保率	%	93	0(百分点)
服务业开票销售收入	亿元	126.93	10.93	劳动合同签订率	%	98	0(百分点)
规模以上工业利润	亿元	3.93	-8.25	新型农村合作医疗参保率	%	100	0(百分点)

2017年顾山镇开票销售收入前10名企业一览表

表98

名次	企　业　名　称	销售收入(亿元)	法人代表	名次	企　业　名　称	销售收入(亿元)	法人代表
1	江苏云蝠服饰股份有限公司	9.82	郭　健	6	江苏澄阳投资集团有限公司	5.45	杨　亮
2	沐祥集团有限公司	7.10	郭亚霓	7	江阴市源盛铝业有限公司	4.32	王爱东
3	江阴市江洲铜业有限公司	6.88	刘　江	8	江苏通达家居用品有限公司	3.80	陈泱光
4	江阴裕华铝业有限公司	6.40	徐建刚	9	江阴市民达投资有限公司	3.78	郭新民
5	江苏润达光伏股份有限公司	5.82	陈俊律	10	江阴华新电器科技股份有限公司	3.30	郭正平

2017年顾山镇各村(社区)基本情况一览表

表99

村(社区)名称	户数(户)	人口(人)	村(社区)党支部(党总支、党委)书记	村(社区)主任	村(社区)开票销售收入(亿元)
新龚村	1955	7248	郭正平	项建良	25.62
洄东村	898	3131	杨　亮	周伟杰	31.18
南曹庄村	1127	4294	毛二度	周　斌	22.09
顾北村	743	2598	赵玉龙	周旦平	29.18
红豆村	1747	6255	吴敏东	夏飞龙	20.27
解放村	794	2720	潘立新	许敏达	9.67
洄南村	925	3200	徐健荣	徐健荣	2.85
万兴村	967	3119	王洪兴	王永标	4.03
东岐村	1130	3943	吴红一	刘文广	5.23
鉴青村	662	2139	陈金星	陈　新	4.50
赤岸村	1280	4392	李振华	李子红	6.90
李家桥村	800	2910	钱为民	徐　敏	5.40
顾山社区	2011	5804	孙祖涛	周　昶	18.28
北洄社区	1493	4340	金建瑜	徐　波	4.17

【红豆村获评中国美丽休闲乡村】中国美丽休闲乡村由各省遴选推介,农业部组织专家评审,以建设美丽宜居乡村为目标,以推进生态文明、实现人与自然和谐发展为核心,以传承农耕文明、展示民俗文化、保护传统民居、建设美丽田园、发展休闲农业为重点,通过向公众推介一批天蓝、地绿、水净,农居、乐业、增收的美丽休闲乡村,进一步促进新型城镇化和城乡一体化发展,为推进社会主义新农村和美丽中国建设添彩。2017年11月9—12日,由农业部举办的全国首届现代农业新技术和新农民创业创新博览会在苏州市召开。博览会期间,揭晓2017年中国美丽休闲乡村名单,江阴顾山镇红豆村入选中国美丽休闲乡村。据了解,江苏省获此殊荣的有6个,无锡市有2个村入围,其中1个就是红豆村。

【北涸小学获评全国青少年校园篮球特色学校】 北涸中心小学学校篮球发展始于1991年。2001年,学校创编《球韵》篮球校本教材,学生在每周一节的篮球课中,按年级不同要求学习篮球基本功。学校以篮球特色项目为主线,确保每天一小时体育锻炼时间,让每个学生都能享受活动的快乐。20多年来,学校形成篮球进课程、人人打篮球、班班有球队、年级有联赛的良好局面。在无锡市、江阴市各级篮球比赛中获37次冠军。2017年12月,教育部办公厅公布第一批全国青少年校园篮球特色学校,北涸中心小学名列其中。

【2017年全国蒸菜烹饪技能大赛举办】 顾山镇饮食文化源远流长,数千年的文化积淀和富庶繁荣的经济,成就具有浓郁江南水乡美食特色的风格,“凤凰包鸡”“顾山扇子骨”“顾山烧饼”“八大碗”已被列入江阴市非物质文化遗产。全镇有“中华餐饮名店”2个、“江苏省餐饮名店”5个。2017年11月13—14日,2017年全国蒸菜(八大碗)烹饪技能大赛在顾山镇新东方大酒店举行。该次活动参赛单位选手有36个展台,其中外省20个,省内14个,市2个。作为全国性的交流活动,该届蒸菜大赛在创新组织形式,选手全国覆盖以及菜品品质控制上都越发成熟和完善,大赛成为烹饪技艺集中展示、交流和学习的大会,挖掘出更多优秀的菜肴品种,促进更多烹饪工作者融会贯通、兼容并蓄,不断提高烹饪技艺。该次活动还邀请国外嘉宾,来自美国中餐联盟、法国国际烹饪协会、韩国中餐烹饪协会、奥地利维也纳商会餐饮协会、德国中餐协会、澳大利亚华人餐饮商业会、比利时中比美食协会的轮值主席国主席及各国参会代表等150人。

【顾山镇集成改革】 2017年,根据江阴市集成改革精神和部署要求,顾山镇统一思想,全面统筹,扎实推进集成改革工作,原有31个内设部门精简到“两办五局一中心”8个职能机构,全面形成资源优化配置、管理扁平高效、人员编制精干的组织架构。8月30日,镇召开行政管理体制改革动员大会,举行“三大平台”揭牌仪式,管理服务指挥中心、政务服务中心和综合执法局“三大平台”正式运行。管理服务指挥中心具备高效指挥调度、精细网格管理、有效舆情监管的一体化功能,全镇划分为15个一级网格和80个二级网格,构建“1+N”网格化综合管理体系,实现从平面式“网格化”管理模式向立体化“平台+网络”治理模式的转型升级。政务服务中心采取“一窗式”政务服务模式,致力于“一窗通办、一章审批、一站服务”,提供统一按件受理、办件流转和跟踪、收费发证等通办服务,真正实现“让数据多跑路、让百姓少跑腿”。综合执法局全面归并组建成一支包含城管、安监、环保、人社、农林等专业执法人员的综合执法队伍,实行综合执法和公安交警联动的执法模式,实现从各部门单一执法向综合执法转型,真正构建起精准高效的大执法新格局。

【华新电器“新三板”挂牌】 江阴华新电器科技股份有限公司自2002年成立以来,专业从事电磁技术领域内研发、制造、加工和营销,主要产品为各种类型的精密硅钢冲压铁芯,为国内外大型汽车零部件厂商、家电制造厂商、电机制造厂商及输配电设备制造厂商等提供专业配套服务,国际知名客户包括博世、西门子、飞利浦、百得、LS等。产品出口至亚洲和欧美多个国家和地区,在业界具有较强竞争优势。公司于2015年7月6日取得高新技术企业证书,拥有50余种技术专利和产品专利,公司与东南大学建立长期的合作关系,成立江苏省电子精密冲压工程技术研究中心,致力于高速级进模具、精密冲压技术、电磁技术的研究与开发,通过企校合作的模式达到互惠共赢的目的。2017年7月17日,华新电器在“新三板”正式挂牌上市。

【首届红豆文化旅游节启动】 2017年3月25日,顾山镇首届红豆文化旅游节在红豆村启动。是日,举办“爱在红豆、情满顾山”摄影大赛和“三生三世十里桃花”主题走秀活动,邀请周少梅国乐社进行江南丝竹表演。游客们游览红豆院、万亩桃园,参加互动游戏,品尝顾山特色美食,参与顾山特色工业游。启动之后,4月,展示传统美食、戏曲民谣演出、主题车展活动;5月,美食大会、悦读大会;6月,亲子乡村游;7—8月,桃王争霸赛;9月,举办丝竹音乐会;年底,购物节。该文化旅游节的举办,全面激活顾山“兴旅富民”的转型升级之路。

【《顾山镇志》首发式举办】 2017年6月23日,《顾山镇志》首发式在镇文化中心举行。市史志办、市档案局、市委机要保密局、市文广新局、市文联、江阴图书馆等领导出席首发式。《顾山镇志》历时十载,经过6届编委会的悉心编纂,数易其稿,终成定稿付梓。全志22章160万字,通古融今,图文并茂,具体翔实地记录顾山的历史进程,真实生动地记载顾山人民为建设美丽金顾山、共圆幸福梦的奋斗历程。该志突出顾山的地理位置和沿革变迁,一大特色是艺文部分,收录大量顾山籍作者的诗文,增强志书的史料性和可读性,展示了顾山深厚的人文历史内涵。该志的出版为促进顾山经济社会的更快发展,发挥其独特的作用和效益。

【金顾山红豆当代艺术馆挂牌】 2017年2月20日,金顾山红豆当代艺术馆暨艺术家工作室、文化创意实践基地挂牌仪式在顾山镇红豆村举行。顾山镇将借助该艺术馆，加强与艺术家、高校之间的产学研深度合作，加快旅游文化建设，打响红豆文化品牌，为打造全国特色小镇奠定基础。至年末，该艺术馆有包括周刚水彩艺术工作室、陈龙文化创意工作室、薛红艳文化产品设计与精益制造协同创新工作室、金顾山红豆国际艺术家交流工作室、金顾山红豆文化共创空间、苏州大学金顾山凤凰传媒创作基地、金顾山红豆爱情微影城、苏州大学凤凰传媒学院写生实践基地、苏州大学凤凰传媒学院广告与视觉传达实践基地等在内的工作室与创意实践基地建成。

【见义勇为小英雄江铖彬】 2006年出生的江铖彬，家住顾山镇万兴村，是北涠中心小学六年级的一名学生。2017年11月18日下午，周六休息在家的小江走过家门口的小河边时，忽然听见有人喊“救命”，他立即冲到河边，看到有3名男孩掉到河里，正扒在河边的石板上挣扎。见情况危急，小江没有多想，左手抓住旁边矮墙，伸出右手抓住孩子的手，使劲把他拽到石板上。救第2个小孩时，小孩一把将小江的眼镜抓到河里去了。小江没有犹豫，一使劲，把小男孩拉上岸。随即，他又用同样的办法，把第3个小男孩拉上了岸。由于救援及时，3个落水小男孩全部平安。经了解，被救起的3名小男孩当天在河边石板上玩时，有2个孩子不慎落水，第三个孩子去救他们时，自己也被拉入水中。这位11岁的少年因救起3名落水儿童，获江阴市见义勇为基金会颁发的见义勇为先进个人的荣誉证书和奖金。

【“美丽家园·画说顾山”名家画名镇画展开幕】 2017年9月20日，“美丽家园·画说顾山”名家画名镇画展开幕。此次画展所展出的作品，是以中国美术学院副院长周刚为代表的多名画家进行创作的，历时四个月，作品50余幅。这些作品展现出顾山的历史、自然、人文景观、文明乡风等，有较高的艺术观赏性，极富收藏价值。画展结束后，结集出版“美丽家园·画说顾山”画册。开幕式期间，中国美术学院设计学院副院长周刚进行发言，江阴市副市长许晨与他一起开启画展之门。活动参与人员共同参观了画展。

【红豆相思文化暨《最相思》电影创作研讨会】 2017年8月24日，顾山镇召开江阴顾山红豆相思文化暨《最相思》电影创作研讨会。会议期间，与会人员共同观看《最相思》顾山红豆宣传片，围绕初步电影故事梗概和红豆文化进行交流发言。江苏电影电视评论家学会副会长总结研讨会讨论成果。就《最相思》(暂定名)电影摄制，镇党委宣传委员代表江苏相思文化产业发展有限公司与南京中瀚影视文化传播有限公司签订合作协议书。当日，与会嘉宾代表一行对顾山人文以及经济发展情况进行考察。还参观镇红豆院、百花园、香山寺、丰硕紫檀博物馆等地，进一步了解顾山的风土人情以及民风民俗。（许震中）

祝塘镇

【概况】 祝塘镇是徐霞客的祖居地，位于江阴市东南，南北分别与无锡市区、江阴市区相距20余千米，云顾、祝陆、祝璜、祝文公路在镇区交汇，暨南大道和长山大道在镇域内过境，锡华大河贯穿全境，是澄东地区重要的交通枢纽。区域面积59.59平方千米，耕地面积2343公顷，下辖12个行政村(其中2个村居合一)。2017年年末，有户籍人口60813人，其中男性30108人、女性30705人；有少数民族18个332人，其中男性37人，女性411人。有外来人口90084人，其中男性45547人、女性44537人。

政治建设　紧扣中共十九大精神、习近平新时代中国特色社会主义思想以及“两学一做”*学习教育常态化制度化学习宣传，理论武装和舆论宣传持续加强。镇领导班子扎实开展中共十九大精神专题学习会、“两学一做”常态化制度化交流研讨会，切实打牢领导班子能力水平。通过召开“学习十九大、走进华西村、建设新祝塘”传达中共十九大精神大会、瞻仰红色教育基地以及镇领导广泛深入基层党组织宣讲中共十九大精神。始终坚持党管意识形态的原则，坚决守好主阵地、汇聚正能量，不断夯实意识形态工作群众基础，牢牢把握意识形态话语权和主动权。落实年度党员冬训工作以及“七一”系列活动，党员冬训参与率98%。在微信公众号上开通“书记谈‘两学一做’”“我学中共十九大”等党课学习专栏，全面下发中共十九大系列理论读本和新党章，开展“炎黄讲堂”、支部书记讲党课等活动，广泛宣传中国共产党的理论创新成果和治国理政新理念。统筹推进各领域党建工作，新建3个重点骨干企业党组织，新增1个市级党建示范点。全年培养入党积极分子95人，发展党员40人。扎实开展干部培训工程，干部梯队建设显现成效。落实村级党建“雁阵计划”和党代表联系党委委员、联系党员、联系群众“三联”创新工程，2个村成功升格为二级党委。深入纠正“四风”*，夯实“两个责任”*，全面启动农村“三资”*审计监管。始终保持反腐高压态势，严肃查办发生在重点领域、关键环节和群众身边的各类违纪案件。落实群团组织改革要求，圆满完成镇总工会、共青团、妇联、文联的换届工作。坚持党的集中统一领导，全力支持人大、政府开展工作，统战、人武、双拥、老干部等各项工作取得新进展。

经济建设　全年实现地区生产总值95.23亿元，比2016年增长7.6%；实现工商业开票销售267.05亿元，增长17.57%，其中工业开票销售首次突破210亿元大关，达216.63亿元，增长14.23%，商业开票销售50.42亿元，增长34.45%；实现工业总产值310.07亿元，增长18.12%，限额以上批发零售业零售额3.66亿元，增长17.9%；实现进出口总额5.42亿元，增长12.57%，其中自营出口5.17亿元，增长12.56%；新增到位注册外资2020万美元；完成工业用电量6.8亿千瓦时，增长7.09%；实现财政总收入13.23亿元，增长25.21%；公共财政预算收入历史性突破7亿元，达7.19亿元，增长30.84%。全年粮食总产量1584.7万公斤,实现农业总产值5.39亿元,增长3.55%。全年实现固定资产投资39.60亿元,增长16.03%;其中工业投资22.58亿元,服务业投资16.14亿元,分别比2016年增长17.60%和14.55%。总投资10.38亿元的优彩环保复合型熔纺非织造布项目作为江阴市金秋经贸洽谈会的重点项目顺利签约;华能热电一期、陆地方洲、尚东二期、优彩研发展示中心、天而然高档毛纺面料扩能项目加紧手续办理;恒泽三期、海江纱厂碳纤维混纺纱线技改扩能项目加快基建进度;昌润新材料电子极耳项目、恒润环锻风电法兰技改项目有序推进。新增上市公司1个、"科创板"挂牌企业1个。

社会建设 创新发展步伐坚实,企业创新力度加大,全年新认定省高新技术企业1个、省民营科技企业6个,新增省名牌产品1种、无锡市名牌产品2种,2个企业参与国家、行业标准制订,优彩环保荣获"纺织之光"中国纺织工业联合会科技一等奖。创新平台加快搭建,俞建勇院士工作站升级为无锡市院士工作站,采纳科技与南京大学教授、中国科学学院院士陈洪渊签约成立全镇第二个院士工作站,新增市级以上工程技术研究中心11个。新引进海外引智项目1项,新增专业技术人才165人,其中高层次人才12人、海外留学人才5人,实施产学研合作项目3项。祝塘石墨烯小镇被正式列入无锡市首批特色小镇培育建设名单。持续加大教育教学投入,完成文林小学体育馆建设,祝塘小学体育馆新建工程顺利启动,祝塘二中中考成绩位列全市第一方阵,祝塘中学高考本科进线率实现新突破。围绕"一枚公章管审批、一支队伍管执法、一个平台管服务、一张网格管治理"目标,稳步推进全镇行政管理体制改革。召开改革动员大会,公布机构改革"三定"*方案,成立"两办五局一中心",成为全市第一批成功复制徐霞客镇改革经验的镇(街道)之一。依托管理服务指挥中心平台,整合各级各类管理网格,构建"一长五员"*网格管理体系。整合城管、人社、安监、环保等部门,组建综合执法局,全面推进综合行政执法。完善"线上线下、虚实一体"的实体化政务服务平台,创设"前台+后台"管理架构,承接上级下放的75项办事权限,行政审批和公共服务事项推行"一窗式"服务模式,业务量逐月攀升。石墨烯特色小镇、新镇区、全镇生活污水管网远期规划等重点规划持续细化深化。完成镇北路立面改造及亮化工程,完成纵二路、茂荡路、新阳路、景阳弄、南街等道路新建或改造,总长20千米的环镇绿道全面建成。新增路牌109块,启动祝璜路、祝陆路、华昌路(范钱路)改造与云顾路、金昌路、霞顾路建设前期工作。持续推进水利工程,总投资7000余万元的青祝河、富贝河防洪排涝工程和祝塘镇应急防洪排涝工程全面建成,新建排涝站25座、修筑加固堤防15千米。投资300余万元完成祝塘派出所内部设施、综合执法局办公楼、交警中队办公用房、镇"职工之家"等建设改造工程。水利农机站、五院急救中心新建与文林卫生院改造项目顺利启动。全年完成拆迁2.8万平方米,投资4500余万元建成金润苑二期1.55万平方米安置房,同时启动建南苑二期安置房建设。生态环境显著改善,扎实开展"263"专项行动*,大力推进"减煤"工作,改造熔炼炉4台,11台低温定型机改用天然气;大力开展水环境治理,整治黑臭河道6条,河道监测断面水质考核位居全市前列。23个重点企业推进危废规范化处置工作。全面启动印染行业污水预处理工程。黑作坊、小片印花与油墨印刷企业整治"回头看"持续深入开展。关停整治小散畜禽养殖场306户,拆除养殖棚舍12.2万平方米。全面取缔全镇70个垃圾中转站,生活垃圾委托外包方统一收运,工业垃圾实施有偿代运服务。完成工业园区和文林社区1.5平方千米区域的生活污水接管,铺设主管10千米、支管36千米;全面启动71个自然村生活污水治理,控源截污实现由镇区、社区、园区向农村覆盖。新增绿化造林面积33.33公顷,创建省级绿化示范村1个;完成夏、秋两季农作物秸秆综合利用与禁烧工作。全面完成新一轮村庄环境综合整治,完成109个自然村庄的环境整治,打造市级整治示范点2个。文明创建更有力度。通过学习观摩、业务培训、现场巡查、暗访督查等方式纵深推进。编发35期创建工作简报,利用微信公众号刊发文明创建动态和成效。持续打造"炎黄"系列品牌,举行"炎黄风尚"大讨论暨第二届"祝塘炎黄"表彰会,开展"炎黄风尚"公益课堂,活跃"炎黄"系列志愿服务队伍,扎实完善志愿服务体系,有效促进志愿者注册率和平均服务时长双增长。开展家风家训、星级文明户评选挂牌工作。收集上报"身边好人"事迹6000个、"最美人物"24个,在镇村两级开展每季度至少一次道德讲堂,在各村(社区)成立红白理事会,大力营造乡风文明。开展文明交通主题活动,组建市民巡访团和文明引导员队伍。民生福祉稳步提升。扎实开展"连心富民、联企强镇""大走访"活动,累计走访企业上千个,走访农户1.6万余户,梳理解决各类问题621个。实现本地劳动力就业2317人,扶持自主创业131人;完成社保扩面2717人、城保净增1388人、本地户籍续保225人,均超额完成市下达的指标。完成新农合参保32254人、公共免费健康体检11558人。顺利通过国家卫生镇复审。市五院获评市十佳诚信医院。5个村(社区)卫生服务站完成提档升级。新(改)建水冲式公厕150座。467人完成"即征即保"工作。全年发放各类救助金、补贴758.8万元,村级医疗互助慈善项目实现全覆盖。收缴"慈善一日捐"33.2万元、慈善冠名基金100万元。全面启动73个自然村自来水"一户一表"改造。新增"10分钟体育健身圈"17个,积极参加无锡市第十二届运动会和市第七届全民运动会各项比赛,获男子拔河比赛第一名。芳草地舞蹈队获评无锡市群众体育先进集体。成功承办2017年度无锡市暨江阴市文化、科技、卫生"三下乡"活动,承先古桥完成修缮。持续坚定文化自信。广泛组织"文明祝塘"群众性文艺活动,开展"炎黄之乡、大爱祝塘"送戏下乡演出32场,送评弹下乡30场。举行2场广场文艺会演,全年创作文艺作品60余件,舞蹈《家乡的味道》获江阴市第四届“芙蓉花奖”创作一等奖,健身舞《天边》获江阴市第五届全民广场舞大赛特等奖。撰写撤县建市30年专题报告,收集整理相关资料数据。邀请于玲子女出席“江抗”纪念馆揭牌暨《两代“江抗”老战士于玲的回忆》赠书仪式,无锡市新四军历史研究会先后两次调研祝塘。举行承先桥维修保护工程竣工仪式暨“金秋硕果·承先遗韵”挖掘乡土文化座谈会,《北湾村志》编修完成,特色乡土文学刊物《筑塘》连续6年编辑出版11期。档案、工青妇、红十字会等各项工作也取得新进展。社会治理不断强化。深化“平安祝塘”“法治祝塘”建设,扎实推进“七五”普法工作。拓展延伸法律服务网点,创设“法律诊所”。完善网格矛盾排查化解机制,全面开展矛盾纠纷排查调处“百日会战”行动,圆满完成中共十九大召开期间等一系列重大时间节点的安保和信访稳定工作。全年主动公开政府信息62条,政府行政更加透明。健全对限额以下工程建设项目招投标、政府工程以及村级集体资金工程管理的机制。建立重大事项公开机制和社情民意联系机制,党务、政务、村务“三务”公开更加规范。全年受理“12345”公共服务呼叫中心热线各类投诉、咨询建议1966条,及时受理率、及时答复率、意见满意率均为100%。积极开展企业工资月薪制排查,扎实开展企业安全托管,有力有序推进出租房屋安全隐患集中整治并取得积极成效,全镇安全生产形势总体持续稳定。

2017年祝塘镇主要经济社会指标一览表

表100

指 标	单 位	数 量	比2016年增减(%)	指 标	单 位	数 量	比2016年增减(%)
一般公共预算收入	亿元	7.19	30.84	固定资产投资总额	亿元	39.60	16.03
地区生产总值	亿元	95.23	7.60	其中:工业投资	亿元	22.58	17.60
其中:第二产业	亿元	60.61	7.80	进出口总额	亿元	5.42	12.57
第三产业	亿元	31.34	7.50	其中:出口额	亿元	5.17	12.56
农业总产值	亿元	5.39	3.55	到位注册外资	万美元	2020	34.67
粮食总产量	万公斤	1584.70	-4.93	农村居民人均可支配收入	元	35060	9.80
工商业开票销售总收入	亿元	267.05	17.57	中小学校在校学生数	人	9077	2.10
其中:工业开票销售收入	亿元	216.63	14.23	社保参保率	%	100	0(百分点)
服务业开票销售收入	亿元	50.42	34.45	劳动合同签订率	%	98	0(百分点)
规模以上工业利润	亿元	7.19	14.13	新型农村合作医疗参保率	%	100	0(百分点)

2017年祝塘镇开票销售收入前10名企业一览表

表101

名次	企 业 名 称	销售收入(亿元)	法人代表	名次	企 业 名 称	销售收入(亿元)	法人代表
1	江阴市百舸有色金属材料有限公司	42.68	徐宇清	6	江阴市飞燕实业有限公司	4.33	蒋云南
2	优彩环保资源科技股份有限公司	12.90	戴泽新	7	江阴嘉澜服饰有限公司	3.55	朱 斌
3	江苏贝德服装集团有限公司	8.18	蒋忠伟	8	江阴市亚瑞服装有限公司	3.43	祈瑞华
4	江阴市友佳珠光云母有限公司	7.73	戴加龙	9	江阴市春达铝业有限公司	3.25	朱忠良
5	江阴市恒润环锻有限公司	5.62	承立新	10	无锡鹰贝精密轴承有限公司	3.11	王 东

2017年祝塘镇各村(社区)基本情况一览表

表102

村(社区)名称	户数(户)	人口(人)	村(社区)党支部(党总支、党委)书记	村(社区)主任	村(社区)开票销售收入(亿元)
永昌村	1238	5020	王　华	王　征	53.94
建南村	1606	6194	王　良	颜荣良	44.53
文林村(社区)	2048	6986	张荣庆	龚东良	36.99
金庄村	1926	7342	孔瑞用	何德兴	35.38
景阳村(社区)	1562	5017	陆金伟	沈岳虎	22.49
永平村	1278	5009	华　兴	华　兴	17.43
河湘村	1275	4566	龚　军	朱建飞	16.44
北湾村	931	3213	王军伟	潘学红	14.25
富顺村	1581	5472	潘浩德	孙建刚	6.08
茂龙村	918	3552	顾叙兴	顾叙兴	5.55
五福村	1421	4843	张星伟	季　刚	4.93
石堰村	1045	3629	黄岳兵	徐立新	2.00

【获评全国乡风文明示范镇】 2015年以来,祝塘镇以“祝塘炎黄”为示范引领,在全镇范围内广泛张贴宣传社会主义核心价值观等公益广告,依托道德讲堂、广电站、文化广场等载体,为移风易俗造浓氛围。组织开展传承好家风巡讲活动,利用镇村各地的宣传栏、文化长廊、灯箱、展板等载体,将移风易俗、节俭养德等公益宣传和社会主义核心价值观、讲文明树新风等内容有机结合,让群众在耳濡目染中加深理解。组织开展“星级文明户”创建评选活动,使群众身边的榜样成为乡风文明的推动者和引领者。通过深入挖掘先进典型,在广大家庭中积极倡导先进家庭文化,传递尊老爱幼、勤俭持家的观念,在全社会形成良好风尚,选树孝老爱亲的榜样黄亚平,获评第四届“江阴十佳好人”提名奖。各村(社区)全面履行属地责任,组织群众修订完善村规民约,建立完善红白理事会,引导群众主动破除各类旧俗陋习。随着文明创建各项工作的有序开展与稳步推进,全镇乡风文明内涵不断丰富、领域不断拓展,镇村环境面貌和文明程度得到显著提升。2017年年末,由中国合作经济学会农村社区小康建设专业委员会主办的振兴乡村决胜全面小康大会暨2017年小康风度盛典在北京举行,祝塘镇获评全国乡风文明示范镇,为江苏省唯一获此殊荣的乡镇。

【第十三届海峡两岸纳米科学与技术研讨会召开】 2017年4月20日,由中国科学院主办、国家纳米科学中心和江阴市政府共同承办的第十三届海峡两岸纳米科学与技术研讨会在江阴开幕,中国科学院院士解思深、国家纳米科学中心主任刘鸣华等两岸三地70余名纳米材料和石墨烯领域的专家学者及相关领导出席研讨会,共同探讨产业发展趋势、分享最新研究成果、推进技术交流合作,无锡市委常委、江阴市委书记陈金虎在研讨会上致辞。至年末,位于祝塘的中国碳谷科技集团有限公司通过多年努力成功研发自有的石墨烯微机械剥离工艺,实现高品质石墨烯片的工业化生产。生产的石墨烯具有零缺陷、高品质、低成本和绿色环保的优势,并在下游应用开发的锂离子电池、纤维、涂料等方面取得一些突破。与会专家在参观碳谷科技后就石墨烯的研发与制备以及下游应用进行深入的探讨和交流。此次海峡两岸纳米科学与技术研讨会的举行,为江阴企业和台湾科技界在石墨烯领域打造了一个全新的技术研发和产业合作平台,对两岸高科技产业的融合发展起到积极的推动作用。

【“江苏采纳科技”院士工作站成立】 江苏采纳医疗科技有限公司于2013年成立,是祝塘镇石墨烯产业、医疗器械制造产业和绿色循环产业“三大新兴产业”中医疗器械制造产业的代表企业。2017年11月3日,“江苏采纳科技”陈洪渊院士工作站正式签约挂牌,为该镇继优彩环保资源科技股份有限公司俞建勇院士工作站后的第二个院士工作站。中国科学院院士、南京大学教授陈洪渊,江阴市委副书记、组织部部长崔荣国,南京大学高新技术研究院院长陈强,江阴市副市长杨云,市委组织部、市经信委、市发改委、市科技局及相关市镇领导出席挂牌仪式,陈洪渊和崔荣国共同为院士工作站揭牌。此次采纳医疗与院士陈洪渊共建协议的签署,有助于进一步围绕医疗器械、生命分析等领域开展研究工作,解决现有技术难题,开发新型医疗器械产品,实现科技成果产业化,持续推动经济转型升级与产业结构优化。

【祝塘石墨烯小镇被列入无锡市特色小镇培育】 2017年8月11日,无锡市政府公布全市第一批市级特色小镇培育建设名单,祝塘石墨烯小镇名列其中,红豆杉健康小镇、广益家艺小镇、惠山古镇和西渚禅居小镇同时入选。祝塘石墨烯小镇建设以政府为主导,以合成云母和石墨烯等二维材料领域的高端制造上市企业为载体,在产业生态上打造独具特色的"一体两翼三核心"。"一体",即石墨烯产业服务综合体,主要包含政策服务中心、产业信息服务平台、人才培训平台以及智慧社区平台等;"两翼"即上下游配套产业,主要在小镇范围内构建完整的石墨烯产业链;"三核心"即龙头企业产业引领核心、人才集聚技术推动核心和云商服务市场助推核心。在空间布局上打造二维材料概念的"一带一路",即具有政策服务功能、智力支撑功能、工业旅游功能、社区服务功能的产业发展综合服务带,和南北畅通、东西联通的产业发展快速路。在行业引领上打造全球化交易平台,力争用3年时间投资78亿元,建成一个空间边界明晰的创新创业小镇。

【祝塘镇行政管理体制改革】 2017年8月27日,祝塘镇召开行政管理体制改革动员大会,传达省委、无锡市委和江阴市委关于集成改革试点工作的最新要求,公布全镇机构改革"三定"方案。此前,经过充分调研,多方听取意见,经市编办审核、市委办和市政府办批准,祝塘镇机关核定行政编制45人,财政专项编制9人,司法专项编制4人,事业编制58人,其中领导职数9人,局长(主任)8人、副局长(副主任、科长)22人、中队长3人、副科长(副中队长)26人。镇机关原本11个大部门,37个内设机构精简为"两办五局一中心"8个职能机构,即党政办公室、政法和社会治安综合治理办公室,经济发展和改革局、综合执法局、社会事业局、财政和资产管理局、建设局和政务服务中心,并由此形成大服务、大执法、大经济、大建设的一门式格局。随后,新成立的"两办五局一中心"于27日、28日分别召开成立大会,部署人员调整和交接工作,至29日所有人员全部到岗到位。

【"三大平台"建成揭牌】 2017年,祝塘镇根据市委、市政府统一部署,坚持"上下联动、狠抓落实、限时完成"的工作思路,扎实推进政务服务中心、综合执法局和管理服务指挥中心"三大平台"建设。政务服务中心借用江阴地税局祝塘分局大楼,总面积近6000平方米,其中服务大厅近1000平方米,设置12个综合服务窗口、6个专业窗口和1个银行窗口,外加1个相对独立的公安服务窗口。至8月20日,政务中心外部改造、内部装潢、强弱电安装和办公用品配备全部到位;综合执法局利用原祝塘城管中队办公场所进行升级改造,占地面积近0.53公顷,建筑面积1200平方米;管理服务指挥中心依托原城管中队综合执法指挥系统完成升级改造,综合管理服务平台软件系统完成升级。24日起,电信部门陆续开展"智慧城市"综合管理平台"平板终端"信息采集、交付及终端APP安装使用培训等基础工作,至29日基本到位。31日,市委副书记、组织部部长崔荣国赴祝塘镇为"三大平台"揭牌,该镇行政管理体制改革取得阶段性成果。

【市文化科技卫生"三下乡"活动启动】 2017年1月13日,由无锡市委宣传部、江阴市委宣传部共同组织的2017年无锡市暨江阴市文化科技卫生"三下乡"活动启动仪式在祝塘镇举行。此次"三下乡"活动由无锡市和江阴市相关部门分别组成卫生计生分团、文化服务分团、农业科技分团、法制宣传分团、志愿者服务分团、道德法制分团等,开展科学知识普及等活动,提供健康卫生、公共文化服务等服务。和以往的"三下乡"活动不同,这次活动还设置"澄韵流芳"非遗文化展示环节,灰塑、发禄袋、铁艺、珐琅器制作等非遗传承项目在祝塘镇世纪公园广场一一展示,吸引众多市民前往观赏。无锡市、江阴市领导以及祝塘镇相关领导参加"三下乡"活动启动仪式,并现场观赏"澄韵流芳"非遗文化展示活动。

【2017年经贸洽谈会举行】 2017年9月22日,祝塘镇举行2017年经贸洽谈会项目签约仪式,10项产业项目和1项产学研合作项目成功签约,签约项目总投资61.08亿元。其中包括总投资30亿元的华能江阴燃机热电项目、投资10.38亿元的优彩资源复合低熔点纤维项目、投资10亿元的泰科纳米石墨烯二期项目、投资2.5亿元的尚东二期房地产项目、投资2亿元的陆地方洲房地产项目、投资1.65亿元的天而然纺织高档毛纺面料扩能项目、投资1.5亿元的新力化纤差别化短纤项目、投资1.05亿元的昌润电子极耳项目、投资均为1亿元的恒润环锻风电法兰技改项目和优彩资源研发展示中心项目,以及江苏百舸有色金属工业科技有限公司与河海大学的"产学研"合作项目。

【金润苑二期安置房竣工】 2017年2月,祝塘镇启动金润苑二期安置房建设工程,该工程位于祝塘镇金水路西侧、金庄村委北侧,为2017年度党委、政府实事工程之一,具体为建设4栋6层框架结构居民楼,建筑面积1.55万平方米,项目总投资4200万元,由江苏华电工程设计院有限公司进行设计,江阴市凯立得建设工程有限公司负责施工,江阴市澄宁项目管理有限公司监理。7月,5~7号三幢楼房主体完工。至11月,5~7号三幢楼房土建、安装及室外基础工程全面竣工。12月,8号楼全面竣工。

【恒泽三期扩能项目顺利开工】 江苏恒泽复合材料科技有限公司成立于2011年4月,公司主要生产工程用涤纶短纤维、地毯纤维、汽车内饰用纤维,产品具备阻燃、防紫外线、防辐射、夜视、珠光云母纳米复合、超高弹模、抗菌、抑菌、隔音等功能,广泛用于汽车、高铁、飞机、核电等领域。为进一步满足市场需求,在恒泽一期、二期扩能的基础上,公司征用土地2.2公顷,投资1.5亿元建设年产4万吨的功能性复合型特种纤维三期扩能项目,新建生产及辅助用房20553平方米,购置前纺设备、后加工处理设备等国产设备848台套。2017年9月22日,祝塘镇举行江苏恒泽复合材料三期年产4万吨功能性复合型特种纤维项目开工仪式,计划2018年8月竣工投产。项目投产后,有望新增销售5.7亿元、利税1.32亿元。

【2个村升级为镇第二批党委行政村】 北湾村于2002年3月由北湾村、文北村合并而成,辖区面积3.8平方千米,常住人口3228人,流动人

口6200余人,有7个党支部,党员166人,以“01234”党建方法为工作核心,以“亲民党建”为主题,全力打造“紧密联系群众、为民多办实事”的务实型党组织。金庄村于2006年9月由原金鹅墩村、孔西庄村、漫水村三村合并而成,辖区面积7.35平方千米,常住人口7359人,流动人口11000余人,有正式党员266人,下设3个农村党支部和8个非公企业党支部,该村建有党建陈列馆、党建文化公园、党代表工作室、党建文化墙等党建特色文化阵地,是市级党建示范点,其“贴心党建”工作法受到市委组织部的肯定。2017年8月31日,祝塘镇召开金庄村、北湾村党委成立大会。成立仪式上,市委副书记、组织部部长崔荣国为金庄村、北湾村党委揭牌;市委组织部部务委员、组织科科长任洁宣读市委批复;镇党委书记赵炯向金庄村党委书记孔瑞用、北湾村党委书记王军伟授印。

【“炎黄”风尚大讨论暨“祝塘炎黄”表彰会】 从2015年起,祝塘镇大力宣传“炎黄”精神,打响“炎黄”品牌,于2015年正式成立炎黄志愿服务总队,下属15支志愿服务分队,全镇有注册志愿者2万余人。2017年12月9日,祝塘镇举行“炎黄风尚”大讨论暨第二届“祝塘炎黄”表彰会,共话公民道德培育和精神文明建设,进一步大力宣传和弘扬“炎黄”精神、营造“炎黄”风尚。江阴市委宣传部副部长、市文明办主任薛建国,江阴市相关单位领导,祝塘镇全体党政领导以及“感动中国人物”“中国好人”“江苏好人”“江阴好人”及“祝塘好人”代表出席活动。活动中,对10位获评第二届“祝塘炎黄”称号的好人进行表彰,好人代表纷纷发言,分享各自对志愿奉献的感悟与理解。

【“江抗”祝塘纪念馆挂牌江阴市党史教育基地】 “江抗”(“江南抗日义勇军”)祝塘纪念馆位于祝塘积庆公园内,于2015年10月筹建,2016年10月建成开馆,总造价140万元,占地320平方米。展馆采用声、光、电和多媒体技术以场景还原、实物展示等形式,讲述了抗战期间新四军领导下的抗日武装“江抗”,在祝塘开展武装斗争的情况,以及祝塘人民为抗战所贡献的力量。2017年9月26日,“江抗”祝塘纪念馆正式挂牌江阴市党史教育基地,为该镇继英烈苑之后的第二个江阴市级党史教育基地,市史志办领导出席仪式。

【《富顺村志》和《北湾村志》印刷】 2016年12月,由祝塘镇富顺村村民委员会编纂的《富顺村志》正式印刷,全志21万余字,彩照及附图1000余幅,设18章72节,加附录,上起事物发端,下限至2016年。2017年10月,由祝塘镇北湾村村民委员会编纂的《北湾村志》正式印刷,全志40余万字,彩照及附图700余幅,设24章63节。这两部村志为该镇继《五福村志》《石堰村志》后的第三、第四部印刷的村志。两志分别记述所在辖区的建置沿革、环境资源、人口姓氏、基础设施、经济建设、党群组织、文教体卫、人民生活、乡贤先辈、乡村轶事等方面的情况,并均编写大事记。两部村志的编撰付印,为当地人民留下了一笔丰富的历史文化遗产,也是该镇文化建设领域的又一项丰硕成果。

【承先古桥重修】 承先桥,又名崇村桥,位于祝塘镇文林村章家村前的崇村白荡与潘家荡交汇之窄口,南侧与无锡市锡山区交界。此桥始建于清顺治十三年(1656年)冬,桥长25米,圆弧拱净跨6.5米,桥面宽3.6米。全桥由青石条石建造,桥顶石板上下两面刻有“双龙戏珠”图案,具有明朝桥梁风格,但历经360余年风雨沧桑,以及遭受日寇炮火等劫难,桥基动摇倾斜,桥栏及侧塘石脱落,随时有倾塌之危险。为保护这一历史文化遗产,祝塘镇拨款抢救维修,江阴市文物管理委员会及文广新局给予经费及技术指导,属地文林村委大力支持。该工程由苏州园林发展股份有限公司承修,于2016年10月启动,通过筑堤排水,以古制营造法式,校正桥基,补筑侧塘石,重铺石级踏步,架设桥栏,于河床建反弓式钢筋混凝土基础,支撑水盘石永不移位等手段,历经数月,于2017年8月竣工,总投资250万余元。10月26日,祝塘镇举行承先桥维修保护工程竣工仪式,副市长许晨和镇党委书记赵炯共同为“承先桥重修记碑”揭牌。

【丁道昌获评第四届“十佳江阴好人”】 自2012年以来,祝塘中心小学退休教师丁道昌以超龄志愿者身份,连续12次赴宁夏回族自治区海原县义务支教。他第一次带去2张乒乓桌、200个球、30块乒乓球拍,教学生打一年乒乓球。之后,他的举动带动周围好心人和企业组团加入到献爱心的行列中来,5年来累计捐助价值41万元的物品。支教学校从一所远景希望小学,发展到面对当地所有的贫困学校,据不完全统计,涉及当地6所小学、2所中学,有2000余名学生都得到帮助。2017年6月14日,江阴市举行江苏省道德模范与身边好人(无锡·江阴)现场交流活动暨第四届“十佳江阴好人”颁奖典礼,祝塘镇教师丁道昌获评第四届“十佳江阴好人”。

(胡　昊)

■类目编辑　纪晓华

组织机构和领导人员名录

市级机构

中共江阴市委

书　　记　陈金虎
副 书 记　蔡叶明
　　　　　崔荣国
　　　　　袁秋中
常　　委　计　军
　　　　　冯爱东（至3月）
　　　　　吴　芳（女）
　　　　　陈兴华
　　　　　费　平
　　　　　佘银龙
　　　　　程　政
　　　　　尹　平
　　　　　仲　剑（11月任，挂职）

江阴市人大常委会（党组）

主　　任　孙小虎
代 主 任　郑　元（至1月）
副 主 任　倪颖伟（至1月）
　　　　　郑　元（至1月）
　　　　　唐仲贤
　　　　　龚振东
　　　　　朱　敏
　　　　　黄耀清
党组书记　孙小虎
副 书 记　唐仲贤

江阴市人民政府（党组）

市　　长　蔡叶明
副 市 长　吴　芳（女，至1月）
　　　　　费　平
　　　　　龚振东（至1月）
　　　　　唐仲贤（至1月）
　　　　　虞卫才
　　　　　韩　民（至1月）
　　　　　赵　强
　　　　　郁秋皓
　　　　　张国兴（赴陕西延川挂职）
　　　　　张韶峰
　　　　　许　晨（女）
　　　　　陈文斌（4月任，赴新疆工作）
　　　　　佘新泉（至8月，挂职）
　　　　　徐　成（4月任，挂职）
　　　　　吴虹娟（女，5月任，挂职）
　　　　　赵亮亮（7月任，挂职）
　　　　　杨　云（8月任，挂职）
　　　　　于　政（12月任，挂职）
　　　　　仲　剑（11月任，挂职）
党组书记　蔡叶明
副 书 记　费　平

政协江阴市委员会（党组）

主　　席　徐冬青
副 主 席　须振宇（至1月）
　　　　　黄丽泰（女，兼，至1月）
　　　　　韩　民
　　　　　张英毅
　　　　　喻伟力
　　　　　陈兴初
　　　　　张晓东
党组书记　徐冬青
副 书 记　须振宇（至1月）
　　　　　韩　民

中共江阴市纪律检查委员会

书　　记　佘银龙
副 书 记　郁李达
　　　　　陈明波（至8月）
　　　　　陆　欣（8月任）
常　　委　陆　欣（至8月）
　　　　　顾行行（至7月）
　　　　　邹宇伟
　　　　　冯　涛
　　　　　高振华（7月任）
　　　　　刘　敏（女，7月任）

市委巡察工作办公室、市委巡查组(★)

市委巡察工作办公室

主　　任　邹宇伟(7月任)
副 主 任　董克伟(7月任)

市委第一巡察组

组　　长　冯　涛(7月任)
副 组 长　沙雪蓉(女,9月任)
　　　　　刘丽渊(女,7月任)

市委第二巡察组

组　　长　王　青(7月任)
副 组 长　沈国庆(9月任)
　　　　　王霁霞(女,7月任)

市委第三巡察组

组　　长　夏宏伟(7月任)
副 组 长　陆　慧(9月任)
　　　　　李　亚(女,9月任)

市委第四巡察组

组　　长　钱丽英(女,7月任)
副 组 长　黄永平(9月任)
　　　　　李　伟(9月任)

市纪委派驻纪检监察组(★)

派驻第一纪检监察组

组　　长　倪涛峰(6月任)

派驻第二纪检监察组

组　　长　吴燕萍(女,6月任)

派驻第三纪检监察组

组　　长　吴　灏(女,6月任)

派驻第四纪检监察组

组　　长　秦　伟(6月任)

派驻第五纪检监察组

组　　长　张　磊(6月任)

派驻第六纪检监察组

组　　长　王　辉(6月任)

派驻第七纪检监察组

组　　长　陈　熙(6月任)

派驻第八纪检监察组

组　　长　卫建仁(6月任)

派驻第九纪检监察组

组　　长　李国忠(6月任)

派驻第十纪检监察组

组　　长　韩映红(女,6月任)

市委办公室

主　　任　张韶峰
副 主 任　唐晓峰(至5月)
　　　　　汤建影
　　　　　谢映军(至4月)
　　　　　曹雪刚
　　　　　石效民
　　　　　季　勇(12月任)

市委政策研究室

主　　任　郭　诚
副 主 任　刁　衍

市委组织部

部　　长　崔荣国
副 部 长　张志浩
　　　　　王建新
　　　　　冯明刚
　　　　　叶雪琴(女,兼,至2月)
　　　　　谢映军(7月任)
部务委员　王　青(至7月)
　　　　　时军文(至6月)
　　　　　周　麒(7月任)
　　　　　任　洁(女,7月任)
市委组织员办公室
主　　任　张志浩
　　　　　谢映军(12月任)
市新经济社会组织党工委
书　　记　王建新(至4月)
　　　　　谢映军(4月任)
　　　　　马忠洪(12月任)
副 书 记　范　荣(赴新疆工作)
　　　　　吴　燕(女,7月任)

市委宣传部

部　　长　程　政
副 部 长　周晓虹(女)
　　　　　杨建忠
　　　　　薛建国
　　　　　李增杰(8月至11月,挂职)
　　　　　吴　燕(女,12月任)
部务委员　曹　琰(女,12月任)
文明办主任　薛建国
副 主 任　曹　琰(女)
　　　　　余益平(12月任)

市委统战部

部　　长　袁秋中(4月任)
　　　　　陈兴华(至4月)
副 部 长　陈雪源
　　　　　高文展(至6月)
　　　　　蔡　欣(6月任)
　　　　　陶建国(兼)
　　　　　潘少峰
部务委员　汪小琳(女)

市人民政府侨务办公室

主　　任　高文展(至6月)
　　　　　蔡　欣(6月任)

市委台湾工作办公室

主　　任　江　城(至9月)
　　　　　吴家湘(9月任)
副 主 任　吴树坚
　　　　　周　东

市委政法委员会

书　　记　吴　芳(女)
副 书 记　王庆春(兼)
　　　　　顾培植
　　　　　许海英(女)
　　　　　梅　强(无锡派挂)

市社会治安综合治理委员会办公室

主　　任　顾培植
副 主 任　潘　麒
　　　　　沙雪蓉(女,至9月)
　　　　　刘永刚(9月任)

市机构编制委员会办公室

主　　任　俞烈彪
　　　　　张志浩(12月任)
副 主 任　夏宏伟(至7月)
　　　　　张　华
　　　　　邓秀琴(女,12月任)
　　　　　张　勇(6月任)

市委农村工作办公室

主　　任　许忠新
副 主 任　李湘阳
　　　　　孔玉兰(女,至10月)
　　　　　胡振芳(12月任)
　　　　　张雪峰(12月任)

市委"610"办公室

主　　任　孙瑞元

市委市级机关工作委员会(纪工委)

书　　记　屠湘如
副 书 记　周雯虹(女)
　　　　　王旭东

市委老干部局〔市委离退休干部党工委(★)〕

局　　长　王建新
副 局 长　薛　卫
　　　　　孙　渊
市委离退休干部党工委
书　　记　王建新(8月任)
副 书 记　卞国忠(8月任)

市委机要保密局

局　　长　唐晓峰
副 局 长　俞　良
　　　　　石效民(至5月)

市信访局

局　　长　印国兴
副 局 长　袁春霞(女)
　　　　　邓国平

市史志办公室

主　　任　吴海英(女)
副 主 任　王萍芳(女,至6月)
　　　　　李孜渊
　　　　　邢　盈(女,8月任)
　　　　　陈宏兵(12月任)

市档案局、档案馆

局长、馆长　张　伟
副局长、副馆长　缪红珍(女)
　　　　　张　平
　　　　　郭　盛
　　　　　李孜渊(12月任)

市接待办公室

主　　任　何忆芳(女,至8月)
　　　　　宦雪忠(8月任)
副 主 任　宦雪忠(至6月)
　　　　　朱学民(女)
　　　　　林贤青(女)

市人大办公室

主　　任　梅海荣
副 主 任　赵　东
　　　　　唐　微(女)
市人大研究室
主　　任　袁金英(女)

市人大工作委员会

内务司法工委
主　　任　徐　斌
副 主 任　李　兵
财政经济工委
主　　任　黄立新(女)
副 主 任　陈晓平
环境资源城乡建设工委
主　　任　徐志伟
副 主 任　龚楚华
教科文卫工委
主　　任　高小乒(女)
副 主 任　袁忠良
人事代表联络工委
主　　任　徐　强(女)
副 主 任　熊　黠(女)
农业农村工委
主　　任　陈　骏
副 主 任　唐　微(女)

市人民政府办公室(党组)

主　　任　张　忠
副 主 任　顾　平(至8月)
　　　　　吴家湘(至10月)
　　　　　许　伟(至3月)
　　　　　林　琪
　　　　　朱新开
　　　　　徐韶润
　　　　　顾行行(3月任)
　　　　　池　永(8月任)
党组书记　张　忠
副 书 记　顾　平(7月任)

市金融工作办公室

主　　任　顾　平
副 主 任　黄建祥
　　　　　陈　飞(6月任)
　　　　　谈海燕(女,8月任,挂职)

市机关事务管理局(党组、纪检组)

局　　长　陈建龙
副 局 长　陆桂兴
　　　　　刘晓军
党组书记　陈建龙
纪检组长　秦　伟(至6月)

市发展和改革委员会(党组)

主　　任　包锡龙
副 主 任　马忠洪(2月任)
　　　　　郝国光
　　　　　朱佳虎(至1月)
　　　　　门开阳

徐科新(3 月任)
党组书记 包锡龙
副书记 马忠洪(2 月任)

市经济和信息化委员会(党委、纪委)

主任 王利峰
副主任 余江(5 月任)
那叶青(至 6 月)
翁国琪
薛德网(至 8 月)
陶宏(至 5 月)
陆正宇
刘建军(2 月任)
俞卫东(6 月任)
胡光远(7 月任)
党委书记 王利峰
副书记 肖朱东
余江(12 月任)
纪委书记 毛亚(女,至 6 月)

市信息化办公室

主任 翁国琪
副主任 秦光华

市教育局(党委)

局长 陈兴初
副局长 王健
陈华
单红霞(女)
党委书记 过建春
副书记 陈兴初
徐前锋

市人民政府教育督导室

主任 过建春

市科学技术局(党组)

局长 赵志军(至 8 月)
周琛(8 月任)
副局长 浦强(5 月任)
吴自强
俞均彦(至 3 月)
陈光亚(女)
张静(9 月任,挂职)
党组书记 赵志军(至 8 月)
周琛(8 月任)
副书记 浦强(4 月任)

市人力资源和社会保障局(党委、纪委)

局长 季相云(至 8 月)
王光华(8 月任)
副局长 施晔新(女)
袁飞(至 10 月)
华江(至 6 月)
刘小微
赵勇兵
夏晓(7 月任)
王力伟(10 月任)
党委书记 季相云(至 8 月)
王光华(8 月任)
副书记 范晓君
纪委书记 夏晓(至 6 月)

市财政局(党组、纪检组)

局长 张少波(至 8 月)
陈泓(女,8 月任)
副局长 张海红
陈正华
赵晓平
张海霞(女)
潘银龙(2 月任)
党组书记 张少波(至 8 月)
陈泓(女,8 月任)
党组副书记 陈明波
纪检组长 张虎(至 6 月)

市人民政府国有资产监督管理办公室(党委)

主任 张少波(至 1 月)
陈明波
副主任 张海红
葛伟栋(7 月任)
党委书记 陈明波

市公安局(党委、纪委)

局长 王庆春
副局长 张德根
孙瑞元
赵敏
卢刚
杨勇
党委书记 王庆春
政委 严会东
副书记 严会东
政治处主任 朱福顺
纪委书记 符加良(至 6 月)

市维护稳定工作领导小组办公室

主任 赵敏
副主任 陆林东

市监察局

局长 郁李达
副局长 陆欣(至 8 月)

市民政局(党委、纪委)

局长 钱华光
副局长 陈晓东
赵国平
殷文华(至 6 月)
蒋玉军
吴春华(3 月任)
党委书记 钱华光
副书记 华青
纪委书记 徐国军(至 6 月)

市司法局(党组、纪检组)

局长 章见良
副局长 陈卫宏
徐国良
洪向宇(女)
党组书记 章见良
纪检组长 张磊(至 6 月)

市国土资源局(党委、纪委)

局长 蒋和兴
副局长 赵晓敏(女)
胡伟峰
张国兴

吴　勇
唐文忆
党委书记　蒋和兴
副 书 记　赵晓敏(女)
纪委书记　周安伯

市住房和城乡建设局(党委、纪委)

局　　长　童金良
副 局 长　陈　斌(至5月)
洪朝晖
陈　林
朱念东
陈君平
邵　骥
张　悦(女)
党委书记　蔡　欣(至6月)
童金良(6月任)
副 书 记　陈　斌(4月任)
纪委书记　濮益飞(至6月)

市交通运输局(党委、纪委)

局　　长　顾文浩(至8月)
缪　慧(8月任)
副 局 长　钦沉浮
傅士才
邱明玉
党委书记　顾文浩(至8月)
缪　慧(8月任)
副 书 记　毛　亚(女,6月任)
纪委书记　俞卫东(至6月)

市水利农机局(党委、纪委)

局　　长　卢建法(至8月)
谢洪兴(8月任)
副 局 长　周　琛(至9月)
徐志华
陈转兰(女)
党委书记　卢建法(至6月)
谢洪兴(8月任)
副 书 记　席卫平
纪委书记　陈　熙(至6月)

市农林局(党委、纪委)

局　　长　胡品洪
副 局 长　曹亚成
臧存龙
龚荣进
张金龙(7月任)
舒建华(2月任)
党委书记　胡品洪
副 书 记　夏源秋
龚定娟(女,12月任)
纪委书记　张金龙(至6月)

市商务局(党委、纪委)

局　　长　查建标
副 局 长　陈　鑫(至3月)
徐立刚
陈　华(女)
王　吉(8月任)
党委书记　查建标
副 书 记　钱　标
纪委书记　吴　灏(女,至6月)

市招商局

局　　长　王建强
副 局 长　吴芸芸(女)
杨军颜

市文化广电新闻出版局(党委、纪委)

局　　长　蒋　青(女)
副 局 长　钱　晴(女)
孔维度
严文华
党委书记　蒋　青(女)
副 书 记　陆建兴
纪委书记　周　钧(至6月)

市卫生和计划生育委员会(党委、纪委)

主　　任　严军明
副 主 任　钱大雁(至6月)
俞勤龙
严海东
顾李忠
高　恒(6月任)
韩　威(6月任,挂职)
党委书记　严军明
副 书 记　时军文(6月任)
纪委书记　王　辉(至6月)

市行政审批局(★)

局　　长　魏　锋(10月任)
副 局 长　周正洪(10月任)
刘忠明(10月任)
蒋宇正(10月任)
党委书记　魏　锋(9月任)
副 书 记　龚定娟(女,9月任)
荣英姿(女,12月任)

市政务服务管理办公室(党委、纪委)(至9月)

主　　任　魏　锋(至9月)
副 主 任　殷永华(至6月)
周正洪(至9月)
刘忠明(至9月)
党委书记　魏　锋(至9月)
副 书 记　龚定娟(女,至9月)
纪委书记　吴燕萍(女,至6月)

市市场监督管理局(党委)

局　　长　陈俊虎
副 局 长　冯学锋
易海红(女)
陈国强
杨益生
潘文伟
黄新栋
缪志东
党委书记　薛　炯
副 书 记　陈俊虎

市审计局(党组、纪检组)

局　　长　汤龙生
副 局 长　顾国平
周　铁(至8月)
李　焱(女)

顾　敏(8月任)
党组书记　汤龙生
纪检组长　韩映红(女,至6月)

市环境保护局(党委、纪委)

局　长　陈福良
副局长　张　荣(至5月)
金丹菁(女)
张明军(至6月)
李　煜(女)
徐　伟(5月任)
党委书记　陈福良
副书记　浦　强(至4月)
张　荣(4月任)
纪委书记　张荣保(至6月)

市规划局(党组、纪检组)

局　长　仇　丰
副局长　计慧红(女,至6月)
曹建峰(至1月)
陈　江(女,6月任)
张　旻
钟　卿
汪运志(5月任,赴新疆工作)
总工程师　汪运志(至5月,赴新疆工作)
朱　炜(5月任)
党组书记　仇　丰
纪检组长　蒋宇正(至6月)

市统计局(党组)

局　长　陈　泓(女,至8月)
王文平(8月任)
副局长　季克军
倪秋萍(女)
党组书记　陈　泓(女,至8月)
王文平(8月任)

国家统计局江阴调查队

队　长　江兆成

市安全生产监督管理局(党组、纪检组)

局　长　严建定(至8月)
朱孝兵(8月任)
副局长　唐建荣
邬海江(赴新疆工作)
顾敏华(女)
朱　伟(7月任)
党组书记　严建定(至8月)
朱孝兵(8月任)
纪检组长　朱　伟(至6月)

市粮食局(党委、纪委)

局　长　陈　峰
副局长　曹焕平(至6月)
薛华君
徐文山(3月任)
党委书记　陈　峰
副书记　张　虎(6月任)
纪委书记　任天佑(至6月)

市体育局(党组)

局　长　顾洪伟
副局长　张　海(女)
张　健
党组书记　顾洪伟

市物价局(党组、纪检组)

局　长　张建明
副局长　赵惠千(至6月)
陈　华
施丽娟(女,3月任)
党组书记　张建明
纪检组长　姚剑波(至6月)

市人民政府法制办公室(党组)

主　任　张晓东(至2月)
万小溪(2月任)
副主任　万小溪(至2月)
彭松波
唐卫娟(女,8月任)
党组书记　万小溪

市城市管理局(党委、纪委)(至10月)

局　长　张德根(至10月)
副局长　吴子东(至10月)
吴　新(至10月)
陈　开(至10月)
党委书记　张德根(至9月)
副书记　姚剑刚(至9月)
纪委书记　葛文华(至6月)

市城市综合管理局(党委)(★)

局　长　张德根(10月任)
副局长　吴子东(10月任)
吴　新(10月任)
陈　开(10月任)
党委书记　张德根(9月任)
副书记　姚剑刚(9月任)

市园林旅游管理局(党组、纪检组)

局　长　顾金辉
副局长　吴有成
李俊泉
楚海芹(女)
吴　敏(女,7月任)
党组书记　顾金辉
纪检组长　吴　敏(女,至6月)

市民防局

局　长　施迪庆(至10月)
曹乐平(10月任)
副局长　陈　江(女,至6月)
陆永祥(至6月)
陶卫凯(2月任)
计慧红(女,6月任)

市公用事业管理局(党委、纪委)

局　长　陈国君
副局长　黄勇锋
沈天星
潘　江(9月任)
党委书记　陈国君
副书记　吴群力
纪委书记　李国忠(至6月)

市民族宗教事务局(党组)

局　长　陈雪源
副局长　冯正兴(至6月)
赵雁军
李　放(6月任)
党组书记　陈雪源

江阴高新技术产业开发区党工委、管委会

党工委书记　陈金虎
副书记　蔡叶明
　冯爱东(至3月)
　陈兴华(3月任,主持日常工作)
主　任　蔡叶明
副主任　冯爱东(至3月)
　陈兴华(3月任)
　陶正贤
　赵志军(7月任)
　顾文浩(7月任)
　赵　炯(12月任)
主任助理　刘纳新(至3月)
人大常委会高新区工作委员会
主　任　庞忠德
党政办公室
主　任　夏天华(6月任)
副主任　陈勇奇(至6月)
　刘明波
　陈海叶(12月任)
　周　翀(12月任)
党群工作部
部　长　徐岳明
副部长　柳　蔚(女,至6月)
　吴艳阳(女,6月任)
　俞晓峰(12月任)
　张　燕(女,12月任)
　缪海龙(12月任)
招商局
局　长　陈勇奇(6月任)
副局长　孙企华
　周建峰(至6月)
　陈　飞(至6月)
　葛燕峰(6月任)
　钱建清(6月任)
经济发展局
局　长　黄　健
副局长　朱学泽
　钱建青(至6月)
　张晓华
　许　磊(女,6月任)
科学技术局
局　长　王　彪
副局长　张云霞(女)
　李　浩(9月任,挂职)
财政局
局　长　刘纳新(至3月)
　周　铁(6月任)
副局长　黄志锋
　钱昇贤
规划建设局
局　长　陈　炜
副局长　吕道锋
　沈　强(6月任)
纪工委
副书记　沈　斌
　吴艳阳(女,12月任)
监察局
副局长　徐琴芳(女)

城东街道党工委、纪工委

党工委书记　李满刚
副书记　严伟荣
　张丽君(女,至6月)
　周建峰(6月任)
纪工委书记　俞晓峰(至6月)
　李　强(7月任)
人大工委
主　任　刘平华
办事处
主　任　严伟荣
副主任　沈　强(至6月)
　邱　奕(至3月)
　李克雨(女)
　王文忠
　俞晓峰(6月任)
　王　峰(6月任)

江阴高新技术创业园管委会

主　任　王　彪(至6月)
　柳　蔚(女,6月任)
副主任　时　平
　顾　芳(女,6月任)

江阴高新区青阳工业园区

党委书记　杭　成
副书记　张晓新(至4月)
　邱振海(6月任)
主　任　孟胡坤
副主任　张剑峰
　陈　斌
　葛燕峰(至6月)
　谈海燕(女,8月任)
纪委书记　金童童(女,7月任)
财政和资产管理局
局　长　张剑峰
经济发展局
局　长　李国建
规划建设局
局　长　丁正方
招商局
局　长　王　翔(6月任)

江阴临港经济开发区党工委、纪工委

主　任　计　军
党工委
副书记　计　军
　尹志华(8月任)
　方枫云(8月任)
副主任　赵巧新(至7月)
　尹志华
　方枫云(至7月)
　张少波(7月任)
　严建定(7月任)
　燕福民(4月任,挂职)
纪工委书记　卢澄晓(女)
主任助理　孙展峰
人大常委会临港经济开发区工作委员会
主　任　朱节文
党政办公室
主　任　邱晓东(至9月)
　徐剑锋(9月任)
副主任　徐剑锋(2月至9月)
　戴士良(9月任)
　周　宏(9月任)
党群工作部
部　长　庞祥芬(女)
副部长　吴玉兰(女,至9月)
　徐剑锋(至2月)
　李啸天(9月任,挂职)
　许天翼(9月任)

监察局
局　　长　戴佳廉
副 局 长　王　洁(女,至10月)
　　　　　顾正飞(3月任)
财政局
局　　长　吕中立
副 局 长　侯骥菁
　　　　　沈正兴(至10月)
　　　　　华　炯(女,3月任)
经济发展局
局　　长　许　伟(3月任)
副 局 长　吴建兵(至10月)
　　　　　孟　峰
　　　　　韩　俊(赴新疆工作)
　　　　　王生虎(3月任)
　　　　　梁继峰(9月任,挂职)
招商局
局　　长　邵红良(3月任)
副 局 长　徐建锋(至5月)
　　　　　徐建栋(至3月)
　　　　　缪敏华(3月至10月)
　　　　　周　英(10月任)
　　　　　王　嵘(10月任)
规划建设局
局　　长　朱进华(至3月)
　　　　　缪建伟(10月任)
副 局 长　虞　初(至6月)
　　　　　华云岐(至6月)
　　　　　俞　晖(至10月)
　　　　　陈　健(3月至10月)
　　　　　黄　海(3月任)
　　　　　徐志军(10月任)
港口发展局
局　　长　吕　涛(至3月)
　　　　　朱进华(3月任)
副 局 长　仰炯豪
　　　　　黄　海(至3月)
　　　　　高　升(2月任)
社会事业局(★)
副 局 长　姜　浩(10月任,主持工作)
　　　　　刘光旭(10月任)
行政审批局(★)
局　　长　陈海峰(10月任)
副 局 长　沈　平(10月任)
便民服务中心(至10月)
主　　任　陈海峰(至10月)
综合执法局(★)
局　　长　朱小卫(10月任)
副 局 长　张新凯(10月任)
江阴综合保税区管理局(★)
局　　长　徐建锋(10月任)
副 局 长　朱华英(女,10月任)
　　　　　袁建明(10月任,赴无锡挂职)

临港街道党工委、纪工委(至9月)

党工委书记　计　军(至2月)
　　　　　　吕　涛(2月任)
副 书 记　王文平(至8月)
　　　　　吴春华(女,至2月)
　　　　　姜　浩(2月至9月)
纪工委书记　李罗娜(女,至9月)
人大工委
主　　任　缪建伟(至10月)
办事处主任　王文平(至9月)
副 主 任　杨种峰(至10月)
　　　　　李啸天(3月至10月)
　　　　　钱　锋(至10月)
　　　　　吴国平(至10月)
　　　　　王顺元(至10月)

江阴临港经济开发区下属事业单位

金属新材料产业园管委会
党委书记　吕　涛(9月任,兼)
副 书 记　徐建栋(9月任)
主　　任　邵红良(至3月)
　　　　　徐建栋(3月任)
副 主 任　缪敏华(至3月)
　　　　　王　嵘(至10月)
　　　　　吴华峰(10月任)
　　　　　钱海英(女,10月任)
新能源产业园管委会
党委书记　邱晓东(9月任,兼)
主　　任　谢　挺(至10月)
副 主 任　李罗娜(女,10月任,主持日常工作)
　　　　　孙惠峰(赴新疆工作)
　　　　　沈　平(至10月)
　　　　　范建华(3月任)
　　　　　俞冠军(10月任)
　　　　　贺显聪(9月任,挂职)
机械装备产业园管委会
党委书记　方枫云(至9月)
　　　　　江　城(9月任,兼)
副 书 记　曹　鸣(9月任)
主　　任　徐科新(至3月)
　　　　　曹　鸣(10月任)
副 主 任　曹　鸣(至10月)
　　　　　朱昊辉(10月任)
石化新材料产业园管委会
党委书记　谈海平(9月任,兼)
副 书 记　李　昀(9月任)
主　　任　李　昀(3月任)
副 主 任　顾正飞(至3月)
　　　　　李　昀(至3月)
　　　　　吕伟江(3月任)
　　　　　赵雄伟(10月任)
国际商务中心(至10月)
主　　任　陈　奕(女,3月至10月)
副 主 任　陈　奕(女,至3月)
　　　　　姜　浩(至3月)
　　　　　黄　英(女,3月至10月)
　　　　　周　英(女,至10月)
　　　　　周　青(至10月)
长江港口综合物流园区管委会
主　　任　许登明(至10月)
　　　　　沈正兴(10月任)
副 主 任　刘光旭(至10月)
　　　　　范春燕(女,至10月)
　　　　　韩林华(10月任)
　　　　　周　燕(女,10月任,挂职)
江阴市保税物流中心(至10月)
主　　任　吕　涛
副 主 任　徐建锋(5月至10月,主持工作)
　　　　　朱华英(女,至10月)
　　　　　袁建明(至10月,赴无锡挂职)
财政国库集中收付中心
主　　任　徐　雁(10月任)

靖江园区党委、管委会

书　　记　赵巧新
主　　任　梁英航
副 书 记　梁英航
　　　　　孙明江
纪委书记　孙明江
副 主 任　印江红(挂任)
　　　　　章　军
　　　　　沈宏伟(至8月)
办公室主任　马建民
招商局
局　　长　徐宇锋
经济发展局
局　　长　张文向
财政局
局　　长　刘　铭
规划建设局
局　　长　于景峰(赴新疆工作)
港口事务局
局　　长　金柏伟

市口岸办公室(党组)

主　　任　傅建荣
副 主 任　钱满清
　　　　　沈　平
　　　　　华　明
党组书记　傅建荣

市政协办公室

主　　任　黄林法
副 主 任　陆　雁(女)
　　　　　陈　健(7月任)
政协研究室
主　　任　瞿江烨(女)

市政协专门委员会

学习文史委员会
主　　任　邹鹏辉
提案委员会
主　　任　郁志刚
经济科技委员会
主　　任　陈益军(至5月)
　　　　　薛德网(9月任)
社会法制与海外联络委员会
主　　任　刘国兴
教文卫体委员会
主　　任　张建平
城镇建设与环境保护委员会
主　　任　朱　健

市法院(党组、纪检组)

院　　长　王立新
副 院 长　夏明丰
　　　　　王新达
　　　　　陈忠宇
　　　　　朱行军
党组书记　王立新
党组副书记　夏明丰
政治处主任　陶晓东
纪检组长　黄　东(女,至6月)

市检察院(党组、纪检组)

检 察 长　胡洪平
副检察长　吴海平(至6月)
　　　　　赵建新
　　　　　朱彩娟(女)
　　　　　诸梦莺(女,8月任)
党组书记　胡洪平
党组副书记　吴海平(至6月)
　　　　　赵建新(8月任)
政治处主任　缪红雄
纪检组长　沙智刚(至6月)
反贪污贿赂局
局　　长　丁宏斌
反渎职侵权局
局　　长　诸梦莺(女,至8月)
　　　　　刘兴涛(8月任)

市工商联(党组)

主　　席　周　江
副 主 席　陶建国
　　　　　金锡妹(女)
　　　　　刘　政
党组书记　陶建国

市总工会(党组)

主　　席　刘文红(女)
副 主 席　胡荣华
　　　　　徐　飞
　　　　　张红霞(女)
党组书记　刘文红(女)

团市委(党组)

书　　记　叶海舟(至9月)
　　　　　居　琳(女,9月任)
副 书 记　居　琳(女,至9月)
　　　　　李　宁
　　　　　吴泽昱(12月任)
党组书记　叶海舟(至9月)
　　　　　居　琳(女,9月任)

市妇女联合会(党组)

主　　席　胡莹洁(女)
副 主 席　施丽娟(女,至2月)
　　　　　孔晓燕(女,至8月)
　　　　　王　馥(12月任)
　　　　　佘晓萍(女,2月任)
党组书记　胡莹洁(女)
副 书 记　王　馥(12月任)

市科学技术协会(党组)

主　　席　吴　钢(至8月)
　　　　　孔晓燕(女,8月任)
副 主 席　吴　彪
　　　　　杨红波(女)
党组书记　吴　钢(至8月)
　　　　　孔晓燕(女,8月任)

市归侨侨眷联合会(党组)

主　　席　刘　锋(至8月)
　　　　　曹建峰(8月任)
副 主 席　苏曦泓
　　　　　单红霞(女,兼)
　　　　　史晓晔(女,兼)
党组书记　刘　锋(至8月)
　　　　　曹建峰(8月任)

市文学艺术界联合会(党组)

主　　席　王　敏(女)
副 主 席　周林海
党组书记　王　敏(女,7月任)

市残疾人联合会(党组)

主　　席　虞卫才
副 主 席　蒋万春

徐韶润
理事长 蒋万春
副理事长 江　良
沈小狮
党组书记 蒋万春

市红十字会

会　　长 龚振东(兼)
副会长 陈兴初(兼)
屠湘如
严军明
檀春节

市委党校

校　　长 陈金虎
副校长 俞伟人(至6月)
刘　锋(8月任,主持日常工作)
杨　赟(女)
陈建华
怀　凯(4月任)

江阴日报社

社　　长 张再兴
总编辑 李　春(女)
副总编辑 单　旭
陈　忠
夏新炯

市供销合作总社(党委、纪委)

主　　任 朱富强
副主任 黄伟庆
党委书记 朱富强
副书记 包云丹
纪委书记 胡振芳
冯　亮(12月任)

江阴广播电视集团(党委、纪委)

董事长 缪剑波
总经理 缪剑波
副总经理 刘志刚
许　坚
党委书记 缪剑波
总编辑 刘志刚
副书记 朱琳琳(女)
纪委书记 朱琳琳(女)

市文化艺术集团

董事长 蒋　青(女)
总经理 蒋　青(女)
副总经理 徐富康

市土地储备中心(党组、纪检组)

主　　任 薛洪都
副主任 黄建华
季德鸿
党组书记 薛洪都
纪检组长 许　玲(女)

职业技术学院(党委、纪委)

院　　长 钱　红
副院长 沈春英(女)
张庆堂
刘文君
杭　强
党委书记 钱　红
副书记 董泽民
纪委书记 董泽民

南菁高级中学(党委)

校　　长 杨培明
副校长 赵长缨
陈　颖(女)
戴加成
马维林
张敏军
党委书记 杨培明
副书记 周　源

江阴高级中学(党委)

校　　长 郁洪千
副校长 陆振华(至1月)
张国英(女)
顾晓峰(女,至1月)
吕有为
陈培东(10月任)
党委书记 郁洪千
副书记 陈　康

江阴市教师发展中心(党委)

主　　任 蒋志远
副主任 糜冠兴(至6月)
王华平
顾晓峰(女)
刘　开
党委书记 蒋志远

江阴中等专业学校(党委)

校　　长 潘永惠
副校长 浦建平
常　征
朱永林
张　寅
党委书记 潘永惠
副书记 邵鹏飞

街道、镇级机构

澄江街道党工委、纪工委

党工委书记 张光伟
副书记 谢洪兴(至8月)
刘建国
毛　勇
唐雪江(8月任)
纪工委书记 周秋龙
人大工委主任 王华明
办事处主任 谢洪兴(至9月)
刘建国(9月任)
副主任 唐雪江(至9月)
黄岳君
陈祖平(至3月)
沈彦峰(至10月)
何　冰(至3月)
马　凯
卢　芳(女)
俞　健(2月任)
许曹军(10月任)
朱建江(10月任)
沈　冀(5月任,挂职)

南闸街道党工委、纪工委

党工委书记 缪　慧(至8月)
李志浩(9月任)

副书记 李志浩(至9月)
袁　飞(9月任)
顾丰良(4月任)
纪工委书记 张　琼(女)
人大工委主任 曹其龙
办事处主任 李志浩(至10月)
袁　飞(10月任)
副主任 顾丰良(至5月)
许铁军(赴睢宁挂职)
王　熹
张　纲
严　枫(女)
杨迎彬(5月任,挂职)

云亭街道党工委、纪工委

党工委书记 陈卫东
副书记 程建明(至4月)
邬闽澄
包　煜(7月任)
纪工委书记 顾建萍(女)
人大工委主任 缪明球
办事处主任 程建明(至5月)
邬闽澄(5月任)
副主任 朱学明(至5月)
包　煜(至8月)
沈利兴
费天雄
陈　芳(女,5月任)
李富国(8月任)

夏港街道党工委、纪工委

党工委书记 吕　涛(9月任)
副书记 沈彦锋(9月任)
钱　锋(9月任)
徐建栋(9月任,兼)
钱　锋(9月任)
纪工委书记 王　洁(9月任)
办事处主任 沈彦锋(10月任)
副主任 缪敏华(10月任)
刘江军(10月任)

申港街道党工委、纪工委

党工委书记 邱晓东(9月任)
副书记 叶海舟(9月任)
杨种峰(9月任)
纪工委书记 黄　辉(9月任)
办事处主任 叶海舟(10月任)
副主任 范春燕(女,10月任)
严建军(10月任)

利港街道党工委、纪工委

党工委书记 江　城(9月任)
副书记 陈　奕(女,9月任)
曹　鸣(9月任,兼)
俞　晖(9月任)
纪工委书记 许经纬(9月任)
办事处主任 陈　奕(10月任)
副主任 吴玉兰(女,10月任)
凌建华(10月任)
沙晓军(10月任)

璜土镇

党委书记 曹乐平(至9月)
谈海平(9月任)
副书记 谈海平(至9月)
朱小卫(至9月)
谢　挺(9月任)
李　昀(9月任,兼)
周　青(9月任)
纪委书记 黄　辉(至9月)
许晓刚(9月任)
人大主席 占纪平
镇长 谈海平
谢　挺(12月任)
副镇长 戴士良
臧　新(赴新疆工作)
徐文山
冉隆峰
徐霞红(女,12月任)
陈　云(12月任)

月城镇

党委书记 顾志强
副书记 徐洪伟
荣英姿(女)
赵　华(12月任)
纪委书记 陈建国
人大主席 陈国新(至1月)
杨　峰
镇长 陈　峰(至1月)
徐洪伟
副镇长 杨　峰(至1月)
周海兵
孙　健
徐小虎
朱晓君

青阳镇

党委书记 杭　成(至8月)
何忆芳(女,8月任)
副书记 朱佳虎
张晓新(至4月)
赵　华(4月任)
邱振海(12月任)
纪委书记 葛　艳(女,至4月)
叶志伟(8月任)
人大主席 郁秋皓(至1月)
邱振海
副主席 李玉虎
镇长 邹星洪(至1月)
朱佳虎
副镇长 邱振海(至1月)
赵　华(至9月)
华林其
王　吉(至9月)
张振军
赵　玺
葛　艳(女,9月任)
王海阳(9月任,挂职)

徐霞客镇

党委书记 叶韩清
副书记 王光华(至8月)
吴　钢(8月任)
张浩伟
何志强
覃道刚(9月任,挂职)
纪委书记 鲍文君
人大主席 陶杏全(至1月)
陆峥嵘
镇长 王光华(至8月)
吴　钢(8月任)
副镇长 陆峥嵘

舒建华(至8月)
钟　卿(至1月)
包凯凯
程　云
李　强
陈中华
王　寅

华士镇

党委书记　翟　菁
副书记　陈剑雄
杨伟兵
龚　英(女)
施锦杰(9月任,挂职)
纪委书记　李富国(至7月)
王　灿(8月任)
人大主席　张光明
镇　长　陈剑雄
副镇长　张光明(至1月)
龚　英(女,至1月)
杨伟兵(至1月)
王士龙
曹海凌
费学兵
周　鑫
徐喜洪

周庄镇

党委书记　吴国忠
副书记　王　凯
钱丽英(女,至7月)
张学春(7月任)
沈宏伟(7月任)
欧远海(9月任,挂职)
纪委书记　李　刚
人大主席　何玉林
镇　长　王　凯
副镇长　潘　江(至8月)
王旭东(至1月)
张学春(至8月)
王春平
张建国
朱军安
赵振宇(8月任)

新桥镇

党委书记　赵　强(至4月)
顾文瑜(4月任)
副书记　吴　广(至4月)
张晓新(4月任)
顾春宇
颜兵文(9月任,挂职)
纪委书记　潘　丹
人大主席　张国江
镇　长　吴　广(至7月)
张晓新(7月任)
副镇长　王　馥(女)
陶培鸿
汤振伟
张　萍

长泾镇

党委书记　六扬(女,至4月)
江国虔(4月任)
副书记　江国虔(至4月)
陶郁峻
孙仲英(4月任)
纪委书记　龚正巍(挂职)
人大主席　季　峰
镇　长　江国虔(至6月)
陶郁峻(6月任)
副镇长　孙仲英(至6月)
佘　江(至6月)
刘国兴
钱　浩
陶理江
章瑞江(6月任)
刘迅风(6月任)
高敏佶(6月任,挂职)

顾山镇

党委书记　顾文瑜(至4月)
吴　广(4月任)
副书记　季　震
吴晓东
纪委书记　刘志伟(赴新疆工作)
人大主席　俞新钢
镇　长　季　震
副镇长　冯　健(赴睢宁挂职)
俞新钢(至1月)
吴晓东(至1月)
王新龙
徐　斌
瞿国丰
陈文奇(1月任)
陈剑雄(7月任)

祝塘镇

党委书记　赵　炯
副书记　夏建辉
马　军
纪委书记　倪涛峰(至6月)
吕季军(7月任)
人大主席　汪汉明
镇　长　夏建辉
副镇长　徐　铭
马　军(至1月)
谭荣伟
佘晓萍(女,至6月)
徐向东
承晓华
王锡明(6月任)
刘建立(9月任,挂职)

(★为机构撤销或更名,为新成立机构或机构整合)　(市委组织部)

驻江阴机构

江阴市人民武装部

部　长　高勇军(6月任)
政　委　尹　平
代职部长　陈海峰(至7月)

江阴市国家税务局

局　长　万庆涛
副局长　闵三红
陆晓东
杨潮阳
朱　斌
纪检组长　陈洪庆

无锡市江阴地方税务局

局　长　任东飚(至12月)
张农高(12月任)

副局长　顾敏明
陈增伟
顾　恩
徐　益(6月任)
纪检组长　徐　益(至6月)
党组成员　董庆健(至6月)
倪　江(6月任)

江阴市气象局

局　长　黄　葵
副局长　周章洪

江阴市邮政局(党委、纪委)

局　长　袁雪梅
副局长　沈　军(至7月)
黄晔炯
张　彬
徐　颖(9月任)
党委书记　袁雪梅
纪委书记　沈　军(至7月)
黄晔炯(9月任)

江阴市电信局(党委、纪委)

局　长　洪　伟
副局长　徐宏良
陈建东
陈燕武
党委书记　洪　伟
纪委书记　徐宏良

江阴市供电公司(党委)

总经理(兼党委副书记)　潘　勇
副总经理　许立新(至3月)
沈才元(3月任)
吴卫东
谢斌鑫(7月任)
党委书记　朱庆连
纪委书记　顾文献(至3月)
俞　伟(3月任)

江阴市盐务管理局

局　长　沈　辉(至5月)
王雨鸥(5月任)
副局长　杨建伟(至5月)
李茂林
邵菊琴

江阴烟草专卖局

局长(经理)　吴建良
副局长(副经理)　于　进
副经理　杨　珏
党组书记　吴建良

中国人民银行江阴市支行

行　长　戴新海
副行长　周　蓉(女,至7月)
陈爱仙(女,8月任)

中国银行业监督管理委员会无锡监管分局江阴办事处

主　任　赵　骥

中国工商银行股份有限公司江阴支行

行　长　蒋　俊
副行长　侯春容(女)
桂卫萍(女,8月任)
徐　鸣
马晓东(8月任)
董　琦

中国农业银行股份有限公司江阴分行

行　长　盛　霞
副行长　宋雪平
胡兴洪
严益群
纪委书记　钱孝忠
行长助理　方　伟

中国农业发展银行江阴市支行

行　长　蒋　敏
副行长　吴　森

中国建设银行股份有限公司江阴支行

行　长　夏思奇
副行长　孔德财
徐　锋
孙　伟
贡震宇
车　琳(女)

中国银行股份有限公司江阴支行

行　长　陈　涛
副行长　潘　亮
王振君
黄伟敏
张玉洪
纪委书记　黄凤和(女)

交通银行股份有限公司江阴支行

行　长　张品娟(女)
副行长　王莉群(女)
顾宇晖
耿东霞(女)

江苏江阴农村商业银行股份有限公司

董事长　孙　伟
行　长　任素惠(女)
监事长　高进生
副行长　卜新锋
金　武
吴　开(至4月)
王　峰
过晟宇

杨树桐(9月任)
陈跃中(12月任)

上海浦东发展银行股份有限公司江阴支行

行　　长　陈　晨
副 行 长　夏晓刚
　　　　　季国明(8月任)
　　　　　吴燕群(女,11月任)

江苏银行股份有限公司江阴支行

行　　长　陈　虹(女)
副 行 长　张慧芸(女)
　　　　　殷　飞

招商银行股份有限公司江阴支行

行　　长　范文涛(至9月)
　　　　　顾　军(10月任)
行长助理　徐广怡(女)

中国邮政储蓄银行有限责任公司江苏省无锡市江阴市支行

行　　长　孙亚丽(女)
副 行 长　顾敏军
　　　　　林　莉(女)
　　　　　曾梁杰

中信银行股份有限公司江阴支行

行　　长　王　栋(至5月)
　　　　　沈卿芸(女,5月任)
副 行 长　缪红光
　　　　　许　可(女,5月任)

中国人民财产保险股份有限公司江阴支公司

总 经 理　朱　勇
副总经理　顾　军
　　　　　顾志锋
　　　　　王　盛

中国人寿保险股份有限公司江阴支公司

总 经 理　顾立新
副总经理　顾晓静
　　　　　张　芳

江阴海事局(党组)

局　　长　韦庆才
党组书记　韦庆才
政　　委　丁湖海
党组副书记　丁湖海
副 局 长　祝忠武
　　　　　王长宁
　　　　　徐义勇(至2月)
　　　　　毛义文(4月任)
纪检组长　丁湖海

江阴海关(党组)

关　　长　马红兰
党组书记　马红兰
副 关 长　陶　宏
　　　　　陈书新
　　　　　徐　迅
驻江阴海关纪检监察
特 派 员　丁江华

江阴海关缉私分局

局　　长　陶　宏(兼江阴海关副关长)
政　　委　陈　明
副 局 长　毛帮富

江阴边防检查站(党委)

站　　长　张　莉
政　　委　陈正雷
副 站 长　朱宇翔
　　　　　程景涛
　　　　　吴旭光(至6月)
　　　　　冯士伟(6月任)
副 政 委　周　伟
参 谋 长　徐智文
政治处主任　李雨成
后勤处长　冯士伟(至6月)
　　　　　周王龙(6月任)

江阴出入境检验检疫局(党组)

局　　长　顾高浪
党组书记　顾高浪
副 局 长　何松涛
　　　　　任龙平
　　　　　李　浩
　　　　　姚　武

中国船级社江阴办事处

主　　任　蔡　高
副 主 任　郭劲东(至11月)
　　　　　王宏斌

长江引航中心(党委)

主　　任　程学仁
党委书记　张铜宁
副 主 任　孙琪琳
　　　　　许崇标
党委副书记　宋　维
纪检组长　宋　维(兼)

■类目编辑　徐文辉

江苏省级以上先进个人

俞烈彪

1962年11月生，璜土镇人，中共党员，研究生学历。1980年11月，参加工作。2008年，任市机构编制委员会办公室主任后，带领市编办全体人员坚持正确政治方向，把握准确工作定位，立足江阴发展全局谋划机构编制工作，适应经济发展新常态推进“放管服”（简政放权、放管结合、优化服务）改革，注重基层实践创新基层治理体系机制，严格守住底线，盘活优化机构编制资源，各项工作取得显著成绩。市编办连续五年获评江阴市体制改革创新工作先进单位，先后获评江苏省机构编制系统先进集体、江苏省机构编制研究工作先进集体、2015年度江阴市绩效考核优胜机关，领导班子3次被江阴市委、市政府评为“好班子”，个人连续多年获评江阴市优秀公务员和受到嘉奖，荣立三等功1次。2017年1月，俞烈彪被中央机构编制委员会办公室表彰为全国机构编制工作先进工作者。（梅湖冰）

陈　泓

女，1966年1月生，澄江街道人，中共党员，本科学历，高级统计师，江阴市财政局党组书记、局长。2009年9月至2017年8月任江阴市统计局党组书记、局长期间，她率先垂范、敬业奉献、开拓创新，带领江阴统计人接连实现新的跨越，克服多重困难，完成覆盖2000余个联网直报单位的“企业一套表”重大改革，创新开发建成的江阴市经济地理信息系统项目获2017年中国地理信息产业优秀工程铜奖，全市所有镇（街道、园区）统计规范化建设均达省标，其中3个镇达省示范单位标准，主持的“江阴市宏观经济年度模型”等多项课题在江苏省、无锡市获奖。市统计局先后被评为全国R&D资源清查先进单位，江苏省第六次全国人口普查先进集体、江苏省第三次全国经济普查先进集体，三次获江苏省“县级统计局规范化建设示范单位”称号，连续多年在无锡市县（区）统计工作综合考核中名列前茅。2011年，陈泓被国家统计局、国务院第六次全国人口普查领导小组办公室评为第六次全国人口普查先进个人。2014年，被国务院第三次全国经济普查领导小组评为第三次全国经济普查先进个人。2017年12月，被人力资源和社会保障部、国家统计局评为全国统计系统先进工作者。（周文辉）

顾洪伟

1972年10月生，月城镇人，中共党员，研究生学历。2012年3月，任江阴市体育局局长。他确立江阴体育工作“为城市发展添光彩，为百姓健康谋福利”的宗旨，使体育工作主动融入市委、市政府工作大局，积极服务民生。在他的努力下，江阴市体育工作加强政策支持，加大资金投入，整合各方资源，有力保持健康可持续发展，全市公共体育服务体系进一步完善，全民健身活动蓬勃开展，竞技体育再攀高峰，体育产业市场日趋繁荣。江阴市体育局连续12年获国家体育总局“全国全民健身活动先进单位”称号。2013年，江阴市被命名为“苏南（县域）国家体育产业基地”。2014年，江阴市被评为全国游泳之乡。2015年，江阴市被评为全国青少年校园足球试点县（市），并成功创建首批江苏省公共体育服务体系示范区。2016年，江阴市在全国公共体育服务体系建设现场推进会上被列为示范观摩县市。2017年，江阴市在第十三届全国运动会上获5金3银6铜，在第十三届全国学生运动会上获男子中学生组足球冠军以及男子100米、女子100米栏、男（女）4×100米接力冠军，创历史最好成绩；成功组织举办第七届全民运动会；体彩销售超7亿元，创全国区县第一；被评为全国象棋之乡。是年8月，江阴市被评为2013—2016年度全国群众体育先进单位，顾洪伟被评为2013—2016年度全国群众体育先进个人。（陆　澄）

陈教智

1972年10月生，江西上饶人，中共党员，本科学历，江阴市法院华士法庭庭长。2002 年 10 月,从部队转业至市法院后,他始终践行司法为民宗旨,勤勉敬业、忠于事实、忠于法律。他所承办的近 5000 件案件无一矛盾激化和涉诉信访。在法院审判权运行机制改革中,他与时俱进、锐意进取,带领审判团队取得突出成绩,成为江苏省法院系统办案排头兵。办案之余,发表 200 余篇调研宣传文章,积极进行普法宣传;编写的 2 篇案例入选最高人民法院案例选;撰写的新闻报道《小额联保贷款纠纷多,"结对子"担保竟不相识》被江苏省司法厅、省新闻工作者协会、省法制新闻协会评为第二十一届"江苏法制好新闻"三等奖。2010 年后,先后多次被无锡市、江阴市两级法院评为办案能手、调解能手、宣传调研先进个人,并获办案突出贡献奖、优秀审判模式组合奖,连续多年被评为江阴市优秀公务员、优秀共产党员。2015 年,被无锡市中级人民法院授予三等功。2016 年,被江阴市依法治市领导小组评为首届十大法治标兵,被江阴市政府授予三等功,被江苏省高级人民法院授予二等功。2017 年,陈教智被无锡市委宣传部评为无锡"最美人物",被最高人民法院评为全国法院办案标兵。

（高　悦）

沈福才

1950 年 11 月生,长泾镇花园村人,中共党员。1971 年应征入伍,1972 年加入中国共产党。入伍 5 年间,吃苦耐劳、诚实肯干,年年被评为先进。退伍后在长泾建筑安装工程公司工作。1987 年公司转制,他从事个体修车行业,与妻子在长泾花园路领证开办修车铺。从开业起,始终把"诚实守信、童叟无欺,为顾客提供优质服务"作为为人之本、经营之道,高水平修理,低价位收费,赢得群众口碑。30 年来,长年累月为顾客免费充气、洗车。店里常备 5 辆自行车,顾客把坏车推来修理,有事骑他的备车去办事。对一些经济困难的顾客,他低价或免费为他们修理。为镇区残疾人上门服务修车,更是他的一项独特服务项目。他主动与长泾镇老年协会联系,为长泾镇老年人义务修人力车,2001 年 1 月 1 日在修车铺挂出"长泾镇老年人人力车义务修车点"牌子。挂牌 17 年里,义务为老年人修车 4.87 万辆次。他还经常为长泾中学初中部学生免费修车服务。在保持共产党员先进性教育活动中,长泾镇个体经济党支部以沈福才为典范,广为宣传,并为他的修理铺挂上"党员示范岗""个体经济党支部老人义务修车点"牌匾。他还热衷于社会公益事业,村里修路,捐资 1000 元;长泾中心小学搬迁,捐助 500 元;2008 年汶川大地震,向灾区人民捐助 2000 元。在支援贫困灾区、资助希望工程等助学扶贫活动中,他先后慷慨捐资累计 8 万余元。2002 年起,他先后被评为无锡市工商局"光彩之星"、江苏省工商局"光彩之星"、江阴市十佳志愿者、江阴市十佳新人、无锡市先进个体户、无锡市优秀志愿者、江阴市十大优秀共产党员标兵、江阴市时代先锋、江苏省首届"诚信之星"。2017 年 6 月,沈福才荣登中央宣传部、中央文明办主办的中国文明网"中国好人榜",获评诚实守信"中国好人"。

（费　倩）

荣朝晖

1972 年 11 月生,顾山镇人,九三学社社员,本科学历,九三学社江阴市委城建支社主委,江苏中锐华东建筑设计研究院有限公司董事长。无锡市第十四届、十五届人大代表,无锡市第十四届政协委员,教授级高级建筑师、国家一级注册建筑师,中国建筑学会会员、上海青年建筑师论坛学术委员会委员、中国建筑与文化研究会理事,苏州科技大学客座教授。他始终秉承工匠精神,在建筑设计领域潜心钻研,开拓进取,不断取得骄人业绩。入选 2009 年上海 10 位最具大师潜质建筑师,获 2010 年中国建筑学会青年建筑师奖,被列为江苏省"333 高层次人才",3 项建筑设计作品入选中国建筑学会编辑出版的《前进中的中国建筑》一书。设计的常州大剧院获(上海)第五届国际青年建筑师作品展一等奖,泰州市海陵区社区服务中心获(上海)第六届国际青年建筑师作品展一等奖,江阴体育场获 2009 江苏省优秀设计一等奖和 2010 世界膜工业协会杰出建筑奖,南门会获 2010 威海国际建筑设计大奖赛银奖和 2013 中国建筑学会建筑创作奖金奖,江阴高级中学获 2011 江苏省优秀设计一等奖,南菁高级中学获 2013 中国建筑学会建筑创作奖银奖,临港新城展览馆获 2013 江苏省优秀设计一等奖和 2014 中国建筑学会建筑创作奖银奖,安徽阜阳第三高级中学获 2014 江苏省优秀设计一等奖。2017 年 12 月,荣朝晖被住房和城乡建设部评为全国住房城乡建设系统劳动模范。

（郁　昉）

顾中平

1968 年 11 月生,澄江街道人,中共党员,本科学历,江苏长电科技股份有限公司技术部部长。1991 年,进入江苏长电科技股份有限公司后,先后从事分立器件封装测试生产线的设备维修、技术改造等工作,其间通过对技术的不断钻研,对进口封装设备进行大量的创新改造和优化工作,大大降低生产成本,提高劳动效率,提升产品质量。同时与公司技术团队一起通过技术创新开发并生产国内技术领先的肖特基二极管、快恢复二极管、TVS 二极管等一系列新产品,提升企业的盈利能力。2015 年以来,为进一步加快芯片制造的产品转型升级,提升产品的工艺平台和创新驱动,弥补国内芯片供给紧缺矛盾,担任"年产 180 万片半导体芯片搬迁技改扩能项目"的主要负责人,负责 6 英寸芯片项目的生产线筹建、设备引进、技术改造等工作。2017 年上半年,该项目正式投运,为企业的持续稳健发展打下坚实的基础。是年 4 月,顾中平被中华全国总工会授予全国五一劳动奖章。

（夏伟刚）

李尧亮

1963年6月生,青阳镇人,民进会员,本科学历。1997年2月起,在民进江阴市委工作。作为民进江阴市委秘书长和民进机关唯一的专职干部,他坚持创新工作、用心做事,积极推进“虚拟机关”建设,民进江阴市委“虚拟机关”建设得到民进中央、民进江苏省委的肯定,2017年民进江苏省委决定在全省推广“虚拟机关”工作。作为临港支部主委,围绕“四个一”(一份调查报告、一个模拟提案、一件社情民意、一条信息)开展工作,提升会员信息工作能力,主动发挥参政议政职能。作为民进江阴市委举办的开明学校负责人,积极开展教育部“一村一名大学生计划”,开明学校被江苏广播电视大学评为“一村一名大学生计划”先进教育点,累计培养大专生5000余人,为地方经济和人才培养积极作贡献。2014年11月,李尧亮被中国民主促进会中央委员会评为民进全国组织建设先进个人,并在民进全国组织工作会议上作交流。2017年4月,李尧亮被中国民主促进会中央委员会评为民进全国机关工作先进个人。 (何 炬)

张永法

1963年6月生,周庄镇人,2013年8月至2017年12月担任江阴市红十字血站党支部书记、站长。他致力于无偿献血事业,在日常工作中勤于学习,探索求知,并带领全站干部职工任劳任怨,开拓创新。身为血站站长,张永法身体力行,认真践行“无偿献血我先行”理念,积极带头献血,弘扬奉献精神,彰显表率作用,受到广大干部群众的一致称赞。自1997年7月1日第一次参加献血以来,张永法累计献血总量达28000毫升,获“2016年度江阴市无偿献血先进个人”称号。2016年12月,被国家卫生和计划生育委员会、中国红十字会总会、中央军委后勤保障部卫生局授予“2014—2015年度全国无偿献血奉献奖银奖”。

顾亚军

1971年8月生,申港街道人,中共党员,大学学历,副主任技师职称。1992年8月,参加工作。2017年12月,任江阴市红十字血站站长兼党支部书记。他业务能力出众,廉洁奉公,崇德向善,平时注重各方面的学习,努力提升自身综合素养,带领全站职工积极打造“科技、安全、人文”的现代化血站,推进无偿献血事业持续健康发展。工作之余,热心公益,积极宣传无偿献血,积极带头献血,发挥示范引领作用,引导教育更多的人加入无偿献血行列。顾亚军献血总量达5000余毫升。2016年12月,被国家卫生和计划生育委员会、中国红十字会总会、中央军委后勤保障部卫生局授予“2014—2015年度全国无偿献血奉献奖铜奖”。 (黄 澄)

江苏省条线系统、无锡市、江阴市先进个人

【江苏省条线系统先进个人】

姓名	工作单位	荣誉称号	授予单位
2014—2015年度			
吴海强	市人民法院	江苏省优秀人民法庭庭长	江苏省高院
梁　峰	市疾控中心	无偿捐献造血干细胞奉献奖	江苏省卫生和计划生育委员会、省红十字会、省军区后勤部
2016年度:			
张　杰	市政府办	江苏省政务信息工作先进个人	江苏省政府办公厅
黄　葵	市气象局	江苏省重大气象服务先进个人	江苏省气象局
张吴军	江阴海关	江苏省文明口岸先进个人	江苏省口岸办公室
王　伟	江阴海关	三等功	南京海关
吴　傲	江阴海关	三等功	南京海关
马海鸣	江阴海关	嘉奖	南京海关
蒋笑凡	江阴海关	嘉奖	南京海关
李　霞	江阴海关	嘉奖	南京海关
徐　音	江阴海关	嘉奖	南京海关
朱　焘	江阴海关	嘉奖	南京海关

孙　磊	江阴海关	嘉奖	南京海关
张凯虎	江阴海关	嘉奖	南京海关
张馨艺	江阴海关	南京海关优秀团员	南京海关
张　强	市公安局治安警察大队	全省卷烟打假工作成绩突出个人	江苏省烟草专卖局、省公安厅
徐　建	市公安局禁毒大队禁毒中队	全省易制毒化学品管制工作先进个人	江苏省禁毒办
奚　龙	民盟江阴澄江支部	社会服务工作先进个人	民盟江苏省委
金菊芬	民盟江阴一中支部	社会服务工作先进个人	民盟江苏省委

2017 年度：

魏　锋	市行政审批局	江苏政务服务突出贡献个人，三等功	江苏省政务办
倪哲明	市公共资源交易中心	江苏省政务服务突出贡献个人	江苏省政务办
吴　仪	市安全生产监督管理局	江苏省危险化学品安全监管先进个人	江苏省安全生产监督管理局
缪金凤	江苏苏利精细化工股份有限公司	江苏省五一劳动奖章	江苏省总工会
包虎平	江苏方程电力科技有限公司	江苏省五一劳动奖章	江苏省总工会
崔　东	中芯长电半导体（江阴）有限公司	江苏省五一劳动奖章	江苏省总工会
刘文红	市总工会	江苏省五一劳动奖章	江苏省总工会
方春生	中建钢构江苏有限公司	江苏省五一劳动奖章	江苏省总工会
罗自利	江阴和港机械有限公司	江苏省五一劳动奖章	江苏省总工会
周云勤	市邮政局	江苏省文明职工	江苏省委宣传部、省文明办、省总工会
徐　澄	市公安局	全省优秀人民警察个人二等功	江苏省人社厅、省公安厅
朱敏华	市公安局	全省优秀人民警察	江苏省人社厅、省公安厅
邱金兴	市公安局	全省优秀人民警察	江苏省人社厅、省公安厅
王　超	市公安局	全省优秀人民警察	江苏省人社厅、省公安厅
单金明	市公安局	空军招飞政治考核工作先进个人	江苏省公安厅、东部战区空军政治部
赵红星	市公安局警务督察大队	全省公安机关警务督察工作成绩突出个人	江苏省公安厅
胡　娟	市公安局	全省公安档案工作成绩突出个人	江苏省公安厅政治部
赵　敏	市委维稳办	全省中共十九大安保维稳工作先进个人	江苏省委、省政府
姚志龙	市公安局	全省数字档案室建设突出贡献人员	江苏省档案局
宋玉芬	市公安局	全省数字档案室建设突出贡献人员	江苏省档案局
王庆春	市公安局	个人一等功	江苏省公安厅
陆林东	市公安局	个人二等功	江苏省公安厅
黄　刚	市公安局	个人二等功	江苏省公安厅
徐　飞	市公路管理处	全省公路系统先进工作者	江苏省交通运输厅公路局
徐素霞	利港镇苍山村委	人口抽样和月度劳动力调查先进个人	江苏省统计局
沈莉莉	云亭街道新敔山社区	人口抽样和月度劳动力调查先进个人	江苏省统计局

包　煜	云亭街道党委	江苏省第三次全国农业普查先进个人	江苏省统计局
邬红梅	江阴博物馆	江苏省第一次全国可移动文物普查先进个人	江苏省第一次全国可移动文物普查领导小组
孙巍崖	市文管办	江苏省第一次全国可移动文物普查先进个人	江苏省第一次全国可移动文物普查领导小组
徐　敏	市邮政分公司	全省“经营生产一线优秀员工”	中国邮政集团公司江苏省分公司
程元善	市白蚁防治所	江苏省白蚁防治协会先进个人	江苏省白蚁防治协会
邓宏凯	市建设工程施工图审查中心	全省施工图审查工作先进技术审查人员	江苏省勘察设计行业协会施工图审查分会
吴晓忠	市建设工程施工图审查中心	全省施工图审查工作先进技术审查人员	江苏省勘察设计行业协会施工图审查分会
夏欣欣	市建设工程施工图审查中心	全省施工图审查工作先进技术审查人员	江苏省勘察设计行业协会施工图审查分会
朱巧娣	市建设工程施工图审查中心	全省施工图审查工作先进技术审查人员	江苏省勘察设计行业协会施工图审查分会
卢　平	市建设工程施工图审查中心	全省施工图审查工作先进技术管理人员	江苏省勘察设计行业协会施工图审查分会
章莉莉	市建设工程施工图审查中心	全省施工图审查工作先进宣传报道人员	江苏省勘察设计行业协会施工图审查分会
裴　煜	市建设工程施工图审查中心	全省施工图审查工作特别贡献人员	江苏省勘察设计行业协会施工图审查分会
许海英	市委政法委	全省法治建设先进工作者	江苏省委政法委员会、省依法治省领导小组办公室、省人力资源和社会保障厅、省公务员局
时联华	民盟江阴澄江支部	江苏省老年教育先进工作者	江苏省老年协会
邹凤翔	民盟江阴一中支部	中国青少年机器人竞赛全国中小学电脑制作活动(江苏赛区)优秀校长	江苏省科协、省教育厅
花晓艳	市劳动人事争议仲裁院	江苏省劳动人事争议仲裁员业务能手	江苏省劳动人事争议仲裁委员会
夏　彬	市社会保险基金管理中心	社会保险宣传工作先进个人	江苏省社会保险基金管理中心
刘　毅	市职业能力培训与鉴定管理中心	江苏省四星创业培训讲师	江苏省人力资源和社会保障厅
吴协恩	华西村党委	江苏省道德模范	江苏省文明委
钱志文	月城镇	江苏好人	江苏省文明办
夏建忠	周庄镇周西村	江苏好人	江苏省文明办
孙伟贤	市委党校	江苏好人	江苏省文明办
金　彦	璜土镇	江苏好人	江苏省文明办
沈志宏	市国土资源局	江苏省国土资源系统先进工作者	江苏省人力资源和社会保障厅、省国土资源厅
延克俭	市史志办	全省党史系统先进工作者	江苏省人力资源和社会保障厅、省委党史工办
余银龙	市纪委	“百名红通人员”追逃专案组个人二等功	江苏省纪律检查委员会机关、省人力资源和社会保障厅
郁李达	市纪委	“百名红通人员”追逃专案组个人三等功	江苏省纪律检查委员会机关、省人力资源和社会保障厅
姚叶洪	市纪委	全省纪检监察系统先进工作者	江苏省纪律检查委员会、省人力资源和社会保障厅
陶卓芬	市卫计委	从事专职爱国卫生工作20年以上先进个人	江苏省爱国卫生运动委员会、省卫生和计划生育委员会
陆备芳	市疾病预防控制中心	从事专职爱国卫生工作20年以上先进个人	江苏省爱国卫生运动委员会、省卫生和计划生育委员会

吴　亦	市健康促进中心	从事专职爱国卫生工作20年以上先进个人	江苏省爱国卫生运动委员会、省卫生和计划生育委员会
颜云良	祝塘镇政府卫计办	江苏省爱国卫生先进个人	江苏省爱国卫生运动委员会、省卫生和计划生育委员会
任劲松	市中医外科医院	江苏省乡土人才"三带"能手	江苏省委组织部、省发展和改革委员会等部门
谢永明	市中医骨伤医院	江苏省乡土人才"三带"能手	江苏省委组织部、省发展和改革委员会等部门
程雪峰	周庄镇长南村	江苏省乡土人才"三带"新秀	江苏省委组织部、省发展和改革委员会等部门
宦国清	江苏华伯食品发展有限公司	江苏省乡土人才"三带"新秀	江苏省委组织部、省发展和改革委员会等部门
曹向明	市人民医院	江苏省青年医学人才	江苏省卫生和计划生育委员会
朱云荣	市人民医院	江苏省青年医学人才	江苏省卫生和计划生育委员会
沈　冬	市人民医院	江苏省青年医学人才	江苏省卫生和计划生育委员会
刘志利	市人民医院	江苏省青年医学人才	江苏省卫生和计划生育委员会
虞桂平	市人民医院	江苏省青年医学人才	江苏省卫生和计划生育委员会
王芳军	市人民医院	江苏省青年医学人才	江苏省卫生和计划生育委员会
沈卫东	市人民医院	江苏省青年医学人才	江苏省卫生和计划生育委员会
刘冬柏	市人民医院	江苏省青年医学人才	江苏省卫生和计划生育委员会
任科伟	市人民医院	江苏省青年医学人才	江苏省卫生和计划生育委员会
曹岳蓉	市人民医院	江苏省卫生计生行业优秀党务工作者	江苏省卫生和计划生育委员会
石　远	市疾控中心	江苏省重点职业病监测与职业健康风险评估先进个人	江苏省疾病预防控制中心
陆　勇	市农林局	全省湿地保护先进个人	江苏省林业局
张秋萍	市农业技术推广中心	江苏省农技推广服务先进工作者	江苏省人力资源和社会保障厅、省农业委员会
王正元	市信访局	全省信访系统先进工作者	江苏省人力资源和社会保障厅、省信访局
陈　科	江阴云溪汀农业科技发展有限公司	江苏省归侨侨眷先进个人	江苏省归国华侨联合会、省人民政府侨务办公室
高文展	市政府侨办	全省侨办系统先进工作者	江苏省政府侨务办公室
何兰荪	市机关事务管理局	江苏省机关后勤系统信息宣传工作先进个人	江苏省机关事务管理局
陈晓莉	市市场监督管理局	嘉奖	江苏省工商行政管理局
江　萍	市市场监督管理局	嘉奖	江苏省工商行政管理局
金盛峰	市市场监督管理局	嘉奖	江苏省工商行政管理局
施敏斐	工行江阴支行	江苏金融五一劳动奖章	中国金融工会江苏工作委员会
姚亚花	工行江阴支行	江苏省五一劳动奖章	江苏省总工会
沈鸿宇	江阴海关	南京海关优秀共产党员	南京海关
金文扬	江阴海关	南京海关优秀党务工作者	南京海关
王华明	澄江街道办事处	全省人大机关系统先进工作者	江苏省人大常委会办公厅
张　勇	市法院	江苏省政治系统"忠诚卫士"	中共江苏省委政法委员会
赵建新	市检察院	江苏省政治系统"忠诚卫士"	中共江苏省委政法委员会
高　洁	市检察院	全省检察机关书记员培训优秀班长	江苏省检察院政治部
王张军	市检察院	网信建设标兵,记二等功	江苏省检察院

唐海东	江阴地税局	江苏地税金税三期工程推广上线工作先进个人,记三等功	江苏省地税局
庄媛媛	江阴地税局	江苏省地税系统纳税服务类“业务大比武”专业骨干	江苏省地税局
朱海明	江阴地税局	江苏省地税系统纳税服务类“业务大比武”岗位能手	江苏省地税局
何　翔	江阴地税局	全省地方“十税”治理先进个人	江苏省地税局
刘静燕	长泾镇总工会	江苏省优秀工会积极分子	江苏省总工会
张　雷	远景能源有限公司	江苏“最美双创之星”	江苏省委宣传部
周　玲	市档案局	先进个人	江苏省档案局、省档案学会
许　峰	国网江苏省电力有限公司江阴市供电分公司	江苏省安装行业优秀企业经理	江苏省安装行业协会
陶　忠	国网江苏省电力有限公司江阴市供电分公司	江苏省电工进网作业许可管理先进个人	国家能源局江苏监管办公室
陈冬林	国网江苏省电力有限公司江阴市供电分公司	江苏省电工进网作业许可管理先进个人	国家能源局江苏监管办公室
黄　平	国网江苏省电力有限公司江阴市供电分公司	江苏省电工进网作业许可管理先进个人	国家能源局江苏监管办公室
沈志平	国网江苏省电力有限公司江阴市供电分公司	改革攻坚年先进个人	江苏省电力有限公司
范　民	国网江苏省电力有限公司江阴市供电分公司	优秀班组长	江苏省电力有限公司、国网江苏省电力有限公司工会
周陈其	国网江苏省电力有限公司江阴市供电分公司	优秀班组长	江苏省电力有限公司、国网江苏省电力有限公司工会
张文雅	国网江苏省电力有限公司江阴市供电分公司	电能替代工作先进个人	江苏省电力有限公司
罗建华	国网江苏省电力有限公司江阴市供电分公司	江苏电网调控系统先进个人	江苏省电力有限公司
何燕君	国网江苏省电力有限公司江阴市供电分公司	财务管理工作先进个人	江苏省电力有限公司
于炳其	国网江苏省电力有限公司江阴市供电分公司	设计能力提升劳动竞赛先进个人	江苏省电力有限公司、国网江苏省电力有限公司工会
陈　曦	国网江苏省电力有限公司江阴市供电分公司	职工服务先进个人	江苏省电力有限公司、国网江苏省电力有限公司工会
王　勤	国网江苏省电力有限公司江阴市供电分公司	农电先进工作者	江苏省农电有限公司
凌文军	国网江苏省电力有限公司江阴市供电分公司	农电先进工作者	江苏省农电有限公司
徐晨阳	国网江苏省电力有限公司江阴市供电分公司	农电先进工作者	江苏省农电有限公司
刘建平	国网江苏省电力有限公司江阴市供电分公司	安全生产先进个人	江苏省农电有限公司
沈　栋	国网江苏省电力有限公司江阴市供电分公司	安全生产先进个人	江苏省农电有限公司
朱瑞新	国网江苏省电力有限公司江阴市供电分公司	安全生产先进个人	江苏省农电有限公司
周志平	国网江苏省电力有限公司江阴市供电分公司	安全生产先进个人	江苏省农电有限公司
周玉虎	利港街道兴港社区	江苏省优秀大学生村官	江苏省委组织部、省委宣传部、省人社厅

附：其他条线系统先进个人

姓　名	工　作　单　位	荣　誉　称　号	授　予　单　位
郭　炜	市公安局指挥中心	全国情报部门研判能手	公安部情报中心
沈建龙	市消费者委员会	全国消协组织先进个人	中国消费者协会
韩　斌	市红十字会	报刊宣传先进个人	中国红十字总会
唐俊杰	市检察院	全国检察机关千名侦防骨干人才	最高人民检察院政治部、反贪污贿赂总局
刘兴涛	市检察院	全国检察机关万名侦防骨干人才	最高人民检察院政治部、反贪污贿赂总局
白洋龙	市检察院	全国检察机关千名侦防能手	最高人民检察院政治部、反贪污贿赂总局
武月龙	市检察院	全国检察机关万名侦防能手	最高人民检察院政治部、反贪污贿赂总局
何　翔	江阴地税局	通报表扬个人	国家税务总局财产行为税司
许　达	民盟文化支部	全国优秀基层书法家	中国书法家协会
谭　雄	市检察院	优秀通讯员	方圆杂志社

【无锡市先进个人】

一、无锡市2013—2016年度社会治安综合治理工作个人记功嘉奖（无锡市政府表彰）

（一）个人二等功

潘　麒（市委政法委）

（二）个人三等功

杜栋梁（祝塘镇党委）　　刘志龙（利港街道党委）

（三）个人嘉奖

蒋　弘（市委政法委）　　陈春来（市检察院）

王　桦（市社会矛盾纠纷调处中心）　　邓国平（市信访局）

薛孝华（市维稳办）　　陆　峰（徐霞客镇综治办）

季　丰（市普法志愿者联合会）

二、无锡市2014—2016年度优秀共产党员（无锡市委表彰）

巫　敏（澄江街道新华社区党总支）　　钱军平（云亭街道经济发展办）

胡士勇（周庄镇华宏村党委）　　李春雷（市安监局）

刘志军（市城管执法大队）　　任元林（江苏扬子江船业集团）

卫　健（法尔胜泓昇集团有限公司）　　王新潮（江苏长电科技股份有限公司）

陈献文（市卫计委）　　宋建新（长泾镇花园村党委）

三、无锡军分区先进个人（中共无锡军分区委员会、无锡军分区表彰）

（一）优秀共产党员

陶科（市人武部）

（二）优秀基层干部

胡旭（市人武部）

（三）优秀职工

吴叙生（市人武部）　　杨东东（市人武部）

（四）优秀基层专武干部

孙宝利（澄江街道人武部）　　钱斌海（周庄镇人武部）

【江阴市先进个人】（江阴市委、市政府表彰）

一、2017年度优秀企业家

（一）工业、建筑业

吴协恩　周建平　钱　刚　任元林　李洪耀　周　江　缪文彬　张　雷　孙　峰

陆克平　俞　敏　黄丽泰　卞惠良　赖伟珍　严倪芳　高兴元　赵纪法　廖振铎

王新潮　张国平　徐友才　胡士勇　马　坚　李　兴　拉尔斯·法布里修斯
龚国贤　邹承慧　倪成良　曹明芳　钱振宇　恽相才　胡德良　黄　磊
袁　勇　郭　健　包振华

(二)服务业

周立宸　柳惠波　梁　鑫　孙　伟　马　伟　茅继忠　张伟志　陈　磊　钟　葱
陈京南　缪洪达　吴建良　朱永方　许　峰　陈　晨　丁仲麒　张品娟　方　芳
陶　园　张　峰　华　江　邱忠兴　蒋　俊　朱　勇　盛　霞　黄　平　林晓云
夏思奇　施剑明　郭　靖　韩　杰　范建刚　郭顺华　霍均平　陈　涛　戴泽新
王　勇　刘柏生　赵建国　朱　斌　包丽君　汪正华　王国安　吴　坚

二、2017 年度优秀总经理

(一)市属

工业、建筑业:金和良　郭立忠

服务业:薛　健　陈　娟　陈文蓉　张海忠　顾　军　张　熙　陆海燕　陈　虹　俞　强
顾晓静　周剑明　陈晓峰　吴云彪

(二)高新区

工业、建筑业:刘　叶　李天伟　陈少忠　马建忠　李　政　黄珑琳　戚继尧　张凤雏　陈　灏
尹鹏均　张士泉　俞　麟　汤晓楠　郑康定　唐瑞刚　蔺裕平　松本功　刘剑君
江永红　梅国海　陆正洪　孙永基　范建刚　王　勇　前田达志

服务业:孙　瑜　王　萍　姚　永　柳伟清　陈　朗　周　杰　盛龙才　陈德法　谢雄胜
陈　蔚　赵洪斌

(三)临港开发区

工业、建筑业:缪金凤　孙　杰　余宗勋　陆子友　奚英军　胡　震　朱洪钧　吴　钊　陈利民
任锦华　乔俊阳　华国平　胡学山　孙志华　贾兰娣　刘　平　高建华　谢文庆
刘　准　郑银良　周剑峰　张华兴　吴银芝　徐耀明　单志才　郑洙焕　周凤珍
孙　霞　刘跃生　谢国平　陈信宏　吴志雄　屈西峰　时雪惠　朴银宅　吴红清
顾晋南　顾红娟　李胜溶　孙俊翼　王昌文

服务业:袁　峰　陶　冲　邓　峰　石　勇　钱飞峰　袁耿生　顾　峰　殷振迅　周晓军
叶卫春　董　锋　李洪青　吴冬一　李洪卫

(四)靖江园区

工业、建筑业:方春生　赵德胜　孙汉彬

服务业:李　静　顾凤明　周　璐　张宏飞　宁　军

(五)澄江街道

工业、建筑业:李学岱　袁仁伟　蔡晓洪　徐士官　范选国　陈建章　张　衡　史方度　张浩荣
陈文卫　沈　剑　刘　栋　张建春　陈敏进　张惠国

服务业:胡鹏飞　叶寿泉　解红光　王兆丰　谢　红

(六)南闸街道

工业、建筑业:文　碧　六颖康　王晓龙　高　欣　周　成　陈国贤　吴　祎　徐惠民　缪建新
缪　鹏

服务业:徐雅芬　路伟南

(七)云亭街道

工业、建筑业:夏泽民　周德洪　瞿建华　周　明　吴小丰　刘德旗　施福德　朱　卫　胡建祥

服务业:王树栋　李惠珍　胡冬明

(八)月城镇

工业、建筑业:王坚群　钱德洪　陈　龙　华世正　钱秋林　房廷海　严树珊　陈长生　顾中达
徐文新　唐　侠　丁福安　严伟明　丁爱民

(九)青阳镇

工业、建筑业:山内铁也　吴　庆　李有明　吴祥德　赵玲娣　闵海华　焦建忠　薛洪权

(十)徐霞客镇

工业、建筑业:杨大军　任向东　孙秉忠　李秋雁　朱涵晓　夏婉珍　佐久间俊之　沈国祥
李同芳　曾　荣　宋建新　王新标　卫春军　周　枫　张　曦　黄坤大　曾国新

(十一)华士镇

工业、建筑业:姜建军　周爱明　李国良　赵建明　赵卫东　喻　晓　徐一铭　张　正　孟永华

费庆和　徐长江　赵建新　李　旦　陆　军　胡银福　赵亦初　赵正洪　章坤良
赵林华

(十二)周庄镇

工业、建筑业:吴奕宏　陈力皎　殷福华　陈继忠　张理罡　李生虎　承良元　陈良东　袁益凯
赵浩良　徐　泓　李全兴　赵平宝　卞良法　赵颖益　曹　伟

服务业:承汝峰　余林法　沈　彪　姚　静　卞方荣

(十三)新桥镇

工业、建筑业:周国华　于万旭　陶永生　倪利锋　张建锋　汪　东　陈建国

服务业:张　帆

(十四)长泾镇

工业、建筑业:宋建新　蒋惠平　李文义　夏国庆　周永南　吴栋标　仰朝晖

服务业:徐　军

(十五)顾山镇

工业、建筑业:杨　亮　郭正平　徐　丹　宋正兴　王万里　陈俊律　盛岡博诚　郭亚霓　毛二度
陈太球　李一新　陈泱光　郭新民　吴卫江

服务业:吴锦明

(十六)祝塘镇

工业、建筑业:承立新　戴梦茜　蒋忠伟　王　东　郁广益　徐宇清　戴加龙　赵　舵　朱　斌
唐良君　顾　军　包建新　孔维扬　周和兴　费立科　潘涌江　徐建平　孙立军
包敢锋　安敏琦

服务业:孔维立

三、2017 年度先进工作者

(一)高新区

王　彪　姚纯钢　周其忠　魏　南　杨　佳　饶立华　姚啸宇　龚　剑　赵协青
徐爱军　缪胜东　陶维荣　薛文虎　王建明　邹雅芳　陆亚媛　谈惠英　孙国平
张建清　陈育新　陈玉平　梅国荣　吴建国　刘卫江　顾耀平　缪海英　周　良
胡国才　郑力强　唐　军　展　翔　陆　丰　夏银伟

(二)临港开发区

沈　雷　何　毓　于海建　虞　初　陆黎明　周　英　张春梅　李　倩　朱华英
李玉祥　许登明　朱　彬　谢文远　夏　科　查国龙　钱俊贤　高旭伟　周国伟
彭　辉　曹　波　吴建峰　徐建君　朱东俭　李胜溶　汤红海　沈宏伟　臧晨东
陈　健　傅卫洪　吴海芳　陈　宇　杨　康　吴小平　贲可敬　高紫娟　邓　成
范兴龙　徐晓芸　曹伟洪　潘　澄　沈耀忠　赵丽华　黄明华　薛腾龙　许烨伦
郑　坚　马国方　张国华　李承濬　刘伟忠　殷　坚　范丽云　卫永飞　何建中
王添金　陈华中　周玉虎　孙佩俊　钟　渊　华爱军　江小涛　袁　坚　王成宇

(三)靖江园区

倪　荣　常月军　丁林海　陈　韬　王士斌　罗智辉　赵建明　朱宏义　张国武
郭繁凡　项国荣　杨恒桂

(四)澄江街道

刘海良　林建平　杨小中　沈　健　薛　兵　沈利球　鞠　斌　奚美蓉　沈　刚
巫　敏　宋建丰　夏　菁　周怡科　林　毅　杜玉娟　沈云彪　王国平　孙兴焕
夏剑龙　张建兴　顾忠兴　季兴发　黄建伟　梅建平

(五)南闸街道

符明君　高政委　孙宇东　刘广锐　许建富　奚　龙　蒋　岩　戴洪汝　吴满元
金越平　张晓钟　张永全

(六)云亭街道

邬钦君　蒋敏娟　沈建钧　刘敏虎　俞银海　李凤霞　居乾章　郑铁江　孙亚平
杨　勇　吴建春　朱海荣

(七)月城镇

张亚彬　陈　铭　偶洪元　邹建军　蒋玉芬　钦建华　倪仁福　华汉守　翟　民
薛金方　朱　伟　钱　芳

(八)青阳镇

秦安君　马仕兴　缪　贞　王建峰　沈国清　江　海　陈音军　时建军　袁海江
刘尧宇　季　青　徐　敏　谢珊敏　张　平　陆　武

(九)徐霞客镇

李伟铭　冯明科　施建清　谢晨毅　孔祥明　冯淑君　潘韦达　赵光明　曹宇铉
潘东平　钱　勇　计耀金　徐　虎　张亚良　陈加平　鄂惠琼　张　涛　徐民锋

(十)华士镇

何建南　吴凤英　瞿建军　孙海燕　孙　斌　顾维明　周继葆　卞少云　徐明虎
华明浩　毛炳坤　汪少清　赵建洪　顾建军　孙政刚　费　澄　杨伟兵　林晓华

(十一)周庄镇

葛珠良　蒋中华　江金岳　徐　敏　何世辉　刘向前　胡品贤　胡士清　陈永红
赵　静　戈士勇　黄冬升　沈建新　伍春银　洪　亮　黄伟忠　庄　鸣　段宝林

(十二)新桥镇

高　膺　赵维强　郁正达　黄亚春　许柏新　朱建平　陶妙锋　王永明　王　伟
郁玉才　郁晴虹　范凤鸣

(十三)长泾镇

王永芳　陈伟南　周东明　周新峰　顾　静　黄明龙　华　涛　刘永刚　钱　平
顾兴章　朱德伟　郭　红　夏涵冬　吴琴贤　王新伟

(十四)顾山镇

赵玉龙　王洪兴　潘立新　赵方伟　欧阳明辉　吴　良　徐多宝　王爱东　强正平
周伟坤　蔡立波　吴　强　王仲良　张　伟　贡建芬

(十五)祝塘镇

任海涛　周云龙　黄晓伟　唐淑玲　黄侃楷　蒋云南　孔瑞用　张荣庆　王军伟
张富刚　李　冰　王训锋　郁红亚　黄新华　陆　军

(十六)工业直属企业

孔煜锋　钱文明

(十七)服务业直属企业

承秀芳　洪　伟　缪舒炎　刘　杰

逝世人物

焦康寿

1919年12月生,江苏常熟人,中共党员。1938年12月,参加革命。1939年7月,任常熟苏尖区民运工作组长,同年10月加入中国共产党。1940年7月起,任常熟梅南区委书记、中共沙洲县委宣传部副部长兼沿江区委书记、县委特派员等职。1944年10月起,任中共沙洲县委副书记。在抗日战争中,积极开展反“清乡”斗争,奋力开拓江南抗日根据地。抗战胜利后调任华中军区一分区政治部秘书兼民运科长、澄锡虞工委委员兼组织部长等职。解放战争期间,奉命组建大江南北交通联络工作,精心筹划,周密安排,先后建立起黄田港地下交通线、双山沙地下交通线、护漕港地下交通线和一条无固定路线的灵活交通线,积极传递情报信息,掩护战友转移出入,为江阴段渡江战役的胜利发挥重要作用。1949年4月起,任中共江阴县委副书记、书记,常州地委统战部副部长兼常州市委统战部部长,苏州地委城工部部长、工业部部长、地委副书记,苏州市委第一书记、苏州市市长等职。1964年后,先后到徐州市、连云港市参加社会主义教育运动。1966年,任江苏省委劳动工资委员会副书记兼江苏省劳动局局长、局党组书记。“文化大革命”中遭受冲击。1977年,任徐州市委副书记、革委会副主任。1981年,任徐州市人大常委会主任。1983年,离职休养。2004年4月起,享受副省长级医疗待遇。2017年9月19日,焦康寿因病医治无效在苏州逝世,享年98岁。　(市史志办)

■类目编辑　邢　盈

重要文件目录

2017 年中共江阴市委重要文件目录

一、1 月 24 日，江阴市委、市政府联合发《关于印发〈江阴市“两减六治三提升”专项行动实施方案〉的通知》（澄委发〔2017〕2 号）。

二、2 月 17 日，江阴市委、市政府联合发《关于印发〈江阴市委市政府 2017 年重点工作的通知〉》（澄委发〔2017〕5 号）。

三、2 月 21 日，江阴市委办公室、市政府办公室联合发《关于印发〈2017 年江阴市创建全国文明城市重点工作〉的通知》（澄委办〔2017〕5 号）。

四、3 月 1 日，江阴市委发《印发〈关于开展“连心富民、联企强市”大走访活动的实施方案〉的通知》（澄委发〔2017〕7 号）。

五、3 月 3 日，江阴市委、市政府联合发《关于印发〈关于全力重塑“江阴板块”新优势的若干政策意见〉的通知》（澄委发〔2017〕9 号）。

六、3 月 16 日，江阴市委办公室、市政府办公室联合发《关于印发〈关于深化国有企业改革的实施方案〉的通知》（澄委办〔2017〕15 号）

七、3 月 17 日，江阴市委、市政府联合发《关于印发〈2017 年全市农村工作要点〉的通知》（澄委发〔2017〕11 号）。

八、3 月 28 日，江阴市委发《印发〈关于聚力创新实施“暨阳英才计划”的意见〉的通知》（澄委发〔2017〕13 号）。

九、3 月 30 日，江阴市委、市政府联合发《关于支持外贸稳定增长实施意见》（澄委发〔2017〕14 号）。

十、3 月 30 日，江阴市委、市政府联合发《关于进一步加强招商引资工作实施意见》（澄委发〔2017〕15 号）。

十一、3 月 31 日，江阴市委、市政府联合发《关于印发〈江阴市 2017 年国民经济和社会发展重点工作目标责任分解〉的通知》（澄委发〔2017〕16 号）。

十二、4 月 28 日，江阴市委、市政府联合发《印发〈江阴市进一步深化河长制实施方案〉的通知》（澄委发〔2017〕19 号）。

十三、5 月 16 日，江阴市委办公室发《印发〈关于推进“两学一做”学习教育常态化制度化的实施方案〉的通知》（澄委办〔2017〕27 号）。

十四、5 月 18 日，江阴市委办公室发《印发〈中共江阴市委全面深化改革领导小组 2017 年工作要点〉的通知》（澄委办〔2017〕28 号）。

十五、6 月 5 日，江阴市委、市政府联合发《关于加强长江大保护建设生态安全示范区的工作方案》（澄委发〔2017〕23 号）。

十六、6 月 14 日，江阴市委、市政府联合发《印发〈关于深化行政审批制度改革加快简政放权激发市场活力的实施意见〉的通知》（澄委发〔2017〕27 号）。

十七、7 月 18 日，江阴市委、市政府联合发《关于印发〈江阴市行政管理体制改革方案〉的通知》（澄委发〔2017〕43 号）。

十八、8 月 1 日，江阴市委办公室发《关于进一步深入开展“连心富民、联企强市”大走访活动的通知》（澄委办〔2017〕42 号）。

十九、8 月 10 日，江阴市委办公室、市政府办公室联合发《关于印发〈江阴市“六水共建”三年行动计划（2017—2020）暨 2017 年度项目细化安排〉的通知》（澄委办〔2017〕43 号）。

二十、8 月 23 日，江阴市委办公室、市政府办公室联合发《印发〈关于深入推进供给侧结构性改革的实施意见〉的通知》（澄委办〔2017〕60 号）。

二十一、8 月 25 日，江阴市委发《关于组织开展新时期江阴党史研究和编撰工作的实施意见》（澄委发〔2017〕34 号）。

二十二、9 月 21 日，江阴市委、市政府联合发《关于构建“亲”“清”新型政商关系的意见》（澄委发〔2017〕41 号）。

二十三、10 月 9 日，江阴市委办公室发《印发〈关于贯彻落实中国共产党党委(党组)理论学习中心组学习规则的实施办法〉的通知》(澄委办〔2017〕76号)。

二十四、10月19日,江阴市委办公室发《印发〈关于健全完善"党建带动关工委建设"工作机制进一步加强基层关工委建设的若干意见〉的通知》(澄委办〔2017〕79号)。

二十五、10月31日,江阴市委、市政府联合发《关于深化临港经济开发区行政管理体制改革的意见》(澄委发〔2017〕44号)。

二十六、11月8日,江阴市委、市政府联合发《关于聚焦富民持续提高城乡居民收入水平的实施意见》(澄委发〔2017〕47号)。

二十七、11月9日,江阴市委发《关于认真学习宣传贯彻中共十九大精神的通知》(澄委发〔2017〕46号)。

二十八、12月11日,江阴市委、市政府联合发《关于印发〈江阴市全面推进文明城市建设长效化三年行动计划(2018—2020)〉的通知》(澄委发〔2017〕49号)。

二十九、12月27日,江阴市委、市政府联合发《关于深化高新区行政管理体制改革的意见》(澄委发〔2017〕52号)。

三十、12月29日,江阴市委、市政府联合发《关于深化供销合作社综合改革的实施意见》(澄委发〔2017〕54号)。

(市委办)

2017年江阴市人大常委会重要文件目录

一、1月12日,江阴市人大常委会发《关于江阴市选举无锡市第十六届人民代表大会代表选举结果的报告》(澄人发〔2017〕1号)。

二、2月13日,江阴市人大常委会发《关于市十七届人大常委会领导分工的通知》(澄人发〔2017〕2号)。

三、2月28日,江阴市人大常委会发《关于印发〈江阴市第十七届人民代表大会常务委员会代表资格审查委员会和有关工作委员会组成人员名单〉的通知》(澄人发〔2017〕7号)。

四、3月2日,江阴市人大常委会发《2017年江阴市人大常委会工作要点》(澄人发〔2017〕8号)。

五、3月6日,江阴市人大常委会发《关于表彰2016年度人大宣传工作先进的决定》(澄人发〔2017〕9号)。

六、3月12日,江阴市人大常委会发《关于2017年基层人大工作的指导意见》(澄人发〔2017〕10号)。

七、3月12日,江阴市人大常委会发《关于2017年市人大代表小组活动的意见》(澄人发〔2017〕11号)。

八、3月12日,江阴市人大常委会发《关于深入开展"人大代表在行动"主题实践活动的实施意见》(澄人发〔2017〕12号)。

九、4月18日,江阴市人大常委会发《关于评议市政府农贸市场改造工作的实施意见》(澄人发〔2017〕14号)。

十、4月19日,江阴市人大常委会发《关于开展"两联系"活动的实施意见》(澄人发〔2017〕15号)。

十一、4月25日,江阴市人大常委会发《关于批准2017年一般公共预算支出和国有资本经营收支预算调整方案的决议》(澄人发〔2017〕16号)。

十二、5月19日,江阴市人大常委会发《关于江阴市镇人民代表大会工作规则的通知》(澄人发〔2017〕19号)。

十三、5月19日,江阴市人大常委会发《关于江阴市人大常委会街道工作委员会工作规则的通知》(澄人发〔2017〕20号)。

十四、6月29日,江阴市人大常委会发《关于批准江阴市2016年度财政决算的决议》(澄人发〔2017〕22号)。

十五、7月4日,江阴市人大常委会发《关于江阴市人民代表大会议事规则的通知》(澄人发〔2017〕28号)。

十六、7月4日,江阴市人大常委会发《关于江阴市人民代表大会常务委员会工作规则的通知》(澄人发〔2017〕29号)。

十七、7月4日,江阴市人大常委会发《关于江阴市人民代表大会常务委员会会议议事规则的通知》(澄人发〔2017〕30号)。

十八、7月4日,江阴市人大常委会发《关于江阴市人民代表大会常务委员会主任会议议事规则的通知》(澄人发〔2017〕31号)。

十九、7月28日,江阴市人大常委会发《关于调整江阴市部分街道行政区划的决议》(澄人发〔2017〕32号)。

二十、10月26日,江阴市人大常委会发《关于召开江阴市第十七届人民代表大会第二次会议的决定》(澄人发〔2017〕41号)。

二十一、10月26日,江阴市人大常委会发《关于江阴市部分街道行政区划调整后有关人大代表和人大机构等问题的决定》(澄人发〔2017〕42号)。

二十二、12月29日,江阴市人大常委会发《关于批准2017年一般公共预算收支、政府性基金收支以及国民经济和社会发展计划部分指标调整方案的决议》(澄人发〔2017〕50号)。

(市人大办)

2017年江阴市政府重要文件目录

一、1月5日,江阴市政府办公室发《关于印发〈2017年江阴市政府规范性文件立项计划〉的通知》(澄政办发〔2017〕1号)。

二、1月12日,江阴市政府发《关于调整市领导分工的通知》(澄政发〔2017〕2号)。

三、1月12日,江阴市政府办公室发《关于做好2017

年春运工作的通知》(澄政办发〔2017〕2号)。

四、1月18日,江阴市政府发《关于健全落实粮食安全责任制的实施意见》(澄政发〔2017〕11号)。

五、1月23日,江阴市政府办公室发《关于印发〈关于深化全市村庄生活污水治理工作的实施意见〉的通知》(澄政办发〔2017〕6号)。

六、2月23日,江阴市政府办公室发《关于印发〈江阴市2017年度国有建设用地供应计划〉的通知》(澄政办发〔2017〕11号)。

七、3月7日,江阴市政府发《关于调整全市"工业百强企业"和"创新型百佳中小企业"名单的通知》(澄政发〔2017〕10号)。

八、3月9日,江阴市政府发《关于取消和承接一批行政审批等权力事项的通知》(澄政发〔2017〕9号)。

九、3月16日,江阴市政府办公室发《关于下达2017年住房公积金扩面任务的通知》(澄政办发〔2017〕18号)。

十、3月16日,江阴市政府办公室发《关于印发〈江阴市积极稳妥推进出租汽车行业改革的实施意见〉的通知》(澄政办发〔2017〕19号)。

十一、3月27日,江阴市政府办公室发《关于印发〈江阴市2017年行政执法监督工作计划〉的通知》(澄政办发〔2017〕24号)。

十二、3月28日,江阴市政府办公室发《关于对"放管服"改革工作情况进行自查的通知》(澄政办发〔2017〕25号)。

十三、3月29日,江阴市政府办公室发《关于印发〈江阴市2017年工业经济发展目标分解表〉的通知》(澄政办发〔2017〕22号)。

十四、3月29日,江阴市政府办公室发《关于印发〈江阴市2017年节能工作实施意见〉的通知》(澄政办发〔2017〕23号)。

十五、3月30日,江阴市政府发《关于印发〈江阴市化工企业"四个一批"专项行动实施方案〉的通知》(澄政发〔2017〕12号)。

十六、3月30日,江阴市政府发《关于印发〈关于规范镇街工业集中区外工业企业技术改造投资的意见〉的通知》(澄政发〔2017〕13号)。

十七、4月5日,江阴市政府办公室发《关于加快推进粮食生产全程机械化的意见》(澄政办发〔2017〕26号)。

十八、4月7日,江阴市政府办公室发《关于印发江阴市重污染天气应急预案的通知》(澄政办发〔2017〕27号)。

十九、4月12日,江阴市政府办公室发《关于印发〈江阴市新市民子女入学工作操作办法(试行)〉的通知》(澄政办发〔2017〕29号)。

二十、4月12日,江阴市政府办公室发《关于印发〈江阴市无证托幼机构规范整治工作实施方案〉的通知》(澄政办发〔2017〕30号)。

二十一、4月12日,江阴市政府发《关于江阴市2017年度重点重大项目安排的通知》(澄政发〔2017〕16号)。

二十二、4月13日,江阴市政府发《关于整合城乡居民基本医疗保险制度的实施意见》(澄政发〔2017〕18号)。

二十三、4月25日,江阴市政府办公室发《关于进一步做好政府信息依申请公开及相关行政复议行政诉讼工作的意见》(澄政办发〔2017〕31号)。

二十四、4月25日,江阴市政府发《关于印发〈2017年江阴市有序用电方案和电力供应应急预案〉的通知》(澄政发〔2017〕21号)。

二十五、4月28日,江阴市政府办公室发《关于恢复活禽市场交易的通知》(澄政办发〔2017〕21号)。

二十六、5月4日,江阴市政府发《关于调整市政府领导分工的通知》(澄政发〔2017〕25号)。

二十七、5月8日,江阴市政府办公室发《关于建立江阴市2017年价格调控目标责任制的实施意见》(澄政办发〔2017〕34号)。

二十八、5月12日,江阴市政府发《关于印发〈关于加强特种设备安全监管工作的实施意见〉的通知》(澄政发〔2017〕27号)。

二十九、5月22日,江阴市政府办公室发《关于印发〈江阴市食品小作坊允许申报登记目录〉和〈江阴市食品小作坊"负面目录"〉的通知》(澄政办发〔2017〕41号)。

三十、5月23日,江阴市政府办公室发《关于印发江阴市妇女儿童发展规划(2016—2020)》(澄政办发〔2017〕33号)。

三十一、5月27日,江阴市政府办公室发《关于调整〈江阴市2017年工业经济发展有关目标分解表〉的通知》(澄政办发〔2017〕42号)。

三十二、5月31日,江阴市政府办公室发《关于印发〈江阴市长江水域船舶污染事故应急预案〉的通知》(澄政办发〔2017〕43号)。

三十三、6月4日,江阴市政府发《关于印发〈智慧城市信息整合共享协同工程行动纲要〉的通知》(澄政发〔2017〕30号)。

三十四、6月7日,江阴市政府发《关于印发〈"十三五"智慧江阴建设发展规划〉的通知》(澄政发〔2017〕31号)。

三十五、6月7日,江阴市政府发《关于增设机动车停车严管道路的通告》(澄政发〔2017〕32号)。

三十六、6月8日,江阴市政府办公室发《关于印发〈加快推进"不见面审批(服务)"改革的实施方案〉的通知》(澄政办发〔2017〕45号)。

三十七、6月16日,江阴市政府发《关于完善困难残疾人生活补贴和重度残疾人护理补贴制度的实施意见》(澄政发〔2017〕34号)。

三十八、6月20日,江阴市政府办公室发《关于印发〈江阴市交通干线沿线环境综合整治五项行动方案〉的通知》(澄政办发〔2017〕39号)。

三十九、6月21日,江阴市政府办公室发《关于整合优化全市电子政务外网的实施意见》(澄政办发〔2017〕46号)。

四十、6月22日,江阴市政府办公室发《关于印发

〈江阴市教师队伍建设支持计划实施细则(2017—2020)〉的通知》(澄政办发〔2017〕48号)。

四十一、6月22日,江阴市政府办公室发《关于印发〈江阴市现代农业发展奖励政策意见〉的通知》(澄政办发〔2017〕50号)。

四十二、6月22日,江阴市政府发《关于印发〈关于加强环城森林公园建设管控的实施意见〉的通知》(澄政发〔2017〕29号)。

四十三、6月23日,江阴市政府办公室发《关于印发〈江阴市"十三五"教育发展规划〉的通知》(澄政办发〔2017〕47号)。

四十四、6月30日,江阴市政府办公室发《关于印发〈江阴市"两减六治三提升"专项行动工作方案〉的通知》(澄政办发〔2017〕54号)。

四十五、6月30日,江阴市政府发《关于市政府部分领导分工的通知》(澄政发〔2017〕38号)。

四十六、6月7日,江阴市政府办公室发《关于印发江阴市"十三五"医疗机构设置规划(2016—2020)的通知》(澄政办发〔2017〕44号)。

四十七、7月3日,江阴市政府办公室发《关于印发〈江阴市2017年钢铁行业化解过剩产能及取缔"地条钢"工作方案〉的通知》(澄政办发〔2017〕53号)。

四十八、7月11日,江阴市政府办公室发《关于印发〈江阴市全民自救互救工程实施意见〉的通知》(澄政办发〔2017〕55号)。

四十九、7月11日,江阴市政府办公室发《关于做好突发事件应急预案修订工作的通知》(澄政办发〔2017〕56号)。

五十、7月11日,江阴市政府办公室发《关于进一步促进房地产市场健康稳定发展的意见》(澄政办发〔2017〕58号)。

五十一、7月12日,江阴市政府办公室发《关于印发〈江阴市农业支持保护补贴(耕地地力保护)管理工作实施方案〉的通知》(澄政办发〔2017〕57号)。

五十二、7月14日,江阴市政府办公室发《关于全市拆迁安置房统一委托代办契税减免等手续的通知》(澄政办发〔2017〕59号)。

五十三、7月17日,江阴市政府办公室发《关于进一步做好政策解读工作的意见》(澄政办发〔2017〕60号)。

五十四、7月24日,江阴市政府办公室发《关于印发〈江阴市加快发展以物联网为龙头的新一代信息技术产业三年(2017—2019)行动计划实施方案〉的通知》(澄政办发〔2017〕64号)。

五十五、7月28日,江阴市政府办公室发《关于印发〈关于加快全市政务服务网建设的实施方案〉的通知》(澄政办发〔2017〕65号)。

五十六、8月7日,江阴市政府办公室发《关于印发江阴市税收征管保障及遵从引导实施办法的通知》(澄政办发〔2017〕66号)。

五十七、8月10日,江阴市政府办公室发《关于建立2017年江阴市安置房建设单位名录的通知》(澄政办发〔2017〕71号)。

五十八、8月11日,江阴市政府办公室发《关于江阴市国有土地上住宅房屋征收补偿最低标准制度实施意见的通知》(澄政办发〔2017〕70号)。

五十九、8月12日,江阴市政府办公室发《关于印发〈江阴市2017年生态文明建设实施方案〉的通知》(澄政办发〔2017〕72号)。

六十、8月14日,江阴市政府办公室发《关于做好"放管服"改革及生态文明建设与环境保护等涉及的规范性文件专项清理工作的通知》(澄政办发〔2017〕73号)。

六十一、8月14日,江阴市政府办公室发《关于印发2017年政务公开工作要点的通知》(澄政办发〔2017〕74号)。

六十二、8月14日,江阴市政府发《关于统筹推进城乡义务教育一体化促进优质均衡发展实施意见》(澄政发〔2017〕55号)。

六十三、8月15日,江阴市政府办公室发《关于印发〈江阴市加快推进智能制造发展实施方案(2017—2020)〉的通知》(澄政办发〔2017〕75号)。

六十四、8月23日,江阴市政府办公室发《关于印发〈江阴市"十三五"残疾人事业发展规划(2016—2020)〉的通知》(澄政办发〔2017〕77号)。

六十五、8月29日,江阴市政府办公室发《关于印发〈江阴市危险化学品安全综合治理实施方案〉的通知》(澄政办发〔2017〕78号)。

六十六、8月29日,江阴市政府发《关于印发〈2017年江阴市安全生产目标管理考核办法〉的通知》(澄政发〔2017〕65号)。

六十七、8月31日,江阴市政府办公室发《关于开展违规用地专项整治行动的通知》(澄政办发〔2017〕79号)。

六十八、8月31日,江阴市政府发《关于印发〈江阴市土壤污染防治工作方案〉的通知》(澄政发〔2017〕69号)。

六十九、9月4日,江阴市政府发《关于赵亮亮副市长工作分工的通知》(澄政发〔2017〕68号)。

七十、9月5日,江阴市政府办公室发《无锡(江阴)港港口船舶污染物接收转运和处置设施建设方案(试行)的通知》(澄政办发〔2017〕83号)。

七十一、9月10日,江阴市政府办公室发《关于印发〈江阴市现代服务业提质增效三年(2017—2019)行动计划实施方案〉的通知》(澄政办发〔2017〕86号)。

七十二、9月12日,江阴市政府办公室发《关于推行政务服务"2440"改革的意见的通知》(澄政办发〔2017〕87号)。

七十三、9月27日,江阴市政府发《关于调整2017年度住房保障标准的通知》(澄政发〔2017〕78号)。

七十四、9月28日,江阴市政府办公室发《关于组织开展全市成品油市场专项整治行动的通知》(澄政办发〔2017〕93号)。

七十五、9月30日,江阴市政府办公室发《关于印发〈江阴市行政审批局主要职责内设机构和人员编制规定〉的通知》(澄政办发〔2017〕92 号)。

七十六、9 月 30 日,江阴市政府发《关于印发〈相对集中行政许可权事项清单〉〈其他职权事项调整清单〉的通知》(澄政发〔2017〕82 号)。

七十七、10 月 11 日,江阴市政府办公室发《关于进一步加强食品安全基层责任网络建设的意见》(澄政办发〔2017〕94 号)。

七十八、10 月 12 日,江阴市政府办公室发《关于印发江阴市全民健身实施计划(2016—2020)的通知》(澄政办发〔2017〕95 号)。

七十九、10 月 12 日,江阴市政府办公室发《关于印发〈关于进一步加强集中式饮用水源地长效管理工作的意见〉的通知》(澄政办发〔2017〕96 号)。

八十、10 月 14 日,江阴市政府办公室发《关于开展全市安全生产大排查大整治切实做好当前安全生产工作的紧急通知》(澄政办发〔2017〕97 号)。

八十一、10 月 16 日,江阴市政府发《关于废止部分规范性文件的通知》(澄政发〔2017〕85 号)。

八十二、10 月 18 日,江阴市政府办公室发《关于进一步做好全民参保登记长效管理工作的实施意见》(澄政办发〔2017〕98 号)。

八十三、10 月 20 日,江阴市政府办公室发《关于印发〈推进"四好农村路"建设的实施意见〉的通知》(澄政办发〔2017〕99 号)。

八十四、10 月 30 日,江阴市政府办公室发《关于转发无锡市人民政府办公室〈关于调整无锡市职工生育保险缴费比例的通知〉的通知》(澄政办发〔2017〕103 号)。

八十五、10 月 31 日,江阴市政府发《关于表彰 2017 年江阴市第五届专利奖的决定》(澄政发〔2017〕93 号)。

八十六、10 月 31 日,江阴市政府发《关于表彰 2017 年江阴市科学技术进步奖的决定》(澄政发〔2017〕94 号)。

八十七、11 月 1 日,江阴市政府发《关于杨云副市长工作分工的通知》(澄政发〔2017〕97 号)。

八十八、11 月 6 日,江阴市政府发《关于印发〈江阴市赋予镇(街道)行政审批和公共服务类管理权限清单〉的通知》(澄政发〔2017〕99 号)。

八十九、11 月 13 日,江阴市政府办公室发《关于印发〈江阴市 2017—2018 年秋冬季节大气污染防治强化管控方案〉的通知》(澄政办发〔2017〕106 号)。

九十、11 月 16 日,江阴市政府发《关于公布高新区、临港经济开发区行政审批赋权清单的通知》(澄政发〔2017〕102 号)。

九十一、11 月 16 日,江阴市政府发《关于调整〈相对集中行政许可权事项清单〉的通知》(澄政发〔2017〕103 号)。

九十二、11 月 18 日,江阴市政府发《关于印发〈关于知识产权强市建设的若干政策措施〉的通知》(澄政发〔2017〕104 号)。

九十三、11 月 20 日,江阴市政府办公室发《关于印发〈江阴市"十三五"旅游业发展规划〉的通知》(澄政办发〔2017〕108 号)。

九十四、11 月 20 日,江阴市政府办公室发《关于印发〈江阴市旅游业发展三年行动计划(2018—2020)〉的通知》(澄政办发〔2017〕109 号)。

九十五、12 月 7 日,江阴市政府办公室发《关于印发〈关于进一步加强瓶装液化石油气安全管理的实施意见〉的通知》(澄政办发〔2017〕117 号)。

九十六、12 月 11 日,江阴市政府办公室发《关于江阴市 2017 年减煤应急预案》(澄政办发〔2017〕119 号)。

九十七、12 月 11 日,江阴市政府办公室发《关于进一步推进全市减煤工作方案》(澄政办发〔2017〕120 号)。

九十八、12 月 12 日,江阴市政府办公室发《关于梳理编制政务服务"一号答"知识清单的通知》(澄政办发〔2017〕124 号)。

九十九、12 月 12 日,江阴市政府发《关于印发〈关于创建全国出口商品质量安全示范城市的实施意见〉的通知》(澄政发〔2017〕111 号)。

一〇〇、12 月 14 日,江阴市政府办公室发《关于调整补充耕地项目复垦补偿标准及建立补充耕地指标奖励机制的通知》(澄政办发〔2017〕130 号)。

一〇一、12 月 14 日,江阴市政府办公室发《关于印发〈江阴市建设占用耕地耕作层剥离和再利用工作实施意见〉的通知》(澄政办发〔2017〕131 号)。

一〇二、12 月 15 日,江阴市政府办公室发《关于印发开展紧密型医联体试点建设实施意见的通知》(澄政办发〔2017〕122 号)。

一〇三、12 月 15 日,江阴市政府办公室发《关于开展全市民办教育培训市场专项整治行动的通知》(澄政办发〔2017〕127 号)。

一〇四、12 月 15 日,江阴市政府发《关于印发〈2018 年城乡居民基本医疗保险制度实施意见〉的通知》(澄政发〔2017〕62 号)。

一〇五、12 月 15 日,江阴市政府发《关于印发〈关于推进特色小镇培育建设工作的实施意见〉的通知》(澄政发〔2017〕67 号)。

一〇六、12 月 18 日,江阴市政府发《关于进一步加强耕地保护工作的实施意见》(澄政发〔2017〕119 号)。

一〇七、12 月 29 日,江阴市政府办公室发《关于印发〈关于推行行政审批(服务)代办制的实施意见〉的通知》(澄政办发〔2017〕133 号)。

一〇八、12 月 30 日,江阴市政府发《关于印发〈江阴市畜禽养殖禁养区和限养区界定规划〉的通知》(澄政发〔2017〕120 号)。

(市政府办)

先进集体

（以时间为序）

全国条线表彰的先进集体一览表

表103

时　间	单　位	荣　誉　称　号	授予机关(部门)
2017.1	璜土镇璜土村	中国美丽乡村建设示范村	中国互联网新闻中心
2017.1	江阴市检察院	全国文明接待室、全国检察院宣传先进单位	最高人民检察院
2017.3.17	江阴海事局船舶交通管理中心、中国船级社江苏分社江阴办事处	2015—2016年度全国青年文明号	共青团中央等
2017.3	江阴市人民医院	全国综合医院中医药工作示范单位	国家中医药管理局办公室、国家卫生计生委办公厅、中央军委后勤保障部卫生局
2017.4	国网江苏省电力公司江阴市供电公司	全国五一劳动奖状	中华全国总工会
2017.5.19	江阴市公安局	全国优秀公安局	公安部
2017.5	江阴市法院	全国法院案件繁简分流机制改革示范法院	最高人民法院
2017.5	江阴市公安局	2017年全国警用无人驾驶航空器战法演练自创科目一等奖	公安部
2017.5	澄江街道北大街社区、天鹤社区	创建无邪教示范村	中央防范处理邪教办
2017.5	吴协恩家庭	全国“最美家庭”	全国妇联
2017.6	新桥镇	全国纺织名镇	中国纺织工业联合会
2017.6	江阴市检察院未检科	微电影《拯救》在第四届“为了明天——关爱青少年彩虹行动”微电影大赛中获网络人气奖	团中央维护青少年权益部中央综治办一室
2017.8.14	江阴市	2013—2016年度全国群众体育先进单位	国家体育总局
2017.8.26	璜土镇璜土村	全国环境整治示范村	住建部、农业部、财政部、环保部
2017.8	江阴市法院	在司法宣传工作中做出突出成绩的人民法院	最高人民法院
2017.8	江阴市	全国象棋之乡(2017—2021)	中国象棋协会
2017.8	新桥镇	全国特色小镇	住房城乡建设部
2017.8	江阴临港经济开发区	国家“火炬”无锡江阴智慧能源特色产业基地	科学技术部“火炬”高技术产业开发中心
2017.9	江阴市红十字会	2017年度中国红十字会总会报刊宣传先进集体二等奖	中国红十字会总会
2017.9	江阴市学校红十字工作委员会	2017年度中国红十字会总会报刊宣传先进集体三等奖	中国红十字会总会
2017.9	海澜集团有限公司	2017年体育旅游十佳精品景区	中国体育旅游博览会
2017.10	江阴市总工会	全国推动厂务公开民主管理工作先进单位	全国厂务公开协调小组
2017.11.29	江阴市司法局	人民调解宣传工作先进集体	中华全国人民调解员协会
2017.11	江阴市人力资源管理服务中心	就业宣传先进单位	中国就业促进会
2017.11	农工党江阴市委综合一支部	开展坚持和发展中国特色社会主义学习实践活动宣传思想工作先进集体	中国农工民主党中央委员会

续表103

时　间	单　位	荣　誉　称　号	授予机关(部门)
2017.11	江阴市	全国文明城市	中央精神文明建设指导委员会
	璜土镇璜土村、华士镇、新桥镇、华士镇华西村	全国文明村镇	
	江阴海事局、海澜集团有限公司	全国文明单位	
	江阴市鹏程农业科技发展有限公司	国家级“星创天地”	科技部办公厅
2017.12.5	江阴市工商业联合会	全国“五好”县级工商联	中华全国工商业联合会
2017.12.26	江阴市白蚁防治所	2017年度白蚁防治先进集体	中国物业管理协会白蚁防治专业委员会
2017.12	江阴市民水上活动中心	2017年度全民游泳健身活动优秀组织奖	国家体育总局游泳运动管理中心、中国游泳协会、中国救生协会
	江苏天华色纺有限公司工会委员会、江阴香山书屋	全国工会“职工书屋”示范点	中华全国总工会
	江苏向阳科技有限公司	2017年度国家技术发明奖二等奖	国务院
	江苏阳光集团有限公司	国家技术创新示范企业	工信部、财政部
	江苏焱鑫科技集团有限公司	国家科技进步二等奖	国务院
	青阳镇旌秀社区	全国为侨服务示范单位	国务院侨务办公室
2017	云亭街道	国家卫生镇(2017—2019)	全国爱国卫生运动委员会
2018.1.26	江阴市安全生产监督管理局	安全生产监管监察先进单位	国家安全生产监督管理总局
2018.1	江阴市顾山卫生院	群众满意的乡镇卫生院	国家卫生和计划生育委员会办公厅
	中船澄西船舶修造有限公司	第二届全国企业创新方法大赛一等奖	中国科协
	中船澄西船舶修造有限公司科协	全国科技工作者状况调查优秀站点	

江苏省条线表彰的先进集体一览表

表104

时　间	单　位	荣　誉　称　号	授予机关(部门)
2016.9	璜土镇小湖村	江苏省文明村	江苏省精神文明建设指导委员会
2016.10	徐霞客镇方园村	平安家庭示范户	江苏省妇女联合会、江苏省维护妇女儿童合法权益联席会议暨平安家庭创建活动领导小组
	青阳镇旌秀社区	江苏省平安家庭创建活动示范社区	
2016.11	徐霞客镇黎明村	江苏省民主法治示范村	江苏省依法治省领导小组
	青阳镇旌秀社区、青阳镇旌阳社区	江苏省民主法治示范社区	
	无锡市江阴地税局	江苏省五星级档案	江苏省档案局
2016.12	江阴市文学艺术界联合会	江苏省基层文联工作先进单位	江苏省文学艺术界联合会
2017.1.10	江阴市国土资源局	全省国土资源档案管理工作先进单位	江苏省国土资源厅、江苏省档案局
2017.1.18	江阴市农林局	2016年度江苏省现代渔业建设先进集体	江苏省海洋与渔业局

续表 104

时　间	单　位	荣　誉　称　号	授予机关(部门)
2017.1	江阴市法院	全省法院推进司法改革试点工作集体二等功	江苏省高级法院
	江阴法院临港经济开发区法庭	全省法院优秀人民法庭	
	江阴市公路管理处	公路工作先进集体	江苏省交通运输厅公路局
	吴协恩家庭、张纪清家庭	江苏省文明家庭	江苏省精神文明建设指导委员会
	江阴市文化广电新闻出版局	江苏省第一次全国可移动文物普查先进集体	江苏省第一次全国可移动文物普查领导小组
	华士镇华士社区	江苏省和谐社区建设示范社区	江苏省民政厅
	江阴市人民医院	三级甲等综合医院	江苏省卫生和计划生育委员会
	临港街道花港苑、云亭街道金云社区	江苏省和谐社区建设示范社区(村)	江苏省民政厅
2017.2.9	澄江街道江锋社区、蒲桥社区	省级民主法治示范社区	江苏省依法治省领导小组
2017.2.16	江阴市政府办公室	2016 年度全省政务信息工作先进单位	江苏省政府办公厅
2017.3.11	江阴市公安局出入境管理大队出入境接待大厅、徐霞客镇便民服务中心出入境接待室	全省公安出入境服务示范窗口	江苏省公安厅
2017.3.16	江阴市建设工程施工图审查中心	全省施工图审查工作创新单位	江苏省勘察设计行业协会施工图审查分会
2017.3.17	江阴南泰家纺用品有限公司、庆昌科技(江阴)有限公司、汉邦(江阴)石化有限公司	2017 年省示范智能车间	江苏省经信委、江苏省财政厅
2017.3.21	江阴市国土资源局	江苏制造突出贡献奖先进单位	江苏省政府
2017.3.30	江阴市	2016 年度江苏省土地执法模范县(市、区)	江苏省国土资源厅
2017.3.31	江阴市顾山卫生院、江阴市城东社区卫生服务中心	基层医疗卫生机构中医诊疗区(中医馆)服务能力建设项目单位	江苏省中医药局
2017.3	江阴市公安局禁毒大队	2016 年度全省易制毒化学品管制工作成绩突出单位	江苏省禁毒委员会办公室
	江阴市	“十二五”江苏省残疾人工作先进县市区	江苏省残疾人工作委员会
	璜土镇	江苏省健康镇	江苏省爱国卫生运动委员会
	璜土镇璜土村、华士镇华西村、临港街道长江村、周庄镇山泉村	江苏省健康村	
	澄江街道普惠苑社区	江苏省健康社区	
	江阴市健康促进中心	健康教育宣传材料设计竞赛活动读本类三等奖	江苏省爱国卫生运动委员会办公室、江苏省健康促进委员会办公室、江苏省健康教育协会
		健康教育宣传材料设计竞赛活动折页类二等奖	
	江阴市健康教育所	健康教育宣传材料设计竞赛活动读本类一等奖	
2017.4.12	江阴市国土资源局	2016 年度推进依法行政工作先进单位	江苏省国土资源厅

续表104

时间	单位	荣誉称号	授予机关(部门)
2017.4.17	江阴市第三实验小学、江阴市南闸中心小学、江阴市石庄中学、江阴市璜土中学、江阴市长寿实验小学、江阴市利港中学	江苏省健康促进金奖学校	江苏省教育厅办公室、江苏省卫生和计划生育委员会办公室、江苏省体育局办公室、江苏省食品药品监督管理局办公室、江苏省爱国卫生运动委员会办公室
	江阴市夏港中学、江阴市长寿中学、江阴初级中学、江阴市陆桥中学、江阴市顾山中学	江苏省健康促进银奖学校	
	江阴市顾山实验小学、江苏省南菁高级中学、江苏省南菁高级中学实验学校、江阴市第二中学、江阴实验中学、江阴市山观高级中学、江阴市敔山湾实验学校(小学)、江阴市敔山湾实验学校(初中)	江苏省健康促进铜奖学校	
2017.4.21	江阴市公安局治安警察大队食药环侦中队	全省公安机关食药环侦“利剑”行动、“清水蓝天”行动成绩突出集体	江苏省公安厅政治部
	江阴市动物疫病预防控制中心	全省农技推广服务先进集体	江苏省人力资源和社会保障厅、江苏省农业委员会
2017.4.24	江阴市疾病预防控制中心	优秀生活饮用水卫生监测分析报告二等奖	江苏省爱国卫生运动委员会办公室
		优秀农村环境卫生监测分析报告一等奖	
2017.4	江阴市	书香城市建设示范市	江苏省全民阅读活动领导小组
	江阴广播电视集团、江苏长电科技股份有限公司、中芯长电半导体(江阴)有限公司、海澜集团有限公司、中国邮政速递物流股份有限公司江阴市分公司	江苏省五一劳动奖状	江苏省总工会
	法尔胜泓昇集团有限公司缆索张拉班组、江阴兴澄特种钢铁有限公司厚板分厂生产乙班、江阴农村商业银行顾山支行、江苏霞客环保色纺股份有限公司化纤车间、江阴市桃园山庄休闲度假有限公司餐饮部、中国银行江苏省分行江阴支行营业部、中建钢构江苏有限公司五车间、江阴兴澄特种钢铁有限公司转炉作业区	江苏省工人先锋号	
	江阴市机关后勤服务中心、江阴市中医院心肾内科护理团队	江苏省巾帼文明岗	江苏省妇联、江苏省妇女“双学双比”“巾帼建功”活动领导小组
2017.5.4	江阴市公安局	2016年度全省公安机关命案侦破工作有功集体、集体三等功	江苏省公安厅
2017.5.15	江阴市公安局城中派出所	全省优秀公安基层单位	
		集体二等功	
2017.5.26	江阴市公安局经侦大队	“猎狐2016”专项行动成绩突出集体	
2017.5	农工党江阴市委	坚持和发展中国特色社会主义学习实践活动思想建设先进集体	中国农工民主党江苏省委员会
	江阴市看守所	二级看守所	江苏省公安厅
	江阴市拘留所	二级拘留所	
	江阴市徐霞客实验小学少先队大队	江苏省优秀少先队集体	共青团江苏省委、江苏省教育厅、江苏省少工委

续表 104

时 间	单 位	荣 誉 称 号	授予机关(部门)
2017.5	新桥镇	江苏省健康镇	江苏省发展和改革委员会
		江苏省时裳小镇	
2017.6.11	璜土村	江苏省美丽乡村	江苏省住建厅
2017.6.19	江阴市	2016 年度江苏省国土资源节约集约利用模范县(市、区)	江苏省国土资源厅
	江阴市国土资源局	江苏省“十二五”国土资源科技工作先进集体	
2017.6.30	江阴市	2016 年度“平安铁路县(市、区)”	江苏省综治委铁路护路联防工作组
2017.6	市消防大队江阴中队党支部	全省消防部队先进党支部	江苏省消防总队党委
	国网江苏省电力有限公司江阴市供电公司	2015—2016 年度江苏省诚信单位	江苏省消费者协会
2017.7.12	江阴市	2016 年度“平安县(市、区)”	江苏省社会治安综合治理委员会
2017.7.20	璜土镇妇联(故乡情电商基地)	省级巾帼电商服务基地	江苏省妇女“双学双比”竞赛活动领导小组
2017.7.27	江阴南泰家纺用品有限公司	2017 年省两化融合管理体系贯标试点企业	江苏省经信委
2017.7	江阴市市场监督管理局行政许可服务科、江阴市市场监督管理局徐霞客分局	商事制度改革工作嘉奖	江苏省工商行政管理局
	江阴市	2016 年度江苏省基层党员冬训工作示范市	江苏省委组织部、江苏省委宣传部
	澄江街道办事处	2016 年度江苏省基层党员冬训工作示范乡(镇、街道)	
2017.8	江阴市法院	全省法院案件繁简分流机制改革示范法院	江苏省高级法院
	江阴市公安局治安警察大队	2017 年保障全省食盐安全春季联合执法专项行动优胜单位	江苏省盐务管理局、江苏省公安厅
2017.9.29	江阴市	2016 年度省商标战略实施示范县(金凤奖)	江苏省商标战略实施工作领导小组
2017.9	江阴市公安局出入境管理大队办证窗口	巾帼文明岗	江苏省妇女联合会
	新桥镇总工会	全省推进厂务公开民主管理工作先进单位	江苏省厂务公开协调小组办公室
	新桥镇绿园社区	全省校外教育工作优秀辅导站	江苏省精神文明建设指导委员会办公室、江苏省关心下一代工作委员会
	江阴市纪律检查委员会	全省纪检监察系统先进集体	江苏省纪律检查委员会、江苏省人力资源社会保障厅
	江阴市关心下一代工作委员会	全省校外教育辅导站工作先进集体	江苏省文明办、江苏省关工委
2017.10.12	江阴市大学生创业园	2017 年度省级创业示范基地	江苏省人力资源和社会保障厅
	江阴市公安局办公室	全省公安档案工作成绩突出集体	江苏省公安厅
2017.10.13	江苏大东钢板有限公司	2017 上市科技企业培育入库	江苏省科技厅
2017.10	江阴市公安局刑事警察大队物证鉴定室“鱼塘中毒案(事)件中常见毒物的快速提取与检验鉴定技术研究与应用”项目	2017 年省厅科技强警(基层技术革新类)一等奖	江苏省公安厅
	江阴市公安局刑事警察大队“刑事案件侦查平台”项目	2017 年省厅科技强警(基层技术革新类)二等奖	
	江阴市公安局“涉案财物网上审计监督系统”项目	2017 年省厅科技强警(基层技术革新类)三等奖	

续表 104

时　间	单　位	荣　誉　称　号	授予机关(部门)
2017.10	江阴市消防大队	十九大消防安保工作先进集体	江苏省消防总队
	徐霞客镇璜塘滩上“同乐园”校外教育辅导站	江苏省校外教育辅导站特色活动视频推广项目一等奖	江苏省关心下一代工作委员会
	江阴临港经济开发区	新侨创新创业基地	江苏省归国华侨联合会
	无锡市江阴地税局	江苏省地税系统法治基地	江苏省地税局
2017.11.15	江阴临港国际物流园	江苏省重点物流基地	江苏省经信委
2017.11.24	江阴市公安局指挥中心	集体二等功	江苏省公安厅
2017.11	江苏长电科技股份有限公司、江苏华宏科技股份有限公司、江苏森森水族用品有限公司	全省厂务公开民主管理先进单位	江苏省厂务公开协调小组
	新桥镇总工会	全省推动厂务公开民主管理工作先进单位	
	澄江街道君山社区	江苏省科普示范社区	江苏省科协
	华士镇村镇建设档案室	江苏省一级村镇档案室	江苏省住房和城乡建设厅
	璜土镇高栗村	江苏省健康村	江苏省爱国卫生运动委员会
2017.12.6	璜土镇璜土村	江苏省人居环境范例奖	江苏省建设厅
2017.12.8	华士镇华西七村卫生室、祝塘镇永昌村卫生室、华士镇陆桥村卫生室、青阳镇小桥村卫生室、新桥镇黄河村卫生室、周庄镇华宏南区村卫生室、周庄镇倪家巷村卫生室	江苏省示范村卫生室	江苏省卫生和计划生育委员会
2017.12.11	澄江街道	第一批省级创业型街道(乡镇)	江苏省人力资源和社会保障厅
2017.12.14	江阴市司法局	全省司法行政系统中共十九大安保维稳工作先进集体	江苏省司法厅
2017.12.25	江阴市老干部局	全省老干部工作先进集体	江苏省委组织部、江苏省委老干部局、江苏省人力资源和社会保障厅
2017.12.28	江阴市白蚁防治所	江苏省白蚁防治协会 2017 年度先进单位	江苏省白蚁防治协会
2017.12.29	江阴市公安局法制大队	集体二等功	江苏省公安厅
2017.12	江阴鑫辉太阳能有限公司工会	江苏省工会“职工书屋”示范点	江苏省总工会、江苏省全民阅读活动领导小组
	国网江苏省电力公司江阴市供电公司	江苏省“书香企业”示范点	
	徐霞客镇政府	2015—2017 年度江苏省政府法制创新奖	江苏省人民政府法制办公室
	江阴市市场监督管理局企业监督管理科	全省工商和市场监管工作先进集体	江苏省人力资源和社会保障厅、江苏省工商行政管理局
	国网江苏省电力有限公司江阴市供电公司	2017 年度先进集体	江苏省电力有限公司、国网江苏省电力有限公司工会
		2017 年度安全生产先进集体	
2018.1.23	江阴市公安局办公室	江苏省 AAAAA 级数字档案室	江苏省档案局
2018.1.26	江阴市安全生产监督管理局	2017 年度全省危险化学品安全监管先进集体	江苏省安全生产监督管理局

续表104

时间	单位	荣誉称号	授予机关(部门)
2018.1	江阴市体育局	2017年度江苏省县级体育工作先进单位	江苏省体育局
	江阴市人武部	军事训练先进单位	江苏省军区
	江阴市公安局	江苏省健康单位	江苏省爱国卫生运动委员会
	青阳镇旌秀社区	江苏省健康社区	
	云亭街道	江苏省健康镇	
	云亭街道佘城村、花山村	江苏省健康村	
	江苏宝利国际投资股份有限公司	江苏省健康企业	
	江阴市行政审批局	2017年度江苏政务服务改革创新成果奖	江苏省政务服务管理办公室
	江阴市科协	江苏省科协实施“县级科协创新发展能力提升计划”优秀单位	江苏省科协
		江苏省2017年全国科普日活动优秀组织单位	
		江苏省科技工作者状况调查优秀站点	
		江苏省首届公民科学素养大赛优秀组织单位	
	江阴海智计划工作基地	江苏省科协海智计划工作先进单位	
	澄江街道君山社区	江苏省“基层科普行动计划”科普示范社区	
	江阴市倍斯特农业专业合作社、江阴市卓远农庄有限公司	江苏省科普惠农服务站	
	江阴市倍斯特农业专业合作社	江苏省优秀科普惠农服务站	
	江苏风雷文化传媒有限公司	江苏省科普产品研发基地	
	江阴市华士实验中学	“十三五”第二批省科学教育综合示范学校	
	江阴兴澄特种钢铁有限公司	中国科协第二届全国企业创新方法大赛江苏分赛二等奖	
2018.2.6	江阴市民防局	2017年度江苏省民防工作先进集体	江苏省民防局
2018.2.11	江阴市安全生产监督管理局	2017年度全省冶金等工贸行业安全生产工作先进集体	江苏省安全生产监督管理局
2018.2.12	南闸街道人武部	基层武装工作先进单位	江苏省军区
2018.2	江阴市信访局人民来访接待中心	2017年度全省信访系统“群众满意窗口”	江苏省信访局
2018.3	云亭街道	首批江苏省生态文明建设示范乡镇	江苏省环保厅
	民盟江阴市委	民盟江苏省2017—2018年度宣传工作先进集体一等奖	民盟江苏省委
		民盟江苏省2017—2018年度社会服务特别贡献奖	
2018.5	中共江阴市委农村工作办公室	2017年度全省扶贫系统先进集体	江苏省扶贫工作领导小组办公室

无锡市级先进集体

一、无锡市政府表彰的 2016 年度无锡市安全生产工作先进单位（2017 年 1 月）

徐霞客镇政府

二、中共无锡市委、无锡市政府表彰的 2013—2015 年度无锡市文明村镇文明单位（社区、校园）（2017 年 1 月）

（一）无锡市文明镇（1 个）

青阳镇

（二）无锡市文明村（4 个）

璜土镇璜土村　华士镇向阳村　顾山镇赤岸村　长泾镇蒲市村

（三）无锡市文明单位（社区、学校）（8 个）

澄江街道办事处　江阴市机关事务管理局　中国人寿财产保险股份有限公司江阴市支公司　江阴市审计局　南闸街道办事处　澄江街道大桥社区　新桥镇绿园社区　江阴市职业技术学院

三、无锡市政府表彰的 2016 年度金融工作先进集体（2017 年 2 月 27 日）

（一）金融改革与创新奖

江阴农村商业银行

（二）推进上市奖

江阴市政府

四、中共无锡市委、无锡市政府表彰的 2016 年度法治镇（街道）建设工作示范单位（2017 年 3 月 31 日）

周庄镇　澄江街道　新桥镇　徐霞客镇

五、中共无锡市委、无锡市政府表彰的三等功、集体嘉奖单位（2017 年 6 月）

（一）三等功

江阴市政府重点工程建设办公室

（二）集体嘉奖

澄江街道办事处

六、无锡市政府表彰的 2013—2016 年度社会治安综合治理工作表现突出的集体（2017 年 12 月 4 日）

（一）二等功

江阴市社会治安综合治理委员会办公室

（二）三等功

江阴市公安局

（三）集体嘉奖

周庄镇政府社会治安综合治理科　澄江街道办事处城中社区居民委员会　临港街道夏南村村民委员会　江阴市法院长泾法庭　江阴市人力资源和社会保障局　中国电信股份有限公司江阴分公司　江阴市政府公共服务热线受理中心

江阴市 2017 年度先进集体

一、镇街园区发展考核（13 项）

（一）综合奖项

1. 2017 年度绩效考核综合优胜单位（6 个）

一等奖：新桥镇

二等奖：华士镇　祝塘镇

三等奖：周庄镇　顾山镇

园区奖：高新区

2. 2017 年度绩效考核经济发展优胜单位（7 个）

一等奖：华士镇

二等奖：新桥镇　祝塘镇

三等奖：澄江街道　周庄镇　顾山镇

园区奖：高新区

3. 2017 年度绩效考核服务保障优胜单位（6 个）

一等奖：南闸街道

二等奖：新桥镇　澄江街道

三等奖：祝塘镇　顾山镇　周庄镇

（二）单项奖项

4. 2017 年度绩效考核经济核心竞争力优胜单位（7 个）

一等奖：华士镇

二等奖：新桥镇　澄江街道

三等奖：周庄镇　祝塘镇　云亭街道

园区奖：高新区

5. 2017 年度绩效考核财政收入优胜单位（6 个）

一等奖：靖江园区

二等奖：祝塘镇　华士镇

三等奖：临港经济开发区　新桥镇　周庄镇

6. 2017 年度绩效考核产业投入优胜单位（6 个）

一等奖:新桥镇
二等奖:临港经济开发区　云亭街道
三等奖:高新区　祝塘镇　华士镇
7. 2017 年度绩效考核招商引资优胜单位(7 个)
一等奖:华士镇
二等奖:长泾镇　祝塘镇
三等奖:澄江街道　月城镇
园区奖:高新区　靖江园区
8. 2017 年度绩效考核企业上市(挂牌)工作优胜单位(8 个)
周庄镇　临港经济开发区　云亭街道　华士镇
顾山镇　祝塘镇　金融办　环保局
9. 2017 年度绩效考核集成改革试点工作优胜单位(7 个)
一等奖:徐霞客镇
二等奖:周庄镇　新桥镇
三等奖:祝塘镇　华士镇　青阳镇
园区奖:临港经济开发区
10. 2017 年度绩效考核文明创建优胜单位(6 个)
一等奖:澄江街道
二等奖:新桥镇　璜土镇
三等奖:周庄镇　华士镇　城东街道
11. 2017 年度绩效考核生态文明优胜单位(6 个)
一等奖:祝塘镇
二等奖:云亭街道　南闸街道
三等奖:顾山镇　新桥镇　徐霞客镇
12. 2017 年度绩效考核科技与人才工作优胜单位(6 个)
一等奖:高新区
二等奖:祝塘镇　顾山镇
三等奖:澄江街道　华士镇　周庄镇
13. 2017 年度绩效考核拆迁安置优胜单位(6 个)
一等奖:澄江街道
二等奖:临港经济开发区　徐霞客镇
三等奖:云亭街道　月城镇　南闸街道

二、先进集体(16 项)

(一)市级机关、垂直部门和金融单位
1. 2017 年度人民满意机关(29 个)
市委办　人大办　政府办　政协办
纪委　组织部　宣传部　统战部
政法委　编办　农工办　机关党工委
总工会　妇联　发改委　公用事业管理局
国土局　园林旅游局　住建局　城管局
财政局　卫计委　行政审批局　水利农机局
人社局　商务局　法制办　法院
检察院
2. 2017 年度服务地方先进单位(15 个)
国税局　地税局　出入境检验检疫局
供电公司　海事局　电信局　海关
江苏银行江阴支行　工商银行江阴支行　无锡农商银行江阴支行　江阴农商银行　建设银行江阴支行　人保财险江阴支公司　中国人寿江阴支公司　华西农村小贷公司
(二)企业和社会组织
3. 2017 年度百强明星企业(100 个)
(1)工业、建筑业企业(70 个)
江苏华西集团有限公司(华士镇)
海澜集团有限公司(新桥镇)
中信泰富特钢集团(兴澄特钢)(高新区)
江苏扬子江船业集团(靖江园区、澄江街道)
江苏新长江实业集团有限公司(临港经济开发区、靖江园区)
法尔胜泓昇集团有限公司(高新区)
双良集团有限公司(临港经济开发区)
远景能源(江苏)有限公司(临港经济开发区)
江苏利电能源集团(临港经济开发区)
江苏阳光集团有限公司(新桥镇)
江阴天江药业有限公司(高新区)
江苏利安达集团有限公司(高新区)
江苏三房巷集团有限公司(周庄镇)
瀚宇博德科技(江阴)有限公司(高新区)
江阴苏龙热电有限公司(临港经济开发区)
建滔电子材料(江阴)有限公司(临港经济开发区)
江阴江东集团公司(周庄镇)
江阴新树工程塑料有限公司(高新区)
江苏新潮科技集团有限公司(高新区)
申达集团有限公司(临港经济开发区)
江苏海达科技集团有限公司(华士镇)
江阴热电有限公司(周庄镇)
阿法拉伐(江阴)设备制造有限公司(徐霞客镇)
江苏江南水务股份有限公司(市属)
江苏爱康科技股份有限公司(华士镇)
江阴模塑集团有限公司(周庄镇)
江阴海达橡塑股份有限公司(周庄镇)
江苏红柳床单有限公司(澄江街道)
帝斯曼工程塑料(江苏)有限公司(高新区)
江苏云蝠服饰股份有限公司(顾山镇)
江苏吉鑫风能科技股份有限公司(云亭街道)
江苏苏利精细化工股份有限公司(临港经济开发区)
优彩环保资源科技股份有限公司(祝塘镇)
江阴信邦电子有限公司(高新区)
江阴宝柏包装有限公司(澄江街道)
江苏富仁集团有限公司(澄江街道)
中石油江苏燃料沥青有限责任公司(高新区)
江阴天虹板业有限公司(华士镇)
江阴中南重工集团有限公司(高新区)
中建材浚鑫科技有限公司(临港经济开发区)
江阴宗承钢铁有限公司(临港经济开发区)
中船澄西船舶修造有限公司(临港经济开发区)
江阴市恒润重工股份有限公司(祝塘镇、周庄镇)
江苏中印印务集团有限公司(澄江街道)
江苏申利实业股份有限公司(高新区)
江苏淼鑫科技集团有限公司(新桥镇)
威茨曼金属制品(江阴)有限公司(临港经济开发区)
江苏振江新能源装备股份有限公司(临港经济开发区)
江苏天华纱业集团(华士镇)
江苏中基复合材料股份有限公司(临港经济开发区)
艾尔姆风能叶片制品有限公司(临港经济开发区)
江苏向阳集团有限公司(华士镇)
江阴南泰家纺用品有限公司(临港经济开发区)

江阴新仁铝业科技有限公司(徐霞客镇)
江阴长江投资集团有限公司(临港经济开发区)
江苏标榜装饰新材料股份有限公司(华士镇)
江阴市九润管业有限公司(徐霞客镇)
信越(江苏)光棒有限公司(临港经济开发区)
江苏东鋆光伏科技有限公司(华士镇)
中粮麦芽(江阴)有限公司(高新区)
江苏华兰药用新材料股份有限公司(临港经济开发区)
江苏嘉盛新材料有限公司(临港经济开发区)
江阴市华方新技术科研有限公司(周庄镇)
中建钢构江苏有限公司(靖江园区)
新华发集团有限公司(临港经济开发区)
江阴电工合金股份有限公司(周庄镇)
江阴鑫联金属制品有限公司(新桥镇)
江阴市长龄机械制造有限公司(云亭街道)
江苏宝利国际投资股份有限公司(云亭街道)
江苏贝德服装集团有限公司(祝塘镇)
(2)服务业企业(30 个)
江阴海澜之家供应链管理有限公司(新桥镇)
国网江苏省电力有限公司江阴市供电分公司(市属)
植誉投资管理有限公司(高新区)
江苏江阴农村商业银行股份有限公司(市属)
光控安心投资江阴有限公司(高新区)
见龙投资有限公司(高新区)
江阴天力燃气有限公司(澄江街道)
江阴海澜之家电子商务有限公司(新桥镇)
江苏众网互联网有限公司(顾山镇)
江苏金一文化发展有限公司(临港经济开发区)
华中融资租赁有限公司(高新区)
江苏华西房地产开发有限公司(华士镇)
无锡市烟草公司江阴分公司(市属)
江阴市长江房地产开发公司(临港经济开发区)
江阴市锡能实业有限公司(市属)
上海浦东发展银行股份有限公司江阴支行(市属)
江阴利电煤炭运销有限公司(临港经济开发区)
交通银行股份有限公司江阴支行(市属)
江阴八佰伴商贸中心有限公司(澄江街道)
江苏阳光置业发展有限公司(新桥镇)
江苏紫米电子技术有限公司(高新区)
江苏江阴港港口集团股份有限公司(临港经济开发区)
江阴市澄新农电服务有限公司(市属)
中国工商银行股份有限公司江阴支行(市属)
中国人民财产保险股份有限公司江阴支公司(市属)
中国农业银行股份有限公司江阴分行(市属)
江苏大经集团有限公司(云亭街道)
江苏鼎阳绿能电力有限公司(高新区)
中国建设银行股份有限公司江阴支行(市属)
中国石化销售有限公司江苏江阴石油分公司(高新区)
4. 2017 年度营业收入首次超千亿企业(1 个)
海澜集团有限公司(新桥镇)
5. 2017 年度工商开票销售收入首次超百亿元企业(2 个)
江苏新潮科技集团有限公司(高新区)
江苏倪家巷集团有限公司(周庄镇)
6. 2017 年度上缴税金净增超亿元企业(8 个)
中信泰富特钢集团(兴澄特钢)(高新区)
光控安心投资江阴有限公司(高新区)
江苏新长江实业集团有限公司(临港经济开发区、靖江园区)
建滔电子材料(江阴)有限公司(临港经济开发区)
海澜集团有限公司(新桥镇)
江阴海澜之家电子商务有限公司(新桥镇)
植誉投资管理有限公司(高新区)
远景能源(江苏)有限公司(临港经济开发区)
7. 2017 年度上缴税金超亿元企业(48 个)
(1)工业、建筑业企业(36 个)
江苏华西集团有限公司(华士镇)
海澜集团有限公司(新桥镇)
中信泰富特钢集团(兴澄特钢)(高新区)
江苏扬子江船业集团(靖江园区、澄江街道)
江苏新长江实业集团有限公司(临港经济开发区、靖江园区)
法尔胜泓昇集团有限公司(高新区)
双良集团有限公司(临港经济开发区)
远景能源(江苏)有限公司(临港经济开发区)
江苏利电能源集团(临港经济开发区)
江苏阳光集团有限公司(新桥镇)
江阴天江药业有限公司(高新区)
江苏利安达集团有限公司(高新区)
江苏三房巷集团有限公司(周庄镇)
瀚宇博德科技(江阴)有限公司(高新区)
江阴苏龙热电有限公司(临港经济开发区)
建滔电子材料(江阴)有限公司(临港经济开发区)
江阴江东集团公司(周庄镇)
江阴新树工程塑料有限公司(高新区)
江苏新潮科技集团有限公司(高新区)
申达集团有限公司(临港经济开发区)
江苏海达科技集团有限公司(华士镇)
江苏华宏实业集团有限公司(周庄镇)
江阴热电有限公司(周庄镇)
江阴澄星实业集团有限公司(澄江街道)
阿法拉伐(江阴)设备制造有限公司(徐霞客镇)
江苏江南水务股份有限公司(市属)
江苏爱康科技股份有限公司(华士镇)
江苏倪家巷集团有限公司(周庄镇)
江阴模塑集团有限公司(周庄镇)
江阴海达橡塑股份有限公司(周庄镇)
江苏西城三联控股集团有限公司(临港经济开发区)
江苏爱多企业管理集团有限公司(周庄镇)
江苏红柳床单有限公司(澄江街道)
帝斯曼工程塑料(江苏)有限公司(高新区)
江苏云蝠服饰股份有限公司(顾山镇)
江苏吉鑫风能科技股份有限公司(云亭街道)
(2)服务业企业(12 个)
江阴海澜之家供应链管理有限公司(新桥镇)
国网江苏省电力有限公司江阴市供电分公司(市属)
植誉投资管理有限公司(高新区)
江苏江阴农村商业银行股份有限公司(市属)
光控安心投资江阴有限公司(高新区)
见龙投资有限公司(高新区)
江阴天力燃气有限公司(澄江街道)

江阴海澜之家电子商务有限公司(新桥镇)
江苏众网互联网有限公司(顾山镇)
江苏金一文化发展有限公司(临港经济开发区)
华中融资租赁有限公司(高新区)
江苏华西房地产开发有限公司(华士镇)

8. 2017 年度先进市场(6 个)

江阴长江港口物流园区交易中心(临港经济开发区)
江苏华东石化物资交易市场(临港经济开发区)
江阴沿江石化市场(临港经济开发区)
江阴市贯庄金属材料市场(澄江街道)
江阴综合保税区交易中心(临港经济开发区)
江苏长阳金属材料市场(靖江园区)

9. 2017 年度十佳科技创新型企业(10 个)

中信泰富特钢集团(兴澄特钢)(高新区)
法尔胜泓昇集团有限公司(高新区)
江苏阳光集团有限公司(新桥镇)
江苏长电科技股份有限公司(高新区)
江苏焱鑫科技股份有限公司(新桥镇)
中建钢构江苏有限公司(靖江园区)
神宇通信科技股份公司(高新区)
江苏华西村海洋工程服务有限公司(高新区)
江苏双良锅炉有限公司(临港经济开发区)
江苏向阳科技有限公司(华士镇)

10. 2017 年度十佳节能减排先进企业(10 个)

江苏华西集团有限公司(华士镇)
双良集团有限公司(临港经济开发区)
中信泰富特钢集团(兴澄特钢)(高新区)
江苏利电能源集团(临港经济开发区)
江阴市百舸有色金属材料有限公司(祝塘镇)
江阴热电有限公司(周庄镇)
海澜集团有限公司(新桥镇)
江阴宝柏包装有限公司(澄江街道)
光大水务(江阴)有限公司滨江污水处理厂(高新区)
江苏海达科技集团有限公司(华士镇)

11. 2017 年度十佳诚信企业(10 个)

江苏华西集团有限公司(华士镇)
江苏扬子江船业集团(靖江园区、澄江街道)
海澜集团有限公司(新桥镇)
法尔胜泓昇集团有限公司(高新区)
中信泰富特钢集团(兴澄特钢)(高新区)
江苏阳光集团有限公司(新桥镇)
双良集团有限公司(临港经济开发区)
江苏广吉汽车集团有限公司(澄江街道)
昆山润华商业有限公司江阴大润发分公司(澄江街道)
江阴国际购物中心有限公司(市属)

12. 2017 年度十佳热心慈善企业(10 个)

江苏华西集团有限公司(华士镇)
江苏新长江实业集团有限公司(临港经济开发区、靖江园区)
江苏三房巷集团有限公司(周庄镇)
法尔胜泓昇集团有限公司(高新区)
江阴澄星实业集团有限公司(澄江街道)
江苏阳光集团有限公司(新桥镇)
中信泰富特钢集团(兴澄特钢)(高新区)
江阴新国联投资发展有限公司(市属)
海澜集团有限公司(新桥镇)
江苏华宏实业集团有限公司(周庄镇)

13. 2017 年度十佳外贸企业(10 个)

江苏华西集团有限公司(华士镇)
星科金朋半导体(江阴)有限公司(高新区)
法尔胜泓昇集团有限公司(高新区)
江阴信邦电子有限公司(高新区)
中信泰富特钢集团(兴澄特钢)(高新区)
江阴福汇纺织有限公司(高新区)
江苏三房巷集团有限公司(周庄镇)
江苏海达科技集团有限公司(华士镇)
东国制钢(中国)有限公司(临港经济开发区)
江苏利安达集团有限公司(高新区)

14. 2017 年度十佳外商投资企业(10 个)

中信泰富特钢集团(兴澄特钢)(高新区)
远景能源(江苏)有限公司(临港经济开发区)
江阴贝卡尔特合金材料有限公司(高新区)
江苏新扬子造船有限公司(靖江园区)
江阴利港发电股份有限公司(临港经济开发区)
见龙投资有限公司(高新区)
江阴苏龙热电有限公司(临港经济开发区)
瀚宇博德科技(江阴)有限公司(高新区)
江阴天江药业有限公司(高新区)
建滔电子材料(江阴)有限公司(临港经济开发区)

15. 2017 年度十佳社会组织(10 个)

江阴市企业家协会
江阴市徐霞客研究会
江阴市老年人体育协会
江苏元林慈善基金会
江苏新潮仁爱基金会
江阴市建筑行业协会
江阴澄乐居养老服务中心
江阴寻亲志愿者协会
江阴市刘天华二胡协会
江阴市婚姻家庭指导中心

(三)社区

16. 2017 年度十佳和谐文明社区(10 个)

城中社区(澄江街道)	北大街社区(澄江街道)
天鹤社区(澄江街道)	紫金社区(南闸街道)
金山社区(城东街道)	普惠社区(夏港街道)
锦湖苑社区(申港街道)	璜土社区(璜土镇)
华士社区(华士镇)	文林社区(祝塘镇)

■类目编辑　徐文辉

经济社会发展统计资料

一、综合

2017年江阴市社会经济主要指标一览表

表105

指标	单位	2017年	比2016年增减(%)	指标	单位	2017年	比2016年增减(%)
户籍人口	万人	125.49	0.6	金融业年末存款余额	亿元	3662.97	1.1
全社会从业人数	万人	99.33	0.3	其中:居民储蓄存款余额		1168.74	7.1
地区生产总值	亿元	3488.27	7.2	金融业年末贷款余额	亿元	2965.58	7.8
全社会粮食总产量	吨	126153	-13.0	保费收入	亿元	71.57	17.2
油料作物总产量	吨	2242	-15.5	赔款支出	亿元	14.11	3.1
水产品总产量	吨	26805	-0.8	证券交易量	亿元	6593.30	-21.5
生猪全年出栏数	万头	30.30	-5.9	各类学校在校学生数	人	168378	持平
货物运输量	万吨	4521	9.8	各类学校专任教师数	人	14433	0.5
旅客发送量	万人	6728	-2.8	各类卫生机构医疗床位数	张	8199	1.5
邮电业务总收入	亿元	41.00	16.3	卫生技术人员人数	人	9945	5.7
全社会用电量	万千瓦时	2615544	6.8	公共图书藏书量	万册	269.2	6.5
江南水务股份有限公司供水量	万立方米	27398	1.8	城镇非私营单位在岗职工平均人数	人	241404	7.4
固定资产投资额	亿元	1153.03	1.8	城镇非私营单位在岗职工年平均工资	元	82494	9.1
其中:工业投资		562.90	14.0	城镇居民人均可支配收入	元	59165	8.3
社会消费品零售总额	亿元	863.37	11.3	农村居民人均可支配收入	元	30532	8.3
进出口总额	亿美元	211.03	5.5	城乡居民人均储蓄存款余额(按全年常住平均人口)	元	71011	6.7
其中:自营出口额		122.18	2.0	人均地区生产总值(按全年常住平均人口)	元	211943	10.4
一般公共预算收入	亿元	235.16	2.3	人均一般公共预算收入(按全年常住平均人口)	元	14288	1.9
一般公共预算支出	亿元	227.29	0.5	人均社会消费品零售额(按全年常住平均人口)	元	52457	10.8

2017年江阴市地区生产总值及构成一览表

表106　　　　单位:亿元

指标	2017年	比2016年增减(%)(不变价)	指标	2017年	比2016年增减(%)(不变价)
地区生产总值	3488.27	7.2	批发和零售业	542.18	6.9
第一产业	41.64	-7.0	住宿和餐饮业	74.29	6.4
第二产业	1897.84	6.7	金融业	175.42	2.0
工业	1824.56	7.2	房地产业	184.79	26.5
建筑业	74.80	-4.1	农林牧渔服务业	7.75	-9.9
第三产业	1548.79	8.2	金属制品、机械和设备修理业	1.52	13.3
交通运输、仓储和邮政业	74.99	5.7	其他服务业	487.85	7.3

2017 年与 2016 年江阴市总户数和总人口数比较一览表

表 107　　　　单位:万人

年份	户籍总户数(万户)	户籍总人口	按性别分		按农业、非农业分		人口密度(人/平方千米)
			男	女	农业人口	非农业人口	
2017	37.65	125.49	62.22	63.27	63.51	61.98	1271
2016	37.32	124.80	61.95	62.85	63.54	61.26	1265

2017 年与 2016 年江阴市人口变动情况比较一览表

表 108　　　　单位:人

年份	年户籍平均人口(万人)	自然变动						机械变动	
		出生人数	出生率(‰)	死亡人数	死亡率(‰)	自然增长人数	自然增长率(‰)	迁入人数	迁出人数
2017	125.15	12249	9.76	9077	7.23	3172	2.53	8376	4499
2016	124.45	11617	9.36	8079	6.51	3538	2.85	7367	3707

2017 年与 2016 年江阴市计划生育情况比较一览表

表 109

年份	晚婚率(%)	节育措施落实率(%)	计划生育率(%)	一孩率(%)	二孩率(%)
2017	79.66	98.95	99.93	52.53	46.60
2016	78.00	98.99	99.95	58.83	40.31

二、农村和农业

2017 年江阴市农村基本情况一览表

表 110

指　标	单　位	年末实有数	指　标	单　位	年末实有数
(一)农村组织情况			稻谷	千公顷	9.89
镇	个	10	油料	千公顷	1.05
街道办事处	个	7	其他农作物	千公顷	14.88
村民委员会	个	197	其中:蔬菜	千公顷	12.69
居民委员会	个	57	(三)农业机械总动力	千瓦	261892
村居合一	个	46	1. 柴油机	千瓦	112450
(二)农作物总播种面积	千公顷	36.19	2. 汽油机	千瓦	19227
粮食作物	千公顷	20.26	3. 电动机	千瓦	130216
其中:小麦	千公顷	9.14			

2017 年江阴市主要农副业产品产量一览表

表 111

产品名称	单　位	产　量	产品名称	单　位	产　量
粮食总产量	吨	126153	家禽全年出栏	万羽	685
其中:稻谷	吨	86251	猪肉	吨	25971
小麦	吨	35756	羊肉	吨	57
油料	吨	2242	牛奶	吨	16901

续表111

产品名称	单　位	产　量	产品名称	单　位	产　量
茶叶	吨	4	禽蛋	吨	8785
水果	吨	79000	蜂蜜	吨	33
生猪全年出栏	万头	30.30	淡水产品产量	吨	26805
羊全年出栏	万头	0.55	其中:养殖产量	吨	25655

2017年江阴市农村集体经济收益分配一览表

表112　　单位:万元

指标	2017年	2016年	比2016年增减(%)	指标	2017年	2016年	比2016年增减(%)
一、总收入	313956	312608	0.4	3.其他支出	74235	84215	-11.9
1.经营收入	104614	95552	9.5	三、全年收益	139707	135746	2.9
2.发包及上交收入	132002	132683	-0.5	四、年初未分配收益	68874	60383	14.1
3.投资收益	3691	3990	-7.5	五、其他转入	267	2588	-89.7
4.补助收入	30503	24985	22.1	六、可分配收益	208849	198718	5.1
5.其他收入	43146	55398	-22.1	1.提取公积金、公益金	54506	53446	2.0
二、总支出	174248	176861	-1.5	2.提取应付福利费	6292	6202	1.5
1.经营支出	37463	36296	3.2	3.外来投资分利	13000	12000	8.3
2.管理费用	62550	56350	11.0	4.农户分配	42911	36876	16.4
其中:(1)干部报酬	22477	21340	5.3	5.其他分配	15449	12862	20.1
(2)报刊费	918	835	9.9	七、年末未分配收益	76691	77331	-0.8

三、工业和固定资产投资

2017年江阴市规模以上工业企业单位数及从业人员平均人数一览表

表113

指　标	工业企业单位数(个)		2017年从事工业生产活动平均人数(万人)
	2017年	比2016年增减(%)	
合计	1356	0.9	40.12
按轻重工业分			
其中:轻工业	559	-1.1	16.86
重工业	797	2.3	23.26
按规模类型分			
其中:大型企业	45	-10.0	17.85
中型企业	185	9.5	8.99
小微企业	1126	0.09	13.28
按经济类型分			
1.国有企业	0		
2.集体企业	11	持平	1.41
3.股份合作企业	1	-66.7	0.01
4.股份有限公司	1087	1.4	30.95

续表 113

指　标	工业企业单位数(个)		2017 年从事工业生产活动平均人数(万人)
	2017 年	比 2016 年增减(%)	
5. 外商和港澳台商投资企业	246	0.4	7.60
6. 私营企业	997	0.3	24.67

2017 年江阴市规模以上工业生产主要产品产量一览表

表 114

产品名称	单位	产量	产品名称	单位	产量
发电量	万千瓦时	3132407	合成纤维	吨	1772300
粗钢	吨	9175514	印染布	万米	50535
成品钢材	吨	11766190	化学纤维	吨	3716784
生铁	吨	7636744	机制纸及纸板	吨	124400
化学农药	吨	14945	塑料制品	吨	875368
集成电路	万块	3080317	服装	万件	41648
半导体分立器材	万只	9528287	呢绒	万米	10665
水泥	吨	2780985	工业锅炉	蒸吨	480
纱	吨	461824	铜材	吨	118957
布	万米	44684	石油沥青	吨	905574

2017 年江阴市固定资产投资完成情况一览表

表 115　　单位:万元

指　标	金　额	指　标	金　额
全社会固定资产投资总额	11530331	(四)按国民经济行业分(不含房地产开发投资)	
其中:民营投资	7496170	1. 农林牧渔业	106530
其中:私个投资	5015794	2. 制造业	5388427
(一)按产业分		3. 电力、燃气及水的生产和供应业	240607
1. 第一产业	66992	4. 批发和零售业	74680
2. 第二产业	5629034	5. 交通运输、仓储和邮政业	518363
其中:工业	5629034	6. 住宿和餐饮业	217300
3. 第三产业	5834305	7. 信息传输、软件和信息技术服务业	10989
(二)按报表种类分		8. 房地产业	216950
1. 项目投资	9731350	9. 租赁和商务服务业	115898
2. 房地产开发投资	1798981	10. 科学研究和技术服务业	47935
(三)按性质分(不含房地产开发投资)		11. 水利、环境和公共设施管理业	2563942
1. 新建	3808693	12. 居民服务和其他服务业	14730
2. 扩建	2594170	13. 教育	76993
3. 改建和技术改造	2594898	14. 卫生和社会工作	42300
4. 迁建	431018	15. 文化、体育与娱乐业	90906
5. 单纯购置	224301	16. 公共管理、社会保障和社会组织	4800
6. 其他	78270		

四、商贸、外经

2017 年与 2016 年江阴市社会消费品零售总额比较一览表

表 116　　单位:万元

指标	2017 年	2016 年	比 2016 年增减(%)	指标	2017 年	2016 年	比 2016 年增减(%)
社会消费品零售总额	8633686	7760544	11.3	1. 批发和零售业	8139922	7304581	11.4
(一)按销售地区分				2. 住宿和餐饮业	493764	455963	8.3
1. 城镇	6284538	5656135	11.1	(三)按规模分			
2. 农村	2349148	2104408	11.6	1. 限额以上	2361778	2095277	12.7
(二)按行业分				2. 限额以下和个体	6271909	5665266	10.7

2017 年与 2016 年江阴市外向型经济综合指标比较一览表

表 117

指标	单位	2017 年	2016 年	比 2016 年增减(%)
(一)进出口总额	万美元	2110348	1999572	5.5
(二)自营出口总额	万美元	1221822	1197513	2.0
1. 外贸专业企业	万美元	227700	238210	-4.4
2. 自营生产企业	万美元	466859	463668	0.7
3. 外商投资企业	万美元	519743	490475	6.0
(三)进口总额	万美元	888526	802059	10.8
(四)新批外资项目	项	43	31	38.7
其中:超千万美元项目	项	13	15	-13.3
(五)工商登记协议注册外资	万美元	75978	78806	-3.6
(六)到位注册外资	万美元	95103	105509	-9.9
(七)服务外包业务合同总额	万美元	211153	200511	5.3
(八)服务外包业务执行总额	万美元	179841	162818	10.5
(九)新批境外投资项目	项	34	36	-5.6
(十)新批境外投资项目中方投资额	万美元	72742	80008	-9.1

五、财政、银行、保险

2017 年江阴市财政、银行、保险一览表

表 118

指　标	金　额	指　标	金　额
(一)财政(预算内)(万元)		保障住房支出	57499
1. 一般公共预算收入合计	2351560	粮油物资储备支出	4254
其中:税收收入	1958585	其他支出	1257
2. 一般公共预算支出合计	2272879	债务付息支出	18866
其中:一般公共服务支出	182502	债务发行费用支出	108

续表 118

指　标	金　额	指　标	金　额
国防支出	2543	(二)银行(亿元)	
公共安全支出	147061	1. 银行机构人民币存款余额	3527.88
教育支出	378946	其中:城乡居民储蓄存款余额	1156.89
科学技术支出	87027	2. 银行机构人民币贷款余额	2916.96
文化体育与传媒支出	25550	其中:短期贷款	1474.83
社会保障和就业支出	215017	中长期贷款	1293.56
医疗卫生与计划生育支出	123317	3. 银行机构外币存款余额(亿美元)	20.67
节能环保支出	94111	其中:城乡居民储蓄存款余额(亿美元)	1.81
城乡社区支出	524869	4. 银行机构外币贷款余额(亿美元)	7.44
农林水支出	90516	(三)保险(万元)	
交通运输支出	84333	1. 保费收入	715734
资源勘探、信息等支出	161526	其中:财产险收入	223063
商业、服务业等支出	46604	人寿险收入	492671
金融监管支出	80	2. 赔款支出	141097
援助其他地区支出	14437	其中:财产险赔款支出	121291
国土海洋气象等支出	12456	人寿险赔款支出	19806

说明:美元汇率按 2017 年 1:6.5342

六、交通、邮电、电力、城建

2017 年与 2016 年江阴市交通、邮电情况比较一览表

表 119

指　标	单　位	2017 年	2016 年	指　标	单　位	2017 年	2016 年
(一)交通				(二)邮电			
公路通车里程	千米	2387.66	2377.05	邮政局、所合计	个	32	32
公路桥梁	座	930	897	邮政业务总量	万元	36203	22954
内河航道通航里程	千米	373.14	373.14	特快专递	万件	792	247
旅客发送量	万人	6728	6922	集邮业务	万枚	281	268
旅客周转量	万人千米	147823	145539	邮政储蓄年平均余额	万元	790117	697038
公路货运量	万吨	3234	2947	邮政储蓄点	个	28	28
公路货运周转量	万吨千米	366046	330528	本地电话交换设备容量	万门	12	34
水路货运量	万吨	1287	1172	全市电话用户合计	万户	32.59	36.09
水路货运周转量	万吨千米	1883972	1721646	其中:住宅电话	万户	18.35	21.06
港口货物吞吐量	万吨	15971	13197	互联网用户	万户	64.57	65.05
港口集装箱运量	标箱	540718	476494	移动电话用户	万户	203.60	201.45

2017年江阴市供电用电情况一览表

表120　　　　　　　　　　　　　　　　　　　　　　单位:万千瓦时

指　标	2017年	比2016年增减(%)	指　标	2017年	比2016年增减(%)
全社会用电量	2615544	6.8	非金属矿物制品业	37639	-1 7
1.农林牧渔业	6319	3.7	金属制品业	282245	3.2
其中:排灌	1424	-7.2	通用及专用设备制造业	140357	14.7
2.工业	2281643	6.4	3.建筑业	5651	-6.2
其中:轻工业	778989	5.2	4.交通运输、仓储和邮政业	18556	15.1
重工业	1502654	7.0	5.商业、住宿和餐饮业	53987	8.6
其中:纺织业	464454	-0.4	6.其他行业	87129	6.9
化学原料及化学制品制造业	95638	-4.1	7.城乡居民生活用电	162259	11.3
黑色金属冶炼及压延加工业	451887	9.7	其中:农村	122268	12.3

2017年江阴市城市建设情况一览表

表121

指　标	单　位	数　量	指　标	单　位	数　量
城市面积	平方千米	198	天然气供气总量	万立方米	65700
城市建成区面积	平方千米	125	其中:家庭用	万立方米	2787
城市户籍人口	万人	38.0	用气户数	户	121548
城市人口密度	人/平方千米	1919	燃气普及率	%	100
城市建成区绿地率	%	39.63	污水处理率	%	96.20
城市建成区绿化覆盖率	%	43.04	市政道路长度	千米	446
城市自来水年供水总量	万立方米	6579	市政道路面积	万平方米	1006
城市自来水年售水总量	万立方米	6112.99	人均市政道路面积	平方米	26.47
用水户数	户	149217	市政桥梁	座	96
人均日生活用水量	升	180.43	防洪堤长度	千米	4
用水普及率	%	100	绿化覆盖面积(城区)	公顷	5380
城市液化气供气总量	万吨	0.40	绿地面积(城区)	公顷	4969
其中:家庭用	万吨	0.13	公园绿地面积	公顷	555
用气户数	户	17394	人均公园绿地面积	平方米	14.60

七、科、教、文、卫

2017年江阴市各类科技机构、科技人员情况一览表

表122

指　标	单　位	数　量	指　标	单　位	数　量
(一)科技团体、机构			中级	人	28102
1.市级学会、协会	个	36	初级(助、员)	人	43508
2.科技创新服务中心	个	1	未评	人	65594
3.企业科协	个	113	2.乡镇科技人员	人	18825

续表 122

指　标	单　位	数　量	指　标	单　位	数　量
4. 镇(街道)科协	个	16	其中:高级	人	255
5. 工程技术研究中心	个	407	中级	人	2649
(二)科技人员总计	人	163845	初级(助、员)	人	15921
1. 国家科技人员(在职)	人	145020	(三)政工专业职称人员	人	2790
其中:高级	人	7816	(四)技术工人	人	389491

2016—2017 学年江阴市各级各类学校基本情况一览表

表 123

指标	学校数(所)	在校学生数(人)	专任教师(人)	指标	学校数(所)	在校学生数(人)	专任教师(人)
(一)中小学				4. 特殊教育	1	241	62
1. 普通中学	48	58093	5597	(二)中等专业学校	4	5010	794
其中:初中	36	40437	3623	(三)普通高校	1	3166	358
高中	12	17656	1974	(四)技工学校	2	4542	88
2. 职业学校	2	3509	158	(五)成人教育	78	173632	606
3. 小学	41	93817	4653	(六)幼儿园	70	44357	2723

2017 年江阴市文化、广播、电视基本情况一览表

表 124

指　标	单　位	数　量	指　标	单　位	数　量
(一)影剧管理机构	个	1	(七)营业性舞厅、歌厅	个	122
(二)影剧院	个	21	(八)营业性书场	个	3
(三)电影放映单位	个	21	(九)市图书馆、文化馆	个	2
放映场次	场	200740	(十)工人文化宫、少年宫	个	2
观众人数	万人	333.53	(十一)市博物馆	个	1
放映收入	万元	10396.53	(十二)公共图书藏书量	万册	269.2
发行收入	万元	88.6	(十三)纪念馆	个	13
(四)接待剧团演出	场	39	(十四)文物保护单位	个	97
演出收入	万元	288.05	国家级	个	7
(五)市锡剧团演出	场	210	省级	个	7
观众人数	万人	42	市级	个	83
演出收入	万元	463.12	(十五)江阴报社	个	1
(六)市评弹团演出	场	1500	(十六)市电视台	个	1
观众人数	万人	21	(十七)市广播电台	个	1
演出收入	万元	15.83	(十八)电视发射塔	座	2

2017年江阴市卫生事业基本情况一览表

表125

指　标	机构数（个）	床位数（张）	年末人员数（人）	卫生技术人员	执业（助理）医师	注册护士	管理人员
全市总计	580	8199	12300	9945	3960	4119	382
（一）医院合计	38	7804	8589	7235	2612	3363	306
1. 综合医院	24	5687	6368	5505	1929	2639	217
2. 中医院	5	1267	1585	1353	571	545	65
3. 专科医院	4	280	366	259	83	115	14
口腔医院	1	15	53	36	10	22	4
眼科医院	1	65	121	56	17	35	5
耳鼻喉科医院	1	50	65	53	21	27	3
康复医院	1	150	127	114	35	31	2
4. 护理院	5	570	270	118	29	64	10
（二）社区卫生服务中心（站）	84	95	640	553	197	115	12
1. 社区卫生服务中心	8	95	354	297	120	97	12
2. 社区卫生服务站	76	0	286	256	77	18	0
（三）卫生院	10	280	620	479	209	172	20
（四）村卫生室	124	0	527	179	165	14	0
（五）门诊部	45	0	692	492	234	188	26
（六）诊所、卫生所、医务室	271	0	721	643	392	194	5
1. 诊所	204	0	618	547	332	174	5
2. 卫生所、医务室	67	0	103	96	60	20	0
（七）疾病预防控制中心	1	0	132	112	75	14	1
（八）专科疾病防治院（所、站）	1	0	31	28	15	0	0
（九）健康教育所（站、中心）	1	0	31	11	3	4	2
（十）妇幼保健院（所、站）	1	20	118	82	46	19	1
（十一）急救中心（站）	1	0	76	23	6	13	6
（十二）采供血机构	1	0	58	43	5	19	3
（十三）卫生监督所（中心）	1	0	55	55	0	0	0
（十四）其他卫生机构	1	0	10	10	1	4	0

八、人民生活

2017 年江阴市人民生活一览表

表 126

指 标	单 位	数 量	指 标	单 位	数 量
(一)农村住户家庭基本情况			(二)城镇居民家庭基本情况		
1. 调查户数	户	87	1. 调查户数	户	206
2. 家庭常住人口	人	260	2. 家庭常住人口	人	668
3. 家庭就业人口	人	214	3. 家庭就业人口	人	526
4. 负担系数	人	1.21	4. 负担系数	人	1.31
5. 农村居民人均可支配收入	元	30532	5. 人均年可支配收入	元	59165
6. 农村居民人均生活消费支出	元	20372	6. 人均年生活消费支出	元	30148
7. 每百户耐用消费品拥有量			7. 每百户耐用消费品拥有量		
微波炉	台	77	微波炉	台	93
热水器	台	85	热水器	台	105
洗衣机	台	86	洗衣机	台	111
电冰箱	台	91	电冰箱	台	114
彩色电视机	台	163	彩色电视机	台	208
照相机/摄像机	架	28	照相机/摄像机	架	43
摩托车	辆	23	摩托车	辆	27
空调器	台	187	空调器	台	264
电话机	部	82	电话机	部	93
移动电话	部	217	移动电话	部	274
家用计算机	台	91	家用计算机	台	108
助力车	辆	110	助力车	辆	131
家用汽车	辆	46	家用汽车	辆	88

九、经济发展排行榜

2017 年江阴市开票销售收入前 30 名村(社区)一览表

表 127　　单位:万元

名 次	单 位 名 称	实 绩	名 次	单 位 名 称	实 绩
1	华士镇华西新市村	5388339	16	华士镇陆丰村	641343
2	周庄镇三房巷村	5262692	17	华士镇曙新村	609681
3	夏港街道长江村	2921546	18	月城镇沿山村	578249
4	璜土镇花港苑村	2861293	19	高新区金童村	575060
5	夏港街道三联村	2149816	20	周庄镇周西村	559387
6	利港街道陈墅社区	2122202	21	周庄镇长乐村	554217
7	周庄镇华宏村	2043659	22	祝塘镇永昌村	539424
8	申港街道创新村	2026131	23	周庄镇宗言村	524124
9	徐霞客镇任九房村	1199905	24	长泾镇花园村	497697

续表 127

名次	单位名称	实绩	名次	单位名称	实绩
10	周庄镇周庄村	1019050	25	祝塘镇建南村	445304
11	周庄镇倪家巷村	992031	26	徐霞客镇璜东村	423799
12	华士镇龙河村	764801	27	申港街道东刘村	372070
13	申港街道滨江村	739201	28	祝塘镇文林村	369919
14	南闸街道观山村	656184	29	祝塘镇金庄村	353825
15	高新区东新村	642123	30	华士镇勤丰村	352657

2017 年江阴市开票销售收入前 50 名工业企业一览表

表 128

名次	单位名称	名次	单位名称
1	海澜集团有限公司	26	江阴市长乐新科技电源有限公司
2	中信泰富特钢集团(兴澄特钢)	27	江阴模塑集团有限公司
3	江阴澄星实业集团有限公司	28	江苏嘉盛新材料有限公司
4	江苏三房巷集团有限公司	29	江苏福尔泰铜铝集团
5	江苏华西集团有限公司	30	江阴市百舸有色金属材料有限公司
6	江苏阳光集团有限公司	31	瀚宇博德科技(江阴)有限公司
7	江苏新长江实业集团有限公司	32	江苏蝙蝠塑料集团有限公司
8	新华发集团有限公司	33	江阴中南重工集团有限公司
9	江苏扬子江船业集团	34	江苏红柳床单有限公司
10	双良集团有限公司	35	建滔电子材料(江阴)有限公司
11	江苏华宏实业集团有限公司	36	帝斯曼工程塑料(江苏)有限公司
12	法尔胜泓昇集团有限公司	37	江阴市天达针纺织有限公司
13	远景能源(江苏)有限公司	38	江苏富仁集团有限公司
14	江阴新树工程塑料有限公司	39	江苏向阳集团有限公司
15	江苏利电能源集团	40	江苏利安达集团有限公司
16	江苏海达科技集团有限公司	41	中建材浚鑫科技有限公司
17	江苏新潮科技集团有限公司	42	江阴长江投资集团有限公司
18	江苏倪家巷集团有限公司	43	江阴福汇纺织有限公司
19	江阴江东集团公司	44	江阴天江药业有限公司
20	海润光伏科技股份有限公司	45	江阴新仁铝业科技有限公司
21	江阴苏龙热电有限公司	46	江苏爱多企业管理集团有限公司
22	阿尔法(江阴)沥青有限公司	47	江阴鑫裕装潢材料有限公司
23	中石油江苏燃料沥青有限责任公司	48	江苏云蝠服饰股份有限公司
24	江苏西城三联控股集团有限公司	49	江阴市强力化纤有限公司
25	中船澄西船舶修造有限公司	50	江苏申利实业股份有限公司

2017年江阴市入库税金前50名工业企业一览表

表129

名次	单位名称	名次	单位名称
1	海澜集团有限公司	26	江苏江南水务股份有限公司
2	中信泰富特钢集团(兴澄特钢)	27	江苏爱康科技股份有限公司
3	江苏扬子江船业集团	28	江苏倪家巷集团有限公司
4	江苏华西集团有限公司	29	江阴模塑集团有限公司
5	江苏新长江实业集团有限公司	30	江阴海达橡塑股份有限公司
6	法尔胜泓昇集团有限公司	31	江苏西城三联控股集团有限公司
7	双良集团有限公司	32	江苏爱多企业管理集团有限公司
8	远景能源(江苏)有限公司	33	江苏红柳床单有限公司
9	江苏利电能源集团	34	帝斯曼工程塑料(江苏)有限公司
10	江苏阳光集团有限公司	35	江苏云蝠服饰股份有限公司
11	江阴天江药业有限公司	36	江苏吉鑫风能科技股份有限公司
12	江苏利安达集团有限公司	37	江苏苏利精细化工股份有限公司
13	江苏三房巷集团有限公司	38	优彩环保资源科技股份有限公司
14	瀚宇博德科技(江阴)有限公司	39	江阴信邦电子有限公司
15	江阴苏龙热电有限公司	40	江阴宝柏包装有限公司
16	建滔电子材料(江阴)有限公司	41	江苏富仁集团有限公司
17	江阴江东集团公司	42	中石油江苏燃料沥青有限责任公司
18	江阴新树工程塑料有限公司	43	江阴天虹板业有限公司
19	江苏新潮科技集团有限公司	44	江阴中南重工集团有限公司
20	申达集团有限公司	45	中建材浚鑫科技有限公司
21	江苏海达科技集团有限公司	46	江阴宗承钢铁有限公司
22	江苏华宏实业集团有限公司	47	中船澄西船舶修造有限公司
23	江阴热电有限公司	48	江阴市恒润重工股份有限公司
24	江阴澄星实业集团有限公司	49	江苏中印印务集团有限公司
25	阿法拉伐(江阴)设备制造有限公司	50	江苏申利实业股份有限公司

2017年江阴市入库税金前30名服务业企业一览表

表130

名次	单位名称	名次	单位名称
1	江阴海澜之家供应链管理有限公司	16	上海浦东发展银行股份有限公司江阴支行
2	国网江苏省电力有限公司江阴市供电分公司	17	江阴利电煤炭运销有限公司
3	植誉投资管理有限公司	18	交通银行股份有限公司江阴支行
4	江苏江阴农村商业银行股份有限公司	19	江阴八佰伴商贸中心有限公司
5	光控安心投资江阴有限公司	20	江苏阳光置业发展有限公司

续表 130

名　次	单　位　名　称	名　次	单　位　名　称
6	见龙投资有限公司	21	江苏紫米电子技术有限公司
7	江阴天力燃气有限公司	22	江苏江阴港港口集团股份有限公司
8	江阴海澜之家电子商务有限公司	23	江阴市澄新农电服务有限公司
9	江苏众网互联网有限公司	24	中国工商银行股份有限公司江阴支行
10	江苏金一文化发展有限公司	25	中国人民财产保险股份有限公司江阴支公司
11	华中融资租赁有限公司	26	中国农业银行股份有限公司江阴分行
12	江苏华西房地产开发有限公司	27	江苏大经集团有限公司
13	无锡市烟草公司江阴分公司	28	江苏鼎阳绿能电力有限公司
14	江阴市长江房地产开发公司	29	中国建设银行股份有限公司江阴支行
15	江阴市锡能实业有限公司	30	中国石化销售有限公司江苏江阴石油分公司

2017 年江阴市自营出口前 30 名企业一览表

表 131

名　次	单　位　名　称	名　次	单　位　名　称
1	江苏三房巷集团有限公司	16	江苏云蝠服饰股份有限公司
2	江苏扬子江船业集团有限公司	17	江苏华宏实业集团有限公司
3	江苏新潮科技集团有限公司	18	东国制钢(中国)有限公司
4	中船澄西船舶修造有限公司	19	瀚宇博德科技(江阴)有限公司
5	江阴兴澄特种钢铁有限公司	20	双良集团有限公司
6	法尔胜泓昇集团有限公司	21	帝斯曼工程塑料(江苏)有限公司
7	星科金朋半导体(江阴)有限公司	22	江阴信邦电子有限公司
8	江阴福汇纺织有限公司	23	江阴市振江钢结构有限公司
9	江苏红柳床单有限公司	24	江苏吉鑫风能科技股份有限公司
10	江苏海达科技集团有限公司	25	江阴南泰家纺用品有限公司
11	江苏爱康科技股份有限公司	26	江阴江东集团公司
12	江苏华西集团公司	27	江阴市申澄集团有限公司
13	江阴澄星实业集团有限公司	28	江苏利安达集团有限公司
14	江苏中基复合材料有限公司	29	阿法拉伐(江阴)设备制造有限公司
15	江苏阳光集团有限公司	30	江苏润达光伏科技有限公司

（市统计局）

■类目编辑　谢　诚

索　　引

该索引是以正文部分(不包括宣传画页)为主要内容的综合性主题索引。标目一般采用主题词、中心词,并按汉语拼音字母顺序排列。其右侧数字表示页码,字母 a 为左栏,b 为中栏,c 为右栏。

D

H

J

K

T

W

Y

Z

■类目编辑　徐文辉

全市创建全国文明城市工作先进集体

编者按：2017年11月17日，江阴市被中央文明委命名表彰为全国文明城市，实现了具有里程碑意义的历史性跨越。为激励先进、鼓舞士气，巩固创建成果，持续推动创建工作长效化，江阴市委、市政府对在全国文明城市创建工作中涌现出来的先进集体和先进个人进行表彰奖励。《江阴年鉴（2018）》对被市委、市政府表彰的部分创建全国文明城市工作先进集体（市机关有关部门、单位）突出贡献单位和先进单位（本级）开设专栏，既飨读者，又作为重要年度资料予以保存。

① 2017年6月14日，江苏省道德模范与身边好人（无锡·江阴）现场交流活动暨第四届“十佳江阴好人”颁奖典礼

② 华西村道口核心价值观景观

③ 2017年8月10日，市创建办抽调人员集中组织开展网上申报工作

④ 2017年11月27日，城中实验小学学生参观颐河绿苑“江阴好人苑”

⑤ 2017年3月4日，市启动“学雷锋、学炎黄、见行动”主题志愿服务活动

新一轮全国文明城市创建以来，江阴市文明办充分发挥牵头抓总和督查指导作用，推动全市文明城市创建工作始终坚持“创建为民、创建靠民、创建育民、创建惠民、创建利民”理念，以培育和践行社会主义核心价值观为根本，以创成全国文明城市目标为牵引，突出问题导向、突出长效机制、突出全民参与，全市上下大力弘扬“江阴精神”，同心同德、齐抓共创，社会主义核心价值观宣传教育持续深入，诚信建设和志愿服务制度化扎实推进，未成年人思想道德建设深化提升，“十大专项提升行动”有效开展，群众性精神文明创建再结硕果，全市文明城市创建工作取得了阶段性成效和历史性突破。2017年11月，江阴市获第五届“全国文明城市”荣誉称号。

①

②

江阴市教育局紧紧围绕创建文明城市工作目标，落实教育教学任务，全面提升文明校园创建工作水平。其间，加强领导，健全机制，统筹文明校园深入开展，专门组成创建领导班子，成立创建办公室和设置五个专项工作组，指导全市学校创建工作；强化校长责任制和督查工作制，全面提升文明校园创建工作水平。明确任务，抓住关键，紧扣“六个好”(领导班子建设好、思想政治教育好、活动阵地好、教师队伍好、校园文化好、校园环境好)要求，细化工作任务，凸显优秀传统文化教育、家长学校建设、生命教育、行动德育特色，打造创建与教育融合新亮点。注重落实，突出成效，深化文明校园创建特色，提高师生文明素养，提升育人水平，形成长效机制，持续推进戏剧进校园、非遗进校园等传统文化教育活动，持续开展学校文化建设，形成学校、家庭、社会合力，共同营造涵育学生文明素养的良好环境。

③

① 2017年6月2日，江阴市召开未成年人思想道德建设暨文明校园创建工作推进会

② 2017年5月，英桥国际学校开展“童心向党”主题活动

③ 2017年6月，立新中心小学开展“我向习爷爷说心里话”主题活动

④ 2017年6月28日，十佳文明风尚好少年颁奖现场

⑤ 2017年4月14日，在江阴市大桥小学启动“我为文明江阴代言”主题实践活动

⑥ 2017年5月24日，南闸实验学校举行十四岁青春仪式

④

⑤

⑥

全国文明城市创建期间，全市公安机关以“一分决定成败、一失导致万无”的责任感和危机感圆满完成各项创建任务。一是突出重点治顽症。设立严管道路33条，查处违停车77.3万辆，清理“僵尸车”1674辆，增划路内临时停车泊位3270个。成功处置五星桥流浪狗窝点、中小旅馆卡片招嫖等问题。二是依托科技保畅通。全力推进“智慧交通”建设，完善320个道路监控网，推广汽车电子标识，安装行车、停车诱导屏29块。增设严管道路违停抓拍设备37套、机动车不礼让行人抓拍15套、行人闯红灯自动抓拍6套。三是社会联动抓共治。健全市镇两级交通安全综合治理机制，排查整治道路交通安全隐患10602个，增设交通护栏1.7万米。实现道路交通事故一站式处理，全面推行轻微道路事故快处快撤。四是全警参战严管理。进入迎检关键时期，除交警大队900余名警力全部上阵外，每天抽调机关、特勤、派出所等警力1800余名，值守30个重点路口、38条主干道、292个无灯控斑马线和背街小巷。

① 2017年9月22日，市公安局召开全国文明城市创建迎检工作部署会

② 2017年6月16日，市公安局召开全国文明城市创建工作推进会

③ 2017年8月25日，交警在高温下加强道路秩序管理

④ 2017年1月17日，民警检查网吧

⑤ 2017年7月10日，执勤民警维护路口交通秩序

⑥ 2017年8月25日，城警联动查处违法停车

2015—2017年，江阴市纪委监察局认真贯彻落实市委、市政府的决策部署，在文明城市创建过程中做好督导、督查和督办工作。制定出台《江阴市创建全国文明城市工作责任追究办法》，抽调4名工作人员组成文明创建工作督导小组，专门驻点办公，先后督查问题点位270余个，现场拍照取证近300份，协调整改问题33个、督促整改问题136个、专题督办问题28个，发出通报3期、专报2期、“督办单”34份，对4名相关责任人进行问责提醒谈话，为创成全国文明城市提供坚强的纪律保障。

① 2015年8月28日，市纪委举办政风面对面媒体直播活动，推进文明城市创建

② 2016年10月24日，市纪委领导在澄江街道蒲桥社区调研文明城市创建工作

③ 2017年3月7日，现场督察南闸街道南闸社区文明创建工作

④ 2017年11月15日，市纪委组织各镇街、机关部门参加无锡市“作风面对面”节目，持续加强作风督查，巩固文明创建成果

① 美丽乡村——申港街道申南村牌楼下
② 市政道路设施维修养护
③ 建筑工地围挡公益广告
④ 建筑工地文明绿色施工
⑤ 小区物业管理规范有序
⑥ 月城镇沿山村汪家村村庄环境

自江阴市启动创建全国文明城市以来，市住建局全体干部职工紧紧围绕创建目标，勇挑重担，争当先锋，高标准、高质量、高效率组织开展创建工作。三年来，实施建筑工地专项提升行动，设置公益围挡5.6万平方米，增设出入口冲洗平台96处，整治扬尘及随意抛洒872起，清除乱涂写、乱张贴、乱堆放8650起；实施市政设施专项提升行动，建设盲道7.4万米，维修整改沥青砼路面2.16万平方米，人行道板2.62万平方米，侧平石7775.9米，增设缘石坡453个；实施小区管理专项提升行动，建立物业小区网格化管理责任制度，健全物业管理诚信体系，督促整改1535个问题，处理咨询投诉313 件；实施美丽乡村专项提升行动，完成城中村改造26个，美丽乡村建设10个，抽查的46个自然村全部通过考核。

① 交通运输局“公交总站”公共自行车点

② 2017年5月27日，路政人员执法检查

③ 2017年7月20日，52辆油电混合动力新能源公交车集中投放

④ 2017年5月18日，青阳嘉茂花鸟园助残日活动

⑤ 2017年6月6日，市交通运输局组织“爱心送考”活动

⑥ 2017年3月21日，江阴汽车客运站志愿者服务

江阴市交通运输局认真贯彻《江阴市创建全国文明城市三年行动计划(2015—2017)》，坚持创建为民、创建利民、创建惠民，围绕创建全国文明城市目标任务、行业特点和工作实际，开展公交出租客运车行业服务、公路航道沿线环境整治、交通建设文明工地等八大专项提升行动，提升交通运输系统文明服务品质。加强硬件设施建设、环境清理整治、公益宣传展示和文明志愿服务；开展群众性文明创建和“文明交通、从我做起”系列主题实践活动，增强干部职工和市民群众整体文明素质；制定公交、出租、客运等行业服务规范，“文明窗口”创建活动蔚然成风；强化文明服务理念，规范服务和执法行为，严厉打击违法违章行为，规范运输市场秩序，为创成全国文明城市作出积极的贡献。

按照市委、市政府“大力弘扬江阴精神 创成全国文明城市”要求，2015—2017年，市商务局攻坚克难，砥砺奋进，积极开展文明创建各项活动。一是组织领导到位。成立由局长带队共60余人的创建工作领导小组，明确创建职责，实现对34类65个点位全覆盖。二是动员部署及时。召开全局动员会11次，创建企业负责人推进会27次，及时传达部署上级的创建要求。三是督促整改有力。坚持网格化巡查制度，重要时段全天候值守。深入商场、超市督查和值守5000余人次，巡查并整改各类问题1000余起。四是氛围营造浓厚。发放易拉宝海报2000余套，招贴画、台卡、贴纸等15000余份，为城区商场、超市安装吊牌吊旗1500余个，布设围挡和墙面近300米。五是工作亮点突出。督促改造残疾人专用洗手间25座、残疾人专用通道20个，发放急救药箱等便民用品200余件，完成24个农贸市场标准化改造。

① 2015年12月1日，市商务局召开文明城市创建工作推进会

② 2016年10月18日，改造完成的浮桥农贸市场

③ 2016年11月16日，市商务局工作人员检查超市消防设施

④ 2017年3月9日，市商务局工作人员巡查大统华超市无障碍设施

⑤ 2017年8月3日，市商务局工作人员会同商场人员布置“诚信经营”吊挂

⑥ 2017年10月11日，市商务局工作人员指导江阴麦德龙超市布置“喜迎十九大 共筑中国梦”横幅

① 2015年9月1日，“江城故事之抗战烽火”——纪念抗战胜利70周年主题故事会在江阴市文化馆小剧场首演
② 2016年5月31日，江阴市第十六届少儿故事大赛演讲决赛在江阴市文化馆艺术剧场内举行
③ 2016年6月4日，由江阴市读书活动指导委员会主办、江阴市图书馆承办的“春天与经典诗文的相遇”江阴市第五届全民诗歌朗诵大赛总决赛落幕
④ 2016年6月28日，由市文广新局主办、市文化馆承办的“暨阳戏台”活动启动
⑤ 2017年8月29日，江阴文庙举行新生开笔礼活动
⑥ 2017年1月13日，新华书店在祝塘镇开展“送书下乡”活动
⑦ 2017年8月15日，市图书馆举办文明阅读志愿者主题夏令营活动

文明城市创建三年来，江阴市文广新局坚持一手抓文明创建，一手抓中心工作，以实际行动为江阴市创建全国文明城市增光添彩。其间，开放100个全民阅读公益点，“三味书咖”城市阅读联盟点增至9个，江阴市获评江苏省“书香城市”示范市；开展送戏下乡、文艺会演、展览展示、演讲征文等创城主题活动961场次，参与者74万人次；创作巡演大型音乐情景剧《寻找“炎黄”》、中篇评弹《李良宝》等一批文艺精品；亮化“锡剧传承”品牌，创排大型锡剧《徐霞客》，开展“锡剧进校园”活动150场次；8000余人次参与文明创建巡查、劝导活动，组织文明阅读、义务讲解、文艺演出等各类文化志愿者活动1955场次，参与志愿者11207人次；检查文化经营单位3739个次，查处取缔黑网吧等无证经营单位216个，收缴非法出版物8500余张（册），广播电视安全播出零事故。

① 2017年3月20日，江阴市卫计委、市红十字会、澄江街道办事处主办，市健康促进中心、市疾控中心、市急救中心协办的“卫生应急——‘救’在您身边”活动在澄江街道便民服务中心举行

② 2017年4月21日，市卫计委向临港街道申浦村每户村民赠送一个急救小药箱，并开展送医、送健康系列活动

③ 2017年7月13日，江阴市卫计委卫生监督员在市游泳中心开展游泳池水监测

④ 2017年7月13日，组织义务献血活动

⑤ 2014年4月，组织敔山湾健步行活动

⑥ 2015年10月，组织捐赠冬衣、奉献爱心活动

⑦ 2017年4月，第二十三届全国肿瘤防治宣传周大型义诊咨询活动在江阴学院场举办

2015—2017年，江阴市卫生和计划生育委员会围绕全国文明城市创建目标，以服务民生为宗旨，以提高人民健康水平、整治城乡环境卫生、提升系统文明形象为主线，推动全方面达标创建要求。推动目标落地，制订创建方案，部署创建任务，与各医疗卫生单位签订责任书；加强文明宣传，创建期间开展宣传75次，接受咨询17000余人次，印发资料13000余份，利用媒体、网络宣传120篇次；强化卫生监督，检查公共场所2992个次，检查“四小”（小浴室、小美容美发店、小旅店、小歌舞厅）场所2588个，取缔无证行医17个，完成厕改215座，建成无烟单位173个；提升系统形象，推进规范服务，推行便民惠民政策，推动义诊和志愿活动，评选“诚信医院”，倡导全系统“重信誉、守信用、讲信义”。

①2017年1月，市市场监管局组织人员检查游乐场所特种设备安全工作
②2017年3月，市市场监管局组织对黄田港大桥下无证小菜场及废旧回收经营户开展整治活动
③2017年3月，开展“万人千户百日行动”暨“争创文明诚信经营户”示范创建活动
④2017年5月，监管人员在餐饮店张贴社会主义核心价值观等宣传标语
⑤2017年8月，监管人员对校园周边副食店“三无”食品专项检查整治
⑥2017年7月，监管人员在农贸市场检查
⑦2017年8月，监管人员对饭店厨房进行食品安全检查
⑧2017年9月，监管人员在农贸市场开展“诚信经营户”示范创建宣传

2015—2017年，江阴市全国文明城市创建期间，市场监督管理局围绕“强监管、保安全、促发展、塑形象”主线，坚持“深化改革、深度融合”，实现监管更实、执法更强、服务更优，努力营造公平公正的市场经营环境。重点开展农贸市场整治，制作张贴诚信经营、食品安全等8类管理制度牌500张，开展环境卫生“大扫除”，加强场外车辆停放、小摊小贩治理，经营秩序得到显著提升。在餐饮酒店、药店、农贸市场三类场所开展“诚信经营”示范创建活动，各评选“十佳诚信经营店”10户。牵头整治废旧物资回收经营户310余户，城乡环境面貌得到较大改善。在沿街店面张贴社会主义核心价值观、诚信经营、文明用餐等宣传画6万余张，桌贴桌卡14万余张。

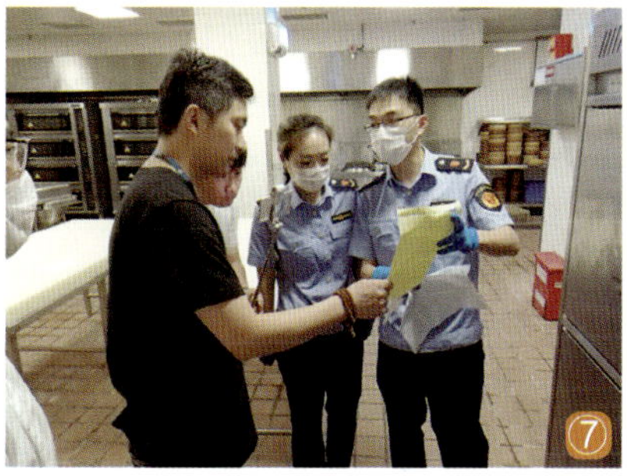

① 2017年4月21日，澄江中心小学组织学生参观环境教育展示馆

② 江阴市地表水水质自动监测系统

③ 2017年8月14日，江阴市举行推进生态文明建设暨“六水共建”动员大会

④ 江阴市大气自动监测“天网工程”

⑤ 2017年5月，执法人员在某企业外围窨井发现可疑废水排放

⑥ 2017年6月，执法大比武——发现跑冒滴漏问题

2017年，江阴市环保局紧紧围绕文明城市创建工作，聚力生态文明建设高质量发展，补短板、谋创新，力促经济优化转型；聚焦精准治污攻坚战，强弱项、争作为，持续增进民生福祉。环境质量明显改善，全市污染物排放减幅最大，PM2.5超额完成考核任务，水环境质量考核断面全年达标率为59.1%，Ⅲ类以上水质断面同比上升40.8个百分点；突出问题有效解决，推进秦望山产业园危险废物应急焚烧线项目，完成窑港口水源地取水口迁建工程；社会群众广泛关注，积极推进“263”专项行动，持续开展执法大比武，推动公众全面参与；改革创新加大力度，完成对全市81个机关部门、各镇街园绩效考核全覆盖，实施乡镇排污总量和财政挂钩政策；环境执法高压监管，执法立案965件，重大案件同比增长30%，立案数量是周边同等城市的数倍，被评为全国执法大练兵县级突出集体。

创建文明城市期间，江阴市公用事业局党委班子成员分别对应城区6大区块、35个网格挂牌督办，自查整改问题2000余个，与友邻单位协作整改问题200余个。制定细化考评标准、打造“超净路”示范样板，确保主城区1700万平方米责任区域干净整洁。新增、维修公厕设施865处，补装路灯370盏，维修光源1850个；基本完成城区186个片区污水管网改造；光大电厂三期扩建工程按期推进，30个有机垃圾处理点按期建成，实现“分类、收运、处理”全过程闭环运行，有机垃圾相对集中式处理项目获中国环境卫生协会行业争优创新银奖，步行街公厕创新管理措施。整治创新河等9条黑臭水体；面对酷暑高温和特大暴雨，全体人员加班超1万工时，既确保创建任务圆满完成，又打造一支作风过硬的干部职工队伍。

① 主次干道环城南路路灯亮化效果
② 使用石墨烯光催化技术治理黑臭河道
③ 精心维护环卫设施
④ 清理绿化带内垃圾
⑤ 突击整治暴露垃圾
⑥ 环城北路公厕靓丽整洁

江阴市编办贯彻落实市委、市政府争创全国文明城市的部署，2004年明确市文明办为正局（科）级，核定文明办行政编制3人，增设2个科室。2015年，增加行政编制3人，增设1个科室，组建江阴市志愿服务指导中心，进一步建立健全全市创建全国文明城市的组织机构体系，为争创全国文明城市提供机构编制保障。行政审批制度改革取得重要进展。对外公布市政府各部门行政权力事项5851项，对外公布市政府各部门责任事项总计785项。推进行政审批职能归并，全市33个具有行政审批职能的市级部门完成行政审批职能归并工作。推进“放管服”（简政放权、放管结合，优化服务）改革，加快推进“不见面审批（服务）”改革，出台《关于推行“2440”改革的意见》。2015—2017年，编办全体干部职工积极参加文明执勤活动，参加文明执勤300余人次。

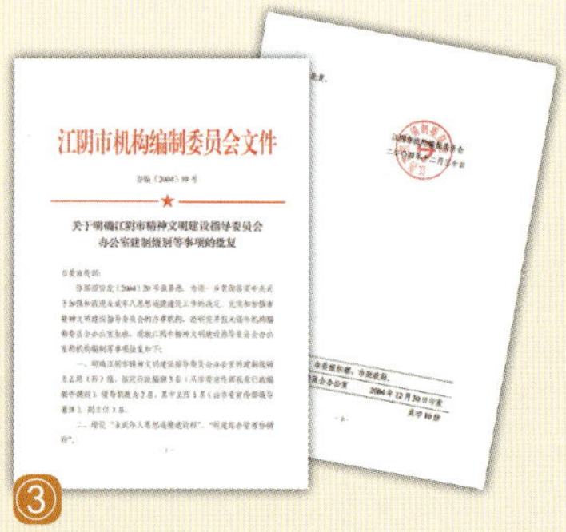
江阴市机构编制委员会文件

关于明确江阴市精神文明建设指导委员会办公室建制级别等事项的批复

江阴市机构编制委员会办公室文件

关于调整市文明办机构编制等事项的通知

① 2015年4月，召开会议，部署文明城市宣传活动

② 江阴市编办官网公布权力清单责任清单

③ 澄编〔2004〕59号《关于明确江阴市精神文明建设指导委员会办公室建制级别等事项的批复》

④ 澄编办〔2015〕15号《关于调整市文明办机构编制等事项的通知》

⑤ 2015年7月，市编办召开市级部门责任清单编制工作会议

⑥ 2015年8月起，抽调相关部门专业人员集中审责任清单

江阴市级机关党工委坚持以党建带创建，围绕“服务中心，建设队伍”这条主线，带领市级机关干部职工在文明创建活动中“走在前、作表率”。江阴市全国文明城市创建期间，扎实推进“两学一做”学习教育常态化制度化，开展“双强双优”“三亮三进”等主题实践活动，学习吴仁宝、李良宝、张纪清、徐大师等优秀共产党员和“江阴好人”；实施文明创建机关、社区网格化结对共建管理，83个机关党组织和驻江阴单位与澄江街道29个社区建立共建关系，成立社区机关党员干部工作室、派驻党建工作指导员，推进机关党员干部到社区报到，参加志愿服务活动，共同推进创建全国文明城市；组织开展“文明创建，机关先行”“书香机关”“微型党课大家讲”“我心向党、伴我成长”等主题活动，积极开展“健康机关”“文明机关”创建活动，机关系统有全国精神文明单位1个、省级9个、无锡市级18个、江阴市级26个。

①

① 2015年6月，举行机关党员干部社区工作室揭牌仪式

② 2016年11月，落实文明创建网格化制度，到责任区（大桥社区）督查文明城市创建工作

③ 2017年6月，市级机关开展的文明劝导活动

④ 2017年7月，在机关举行“节俭用餐我光荣，光盘行动我先行”主题活动

⑤ 2017年1月，组织市级机关干部“慈善一日捐”活动

⑥ 2015年至2017年，制定出台推进文明城市创建一些举措文件及在市级机关率先发起“同创文明城市 共建和谐机关”的倡议书

②

③

⑤

④

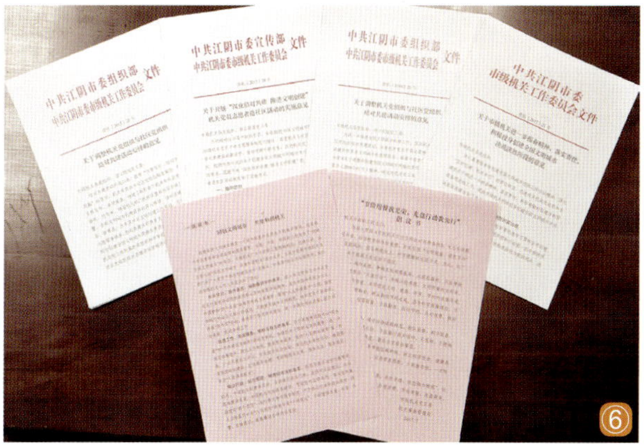
⑥

①② 市领导热情接待来访群众

③ 2017年8月，市信访局召开会议对全国文明城市创建工作进行再动员再部署

④ 2018年2月，信访群众丁某赠送锦旗表示感谢

⑤ 2018年1月，信访群众刘某赠送锦旗表示感谢

文明城市创建以来，市信访局围绕创建，积极营造和谐社会环境。一是积极畅通渠道助创建。打造阳光信访，引导群众网上信访，开展群众满意度评价工作，完善接访、会办等机制；深入开展领导干部接访下访，集中领导资源和力量推动问题解决，提升群众满意度。二是攻坚信访矛盾促创建。重视群众初信初访办理，加大交办、会办、督办力度，提高一次性办结率；开展信访突出问题化解专项行动，着力推动解决一批群众关注的突出问题；加大信访信息综合分析，通过向相关方面提出完善政策、改进工作的建议，推动层面性问题的解决。三是加强队伍建设抓创建。开展“群众满意窗口”创建活动，优化为民服务环境，提升为民服务能力，2017年获评省“群众满意接访窗口”；开展大练兵、大比武活动，增强做好群众工作和抓落实的能力，2017年被无锡市信访局评为大练兵、大比武活动先进集体。

江阴市创建全国文明城市三年来，市金融办全力配合，上下自觉地把创建工作作为一项具体实事来办，全力以赴。其间，在全市银行、保险系统中连续开展三届“文明单位”评选，参评单位热情踊跃、气氛热烈；在全市金融系统内部开展一系列的学习教育活动，收效颇丰，涌现一批好人好事。同时，市金融办在第一时间成立文明创建检查小组，由银保科工作人员开展专项检查、通报，对不符合创建要求的单位要求其及时整改到位。2017年3月、4月、6月，由市金融办牵头，各银行及保险系统分管负责人参加，分三次开展文明创建氛围现场检查活动。重点检查城区主干道的银行网点与保险公司机构，针对创建宣传的各项细节和要求，工作人员现场逐一进行对照讲解，让创建相关点位要求一个不少、处处到位，让创建宣传“醒目突出、举目即见”。随行的负责人对照标准找差距，全力配合、全面落实好各项要求，做好网点文明创建工作，为创成全国文明城市贡献力量。

① 2017年3月2日，市金融办组织人员检查农商行创建氛围

② 2017年4月7日，市金融办组织人员检查江苏银行江阴支行文明创建工作

③ 银行网点文明创建氛围浓厚

④ 农商行营业部爱心角、好人墙布置张贴井然有序

⑤ 银行系统开展一系列爱心活动温暖人心

⑥ 银行网点外部电子屏实时滚动、无障碍设施标记醒目

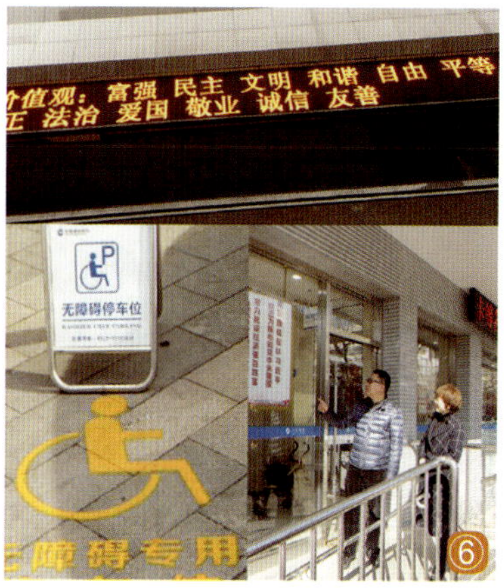

①

②

近三年来，市经信委积极贯彻市委、市政府关于创建全国文明城市的决策部署，按照相关要求扎实做好创建工作，特别是在2017年，充分发挥职能优势，加大工作力度，有力助推全市文明创建水平再提升。其间，组织党员干部参加“公益江阴青年先行”等活动，5人登记成为造血干细胞捐献者；开展“重言行、明家训，我为‘创城’传播文明家风”主题活动，促进良好家风传递；开展节能宣传进社区等活动，倡导绿色生活理念；开展“‘3·15’我们在行动”活动，进企业宣扬诚信理念；推进行政许可和行政处罚等信用信息公开，全年总报送并公开行政许可和行政处罚信息6万余条；推广信用信息应用，开展信用核查，全年出具信用核查报告1000余份；配合举行全市“十佳诚信”经营示范创建先进表彰活动，持续深化“诚信江阴”建设。

① 2015年3月28日，江阴市“常青藤”工程企业接班人培训班暨“江阴市新生代创新发展研修班”在中欧国际工商学院正式开班

② 2017年3月15日，市信用办等单位在双良集团有限公司开展诚信宣传活动

③ 2017年，江阴市经信委开展“重言行、明家训，我为‘创城’传播文明家风”活动

④ 2017年6月24日，江阴市经信委开展节能宣传进社区活动

⑤ 2017年11月9日，江阴市举行十佳诚信经营示范创建先进表彰活动

⑥ 2017年11月9日，江阴市在学院场发布经营创建标准和红黑榜单

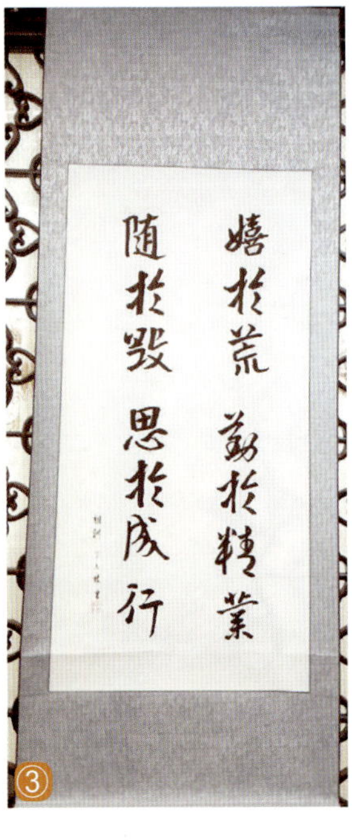
③

④

⑤

⑥

市财政局认真贯彻落实市委、市政府决策部署，完善财政投入机制，加强创建经费保障，2015—2017年市财政累计投入文明创建资金21.1亿元，为提升城市形象、创成全国文明城市提供了坚强保障。一是强化任务分解落实。根据“财政局创建全国文明城市个性目标”任务书等要求，层层分解目标任务，做到任务明确到科室，责任明确到个人。二是强化创建经费保障。凡是在“测评体系”内的创建活动经费全部列入财政预算加以保障。凡是预算单位申请文明创建资金，只要手续齐全，统一优化工作流程、加快资金拨付。三是强化文明创建服务。成立志愿值勤服务队，排定计划，定期组织志愿者深入交通路口等地开展文明创建知识宣传和交通执勤等志愿活动，为创建文明城市添砖加瓦、增光添彩。

① 2017年12月，走进基层推进文明城市创建
② 统筹安排财政资金用于城市盲道建设
③ 统筹安排财政资金用于老小区改造
④ 2017年8月，统筹安排财政资金用于设置交通护栏
⑤ 深入群众宣传惠民政策

三年来，江阴市司法局围绕法治宣传、法律服务、法治保障等职能，全面落实创建全国文明城市的各项工作任务。一是，推进法治宣传教育。2016年全面启动并实施“七五”普法规划，整合普法讲师团、法治文化研究会、普法志愿者联合会、“法润暨阳”微信公众号等10余个法治宣传载体200余名专业人士资源，开展“法治文艺村（社）行”“农民工学法活动周”“美好生活・德法相伴”“12・4”国家宪法日等专题活动，组织“法律六进”（进机关、进乡村、进社区、进学校、进企业、进单位）活动2600余次，开展法治文艺演出50余场，举办法制讲座170余场，发放普法资料12万余份。二是提升公共法律服务能力。建成市公共法律服务中心，实现“一个门进来、一个窗口受理、一站式服务”；组建12348法律服务队，19个律师公益法律服务站，272个村（社区）法律顾问全覆盖，建成市、镇、村三级公共法律服务网络；成立企业法治工作协会，建立中小企业法律辅助制度，成立15支“法企同行”法律服务团，担任932个企业法律顾问，“送法进企业”1114个，帮助企业化解风险、解决问题3500余件。三是全力维护社会和谐稳定。三年来，共受理各类法律援助案件3670件，受理调解成功矛盾纠纷71807起，劝阻群体性上访739批3555人次，接收社区服刑人员2081人，回归刑释解矫人员4123人。

① 2016年2月19日，江阴市司法局在泰山石膏（江阴）有限公司举行“新市民学法活动周”启动仪式

② 2016年6月29日，江阴市司法局组织法制艺术团走进澄江街道贯庄社区开展以“深入践行两学一做 携手共建文明社区”为主题的法治文艺演出

③ 2016年12月2日，江阴市司法局组织法律援助骨干律师到驻澄73055部队为500余名官兵开展法治讲座

④ 2017年6月9日，江阴市司法局组织党员志愿服务进社区活动，在澄江街道天鹤社区举行以“邻里纠纷无小事，和谐共处创文明”为主题的法律专题讲座

⑤ 2017年10月31日，江阴市司法局组织普法志愿者到云亭实验小学举办以“法律告诉你”为主题的青少年法治讲座

⑥ 2017年12月2日，江阴市司法局在学院场举行“12・4”国家宪法日广场法治宣传服务活动

⑦ 2017年12月4日，江阴市举行“12・4”国家宪法日向宪法宣誓仪式

2015—2017年，江阴市水利农机局积极参与全国文明城市创建，深入实施河道综合整治，打造滨江亲水风光带，展现临江沿河新面貌。其间，大力保障防汛防旱安全，建成投运防洪排涝工程60余项，新沟河延伸拓浚河道工程基本完工，汛期受淹情况大幅减少；全面保障饮用水安全，有序推进绮山应急备用水源地建设，沿江集中式饮用水源地水质达标率100%；开展河道专项治理，中小河流治理重点县综合整治及水系连通完成一期、二期工程，启动三期工程建设，完成镇村河道、家塘清淤疏浚260余条，清理渔网渔簖160余处、违章违建1.4万余平方米，打捞水葫芦3.8平方千米、水泥沉船80余条，维修、维护河道护栏1万余米。打造升级版河长制管理，开展调水引流、以清释污，考核断面水质平均达标率60.7%；成功创建国家级水利风景区1个，江苏省水美乡镇1个、水美村庄17个。

① 河道清淤疏浚
② 河道日常保洁管护
③ 清理违章渔网渔具
④ 水葫芦打捞清理
⑤ 2017年12月建成投运的顾山镇邓东圩区俞家浜排涝站
⑥ 江苏省水美村庄：周庄镇山泉村

① 2017年7月，市统计局人员赴高新区实地走访调研在建项目
② 2017年6月，市统计局人员抽调人员专职从事文明城市创建工作
③ 2017年4月11日，市统计局人员党员干部走访贯庄社区家庭
④ 2017年3月22日，市统计局人员上门提供统计业务指导
⑤ 2017年3月30日，市统计局人员赴康源进出口有限公司开展统计行政指导
⑥ 2017年6月，市统计局人员赴徐霞客镇实地走访调研在建项目
⑦ 2017年4月10日，市统计局人员赴华士镇陆丰村入户走访
⑧ 2017年10月8日，市统计局人员赴共建社区开展志愿服务
⑨ 2016年8月30日，市统计局人员自发为职工遗属捐款

创建全国文明城市三年中，江阴市统计局抽调一名工作人员担任市创建办综合协调组组长，长期做好资料整理汇总、督查周报印发等工作。同时，全局工作人员认真做好文明城市创建各项数据指标的监测工作，积极组织各类志愿活动，充分利用“江阴统计”微信平台宣传文明新风，努力营造人人参与创建的浓厚氛围，为全市创建作出贡献。

2015年3月江阴市开展文明城市创建活动后，市安监局主动作为，勇于担当，多措并举，特别在2017年创建活动的冲刺关键之年，全力当好安全生产“守澄人”。查隐患，创环境，启动特殊时期工作机制，开展全员全时段执法，坚持“5+2”“白加黑”，强化坚决遏制较大及以上和有影响事故发生为导向，先后检查企业近5000个次，事故发生数下降9.1%。强宣贯，营氛围。多媒体开展安全生产宣传，精心组织“安全生产月”等系列主题活动，为创建营造安全稳定氛围。“江阴安监”微信公众号推送信息近800条，开展“互联网+培训”2万余人次。重服务，添动力。主动深入企业，上门送政策，帮助解难题。开展“专家会诊”活动，对全市28个重大危化工企业进行“安全会诊”，深层次查找事故隐患，提升企业安全管理水平，为江阴市创建全国文明城市增助力、添动力。

① 2017年10月，市安监局、市场监管局等部门对高新区江阴市新兴铸造有限公司开展“双随机”执法检查
② 2017年10月，市安监局组织人员检查高新区江阴新树工程塑料有限公司
③ 2017年8月，执法人员在利港街道信越（江苏）光棒有限公司开展执法检查
④ 2017年5月，在云亭街道万祥铝业公司开展市、镇（街）两级联合执法检查

①

②

③

④

2015—2017年，江阴市政务服务中心（2017年9月成立江阴市行政审批局）以创建树形象，以创建抓服务，以创建促发展，为创成全国文明城市助力添薪。一是搭建力学笃行平台。浓厚大厅文明创建氛围，悬挂市民文明公约、制作诚信台卡，并通过多媒体手段宣传文明创建知识。二是搭建志愿服务平台。扩充志愿者服务队伍，政务大厅和公共资源交易服务大厅志愿服务岗为办事群众提供、帮办、导办、预约、延时、上门等服务，获办事群众好评。三是搭建扶残助残平台。设置残疾人专用车位，重新规划建设盲道和残疾人通道，增设残疾人专用厕位和指引，组织开展聋哑手语培训，为残疾人提供更精准便捷服务。四是搭建督查反馈平台。高度重视第三方问题反馈，针对通过政务大厅问卷调查、意见箱收集到的问题，召开专题党委会，及时研究制定有效解决举措。五是搭建信息共享平台。拟定信用信息互联互通、交换共享平台方案，积极协调市文明办筹措建设资金，沟通市信用办及时发布诚信“红黑名单”，广泛宣传诚信企业、诚信群体、诚信人物，浓厚守法守信氛围。

① 在服务大厅显著位置摆放的核心价值观、文明公约和市民行为守则
② 安排专职导服人员解答群众咨询
③ 自助查询系统
④ 残疾人专用通道
⑤ 新政务服务大厅
⑥ 电子叫号系统规范办事群众有序办件
⑦ 三证合一窗口现场
⑧ 工作人员一次性告知办事流程、材料

2015—2017年，江阴市民防局紧紧围绕创建全国文明城市目标任务，积极把民防工作融入到创建全国文明城市之中。其间，市民防局积极营造创建氛围，充分利用多媒体电子宣传屏、网站，开展创建宣传活动。向创建网格化联系社区发放宣传册1万余册。圆满完成黄山湖公园各项创建工作，动员专业环卫保洁工人300余人次，全天候做好迎检工作。加强民防专业队伍建设，建立8支人防专业队伍，市民防志愿者协会参加省第六届“民防杯”应急通信比武团体二等奖。每年“9·18”防空警报试鸣，全市所有防空警报器鸣响成功率100%。人防工程建设快速增长，新立项、开工、竣工超额完成目标任务，创新人防工程管理新模式，人防工程平时使用率96%以上，向社会提供2.8万个停车位。加强社区民防建设，累计向全市57个社区发放各类防灾减灾应急器材近15000件。

①

②

③

① 2016年9月18日防空警报试鸣日，在社区开展居民疏散演练活动

② 2015年10月，创新“五位一体”管理模式，确保全市防工地下室平时使用率96%

③ 2016年5月12日，在江阴人民路步行街，开展防灾减灾宣传活动

④ 2016年9月7日，组织防灾减灾业务工作培训活动

⑤ 2018年2月，江阴市民防局被评为2017年度县（市、区）民防工作先进集体

④

⑤

① 2015年，市机关管理局在机关大楼建成使用阅览室

② 2016年5月，市机关管理局开展“美丽家园、文明客厅”志愿者服务活动

③ 2016年8月，市机关管理局开展“不忘初心践诺言，金秋助学伴成长”活动

④ 2017年6月，市机关管理局开展“道德讲堂”活动，培育机关人员文明道德理念

⑤ 2017年11月，市机关管理局开展“心怀大爱、情暖山区”捐赠活动

2015—2017年，江阴市机关事务管理局服务创建大局，着力打造文明广场、机关大院、行政事业中心3个核心区域宣传阵地。建设“好人主题公园”，成为创建加分亮点。建立文明广场联动管理机制，联合多部门规范广场停车秩序，对“文明”雕塑重新喷涂，修补广场路径石材，清洗下水道及卫生死角，维修长廊、照明等公共设施。开辟市级机关“道德讲堂”，建立“机关读书驿站”，带头践行“文明交通我先行”，全员参与“礼让斑马线”交通劝导，开展“美丽家园、文明客厅”“学雷锋”等志愿活动累计600余人次，平均年志愿时间2200余个小时。开展“后勤有爱”“金秋助学”“情暖山区”等公益活动，三年累计捐助衣服1.4万件、学习用品8000件、电器85件、现金10万余元，取得良好社会反响。

①

① 2017年4月25日，江阴市法院在江阴贝瑞森生化技术有限公司设立知识产权司法保护联系点

② 2017年5月4日，江阴市法院开展“普法进社区”活动，十余名青年干警走进澄江街道立新社区，为社区群众现场提供法律咨询等司法服务

③ 2017年8月19日，江阴市法院环保合议庭坚决贯彻恢复性司法理念，组织6件非法捕捞水产品案的10名被告人把河豚鱼苗投放至长江水域内

④ 2017年8月25日，江阴市法院刑事庭走进临港街道申西村开展巡回审判，100余名基层群众现场旁听案件庭审

⑤ 2017年9月15日凌晨4点，江阴市法院开展“晨间执行大会战”，加大失信被执行人惩戒力度，促进社会诚信体系建设

⑥ 2017年12月8日，江阴市法院公开审理一起组织、领导、参加黑社会性质组织罪案

2017年，江阴市法院紧紧围绕“努力让人民群众在每一个司法案件中感受到公平正义”的目标，忠实履行宪法和法律赋予的职责，全年受理各类案件37633件，审执结31963件，同比分别增长0.48%和5.04%，涉案标的213.2亿元。主动延伸司法审判职能，积极参与全市创建全国文明城市工作，广泛开展“连心富民、联企强市、法官说法”巡回宣讲活动，全年开展27场巡回宣讲活动，6800余名基层群众现场接受法制宣传教育，法制意识和文明意识不断增强；依法保障“1310工程”顺利推进，采用先予执行、破产清算等司法手段高效推进人民东路、滨江路北侧高架桥下以及“一江一河”通江南路土地清场工作，依法拆除96处非法占用耕地的违法建筑，以优质高效的司法服务为城市建设和管理提供坚强有力的司法保障。

②

③

④

⑤

⑥

①

②

2017年，市总工会按照市委、市政府的统一部署，紧紧围绕全国文明城市创建工作总体目标和要求，以完善创建机制、加强宣传引导、推进职工素质提升、开展志愿服务等工作为主要抓手，组织引导广大职工群众积极参与到文明城市创建中来，增强广大职工群众对城市的认同感、自豪感和责任感，激发广大职工群众关心、支持、参与创建的积极性、主动性，真正把文明创建活动转化为职工群众建设家园的自觉活动。"为你悦读"公益活动获评全国工会职工书屋品牌活动（读书组织）示范项目。"百人千企"法律监督志愿服务项目获评江阴市十佳志愿服务项目。

① 2017年4月27日，江阴市举行庆"五一"先进表彰大会

② 2016年10月9日，举行"凝聚职工精气神、建功江阴'十三五'"送戏进企业专场文艺演出

③ 2017年3月27日，市总工会在芙蓉湖畔举办"亲近自然、品阅诗书，关爱自己、关爱家庭"主题女职工朗诵会

④ 2017年5月23日，省文明办、总工会、文化厅、新闻出版广电局、科学技术协会联合主办，市总工会承办的主题为"阅读经典好书、传承工匠精神"的第八届"江苏职工读书月"活动启动仪式

⑤ 2017年4月，市总工会在企业开展"百人千企"工会法律监督志愿服务活动

⑥ 2017年4月25日，市总工会"123"职工素质提升工程走进顾山镇企业

⑦ 2017年8月，教师义工在江阴茂达棉纺厂开展"彩虹课堂"志愿服务活动

③

④

⑤

⑥

⑦

① 2017年5月，举行“青春建功跟党走·三十而立更奋进”江阴市纪念建团95周年主题活动

② 2016年7月，举办江阴·霍城少年儿童手拉手民族融情夏令营

③ 2017年10月13日，举行中国少年先锋队江阴市第二次代表大会

④ 2017年8月24日，举行江阴市“我要上大学”圆梦行动助学金发放仪式暨江阴市上市企业青年思享沙龙

⑤ 2017年3月3日，举行“文明江阴，青年先行”青年志愿者助力文明城市创建再动员大会

2017年，共青团江阴市委积极动员广大青少年为创建全国文明城市贡献力量。一是注重宣传，提升文明创建影响。团市委以“文明江阴，青年先行”为主题，依托官方微信平台、青年之声等新媒体手段进行广泛宣传，及时报道文创动态、创建典型和文明礼仪知识，发布宣传微信498篇，推荐榜样模范1200余人。二是突出品牌，开展精准志愿服务。团市委深化“阳光行动”“暖冬行动”“圆梦行动”等团内品牌工作，组织开展志愿进社区、文明交通志愿引导、文明城市课堂等活动500余场，联系各类青少年41417人，参与活动志愿者5000余人次。三是广泛动员，推进区域化资源共享。动员青联委员、青年文明号、青年企业家、青年社会组织等资源，以“青年之家”“希望来吧”等团内阵地为载体，构建“四社联动”志愿服务阵地群，为创建文明城市提供坚实的队伍保障。

江阴市妇联围绕创建全国文明城市的目标，引领妇女和家庭提升素质、践行文明，确保创建任务落实到位。重点做好“星级文明户”创评，家庭参与率及挂牌率均达80%以上。广泛开展“最美家庭”“书香家庭”等各类创建活动，3户家庭获评“全国最美家庭”等国家级荣誉。开展“崇德向善 文明万家”“大澄欢歌 童梦启航”主题教育活动。开展“传承好家训 弘扬好家风”主题活动，组建家风巡讲团巡讲270场、“家庭美德流动大舞台”巡演15场，印发宣传品21万份。践行志愿服务精神，成立巾帼文明志愿者总队，开展各类巾帼志愿活动306场次。举办集体婚礼、红娘联谊活动，倡导文明婚恋新风尚。开展反家暴等维权宣传活动100余场，筹资200万元帮扶困境儿童、单身贫困母亲、“两癌”特困妇女。

① 2016年3月7日，举办江阴市最美家庭颁奖典礼

② 2016年8月17日，新桥镇“十星级文明示范户”颁奖仪式

③ 2016年4月1日，开展“清洁家园齐参与 我为文明加一度”活动

④ 2015年3月，启动家庭美德流动大舞台巡演

⑤ 2016年3月，“传承好家训 弘扬好家风”诵读活动

2015—2017年，江阴市文联以创建全国文明城市为契机，强化大局意识、担当意识、协作意识，积极开展主题文艺活动，为创建工作营造良好的文化氛围。举办美术、书法、摄影主题展览60场次；组织开展“重走霞客路”文艺家写生创作展示、“教我如何不想她”全国歌曲征集、“我的名字叫江阴”文艺作品征集等主题活动。每年创作各类优秀文艺作品3500余件，超过60件入选(展)省级以上展演活动或获奖；举办文艺家读书班、创作研讨会、名家讲座等30余场次。发挥文艺惠民的亲和力，成立市文艺志愿者服务队，招募文艺志愿者200余位，每年开展公益性文艺志愿服务活动累计超过500场次，组织赠书20000余册。深入基层送春联30000余副;开展“江阴文艺厅”公益演出4场，广泛开展公益讲座、书画音乐戏剧进校园等活动。

① 2017年1月23日，江阴市文艺志愿者在学院场开展文明江阴·清和风韵——江阴市百名书法家送春联活动

② 2017年4月6日，纪念徐霞客诞辰430周年主题活动——“重走霞客路”江阴艺术家采风写生行活动启动

③ 2017年9月28日，江阴市文艺志愿者开展“共创文明城 喜迎十九大”文化惠民活动

④ 2017年4月21日，组织江阴籍作家在图书馆一楼大厅举行签名赠书活动

⑤ 2017年9月12日，喜迎十九大市级机关书法培训班在适园艺风讲堂开班

⑥ 2017年3-6月，在江阴市7所学校开展书画作品进校园巡回展

江阴市关工委

江阴市关工委在全国文明城市创建期间，在广大青少年中开展“走进华西，走进名企，走进红色教育基地”的“三走进”活动，约10万名青少年学生参加此项活动，受到了爱党、爱国、爱社会主义的生动教育。市文明办将“三走进”活动列为全市未成年人思想道德建设的重点项目。全市广大“五老”（老干部、老战士、老专家、老教师、老模范）志愿者，以实际行动当好革命传统教育宣传员、社会风尚监督员、思想道德教育辅导员，为构建和谐社会、建设“强富美高”新江阴作出贡献。

① 2016年3月29日，江阴市青少年“学党史、学国史、听党话、跟党走”主题教育“三走进”活动启动仪式在华西村举行

② 2016年5月13日，青少年学生走进澄星实业集团有限公司参观学习

③ 2016年4月11日，暨阳中学学生走进兴澄特钢有限公司

④ 2016年4月29日，周庄中学学生参观中共江阴“一大”会址

2015—2017年，江阴市国税局在全国文明城市创建期间，加强组织领导，完善创建工作机制，形成一把手负总责、领导班子成员齐抓共管责任制，各级干部抓文明城市创建的能力和成效纳入考核指标，做到文明创建工作、税收工作一起预算、一起部署、一起考评。健全工作推进网格化，指定专人负责精神文明创建工作。凝聚共建合力，多措并举助力创城，定期与共建社区开展活动，入社区宣传、走街面文明劝导。多次分级分类召开动员会、部署会和推进会，各单位从28条责任清单中领取创建任务，层层发动、分解责任、落实任务到人。加强监督考核，形成创建内生动力。税务干部对照文明创建要求，加强自身学习，提高业务素质，严格按照服务流程，不断提升服务水平，规范税收工作程序，提升税收服务和行政执法水平，为江阴全国文明城市创建作出贡献。

① 优质服务打造文明窗口
② 2015年9月18日，开展社区服务，国税干部走进花园社区作税收宣讲
③ 2017年9月，组织全员开展文明城市创建应知应会知识竞赛
④ 2015年7月，开展志愿执勤
⑤ 2017年10月，实地考察联建大棚项目
⑥ 2016年7月23日，走进夏季大学生招聘会，开展税收宣讲
⑦ ⑧ ⑨ 2017年9月1日，走入社区宣传创城工作

① 2017年3月3日，江阴调查队组织传达“大力弘扬江阴精神、创成全国文明城市”誓师大会精神

② 2017年11月28日，江阴调查队组员到顾山镇李家桥村指导记账户记账

③ 2017年4月5日，召开江阴市居民阅读状况调查培训会议

④ 2016年创刊的《江阴调查》，至2017年共印发42期

⑤ 2017年2月16日，江阴开展采购经理调查样本单位培训

⑥ 2017年5月19日，江阴调查队在云亭街道云亭村调查

国家统计局江阴调查队充分挖掘优势，积极参与文明城市测评，查找全市在文明创建中存在的问题，及时与文明办沟通，精准对接文明城市创建。创建期间，开展10余次学习文明城市创建会议精神，规划该队工作重点，推进文明创建工作，文明创建知识全员应知应会。增强服务意识，开展江阴市居民阅读状况调查、文化馆满意度调查、食品安全民意调查等专题调查，完成市委、市政府委托调查2250份，为完善创建文明城市长效管理提供依据。每月定期赴全市样本点进行走访慰问，提供文明创建志愿服务，组织开展“爱心捐款”，年走访服务量约达总样本的三分之二，人均捐款300元。结合创建，编印《江阴调查》，反映江阴居民收入、主要农作物产量和企业运行情况。派员参加全国文明城市测评，转变角色身份，为文明创建贡献力量。

① 2017年11月11日，舞动江阴——“邮政储蓄杯”2017江阴市第五届全民广场舞大赛决赛

② 江阴市“助老邮路”志愿者服务队

③ 2017年3月10日，举办“三八”国际劳动妇女节女职工趣味游园活动

④ 荣誉奖牌

⑤ 2017年3月31日，江苏省劳动模范讲道德故事

⑥ 2017年10月14日，江阴市首个邮校共建的主题邮局揭牌

①

江阴市邮政局本着“通政、通民、通商”三大服务功能，依法经营邮政专营业务，承担邮政普遍服务义务，受政府委托提供邮政特殊服务，对竞争性邮政业务实行商业化运营。近年来，江阴邮政主动适应经济新常态，以提升企业经营效率和效益为目标，以创新转型为主线，深入推进“一体两翼”战略，综合实力不断迈上新台阶。分营20年来，江阴邮政业务收入始终位列全省县（市）局前列。与此同时，精神文明建设也取得了丰硕成果，江阴邮政先后被评为全省放心消费创建活动示范单位、江苏省价格诚信单位，连续七次蝉联“江苏省文明单位”，被授予“无锡市五一劳动奖状”。

②

③

④

⑤

⑥

① 2017年1月23日，公司承办“文明江阴·清和风韵——江阴市百名书法家送春联”活动，在人民路步行街学院场举行

② 2017年2月24日，公司组织50余名志愿者献血，共献血16200毫升。图为献血志愿者合影

③ 2017年3月25日，公司组织员工对桃园种植基地的线路进行全方位巡查，为顾山桃花节供电保驾护航

④ 2017年7月26日晚7时许，抢修人员接“95598”工单被告知中山北路西侧商用、居民失电。图为抢修人员在作业

⑤ 2017年8月7日，公司党委与海澜集团党委就共同参与江阴文明创建十大专项提升行动等党建工作，展开“结对共建”活动。图为签约现场

①

江阴市供电公司精心部署文明城市创建工作，加强窗口规范化、标准化建设，做到营业大厅整洁，各项服务设施齐全。全天受理工程维修、故障抢修、用户投诉、用电咨询等业务。及时清除管辖电力设备上影响市容市貌的污渍，补齐更换残缺、破损的电缆沟盖板、井盖，维护电力设备整洁美观。积极参与文明江阴共建共创，推进社会责任根植项目，开展“品质澄电 幸福民生”优质服务大走访30余次，与海澜集团有限公司、周庄镇山泉村党委及5个社区建立“五联”长效结对机制。成立清和电力义工联盟，开展各类服务39次，清和扬善无偿献血16200毫升，慰问困难家庭60余户。承办“文明江阴·清和风韵”百名书法家送春联活动，积极做好文明交通协勤等系列工作，用实际行动夯实文明城市创建基础。

②

③

④

⑤

①2018年2月1日，荣获全国文明单位奖牌

②2014年6月5日，避免特大险情获船舶公司赞誉

③2017年6月1日，与社区开展共建

④2017年7月10日，交通志愿服务

⑤2013年11月8日，船舶交通管理中心开放日

⑥2017年8月30日，扶助贫困生

⑦2015年10月23日，走进江阴市实验小学

⑧2010年8月31日，诚信宣誓签名

⑨2015年5月26日，课外进行安全知识探讨

⑩2016年1月19日，维护蛟龙号母船“向阳红09”进港

江阴海事局围绕全国文明单位创建目标，积极融入江阴市争创全国文明城市大局，秉承“水上文明看江阴”的创建精神，将文明创建根植于海事中心工作、建功于地方经济发展、服务于社会志愿奉献，于2017年获得全国文明单位称号。2015—2017年，组织水上搜救65次，救助遇险人员445人次，人命救助成功率95%，成功处置重载3000吨危化品苯乙烯的“建兴32”走锚碰撞等特大险情，海事监管责任事故和水域污染事故保持“零记录”。2017年，安全保障船舶进出港23.67万艘次，助推江阴港船舶载货量突破两亿吨大关，主动服务窑港取水口整改迁建，保障世界顶级重大件半潜运输船“鱼鹰”顺利装载，建立生活取水口联动巡查机制保障市民饮水安全，成立水上搜救志愿者站和水上安全知识进校园等志愿者队伍，积极参加文明交通劝导、无偿献血等志愿活动，与文富社区等结对共建，全力服务“强富美高”新江阴建设。

江阴广播电视集团在全国文明城市创建过程中，全媒体联动，浓墨重彩造足声势，先后开设8个专题专栏，大力开展文明行为公益宣传，倡导美德善行，广播、电视、新媒体高密度刊登公益广告，电台、电视台和近百个户外阵地主动停播商业广告为创建公益宣传让行；全平台发力，竭尽全力做足文章，高标准高质量举办各类活动20多次，制作各类专题片10多个，进行各类直录播100多场次；全集团出击，主动作为创足特色，“为你悦读”节目、“华西村——我有一个梦”大型公益访谈节目、“家长也来晚自修”节目传播向上向善正能量；组织主持人为公益活动代言，积极开展志愿者公益宣传活动。

① 2017年1月13日，第21期“华西村——我有一个梦”主题访谈节目录制现场

② 2017年3月9日，第22期“华西村——我有一个梦”主题访谈节目走进华西村为3位贫困村民圆梦

③ 2017年5月，承办江阴市第二届“江阴文明风尚好少年”评选大赛

④ 2017年4月28日，广播节目“家长也来晚自修”走进长山中学，与师生、家长一起探讨家庭教育问题，为未成年人健康成长助力

⑤ 2017年6月30日，为你悦读寻找全澄最美朗读者颁奖礼

⑥ 2017年4月1日，为你悦读——走进法尔胜

创建全国文明城市工作先进集体
突出贡献单位、先进单位（本级）

一、突出贡献单位

（一）文明办
（二）教育局
（三）公安局
（四）监察局
（五）住建局
（六）交通运输局
（七）商务局
（八）文广新局
（九）卫计委
（十）市场监管局
（十一）环保局
（十二）城管局
（十三）园林旅游局（旅游文化产业公司）
（十四）公用事业局

二、先进单位（本级）

（一）编办
（二）机关党工委
（三）信访局
（四）金融办
（五）发改委
（六）经信委（信用办）
（七）财政局
（八）民政局
（九）司法局
（十）水利农机局
（十一）统计局
（十二）安监局
（十三）体育局（暨阳体育产业公司）
（十四）行政审批局
（十五）民防局
（十六）机关管理局
（十七）国资办
（十八）土地储备中心
（十九）法院
（二十）总工会
（二十一）团市委
（二十二）妇联
（二十三）文联
（二十四）关工委
（二十五）国税局
（二十六）地税局
（二十七）国家统计局江阴调查队
（二十八）电信局
（二十九）江阴移动
（三十）邮政局
（三十一）供电公司
（三十二）海事局
（三十三）广电集团
（三十四）江阴日报社

江陰年鑑
Jiang Yin Almanac